개정판

집단노사관계법

근로시간면제제도 / 복수노조 해법 제시

신 동 진

(주)중앙경제

신동진(申東振) 공인노무사

- 경북 문경출생
- 한림대학교 경영대학원수료
- 대구지방노동청 근로감독관
- 대전지방노동청 기업지원과장
- 고용노동부 외국인력정책과
- 고용노동부 충주지청 산재예방지도과장, 근로개선지도과장
- 충주고용센터 소장

☞ 주요 외부강의

연세대, 경북대, 명지대, 건국대, 극동대, 우송대, 혜천대, 경상북도, 경상북도교육지원청, 충청북도, 한국기술교육대, 철도공사 충북지사, 한국산업인력공단, 한국공인노무사회, 대구광역시, 대구광역시 주택관리사협회, 대한전문건설협회, 그 외 다수 기업

☞ 주요 저서

- 근로기준법 ((주) 중앙경제)
- 집단적노사관계법 ((주)중앙경제)
- 꼭 알아야 할 노동관계법 Ⅰ·Ⅱ (보문사)
- 운강 이강년 선생 (태일출판사)

집단노사관계법

초판 인쇄 | 2011년 1월 4일
개정판 발행 | 2014년 3월 24일

지 은 이 | 신 동 진
펴 낸 이 | 김 희 성
펴 낸 곳 | (주)중앙경제
편집·디자인 | 한 지 희

주 소 | 서울시 중구 다산로 11길 19(신당2동 355-8) 백석빌딩 신관 4층
전 화 | 02-2231-7293
팩 스 | 02-2235-5344
홈 페 이 지 | www.elabor.co.kr
출 판 등 록 | 80. 6. 21 제 2-66호

I S B N | 978-89-7017-303-0 (93330)
정 가 | 45,000원

집단노사관계법

신 동 진

(주)중앙경제

개정판을 내면서

근로감독과 노사관계업무를 담당한지 어언 20여년이 가까워 온다.

그 동안 노사화합과 갈등의 현장에서, 노사관계 실무자들을 접촉해 오면서 현장의 실정에 맞는 노동조합 실무지침서를 만들어 보고자 노력했다. 많은 노동관계법이 노동현장을 외면하고서는 실질적인 성과를 거둘 수 없는 것은 자명한 것이지만, 그 가운데서도 노동조합법과 근로자참여 협력증진에 관한 법률은 다양한 사례 속에서 현장여건에 맞게 축적된 행정해석과 지침, 판례가 실정법의 현장감을 한층 더해주고 있다. 최근 노사관계는 복수노조와 근로시간면제제도가 도입되고, 사내하도급 등 간접고용이 확대됨으로 인해 노사관계에도 새로운 변화가 생기고 전에 없던 다양한 갈등요인이 나타나고 있다.

이 책에서는 각 조문과 현장감 있는 사례들을 판례, 행정해석, 지침을 통해 상세히 설명함으로써 보다 실질적이고 구체성 있는 노동현장의 지침서가 되도록 노력했다. 오늘날 노사관계는 대립과 갈등으로 소모적인 투쟁을 펼치기 보다는 참여와 협력의 장에서 회사발전과 근로자복지증진을 도모하는 상생의 노사관계를 구축하지 않으면 글로벌 경제환경에서 경쟁력을 잃고 도태될 수밖에 없다. 정보통신의 발달에 힘입어 이제는 한 나라의 위기나 기회가 더 이상 그 나라에 국한된 문제로 끝나지 않고 전 세계에 걸쳐 크나큰 파장을 미치게 되었다. 이와 같은 경영환경의 변화에 따라 생존전략을 수립하고, 그에 적합한 노사관계를 정립해 나가지 않으면 기업은 더 이상 산업발전의 주역이 될 수 없다.

모쪼록 이 책이 갈등의 노동현장에서 상생의 노사관계를 정립하는 지침서가 되었으면 하는 바램이다. 책을 내기까지 성원해준 아내와 가족들에게 무한한 사랑을 전하고, 늘 격려해 주신 고용노동부 선후배 동료들과 중앙경제 임직원들에게 더 없는 고마움을 전한다.

2014.3

문경에서 신 동 진

목차

6장 노동조합

7장 노동조합의 조직형태 변경

8장 조합원의 자격과 권리·의무

9장 노동조합의 운영

10장 노동조합의 해산

11장 노동조합활동

12장 단체교섭권

13장 복수노조하에서 교섭창구 단일화

14장 단체협약

15장 쟁의행위

16장 부당노동행위

17장 부당노동행위 구제절차

18장 공무원의 단결활동

19장 교원의 노동조합활동

20장 근로자참여 및 협력증진에 관한 법

01
노동법의 의의

1. 노동법의 성립배경

노동법이란, 자본주의사회에서 근로자가 인간다운 생활을 할 수 있도록 노동관계를 규율하는 법규범[1]을 총체적으로 지칭하는 말이다.

자본주의 사회에서는 생산수단을 유기적으로 결합하여 상품을 생산하고 판매하는 등 자유롭게 영업활동을 하는 사용자와, 기술 · 기능 등 육체적 · 정신적 노동력을 통해 임금으로 살아가는 근로자가 존재한다. 노동은 그 주체가 전인적인 인격체인 만큼 토지 · 자본 · 기술과 함께 4대 생산요소에 속하면서도 수요공급의 원칙에 관한 경제학적인 기준으로만 그 가치를 가늠할 수 없는 특징이 있다. 다만, 시대적 상황이나 정치적인 이념, 산업화의 진전정도 등에 따라 노동력에 대한 평가는 다르게 적용되어 왔는데, 그 정도를 요약해 살펴보면, 과거 사유재산제가 확립되지 않고 시장경제가 자리 잡지 못한 노예제 · 봉건제사회에서는 봉건영주나 세도가의 임의대로 노동력의 가치를 결정하여 공급자의 의사는 반영되지 않았다. 단지 사용자가 정한 근로조건에 맞춰서 수동적으로 노무를 공급하는 존재로만 기능하였다. 산업혁명을 시작으로 가내수공업체제에서 공장제 생산체계와 도시화가 진행되자 종래 수공업자나 봉건영주에 속한 수많은 농민들은 대부분 공장노동자로 전락하게 되었고, 근로자들은 열악한 근로조건 속에서 비참한 생활을 하게 되었다.

초기 자본주의사회는 국가의 간섭을 최소화 하는 자유방임주의를 기본으로

---

1) 노동조합및노동관계조정법, 노동위원회법, 근로기준법, 최저임금법, 남녀고용평등과일 · 가정양립지원에관한법률, 파견근로사보호등에관한법률, 근로사퇴식급여보상법 등

하여, 사법 · 공법 · 형사법 등 모든 영역에서 소유권의 보장, 계약의 자유 및 과실책임주의를 그 기본원리로 추구하였다. 따라서 계약에서 근로자와 사용자의 경제적 차이는 무시되고 고용계약의 내용으로서 성립하는 임금 기타 근로조건은 어떠한 것이든 당사자의 자유로운 합의의 결과로서 법률적 효과가 인정되었으며, 독립 · 대등한 당사자간의 고용계약에서 국가 등의 간섭은 원칙적으로 배제되었다. 이와 같은 기조로 인해 사회전반에 걸쳐 빈부격차가 심해지고, 노동자의 인권은 계약자유의 원칙아래 무시되었으며, 실업과 빈곤, 저임금으로 사회불안이 가중되는 등 여러가지 노동문제가 발생하였다.

저임금 · 장시간노동, 노동력착취가 일반화 되면서 특히 신체적으로 취약한 연소자와 여성이 혹사되고 건강이 파괴되는 등의 심각한 폐단이 생겼다. 더구나 열악한 환경이나 장시간노동의 결과 산업재해를 입더라도 과실 책임의 원칙이 적용되기 때문에 그 보상을 받기가 곤란하였다.

사용자의 착취를 견디다 못해 공장을 이탈한 빈곤계층, 연소자, 도시부랑자 등의 범죄가 사회적 문제로 확산되자 인도주의적 측면에서 근로자 건강보호와 범죄예방 문제가 대두되고, 영국 · 독일 · 프랑스 등에서는 연소자 · 여성 등 취약계층 노동보호법 등이 제정되기도 하는 등 미약하나마 소기의 성과가 있었으나 사회적인 실효성은 기대하기 어려웠다.

한편, 열악한 노동시장여건에서도 미미한 수준이지만 노동력에 대한 중요성과 새로운 평가가 시도되고, 초보적인 동업자모임, 공제회 등 노무공급자 중심의 자생조직이 태동하는 등 인간 중심의 노동력공급 움직임이 시작되었으며, 일각에서는 기계파괴, 폭동 등 사용자에 대한 일시적이고 우발적인 저항운동이 확산되었다.[2] 이러한 현상은 산업자본주의가 독점 자본주의를 거치면서 더욱 심화되었으며, 근로자들에 의한 단결체 조직운동이 점차 확산되었다.

이러한 추세는 영국 · 프랑스 등 유럽 각국에서 정치적으로 근로자들의 단결권을 허용하게 되는 1870년대까지 지속되었다.[3] 하지만 당시 근로자가 자구행위로서 하는 단결활동은 시민법과 모순된다는 이유로 금압되었다.

---

2) 1818년 기계파괴운동, 1835년 차아티스트운동, 1848년 프랑스 2월혁명 등

3) 1824년 영국 단결완화법, 1864년 프랑스 형법 개정, 1869년 북독일연맹의 단결금지폐지 등

노동조합을 결성하여 근로조건을 집단적으로 교섭하는 행위는 법률로[4] 금지되었으며, 노동조합 등 단결체 결성이 허용된 뒤에도 노무제공을 거부하는 파업에 대해서는 "시민법상 노동력의 자유로운 거래를 제한하는 위법한 행위"로 간주하여 형사처벌과 손해배상의 대상이 되었다.

세계제1차대전과 대공황을 거치고 전후 세계질서가 재편되면서 자본주의는 더욱 심화되고 노동의 가치도 새롭게 평가되었다. 제1차대전을 거치는 동안 전시 정책에 대한 근로자들의 협력을 얻기 위해 노조를 법적으로 승인하기에 이르렀고, 근로자들의 사회 · 노동 등에 관한 불만은 곧 공산주의 출범에 대한 위기감으로 연결되었다. 이와 같은 배경에서 자유국가에서는 체제유지를 위한 방편으로 노동조합에 대한 소극적인 허용으로부터 보다 적극적인 보호로 정책의 변화가 있었다. 기업경영적인 측면에서도, 기술혁신과 생산성 향상 등 기업발전과 지속적인 이윤창출을 위해서는 근로자들의 지위와 역할이 중요하다는 인식이 사회전반으로 확산되었다. 1919년 독일 바이마르헌법을 시초로 세계 각국에서 국민의 기본적 생활을 보장하고, 그 수단의 하나로 노동기본권을 헌법 등에 명시하게 되었다. 근로자의 인간다운 생활을 보장하는 생활권적기본권으로 노동3권을 보장하는 등 모든 근로조건을 국가의 책임아래 보호규율하게 되었다. 제1차 세계대전의 해결을 위한 베르사이유 평화조약에서 ILO설립이 규정됨으로써 노동법의 국제화가 태동하게 되었다. 영국 · 미국 등 주요국의 집단적 노사관계법의 발전연혁은 다음과 같다.

✓ 영 국

- ㅁ1880년 근로자단결법 : 근로조건 향상을 목적으로 하는 노동조합을 불법단체로 규정하여 단결을 금지
- ㅁ1824년 단결법 : 1800년 단결법을 폐지하고 선의의 직업상의 목적을 추구하는 단결에 대하여 형사책임 면제
- ㅁ1830년 1차 선거법 개정
  - 이후 1834년 전국노동조합대연합이 탄생하였으나 붕괴
  - 이후 차티스트 운동 전개
- ㅁ1851년 합동기계공노조가 결성되어 전국적으로 확대

4) 영국의 1800년 단결금지법, 독일의 1845년 프러시아 산업조례 등

ㅁ1880년 근로자단결법 : 근로조건 향상을 목적으로 하는 노동조합을 불법단체로 규정하여 단결을 금지
ㅁ1824년 단결법 : 1800년 단결법을 폐지하고 선의의 직업상의 목적을 추구하는 단결에 대하여 형사책임 면제
ㅁ1830년 1차 선거법 개정
- 이후 1834년 전국노동조합대연합이 탄생하였으나 붕괴
- 이후 차티스트 운동 전개
ㅁ1851년 합동기계공노조가 결성되어 전국적으로 확대
ㅁ1859년 근로자방해에관한법 : 노동조합의 설득과 협정의 합법화
ㅁ1868년 노동조합회의(TUC) 탄생
ㅁ1871년 노동조합법 : 노동조합의 정의 규정 · 노동조합에 법인격 인정 · 노동조합의 등록제 채택
ㅁ1906년 노동쟁의법 : 노동조합의 쟁의행위에 대한 민사상의 불법행위책임 면책
ㅁ1971년 산업관계법 : 노동조합과 사용자의 부당노동행위 규정 · 근로자의 부당해고 금지 · 단체협약의 법적 강행 규정
ㅁ1974년 노동조합및노동관계법 : 1971년의 법을 폐지 · 노동조합에 대한 규제부분을 폐지
ㅁ1984년 노동조합법 : 노동조합활동을 엄격히 제한, 노동조합에 대한 국가의 개입을 강화하여 노사자치주의가 약화되고 국가의 규제강화현상이 심화됨.

✓ 미 국

ㅁ1890년 셔먼법(독점금지법) : 임금 및 기타 근로조건의 개선을 목적으로 하는 근로자들의 단결을 금지하여 형사상 및 민사상 책임 발생
ㅁ1914년 클레이턴법 : 근로자의 단체교섭을 인정 · 노동분쟁의 금지명령을 제한
ㅁ1932년 노리스 라가디아법 : 단체교섭제도 보장 · 불공정고용계약(비열계약) 불법화 · 노동분쟁의 금지명령 요건을 더욱 엄격하게 제한
ㅁ1935년 와그너법 : 자주적 단결권 · 단체교섭권 · 단체행동권 인정 · 사용자만의 부당노동행위 인정 · closed shop 인정
ㅁ1947년 태프트 하틀리법 : 노동분쟁에 금지명령제도 부활 · 노동조합의 부당노동행위 규정 · closed shop 금지
ㅁ1959년 랜드럼 그리핀법 : 노동조합 내부의 부정부패 및 권한을 제한하여 노동조합의 내부적 민주주의 확보에 주력 · 사용자로부터 교섭단체로서의 승인을 목적으로 피켓행위 제한

우리나라의 경우 일제식민지시대에 개별노동관계를 중심으로 미약하나마 약간의 보호규정[5)]을 두었으나 노동조합 등 집단적노동관계에 대해서는 치안유지 차원에서 엄격하게 금지하였다. 1945년 8월 해방 후 일반노동임금에 관한 법, 고용부설치에 관한 법, 아동노동보호법규 등이 미군정주도로 제정되었으나 실효성은 없었다. 다만, 그해 12월 집단노동쟁의조정을 위해 노동조정위원회가 중앙과 각 시도에 설치되었다. 1948년 8월 헌법에 근로의 권리와 의무를 정하고, 노동3권을 법률이 정하는 바에 따라 보장하고, 이익균점권까지 보장하였으나 6.25를 거치면서 잠시 중단되었다가 그 뒤 1953년 3월에 노동조합법, 노동쟁의조정법, 노동위원회법, 근로기준법 등이 일시에 제정되었다. 이후 노동관계법은 경제발전과 정치적 상황, 그에 수반한 노동시장의 여건변화에 따라 꾸준한 변화를 거치면서 최저임금법, 남녀고용평등법, 임금채권보장법 등 많은 관련 하위법이 제정 보완되어 왔다.[6)]

오늘날 노동법은, 근로자의 노동력 제공에 관련된 근로관계를 규율하는 법, 근로자의 인간다운 생활의 실현을 기본이념으로 하는 법으로서 각자 기능을 다하고 있다. 이 가운데 노동조합 및 노동관계조정법, 노동위원회법은 단결권, 단체교섭권, 단체행동권 등 헌법 제33조제1항에서 정한 노동3권을 규율하는 대표적인 법이고, 그 외 근로자참여협력증진에 관한 법률과 공무원 및 교원의 노동조합 설립 및 운영 등에 관한 법률 그리고 노동위원회규칙 등이 집단적노동관계법으로서 기능한다. 우리나라의 경우 노동관계법 제정과 관련한 입법적 발달과정은 다음과 같다.

- ㅁ 1948년 제헌헌법 제정
- ㅁ 1953년 노동조합법 · 노동쟁의조정법 · 노동위원회법 제정
- ㅁ 1980년 노사협의회법 제정
- ㅁ 1997년 노동조합 및 노동관계조정법 제정(노동조합법과 노동쟁의조정법 통합)노사협의회법을 근로자참여 및 협력증진에 관한 법률로 확대 제정
- ㅁ 1998년 공무원직장협의회의 설립운영에 관한 법률 제정
- ㅁ 1999년 교원의노동조합설립 및 운영등에 관한 법률 제정

5) 1938년 주선광부노무부조규칙, 공장취업시간령, 1940년 조선직업소개령 등
6) 이병태, 『노동법』, 17쪽, 23쪽

2. 노동법의 기능과 구분

노동법은 노동시장의 질서를 시민법의 계약자유원칙에만 의지하여 방임할 경우 경제적 · 사회적 약자인 근로자는 사용자가 일방적으로 마련한 불리한 근로조건에 부합하여 불리한 근로조건을 감수할 수밖에 없게 된다. 따라서 이러한 사회적인 불평등과 상대적인 빈곤을 해소하여 헌법에 보장한 근로자의 생존권을 확보하기 위해 국가의 최소한의 간섭을 통해 계약자유원칙의 일부를 수정하여 근로조건의 최저기준을 확립하고 헌법에 보장된 근로자의 노동3권을 실질적으로 보장하는 것이다. 이러한 취지에 바탕을 둔 결과 다음과 같이 시민법 원리가 상당부분 수정되기에 이른 것이다.

1. 열악한 근로조건에 대하여는 근로조건의 최저기준을 정하고 그 준수를 강제하는 입법이 생성 · 발전되었다(근로시간 · 임금 · 해고 · 징계 등 근로조건의 최저기준 설정, 연소자보호, 모성보호, 기간제 및 단시간근로자보호 등).
2. 산업재해문제에 대하여는 사용자에게 고의 · 과실이 없더라도 당연히 일정액의 보상을 하도록 하는 산업재해보상제도가 도입되었다.
3. 실업과 취직의 문제에 관하여는 국가가 구직자에게 직업소개나 직업상담, 직업 훈련의 서비스를 제공하는 취업지원제도나 실업자에게 보험급여를 지급하는 등의 생활안정제도가 발전하였다. 또 영리직업소개업 등의 폐해를 고려하여 근로자의 구직 · 취직에 관여하는 사업을 엄격히 규제하는 입법도 이루어졌다. 그리고 사용자의 해고의 자유를 규제하는 입법도 성립하였다(고용정책기본법, 고용보험법, 직업안정법, 직업능력개발법 등).
4. 헌법에 보장된 근로자의 노동3권을 보장하기 위해 노동조합 및 노동관계조정법 등 노동조합 결성을 허용하는 입법이 성립되고, "정당한 쟁의행위"에 대하여는 민 · 형사 책임을 면제하는 등 실질적인 단체행동권을 보장하고 있다.

노동법은 그 규율대상에 따라 개별적 노동관계법과 집단적 노동관계법으로 양분하는 것이 일반화되어 있다. 개별적 노동관계법이란, 개별적 노동관계, 즉, 근로자 개인과 사용자 사이의 노동관계의 성립 · 전개 · 종료를 둘러싼 관계를 규율하는 법으로서, 근로기준법, 최저임금법, 임금채권보장법 등을 말한다. 이에 대하여 집단적 노동관계법이란, 집단적 노동관계, 즉, 노동단체의 조직 · 운영과 노동단체와 사용자 사이의 단체교섭, 단체행동 등을 중심으로 전개되는 관계를 규율하는 법으로서, 노동조합 및 노동쟁의조정법(이하 노조법), 노동위원회법, 근로자참여 및 협력증진에 관한 법률(이하 근참법), 공무원및교원노동조합설립 및 운영등에 관한 법률(이하 공노법) 등을 말한다.

02
헌법상 보장된 노동3권

1. 기본권의 변천과 노동3권 보호

인간에게 주어진 기본권은 초기에 국가의 절대권력으로부터 언론, 집회, 결사 등 개인의 기본적인 자유와 사유재산권을 보장받는데 주안을 두었으며, 그 결과시민평등과 계약자유의 이름아래 생산력발전과 부의 증대가 이루어 졌으나 사회 · 경제적으로 약자의 위치에 있는 근로자는 저임금, 열악한 근로환경, 직업병 등에 시달리게 되어 사회적으로 큰 문제가 되었다. 이러한 현상은 제1차 세계대전과 과잉생산 등으로 인한 세계적 경제공황을 겪으면서 더욱 악화되어, 자본주의 체제아래서 시민적인 자유만 가지고는 국민의 생활을 현실적으로 보장할 수 없다는 자성의 목소리가 모여서 "근로자의 사회 · 경제적인 지위를 감안하여 실질적으로 근로자의 생존권을 보장하는 국가의 적극적인 정책적 배려" 의무를 탄생시켰다.

오늘날 각국에서는 국민의 형식적인 자유권적 기본권 보장을 벗어나 사회 · 경제적 약자를 위한 국가의 적극적 정책의무를 헌법 등에 명시하여 이른바 생활권적 기본권으로 정립하였다. 노동분야에서는 근로자의 생활개선을 위한 "근로의 권리"와 "노동3권 보장"을 생활권적 기본권의 실현을 위한 수단적인 기본 골격으로 삼는 것이다.

이상과 같은 이론적인 토대위에서, 우리나라 노동법의 중요한 특징은 노동법의 기본적 원칙 내지 권리를 국가의 최고규범인 헌법에서 명확하게 선언 · 보장하고 있다. 헌법 제32조와 제33조[1]에 의하면, 근로의 권리와 의무, 근로

---

1) 헌법 제32조 【근로의 권리 · 의무 등, 국가유공자의 기회 우선】 ① 모든 국민은 근로의 권리를 가진다. 국가는 사회적 · 경제적 방법으로 근로자의 고용의 증진과 적정임금의 보장에 노력하여야 하며, 법률

조건의 법정주의, 노동3권 보장을 차례로 명시하고 있다. 헌법의 규정은 모두 인간다운 생활을 할 권리를 중심으로 하는 생존권적 기본권의 일종으로서 국가의 적극적인 배려와 개입을 필요로 하며, 복지국가의 이념에 근거하여 근로자의 인간다운 생활을 실질적으로 보장하기 위하여 설정된 것이다. 헌법 제32조 및 제33조에 규정된 근로기본권에 대한 판례의 시각은, 근로자의 근로조건을 개선함으로써 그들의 경제적 사회적 지위의 향상을 기하기 위한 것으로서 자유권적 기본권으로서의 성격보다는 생존권 내지 사회권적 기본권으로서의 측면이 강하다. 따라서 그 권리의 실질적 보장을 위해서는 국가의 적극적인 개입과 뒷받침이 요구되는 기본권으로 보고 있다.[2)]

결론적으로 노동3권이란, 사회적 반대세력의 창출을 가능하게 함으로써 노사관계의 형성에 있어서 사회적 균형을 이루어 근로조건에 관한 노사의 실질적 자치를 보장하기 위한 권리이다. 노동3권에 관한 주요 판례는 다음과 같다.

① 노동3권은 사용자에 비하여 경제적으로 약한 지위에 있는 근로자로 하여금 사용자와 대등한 지위를 갖추도록 하고, 근로자가 이를 무기로 하여 사용자에 맞서서 그들의 생존권을 보장하고 근로조건을 개선하도록 함으로써 사적자치의 원칙을 보완하고자 하는 것이다(헌재 89헌가106, 1991.7.22 전원재판부).

이 정하는 바에 의하여 최저임금제를 시행하여야 한다.
② 모든 국민은 근로의 의무를 진다. 국가는 근로의 의무의 내용과 조건을 민주주의원칙에 따라 법률로 정한다.
③ 근로조건의 기준은 인간의 존엄성을 보장하도록 법률로 정한다.
④ 여자의 근로는 특별한 보호를 받으며, 고용 · 임금 및 근로조건에 있어서 부당한 차별을 받지 아니한다.
⑤ 연소자의 근로는 특별한 보호를 받는다.
⑥ 국가유공자 · 상이군경 및 전몰군경의 유가족은 법률이 정하는 바에 의하여 우선적으로 근로의 기회를 부여 받는다
헌법 제33조 【근로자의 단결권 등】 ① 근로자는 근로조건의 향상을 위하여 자주적인 단결권 · 단체교섭권 및 단체행동권을 가진다.
② 공무원인 근로자는 법률이 정하는 자에 한하여 단결권 · 단체교섭권 및 단체행동권을 가진다.
③ 법률이 정하는 주요방위산업체에 종사하는 근로자의 단체행동권은 법률이 정하는 바에 의하여 이를 제한하거나 인정하지 아니할 수 있다.

2) 헌재 89헌가106전원재판부, 1991.7.22

② 개인과 기업의 경제상의 자유와 창의를 존중함을 기본으로 하는 시장경제의 원리를 경제의 기본질서로 채택하면서, 노동관계당사자가 상반된 이해관계로 말미암아 계급적 대립 적대의 관계로 나아가지 않고, 활동과정에서 서로 기능을 나누어 가진 대등한 교섭주체의 관계로 발전하게 하여 그들로 하여금 때로는 대립 항쟁하고, 때로는 교섭 타협의 조정과정을 거쳐 분쟁을 평화적으로 해결함으로써, 결국에 있어서 근로자의 이익과 지위의 향상을 도모하는 사회복지국가 건설의 과제를 달성하고자 함에 있다(헌재 92헌바33, 1993.3.11 전원재판부).

2. 근로의 권리

헌법 제32조제1항[3]에 의하면, 모든 국민은 근로의 권리를 가진다고 정하고 있다. 근로의 권리란, 노동의 의사와 능력을 가진 국민 즉, 취업중인 자 및 장차 취업 등 근로계약을 예상하고 있는 자 등이 국가에 대하여 근로의 기회를 요구할 추상적인 권리[4]로서, 국가는 사회적 · 경제적 방법으로 근로자의 고용의 증진과 적정임금의 보장에 노력하여야 하는 것을 말한다. 자본주의사회에서 기업에 대해 고용을 강제하거나 인위적으로 일자리를 배분할 수는 없으므로, 근로의 기회를 제공하기 위하여 실업근로자가 최대한 신속하게 근로의 기회를 얻을 수 있도록 적극적으로 노동시장을 정비하여 취업의 장애요인을 제거하고, 그 과정에서 취약계층에 대한 지원과 실업급여, 경과적 일자리 확대조성 등 국가가 실업근로자에게 적절한 근로의 기회를 제공할 수 있도록 입법적 · 고용정책적인 노력을 하는 추상적인 정책의무를 갖는데 불과하다.

헌법은 이에 관하여 "사회적 · 경제적 방법으로 근로자의 고용의 증진에 노력하여야한다"고 규정[5]하고, 헌법 제32조제3항에서 "근로조건의 기준은 인간의 존엄성을 보장하도록 법률로 정한다."고 정한 것은 임금, 근로시간, 작업환경

---

3) 헌법 제32조【근로의 권리 · 의무 등, 국가유공자의 기회 우선】① 모든 국민은 근로의 권리를 가진다. 국가는 사회적 · 경제적 방법으로 근로자의 고용의 증진과 적정임금의 보장에 노력하여야 하며, 법률이 정하는 바에 의하여 최저임금제를 시행하여야 한다.
② 모든 국민은 근로의 의무를 진다. 국가는 근로의 의무의 내용과 조건을 민주주의원칙에 따라 법률로 정한다.

4) 헌재 89헌마106, 1991.7.22. 사회적인 권리로서 비로소 입법에 의하여 권리 · 의무가 구체화 된다. 따라서 일할 자리를 요구할 수 있는 청구권은 아니다.

5) 헌법 제32조제1항

등 근로조건의 기준을 법률로 정하도록 국가의 정책의무를 한결 더 구체화 한 것이다. 이러한 정책의무는 입법이나 정책으로서 나타나는데, 직업안정법, 고용보험법, 근로자직업능력개발법, 고용정책기본법, 장애인고용촉진에관한법률 등이 있다. 헌법 제32조제1항은 구체적 사건에서 법률을 해석 · 운용하는데 기준적인 효력을 가지므로, 이를 위반할 경우 구체적 사건에서 그 조항은 위헌심판대상이 될 것이다. 한편, 학설에 의하면, 추상적 권리는 실효성이 없으므로 구체적인 청구권으로 권리성을 부여하는 것이 바람직하다는 견해가 있다.[6)]

헌법은 모든 국민은 근로의 의무를 진다. 국가는 근로의 의무의 내용과 조건을 민주주의 원칙에 따라 법률로 정한다고 규정하고 있다.[7)] 따라서 국가는 일하지 않는 자, 취업의 의사가 없는 자를 돌볼 의무가 없다. 이와 같은 취지에서 고용보험법은 실업급여의 일종인 구직급여를 근로의 의사를 가지고 구직활동을 할 것을 요건으로 지급하도록 제한하고 있다. 따라서 근로의 의무는 근로의 능력과 의사를 가진 자가 근로의 권리를 향수하기 위한 전제로서의 의미를 가진다.

근로자는 근로조건의 향상을 위하여 자주적인 단결권 · 단체교섭권 및 단체행동권을 가진다. 이것을 노동3권이라고 한다.

3. 노동3권의 성격

가. 노동3권의 성격

노동3권[8)]은, 국가공권력에 의하여 근로자의 단결권 방어를 일차적인 목표로 하지만 보다 큰 헌법적 의미는, 근로자단체라는 사회적 반대세력의 창출을 가능하게 하여 노사관계 형성에서 사회적 균형을 이루어 근로조건에 관한 노사

6) 김철수 · 권영성, 『헌법학』 ; 김형배, 『노동법』, 149쪽

7) 헌법 제32조제2항

8) 헌법 제33조 【근로자의 단결권 등】 ① 근로자는 근로조건의 향상을 위하여 자주적인 단결권 · 단체교섭권 및 단체행동권을 가진다.
② 공무원인 근로자는 법률이 정하는 자에 한하여 단결권 · 단체교섭권 및 단체행동권을 가진다.
③ 법률이 정하는 주요방위산업체에 종사하는 근로자의 단체행동권은 법률이 정하는 바에 의하여 이를 제한하거나 인정하지 아니할 수 있다.

의 실질적인 자치를 보장하려는데 그 목적이 있다.

1) 사회적 성격의 자유권

경제적 약자인 근로자가 사용자에게 대항하려면 근로자 단체의 결성이 필요하고, 단결된 힘에 의해 비로소 노사관계의 실질적인 평등이 실현된다. 즉, 근로자는 노동조합과 같은 근로자단체의 결성을 통하여 집단으로 사용자에게 대항함으로써 사용자와 대등한 세력을 이루어 근로조건의 형성에 영향을 미칠 수 있는 기회를 가지게 되므로 노동3권은 사회적 보호기능을 담당하는 자유권 또는 사회적 성격을 띤 자유권이라고 말할 수 있다.[9]

2) 국가의 의무

헌법 제33조제1항에 의한 노동3권은, 한편 국가의 공권력에 의해 단체를 결성하고 집단적으로 목적을 추구할 권리를 보장받기 위한 자유권적 기본권의 성격과, 자유권 보장 뿐 아니라 사회 · 경제적으로 열등한 위치에 있는 근로자로 하여금 단체의 힘을 바탕으로 그 지위를 보완 강화함으로써 사용자와 실질적으로 대등한 위치에서 교섭할 수 있는 기능을 부여하는 생활권적기본권 성격을 함께 지닌다. 자유권적 기본권적 성격에서는 정당한 사유없이 노동3권을 제한할 경우 위헌으로 무효가 되고, 정당한 노동3권 행사는 민 · 형사상 책임을 면제받을 수 있는 권능의 토대가 된다. 생활권적 기본권 성격에서는 사회권적 기본권 보장을 실질적으로 구현하기 위해 헌법이념에 대응한 입법체계를 갖추어야 할 국가의 정책적의무가 생기고, 단체협약의 규범적인 효력을 찾을 수 있다.

이는 곧, 근로자의 노동3권 행사에 관한 실질적 조건을 형성하고 유지하기 위해서는 국가의 적극적 활동이 요구되므로, 입법자에게 근로자단체의 조직, 단체교섭, 단체협약, 노조법 등의 제정을 통하여 노사의 세력균형이 이루어지고, 근로자의 노동3권이 실질적으로 가능할 수 있도록 하기 위하여 필요한 법적제도와 법규범을 마련해야 할 의무가 국가에 있다는 것을 의미한다.[10]

---

9) 헌재 94헌바13 · 26 · 95헌바44(병합), 1998.2.27
10) 헌재 94헌마13 · 26 · 95헌마44(병합), 1998.2.27

3) 판례의 견해

대법원판례에서도, 노동3권은 사용자와 근로자의 실질적인 대등성을 단체적 노사관계의 확립을 통하여 가능하도록 하기 위하여 시민법상의 자유주의적 법원칙을 수정하는 신시대적 시책으로서 등장된 생존권적 기본권이므로 이 노동3권은 다 같이 존중, 보호되어야 하고 그 사이에 비중의 차등을 둘 수 없는 권리들임에는 틀림없지만 근로조건의 향상을 위한다는 생존권의 존재목적에 비추어볼 때, 노동3권 가운데에서도 단체교섭권이 가장 중핵적 권리이다[11]고 정하여 생존권적 기본권으로 파악하고 있다. 다만, 생존권적 기본권도 국가안전보장·질서유지 또는 공공복리를 위하여 필요한 경우에 한하여 법률로써 제한할 수 있으며, 제한하는 경우에도 자유와 권리의 본질적인 내용을 침해할 수 없다.[12] 판례에 의하면, 노동3권의 일부를 제한하는 경우에도 권리의 본질적인 내용을 침해하는 것으로 볼 수 없다면 정당하다고 판시하고 있다.[13]

노동자에게 단체교섭권이 정당하게 확보되어 있기만 하다면 그것을 보장하는 권리로서의 단체행동권이 제한된다고 해도 필요한 최소한도내에서 제한되기만 한다면 어쩔 수 없는 것이다. 따라서 권리에 대한 제한이 사회 관념상 상당한 대상조치가 마련되어 있다고 보여 질 때에는 권리의 본질적인 내용을 침해하는 것으로 볼 수 없다고 판단한다. 특히 노동쟁의에서 당사자 쌍방이 함께 혹은 일방이 단체협약에 정한 바에 따라 노동위원회에 중재를 신청할 수 있다.

노동쟁의가 중재에 회부된 때에는 노사 양측의 쟁의행위권이 15일의 단기간 동안 제한, 금지되고 있으나,[14] 그 이후의 노사교섭은 독립적이고 전문적인 행정위원회로서 준사법적 권한을 갖고 있는 중재위원회가 중립적 입장에서 중재사건을 담당하여 중재재정을 내릴 수 있게 하고, 이것이 확정된 경우에는 단체협약과 동일한 효력을 가지는 것이므로,[15] 쟁의권이 난항에 빠진

11) 대판 90도357, 1990.5.15
12) 헌법 제37조제2항
13) 대판 90도357, 1990.5.15
14) 노조법 제63조
15) 노조법 제70조

단체교섭을 조성시키는 수단으로서의 권리이고, 이것은 결국 단체교섭을 통하여 단체협약을 성사시키는 것을 목적으로 하고 있는 것으로 보아야 한다. 위와 같은 중재재정제도는 헌법 제33조제1항에 의하여 보장된 단체행동권을 제한하는 상당한 대상조치라고 아니 볼 수 없어 합헌성을 부정하기 어렵다고 판단했다.[16)]

4) 자유권적 · 생활권적 기본권의 사인간의 효력

노동3권은 국가와의 관계에서 자유권적 · 생활권적 기본권을 가지지만, 이 조항을 설정한 헌법 제33조제1항의 효력이 직접 근로자와 사용자 사이의 법률관계에 미치는지 여부에 대해서는 명문의 규정은 없다. 다만, 학설의 견해에 의하면, 헌법상 노동3권 보장규정과 관련된 다른 규정은 사인간의 효력, 사용자와 근로자 등에 대해 "사회질서"[17)] 설정의 효과도 가진다고 전제하고, 노동3권은 근로자의 인간다운 생활의 확보를 위하여 집단적 노사자치를 가능하게 하는 것으로서, 원래부터 사인간의 행위를 전제로 한 것이기 때문에 사용자 · 기타 사인에 의한 단결활동의 제한 · 방해가 방치되면 무의미하게 되는 성질의 기본권이다. 따라서 노동3권의 보장은 사인간의 관계에 대하여도 직접 효력을 미친다고 보아야 한다는 입장이다.[18)]

나. 노동3권의 주체

헌법상 결사의 자유는 국민 일반 모두의 권리로 되어 있지만, 노동3권 즉, 단결활동권의 주체는 근로자로 한정되어 있다. 사용자는 단결활동권의 주체가 될 수 없고 근로자의 단결활동권 행사에 대한 상대방으로서의 지위를 가질 뿐이다. 물론 사용자도 사용자단체를 조직하거나 이에 가입할 권리, 단체교섭을 할 권리, 직장폐쇄를 할 권리를 가지지만 이들은 헌법상 단결활동권에 근거한 것은 아니다. 또 근로의사가 없는 자, 자영업자 등도 근로자가 아니므로 단결

16) 대판 90도357, 1990.5.15
17) 민법 제103조【반사회질서의 법률행위】선량한 풍속 기타 사회질서에 위반한 사항을 내용으로 하는 법률행위는 무효로 한다.
18) 임종률, 『노동법』, 제18쪽

활동권을 가지지 않는다. 노조법상 단결활동권의 주체로서의 근로자는 "임금 기타 이에 준하는 수입에 의하여 생활하는 자"로서 사업체에 고용되어 있는 자로 국한되지 않는다. 따라서 특정 사업장에 소속하지 않은 일용근로자, 근로의사를 가진 실업자도 노동조합의 조직 · 가입을 허용하고 있다.[19] 다만, 규약으로 가입을 제한하는 것은 단결권의 주체인 노동조합이 자율적으로 결정할 사항이다.

1) 단결활동권과 관련한 사례

취업중인 근로자의 경우, 사용종속관계에서 근로를 제공하고 그 반대급부로서 사업주로부터 임금 기타 금품을 받고 생활하는 자라야 한다. 따라서 일반적으로 회사와의 근로계약 관계존재 여부가 불명확하고 취업규칙을 적용받지 않으며 자체규정으로 정한 순번에 따라 출근하고 작업이 끝나면 자유롭게 퇴근하는 등 근무형태가 사업주의 지배하에 있다고 보기 어렵거나, 손님 등으로부터 직접 봉사료를 수령하는 등 반대급부로서 받는 임금, 봉급 등이 근로소득이라고 볼 수 없는 자유직업인 등은 노동조합법상 근로자로 인정할 수 없다.[20] 사용종속적 관계에서 근로를 제공하고 그 대가로 임금을 지급 받기로 하는 근로계약이 체결된 것으로 볼 수 있는 등 특별한 사정이 없는 한 항운노동조합과 조합원간에 노동3권을 적용할 수 없다.[21] 사용종속관계가 인정된다면 병역특례자도 근로자이므로 조합활동이 가능하고 방위산업체에 종사하지 않는 한 병역특례자라는 이유만으로 단체행동권 등의 제한을 받지 않는다.[22] 근로자라면 회사의 주식을 소유하였다는 이유만으로 노동조합가입을 제한할 수는 없다.[23]

---

19) 근기 01254-7861, 1987.5.15. (예) 충주지역 건설일용근로자 노동조합, 대구지역비정규직노동조합

20) 근기 01254-11493, 1989.8.4. 골프장캐디를 노조법상 근로자로 보지 않은 경우, 소득세법에서도 캐디의 봉사료는 근로소득으로 보지 않고 자유직업으로 보아 근로소득세를 부과하지 않고 있다(중앙국세심사위원회 의견 1988.11.1)

21) 근기 68207-240, 2003.2.25

22) 노조 01254-133, 1996.2.6

23) 노조 01254-523, 1994.4.20

외국인 취업자 중 적법취업자는 근로자로서의 지위에 있을 경우 노동조합에 가입 등 노조법의 적용을 받을 수 있으나, 출입국관리법상 고용목적이 아닌 연수목적으로 입국한 산업연수생은 근로자로 볼 수 없어 적용되지 아니한다.[24] 다만, 외국인으로서 출입국관리법과 외국인고용관련법을 위반한 불법체류취업자에게도 노동3권을 부여할 수 있는지 의문이다.

헌법 제6조에 의하면 헌법에 의하여 체결 · 공포된 조약과 일반적으로 승인된 국제법규는 국내법과 같은 효력을 가지고, 외국인은 국제법과 조약이 정하는 바에 의하여 그 지위가 보장된다고 정하고 있으나 직접 관련된 협약 등은 발견할 수 없다. 국제법과 조약이 국내 노동관계법에 우선하여 적용되는 것도 아니다. 1949.7.1 채택한 ILO(International Labour Organization, 국제노동기구)의 이민근로자협약 제6조에 의하면, 회원국들은 취업을 목적으로 합법적으로 타국으로 이민하는 자[25]에게도 출입국, 보건, 근로조건, 거주 등의 편의제공과 함께 노동조합의 조합원 자격 및 단체협약의 이익을 향유할 수 있도록 차별 없이 대우 할 것을 규정하고 있으나 불법체류외국인에게 내국인과 동등하게 노동3권을 부여할 법적 근거는 어디에도 찾아 볼 수 없다.

더구나 ILO 이민근로자협약[26]에서도 수시로 국경을 넘나들면서 타국에 취업하는 국경근로자와 자유직업종사자 및 단기입국자, 해원 등 체류국의 출입국 및 고용관리 등에서 관리통제가 어렵거나 보호할 가치가 없는 근로자 등에 대해서는 적용을 제외한다고 명시하는 한편 부속협약1의 제8조, 2의 제13조에서 불법이민 등을 알선 촉진하는 자에 대해서는 처벌하도록 명시하고 있다.

결론적으로 헌법과 국제조약 등에서 정한 노동3권에 대한 보호는 대한민국 국민과 대한민국영토 내에서 관련법에 의해 합법적인 자격으로 입국 · 체류하며 취업중이거나 구직 중인 내외국인근로자에게 적용되는 것으로 보아야 한다. 따라서 외국인 취업자 중 적법취업자는 근로자로서의 지위에 있을 경우

24) 노조 01254-1564, 1994.12.9

25) ILO협약 제97호 이민근로자협약 제6조제1호(1949.7.1 제정, 1952.1.22 효력발생)

26) 이민근로자란, 자영업자가 아닌, 취업목적으로 일국으로부터 타국으로 이민하는 자를 말하고 이민근로자로서 정상적으로 입국이 인정되는 자를 포함한다.

노동조합가입 등 노조법의 적용을 받을 수 있을 것이나, 취업자격으로 적법하게 입국하였으나 출입국관리법을 위반하여 불법체류 중인 자, 밀입국하여 불법취업한 자, 취업 이외의 목적으로 적법하게 입국하였으나 취업할 수 없는 자 등 불법취업자의 경우는 노동3권 등 노동조합법의 적용문제는 논란의 대상이 되지 아니한다.[27] 다만, 불법취업자라도 임금 등 각종 근로기준에 대해서는 근기법 등에 의해 보호를 받아야 한다. 참고로 우리나라는 ILO의 결사의 자유 및 단결권보호에 관한 협약과 단결권 및 단체교섭권에 대한 원칙의 적용에 관한 협약을 비준하지 않은 상태이다.

노동현장에서 형식적으로 특정사업장에 단순한 노조활동을 목적으로 적을 두고 있을 뿐 회사로부터 지휘감독을 받거나 어떠한 금품도 수령하지 않는 등 실질적인 고용종속관계가 없는 경우에도 노조법상 근로자로 볼 수는 없다.[28]

다. 노동3권에 대한 제한

헌법 제37조제2항에 의하면, 국가안전보장 · 질서유지 또는 공공복리를 위하여 법률로 기본권을 제한할 수 있다는 "일반적 유보조항"을 두고 있다. 따라서 노동3권 행사도 무제한적으로 보장된 것이 아니라 국가안보 · 질서유지 또는 공공복리를 위하여 불가피한 경우는 제한이 가능하다. 노동3권에 대한 구체적인 제한으로는 공무원과 교원의 쟁의행위금지,[29] 필수공익사업에 대한 쟁의권제한,[30] 공익사업 등에 대한 긴급조정과 중재회부[31] 주요방산업체 종사 근로자중 특정업무 종사자에 대한 쟁의행위금지[32] 등이 있다.

노동쟁의가 직접적인 이해관계가 없는 일반국민의 생활 등에 불편을 초래하거나 생존을 위협하는 경우 또는 국가 전체의 기능의 정상적인 운영을 마비시켜 공공의 안녕과 질서의 문란 등 국가 · 사회가 수인해야 할 정도를 초과했다

27) 노조 01254-1564, 1994.12.9
28) 노조 1454-14115, 1981.5.7
29) 공노법 제11조, 교노법 제8조
30) 노조법 제42조의2
31) 노조법 제76조, 제79조~제80조
32) 노조법 제41조제2항, 노조령 제20조

고 판단되는 경우는 근로자의 권익보호보다 더 큰 국가 · 사회적인 가치를 존중하여 공공복리를 위해 단체행동권 등의 제한이 불가피 할 것이다. 판례는 특히 공무원과 교원에 대한 노동쟁의금지가 합헌이라고 결정한 바 있다.[33)]

1) 공무원에 대한 일부 제한

공무원인 근로자는 법률이 정하는 자에 한하여 단결권 · 단체교섭권 및 단체행동권을 가진다고 정하고,[34)] 단결활동권이 보장되는 공무원의 범위를 법률로 정할 수 있도록 유보하고 있다. 이에 따라 공무원의노동조합설립및운영등에관한법률에 의거 "국가공무원법 제66조제1항 단서 및 지방공무원법 제58조제1항 단서의 규정에 의한 사실상 노무에 종사하는 공무원을 제외"[35)]한 나머지 공무원 가운데서, "6급 이하 일반직공무원 및 이에 상당하는 일반직 공무원, 특정직 공무원 중 6급 이하의 일반직공무원에 상당하는 외교행정 · 외교정보관리직 공무원, 기능직공무원, 6급 이하의 일반직에 상당하는 별정직 · 계약직공무원으로 가입범위를 한정하고, 동법 제6조제2항[36)] 및 시행령 제3조에 의거 가입범위를 제한하고 있다. 공무원과 교원으로서 노동조합에 가입이 허용되는 자라도 단결권과 단체교섭권만 보장되고, 일체의 단체행동권은 금지된

---

33) 헌재 2001헌가31, 2003.5.15 ; 헌재 2005헌마971 · 1193 · 2006헌마198(병합)

34) 헌법 제33조제2항

35) 사실상 노무에 종사하는 공무원은 일반노동조합법에 의한 노동3권을 보장받는다.

36) 공노법 제6조【가입범위】① 노동조합에 가입할 수 있는 공무원의 범위는 다음 각호와 같다.
1. 6급 이하의 일반직공무원 및 이에 상당하는 일반직공무원
2. 특정직공무원중 6급 이하의 일반직공무원에 상당하는 외무행정 · 외교정보관리직공무원
3. 기능직공무원
4. 6급 이하의 일반직공무원에 상당하는 별정직공무원 및 계약직공무원

② 제1항의 규정에 불구하고 다음 각호의 1에 해당하는 공무원은 노동조합에 가입할 수 없다.
1. 다른 공무원에 대하여 지휘 · 감독권을 행사하거나 다른 공무원의 업무를 총괄하는 업무에 종사하는 공무원
2. 인사 · 보수에 관한 업무를 수행하는 공무원 등 노동조합과의 관계에서 행정기관의 입장에 서서 업무를 수행하는 공무원
3. 교정 · 수사 그 밖에 이와 유사한 업무에 종사하는 공무원
4. 업무의 주된 내용이 노동관계의 조정 · 감독 등 노동조합의 조합원으로서의 지위를 가지고 수행하기에 적절하지 아니하다고 인정되는 업무에 종사하는 공무원

다. 공무원의 노조활동 제한에 따른 입법취지 등에 관한 판례[37]의 견해는 다음 각항과 같다.

(1) 공무원의 노동3권 제한취지

헌법은 제33조제1항에서 근로자의 자주적인 노동3권을 보장하고 있으면서도, 같은조제2항에서 공무원인 근로자에 대하여는 법률에 의한 제한을 예정하고 있다.[38] 이것은 공무원의 국민 전체에 대한 봉사자로서의 지위 및 그 직무상의 공공성을 고려하여 합리적인 공무원제도의 보장과 이와 관련된 주권자의 권익을 공공복리의 목적 아래 통합 조정하려는 것이다. 따라서 국회는 헌법 제33조제2항에 따라 공무원인 근로자에게 단결권 · 단체교섭권 · 단체행동권을 인정할 것인가의 여부, 어떤 형태의 행위를 어느 범위에서 인정할 것인가 등에 대하여 광범위한 입법형성의 자유를 가진다.

(2) 직급과 직위에 따른 차등이 평등권을 침해하는지 여부

노동조합 가입범위에 관한 공노법 제6조는 통상 5급 이상의 공무원이 제반 주요정책을 결정하고 그 소속 하위직급자들을 지휘 · 명령하여 분장사무를 처리하는 역할을 하는 공무원의 업무수행 현실을 감안하고, 6급 이하의 공무원 중에서도 "지휘감독권 행사자" 등은 "항상 사용자의 이익을 대표하는 자"의 입장에 있거나, 그 업무의 공공성 · 공익성이 큰 점 등을 고려하여 위 공무원들을 노동조합 가입대상에서 제외한 것이다. 따라서 헌법 제33조제2항이 입법자에게 부여하고 있는 형성적 재량권의 범위[39]를 일탈하여 단결권을 침해한다고 볼 수 없다. 또한 위 조항이 5급 공무원과 6급 이하 공무원, 6급 이하 공무원 중 일정 업무 담당자와 나머지 6급 이하 공무원, 노조가입이 금지되는 6급 이하 공무원과 교원을 차별취급하고 있다 하더라도, 그 차별에는 합리적인 이유가 있어 평등권을 침해한다고도 볼 수 없다.

37) 헌재 2005헌마971 · 1193 · 2006헌마198(병합) 전원재판부, 2008.12.26. 공무원의노동조합설립및운영등에관한법률 위헌확인 등

38) 공무원인 근로자는 법률이 정하는 자에 한하여 단결권 · 단체교섭권 및 단체행동권을 가진다

39) 공무원인 근로자는 법률이 정하는 자에 한하여 단결권 · 단체교섭권 및 단체행동권을 가진다

(3) 정부의 정책결정 및 관리운영사항이 교섭대상인지 여부

"정책결정에 관한 사항, 임용권의 행사 등 그 기관의 관리 · 운영에 관한 사항으로서 근무조건과 직접 관련되지 아니하는 사항"을 단체교섭의 대상에서 제외시킨 공노법 제8조제1항[40] 단서가 정부의 정책결정 및 관리운영사항은 교섭대상사항이 아니라고 본 것은, 정부의 정책결정 및 관리운영사항 중에서도 근무조건과 직접 관련되는 사항에 대하여는 단체교섭을 허용하고 있으므로, 합리적 근거없이 입법형성권의 범위를 일탈하여 공무원의 단체교섭권을 침해하는 것으로 볼 수 없다.

(4) 교섭창구 단일화가 단체교섭권을 침해하는지 여부

단체교섭을 요구하는 노동조합이 2 이상인 경우 정부교섭대표에게 당해 노동조합에 대하여 교섭창구를 단일화하도록 요청할 수 있고, 단일화가 될 때까지 교섭을 거부할 수 있도록 한 것은,[41] 복수노조 허용에 따라 예상되는 단체교섭의 혼란 및 단체협약 적용상의 어려움, 과다한 교섭비용을 줄이기 위하여, 단체교섭에 있어 관련된 노동조합에게 원칙적으로 단체교섭권의 행사를 보장하면서 "노동조합 간의 자율적인 교섭창구 단일화를 규정한 것"으로 합리적인 근거가 있다. 따라서 위 조항이 입법재량권의 범위를 일탈하여 단체협약의 유효기간 중에 당해 단체협약의 체결에 참여하지 아니한 노동조합원들의 단체교섭권을 침해하는 것으로는 보이지 아니한다.

---

40) 공노법 제8조【교섭 및 체결권한 등】① 노동조합의 대표자는 그 노동조합에 관한 사항 또는 조합원의 보수 · 복지 그 밖의 근무조건에 관한 사항에 대하여 국회사무총장 · 법원행정처장 · 헌법재판소사무처장 · 중앙선거관리위원회사무총장 · 행정안전부장관(행정부를 대표한다) · 특별시장 · 광역시장 · 도지사 · 시장 · 군수 · 구청장(자치구의 구청장을 말한다) 또는 특별시 · 광역시 · 도의 교육감 중 어느 하나에 해당하는 자(이하 "정부교섭대표"라 한다)와 각각 교섭하고 단체협약을 체결할 권한을 가진다. 다만, 법령 등에 의하여 국가 또는 지방자치단체가 그 권한으로 행하는 정책결정에 관한 사항, 임용권의 행사 등 그 기관의 관리 · 운영에 관한 사항으로서 근무조건과 직접 관련되지 아니하는 사항은 교섭의 대상이 될 수 없다.

41) 공노법 제9조【교섭의 절차】④ 정부교섭대표는 제2항 및 제3항의 규정에 따라 교섭을 요구하는 노동조합이 2 이상인 경우에는 당해 노동조합에 대하여 교섭창구를 단일화하도록 요청할 수 있다. 이 경우 교섭창구가 단일화될 때까지 교섭을 거부할 수 있다.

(5) 법령 · 예산 등에 위배되는 내용의 단체협약의 효력을 부정하는 것

공무원노조에게 단체협약체결권을 인정하면서도 단체협약의 내용 중 법령 · 조례 · 예산 등에 위배되는 내용에 대하여는 단체협약의 효력을 부정하고 있다.[42] 민간부문과 달리, 공무원은 근무조건의 대부분이 헌법상 국민전체의 의사를 대표하는 국회에서 법률, 예산의 형태로 결정되므로, 그 범위 내에 속하지 않는 한 정부와 공무원노동단체간의 자유로운 단체교섭에 의하여 결정될 사항이라 할 수 없다. 따라서 노사간 합의로 체결된 단체협약이라 하더라도 법률 · 예산 및 그의 위임에 따르거나 그 집행을 위한 명령 · 규칙에 규정되는 내용보다 우선하는 효력을 인정할 수는 없다. 조례는 지방의회가 제정하는 것으로 해당 지방자치단체와 그 공무원을 기속하므로, 단체협약에 대하여 조례에 우선하는 효력을 부여할 수도 없다. 한편, 위 조항은 법령 · 조례 또는 예산 등과 저촉되는 부분에 한하여 단체협약으로서의 효력만 부인할 뿐, 사용자에게 그 사항에 대해 교섭 자체를 할 수 없게 하거나 단체협약을 체결을 금지하지는 않고, 정부교섭대표에게 그 내용이 이행될 수 있도록 성실히 노력할 의무를 부과하고 있다. 따라서 공노법 제10조제1항이 국회의 입법재량권의 한계를 일탈하여 조합원들의 단체협약체결권을 침해한다고 보기 어렵다.

(6) 공무원노동조합에 대한 단체행동권제한의 위헌성

공무원이 쟁의행위를 통하여 공무원 집단의 이익을 대변하는 것은 국민전체에 대한 봉사자로서의 공무원의 지위와 특성에 반하고 국민전체의 이익추구에 걸림돌이 되며, 공무원의 보수 등 근무조건은 국회에서 결정되고 그 비용은 최종적으로 국민이 부담한다. 그러므로 파업으로 행정서비스가 중단되면 국가기능이 마비될 우려가 크고 그 손해는 고스란히 국민이 부담하게 된다. 무엇보다도 공공업무의 속성상 공무원의 파업에 대한 정부의 대응수단을 찾기 어

---

42) 공노법 제10조【단체협약의 효력】① 제9조의 규정에 따라 체결된 단체협약의 내용중 법령 · 조례 또는 예산에 의하여 규정되는 내용과 법령 또는 조례에 의한 위임을 받아 규정되는 내용은 단체협약으로서의 효력을 가지지 아니한다.
② 정부교섭대표는 제1항의 규정에 따라 단체협약으로서의 효력을 가지지 아니하는 내용에 대하여는 그 내용이 이행될 수 있도록 성실히 노력하여야 한다.

려워 노사간 힘의 균형을 확보하기 어렵다. 따라서 공무원에 대하여 일체의 쟁의행위를 금지한 공노법 제11조[43]는 헌법 제33조제2항에 따른 입법형성권의 범위 내에 있어, 헌법에 위배되지 아니한다.

공무원의 쟁의행위에 대한 형사처벌을 규정한 공노법 제18조는 위 조항의 보호법익, 형법상 업무방해죄에 관한 대법원의 해석 등을 참조하여 통상의 해석방법에 의하여 그 보호법익과 금지된 행위 및 처벌의 종류와 정도를 알 수 있어, 죄형법정주의의 한 내용인 형벌법규의 명확성의 원칙에 반한다고 할 수 없다. 즉, 어떤 행위를 범죄로 규정하고 이에 대하여 어떠한 형벌을 과할 것인가는 원칙적으로 국가의 입법정책에 관한 사항으로서 입법자에게 광범위한 입법재량 내지 형성의 자유가 인정되어야 할 분야인 점, 공무원인 근로자의 업무의 공공성 · 공익성, 형법상 업무방해죄의 법정형에 견주어 볼 때, 위 조항의 법정형이 입법재량의 한계를 벗어난 과중한 처벌이라고 볼 수 없다. 또한 공무원이 쟁의행위를 할 경우 단순히 행정질서에 장해를 줄 위험성이 있는 정도가 아니라 국민생활의 전반에 영향을 미쳐서 일반의 공익을 침해할 고도의 개연성이 있으므로, 이에 대하여 행정형벌을 과하도록 한 공노법 제18조가 입법재량의 한계를 일탈하여 헌법에 위반된다고 할 수 없다.

(7) 공무원노조 관련, 사용자의 부당노동행위를 처벌하지 않는 규정

공노법 제17조제3항[44]은 노조법의 적용이 배제되는 경우를 규정하면서, 공무원인 노동조합원의 쟁의행위를 처벌하는데 반하여 사용자측인 정부교섭대표의 부당노동행위에 대하여는 처벌하지 아니하고 있다. 그러나 어떤 행위를

---

43) 공노법 제11조 【쟁의행위의 금지】 노동조합과 그 조합원은 파업 · 태업 그 밖에 업무의 정상적인 운영을 저해하는 일체의 행위를 하여서는 아니된다.
공노법 제18조 【벌 칙】 제11조의 규정을 위반하여 파업 · 태업 그 밖에 업무의 정상적인 운영을 저해하는 행위를 한 자는 5년 이하의 징역 또는 5천만원 이하의 벌금에 처한다.

44) 공노법 제17조 【다른 법률과의 관계】 ③ 노동조합및노동관계조정법 제2조제4호라목 단서, 제24조, 제24조의2, 제29조, 제29조의2부터 제29조의5까지, 제36조부터 제39조까지, 제41조, 제42조, 제42조의2부터 제42조의6까지, 제43조부터 제46조까지, 제51조부터 제57조까지, 제60조제1항 · 제5항, 제62조부터 제65조까지, 제66조제2항, 제69조부터 제73조까지, 제76조부터 제80조까지, 제81조제2호 단서, 제88조부터 제92조까지 및 제96조제1항제3호는 이 법에 의한 노동조합에 대하여는 이를 적용하지 아니한다.

범죄로 규정하고 어떠한 형벌을 과할 것인가 하는 문제는 원칙적으로 입법정책에 관한 사항으로 입법자에게 광범위한 재량 내지 형성의 자유가 인정되어야 할 문제다. 따라서 사용자의 부당노동행위에 대한 구제수단으로서 민사상의 구제절차를 마련하는데 그치고 형사처벌까지 규정하지 아니하였다고 하여 공무원조합의 단체교섭권을 침해하여 헌법에 위반된다고 할 수는 없다.

또한, 공노법이 공무원의 쟁의행위를 금지하고 이를 위반한 자를 형사처벌하는 것과 정부교섭대표 등 사용자의 부당노동행위와 구제명령위반에 대한 형사처벌규정의 적용을 배제하는 것은 그 입법목적이 서로 다르고, 공무원 노사관계의 특성을 고려한 합리적인 근거에 기한 것으로서, 평등권을 침해한 것으로 볼 수 없다. 그리고 입법자가 사용자의 부당노동행위에 대한 구제방법으로 민사상의 원상회복주의를 채택하고 형사상의 처벌을 배제한 것은, 정부교섭대표를 형사처벌하지 않는다고 하여 부당노동행위가 남발할 우려는 현실적으로 크지 않음에 반하여, 형사처벌을 할 경우 부당노동행위를 둘러싼 형사고발 등으로 불필요한 행정력이 소모되고 공직사회가 갈등에 휩싸이게 되는 등의 부작용이 우려되기 때문이다. 결론적으로 사용자의 부당노동행위를 형사처벌하는 문제에 있어서 일반 근로자와 공무원인 근로자를 차별하는 데는 합리적인 이유가 있으므로 평등권을 침해하는 것으로 볼 수 없다.[45)]

2) 교원에 대한 일부제한

교원의노동조합설립및운영등에관한법률[46)]에 의거 교원에 적용할 노조법에 대한 특례조항을 정하고 있다. 공무원의 경우와 마찬가지로 일반근로자에 비해 교원의 노동3권 보장은 제한되어 있다. 주요 내용은 일체의 정치활동을 금하고,[47)] 특별시 · 광역시 · 도 · 특별자치도 또는 전국단위에 한하여 노동조합을 설립할 수 있다.[48)] 2 이상의 특별시 · 광역시 · 도에 걸치는 단위노동조합은

45) 헌재 2005헌마971 · 1193, 2006헌마198(병합), 전원재판부, 2008.12.26

46) 1999.1.29, 법률 제5727호 ; 2008.2.29, 법률 제8852호로 개정

47) 교노법 제3조 【정치활동의 금지】 교원의 노동조합(이하 "노동조합"이라 한다)은 일체의 정치활동을 하여서는 아니된다.

48) 교노법 제4조 【노동조합의 설립】 ① 교원은 특별시 · 광역시 · 도 · 특별자치도(이하 "시 · 도"라 한다)단위 또는 전국단위에 한하여 노동조합을 설립할 수 있다.

시 · 도 단위의 지부 · 분회 등에 한하여 설립신고를 할 수 있다.[49] 노동조합의 대표자는 그 노동조합 또는 조합원의 임금 · 근무조건 · 후생복지 등 경제적 · 사회적 지위향상에 관한 사항에 대하여 교육과학기술부장관, 시 · 도 교육감 또는 사립학교를 설립 · 경영하는 자와 교섭하고 단체협약을 체결할 권한을 가진다. 이 경우 사립학교의 경우에는 사립학교를 설립 · 경영하는 자가 전국 또는 시 · 도 단위로 연합하여 교섭에 응하여야 한다. 노동조합의 교섭위원은 당해 노동조합을 대표하는 자와 그 조합원으로 구성하여야 하며, 조직대상을 같이하는 2 이상의 노동조합이 설립되어 있는 경우에는 노동조합은 교섭창구를 단일화하여 단체교섭을 요구하여야 한다.[50] 단체교섭을 하거나 단체협약을 체결하는 경우에는 관계 당사자는 국민여론 및 학부모의 의견을 수렴하여 성실히 교섭하고 단체협약을 체결하여야 하며, 그 권한을 남용하여서는 아니된다. 체결된 단체협약의 내용 중 법령 · 조례 및 예산에 의하여 규정되는 내용과 법령 또는 조례에 의한 위임을 받아 규정되는 내용은 단체협약으로서의 효력을 가지지 아니한다. 교육과학기술부장관, 시 · 도 교육감 및 사립학교를 설립 · 경영하는 자는 단체협약으로서의 효력을 가지지 아니하는 내용에 대하여는 그 내용이 이행될 수 있도록 성실히 노력하여야 한다. 노동조합과 조합원은 파업 · 태업 기타 업무의 정상적인 운영을 저해하는 일체의 쟁의행위를 하여서는 아니된다.[51] 노동3권 일부제한 등에 대한 입법취지 등은 공무원노조법과 대동소이하여 별도 설명은 생략하고, 기타 상세한 사항은 따로 장을 달리하여 "교원의 노동조합활동"에서 설명한다.

3) 주요방산업체 종사자에 대한 제한

주요방위산업체에 종사하는 근로자의 단체행동권은 법률이 정하는 바에 의하여 이를 제한하거나 인정하지 아니할 수 있다.[52] 헌법의 유보조항에 의거,

---

② 노동조합을 설립하고자 하는 자는 고용노동부장관에게 설립신고서를 제출하여야 한다.

49) 교노령 제2조

50) 교노법 제6조제3항

51) 교노법 제8조 위반시 벌칙 5년 이하의 징역 또는 5천만원 이하의 벌금

52) 헌법 제33조제3항

노조법에서는 「방위사업법」에 의하여 지정된 주요방위산업체에 종사하는 근로자중 "전력, 용수 및 주로 방산물자를 생산하는 업무에 종사하는 자"는 쟁의행위를 할 수 없으며 주로 방산물자를 생산하는 업무에 종사하는 자라 함은 방산물자의 완성에 필요한 제조 · 가공 · 조립 · 정비 · 재생 · 개량 · 성능검사 · 열처리 · 도장 · 가스취급 등의 업무에 종사하는 자를 말한다.[53)]

4) 기타 노동3권중 일부제한 등

그 외 사업의 성질상 노동3권 중 일부를 제한하거나 특별히 취급하는 경우로서, 공익사업에 대한 특별조정위원회 구성과 긴급조정[54)]과 중재,[55)] 공익사업으로서 그 업무의 정지 또는 폐지가 공중의 일상생활을 현저히 위태롭게 하거나 국민경제를 현저히 저해하고 그 업무의 대체가 용이하지 아니한 사업을 필수공익사업으로 정하고,[56)] 필수공익사업에서 분쟁이 발생하였을 경우 조정

---

53) 노조법 제41조【쟁의행위의 제한과 금지】① 노동조합의 쟁의행위는 그 조합원의 직접 · 비밀 · 무기명투표에 의한 조합원 과반수의 찬성으로 결정하지 아니하면 이를 행할 수 없다. 제29조에 따라 교섭대표노동조합이 결정된 경우에는 그 절차에 참여한 노동조합의 전체 조합원(해당 사업 또는 사업장 소속 조합원으로 한정한다.)의 직접 · 비밀 · 무기명투표에 의한 과반수 찬성으로 결정하지 아니하면 쟁의행위를 할 수 없다.
② 「방위사업법」에 의하여 지정된 주요방위산업체에 종사하는 근로자 중 전력, 용수 및 주로 방산물자를 생산하는 업무에 종사하는 자는 쟁의행위를 할 수 없으며 주로 '방산물자를 생산하는 업무에 종사하는 자의 범위는 대통령령으로 정한다.
노조령 제20조【방산물자 생산업무 종사자의 범위】법 제41조제2항에서 "주로 방산물자를 생산하는 업무에 종사하는 자"라 함은 방산물자의 완성에 필요한 제조 · 가공 · 조립 · 정비 · 재생 · 개량 · 성능검사 · 열처리 · 도장 · 가스취급 등의 업무에 종사하는 자를 말한다.

54) 노조법 제76조【긴급조정의 결정】① 고용노동부장관은 공익사업에 관한 것이거나 그 규모가 크거나 그 성질이 특별한 것으로서 현저히 국민경제를 해하거나 국민의 일상생활을 위태롭게 할 위험이 현존하는 때에는 긴급조정을 할 수 있다.

55) 노조법 제71조, 제76조, 제79조

56) 노조법 제71조【공익사업의 범위 등】① 이 법에서 "공익사업"이라 함은 공중의 일상생활과 밀접한 관련이 있거나 국민경제에 미치는 영향이 큰 사업으로서 다음 각호의 사업을 말한다.
1. 정기노선 여객운수사업 및 항공운수사업
2. 수도사업, 전기사업, 가스사업, 석유정제사업 및 석유공급사업
3. 공중위생사업, 의료사업 및 혈액공급사업
4. 은행 및 조폐사업
5. 방송 및 통신사업
② 이 법에서 "필수공익사업"이라 함은 제1항의 공익사업으로서 그 업무의 정지 또는 폐지가

이 성립될 가망이 없다고 인정한 경우에는 특별조정위원회 결정에 의하여 그 사건의 중재회부를 당해 노동위원회에 권고하는 조치할 수 있다.[57] 공익사업과 필수공익사업의 범위는 각주와 같다. 주요방산업체 종사자에 대한 제한 등 나머지 관련사항은 쟁의행위부분에서 상세히 설명하기로 한다.

공중의 일상생활을 현저히 위태롭게 하거나 국민경제를 현저히 저해하고 그 업무의 대체가 용이하지 아니한 다음 각호의 사업을 말한다.

1. 철도사업, 도시철도사업 및 항공운수사업
2. 수도사업, 전기사업, 가스사업, 석유정제사업 및 석유공급사업
3. 병원사업 및 혈액공급사업
4. 한국은행사업
5. 통신사업

57) 노조법 제75조

03

노동법의 존재형식과 적용순위

노동법의 존재형식 즉, 법원이란, 노동법상의 분쟁에 관한 재판에 있어서 법관에게 기준이 되는 규범의 존재형식을 말하고, 일반성을 요소로 하는 법만이 아니라 노동관계에 관한 모든 규율근거가 노동법의 법원이 된다고 이해된다.[1] 따라서 노동관계법령과 규칙은 물론이고 단체협약이나 근로계약 등도 법원으로 인정된다. 다만, 학자에 따라서는 객관적인 규범 등 법원으로서 일반성을 중시하여 취업규칙 · 단체협약 · 근로계약의 법원성을 부정하는 주장도 있고,[2] 실질을 중요시하는 입장에서는, 법원의 실천적인 의미는 법률관계를 규율하는 권리 · 의무의 원천으로 규범의 존재형식으로 보아서 취업규칙 등의 법원성을 긍정한다.[3] 긍정설을 다수입장으로 보아야 할 것이다.

노동관계법령은 국가가 제정한 노동법을 말한다. 집단적 부문에는 노동조합 및노동관계조정법(이하 노조법), 교원의노동조합설립및운영등에관한법률(이하 교노법), 공무원의노동조합설립및운영등에관한법률(이하 공노법) 등이 있다. 개별적 부문에는 근로기준법(이하 근기법), 최저임금법, 남녀고용평등과 일 · 가정 양립지원에 관한 법(이하 고평법), 산업안전보건법, 산업재해보상보험법, 파견근로자보호등에관한법률(이하 파견법), 직업안정법, 근로자직업능력개발법, 고용보험법, 고령자고용촉진법 등이 있다.

---

1) 김형배, 『노동법』, 120쪽
2) 곽윤직, 『민법』
3) 김형배, 『노동법』, 121쪽

1. 법원으로서 타 법령과 관계

노동관계법령은 헌법을 정점으로 하여 민법 · 형법 · 행정법 등을 기초로 하는 법체계 속에서 편성되어 있기 때문에, 넓게 보면 이들 관련 법령은 노동관계에 관한 기초적 또는 보충적 규정으로서 노동법의 법원이 된다. 이 가운데 헌법 제32조 및 제33조제1항 등의 근거규정은 다른 노동관계 하위법령에 타당성의 근거를 부여하는 것으로서 중요하고, 그 외 법 앞에 평등[4] · 직업선택의 자유[5] · 집회 결사 등의 자유[6]등이 구체성을 뒷받침한다. 그 외 민법의 법인 · 법률행위 · 계약 · 고용 · 불법행위 등에 관한 법규들은 노동관계가 기본적으로 사인간의 관계이기 때문에 노동법에 의하여 수정되면서도 여전히 기초적 또는 보충적 규정으로서의 자리를 차지하고 있다.[7] 특히 근기법과 노조법 등 노동관계법은 민법의 특별법으로서 강행적 효력을 가진다. 노동관계법이 강행성을 가지고 민법 등 시민법의 특별법으로서 지위를 가지는 것은 노사의 경제 · 사회적 지위 등의 차이로 인해 개별근로자의 교섭력이 취약하기 때문이다.

2. 국제조약, 단체협약, 취업규칙, 근로계약 등

헌법에 의하여 체결 공포된 조약은 국내법과 동일한 효력을 가지므로 우리나라가 비준 · 공포한 ILO협약 등은 노동법의 주요법원이 된다. 노사 당사자가 체결한 단체협약 · 취업규칙 · 조합규약 · 근로계약은 그 적용범위 안에서 관련당사자의 상대방에 대한 권리의무를 규율하고 있으므로 상위법에 위배되지 않는 한도에서 노동법의 법원으로 인정된다. 이 가운데 "단체협약은 노사가 약정한 규범적계약"으로서 개별적인 근로관계에 대하여 기준적인 효력이 미치는 규범적인 부분과 협약당사자인 노사의 권리 · 의무관계를 규율하는 채무적부분으로 나눈다. 단체협약은 원칙적으로 노동조합의 조합원에게만 효력

4) 헌법 제11조
5) 헌법 제15조
6) 헌법 제21조
7) 임종률, 『노동법』, 8쪽~9쪽

을 미치는 것이 원칙이므로 비조합원에게는 법원이 될 수 없다. 다만, 예외적으로 일반적구속력 및 지역적구속력을 갖는 경우 그 한도에서는 비조합원에게도 적용되므로 법원성을 갖는다.

단체협약이 노동조합과 사용자 사이의 계약이라면 당사자에게만 효력을 갖는 것이 원칙인데, 당사자가 아닌 조합원에게 효력이 미치는 이유 즉, 단체협약의 규정을 근거로 조합원이 사용자에 대해 청구권의 기초로 삼을 수 있는 이유가 무엇인지 의문이다. 헌법과 노동법에 의해 국가가 입법권의 일부를 노사에게 위임했다는 견해, 노사는 헌법과 법률 등으로 정한 강행규정에 위반하지 않는다면 그 범위 내에서 자치규범을 설정할 수 있다는 입장 등이 있으나 어느 것이나 명료하지 않다. 다만, 법원으로서 단체협약이 헌법과 법률의 하위에 있고, 취업규칙과 근로계약의 상위에 있는 것은 노사가 대등한 교섭을 한 결과물이 취업규칙이나 근로계약보다 유리하게 될 수 있고 근로자보호에 합치되기 때문이다. 단체협약상의 근로조건에 관한 부분은 조합원인 근로자와 사용자 사이에 직접적 · 강행적 효력을 가진다.[8] 유리조건 우선의 원칙 등 관련 사항에 대해서는 장을 달리하여 해당부분에서 상세히 설명한다.

3. 노동관행의 법원성

사전적인 의미로 관행(慣行)이란, 비록 성문화되지는 않았지만, 일정한 사실 등에 대한 행동양식 · 처리절차 등이 상당기간에 걸쳐 계속적으로 반복되어 구성원 모두에게 법규범과 유사한 정도로 인식되어 행동양식으로 고착화된 집단적인 규범이나 처리절차 · 행동양식 등을 총칭하는 말이다. 민법에서도 법령 중의 선량한 풍속 기타 사회질서에 관계없는 규정과 다른 관습이 있는 경우에 당사자의 의사가 명확하지 아니한 때에는 그 관습에 의하도록 정하고 있다.[9]

노동법원으로서 관행이란, 취업규칙 · 단체협약 · 근로계약 등으로 성문화되지 않은 채 노사관계의 현장에서 근로조건 · 직장규율 · 시설관리 · 조합활동

8) 김형배, 『노동법』, 126쪽

9) 민법 제106조

등에 관하여 장기간 계속적 · 반복적으로 행하여진 처리방법을 말한다.

가. 관행의 성립요건

관행이 성립하려면, 원칙적으로 상당한 기간에 걸친 계속성, 반복성이 요구되고 당사자간 그 사실에 대해 묵시적으로 승인하는 의사의 존재가 추정되어야 한다. 노동관계와 관련해서는 관행이 법적구속력을 인정받으려면 그것만으로는 부족하고, 강행법에 위반되지 않는 등 법적 합리성과 성문법규의 흠을 보완하는 보충성을 가져야 한다. 따라서 관행이 헌법의 노동3권 보장의 기본이념에 반하는 경우는 효력이 부정되고, 협약이나 취업규칙의 기준보다 노동자에게 불리한 내용의 관행은 무효가 될 수밖에 없다.[10] 주요내용으로는 근로조건, 경영을 둘러싼 관행, 조합활동과 쟁의를 둘러싼 관행, 기업 내 경영 · 인사관행 등이 있으며, 외부적으로는 특정한 산업계의 관행이나 지역적 관행 및 국제적 관행 등을 들 수 있다.

노동관행이 구체적으로 문제가 되는 경우는, 사용자가 경영의 걸림돌이 되는 노동조합의 활동을 개선하기 위해 그동안 용인해 온 조합활동을 둘러싼 관행 또는 노동조건에 관한 관행을 일방적으로 폐기 · 축소 · 단축하는 경우에 갈등을 수반한다. 법령 · 협약 · 취업규칙에 규정이 없는 문제에 관해서는 해당 관행이 성문법규를 보충해 주는 역할 즉, “보충적 기능”을 수행한다. 노동관행이 법적으로 구속력을 가질 수도 있는 것은 관행 속에 노사간의 묵시의 합의가 추정되기 때문이다. 관행의 폐기에 대해서는 관행의 성립과 마찬가지로 노사의 명시 또는 묵시의 합의에 의해 폐기할 수 있다. 따라서 어느 일방의 폐기통고만으로 장기간 시행해 온 관행이 곧 효력을 잃게 되는 것은 아니다. 다만, 실무상 특정 사안이 법적효력을 수반한 관행이라는 것을 입증하기가 쉽지 않을 것이다.

10) (예) 조합은 절대 단체행동권을 행사하지 않는다든지, 쟁의행위를 결의하면서 투표 없이 위원장에게 가부를 결정토록 위임한다든지 하는 등 법위반 관행은 무효

나. 노동관행의 법원성

결론적으로, 노동관행을 노동법의 법원으로 인정할 수 있는지 문제된다. 노동관행은 그 자체로서 특별한 법적 효력을 가지지 않는다. 다만, 근로조건 · 조합활동 · 단체교섭 · 쟁의행위 등 문제가 된 사안에 관하여 법령이나 단체협약, 취업규칙, 조합규약, 근로계약 등으로 달리 정한 바도 없는 경우, 그러한 사항에 관한 보충성을 지닌 관행이 장기간 계속적 · 반복적으로 시행되어 와서 노사당사자 모두에게 집단의 규범과 같은 역할을 수행해 왔고, 그 내용이 앞에서 언급한 성문의 법규 등에 위배되지 않는다면, 근로계약 당사자간에 묵시의 합의가 성립한 것으로 보거나 당사자가 그러한 "사실인 관습"[11]에 따를 것을 인정한 것으로 보아 근로계약 등의 내용으로 되고 그 효력을 인정받는다.[12] 예컨대, 장기간 징계의 대상으로 취급하지 않은 행위에 대하여 아무런 예고도 없이 갑자기 징계처분을 하는 경우 권리남용으로 인정된다. 또 단체협약이나 취업규칙의 불명확하거나 추상적인 규정과 관련하여 일정한 취급이 관행으로 된 경우에는 그 관행은 단체협약이나 취업규칙의 보충적 해석기준으로서의 지위를 부여받고 결국 단체협약이나 취업규칙과 일체의 효력을 인정받게 된다.

결론적으로 위와 같은 견해를 토대로 구체적 사실관계에서 쟁점사항이 관행에 해당하는지 그렇다면 성문법이나 규칙 합의 등을 개폐하는 보충적인 효력이 있는지 여부를 판단하는 것이 바람직하다.

4. 규 약

노동조합의 가입 · 탈퇴 · 활동 · 운영 등 내부질서, 조합원의 권리와 의무, 조합의 재산관계, 조직 등을 규정한 자치법규를 규약이라고 한다. 자치규범으로서 규약은 헌법과 법률 등 강행법규에 위반되는 내용을 정할 수는 없으므로 그 한도 내에서 자율적으로 정한 규범은 법원성을 가진다. 따라서 조합원의 단결체 가입 · 선택의 자유를 제한하는 등 단결권의 보호범위를 이탈하는 규

11) 민법 제106조

12) 임종률, 『노동법』, 10쪽

약은 효력이 없다. 규약의 해석권은 원칙적으로 노동조합에 있다.[13] 노조법은 조합의 민주적 운영을 도모하기 위해 규약 속에 일정한 사항을 의무적으로 기재하도록 정하고 있다.[14]

5. 판례와 행정해석

가. 판 례

판례에 의하여 설정된 준칙은 노동법의 법원으로 인정되지 않는다. 성문법주의를 취하는 우리나라에서는 법관이 선례에 구속되지 않고 당해 사건이 아닌 이상 상급법원의 판례에 구속되지도 않기 때문이다. 다만, 법관 스스로 특정사안에 관한 판단을 할 때, 노동관계법령에 의하여 직접 규율되지 않거나 당해 법규의 의미가 불명확한 경우에 종전의 판례를 중시하고 이에 따르는 경향이 있다.

나. 행정해석

고용부가 관계법령의 통일적적용과 효과적인 근로감독 시행 등 행정편의를 위해 예규 · 질의회시 · 지침 등의 형식으로 공표하는 경우 그러한 행정해석은 내부적 업무처리지침에 불과하여 법관을 구속할 수 없으므로 노동법의 법원으로 인정되지 않는다.[15]

다만, 행정해석은 노동행정 내부에서는 구속력을 가지고 있고 특히 노동관계법령에 관하여 수사권을 가지는 근로감독관이 이를 토대로 업무를 집행하므로 노동관계 당사자에게 일반적으로 행위규범으로서 작용하고 있으며, 경우에 따라서는 법으로 판단하기 곤란한 구체적 사실관계에 대해 법집행의 편의성과 전문성을 제고할 수 있으므로 검사나 법관이 이를 참고로 하는 경우가 적지 않다.

---

13) 노조 01254-454, 2000.5.31
14) 노조법 제11조
15) 대판 92누7122, 1993.2.23

6. 법규범의 적용순위, 유리조건 우선원칙 등

다양한 종류의 노동법원이 동일한 대상에 적용되는 경우, 서로 충돌하는 경우가 있는데, 이 때 어느 규범이 우선 적용되는지 의문이다. 일반적으로 노동관계법의 단계적 적용순위는 헌법→법률 · 조약→명령→단체협약(기본협약→보충협약)→취업규칙→근로계약→관행, 사용자 지시 등의 순으로 적용된다. 상 · 하위의 규범들이 서로 충돌하는 경우에는 당연히 상위법우선의 원칙에 따르고 상위법에 저촉되는 하위규범은 효력을 가질 수 없다. 특히 근로계약을 토대로 한 사용자의 지시권은 경영질서 유지를 위하여 근로자에게 복종할 의무를 부여하고, 정당한 지시를 거부할 경우 해고사유에 해당할 수 있다. 따라서 지시권이 강행법규와 단체협약, 취업규칙 근로계약 등 상위규범에 위배되지 않는다면 그 범위에서 근로계약 실현을 위한 실질적인 보충규범이 될 수 있다.[16)]

가. 유리조건 우선적용의 원칙

근기법 제96조에 의하면, 취업규칙은 법령이나 해당사업 또는 사업장에 대하여 적용되는 단체협약과 어긋나서는 아니된다. 고용노동부장관은 법령이나 단체협약에 어긋나는 취업규칙의 변경을 명할 수 있다고 정하고, 노조법 제33조에 의하면, 단체협약에 정한 근로조건 기타 근로자의 대우에 관한 기준에 위반하는 취업규칙 또는 근로계약의 부분은 무효로 한다.[17)] 근로계약에 규정되지 아니한 사항 또는 제1항의 규정에 의하여 무효로 된 부분은 단체협약에

---

16) (예) 기타 취업규칙이나 근로계약 등에 정당한 직무명령에 위반하는 경우는 징계 등 불이익에 처한다는 규정을 둔 경우

17) 노조법 제33조【기준의 효력】① 단체협약에 정한 근로조건 기타 근로자의 대우에 관한 기준에 위반하는 취업규칙 또는 근로계약의 부분은 무효로 한다.
② 근로계약에 규정되지 아니한 사항 또는 제1항의 규정에 의하여 무효로 된 부분은 단체협약에 정한 기준에 의한다.
근기법 제96조【단체협약의 준수】① 취업규칙은 법령이나 해당 사업 또는 사업장에 대하여 적용되는 단체협약과 어긋나서는 아니된다.
② 고용노동부장관은 법령이나 단체협약에 어긋나는 취업규칙의 변경을 명할 수 있다.
근기법 제97조【위반의 효력】취업규칙에서 정한 기준에 미달하는 근로조건을 정한 근로계약은 그 부분에 관하여는 무효로 한다. 이 경우 무효로 된 부분은 취업규칙에서 정한 기준에 따른다.

정한 기준에 의한다고 정하고 있다. 이것은 법 적용단계를 헌법→노동관계법→단체협약→취업규칙→근로계약의 순으로 정하고, 동일한 사항에 대하여 상위법과 다른 하위법이 있을 경우는 상위법이 우선하여 적용된다는 것을 명시한 것으로 보아야 한다.

즉, 법에 위반되지 않는 단체협약은 취업규칙이나 근로계약에 우선하여 적용되며, 그에 위반하는 취업규칙이나 단체협약의 규정은 단체협약에 부여된 강행성에 따라 그 부분에 한해 무효가 되고 상위규범인 단체협약이 적용된다는 것이다. 따라서 특정한 사항에 대해 단체협약으로 정한 바는 없고 근로계약이나 취업규칙으로 정한 바가 있는 등 상위규범에 없고 하위규범에만 있는 경우는 예외적으로 하위규범에 따라 적용할 수 있다.

여기서 문제가 되는 것은, 특정사항에 대해 상위규범에 정한 사항보다 하위규범에 정한 사항이 보다 유리하게 정해져 있는 경우는 상위법을 무시하고 그에 따라야 하는가 하는 소위 유리조건 우선의 원칙의 적용문제이다. 노동법의 목적은 근로자 보호에 있으므로, 이 점을 강조하면, 특정사항에 관해 상위의 법원이라고 하더라도 하위의 법원이 근로자들에게 더 유리한 내용을 정하고 있다면 상위법에 우선하여 효력을 가질 수 있다. 이와 같이, 하위의 법원이 상위의 법원보다 근로자들에게 유리한 내용을 규정하고 있을 때는 하위의 법원이 그대로 효력을 발생하고 상위의 법원은 적용되지 않는 것을 "유리조건 우선의 원칙(有利條件 優先의 原則)"이라고 한다.

1) 유리조건 우선원칙에 대한 실정법적 근거

유리조건 우선의 원칙에 대해 명문으로 정한 규정은 없다. 다만, 우리나라의 경우, 입법적인 근거로 근기법 제96조(단체협약의 준수)와 제97조(위반의 효력) 및 노동조합법 제33조(기준의 효력)에서 간접적으로나마 상위법이 하위법에 우선하는 경우, 동일사안에 대해 상위법이 하위법을 개폐하는 효력 등을 정하고 있다. 단체협약은 법률[18]에 의해 강행적 효력과 보충적효력이 인정되며, 이 두 가지 효력을 합한 규범적효력 즉, 노동조합과 사용자 사이의 협약이 협약당사자가

18) 노조법 제33조제1항

아닌 근로자개인과 사용자 사이에 직접 적용되는 효력에 의해 취업규칙이나 근로계약에 우선하여 적용되는 최저기준으로서의 효력을 가진다.[19] 단체협약의 효력은 다음과 같이 구분한다.

첫째, 강행적 효력. 단체협약에 정한 근로조건 기타 근로자의 대우에 관한 기준에 위반하는 취업규칙 또는 근로계약 부분을 무효로 하는 효력을 말한다. 이 경우 무효로 할 것인지 여부를 당사자의 의사에 따라 좌우할 수 없다.[20]

다만, 이 경우는 취업규칙, 근로계약 등 하위법에서 정한 근로조건 등의 내용은 단체협약 등 상위법의 동일한 내용에 위배될 수 없다는 것이고, 강행규정에 위배되지 않으면서 취업규칙과 근로계약 등으로 단체협약에 정하지 않은 사항, 단체협약과 무관한 사항 등에 관한 정한 것을 무효로 한다는 것은 아니다. 따라서 단체협약에 반하지 않는 한 사용자는 취업규칙, 근로계약 등으로 새로운 징계사유를 정할 수 있고 그 징계사유에 터 잡아 징계할 수도 있다.[21]

둘째, 보충적 · 직접적 효력. 단체협약의 강행적 효력에 의해 무효로 된 취업규칙이나 근로계약 부분 또는 근로계약에 규정되지 않은 내용은 단체협약상의 기준이 적용된다. 직접적 효력이라고도 한다.[22]

단체협약은 그 내용에 따라, 규범적부분과 채무적부분, 그리고 조직적부분으로 대별한다.

(1) 규범적 부분

규범적 부분(規範的 部分)이란 단체협약의 각 조항 내지 내용 중에서 임금 · 근로시간 등 근로조건 및 기타 근로자의 대우 등에 관한 기준을 정하는 부분과 같이 개별적 근로관계에 있어서만 실현되는 부분을 말한다. 예컨대 임금의 액수, 임금의 지불방법, 근로시간, 유급 휴일, 휴가, 상여금 및 경조금의 지급, 기타 후생 · 복리에 관한 협정, 안전 · 보건 및 산업재해보상의 종류와 그 산

19) 김형배, 『노동법』, 36쪽
20) 노조법 제33조제1항
21) 대판 9다48697, 1993.4.27 ; 대판 92누13035, 1993.1.15 ; 대판 93누20115, 1994.6.14 ; 근기 68207-685, 1994.4.25
22) 노조법 제33조제2항

정, 퇴직금의 지급, 정년제, 인사 및 근로관계의 종료에 관한 부분 등이 이에 속한다.

단체협약의 규범적 부분은 근로조건의 개선을 목적으로 하는 단체협약의 핵심적 기능을 실현하는 본질적 부분이기 때문에 규범적 부분이 전혀 없는 노사합의문서는 단체협약이라고 할 수 없으며, 개별적 근로관계에 대하여는 강행적이고 직접적 혹은 직률적으로 효력이 인정된다.

여기서 강행적 효력이란, 단체협약상의 근로조건 기타 근로자의 대우에 관한 기준에 위반하는 취업규칙 또는 근로계약의 부분을 무효로 하는 효력을 말하며,[23] 직접적 효력이란, 단체협약의 강행적 효력에 의하여 무효로 된 근로계약이나 취업규칙의 부분과 이에 규정되어 있지 않은 사항에 대해서는 단체협약에서 정한 바에 따른다는 효력을 말한다.[24]

예를 들면, 단체협약에서 조합원인 사무직 근로자의 임금을 호봉(1호봉~최고20호봉)에 따라 시간급 1호봉/7,000원~20호봉/26,000원이라고 협정하였을 경우에 사용자가 어떤 조합원에게 시간급 임금을 1호봉 5,000원을 지불할 것을 계약하더라도 이 계약은 1호봉 최저시간급임금 7,000원이라는 단체협약에 위반되므로 무효로 될 뿐만 아니라(강행적효력) 그 근로자의 임금은 단체협약의 기준에 의하여 7,000원으로 되는 것이다(보충적효력). 또한 어떤 조합원이 임금에 관하여 아무런 결정이 없이 근로계약을 체결하고 입사하였다고 하더라도 그의 임금은 호봉책정 기준에 따라 산정된 호봉에 연동하여 1호봉/7,000원~20호봉/26,000원으로 결정된다. 이것을 규범적 효력이라고 한다. 규범적 효력이 인정됨으로써 비로소 단체협약이 근로조건을 일정한 수준 이상으로 유지하며 근로자의 생활을 보장하는 데 이바지할 수 있다. 이러한 의미에서 규범적 효력은 단체협약의 효력에 있어서 본질적인 것이라 할 수 있다.

다만, 단체협약의 내용이 강행법규[25]나 선량한 풍속기타 사회질서에 반하는 경우는 규범적 효력이 미치지 않고,[26] 시간외 근무 등 개별조합원의 의무를

23) 노조법 제33조제1항
24) 노조법 제33조제2항
25) 근기법, 고평법, 노조법 등
26) 대판 90다카24496, 1990.12.21

창설하는 내용, 조합원 개인의 의사가 전제되어야 하는 사항에 관한 합의, 임금반납 등 기득한 권리의 처분이나 제한 등에 관한 사항은 단체협약으로 정할 수 없다.[27)]

(2) 채무적 부분

채무적 부분(債務的 部分)은 단체협약의 내용 중 집단적 노사관계와 관련하여 유일교섭단체협정, 교섭권위임금지협정 등과 같이 협약당사자간의 권리 · 의무에 관한 사항을 정하는 부분을 말한다. 구체적으로 어떤 조항들이 여기에 해당되는가 하는 것은 명백하지는 않고, 현행 노동법에서도 이에 대하여 명확한 규정을 두고 있지 않다. 다만, 일반적으로 평화의무조항, 평화조항, 유일교섭단체조항, 조합활동에 관한 편의제공조항, 단체교섭의 절차 및 기타규칙, 단결강제(shop) 조항, 쟁의행위에 관한 사항 등이 "채무적부분"에 속한다고 보는 것이 일반적이다.

단체협약을 체결한 노동조합은 채무적 부분에 관한 제반 의무를 스스로 준수해야 할뿐만 아니라 조합원들이 단체협약 내에 규정된 준수사항들을 그대로 지키도록 노력해야 한다.

채무적 부분의 효력에 대해서는 규범적 부분의 효력과는 달리 노동법상에 규정되어 있지 않으므로 협약당사자간의 민법(채권법)상의 채무적 효력만이 발생한다고 보는 것이 일반적인데, 여기에서 말하는 채무적 효력이란, 협약당사자인 노동조합과 사용자 또는 사용자단체간에 채무적 부분에 관해서 협약에 규정되면 협약당사자는 이를 이행하여야 할 채무를 갖게 되고, 만약 이 채무를 이행하지 않았을 경우에는 민법상의 대응조치를 할 수 있는 것을 말한다. 자세한 사항은 평화의무 조항 등 해당부분에서 예를 들어 설명한다.

(3) 조직적 부분

조직적 부분(組織的 部分)이란, 조합원의 해고동의 · 협의협정, 고충처리제도의 조직, 소비조합의 조직과 운영에 관한 협정 등과 같이 집단적 노사관계에 적용되면서도 개별적인 근로관계와도 관련되는 부분을 말한다. 오늘날 노사간

---

27) 김유성, 『노동법』, 168쪽

의 협력적 관계가 부각되고 또 긴밀해지면서 조직적 부분의 중요성은 더욱 강조되고 있음에도 불구하고 근참법에 의하여 근로자의 복지증진, 교육훈련, 노사분규예방, 고충처리 등에 관한 사항뿐만 아니라 징계, 해고 등 인사에 관한 협의기관의 구성 및 운영도 노사협의의 대상이 될 수 있으므로 단체협약의 조직적 부분의 의의는 상대적으로 약화되었다고 볼 수 있다. 조직적 부분의 효력은 제도적인 특성을 갖고 있으나 근로조건의 기준이나 협약당사자 상호간의 권리 · 의무에 관한 것이 아니라 집단적 노사관계와 관련되는 제도에 관한 조항들로 이루어져 있다는 특이성 때문에 이의 효력을 일률적으로 규정하기는 어렵다. 따라서 그 효력의 성질은 조직적 부분의 성격에 따라 이를 결정해야 할 것이다. 다만, 협약상 조합원에 대한 징계시 징계위원회의 의결이 있어야 한다는 등의 징계절차 규정이 있는 경우에 징계위원회의 의결을 거치지 않는 등 징계절차를 위반한 징계처분은 당연히 무효라고 본다는 대법원의 입장에서 본다면 원칙적으로 조직적 부분은 제도적 효력을 지니며 이는 규범적 효력을 가지는 것으로 이해할 수 있다.

2) 유리조건 우선원칙을 긍정하는 학설과 판례입장

상위규범에 정한 사항보다 하위규범에 정한 사항이 보다 유리하게 정해져 있는 경우는 유리한 규정을 우선적으로 따라야 한다는 것이 유리조건 우선의 원칙을 지지하는 입장이다. 이러한 주장의 토대는, 앞서 언급했듯이 단체협약은 법률[28]에 의해 강행적 효력과 보충적효력이 인정되며, 이 두 가지 효력을 합한 규범적효력[29]에 의해 취업규칙이나 근로계약에 우선하여 적용되는 최저기준으로서의 효력을 가진다.[30] 따라서 당사자의 계약자유를 존중하여 이 기

28) 노조법 제33조제1항

29) 대판 91다34073, 1992.7.24. 단체협약의 효력에 있어서 규범적 효력이란, 단체협약과 같은 집단적인 의사를 근로자의 개별적 의사에 우선 시켜 단체협약을 일종의 법규범으로 보는 것을 지칭하는 으로서 ,노동조합과 사용자 사이의 협약이 협약당사자가 아닌 조합원 개인과 사용자 사이에 직접 적용되는 효력으로 비조합원에게는 미치지 않으며, 전체 또는 일부의 내용을 일정범위의 조합원에게 국한하여 적용토록 한 경우는 그 범위의 조합원에게만 규범적 효력이 적용되고, 협약의 유효기간 중 조합원에게만 적용되는 것이 원칙이다.

30) 김형배, 『노동법』, 36쪽

준보다 유리한 취업규칙 혹은 근로계약의 규정은 그 한도에서 단체협약에 우선하여 효력을 가진다는 주장에서 출발한다. 또한 설사 협약 당사자가 단체협약 기준을 최고기준이라 합의하여 그 이상으로 정한 규정은 무효라고 정했다고 하더라도 그것은 민법 제103조 위반[31]으로 무효라고 보는 것이다. 사용자가 자발적으로 단체협약의 기준보다 유리한 급부를 하거나 또는 근로계약에 의하여 단체협약으로 정한 기준 이상의 급부를 약속하는 것도 계약자유의 원칙에 비추어 유효하기 때문에 단체협약상의 기준만으로 판단하는 것은 무리가 있다는 것이다. 이러한 주장은 오늘날 다수설의 입장으로 보아야 한다.[32]

다만, 기업별노동조합이 일반적인 우리나라의 경우 단체협약에 어긋나는 취업규칙이나 근로계약을 체결하는 사업장은 드물 것이므로, 산별교섭을 바탕으로 하는 독일법계에서 나온 유리원칙우선원칙이 그대로 적용될 경우는 많지 않을 것이다. 산별협약의 경우 그 구성원인 개별사업장의 노사가 산별단협과 달리 당해 사업장에 고유한 사정을 반영하여 보충협약으로 산별단협보다 유리한 조항을 추가로 약정하더라도 유리조건으로 인정해 주어야 할 필요성이 있기 때문이다.[33] 실무에서 근로계약에 의한 근로조건과 단체협약상 조건을 비교하여 어느 것이 유리한지 판단할 때는 개별적 검토보다 종합적이고 객관적 · 실질적으로 판단하여야 할 것이다.

한편, 유리조건 우선원칙도 당사자의 사적자치 원칙에 반할 수는 없다고 보아서, 노사가 대등한 입장에서 순수한 자발적 결단으로 단체협약상의 조건을 포기하고 그보다 낮은 조건으로 계약을 체결했다면 유리조건 우선원칙에 반하지 않는 것으로 보아야 한다는 주장이 있다. 다만, 이러한 주장의 실현은 법개정이 이루어져야 가능하고 본다.[34] 한편 유리조건 우선원칙이 중시되면, 사용

---

31) 반사회질서의 법률행위, 선량한 풍속 기타 사회질서에 위반한 사항을 내용으로 하는 법률행위는 무효로 한다

32) 김형배, 『노동법』, 126쪽 ; 박상필, 김치선, 『독일단체협약법』 ; 대판 93누20115, 1994.6.14, 단체협약으로 정한 징계사유와 관련 없는 새로운 징계사유를 취업규칙으로 정한 경우 취업규칙을 적용한 것은 적법하다

33) 김유성, 『노동법』, 165쪽

34) 김형배, 『노동법』, 38쪽. 단체협약제도는 근로조건 개선의 목적도 있지만 근로자를 보호하는 측면도 있다. 따라서 근로자가 일자리를 구하기 위해 단체협약상 근로조건보다 낮은 조건으로라도

자가 비조합원 또는 적대적인 조합원 등에 대해 단체협약상 근로조건보다 유리한 조건으로 근로계약을 정하여 조합원의 탈퇴를 조장하는 등 부당노동행위를 할 수 있다. 사측의 이 같은 행태가 결국은 노동조합에 대한 지배개입으로 이어질 수도 있지 않을까 하는 우려도 있으나 근로자보호가 노동법의 목적인 것을 감안하면 타당성이 없다는 견해이다.[35)]

3) 유리조건 우선원칙을 배제하는 입장

유리조건 우선원칙을 배제하는 입장에서는 단체협약의 강행적 효력을 중시하여, 단체협약의 기준은 절대적인 기준이기 때문에, 동일한 사항에 관하여 비록 단체협약의 기준이 근로계약이나 취업규칙보다 불리한 경우라 할지라도 단체협약의 기준만이 유효하게 적용된다는 견해이다. 우리나라와 같은 기업별 노조가 대세인 현실에서, 사용자가 개별조합원이나 비조합원에 대하여 단체협약에 어긋나는 취업규칙이나 근로계약을 체결하는 사업장은 드물 것이고, 그렇게 할 경우 사용자의 지배개입, 불이익취급 등의 사례가 빈번하게 발생하여 노동조합의 단결권과 단체교섭권은 심각하게 침해될 수 있다는 것이다. 따라서 이 견해에 의하면 유리조건 우선원칙은 적용되지 아니하며, 단체협약과 근로계약을 비교했을 때 단체협의 내용이 유리하든, 불리하든 상관없이 모두 단체협약에서 정한 기준으로만 적용이 된다는 것이다.[36)] 실무적으로 노사가 합의하여 단체협약으로 정한 기존의 근로조건을 저하시키는 새로운 협약을 체결하면서 취업규칙, 근로계약의 동일 조항을 개정하지 않은 경우가 있는데 이때 조합원에게 불리하더라도 상위법인 단체협약상의 근로조건을 적용하여야 하는데 이 경우는 유리조건 우선원칙이 적용되지 않는다. 개정된 단체협약에는 당연히 취업규칙상의 유리한 근로조건을 배제하고 개정된 단체협약상의 근로조건이 우선적용 된다는 합의가 포함된 것으로 본다.[37)]

자발적으로 근로계약을 체결한 경우, 그러한 자유로운 결정을 존중해 주는 것이 사적자치의 폭을 넓히는 것이라는 주장이 있다.

35) 김형배, 『노동법』, 37쪽

36) 김유성, 『노동법』, 165~166쪽 ; 이병태, 『노동법』 ; 박홍규, 『노동법2』

37) 대판 2002두9063, 2002.12.27

4) 소 결

결론적으로, 비록 우리나라가 기업별 노동조합이 일반적이지만, 산별교섭에만 보충협약을 체결할 수 있는 것이 아니라, 개별 기업단위에서도 사용자의 경영의 자유를 존중하여 비조합원이나 개별조합원에 대하여 그 능력과 역할에 상응한 근로조건으로 계약을 체결할 수 있도록 허용하여 기업운영에 묘를 살릴 수 있도록 허용할 필요성이 있고, 복수노조하에서 조합가입과 선택의 자유 등 근로자 개인이 갖는 단결권의 자유와 계약의 자유를 존중하여야 한다는 취지에서 유리조건 우선의 원칙을 지지하는 입장에 찬성한다.

나. 신법 우선의 원칙과 특별법 우선의 원칙

동일사안에 대하여 같은 순위의 규범들이 서로 충돌하는 경우에는 신법 우선의 원칙과 특별법 우선의 원칙에 의하여 후에 성립한 규범이 우선하고, 특별법이 모법보다 우선한다. 그 한도 내에서는 유리조건 우선원칙이 적용되지 않는다.[38]

---

38) 내판 93나31081, 1994. 5.10

04

노동법상 권리 · 의무의 주체

노동법상 권리 · 의무의 주체는 기본적으로 근로자와 사용자이다. 실무상 근로자와 사용자의 개념은, 헌법상 노동3권의 행사와 관련, 노동조합을 가입 · 조직 · 운영할 자격이 있는지, 단체교섭권과 단체행동권을 행사할 자격이 있는지, 단체협약상 권리 · 의무의 이행주체가 누구인지, 노동관계법상 권한에 따른 책임을 지는 자가 누구인지 등을 확정하는데 중요한 기준이 된다. 이런 이유에서 근로자 및 사용자의 개념을 명확히 해둘 필요가 있다. 노동관계법령은 근로조건보호 등 근로자의 권익보호와 복리증진을 주된 목적으로 하고 있으므로 법령 제정의 취지에 따라 근로자의 개념을 달리 규정하고 있다. 다만, 많은 노동관계법이 모두 근로자의 개념을 달리 정한 것은 아니라 일반적으로 세 가지 유형으로 구분된다.

첫째, 근로기준법상의 근로자로서 "직업의 종류에 관계없이 임금을 목적으로 사업이나 사업장에 근로를 제공하는 자"[1]로 정하고, 이 개념은 최저임금법, 퇴직급여보장법, 임금채권보장법, 사내근로복지기본법, 근로자참여및협력증진에관한법률 등에서 동일하게 사용하고 있다.

둘째, 노조법상의 근로자로서 "직업의 종류를 불문하고 임금 · 급료 기타 이에 준하는 수입에 의하여 생활하는 자"(노조법 제2조1호)로 정하고, 이 개념은 근로자복지기본법에서 같은 의미로 사용한다.

셋째, 직업능력 개발법상의 근로자로서 사업주에 고용된 사람과 취업할 의사를 가진 사람으로 정한 경우가 있다.[2]

---

1) 근기법 제2조제1항제1호

2) 직능법 제2조제4호, 남녀고용평등법 제2조제4호

1. 근로자

가. 근기법상의 근로자

근로자는, "직업의 종류에 관계없이 임금을 목적으로 사업이나 사업장에 근로를 제공하는 자"[3]이다. "사업"이란 하나의 활동주체가 유기적 관련 아래 업(業)으로서 계속적으로 행하는 모든 직업으로(예 : 유통업, 선박제조업, 금융 대부업, 용역서비스업 등) 흔히 회사 · 단체 · 법인 등 사업체와 같은 실체적인 의미로 사용되기도 한다(예 ; ㅇㅇ용역, ㅇㅇ은행, ㅇㅇ자동차공업(주), ㅇㅇ석재개발, ㅇㅇ시멘트공업(주) 등) "사업장"이란 본사 · 공장 · 지점 등 그러한 사업이 행하여지는 단위 장소 또는 장소적으로 구획된 사업체의 일부분, 조직을 말한다.[4] 이 경우 사업의 목적 · 업종을 불문하며, 영리 · 비영리 · 공익 · 국가지방기관, 허가 · 무허가, 강행법으로 금지된 사업 등을 모두 포함하고, 업으로서 계속성이 있으면 1회적 또는 일시적이더라도 사업에 해당한다. 다만, 개인이 인부를 고용하여 자기 주택을 수리하는 경우에는 업으로서 계속성이 없으므로 사업이 아니다. 실업자는 사업 또는 사업장에 근로를 제공하는 자가 아니므로 근기법상의 근로자가 아니다.

"임금을 목적으로 근로를 제공하는 자"이므로 무상으로 또는 봉사활동, 선교활동, 무료 자문서비스 등 임금이외의 이익을 목적으로 근로를 제공하는 자는 근로자가 아니다. "근로"는 정신 · 육체노동을 모두 포함하고, 독립적 노동이 아니라 사업(장)에 고용되어 사용종속 관계에서 일하는 것을 말하므로 변호사, 의사 등 도급 · 위임형태로 독립적으로 노무 · 서비스 등을 제공하는 자영업자 등은 근로자에 해당하지 않는다. 판례에 의하면, 근기법상의 근로자에 해당하는지 여부는, 계약의 형식이 고용계약인지 도급계약인지보다 그 실질에 있어 근로자가 사업 또는 사업장에 임금을 목적으로 종속적인 관계에서 사용자에게 근로를 제공하였는지 여부에 따라 판단하여야 하고, 여기에서 종속적인 관계가 있는지 여부는 업무 내용을 사용자가 정하고 취업규칙 또는 복무(인사)규정 등의 적용을 받으며 업무수행과정에서 사용자가 상당한 지휘 · 감독

3) 근기법 제2조제1항제1호
4) 대판 91다21381, 1993.2.9

을 하는지, 사용자가 근무시간과 근무장소를 지정하고 근로자가 이에 구속을 받는지, 노무제공자가 스스로 비품 · 원자재나 작업도구 등을 소유하거나 제3자를 고용하여 업무를 대행케 하는 등 독립하여 자신의 계산으로 사업을 영위할 수 있는지, 노무제공을 통한 이윤의 창출과 손실의 초래 등 위험을 스스로 안고 있는지, 보수의 성격이 근로 자체의 대상적 성격인지, 기본급이나 고정급이 정하여졌는지 및 근로소득세의 원천징수 여부 등 보수에 관한 사항, 근로제공관계의 계속성과 사용자에 대한 전속성의 유무와 그 정도, 사회보장제도에 관한 법령에서 근로자로서 지위를 인정받는지 등의 경제적 · 사회적 여러 조건을 종합하여 판단하여야 한다.

다만, 기본급이나 고정급이 정하여졌는지, 근로소득세를 원천징수하였는지, 사회보장제도에 관하여 근로자로 인정받는지 등의 사정은 사용자가 경제적으로 우월한 지위를 이용하여 임의로 정할 여지가 크기 때문에, 그러한 점들이 인정되지 않는다는 것만으로 근로자성을 쉽게 부정하여서는 아니된다고 정하고 있다. 구체적 사례를 살펴보면, 의류제조업을 영위하는 갑의 사업장에서 을이 별도의 사업자등록을 하고 의류제조공정 중 봉제업무를 수행하고 기본급 없이 작업량에 따른 성과급만을 지급받았다고 하더라도, 갑의 지휘 · 감독을 받아 업무를 수행하였으므로 을은 근기법상의 근로자에 해당한다고 판시했다.[5)]

아울러, 전체적으로 보아 임금을 목적으로 종속적 관계에서 사용자에게 근로를 제공하였다고 인정되는 이상, 근로자에 대한 위 여러 징표 중 일부 사정이 결여되었거나 다른 지위를 아울러 가지고 있다고 하여도 그러한 사유만으로 근기법상 근로자가 아니라고 단정할 수는 없다.[6)]

최근 근로자성에 관한 학계와 판례의 경향은, 전자통신의 발달과 산업기술의 진보로 인해 종래 생산위주에서 광고, 서비스, 연구, 용역 등 다양한 형태의 직업군이 생기고 근로기준 환경도 크게 변하여 전통적인 사용종속관계의 변화가 불가피하게 되었다. 따라서 지휘 · 감독 등 전통적인 기준을 지나치게 강조하면 근로형태 다변화에 탄력적인 대응이 어렵다고 보아서 다음과 같이

5) 대판 2009다51417, 2009.10.29
6) 대판 2008도11087, 2009.4.23. 고정급 외에 인센티브를 받는 부사장이 근로자라는 판결사례

비판한다.

첫째, 실질적인 종속성보다 4대보험 가입, 소득세원천징수, 보수의 지급방식과 기본급 · 고정급 유무 등 형식적인 요소를 중시하여 자칫 노동관계법의 적용을 피하기 위한 기준으로 악용되는 측면이 있다.

둘째, 제공되는 노무가 계약 당사자 사이에 차지하는 비중과 중요성을 고려하여 과연 누구의 이익을 위해 노무를 제공하는가를 고려하여야 한다.

근로관계에서 찾아볼 수 있는 다양한 징표에서 형식적 요소를 중시하며 근로자성 여부를 판단한다면, 근로자는 능동적으로 시장에 접근하여 이윤과 손실을 주도적으로 결정하거나 경영상 위험을 부담하는 등 실질적인 독립사업자성이 없음에도 불구하고 사용자가 정해 둔 틀 속에 갇혀서 노동법상 보호를 받지 못할 우려가 있다. 따라서 다음과 같은 요소를 고려하여야 한다고 보았다.

첫째, 원재료, 설비, 도구, 시설 등의 유지보수 등 투자결정권과 시장구성, 가격통제 및 판매방법 다변화 등 독자적 방법으로 이윤을 창출할 수 없다면 독립사업자성이 있다고 볼 수 없다.

둘째, 출퇴근, 근무장소 등 노무제공 방법과 교육, 지도 관리, 영업배분, 실적관리 등 종래 직접적 · 구체적이던 지휘감독 방법이 최소한의 통제와 간섭, 자율적 관리 등 간접적 · 포괄적 형태로 변하고 있으므로 노무공급자에게 노무공급과 종료를 주도할 수 있는 실체적 권한이 없다면 독립사업자성이 있다고 볼 수 없다.

셋째, 제공된 노무가 그 사업에 통상적이고 필수적인 때는 노무공급자는 자신의 업을 위해 일하는 것이 아니라 타인의 업을 위해 노무를 제공한 것으로 보아야 한다.

나. 노동조합법상의 근로자

노동조합법상의 근로자는 "임금 · 급료 기타 이에 준하는 수입에 의하여 생활하는 자"를 말한다.[7] 임금은 근기법상의 임금[8]을 말하고, "급료"는 임금과

7) 노조법 제2조제1호
8) 근기법 제18조

동의어라고 보아야 할 것이다.

1) 임금 · 급료 기타 이에 준하는 수입에 의해 생활하는 자

"임금 · 급료 기타 이에 준하는 수입"에 의해 생활하는 자는, 임금 · 봉급 · 기타 명칭을 불문하고 근로의 대가로서 지급하는 일체의 금품과 임금이 아니면서 임금과 유사한 수입 즉, 일당, 성과금, 영업지원금, 강사료 기타 노무를 공급한 대가로 얻는 수입 등을 말한다. 근기법상의 근로자는 "임금에 의하여 생활하는 자"에 당연히 포함되지만, "임금에 준하는 수입에 의하여 생활하는 자", 즉, 골프장 캐디, 텔레마케터 등 사용종속관계라는 전통적 고용기준으로는 근로자성을 결정하기 어려운 비전형 근로관계 등에서 얻는 금품으로서 임금과 유사한 수입 등에 의해 생활하는 자를 말한다.

"수입에 의하여 생활하는 자"란, 다른 수입이 없거나 적어서 임금 등의 수입에 의지하여 생활하는 자로서, 현실적으로 수입을 얻고 있는 자 뿐만 아니라 임금 등의 수입을 얻으려는 자를 포함한다. 노조법 제9조에 의하면 조합원은 어떠한 경우에도 인종, 종교, 성별, 연령, 신체적조건, 고용형태(임시, 정규, 비정규, 기간제, 일용직, 수습 등), 정당 또는 신분에 의해 차별대우를 받지 않는다[9]고 정하고 있다. 그러므로 외국국적을 가진 근로자도 국내사업장에 취업하고 있는 경우에는 노조법상 근로자로 활동을 할 수 있다.[10] 다만, 불법체류자 등의 경우는 법의 보호를 받을 수 없다.[11]

2) 구직 중인 실업자

비록 실업자이지만 근로의 의사를 가지고 장차 취업을 통해 임금 · 급료 기타 이에 준하는 수입에 의하여 생활하는 자, 그러한 수입이 생활에 중요한 수단이 되는 자도 노조법상 근로자로 볼 것인지에 대해서는 법문상 규정은 없다. 다만, 판례에 의하면 구직 중인 자도 노동조합에 가입할 수 있는 근로자에

9) 노조 01254-1564, 1994.12.9. 단, 불법체류외국인은 제외한다.
10) 노조법 제9조
11) 노조 01254-1564, 1994.12.9

포함된다고 판시한 바 있고[12) 학설에서 대부분 포함된다고 본다.[13) 노조법상의 근로자의 개념은 근기법상 근로자에 비해 사용종속성은 다소 약하지만 근로의사를 가진 실업자를 포함하는 개념이다. 비록 실업중이거나 혹은 사용종속 관계에서 근로를 제공한다고 보기 어려워 근기법상 보호를 받기 어려운 자들도 근로의 의지만 있다면 스스로 단결하여 자신들의 근로조건을 개선할 수 있도록 제도적으로 보장해 주자는 것이다. 따라서 노조법은 노동3권의 보장을 목적으로 하기 때문에 그 대상을 현실적인 취업자에게 한정할 필요는 없다.

다만, 근로계약관계가 없는 실업자는 기업별노조의 구성원이 될 수는 없고 단체협약을 통해 근로조건을 유리하게 적용받기 위해 기업별노조를 결성할 수도 없으므로 노조법상 일반적인 단체협약의 적용을 받는 근로자로 볼 수는 없다. 그러나 기업별노조를 전제로 하지 않는 산별노조나 연맹조직의 경우는 적용성이 있다. 산별노조에서는 개별 기업의 조합원을 구성원으로 하지만, 산업별노조의 간부가 반드시 기업별 노동조합의 조합원일 필요는 없으므로 그 한도에서 유용성이 있고 연맹조직의 경우에도 조직의 간부는 반드시 개별기업의 근로자일 필요는 없다.[14) 실업자를 근로자로 보는 것은 그 외에도 직업훈련, 고용안정, 실업자보호 등 노동정책적 측면에서는 유용할 것이다.

결론적으로, 헌법상 노동3권보장 취지를 감안하면, 굳이 노조법상 근로자의 개념을 취업자에 한정하기보다, 근로의지가 있는 구직자를 포함하되 개별기업의 노동조합에서는 적용이 없다고 보는 것이 합리적이다.

3) 근기법상 근로자와 구분할 필요성

판례 등에 따르면 노조법상 근로자와 근기법상 근로자를 따로 구분하지 않고 사용종속관계가 있는지 여부를 중요한 기준으로 보고 있고, 사용종속관계가 있는지는 계약의 형식보다 실질적 근로관계 즉, 복무규정, 상벌규정, 업무수행 지휘 · 감독, 근무 장소와 시간, 비품 원자재 등 작업도구, 노무대체성, 이윤창출과 손실의 위험부담, 임금 등 보수가 근로의 대가인지 여부 등을 중

12) 대판 2001두8568, 2004.2.27
13) 임종률, 『노동법』, 30쪽 ; 이병태, 『노동법』 61쪽 ; 김형배, 『노동법』, 52쪽
14) 대판 2001두8568, 2004.2.27

심으로 경제적 · 사회적 여러 조건을 종합하여야 한다는 입장이다. 행정해석에서도 같은 기준으로 판단한다.[15] 그러므로 노조법상 근로자와 근기법상 근로자의 개념을 달리 구별할 실익은 적다고 보아야 한다. 다만, 헌법상 노동3권 보장과 관련하여 다음과 같은 점에서는 현저한 차이가 있다.

(1) 부당노동행위 구제신청 관련

사업주로부터 해고를 당한 근로자가 노동위원회에 부당노동행위 구제신청 중인 경우는 중노위의 재심판정이 있을 때까지 노조법상 근로자이다.[16] 그러나 근기법상으로 해고조치를 받은 자는 해고의 정당성 여부는 별론으로 하더라도 그 시점부터 근로자가 아니다. 이 경우 해고된 자가 부당해고 구제신청을 하여, 사용자가 노동위원회로부터 해고한 근로자의 원직복직명령을 받았다고 해도 노동위원회의 부당해고구제명령은 사용자가 따라야할 공법상의 의무만 부담시키는 것일 뿐 사법상의 법률관계를 발생시키거나 또는 변경시키는 것이 아니므로, 일단 해고처분이 있어 사용자와 근로자의 근로관계가 유효하게 단절된 이상, 노동조합의 조합원으로 볼 수 없으며 단체협약 등으로 달리 규정[17]했다고 해도 마찬가지다.[18] 그러므로 노동위원회의 부당해고구제명령에 대해 불복하여 사용자가 행정소송 등을 제기하여 계속 다투고 있더라도 구제명령에 따라 원직에 복직을 시키지 않는다면 근로자로 볼 수 없다.

다만, 이 경우에도 근로자가 부당해고와 부당노동행위구제신청을 동시에 제출한 경우는 부당노동행위구제신청에 대한 중앙노동위원회의 재심판정이 있을 때까지는 노조법상 근로자로 보아야 한다. 그러나 중앙노동위원회의 재심판정에서 부당해고 부분은 받아들여지고 부당노동행위구제신청에 대해서는 기각판정을 받았다면 사용자가 복직을 시키지 않는 한 노조법상 근로자로 볼 수 없다. 보다 자세한 사항은 노동조합의 요건 편에서 자세히 설명한다.

---

15) 대판 90누1731, 1993.5.25 ; 서울행판 2001구6783, 2001.9.4 ; 근기 01254-11493, 1989.8.4

16) 노조법 제2조제4호라목 단서

17) (예) 법원 판결시까지 근로자와 조합원 자격이 있다는 등

18) 노사관계법제팀-2915, 2006.9.29

(2) 근로자와 사용자의 양면성을 가진 자

사용자의 범위에 해당하는 자는 근기법상 근로자성과 사용자를 위하여 행위하는 자 등 양면성을 가진다(총무과장, 영업소장, 공장장, 비서 등). 다만, 노동조합법상 근로자로 볼 수는 없다.

2. 근로자 개념에 대한 쟁점

계약의 명칭에 불구하고 노무를 제공하는 자와 사용자가 대등한 관계에서 노무제공과 보수를 주고받는 대등한 당사자 관계인 경우는, 어느 한 당사자가 다른 한편으로부터 지배를 받거나 불균형적인 입장에서 계약을 체결하는 경우는 없을 것이기 때문에 계약의 성질상 민법이 우선적으로 적용되고 노동관계법이 적용될 여지는 없다. 따라서 노동법을 적용받기 위해서는 근로자가 종속적인 관계에서 노무를 제공하지 않으면 아니된다. 근로자가 사용자의 지시를 받고 노무를 제공하는 종속적인 지위에 있을 때는 대등한 계약관계가 성립될 수 없을 것이다. 따라서 사용종속적인 근로계약관계에서 노무제공은 앞부분(가. 근로기준법상 근로자)에서 언급한 판례의 내용[19]과 같은 특성을 가진다.

다만, 근기법상 규정에서 정한 근로계약과 민법상 고용계약에서 정한 계약이 공통적으로 노무제공과 보수지급의 쌍무적인 관계를 규율하지만, 근기법은 "직업의 종류를 불문하고 사업 또는 사업장에서 임금을 목적으로 근로를 제공한 자"를 근로자라고 정하고 있으므로 근로자는 사용자의 경영조직인 사업 또는 사업장에 편입되어 사용자의 지배 하에서 노무를 제공하지 않으면 아니된다. 이점이 민법상 고용계약과 근로계약의 현저한 차이라고 할 수 있다. 다만, 근로자의 개념은 산업의 발달과 무관하지 않다. 종래에는 출퇴근과 사용종속관계 등 정형적인 근로관계가 일반적이었으나 최근에는 소사장제, 라인도급 등 임금성과 위임 · 도급성이 결합된 대가지급 형태, 변호사, 법률고문, 자유기고가, 여행객안내자 등 필요시마다 노무를 제공하고 보수 등을 받는 순수한 민법상의 자유로운 계약노무제공자 등 다양하게 변화하고 있다. 다만, 이와

19) 대판 2009다51417, 2009.10.29

같은 새로운 유형의 근로관계는 양당사자가 대등한 관계에서 자유롭게 노무제공계약을 체결하고 있기 때문에, 일반적인 근로계약처럼 불평등한 고용관계에서 사회적 약자로 파악하여 특별히 보호할 필요성을 발견하기 어렵다. 따라서 사용종속관계가 없다면 노동관계법의 적용을 받기 어렵다.

외관이나 실질에 있어서 민법상 도급이나 위임과 유사하면서 한편 약하게나마 근로계약과 유사한 불평등관계 즉, 구체적인 업무처리방법이나 수행방법, 업무처리시간 등이 상대방에 의해 결정되는 경우가 내재된 경우는 그러한 불평등관계가 계약수행에 있어서 중요한 부분을 차지하고 필요불가결한 요소인지, 계약수행에 있어서 위험성을 노무제공자가 부담하는지 여부, 계약에 상응한 대가나 보수가 통상근로계약의 경우와 같은 수준인지 등을 고려하여 전체적으로 근로자성을 판단하여야 한다.

일부 내재된 불평등관계가 중요한 부분이 아니라 부수적이면서 선택의 여지가 있는 경우, 계약수행의 위험성을 노무제공자가 부담하고 보수가 그와 같은 위험성, 전문성, 투하자본의 규모 등에 상응하는 경우는 위임이나 도급의 대가이지 임금으로 보기 어렵다. 이러한 경우는 일반 상법과 민법, 소비자보호법 등 경제관계법에 따라 공정한 경제거래관계를 규율하여야 할 것이다.

이러한 입장은 "최근 근로자성 여부에 관한 판례"에서도 잘 나타나 있다. 즉, 계약의 형식에 불구하고 실질에 있어서 근로자가 사용종속적인 관계가 있는지 여부를 판단하기 위해서는, 업무의 내용 등 경제적 · 사회적 여러 조건을 종합하여 판단하여야 한다고 정하면서, 기본급이나 고정급이 정하여졌는지, 근로소득세를 원천징수하였는지, 사회보장제도에 관하여 근로자로 인정받는지 등의 사정은 사용자가 경제적으로 우월한 지위를 이용하여 임의로 정할 여지가 크기 때문에, 그러한 점들이 인정되지 않는다는 것만으로 근로자성을 쉽게 부정하여서는 안된다[20]고 판시한 바 있다. 결국 노조법 등 노동관계법상 적용대상이 되는지 여부는 법의 보호목적을 고려하고 판례와 행정해석 등을 토대로 각 근로자의 유형에 따라 판단하는 것이 합리적이다. 학설은 현실적으로

20) 대판 2008두1566, 2008.5.15 ; 근로기준팀-1509, 2006.4.6 등 다수

경제관계법상 보호가 미흡한 가운데, 노동관계법을 적용하기도 어려운 유사근로자에 대해 사회적인 보호필요성을 조심스레 인정하면서도 노동법의 규율대상을 확대하는 것은 논의 수준에 그치고 있다.[21] 실무상 쟁점이 되는 중요한 사례를 중심으로 근로자성을 판단해 본다.

가. 덤프트럭 · 화물운송차주, 지입차주 등

덤프트럭 · 화물운송차주, 지입차주[22] 등의 독자적인 사업자등록증을 가지고 자신의 이름으로 직접 영업활동을 하거나, 특정 운송회사에 지입형태로 차적을 두고 그 회사에서 차량이나 영업에 따른 공과잡부금 납부 등을 대행하고, 운송차주는 그 대가로 일정액의 관리비(지입비)를 납부하는 형태의 경우, 동종의 업주들이 모여서 동업자조합 등을 형성하고 노동조합인양 권익을 주장하는 경우가 있다. 이 경우 동업자조합(연대)등의 구성원은 사업형태에 따라 다소 차이는 있으나 불특정 다수 사업주로부터 화물운송에 관한 위임을 받아 목적

21) 김형배, 『노동법』, 63쪽~65쪽

22) 학원 지입차주는 학원에 의하여 근무시간과 운행노선이 정하여지고 학원이 정한 운행기준을 준수하여야 하며 위반시 일정한 제재를 받으며, 운행일지를 작성 · 제출하여야 하는 등 직 · 간접적으로 사용자의 지휘감독을 받는 것으로 볼 수 있고, 학원이 정한 배차시간표에 따라 정해진 시간에 정해진 노선을 운행하여야 하는 등 회사에 의해 근무시간과 장소가 지정되어 이에 구속을 받으며, 연봉 형식으로 정하여져 매월 분할 지급받는 보수(용역비)는 그 속에 퇴직금 명목의 금품을 포함하고 있고 추가 운행에 대해 별도의 수당을 받는 점 등 근로자성을 인정할 수 있는 요소가 없지는 않으나, 그 중 운행노선과 시간을 정하고, 운행기준을 지키게 하는 등 상당 부분은 차량운행을 내용으로 하는 민사상 계약의 내용 또는 그 이행을 위한 필요 · 최소한의 의무를 정한 것으로 볼 수 있으며, 연봉 형식으로 책정하여 매월 지급받는 금품은 차량의 유류대, 보험료 및 기타 일체의 유지관리비 등이 포함된 것으로서 그 전부를 근로자체의 대가로 보기 어려운 것은 물론, 기준 근무시간 외의 추가근무에 대하여 지급되는 금품에도 그러한 부대비용이 포함되어 있지 않다고 단정하기는 어려우며, 근로 자체의 대가로서의 기본급이나 고정급이 정하여져 있지도 아니하고, 다른 사람을 고용하여 업무를 대행케 하고 그 사람에게 운전자가 보수를 지급하는 등 업무의 대체가 가능하며, 주요한 작업도구인 차량을 지입차주가 실질적으로 소유 · 관리하고 있고, 계약상 학생수송 외의 영업을 하지 못하도록 정하고 있으나 실제로는 다른 영업활동을 허용하며, 특히, 차량을 타인에게 매각하는 방법을 통하여 차량을 매입한 사람이 새로이 학원의 운전기사가 될 수 있는 등 전체적으로 운전자가 스스로 영업상 손익계산의 주체가 된다고 볼 수 있는 점 등 근로자성을 인정하기 어려운 점이 적지 않음을 고려할 때, 종합적으로 보아 학원 지입차주 겸 운전자는 종속적인 지위에서 임금을 목적으로 근로를 제공하는 근로기준법상의 근로자라기보다는 위임 또는 도급계약의 당사자로 보는 것이 더 타당하다.

지까지 운송하고 운송료를 받는 영업활동을 통해 수익을 창출하는 자로서 그 수행과정에서 민사상 계약의 효과적인 이행을 위한 최소한의 간섭 즉, 지정일까지 지정장소에 화물을 전달하는 것 이외에는 생산수단인 차량이나 운전기사의 대체가능성 즉, 차량의 매각이나 교체 · 임차로 운송수단과 계약당사자가 변동되더라도 운송 목적만 달성되면 동일성을 중요시하지 않는 경우, 운송경로나 운송기법 차량의 안전과 기능의 항상성 유지 등 제반사항을 자신의 책임 하에 자신이 결정하고 수행하며 특정 사업주에게 전속됨이 없이 동시에 복수의 사업주와 운송계약을 체결할 수도 있고 운송물량이 없는 경우는 타 사업주 등의 의뢰를 받아 전혀 다른 물건을 운송할 수도 있는 것이므로 근로계약과 같은 사용종속관계를 찾아 볼 수 없다. 따라서 이 수익금은 임금 기타 급료의 수입으로 볼 수 없고 민법상 위임 · 도급에 의한 수수료에 의하여 생활하는 자로 볼 수 있으므로 노조법상 근로자로 보기 어렵다.[23] 만약 이러한 경우를 노조법상 근로자로 보아서 노동3권을 부여한다면, 세탁소업자, 보일러수리업자, 쌀가게업자 등 각종 자영업자가 동업자조합을 형성할 수 있으므로 근로조건 보호를 위한 노조법상 취지에 부합하지 않는다.[24]

나. 학원강사

학원의 강사는 형태에 따라 조금씩 내용을 달리할 수 있으나, 대부분 근로자성이 인정되는 요소와 그렇지 않은 요소가 혼재되어 있기 때문에 전체적 사실관계를 바탕으로 판단하여야 한다. 근로자성이 인정되는 요소는, 강의계획표에 의하여 학원에서 제공한 교재로 강의를 하며, 강의진도도 시험 때까지 마치도록 하는 등 구체적인 지휘 · 감독을 받는 점, 강의 이외의 업무로서 학원측에서 담임을 맡기고 담임으로서의 임무를 부여하고 담임의 임무를 해태할 경우 담임을 주지 않는 등 제재를 가하는 점, 시업시각과 종업시각이 명시적으로 정해져 있거나, 본 수업과 야간수업 등 강의일정에 맞추어 담임으로서 학생들의 출결사항 등을 확인하는 등 사실상 출 · 퇴근에 제약을 받는 점, 능

---

23) 노조법 제2조제1호

24) 근로기준팀-1509, 2006.4.6

력이 부족하거나 강의 반응이 좋지 않은 강사는 사직을 권하는 점, 학원측의 허락을 받고 다른 학원에서 강의를 하는 경우, 학원측 의도대로 응하지 않을 경우 수업을 배정하지 않고 제재를 하는 점, 보수는 수강생수와 관계없이 수강형태에 따라 강의시간 수에 따라 시간급으로 지급하는 점 등이 있으나, 기본급여가 없이 강의시간 수에 따라 성과급제로 급여를 받으며 개인사업소득자로 신고 되어 사업소득세를 납부하고 있는 점 등 근로자성을 부인할 수 있는 요소가 혼재되어 있다. 이 경우 업무의 내용이 사용자에 의하여 정하여지고 업무수행과정에 있어서도 근무시간과 근무장소가 지정되고 사용자로부터 구체적이고 직접적인 지휘 · 감독을 받는 등 제반사정을 종합 판단할 때 근로자로 볼 수도 있다.[25)]

다. 채권추심원

카드회사로부터 채권회수업무를 위임받아 수행하는 채권추심원은 취업규칙 · 복무규정 · 인사규정 등이 적용되지 않고, 채권회수업무 수행을 위하여 자신이 제공한 근로의 내용이나 시간과는 관계없이 그가 회수한 채권액에 따라 그 일정 비율에 상당하는 금액의 수수료를 지급받는 점, 수수료에 대하여 근로소득세가 아닌 사업소득세를 원천징수하고, 4대보험 가입신고를 하거나 그 보험료를 납부하지 아니한 점 등이 있으나 이것은 최근에 급격하게 증가하고 있는 시간제 근로자에게 일반적으로 나타나는 현상이거나 사용자가 경제적으로 우월한 지위에서 사실상 인의로 정한 사정들에 불과할 수 있다. 비록, 추심원에 대해 근무시간이나 근무장소에 대하여 제한하지 않았다고 하더라도, 이는 채무자와의 면담 등을 위하여 주로 출장근무의 형식으로 이루어지는 채권추심업무의 특성에 기인하는 것으로 보일 뿐, 위와 같은 사정들만으로 근로자성을 부정하기는 어려우므로 임금을 목적으로 종속적인 관계에서 카드회사에 근로를 제공한 근로자에 해당한다.[26)] 다만, 판례의 이 같은 견해만으로 전체 채권추심원이 근로자라고 단정할 수는 없고, 출퇴근 등 근로시간의 제한이

25) 근기 68207-3194, 2000.10.16
26) 대판 2008두1566, 2008.5.15

있는지, 업무수행 도구 즉, 사무실제공, 전화 · 공문발송료 · 사무실 운영경비 등을 추심원 개인이 부담하는지 여부 등의 부담주체, 실적부진 등 근무성적에 따른 상벌제도, 타 업무 겸직여부, 노무의 대체성 즉, 추심원 자신이 타인을 고용하여 추심업무를 수행하는지 등 사실관계를 종합적으로 검토하여 근로자성을 판단하여야 한다.

라. 기타 주요 사례

1) 노조법상 근로자로 인정되는 사례

① 주주사원, 회사의 주식을 소유한 자라도 근로자로 채용되어 다른 근로자들과 동일하게 근로한다면 근로자로 보아서 노동조합가입이나 임원피선이 가능하다.

② 임시직, 건설일용근로자, 공공근로종사자, 산업체부설학교 학생, 병역특례종사자, 정년 후 다시 고용된 촉탁근로자도 근로자이다.

병역특례자도 근로자이므로 조합활동이 가능하고 방위산업체에 종사하지 않는 한 병역특례자라는 이유만으로 쟁의행위를 금지할 수는 없다.[27)]

③ 주한미군에서 근로하는 근로자도 한미행정협정으로 노조법의 적용을 배제하고 있지 않으므로 노동조합을 조직하거가나 활동할 수 있다.

④ 고등학교 3년생으로 사업체에 취업한 실습생의 경우는 사업체에서 단지 실습을 목적으로 연수만 한다면 근로자가 아니지만 사실상 근로자와 다름없이 일하고 있다면 노동조합에 가입할 수 있다.

⑤ 도립 국악단원의 노동조합 가입

도립 국악단원이 일반근로자처럼 근로자성이 있다면 노조법상 근로자로 보아서 노동조합에 가입할 수 있다. 그러나 지방공무원법의 적용을 받는 전문직, 계약직공무원에 해당한다면 공무원노조법상 가입대상이 되는지 여부를 판단해야 한다. 국가 · 지방기관에 근로하는 민간근로자는 노동3권의 제한을 받지 않는다.

⑥ 시설공단경비원으로 시로부터 위탁받아 운영 · 관리하는 체육시설의 순

27) 노조 01254-133, 1996.2.6

찰, 출입자의 통제, 행사시 청사방호 및 행사장내 질서유지 등을 주된 업무로 하고 있는 경우 그 주된 임무가 항상 사용자의 이익을 대표하여 활동하는 자에 해당하지 않으므로 노동조합에 가입할 수 있다.[28] 다만, 회사의 건물을 경비하는 경비원은 사용자의 이익을 대표하는 자로서 노동조합활동을 할 수 없다.

⑦ 보합금을 받는 선원

기본금 없이 어획고에 따라 총어획고에서 경비, 판매수수료 등을 공제한 후 일정비율로 배분하는 보합금을 받는 선원[29]은 고정급이 없이 작업량에 따라 일정비율의 보합금이 지급되고 있으나, 해상작업의 특성상 작업시간과 장소 등이 사실상 사업주의 지휘와 통제를 받으며, 근무이탈 및 근무태만 등에 대하여는 일정한 제재가 있고, 보합금이 노무의 대가로서 "기타 이에 준하는 수입"으로 볼 수 있으므로 노조법상 근로자로 볼 수 있다. 다만, 선장의 경우 사업의 경영담당자로서 사업주의 이익을 대표하는 점이 인정된다면 노동조합의 가입이 제한된다.[30]

⑧ 노동조합의 규약이나 단체협약으로 조합원의 범위를 정할 수는 있지만, 부하직원에 대한 명령이나 지휘 · 감독 권한이 없게 되어 그 업무내용이나 권한에 비추어 실제로 부서를 총괄 지휘하는 권한을 행사하지 못하는 부서장은 노동조합에 가입하여 활동할 수 있다.[31]

⑨ 바이얼린 교습교사

유치원 및 초등생을 대상으로 바이얼린 교섭을 하는 교사가 회사 측과 1년간 강사계약을 통해 임용되고 수강생은 유치원이 모집하고, 연초에 회사에서 연간 강의시간과 내용을 배부하면 강사는 지정한 장소와 시간에 방문교섭하며, 주1회 회사에 출근하여 진행상황을 보고하고, 유치원은 강사의 강의시간 준수 및 교육형태를 회사 측에 통보하고, 보수는 수강생과 교습시간을 기준으로 정하여 월1회 보수를 지급하고, 수강생이 일정수준을 초과하면 인센티브를

28) 노조 68107-564, 2003.10.31

29) 보합금의 배분율, 선원의 모집과 선발, 조업시간 및 조업일수, 조업장소 등은 선주가 결정, 조업을 하지 않거나 조업량이 타선박에 비하여 현저히 적으면 선주는 선원을 해고시킬 수 있다.

30) 노조-1152, 2004.4.28

31) 노사관계법제팀-348, 2006.2.10

지급하고, 4대보험은 가입되지 않았다. 이 경우 교습교사가 노조법상 근로자인지 여부를 살펴보면, 회사에 의해 강의시간 및 장소가 정해지고, 교사는 주 1회 출근하여 1주일간 진행상황을 보고하고, 지각이나 결근 등 복무관리가 유치원 측에 의해 회사로 통보되는 등 직·간접적으로 업무지휘·감독을 받고, 수강생과 교습시간을 기준으로 근무실적에 따라 보수를 지급받고 있어 이 점을 근로의 대가가 아니라고 보기 어려운 점, 비록 취업규칙 등이 적용되지 않고 4대보험에 가입되지 않았다고 하나 노조법상 근로자에 해당한다.[32)]

2) 노조법상 근로자로 인정되지 않는 사례

① 회사의 임원으로 선출된 노조원은 사용자의 범위에 해당되어 노조원의 자격을 상실한다.

② 개인택시운전자는 독립된 사업자로서 사용자로부터 고용 종속된 근로자가 아니므로 근로자라고 할 수 없다.

③ 텔레마케터, 보험모집인은 출퇴근, 활동 등에 특별한 제한을 받지 않고 각자 능력에 따라 수당을 받는 등 임금 기타 급료에 의해 생활하는 자가 아니다. 따라서 노동조합을 조직하거나 가입할 수 없다.

④ 골프장 캐디, 구성작가, MC, 리포트, DJ, 지입차주, 불법취업외국인근로자는 노조법상 근로자가 아니다.[33)] 다만, 실질에 있어서 사용종속관계가 있는 등의 경우는 달리 판단하여야 한다.

⑤ 노동조합에서 채용한 자는 노동조합을 사용자로 하여 노동조합을 결성할 수 있다.

⑥ 소농, 영세어민, 소상공 자영업자 등은 임금을 목적으로 근로를 제공하는 근로자가 아니다. 그러나 염전, 농산물가공회사에 소속한 근로자는 근로자에 해당한다.

⑦ 파견근로자, 용역근로자는 사용회사의 지시를 받지만 근로계약의 당사자는 아니므로 사용사업주를 상대로 노동조합을 결성하는 것은 불가능하다. 따

---

32) 노조-440, 2004.2.20

33) 노조 01254-1564, 1994.12.9

라서 파견사업주와 용역업체를 대상으로 노동조합을 결성할 수 있다.

3. 노동조합법상 사용자

사용자란, 근로계약의 당사자로서 근로자를 지휘하여 사업을 수행하는 자로서, 대외적으로 기업을 실질적으로 대표한다. 노조법상 사용자는 근로조건의 이행의무자이고, 단체협약의 준수자이며, 노동조합 가입이 금지되고, 정당한 단체교섭요구 응낙의무, 부당노동행위 금지의무, 부당노동행위구제명령 이행의무 등 공법상 책무를 지고 있다.

개인기업의 경우 자본을 투하하여 기업을 경영하는 이른바 실질적인 소유자, 법인의 경우 법인의 대표자 혹은 법인 그 자체가 사용자이다. 노조법과 근로기준법은 "사업주, 사업의 경영담당자 또는 그 사업의 근로자에 관한 사항에 대하여 사업주를 위하여 행동하는 자"라고 사용자를 정의한다.[34] 노조법상[35] 사용자 또는 항상 그의 이익을 대표하여 행동하는 자의 노동조합 참가를 허용하는 경우에는 노동조합으로 보지 않는다고 정하고 있다. 만약 그러한 자의 참여를 허용하면 그가 해당 직책에서 지득한 인사정보, 노무관리에 관한 기밀사무 등 경영상 정보를 누설하는 등, 궁극적으로 근로자와의 관계에서 사용자를 위해 행위 해야 할 자가 그 반대 입장에 섬으로써 노조의 단결력과 교섭력을 약화시키고 자주성을 침해할 것이며, 사업주 입장에서는 노조와의 관계에서 대항력이 상실되는 등 노사관계 질서의 근간을 해칠 수 있기 때문이다.

노동관계법상 사용자의 책임을 지는 자는 명칭이나 형식보다 실질적인 근로계약의 당사자로서 책임을 지는 경우가 있다. 또한 본래 사용자는 사업주 · 법인이지만 실무상 노동관계에서 실질적인 권한을 가진 사람 즉, "경영담당자와 근로자에 관한 사항에 관하여 사업주를 위해 행위하는 자"를 사용자로 보아서 노동관계법의 책임을 부여한다.[36]

34) 노조법 제2조제2호, 근기법 제2조제2호
35) 노조법 제2조제4호가목
36) 노조법 제2조제2호, 근기법 제2조제2호

가. 경영담당자

"경영담당자"란 사업경영 일반에 관하여 책임을 지는 자로서 사업주로부터 사업경영의 전부 또는 일부에 대하여 포괄적 위임을 받고 대외적으로 사업을 대표하거나 대리하는 자 즉, 일반적으로는 법인의 대표이사, 이사회 또는 이와 유사한 기구의 구성원, 사업부서(본부)의 장, 공장 · 지점 · 지사 등의 장, 민법상 법인의 이사, 주식회사의 대표이사, 합명회사 및 합자회사의 업무집행사원, 유한회사의 이사, 지배인, 회사정리절차 개시 이후의 관리인이 이에 해당하고 미성년자 또는 금치산자를 사업주로 하는 경우에는 그 법정대리인을 말한다. 사업주가 파산을 한 경우 파산관재인도 사업경영담당자에 속한다.[37)]

나. 근로자에 관한 사항에 대하여 사업주를 위하여 행동하는 자

판례에 의하면, "근로자에 관한 사항에 대하여 사업주를 위하여 행동하는 자"라 함은 근로자의 인사, 급여, 후생, 노무관리 등 근로조건의 결정 또는 업무상의 명령이나 지휘감독을 하는 등의 사항에 대하여 사업주로부터 일정한 권한과 책임을 부여받은 자를 말한다.[38)] 즉, 일반적으로 고용 · 해고 · 승진 · 전보 등 인사관리를 담당하거나, 임금 · 근로시간 · 휴게시간 기타 근로조건의 결정과 노무관리의 기획 또는 집행에 관여하는 자, 노동관계에 관한 기밀사무를 담당하는 자, 인사 · 노무 · 급여 등 담당부서의 근무자와 사업주로부터 소속직원에 대한 지휘명령, 근무명령, 인사관리에 관한 권한과 책임을 부여받은 관리 · 감독자가 이에 해당한다. 이들은 대부분 근로자로서 지위와 사업주를 위하여 행동하는 관리자로서 지위를 함께 하는 이중적 위치에 있다. 따라서 경영담당자와 근로자에 관한 사항에 대하여 사업주를 위하여 행동하는 자 등 사업주의 이익을 위해 행위하는 자가 노조법상 조합원이 될 경우 노동조합의 자주성을 해치므로 조합원이 될 수 없다.[39)] 예를 들면, 노사협의회의 사용자위원인 생산부장, 업무평가 · 분장 · 근무계획 작성 · 지휘감독을 맡은 수간

37) 대판 2000두2723, 2001.2.23

38) 대판 88누6924, 1989.11.14

39) 대판 88누6924, 1989.11.14 ; 노조법 제2조제4호가목

호사는 사업주를 위해 행동하는 자에 해당한다.

ILO 결사의자유위원회는 관리 · 감독직 근로자의 노조가입 거부는 ILO협약에 반하지 않는다고 보고 있다. 다만, 관리 · 감독직 근로자가 자신의 이익을 위해 그들만의 단체를 구성하는 권리는 부인하지 않으며, 관리 · 감독직 근로자의 범위는 엄격하게 규정되어야 한다고 본다. 일본 노조법의 경우에도 노동조합의 참가가 허용되지 않는 사용자의 이익 대표자를 정하고 있으며, 이러한 자의 노조가입을 제한하고 있다.

다. 사용자의 이익을 대표하여 행동하는 자

노조법 제2조제4호가목에 의하면, 사용자의 이익을 대표하여 행동하는 자가 노동조합에 참여하는 경우에는 조합의 자주성을 침해할 수 있으므로 노동조합으로 보지 않는다고 정하고 있다. 통상 사용자에 전속되어 사용자의 업무를 보조하는 비서 · 전용운전사, 사용자의 지시를 받아 근로자에 관한 감시 · 감독적 지위에 있는 감사담당 부서의 직원, 회사의 재산 보호 · 출입자 감시 · 순찰과 같은 경찰적 업무를 담당하는 자 등이 사용자의 이익을 대표하여 행동하는 자에 속한다. 다만, 경비원, 수위는 사업주의 명을 받아 사업주의 인적 · 물적 재산관리와 보안책임을 맡고 있어 사용자의 이익 대표자에 해당되지만, 아파트 경비원은 단순한 재산관리 업무를 담당하므로 사용자의 이익대표자가 아니다. 따라서 사용자로부터 인사, 급여, 후생, 노무관리 등 근로조건의 결정에 관한 권한과 책임을 위임받은 사실이 없고, 일반적인 중간관리자로서 직무상 부하직원을 지휘감독하는 자는 사용자 또는 항상 그의 이익을 대표하여 행동하는 자에 해당하지 않는다.[40)]

라. 행정해석

사용자 또는 그 이익 대표자에 해당되는지 여부에 대한 행정해석의 입장은, 형식적인 직급이나 지위보다 실질적 · 구체적 사실관계를 기초로 판례의 판단기준[41)]에 입각하여 사용자성을 판단한다. 즉, 형식적인 직급 명칭이나 지위보

40) 대판 97누8076, 1998.5.22

41) 대판 97누8076, 1998.5.22 ; 대판 88누6924, 1989.11.14

다는 다음 요소를 고려하여 판단한다.

첫째, 회사규정의 운영실태, 구체적인 직무내용 및 근로자에 관한 사항에의 관여정도 등 구체적인 사실관계를 토대로 인사 · 급여 · 후생 · 노무관리 등 근로조건의 결정 또는 업무상의 명령이나 지휘감독을 하는 등의 사항에 관하여 사업주 또는 사업의 경영담당자로부터 일정한 권한과 책임을 부여받고 있는지 여부를 고려한다. 이 경우 근로자에 관한 일체의 권한을 모두 가질 것을 요구한 것은 아니다. 따라서 업무상 명령권, 지휘감독권, 근평권, 근태관리권 등에 관한 권한위임의 정도를 종합적으로 고려해 판단한다.

둘째, 근로관계에 대한 계획과 방침 등 사용자의 기밀에 속하는 사항을 접하고 있어 직무상의 의무와 책임이 조합원으로서의 의무와 책임에 직접적으로 저촉되는지 여부 등을 종합적으로 고려하여 판단한다.[42]

사용자 또는 항상 그의 이익을 대표하여 행동하는 자[43]는 노동조합에 가입할 수 없으므로, 사전에 노동조합의 규약으로 정하는 것이 원칙이며, 노사는 법령의 범위 내[44]에서 직위, 직책 등을 감안, 일정 지위에 있는 자를 노조법상 사용자 등에 해당한다는 이유로 노조가입 범위에서 제외하는 단체협약을 체결하여 자율적으로 조합원의 범위를 정할 수 있다.[45] 단체협약을 통해 정해진 노조가입 범위는 최대한 존중되어야 한다.

1) 금융회사 지점장

은행, 보험회사 등 금융권 지점장의 경우 영업의 일선조직의 장으로서 소속 직원을 지휘 감독하는 등 중요한 역할을 수행하고 있으나, 최근 이들의 노조가입을 둘러싸고 논란이 있다. 금융회사 지점장 등이 사용자에 해당하는지 여부는 지위나 명칭보다 운영실태와 지휘 · 감독 등 사업주 또는 사업의 경영담당자로부터 일정한 권한과 책임을 부여받고 있는지 여부 등을 행정해석 등을[46] 토

42) 노사관계법제팀-1988, 2006.7.18
43) 노조법 제2조제2호 및 제4호가목
44) 노조법 제2조제2호 및 제4호가목
45) 노사관계법제팀-348, 2006.2.10
46) 노사관계법제팀-1988, 2006.7.18

대로 종합적으로 고려하여 판단한다. 이 경우 소속직원에 대한 업무상 명령권, 지휘감독권 등 권한과 책임은 그 사항에 관해 전부를 위임받지 않더라도 직무상의 의무와 책임이 조합원으로서의 의무와 책임에 직접적으로 저촉되는지 여부 등을 종합적으로 고려하여 판단한다.

(1) 특별한 사정이 없는 한 사용자에 해당

영업의 일선조직인 지점은 그 지점을 기준으로 운영계획이 수립되고 예산이 편성되는 등 하나의 독립된 조직으로 운영되는 경우가 대부분이므로, 조직운영상 그 지점의 장인 지점장에게는 소속직원에 대해 업무상 명령이나 지휘감독권이 있다고 보여, 특별한 사정이 없는 한 사용자에 해당하는 것으로 추정할 수 있다. 다만, 실질에 있어서 소속직원에 대한 업무상 명령이나 지휘감독이 단순히 상급자를 보조하는데 지나지 않으면 달리 판단한다. 지점장 등이 상법상 지배인으로 등기되어 있다면, 사업주에 갈음하여 그 영업에 관한 재산상 또는 재판외의 모든 행위를 할 수 있고, 지배인 아닌 점원 기타 사용인을 선임 또는 해임할 수 있으므로, 특별한 사정이 없는 한 노조법상 사용자에 해당한다.

(2) 소속직원에 대한 근태관리 등

지점장이 소속직원의 출장승인, 교육, 상벌 · 징계 · 표창, 연가 · 휴가 조정 및 승인, 사택제공 결정, 학자금 · 경조금 · 재해보상금 결정 등 소속직원의 후생이나 노무관리 등에 관한 사항을 결정하는 경우는 특별한 사정이 없는 한 사용자에 해당한다.

(3) 소속직원에 대한 근무평적 평가권한

근무성적 평가에 관한 권한은 해당직원의 승진여부, 성과급 산정 등에서 기준이 되므로, 이러한 권한 행사는 지점장 등이 노조법상 사용자에 해당하는지 여부를 결정하는 중요한 기준이 된다. 다만, 전적으로 근무성적 평가권한을 행사하는 경우와 차상급자의 권한을 단순히 보조하는데 지나지 않는 경우로 구분하여, 소속직원에 대한 전적인 근무성적 평가권을 가지고 있다면, 특별한 사정이 없는 한 사용자에 해당한다. 만약 3~4단계의 근무성적평기 체계에서

1차적인 역할을 담당할 경우는 1차적인 평가권이 실제에 있어 상급자에 의해 수정이 거의 이루어지지 않거나 지점장의 1차 평가의 자료가 거의 절대적인 것으로 받아들여지는 경우에는 전적인 평가권을 가지고 있는 경우와 마찬가지로 판단한다.

2) 보험회사의 지점장

보험회사 지점장의 경우, 보험회사의 영업체계상 대부분의 영업이 보험설계사를 통해 이루어지기 때문에, 보험설계사에 대한 지휘 · 감독권 내지 위 · 해촉권은 영업의 성패에 필수불가결한 요소이므로 사용자 해당여부 판단의 기준으로 작용한다. 따라서 지점장이 보험설계사에 대한 지휘 · 감독권, 위 · 해촉권을 가지고 있다면 특별한 사정이 없는 한 사용자에 해당한다.[47]

마. 간접고용형태의 사용자성

산업구조가 고도화됨에 따라 사용자는 핵심적인 사업을 제외한 나머지 부대업무로서 외주화가 가능한 것은 도급 · 위임 등의 방식을 통해 제3자에게 위탁수행토록 함으로써 가급적 지출을 줄이려 할 것이다. 이 경우 도급, 위임, 용역 등의 방식에 의해 사용과 고용이 일치된 경우는 하도급자 · 수임자 등이 사용자로서 기능하고 그에게 사용된 근로자는 하도급사업자, 위임사업자를 사용자로 삼아 노동조합활동을 할 수 있다. 다만, 파견법에 의한 파견근로자가 아니면서 사용과 고용이 일치하지 않는 경우 즉, 하도급사업자 · 위임업자 · 용역업자가 외관상 독립된 사업주로서 사용과 고용이 분리된 것 같지만 실제로는 원청업자, 원사업주의 노무관리 대행업체에 지나지 않는 경우 누구를 사용자로 보아야 하는지가 의문이다.[48]

판례에 의하면, 원고용주가 실질적으로는 업무수행의 독자성이나 사업경영의 독립성을 갖추지 못한 채 제3자의 일개 사업부서로서 기능하거나 노무대행기관의 역할을 수행하였다고 보는 이른바 위장도급의 경우, 당해 피고용인과

---

47) 서울고판 97구33401, 1998.5.22. 보험설계사에 대한 지휘 · 감독권을 근거로 보험회사 영업소장(지점장)을 사용자로 판단

48) (예) 원청업자가 채용, 보수, 복무관리, 상벌, 업무지시 등을 사실상 전행하고 있는 경우 등

제3자 간에 묵시적 근로계약관계를 인정한 사례가 있다.[49)]

바. 사용자에 해당하는 제3자

모회사가 자회사의 주식을 보유하고 임원을 파견하여 인사, 노무, 급여를 구체적으로 결정 지배하거나 아파트자치회가 수탁회사 근로자의 근로조건을 직접 결정하는 경우는, 모회사와 아파트자치회가 자회사, 수탁회사의 노동조합에 대응하는 사용자가 된다. 다만, 입주자대표회의가 아파트관리를 대행사에

---

49) 서울행판 2004구합25397, 2008.11.28. 원청업체가 근로자들을 채용한 것과 같은 묵시적인 근로계약관계 : 다음과 같은 사정에 비추어 살펴보면, 하청업체A는 형식적으로는 원청업체와 사이에 도급계약을 체결하고 소속 근로자들로부터 노무를 제공받아 자신의 사업을 수행한 것과 같은 외관을 갖추었다고 하더라도, 실질적으로는 업무수행의 독자성이나 사업경영의 독립성을 갖추지 못한 채 원청업체의 일개 사업부서로서 기능하거나 노무대행기관의 역할을 수행하였을 뿐이고, 오히려 원청업체로부터 종속적인 관계에서 근로를 제공받고 임금을 포함한 제반 근로조건을 정하였다고 보이므로, 근로자들과 원청업체 사이에는 직접 원청업체가 근로자들을 채용한 것과 같은 묵시적인 근로계약관계가 성립되어 있었다고 판단된다. ① 원청업체는 A가 모집해 온 근로자에 대하여 참가인이 요구하는 기능시험을 실시한 다음 그 채용 여부를 결정하였고, 그 시험합격자에게만 참가인이 직접 지급하는 수당을 수령할 자격을 부여하였으며, 경우에 따라 A 소속의 근로자들에 대하여 징계를 요구하거나 A로 하여금 원청업체 근로자들에게 적용되는 인사기준에 따라 그 승진대상자를 결정하도록 하는 등, A 소속 근로자들의 채용, 승진, 징계에 관하여 실질적인 권한을 행사하였다. ② 원청업체는 A의 점검결과를 통하여 근로자들의 출근, 조퇴, 휴가, 연장근무, 근로시간, 근무태도 등을 자세하게 파악하였고, 그 주도 하에 근로자들이 수행할 작업량과 작업 방법, 작업 순서, 업무 협력 방안을 결정함으로써 근로자들을 실질적으로 직접 지휘하거나 또는 A 소속 책임자를 통하여 근로자들에게 구체적인 작업 지시를 하였으며, A가 당초 수급한 업무 외에도 근로자들로 하여금 원청업체 소속 부서의 업무를 수행하게 하거나, A의 작업물량이 없을 때에는 교육, 사업장 정리, 타 부서 업무지원 등의 명목으로 사실상 근로자들에게 매월 일정 수준 이상의 소득을 보장하는 등, 사실상 직접적으로 근로자들에 대한 지휘감독권을 행사하였다. ③ A는 원칙적으로 수급한 물량에 대하여 시간단위의 작업량 단가로 산정된 금액을 원청업체로부터 수령하였지만, 원청업체는 A 소속 근로자들이 선박 수리와 직접적인 관련이 없는 원청업체의 다른 부서 업무지원, 안전교육 및 직무교육 등에 종사하는 경우에도 이에 대한 보수를 그 지급액에 포함시켰을 뿐만 아니라, 근로자들에게 상여금, 퇴직금 등의 수당을 실질적으로 직접 지급하였다. 한편, A에 대한 작업량 단가는 원청업체 소속 근로자(이른바 직영근로자)로 조직된 현대미포조선 노동조합과 원청업체 사이에 체결된 임금협약 결과를 참고하여 결정되는 등, 원청업체가 근로자들의 임금 등 제반 근로조건에 대하여 실질적인 영향력을 행사하였다. ④ A는 사업자등록 명의를 가지고 소속 근로자들에 대한 근로소득세 원천징수, 소득신고, 회계장부 기장 등의 사무를 처리하였으나, 이러한 사무는 원청업체가 제공하는 사무실에서 이루어졌을 뿐만 아니라, A는 독자적인 장비를 보유하지 않았으며 소속 근로자의 교육 및 훈련 등에 필요한 사업경영상 독립적인 물적 시설도 갖추지 못하였다.

위탁하면서 인사규정을 직접제정하고 대행회사에 시달하는 등 사실상 인사권을 행사했다면 입주자대표회의가 사용자이다.

4. 사용자단체

"사용자단체라 함은" 2개 이상의 각 사업의 사용자들로 구성된 단체로서, 노동관계에 관하여 그 구성원인 사용자에 대하여 조정 또는 규제할 수 있는 권한을 가진 단체를 말한다.[50] 사용자단체는 그에 대응하는 노동조합에 대하여 각 사업의 사용자들로부터 위임을 받은 범위 내에서 단체교섭의 의무와 권리를 가진다. 교섭을 위임받은 단체는 구성원인 사용자들이 교섭권을 위임함에 따라 관련사항에 대해 규제, 조정하는 기능을 가진다. 그러므로 협의, 친목, 단순정보교환을 위한 단체는 노동조합법에서 말하는 사용자단체라고 할 수 없다. 예를 들면, 단순히 권익증진을 위한 동업자조합 · 동종업종협회 · 협동조합 등에서 사용자들이 편의적으로 구성한 인사위원회, 위판장내의 작업과 노임 등 질서를 유지할 목적으로 조직한 협동조합 등은 사용자단체가 아니다. 다만, 이러한 단체라도 정관에 단체협약체결에 관한 사항을 규정하고 구성원에 대한 통제와 조정이 가능하고, 사용자들로부터 단체교섭에 관한 권한을 위임받았다면 그 한도 내에서는 교섭주체가 된다.

---

50) 노조법 제2조제3호

05

근로자의 단결권

1. 단결권의 내용

가. 단결할 자유

단결권(right to organize, 團結權)[1]은 근로조건의 향상을 도모하기 위하여 근로자와 그 단체에게 부여된 단결체의 조직 및 활동을 위시하여 단결체에 가입 및 단결체의 존립 보호를 위한 헌법상의 권리를 말하며, 단체교섭권 · 단체행동권(쟁의권)과 함께 노동기본권이라고 한다. 단결권 가운데, 근로자가 자주적으로 노동조합 기타 단결체를 조직 · 가입하거나 그 단결체를 운영할 헌법상의 권리를 적극적 단결권이라고 말한다.[2] 헌법은 단결권의 보장을 단순히 소극

---

1) 식민지 시기와 미군정 시기에는 노동법이 존재하지 않았다. 1948년 제정된 제헌 헌법 제18조는 근로자의 단결, 단체교섭과 단체행동의 자유를 법률의 범위 내에서 보장하였다. 이후 1953년에 제정된 노동3법(근로기준법, 노동조합법, 노동쟁의조정법)은 군인 및 군속, 경찰공무원, 교정공무원, 소방공무원을 제외한 모든 근로자의 단결권을 보장하였다. 1961년 5 · 16 쿠데타 직후에는 노동조합을 포함한 모든 정당 사회단체가 해산되었다. 군사정부는 민정 이양 직전에 노동조합법을 개정(1963.12.7)하여 노동조합 설립의 실질적 허가주의를 채택하였다. 1970년대와 1980년 말까지 10월유신 · 군부집권 등 정치적상황 으로 인한 노동운동의 침체기를 거쳐 1987년의 6 · 29 선언 직후 노동운동은 급격하게 활성화되었다. 1997년에 노동법의 대폭적인 개정이 이루어져 상급단체 수준에서 복수 노조가 허용되어 민주노총이 합법적으로 존립할 수 있게 되었으며 산업별 노조가 활동할 수 있는 제도적 환경이 조성되었다. 1999년에 「교원의 노동조합 설립 및 운영 등에 관한 법률」이 제정되어 교원의 단결권이 인정되었다. 「공무원의 노동조합 설립 및 운영에 관한 법률」이 공포 (2005.1.27), 시행(2006.1.28)되어 사실상 노무에 종사하는 현업 공무원이 아닌 일반 공무원의 노동조합이 2006년부터 합법화되었다. 2011년 7월 1일부터 기업 수준에서 복수 노조가 허용되고 있다.

2) 임종률, 『노동법』, 19쪽 ; 김형배, 『노동법』, 167쪽. 노조법 제2조 4항에서 '근로자가 주체가 되어 자주적으로 단결하여 근로조건의 유지 · 개선 기타 근로자의 경제적 · 사회적 지위의 향상을 도

적인 의미에서 자유권(自由權)의 하나로서만 보장하는 것이 아니라 노사의 실질적인 평등을 확보하기 위하여 적극적인 생존권(生存權)의 하나로서 이를 보장하고 있다. 즉, 국가가 근로자의 단결의 자유를 부당하게 침해해서는 안된다는 것뿐만 아니라 사용자도 이 단결권을 부당하게 침해하여서는 안된다는 의미로 보장하는 것이다. 따라서 사용자가 단결의 자유를 제한 또는 방해하는 것은 위법행위로서 책임을 면치 못하며, 또 나아가서 그러한 약정은 무효가 되는 것이다. 헌법 제 33조에 의하면, 근로자는 근로조건의 향상을 위하여 자주적인 단결권 · 단체교섭권 및 단체행동권을 가진다고 천명하고, 다만, 교원 · 공무원 등 공무원인 근로자는 법률이 정하는 자에 한하여 법률이 정한 범위 내에서 단결권 · 단체교섭권 및 단체행동권을 가진다. 법률이 정하는 주요방위산업체에 종사하는 근로자의 단체행동권은 법률이 정하는 바에 의하여 이를 제한하거나 인정하지 아니할 수 있다고 정하고 있다. 이것은 노사관계에 있어서의 단결권의 적극적 성격을 중시하여, 일반적인 결사의 자유와 구별하여 특별히 규정한 것으로 보인다.

헌법의 실질적인 단결권 보호를 위해 노조법에서는 "근로자는 자유로이 노동조합을 조직하거나 이에 가입할 수 있다. 다만, 공무원과 교원에 대하여는 따로 법률로 정한다."고 정하여 구체적인 단결권을 보장하고 있다.[3)] 따라서 공무원과 교원 등 일부 법률로 정한 근로자를 제외하고, 대부분의 근로자는 자유로이 노동조합을 조직하거나 이에 가입할 수 있다.[4)]

사용자는 근로자가 노동조합에 가입 또는 가입하려고 하였거나, 노동조합을 조직하려고 하였거나 기타 노동조합의 업무를 위한 정당한 행위를 한 것을 이유로 그 근로자를 해고하거나 그 근로자에게 불이익을 주는 행위를 할 수 없도록 정하여[5)] 단결체 결성과 조합활동의 실질적인 자유를 보장하고 있다. 단

모함을 목적으로 조직하는 단체 또는 그 연합단체'로 정의된 노동조합을 조직하거나 가입할 수 있는 권리를 의미한다. 군인, 경찰 등 특정직, 교정 수사 등 공안직, 5급 이상, 6급 이하의 지휘감독자, 인사노무담당자를 제외한 모든 근로자의 단결권이 제도적으로 보장되어 있다.

3) 노조법 제5조, 제81조제1호

4) 노조법 제5조

5) 노조법 제81조제1호

결권 속에는 근로자 개인의 단결권 뿐 아니라 노동조합의 집단적인 단결권도 포함한다.

나. 결사의 자유와 단결권

단결권은 국민의 기본권으로서 결사의 자유와 성격을 달리한다. 즉, 자유권적 기본권인 결사의 자유(freedom of association, 結社의 自由)[6]는 국가의 권력으로부터 인간의 존엄성 회복이라는 자유주의 사상을 기초로 한 시민적인 자유로서 결사의 자유와 결사하지 않을 자유를 포함하고, 그 실현에 있어서도 국가의 소극적인 간섭에 의해 보장되는 것인 반면, 노동3권으로서 단결권의 자유는 근로자의 생활권적 기본권을 보장하기 위해 국가의 적극적인 입법적 보장과 관여에 의해 실현되는 것으로 노동조합을 가입하거나 조직운영할 권리 즉, 조합활동권을 포함하고 국제적으로는 ILO조약에 의해 보장된다. 단결권은 근로자가 자신이 원하는 단결체를 조직 · 가입 · 운영할 권리를 말하므로 단결체 선택의 자유를 포함한다.

헌법 제33조제1항에서 정한 단결권 속에 소위 “노동조합에 가입하지 않을 자유 · 단결하지 않을 자유 등 즉, 소극적 단결권”이 포함되어 있는지 여부가 의문이다. 근로자는 노동조합과 같은 단결체 결성을 통하여 집단으로 사용자에게 대항함으로써 사용자와 대등한 세력을 이루어 근로조건 형성에 영향을 미칠 수 있는 기회를 갖게 된다. 따라서 단결권은 “사회권적 자유권, 사회적 보호기능을 가진 자유권”으로서 성격을 가지는 것으로서, 일반적인 시민의 자유와 질적으로 다른 권리로 설정되어 헌법상 결사의 자유에 대한 특별법적인 지위를 승인받은 것으로 보아야 한다.[7] 이런 논거에서 노동조합을 결성하지 않을 자유, 본인의 의사에 반해 노동조합에 가입을 강제당하지 않을 자유, 이

6) 결사의 자유란 다수인이 공동의 목적을 가지고 계속적인 단체를 조직하는 자유를 말한다. 근대의 권리선언에서 보장되는 전통적인 자유의 하나이다. 헌법에는 모든 국민은 결사의 자유를 가진다고 규정되어 있는바(헌법 제21조제1항), 이것이 결사의 자유이다. 특히 근세에 이르러는 정치적 단체조직과의 관계에 있어서 민주사회에서는 반드시 보장되어야 할 국민의 기본권의 하나이다. 우리 헌법은 정치적 단체인 정당과 근로자의 결사인 노동조합을 적극적으로 보호하고 있다(헌법 제8조, 제33조제1항).

7) 헌재 94헌바13, 1998.2.27 등

미 가입한 노동조합을 탈퇴할 자유 등 이른바 "소극적 단결권"은 헌법 제33조 제1항에서 정한 단결권 속에 포함된 것이 아니라,[8] 헌법 제10조에 정한 행복추구권에서 파생되는 일반적인 행동의 자유 혹은 헌법 제21조에서 정한 결사의 자유에서 그 근거를 두고 있다.[9] 따라서 헌법 제33조제1항의 단결권 속에는 단결할 자유만 있고 단결하지 않을 자유 등 소극적 단결권은 일반적인 결사의 자유 속에 포함되어 있는 것으로 이해하여야 한다. 단결권과 관련하여 노조법의 설립신고제도,[10] 노동조합 운영에 대한 행정관청의 감독권한[11]등이 단결권을 제한하는 것이 아니냐는 의문이 있을 수 있다. 설립신고제도나 감독권한은 행정질서 유지와 효율적인 관리 측면에서 나온 것으로서, 단결권의 본질적 취지를 훼손하지 않는다면 달리 부당한 제한이라고 단정하기 어렵다.[12]

2. 조직강제와 단결권

대체로 노동조합의 교섭력은 조직의 크기와 단결력의 강도에 따라 크게 좌우될 수 있으므로 대부분의 노동조합은 조직의 확장과 세력확대에 부심하게 되는데, 헌법상 보장된 단결권의 본질적인 부분을 침해하지 않는 한도 내에서 단체협약 등으로 정하여 개별근로자의 단결권에 일정한 제한을 가하여 집단적 단결권을 강화하는 것을 이른바 조직강제, 혹은 단결강제(團結强制)라고 부른다.

조직강제는 노조법 제81조제2호와 헌법상 보장된 단결권을 제외하고는 실정법상 명문의 근거를 찾기는 어렵다. 실무상 사용자와 노동조합이 단체협약을 통해 조직강제를 약정하고, 약정을 위반하는 조합원에 대해서는 고용상 불이익을 주는 등의 방법을 주로 활용한다. 그 주요수단을 살펴보면, 클로즈드숍,[13]

8) 헌재 98헌마141, 1999.11.25
9) 헌재 2002헌마95 · 96 · 2003헌바9(병합), 2005.11.24
10) 노조법 제10조
11) 노조법 제3절 등
12) 헌재 2002헌바95 · 96 · 2003헌바9(병합), 2005.11.24
13) Closed shop : 노동조합에 가입중인 노조원이 아니면 고용하지 않는다는 단체협약으로 탈퇴하거나 제명되면 해고된다.

유니온숍[14]과 조합원유지제도[15] · 에이전시숍[16] · 연대금 납부조항 · 단체협약 배제조항과 격차조항 등을 지적할 수 있다.

조직강제는 그 내용에 있어서 노동조합의 집단적 단결권과 개별근로자의 단결하지 않을 자유 또는 단결선택권이 필연적으로 충돌하는 문제가 발생하는데 두개의 권리가 조화롭게 공존하면서 헌법상 보장된 단결권의 취지가 퇴색되지 않도록 균형성 있게 운용하는 것이 실정법상의 과제라고 할 수 있다.

1) 유니온숍(Union Shop)과 판례의 입장

조직강제의 일반적인 수단으로서, 근로자가 노동조합의 조합원이 될 것을 고용조건으로 하는 단체협약상의 규정을 유니온숍(Union Shop) 협정이라고 한다. 이는 노동조합이 그 조직을 유지 · 강화하기 위하여 조합원지위의 취득과 유지를 강제하는 단체협약상의 제도로서, 노동조합의 대표적인 조직강제 수단의 하나에 해당한다. 실정법상 노조법 제81조제2호에서, 사용자로 하여금 근로자가 어느 노동조합에 가입하지 아니할 것 또는 탈퇴할 것을 고용조건으로 하거나 특정한 노동조합의 조합원이 될 것을 고용조건으로 하는 행위를 할 수 없도록 정하고 있다.[17] 이 규정은, 헌법상 근로자의 단결권를 실질적으로 보장하기 위한 일환으로서, 사용자가 근로자의 단결권을 침해할 우려가 있는 반조합적인 계약[18]을 체결하는 것을 부당노동행위로 규정하여 원칙적으로 금지함으로써 근로자를 보호하되, 다만, 예외적으로 동조 제2호 단서에서 노동조합이 당해 사업장에 종사하는 근로자의 3분의 2 이상을 대표하고 있을 때에는 근로자가 그 노동조합의 조합원이 될 것을 고용조건으로 하는 단체협약의 체결은 예외로 인정하여 근로자의 단결선택의 자유에 대한 제한을 허용해 주고 있다.

이 제도는 노동조합이 조직의 확대를 통해 단결력과 단체교섭력을 강화하

14) union shop : 근로자가 노동조합의 조합원이 될 것을 고용조건으로 하는 단체협약상의 규정
15) maintenance of membership : 노조원이 조합에서 탈퇴하지 못하도록 정한 단체협약, 유니온숍의 한 유형
16) agency shop : 비조합원에게도 조합비를 공제하도록 정한 단체협약
17) 노조법 제81조
18) 소위 비열계약, Yellow dog contract, 와그너법 제8조에서 입법화

여 보다 대등한 노사자치 질서를 형성하고 근로조건을 향상시키기 위하여, 당해 사업장에 종사하는 근로자의 3분의 2 이상을 대표하고 있는, 지배성을 갖춘 노동조합의 조합원이 될 것을 고용조건으로 하는 단체협약을 체결하는 것은 사용자의 부당노동행위로서 금지되지 않는다는 것을 입법적으로 확인하고 있다.

일반적으로 유니온숍 협정을 체결하는 경우 규약에 의해 조합원 자격이 있는 근로자는 원칙적으로 당해 노동조합에 가입하여야 하며, 고용된 근로자가 일정한 기간 내에 가입하지 않거나 또는 가입한 노동조합으로부터 탈퇴하는 경우, 사용자는 「명문의 규정이 있든 없든 협정상의 의무로서 그 근로자를 해고해야 할 의무」를 부담한다.[19] 판례에서도, 유니온숍 협정은 노동조합의 단결력을 강화하기 위한 강제의 한 수단으로서 근로자가 대표성을 갖춘 노동조합의 조합원이 될 것을 고용조건으로 하고 있는 것이므로 단체협약에 유니온숍 협정에 따라 근로자는 노동조합의 조합원이어야만 된다는 규정이 있는 경우에는 해고에 관한 의무 등 다른 명문의 규정이 없더라도 사용자는 노동조합에서 탈퇴한 근로자를 해고할 의무가 있다고 판시하고 있다.[20] 따라서 노조가 근로자를 제명하지 않았는데도 근로자가 임의로 탈퇴한 경우는 예외 없이 해고 등 불이익을 주었다. 그러나 2011.7월부터 복수노조가 허용되면서 사용자는 근로자가 그 노동조합에서 제명된 것 또는 그 노동조합을 탈퇴하여 새로 노동조합을 조직하거나 다른 노동조합에 가입한 것을 이유로 근로자에게 신분상 불이익한 행위를 할 수 없도록 정하여 복수노조 아래서 단결체 조직과 선택권을 입법적으로 보호하고 있다.[21] 다만, 노조에서 제명되거나 복수노조 설립이나 가입 이외에 다른 이유로 노조를 탈퇴한다면 여전히 해고 등 신분상 불이익을 받을 수 있다.

실무상 탈퇴 후 상당기간 동안 노조에 가입하지 않고 조직화를 시도하지 않았다면 사용자가 불이익처분을 줄 수 있겠으나 어느 정도의 기간이 경과해야

19) 대판 96누16070, 1998.3.24
20) 대판 96누16070, 1998.3.24
21) 노조법 제81조제2호

하는지, 조직화를 시도했으나 장애요인이 있어 조직화가 불가능해 진 경우, 근로자가 본인의 의사에 불구하고 타 노조에 가입도 되지 않는 경우는 어떻게 해야 할 것인지가 의문이다. 타 노조 가입은 별다른 문제가 없으나 조직화는 상당기간이 소요될 수 있으므로 실무적인 구체적 내용과 다양한 사항을 예상하여 미리 노사가 합의해 두는 것이 필요할 것이다.

참고로 판례는 협정에 따라 사용자가 임의 탈퇴한 근로자를 해고하지 않은 것은 잘못이지만, 단체협약상의 유니온숍협정에 의하여 사용자가 노동조합을 탈퇴한 근로자를 해고할 의무는 단체협약상의 채무일 뿐이고, 이러한 채무의 불이행 자체가 바로 노동조합에 대한 지배 · 개입의 부당노동행위에 해당한다고 단정할 수 없다는 입장이다. 부당노동행위가 성립하려면 사용자에게 근로자가 노동조합을 조직 또는 운영하는 것을 지배하거나 개입할 의사가 있어야 한다고 보았다.[22)]

2) 유니온숍과 노동기본권의 제한

일반적으로 조직강제는 근로자로 하여금 어떠한 노동조합 또는 특정한 노동조합에 가입할 것을 강제함으로써 노동조합의 조직을 유지 · 강화하는데 기여하는 측면이 있지만, 한편으로 그 조합에 가입을 원하지 않는 근로자 개인의 단결하지 않을 자유나 여러 조합 중 어느 하나에 가입할 수 있는 단결선택의 자유를 제한하는 측면도 함께 지니고 있다. 헌법상 노동3권의 단결권 속에는 근로자 개인의 단결권 뿐 아니라 노동조합의 집단적인 단결권도 포함한다. 근로자 개인의 단결권에 대한 제약의 문제는 결국 노동조합의 집단적 단결권과 서로 충돌하는 모습으로 나타나는데, 기본권의 충돌, 즉, 서로 다른 복수의 기본권주체가 서로 대립되는 기본권의 적용을 주장하는 경우는 어느 한 기본권주체의 기본권행사를 제한 또는 희생시킬 수밖에 없다. 판례의 경우, 기본권의 서열이론, 법익형량의 원리, 규범에 대한 조화로운 해석 등을 해법으로 제시하고 있다.[23)]

22) 대판 96누16070, 1998.3.24
23) 헌재 2003헌마457, 2004.8.26

헌법 제33조제1항에서 정한 근로자의 단결권은 단결할 자유만을 가리킬 뿐이고, 단결하지 아니할 자유 이른바 소극적 단결권은 이에 포함되지 않는다. 근로자가 노동조합을 결성하지 아니할 자유나 노동조합에 가입을 강제당하지 아니할 자유, 그리고 가입한 노동조합을 탈퇴할 자유는 근로자에게 보장된 단결권의 내용에 포섭되는 권리로서가 아니라 행복추구권,[24] 결사의 자유[25]에서 그 근거를 찾을 수 있다.[26]

기본권 충돌에 관해 살펴보면, 우선 단결권은 사회권적 성격을 띤 자유권으로서의 성격을 가지고 있고 일반적인 시민적 자유권과는 질적으로 다른 권리로서 이미 결사의 자유에 대한 특별법적인 지위를 승인받고 있으며, 단결하지 않을 자유 등 소극적 단결권은 보충적인 자유권에 해당한다.[27] 따라서 「적극적 단결권이 단결하지 아니할 자유 즉, 소극적 단결권보다 특별한 의미를 갖고 있다고 볼 수 있으므로 노동조합의 적극적 단결권은 근로자 개인의 단결하지 않을 자유보다 중시된다.」 따라서 유니온숍을 통해 노동조합에 조직강제권 즉, 적극적 단결권을 부여한다고 해서 근로자의 단결하지 아니할 자유의 본질적인 내용을 침해하는 것은 아니다.[28]

문제가 되는 것은, 유니온숍이 비록 근로자의 단결하지 아니할 자유의 본질적인 내용을 침해하지는 않는다고 하더라도, 특정한 노동조합의 가입을 강제하고 있으므로, 조합을 선택할 수 있는 근로자의 개인적 단결체선택권과 노동조합의 집단적 단결권이 다시 충돌한다. 근로자의 실질적인 자유와 권리는 노동조합을 통한 단결에 의해서만 실효적으로 확보될 수 있다. 조직강제는 단결체인 노동조합의 조직유지 및 강화에 목적이 있고, 이를 통하여 궁극적으로 근로자 전체의 지위향상에 기여하는 만큼 헌법의 이념에도 부합하는 것이어서 그 목적의 정당성을 인정할 수 있다.

다만, 조직강제는 기본적으로 단결선택권에 대한 제한을 수반하고 있으므로

24) 헌법 제10조
25) 헌법 제21조
26) 헌재 98헌마141, 1999.11.25
27) 헌재 99헌바76, 2002.10.31
28) 헌재 2002헌바95 · 96 · 2003헌바9(병합), 2005. 11.24

제한되는 근로자의 단결선택권과 집단적 단결권과의 사이에 법익의 균형성을 도모하는 조화로운 범위 내에서 일정한 한계를 설정하는 것이 바람직하다. 노조법상 근로자의 단결선택권이 제한되는 조직강제의 범위를 살펴보면, 오직 근로자가 자발적으로 노동조합을 탈퇴하거나 이에 가입하지 않는 경우로 한정하고 있고, 조직강제에 따른 해고 등 신분상 불이익에 대한 정당성을 뒷받침할 정도로 충분한 지배적 지위 즉, 당해 사업장에 종사하는 근로자의 3분의 2 이상을 대표하고 있는 노동조합일 것을 요건을 갖추고 있는 노동조합의 권한남용으로부터 개별근로자를 보호하기 위하여 근로자가 당해 노동조합에서 제명된 것을 이유로 신분상 불이익한 행위를 할 수 없도록 규정하고 있는 등, 근로자의 단결선택권을 필요 · 최소한으로 제한하고 있다.

한편, 비록 조직강제에 의해 적극적 가입의사 없이 가입한 근로자라도 일단 유이온 샵에 참여한 자는 단결체의 활동을 통하여 실질적으로 단결권을 보장받을 수 있으며, 유니온숍 체결 이전에 입사한 비조합원 등 지배적 노동조합에 가입을 원하지 않는 개별근로자들도 그러한 노동조합의 활동에 의한 과실, 즉, 노동조합이 획득한 근로조건을 실질적으로 향유한다고 볼 것이므로 개별근로자의 단결선택권과 노동조합의 집단적 단결권 두 기본권 사이에 적정한 비례와 형평성이 확보된 것으로 볼 수 있으므로 근로자의 단결선택권이나 단결권의 본질적인 내용을 침해한 것으로 볼 수도 없다는 입장이다.

3) 소수노조와 차별적 취급문제

지배적 노동조합은 유니온숍 협정 등 단체협약을 매개로 하여 그 조직의 유지 · 강화를 쉽게 할 수 있는 반면, 그렇지 못한 소수노조의 경우 조직강제가 허용되지 않아 사실상 조직의 유지 · 강화에 있어 차별이 생긴다고 할 수 있으므로 평등의 원칙에 어긋나지 않는가 하는 의문이 생긴다. 헌법 제11조에 정한 평등의 원칙은 일체의 차별적 대우를 부정하는 절대적 평등을 의미하는 것이 아니라 입법과 법의 적용에 있어서 합리적 근거없는 차별을 하여서는 아니된다는 상대적 평등을 말하므로, 합리적 근거있는 차별 내지 불평등은 평등의 원칙에 반하는 것이 아니다.[29] 조직강제는 그 조직의 유지·강화를 통하여 결집된 교섭능력을 증진시킴으로써 궁극적으로는 근로자 전체의 지위향상에 기여하고, 예외적으로 조직강제를 허용하고 있는 지배적 노동조합의 범위를 정함에 있어서도 당해 사업장에 종사하는 근로자의 3분의 2 이상을 대표하는 단결체로 엄격하게 한정하고 있다. 만약 소수노조에게까지 같은 형태의 조직강제를 허용할 경우 자칫 반조합의사를 가진 사용자에 의하여 다수 근로자의 단결권을 탄압하는 도구로 악용될 우려가 있는 점 등을 종합적으로 고려하여야 한다. 따라서 당해 사업장에 종사하는 근로자의 3분의 2 이상을 대표하는 지배적 노동조합과 그 조합원에 비하여 소수노조 및 그에 가입하였거나 가입하려고 하는 근로자에 대하여 한 차별적 취급은 합리적인 이유가 있다 할 것이므로 평등권을 침해한다고 볼 수 없다는 입장이다.

29) 헌재 92헌바43, 1994.2.24

06
노동조합

1. 노동조합의 요건

'노동조합(trade union, 勞動組合)이라 함은, 근로자가 주체가 되어 자주적으로 단결하여 근로조건의 유지 · 개선 기타 근로자의 경제적 · 사회적 지위의 향상을 도모함을 목적으로 조직하는 단체 또는 그 연합단체를 말한다.[1] 따라서 노동조합은 근로자가 근로생활의 조건을 유지 · 개선할 목적으로 조직한 단체로서, 법적으로는 일정한 요건을 갖추어야 노동조합으로 인정된다. 노동조합이 본연의 목적성과 자주성, 단체성을 상실하였을 경우에는 노동조합으로 보지 않는다. 노조법 본문에 정한 요건을 노동조합이 되기 위한 적극적 요건이라고 하고, 단서 가목~마목 에서 열거한 결격사유에 해당하는 요건을 소극적 요건이라고 부른다. 두 가지 요건을 합하여 실질적 요건이라고 하고, 설립신고 등 절차적 요건을 형식적 요건이라고 한다. 사용자 또는 항상 그의 이익을 대표하여 행동하는 자의 참가를 허용하는 경우, 경비의 주된 부분을 사용자로부터 원조 받는 경우, 공제 · 수양 기타 복리사업만을 목적으로 하는 경우, 주로

---

1) 노조법 제2조제4호 본문의 "노동조합"이란 근로자가 주체가 되어 자주적으로 단결하여 근로조건의 유지 · 개선 기타 근로자의 경제적 · 사회적 지위의 향상을 도모함을 목적으로 조직하는 단체 또는 그 연합단체이다. ① 노동조합은 적극적 요건으로 : 주체는 근로자이어야 하며(주체성), 근로자가 자주적으로 단결하여야 하고(단체성), 근로조건의 유지 · 개선 기타 근로자의 경제적 · 사회적지위의 향상을 도모함을 목적으로 해야 한다(목적성) ② 노동조합의 결격사유 즉, 실체적 혹은 소극적 요건은 : 사용자 또는 항상 그의 이익을 대표하여 행동하는 자(회사의 경영담당자, 인사노무담당자, 기밀취급자, 경영자의 비서 · 운전기사 등)의 참가를 허용하는 경우, 경비의 주된 부분을 사용자로부터 원조받는 경우, 공제 · 수양 기타 복리사업만을 목적으로 하는 경우, 근로자가 아닌 자의 가입을 허용하는 경우, 주로 정치활동만을 목적으로 하는 등 다섯 가지 요건에 해당하는 경우는 노도조합으로 보시 않는다. ③ 노농조합의 종류는 직종별, 산업별, 기업별조합 등이 있다.

정치운동을 목적으로 하는 경우, 근로자가 아닌 자의 가입을 허용하는 경우는 결격사유로 보아서 노동조합으로 보지 않는다.[2] 다만, 해고된 자가 노동위원회에 부당노동행위의 구제신청을 한 경우에는 중앙노동위원회의 재심판정이 있을 때까지는 근로자가 아닌 자로 해석하지 못하도록 정하여 근로자가 노동조합활동과 관련하여 사용자로부터 해고 등 정당한 사유없는 불이익처분을 받지 않도록 정하고 있다.

가. 적극적 요건

근로자들로 구성된 단체가 노동조합이라 할 수 있으려면 "근로자가 주체가 되어 자주적으로 단결(自主性)"하여 "근로조건의 유지 · 개선 기타 근로자의 경제적 · 사회적 지위의 향상을 도모함을 목적(目的性)"으로 조직하는 "단체 또는 그 연합단체(團體性)"이어야 한다.

1) 자주성

자주성, 주체성이란, 사용자나 정부 또는 정당 기타 사회단체 등 외부세력의 방해나 간섭이나 지배를 받지 않고, 근로자가 주체가 되어 자주적으로 단결하여 독자적인 의사와 힘으로 노동조합을 조직 · 운영하는 것을 의미한다. 반드시 대결 · 투쟁상태라야만 자주성이 확립된 것이 아니라, 상대방과 상생 협조하더라도 조합의 독립된 의사에 따른 경우는 자주성을 가진다.

여기서 근로자라 함은, 직업의 종류를 불문하고 임금 급료 기타 이에 준하는 수입에 의해 생활하는 자를 말하고 구체적으로 누가 노조법상 근로자인지 여부는 구체적 사실관계를 토대로 판단하여야 한다.

2) 목적성

자주적으로 조직된 단체라도 "근로조건의 유지 · 개선 기타 근로자의 경제적 · 사회적 지위의 향상을 도모함"을 목적으로 하여야 한다. 임금, 근로시간, 휴일, 휴가 등 근로조건은 사용자와의 단체교섭을 통하여 달성되고, 경제 · 사회적 지위향상은 정책에 대한 지지 · 결속 · 대안모색 등 조직내외적인 조합활

2) 노조법 제2조제4호 단서 가목~마목

동을 통하여 정부에 대한 정책활동으로 성과를 얻을 수 있다. 대체로 총연합 단체나 산업별연맹 등 상급조직일수록 입법 · 대정부 활동 등을 통해 사회 · 경제적 지위향상에 주력하게 된다. 최근에는 하급조직이 상급단체의 정책지지나 반대운동에 연대하여 성명발표, 대정부정책 찬반 입장표명, 정치파업 등을 함으로써 단체연대를 더욱 강화하는 추세에 있다. 따라서 근로자들의 단체라 할지라도 주로 친목을 목적으로 하거나 정치적 목적을 위한 단체는 노동조합으로 볼 수 없다.

3) 단체성

노동조합은 근로자들이 근로조건 유지개선과 사회적 · 경제적 지위향상이라는 공동의 목적달성을 위하여 의식적으로 결합한 단체이다. 이 경우 단체란, 단순한 복수인 구성원의 결합이 아니라 구성원을 통합하기 위한 단체규칙 등을 갖추고 사회 · 경제적인 기능을 수행한다. 따라서 노동조합이 되려면, 근로자 개인이 아니라 2인 이상의 근로자가 결성하여, 규약과 임원, 의사결정기구 등 운영조직을 갖추고 계속적으로 활동하는 단체 또는 그 연합단체라야 한다. 일시적인 결사체 즉, 이른바 쟁의단 · 투쟁위원회 · 근로자 권익쟁취단 · 비상대책위원회 등은 노동조합이 될 수 없다. 탈퇴에 의하여 조합원이 1인이 되는 경우에는 더 이상 조합원이 증가될 가망이 없다면 노동조합으로서 당사자 능력이 없다.[3] 다만, 법인인 노동조합의 경우는 조합원이 1인만 남더라도 청산이 될 때까지는 노동조합으로 실체는 존속한다. 현실 속에 노동조합은 법인인 경우와 법인설립인가를 받지 않은 조합으로 분류된다. 법인으로 설립 등기된 노동조합은 민법상 사단법인이다.

(1) 노동조합 법인의 필요성

노동조합의 성격을 법적으로 파악할 때, 영미법계에서는 조합원간 합의에 의한 계약의 관점에서 보는데 반하여, 대륙법계에서는 일반사법의 유형 중 사단으로서 성격을 가지는 것으로 보고 있다. 법인이란, 자연인 이외에 법률관계의 주체적 능력을 가지고 법질서 속에서 법률관계를 형성하고 권리를 행사

---

3) 대판 97누19830, 1998.3.13

하고 의무를 수행하여 온 법주체이다. 노동조합이 굳이 법인으로 할 필요가 있는지가 의문이다. 현실적으로 하나의 사회적 주체로서 활동하고 있는 단체가 권리능력의 주체가 될 수 없다고 한다면 단체의 전체 구성원의 이름으로 소송을 제기하거나 계약을 체결해야 하므로 많은 불편이 따르게 된다. 따라서 법인제도를 통하여 단체를 자연인과 동일한 권리의무의 주체로 취급함으로써 단체를 둘러싼 법률관계를 단순화하고 불편함을 줄일 수 있다. 이와 같은 취지에서 노동조합도 점차 법인으로 전환하는 추세에 있다. 사람의 생명과 재산은 유한성을 띠고 있어, 개인이 할 수 없는 일을 다수인의 결합체나 독립재산에 의해서는 가능한 경우가 있기 때문이다.

나. 소극적 요건

노조법 제2조제4호 단서에 의하면, 노동조합이라 할 수 있기 위해서는 사용자 또는 항상 그의 이익을 대표하여 행동하는 자의 참가를 허용하지 않을 것, 경비의 주된 부분을 사용자로부터 원조 받지 않을 것, 공제 · 수양 기타 복리사업만을 목적으로 하지 않을 것, 근로자가 아닌 자의 가입을 허용하지 않을 것,[4] 주로 정치운동을 목적으로 하지 않을 것 등의 요건을 충족하여야 한다. 이상의 요건을 차례대로 살펴본다.

1) 사용자 · 이익대표자의 배제

사용자 또는 항상 그의 이익을 대표하여 행동하는 자가 노동조합에 참여할 경우, 이들의 영향력이나 지배력에 의하여 노동조합의 조직과 운영 등 조합활동 전체가 사용자에 의해 좌우될 수 있고, 조합의 자주성이 훼손될 수 있으며 노동조합의 기밀 등이 누설되어 교섭력이 현저히 약화될 수 있다.

(1) 사용자 및 사업경영담당자

사용자는, 사업주와 사업경영담당자 및 그 사업의 근로자에 관한 사항에 대하여 사업주를 위하여 행동하는 자 즉, 근로조건 기획 · 결정에 관하여 실질적

4) 다만, 해고된 자가 노동위원회에 부당노동행위의 구제신청을 한 경우에는 중앙노동위원회의 재심판정이 있을 때까지는 근로자가 아닌 자로 해석하여서는 아니된다.

인 권한과 근로계약상 실질적인 지휘감독 권한을 가진 관리자[5]를 포함한다.[6] 개인기업의 경우 자연인 대표자, 법인의 경우 법인 그 자체를 사용자로 볼 수 있다. 사업경영담당자란 경영에 직접적인 책임을 지거나 직접관여하고 있는 자로서, 법인의 대표이사 이사회 구성원, 공장장, 지점장 등을 말한다. 이 경우 지위, 명칭에 불구하고 구체적인 직무내용을 보아 사용자로 보는 자에게 그러한 책임과 권한이 주어졌는지 여부를 기준으로 판단해야 한다.[7]

(2) 근로자에 관한 사항에 대하여 사업주를 위해 행동하는 자

고용, 해고, 승진, 전보 등 인사관리를 담당하거나, 임금, 근로시간, 휴게시간, 기타 근로조건의 결정과 노무관리의 기획 또는 집행에 관여하는 자, 노동관계에 관하여 기밀사무를 담당하는 자를 의미한다. 일반적으로 인사, 노무, 급여 등을 담당하는 부서의 근무자와 사업주로부터 소속 직원에 대한 지휘명령, 근무명령, 인사관리에 관한 권한과 책임을 부여받은 관리감독자가 해당한다. 다만, 조직마다 업무분장과 역할, 조직형태 등이 상이하므로 팀장, 과장 등 직급 명칭보다 위임범위, 권한 등 실질적인 담당업무의 내용에 따라 구체적으로 판단하여야 한다.

(3) 항상 사용자의 이익을 대표하여 행동하는 자

맡은 바 직무상의 의무와 책임이 노동조합의 조합원으로서의 의무와 책임에 직접 저촉이 되는 근로자를 말한다. 관리자가 그 전형적인 예이지만, 그 밖에 직무상 경영 비밀을 접하게 되는 자로서, ① 통상 사용자에 전속되어 사용자의 업무를 보조하는 비서, 전용 운전수, ② 사용자의 지시를 받아 근로자에 관한 감시 · 감독 업무를 수행하는 감사 담당 부서의 직원, ③ 사용자의 경리 · 회계를 전담하는 부서의 직원, ④ 근로자의 인사 · 급여 · 후생 · 노무관리 등에 일정한 권한과 책임을 부여받은 자로서 노무담당자, 일반적인 인사 · 경영

5) (예) 인사 · 노무 · 인건비지출의 결정 등에 관한 담당이사, 공장장, 인사 · 노무부서 부장 · 과장 · 차장 · 팀장 등

6) 대판 88누6924, 1989.11.14

7) (예) 노사협의회의 사용자위원인 생산부장은 사업주를 위해 행동하는 자이며, 업무평가, 분장, 근무계획 작성 지휘감독을 맡은 수간호사는 사업주를 위해 행동하는 자에 해당한다.

기획 담당자 등 ⑤ 사용자의 재산 보호 · 출입자 감시 · 순찰과 같은 경찰적 업무를 담당하는 경비직 직원 등[8]도 이익 대표자에 속한다.

사용자 또는 이익대표자의 노동조합 참가를 허용하는 경우에는 현실적으로 이들이 참가하고 있는지 여부 또는 이들의 참가에 의하여 자주성이 상실되었는지 여부를 불문하고 노동조합으로 인정되지 않는다.[9]

(4) 사용자에 해당할 수 있는 제3자

본연의 사용자와 그 의미는 다르지만, 실질적으로 근로조건의 유지 · 결정 등 사용종속관계의 근간을 지배하는 자를 사용자로 보아서 노동조합의 교섭과 운영 등에 대응할 책임을 부여하여 부당노동행위 구제, 근로조건 보호 등의 실효성을 강화하고 있다. 즉, 모회사가 자회사의 주식을 보유하고 임원을 파견 인사, 노무, 급여를 구체적으로 결정 지배하거나 아파트자치회가 수탁회사 근로자의 근로조건을 직접 결정하는 경우는 모회사와 아파트자치회가 자회사 · 수탁회사의 노동조합에 대응하는 사용자가 된다. 다만, 입주자대표회의가 아파트관리를 대행사에 위탁하면서 인사규정을 직접제정하고 대행회사에 시달하는 등 사실상 인사권을 행사했다면 입주자대표회의가 사용자이다.

실무에서 외형상의 사내하도급이 불법파견 등 위장도급에 해당하면서 명의상 사업주가 사업주로서 독립성을 상실하여 하도급 근로자들은 사실상 원청의 사용자와 묵시적인 근로계약을 체결한 것으로 판단 될 경우가 있다. 이 때 하도급근로자들이 노동조합을 결성할 움직임을 보이자 원청에서 근로자 다수를 노동조합활동을 이유로 부당해고 하는 경우가 있는데, 이 경우 부당노동행위의 죄책을 지는 자는 제3자인 원청의 사용자가 될 수 있다.

2) 경비원조의 배제

노동조합이 자주성을 갖춘 경우라도 조합활동 등 노동조합의 존립과 활동을 위해 지출하는 경비의 주된 부분을 사용자에게서 원조 받는 경우에는 자주성이 약화되어 지배 개입의 우려가 있고, 궁극적으로는 조합의 존재가 유명무실

8) 서울행판 2007구합17731, 2007.11.9
9) 임종률, 『노동법』, 45쪽

해 질 수 있다. 따라서 노동조합으로 인정되기 위하여는 경비의 주된 부분을 사용자로부터 원조 받지 않아야 한다.[10)]

경비의 주된 부분이란, 노동조합의 경비 중에서 성질상 사용자로부터 원조 받으면 노동조합의 자주성이 상실될 위험이 있는 것으로서, 법률 등에 의해 원조 등 지급이 허용된 경비[11)]를 제외한 일체의 지원금 등을 말한다. 노동조합이 경비의 주된 부분을 사용자로부터 원조 받았지만, 그렇다고 자주성을 상실한 것은 아니라고 해도 그 자체로 노동조합으로 인정되지 않는다.

여기서, 실무상 주된 경비가 무엇인지가 의문이다. 행정해석에 의하면, 노동조합의 운영비라 함은, 노동조합의 존립활동을 위해 소요되는 모든 경비를 포함한다. 노동조합에서 주관하는 조합원 교육에 소요되는 강사료, 교통비, 숙박비, 식비 등을 사용자가 지원하는 것은 경비원조에 해당한다. 최소규모의 사무실 제공이라 함은, 사무실에 사회통념상 비치되어야 하는 책상, 의자, 전기시설 등 필요적 부대시설을 포함한다고 보아야 할 것이며, 이 범주를 벗어나 사무실 등의 유지 · 부수 · 운영비용을 사용자가 부담하는 것은 경비원조에 해당한다고 보았다. 다만, 행정해석에 의하면, 사용자의 이러한 행위가 그 자체로 부당노동행위에 해당한다고 단정할 수는 없고, 경비원조가 노동조합의 자주성을 해하는지 여부에 따라 개별 · 구체적으로 판단하여야 할 것이라는 입장이다.[12)]

특히, 파업 중 무이자 대출, 무상정액지원이 단순히 근로자의 후생자금 지원 차원에서라면 경비원조 등 부당노동행위에 해당된다고 보기는 어렵지만, 연간 운영비 예산의 50% 이상을 매월 정기적으로 사용자가 지원하는 행위, 노동조합에서 연구과제비 등의 명목으로 지원을 요구하고 이에 응하는 경우, 노동조합 재정자립기금 조성을 위해 생산품 중 반품, 불량품 등 폐기대상 제품을 원가보다 저렴하게 노동조합이 운영하는 구판장에 공급하는 경우 등은 경비원조

10) 노조법 제2조제4호 단서 나목

11) 최소한의 노동조합 사무소의 임대, 근로시간 중 사용자와 협의 교섭하는 시간에 대한 임금지급, 근로자의 후생복지자금 · 재액의 방지와 구제 등을 위한 기금의 기부를 제외한다.(노조법 제81조제4호 단서)

12) 노조 01254-457, 1999.6.26

로 보아서 부당노동행위에 해당될 수 있다고 보았다.[13]

사용자가 노동조합에게 제공하던 사무실을 폐쇄하는 등 편의시설의 제공을 일방적으로 거절한 것은 부당노동행위에 해당한다.[14]

3) 공제 수양기타 복리사업만을 목적으로 하는 경우

노동조합으로 인정되기 위하여는 근로조건의 유지 · 개선을 주된 목적으로 하여야 하고, 공제 · 수양 기타 복리사업만을 목적으로 하지 않아야 한다.[15] 다만, 근로조건의 유지 · 개선을 주된 목적으로 하면서 부수적으로 공제 · 수양 기타 복리사업 또는 정치운동을 목적으로 하는 것은 무방하다. "공제사업"이란, 근로자들의 출자 또는 사용자의 재원기부 및 대여금 등을 토대로 일정한 사업이나 기금의 증식활동을 통하여 조합원의 질병, 사고, 재액, 결혼, 사망, 입학 등의 사유로 말미암아 지출이 있거나 수입이 감소되어 공동의 힘으로 지원이 필요한 경우 이에 대한 보조금을 지급하거나, 금전을 대여하는 등의 공제활동을 말하고 공제회, 상조회, 자조회 등의 명칭으로 활동한다.

"복리사업과 수양사업"은, 생필품 공동구매, 복지회관 · 진료시설 · 체육시설 · 문화 · 독서 · 연극 · 오락 등 복지시설의 이용혜택부여 등 경제적 · 문화적 이익을 제공하는 것을 말한다. 통상 협동조합, 구판장 등으로 활동한다.

4) 주로 정치운동을 목적으로 하는 경우

노동조합의 정치운동이란, 좁게는 자신의 근로조건이나 사회 · 경제적인 지위향상을 위한 홍보 · 지지확산 활동에서부터 넓게는 특정정당에 관한 정책지지나 연대, 정당활동 참여 등 외적인 정치활동을 말한다. 노동조합이 주로 정

---

13) 노조 68107-967, 2000.10.24 ; 노조 68107-107, 2001.1.29 ; 노조 68107-620, 2001.5.29 ; 노사관계법제팀-3169, 2006.10.24. 사용자가 기금의 일부를 특정 노동단체에 후생기금 명목으로 기부하는 경우(소속 공무원의 후생복지를 위한 복지기금 일부를 공무원노조에 지급하는 것)노동조합의 운영비를 지원하는 결과가 된다면 노동조합 및 노동관계조정법 제81조제4호 단서 규정의 경비원조의 예외사항에 해당한다고 보기 어려울 것이다. 공공노사관계팀-1930, 2006.9.28. 단체협약으로 노조의 연구과제수행비를 매년 정액 지급하는 것은 경비원조의 예외사항에 해당한다고 보기 어렵다.

14) 대판 2007두15506, 2008.10.9

15) 노조법 제2조제4호단서 다목

치운동을 목적으로 하는 경우는 노동조합으로 보지 아니한다.[16] 따라서 노동조합이 하는 정치활동은 근로조건의 유지 · 개선과 경제 · 사회적 지위향상을 위한 부수적인 것이라야 한다. 다만, 공직선거법과 정치자금법 등 관련법이 정하는 범위 내에서 일반 사회단체에서 허용되는 수준의 정치활동은 노동조합에서도 허용된다. 2000.2.16 공직선거법(제58조제1항)을 개정하여 정당의 후보자 추천에 관한 단순한지지 반대의 의견개진 및 의사표시를 허용하였고, 정치자금 기부행위는 기업별노조를 제외한 노동단체가 별도의 기금을 설치하여 정치자금을 기부할 수 있도록 허용하였으나 2004.3.12 정치자금에관한법률이 개정되어 노동단체의 정치자금기부를 금지하였다. 노동조합의 정치운동은 조합활동 중 정치파업과 관련하여 그 정당성이 문제될 수도 있다. 정치활동의 허용과 관련한 주요 변동내역은 각주와 같다.[17] 자세한 사항은 쟁의행위의 정당성에서 추가로 설명한다.

5) 근로자가 아닌 자의 참여를 허용하는 경우

노조법 제2조제4호 단서 라 목에 의하면, 근로자가 아닌 자의 가입을 허용하는 경우에는 노동조합으로 보지 않는다. 따라서 근로자가 아닌 자가 단체를 결성하여 노동조합이라는 명칭을 사용한다고 해도 노조법상 노동조합으로 보호하지 않고, 노조법상 근로자에 포함되지 않는 자가 노동조합에 참여한 경우

---

16) 노조법 제2조제4호 단서 마목

17) 1963년 노조법 개정시 조합의 정치활동금지 규정을 신설한 후 노동계에서 지속적인 폐지주장이 있어 1996.5.9 출범한 노사관계 개혁위에서 조합의 정치활동참여 허용을 주요과제로 논의하고 1997.3.13 법 개정시 정치활동 금지규정을 삭제했으나 선거법과 정치자금법에 의해 계속 금지되어 왔음. 1998.2.6 노사정위원회에서 선거법과 정치자금법을 개정하기로 합의하여 1998.4.30 공직선거 및 선거부정방지법 제87조에 단서를 붙여 노동단체의 선거운동을 예외적으로 허용하고 1999.11.25 헌재에서 정치자금법에 의한 노동단체의 정치자금기부금지가 위헌으로 결정되자 노동단체의 정치자금기부를 허용하였다. 2000.2.16 공직선거법(제58조제1항) 및 정치자금법을 개정하여 정당의 후보자 추천에 관한 단순한지지 반대의 의견개진 및 의사표시를 허용하였고, 기업별노조를 제외한 노동단체가 별도의 기금을 설치하여 정치자금을 기부할 수 있도록 하였다. 2004.3.12 정치자금에 관한 법률이 개정되어 노동단체의 정치자금기부를 금지하였다.(제31조(기부의 제한) 외국인, 국내 · 외의 법인 또는 단체는 정치자금을 기부할 수 없다. 누구든지 국내 · 외의 법인 또는 단체와 관련된 자금으로 정치자금을 기부할 수 없다)

에도 노동조합으로 보지 않는 것을 원칙으로 한다.[18]

다만, 해고된 자가 노동위원회에 부당노동행위의 구제신청을 한 경우에는 중앙노동위원회의 재심판정이 있을 때까지는 근로자가 아닌 자로 해석하여서는 아니된다고 정하고 있다. 이것은 사용자의 부당노동행위로 인해 해고된 자가 노동위원회에 부당노동행위구제신청을 하여 그 효력을 다투고 있는 경우 이를 근로자가 아닌 자로 해석하여 조합활동 등에서 배제해 버리면 일련의 조합활동에 심각한 지장을 초래할 수 있다. 따라서 비록 근기법상 이미 해고된 자로서 근로자로 볼 수는 없지만, 그 해고사유가 노조법 제81조에 정한 부당노동행위에 해당하고, 부당노동행위가 있은 날(계속하는 행위는 그 종료일)로부터 3월 이내에 노동위원회에 부당노동행위구제신청을 한 자에 한해, 노조법상 근로자로 보아서 해고자에 대한 예외를 특별히 설정한 것으로 보아야 한다.

여기서, "근로자가 아닌 자"의 의미를 살펴보면, 노조법 제2조제1호에서 정하는 근로자로서 노동3권의 주체이고 노조법 전체를 아우르는 근로자의 의미가 아니라, 특정 사용자와 결합관계가 있는 취업자만을 가리키는 의미로서[19] 「노동조합이 자주적 의사에 따라 기업별노동조합의 조직형태로 조직되는 경우에만 적용된다고 보아야 한다.」 왜냐하면, 노동조합이 산업별 · 직종별 · 지역별로 조직되는 경우에는 특정 기업에 취업자인지 여부가 문제되지 않기 때문이다. 학생, 부랑자, 자영업자 등은 노조법상 근로자가 아니므로 기업별 노동조합이든 산업별 · 직종별 · 지역별 노동조합이든 가입할 수 있는 자격이 없다. 그러나 실업자 구직중인 자 해고자는 노동조합에 가입할 자격이 있으므로[20] 산업별 · 직종별 · 지역별 노동조합에 가입할 수 있다.[21] 판례는 "근로자가 아닌 자로 해석해서는 아니된다[22]의 규정이 노동조합의 설립 존속을 보호하려

18) 대판 68누163, 1969.5.13. 노동조합 설립 당시 근로자 아닌 자가 참여한 사실이 있는 경우 그 노동조합이 그들의 가입을 허용한 것이라면 이는 노동조합법 소정의 노동조합이라고 할 수 없는 것이다.

19) 대판 91도1342, 1992.2.11

20) 대판 2001두8568, 2004.2.27

21) 김유성, 『노동법』, 62쪽 ; 임종률, 『노동법』, 47쪽

22) 노조법 제2조제4호 단서 라목

는 소극적인 취지 뿐 아니라, 사업장 출입 · 조합임원 출마 · 단체교섭 · 쟁의행위 참가 등 조합원으로서 적극적인 지위를 회복시켜 주는 것이라고 본다.[23] 따라서 사용자로부터 해고되어 부당노동행위구제신청을 한 조합원인 근로자가 조합장선거에 출마하여 당선된 경우 중노위의 재심판정이 있을 때까지는 단체협약의 당사자가 될 수 있다.

(1) 노조법상 근로자

노조법상 근로자는, "임금 · 급료 기타 이에 준하는 수입"에 의해 생활하는 자로서, 임금 · 봉급 · 기타 명칭을 불문하고 근로의 대가로서 지급하는 일체의 금품과 임금이 아니면서 임금과 유사한 수입 즉, 일당, 성과금, 영업지원금, 강사료 기타 노무를 공급한 대가로 얻는 수입 등을 말한다. 근기법상의 근로자는 임금에 의하여 생활하는 자에 당연히 포함되지만, "임금에 준하는 수입에 의하여 생활하는 자", 즉, 골프장 캐디, 텔레마케터 등 사용종속관계라는 전통적 고용기준으로는 근로자성을 결정하기 어려운 비전형 근로자들로서 임금과 유사한 수입 등에 의해 생활하는 자를 말한다. "수입에 의하여 생활하는 자"란, 다른 수입이 없거나 적어서 임금 등의 수입에 의지하여 생활하는 자로서, 현실적으로 수입을 얻고 있는 자 뿐만 아니라 임금 등의 수입을 얻으려는 자를 포함한다. 노조법상의 근로자의 개념은 근기법상 근로자에 비해 사용종속성은 다소 약하지만 근로의사를 가진 실업자를 포함하는 개념이다.

판례 등에 따르면 노조법상 근로자와 근기법상 근로자를 따로 구분하지 않고 "사용종속관계가 있는지 여부"를 중요한 기준으로 보고 있고, 사용종속관계가 있는지는 계약의 형식보다 실질적 근로관계[24]를 중심으로 경제적 · 사회적 여러 조건을 종합하여야 한다는 입장이다. 행정해석에서도 같은 기준으로 판단한다.[25] 그러므로 노조법상 근로자와 근로기준법상 근로자의 개념을 달리 구별할 실익은 적다고 보아야 한다. 근래 노조법상 근로자성에 관한 쟁점계층

---

23) 대판 92다42354, 1993.6.8 ; 대판 91다14413, 1992.3.31

24) 복무규정, 상벌규정, 업무수행 지휘 · 감독, 근무 장소와 시간, 비품 원자재 등 작업도구, 노무대체성, 이윤창출과 손실의 위험부담, 임금 등 보수가 근로의 대가인지 여부 등

25) 대판 90누1731, 1993.5.25 ; 서울행판 2001구6783, 2001.9.4 ; 근기 01254-11493, 1989.8.4

에 대해 판례와 행정해석의 견해는 각주와 같다.[26] 기타 자세한 사항은 "근로자와 사용자"부분에서 상세히 설명한 바 있어 생략한다.

(2) 부당노동행위 구제신청 중인 경우

근기법상으로 해고조치를 받은 자는 해고의 정당성 여부는 별론으로 하더라도 그 시점부터 근로자가 아니다.[27] 다만, 사업주로부터 해고를 당한 근로자가 노동위원회에 부당노동행위 구제신청 중인 경우는 중노위의 재심판정이 있을 때까지 노조법상 근로자이다.[28] 즉, 부당노동행위 구제신청을 한 자가 조합원자격을 유지할 수 있는 기간은 중앙노동위원회의 재심판정이 있을 때까지이다. 이때까지는 초심의 판정결과나 재심의 판정결과를 불문하고 조합원자격이 유지된다. 재심에서 부당노동행위가 성립하지 않는다는 취지로 판정된 경우에는 근로자측이 행정소송을 제기하더라도 해고자는 더 이상 조합원자격을 유지할 수 없다. 거꾸로 재심에서 부당노동행위가 성립된다는 취지로 판정된 경우에는 사용자가 행정소송을 제기하더라도 법원의 확정판결에 의하여 중노위의 재심판정이 취소될 때까지는 조합원자격을 계속 유지할 수 있다.[29] 따라서 해고의 효력을 다투고 있는 노동조합장이 총회를 개최, 총회의 결의를 얻어 노동조합의 해산신고를 한 행위는 적법하다.[30] 해고의 효력을 다투는 자의 지위에 관한 사항은 단체교섭대상이 될 수 없다. 따라서 단체협약으로 정하기를 "부당노동행위 구제신청 중인 자는 중노위 재심판정에도 불구하고 법원의 확정판결시까지 조합원 자격이 있다"는 등의 내용으로 약정을 하더라도 이는

---

26) 방송구성작가, MC, DJ, 리포트(서울행판 2002구합13079, 2002.11.19. 부인) 레미콘운송차주(대판 2002다57959, 2003.1.10. 부인), 캐디(대판 90누1731, 1993.5.25. 부인), 학습지교사(노조01245-25, 1999.12.17. 인정 ; 서울행판 2003구합537, 2003.6.12. 부인)

27) 노조 01254, 1988.4.12. 노조법 (현) 제2조제4호 라목 단서규정에 "해고의 효력을 다투고 있는 자를 근로자가 아닌 자로 해석하여서는 아니된다"라 함은 해고의 효력을 다투고 있는 자에 대하여 노동조합 가입을 인정하였다 하더라도 노동조합으로서의 요건이나 자격을 갖추지 못한 것으로 보아서는 아니된다는 의미이지 당연히 사용종속관계의 근로자로서 신분을 가진다는 개별근로자의 신분보호에 관한 법적 근거를 마련한 것으로 풀이해서는 아니된다.

28) 노조법 제2조제4호 라목 단서

29) 임종률, 『노동법』, 48쪽

30) 노조 01254-584, 1995.5.20

강행규정 위반으로 효력이 없다.

(가) 부당해고 구제신청을 한 자

이 경우 해고된 자가 부당해고 구제신청을 하여, 사용자가 노동위원회로부터 해고한 근로자의 원직복직명령을 받았다고 해도 노동위원회의 부당해고 구제명령은 사용자가 따라야할 공법상의 의무만 부담시키는 것일 뿐 사법상의 법률관계를 발생시키거나 또는 변경시키는 것이 아니다. 따라서 일단 해고처분이 있어 사용자와 근로자의 근로관계가 유효하게 단절된 이상, 노동조합의 조합원으로 볼 수 없으며 단체협약 등으로 달리 약정했다고 해도 마찬가지다.[31] 그러므로 노동위원회의 부당해고구제명령에 대해 불복하여 사용자가 행정소송 등을 제기하여 계속 다투고 있더라도 구제명령에 따라 원직에 복직을 시키지 않는다면 근로자로 볼 수 없다.[32] 해고된 자라도 단체교섭의 위임을 받아 교섭을 할 수도 있고 쟁의행위를 지원할 수도 있다.

(나) 부당해고와 부당노동행위구제신청을 동시에 제출한 경우

근로자가 부당해고와 부당노동행위구제신청을 동시에 제출한 경우는 부당노동행위구제신청에 대한 중노위의 재심판정이 있을 때까지는 노조법상 근로자로 보아야 한다. 그러나 중노위의 재심판정에서 부당해고 부분은 받아들여지고 부당노동행위구제신청에 대해서는 기각판정을 받았다면 사용자가 복직을 시키지 않는 한 근로자로 볼 수 없다.

2. 노동조합의 설립과 조직형태

가. 조합설립

공무원과 교원 등 법률로 정한 자를 제외한 나머지 근로자는 자유로이 노동조합을 조직하거나 가입할 수 있다.[33] 노동조합은 근로자들의 단체(단위노동조합)

---

31) 노사관계법제팀-2915, 2006.9.29

32) 구법에서는 법원이든 노동위원회든 불문하고 부당해고구제신청이든 부당노동행위구제신청이든 가리지 않고 해고된 근로자가 해고의 효력을 다투기만 하면 노조법상 근로자의 자격이 유지되었으나 개정법에서 "노동위원회에 대한 부당노동행위구제신청을 하였을 경우"로 한정하였다.

33) 노조법 제5조

또는 연합단체 즉, 단위노조를 구성원으로 한 산업별연합단체 또는 총연합단체로서 근로자 2인 이상으로 구성되어야 하고, 규약과 대표자, 명칭, 소재지 등을 정하여야 한다. 단체로서 요건을 갖지 못한 근로자 개인은 노동조합이 될 수 없다. 복수의 조합원으로 출발한 노동조합이 조합원 1명만 남게 된 경우는 더 이상 조합원이 증가될 가망이 없다고 판단되는 경우는 노동조합이라고 할 수 없다. 다만, 법인인 노동조합은 조합원이 1인만 남더라도 청산될 때까지는 노동조합으로 인정된다. 그러나 1인 조합은 노동조합으로서 당사자능력은 없다.[34]

근로자는 자유로이 노동조합을 조직하거나 가입할 수 있으므로[35] 원칙적으로 노동조합의 조직형태에 관계없이 복수의 노동조합을 설립할 수 있다.

복수노조 설립시점은 설립신고서가 접수되어 신고증을 교부받은 경우는 신고서가 접수된 때에 설립된 것으로 보아야 한다.[36] 기존 노조가 있는 사업장에서 제2의 노조를 설립할 경우는 설립에 따른 총회 등 내부절차는 2011.7.1 이전에 하더라도 설립신고서 제출은 2011.7.1 이후에 하여야 한다. 초기업 노조의 경우는 1명 이상의 근로자가 초기업노조에 가입한 시점에 제2의 노조가 설립된 것으로 보아야 한다.[37] 노조설립에 있어서 이른바 신고주의에 따른다.

한편, 초기업노조의 산하조직의 단체교섭에 있어서는 교섭주체로서 설립신고를 하였는지 여부에 관해 판례와 행정해석의 견해가 엇갈린다. 자세한 사항은 단체교섭부분에서 설명한다.

나. 조직형태

근로자는 자유로이 노동조합을 조직하거나 가입할 수 있다.[38] 따라서 조직형태는 법이나 규칙 등으로 정한 바는 없으므로 규약에 따라 자유로이 선택할

---

34) 대판 97누19830, 1998.3.13

35) 노조법 제5조, 부칙 제7조제1항〈다만, 개별사업 또는 사업장의 경우 이미 노동조합(기업별노동조합 또는 지역별·산업별노동조합의 분회 등)이 조직되어 있는 경우는 2011.6.30까지는 조직대상을 같이 하는 노동조합을 설립할 수 없도록 했으나 2011.7.1부터 복수노조를 허용하였다.〉

36) 대판 76누189, 1979.12.11 ; 헌재 2004헌바9, 2008.7.31

37) 노조법 제29조의2제1항

38) 노조법 제5조

수 있다. 예를 들면, 전국규모의 산업별 노동조합을 결성하고 수개의 동종 산업에 재직하는 근로자를 조합원으로 하여 조합원이 재직 중인 각 사업장에 분회 · 지회 등을 두고, 도 · 광역시 단위로 지부를 두는 경우, 1개 사업의 각 공장마다 노동조합을 결성하거나, 인사 · 회계 등에 전권을 가진 본사나 중심 사업장에 1개의 노동조합을 결성하고 조합원이 있는 산하 각 사업장에 분회(지회)를 두는 경우, 1개 사업장에 노동조합을 두는 경우, 광역시 등 지역단위로 1개 노동조합을 결성하여 그 지역 내에 소재한 각 사업장에 재직 중인 근로자를 조합원으로 하는 경우, 1사 1개 노조가 4개사로 분할되었을 경우 조직 대상을 4개 회사에 속한 근로자들로 변경하고 하나의 기업별노동조합을 결성하여 4개회사에 지부를 두기로 하는 등 사업 또는 사업장의 특성별로 다양하다.

일반적으로 노동조합은 1개 또는 수개의 사업 또는 사업장을 단위로 조직된 기업별노동조합과 조직 범위를 특정 기업으로 한정하지 않고 불특정 · 다수의 기업에 걸쳐 있는 초기업적 노동조합(산업별 노조, 지역별일반노조)으로 구분한다. 우리나라의 경우 총연합단체(한국노총, 민주노총, 국민노총 등)를 정점으로 동종 산업의 단위노동조합을 구성원으로 하는 산업별연합단체(화학연맹, 건설연맹, 금속연맹 등) 또는 전국규모의 산업별 단위노동조합(철도, 담배인삼, 우편, 통신 등)과 기업단위 노동조합(○○공업 노동조합, ○○양회노동조합, ○○유업노동조합 등)으로 구성되어 있는 것이 일반적이다.

단위노동조합이 산업별연합단체인 노동조합에 가입하거나, 산업별연합단체 또는 전국규모의 산업별노동조합이 총연합단체인 노동조합에 가입한 경우는 해당 노동조합은 소속한 산업별 연합단체인 노동조합 또는 총연합단체인 노동조합의 규약이 정하는 소정의 의무를 성실히 이행하여야 한다. 총연합단체인 노동조합 또는 산업별연합단체인 노동조합은 해당 노동조합에 가입한 노동조합의 활동에 대하여 협조 · 지원 또는 지도할 수 있다.[39)]

2012년 현재 전국의 노동조합은 5,177개이고, 1,781천명이다. 상급단체별로는 한국노총 2,310개소 808천명으로 45.4%, 민주노총 383개소 604천

39) 노조령 제8조제1항 · 제2항

명으로 33.9%, 국민노총이 100개소 17천명으로 1.0%, 2,384개소 350천명 19.7%가 미가맹조합원이다. 조직형태별로는 초기업노조 조합원이 983천명으로 전체 조합원의 55.2%를 차지한다.[40)]

1) 기업별 단위노동조합

기업별 노동조합은 사용자와 대응관계가 분명하고 밀접하여 노사협조에 유리한 반면, 사용자가 노동조합의 운영을 지배 개입할 수 있는 단점이 있으며, 복수노조하에서는 수개의 군소조합이 난립하여 교섭질서를 혼란하게 할 수도 있다. 다만, 다수조합원을 확보한 노조와 사용자가 유니온숍을 체결하였을 경우는 사실상 복수의 노조가 설립되기 어렵다.

2) 지역단위 노동조합

일정지역내의 동일산업 또는 직종단위로 노동조합을 조직하는 형태를 말한다(예 : 대구지역 일반노조, 충주지역 청소원노조 등). 대체로 상권, 단체교섭 가능범위, 경제생활의 영역, 근로자의 분포 등을 고려하여 자율적으로 결정하되 가급적 행정구역이나 공단단위 등 경제권단위로 한정하는 것이 좋고, 명칭은 조직범위를 명확히 나타낼 수 있도록 정한다(예 : 충주지역 일반노동조합 ○○아파트분회 등).

지역단위노동조합의 분회(지회)는 대부분 단위노동조합이 아니라 내부조직인 것이 특징이다. 지역단위노동조합이 2개 이상의 행정구역을 조직단위로 하여 결성하더라도 흠이 없다.[41)]

3) 직업(직종)별 단위노동조합

특정한 직업에 종사하는 근로자를 조직대상으로 하는 직업별 단위노조(예 : 제단사, 선반공, 용접공, 건설일용 등)는 동일한 시장독점을 배경으로 강력한 교섭력을 가지는 반면, 숙련근로자 중심의 배타성이 약점으로 될 수도 있다. 직업별단위노조는 지역단위노동조합의 형태와 결합하는 것이 일반적이다(예 : ○○지역건설노동조합, ○○지역비정규직노동조합 등) 최근에는 지역 내의 모든 산업 · 직종 · 고용형태의 근로자를 포함하여 조직대상으로 하는 광범위한 일반노동조합을 결성

40) 전국노동조합조직현황, 고용노동부(2012)
41) 노조 68107-829, 2002.10.23

하기도 한다(예 : 충주지역 일반노동조합, 대구지역 일반노동조합).

지역별 · 직업별 단위노동조합의 경우 사용자단체가 없거나 있어도 교섭권 등 소속 회원사에 대한 지도 · 통제권이 없는 단순한 협의체인 경우가 일반적이다. 이 경우 노동조합에 대응하는 사용자단체가 없다는 이유로 노동조합의 설립을 금지할 수는 없다.[42] 조합원이 있는 사용자는 개별 사업장별로 교섭을 하거나 사용자단체를 구성하여 교섭 주관사 또는 대표사를 선정하고 그에게 교섭권을 위임할 수도 있다.

4) 산업별 단위노동조합

산업별 단위노조는 동일한 업종(예 : 화학, 금속, 택시, 버스, 철도, 통신, 담배인삼, 교직원 등)에 종사하는 근로자를 중심으로 방대한 조직기반을 가지고 강력한 교섭력을 가지지만, 개별 사업장의 특성에 맞는 교섭이 어려운 약점을 가지고 중복교섭 등 교섭비용이 증가될 수도 있다. 다만, 산업별 노동조합에서는 지회 · 분회 등 산하 단위사업장의 공통된 근로조건을 교섭하고, 근로조건 결정권이 있는 분회 · 지회, 또는 본조의 위임에 의해 각 사업장의 특성에 맞는 보충교섭을 다시 하는 방법으로 보완을 하는 것이 일반적이다.

우리나라에서는 기업별 단위노조가 지배적인 조직형태인 데 반하여, 독일 · 유렵 등에서는 산업별 단위노조나 직업별 단위노조가 지배적이다. 산업별노조는 두 가지 형태로 나뉜다.

첫째, 산업별노동조합(이하 산별노조), 즉, 전국규모의 동일사업장에 소속한 개별근로자를 대상으로 결성한 전국규모의 산업별단위노동조합(예 : 한국통신, 담배인삼, 철도 등)으로서 한국노총이나 민주노총 등 총연합단체를 상급단체로 하고, 산별노조 본조가 직접 권한을 행사한다. 산별노조 본조가 직접 단체교섭 및 협약체결권을 행사하고, 조합원들이 조합비를 직접 산별노조 본조에 납부한다.

둘째, 산업별연합단체 혹은 산업별연맹, 즉, 전국규모가 아닌 산업별단위노동조합(예 : 금속 · 화학 · 택시 등 노동조합의 각 사업장 지회나 분회 등)이 동종 산업에 조직된 기업별 · 지역별단위노조를 구성원으로 하여, 상급단체로 중간조직체의 산업

42) 서울고판 91구8489, 1992.4.8

별노동조합의 연맹(금속연맹, 화학연맹, 택시연맹 등)을 결성하고, 총연합단체를 최상위 상급단체로 하는 경우가 있다. 같은 업종의 개별 단위노조가 독자성을 유지한 채 결합한 동종산업의 연합체이다. 통상, 산업별연맹에 가입한 노동조합의 조직은 연맹→지부(지역본부)→지회(분회)의 구조를 갖추는데, 분회 · 지회는 단위노동조합이고, 지역본부나 지역지부는 그 지역의 협의 · 지도 등의 역할을 한다(예 : 전국화학연맹 충북지역본부 충주음성지역지부 ㅇㅇ사업장 분회 등).[43] 연맹과는 별개로 구성원인 개별 단위노조 집행부가 단체교섭 및 협약체결 권한을 가지며, 단위노조에서 조합비를 납부하고 독립적으로 집행권을 가진다.

산별노조는 초기업적으로 운영되므로 재정부담이 줄고 조합의 자주성이 높아지며, 전임자 수 축소와 중앙단위 교섭으로 교섭비용과 노무관리 비용이 줄어들고 산업별 근로조건이 통일되어 기업간 임금격차가 해소되는 등의 장점이 있는 반면, 본조→지역단위→사업장 단위로 이어지는 중복교섭의 폐단이 있을 수 있고, 산별교섭 결렬시 전국 규모의 분규로 이어져 산업질서 혼란으로 비화될 수 있으며, 기업현안보다 정치적 이슈를 쟁의대상으로 삼아 교섭이 장기화 되거나, 불필요한 선명성 투쟁을 하거나, 개별사업장의 입장을 도외시하고 공동요구안의 관철을 위해 장기간투쟁에 돌입하는 등의 폐단이 있다.

3. 조합의 설립절차

가. 설립신고

자본주의 초기에는 노동조합을 설립하기 위하여는 국가의 허가를 받아야 했으나 오늘날에는 등록이나 신고를 요건으로 하거나 그러한 절차 없이 일정한

---

43) 1. 지역본부 : 산업구조 및 조합원의 구성, 지리적 인접성 등을 고려하여 몇 개의 지부를 모아 조직하는 것을 의미한다.
2. 지부 : 광역시, 도 등 생활권을 같이하는 지역 내의 근로자들로 구성하는데, 대규모 기업의 경우 사업장별로 지부를 인정하기도 한다. 지부 예하에 산하조직으로 지회 분회를 둔다. (예) 한국노총 달성지역지부, 민주노총 금속연맹 ㅇㅇ자동차 · ㅇㅇ자동차 · ㅇㅇ자동차지부 · ㅇㅇ지부, 충남지부, 충북지부 등
3. 지회 또는 분회는 1개 또는 수개의 사업장을 묶어서 구분한다. 민주노총 금속노조 대구지부 ㅇㅇ공업지회, 한국ㅇㅇㅇ지회 등

요건을 갖추기만 하면 자유롭게 활동할 수 있도록 하는 경우도 있다. 노조법에서는 설립신고주의를 채택하여 노조법 제2조제4호에 정한 요건을 갖춘 단체가 규약과 운영조직을 구비하고 소정의 요건[44]을 갖추어 신고하면, 행정관청은 형식적인 심사를 거쳐 접수시로부터 3일 이내에 신고증을 교부하거나 흠이 있어 기간 내 보완요구에 응하지 않는 경우는 신고서류 일체를 반려한다. 노동조합은 신고증 교부를 조건으로 신고서 접수시에 성립한 것으로 본다[45]

설립신고는 단위노동조합, 동종 산업의 단위노동조합을 구성원으로 하는 산업별 연합단체와 산업별연합단체와 전국규모의 산업별 단위노동조합을 구성원으로 하는 총연합단체는 설립신고를 하여야 한다. 단위노동조합의 내부 조직인 지부 · 지회는 그 자체로 노동조합이 아니므로 설립신고를 할 수 없는 것이 원칙이다. 실무상 산별 단위노조가 근로조건 결정권이 있는 사업장에 지회 등 산하조직을 설치한 경우 그 산하 조직이 본조의 승인없이 독립된 노동조합으로서 설립신고를 할 수 있느냐가 의문이다.

고용부의 입장은 기본적으로 근로조건 결정권이 있는 독립된 사업장에 설치된 지회 등은 본조의 승인이 없더라도 독자적인 총회 의결로 조직형태 변경을 할 수 있으나 총회소집 등 절차상에 하자가 있다면 무효라는 입장이다.[46] 다만, 근로조건 결정권이 있는 사업장에 설치된 지부 · 분회가 독자적인 규약이나 집행기관 없는 상태에서 규약이나 노조법 제18조에 정한 절차를 위반했다면 조직변경 등의 효력을 인정받기 어렵다. 판례는 근로조건 결정권이 있는 독립된 사업장에 조직된 지부 · 지회가 독자적인 규약과 집행기관을 가지고 있다면 규약과 노조법에 정한 적법한 절차[47]를 거쳐 산별노조 지부 · 지회로 설

---

44) 설립신고서에 명칭, 주된 사무소의 소재지, 조합원수, 임원의 성명과 주소, 소속된 연합단체가 있는 경우에는 그 명칭, 연합단체인 노동조합에 있어서는 그 구성노동단체의 명칭, 조합원수, 주된 사무소의 소재지 및 임원의 성명 · 주소 등을 기재하고, 규약 1부 · 임원의 성명 및 주소록 1부를 제출한다. (노조법 제10조, 노조규칙 제2조)

45) 노조법 제12조제4항 ; 대판 76누189, 1979.12.11 ; 헌재 2004헌바9, 2008.7.31

46) 노소 68107-585, 2001.5.23 ; 노사관계법제팀-1034, 2006.4.13

47) 대판 2008다2241, 2009.3.12 ; 대판 2007도1557, 2008.1.18. 설립신고가 되지 않았으나 근로조건 결정권이 있는 독립된 사업장에 조직된 지부 · 분회는 규약에 정한절차에 따라 총회를 개최하여 재적 과반수 출석과 출석조합원 2/3 이상의 찬성으로 결의하여 조직형태 변경을 하여야 한다. 다

립신고를 하거나 기업별노조로 조직형태를 변경하여 설립신고를 할 수 있다고 본다. 결과적으로 근로조건 결정권이 있어야 하고, 규약이나 노조법상 정한 절차에 따라야 한다는 점에서 양자의 입장은 차이가 없다. 자세한 사항은 조직형태 변경부분에서 설명한다.

그 외에 산업별 연합단체와 총연합단체 이외의 연합노조 즉, 직업별 연합노조나 일반 연합노조 등은 연합노조라 하여 설립신고서를 반려하도록 규정되어 있지 않으므로 설립신고를 하여야 한다.

실무상, "근로조건의 결정권이 있는 사업 또는 사업장"인지 여부는 근로자의 채용, 전보, 승진, 교육, 해고 등 인사노무관리와 임금 · 근로시간 · 휴가 · 복리후생 등 일체의 근로조건에 대한 결정권을 독립적으로 행사하는 사업 또는 사업장인지 여부를 구체적 사실관계를 토대로 판단하여야 한다.[48] 지부 · 분회 등이 설립신고를 마치면 단위노동조합과 동일하게 단체교섭, 단체협약체결, 부당노동행위 구제신청, 노동쟁의조정신청, 쟁의행위, 해산결의 등을 독자적으로 할 수 있다.

나. 행정관청의 심사

행정관청의 설립신고서 검토는 설립신고서 기재사항과 규약을 토대로 심사한다.[49] 설립신고서는 접수일로부터 3일 이내에 설립신고증 교부 또는 보완요

만, 본조에서 정당한 이유없이 총회개최를 승인하지 않는 경우는 노동조합의 대표자가 고의로 회의소집을 기피하거나 해태하는 경우로 볼 수 있으므로 조합원 1/3 이상의 결의로 행정관청에 소집권자 지명요구를 하여 소집권자로 지명 받은 자가 적법하게 총회를 소집하여 결의를 하여야 한다.

48) 노조 01254-815, 1997.10.7

49) 노조법 제12조【신고증의 교부】② 행정관청은 설립신고서 또는 규약이 기재사항의 누락 등으로 보완이 필요한 경우에는 대통령령이 정하는 바에 따라 20일 이내의 기간을 정하여 보완을 요구하여야 한다. 이 경우 보완된 설립신고서 또는 규약을 접수한 때에는 3일 이내에 신고증을 교부하여야 한다.

③ 행정관청은 설립하고자 하는 노동조합이 다음 각호의 1에 해당하는 경우에는 설립신고서를 반려하여야 한다.

1. 제2조제4호 각목의 1에 해당하는 경우
2. 제2항의 규정에 의하여 보완을 요구하였음에도 불구하고 그 기간 내에 보완을 하지 아니하는 경우

④ 노동조합이 신고증을 교부받은 경우에는 설립신고서가 접수된 때에 설립된 것으로 본다.

구, 반려 등을 하여야 한다.[50] 이 때 처리시간은 접수한 때로부터 즉시 기산하여 시간단위로 계산하되 1일 근무시간은 8근무시간으로 한다.[51] 행정관청은 노동조합의 설립신고에 대해 보완요구를 할 수 있는데, 최초 설립신고서 제출시 설립신고증을 교부하기 이전에 행하는 보완요구와 설립신고증을 교부한 후 노동조합이 노조법 제2조제4호 단서 각목에 정하는 소극적 요건을 갖추지 못하였을 경우 시정요구로 구분할 수 있다. 반려 또는 보완요구에는 노동위원회의 의결 등이 필요하지 않고 행정관청의 재량으로 할 수 있다.[52]

1) 설립신고서 교부 전

설립신고서를 접수받은 행정관청은 기재사항의 누락과 사실관계 부합여부 및 첨부물의 누락 등을 심사하여 하자가 없다고 판단되면 3일 이내에 신고증을 교부한다. 설립신고서 및 규약이 기재사항의 누락 또는 허위사실이 있는 경우, 규약이 첨부되지 않은 경우, 임원의 선거 또는 규약의 제정절차가 법에 위반되는 경우[53] 20일 이내의 기간을 정하여 보완을 요구하고, 기간 내 보완하지 않는 경우는 설립신고서 등 관련서류 일체를 반려하고 그 사유를 상세히 통보하며 설립신고서 등 사본을 보관한다.

보완요구 후 보완서류가 접수된 경우는 3일 이내에 처리하고 보완에 소요된 기간은 처리기간에 산입하지 않는다. 행정관청은 설립신고서 교부사실을 관할 노동위원회와 해당 사업 또는 사업장의 사용자, 사용자단체에게 통보한다.[54] 행정관청은 매년 2월말까지 노동단체카드 사본을 고용노동부장관에게 제출한다.[55]

✓ 설립신고서 처리절차 개요

설립신고서 작성→행정관청에 접수→내용검토→신고증 교부(3일 이내) 또는 보완요구(20일 이내)→보완서류 제출→보완요구에 대한 재접수 서류 심사→신고증 교부→노동단체 카드작성 및 당해 노동조합의 사용자에게 설립신고증 교부사실 통보

50) 노조법 제12조제1항
51) 민원사무처리에 관한 법률 제6조
52) 대판 89누3243, 1990.10.23
53) 노조법 제16조제2항~제4항, 제23조제1항, 총회의결요건의 흠결, 임원이 조합원인지 여부 등
54) 노조령 제9조제3항
55) 노조규칙 제7조제2항

한편, 노동조합이 주로 정치적 운동을 목적으로 하거나, 근로자가 아닌 자의 가입을 허용하거나, 공제 수양 기타 복리사업만을 목적으로 하는 경우, 경비의 주된 부분을 사용자로부터 원조받는 경우, 사용자 또는 항상 그 이익을 대표하여 행동하는 자의 참가를 허용하는 경우, 정한 기간 내에 소정의 보완요구에 불응하는 경우는 설립신고서를 반려한다.

2) 설립신고증 교부 후

노동조합의 설립신고증을 교부한 후 다음과 같은 사유가 발생한 경우는 설립신고서를 반려한다.[56] 노조법 제2조제4호 단서 각목에 해당하는 소극적요건, 즉, 노동조합으로 볼 수 없는 경우가 발생한 경우를 말한다. 구체적 내용은 다음과 같다.

1. 사용자 또는 항상 그의 이익을 대표하여 행동하는 자의 참가를 허용하는 경우
2. 경비의 주된 부분을 사용자로부터 원조 받는 경우
3. 공제 · 수양 기타 복리사업만을 목적으로 하는 경우
4. 근로자가 아닌 자의 가입을 허용하는 경우
5. 주로 정치운동을 목적으로 하는 경우
6. 2011.7.1. 사업장단위 복수노조가 허용되기 이전에, 하나의 사업 또는 사업장에 노동조합이 조직되어 있는 경우에는 그 노동조합과 조직대상을 같이하는 새로운 노동조합을 설립하고자 하는 경우(부칙 제7조)

노동조합은 근로조건의 유지 · 개선을 도모하기 위한 목적으로 조직된 단체라야 하는데, 조합원이 1명 밖에 남아 있지 않아 조합원이 증가될 가망성이 없는 경우에도 그 노동조합이 노조법 제2조제4호 단서에 해당하는 경우로 준하여 반려사유가 있는 것으로 볼 수 있다.

행정관청은 노동조합이 위와 같은 요건에 해당하는 경우, 30일 이내의 기간을 정하여 흠결의 시정을 요구하고 그 기간 내에 시정하지 아니하면 노동조합으로 보지 않는다고 통보하고 설립신고서 일체를 반려한다. 이 경우 그 사실을 관할 노동위원회와 사용자 사용자단체에도 통보를 한다[57]

56) 노조법 제2조제4호 단서 각목, 부칙 제7조
57) 노조령 제9조

2011.7.1 복수노조가 허용되기 이전에는 하나의 사업 또는 사업장에 노동조합이 조직되어 있는 경우에는 그 노동조합과 조직대상을 같이하는 새로운 기업단위 노동조합을 설립할 수가 없었다.[58] 판례에 의하면, 하나의 사업 또는 사업장에 노동조합이 조직되어 있는 경우에서 말하는 노동조합(이하 편의상 '기존 노동조합' 이라 한다)은 기업별 단위노동조합 또는 이에 준하는 경우, 즉, 독립한 근로조건의 결정권이 있는 하나의 사업 또는 사업장 소속 근로자를 조직대상으로 한, 초기업적인 산업별 · 직종별 · 지역별 단위노동조합의 지부 또는 분회로서 독자적인 규약 및 집행기관을 가지고 독립한 단체로서 활동을 하면서 단위노동조합의 위임에 의하지 아니한 독립한 단체교섭 및 단체협약체결 능력을 가지고 있는 경우를 이른다고 보고 있다.[59]

기업의 합병이나 영업의 양도에 의하여 하나의 기업 내에 복수의 노조가 병존하는 것은 허용되며, 조직대상을 달리하는 복수의 기존노조 중 어느 하나 또는 모두가 조직대상을 변경하여 조직대상을 같이하게 된 경우도 복수노조 금지에 위반하지 않는 것으로 보았다.

조직대상이 중복되는지 여부는 원칙적으로 노동조합 규약상 조직범위를 기준으로 판단하였다. 다만, 규약상으로는 조직대상을 포괄적으로 규정하면서도, 이에 포함되는 특정직종 또는 집단에 속하는 근로자의 노조가입을 거부하는 등 사실상 노동조합의 가입범위에서 제외되어 있는 경우에는 예외로 하였다. 예를 들면,규약상 전체 종업원을 조직대상으로 하고 있으나 사실상 생산직(정규직)만으로 구성된 노조가 사무직(비정규직)의 노조가입을 거부하는 경우 등을 말한다.[60] 복수노조가 허용되어 현실적인 특별한 의미는 없으나 신고사건 처리 등과 관련한 연결점으로서 숙지할 필요가 있다.

---

58) 사업(장)별로 산업별 · 지역별 노동조합의 지부 · 분회가 설치되어 있거나, 해당 사업(장)의 근로자가 산업별 · 지역별 노동조합에 가입하고 있는 경우에는 동 사업(장)을 조직대상으로 하는 새로운 기업별 노동조합을 설립하거나, 다른 산업별 · 지역별 노동조합에 가입할 수 없었다. 다만, 산업별 · 지역별 단위노동조합의 조직범위에 해당하더라도 해당 사업(장)의 근로자가 1명도 가입하고 있지 않은 경우에는 동 사업(장)을 조직대상으로 하는 기업별 또는 산업별 · 지역별 노동조합을 설립할 수 있었다.

59) 대판 2001두5361, 2002.7.26

60) 대판 92누14007, 1993.5.25 등

3) 설립신고서가 2개 이상 접수된 경우

설립신고서가 2개 이상 접수된 경우에는, 2개 모두 하자가 없는 경우에는 먼저 접수된 설립신고서를 우선 처리하여야 하며, 후에 접수된 설립신고서는 그 사유를 명시하여 반려한다. 만약 먼저 접수된 설립신고서에 하자가 있는 경우에는, 먼저 접수된 설립신고서가 반려사유에 해당할 경우에는 반려하고, 보완사유에 해당할 경우에는 보완요구를 한 뒤 기일 내에 보완하지 않으면 동 신고서를 반려하고 나중에 접수된 설립신고서를 처리한다.

4) 설립신고 심사에 관한 학설과 판례

행정관청의 설립신고 심사는, 행정관청으로 하여금 노동조합의 설립에 관련된 사실관계를 파악하게 하면서 나아가 노동조합이 법적 요건을 충족하고 민주적으로 운영될 수 있도록 실질적인 심사권을 행사하여 제도적인 기틀을 마련하도록 지도 · 감독하게 하자는 데 있으며,[61] 행정관청의 재량으로 노동조합의 설립을 허가하게 하거나 행정관청이 근로자의 단결권 행사를 제약할 수 있게 하자는 취지가 결코 아니다. 따라서 소극적 요건의 흠결[62] 등 실체상의 흠이나 제출서류 또는 규약제정 방법 등 형식상 · 절차상의 흠이 없는 이상 행정관청은 설립신고증을 교부하여야 한다.[63]

한편 설립신고의 성격에 관한 학계의 입장을 살펴보면, 먼저, 노조법은 노조자유설립주의를 원칙[64]으로 하되 신고주의를 취하고 있으므로[65] 설립신고서 제출과 심사 등[66]행정기관의 관여는 최소한에 그쳐야 한다는 입장,[67] 노동3권의 행사의 적격성 여부가 행정관청에 의해 좌우될 수는 없고 규약 및 신고서 기재사항의 누락을 확인하고 임원선거와 규약제정이 민주적 절차에 따라 이루어졌는가 등을 형식적으로 심사하는 것으로 보아야 하며, 실질적으로 자주성

61) 대판 89누3243, 1990.10.23
62) 노조법 제2조제4호 단서 각목
63) 임종률, 『노동법』, 51쪽
64) 노조법 제5조
65) 김형배, 『노동법』, 682쪽
66) 노조법 제12조, 노조령 제9조
67) 김유성, 『노동법』, 73쪽

을 가졌는가 여부는 심사하기에 한계가 있다는 입장[68]을 꼽을 수 있다. 양자의 공통된 견해는 행정관청은 형식적요건 심사에 머물 수밖에 없다는 것이다. 판례의 입장도, 노동조합의 설립자유를 인정하면서도 노동조합이 자주성과 민주성을 갖출 수 있도록 지도 · 감독하는 것이 설립신고주의의 취지라고 보아서 같은 입장이다.[69]

다. 행정관청

노동조합을 설립하고자 하는 자는 시행규칙 별지 제1호 서식에 의한 노동조합설립신고서를 행정관청[고용부, 지방고용노동관서, 시 · 도 · 제주특별자치도, 시 · 군 · 구(자치구)]에 제출[70]하여야 한다. 행정관청별 설립신고 대상은 다음과 같다.[71]

1) 고용부 본부

(1) 총연합단체(한국노동조합총연맹, 전국민주노동조합총연맹)

(2) 산업별 연합단체(예 : 전국금속노동조합연맹, 전국언론노동조합연맹 등)

(3) 총연합단체를 상급단체로 하는 산업별 연합단체에 준하는 조직으로서 전국규모의 산업별 단위노동조합(예 : 전국전력노동조합, 전국담배인삼노동조합 등) 다만, 규약과 달리 실제 조합원이 지부 등의 형태로 전국 6개 지방고용노동청 관내에 모두 분포되어 있지 않아 전국규모 수준이 아닌 경우는 제외한다.

2) 주된 사무소 소재지 관할의 고용부 지방관서

(1) 산업별 연합단체에 준하는 조직이 아닌 전국단위 노동조합(예 : 전국택시산업노조, 전국보건의료산업노조 등)

(2) 규약상 2 이상 특별시 · 광역시 · 도(특별자치도)를 조직범위로 하는 지역별 노동조합(서울 · 경기지역○○노동조합, 영남지역○○노동조합)

(3) 2 이상의 특별시 · 광역시 · 도(특별자치도)에 걸치는 수개의 사업장으로 구

---

68) 김형배, 『노동법』, 685쪽

69). 대판 96누9829, 1997.10.14

70) 노조법 제10조제1항 및 노조령 제33조제1항

71) 노조법 업무메뉴얼 2008.6월

성된 기업에 조직되고, 조합원도 2 이상의 특별시 · 광역시 · 도(특별자치도)의 사업장에 분포되어 있는 기업별 노동조합

* 예) : 서울과 부산에 공장이 있는 회사의 노동조합이 각 공장에 조합원을 두고 있으면서 주된 사무소가 서울 광진구에 있을 경우 ⇒ 서울지방고용노동청 서울동부지청

* 예) : 서울, 용인, 이천에 공장이 있으나, 조합원은 서울 · 용인공장에 분포되어 있으면서 주된 사무소가 용인에 있을 경우 ⇒ 경인지방고용노동청 수원지청

* 예) : 증권 · 금융회사와 같이 전국에 지점을 두고 조합원들이 전국적으로 분포되어 있으면서 주된 사무소가 서울 여의도에 있는 경우 ⇒ 서울지방고용노동청 서울남부지청

3) 특별시 · 광역시 · 도(특별자치도)

(1) 1개 특별시 · 광역시 · 도(특별자치도)만을 조직범위로 하는 지역별 노동조합 (예 : 서울지역○○노동조합(서울시청), 충북지역○○노동조합(충북도청))

(2) 규약상 2 이상 시 · 군 · 구(자치구)를 조직범위로 하는 지역별 노동조합(예 : 안양 · 군포지역○○노동조합(경기도청), 강남 · 서초지역○○노동조합(서울시청))

(3) 2 이상의 특별시 · 광역시 · 도(특별자치도)에 걸치는 수개의 사업장으로 구성된 기업에 조직되었으나, 조합원이 2 이상의 시 · 군 · 구(자치구)의 사업장에 분포되어 있는 기업별 노동조합(예 : 서울, 용인, 이천에 공장이 있으며, 조합원은 용인 · 이천공장에 있는 경우 ⇒ 경기도청)

(4) 2 이상의 시 · 군 · 구(자치구)에 걸치는 사업장으로 구성된 기업에 조직되고, 조합원이 2 이상의 시 · 군 · 구(자치구)의 사업장에 분포되어 있는 기업별 노동조합(예 : 용인 · 이천에 공장이 있으며, 조합원이 각 공장에 분포되어 있는 경우 ⇒ 경기도청)

4) 시 · 군 · 구(자치구)

(1) 1개 시 · 군 · 구(자치구)만을 조직범위로 하는 지역별 노동조합(예 : 수원지역○○노동조합(수원시청), 종로지역○○노동조합(종로구청))

(2) 하나의 사업장으로 구성된 기업별 노동조합(예 : 종로구 관내에 단일 사업장으로 조직된 노조 ⇒ 종로구청)

(3) 2 이상의 특별시 · 광역시 · 도(특별자치도)에 걸치는 수개의 사업장으로 구성된 기업에 조직되었으나, 조합원이 하나의 시 · 군 · 구(자치구)에만 분포되어 있는 기업별 노동조합(예 : 서울, 용인, 이천에 공장이 있으며, 조합원은 이천공장에만 있는 경우

⇒ 이천시청)

(4) 2 이상의 시 · 군 · 구(자치구)에 걸치는 사업장으로 구성된 기업에 조직되었으나, 조합원이 하나의 시 · 군 · 구(자치구)에만 분포되어 있는 기업별 노동조합(예 : 용인 · 이천에 공장이 있으며, 조합원은 이천공장에만 있는 경우 ⇒ 이천시청)

다만, 조합원 대부분이 특정 특별시 · 광역시 · 도(특별자치도) · 시 · 군 · 구에만 분포되어 있으나, 일부 조합원이 타 시 · 도 및 시 · 군 · 구에 있는 연락소(출장소) 등에 파견되어 근무하는 경우에는 2 이상의 시 · 도 및 시 · 군 · 구에 걸치는 노동조합이 아님에 유의하여야 한다(예 : 광주(광산구)에 사업장이 있으나 담양에 출장소를 두고 있는 A사의 노동조합 조합원이 담양출장소에 일부 근무하는 경우 ⇒ 광산구청)

노동조합 설립신고서가 제출된 경우 행정관청은 해당 노동조합의 규약상 조직범위 관련규정 및 노조명칭 등을 감안하여 노동조합이 전국단위를 표방하는지, 지역단위 노조인지, 기업단위 노조인지를 우선 판단한다. 전국단위, 지역단위, 기업단위노조 여부를 판단한 후 노동조합의 유형에 따라 상기 기준에 의한 관할관청을 판단하는 것이 바람직하다. 관할관청 판단결과 접수가 잘못된 경우 해당 관청으로 즉시 설립신고서를 이송한다.

지역별 · 산업별 등 초기업단위 노조 산하의 지부 · 분회 등이 노조법시행령 제7조에 따라 노동조합 설립신고를 하는 경우는 본조를 관할하는 행정관청에 준하여 지부 · 분회 등 산하조직의 주된 사무소 소재지를 관할하는 지방고용노동관서가 관할 행정관청이다. 설립신고증 교부 이후 노동조합의 확대 · 축소 등으로 관할관청이 변경된 경우에는 변경사항의 신고절차에 준하여[72]행정관청 업무이관 절차를 진행한다.

노동조합의 사무소의 소재지를 어디로 할 것인지에 대하여 노조법상 별도의 규정이 없으므로 노동조합의 조직형태, 단체교섭의 당사자와 관계, 노조활동의 주된 장소, 사무실 확보 가능 여부 등 제반사정을 종합적으로 감안하여 당해 노동조합이 결정하는 것이다.[73]

72) 노조법 제13조, 노조령 제10조, 노조규칙 제5조를 유추 적용

73) 노조 68107-13, 2002.1.5. 설립신고증을 교부받은 노동조합이 사무실이 마련되지 않아 조합원들이 상시적으로 근무하는 소재지 주소를 기재하였다고 하여 노동조합의 실체가 없다고 볼 수

4) 노동조합 설립시기와 설립신고증 재교부

노동조합은 설립신고서를 제출하여 신고증을 교부받아야 비로소 설립된 것으로 본다. 노동조합 설립신고증을 교부받은 경우에는 설립신고서가 행정관청에 접수된 때에 설립된 것으로 간주한다.[74] 설립신고서가 반려된 경우에는 적법하게 다시 접수되어 설립신고증이 교부된 경우에는 재접수된 때에 설립된 것으로 본다. 다만, 하자가 있어 보완요구를 거쳐 설립신고증을 교부한 경우에는 최초의 설립신고일자에 노동조합이 설립된 것으로 본다. 설립신고서가 못쓰게 되거나 분실하여 다시 교부 받고자 할 경우는 행정관청에 재교부신청서를 제출한다.[75]

5) 변경신고

노동조합은 설립신고 된 사항 중 "2 이상의 노동조합이 합병(통합)하거나 하나의 노조가 분할하는 경우 또는 기타 사유로 명칭변경이 있는 경우 그 명칭, 규약변경 · 사업장 이전 등으로 인한 주된 사무소의 소재지, 대표자의 성명, 소속된 연합단체의 명칭"에 변경이 있는 때에는 그 날부터 30일 이내에 행정관청에게 변경신고를 하여야 한다.[76]

대표자 성명의 경우, 사퇴 등으로 규약에 의거 대표권한을 행사하는 직무대행, 대표자가 연임된 경우는 대표자 변경신고의 대상이 되지 않는다. 기업별 노조가 법 제16조제2항에 따라 지역별 · 산업별 등 초기업노조의 지부 · 분회 등으로 조직형태를 변경하는 경우에는 설립신고사항 변경신고 대상이 아니라 법 제28조를 준용하여 해산조치를 하여야 한다. 반대로 설립신고 되지 않은 초기업노조의 지부 · 분회 등이 기업별노동조합으로 조직형태를 변경하는 경우에도 변경신고 대상이 아니라 설립신고를 하여야 한다. 소속된 연합단체의 변경은, 규약으로 소속연합단체를 변경한 경우, 소속연합단체를 탈퇴하여 연합단체가 없게 된 경우, 기타 사유에 의한 연합단체 변경을 말한다. 다만, 설

없으며 이를 허위기재라고 보기 어렵다.

74) 노조법 제12조제4항

75) 노조규칙 제4조

76) 노조법 제13조제1항

립신고증이 교부되지 아니한 연합단체로의 변경은 변경신고 대상이 될 수 없다. 행정관청은 변경신고서를 받은 때에는 3일 이내에 변경신고증을 교부하여야 한다.

그 외에 노동조합은 매년 1월31일까지 전년도에 규약의 변경이 있는 경우에는 변경된 규약내용, 전년도에 임원의 변경이 있는 경우에는 변경된 임원의 성명, 전년도 12월 31일 현재의 조합원수, 연합단체인 경우 구성단체별 조합원수[77]를 행정관청에 통보하여야 한다. 다만, 전년도에 변경신고 된 사항은 통보할 필요가 없다.[78] 변경신고사유서에는 변경신고 사유를 구체적으로 기재하고, 변경사항을 증명할 수 있는 총회 또는 대의원회 회의록, 규약 등의 서류 1부와 설립신고증을 첨부하여야 한다. 변경신고증을 교부받은 사실이 있는 경우에는 변경신고증을 첨부하여야 한다.

(1) 변경신고서 제출 행정관청

총연합단체, 산업별 연합단체, 전국규모의 산업별 단위노동조합(총연합단체에 직접 가입한 노조에 한함)은 고용부 본부에 변경신고서를 제출한다. 규약상 2 이상의 시 · 도 · 특별자치도에 걸치는 단위노동조합은 노동조합의 주된 사무소의 소재지를 관할하는 지방고용노동관서에, 2 이상 시 · 군 · 구에 걸치는 노동조합은 시 · 도에, 1개 시 · 도(특별자치도) 및 1개 시 · 군 · 구에 조직된 단위노동조합은 해당 자치단체에 제출한다. 주된 사무소의 소재지 변경으로 관할행정관청이 변경되는 경우에는 새로운 소재지를 관할하는 행정관청에게 신고한다. 주된 사무소의 소재지 변경신고를 받아 변경신고증을 교부한 경우에는 그 사실을 구소재지를 관할하는 행정관청 및 노동위원회와 신소재지를 관할하는 노동위원회에 지체없이 통보한다.[79]

관할 행정관청이 변경되는 경우 구소재지를 관할하던 행정관청은 ① 노동조합 설립신고시에 제출된 서류(변경신고를 한 경우에는 변경신고시에 제출된 서류 포함), ②

---

77) 노조령 제10조제4항 규정에 따라 2 이상의 사업 또는 사업장의 근로자로 구성된 단위노동조합의 경우에는 사업 또는 사업장별로 구분하여 통보하여야 한다.

78) 노조법 제13조제2항

79) 노조규칙 제5조제1항

노동단체카드, ③ 단체협약서, ④ 기타 해당 노동조합에 관련된 서류를 지체 없이 신소재지를 관할하는 행정관청에 송부한다.[80]

노동조합의 명칭, 주된 사무소의 소재지, 대표자의 성명, 소속된 연합단체의 명칭이 변경된 때에는 작성 · 비치된 노동단체카드에 변경신고사항을 기재한다. 행정관청은 매년 2월말까지 노동단체카드 사본을 고용부장관에게 제출하여야 한다.[81]

4. 노동조합의 보호

가. 적법하게 설립된 노동조합의 보호

노조법은 노동조합이 법적으로 보호를 받기 위하여는 설립신고증을 교부받을 것을 요구하면서 설립신고증을 교부받아야 비로소 설립된 것으로 보고 있다[82] 따라서 노조법에 의하여 설립신고증을 교부 받은 노동조합에 대하여는 아래와 같은 법적 효력이 각각 인정된다.

첫째, 노동조합 명칭을 사용할 수 있다.[83] 법상 노동조합이 아니면서 노동조합 명칭을 사용할 경우 500만원 이하의 벌금에 처한다.[84] 다만, 노동조합이라는 명칭 이외의 것(근로자복지회, 권익위원회 등)은 사용할 수 있다.

둘째, 적법하게 설립된 노동조합은 쟁의행위시 노동위원회에 조정신청을 할 수 있고 부당노동행위 구제신청을 할 수 있다.[85] 법외조합에 대하여는 현행법상 조정절차와 관련된 규정들이 적용되지 않는다. 따라서 법외조합은 조정전치의무[86]가 없고, 노동위원회에 부당노동행위의 구제를 신청할 수 없다.[87] 따라서 사용자가 단체교섭의 거부, 지배 · 개입, 구성원에 대한 불이익취급 등

80) 노조규칙 제5조제2항
81) 노조규칙 제7조제1항 · 제2항
82) 노조법 제12조제4항
83) 노조법 제7조제3항
84) 노조법 제93조제1호
85) 노조법 제7조제1항
86) 노조법 제45조제2항, 제53조제2항
87) 노조법 제7조제1항

부당노동행위를 하더라도 노동위원회에 의한 구제를 받을 수 없다. 그러므로 법외조합은 단체교섭을 하거나 단체협약을 체결하기가 매우 어렵다. 다만, 법외노동조합에 대한 법적보호 제외조항[88]에도 불구하고, 법외조합에 소속한 근로자에 대하여 노조를 조직 · 가입 · 노조업무를 위한 정당한 행위를 한 것을 이유로 해고 등 불이익취급을 할 수 없고,[89] 근로자가 어느 하나의 노조에 가입하지 않을 것 또는 특정노조에 가입할 것을 고용조건으로 하는 비열계약을 체결할 수 없으며,[90] 근로자가 정당한 단체행위에 참가한 것 또는 노동위원회에 부당노동행위에 관한 신고 · 증언 · 증거제출 등을 이유로 해고 등 불이익취급을 할 수 없도록 정하여[91] 법외노동조합의 구성원으로 활동하는 근로자를 보호하고 있다.[92]

따라서 사용자가 법외조합의 구성원에 대하여 불이익취급 또는 비열계약 등 부당노동행위를 한 경우에, 법외조합은 노동위원회에 구제신청을 할 자격이 없지만, 피해근로자 개인의 자격으로 구제신청을 할 수 있다. 그 외 법외노동조합이 추후에 요건을 갖추어 설립신고증을 교부받은 경우 그 조합명의로 구제신청을 할 수도 있다.

셋째, 규약으로 정하는 바에 의하여 법인격을 취득할 수 있다.[93] 노동조합은 등기를 하여 법인이 될 수도 있는데, 법인등기를 하려면 규약과 설립신고증 사본을 첨부하여 주된 사무소의 소재지를 관할하는 등기소에 등기를 하여야 한다.[94] 등기사항은 "명칭, 주된 사무소 소재지, 목적 및 사업, 대표자의 성명과 주소, 해산사유를 정한 때는 그 사유"이다[95] 법외조합은 법인이 될 수 없다.

사무소를 다른 등기소 관할구역으로 이전한 경우에는 조합의 대표자가 이전

88) 노조법 제7조제1항
89) 노조법 제81조제1호
90) 노조법 제81조제2호
91) 노조법 제81조제5호
92) 노조법 제7조제2항
93) 노조법 제6조
94) 노조령 제2조, 제4조
95) 노조령 제3조

한 날로부터 3주 이내에 구 소재지에서 이전등기를 하여야 하고 신소재지에서 영 제3조에 정한 사항을 등기하여야 한다. 동일한 등기소 관할 구역 내에서 사무소를 이전한 경우는 그 이전한 날로부터 3주 이내에 이전등기를 하여야 한다. 등기사항의 변경이 있는 경우에는 그 변경이 있는 날로부터 3주 이내에 변경등기를 하여야 한다.[96]

넷째, 적법하게 설립신고 된 노동조합은 노동위원회에 근로자위원을 추천하는 등 노동행정에 적극 참여할 수 있다[97]

다섯째, 민 · 형사상 면책이 인정된다.[98] 노조법은 민 · 형사면책을 규정하면서, 사용자가 이 법에 의한 단체교섭 또는 쟁의행위로 인하여 손해를 입은 경우에도 노동조합 및 근로자에게 그 배상을 청구할 수 없도록 민사면책을 규정하고,[99] 헌법상 노동3권 보장의 취지를 고려하여, 노동조합이 "단체교섭 · 쟁의행위 기타의 행위로서, 근로조건의 유지 · 개선과 근로자의 경제적 · 사회적 지위향상을 도모하기 위한[100]목적을 달성하기 위해 정당한 행위"에 대해서는 형법상 정당한 행위로 보아서 벌하지 아니한다고 형사면책을 규정하고 있다.[101] 다만, 어떠한 경우에도 폭력이나 파괴행위는 정당한 행위로 해석되어서는 아니된다.

1) 민사면책

일반 고용계약에 의하면, 파업 · 태업 등 쟁의행위는 계약상의 노무제공을 불이행하여 채무불이행이나 영업활동 방해 등의 불법행위로 손해배상책임이 발생할 수 있게 된다. 그렇게 되면 상대적 약자인 근로자는 실질적인 노동3권 행사에 제약을 받게 되므로 노조법에 의한 "단체교섭 또는 쟁의행위로 인하여" 즉, 정당한 단체교섭 및 쟁의행위로 인하여 사용자가 손해를 입은 경우에도 계약법상 손해배상청구 등을 할 수 없다는 것이다.

---

96) 노조령 제4조~제6조
97) 노위법 제6조제3항
98) 노조법 제3조제4조
99) 노조법 제3조
100) 노조법 제1조
101) 노조법 제4조

다만, 민사면책의 범위가 "정당한 단체교섭 및 쟁의행위로 인하여 사용자가 손해를 입은 경우"로 한정되고 그 외 조합활동이나 노조법상 쟁의행위에 해당하지 않는 단체행동에 대해서는 적용이 없는가 하는 것이 의문이다. 판례에서는 유인물배포, 대자보부착 등 쟁의행위로 볼 수 없는 경우에 민사상 책임을 인정하고 있어 민사면책의 범위를 "정당한 단체교섭 및 쟁의행위로 인하여 사용자가 손해를 입은 경우"로 한정하고 있다.[102] 다만, 조합활동이나 노조법상 쟁의행위에 해당하지 않는 단체행동에 대해서도 민사면책을 인정하여야 한다는 견해가 있다.[103]

2) 형사면책

노동조합이 "단체교섭 · 쟁의행위 기타의 행위로서, 근로조건의 유지 · 개선과 근로자의 경제적 · 사회적 지위향상을 도모하기 위한[104] 목적을 달성하기 위해 정당한 행위"에 대해서는 형법상 정당한 행위로 보아서 벌하지 아니한다고 형사면책을 규정하고 있다.[105] 단체교섭 · 쟁의행위가 정당성이 없는 경우는 면책효과는 사라지고 형사상 책임이 발생한다. 정당한 쟁의행위에 대해 형사책임을 추궁할 경우는 실질적인 단체행동권을 부정하는 것이다. 판례는 정당한 쟁의행위는 형법상 위법성이 조각되어 범죄가 성립되지 않는다는 입장이다.[106]

정당한 쟁의행위에 대한 형사면책은 각국에서 인정하고 있다. 미국의 경우 1935년 와그너법을 비롯한 일련의 연방법을 통해 쟁의행위의 자유와 법원이 금지명령에 대한 제한을 통해 형사면책이 확립되었다. 독일 등 대륙법계에서는 연방법 등으로 단결금지 등에 관한 제한이 폐지되고 쟁의행위를 형법상 범죄론의 범주에서 형사면책을 인정하였다.[107]

---

102) 서울지판 91가합64567 ; 인천지판 90가합20448
103) 김유성, 『노동법』, 264쪽
104) 노소법 제1조
105) 노조법 제4조
106) 대판 90도2528, 1991.3.27
107) 김유성, 『노동법』, 261쪽

3) 조세의 면제[108)]

노동조합이 조합원을 위하여 부수적으로 공제 · 수양 · 복리후생사업 등 비영리사업을 하는 경우는 조세를 부과하지 않는다. 노동조합이 영리를 목적으로 사업을 하는 경우는 조세가 면제되지 않는다. 다만, 노조법 제8조의 조세면제 규정은 국세 및 지방세법에 대해 특별법적인 지위에 있다고 볼 수 없다. "조세특례제한법, 지방세법" 등의 개별규정에 조세감면 특례규정이 있는 경우에 한하여 노동조합의 조세가 면제되는 것으로 보아야 한다. 따라서 자치단체에서 지방세법에 따라 노동조합에 지방세(주민세, 지방교육세 등)를 부과하는 경우 노동조합을 과세대상에서 제외하는 특례조항이 없는 한 지방세를 납부하여야 한다.[109)] 노동조합의 임원이나 직원에 대해서 근로소득세를 부과하는 것은 노동조합에 대한 면제규정이 적용되지 않는다.

4) 근로자공급사업

직업안정법 제33조에 의하면, 고용노동부장관의 허가를 받지 아니하고는 근로자공급사업을 하지 못하도록 정하고, 노조법에 따른 노동조합의 경우 국내 근로자공급사업 허가를 받을 수 있는 자격이 있다. 따라서 법외조합은 근로자공급사업을 하지 못한다.

나. 법외노동조합

노동위원회나 행정관청은 설립신고증을 갖지 않는 법외조합을 노동조합으로 인정할 수 없다. 따라서 법외조합은 행정관청의 규약이 노동관계법령에 위반한 경우 및 결의처분이 법령 및 규약에 위반한 경우의 시정명령,[110)] 단체협약의 일반적 구속력적용 및 지역적 구속력 적용결정,[111)] 안전보호시설 정지 · 폐지행위에 대한 중지명령,[112)] 쟁의행위기간 중의 구속제한[113)]의 대상 등 법의

108) 노조법 제8조
109) 노사관계법제팀-2785, 2007.8.30
110) 노조법 제21조
111) 노조법 제35조 · 제36조
112) 노조법 제42조제3항
113) 노조법 제39조

보호대상에서 제외된다.

한편, 비록 설립신고증을 교부받지 못했지만, 법외조합을 근로조건의 유지 · 개선과 경제 · 사회적 지위향상이라는 적극적 요건을 즉, 법상 노동조합으로서 활동목적을 갖추지 못한 "무자격조합"과 적극적 요건을 갖추었으나 설립신고증을 교부받지 못한 "헌법상 조합", 적극적 · 소극적요건을 모두 구비하였으나 설립신고증을 교부받지 못한 조합 등 세 가지 유형으로 구분하고, 무자격조합에 대해서는 노동조합에 관한 모든 규정의 적용을 배제하되, 헌법상 조합에 대해서는, 헌법상 단결활동권 보장에 의하여 당연히 발생하는 법적 효과를 확인하는 성질의 규정(단체교섭권, 단체행동권, 민형사면책, 사용자의 불이익취급이나 비열계약금지 등 제81조제1,2,5호에 정한 사항 등)은 법외조합에 대해서도 적용되어야 한다는 견해가 있다.[114] 결론적으로, 노동조합의 적극적 요건도 갖추지 못한 "무자격조합"은 단체교섭 · 쟁의행위를 할 수 없고, 사용자의 불이익취급 등으로부터 보호를 받지도 못한다.

114) 임종률, 『노동법』, 제63쪽

07

노동조합의 조직형태 변경

1. 조직형태 변경의 유형

근로자는 자유로이 노동조합을 조직하거나 이에 가입할 수 있다. 「조직형태의 변경」이라 함은, 이미 설립신고 된 노동조합과 그 구성원 등이 그 실체의 동일성을 유지하면서 노동조합의 종류를 변경함으로써 구성원의 자격과 그 결합방식을 바꾸는 것을 말한다. 현행법상 조직형태에 대하여 별도의 제한규정을 두고 있지 않으므로 노동조합의 조직형태는 근로자들이 자유로이 변경할 수 있다. 다만, 조직형태의 변경에 관한 사항을 총회의 의결사항으로 정하고, 규약의 제정변경, 임원의 해임, 합병 · 분할 · 해산과 함께 조직형태 변경을 특별결의사항으로 보아서 재적조합원 과반수 출석과 출석조합원의 3분의2 이상의 찬성이 있어야 한다.[1)]

판례에 따르면, 노동조합이 존속 중에 그 조합원의 범위를 변경하는 조직변경은 변경 후의 조합이 변경 전 조합의 재산관계 및 단체협약의 주체로서의 지위를 그대로 승계한다는 조직변경의 효과에 비추어 볼 때 변경 전후의 조합의 실질적 동일성이 인정되는 범위 내에서 조직변경이 인정되고, 조합의 인적 구성에서 실질적 동일성이 유지되어야 한다는 입장이다.[2)]

노동조합의 조직형태는 근로자들이 자유로이 변경할 수 있다. 따라서 기업별노조가 산업별 · 지역별노조의 지부 · 분회 등으로 조직형태를 변경하는 경우, 산업별 · 지역별노조의 지부 · 분회 등이 기업별노조 또는 다른 산업별 ·

1) 노조법 제5조, 제16조제2항
2) 대판 2001두5361, 2002.7.26

지역별노조의 지부 · 분회 등으로 조직형태를 변경하는 경우, 산업별 · 지역별 노조가 기업별노조로 변경하는 경우 등이 있다. 어느 경우에나 조직형태 변경은 조합원의 단결체 선택의 자유의 일환으로 조합 민주주의 원칙에 입각한 절차적 강행규정의 적용을 받는다. 따라서 재적조합원 과반수의 출석과 출석조합원 3분의 2 이상의 찬성이 있어야 유효하다. 조직형태 변경의 결의가 의결정족수에 미달하거나 규약으로 정한 성원요건에 부합하지 않는 등 강행규정에 위반한 경우는 무효가 되는 것이 원칙이다.[3]

실무상 노조에 따라서 조직형태 변경을 위한 의결정족수를 노조법보다 엄격하게 규약으로 정하여 두는 경우가 있다. 과거 복수노조가 금지되었을 때는 조합원의 단결체 선택의 자유를 제한하는 조치로 무효라고 보았으나 사업장단위 복수노조가 전면적으로 허용된 상황에서는 가입과 탈퇴, 조합 설립과 해산 등의 자유가 실질적으로 보장되므로 자체 규약에서 노조법상 규정보다 엄격하게 정하는 것도 무방하다고 볼 수 있다.[4] 특히, 유니온숍을 채택하고 있는 사업장에서도 새로운 노조설립을 위해 기존 노조를 탈퇴하더라도 그 조합원을 해고하는 등 불이익이 없도록 제도적으로 보장하고 있다.[5]

산별노조처럼 초기업적 수준에서는 당초부터 복수노조가 허용되므로 하나의 산업에는 여러 개의 산별노조가 존재할 수 있다. 근래 하급심에서 A 산업별노동조합의 지부가 다른 B 산업별노동조합의 지부로 소속 노동조합을 변경하는 사건에서, 변경 전후의 조직형태가 동일하므로 본래적 의미의 조직형태 변경에는 해당하지 않지만 기업별지부의 향후 노동조합으로서 활동과 소속 근로자들의 지위내지 신분에 중대한 영향을 미치는 점을 고려할 때, 이 결의는 조직형태에 준하는 것으로 보아서 조합의 민주주의 운영을 위한 강행규정인 노조법 제16조제2항 단서가 적용되어 조합원 과반수 출석과 출석조합원의 2/3 이상의 찬성이 필요하다고 보았다.[6]

---

3) 노조법 제16조제2항
4) 노조 68107-827, 2001.7.23
5) 노조법 제81조제2호
6) 부산지판 2007가합19375, 2008.4.2

어느 경우에나 강행규정을 위반하여 조직변경을 하였다면 결의 자체가 무효가 된다. 일단 무효가 된 결의가 그 후에 조합원의 절대 다수가 새로운 산별노조에 가입원서를 제출하였다거나 노조원 임원선거에 참여하였다는 상황이 있다고 해도 하자가 치유되지 않는다.

다만, 조직형태변경은 조합자치원칙과 조합원의 단결체 선택의 자유권이 있는 반면, 노동조합의 효율적인 운영관리를 위한 실정법상의 절차적 규정이 있고, 실무적으로도 조직형태변경의 유효성에 있어서 판례와 행정해석이 조금씩 견해를 달리한다. 따라서 실무상 조직형태변경은 양자를 슬기롭게 조화시킬 수 있는 운영의 묘가 필요하다.

2. 조직형태변경의 절차

노조법에서는 노동조합 조직과 운영에 직접적이고 조합원 전체 이해관계에 직결되는 등 비교적 중요한 사항[7]을 열거하고 이들에 대해서는 반드시 재적조합원 과반수의 출석과 출석조합원 과반수의 찬성으로 총회(대의원회)의 결의를 거치도록 정하고 그 중 특히, 규약의 제정 · 변경, 임원의 해임, 합병 · 분할 · 해산 및 조직형태의 변경에 관한 사항은 재적조합원(대의원) 과반수의 출석과 출석조합원(대의원) 3분의 2 이상의 찬성으로 결의를 거치도록 정하고 있다.

설립신고를 하지 않았으나 근로조건 결정권이 있는 독립된 사업(장)에 조직되어 있는 지부 · 분회는 총회에서 재적조합원 과반수의 출석과 출석조합원 3분의 2 이상의 찬성으로 결의하여야 한다. 본조 규약에서 지부 · 분회의 총회는 사전 노동조합의 승인을 얻어 개최토록 규정하고 있는 경우에는 원칙적으

---

7) 노조법 제16조【총회의 의결사항】① 다음 각호의 사항은 총회의 의결을 거쳐야 한다.
1. 임원의 선거와 해임에 관한 사항,
2. 단체협약에 관한 사항,
3. 예산 · 결산에 관한 사항,
4. 기금의 설치 · 관리 또는 처분에 관한 사항,
5. 연합단체의 설립 · 가입 또는 탈퇴에 관한 사항,
6. 합병 · 분할 또는 해산에 관한 사항,
7. 조직형태의 변경에 관한 사항, 9. 기타 중요한 사항

로 규약에서 정한 사전 승인 등 절차를 거쳐 총회를 개최하여야 한다. 다만, 정당한 이유없이 지부 · 분회의 총회 개최를 승인하지 아니하는 경우는, 노동조합의 대표자가 회의소집을 고의로 기피하거나 해태할 경우로 준용할 수 있으므로, 조합원 또는 대의원 1/3 이상으로부터 총회소집 요구를 받은 노동조합은 행정관청에 소집권자 지명요구를 한다. 소집권자지명 요구를 받은 행정관청은 접수한 날로부터 15일 이내에 노동위원회에 의결을 요청하고 노동위원회의 의결이 있는 때에는 지체없이 회의의 소집권자를 지명하여야 한다.[8)]

조직형태변경에서 실무적으로 문제가 되는 것은, 근로조건 결정권이 있는 산업별 노동조합의 지부(분회) 혹은 일반노조가 조직형태 변경을 결의하고 설립신고서를 제출하는 과정에서 규약으로 정한 노동조합 또는 지부의 승인절차를 거치지 않거나, 행정관청에 소집권자 지명요구 등의 절차를 경유하지 않고 집단적 결의를 강행하여 결의 자체가 절차상 하자로 무효로 되고 설립신고 등이 반려되는 갈등을 겪는 경우가 대부분이다. 복수노조허용과 관련하여 조직의 확장과 세력확보 등을 위해 노동조합 간 조직변경은 더 빈번해 질 것이다.

가. 조직형태변경의 유효성에 관한 흐름

고용부에서는 근로조건 결정권이 있는 사업장에 설치된 노동조합이 초기업노조 지회형태에서 단위노조로 전환하려 할 때, 조합원 1/3 이상이 규약에 따라 지회장에게 소집요구를 했으나 소집을 기피하는 등 부득이한 사유로 총회에서 결의가 곤란한 경우, 조합원들이 지체적으로 총회를 소집히여 재적조합원 과반수의 출석과 출석조합원 3분의 2 이상의 찬성으로 결의하거나, 조합원 전원이 집단적으로 산별노조를 탈퇴하여 별도의 단위노조를 설립할 수 있다는 입장을 견지해 오다가[9)] 행정해석을 변경하여, 노조 규약 등에서 노조의 사전 승인을 얻어 분회총회를 개최하도록 규정하고 있는 경우에는 원칙적으로 이에 따라야 하나, 분회가 조직형태변경에 관한 사항을 안건으로 소집공고를 함과 동시에 본조에 총회개최 승인을 요청하였으나 무기한 회의승인을 유보하

8) 노조법 제18조제3항

9) 노조 68110-14, 1997.1.7

자, 분회가 총회를 개최하여 법정 의결정족수에 따라 유효하게 조직형태 변경을 결의하였다면, 본조가 분회총회 승인을 하지 아니하였다는 이유만으로 총회 결의의 효력을 부인하기 어렵다는 입장으로 변경하였다.[10]

위 두 가지 행정해석은 산별노조의 특성을 감안하고 기업단위 조합원들의 단결권에 바탕을 둔 집단적 결의를 존중하는 등, 조합원의 단결체 선택의 자유권을 최대한 고려한 것으로 보인다.

다만, 최근 판례의 견해를 살펴보면, 산별노조 지회 조합원 대다수가 기업별노조로 조직형태 변경을 희망하여 산별노조의 운영규칙상 지회장에게 총회소집을 요청하고 지회장이 거부할 경우, 조합장에게 지부장으로 하여금 소집권자를 지명할 수 있도록 승인하여 줄 것을 요청하여 총회를 소집하여야 하는데, 조합장이 승인을 거부한 사안에서, 이러한 경우는 노조법 제18조3항을 준용하여 "행정관청에 소집목적과 소집권자를 지명하여 승인을 받아" 그 자가 적법하게 소집하고 결의를 하여야 하는데, 그렇지 않고 조합원들이 스스로 소집하여 조직형태변경 결의를 한 것은 특별한 사정이 없는 한 총회소집절차에 중대한 하자가 있어 무효라고 보았다.[11] 이 판례에서는 노조법상 소집절차와 노동조합의 규약과 운영규칙을 존중하여, 노사자치의 원칙보다 상위에 있는 단결선택의 자유는 소홀히 한 감이 있다.

이후 또 다른 행정해석은 산별노조 지부장이 그 동안 관행으로 분회의 총회소집권한을 위임해 오다가 조직형태변경에 관해서만 위임을 거부하여 권리남용을 하게 되자 분회장이 총회를 소집하여 조직형태 변경을 결의한 사건에서, 그간의 관행에 비춰서 분회장의 총회소집을 중대한 하자로 볼 수 없고, 또한 분회장이 지부자의 허락없이 소집한 총회에서 재적조합원 96%의 찬성으로 조직형태변경을 결의했고, 총회에서 조직형태 변경에 관해 이의가 없었다면 소집절차상의 하자는 치유된 것으로 본 사례가 있는데, 이 경우에도 조합자치 원칙에 입각하여 조합원의 단결체 선택의 자유를 존중한 해석으로 보인다.[12]

10) 노동조합과-3517, 2004.12.21
11) 대판 2008다2241, 2009.3.12
12) 노사관계법제과-1804, 2009.6.12

나. 결 론

위에서 보듯이 고용부 행정해석은 노사자치원칙에 의한 규약과 운영규정 등에 구속되어 노사관계의 사실적 흐름을 경직되게 판단하기보다, 조직형태변경을 둘러싼 사실관계가 강행법에 현저히 위배되지 않는다면 당해 노동조합원의 단결권에서 비롯된 "단결체 선택의 자유"를 존중하는 입장을 가진 것으로 보이고, 판례의 견해는 강행법과 그 속에서 근로자가 자율적으로 정한 규약 등을 존중하는 것을 원칙으로 하면서 "특별한 사정이 있는 경우" 탄력적으로 적용하는 입장으로 보인다. 어느 경우나 통일적인 기준이 없기 때문에 실무상 혼돈스러울 수 있으므로 다음과 같이 정리가 필요하다고 본다.

첫째, 산별노조 지부 지회 분회의 경우 원칙적으로 규약이 정한 바에 따라 총회를 소집하고 결의를 하는 것이 원칙이다. 다만, 지회(분회)의 대표자는 조합원 1/3 이상의 결의를 받고 회의의 부의사항으로 조직형태를 변경을 제시하는 등 규약 등에 정한 절차에 따라 노동조합에 대해 총회소집 승인(소집권 위임) 등을 요구했으나, 노동조합의 대표자가 관행 등에 비추어 정당한 사유없이 고의로 승인을 기피하거나 해태하는 경우, 조합원 또는 대의원 1/3 이상이 부의사항을 제시하여 먼저 관할 행정관청에 소집권자 지명을 요구하여 소집권자 지명을 받은 다음 총회를 소집하여 재적조합원 과반수의 출석과 출석조합원 3분의 2 이상의 찬성으로 결의하여 조직형태를 변경하는 것이 바람직하다. 이것은 단위노조에서 조합원 1/3 이상의 결의로 임시총회소집을 요구했는데도 대표자가 총회소집을 기피 또는 해태할 경우에도 마찬가지다.

최근 행정해석에서도, 지부가 규약 등에 정해진 절차에 따라 노동조합에 총회 소집을 요구했으나 총회의 부의사항이 조직탈퇴 및 조직변경이라는 이유로 총회소집요구를 승인하지 않아 결과적으로 해당 사업장의 근로자들이 단결선택의 자유를 행사할 수 없게 된 경우는 당해 지부의 대표자가 "노조법상 제반 규정에 근거한 적법 절차에 의거" 지부총회를 개최하고 안건을 결의한 것은 유효하다는 입장도 견해를 같이 한다.[13]

13) 노사관계법제과-656, 2010.9.3

둘째, 다만, 지회(분회)장 혹은 규약으로 정한 직무대행자 등이 소집권을 행사할 수 있음에도 불구하고 임시의장 등 지부(분회)의 권한 있는 소집권자가 아닌 자가 규약을 위반하여 임의로 총회 등을 개최하여 조직형태 변경을 결의하거나 행정관청에 임시소집권자 지명요구를 하는 경우는 중대한 절차적 하자로 무효가 된다.[14)]

3. 조직형태 변경의 법적효력과 한계

가. 법적효력

기업별 노동조합이 산업별 노동조합의 지부 · 분회 등으로 조직형태의 변경 결의만 하고 산업별 노조에 가입하지 않은 경우라면 당해 노동조합의 조합원들은 여전히 기업별 노조의 조합원 자격을 유지한다고 보아야 한다.

기존 기업별노조의 해산신고가 법적 의무사항은 아니며, 조직형태 변경의 효력발생요건이 되는 것도 아니다.[15)] 다만, 기업별노조가 지역별 · 산업별노조의 지부 · 분회 등으로 조직형태를 변경한 경우 기존 기업별노조는 소멸되는 것이므로 해산신고를 하여야 한다. 노동조합에서 자진 해산신고를 하지 않는 경우 행정관청은 사실관계를 확인 후 기존 기업별노조를 직권으로 소멸조치하고, 노동조합과의 직권소멸에 따른 분쟁을 해소하기 위해 노조에 대해 자율적으로 해산신고토록 안내하거나 직권소멸 방침을 통보하고 일정기간 경과 후 직권소멸 조치한다.[16)]

14) 노사관계법제팀-1034, 2006.4.13

15) 노조 68107-623, 2001.5.29

16) ① 기업별노조에서 산별노조 분회로 조직형태 변경 결의 후 기업별 노조의 해산신고
산별노조 분회로 조직형태 변경 결의 후 기존 기업별 노조의 해산신고가 없다 하더라도 당해 노동조합은 산업별 노조로 보아야 한다(노조 68107-934, 2002.12.23).
② 기업별 노동조합이 산업별 노동조합의 지부 · 분회 등으로 조직형태의 변경을 결의하고 산업별 노조에 가입한 경우라면 기존 기업별 노조의 해산신고가 없다 하더라도 당해 노동조합은 산업별 노조로 보아 조합원들은 산업별 노조의 규약에 따라야 할 것이다. 기업별 노동조합이 산업별 노동조합의 지부 · 분회 등으로 조직형태의 변경결의만 하고 산업별 노조에 가입하지 않은 경우라면 당해 노동조합의 조합원들은 여전히 기업별 노조의 조합원 자격을 유지한다고 보아야 한다.
③ 산별노조의 지회가 지회총회에서 산별노조 탈퇴 의결

산별노조의 산하조직에서 기업별노조로 조직형태를 변경할 경우, 결의 자체가 산별노조에서 탈퇴한다는 것을 전제하는 것이므로, 산별노조의 지회가 지회총회에서 탈퇴 건을 의결하였다면 이것은 기업별노조로 조직형태를 변경하겠다는 결의로 보아야 한다. 산업별 · 지역별노조의 지부 · 분회 등이 기업별노조로 조직형태를 변경할 것을 결의한 경우에도 법 제16조제2항 내지 제4항에 따라 규약 제정 및 임원을 선출하여 행정관청에 설립신고를 하기 전까지는 산업별 · 지역별노조의 조합원 자격을 유지한다.

행정관청으로부터 설립신고증을 교부받은 경우에는 조직형태 변경에 반대한 조합원도 기존 산업별 · 지역별노조의 조합원 자격은 상실되고 별도의 탈퇴 의사를 표명하지 않는 한 기업별노조의 조합원 자격을 가진다. 산업별 · 지역별 노조가 조직탈퇴, 조직형태 변경 등을 시도하였다는 이유로 당해 지부 · 분회 조합원의 의사에 반하여 산하 지부 · 분회에 대해 임원인준을 취소하는 경우가 있으나 이로 인해 지부 · 분회 조합원들이 그 결의에 의하여 조직형태를 변경하는 것이 실질적으로 제한된다면 이는 사업장 단위 조합원의 조직선택의 자유를 제한하게 되어 정당하지 않다. 단체협약의 효력측면에서도, 기업별노조가 산업별 · 지역별노조의 지부 · 분회 등으로 변경하는 경우 특별한 사정이 없는 한 동 지부 · 분회는 기존 기업별노조와의 조직적 동일성을 그대로 유지하고 있으므로 기존 기업별노조와 사용자가 체결한 단체협약은 그 유효기간 동안 계속 효력을 가진다.

산별노조의 지회가 지회총회에서 산별노조 탈퇴 건을 의결하였다면 기업별노조로 조직형태를 변경하겠다는 의사에 대한 결의로 보아야 한다(노조 68107-72, 2002.1.24).

④ 노조법 제16조제1항제8호는 총회(대의원회)의 의결사항으로 "조직형태의 변경에 관한 사항"을 규정하고 있는 바, 조합이 조직적 동일성을 유지하면서 그 조직형태를 변경하는 경우 기존노조를 해산하고 새로운 노조 설립신고를 하는 형식적 절차를 생략하고 보다 용이하게 조직형태를 선택할 수 있도록 하여 근로자들의 단결선택권을 최대한 보장하려는 취지에서 1997년 동법 제정시 새로이 신설된 조항이다. 산별노조의 산하조직에서 기업별노조로 조직형태를 변경한다는 것은 산별노조에서 탈퇴한다는 것을 전제하는 것이며, 산별노조에서 탈퇴한다는 것은 그 의사가 기존의 노동조합을 해산한다는 것이 아닌 한 노동조합의 조직형태를 기업별노조로 변경하겠다는 것이므로, 산별노조의 지회가 지회총회에서 산별노조 탈퇴 건을 의결하였다면 이는 기업별노조로 조직형태를 변경하겠다는 의사에 대한 결의라고 보아야 한다

나. 조직형태변경의 한계

노동조합이 존속 중에 그 조합원의 범위를 변경하는 조직변경은 변경후의 조합이 변경전의 조합의 재산관계 및 단체협약의 주체로서의 지위를 그대로 승계하는 효과를 지닌다. 따라서 변경전후의 조합의 실질적 동일성이 인정되는 범위 내에서 조직변경의 결의가 인정된다. 조합은 구성원인 근로자가 주체가 되어 자주적으로 단결하고 민주적으로 운영되어야 하므로 어느 사업장의 근로자로 구성된 조합이 다른 사업장의 조합을 결성하거나 그 조직형태 등을 결정할 수 없다. 조합의 인적구성에서 실질적 동일성이 유지되지 아니하여 허용될 수 없다.[17] 실무상 생산직근로자를 대상으로 한 조합이 영업직까지 조직대상으로 포함하는 등 그 조직대상의 범위만을 확장하는 것을 조직변경으로 보아야 하는지 의문이다. 판례[18]는 이를 조직변경으로 보고 있지만 조직형태변경이 아닌 단순한 규약변경으로 보아야 한다는 견해도 있다. 실무상 후자가 더 설득력이 있다.

4. 기업변동과 노동조합의 변경

영업양도, 합병, 분할, 폐업 등 사업의 기업변동은 노동조합의 조직형태 등을 변경시킨다. 실무상 사업의 조직변경에도 불구하고 노동조합이 변경된 사업장에 존속할 수 있는지 단체협약은 그대로 효력을 가지는지 여부에 관해 분쟁이 발생할 수 있다.

기본적으로 현행 노동관계법에서는 기업변동시 근로관계의 승계여부 등에 관해서는 명확한 규정을 두지 않고 있다. 다만, 민법에 의하면 "사용자는 노무자의 동의 없이 그 권리를 제3자에게 양도하지 못한다."고 정하고 있다.[19] 이 규정만 본다면 소멸기업의 당사자 및 양도인과 존속기업의 당사자 및 양수인, 그리고 근로자간의 3자가 합의(동의)가 있어야 근로관계의 이전이 가능하

17) 대판 95누4377, 1997.7.25
18) 대판 95누4377, 1997.7.25
19) 민법 제657조제1항

다. 한편, 상법에 의하면, 영업양도와 분할, 합병을 각각 다르게 규정하고 있다. 특히 합병의 경우 "합병 후 존속하는 회사 또는 신설하는 회사는 합병으로 인하여 소멸된 회사의 권리의무를 청산절차 없이 승계한다."는 규정을 두고 있다.[20] 다만, 이와 같은 입법의 미비에도 불구하고 기업은 생물과 같아서 탄생과 합병, 인수, 분열, 소멸의 과정을 반복하게 되고 그 과정을 규율할 입법적 연구는 필요하다.

노동관계법 측면에서 기업변동시 발생하는 문제는 기업변동에 따른 근로자의 지위에 관한 문제와 집단적 노사합의사항의 효력, 조합원의 지위, 노동조합의 재산 등에 관한 문제가 쟁점이 되는데 차례대로 설명한다.

가. 기본적인 입장

영업양도란, 일정한 영업목적에 의하여 조직화 된 총체, 즉, 물적 · 인적 조직을 동일성을 유지하면서 무형적 재산이나 사업장의 신용관계, 거래관계 등을 포함한 일체를 이전하는 것으로서 영업양도 당사자 사이에 명시적 · 묵시적 계약이 있어야 한다. 따라서 자산만 양도하는 경우는 영업양도로 볼 수 없다.[21]

---

20) 상법 제235조

21) ① 퇴직급여보장팀-250, 2007.1.16, 사업의 영업양도 · 양수 판단 방법 : 판례는 영업양도를 「일정한 목적에 의하여 조직화된 업체 즉, 인적 · 물적 조직을 그 동일성을 유지하면서 일체로서 이전하는 것」(대판 91다15225, 1991.8.9 ; 대판 93다18938, 1994.11.18)으로 규정하고 있다. A사와 B사간에 무선기지국 설치개발용역에 대해 하도급계약을 체결한 사실은 있으나 영업양도 · 양수 계약을 체결한 사실이 없고, A사 퇴직근로자 약 24명 중 약 7명만이 B사에 입사하였으며, A사가 사용하던 사무실과 사무집기를 B사가 사용한 사실은 있으나 B사가 A사가 사용하던 사무실을 임차하여 그 일부를 A사에게 전대하여 사용토록한 점, B사의 대표자가 A사의 퇴직근로자이나 A사와 B사는 상호와 대표이사가 서로 다른 별개의 법인인 점, A사와 B사가 세금 등 회계처리를 별도로 했던 점 등을 고려할 때, A사와 B사의 관계가 영업 양도에 해당한다고 보기는 어렵다.

② 퇴직급여보장팀-3655, 2006.9.27, 여객자동차운송사업 양도 · 양수계약서에 의거 차량 일부 및 운송사업 면허권을 양도한 것이 영업양도에 해당하는지 여부 : 일반적으로 "영업의 양도"라 함은 일정한 영업목적에 의하여 조직화된 총체 즉, 인적, 물적 조직을 그 동일성을 유지하면서 일체로서 이전하는 것을 말한다. A기업과 B기업간에 "여객자동차(전세버스)운송사업 양도 · 양수계약서"를 체결하고 B기업이 A기업을 인수하면서 A기업 차량 20대중 6대만을 인수하고, A기업의 채무 중 전세버스 차량할부금을 제외한 다른 채무는 인수하지 않기로 하고, A기업 근로사 29명이 2004.8.11. A기업에서 자진 사직하고 같은 해 9.1 사직자 중 일부인 18명이 B기

실무상 양도계약이 영업양도로 인정되는지 여부는 양도재산의 규모보다, 종래의 영업조직이 유지되어 그 조직이 전부 또는 일부로서 기능할 수 있는가에 따라 결정된다고 보아서 "조직의 동일성 유지"를 구별의 기준으로 삼고 있다.[22] 따라서 해당 기업의 특성과 종류, 건물 등 물적시설, 무체재산권의 가치, 고객 및 거래관계, 양도를 전후한 기업의 동질성 유지정도, 양도 양수로 인해 기업활동 중단기간, 양수인에 의한 주된 종업원의 인수여부 등을 종합적으로 판단하되, 업종에 따라 항목별 비중을 달리한다.[23]

부분양도의 경우는 양도되는 인적 · 물적시설 등이 일정한 사업을 일관성 있게 수행할 수 있도록 기술적인 관점에서 기능적인 일체성을 유지하여야 한다. 예를 들면, 아파트 경비원 30명만 특정기업에 양도된 경우 등 일부양도는 일정한 근로자집단이 하나의 사업 내에서 특정한 기능을 담당하고 있는 경우에도 인정된다. 그러나 양도 후 곧바로 일부는 경비원으로 기능하고, 일부는 청소, 시설관리, 주차요원 등으로 분산배치 된 경우는 조직적 동일성을 상실했다고 보아야 한다.

1) 영업양도 · 합병

영업양도에 관해서 학계는, "근로자는 기업조직에 편입되어 유기적인 일체를 이루므로 특별한 사정이 없는 한 근로계약도 원칙적으로 새로운 기업에 승계되고, 사업양도에도 불구하고 양도인과 근로자간의 관계는 양수인에게 포괄적으로 승계되므로 사업양도 자체가 해고의 정당한 사유로 될 수 없다." 는 근로관계의 포괄적 이전을 인정하는 입장이다.

판례의 경우에도, "영업양도 당사자 사이에 반대의 특약이 없는 한, 영업양도에 관한 합의 속에는 원칙적으로 근로관계를 포괄적으로 승계하기로 하는

업에 신규 입사하였다면 A기업과 B기업과의 관계가 영업양도에 해당한다고 보기 어렵다.

22) 대판 99두2680, 2001.7.27, 즉, 근로자를 제외하고 자산만 양도하거나, 인수된 근로자를 인적조직을 해체하여 양수회사의 기준과 방법에 맞게 재구성하여 조직화한 경우, 양수인이 양도인의 채권채무를 전혀 인수하지 않은 경우 등을 기초로 자산만의 양도로 보아서 포괄적 승계를 부정한 사례

23) (예) 제조업의 경우는 물적시설과 고객 · 거래관계 중시, 연구개발사업의 경우 인적자원과 전문인력 등의 조직이 우선

내용의 합의가 있는 것으로 사실상 추정되고, 근로관계의 전부 또는 일부를 제외하는 것은 극히 예외적이므로, 포괄적 승계를 배제하는 약정이 유효하려면 승계를 배제할만한 합리적인 이유가 있어야 한다. 승계배제 특약은 해고나 다름없으므로 근기법 제23조제1항에서 정한 정당한 사유가 있어야 하고, 정당한 이유가 없는 경우는 무효이다"고 보아서 근로관계의 포괄적 승계를 인정하고 있다.[24] 다만, 영업양도시 양도인과 양수인 사이에 특약이 있거나 근로자가 승계를 거부하는 경우 승계에서 배제될 수 있다는 입장을 취하고 있다.[25]

사업양도에 의해 근로관계가 양수인에게 이전되면, 양수인은 기존의 근로관계에서 발생되는 노무지시, 임금지급 등 모든 권리와 의무를 승계한다. 이 경우 양자는 부진정 연대채무자의 지위에 있으므로 양수인은 양도인에 의해 변제되지 않은 채무에 대해서는 연대채무를 진다. 다만, 이미 퇴직한 근로자의 퇴직금 등에 대해서는 양수인에게 승계되는 근로관계가 아니므로 책임을 부담하지 않는다. 양수인은 인수된 근로자의 근로조건을 자신의 사업장에 맞게 일방적으로 불이익하게 변경할 수 없고 해당 근로자들의 집단적 동의를 받아야 한다.[26]

판례에 의하면, 회사의 "합병"에 의해 근로관계가 승계되는 경우에도 종래의 근로계약상 지위가 그대로 포괄적으로 승계된다는 입장이다.[27]

2) 분 할

(1) 판례의 견해

분할의 경우에도, 사업양도시 근로관계 승계를 인정하는 법리를 적용하여 포괄적 승계가 인정된다는 입장이다.[28] 다만, 분할의 경우 상법을 개정하여 회사분할제도를 도입하는 과정에서 근로관계의 승계에 관한 어떠한 조항도 두

24) 대판 96다2644, 1997.6.24 ; 대판 88다카10128, 1989.12.26 ; 대판 93다33173, 1994.6.28
25) 대판 96누19314, 1997.4.25 ; 대판 2000두8455, 2002. 3.29
26) 대판 97다17575, 1997.12.26 ; 대판 91다12806, 1991.11.12. 영업양도계약을 하면서 근로자들의 종전 사업장에서의 근속기간을 승계회사의 근속기간에 산입하지 않기로 하는 특약은 근로자들의 동의가 없는 한 무효
27) 대판 93누21231, 1994.10.25 등
28) 대판 84다카1409, 1987.2.24

지 않았기 때문에, 회사분할시 근로관계의 승계에 관한 문제는 분할계약서를 토대로 민법 · 상법 · 근기법의 관련 규정을 유추하여 해석에 의하여 해결하여야 한다는 입장이다. 즉, 회사분할로 인하여 근로관계의 일방 당사자의 지위가 변경되고, 근로자의 근로관계가 신설회사에 포괄적으로 승계되는 것은 기존의 근로계약 상대방과 완전히 동일하다고는 할 수 없는 사용자와의 새로운 근로관계를 형성하는 것을 의미하는데, 이것은 근로관계의 존속 보호에는 충실할 수 있으나, 당사자의 자유로운 의사결정으로 법률관계를 형성한다는 계약자유의 원칙의 입장에서 볼 때, 실질적으로는 근로자 스스로가 자유롭게 선택하지 않은 사용자와의 근로관계가 강제되는 것과 같은 결과를 초래하여 자기결정의 원리에 반할 수 있는 문제점을 안고 있다. 따라서 회사분할시 근로관계의 승계 문제는 근로관계 존속 보호와 근로자의 자기결정의 원리가 조화를 이룰 수 있도록 해결하여야 한다. 이 같은 점을 고려하면, 회사분할시 분할대상이 되는 사업에 종사하던 근로자들의 근로관계는 원칙적으로 신설회사에 포괄적으로 승계되고, 예외적으로 근로자가 거부권을 행사하는 경우에는 거부권을 행사한 근로자의 근로관계는 승계대상에서 제외된다고 보고, 거부권 행사에 필요한 상당한 기간을 부여하지 아니한 경우, 이는 근로자의 자기의사결정권을 침해한 것이므로 무효라는 입장이다.[29)]

(2) 행정해석의 견해

행정해석에서도, 상법 제530조의10(분할 또는 분할합병의 효과)에 의거 분할 또는 분할합병으로 설립되는 회사 또는 존속하는 회사는 분할하는 회사의 권리 · 의무를 분할계획서 또는 분할합병계약서에서 정하는 바에 따라 승계하므로, 회사분할에 의해 신설되는 회사로 이전되는 사업부문에 종사하고 있던 근로자는 원칙적으로 동 사업부문이 이전되는 신설회사로 고용승계가 이루어진다. 다만, 분할계약서 등에 고용승계에 관하여 별도로 규정하고 있는 경우 고용승계의 원칙에서 벗어나지 않는 한 그 규정에 따라야 할 것이라는 입장이다.[30)] 여기서 고용승계 원칙이란, 근로자 본인의 의사에 반한 일방적인 고용승계 배제

29) 서울행판 2007구합45583, 2008.9.11
30) 노사관계법제팀-1042, 2007.3.27

조치 등이 없는 정당한 처분기준과 약정 등을 말한다.

나. 기업변동시 단체협약문제

합병, 분할, 영업양도 등 사업이전시 단체협약의 승계문제를 직접적으로 다룬 판례는 발견하기 어렵다. 기업의 합병에는 사업의 양도가 당연히 내포되고, 회사의 분할 또한 사업의 양도와 다를 바 없다고 보면 영업양도에 적용되는 단체협약에 대한 논리는 다른 기업변동의 경우에도 동일하게 적용되는 것으로 보아야 한다.[31] 따라서 영업양도와 합병에 관한 일부판례와 실정법의 취지 등을 감안하여 판단하는 수밖에 없다.

1) 판례의 견해

합병과 사업의 전부양도가 특별한 차이를 둘 수 없다는 점에서 영업양도의 효과는 합병의 효과로 볼 수 있다. 판례에 의하면, 영업양도에 있어서 특별한 사정이 없는 한, 종전의 단체협약은 잠정적으로 승계된다고 보고 있고,[32] 또한 합병에 의해 근로관계가 승계되는 경우에는 종전의 근로계약상의 지위가 포괄적으로 승계되는 것이므로, 합병당시 취업규칙이나 단체협약의 체결 등을 통해 합병 후 근로자들의 근로조건을 단일화 하기로 변경 · 조정하는 새로운 합의가 없는 한, 합병 후 존속회사나 신설회사는 소멸회사에 근무하던 근로자의 근로관계에 대해 합병 전과 같은 내용으로 승계되는 것으로 보아야 한다[33]는 취지이고, 하급심 판례에서는, 영업양도시 포괄적인 근로관계의 원칙적 승계를 인정하면서 개별적근로관계 뿐 아니라 집단적근로관계까지 이전하고, 노동조합도 양수인의 사업장에 존속한다고 보아서 단체협약상의 권리의무는 당연히 승계한다는 입장이다. 이처럼 판례의 입장은 합병당시 취업규칙이나 단체협약의 체결 등을 통해 합병 후 근로자들의 근로조건을 단일화 하기로 변경 · 조정하는 새로운 합의가 없는 한, 합병전과 같은 내용으로 근로관계 등의 단체협약의 효력이 그대로 유지된다는 입장이다.

---

31) 김형배, 『노동법』, 526쪽
32) 대판 88누4508, 1989.5.23
33) 대판 2002다23185 · 23192, 2004.5.14

2) 행정해석의 견해

기업의 합병시 존속회사는 소멸회사의 권리·의무를 포괄적으로 승계하는 것이 원칙이므로 노동관계법상 발생하는 노사간의 권리·의무도 포괄적으로 승계된다고 보아서, 기본적으로 판례와 같은 입장이다.[34)]

노동조합이 조직되어 있는 "갑"기업이 "을"기업에 흡수합병되는 경우에 달리 볼 사정이 없는 한 "갑"기업에 조직된 노동조합은 합병이후에도 계속 존속한다고 보아야 할 것이며 단체협약도 그 유효기간동안 효력이 지속된다고 보아야 할 것이다. 다만 단체협약의 유효기간 중이라 하더라도 중대한 사정변경으로 협약을 갱신하여야 할 필요성이 있어 노사당사자가 합의한 경우에는 새로운 단체협약을 체결할 수 있다.[35)] 분할의 경우 하나의 법인이 사업의 특정부문과 그 종사자를 분할하여 새로운 법인체를 설립, 독립시키는 경우에는 신설법인 소속근로자를 그 조직대상으로 새로운 노동조합으로 조직·운영하는 것도 가능하다. 다만, 이 경우 기존법인과 신설법인의 사용자간에 별도의 약정이 없는 한 기존 법인의 사용자와 당해 노동조합 간에 체결한 단체협약이 신설법인의 사용자에게 자동 승계된다고 보기는 어렵다는 입장이다.[36)]

3) 학설의 견해

기업별 노조가 대부분인 우리나라 현실에서, 합병, 영업양도 등 기업변동은 단순히 기업주만 변동되는 것이 아닐 뿐 아니라, 단체협약 속에는 규범적부분과 채무적부분이 혼재하고 있고 상호간에 사실적인 밀접한 관련성이 있으므로 판례의 근로관계 포괄적승계를 근거로 단체협약도 당연히 승계된다는 것은 무리일 수도 있다. 따라서 단체협약은 이전하지 않더라도 단체협약으로 규율하

34) 대판 2002다23185·23192, 2004.5.14 ; 공공노사관계팀-1528, 2007.7.19

35) 노조 01254-116, 2000.2.14 ; 노조 01254-396, 1998.6.30 ; 노조 01254-239, 1999. 4.1

36) 노조 01254-126, 1998.3.13. 하나의 법인체가 사업의 특정부문과 그 종사자를 떼어내어 새로운 법인체를 설립함으로써 사업을 분리·독립시키는 경우에는 새로운 법인체 소속근로자를 대상으로 기업별 단위노동조합을 설립할 수 있을 것이나, 신설법인의 분리과정에서 기존 법인의 노동조합이 당해 규약을 변경하여 신설법인 소속근로자를 그 조직대상으로 함으로써 하나의 노동조합으로 조직·운영하는 것도 가능하다. 다만, 이 경우 기존법인과 신설법인의 사용자간에 별도의 약정이 없는 한 기존 법인의 사용자와 당해 노동조합간에 체결한 단체협약이 신설법인의 사용자에게 자동 승계된다고 보기는 어렵다.

던 근로관계의 내용은 기준적 · 강행적효력을 가지지 않은 상태로 개별적 근로관계의 내용이 되어 당사자 사이에 근로조건으로 기능을 하여 일방 당사자가 일방적으로 하향조정할 수는 없다는 것이다.[37] 특히 하나의 사업부분 중 일부가 양도되고 그 사업부문에 종사하는 조합원이 양수사업장으로 이전된 경우와 같이 사업의 전부양도가 아닌 일부양도의 경우는 양도사업장에 노동조합이 그대로 존속하고 있으므로 단체협약 자체의 승계는 있을 수 없다. 분할(일부가 분리되어 둘 이상으로 나눠져 존속하는 경우, 하나가 둘 이상으로 나눠져 원 사업이 소멸되면서 분할 된 경우)의 경우에도 단체협약 자체는 승계되지 않는다는 입장이다. 산업별노동조합의 경우, 양도양수사업장이 모두 산별노조 가입사업장이라면 하나의 단체협약을 적용받게 되므로 단체협약의 승계나 노동조합의 지위변동 문제는 없다. 산별노조의 위임을 받아 지부가 양도인과 별도의 협정을 한 경우는 그 협약만료시까지 효력을 유지하고, 위임 없이 지부가 양도사업주와 체결한 단체협약은 승계될 수 없다.[38]

다른 견해로는, 영업양도로 인해 기업의 실질적 동일성이 상실되지 않는 것과 마찬가지로, 단체협약의 전제가 되는 노사관계의 기초도 그대로 존속하므로 단체협약의 채무적부분과 규범적부분 등이 모두 포괄승계 된다는 견해도 있다.[39]

4) 결 론

단체협약, 취업규칙 등으로 정한 근로계약상의 근로조건은 기업변동에 있어서 인적 · 물적자산과 함께 기업의 동일성을 인식하는 중요한 실체이므로 결코 분리되어서 판단할 수는 없다. 이것은 기업변동시 취업규칙의 존속과 효력측면에서, 양수인에게 승계되는 근로관계의 내용은 취업규칙에 의해 형성된 개별적 근로관계의 계약내용으로서 합병 후 근로조건을 단일화하는 새로운 합의가 없는 한 종전의 취업규칙(직장질서 등 해당사업장의 고유한 사항을 정한 부분은 제외)이 적용되고, 불이익하게 변경할 경우는 집단적 방식에 의한 동의가 요구된다는 판

37) 대판 95다41659, 1995.12.26 ; 김형배, 『노동법』, 531쪽
38) 김형배, 『노동법』, 532쪽
39) 김유성, 『노동법』, 202쪽

례의 견해[40]에서도 분명해 진다. 따라서 영업양도, 합병, 분할시에도 근로시간·임금 등 개별적근로자의 근로조건 등에 관한 단체협약의 규범적부분의 효력은 기업변동으로 인한 협약당사자의 변경에도 불구하고 당사자 사이의 합의를 토대로 변경·조정하지 않으면 양수사업장에서도 종전과 같은 조건으로 효력을 유지한다고 보아야 한다.[41] 그러나 단체협약 중 채무적부분은 사용자와 노동조합간의 계약이므로 당사자 일방의 변동으로 인해 더 이상 효력을 가질 수 없는 것이므로 달리 합의가 없는 한 양수사업장의 사업주와 노동조합 사이에는 효력이 없다고 보아야 한다. 다만, 양수사업장으로 승계되는 근로조건의 내용은 계약당사자의 변동으로 인해 이미 강행적효력은 상실되었으므로[42] 일방의 의사에 따라 임의적인 변경·조정을 할 수는 없지만 당사자간 합의에 의해 새로운 기업질서에 맞게 변경조정이 가능하다. 따라서 기업별 노조가 대부부분인 현실에서 양도사업장에서 양수사업장으로 이전한 노동조합도 이전 된 사업의 중요한 실체 중 하나이므로 당사자의 협약을 통해 새로운 노사관계 질서를 정립하는 것이 바람직하다.

다. 기업변동시 노동조합의 지위문제

기업별 노동조합은 특정사업 또는 사업장을 기초로 설립되므로 사업장의 동일성과 특성 및 협약당사자인 사용자를 중요한 요소로 한다. 따라서 기업이 동일성을 유지한 체 사업주나 구성원이 변경(신규가입, 탈퇴 등)되는 경우에도 노동조합은 그 자체로서 법적주체이므로 조직체로서 실체를 동일하게 유지하는 한 조합원이나 사업주의 변동이 있더라도 권리·의무의 주체로서 지위는 변동이 없다. 다만, 기업변동에도 불구하고 단체협약상 규범적부분은 협약당사자의 변경에도 불구하고 당사자 사이의 합의를 토대로 변경·조정하지 않으면 양수사업장에서도 종전과 같은 조건으로 효력을 유지하지만, 양도사업장에 조직된 노동조합이 그대로 양수사업장에 존속하는지 여부에 관해서는 행정해석과 학설의 견해가 다르다.

40) 대판 97다17575, 1997.12.26 ; 대판 93다1589, 1994.3.8 ; 대판 95다41659, 1995.12.26
41) 대판 95다41659, 1995.12.26
42) 김형배, 『노동법』, 529쪽

1) 행정해석의 견해

회사가 분할된 후 폐업된 경우, 전체근로자가 퇴직하거나 해고된 경우는 조합의 조직기반이 상실되었으므로 노동조합이 존속할 수는 없다. 양도양수로 인해 사업의 일부가 분할 또는 영업양도된 경우 그 부분의 근로자는 양도사업장의 조합원 자격을 상실하고, 양수사업장의 근로자로서 기능할 뿐이다. 특히 잔존사업장에 조직된 노동조합의 경우 조합원이 2명 이상 남아 있으면 조합으로 기능하고, 양수사업장으로 이적한 근로자는 조합원자격을 상실한다.

(1) 합병 · 양도 양수시 노동조합의 지위

기업이란, 유형 · 무형의 자본과 노동력의 결합으로 이루어진 동적 조직으로서 노동관계는 특정의 경영자에 대한 것으로 보기보다는 기업 그 자체와 결합된 것이라고 보아서, 기업이 존속하면서 단지 명의변경 · 회사의 조직변경 · 영업의 양도가 있다 하더라도 기업은 존속하고, 소유자 또는 경영자가 교체되더라도 기업자체는 실질적인 동일성을 잃지 않고 시종 존속하는 것이 행정해석의 기본적 시각이다.[43)]

특히, 기업별 노동조합은 특정기업과 고용계약관계에 있는 근로자들을 조직기반으로 하는 노동단체이므로 합병 · 영업양도와 같이 당해 기업의 인적 · 물적시설의 전부가 양도되어 실질적 동일성이 인정된다면 기존회사의 노동조합도 신설법인에 승계되고, 실질적 동일성이 인정되지 않는다면 기업의 소멸과 동시에 노동조합도 당연히 해산된다는 입장이다.[44)] 즉, "물적 · 인적 조직이 그 실질적인 동일성을 유지하면서 일체로서 이전되었는지 여부가 노동조합의 존속요건"이 된다. 따라서 영업의 양도가 기업의 일부시설만 매각하는 등 자산매각에 해당한다면 기존기업을 조직대상으로 하는 노동조합은 양수기업의 노동조합으로 존속할 수 없다.

이 경우 "물적 · 인적 동일성"은 곧, 노동조합의 조직적인 기반이 공장별, 부서별, 직종별, 고용형태별로 동일성을 유지하고, 합병한 양수회사의 노조와

43) 노조 1454-10097, 1981.4.1 ; 법무법 810-334, 1963.5.20 및 보노기 1455.9-9602, 1963.5.31

44) 노조 68107-1128, 2001.10.10 ; 노조 68107-22, 2001.1.4 등

조직범위가 구분될 수 있어야 한다.[45] 즉, 양도 · 피합병회사의 근로자를 부서별로 분산 배치하여 양도 · 피합병회사 노동조합의 조직적 기반을 상실했다면 그 노동조합은 존속할 수 없다.[46]

(2) 분할의 경우 노동조합의 지위

분할은 하나의 기업이 둘 이상으로 나눠져 합병, 신설되는 기업결합의 방식으로서 그 내용은 분할계약에 따라 정해진다. 다만, 분할의 경우에도 그 내용은 매매에 의한 양도양수 등 영업양도가 될 것이고, 분할된 어느 하나의 기업이 다른 기업에 흡수 합병된 경우는 합병이 될 것이므로 실질에 있어서는 영업양도나 합병의 원리와 다를 것이 없다.

첫째, 1개 노조가 2개 이상의 사업장에 걸쳐 조직된 경우의 분할

일반적으로 하나의 회사가 두개이상의 분리된 사업장에 1개의 노동조합이 조직되어 있다가 총회에서 의사 · 의결정족수에 의해 사실상 특정 사업장을 조직범위에서 제외하는 형태로 분할결의를 할 경우, 기존 노동조합은 분할결의에 따라 규약을 변경하고 행정관청에 변경신고를 하고, 분할된 사업장 근로자들은 분할결의의 내용에 의거하여 규약 제정 및 임원을 선출하여 행정관청에 설립신고를 하여야 하는 절차를 거쳐 독립된 노동조합으로 활동할 수 있다.

둘째, 1개 사업의 노조가 분할, 2개 이상으로 양도되고, 기존 사업체가 소멸

특정 기업이 복수의 기업에게 분리 · 양도되고 원기업의 실체가 소멸된 경우, 원칙적으로 당해 기업에 조직된 노동조합은 그 존립기초를 상실하였으므로 해산 · 소멸된 것으로 보아서, 행정관청은 직권으로 해산처리 할 수 있다. 다만, 당해 양도가 인적 · 물적 시설이 실질적 동일성을 가진 영업양도에 해당하고, 양수기업에서 양도 기업에 조직되어 있던 노동조합이 조직적 동일성이 유지되는 경우라면 노동조합은 존속될 수 있다. 이때 노동조합의 존속여부에

---

45) 즉, 영업관계가 종전대로 유지되고, 근로자집단이 종전과 같이 유지되어야 한다. 회사의 재산만이 인수되거나 영업관계가 이전되더라도 일부만 이전하고, 전체 근로자집단이 이전하지 않고 일부근로자들이 분할하여 양수회사에 흡수되는 경우는 종전회사에 있던 노동조합은 이전한 회사에서 존속할 수 없다.

46) 노조 68107-395, 2001.4.30

대하여는 당해 양도계약의 법적 성질, 노동조합의 조직적 동일성이 유지되는지 여부, 양수기업의 노동조합과 조직대상 중복여부 등을 종합적으로 검토하여 판단하여야 할 것이다.[47)]

셋째, 1개 회사가 1개 회사를 신설 하여 일부조직과 근로자를 분할

1개 회사를 운영 중, 경영의 효율성을 위하여 회사를 신설하여 일부 사업부문을 분리, 신설회사에 양도하고 신설회사는 분할 전 회사의 근로자 일부를 포괄적으로 고용승계 하는 경우, 잔존회사는 총회를 개최하여 분할결의를 하고 규약을 변경하여 조직대상 등을 변경하고, 분할되어 신설회사로 승계된 근로자는 창립총회를 개최하여 별도의 노동조합을 설립하는 방법이 있다. 잔존회사가 신설회사의 근로자를 모두 포함하여 1개노조 2개사업장 형태로 운영하고자 하는 경우는 총회를 개최하여 규약을 개정하고 조직대상을 변경하는 등의 절차를 거쳐 기존의 노동조합을 그대로 운영할 수 있다. 다만, 이 경우는 사업과 사업장, 본사와 공장, 모기업과 자회사 등 외형상 인적, 물적, 재정적으로 분리 된 별도의 기업이 실질적으로는 인적, 물적, 재정적으로 상호 의존적이거나 종속적인 경우가 해당 될 것이다. 이와 같이 조직범위를 변경한 경우 신설회사로 전적한 조합원들은 기존 노동조합의 조합원 자격을 계속 유지할 수도 있다.[48)]

넷째, 1개 회사가 일부 사업부분을 분리하여 양도한 경우

노조가 설립된 회사의 일부분을 A회사에 양도한 경우 영업양도에 해당한다고 하더라도 양도되는 부분의 근로자는 양도회사의 사용자와 근로계약관계가 종료되고 양수회사의 사용자와 새로운 근로계약 관계가 형성되므로 양도회사 노조의 조합원자격을 상실하게 되는 것이 원칙이다. 다만, 양도회사에서 적용받던 단체협약상 개별적 근로관계에 관한 근로조건은 당사자간 합의 등으로 변경될 때까지 적용된다. 만약 A회사에 노동조합이 설립되어 있는 경우 양수된 근로자는 그 회사에 설립된 기존 노조의 조직대상에 포함될 경우 개별근로자의 자격으로 가입하여 활동할 수 있고, 노동조합이 없는 경우는 새로운 노

47) 노조 01254-613, 2000.7.19

48) 노조 01254-762, 2000.8.30 ; 노사관계법제팀-418, 2006.2.20

동조합을 조직할 수도 있다.

다만, 노조법상 노동조합의 조직형태에 대하여는 별도의 제한규정을 두고 있지 아니하므로 지역별, 산업별 직종별 등 초기업 노조의 경우, 조합원이 있는 기업의 일부 사업부문이 포괄적으로 양도되는 경우 기존 기업을 조직대상으로 하는 노동조합이 노동조합의 조직범위를 계속 유지하기 위해 양도부분 소속 조합원들이 참가한 상태에서 규약상의 조직범위를 변경하여 양도되는 사업부문에 종사하는 근로자들을 계속 조직대상으로 포괄하였다면 그 규약 변경의 효력을 부인할 수는 없을 것이다.[49]

2) 학설의 견해

합병 · 사업의 전부양도 · 분할 등으로 인해 A기업 조합원이 B기업으로 이전하여 B기업 근로자로 신분이 변동된 경우는 A기업의 근로자를 조직대상으로 하던 노조는 더 이상 조합원과 임원이 없으므로 노조로서 실체가 없다. 더구나 사업양도에 의해 양수사업장의 사업주가 양도사업장에 결성된 노조의 협약당사자로서의 지위를 당연히 승계하는 것으로 볼 수도 없다. 따라서 합병 · 양도양수 · 분할 등으로 인해 본래 사업장이 소멸하고 조합원들의 근로관계가 양수 · 신설사업장으로 포괄승계된 경우에도 양도사업장의 노동조합은 승계될 수 없다고 보아야 한다.[50] 만일 사업의 일부가 양도 · 분할된 경우는 잔존 사업장의 노동조합은 조합원이 2명이라도 남아서 단체로서의 동일성을 유지하고 있다면 노동조합으로 존속하며, 양수사업장으로 이전된 근로자는 더 이상 양도사업장의 조합원이 될 수 없기 때문에 양수사업장에 설립된 노동조합이 있으면 개별적인 가입절차를 거쳐 조합활동을 하거나 또는 새로운 노동조합을 설립할 수 있다.

라. 재산권 문제

노동조합이 존속 중에 그 조합원의 범위를 변경하는 조직변경은 변경후의 조합이 변경 전 조합의 재산관계 및 단체협약의 주체로서의 지위를 그대로 승계하는 효과를 지닌다. 따라서 변경전후의 조합의 실질적 동일성이 인정되는

49) 노조 01254-762, 2000.8.30

50) 김형배, 『노동법』, 538쪽

범위 내에서 조직변경의 결의가 인정된다. 유효한 조직형태 변경이 이루어 졌을 경우 조합의 재산과 임원의 지위 등은 조직변경 된 새로운 노조로 승계된다. 다만, 조합이 존속 중에 사단으로서 동일성을 상실한 상태에서 조합원들이 집단으로 분열하여 2개 이상의 새로운 조합을 결성하는 조합분열의 경우는 면밀한 검토가 필요하다.

노조법에서는 조합분열시 재산귀속에 관해서는 달리 규정하고 있지 않다. 따라서 민법의 사단에 관한 규정을 적용하는 것이 일반적이다. 일반적으로 노동조합은 법인격을 취득한 경우와 법인격을 취득하지 않은 경우로 나눌 수 있는데 대부분 법인격을 갖지 않은 소위 권리능력 없는 사단의 형태를 갖추고 있다. 독일의 경우 거의 대부분의 노동조합이 권리능력 없는 사단(社團)으로서 지위를 지니고 있는 것으로 알려져 있다.

1) 법인격을 가진 노동조합

법인인 노동조합의 경우, 재산의 소유형태는 조합 자체의 단독소유이므로 조합 스스로 권리 · 의무의 주체가 되고 제3자인 채권자와의 관계에서도 독자적으로 의무를 부담하게 된다. 따라서 조합이 존속 중인 경우는 조합원의 증감에 불구하고 어떠한 변동도 발생하지 않고, 탈퇴 등 조합원 자격을 상실한 조합원은 조합에 대해 지분 내지 재산분할청구권을 주장할 수도 없다. 다만, 법인인 조합이 분열하는 경우는 민법 제80조의 규정이 준용되어 분열로 인해 해산한 법인의 재산은 규약으로 지정한 자에게 귀속하고, 규약으로 귀속권리자를 정하지 않거나 이를 지정하는 방법을 정하지 아니한 때에는 조합대표자는 총회를 거치고 주무관청의 허가를 얻어 조합의 목적에 유사한 목적을 위하여 그 재산을 처분할 수 있다. 이와 같은 방법에 의해서도 처분되지 아니한 재산은 국고에 귀속한다.

2) 법인이 아닌 사단인 노동조합

일반적으로 1개의 재산 등에 관한 복수의 공동소유형태는 민법상 공유, 합유, 총유 등으로 나눌 수 있다. *공유(共有)는 가장 일반적인 방식으로 여러 사람이 지분에 따라 공동으로 소유하는 형식인데, 지분이 정해지지 않은 경우에는 균등한 것으로 추정한다. *합유(合有)는 여러 사람이 조합을 구성하고 소유권을 조합명의로 하는 것이다. 그러나 명칭이 조합이라도 법인인 경우는 합유가 아니다. 예를 들면 법인등기를 한 노동조합의 소유는 합유가 아니고 법인의 소유이다. *총유(總有)는 법인이 아닌 사단이 집합체로서 공동소유하는 형식이다. 대표적인 것이 종중(宗中) 재산이다. 법인격을 갖지 않은 노동조합의 재산소유 형태에 관해 학설의 견해는 합유,[51] 총유,[52] 단독소유설 등으로 나뉘고, 판례는 총유로 본다.

(1) 합유설(合有說)

법인격 없는 노동조합의 재산은 각 조합원이 지분을 가지고 있으나 구성원의 개인재산과 구별되어 처분이 제한되는 합유형태로 파악한다. 합유란, 법률 규정이나 계약에 의하여 수인이 조합체로서 재산 등을 소유하는 형태로서, 공유와 총유의 중간에 있는 공동소유관계이다. 따라서 합유는 그 전제로서 동일목적에 의한 결합은 있으나 아직 통일적 활동체로서의 단체적 체제를 갖추지 못한 복수인의 결합체인 조합을 필요로 한다. 합유는 지분은 있으나 공동목적

---

51) 민법 제271조【물건의 합유】① 법률의 규정 또는 계약에 의하여 수인의 조합체로서 물건을 소유하는 때에는 합유로 한다. 합유자의 권리는 합유물 전부에 미친다.
② 합유에 관하여는 전항의 규정 또는 계약에 의하는 외에 다음 3조의 규정에 의한다.
민법 제272조【합유물의 처분, 변경과 보존】합유물을 처분 또는 변경함에는 합유자 전원의 동의가 있어야 한다. 그러나 보존행위는 각자가 할 수 있다.
민법 제273조【합유지분의 처분과 합유물의 분할금지】① 합유자는 전원의 동의없이 합유물에 대한 지분을 처분하지 못한다.
② 합유자는 합유물의 분할을 청구하지 못한다.
민법 제274조【합유의 종료】① 합유는 조합체의 해산 또는 합유물의 양도로 인하여 종료한다.
② 전항의 경우에 합유물의 분할에 관하여는 공유물의 분할에 관한 규정을 준용한다.

52) 민법 제275조【물건의 총유】① 법인이 아닌 사단의 사원이 집합체로서 물건을 소유할 때에는 총유로 한다.
② 총유에 관하여는 사단의 정관 기타 계약에 의하는 외에 다음 2조의 규정에 의한다.
민법 제276조【총유물의 관리, 처분과 사용, 수익】① 총유물의 관리 및 처분은 사원총회의 결의에 의한다.
② 각사원은 정관 기타의 규약에 좇아 총유물을 사용, 수익할 수 있다.
민법 제277조【총유물에 관한 권리의무의 득상】총유물에 관한 사원의 권리의무는 사원의 지위를 취득상실함으로써 취득상실된다.

을 위하여 구속받으며 단독으로 처분하거나 지분분할을 청구할 수 없고, 반드시 합유자 전원의 동의가 있어야 한다. 다만, 조합체가 해산 된 후 합유가 종료 된 경우에는 예외적으로 분할청구가 가능하다. 실무상 부동산의 경우 합유자 전원명의로 지분등기를 한다.

합유는 단체로서의 체제를 갖추지 못하고 단체적 통일성을 가지지 아니한 점에서 단일적 활동체로서 물건을 총유하는 법인격 없는 사단과 다르지만, 합유의 기초인 조합체가 존재한다는 점에서는 총유와 비슷하다.[53] 법률규정으로 합유가 인정되는 경우는 민법상 조합재산과 신탁법상 수탁자가 복수인 신탁재산이다.

(2) 총유설

법인격을 갖지 않은 노동조합은 권리능력이 없는 사단이고, 권리능력 없는 사단의 재산은 조합원의 총유(總有)에 속한다는 것이다. 따라서 조합원은 출자적인 지분을 갖지 않는다. 조합재산의 관리 및 처분은 조합원총회의 결의에 의하고, 각 조합원은 조합원의 지위를 취득 상실함으로써 재산에 대한 권리의무를 각각 취득 상실한다. 조합원은 정관 기타의 규약에 정한대로 조합재산을 사용, 수익할 권리를 가진다. 조합으로부터 탈퇴, 제명된 경우에도 규약으로 달리 정하지 않으면 조합재산에 대한 분할청구권을 가질 수 없다. 재산의 소유권은 조합 자체에 있고, 사용수익권은 조합원에게 있다고 본다.

(3) 단독소유설

법인격을 갖지 않은 노동조합의 재산소유관계를 총유, 합유라는 관점에서 보는 것을 비판하는 입장으로서 법인격유무에 관계없이 노동조합도 개별 조합원과 독립하여 조합재산을 단독으로 소유하고, 그 재산에 관해서는 조합이 사용, 수익, 처분권을 가진다는 것이다. 재산의 소유권과 사용수익권 모두가 조합 자체에 있다고 본다. 주로 일본의 학계[54]에서 주장하는 학설이다.

판례의 견해는, 총유설을 취한다. 즉, 법인격을 가지지 않은 노동조합의 재

---

53) 즉, 공유는 개인적 색채가 가장 짙으며, 합유는 공동목적을 위하여 개인적인 입장이 구속되지만 지분이 존재한다는 면에서 총유보다는 개인적이다.

54) 島田信義 勞動法律旬報 제719호 등 다수, 노동조합의 분열과 재산귀속(방준식, 1999.12)

산은 조합원 총유에 속하고, 조합원은 조합재산에 관해 지분이 없으며 규약 등에 달리 규정한 바가 없으면 분할청구권도 없다고 본다.[55)]

이상과 같이 합유, 총유, 단독소유 등 학설과 판례의 견해를 종합해 보면, 어느 경우에나 조합재산에 대한 조합원의 지분이나 재산분할청구권이 없이 조합의 단독소유로 보고 있다. 따라서 복수노조와 관련, 조합원의 집단적인 이탈로 새로운 조합이 설립되고 구 조합이 소멸하는 등 조합분열의 경우 조합재산은 분열한 2개 이상 조합의 공유로 보는 것이 합리적이다. 다만, 각 조합의 지분은 조합원의 수에 따른 비율로 각각 귀속되어야 할 것이다.

관련 사례

① 하나의 기업이 2개 회사로 분리 · 양도되어 기존 사업체가 소멸된 경우 노동조합은 그 존립기초를 상실한다(노조 01254-613, 2000.7.19).

구성원이 사람인 단체로서의 노동조합은 그 구성원이 전혀 없게 되거나 그 설립단위 내지 조직의 근거가 되는 기업이 소멸되는 경우에는 해산 · 소멸된 것으로 볼 수 있으므로 행정관청은 직권으로 해산처리 할 수 있을 것이다. 다만, 특정 기업이 복수의 기업에게 분리 · 양도되는 경우 원칙적으로 당해 기업에 조직된 노동조합은 그 존립기초를 상실한다고 볼 수 있을 것이나, 당해 양도가 영업양도에 해당하고 기존 기업에 조직되어 있던 노동조합이 조직적 동일성이 유지되는 경우라면 노동조합은 존속될 수 있다고 볼 수 있을 것이므로 노동조합의 존속여부에 대하여는 당해 양도계약의 법적 성질, 노동조합의 조직적 동일성이 유지되는지 여부, 양수기업의 노동조합과 조직대상 중복여부 등을 종합적으로 검토하여 판단하여야 할 것이다.

② 폐업된 회사의 물적시설을 기부출연 받아 소속 근로자를 고용승계 하는 경우 폐업회사를 기초로 설립된 노동조합이 계속 존속되는지(노사관계법제과-194, 2008.8.26)

안산△△병원 내 보건의료노조 △△병원지부가 쟁의행위를 하고 있던 중, 사업주가 안산△△병원을 폐업하였지만, 그 사업주가 실질적으로 운영하는 다른 사업장인 ㅁㅁ의료재단 △△병원이 안산△△병원의 폐업 이후에도 보건의료노조 및 보건의료노조 △△병원지부와 교섭을 통하여 지부조합원 전원의 고용을 보장하고, 노동조합활동 및 단체협약 체결 등에 대한 성실교섭에 대해 합의를 하였으며, 또한 안산△△병원 사업주가 ㅁㅁ의료재단에 안산△△병원의 물적시설 전부를 기부출연 한 것이라면, 당해 조합원의 관계에서 볼 때, 이는 영업양도 또는 영업양도 유사의 법률관계로 볼 수 있어, 복수노조금지 규정에도 불구하고, 보건의료노조 △△병원지부는 ㅁㅁ의료재단 △△병원에 존속한다.

---

55) 대판 90다카 22056, 1990.12.21. 등 다수

③ 회사 분할에 따른 노동조합 존속여부(노사관계법제팀-418, 2006.2.20)

버스회사가 준공영제 실시에 대비하여 '시내부'와 '시외부'를 분리하여 이중 '시내' 부문을 신설법인에 양도하고 소속 근로자는 포괄 고용승계 할 경우, 즉, 하나의 회사가 사업부문별 경영을 위하여 회사를 신설하여 일부 사업부문을 분리, 신설회사에 양도하고 신설회사는 분할전 회사에서 근로자를 포괄적으로 고용승계 하는 경우, 분할전 회사의 근로자를 조직대상으로 하는 노동조합이 회사의 분할과 관계없이 종전과 같이 하나의 노동조합으로 운영하고자 하는 때에는 신설회사로 전적하는 조합원들이 참가한 상태에서 기존의 회사에 근무하는 근로자와 신설회사로 전적하는 근로자들을 포함하도록 규약상의 조직범위를 적법하게 변경하여야 할 것이며, 이와 같이 조직범위를 변경한 경우 신설회사로 전적한 조합원들은 기존 노동조합의 조합원 자격을 계속 유지하게 된다고 보아야 한다.

⑤ 인적 · 물적 시설의 전부가 양도되어 신설법인과 기존회사간 실질적 동일성이 인정된다면 기존회사의 노동조합도 신설법인에 승계된다(노조 68107-1128, 2001.10.10).

기업별 노동조합은 특정기업과 고용계약관계에 있는 근로자들을 조직기반으로 하는 노동단체이므로 합병 · 영업양도와 같이 당해 기업의 인적 · 물적 동일성이 유지되는 등의 사정이 없는 한 기업의 소멸과 동시에 노동조합도 당연히 해산된다고 보아야 할 것이다. 기존 회사가 정당하게 폐업되고, 신설 회사가 새로이 근로자를 채용하여 공중전화부스 청소대행업무를 도급자와 새로이 계약하는 등 신설회사가 기존회사와 별개의 독립된 법인인 경우라면 기존회사 소속 근로자들을 조직기반으로 하는 노동조합은 소멸된다고 보아야 할 것이다. 이 경우 신설회사의 근로자들이 노동조합활동을 하고자 하는 경우 노동조합및노동관계조정법 제2조제4호 단서의 규정과 동법 부칙 제5조제1항의 사업(장) 단위 복수노조 금지규정에 위배되지 않는 범위내에서 새로운 노동조합을 설립할 수 있을 것이나, 기존 회사의 인적 · 물적 시설의 전부가 신설법인에 양도되어 신설법인과 기존회사간 실질적 동일성이 인정된다면 기존회사의 노동조합도 신설법인에 승계된다고 보아야 할 것이다.

⑥ 영업양도 · 자산매각 등 회사 통합에 따른 노동조합 존속여부(노조 68107-22, 2001.1.4)

특정 기업이 다른 기업에의 양도가 물적 · 인적 조직이 그 동일성을 유지하면서 일체로서 이전되는 것이라면 기존 기업의 근로자를 조직대상으로 하는 노동조합은 존속된다고 볼 수 있을 것이다. 이 경우 당해 노동조합은 노동조합및노동관계조정법 부칙 제5조제1항 소정의 조직대상 중복금지규정에 위배되지 않는 범위 내에서 영업양도로 인한 사정변경을 감안하여 규약상 조직범위를 변경하여야 하고, 동법 제13조제1항 소정의 변경사항 신고 요건에 해당되는 경우에는 이를 신고를 하여야 할 것이다. 다만, 당해 양도가 기업의 일부시설만 매각하는 등 자산매각에 해당한다면 기존기업을 조직대상으로 하는 노동조합은 양수기업의 노동조합으로 존속할 수 없다.

08
조합원의 자격과 권리·의무

1. 조합원의 자격

어떤 사람을 조합의 구성원으로 할 것인가에 관한 결정은 조합원의 총의에 의거 조합의 규약으로 정하도록 되어 있다.[1] 노동조합은 사업장의 특성과 직종, 업종 등을 감안하여 목적에 따라 조직대상을 정하고 그에 상응하는 조합원의 자격을 정할 수 있다. 조합원의 자격은 기본적으로 규약의 조직대상에 포함된 "근로자의 가입"으로서 이루어지고 탈퇴에 의하여 상실한다. 조합의 가입과 탈퇴에 관해서는 통상 규약에 정한 절차에 따른다.

노조법 제2조제4호 단서 1호에 의하면, 「사용자 또는 항상 사용자의 이익을 대표하는 자」가 노조에 가입하는 경우에는 노동조합으로 보지 않는다고 정하고 있으므로, 행정관청은 설립신고서를 반려할 수 있으며, 설립신고가 된 경우에는 30일의 기간을 정하여 시정을 요구하고 그 기간 내에 이를 이행하지 아니하는 경우에는 해당 노조에 대하여 "이 법에 의한 노동조합으로 보지 아니함"을 통보한다.[2] 따라서 사용자 또는 항상 사용자의 이익을 대표하는 자, 기업별노동조합의 경우 근로자가 아닌 자를 조합원으로 받아들이는 경우는 해당 근로자는 조합원 자격이 없을 뿐 아니라, 노동조합 자체의 결격사유에 해당한다.

---

1) 노조법 제11조제4호
2) 노조법 제12조제3항제1호, 노조령 제9조제2항

가. 조합원의 자격취득과 상실

근로자는 자유로이 노동조합을 조직하고 가입할 수 있고,[3] 노동조합은 법률에 위배되지 않는 한도 내에서 규약으로 조합원의 자격과 요건을 정할 수 있다.조합가입은 조직대상에 포함된 근로자가 가입을 희망하는 청약의 의사표시와 조합의 승낙이라는 의사가 결합하여 계약의 형태로 이루어진다. 가입절차나 자격 등 규약으로 정한 요건을 갖춘 자가 정한 방식에 따라 가입원서를 제출하였을 경우 정당한 사유없이 가입을 거절할 수 없다. 노동조합이 정당한 이유없이 근로자의 가입을 제한하는 경우에는 규약이 정하는 절차에 따라 가입원서를 노동조합에 제출한 때, 우편발송인 경우에는 노조에 도달한 때에 가입한 것으로 보아야 할 것이다.[4]

조합원은 조합에 가입한 후나 가입단계에서 어떠한 경우에도 인종, 종교, 성별, 연령, 신체적 조건, 고용형태, 정당 또는 신분에 의하여 차별대우를 받지 아니 한다.[5] 그러므로 노동조합은 특정분야 근로자의 경제적 이익 옹호를 위하여 직종과 직위 등 단결력 강화를 위해 일정한 범위를 설정할 수는 있지만, 직업상의 지위 등과 관련 없는 정치적 신조나 종교, 성별, 국적, 고용형태 등으로 차별대우를 하여서는 아니된다.[6] 근로자는 노동조합에 가입함으로서 비로소 노조법상 각종 지원과 보호 등 행정대상에 포함된다.

노동조합이 부당하게 가입을 거부할 경우 근로자는 노동조합을 상대로 조합원 지위확인 청구소송을 제기할 수 있고, 손해가 발생한 경우는 손해배상을 청구할 수도 있다.[7] 또한 노동조합이 가입을 거부한 것을 노조법 제21조에서 정한 "노동조합의 결의 · 처분"으로 보아서, 행정관청에 결의 · 처분의 시정명령을 요구할 수도 있다. 조합원으로 활동하다가 해고된 근로자가 원직복직이 되더라도 원직복직 자체로 조합원 자격이 회복되었다고 할 수는 없으므로 새

3) 노조법 제5조
4) 노조 68107-710, 2002.8.24
5) 노조법 제9조
6) 노조법 제9조
7) 대판 96다28899, 1996.10.29

로이 가입원서를 제출하는 등 소정의 가입절차를 거쳐야 한다.[8)]

판례는 규약으로 정한 소정의 요식절차나 형식 이외에 기존조합원의 동의를 얻어야한다거나 대의원회 또는 조합원 총회에서 일정 인원의 동의를 얻어야 한다거나 하는 등 노조가 근로자의 조합가입 또는 탈퇴를 근본적으로 제한하는 권한이 없는 것으로 보고 있다.[9)] 복수노조 허용과 관련 근로자의 조합선택의 범위가 종전보다 확대 되었다고 볼 수 있지만 가입을 거부할 수 있도록 허용하면 근로자는 어느 노조에게서도 보호를 받지 못하는 불상사가 발생할 수도 있을 것이다. 만약 노조가 근로자에 대해 가입을 승인하지 않는 등 권리를 제한할 경우, 근로자는 행정관청에 노조의 결의처분 시정명령을 신청하거나 법원에 조합원지위 확인신청을 할 수 있다.

1) 유니온숍 규정

근로자는 자유로이 노동조합을 조직하고 가입할 수 있다. 따라서 사용자는 근로자가 어느 노동조합에 가입하지 아니할 것, 탈퇴할 것, 특정 노조에 가입할 것을 고용조건[10)]으로 할 수는 없다. 사용자가 이를 위반할 경우 부당노동행위로 처벌할 수 있다.[11)] 다만, 유니온숍 등 조직강제 조항이 유효하게 체결되어 있는 경우 근로자는 본인의 가입의사에 불구하고 조합가입이 사실상 강제된다. 유니온숍은 실질적으로 근로자의 가입과 탈퇴의 자유를 제한한다는 점에서 문제점이 있다. 현행법은 이 같은 규정이 근로자 개인의 조합선택의 자유와 가입하지 않을 자유에 반한다는 점을 인정하면서도, 한편 유니온숍 규정이 노동조합의 조직유지와 강화에 유익한 측면이 있다고 보아서, 예외적으로, 노사가 단체협약으로 정할 경우, 노동조합이 조직대상으로 한 당해 사업장(조직대상이 1개 사업장인 경우는 그 사업장, 해당 사업에 수개 사업장을 조직대상으로 한 경우는 그 사업장)에 종사하는 조직대상 근로자(조직대상 사업장의 특정직종으로 조직대상을 한정한 경우는 그 직

8) 노사관계법제팀-892, 2008.10.27

9) 대판 96다28899, 1996.10.29 ; 노조 68107-710, 2002.8.24

10) 채용조건, 계속고용 조건, 임금상승, 승진조건, 사택입주조건 등 근로조건이나 근로자 대우에 관한 사항을 조건으로 하거나, 기타 고용상의 이익을 조건으로 하는 행위, (예) 승진조건 보직변경 조건으로 조합탈퇴, 조합불가입 등

11) 노조법 제81조제2호

종에 해당하는 근로자)의 3분의 2 이상을 대표하고 있을 때에는 조직대상 근로자가 그 노동조합의 조합원이 될 것을 고용조건으로 하여 근로자가 조합에서 탈퇴하거나 가입하지 않는 경우는 해고할 것을 약정하는 것을 인정하고 있다.

이 경우 사용자는 근로자가 그 노동조합에서 제명된 것 또는 그 노동조합을 탈퇴하여 새로 노동조합을 조직하거나 다른 노동조합에 가입한 것을 이유로 근로자에게 신분상 불이익한 행위를 할 수 없다. 제명된 것을 이유로 해고 등 불이익을 약정하면 사실상 근로자의 인사권을 노동조합에게 양여하는 것이 되고, 다른 노동조합에 가입한 것을 이유로 근로자에게 신분상 불이익한 행위를 한다면 복수노조 허용의 취지에 반하기 때문이다.

다만, 유니온숍은 단체협약 체결 이전에 이미 입사한 자, 입사한 후 다른 노조에 가입한 자 등에는 적용이 없다. 따라서 사용자가 불이익을 줄 수 있는 경우는, 단체협약으로 유니온숍을 약정한 날 이후에 근로자가 입사 후 임의로 일정 기간 내에 노동조합에 가입하지 않는 경우, 기존 조합에서 자발적으로 탈퇴하여 타 노동조합에 가입하지 않는 경우로 한정된다.[12] 노동조합이 특정 신규입사자의 조합 가입을 거부하거나 탈퇴자가 의사표시를 철회하고 재가입을 희망하는데도 불구하고 이를 거부할 경우는 해고 등 불이익을 줄 수는 없다.

유니온숍은 효력 발생 도중에 노동조합이 당해 사업장에 종사하는 근로자의 3분의 2 이상을 대표할 수 없을 경우는 효력을 상실한다. 또한 근로자의 요건이 충족되더라도 유니온숍에 관한 조항을 단체협약으로(취업규칙, 근로계약 등으로 정할 수는 없다) 체결하지 않으면 효력이 없다.

(1) 탈퇴자에 대한 해고의무

단체협약으로 정하여, 탈퇴자에 대한 해고의무를 명시하고 있는 경우, 사용자는 자발적으로 탈퇴한 근로자를 해고할 의무가 있다. 그러나 단체협약에 "종업원은 입사와 동시에 조합원이 된다"는 규정만 있고 탈퇴할 경우 반드시

12) 유니온숍을 체결하였다고 하더라도 2011.7.1부터 복수노조가 허용됨으로서 신분상 불이익 없이 기존 노조를 탈퇴해 새로운 노조를 설립하거나 타 노조에 가입할 수 있다.

해고하여야 한다는 명시적 규정이 없고, 그러한 경우 해고한 관행도 정착되어 있지 않다면 사용자가 조합에서 탈퇴한 근로자를 당연히 해고하여야 할 의무는 없다는 것이 행정해석의 입장이다.[13]

(2) 신규가입, 탈퇴 후 재가입

조합이 조합원의 자격을 갖추고 있는 근로자의 조합가입을 함부로 거부하는 것은 허용되지 아니하고, 특히 유니온숍 협정에 의한 가입강제가 있는 경우에는 단체협약에 명문규정이 없더라도 노동조합의 요구가 있으면 사용자는 노동조합에서 탈퇴한 근로자를 해고할 수 있기 때문에 조합 측에서 근로자의 조합가입을 거부하게 되면 이는 곧바로 해고로 직결될 수 있다. 따라서 조합은 노조가입 신청인에게 제명에 해당하는 사유가 있다는 등의 특단의 사정이 없는 한 그 가입에 대하여 승인을 거부할 수 없다.[14]

2) 노동조합원 지위상실

조합원으로서 지위는 사망, 규약에 정한 상실사유 발생(전보 · 승진 등으로 인하여 사용자의 이익대표자 등에 해당하는 경우), 제명, 탈퇴, 사업장 소멸, 조합해산 등에 의하여 상실한다. 탈퇴란, 조합원이 그의 자발적 의사에 조합원의 지위를 상실시키는 계약상의 의사표시를 말한다. 근로자는 조합에 가입하고 탈퇴할 자유가 있다. 따라서 규약 등으로 탈퇴승인 등의 절차를 두었더라도 그와 상관없이 조합원의 탈퇴 의사표시에 의해 지위상실의 효과가 발생한다. 탈퇴의 효과는 그 의사표시 등이 상대방에게 도달한 때 발생한다.[15] 다만, 탈퇴서의 제출, 조합원증의 반환 등 본연의 탈퇴자유를 제한하지 않으면서 소정의 절차와 요식행위 등을 둔 경우는 법위반[16]이라고 할 수 없다. 따라서 그 절차에 따르는 것이 원칙이므로 그 절차를 이행하였을 경우에 탈퇴의 효력이 발생한다. 만약, 기존 노조가 탈퇴를 승인하지 않고 계속 조합비를 공제하는 등 사실상 탈

---

13) 노사관계법제과-88, 2008.8.18

14) 대판 96다28899, 1996.10.29

15) 노조 68107-806, 2001.7.19. 민법 제111조, 상대방 있는 의사표시는 그 통지가 상대방에 도달한 때로부터 그 효력이 생긴다

16) 노조법 제5조

퇴의 자유를 방해할 경우는 내용증명 등으로 명확한 의사표시를 하는 것이 바람직하다. 노조는 탈퇴서가 노조에 도달한 시점 이후부터 조합비는 공제할 수 없다. 만약 조합비를 계속 공제할 경우 노조를 상대로 부당이득 반환청구권을 행사할 수 있다.

나. 조합원의 권리와 의무

근로자는 노동조합의 조직 · 가입 · 탈퇴의 자유가 있다. 그 외 노동조합의 기관을 구성할 권리, 노동조합의 운영에 참여할 권리, 단체교섭 및 쟁의행위에 관한 권리가 있다. 가입 탈퇴의 자유 이외의 나머지 각 권리에 대해 구체적인 내용을 살펴본다.[17)]

1) 조합의 기관을 구성할 권리

(1) 임원의 선거, 피선거권

조합원은 임원[18)]을 선출하고, 임원선거에 출마할 권리가 있고, 대의원회를 구성할 권리가 있다. 임원은 직접, 비밀, 무기명투표에 의하여 선출할 수 있다. 다만, 조합비를 납부하지 않은 등 조합원의 권리행사의 합리적인 제약사유[19)]를 규약으로 정하여 임원의 선거권과 피선거권을 제한할 수 있다. 다만, 그 제한 정도가 사회통념상 인정되는 합리적인 범위를 벗어난 경우는 균등의 원칙에 어긋날 수 있다.[20)] 예를 들면, 해고된 조합원이 해고된 때로부터 상당기간 내에 노동위원회에 부당노동행위 구제신청을 하는 경우에는 중노위재심판정이 있을 때까지는 조합원으로서의 자격이 인정되지만, 규약에 해고의 효력을 다투고 있는 자의 피선거권을 제한하도록 규정하고 있다면 이것을 차별대우로 보거나 조합원의 평등한 권리의무보장 규정에 저촉된다고 보기는 어렵다.[21)]

조합원의 임원선거권과 피선거권을 과도하게 제약하는 규약에 대해서는 관

17) 고용부, The Right of Union Members 2009.3

18) 위원장, 부위원장, 사무국장, 회계감사, 투쟁국장, 조직국장 등

19) (예) 반 조합행위로 내부 징계처분을 받은 자, 조합비를 0회 이상 납부하지 않은 자, 형사사건으로 품위를 저해한 자, 조합원 0명 이상의 추천을 받은 자, 조합원으로 0년 이상 재직한 자 등

20) 노동조합과-1069, 2008.5.22

21) 노조 01254-146, 1995.2.20

할행정청에 법위반 규약의 시정명령을 청구할 수 있다.[22)]

(2) 선거결과 이의제기

선거결과에 대한 이의가 있는 경우는, 규약 등에 이의제기 등을 정한 경우는 그에 따라 할 수 있고, 선거결과가 법이나 규약에 위반된다고 판단할 경우는 행정관청에 노동조합의 결의(선출결과 자체를 결의로 본다)에 대한 시정명령을 요구할 수 있다.[23)] 그 외 노동조합을 피고로 하여 법원에 선거무효확인 청구소송을 제기할 수 있고, 위법하게 선출된 임원이 직무를 집행할 경우, 해당 임원을 상대로 직무집행정지가처분 등을 신청할 수 있다.[24)] 당선자 개인이나 조합의 선거관리위원회를 피고로 하여 소를 제기하는 것은 부적합하다.[25)] 실무상 선거절차 등에 있어서 하자가 경미한 경우, 결과를 무효로 보아야 할 것인지가 의문이다.

첫째, 임원선거에 있어서 선거권이 없는 조합비 미납조합원이 투표에 참여하였더라도 선거결과 미납조합원을 제외하더라도 선거 당시 재적조합원의 과반수를 초과하는 조합원이 선거에 참여하였고, 위 선거권이 없는 조합원이 당선자에게 모두 투표하였다고 가정하고 이를 당선자의 득표수에서 공제하였더라도 여전히 당선자가 총 투표자의 과반수를 초과하여 득표하였다면 조합비 미납자의 투표참여가 선거결과에 아무런 영향을 미치지 않은 것이 명백하므로 선거의 무효사유에 해당하지 않는다.[26)]

둘째, 위원장선거에 입후보하여 당선된 자가 선거운동과정에서 상대후보를 비방한 경우가 문제된 사안에서, 상대후보와의 득표차, 그 내용의 허위성, 비방정도, 불법성의 정도, 상대후보가 보인 반응, 그로 인하여 선거에 미칠 것으로 예상되는 영향의 정도 등에 비추어 선거 · 당선무효에 해당하지 아니한다는 이유로 당선자에 대한 직무집행정지가처분신청을 기각한 원심결정을 수긍한

---

22) 노조법 제21조제2항
23) 노사관계법제팀-535, 2008.9.25
24) 대판 2000마1029, 2000.7.6
25) 노사관계법제팀-535, 2008.9.25
26) 대구고판 2005라65, 2006.4.7

경우가 있다.[27)]

(3) 대의원회 구성권리

조합의 규모가 크거나, 사업장이 분산되거나, 교대근무 등으로 일시 소집이 어려운 경우, 전체가 매번 총회에 모이기가 어려운 경우 등 운영의 효율성을 도모하기 위해 규약으로 총회에 갈음할 대의원회를 구성할 수 있다. 대의원회는 규약으로 달리 정한 바가 없으면 총회의 전속 권한으로 된 모든 사항을 심의 의결할 수 있다. 임원과 마찬가지로 대의원의 선거권, 피선거권에 대한 제한은 조합원의 균등참여권이 저해되지 않고 사회통념상 인정되는 합리적인 범위를 벗어날 수 없다.[28)] 선거결과에 불복하는 조합원은 규약 등으로 정한 이의제기, 행정관청에 대한 결의 · 처분의 시정명령, 노동조합을 상대로 법원에 선거무효확인청구의 소를 제기할 수 있다. 총회에 갈음할 대의원회의 대의원은 조합원의 직접, 비밀, 무기명투표에 의하여 선출한다. 이것은 조합의 구성원이 그 조합의 조직과 운영에 관한 의사결정에 관여할 수 있도록 하여 조합내부의 민주성을 실현하고저 하는 강행규정이다. 따라서 조합원이 대의원선거에 관여치 못하도록 간접선거방식을 정한 규약이나 선거관리규정은 무효이다.[29)]

2) 노동조합의 운영에 참여할 권리

조합원은 균등하게 조합의 모든 문제에 참여할 권리와 의무를 가진다. 조합은 총회, 대의원회에서 결의 등을 통해 내부의사를 결정하고 조합을 운영한다. 조합원은 조합원 1/3 이상의 동의를 얻어 대표자에게 총회개최를 요구하여 조합운영에 관한 자신의 주장을 전달하고, 주장반영을 위해 노력할 권리가 있다.

(1) 총회(대의원회)소집권자 지명요구 등

노동조합의 대표자는 필요하다고 인정할 경우 임시총회 또는 임시대의원회를 소집할 수 있다. 다만, 조합원은 대표자가 "총회(대의원회)소집을 기피 · 해태

27) 대판 2000마1029, 2000.7.6
28) 노조법 제22조
29) 대판 97다41349, 2000.1.14

할 경우"는 조합원 또는 대의원의 1/3 이상은 부의사항을 제시하고 조합원 등의 이름이 기재된 소집요구자명단을 첨부하여 관할 행정관청에 총회 또는 대의원회 소집권자 지명요구를 할 수 있다. 이 경우 행정관청은 15일 이내에 노동위에 소집권자 지명요구에 대한 의결을 요청하고, 의결이 있는 때는 지체없이 회의의 소집권자를 지명하여야 한다.[30)]

조합원은 "총회(대의원회) 소집권자가 없는 경우"에는,[31)] 조합원 또는 대의원의 1/3 이상이 부의사항을 명시하여 조합원의 이름이 기재된 소집요구자명단을 첨부하여 관할 행정관청에 총회(대의원회) 소집권자 지명요구를 할 수 있다. 이 경우 행정관청은 노동위 의결 등을 거치지 않고 직접 15일 이내에 소집권자를 지명하여야 한다.[32)]

(2) 설립신고 하지 않은 지부 등의 총회(대의원회)소집요구권

초기업단위 노동조합의 하부조직인 지부 · 분회 등이 노동조합으로서 노조법 제2조제4호에서 정한 실질적인 요건을 갖추고 있고, 독자적인 규약과 집행기관을 가지고 독립된 조직체로서 활동하는 경우는 노조법상 설립신고를 하지 않았더라도 산업별노조 자체의 규약상 요건과 절차에 부합하는 위임이나 규약의 규정에 의한 권한부여가 있는 범위 내에서는 관할 행정관청에 지부 · 분회 등의 임시총회(대의원회) 소집권자 지명요구를 할 수 있다.[33)]

조합원은 노동조합의 규약에 정해진 절차에 따라 총회(대의원회)에 출석하여 부의된 안건에 대하여 발언하고 그 안건의 결의에 참가할 수 있다.

(3) 서류비치 요구권 및 서류열람 · 복사 요구권

조합은 설립일로부터 30일 이내에 조합원 명부, 규약, 임원의 성명 · 주소록, 회의록, 재정에 관한 장부와 서류[34)] 등을 작성하여 조합의 주된 사무소에

---

30) 노조법 제18조제2항

31) 사망, 해임, 사임, 대표자 자격상실, 신병이나 해외여행 등으로 일시적으로 직무를 수행할 수 없을 경우, 징계절차 진행 등으로 권한행사가 정지된 경우 등

32) 노조법 제18조제3항

33) 서울행판 2004구합35356, 2005.4.21

34) 예산서, 결산서, 총수입원장 및 총지출원장, 수입 또는 지출결의서, 수입관계장부 및 증빙서, 지출관계장부 및 증빙서, 자체회계감사 관계서류 등

비치하여야 한다. 조합원은 조합이 이러한 서류를 비치하지 않았을 경우는 행정관청에 진정 등을 제기할 수 있다. 또한 서류 등의 열람이나 복사를 요구하였는데 거절하였을 경우는 규약에 정한 바에 따라 이의를 제기하거나 행정기관에 조합의 처분에 대한 시정요구를 할 수 있다.[35)]

(4) 규약, 결의 · 처분에 대한 시정명령을 요구할 수 있는 권리

조합원은 노동조합의 "규약"이 노조법, 근기법, 고평법 등 노동관계법령에 위반한다고 판단되는 경우[36)]에는 행정관청에 규약의 시정명령을 요구할 수 있다. 행정관청은 조합원의 요구가 정당한 경우 노동위원회의 의결을 얻어 그 시정을 명할 수 있다.[37)] 조합원은 노동조합의 "결의 또는 처분"이 노동관계법령 또는 규약에 위반된다고 판단될 경우에는 행정관청에 시정명령을 요구할 수 있다. 행정관청은 조합원의 요구가 정당하다고 판단될 경우에는 노동위원회의 의결을 얻어 그 시정을 명할 수 있다. 다만, 결의 처분의 규약위반시의 시정명령은 이해관계인의 신청이 있는 경우에 한 한다.[38)] 이때 규약을 위반한 결의처분의 효력이 사용자에게 미칠 경우는 사용자도 이해관계인이 된다.

규약이 노동관계법령에 위반한다고 판단되는 경우 및 노동조합의 결의 또는 처분이 노동관계법령 또는 규약에 위반된다고 판단되어 시정명령을 받은 노동조합은 30일 이내에 이를 이행하여야 한다. 다만, 정당한 사유가 있는 경우에는 그 기간을 연장할 수 있다. 조합원은 조합이 정해진 기간 내에 행정관청의

35) 노동조합과-1543, 2004.6.10

36) ① 법위반 규약의 사례 1 : 임원인 부위원장을 위원장이 지명하고 대의원회 인준을 받는 방식, 임원선거에 입후보자가 1명일 경우 무투표 당선된다고 정한 경우, 대의원회에서 쟁의행위 가부를 정하도록 한 경우, 노동조합이 동일 사업장내 근로자로 구성되지 않았음에도 총회(대의원회) 소집 공고기간을 7일보다 짧게 정한 경우, 임시총회 소집요구 및 소집권자 지명요구 요건을 노조법보다 엄격하게 정한 규약, 탈퇴 후 재가입시 탈퇴기간의 조합비를 완납토록 정한 경우 등(노사관계법제과-777, 2008.10.15 등)

② 법위반 규약의 사례 2 : 조합 규약에 기초하여 제정된 신분보장대책기금관리규정에서 위로금을 둘러싸고 벌어지는 조합과 조합원간의 분쟁에 대하여 조합원은 조합을 상대로 일정 소송을 제기할 수 없다는 제소금지 규정은 헌법에 보장한 국민의 재판받을 권리와 법원조직법의 규정과 부제소합의 제도의 취지에 어긋나므로 무효이다(대판 2000다65086, 2002.2.22)

37) 노조법 제21조제1항

38) 노조법 제21조제2항

시정명령을 이행하지 않을 경우, 지방고용노동관서에 고발할 수 있다. 행정관청의 시정명령을 위반한 노동조합은 500만원 이하의 벌금에 처해질 수 있다[39]

(5) 조합 재정운영에 참여할 권리

노동조합의 대표자는 그 회계감사원으로 하여금 6월에 1회 이상 당해 노동조합의 모든 재원 및 용도, 주요한 기부자의 성명, 현재의 경리상황 등에 대한 회계감사를 실시하게 하고 그 내용과 감사결과를 전체 조합원에게 공개하여야 한다.[40] 노동조합의 회계감사원은 필요하다고 인정할 경우에는 당해 노동조합의 회계감사를 실시하고 그 결과를 공개할 수 있다. 조합원은 대표자가 감사결과 등을 공개하지 않을 경우 공개를 요구할 수 있다. 노동조합의 대표자는 회계연도마다 결산결과와 운영상황을 공표하여야 하며 조합원의 요구가 있을 때에는 이를 열람하게 하여야 한다. 조합원은 결산결과와 운영상황을 열람할 권리가 있다.[41]

행정관청은 노동조합의 건전한 운영지도를 위하여 필요한 경우는 결산결과와 운영상황의 보고를 요구할 수 있다. 노동조합은 행정관청이 요구하는 경우에는 결산결과와 운영상황을 보고하여야 한다.[42] 조합원은 감사결과, 결산결과, 운영상황의 열람 공개를 요구할 수 있는데, 대표자나 집행기관이 이를 거절하는 경우 혹은 일부만 공개하는 경우는 규약에 정한 바에 따라 이의를 제기하거나, 공개거부가 노동조합의 처분에 해당할 경우는 관할 행정청에 처분이 법 또는 규약에 위반된다고 판단될 경우 시정명령을 요구할 수 있으며, 대표자 등의 부정이 발견될 경우 조합원은 이들을 상대로 민사 · 형사적 책임을 물을 수 있다.

노동조합이 행정관청의 결산결과와 운영상황 보고요구에 응하지 않거나 허위보고를 한 경우는 500만원 이하의 벌금에 처할 수 있다.[43]

---

39) 노조법 제93조제2호

40) 노조법 제25조제1항

41) 노조법 제26조

42) 노조법 제27조, (예) 진정, 고발, 청원 등이 있는 경우, 조직분규가 있어 조정이 필요한 경우, 조합의 경리상태나 운영에 대하여 지도할 필요가 있는 경우 등

43) 노조법 제21조제1항 · 제2항, 제93조제2호

(6) 징계 등 통제처분에 대한 이의제기

헌법 제33조제1항에 의해 단결권을 보장받고 있는 노동조합은 그 조직을 유지하고 목적을 달성하기 위하여는 내부질서가 확립되고 강한 단결력이 유지되지 않으면 아니 되고, 그러한 단결력확보를 위하여 필요하고 합리적인 범위 내에서 조합원에 대해 일정한 규제와 내부통제권을 가진다. 조합은 그 목적달성에 필요한 정치활동이나 사회활동을 할 수 있으며, 공직선거법 제87조는 조합은 일반단체와 달리 선거기간 중 특정정당이나 후보자를 지지 · 반대하거나 지지 · 반대를 권유하는 행위가 금지되지 아니한다고 규정하고 있으므로, 조합이 특정후보나 정당을 지지하거나 반대하기로 결정하고, 조합명의로 선거운동을 할 수 있고, 조합원에 대하여 조합의 결정에 따르도록 권고하거나 설득하는 행위도 그 한도 내에서 정치활동의 일환으로 허용된다.

그러나 그 내부통제권을 행사함에 있어서는 조합원이 일반 국민으로서 가지는 헌법상의 기본적 권리의 본질적인 내용이나 다른 헌법적 가치를 침해하지 않아야 할 내재적한계가 존재하는 것이다. 특히 선거는 주권자인 국민의 주권행사를 의미하는 선거과정에의 참여행위, 그 중에서도 어느 정당이나 후보자를 지지할 것인가에 관한 정치적 결정은 다른 어떤 이유에서도 방해받거나 제한될 수 없는 본질적인 내용이라 할 것이므로, 정치활동을 고유의 목적으로 하지 않는 노동조합이 총회결의를 거쳐 지지하거나 반대하는 정당이나 후보자를 결정하고 그 명의로 선거운동을 할 수 있다고 하더라도 그 구성원인 조합원개인의 자유권적 기본권을 침해하여 개개인에 대해 조합의 결의내용에 따르도록 권고하거나 설득하는 정도를 넘어서 이를 강제하는 것은 허용되지 아니한다.[44)]

조합으로부터 징계처분을 받은 조합원은 그 징계가 목적이나 절차, 그리고 징계양정에서 부당하다고 판단되는 경우에는 규약에 정한 절차에 따라 이의를 제기할 수 있고, 징계처분이 노동조합법이나 규약에 위반된다고 판단되는 경우는 행정관청에 조합의 결의 · 처분의 시정명령을 요구할 수 있다. 또한 법원

---

44) 대판 2004도227, 2005.1.28

에 노동조합을 상대로 징계처분 무효확인의 소 등을 제기할 수 있다.[45)]

(7) 규약, 결의 · 처분에 대한 시정명령 요구권

노동조합은 근로자들이 자신들의 이익을 옹호하기 위하여 자주적으로 결성한 임의단체로 그 내부 운영에 있어서 규약 등에 의한 자치가 보장되므로 노동조합이 규약에 근거하여 자체적으로 만든 규정은 일종의 자치규범으로서 소속 조합원에 대해 효력을 가진다. 자치규범의 제정에 있어서도 헌법이 보장하는 조합원 개인의 기본적 인권을 필요하고 합리적인 범위를 벗어나 과도하게 침해 또는 제한하여서는 아니되며, 그 내용이 강행법규에 위반되어서는 아니되는 등 제한이 따르므로 그 제한에 위반된 자치법규는 무효이다.

헌법 제27조제1항은 "모든 국민은 헌법과 법률이 정한 법관에 의하여 재판을 받을 권리를 가진다."고 규정하고 재판받을 권리를 기본적인권의 하나로 정하고 있고, 법원조직법 제2조제1항은 법원은 헌법에 특별한 규정이 있는 경우를 제외하고 일체의 법률상의 쟁송을 심판하고, 이 법과 다른 법률에 의하여 법원에 속하는 권한을 가진다고 정하여, 국민의 재판청구권을 실질적으로 보장하고 있다. 조합이 규약에 근거하여, 자체적으로 만든 규정에 기한 처분이 국민의 재판받을 권리를 보장한 헌법과 법원조직법의 규정 등에 위반한 경우 조합원은 규약, 결의 · 처분에 대한 시정명령을 요구할 수 있는 권리가 있다.[46)]

3) 단체교섭 및 쟁의행위에 관한 권리

조합은 구성원의 근로조건의 유지 · 개선 기타 경제 · 사회적 지위향상을 도모하는 것을 목적으로 한다. 구체적으로 사용자와 임금, 근로시간, 휴가, 후생복지, 해고, 근로자 대우에 관한 사항 등 새로운 근로조건 또는 기존의 근로조건의 향상 등, 근로조건의 결정을 위한 교섭을 하고 단체협약을 체결한다. 만약 사용자가 교섭을 거부하거나 요구사항에 대한 협의가 결렬될 경우 쟁의행위 등 집단적인 행동을 통해 요구사항을 관철시킬 수 있다. 이 과정에서 조합

45) 노조 68107-194, 2003.4.24
46) 대판 2000다65086, 2002.2.22

원은 단체교섭 참여권, 쟁의행위 찬반투표권, 쟁의행위 참여 및 불법쟁의행위 참여거부권 등을 가진다.

(1) 단체교섭에 참가할 권리

조합원은 총회에서 교섭을 요구할 수 있고, 구체적인 교섭사항을 말할 수 있으며, 교섭결과가 부당하다고 판단될 경우 규약에 따라 임원에 대한 불신임 등을 부의안건으로 총회개최를 요구할 수도 있다. 조합원이 노조법과 규약에 따라 총회 또는 대의원회 개최를 요구하였는데, 총회 · 대의원회 소집권자가 이를 거부할 경우는 행정관청에 소집권자 지명 등을 요구할 수 있다.[47)]

(2) 쟁의행위 찬반투표권

노동조합은 내부의 자주적이고 민주적인 운영을 도모하고, 쟁의행위 참가자들이 사후에 그 쟁의행위의 정당성 유무와 관련하여 불이익을 받지 않도록 그 개시에 관해 신중을 기해야 한다. 따라서 쟁의행위는 반드시 조합원의 직접 · 비밀 · 무기명투표에 의한 조합원 과반수의 찬성으로 결정하지 아니하면 이를 행할 수 없다. 복수노조 아래서 교섭대표노동조합이 결정된 경우에는 그 절차에 참여한 노동조합의 전체 조합원의 직접 · 비밀 · 무기명투표에 의한 과반수의 찬성으로 결정하지 아니하면 쟁의행위를 할 수 없다. 이 경우 전체 조합원이란, 해당 사업 또는 사업장 소속 조합원으로 한정한다. 찬반투표를 거치지 않은 쟁의행위, 찬반투표에서 부결되었는데도 불구하고 강행한 쟁의행위 등은 정당성이 없다.[48)] 조합원은 이러한 정당성이 없는 쟁의행위에 불참할 수 있고, 노조법 위반을 이유로 집행부에 대한 불신임을 요구할 수도 있다.

(가) 찬반투표를 해야 할 시기

찬반투표의 시기에 대해서는 달리 정한 바가 없다. 다만, 교섭 등의 진행과정으로 미루어볼 때, 충분한 교섭이 있은 후에도 교섭이 결렬상태에 이르는 경우, 쟁의상태에서 실시하여야 하는 것이 원칙이며, 교섭에 임하기 전 미리 찬반투표를 실시하는 것은 성실교섭의무에 비추어 바람직하지 않다.

---

47) 노조법 제18조

48) 대판 99도4837, 2001.10.25 ; 노조법 제41조제1항

(나) 쟁의행위와 교섭을 반복하는 경우

쟁의행위의 쟁점과 목적 등의 동일성이 유지된다면, 쟁의행위와 복귀하여 교섭을 반복하는 등 교섭과정에서 간헐적 반복적으로 하는 쟁의행위는 그 때마다 찬반투표를 할 필요가 없다. 그러나 쟁의행위 도중에 새로운 쟁점을 제기하고 그로 인해 주된 목적이 변동된 경우는 쟁의행위의 동일성이 부인되므로 새로이 찬반투표를 실시하여야 한다.

(다) 쟁의행위 도중 조원수가 증가 혹은 감소된 경우

쟁의행위를 하던 중 조합원 수가 증가 혹은 감소 등 변동이 있는 경우라도 특별한 사정이 없는 한 조합원수 변동을 이유로 별도의 찬반투표를 다시 할 필요는 없다.

(라) 찬반투표의 방법

찬반투표는 직접, 비밀, 무기명투표의 요건을 지켜야 하며, 이러한 절차를 위반하는 경우에는 그 자체로서 정당성이 없다. 찬반투표의 장소는 사업장이 지역적으로 분리되어 있는 등 기타 부득이한 사유가 있을 경우는 한 곳에서 총회를 개최하지 않더라도 직접, 비밀, 무기명투표의 절차만 준수하면 그 정당성이 인정된다.

(마) 찬반투표의 범위

쟁의행위는 교섭과정에서 교섭결렬을 이유로 그 주장을 관철하기 위해 하는 것이므로, 찬반투표의 단위는 당해 단체교섭을 통해 체결되는 단체협약의 범위, 즉, 교섭단위를 기준으로 판단하여야 한다. 따라서 기업별 노조에서 단체교섭이 사업단위로 이루어지는 경우는 당해 사업장 소속 조합원 수가 기준이 될 것이다.

한편, 산별노조 등 초기업 교섭단위에 있어서 사용자측이 사용자단체를 구성하거나 사용자단체에 교섭권을 위임한 경우에는 당해 교섭에 참여한 사업장의 지부 · 지회 전체 조합원을 대상으로 찬반투표를 실시하여야 한다. 다만, 산별노조가 개별기업의 사용자와 대각선 교섭을 하거나 다수의 사용자가 동시에 교섭을 진행할 뿐 사실상 대각선 교섭을 진행하는 경우에는 개별기업별로

해당 기업의 조합원들만으로 찬반투표를 실시하여야 한다.[49]

다만, 복수노조 아래서 단체교섭은 1사 1단체교섭이 기본이므로 하나의 사업이 하나의 교섭단위가 된다. 하나의 사업은 하나의 사업장일 수도 있고, 여러 개의 사업장이 하나의 사업이 되기도 한다. 하나의 사업이 법인인 경우는 법인 전체, 사업장이 지역적으로 본사, 공장, 시험장 등으로 분산돼 있더라도 하나의 사업에 포함된다. 하나의 사업 사업장에 존재하는 복수의 노조는 예외적으로 교섭단위를 분리하는 결정[50]이 없다면 교섭창구를 단일화하여 교섭대표 노조를 정하거나, 공동교섭대표단을 구성하여 하나의 교섭단위를 갖추어야 한다. 따라서 찬반투표도 교섭단위에 따라 나눠질 수 있다.

(바) 찬반투표결과에 대한 이의제기

노동조합은 쟁의행위와 관련된 찬반투표결과의 공개, 투표자명부 및 투표용지 등의 보존 · 열람에 관한 사항을 규약에 명시하여야 한다.[51] 이것은 쟁의행위의 공정성과 투명성을 보장하기 위한 내부적 · 자율적 통제장치로서 투표결과 등에 이의가 있는 조합원은 규약에 정한 바에 따라 투표용지 등을 열람함으로써 찬반투표절차의 정당성 등을 확인할 수 있다. 찬반투표는 노동조합의 결의에 해당한다. 따라서 조합원은 투표절차나 방식 등이 노조법이나 규약에 위반된다고 판단될 경우에는 관할 행정관청에 시정명령을 요구하거나 법원에 해당 결의의 무효확인을 구할 수도 있다.

(3) 쟁의행위 참여 및 불법쟁의행위 참여거부 권리

조합원은 정당한 쟁의행위의 의결과정에 참여하고 그 행위에 참가하여 조합의 주장을 관철할 수 있다. 조합원이 정당한 쟁의행위에 참가한 것을 이유로 사용자에게 징계 등 불이익처분을 받을 경우는 부당노동행위에 해당하므로 근로기준법 제23조제1항에 의한 부당해고 등의 구제신청[52]과 노동조합법 제81

---

49) 서울행판 2005구합35902, 2006.9.14 ; 노동조합-1512, 2004.6.7

50) 노조법 제29조의3 제2항, 하나의 사업 또는 사업장에서 현격한 근로조건의 차이, 고용형태, 교섭관행 등을 고려하여 교섭단위를 분리할 필요가 있다고 인정되는 경우에 노동위원회는 당사자 양쪽 또는 어느 한쪽의 신청을 받아 교섭단위를 분리하는 결정을 할 수 있다.

51) 노조법 제11조제12호

52) 근기법 제28조, 부당해고 등이 있은 날로부터 3월 이내

조제5호에 의거 부당노동행위구제신청[53]을 노동위원회에 할 수 있다.

아울러 조합원은 정당한 사유없이 조합의 결의에 따른 정당한 쟁의행위에 참여하는 것을 거부하는 경우는 규약이 정하는 바에 따라 조합으로부터 징계처분을 받을 수 있다. 다만, 명백히 불법파업이라면 참가를 거부할 수 있고, 그러한 행위로 인해 조합으로부터 불이익처분을 받을 경우, 행정관청에 그 처분에 대해 시정명령을 요구할 수 있고, 노동조합을 상대로 법원에 징계 등 결의처분의 무효확인청구 등 소송을 제기할 수 있다.

4) 조합원의 의무

조합원은 조합비 납부의무는 물론 조합의 단결력 확보를 위하여 규약준수 의무, 조합지시에 복종할 의무, 조합활동에 참가할 의무 등이 있다.

(1) 조합비 납부의무

노동조합의 조합원은 균등하게 그 노동조합의 모든 문제에 참여할 권리와 의무를 가진다. 다만, 노동조합은 그 규약으로 조합비를 납부하지 아니하는 조합원의 권리를 제한할 수 있다.[54] 조합비는 조합운영의 재정적 기초이고 자주적 운영의 토대가 된다. 이를 위하여 법은 노동조합이 주로 조합비에 의하여 운영될 것을 예상하여 규약에 필요적 기재사항으로 정하고, 회계감사와 운영상황공개 등을 통해 그 운영과 결산결과 공개 및 조합원이 요구할 경우 열람토록 하고, 한편 행정관청으로 하여금 조합으로부터 결산결과와 운영상황을 보고받도록 하며, 서면으로 10일 이전에 자료제출을 요구할 수 있도록 정하고 있다.[55] 또한 조합의 자주적 운영을 위해 사용자에 의한 운영비의 원조를 원칙적으로 금지하고 있다.[56]

조합비의 종류에 따른 구체적인 액수나 징수시기, 납부 방법 등은 규약의 위임에 의하여 최고의결기관에서 다수결원칙에 따라 정할 수도 있다. 노동조합의 구성원인 조합원 또는 구성단체는 이렇게 결정된 조합비를 납부할 의무를

---

53) 노조법 제82조, 부당노동행위가 있은 날로부터 3월 이내

54) 노조법 제22조

55) 노조법 제11조제9호, 제25, 제26, 제27조, 노조령 제12조

56) 노조법 제2조제4호 단서 나목, 제81조제4호

진다. 조합비 미납자에 대해서는 규약으로 정하여 일정한 권리를 제한할 수 있는 바, 제명 등 징계처분을 하거나 선거권, 피선거권을 제한할 수 있다.[57] 조합원의 권리행사가 제한되는 주요사항으로서, 임원 · 대의원의 선거권 · 피선거권, 총회 등의 참석제한, 기타 조합활동의 참여배제, 조합에서 운영하는 후생복지시설 등 이용제한 등을 상정할 수 있으나 세부적인 사항은 규약의 몫이다.

제명된 자 등 규약으로 조합원의 자격을 상실한 자에 대해서는 조합비를 징수할 수 없으며, 탈퇴 후 재가입하는 경우 조합비를 소급하여 징수하는 것은 위법하다. 징계 등에 의해 권한정지기간 중에 있더라도 조합원자격을 상실하지 않았으면 규약으로 달리 정한 바가 없으면 조합비를 납부하여야 한다.[58] 노동조합 가입 후 임금지급시기가 도래하지 아니하여 조합비를 납부하지 못한 조합원의 선거권은 규약에 달리 정함이 없는 한 그 선거권 등 권리를 제한할 수 없다.[59]

(2) 조합비 납부의무와 선거권 등 권리 제한

노동조합은 규약으로 정하여 조합비 미납자에 대해서는 권리를 제한할 수 있다.[60] 조합비를 미납하여 선거권이 없는 조합원은 선거에 참여할 수 없다. 이 경우 선거권이 없는 조합원이 참여한 선거를 무효로 하고, 조합비를 납부한 조합원을 대상으로 재선거를 실시한 것은 정당하다.[61]

다만, 판례에 의하면, 선거권이 없는 조합비 미납 조합원이 투표에 참여한 경우, 조합비 미납 조합원을 제외하더라도 선거 당시 재적 조합원의 과반수를 초과하는 조합원이 투표에 참여하였고, 위 선거권이 없는 조합원이 당선자에게 모두 투표하였다고 가정하여 이를 당선자의 득표수에서 공제하더라도 여전히 당선자가 총투표자의 과반수를 초과하여 득표하였으므로 결국 조합비 미

57) 노조법 제22조 단서 ; 노조 01254-772, 1997.9.10
58) 노조 01254-144, 1996.2.8 ; 노조 01254-1470, 1994.11.17 등 다수
59) 노동조합과-614, 2004.3.12
60) 노조법 제22조
61) 노동조합과-2384, 2005. 8.31

납자의 투표 참여가 선거 결과에 아무런 영향을 미치지 않은 것이 명백하므로 선거의 무효사유에 해당하지 않는다고 판시한 바 있다.[62] 반대의 경우, 규약 등에 따라 조합비를 납부하지 아니한 조합원에게는 선거권을 부여하고 있지 아니함에도 분회 위원장 선거에 참석한 조합원 중 상당수가 조합비를 납부하지 아니하여 선거권이 없는 조합원으로 확인되었고, 선거관리위원회에서 이와 같은 조합원의 투표가 선거결과에 영향을 미쳤다고 판단하여 당해 선거가 무효임을 선언하고 선거관리규정 등 관련규정에 따라 조합비를 납부한 조합원을 대상으로 분회 위원장 재선거를 실시한 경우라면, 달리 볼 사정이 없는 한 이 같은 선거관리위원회의 결정을 부당하다고 볼 수 없다.[63]

(3) 특별조합비

정규조합비 이외에 특수한 목적에 사용하기 위하여 일시적으로 징수하는 조합비로서, 쟁의기금이나 구속조합원 지원기금 등을 말한다. 실무상 특별조합비는 징수 목적상의 한계가 문제되고, 특히 다른 노동조합이나 사회운동을 지원하기 위한 특별조합비, 정치목적의 특별조합비에 대하여 조합원의 납부의무가 있는지가 문제된다. 노동조합이 규약이나 다수결원칙으로 결정한 활동이라 하더라도 이에 대하여 조합원의 참가를 강제할 수 있으려면, 그것이 근로조건의 유지 · 개선 기타 근로자의 경제 · 사회적 지위의 향상이라는 노동조합의 목적을 실현하기 위한 것이어야 하고, 조합원의 개인의 시민적 자유와도 조화되어야 할 것이다. 즉, 문제된 활동의 성질과 내용, 그것에 관해 조합원에게 요구되는 협력의 내용 · 정도 · 태양 등을 비교 · 고려하여 다수결원칙에 기한 조합활동의 실효성과 조합원 개인의 기본적 이익의 조화라는 관점에서 조합의 통제력과 그 반면으로서의 조합원의 협력의무의 범위에 합리적인 제한을 가할 필요가 있다.

따라서 다른 노동조합을 지원하는 활동은 근로조건의 유지 · 개선 기타 근로자의 경제 · 사회적 지위의 향상 등 노동조합의 목적 범위 안에 있고, 또 특별

62) 대구고판 2005라65, 2006.4.7
63) 노동조합과-2384, 2005.8.31

히 조합원 개인의 시민적 자유와 충돌되지 않으므로 이 활동을 위한 특별조합비의 징수결정은 조합원 전원을 구속한다. 인권 · 환경 등과 관련된 사회운동을 지원하는 활동도, 특별히 노동조합의 목적을 벗어나지 않는 이상, 조합원 개인의 자유와 충돌은 없다는 점에서 이를 위한 특별조합비의 징수결정은 반대조합원에게도 납부의무를 발생시킨다고 보아야 할 것이다. 다만, 특정 정당이나 정치인을 지원하는 활동은, 정치관련 법령에서 이를 허용하는 경우에도 조합원 개인의 정치적 자유와 충돌하므로, 이러한 활동을 위한 특별조합비의 징수 결정은 반대조합원에게 납부의무를 발생시키지 않는다고 보아야 한다. 그러나 근로조건의 유지 등 본연의 목적과 관련된 입법조치의 촉진이나 반대 등은 노동조합의 본래적 목적달성을 위한 활동이고 또 조합원 개인의 정치적 견해와의 관련성이 희박하므로 이를 위한 특별조합비의 납부의무를 인정해야 할 것이다.[64)]

쟁의기금 등 특별조합비의 일괄공제는 그 목적이 정당하다고 하더라도 단체협약의 규정이 있고, 총회 또는 대의원회 의결을 거쳤거나 규약에 규정이 있는 경우 또는 조합원의 개별적인 동의를 얻은 경우에 가능하다.[65)] 단체협약 및 노조규약에 조합비 · 기타 의무금에 대한 일괄공제 제도의 근거 규정을 두고 있고, 대의원회가 투쟁기금의 일괄공제를 의결할 권한을 갖고 있는 경우에는 조합원의 개별적인 동의가 없다하더라도 대의원회의 의결로 이를 일괄공제할 수 있다.[66)]

만약 단체협약상 쟁의기금 등 부정기적 · 불확정적인 기금의 일괄공제 근거 규정이 없다면 동 기금의 납부는 조합원의 자율적 선택사항이라고 보아야 할 것이다.[67)]

---

64) 임종률, 『노동법』, 81쪽~82쪽

65) 노조 01254-716, 2000.8.17

66) 노동조합과-1501, 2004.6.5 ; 노조 68107-344, 2001.3.24. 조합비 일괄공제는 단체협약에서 쟁의기금에 대한 조합비 일괄공제제도의 근거규정을 두고 있고, 조합원 총회(대의원회)에서 쟁의 기금을 일괄공제하기로 결의하거나 노동조합 규약상의 관련규정이 있는 경우라면 조합원의 동의가 없이 일괄공제가 가능하다.

67) 노조 68107-344, 2001.3.24

(4) 조합비공제제도(check off)

사용자가 조합원의 임금에서 조합비를 공제하여 이를 일괄하여 노동조합에 인도하는 단체협약상의 조항을 말한다. 이 조항이 체결된 경우에는 사용자가 조합원의 조합비를 임금에서 공제하더라도 임금전액지급의 원칙에 위반되지는 않는다.[68] 다만, 조합비 징수의 근간이 되는 임금은 법령이나 단체협약으로 정한 경우에만 일부의 공제가 가능하므로 규약이나 근로계약서 등으로 조합비의 공제를 약정할 수는 없다. 실무상, 조합비를 공제하려면 단체협약으로 정한 것만으로 족한가 또는 개별조합원의 동의나 총회, 대의원회 등의 의결이 필요한가 하는 것이 쟁점이다.

(가) 학설과 행정해석

다수설은 단체협약과는 별도로 규약에 조합비일괄공제에 대한 정함이 있어야 하고, 개별조합원의 동의가 필요하다는 입장,[69] 조합비공제조항은 단체협약과 규약상의 승인규정이 있으면 조합원의 동의가 없더라도 조합원을 구속하는 효력을 가진다[70]는 입장이 있다. 행정해석은 후자와 같은 입장이다. 만일 단체협약으로 조합비 일괄공제를 정한 경우에도 이에 대한 조합원 총회의 의결이나, 규약상의 관련규정 또는 개별조합원의 동의가 없으면 조합원 개인이 조합비 공제를 거부하는 경우 이를 공제할 수 없다.[71] 따라서 이 경우는 별도로 개별조합원의 동의를 받아야 한다. 그럼, 위와 같이 공제제도가 유효하게 성립한 이후에 조합원이 공제중지를 요청할 경우는 어떻게 할 것인가 하는 것이 의문이다.

일부 학설의 견해는, 조합비공제제도가 유효하게 성립하면 노동조합은 조합비교부청구권을 가지고 사용자는 조합비공제의무를 지는 상호 채권채무적 효력이 발생한다. 한편, 조합원은 조합비공제가 싫으면 조합을 탈퇴하여 공제의무를 면할 수 있고, 근기법에서 임금전액불원칙의 예외로서 조합비공제를 단

68) 근기법 제43조제1항 단서
69) 김형배, 『노동법』; 김유성, 『노동법』, 112쪽
70) 임종률, 『노동법』, 83쪽 ; 노조 68107-344, 2001.3.24 ; 노동조합과-506, 2004.2.26
71) 노조 68107-833, 2002.10.31

체협약에 위임하고 있는 점 등을 고려한다면, 설령 단체협약상 조합비 공제합의가 유효하게 성립한 이후에 개별조합원이 조합비공제의 중지를 요청하더라도 그 중지신청은 효력이 없다는 입장[72]이 있다. 단체협약과 규약상 규정, 총회의결이 있는데도 불구하고 조합원이 조합비 납부를 거부하는 경우 당해 노조는 단결력을 강화하기 위하여 자체규약이 정하는 바에 따라 제명 등 징계조치를 할 수 있다[73]

(나) 조합비공제와 단체협약 위반문제

단체협약에 조합비 일괄공제 제도가 규정되어 있고 이에 관한 조합원 총회 등의 의결이나 노조규약에 관련규정이 있는 경우 사용자는 개별조합원의 동의가 없더라도 조합비를 일괄 공제하여 이를 노동조합에 인도하여야 하며, 개별조합원의 거부를 이유로 공제하지 아니할 경우 단체협약에 위반된다고 보아야 한다고 하여 학설과 입장을 같이한다.[74] 만약, 단체협약으로 조합비 일괄공제를 정하고 있다 하더라도 이에 대한 조합원 총회(대의원회)의 의결이나 규약상 관련규정이 없다면 노동조합의 조합비 일괄공제 요구에 대해 사용자가 노동조합에 조합원들의 조합비 공제동의서를 요구하는 것을 부당하다고 보기는 어렵다.[75] 조합비공제제도가 일괄공제의 요건을 모두 갖추고 있음에도 불구하고 사용자가 일괄공제를 거부한다면 단체협약 위반이 되어 노조법 제92조 마목(시설 · 편의제공 및 근무시간 중 회의참석에 관한 사항)에 의거 편의제공 불이행으로 처벌을 받을 수도 있다.

사용자가 새로운 단체협약을 체결하면서 일괄공제를 거부하였다면 새로운 단체협약이 적용되는 때로부터 일괄공제를 할 채무적 효력, 즉, 공제전달 의무가 없다. 그 외에 단체협약의 규정을 두더라도 노동조합이 규약을 변경하거나 총회의 의결을 거쳐 공제하지 않기로 정했다면 공제할 수 없다.

---

72) 김유성, 『노동법』, 112쪽
73) 노조 01254-772, 1997.9.10
74) 노조 68107-344, 2001.3.24 ; 노동조합과-506, 2004.2.26
75) 노조 68107-833, 2002.10.31

(5) 조합에 대한 손해배상청구권과 일괄 공제한 조합비의 상계

사용자는 노동조합의 위법행위로 인하여 손해배상청구권을 가진다 하더라도 조합비공제조항에 의하여 노동조합에 인도할 조합비를 노동조합에 대한 손해배상 채권 등과 상계할 수는 없다.[76] 조합비 인도청구권과 사용자의 손해배상청구권은 서로 같은 종류를 목적으로 하는 채권이 아니고, 공제한 조합비는 현실적으로 인도되는 것을 요하는 것이어서 일괄공제 단체협약 속에는 상계를 배제하는 약정이 포함되어 있다고 보는 것이다.[77]

---

76) 민법 제492조【상계의 요건】① 쌍방이 서로 같은 종류를 목적으로 한 채무를 부담한 경우에 그 쌍방의 채무의 이행기가 도래한 때에는 각 채무자는 대등액에 관하여 상계할 수 있다. 그러나 채무의 성질이 상계를 허용하지 아니할 때에는 그러하지 아니하다.
② 전항의 규정은 당사자가 다른 의사를 표시한 경우에는 적용하지 아니한다. 그러나 그 의사표시로써 선의의 제삼자에게 대항하지 못한다.

77) 민법 제492조 ; 임종률, 『노동법』, 83쪽

09
노동조합의 운영

노동조합은 근로자가 근로조건 유지 · 개선과 경제 · 사회적 지위향상을 목적으로 자주적으로 조직한 단체이므로 단체를 어떻게 운영할 것인가는 조합 스스로 결정할 사항이다. 다만, 조합은 단결력을 토대로 단체교섭과 단체행동 등 노동3권을 효과적으로 행사할 수 있으므로 자치의 원칙에 의거 운영 등에 대해 외부간섭이나 지배개입이 없이 스스로 의사에 따라 자주적으로 운영하여야 한다. 또한 조합은 민주주의 원칙에 의거 조합원의 평등한 참여권을 보장하고 민주적인 방식에 따라 조합을 운영하여야 한다. 무엇보다 조합운영의 자주성과 민주성이 조합운영의 핵심과제이다.

1. 조합의 자주적 · 민주적 운영

노동조합은 조합의 자주적이고 민주적인 운영을 위해 "규약"을 제정하고 그에 따라 제반사항을 조합원의 총의를 바탕으로 자율적으로 운영한다. 노조법에 "규약의 필요적 기재사항을 규정"하고, 법인격 취득 등 소정사항, 대의원회를 두는 경우 및 그 임기, 총회소집절차, 규약의 법위반 시정, 결의 처분의 법 또는 규약위반 시정, 조합비 미납자에 대한 권리제한, 임원의 임기 등을 정하고, 해산사유를 규약으로 정한 경우 정한 바에 따르도록 명시하고 있다.[1)]

다만, 노동조합은 단체교섭과 단체행동 등을 통해 근로자들의 근로조건과 경제적 이익 등에 깊은 영향을 미치므로 다른 어떤 단체보다 조직운영의 자

1) 노조법 제11조, 제6조제1항, 제17조제1항 · 제2항, 제19조, 제21조, 제22조, 제23조, 제28조제1항제1호 등

주성과 민주성이 더 요구된다. 따라서 노조법은 규약으로 운영에 관한 사항을 정하는 이외에 회계감사와 회계 · 운영상황의 공개,[2] 필요한 서류비치,[3] 총회 · 대의원회 운영,[4] 총회 · 대의원회 · 임시총회 소집절차,[5] 특정조합원에 관한 사항에 대한 표결의 특례,[6] 임원의 선거,[7] 규약 및 결의처분의 시정[8] 조합원의 권리와 의무,[9] 행정관청의 결산결과와 운영상황보고 자료제출요구[10] 등 노동조합의 내부운영에 관하여 상세한 규정을 두고 있다.

가. 노동조합의 규약

노동조합의 조직과 운영에 관한 사항을 정한 규정, 즉, 자치적 규범을 "규약"이라고 한다. 일단 합법적으로 제정된 규약은 개정에 반대하거나 신규로 가입한 조합원, 규약의 내용을 알지 못한 조합원 등 모든 조합원에게 적용되고, 조합원의 권리 · 의무를 정하는 법원(재판규범)이 된다.[11] 규약의 제정과 개정에는 조합원의 전체의사가 반영되어야 한다. 노조법에서는 조합의 민주적인 운영을 위해 규약의 필요적 기재사항과 규약의 제정과 변경절차를 정하고[12] 설립신고서에 반드시 규약을 첨부토록 하고 주된 사무소에 비치하도록 정하고 있다.[13] 다만, 노조법은 규약의 제정과 변경을 총회의결사항으로 정하고,[14] 필요적 기재사항의 범주만 정하고 있을 뿐 구체적 내용에 관해서는 조합의 자율에 일임하고 있다.

---

2) 노조법 제25조, 제26조
3) 노조법 제14조
4) 노조법 제15조~제17조
5) 노조법 제18조, 제19조
6) 노조법 제20조
7) 노조법 제23조
8) 노조법 제21조
9) 노조법 제22조
10) 노조법 제27조, 노조령 제12조
11) 김유성, 『노동법』, 82쪽
12) 노조법 제16조제2항 · 제4항, 총회는 재적조합원 과반수의 출석과 출석조합원 2/3 이상의 찬성으로 의결하고, 조합원의 직접 · 비밀 · 무기명투표에 의한다.
13) 노조법 제10조제1항, 제14조
14) 노조법 제16조제1항제1호

노조법 제11조【규약】 노동조합은 그 조직의 자주적·민주적 운영을 보장하기 위하여 당해 노동조합의 규약에 다음 각 호의 사항을 기재하여야 한다.
1. 명칭
2. 목적과 사업
3. 주된 사무소의 소재지
4. 조합원에 관한 사항(연합단체인 노동조합에 있어서는 그 구성단체에 관한 사항)
5. 소속된 연합단체가 있는 경우에는 그 명칭
6. 대의원회를 두는 경우에는 대의원회에 관한 사항
7. 회의에 관한 사항
8. 대표자와 임원에 관한 사항
9. 조합비 기타 회계에 관한 사항
10. 규약변경에 관한 사항
11. 해산에 관한 사항
12. 쟁의행위와 관련된 찬반투표 결과의 공개, 투표자 명부 및 투표용지 등의 보존·열람에 관한 사항
13. 대표자와 임원의 규약위반에 대한 탄핵에 관한 사항
14. 임원 및 대의원의 선거절차에 관한 사항
15. 규율과 통제에 관한 사항

따라서 조합은 강행법에 위반되지 않는 범위 내에서 각 기재사항에 관해 자주적으로 실정에 맞는 구체적 내용을 정할 수 있으며 법으로 정한 이외의 사항에 대해서도 임의적으로 정하여 기재할 수 있다. 즉, 법령에 정한 기재사항은 최소한의 필요적인 예시적 규정으로 보아야 한다.

특히 노조법으로 정한 의사·의결정족수는 최소한의 기준으로 보아야 한다. 실무상, 조합원간 혹은 조합과 사용자간에 분쟁이 발생하였을 경우, 법으로 정한 사항 이외의 대부분은 규약의 해석과 적용을 둘러싼 다툼에서 비롯되는 만큼 중요성이 높다고 볼 수 있다. 규약 해석과 적용에 관해 다툼이 있는 경우 규약으로 정한 권한 있는 기관의 결정·결의 등에 따라야 한다.[15] 따라서 강행법의 테두리 내에서 규약으로 선거절차와 입후보 자격 등을 정할 수 있고, 일부직종에 관한 조합원 범위 등 가입자격을 정할 수도 있다.[16]

15) 노조 01254-813, 1997.10.7
16) 노조01254-353, 2000.4.25, 규약이외 규약의 위임에 의한 선거관리규정, 지부 운영규정도 넓

나. 규약 및 결의처분의 시정명령

노동조합의 민주적 운영을 확보하기 위하여 행정관청에게 감독권한을 부여하고 있는데, 행정관청은 노동조합의 규약이나 결의 또는 처분이 노조법 뿐만 아니라 근기법 기타 노사관계를 규율하는 노동관계법령에 위반하는 경우에는 노동위원회의 의결을 얻어 그 시정을 명할 수 있고, 결의 또는 처분(조합대표자나 집행기관의 작위 및 부작위처분)이 규약에 위반된다고 인정하는 경우에는 이해관계인의 신청에 의하여 노동위원회의 의결을 얻어 그 시정을 명할 수 있다.[17] 행정관청의 시정명령을 받은 노동조합은 정당한 사유가 있는 경우를 제외하고는 30일 이내에 이를 이행하여야 한다.[18] 불응시 행정처분청이 노동관서인 경우는 범죄인지 후 수사에 착수하고, 지자체인 경우는 관할 노동관서에 수사를 의뢰하여야 한다. 노동위원회의 의결행위는 행정처분인 시정명령을 발하기 위한 내부적인 행정절차에 불과하므로, 노동조합이 시정명령 그 자체를 이유로 행정소송으로 다툴 수는 없고, 시정명령이 위법 부당하다고 판단될 때 비로소 행정소송이 가능하다.[19]

1) 설립신고서 검토시 규약처리

설립신고서는 노동조합으로 보지 않는 경우,[20] 기재사항 등의 보완과 절차적 흠결, 반려사유 등이 없으면 접수한 때로부터 3일 이내에 신고증을 교부한다. 다만, 규약이 첨부되지 아니하거나 규약의 기재사항 중 누락 또는 허위사실이 있는 경우, 규약의 제정절차가 법 제16조제2항 및 제4항에서 정한 “재적조합원 과반수 출석과 출석조합원 2/3 이상의 찬성 의결 및 조합원의 직접·비밀·무기명투표” 규정에 위반하는 경우에는 직권으로 20일 이내의 기간을 정하여 보완을 요구하고 그 기간 내에 이행하지 아니한 때에는 설립신고서를

은 의미에서는 규약에 포함되나 그 변경을 규약의 변경과 동일시하기에는 곤란하다. 따라서 규약 등에 달리 정한 바가 없다면 그 변경을 하기 위하여는 일반적인 의결정족수로 족하다.

17) 노조법 제21조

18) 노조법 제21조제3항, 제93조제2호, 500만원 이하의 벌금

19) 대판 91누10787, 1993.5.11

20) 노조법 제2조제4호 각목

반려한다.[21)]

2) 규약 변경신고 또는 민원인의 시정명령요구

행정관청은 노동조합의 규약 변경신고 또는 민원인의 규약 시정명령 요구시 규약이 노동관계법령에 위반되는지 여부에 대하여 심사하여 위반된다고 판단되는 경우에는 규약의 위반사항을 구체적으로 적시하여 관할 노동위원회에 의결을 요청하고, 노동위원회에서 규약이 노동관계법령에 위반된다고 의결한 경우에는, 행정관청은 시행규칙에 따른 시정명령서를 작성하여 해당 노동조합에 송부한다.[22)]

3) 결의 또는 처분이 노동관계법령 또는 규약에 위반

노동조합의 결의 또는 처분이 노동관계법령 또는 규약에 위반되는 경우 행정관청은 직권으로 또는 이해관계인의 신청이 있는 경우 노동위원회의 의결을 얻어 그 시정을 명령할 수 있다.[23)] 결의처분의 시정명령 요건은 ① 결의 처분이 노동관계법규 또는 규약에 위반되어야 하고, ② 행정관청의 직권 또는 이해관계인의 신청이 있어야 하며, ③ 노동위원회의 의결이 있어야 한다.

(1) 결의 · 처분

노동조합의 "결의 · 처분"이라 함은, 정당한 권한을 갖고 있는 노동조합의 대표자 또는 각종 의결기관의 행위로서 일정한 법률효과가 인정되는 법률행위 및 사실행위로서, 구체적으로 조합원에 대한 징계처분, 조합임원선거, 조합재산의 매각, 예산집행, 조합원 가입 · 탈퇴 제한 등이 될 것이다.

(2) 시정명령의 절차 등

결의 · 처분이 노동관계법령에 위반된 경우에는 행정관청이 직권에 의하여 노동위원회에 의결을 요청할 수 있으나, 결의 · 처분이 규약에 위반된 경우에는 이해관계인 즉, 결의 또는 처분내용과 직접 관련이 있거나 이해득실이 있

---

21) 노소법 제12조제2항 및 제3항

22) 시정명령사항은 관련법 위반내용을 상세히 기재하고 기재란이 부족할 경우 별지로 작성하되, 노동위원회의 의결이 있었다는 취지를 명기한다.

23) 노조법 제21조제2항

는 자 등의 신청이 있는 경우에만 노동위원회에 의결을 요청할 수 있다. 규약은 원래 조합원에게만 미치는 것이므로 원칙적으로 조합원만이 이해관계인이 되는 것이나, 노조규약에 위반하여 결의된 사항이 사용자에게 직접적인 영향을 미치는 경우(예 : 쟁의행위 결의 등)에는 사용자도 이해관계인으로 볼 수 있다.

(가) 초기업 노조 지부 · 분회

노조법시행령 제7조에 따라 근로조건 결정권이 있는 독립된 사업 또는 사업장에 조직된 노동단체는 지부 · 분회 등 명칭여하에 불구하고 법 제10조제1항에 따라 설립신고를 할 수 있다. 근로조건 결정권이 있는 독립된 사업 또는 사업장에 조직된 노동단체가 비록 "설립신고 되지 아니한 초기업 노조 산하 지부 · 분회"라 하더라도 독자적인 규약과 집행기관을 가지고 독립된 조직체로서 활동하는 경우, 당해 조직이나 그 조합원에 고유한 사항에 대하여는 독자적으로 교섭하고 단체협약을 체결할 수 있다. 이때 설립신고 되지 않은 초기업 노조 산하 지부 · 분회의 운영규정은 그 자체로 규약에 해당하는 것으로 보아야 한다.[24)]

초기업단위의 지역별 · 산업별 노동조합의 산하조직인 지부 · 분회의 결의 · 처분이 노동관계법령 또는 규약에 위반되는 경우, 법 시행령 제7조에 따라 설립신고 된 지부 · 분회는 해당 지부 · 분회를 관할하는 행정관청(지방고용노동관서)에서 처리한다. "설립신고 되지 아니한 지부 · 분회"의 경우 노동조합의 주된 사무소 소재지를 관할하는 행정관청에서 처리한다. 다만, 조직형태 변경, 상급단체 탈퇴에 관한 사항은 해당 지부 · 분회를 관할하는 행정관청에서 처리한다는 점을 유의해야 한다. 실무사례에서도, 노동조합의 하부조직인 분회가 분회총회에서 상급단체 탈퇴 등 집단적 의사결정을 할 수 있고, 그 과정에서 위법사항이 있어 결의 · 처분 등의 효력에 대하여 다툼이 있는 경우에는 노조법 제21조제2항의 취지에 비추어 분회(지회)를 관할하는 행정관청에서 해당 분회에 시정을 명할 수 있다.[25)]

24) 노사관계법제과-324, 2009.2.9
25) 노조 68107-418, 2003.8.7

(나) 노동위원회의 의결 및 시정명령

노동조합의 결의 또는 처분에 대하여 시정명령을 하기 위해서는 반드시 노동위원회의 의결을 얻어야 한다. 행정관청이 노동조합의 결의 또는 처분이 노동관계법령이나 규약에 위반된다고 인정할 경우에는 그 위반사항을 구체적으로 적시하여 관할 노동위원회에 의결을 요청한다. 관할 노동위원회로부터 노동조합의 결의·처분이 노동관계법령 또는 규약에 위반된다고 의결한 결정서를 접수한 경우에는 행정관청은 시정해야 할 사항을 구체적으로 기재한 시정명령서를 작성하여 해당 노동조합에 송부한다. 시정명령서에는 노동관계법령과 규약 위반을 구분하고 노동관계법령에 위반될 경우에는 관련법 조항과 위반사항을 기재한다.

노동조합은 시정명령서를 받은 날부터 30일 이내에 이행하고 시정결과를 보고하여야 하며, 정당한 사유가 있는 경우 그 기간을 연장하여 시정할 수 있다. 이 경우 시정기간을 연장할 수 있는 「정당한 사유」에 해당하는지 여부는, 이를 이행할 수 없는 객관적이고도 명백한 사유가 있는지 여부 등 구체적인 사실관계에 따라 판단하여야 할 것이다. 다만, 시정명령을 받은 노동조합이 행정관청으로부터 시정명령을 받은 사항에 대하여 법원에 소제기를 하는 등 그 불복절차를 밟고 있다 하더라도 이와 같은 시정명령의 효력이나 그 집행에는 영향을 주지 아니하므로 당해 노동조합은 이를 이행할 의무가 있다. 노동조합은 시정명령이 위법·부당하다고 판단할 경우에는 행정심판 또는 행정소송을 제기할 수 있다.[26]

(다) 불이행시 제재

노동조합 관할 행정관청이 지방고용노동관서인 경우 근로감독관집무규정에 따라 30일 이내에 시정하도록 명한 후 기간 내에 시정하지 않으면 즉시 범죄인지보고 후 수사에 착수한다. 시정명령 불이행시 벌칙[27] 적용은 별론으로 하고 위법한 규약의 해당부분은 당연 무효가 된다. 이 때 노동조합의 결의·처분은 직권으로 취소하거나, 소송절차에 따라 판결이 확정되어 번복되지 않는

26) 노조 01254-591, 1997.6.30

27) 노조법 제93조제2호. 500만원 이하의 벌금

한 그 효력에는 영향이 없다.

2. 행정관청의 조합운영감독

행정관청은 노동조합의 자주적 · 민주적 운영을 효율적으로 수행하기 위해 다양한 수단을 통해 운영실태를 파악한다. 우선 노동조합으로 하여금 설립일로부터 30일 이내에 운영에 관한 기본적인 서류[28]를 비치하고, 그 중 회의록과 재정에 관한 장부와 서류는 3년간 보존토록 하고 있다.[29]

노동조합은 조합원이 요구할 경우 서류를 열람할 수 있도록 하여야 하며, 위 서류 이외에도 노동조합 운영에 관련되는 규정이나 서류를 비치하여 조합원이 열람할 수 있도록 하여야한다. 그 밖에 설립신고와 설립신고사항의 변경신고,[30] 규약 · 임원변경 · 조합원수 등 중요사항의 정기적 통보[31] 결산결과와 운영상황의 공표 및 조합원 요구시 열람조치 · 행정기관의 요구시 보고 및 위반시 과태료처분[32] 등을 주요 수단으로 한다.

노동조합의 민주적 운영은 조합원의 총의에 의거 평등에 기초한 다수결원리에 의하여 운영하는 것을 의미한다. 따라서 조합원은 균등하게 조합의 모든 문제에 참여할 권리와 의무를 가지고[33] 어떠한 경우에도 인종 · 종교 · 성별 · 연령 · 신체적 조건 · 고용형태 · 정당 또는 신분에 의하여 차별대우를 받지 않도록 규제하고 있다.[34]

가. 회계감사 및 운영상황 공개

노동조합의 대표자는 회계감사원으로 하여금 노동조합의 모든 재원 및 용

28) 조합원 명부(연합단체의 경우 그 구성단체 명칭), 규약, 임원의 성명과 주소록, 회의록, 재정에 관한 서류와 장부(예산서, 결산서, 총수입원장 및 총지출원장, 수입 또는 지출결의서, 수입관계장부 및 증빙서, 지출관계장부 및 증빙서, 자체회계감사 관계서류

29) 노조법 제14조

30) 노조법 제10조~제13조

31) 노조법 제13조제2항

32) 노조법 제26조, 제27조, 제96조제1항제2호

33) 노조법 제22조 전단

34) 노조법 제9조

도, 주요한 기부자의 성명, 현재의 경리상황 등에 대해 6월에 1회 이상 회계감사를 실시하게 하고 그 감사결과를 전체 조합원에게 공개하여야 한다.[35] 노동조합의 회계감사원은 필요하다고 인정할 경우에는 해당 노동조합의 회계감사를 실시하고 그 결과를 공개할 수 있다.[36]

노조대표자는 회계연도마다 결산결과와 운영상황을 공표하여야 하며 조합원의 요구가 있을 때에는 이를 열람하게 하여야 한다.[37]

나. 결산결과와 운영상황 보고

노동조합은 행정관청이 요구하는 경우에는 결산결과와 운영상황을 보고하여야 한다.[38] 행정관청은 노동조합으로부터 결산결과 또는 운영상황의 보고를 받고자 하는 경우에는 그 사유와 기타 필요한 사항을 기재한 서면으로 10일 이전에 요구하여야 한다.[39]

조합비 등 재정의 불법 사용, 횡령 등 노조의 재정운영과 관련하여 그 시정을 요구하는 진정 · 탄원이 제기된 경우가 있는데, 노조의 재정운영은 노조자체에서 해결하는 것이 바람직하므로 노조대표가 결산결과 등을 조합원에게 공표 · 열람케 하여 분쟁을 해소하는 것이 바람직하다.

만약 자체에서 해결되지 않는 경우, 행정관청은 재정집행의 결의 · 처분이 노동관계법령 또는 규약에 위반되는지 여부를 판단하여 노동위원회의 의결을 얻어 시정을 명령하고, 횡령 등 노조법 이외의 법위반 사항은 형법 등 관련법에 의하여 구제를 받도록 조치한다.

3. 총회 및 대의원회 운영

사단으로서 노동조합이 영속적인 통일적 조직체, 단체로서 활동하기 위해서는 인체의 손발의 역할을 하는 기관, 즉, 머리의 역할을 하는 총회 및 대의원

35) 노조법 제25조제1항
36) 노조법 제25조제2항
37) 노조법 제26조
38) 노조법 제27조
39) 노조령 제12조

회, 머리에서 결정된 사항을 집행하는 임원 등 의사결정기구, 감사기구, 집행기구 등이 필요하다. 이러한 기구들은 조합원들이 자주적인 의사결정에 의해 결성하고 운영되는 것이 원칙이지만, 노조법에서는 조합의 민주적인 운영을 제도적으로 담보하기 위해 총회, 대의원회, 임원 등에 관한 규정을 두고 있다.

가. 총 회

노동조합의 총회는 조합원 전원으로 구성되는 최고의사결정기관이다. 일정 규모 이상의 조합원 전원이 참여하는 총회를 통해서 모든 것을 결정하기에는 기술적인 어려움이 있으므로, 노동조합은 규약으로 총회에 갈음할 대의원회를 두고 정기 대의원회를 총회개최로 갈음할 수 있다.[40) 경우에 따라서는 규약으로 정하여 총회를 두지 않고 대의원회만 둘 수도 있다.

1) 개최시기

총회는 정기총회와 임시총회로 구분되며, 총회는 단위노조나 연합단체에 관계없이 매년 1회 이상 규약이 정한 바에 따라 개최하여야 한다.[41) 연 1회 이상이면서 규약에 달리 정한 바가 없다면 그 이상 개최 횟수나 시기는 제한이 없다. 다만, 총회에 갈음할 대의원회를 둔 경우에는 정기대의원회를 총회 개최로 갈음할 수 있다. 노동조합의 대표자는 총회의 의장이 된다. 다음의 경우는 임시총회를 소집할 수 있다.[42)

첫째, 노조대표자가 필요하다고 인정할 때

둘째, 조합원(또는 대의원)의 3분의 1 이상(연합단체인 경우 구성단체의 3분의 1 이상)이 회의에 부의할 사항을 제시하고 회의의 소집을 요구하는 경우, 이 경우 대표자는 지체없이 임시총회(임시대의원회)를 소집하여야 한다.

셋째, 기타 규약에 정한 일정한 요건에 해당하는 경우 노조법에 정한 총회 소집요건은 최소기준이다. 따라서 노동조합이 소집요건을 규약으로 정한 경우 노조법에 정한 규정과 다른 방식으로 임시총회를 소집할 수 있도록 정할 수

---

40) 노조법 제17조제1항

41) 노조법 제15조

42) 노조법 제18조

는 있다. 다만, 임시총회(대의원회) 소집요구 및 소집권자 지명요청 규정은 노조에 대한 노동조합 대표자의 독단적 운영을 방지하고 노조운영에 대한 일반조합원들의 참여를 보장하여 노동조합 운영의 민주성을 확보하기 위한 최소한의 요건을 규정한 것이므로 조합원(대의원)들의 총회(대의원회) 소집요구 및 소집권자 지명 요청을 용이하게 하기 위해 규약으로 법적요건을 완화시키는 것은 가능하다 할 것이나, 보다 엄격하게 규정하는 것은 법상 보장된 조합원들의 노조운영에 대한 참여권을 부당하게 제한하는 것으로 그 규약은 무효이다.[43] 따라서 규약으로 정한 경우에도 법으로 정한 요건보다 완화할 수는 있어도 그 요건을 강화하여 조합원들의 총회소집 요구권에 사실상 제한을 가할 수는 없다.[44] 즉, 임시총회소집 요건을 조합원 또는 대의원의 4분의 1 이상이 부의할 사항을 제시하고 소집을 요구한 경우로, 3분의 1보다 완화할 수는 있어도 조합원의 2분의 1 이상이 소집을 요구하는 경우 등으로 강화할 수는 없다.

실무상 노동조합에서 제명된 자가 회의의 소집권자 지명요구자 명단에 포함된 경우 제명된 자에게도 일정기간 조합원 자격을 유지하도록 하는 규약상의 규정이 있는지 여부, 제명된 자를 제외하고도 회의의 소집권자 지명요구 요건이 충족되는지 여부 등에 따라 회의의 소집권자 지명요구의 정당성을 판단한다.

총회 또는 대의원회는 단체협약으로 사전에 정한 경우를 제외하고는 근무시간 외에 개최하는 것이 원칙이다. 부득이한 사유로 근무시간 중에 총회 등을 개최하고자 하는 경우에는 노무지휘권을 가진 사용자의 사전 승인을 얻어야 한다.

2) 총회 · 임시총회(대의원회, 임시대의원회) 의결사항

노조법 제16조제1항에 규정된 총회의 의결사항은 노동조합의 의사가 민주적으로 결정되어야 할 중요한 안건이라는 취지에서 규정된 만큼 반드시 총회 또는 대의원회에서 처리되어야 한다. 따라서 운영위원회, 중앙집행위원회, 상

---

43) 노조 68107-761, 2001.7.5

44) 대구고판 92누1156, 1992.10.28

무집행위원회 등 규약으로 정한 회의 등에서 의결할 수 없다. 법으로 정한 총회의결사항은 다음과 같다. 다만, 조합자치의 원칙상 노조법에 열거된 아래 사항 이외의 사항도 규약에 의결사항으로 규정할 수 있다. 조합의 민주적 운영을 위하여 운영상 중요한 사항은 총회 또는 대의원회의 의결을 얻는 것이 바람직하기 때문이다.

1. 규약의 제정과 변경에 관한 사항,
2. 임원의 선거와 해임에 관한 사항,
3. 단체협약에 관한 사항,
4. 예산 · 결산에 관한 사항,
5. 기금의 설치 · 관리 또는 처분에 관한 사항,
6. 연합단체의 설립 · 가입 또는 탈퇴에 관한 사항,
7. 합병 · 분할 또는 해산에 관한 사항,
8. 조직형태의 변경에 관한 사항,
9. 기타 중요한 사항

3) 소집권자

노동조합의 총회 또는 대의원회는 노조 규약상 정당한 권한을 가진 자가 회의 일시, 장소, 회의안건 등을 미리 공고하고 규약에 정한 방법에 의하여 소집하여야 그 효력을 인정받을 수 있다.[45] 이때 부의안건의 공고는 구체적, 개별적이어야 하며 포괄적 · 추상적으로 정하여 공고한 경우에는 공고의 목적 및 취지에 부합된다고 보기 어렵다.

노동조합의 대표자는 대외적으로 조합을 대표하고 대내적으로 조합의 업무를 집행하는 자로서, 총회를 소집하고 진행할 권한 등이 당연히 부여되어 있다.[46] 조합의 대표자, 대표자의 궐위 또는 직무를 수행할 수 없는 객관적인 사정이 있는 경우 등 유고시에는 규약에서 정한 직무대행자, 소집권자가 총회 소집을 고의로 기피하거나 해태한 경우 및 규약에서 정한 소집권자가 없게 된

45) 노조 01254-382, 1997.4.19
46) 노조 01254-697, 1997.8.11

경우 행정관청으로부터 소집권자로 지명을 받은 자[47]가 각각 총회를 소집할 수 있는 권한을 가진다.

노조법 제12조의 규정에 의해 설립신고증을 교부받은 노동조합은 법적 보호를 받게 되지만, 본조의 내부조직인 지부, 분회 등은 본조와는 별도의 노조설립신고를 하지 않는 한 노조법에서 정한 권리를 따로 행사할 수는 없다. 따라서 설립신고증을 교부받지 아니한 지부 또는 분회의 운영은 원칙적으로 노동관계법령에 위배되지 않는 범위 내에서 본조의 규약 및 지부, 분회 등의 운영규정 등에 따라야 하므로, 지부 등은 독자적으로 임시총회 소집권자 지명요청을 행정관청에 할 수 없고 본조 규약 및 지부 운영규정 등에 규정된 절차에 따라서 지부 임시총회를 개최할 수 있다. 만약 이러한 규정이 없거나 규정내용이 불명확하여 해석다툼의 여지가 있는 경우에는 규약상 규정 해석권을 가진 기관의 해석에 따른다.

다만, 예외적으로 설립신고는 하지 않았으나 근로조건 결정권이 있는 사업장에 설치되고 독자적인 규약과 집행기관을 가지고 독립된 조직체로서 활동하는 초기업 노조의 산하지부는 당해 조직이나 그 조합원의 고유한 사항에 대하여는 독자적으로 교섭하고 단체협약을 체결할 수 있고, 그 지부나 분회가 노조법에 따라 설립신고를 하였는지 여부에 영향을 받지 아니한다.[48] 따라서 그 지부의 운영규정에 따라 임시총회 소집요건을 판단하면 되고, 임시총회의 소집절차에서도 노조법 제18조가 적용이 된다.[49]

독자적인 규약과 집행기관을 가지고 독립된 조직체로서 활동하는 초기업 노조의 산하지부가 임시총회 등 소집권자 지명요구를 할 경우 본조 소재지가 아닌 당해 지부 등의 소재지를 관할하는 지방노동관서장이 처리한다.[50]

강행법 위반으로 처벌규정을 둔 경우를 제외하고는 대부분의 총회 등의 결의사항의 효력 유무에 대하여 다툼이 있을 경우에는 민사소송 등 법적 쟁송

---

47) 노조법 제18조제3항, 제4항
48) 대판 2000도4299, 2001.2.23
49) 노동조합과-692, 2008. 4.18
50) 노동조합과-2009.7.3. 노동조합 지부 등의 관할 행정관청에 대한 지침

절차를 통하여 해결하여야 한다. 따라서 사전에 대표권과 소집권유무, 절차상의 하자 등에 관해 면밀하게 검토한 후 회의와 결의를 진행하는 것이 바람직하다.[51)]

실무상, 소집권자가 없는 경우는 논란이 없다. 소집권자는 있으나 정당한 사유없이 회의소집을 고의로 기피 또는 해태하는 경우, 회의소집권자가 소집의지는 있으나 상급단체 등에서 승인을 거부하는 경우 어떻게 할 것인가 하는 것이 쟁점이 되고, 회의소집시 상급단체에 승인을 얻도록 정한 경우에 정당한 사유없이 불승인 할 경우 어떻게 할 것인지가 의문이다.

(1) 소집권자가 없는 경우

노동조합에 총회 또는 대의원회의 소집권자가 없는 경우에, 행정관청은 조합원 또는 대의원의 3분의 1 이상이 회의에 부의할 사항을 제시하고 소집권자의 지명을 요구한 때에는 노동위원회 의결을 거칠 필요 없이 독자적인 판단으로 15일 이내에 회의의 소집권자를 지명하여야 한다.

실무상, 조합대표자의 유고 등 업무를 집행할 수 없는 부득이한 사유가 발생하거나, 위원장이 총회 진행 도중 긴급동의로 상정된 위원장 불신임 안건을 처리하지 않고 퇴장한 경우 등 규약으로 정한 소집권자가 없어 회의진행이 곤란한 경우가 있다. 이 경우 조합이 자체 규약으로 정한 바에 따라 직무대행자를 선임하여 직무를 대행하게 할 수 있다. 그러나 이와 같은 방법으로도 의장직을 대행할 수 있는 자가 없는 경우, 조합원 또는 대의원의 3분의 1 이상이 회의에 부의할 사항을 제시하고 관할 행정관청에 소집권자의 지명을 요구한

---

51) 노사관계법제과-193, 2008.8.26. 소집권자 및 소집 절차를 위반하여 개최된 임시총회의 조직형태변경을 결의 : 기업별 노동조합이 노조법 제18조(임시총회 등의 소집) 및 제19조(소집의 절차)에 정한 총회소집권자 및 소집절차를 거치지 아니하고 불시에 주간 및 야간 근로자를 구내식당에 집결시켜 임시총회를 개최하여 위원장 불신임 및 조직형태변경 결의를 한 경우, 노조법 제21조제2항에 의해 조직형태변경에 대한 노동조합의 결의가 노동관계법령 또는 규약에 위반됨을 이유로 행정관청에서 시정명령을 하는 것은 그러한 결의에 따른 조직형태변경 자체를 무효로 보는 것이 아니라 결의 자체가 노동관계법령 또는 규약에 위반되니 노조 스스로 노동관계법령 또는 규약에 맞게 다시 결의를 하여 노동관계법령 또는 규약에 위반되는 결과를 시정하라는 취지이므로, 조직형태변경 이후의 현 노동조합이 시정하는 것이 타당하다.

때에는, 행정관청은 노동위원회 의결을 거칠 필요 없이 독자적인 조사와 심문 등 판단을 통해 15일 이내에 회의의 소집권자를 지명하여 그가 소집권자로서 승인받은 부의안건에 한해 결의를 하는 등 회의를 진행할 수 있다.

다만, 행정해석에 의하면, 반드시 소집권자 지명요구를 거쳐 총회를 소집하는 등 법으로 정한 소정 절차를 거치지 않더라도 총회소집과정과 회의진행 절차, 결의상태, 소집절차상의 하자상태, 규약 등을 종합적으로 고려할 때, 법제정취지나 조합자치주의에 어긋나지 않는다면 효력이 있다고 판단하는 경우도 있다. 즉, 회의에 참석한 조합원 중에서 임시의장을 선출하여 회의를 진행하더라도 결의된 사항의 효력을 부인하기 어렵다거나,[52] 총회 또는 대의원회의 소집이나 절차에 법령이나 규약 또는 조합 내부 규정에 위배되는 결함이 있으면 그 결의는 무효라고 할 것이나, 재적 조합원 또는 대의원 전원이나 전원에 준하는 조합원 또는 대의원이 참석하고 소집절차상의 결함이 근소하며 또 총회 또는 대의원회에서 이에 관한 이의가 없었다면 이러한 절차상의 하자는 치유된다고 판단한 경우[53] 등은 조합단결권과 자치주의 원칙을 존중한 해석이라고 할 수 있다.

즉, 절차상 하자가 있었는지 여부에 대해 사실조사가 선행되어야 할 것이나, 임원선거, 조직형태 변경 등과 관련하여 전원에 준하는 조합원이 출석하여 결의하였다면, 일응 절차상의 사소한 하자는 치유될 수 있는 것으로 보는 것이다.

(2) 소집권자가 있는 경우

노동조합의 대표자는 규약에 따라 필요하다고 인정할 때에는 임시총회 또는 임시대의원회를 소집할 수 있고, 조합원 또는 대의원의 3분의 1 이상, 연합단체인 노동조합에 있어서는 그 구성단체의 3분의 1 이상이 부의할 사항을 제시하고, 회의의 소집을 요구한 때에는 대표자는 지체없이 임시총회 또는 임시대의원회를 소집해야 할 의무가 있다.

---

52) 노조 01254-697, 1997.8.11

53) 노동조합과-1860, 2008.8.1

(가) 대표자가 회의소집을 고의로 기피하거나 해태한 경우

대표자가 임시총회 또는 임시대의원회 소집을 고의로 기피하거나, 이를 해태하여 조합원 또는 대의원의 3분의 1 이상이 부의안건을 제시하고 행정관청에 소집권자의 지명을 요구한 때에는, 행정관청은 당사자 심문 등을 통해 사실조사를 거쳐 15일 이내에 노동위원회의 의결을 요청하고, 노동위원회의 의결이 있는 때에는 지체없이[54] 회의의 소집권자를 지명하여야 한다. 통상 조합의 대표자는 자신의 불신임안이 안건으로 상정되거나, 자신의 계파에게 불리한 안건이 상정될 경우에는 회의소집을 고의로 기피하거나 해태하는 경우가 흔하다.

(나) 상급단체의 승인을 얻도록 정한 경우

노동조합은 강행법의 테두리 내에서 규약 등으로 총회소집에 관한 사전승인과 요건 등 절차적 규정을 두는 경우가 대부분이다. 조합의 규약 및 하위규정은 내부의 자치규범으로서 그 내용이 강행규정에 반하지 않는 한 조합원 및 노조 내부 기관에 대해 구속력을 갖는다. 이러한 노동조합에는 일반 기업별노조 뿐 아니라 산업별 노조 분회나 지회 모두가 포함된다.

노조규약 등에서 노조의 사전 승인을 얻어 지회, 분회총회를 개최하도록 규정하고 있는 경우에는 원칙적으로 이에 따라야 할 것이며, 노동조합은 달리 볼 특별한 사정이 없는 한 지회, 분회 총회 소집을 승인하여야 할 것이다. 규약으로 정한 총회소집승인 등에 관한 규정은 노동조합의 단결권 강화를 위한 "조합자치주의"에서 이론적 근거를 찾을 수 있다.

① 설립신고 하지 않은 분회 · 지회

통상적으로 설립신고 하지 않은 분회 · 지부 등이 본조 탈퇴 등 조직형태변경을 시도할 경우 조직축소를 우려한 본조에서, 규약으로 분회→지부장→노동조합장의 순으로 임시총회소집 개최 승인을 얻어야만 총회를 개최할 수 있고, 그렇지 않으면 총회 등을 소집할 수 없다고 정한 경우가 대부분이다. 그렇다고 해서, 조합의 규약만 중시한 조합자치주의만 집착한다면, 한번 산별노조

54) 지체없이란, 검토할 시간적 여유, 규약 등에 따른 조치이행에 소요되는 시간, 평소 관례적 소요일수 등을 종합적으로 고려한 시간을 말한다.

에 가입하면 조직형태를 변경할 수 없도록 하여 영영 탈퇴를 하지 못하는 등 사실상 개별사업장 조합원들의 단결체 선택권을 제한할 수는 없는 것이다.

조합자치주의 원칙상, 노조규약상 분회의 총회 또는 대의원회의 소집은 안건과 일시·목적을 기재하여 조합의 승인을 득하도록 정하고 있다면 동 절차에 따라야 하는 것이 원칙이라는 것은 부인할 수 없다. 다만, 합리적인 이유없이 조합에서 분회 총회 또는 대의원회의 소집 승인을 거부 또는 해태하여 권리남용에 해당하는 경우에는, 본조의 승인없이도 분회·지부 총회에서 결의한 사항의 효력을 부인할 수 없도록 하는 등 탄력적 대응을 통해 조합원의 단결체 선택권을 보장해 주어야 한다.[55] 회의소집 승인거절이 권리남용에 해당하는 경우, 법으로 정한 소집권자 지명신청 등 소정의 절차를 거쳐 회의를 개최할 수 있다.[56]

② 회의 소집의지가 있으나 상급단체가 불승인한 경우

근로조건 결정권이 있는 사업(장)에 조직된 초기업 노조의 분회가 집단적 탈퇴 결의로 기존 노조에서 탈퇴하여 다른 노조의 기업단위 조직으로 그 형태를 변경하고자, 분회장이 관련 규정에 따라 '조직형태 변경에 관한 사항' 등을

55) 노조 01254-419, 1997.5.3

56) 노조 68110-488, 1999.7.6. 설립신고증을 교부받지 아니한 지역노동조합의 지부 또는 분회의 운영은 원칙적으로 노동관계법령에 위배되지 않는 범위내에서 본조의 규약 및 지부 운영규정 등에 따라야 한다. 노조법 제12조의 규정에 의해 노조설립신고증을 교부받은 노동조합은 동법의 규정에 의한 법적 보호를 받게 되는 바, 본조의 내부조직으로서 지부, 분회가 동법 시행령 제7조의 규정에 의해 본조와는 별도의 노조설립신고를 하지 않는 한 동법에서 규정하고 있는 법적 권리를 별도로 행사할 수는 없는 것이다. 따라서 지부는 임시총회 소집권자 지명요청을 행정관청에 할 수 없고 본조 규약 및 지부규정 등에 규정된 절차에 의하여 지부 임시총회를 개최할 수 있으며, 이러한 규정이 없거나 규정내용이 불명확하여 해석의 여지가 있는 경우에는 규약상 규정 해석권을 가진 기관의 해석에 따라야 할 것이다. 설립신고증을 교부받지 아니한 지역노동조합의 지부 또는 분회의 운영은 원칙적으로 노동관계법령에 위배되지 않는 범위내에서 본조의 규약 및 지부(분회)운영규정 등에 따라야 할 것이다. 따라서 지부 또는 분회의 임시총회가 규약 및 지부(분회)운영규정 등에 의하지 아니하고 개별 조합원에 의해 임의로 소집되었다면 그 정당성을 인정하기 어려울 것이다. 다만, 지부(분회)장 불신임 및 새로운 위원장 선출을 위해 규약 및 지부(분회)운영규정에서 정한 절차와 방법에 의해 지부(분회)총회의 소집을 요구하였으나 본조 대표자 또는 지부(분회)장이 정당한 이유없이 이를 기피·해태하는 경우에는 동법 제16조제2항의 규정에 의한 의결정족수 이상의 결의로 지부(분회)장 불신임 및 새로운 위원장을 선출할 수 있을 것이다.

안건으로 총회 소집공고를 함과 동시에 본조에 회의 소집에 관한 승인 요청을 하였으나 특정한 사유를 들어 무기한 회의 승인을 유보하는 등 분회총회 개최 신청을 불승인 할 경우가 있다. 이 경우는 총회 소집권자가 있고 중의에 따라 회의소집 의지가 있으나 상급조합의 승인을 얻지 못해 조합원의 단결권선택의 자유가 제한된 것이다. 따라서 분회장이 총회를 개최, 법 소정의 의결정족수에 따라 유효하게 조직형태 변경결의를 하였다면, 규약상 본조의 승인을 받지 않았다는 이유만으로 이와 같은 회의의 효력을 부인하기 어렵다.[57] 결론적으로, 소집권자가 규약 등에 정한 절차에 따라 본조 등에 총회개최 승인을 신청하였으나 합리적인 이유없이 승인을 유보하는 등 사실상 헌법상 보장된 조합원의 단결체 선택권을 제한한다고 판단되는 경우는 본조 등의 승인이 없더라도 규약으로 정한 절차에 따라 총회를 소집하고 법 소정의 의결정족수에 따라 결의한 경우, 조직형태변경 등의 효력을 인정하여야 한다.

4) 소집절차

총회 또는 대의원회는 적어도 회의개최일 7일전까지 그 회의에 부의할 사항을 공고하고 규약에 정한 방법에 의하여 소집하여야 한다. 다만, 노동조합이 동일한 사업장내의 근로자로 구성된 경우에는 그 규약으로 공고기간을 단축할 수 있다.[58] 「회의개최일 7일전」이라 함은, 회의개최일을 제외한 공고일수가 최소한 7일 이상이 되어야 한다는 뜻이며 계산에 있어서는 공고 당일은 산입하지 아니하며 공고후의 휴일은 공고기간에 산입한다(예 : 2.15 회의개최일인 경우, 2.7 24:00까지 공고를 끝마쳐야 하고, 공고기간은 2.8 00:00부터 2.14 24:00까지 7일 이상을 공고). 소집절차는 공고문을 개별적으로 조합원에게 발송하거나 신문광고 또는 게시판 공고 등 규약에서 정한 방법에 따라야한다. 회의일자, 시간, 장소, 안건 등 이미 공고된 사항을 변경하는 경우에도 규약에 특별한 정함이 없는 한 공고기간을 준수하여야 한다. 공고의 취지가 조합원 또는 대의원에게 회의개최 사실을 알려 회의에 참석·토론할 수 있는 준비의 기회를 균등하게 보장하려는 것

---

57) 노동조합과-3517, 2004.12.21
58) 노조법 제19조

이므로, 공고기간을 위반한 회의는 적법하게 성립된 회의라 할 수 없으며, 동 회의에서 의결된 사항은 원칙적으로 그 효력을 인정할 수 없다.

다만, 절차상 하자가 있더라도 모든 대의원이 참석하고 안건의 상정에 대하여 어떠한 이의도 없었다면 그 대의원회의 결의를 유효한 것으로 볼 수도 있다.[59] 총회 또는 대의원대회의 결의사항의 효력 유무에 대하여 당사자간 다툼이 있을 경우에는 민사소송 등 법적 쟁송절차를 통하여 해결하는 것이 바람직하다.

(1) 공고기간 단축

노동조합이 동일한 사업장내의 근로자로 구성된 경우에는 그 규약으로 정하여 공고기간을 단축할 수 있다. 다만, 같은 지역이라도 사업장이 서로 분리되어 있는 때에는 반드시 7일 이상 공고를 하여야 한다. 여기서 「동일한 사업장내」라 함은 장소적으로 하나의 울타리 내를 의미한다. 따라서 장소적으로 분리되어 있는 경우[60] 소집공고 기간을 단축하는 내용의 규약변경은 효력을 인정받을 수 없다.[61] 이미 공고한 회의장소, 회의목적, 회의일시 등에 변경이 있는 경우에도 7일 이상의 사전 공고기간, 동일한 사업장 내인 경우는 규약으로 정한 7일 이내의 공고기간을 준수하여야 한다.[62]

(2) 공고기간을 위반한 총회결의의 효력

노조법에서 총회소집 공고기간을 명문으로 규정하고 있는 취지는 조합원들에게 회의개최 사실을 미리 알려 회의 참석을 준비하고, 부의사항에 대한 토의와 의결에 참여할 기회를 균등하게 보장하려는 데 있다. 규약에 총회의 소집공고기간을 단축할 수 있는 별도의 규정을 정하여 두지 아니하는 한[63] 법정 공고기간을 임의로 단축할 수 없는 것이 원칙이고 그 효력을 인정할 수 없다.

---

59) 노조 01254-83, 2000.2.3

60) (예) 충북 영동공장과 대구 달성공장이 하나의 조합으로 결성된 경우, 충북 옥천군 ㅇㅇ1리 48번지 공장과 충북 옥천군 ㅇㅇ2리 54번지 공장이 하나의 조합으로 결성된 경우, 혹은 같은 지번에 위치한 공장이라도 담장 등을 설치하여 장소적으로 분리되어 있는 등

61) 노조 01254-335, 1996.4.8

62) 법무 810-23760, 1966.10.15

63) 노조법 제19조 단서

다만, 판례에 의하면, 공고절차에 하자가 있더라도 총유권자 다수가 참여하였다면 경미한 하자로 보아서 그 총회에서 결의한 사항은 유효하다고 본 사례가 있다. 즉, 위원장선거를 위한 임시총회에 소집공고 등 절차상 하자가 있다 하더라도 총유권자 791명 중 약 90.77%에 해당하는 728명이 참여하였고, 총회의 소집이 위원장 후보자로서의 입후보나 다른 조합원들의 총회 참여에 어떠한 지장도 없었다면 절차상 하자는 경미한 것으로 보아서 총회에서의 결의한 위원장 선출은 유효하다.[64)]

(3) 회의 분리진행

교대제근로 · 공익 등의 이유로 업무의 일부를 중단하기 어려운 경우 등, 사업의 특수성에 따라 조합원 전원이 한자리에 모여 회의를 개최하기 어려운 정당한 사유가 있다면 사전에 회의의 진행방법 등에 관한 구체적인 공고절차를 거쳐 회의를 나누어 진행할 수 있다.[65)]

5) 회의성립

회의는 재적조합원 또는 대의원의 과반수가 출석하고 적법한 소집권을 가진 자가 성원선포 함으로써 성립된다.[66)] 재적조합원 또는 대의원의 과반수 미만이 참석할 경우에는 자동유회 된다. 「재적」이라 함은 회의개최일 현재 회의참석 자격을 가진 인원을 말하는데, 조합원 또는 대의원으로 실제 선출되어 현재 조합원 또는 대의원으로서 자격을 가지고 활동하는 숫자를 말하는 것으로서, 노동조합 탈퇴, 제명, 자격정지, 사망 등으로 인한 유고 등 문제가 된 의안의 결정을 위한 회의개최일 현재 조합원 또는 대의원의 자격이 없다고 판단되는 가진 자를 제외한 나머지 조합원 또는 대의원 수를 말한다.[67)]

「출석인원」이란, 일반적으로 회의에 부의된 특정 안건의 의결에 앞서 출석

---

64) 대판 91다29071, 1992.3.27 ; 노사관계법제팀-1372, 2006.5.22

65) 노조 01254-949, 1995.8.28

66) 노조법 제16조제2항

67) 노조 1454- , 1983.7.23, (예) 대의원 정원 17명 중 사망 1명, 제명 1명, 조합원 자격정지처분 2명, 결원으로 인한 미선출 1명이 있는 경우 이를 제외한 12명이 재적인원이며 6명 이상이 과반수에 해당한다. (법무 811-860, 1976.1.19)

인원으로 확인된 조합원 또는 대의원으로서, 기권한 자 또는 무효로 처리된 자 등을 포함하여 당해 안건의 의결에 참여한 전원을 의미한다. 예를 들면, 위의 12명의 재적인원 중 11명이 출석하였다고 가정할 때, 실제 표결과정에서 1명이 기권하고, 2명이 선거규정에 어긋나게 착오 기입하여 무효표로 처리되었더라도 이 3명을 출석인원에서 제외하지 않고 11명 전원을 출석인원으로 산정한다.

(1) 판례와 행정해석의 견해

판례와 행정해석에 의하면, 총회의 의결방법에 관하여 규정하고 있는 노조법 제19조제2항은 노동조합의 구성원인 조합원이 그 조직과 운영에 관한 의사결정에 다수결의 원칙에 따라 관여할 수 있도록 함으로써 이른바 조합민주주의를 실현하기 위한 규정이므로 총회의 의결방법에 관한 위 규정은 강행규정이다. 따라서 출석인원 산정시 기권표나 무효표를 제외한 총 유효투표수가 아니라 이를 포함한 총투표수로 산정하여야 한다[68]는 입장이다.

6) 의사진행

회의는 권한있는 노동조합의 대표자 또는 직무대행자가 회의소집시 공고된 부의 사항을 처리하여야 하며 회의진행은 임의로 정회 · 속개 등을 거듭하여 조합원의 자유로운 참여를 제한하는 일이 없도록 하여야 한다. 만약 의사정족수 미달로 회의 자체가 성립되지 않는 경우는 "유회"(산회)된다. 따라서 공고된 회기 만료시까지 성원이 미달하여 회의가 종료된 경우 이후 회의소집은 다시 소집절차를 밟아야 한다. 그 외 정상적으로 개회된 회의가 공고된 회기 내에 의안정리, 이견조율, 절차 협의 등 진행상의 사유로 인해 "정회", 즉, 일시 중단되었다가 속개되는 경우, 정상적으로 개회된 회의가 "휴회" 즉, 특정한 사유로 공고된 회기 내에 일정한 기간 동안 중단되었다가 다시 속개되는 경우가 있다. 정회 또는 휴회의 경우는 다시 소집절차를 밟을 필요가 없이 당초 공고된 회기 내에 회기를 진행할 수 있다.[69]

---

68) 대판 95마649, 1995.8.29 ; 노사관계법제팀-1683, 2006.6.22

69) 노정노 1452.5-1804, 1964.6.9

(1) 의장이 임의로 폐회선언을 한 경우

노동조합의 총회 또는 대의원회는 회의 소집시 공고된 안건을 의사일정에 따라 진행하는 것이 원칙이므로 의장 임의로 사전에 공고된 안건의 상정을 거부하거나 폐기할 수는 없다. 노동조합의 대표자가 정당한 이유없이 사전 공고된 안건의 상정을 거부하고 폐회를 선언하여 회의를 속개할 수 없는 경우라면 규약에 정한 직무대행자가 의장의 직무를 수 있을 것이며, 규약에 정한 직무대행자가 없는 경우 동 회의에 참석한 조합원 중에서 임시의장을 선출하여 적법한 절차와 방법에 따라 상정된 안건을 의결 · 처리한다면, 동 회의에서 결의된 사항은 유효하다.[70] 유사한 사안에 관한 판례에 따르면, 주주총회에서 의장이 의안에 대한 심사를 마치지 아니한 채, 법률상으로나 사실상으로 의사를 진행할 수 있는 상태에서 주주들의 의사에 반하여 자진하여 퇴장한 경우, 주주총회가 폐회되었다거나 종결되었다고 할 수는 없다. 이 경우 의장은 적절한 의사운영을 하여 의사일정의 전부를 종료케 하는 등의 직책을 포기하고 그의 권한 및 권리행사를 하지 아니하였다고 보아서, 퇴장 당시 회의장에 남아 있던 주주들이 임시의장을 선출하여 진행한 주주총회의 결의도 적법하다고 보았다.[71]

(2) 회기 도중 의사일정과 의안상정 등

노동조합의 총회 또는 대의원회는 회의 소집시 공고된 안건을 의사일정에 따라 진행하는 것이 원칙이며 사전에 공고되지 않은 안건상정, 소집공고의 취지에 위반되는 것은 원칙적으로 상정될 수 없다.[72] 노조규약에 긴급동의에 관한 규정이 있는 경우에는 동 절차에 따라 긴급동의의 발의를 통해 의사일정 또는 회의순서 변경, 이미 부의된 안건의 삭제, 새로운 의안상정 등을 하고 심의 · 의결을 할 수 있다.[73] 다만, 규약으로 정해 긴급동의로 새로운 의안을 상정하더라도 최소한으로 인정하여야 한다.

---

70) 노조 01254-344, 1997.04.10
71) 대판 2001다12973, 2001.5.15
72) 노조법 제19조
73) 노조 01254-812, 1997.10.7 ; 노조 01254-949, 1995.8.28

7) 의결방식

총회 또는 대의원회는 재적조합원 또는 대의원 과반수의 출석과 출석조합원또는 대의원 과반수의 찬성(예 : 재적조합원 64명에 63명이 출석한 경우 32명이 과반수)으로 의결하게 된다.[74] 다만, 규약의 제정 · 변경, 임원의 해임, 합병 · 분할 · 해산 및 조직형태의 변경에 관한 사항은 재적조합원 또는 대의원 과반수의 출석과 출석조합원 또는 대의원 3분의 2 이상의 찬성이 있어야 한다.[75] 표결방법은 거수 · 기립 및 무기명 투표 등 아무런 제한이 없다. 다만, 규약의 제정 · 변경과 임원의 선거 · 해임에 관한 사항은 조합원의 직접 · 비밀 · 무기명 투표에 의하여야 한다.[76]

직접 · 비밀 · 무기명투표 방식으로 의결해야 할 사항을 규약을 변경하면서 거수로 의결하는 경우에는 그 효력을 인정할 수 없다. 기타 규약으로 특정안건에 관한 투표방식 등에 관한 제한규정을 두지 않았다면 "규약 제정 · 변경, 임원선거 · 해임" 이외의 모든 사항(예 : 조직변경, 해산의결 등)은 위임이나 대리에 의한 출석, 서면에 의한 표결권 행사 등 규약으로 정한 바에 따라 조합원의 간접의사표시 방법도 허용된다.

(1) 노조대표자의 대의원회 의결권 행사

노조 대표자는 대의원회의 소집 · 진행권자이기는 하지만 노조대표자가 대의원 신분이 아닌 경우에는 대의원회에서 의결권을 행사할 수는 없다. 이 경우 "가부 동수인 경우 의장이 표결권을 행사한다."고 정한 경우라도 대의원회에서는 의장인 대표자가 대의원신분을 가지지 않았다면 표결권을 행사할 수 없다.[77]

(2) 대의원회 표결권의 위임

총회와 달리 대의원회의 경우 대의원의 위임을 받은 대리인은 회의 참석이 불가능하다. 대의원은 그 자체로 조합원의 의사를 대표하도록 위임받은 자이

74) 노조법 제16조제2항 전단
75) 노조법 제16조제2항 단서
76) 노조법 제16조제4항
77) 노조 01254-529, 1996.5.22

므로 다시 위임할 수는 없기 때문이다. 따라서 반드시 대의원 본인이 참석하여야 한다.

(3) 대표자의 불신임

노동조합의 대표자가 총회에서 불신임되어 대표자 자격을 상실한 경우, 당해 노동조합의 규약상 직무대리 순서에 따라 정한 자가 대표자의 직무를 대행할 수 있다. 직무대행자는 규약상 직무대행 범위 내에서 노동조합 대표자의 직무를 대행할 수 있다. 따라서 노조대표자에 대한 불신임 안건이 부의되었다 하더라도 불신임표결이 통과되지 않았다면, 회의 진행자인 의장의 신분에는 어떠한 영향도 미치지 않는 것이므로 규약상 별도의 규정이 없는 한 조합원들이 임시의장을 선출하여 회의를 진행할 수는 없다.[78)]

(4) 총회결의 하자의 치유

총회 또는 대의원회의 소집이나 절차에 법령이나 조합규약 또는 조합 내부규정에 위배되는 결함이 있으면 그 결의는 무효인 것이 원칙이다. 다만, 재적 조합원 또는 대의원 전원이나 전원에 준하는 조합원 또는 대의원이 참석하고 소집절차상의 결함이 근소하며 또 총회 또는 대의원회에서 이에 관한 이의가 없었다면 이러한 절차상의 하자는 치유된다고 볼 수 있다.[79)]

(5) 임시의장 선출과 회의의 효력

노조법 제18조제2항과 제3항의 규정에 의한 임시총회 또는 대의원회 소집요청 및 소집권자 지명요청시 회의에 부의할 안건을 제시토록 한 것은 그 안건이 임시회를 소집할 만한 사유가 되는지의 여부를 판단하기 위한 것으로서, 임시회의 소집요청시 당초 제시되지 아니한 안건을 의결하는 것은 행정관청이나 노동위원회의 임시회의 소집의 필요성과 타당성에 대한 판단에 배치되는 것이므로 임시회의 소집요구 목적과 본질을 자의적으로 변경시킬 수 있는 안건은 의결할 수 없다. 따라서 노조법 제19조의 규정에 의해 총회 또는 대의원회에서는 회의소집시 공고된 부의사항에 대하여만 심의 · 의결할 수 있는 것이

78) 노조 01254-949, 1995.8.28

79) 노동조합과-1860, 2008.8.1 ; 유사판례, 대판 91다29071, 1992.3.27

원칙이며, 소집권자를 지명해 열린 임시회의에서는 부의안건 이외에 의결이 불가능하다.[80]

(가) 긴급동의 규정

다만, 노동조합의 규약에 "회의개최 공고시 안건으로 공고하지 않은 사항에 대하여도 당해 회의 도중 긴급동의로 발의하여 결의할 수 있다"는 취지의 별도 규정, 이른바 긴급동의 규정을 두고 있다면 이에 따라 새로운 안건을 상정하여 심의 · 의결할 수 있다.[81]

(나) 대표자가 정당한 사유없이 회의 진행을 거부하고 퇴장한 경우

조합원들이 위 긴급동의 조항 등 관련 규정에 따라 특정사항에 대해 심의할 것을 노동조합의 대표자에게 요청하였으나, 노동조합의 대표자가 정당한 이유없이 안건의 상정 등 회의 진행을 거부하고 퇴장한 경우, 규약에 정한 직무대행자, 규약에 정한 직무대행자가 없는 경우 동 회의에 참석한 조합원 또는 대의원중에서 선출된 임시의장이 안건을 상정하여 규약으로 정한 적법한 절차와 방법에 따라 의결 · 처리하였다면 그 효력을 부인하기 어렵다.[82]

실무에서 위원장이 위원장 불신임 안건 의결을 거부하여 조합원들이 규약으로 정한 바에 따라 임시의장을 선출하여 의결한 위원장 불신임 결의는 유효하다.[83]

나. 대의원회

노동조합은 규약으로 총회에 갈음할 대의원회를 둘 수 있다.[84] 대의원은 조합원의 직접 · 비밀 · 무기명투표에 의하여 선출되어야 하고, 임기는 규약으로 정하되 3년을 초과할 수 없다. 다만, 대의원을 선출하는데 있어서 의결정족수는 규약이 정하는 바에 따르는 것이 원칙이다. 규약에 별도로 정한 바가 없는

80) 노조 01254-15306, 1987.9.22

81) 노조 01254-583, 1993.5.21, 규약에 정한 경우를 제외하고는 임시총회 진행 도중에 긴급동의로 별도의 안건을 의결하는 것은 타당하지 않다

82) 공공노사관계팀-1336, 2007.6.26

83) 노조 68107-909, 2002.12.9

84) 노조법 제17조제1항

경우에는 출석조합원의 다수득표자를 당선자로 선출하더라도 무방하다. 대의원 선출을 위한 선거구 확정, 입후보 등록, 선거절차 등은 조합의 규약 또는 선거관리규정에서 정한 바에 따라야한다. 대의원회는 조합원의 의사가 최대한 반영될 수 있도록 조합원수에 따라 적정한 규모의 대의원을 두도록 하는 것이 바람직하다. 대의원회는 총회에 관한 규정을 준용하고 있으므로[85] 회의 개최, 의결정족수 등 제반사항은 총회의 규정을 적용해야 한다. 대의원회는 규약에 의하여 총회의 전권사항으로 정해진 사항을 제외하고는 무엇이든지 심의 · 의결할 수 있다.

1) 대의원선거관리규정

임원 및 대의원의 선거절차에 관한 사항은 규약에 기재하여야 하므로[86] 이를 정한 "선거관리규정"은 원칙적으로 총회(대의원회)에서 제정 · 변경하여야 한다.[87] 다만, 노동조합의 원활한 운영을 위하여 선거절차와 관련된 본질적이고 중요한 사항은 규약에서 정하고, 세부적인 사항은 규약의 위임에 따라 선거관리규정 등으로 정할 수 있다. 이 경우 규약의 위임에 따라 세부적인 선거절차와 방법을 정한 선거관리규정의 개정은 규약 변경에 해당되지 아니한다. 따라서 규약에 달리 정한 바가 있으면 그에 따르고 그렇지 않다면 일반적인 의결정족수에 의거 재적 과반수 출석과 출석조합원의 과반수의 찬성으로 의결하는 것이 바람직하다.[88]

판례에서도, 조합의 선거관리규정이 규약인 운영세칙의 위임에 따라 세부적인 선거절차와 방법을 규정하고 있는 것이라면, 그 선거관리규정의 개정은 노조법 제16조2항에서 정한 재적조합원 과반수의 출석과 출석조합원 3분의 2 이상의 찬성을 요하는 규약의 변경에 해당하지 아니한다고 판시했다.[89]

임원의 선거와 관련하여 다툼이 있는 경우에는 규약상 권한 있는 기관의 결

85) 법 제17조제4항
86) 노조법 제11조제14호
87) 노조법 제16조제1호, 규약의 제정과 변경에 관한 사항, 재적조합원 과반수 출석과 출석조합원 3분의2 이상의 찬성이 있어야 한다.
88) 노조법 제16조제2항 전단
89) 대판 97다58446, 1998.3.24

의 · 결정에 따르는 것이 타당하다.[90]

2) 대의원의 징계

대의원은 대의원회에 참석 · 의결하는 권한만을 행사하고, 노동조합 업무집행권을 갖고 있지 아니하기 때문에 임원이 아니다. 따라서 별도의 규약에 정한 바가 없는 한 불신임 대상은 될 수 없고 일반조합원과 같이 조합원으로서의 징계는 가능하다.[91]

3) 총회와 대의원회의 관계

규약으로 총회에 갈음할 대의원회를 둔 경우에는 대의원회 의결로 총회 의결사항을 결의할 수 있고, 운영의 효율성을 도모하기 위해 대의원회만 두고 총회를 두지 않을 수도 있다.[92] 다만, 규약으로 총회와 대의원회를 함께 둔 경우에는 소관사항을 명확히 구분하도록 하여 집행부가 노동조합을 자의적으로 운영하지 못하도록 하는 것이 바람직하다.

노동조합은 총회와 대의원회의 권한 사항을 명확히 구분하여야 한다. 따라서 총회에서 의결하던 사항은 총회에서, 대의원회에서 의결하던 사항은 대의원회에서 각각 의결하여야 하며, 총회에서 부결된 사항을 다시 대의원회에 회부하거나, 대의원회에서 부결된 사항을 다시 총회에 회부하는 것은 허용되지 아니한다.

실무상, 총회와 대의원회의 기능이 구분되지 아니하여 분쟁이 발생한 경우는, 1차적으로 기존에 해왔던 관행과 규약으로 정한 권한 있는 기관의 결정 · 해석에 따르되, 이러한 방법으로도 의결기관을 정하지 못한 경우에는 원칙적으로 조합의 최고의사결정기관인 총회에서 의결하는 것이 바람직하다.[93]

---

90) 공공노사관계팀-1336, 2007.6.26
91) 노조 01254-14930, 1989.10.18
92) 노조법 제17조제1항
93) 노사관계법제팀-1425, 2007.4.27

4) 기타 실무상 쟁점

(1) 특정조합원에 관한 사항 표결

노조법 제20조에 의하면, 조합이 특정 조합원에 대한 사항을 의결할 경우, 그 조합원은 표결권이 없도록 정하여 특정 의결의 공정성을 담보하고 있다. 다만, 당해 조합원은 총회에 출석하여 소명할 기회를 보장받아야 할 것이므로 개의정족수에는 포함이 되지만 조합원이 관련된 사항의 의결정족수 계산에 있어서는 출석조합원 수나 그 과반수의 산정에 있어서 모두 제외된다. 특히 소수의 조합원만으로도 다수의 조합원에 대한 불신임 의결이 가능하게 되는 등의 불합리한 결과를 막기 위해서는 조합이 임원 등 2명 이상에 대하여 불신임 결의를 하는 경우에는 그 의결에 있어서 2명 이상의 임원 등 전부를 동시에 배제할 수는 없고, 각 임원 등에 따라 개별적으로 의결하되 해당 임원 등에 대해서만 의결에서 배제된다고 보아야 한다.[94)]

(2) 기타 규약으로 정한 사항의 효력

조합자치의 원칙상 노조법에서 정하지 않은 제반사항은 규약으로 정하여 시행하여야 한다. 현 위원장이 차기 위원장선거에 출마하기 위해서 위원장직을 사퇴하여야 하는지, 새로 선출된 위원장의 임기는 언제부터 시작되는지 대의원, 집행부 임원 등을 몇 명으로 할 것인지, 임기는 어떻게 할 것인지 여부 등 세부적인 사항을 미리 규약으로 정해두는 것이 바람직하다. 임기에 관해서는 선출일로부터 시작된다는 규정이나 관행이 있는 경우 또는 특별한 정함이 있는 경우 그에 따르면 될 것이고, 그러한 규정이나 관행이 없는 경우, "기존 위원장의 임기만료일 다음날부터" 임기가 시작된다.

다만, 임원의 선거와 해임에 관해서는 조합원의 직접 · 비밀 · 무기명투표방식에 의하고, 선거의 경우는 출석조합원의 과반수를 얻어야 하고 과반수를 얻은 자가 없는 경우에는 규약이 정하는 바에 따라 결선투표를 실시하여 다수표를 얻은 자를 선출할 수 있으므로 그에 따라야 한다.[95)]

---

94) 노동조합과-1858, 2008.8.1

95) 노조법 제16조제3항 · 제4항 ; 노동조합과-1833, 2008.7.31

4. 노동조합의 임원

노동조합의 임원은 조합원의 자격을 가진 자로서, 규약과 총회의 결의 등에 따라 대내적으로 노동조합의 일상업무를 집행하고 대외적으로 단체교섭을 비롯한 대외활동에서 노동조합을 대표하는 집행기관이다. 따라서 조합원이 아니면서 노조가 고용한 직원은 동 노조의 조합원이 될 수 없고 임원도 될 수 없다. 일반적으로 임원은 위원장, 부위원장, 사무국장, 회계감사 등을 의미한다.

노조법에서는 임원의 자격 · 선거 · 임기 · 해임방법에 관해서만 정하고, 그 범위나 명칭 등에 관해서는 달리 정한 바가 없다. 따라서 조합자치의 원칙상 임원의 범위는 자체규약으로 정하여야 한다. 예를 들면, 규약상 임원의 범위를 「위원장, 부위원장, 사무처장, 정책연구실장, 교섭지도실장, 투쟁실장, 회계감사위원」으로 정하고, 그 선거방법은 「대의원의 직접 · 비밀 · 무기명투표」에 의하도록 정하고 있다면 이에 따라야 한다. 만약 규약을 어기고 노조대표자가 타 임원을 임의로 지명하여 임명한 경우라면 그 효력을 인정받기 어렵다.[96]

임원이 궐위(사망, 해임, 사임, 기타 대표자격의 상실 등으로 노조대표자가 그 지위에 있지 않는 경우임) 또는 사고[97] 등 유고시에는 규약에서 정한 자가 그 직무를 대행할 수 있다.

가. 임원의 선출

임원은 그 조합원 중에서 선출되어야 한다.[98] 임원의 선출은 조합원의 자유의사에 따라 총회 또는 대의원회에서 직접 · 비밀 · 무기명투표에 의하고 출석조합원 또는 대의원 과반수의 찬성이 있어야 하고[99] 임원의 해임은 재적조합원 과반수의 출석과 출석조합원 3분의 2 이상의 찬성이 있어야 한다. 다만, 임원의 선거에서 출석조합원 과반수의 찬성을 얻은 자가 없는 경우에는 규약이 정하는 바에 따라 결선투표를 실시하여 다수의 찬성을 얻은 자를 임원으로

96) 노조 01254-683, 1997.7.31

97) 대표자가 그 지위에 있으면서 신병이나 해외여행 등으로 일시적으로 직무를 수행할 수 없는 경우와 징계(해임)절차 진행 등으로 권한행사가 정지된 경우 등을 말함

98) 노조법 제23조

99) 노조법 제16조제2항

선출할 수 있다.[100] 임원의 임기는 규약으로 정하되 3년을 초과할 수는 없다.

노조법에서는 대의원과 임원의 겸직을 금지하지 않고 있으므로, 조합의 규약에서 겸직금지규정을 두지 않았다면 대의원은 임원을 겸직할 수 있다. 다만, 겸직여부 등에 대해 조합원들 사이에 논란이 있을 수 있으므로 사전에 규약으로 명확히 정해두는 것이 좋다.[101] 한편, 위원장 선출과 관련하여 노동조합 규약에 특별한 규정이 없는 한, 현 위원장이 차기 위원장선거에 출마하기 위해서 위원장직을 반드시 사퇴할 필요는 없다. 임원의 임기는 언제부터 시작할 것인지 여부는, 일반적으로 규약이나 관행이 있는 경우 그에 따르면 될 것이나 그러한 규정이나 관행이 없는 경우, 기존 위원장의 임기만료일 다음날부터 임기가 시작된다.[102] 보궐선거에 의해 선출된 임원의 임기는 전임임원의 잔여기간으로 한다.

1) 조합원의 피선거권 제한

모든 조합원은 평등하게 피선거권을 가진다.[103] 임원의 선출은 조합민주주의 원칙에 의거 모든 조합원이 평등한 자격으로 참여할 수 있는 절차가 보장되어야 한다. 따라서 임원 또는 대의원 입후보시 일정 조합원의 추천이나 필요 최소한의 근무기간을 자격요건으로 정할 수 있으나, 합리적인 범위를 넘어서 특정인의 당선 또는 저지를 목적으로 임원자격을 과도하게 제한하거나 공탁금을 징수하는 사례가 없도록 하여야 한다.

판례에 따르면, 노동조합이 규약으로 임원이 될 수 있는 자격을 "일정한 수 이상의 조합원의 추천을 받은 자 및 노동조합원이 된 때로부터 일정한 기간이 경과한 자로 제한한 경우"에도, 추천을 받아야 할 조합원의 숫자가 전체조합원의 숫자에 비추어 소수 조합원의 권리를 해할 우려가 있는 정도에 이르지 아니하고, 요구되는 기간이 사용자와 노동조합의 실정을 파악하여 노동조합의 임원으로 직무를 수행하는 데에 필요하다고 인정되는 합리적인 기간을 넘어서

100) 노조법 제16조제3항 ; 공공노사관계팀-487, 2007.3.2
101) 노동조합과-1833, 2008.7.31.
102) 노동조합과-1833, 2008.7.31
103) 노조법 제22조

는 아니된다. 따라서 노동조합이 자주적인 판단에 따라 규약으로 합리적인 범위 내에서 조합원들의 피선거권을 제한한 경우(단, 1회의 조합비 미납을 이유로 투표권 제한 등)는 평등에 대한 현저한 침해라고 볼 수 없다[104]고 판시한 바 있다.

2) 규약 또는 선거관리규정 등으로 정한 투표방법

단위노조가 지역적으로 분리되어 있거나, 주 · 야간 교대, 3부제 등 근무형태가 특이하여 전체 조합원이 특정한 시간에 동일한 장소에 모여 투표를 행할 수 없는 경우에는 노조의 규약 또는 선거관리규정으로 정하여 부서별, 근무반별, 지역별로 투표를 행할 수 있다. 임원 등 선출을 위한 투표의 구체적인 진행은 규약으로 정한 선거관리위원회가 선거관리규정 등에 정한 절차에 따라 실시하는 것이 바람직하다. 선서관리규정은 투개표과정에서 첨예하게 갈등으로 나타나 조직을 양분할 수도 있다. 따라서 세밀한 부분까지 명확한 절차를 정해두는 것이 바람직하다. 유효 · 무효표 판정법, 투표인명단이 확정된 이후에 입사한 근로자에 대한 투표권 여부, 조합비 미납자에 대한 투표권제한, 당선인 확정과 등록절차, 재선거 방법, 분쟁이 발생하였을 경우 권한 있는 해결기관 등 다양한 사항이 선거관리위원회의 결정사항이다.

3) 무투표 당선의 효력

임원선거시 경선후보자가 없을 경우 무투표 당선을 규정한(위원장 입후보 경선자가 없을 때에는 무투표 당선(찬반투표 없이) 확정한다) 선거관리규정이 노조법에 반하는지 여부가 의문이다. 노조법 제16조, 제17조, 제23조에 의하면, 노동조합의 임원은 조합원 또는 대의원의 직접 · 비밀 · 무기명투표에 따라 조합원 또는 대의원 재적과반수의 출석과 출석조합원 또는 대의원 과반수의 찬성으로 조합원 중에서 선출되어야 하므로 "위원장 입후보 경선자가 없을 때에는 무투표 당선 확정한다"는 노조의 선거관리규정은 무효가 된다.[105]

4) 규약 위반 임원선거와 임원의 존재성

노동조합이 대의원선거와 임원선거를 통해 임원을 선출하였다면, 비록 대

104) 대판 91다14413, 1992.3.21
105) 노사관계법제과-777, 2008.10.15

의원선거와 임원선거가 노동조합 규약에 위반되어 행정관청으로부터 시정명령이 내려졌다 하더라도, 시정명령의 효과는 그 선거결과 자체를 무효로 하는 것은 아니므로, 시정명령을 이행할 때까지는 당해 노동조합에는 형식상 임원이 있는 것으로 보아야 한다.[106)]

5) 선거관련 규약변경의 효력

선거관련 규약을 변경하는 경우(예 : 위원장의 임기 중 규약을 단임제에서 연임제로 변경한 경우, 입후보 자격규정 등) 변경된 규약에 따라 현 위원장이 차기 위원장선거에 출마할 수 있는지, 입후보 자격이 있는지 등 변경된 규약의 적용시점을 두고 논란이 있을 수 있다. 변경된 규약은 규약에서 정한 효력발생 시점부터 전 조합원에게 적용되는 것이 원칙이다. 따라서 효력발생 시점을 일반적인 시점과 달리 정하거나 특정 조합원에 한해 변경된 규약을 적용시키지 않기 위해서는 따로 효력경과규정을 두어야 한다. 변경된 규약에 효력경과규정을 두고 있지 않거나 변경된 규정이 배제될 만한 특수한 사정이 없는 한 변경된 규약은 변경결의를 한 시점부터 장래를 향하여 적용된다.[107)]

6) 표결권의 위임

노조법 제16조제4항은 총회의 의결사항 중 “규약의 제정 · 변경, 임원선거 · 해임”에 관한 사항은 조합원의 직접 · 비밀 · 무기명투표로 의결하도록 강제하고 있다. 따라서 임원선거와 해임에 관한 표결은 위임할 수 없다. 다만, 조직형태변경 등 “규약의 제정 · 변경, 임원선거 · 해임” 등 반드시 조합원이 직접선거를 하도록 정한 사항 외의 사항은 의결방식에 대한 별도의 제한규정을 두고 있지 않고 있으므로 노조 규약상 달리 정함이 없는 한 민법상 대리제도를 준용하여 대리인 등에 의한 방법으로 회의 의결권을 행사할 수 있다.

따라서 “규약의 제정 · 변경, 임원선거 · 해임”에 관한 사항 이외의 사항에 대해 총회에 참석할 수 없는 조합원이 지부규약에 따라 의장에게 위임장을 제출하고 조합은 이것을 회의참석으로 간주하여 법에서 정한 의사 · 의결정족수

106) 노사관계법제과-39, 2008.8.14
107) 노동조합과-1426, 2008.6.26

에 따라 유효하게 조직형태를 변경하기로 의결하였다면 유효하다.[108]

나. 임원의 해임

임원의 임기는 규약으로 정하되 3년을 초과할 수 없으므로 3년 이내의 기간으로 자율적으로 정할 수 있다.[109] 규약 등에서 임기 개시일에 관한 별도의 정함이 없는 경우에는 전임 임원의 임기만료일 다음날부터 개시된다. 임원의 해임은 법 제16조제2항의 규정에 따라 재적조합원 과반수의 출석과 출석조합원 3분의 2 이상의 찬성이 있어야 하며, 동조 제4항에 의거 직접 · 비밀 · 무기명투표에 의하여야 한다.[110] 임원의 해임안을 총회에 부의할지 여부를 결정하는 의결은 대의원회에서 일반의결정족수로 가능하다.[111]

임기 중 규약을 변경하여 임기를 단축, 연장하더라도 규약 변경당시 임원의 임기는 선출시 규약의 임기가 적용된다. 대표임원의 임기가 만료된 경우 후임 대표자의 선출 여부와 관계없이 현재 대표자의 자격은 상실된다. 다만, 임기만료된 전임대표자는 민법상 "위임종료시의 긴급처리"[112] 규정을 준용하여 노동조합의 정상적인 운영을 위한 불가피한 조치로서 후임 대표자 선출을 위한 회의소집 및 그 의장으로 활동할 수 있다.[113]

1) 임원의 탄핵

노동조합 임원의 탄핵에 관하여는 반드시 규약에 그 사유와 절차를 명시하여야 한다.[114] 임원의 해임 의결기관은 총회 또는 대의원회에서 결의하되, 규약으로 정한 바에 따른다. 그 기능이 명확히 구분되어 있지 아니한 경우에는 기존의 관행에 따라 의결기관을 선택하는 것이 타당하다.[115] 다만, 별도의 규정이 없는 한 임원의 해임은 원칙적으로 해당 임원을 선출한 기관에서 결의하

108) 노동조합과-59, 2008.3.7
109) 노조법 제23조
110) 노조 68107-859, 2001.7.30
111) 노조01254-121, 2000.2.14
112) 민법 제691조
113) 대판 2006두19297, 2007.7.19
114) 노조법 제11조제13호
115) 노사관계법제팀-1187, 2006.4.28

여야 한다. 따라서 총회에서 선출한 임원에 대하여는 대의원회에서 불신임할 수 없다.[116] 임원을 총회에서 선출하였음에도 집행부 세력간의 분열로 대의원회에서 임원의 해임을 결의하는 것은 허용되지 않는다.

(1) 표결의 특례

노조법 제20조에 의하면, 조합이 특정조합원에 관한 사항에 대하여 의결할 경우에는 그 조합원은 표결권이 없다고 정하고 있다. 이 규정의 취지는 특정 의결의 공정성을 담보하는 데에 있다. 따라서 탄핵 등 의결과정에서 당해 조합원은 총회 또는 대의원회에 출석하여 소명할 기회를 보장받아야 할 것이고, 당해 조합원은 개의정족수에는 포함되나, 그 의결정족수의 계산에 있어서는 출석조합원 수나 그 과반수의 산정에 있어서 모두 제외된다.[117]

(2) 임원에 대한 탄핵과 불신임 · 해임

조합은 규약으로 탄핵등 징계에 관한 규정을 둘 수 있는데, 규약에 기재된 "탄핵 · 불신임 · 해임"의 구체적인 의미 등이 불분명할 경우에는 규약의 제정 취지나 배경 등을 종합적으로 고려하여 당해 규약을 제정한 노동조합의 권한 있는 기관에서 해석하거나 결의 · 결정하여야 할 것이다. 탄핵되거나 불신임 결의가 되었을 경우 보궐선거 등을 실시해야한다고 규정되어 있는 경우라면 탄핵이나 불신임은 해임과 같다.[118]

(3) 긴급동의로 발의한 불신임 등

노조법 제19조에 의하면, 총회 또는 대의원회에서는 회의소집시 "공고된 부의사항"에 대하여만 심의 · 의결할 수 있는 것이 원칙이다. 노동조합의 규약에 "회의개최 공고시 안건으로 공고하지 않은 사항에 대하여도 당해 회의 도중 긴급동의로 발의하여 결의할 수 있다"는 취지의 "긴급동의규정"을 두고 있고, 이에 따라 새로운 안건을 상정하여 의결하였다면 그 정당성을 부인하기 어렵다. 조합원들이 규약상 긴급동의 규정에 따라 특정사항에 대해 심의할 것

116) 노조 01254-16258, 1987.10.13
117) 노동조합과-1858, 2008.8.1
118) 노사관계법제팀-1187, 2006.4.28

을 노동조합의 대표자에게 요청하였으나, 노동조합의 대표자가 정당한 이유없이 안건의 상정을 거부하고 퇴장한 경우라면 규약 또는 분회운영규정 등에 정한 직무대행자, 규약 등에 정한 직무대행자가 없는 경우 동 회의에 참석한 조합원 또는 대의원중에서 선출된 임시의장 등이 안건을 상정하고 적법한 절차와 방법에 따라 임원의 불신임 등을 의결 · 처리하였다면 유효하다.[119]

2) 임원의 자격

산업별 · 지역별 노동조합의 지부 · 분회가 조직적 동일성을 유지하면서 유효하게 조직형태 변경 결의를 하여 기업별 노조 또는 다른 산업별 · 지역별 노조에 가입한 경우에는 기존 조합원은 새로이 설립 또는 가입한 노동조합의 조합원이라고 보아야 한다. 따라서 변경 전 조직의 임원은 변경 후 조직의 임원으로 보아야 한다.[120] 사업장 이전 · 통합, 영업의 양도양수 등으로 1개 사업장에 기존의 노조와 이전 통합되는 노조가 혼재하는 경우가 있다. 기업별 노조의 경우 그 설립단위 내지 조직의 근거가 되는 기업이 소멸함에 따라 당해 노조도 소멸 · 해산되는 것으로 보는 것이 원칙이나, 기업 합병 등의 경우에는 합병 등으로 인해 소멸된 기업의 권리 · 의무가 합병 후 존속 또는 신설된 기업에 포괄적으로 승계되는 것이므로, 이전 · 통합, 영업의 양도양수 등의 경우에도 근로자의 고용 및 기타 근로계약상의 지위가 승계되면서 당해 근로자들을 구성원으로 하는 노동조합의 지위 · 임원의 지위도 승계되는 것으로 보는 것이 타당할 것이다.[121] 이 경우 양 노조가 통합결의를 하여 단일노동조합으로 출범하지 않는 한 1사에 2개 노동조합이 병존하는 복수노조체계가 될 것이다. 다만, 사업장 이전 · 통합 이후 조직의 통합 · 인사교류의 실시 등에 의하여 사실상 노조의 조직대상이 중복되는 경우에는 노조법 부칙 제7조의 입법취지에 따라 각 조합의 총회 등에서 합병결의 등을 거쳐 단일노조를 설립 · 운영하는 것이 바람직할 것이다.[122]

---

119) 노조 68107-319, 2002.4.18
120) 노사관계법제팀-447, 2007.2.7
121) 같은 취지, 대판 93누21231, 1994.10.25
122) 노사관계법제팀 309, 2007.1.26

5. 노동조합의 전임자 및 근로시간면제자

가. 전임자 신분

근로자는 단체협약으로 정하거나 사용자의 동의가 있는 경우에는 근로계약 소정의 근로를 제공하지 아니하고 노동조합의 업무에만 종사할 수 있다. 노조 전임자란, 조합원의 자격을 가진 자로서, 단체협약 혹은 사용자의 동의를 얻어 근로계약 소정의 근로를 제공하지 아니하고 노동조합 업무에만 종사하는 자를 말한다.[123] 따라서 노조에서 자체적으로 채용한 직원은 비록 조합업무에만 전임하더라도 본래의 전임자가 아니다. 노조전임자라 하더라도 근로자의 신분이 유지되고 휴직상태에 있는 근로자와 유사한 지위를 가진다. 그러므로 사용자와의 사이에 기본적 근로관계는 유지되기 때문에 취업규칙이나 사규의 적용이 전면적으로 배제되는 것이 아니다. 따라서 단체협약에 조합전임자에 관하여 특별한 규정을 두거나 관행이 존재하지 아니하는 한 출퇴근에 대한 사규의 적용을 받는다.[124] 전임자 수, 전임기간 동안의 처우, 회사 자체규정의 적용관계 등에 대하여 사전에 단체협약으로 이를 명확히 하도록 함으로써 전임활동에 관한 추후 분쟁이 없도록 하는 것이 좋다.

전임자가 종사할 수 있는 업무범위는, 전임자를 인정한 당해 단체협약의 취지와 내용, 급여지급에 반영된 당사자의 진정한 의사와 노사관행 등을 종합적으로 판단하여 구체적, 개별적으로 판단하여야 한다.[125] 전임자는 통상 무급휴직으로 하고, 회사의 취업규칙 등 내부규정으로 정하는 것이 일반적이다.

전임자 수와 전임활동 범위 등에 관해서는 노사가 단체협약을 통해 자율적으로 결정할 수 있는 것이 원칙이다. 다만, 개정법은 전임자에 대한 급여지급을 원칙적으로 금하되, 근로시간면제 심의위원회에서 정하는 한도 내의 인원

---

123) 노조법 제24조【노동조합의 전임자】① 근로자는 단체협약으로 정하거나 사용자의 동의가 있는 경우에는 근로계약 소정의 근로를 제공하지 아니하고 노동조합의 업무에만 종사할 수 있다.
② 제1항의 규정에 의하여 노동조합의 업무에만 종사하는 자(이하 "전임자"라 한다)는 그 전임기간동안 사용자로부터 어떠한 급여도 지급받아서는 아니된다.
③ 사용자는 전임자의 정당한 노동조합활동을 제한하여서는 아니된다.

124) 대판 94다58087, 1995.4.11

125) 대판 2003두12790, 2005.6.23

과 시간 등에 대해서는 유급으로 임금을 지원하고, 면제한도를 초과하는 인원과 시간 등에 대해서는 노동조합이 스스로 비용을 부담하는 것을 원칙으로 하고 있으므로, 전임자가 사용자의 동의를 얻어 근로시간면제자로 활동할 경우 그 한도에서 유급으로 처리할 수 있다.

실무상 전임자의 근로제공의무 위반, 전임자에 대한 징계 및 사용자의 관련행위가 부당노동행위인지 여부와 관련, 전임발령이 있어야만 전임자로 활동할 수 있는지 혹은 단체협약으로 전임규정을 두고 그에 따라 전임자명단을 사용자에게 통보한 날로부터 전임활동이 개시되는지를 두고 다툼이 있을 수 있다.

판례에 따르면, 전임제는 사용자가 노동조합에 대한 편의제공의 한 형태이므로 사용자가 단체협약을 통해 승인하는 경우에만 비로소 인정되는 것으로서, 근로계약관계처럼 근로자의 대우에 관해 정하는 근로조건이 아니다. 따라서 단체협약에 전임규정을 두었더라도 사용자가 특정근로자에 대해 그 시기를 특정하여 사용자의 전임발령이 없어도 근로제공의무가 면제되는 것이 명백하다거나 관행이 있다거나 사전사후에 승인을 받는 등의 특수한 사정이 없는 한 노조전임발령 전에는 근로제공의무가 면제될 수 없는 것이 원칙이고, 노동조합이나 근로자의 일방적인 전임통지에 의해 근로제공 의무가 면제될 수는 없다.[126] 다만, 노동조합이 단체협약에 따라 전임자를 선정하여 사용자에게 통지했음에도 불구하고 정당한 이유없이 인사권을 남용하여 전임발령을 거부한 경우, 해당 전임자의 근로제공의무는 전임발령이 없었지만 정당한 전임발령이 있을 것으로 기대되었던 시기가 도래함으로써 면제된다고 볼 수 있다.[127] 전임자에 관한 사항은 단체협약의 채무적사항으로서 단체협약 실효와 함께 효력을 상실하는 것이 원칙이다.[128]

126) 대판 97다6926, 1997.4.25
127) 서울행판 2008구합34771, 2009.10.16
128) 대판 96누17738, 1997.6.13

나. 전임자 급여지급, 재해보상 등

2010.7.1부터 노동조합업무에만 종사하는 전임자는 전임기간동안 사용자로부터 어떠한 급여도 지급받아서는 아니된다.[129] 전임자는 기본적으로 근로계약상 노무를 제공할 의무가 면제되는 것은 아니므로 전임활동 시간에 대한 임금은 노동조합 스스로가 부담하는 것이 원칙이다. 따라서 사용자가 전임자 급여를 부담할 경우는 노조 자주성을 침해하는 부당노동행위로 처벌할 수 있고,[130] 노동조합은 전임자에 대한 급여지급을 요구하고 이를 관철할 목적으로 쟁의행위를 하여서는 아니된다.[131] 통상 노동조합은 임금, 근로시간 등 근로조건의 결정에 관한 사항과 함께 전임자 급여지급을 요구하다 교섭이 결렬되어 쟁의행위를 하는 경우가 일반적이며 그 쟁의행위의 정당성여부는 주된 목적이 무엇인가에 따라 판단하는 것이 원칙이다. 그러나 개정노조법에서는 전임자 급여지급 요구관련 쟁의행위가 명시적으로 금지됨으로써 주된 목적인지 여부에 관계없이 쟁의행위의 여러가지 요구사항 중 "전임자의 급여지급 요구"가 포함된 경우는 그 자체로 법위반으로 본다. 노동조합의 위반행위에 대해서는 1천만원 이하의 벌금에 처한다.[132]

1) 단체협약으로 전임자급여지급을 약정한 경우

전임자 급여지급을 금하는 개정법을 시행하더라도 노사자율 협약을 존중하고 노동현장의 갈등을 방지하기 위해 개정법 시행일인 2010.1.1 이전에 이미 체결되어 있는 단체협약의 효력을 일정기간 존중할 필요가 있다. 그러므로 기존 단체협약 등에 의하여 전임자 급여를 지원하고 있는 경우 사용자가 단체협약 유효기간 내에는 지원 규모를 일방적으로 축소하거나 중단할 수 없다.

따라서 2010.1.1 개정법 시행일 현재 유효한 단체협약으로서, "개정법 시행일 이전에 이미 전임자에 대한 급여지급을 약속한 경우에는 그 단체협약의 체결당시 정한 유효기간까지 전임자에 대한 급여를 지급할 수 있고, 이 경우

129) 노조법 제24조제2항, 부칙 제8조
130) 노조법 제81조제4호
131) 노조법 제24조제5항
132) 노조법 제92조제1호

부당노동행위로 보지 않는다".[133] 다만, 부칙 제3조에서 말하는 개정법 시행일에 대해서 판례와 행정해석의 견해가 각각 다르다.

(1) 행정해석의 견해

부칙 제3조에 정한 "이 법 시행일"을 2010.1.1로 본다. 따라서 2010.1.1 이전에 이미 체결된 유효한 단체협약에 한하여 적용되는 것이다. 그러므로 2010.1.1 이후에 만료된 단체협약을 갱신하면서 단체협약 개시일을 2010.1.1 이전으로 소급적용하거나 2010.1.1 이전에 만료된 단체협약을 2010.1.1 이후에 체결하면서 개시일을 2010.1.1 이전으로 소급적용한 경우, 단체협약의 만료로 인해 새로운 단체협약이 체결되지 못한 경우, 무협약 상태를 피하기 위해 그 협약만료일로부터 3개월간의 여후효, 자동연장규정(미리 단체협약에 정하기를, 본 협약은 새로운 협약이 성립될 때까지 유효하다는 규정) 등으로 단체협약의 유효기간을 연장하는 경우는 적용되지 않는다. 다만, 2010.1.1 이전에 이미 단체협약이 만료된 후 자동갱신[134]을 통하여 그 유효기간이 2010.1.1 이후까지 존재할 경우는 그 협약의 유효기간까지는 적용된다. 그러나 자동갱신된 단체협약의 유효기간이 만료된 이후에는 다시 자동갱신이 되더라도 적용되지 않는다는 입장이다.

행정해석의 견해에 따르면, 2010.1.1 현재 전임자 급여지급을 약정한 단체협약의 유효기간이 만료된 경우는 개정법에 따라 2010.7.1부터 전임자에 대한 급여지급을 할 수 없다. 또한 2010.1.1 이후 2010.7.1 개정법 시행일 이전에 단체협약이 만료된 경우는 새로운 단체협약을 체결하더라도 2010.7.1 이후까지 전임자급여지급을 약정한다면 법위반 단체협약이 될 것이다. 만약 노동조합에서 단체협약의 유효기간이 도래하지 않았음에도 전임자규정을 보다 유리하게 개정하기 위하여 단체교섭 또는 보충교섭을 요구하는 것은 평화의무 위반이다. 따라서 사용자는 교섭에 응할 의무가 없고 교섭을 거부하더라도 부당노동행위에 해당하지 않는다. 노동조합이 전임자관련 사항의 갱신을

133) 노조법 부칙 제3조

134) 협약만료일 이전에 일정 기간 내에 당사자가 협약개폐에 관한 의사표시를 하지 않을 경우 기존 협약과 동일한 내용의 새로운 협약이 체결된 것으로 한다는 취지의 조항

요구하며 쟁의행위를 하거나 사용자의 교섭거부를 이유로 한 쟁의행위를 한다면 민 · 형사면책이 되지 않는다.

(2) 판례의 견해

판례는 노조법 부칙 제3조에서 정한 "이 법 시행일"은 개정법[135]의 원칙적 시행일인 2010.1.1이 아니라 2010.7.1로 보았다. 그 내용을 살피면, "노조법 부칙 제3조에서, 이 법 시행일 당시 유효한 단체협약은 이 법에 따라 체결된 것으로 보고, 그 내용 중 일부 또는 전부가 제24조를 위반한 경우에도 해당 단체협약의 유효기간까지는 효력이 있는 것으로 본다고 정하였는데, 이것은 전임자급여지급을 금지한 제24조제2항이 전면적으로 적용됨으로써 기존에 체결된 단체협약의 전임자급여지급조항의 적용에 따른 불이익과 혼란을 최소화하려는데 입법 취지가 있다. 따라서 노조법 제24조제2항의 전임자급여지급 금지의 적용일인 2010.7.1 당시 전임자급여지급을 정한 단체협약이 존재하는 경우에는 부칙 제3조 단서에 따라 유효기간까지는 효력이 있는 것으로 보아야 하고, 나아가 2010.7.1 이전에 유효기간이 만료되었으나 단체협약에서 정한 자동갱신조항에 의하여 갱신됨으로써 2010.7.1 당시 유효한 단체협약이 존재하는 경우에도 부칙 제3조 단서가 적용되어 갱신된 유효기간까지는 전임자급여지급 조항이 효력이 있다고 보았다.[136]

따라서 노조법 개정에 따른 경과조치로서 타임오프 시행일인 2010.7.1 이전, 엄격히 말하면 2010.1.1 부터 2010.7.1 사이에 체결된 단체협약의 유효기간까지 전임자임금 지급금지 규정을 적용제외 한다는 의미로서 행정해석과는 견해가 다르다. 판례의 견해에 공감한다. 참고로 판례는 교섭대표권과 관련하여 부칙 제4조에서 정한 "이 법 시행일"은 2011.7.1로 본다.[137]

---

135) 법률 제9930호, 2010.1.1

136) 대판 2012다72063, 2012.11.15.

137) 대판 2012마858, 2012.11.12

2) 전임활동과 업무상재해

노조전임자가 단체협약 또는 사용자의 동의를 통해 약정한 전임활동 과정에서 재해를 입은 경우는 업무상 재해에 해당한다. 판례에 따르면, 노조전임자가 근로계약상 본래 담당할 업무를 면하고 노동조합 업무를 전임하게 된 것이 사용자인 회사의 승낙에 의한 것이라면, 이러한 전임자가 담당하는 노동조합업무는, 그 업무 성질상 사용자의 사업과는 무관한 상부 또는 연합관계에 있는 노동단체와 관련된 활동이나 불법적인 노동조합활동 또는 사용자와 대립관계로 되는 쟁의 단계에 들어간 이후의 활동 등이 아닌 이상, 원래 회사의 노무관리업무와 밀접한 관련을 가지는 것으로서, 사용자가 본래의 업무 대신에 이를 담당하도록 하는 것이어서 그 자체를 바로 회사의 업무로 보아야 할 것이다.[138)]

그러므로 전임자가 노동조합 업무를 수행하거나 이에 수반하는 통상적인 활동을 하는 과정에서 그 업무에 기인하여 발생한 재해는 업무상 재해에 해당된다.[139)] 다만, 회사 노조전임자가 상급단체노조의 체육대회에 참가하였다가 축구경기 중 부상한 사건은 업무상재해로 보기 어렵다[140)]는 것이 판례의 입장이다.

업무의 성질상 전임자가 되면 근로제공의무가 면제된다고 하더라도 그것은 “노동조합 전임자로서 정당한 노동조합활동에 전념하는 것을 보장하기 위한 것”이지 정당한 조합활동의 범위를 벗어난 경우는 전임자로서 보호를 받을

---

138) 대판 2003두923, 2004.3.15. 전임자의 근로자성 및 업무상재해인정여부의 한계 : 전임자가 근로계약상 본래 담당할 업무를 면하고 조합의 업무를 전임하게 된 것이 회사의 승낙에 의한 것이라면, 전임자가 담당하는 노동조합업무는, 성질상 사용자의 사업과는 무관한 상부 또는 연합관계에 있는 노동단체와 관련된 활동이나 불법적인 노동조합활동 또는 사용자와 대립관계로 되는 쟁의단계에 들어간 이후의 활동 등이 아닌 이상, 원래 회사의 노무관리업무와 밀접한 관련을 가지는 것으로서 사용자가 본래의 업무 대신에 이를 담당하도록 하는 것이어서 그 자체를 회사의 업무로 볼 수 있다. 따라서 그 전업자가 노동조합업무를 수행하거나 이에 수반하는 통상적인 활동을 하는 과정에서 그 업무에 기인하여 발생한 재해는 산업재해보상보험법 제4조제1호 소정의 업무상 재해에 해당한다고 할 것이다(대판 1998.12.8, 98두14006 등 참조).

139) 대판 98두14006, 1998.12.8

140) 대판 2005두5246, 2005.7.14

수 없는 것이 원칙이다.[141] 따라서 업무 성질상 사용자의 사업과는 무관한 상부 또는 연합관계에 있는 노동단체와 관련된 집회, 회의참석, 연대투쟁 등의 활동이나 불법적인 노동조합활동 또는 사용자와 대립관계로 되는 쟁의 단계에 들어간 이후의 활동 등을 수행하는 과정에서 상해 등을 입은 경우는 업무상재해로 볼 수 없다. 특히 산업별노동조합의 업무를 수행하는 전임자는 기업별노조와 마찬가지로 동종 산업에 종사하는 근로자들이 직접 가입하고, 원칙적으로 소속 단위사업장인 개별기업에서 노동3권을 행사하는 단일조직의 노동조합이라 할 것이므로 사용자의 사업과 무관한 상부 또는 연합관계에 있는 노동단체와 관련된 활동으로 볼 수 없다고 보아서 직무관련성을 인정하고 있다.[142]

여기서 과연 사용자와 대립관계로 되는 쟁의단계가 어떤 단계인가 하는 점이 문제되는바, 기본적으로 근로자의 재해가 사회통념상 사용자의 지배 또는 관리를 받는 상태에서 발생하여야만 산업재해보상보험법의 보호를 받게 되는 점에 비추어 볼 때, 노사관계에 있어 사용자와 근로자 사이에 기본적인 신뢰관계가 깨어져 당사자간에 합의를 위한 노력을 계속하여도 더 이상 자주적 교섭에 의한 합의의 여지가 없는 상태에 이르렀을 때, 이미 조합활동은 사회통념상 사용자의 지배 또는 관리를 벗어난 상태에 있다고 보여 지고 그러한 상태에서의 노동조합활동으로 인한 재해는 "사용자와 대립관계로 되는 쟁의단계에 들어간 이후의 재해"로서 산업재해보상보험법의 보호범위를 벗어난다고 봄이 상당하다.[143]

다만, 최근 하급심의 판례에서, 전임자의 업무상재해를 인정하기 위한 "업무기인성"요건을 판단함에 있어서 업무의 범위는 사용자가 바라보는 통상의 범위가 아니라 당해 전임자의 입장에서 수행되는 업무범위로 보아야 한다고 하고, 업무와 질병사이에 존재해야 할 상당인과관계 유무를 보통평균인이 아니라 "당해 근로자의 건강과 신체조건 등"을 기준으로 판단해야 한다고 판시했다. 사례에서는, 생산직 노조전임자가 사무직업무에 미처 적응하지 못한 상

141) 대판 2008우26, 2009.2.26
142) 대판 2005두11418, 2007.3.29
143) 대판 2003두923, 2004.3.15

태에서 다수의 산재가 발생하고 그로 인해 생산라인가동중지 등의 상황이 발생했다면 정신적으로 상당한 스트레스를 받았을 것이고, 이로 인한 적응장애는 업무기인성이 충분하여 업무상재해로 보았다.[144)]

3) 전임자 급여지급

(1) 징계해고 된 자

유급인 노조전임자가 징계해고 되어 사용자와 근로계약 관계가 해지된 경우, 노동위원회에 부당노동행위 구제신청을 하여 조합원 자격 및 노조간부 자격을 유지하더라도 해고된 자에 대해 전임자 급여를 지급할 의무는 없다.[145)] 판례에 의하면, 해고된 자가 노동위원회에 부당노동행위의 구제신청을 한 경우에는 중앙노동위원회의 재심판정이 있을 때까지는 근로자가 아닌 자로 해석하여서는 아니된다고 규정하고 있으나, 이는 이들에 대하여 노조의 구성원이 될 수 있는 자격 내지 노조의 조합원으로서의 지위를 인정함으로써 노조의 설립 및 존속을 보호하고 노조활동이 방해받지 않도록 하기 위한 규정이지 사용자와 근로자와의 개별적 근로관계에 있어서도 유효하게 근로계약을 맺고 있는 근로자로 본다는 의미는 아니다.「노조전임자에 관한 법의 규정과 근로계약상 지위에 비추어 보면, 법상의 노조전임자는 기업의 근로자로서의 신분을 가지고 있음을 전제로 하는 것」이므로, 기업의 근로자가 아닌 자는 근로제공의무가 없으므로 그가 노조 업무에만 종사하는 전임자 지위를 갖는가의 문제는 회사와는 전혀 무관하다. 따라서 노조전임자가 해고되어 노동위원회에 부당노동행위 구제신청을 하고 있다 하더라도 위 규정에 의하여 사용자가 해고된 노조전임자에게 노조전임비를 계속 지급하여야 할 의무가 발생한다고 할 수 없다. 그렇다면, 해고된 자들이라는 이유로 그들에 대한 노조전임비 지급 요구를 거절한 사용자의 행위는 정당하고, 이를 두고 노동조합활동을 이유로 한 불이익취급 또는 노동조합활동에 대한 지배 · 개입에 해당하는 부당노동행위라고 볼

144) 서울행판 2008구합9157, 2008.9.12 ; 전주지판 2007구합2934, 2008.9.11
145) 노동조합과-1390, 2005.5.18

수도 없다.[146)]

(2) 파업기간 중 전임자 급여

노조법 부칙에 의거 2009.12.31까지 전임자에 대한 급여지원을 금지하는 것을 유예하고, 그에 따라 노사가 전임자에 대한 급여를 일반노조원에 준한다고 단체협약 등으로 합의한 경우, 노동조합 전임자도 일반조합원보다 불리한 처우를 받지 않도록 하는 범위 안에서 일정한 급여를 지급하기로 정한 것으로 봐야 한다.

만약 노동조합 전임자가 사용자로부터 노동조합의 업무에 전임하도록 승낙을 받고도 근로계약상 본래 담당하는 근로제공의무를 면하고 있다는 이유로 아무런 대가도 지급받지 못한다면, 그로 인하여 전임자에게 초래될 생활상의 불이익 등 부당한 결과를 피하기 위하여 근로계약상 본래의 업무에 종사하고 있는 일반조합원에 준하는 급여를 제공하는 것이 적절하다는 노사합의에 기초한 것이다.

이 같은 취지로 볼 때 파업으로 인해 일반조합원들이 무노동 · 무임금 원칙에 따라 임금을 지급받지 못하게 된 마당에 그 조합원들로 구성된 노동조합의 간부라고 할 수 있는 노동조합 전임자들이 자신들의 급여만은 지급받겠다고 하는 것은 일반조합원들에 대한 관계에 있어서도 결코 정당성이 인정될 수 없다고 보아서, 일반조합원들이 무노동 · 무임금의 원칙에 따라 사용자로부터 파업기간 중의 임금을 지급받지 못하는 경우에는 노동조합 전임자도 일반조합원과 마찬가지로 사용자에게 급여를 청구할 수 없다는 내용으로 해석하는 것이 상당하다고한 판례가 있다.[147)]

(3) 상여금과 연 · 월차 휴가수당

노조전임자는 근로자로서의 신분은 그대로 유지하지만 근로계약상의 근로를 하지 않을 수 있는 지위에 있으므로 휴직상태에 있는 근로자와 유사한 지위를 가진다고 보아야 한다. 따라서 사업주가 전임자에 대한 급여를 부담한다

146) 서울고판 2002누13125, 2003.9.4
147) 대판 2003다4815 · 4822 · 4839(병합), 2003.9.2

고 하여 실제 근로를 제공하지도 않으면서 상여금 지급을 요구하거나 연 · 월차 휴가수당 등을 당연히 사업주에게 청구할 권리가 있는 것이 아니다. 다만, 사용자가 단체협약에 그러한 급여를 부담할 의무가 명시된 경우에는 그 단체협약을 근거로 이를 청구할 수 있는 것이다.[148)]

4) 전임자의 복귀

전임기간의 종료 또는 전임자로 선정된 사유가 소멸된 때에는 회사의 규정에 따라 원직 등 회사업무에 복귀하여야 한다. 사용자가 원직 복귀명령에 불응한 노조전임자를 해고하는 것은 정당한 인사권행사로 보아야 한다.[149)] 실무상 전임의 시점이 언제인지 여부가 쟁점이다. 전임은 사용자로부터 노조전임 발령을 받은 시기로부터 개시되고, 사용자가 단체협약에 따라 노동조합으로부터 전임자 통지를 받았음에도 전임자 인사발령을 미루는 경우는 노동조합이 요청한 시점부터 전임이 개시된다고 보아야 한다. 만약 노동조합의 전임자 통지가 사용자의 인사권을 거부하기 위한 수단으로 활용될 경우는 권리남용이 되어 사용자가 이에 응할 의무가 없다. 전임자의 지위를 상실하는 시기는 단체협약의 유효기간이 만료되었다고 당연히 이루어지는 것이 아니라 사용자의 원직복직명령이 있는 시점부터이다.[150)]

5) 전임자관련 부당노동행위

전임자의 정당한 조합활동을 이유로 불이익 취급을 하거나 조합활동을 방해하는 경우, 정당한 이유없이 전임자 선정을 방해하거나 그 활동을 어렵게 하는 경우, 조합활동을 할 수 없는 부서로 전보명령하는 경우,[151)] 전임자를 인사 · 노무부서 등에 배치하고 업무와 관련된 일을 하지 않고 노조활동을 하면서 급여를 지급하는 경우, 기타 인사배치 · 경력관리 · 승진 등에 있어서 차별대우 하는 경우 등은 부당노동행위에 해당할 수 있다.

---

148) 대판 94누54566, 1995.11.10

149) 대판 96누17738, 1997.6.13

150) 대판 97다6925, 1997.4.25 ; 대판 2009도9347, 2009.12.24

151) 대판 95누9792, 1995.11.7

다. 근로시간면제제도

조합활동 전임자급여는 조합에서 조합비 등으로 충당하는 것이 조합의 민주성과 자주성의 원칙에도 부합하는 것인데, 그 동안 우리나라는 사용자가 부담하는 관행이 있어왔다. 정부에서는 1997년부터 노조법에 전임자급여지급 금지규정을 도입하고 13년간 시행을 유예하면서 노사자율로 전임자를 축소하고 급여지급을 조합비 등에서 충당하도록 자립기반을 확충하도록 했으나 오히려 전임자 수는 계속 증가하는 등 문제가 있어왔다. 다만, 우리나라 노사관계 여건상 사용자의 전임자에 대한 급여지원을 일체 금하고 조합비용으로 충당하도록 할 경우, 영세 소규모 사업장의 노조활동이 급격히 위축되어 본연의 노사관계가 심각하게 훼손될 수 있으므로, 노사공동의 이익을 위한 전임활동 등에 대해서는 일정부분 제도적으로 활동을 보장할 필요가 있다. 특히 노사관계의 구조상, 전임자의 역할이 단순히 노동조합의 이익만을 위한 것은 아닌 만큼 노사교섭, 노사협의, 고충처리, 산업안전활동 및 건전한 노사관계발전을 위한 노동조합의 유지 · 관리업무 등 노사공동의 이익을 위한 기본적인 전임활동에 대해서는 사용자도 비용을 부담하여야 한다.

이러한 취지에서, 2009.12.4 노사정합의를 통해 「근로시간면제제도」를 도입하였다. 이 제도는 전임자급여지급금지로 인한 급격한 조합활동의 위축을 막고 사업장 내에서 노사자율 기능을 강화하여 노사공동의 이해관계에 속하는 조합활동에 대해 유급처리를 할 수 있도록 제도적 기반을 마련한 것으로서, 노사당사자는 조합원규모별로 정해진 근로시간면제한도를 초과하지 않는 범위 내에서 단체협약 또는 사용자의 동의하에 자율적으로 근로시간면제 및 인원 즉, 근로시간면제자를 정하여 정해진 시간 내에서 근무를 면제받아, 노조법에서 규정된 근로시간면제대상에 속하는 업무를 수행하도록 보장받고 그 시간과 활동에 대해서는 사용자가 유급으로 임금을 보장하도록 했다.[152)]

정부는 전임자에 대한 급여지급금지가 시행되는 2010.7.1 이전, 즉, 2010.4.30까지 고용노동부장관이 위촉(노동계와 경영계가 추천하는 위원 각 5명, 정부가 추천하는

152) 고용부고시 제2010-39호

공익위원 5명으로 구성)하는 "근로시간면제심의위원회"를 설치하여 사업 또는 사업장의 전체 조합원수와 업무의 범위 등을 고려하여 시간단위 면제한도와 그 시간을 활용할 인원수를 정하여 심의 · 의결하였다.[153] 전임자 혹은 부분전임자 등 근로시간면제대상자는 고용노동부장관이 고시한 "근로시간 면제 한도"를 초과하지 아니하는 범위에서 임금의 손실없이 사용자와의 협의 · 교섭, 고충처리, 산업안전 활동 등 이 법 또는 다른 법률에서 정하는 업무와 건전한 노사관계 발전을 위한 노동조합의 유지 · 관리업무를 할 수 있다. 실무상, 노조전임자와 근로시간면제자의 차이점, 사업 또는 사업장의 판단기준, 조합원규모 산정기준, 구체적인 시간 및 인원한도, 면제대상 업무와 유급인정 범위, 건전한 노사관계 발전을 위한 노동조합의 유지 · 관리업무의 범위 등이 쟁점이다. 근로시간면제 한도 적용기준에 관한 구체적인 내용은 아래와 같다.

1) 근로시간면제자와 노조전임자의 구분

첫째, 노조전임자는 노조법 제24조제1항 및 제2항에 따라 노동조합의 업무에만 종사하는 자로서 "전임자의 업무범위와 인원수"는 "노사자율"로 정할 수는 있으나 사용자의 급여지급은 일체 금지되므로 급여는 노조 자체재정으로 충당하여야 한다. 일반적으로 전임자의 업무는 노동조합관련 업무로서 제한이 없다고 볼 수 있다.

둘째, 근로시간면제대상자는 "단체협약으로 정하거나 사용자의 동의에 의해" 법[154]으로 정한 "근로시간면제한도 내에서" 면제대상인원 수가 정해지고, 사용자와의 협의 · 교섭, 고충처리, 산업안전활동 등 노조법 또는 다른 법률에서 정하는 업무와 건전한 노사관계발전을 위한 노동조합의 유지 · 관리 업무를 수행하는 근로자로서, 정해진 시간 내에서 근무를 면제받고 노조법에 규정된 근로시간면제 대상에 속하는 업무를 수행할 경우, 그 시간에 대해서만 유급처리가 가능한 자를 말한다. 따라서 기본적으로 다양한 조합활동 중 근로시간면제대상범위를 벗어난 시간과 인원, 업무에 대해서는 근로시간 외에 조합활동

153) 노조법 부칙 제2조, 노조법 제24조제4항, 제24조의2 (2010.1.1, 법률 제9930호 개정)
154) 노조법 제24조의2, 노조령 제11조의2

을 할 수 있다. 만약 사용자가 면제한도를 초과한 부분에 대해서 단체협약 등을 체결하고 유급으로 처리할 경우는 부당노동행위로 처벌 받을 수 있다.

실무상 노동조합은 사용자와 단체협약을 체결하면서 근로시간면제대상자만 두고 조합을 운영할 수도 있을 것이고, 전임자와 근로시간면제자를 함께 운용하면서 조합을 운영할 수 있을 것이다. 전임자가 근로시간면제대상자로 지정되어 "법으로 정한 일정한 시간 내에서 면제대상 업무를 수행할 경우"는 그 한도 내에서 유급처리 할 수 있을 것이며 근로시간면제 대상업무를 벗어난 업무(예 : 파업, 공직선거 출마 등)를 수행하는 부분에 대해서는 조합에서 재정을 부담해야 한다. 이 경우 전임자 지위와 근로시간면제자 지위를 겸하는 자는 그 한도 내에서는 부분전임으로 보는 것이 합리적일 것이다. 근로시간면제 한도를 정하기 위한 사업장의 분리요건은 법령으로 정한 바는 없고 고용노동부 지침으로 명시되어 있다.

2) 조합원규모별 시간 및 사용가능 인원

조합원의 규모는, 노동조합의 수가 몇 개인지를 고려하지 않고 그 사업 또는 사업장의 모든 노동조합의 전체 조합원수를 의미한다.[155] 이 경우 사업이란, 경영상의 일체를 이루는 기업체 그 자체를 의미하는 것으로, 장소적 관념을 기준으로 판단하는 것이 아니라 일관된 공정하에 통일적으로 업무가 수행되는지 여부에 따라 판단하여야 한다. 따라서 장소에 관계없이 경영상 일체를 이루면서 유기적으로 운영되는 기업조직은 하나의 사업으로 본다.

하나의 법인체는 원칙적으로 하나의 사업으로 인정한다. 법인 내에 있는 수개의 사업장 · 사업부서는 인사 · 노무관리에 있어 일정부분 재량권이 위임되어 있다 하더라도 운영방침이나 사업목표 등에 있어서 제약을 가질 수밖에 없으므로 일반적으로 기업의 일부에 해당한다. 그러므로 경영주체인 법인체는 하나이므로 모든 사업장 · 사업부서의 전체 조합원수를 고려하여 근로시간면제한도를 정하는 것을 원칙으로 한다.

다만, 하나의 법인체라고 하더라도 각 사업장별로 근로조건의 결정권이 있

155) 노사관계법제과-234, 2010.7.26.

고, 인사 · 노무, 회계 등이 독립적으로 운영되는 등 각각의 사업장이 독립성이 있는 경우에는 각 사업장의 조합원 수 규모에 따라 근로시간면제한도를 각각 적용한다.[156] 근로시간면제제도는 사업(장)별 조합원규모에 따라 연간 사용할 수 있는 시간한도와 사용인원 한도를 각각 정한 것이므로 노사가 단체협약 등을 통해 한도를 초과한 시간과 인원에 대해 유급으로 처리하도록 약정하는 것은 법위반이 된다. 다만, 초과하는 시간과 인원에 대해서 무급으로 하여 그 부분에 대해 조합재정으로 부담을 약정할 경우는 무방하다. 근로시간면제한도 고시내용은 이 목(5. 노동조합의 전임자)의 마지막부분을 참고하기 바란다.

1. 하나의 사업(장)으로 볼 수 있는 경우

수개의 공장 · 지점 · 사무소 등이 장소적으로 독립되어 있으나 하나의 법인인 경우(○○은행 ○○지점, ○○건설 용인현장, ○○유업 청주공장, ○○제과 달성공장 등)는 각 공장 · 지점의 조합원 수를 합한 전체 규모에 따라 근로시간면제 한도를 적용한다(○○본사 50명, 총주지점 100명, 달성지점 80명 : 230명을 기준으로 근로시간 면제한도를 적용) 하나의 사업에 각 공장별로 노동조합의 지회 · 분회 등 산하조직이 별도로 조직되어 있다고 하더라도 해당 노동조합의 전체 조합원수에 따라 한도를 적용한다. 다만, 하나의 법인이나 법인 내 각 사업장별로 근로조건 결정권이 있고, 인사 · 노무관리, 회계 등이 독립적으로 운영되는 경우 각 사업장별로 전체 조합원수를 산정하여 각각 근로시간 면제한도를 적용한다.

2. 하나의 사업(장)으로 볼 수 없는 경우

백화점 · 호텔 · 골프장 · 리조트 등 동일그룹 계열사지만 각 계열사별로 별도의 법인인 경우, 본점과 지점, 본사와 생산공장 등 업무의 관련성은 있으니 각 별도의 법인인 경우, 대표이사나 경영진은 동일하나 각각 별도의 법인인 경우는 하나의 사업(장)으로 볼 수 없으므로 각각 전체조합원수를 산정하여 근로시간 면제한도를 적용한다.

노조법에서 사업장 단위로 분리하는 것은 교섭단위 분리와 타임오프한도 결정을 위한 사업장 분리 두 가지로 나눌 수 있다. 실무상 사업장 분리와 관련하여 근로시간면제제도와 교섭단위 분리제도가 서로 어떤 차이가 있는지 혼란스러울 수 있다. 그 차이를 살펴보면 다음과 같다.

첫째, 근로시간면제한도는 사업장별 고시한도 범위 내에서 노사가 "단체협

---

156) 노조법 제24조 ; 근로시간한도 적용 메뉴얼, 2010.6, 고용노동부

약으로 정하거나 사용자의 동의에 의해" 면제대상인원 수가 정해지고, 사업장 분리 요건은 경영상 일체를 이루는 기업체 그 자체로서 장소적 의미가 아니라 일관된 공정에 의해 통일적으로 업무가 수행되는지 여부를 기준으로 하면서, 다만, 법인의 경우 예외적으로 인사, 노무, 회계 등이 독립적으로 운영되는 등 독립성이 있는 경우는 각 사업장별로 근로시간면제 한도를 각각 적용할 수 있다.

단체교섭시 교섭단위 분리는 사업장 단위로도 가능하고, 경영상 일체를 이루는 하나의 사업장 내에서도 정규직 · 계약직 등 현저한 근로조건 차이, 사무 · 기능 · 기술 등 직종, 고용형태, 교섭관행 등을 고려하여 분리할 필요가 있을 경우는 반드시 노동위원회에 분리신청을 하고, 노동위원회의 결정에 따라 분리가 가능하다. 당사자는 노동위원회결정에 대해 불복할 경우는 중재재정절차가 준용된다. 확정된 중재재정이나 재심결정에 따르지 않더라도 달리 벌칙은 없다. 결국 노사가 임의로 교섭단위를 분리하였다고 하더라도 행정지도를 제외하고는 규제할 권한이나 절차를 발견할 수 없다.[157] 다만, 사용자나 복수노조의 일방이 노동위원회의 교섭단위 분리결정을 불이행하여 교섭단위를 분리하지 않고 단체협약을 체결하려고 할 경우, 불완전한 협약이 될 것이며 사측의 부당노동행위 개연성이 문제될 수 있다.

(1) 조합원규모 산정기준

조합원 수는 통상 단체교섭이 시작되는 시점인 단체협약만료일 이전 3개월이 되는 날을 기준으로 산정한다. 다만, 단체협약이 2개 이상 있는 경우는 먼저 도래하는 단체협약의 유효기간 만료일 이전 3개월이 되는 날을 기준으로 하고,[158] 단체협약 등에 노사가 별도로 정한 기준이 있는 경우에는 그에 따라 정할 수도 있다. 조합원은 상용, 일용, 기간제, 단시간근로자 등 고용형태를 불문하고 사업체에 직접 고용된 자로서 노동조합에 가입된 자를 기준으로 하며, 조합원인지 여부는 조합비납부, 조합가입신청서 등 객관적인 자료를 근거

157) 노조법 제29조의3, 제69조 및 제70조
158) 노조령 제14조의2

로 판단한다.

조합에 가입되어 있더라도 노조법상 근로자가 아닌 자, 사용자 또는 사용자의 이익을 대표하는 자는 제외한다. 다만, 근로자가 아닌 자 등 조합원자격에 대해 다툼이 있는 자에 대해서는 조합원자격을 부정하는 결정이나 판결 등이 있기 전까지는 조합원 수 산정에 포함한다. 조합원으로서 해고된 자가 노동위원회에 부당노동행위 구제신청을 한 경우에는 중앙노동위원회의 재심판정이 있을 때까지는 조합원수에 포함하여 산정한다. 그러나 노동위원회에 부당해고 구제신청을 한 경우에는 노조법상 근로자로 간주하지 않는다.

하나의 사업(장)에 2개 이상의 노조가 조직되어 있는 경우 각 노조의 조합원수를 합하여 전체조합원 규모에 따라 노사가 근로시간면제한도 범위 내에서 면제시간 총량을 정한다(예 : ○○(주)에 기업별노조B(조합원 250명)와 산업별노조 분회(조합원 120명)이 있는 경우, 두 노조를 합하여 조합원수 370명을 기준으로 근로시간면제 한도를 적용한다). 이 경우, 각 노조별 근로시간면제 시간 및 인원배분을 둘러싸고 갈등이 있을 수 있는데, 노사간에 정한 시간 및 인원의 총량한도 범위 내에서 노동조합 간에 자율적으로 정하되, 조합원 수, 업무 등을 고려하여 노조별로 적정하게 배분되어야 한다. 2011.7.1 이후에 교섭창구 단일화 제도가 시행되면 교섭대표노동조합은 공정대표의무에 따라 각 노동조합과 합의를 통해 근로시간면제 한도를 결정할 수 있다.

(2) 사용가능 시간한도와 가중치

사용가능 시간한도는 사업 또는 사업자의 전체 조합원 수를 고려하여 그 시간만큼 근로계약상 근로제공의무를 면제받고 유급으로 임금을 보장받을 수 있는 연간단위 최대사용 가능시간을 말한다. 노사는 조합원 규모별로 정해진 근로시간 면제 한도를 초과하지 않는 범위 내에서 단체협약 또는 사용자의 동의하에 자율적으로 근로시간 면제 시간 및 인원을 정하여야 한다. 개정된 근로시간면제한도 고시는 2013.7.1부터 적용되는데, 2013.7.1 당시 개정 전 고시에 따라 유효한 단체협약이 있는 경우 및 사용자가 개정 전 고시에 따른 근로시간면제한도 설정에 동의한 경우에는 해당 단체협약의 유효기간이 끝나는 날 혹은 사용자의 동의가 끝나는 날부터 개정된 고시를 적용하여 한도를 설정한다.[159] 근로시간면제한도를 살펴보면, 조합원 99명 미만의 경우 최대 2,000시간 이내, 10,000명~14,999명은 최대 28,000시간 이내, 15,000명 이상인 경우는 최대 36,000시간 이내로 정한 시간의 총량을 말한다.

다만, 전국 각지에 분포된 조합원 1,000명 이상인 사업장이면서 전체 조합원의 5% 이상이 근무하는 광역자치단체가 2개 이상인 경우는 노동조합활동에 필요한 이동시간 등을 고려, 기존 면제한도에 지역분포 정도에 따라 가중치(10~30%)를 부여한다.[160] 이 경우 특정 광역자치단체에 소재한 공장, 지점, 지역본부 등에 근무하는 조합원 수가 전체 조합원의 5% 이상이면 되는데, 예를 들면, 사업(장)이 경기도에 안산공장, 용인공장, 평택공장, 경상북도에 문경공장, 예천공장이 있는 경우 경기도내 안산 · 용인 · 평택공장의 조합원 수와, 경상북도내 문경 · 예천공장의 조합원 수가 각각 전체 조합원 5% 이상이 될 경우 경기와 경상북도 2개의 자치단체를 기준으로 가중치가 적용되며, 안산 · 용인 · 평택 · 문경 · 예천공장에서 근무하는 조합원이 각 5% 이상을 충족할 필요는 없다. 만약 경상북도내 문경 · 예천공장의 조합원 수의 합이 전체 조합원의 5% 미만인 경우 조합원의 5% 이상이 근무하는 광역자치단체는 경기 1개소로 가중치 적용대상이 아니다. 광역자치단체는 권역별로 구분하는 것이 아니며, 지방자치법상 행정구역(17개 광역자치단체)으로 구분한다. 예를 들면, 사업(장)이 부산광역시 · 울산광역시 · 경남 창원시에서 운영되고 있어 경제권역이 같다 하더라도, 부산, 울산, 경남의 3개 시도를 구분하여 각 광역자치단체에 근무하는 조합원이 각 5% 이상인지 여부를 확인한다. 조합원이 임시로 파견근무 등을 하는 경우 파견 조합원의 원소속 지역을 기준으로 산정

159) 노조법 제24조제4항

160) 조합원 1,000명 이상 사업장 중 조합원 5% 이상이 분포된 광역자치단체의 개수를 기준으로 기존 면제 한도에 가중치 부여(2~5개 지역 10%, 6~9개 지역 20%, 10개 이상 30%) : 예) 조합원 2,000명 사업(장)에 조합원 5% 이상이 분포된 광역자치단체 개수가 3개인 경우 : 10,000시간(조합원 규모별 면제 한도)×10%=1,000시간이므로 동 사업(장) 법정 면제 한도는 11,000시간이다.

한다.[161] 공장, 지점, 지역본부 등이 2개 이상 광역자치단체에 걸쳐 있는 경우 건물·토지 등기부에 등록된 소재지 기준으로 정하고, 건물, 토지 등기부에 등록된 소재지가 서로 다른 경우 건물 등기부에 등록된 소재지를 기준으로 판단한다.[162]

1일 단위 면제 근로시간은 법정 근로시간의 범위 내에서 당해 사업(장)의 근로자와 사용자 사이에 정한 "1일 소정근로시간(근로계약 등으로 정한 1일의 근로시간 중 휴게시간을 제외한 시간)을 말한다. 이 경우 1일 소정근로시간을 초과한 근로시간은 무급이 원칙이다. 다만, 교섭·협의시간 등 법으로 정한 근로시간면제대상 업무가 1일 소정근로시간을 초과하여 계속되는 경우 그 시간을 유급으로 할지 여부는 노사가 자율적으로 정할 수 있다. 유급으로 정할 경우는 초과근로시간을 포함한 유급면제시간을 연간단위 총량에 포함하여 근로시간면제 한도를 설정·운영하여야 한다.[163] 한편, 조합원이 15,000명 이상인 사업(장)에서는 2013.7.1부터 근로시간면제 한도가 최대 36,000시간 이내로 적용되므로 이후에 36,000시간을 초과하여 근로시간면제 한도를 인정하는 것은 법위반이며, 이를 초과한 단체협약은 그 부분에 한해 효력이 상실된다. 따라서 사용자가 2013.7.1 이후에도 계속하여 36,000시간을 초과하여 유급처리하는 것은 부당노동행위에 해당한다.

(3) 사용가능 인원한도

노사는 고시로 정한 근로시간면제 한도 범위 내에서 사업(장)특성에 따라 단체협약 등으로 근로시간면제자 수를 정하여야 하며, 근로시간면제 한도의 사용가능 인원 즉, 풀타임 또는 파트타임 사용가능인원 보다 사용인원을 늘리는 것은 허용되지 않는다. 근로시간면제를 파트타임으로 사용할 수 있는 인원한

---

161) (예) 조합원이 A지역 공장에서 B지역 공장으로 임시로 파견근무를 하고 있으나 원소속은 A지역인 경우 A지역 공장 조합원으로 하여 산정한다.

162) 고용노동부고시 제2013-31호, 2013.6.25

163) (예) 1일 소정근로시간을 7시간으로 정한 사업장에서 근로시간면제자로 지정된 자가 교섭업무를 수행하면서 1일 13시간을 수행하여 소정근로시간을 6시간 초과한 경우, 그 시간을 유급으로 할 것인지 무급으로 할 것인지는 노사가 자율적으로 정할 수 있으나 6시간을 유급으로 인정할 경우는 연간 총량에 포함하여야 한다.

도는 "법정 고시한도 내에서 노사가 정한 근로시간면제 한도를 당해 사업장의 연간 소정근로시간으로 나눈 숫자"에 해당하는 인원의 2배(조합원 300명 이상) 또는 3배(조합원 300명 미만)의 인원이다. 이 경우 소숫점 이하는 1명으로 인정한다. 연간 소정근로시간은 법정근로시간 즉, 주40시간제의 경우 1일 8시간, 주40시간, 주44시간제의 경우 1일 8시간 주44시간 범위 내에서 노사가 일하기로 정한 시간을 말하므로 연장·휴일근로시간은 포함하지 않는다. 통상임금 산정 월평균 소정근로시간을 산정할 경우 주휴일을 포함하나 여기서 소정근로시간을 산정할 경우는 유급주휴일·유급약정휴일·근로자의 날 등 실제근로를 제공하지 않으면서 유급으로 산정하는 경우는 소정근로시간에 포함하지 않는다. 근로시간면제 사용인원은 법정한도 내에서 사업(장) 특성에 따라 노사가 자율적으로 정할 수 있으므로 한사람 또는 일부 인원이 시간을 모아서 사용하는 것도 가능하다.

한편, 근로시간면제자로 지정되지 않은 자가 면제대상업무에 속한 조합활동을 수행할 경우에는 근무시간 외에 하는 것이 원칙이다. 다만, 근무시간 중 조합활동에 대해 노사가 합리적인 수준에서 단체협약으로 정하거나 사용자의 승인을 얻은 경우는 무급으로 처리할 수도 있을 것이다.

실무상, 일반 노조간부들이 노사협의회, 산업안전보건위원회 등 개별법에 의한 위원회 등에 참여하는 경우는 근로시간면제자가 아니더라도 실 소요시간에 대해서는 유급처리가 가능하다. 다만, 명목상 법률에 의해 설치된 위원회 등에 위원으로 위촉하고 활동을 하지 않은 상태에서 급여를 지급할 경우는 실질적인 전임자에 해당하므로 부당노동행위에 해당한다.

[예시 1] 조합원이 230명이고, 최대 사용시간이 4,000시간 이내, 연간 소정근로시간이 2,080시간(주40시간×52주)인 사업장에서 연간 사용한도를 4,000시간으로 정한 경우 4,000시간÷2,080=1.92→2명으로 산정, 파트타임 300명 미만 3배=6명, 이 경우 풀타임으로 사용할 경우는 2명(2,000시간×2명), 혼합사용할 경우는 풀타임1명(2,000시간)과 파트타임 1,000시간1명, 500시간×2명으로 총 4명, 혹은 파트타임으로만 800시간×5명 총5명, 혹은 파트타임으로만 700시간×5명과 500시간 1명으로 총 6명으로 사용할 수 있다.

[예시 2] 소정근로시간이 2,000시간인 사업장에서(조합원 350명) 시간한도를 4,500시간으로 정한 경우, 사용가능인원(파트타임)은 6명[(4,500÷2,000=2.25 → 3명×2배=6명] 이내임. 이 경우 풀타임 인원 2명(2,000시간×2명)과 파트타임1명(500시간), 풀타임 1명(2,000시간×1명)과 파트타임3명(1,000시간 2명, 500시간 1명), 파트타임 5명(1,000시간4명, 500시간 1명)으로만 사용할 수도 있다.

근로시간 면제에 관해 단체협약을 체결한 후 전체 조합원수가 다소 변동된 경우라도 유효기간 동안은 협약상의 총량 및 사용인원 한도를 유지하는 것이 바람직하다. 다만, 노사 당사자는 전체 조합원 수의 증감을 예상하여 그 변동에 따른 적용방법을 미리 정해둔 경우는 그에 따르는 것이 원칙이다. 그러나 당초 단체협약 체결시점에 비해 조합원 수가 현저히 감소하여 고시한도를 초과하게 될 경우는 초과된 부분은 효력이 없으므로 노사가 새로이 교섭을 통해 근로시간면제 한도를 정하는 것이 바람직하다. 자동갱신조항에 의거 당초 체결시점보다 현저히 변동된 경우도 마찬가지다.

3) 근로시간면제대상 업무 및 사용방법

근로자는 단체협약으로 정하거나 사용자가 동의하는 경우에는 사업 또는 사업장별로 조합원 수 등을 고려하여 제24조의2에 따라 결정된 근로시간 면제 한도를 초과하지 아니하는 범위에서 임금의 손실없이 사용자와의 협의 · 교섭, 고충처리, 산업안전 활동 등 이 법 또는 다른 법률에서 정하는 업무와 건전한 노사관계 발전을 위한 노동조합의 유지 · 관리업무를 할 수 있다.[164] 실무상 면제대상업무 범위를 구체적으로 살펴보면 다음과 같다.

첫째, 사용자와의 협의 · 교섭, 고충처리, 산업안전 활동 등 이 법 또는 다른 법률에서 정하는 업무를 들 수 있다. 노조법상 협의 · 교섭형태를 불문하고 본교섭, 실무교섭, 보충교섭 등 사용자와 실제 교섭하는 활동과 교섭안 마련 · 교섭결과 설명회 등 교섭과 직접 관련된 활동, 근참법상 노사협의회 위원으로 실제회의 이동시간 및 회의안건 준비 등 회의와 직접 관련된 활동, 근로기준법에 의한 근로자대표로서 탄력적근로시간제 및 선택적근로시간제 도입 ·

164) 노조법 제24조

보상휴가제 실시 · 재량근로제 실시 등 법률요건에 해당하는 협의사유 발생시 사용자와 실제로 협의하는 활동, 근참법 및 사업장내 관련 규정에 의해 정식으로 위촉된 고충처리위원으로서 단체협약 또는 취업규칙 등 공식규정에 의거 제기된 고충을 처리하기 위해 협의하거나 근로자로부터 고충사항을 청취하고 이를 처리하기 위해 사용자와 협의하는 활동, 산업안전보건법상 산업안전보건위원회 회의안건 준비 및 검토 등 직접 관련된 활동 및 근로시간면제자가 산업안전보건법상 근로자대표로서 동의 · 협의 · 의견청취를 듣도록 규정된 업무,[165)] 사내근로복지기금협의회 위원 및 이사, 감사 등으로 기금업무 수행활동을 말한다.

둘째, 건전한 노사관계 발전을 위한 노동조합의 유지 · 관리업무란, 노조법 제2장 제3절의 노동조합 관리업무로서 당해 사업 내 조합원에게 적용되는 규약(산별노조의 경우 지회, 분회의 운영규정 등)으로 정해진 정기총회 · 대의원회, 임원선거, 회계감사 등 노동조합의 유지 · 관리를 위한 정기적이고 필수적인 활동과 그 밖의 생산성 향상 등을 위해 근참법이나 단체협약 또는 사용자의 동의로 설치 · 운영되는 노사공동위원회, 사용자의 위탁에 의한 조합원 교육, 직업능력개발훈련 등 기타 사업장내 노사공동의 이익과 관련된 교육활동, 기타 이에 상응하는 건전한 노사관계 발전을 위한 이해관계에 속하는 노동조합의 유지 · 관리업무를 말한다.

노동조합은 단체협약 또는 사용자의 동의하에 정한 근로시간면제 사용인원에 대해 사용자에게 그 명단을 사전에 통보하여야 한다. 기 통보한 명단의 변경은 노사협의회 위원의 신규선출 등 특별한 사정이 없는 한 노사가 협의하여 변경하여야 하며, 사용자와 협의 없이 임의로 변경하거나 수시로 변경하여서는 아니된다. 근로시간면제 대상업무는 면제자가 반드시 우선적으로 수행하여야 한다. 풀타임 또는 파트타임 방식에 의해 정기적 · 고정적으로 시간한도를 사용하기로 정해진 면제자는 법에 정해진 소정의 대상업무를 자유롭게 수행할 수 있다.

---

165) 안전보건관리규정 작성 · 변경시 동의, 작업환경측정 · 건강진단 · 안전보건진단의 입회

다만, 면제자로 지정된 자가 근로시간 중에 법에 정해진 소정의 근로시간 면제대상 업무 이외에 업무를 수행하거나 노사 당사자가 정한 시간한도를 초과한 경우, 그 시간에 대해서는 무급으로 처리하여야 하며, 면제자의 활동업무 및 사용시간에 대해서는 사후적으로 정산하여야 한다.

4) 근로시간면제자의 유급인정 범위

사용자와의 협의 · 교섭, 고충처리, 산업안전 활동 등 사업장 내 근로시간면제 대상 업무는 근로시간면제자로 지정된 자가 반드시 우선적으로 참여하여야 한다. 면제자가 유급으로 인정되는 범위는 회의참석 등 법에 정해진 소정의 업무를 직접 수행하는 시간과 이에 직접 관련된 시간이다. 따라서 파업, 공직선거 출마 등 사업장내 노사 공동의 이해관계에 속하는 업무와 무관한 활동은 그 시간이 비록 근로시간면제 한도 이내에 속한다고 하더라도 유급처리를 받을 수 없다.

근로시간면제자로 지정되지 않은 자의 노조활동은 근무시간외에 하여야 한다. 근무시간 중 노조활동은 무급이 원칙이며 그 활동에 대해 사용자로부터 승인을 받지 않은 경우는 징계, 노조법위반 등의 책임이 따른다. 근참법 등 개별 법령에 의해 운영되는 회의체는 근로시간면제자가 반드시 우선적으로 참여하여야 한다. 다만, 근로시간면제자만으로 회의체 구성이 어려운 경우는 면제자로 지정되지 않은 자가 참여할 수 있고, 해당 법령의 근거에 따라 유급으로 처리하는 것은 가능하다. 이 경우 실제 소요된 시간보다 과다한 시간을 유급으로 처리하거나 시간에 비해 과다한 임금을 지급하는 등 편법, 변칙으로 운영하는 것은 근로시간면제제도 자체의 취지를 몰각하는 것으로 부당노동행위에 해당한다.

첫째, 노사협의회 회의 참석시간과 이와 직접 관련된 시간을 근참법에 의해 유급으로 처리하는 것은 가능하다. 다만, 편법적으로 협의회 등을 상설화하여 회의도 하지 않고 급여를 지급하는 것은 명칭에 관계없이 실제 전임자에게 급여를 지급하는 것과 다를 바 없으므로 부당노동행위에 해당한다. 참고로 회의 참석시간의 유 · 무급 처리문제와는 별도로 노사협의회 위원은 무보수 · 비상

임인 것이 원칙이다.[166)]

둘째, 고충처리 위원을 법령에 따른 절차에 따라 정식으로 임명하고 단체협약 또는 취업규칙 등에서 노사가 정한 규정에 따라 제기된 고충처리에 직접 처리되는 시간은 유급으로 인정할 수 있다. 다만, 고충처리위원제도를 편법적으로 운영하여 고충처리 활동과 관계없이 노동조합 업무를 하도록 하면서 급여를 지급하여서는 아니된다. 참고로 회의 참석시간의 유 · 무급 처리문제와는 별도로 고충처리위원은 무보수 · 비상임인 것이 원칙이다.[167)]

셋째, 산업안전보건위원회 회의 참석시간과 이와 직접 관련된 시간을 산안법에 의해 유급으로 처리하는 것은 가능하다. 다만, 산업안전보건위원제도를 편법적으로 운영하여 위원회 활동과 관계없이 노동조합 업무를 하도록 하면서 급여를 지급하여서는 아니된다.

넷째, 사업장과 무관한 순수한 상급단체 활동은 근로시간면제 한도에 포함되지 않는다. 따라서 노조 스스로 임금을 부담하여 전임자를 상급단체에 파견할 수는 있으나 사용자가 비용을 부담할 수 없다.

5) 면제시간에 적용되는 급여지급 기준

법문상 "단체협약으로 정하거나 사용자가 동의하는 경우에는 사업 또는 사업장별로 조합원 수 등을 고려하여 제24조의2에 따라 결정된 근로시간 면제한도를 초과하지 아니하는 범위에서 근로자는 임금의 손실없이 사용자와의 협의 · 교섭, 고충처리, 산업안전 활동 등 이 법 또는 다른 법률에서 정하는 업무와 건전한 노사관계 발전을 위한 노동조합의 유지 · 관리업무를 할 수 있다"고 정하고 있다.[168)] 여기서 "임금이란", 해당근로자가 정상적으로 근로를 하였다면 받을 수 있는 급여를 말하는데, 사업(장)의 통상적인 급여지급기준을 토대로 노사가 자율적으로 정할 수 있다. 다만, 통상적으로 지급받을 수 있는 급여보다 과도한 기준을 설정 · 지급하는 것은 경비원조에 해당하여 부당노동행위가 성립할 수 있다.

---

166) 근참법 제9조
167) 근참령 제8조제1항
168) 노조법 제24조제4항

6) 근로시간면제 관련 부당노동행위 유형

첫째, 사업(장) 단위 조합원 규모에 따른 고용부고시 한도를 초과하여 근로시간면제 사용시간 및 인원을 인정하는 단체협약 등을 체결하고 유급처리 하는 경우 및 근로시간면제자에게 그 시간에 대해 유급으로 처리하는 이외에 별도의 수당을 지급하는 경우가 있다.

둘째, 교섭 · 협의, 고충처리 등 근로시간면제대상 업무를 하면서 정당한 사유없이 근로시간면제자를 제외하고 근로시간 면제자가 아닌 노조간부를 참여하게 하고 유급으로 처리하는 경우가 있다.

셋째, 근로시간면제자의 면제활동을 이유로 인사배치, 경력관리, 승진 등에 있어서 불합리하게 차별하는 경우, 기타 근로시간면제 활동을 통해 노동조합을 지배 · 개입하거나 근로시간면제자를 불이익 취급하는 경우 등이 있다.

7) 단체협약 실효와 근로시간면제 약정

유효기간 만료 등으로 단체협약의 효력이 상실된 경우 임금, 근로시간 등 근로조건과 관련된 규범적 부분은 근로계약의 내용으로 전환되어 그 효력이 유지된다. 그러나 근로시간 면제에 관한 사항은 채무적 부분으로서 단체협약이 실효된 경우 그 효력도 함께 상실된다고 보아야 한다.

8) 근로시간면제 한도 초과요구 쟁의행위 정당성

노동조합이 근로시간면제 시간과 인원 한도를 위반하여 급여지급을 요구하고 이를 관철할 목적으로 하는 쟁의행위는 노조법 제24조제5항[169]을 위반하였으므로 1천만원 이하의 벌금에 처할 수 있다. 근로시간면제 한도와 관련된 사항은 "근로조건의 결정에 관한 사항"이 아니므로 쟁의행위의 주된 목적으로 삼을 수는 없다. 다만, 근로시간면제 한도를 초과하지 않는 범위 내에서 시간 및 인원을 요구하고 이를 관철할 목적으로 행하는 쟁의행위의 경우는 쟁의행위의 주된 목적이 무엇인지를 검토하여 정당성 여부를 판단한다.

169) 노소법 제92조제1호

* 근로시간 면제한도 고시 (고용노동부고시 제2013-31호, 2013.6.25)

○ 근로시간면제 한도

<table>
<tr><th>조합원 규모</th><th>시간 한도</th><th>사용가능 인원</th></tr>
<tr><td>50명~99명</td><td>최대 2,000시간 이내</td><td rowspan="10">○ 조합원수 300명 미만의 구간
파트타임으로 사용할 경우 그 인원은 풀타임으로 사용할 수 있는 인원의 3배를 초과할 수 없다.
○ 조합원수 300명 이상의 구간
파트타임으로 사용할 경우 그 인원은 풀타임으로 사용할 수 있는 인원의 2배를 초과할 수 없다.</td></tr>
<tr><td>100명~199명</td><td>최대 3,000시간 이내</td></tr>
<tr><td>200명~299명</td><td>최대 4,000시간 이내</td></tr>
<tr><td>300명~499명</td><td>최대 5,000시간 이내</td></tr>
<tr><td>500명~999명</td><td>최대 6,000시간 이내</td></tr>
<tr><td>1,000명~2,999명</td><td>최대 10,000시간 이내</td></tr>
<tr><td>3,000명~4,999명</td><td>최대 14,000시간 이내</td></tr>
<tr><td>5,000명~9,999명</td><td>최대 22,000시간 이내</td></tr>
<tr><td>10,000명~14,999명</td><td>최대 28,000시간 이내</td></tr>
<tr><td>15,000명 이상</td><td>최대 36,000시간 이내</td></tr>
</table>

* 조합원 규모는 노조법 제24조제4항의 사업 또는 사업장의 전체 조합원 수를 의미하며, 단체협약을 체결한 날 또는 사용자가 동의한 날을 기준으로 한다.

○ 지역분포에 따른 근로시간 면제한도

<table>
<tr><th rowspan="2">대 상</th><th colspan="2">추가되는 근로시간면제 한도</th></tr>
<tr><th>광역자치단체개수</th><th>시 간</th></tr>
<tr><td rowspan="3">전체 조합원
1,000명 이상인
사업 또는 사업장</td><td>2~5개</td><td>사업 또는 사업장 연간 근로시간면제한도×10%</td></tr>
<tr><td>6~9개</td><td>사업 또는 사업장 연간 근로시간면제한도×20%</td></tr>
<tr><td>10개 이상</td><td>사업 또는 사업장 연간 근로시간면제한도×30%</td></tr>
</table>

* 광역자치단체 개수 산정기준
- 광역자치단체는 지방자치법 제2조제1항제1호에 따른 특별시, 광역시, 특별자치시, 도, 특별자치도를 말한다.
- 광역자치단체 개수는 해당 사업 또는 사업장의 전체 조합원 5% 이상이 근무하는 것을 기준으로 산정한다.

6. 노동조합의 재정

가. 자주적 운영을 위한 제도적 장치

조합원은 균등하게 그 노동조합의 모든 문제에 참여할 권리와 의무를 가진다. 다만, 노동조합은 그 규약으로 조합비를 납부하지 아니하는 조합원의 권리를 제한할 수 있다.[170] 노동조합의 재정은 조합원으로부터 징수한 조합비, 사용자 등으로부터 지원받은 재액의 구제와 근로자의 후생을 위한 기금, 조합원의 복리증진을 위한 공제사업 수익금, 조합재산의 수익금, 기부금, 기타 일시적으로 조합원에게서 징수하는 파업기금, 회관건립기금, 공제회비 등을 그 재원으로 한다. 조합비징수 상한선, 시기 등에 관한 제한은 없으므로 규약으로 정하여 자유롭게 징수할 수 있다. 다만, 조합비를 납부하지 않는 조합원은 규약으로 정하여 투표권, 후생복지시설 이용권 등 노조운영 등에 참가하는 권리를 제한할 수 있다.[171] 재정자립을 기할 수 있도록 운영경비는 노조 자체적으로 충당하여야 하며 사용자에 대한 경비보조 요구는 자주성이 침해될 가능성이 있다. 노동조합이 사용자로부터 경비의 주된 부분을 원조 받는 경우[172]는 노동조합의 결격사유에 해당되며, 사용자가 조합의 운영비를 원조하는 행위는 부당노동행위에 해당한다. 다만, 근로자가 근로시간 중에 사용자와 협의 또는 교섭하는 것을 사용자가 허용함은 무방하며, 또한 근로자의 후생자금, 경제상의 불행 기타 재액의 방지와 구제 등을 위한 기금의 기부와 최소한 규모의 노동조합 사무소의 제공은 가능하다.[173]

나. 민주적 운영을 위한 제도적 보장

조합의 재정은 투명하고 다수의 의견을 반영하여 재원이 가지는 본래의 목적에 따라 민주적으로 운영되어야 한다. 조합은 규약으로 “조합비 기타 회계

---

170) 노조법 제22조

171) 노조법 제22조 단서

172) 노조법 제2조제4호 나목

173) 노조법 제81조제4호 단서

에 관한 사항"을 기재하여야 하고[174] 재정에 관한 장부와 서류[175]를 작성 비치토록 정하고 있으며,[176] 예산결산에 관한 사항과 기금의 설치 · 관리 또는 처분에 관한 사항을 총회 의결사항으로 정하고 있다.[177] 그 외에 조합회계의 민주적 운영을 제도적으로 보장하기 위해 다음 사항을 정하고 있다.

첫째, 조합의 대표자는 그 회계감사원으로 하여금 6월에 1회 이상 당해 노동조합의 모든 재원 및 용도, 주요한 기부자의 성명, 현재의 경리상황 등에 대한 회계감사를 실시하게 하고 그 내용과 감사결과를 전체 조합원에게 공개하여야 한다. 노동조합의 회계감사원은 필요하다고 인정할 경우에는 당해 노동조합의 회계감사를 실시하고 그 결과를 공개할 수 있다.[178]

둘째, 조합의 대표자는 회계연도마다 결산결과와 운영상황을 공표하여야 하며, 조합원의 요구가 있을 때에는 이를 열람하게 하여야 한다.[179]

셋째, 노동조합은 고용노동부장관이 요구하는 경우에는 결산결과와 운영상황을 보고하여야 한다. 행정관청은 노동조합으로부터 결산결과와 운영상황을 보고받고자 하는 경우는 그 사유와 필요한 사항을 기재한 서면으로 10일 이전에 요구하여야 한다.[180]

다. 조합의 재산

조합의 재산에 관하여 노조법에 구체적으로 정한 바는 없다. 따라서 재산에 관한 권리의무관계는 민법의 규정을 따를 수밖에 없다. 노동조합은 등기를 하여 법인이 될 수 있다. 법인이 된 경우 조합의 재산은 조합의 단독소유가 된다. 다만, 법인이 아닌 노동조합은 조합원 개인과는 별개의 단체가 되므로 민법상으로는 권리능력이 없는 사단(社團), 법인격이 없는 사단에 해당한다. 조

174) 노조법 제11조제9호
175) 예산서, 결산서, 총수입원장 및 총지출원장, 수입 또는 지출결의서, 수입관계장부 및 증빙서, 지출관계장부 및 증빙서, 자체회계감사 관계서류
176) 노조법 제14조제1항제5호, 노조규칙 제8조
177) 노조법 제16조제1항제4호~제5호
178) 노조법 제25조
179) 노조법 제26조
180) 노조법 제27조, 노조령 제12조

합재산에 관한 조합원의 권리의무는 조합원의 지위를 취득 · 상실함으로써 권리 · 의무도 취득 · 상실된다.[181]

민법에 의하면, 법인이 아닌 사단의 사원이 집합체로서 물건을 소유할 때에는 총유로 하고, 총유에 관하여는 사단의 정관 기타 계약에 의하는 외에 관리 · 처분은 사원총회 결의에 따르고, 각 조합원은 정관 기타의 규약에 정한 바에 따라 총유물을 사용, 수익할 수 있다고 정하고 있다.[182] 따라서 조합재산은 조합원 전원의 총유(總有)가 되고 소유권은 조합 자체에게 있다. 조합원은 탈퇴, 제명 등의 경우에도 규약에 달리 정하지 않으면 조합재산에 대한 지분을 주장하거나 분할청구권이 인정되지 않으며, 조합의 채무 또한 조합원 전원에게 총유되어 조합원은 그에 대한 개인적 책임을 지지 않는다. 오직 조합재산만이 채무변제에 대한 책임재산이 된다. 다만, 조합자치의 원칙상 조합재산에 관한 조합원의 권리와 의무는 조합의 규약이나 총회의 의결로 달리 정할 수 있음은 더 말할 나위가 없다. 노동조합에게는 권리능력 없는 사단으로서 소송상의 당사자 능력이 있다.[183] 판례의 견해는 총유설을 취한다. 즉, 법인격을 갖지 않은 조합의 재산은 조합원 총유에 속하고, 조합원은 조합재산에 대해 지분이 없으며 규약 등에 달리 정한 바가 없으면 분할청구권도 없다고 본다.[184] 자세한 사항은 제7장 끝부분을 참고한다.

7. 노동조합의 내부적 통제

조합은 단결력을 공고히 하고 교섭력을 증대시키기 위하여 내부적으로 조합원에 대한 통제를 가하게 된다. 통제라 함은, 규약이나 방침 · 지시 등에 위반한 조합원에 대하여 견책, 제재금 부과, 권리정지, 제명처분 등 조합이 규약으로 징계양정을 정하여 제재처분을 가하는 것을 말한다. 조합은 그 조직력을 강화하고 본래의 목적달성을 위하여 그 조합원에게 일정한 규제와 강

181) 민법 제277조
182) 민법 제275, 제276조
183) 민소법 제52조
184) 대판 90다카22056, 1990.12.21 등 다수

제를 할 수 있는 통제권을 행사할 수 있으나 통제권을 남용하는 경우에는 조합원의 권리가 침해될 우려가 있으므로 그 목적달성을 위한 최소한에 그쳐야 하고, 규율과 통제에 관한 사항은 규약에 명시하여야 한다.[185] 통제처분 중 제명은 가장 중한 처분이다. 규약에서 조합비 체납 또는 조합의 정상적 업무방해 등을 조합원 제명사유로 정하는 것은 타당할 것이나,[186] 단순히 조합 집행부 비판 등 건전한 논의를 이유로 하는 등 감정적 제명을 하여서는 아니된다. 다만, 조합원의 제명은 반드시 규약이 정한 의결기관에서 처리하도록 하고, 사전에 본인에게 그 뜻을 통지하여 의결 전에 충분히 소명할 수 있는 기회를 주어야 한다.

가. 통제권의 근거

헌법 제33조제1항에 의하여 단결권을 보장받고 있는 노동조합은 그 조직을 유지하고 목적을 달성하기 위하여는 조합의 내부질서가 확립되고 강고한 단결력이 유지되지 않으면 아니된다. 따라서 노동조합은 단결권을 확보하기 위하여 필요하고도 합리적인 범위 내에서 조합원에 대하여 일정한 규제와 강제를 행사하는 내부통제권을 가진다고 해석하는 것이 상당하다.[187]

통제에 관한 사항은 규약의 필수적 기재사항이다, 따라서 규약에는 통제처분의 사유와 결정기관, 처분의 종류 등이 분명하게 규정되어 있어야 한다. 만일 규약의 규정이 구체적이지 않고 추상적인 경우라면, 관행이나 조합자치의 원칙상 총회·대의원회의 등의 결의에 따르는 것이 합리적이다. 통제권의 근거에 관한 학설의 견해는 다음과 같다.

1) 단체고유권설

단체가 존립을 위하고 그 목적 수행을 위하여 목적수행과 활동에 반하는 행동을 하는 구성원에 대하여 통제력을 행사하는 것은 당연하고 원활한 조직운영을 위하여 내부적 규제가 필요한 것은 필연적 법리이며, 노동조합도 단체인

185) 노조법 제11조제15호
186) 노조 01254-772, 1997.9.10
187) 대판 2004도227, 2005.1.28

이상 고유권으로서 통제력을 지닌다.[188)]

2) 단결권설

통제권은 헌법 제33조제1항에 근거하며, 노동조합의 목적과 기능을 실현하기 위하여 내부통제권과 징계권이 인정된다는 입장이다.[189)] 대법원 판례와 입장을 같이 한다.[190)]

나. 통제권의 한계

1) 기본권의 내재적 한계

노동조합이 그 내부통제권을 행사함에 있어서는 구성원인 조합원이 일반 국민으로서 가지는 헌법상의 기본적 권리의 본질적인 내용이나 다른 헌법적 가치를 침해하지 않아야 할 내재적 한계가 있다. 따라서 정치활동을 고유의 목적으로 삼는 정치적 결사체도 아닌 노동조합이 비록 공직선거법 제87조에 의하여 총회의 결의 등을 거쳐 지지하거나 반대하는 정당이나 후보자를 결정하고 그 명의로 선거운동을 할 수 있다고 하더라도 그 구성원인 조합원 개개인에 대하여 노동조합의 결의 내용에 따르도록 권고하거나 설득하는 정도를 넘어서 이를 강제하는 것은 허용되지 아니 한다.[191)]

2) 목적에 따른 한계

노동조합의 통제권은 근로자의 단결권 보장의 일환으로서 조합의 목적달성에 필요하고 또 합리적인 범위 내에 한정된다고 할 것이므로 통제의 실효담보를 위한 제재권(制裁權 혹은 懲戒權) 또한 그 범위 내에서 행사되어져야 하는 바, 이 경우 징계처분의 정당성 여부는 그 징계의 종류, 조합규약의 내용 및 조합규약의 위반정도 등을 고려하여 신중히 처리하여야 한다.[192)] 또한, 노동조합은 내부적인 규약이나 결의를 통하여 조합 구성원 개개인의 행동에 대하여 규제를 설정

---

188) 石井, 김형배, 『노동법』, 695쪽
189) 김유성, 『노동법』, 88쪽
190) 대판 2004도227, 2005.1.28
191) 대판 2004도227, 2005.1.28
192) 서울민사지판 88가합10119, 1988.7.13

하고 그에 위반된 행위에 대하여 어느 정도의 재량을 가지고 제재를 가할 수 있는 통제권이 인정되지만, 합리적인 범위 내에서 행사되어야 하며 재량의 한계를 벗어나거나 통제권의 남용에 해당하는 경우에는 위법한 것이 된다.

판례의 견해에 따르면, 조합원으로서의 지위 자체를 박탈하는 제명 등의 수단에 의한 제재는 해당 조합원의 명예에 회복할 수 없는 피해를 초래할 뿐 아니라 조합원으로서 향유할 수 있는 여러가지 권리를 박탈하게 되는 점 등에 비추어, 처분이 비위사실에 비추어 현저히 가혹하거나 객관적 타당성이 결여된 경우에는 재량의 한계를 벗어나거나 통제권의 남용에 해당하여 무효라고 보았다.[193] 조합비 일괄공제에서의 미납시 징계를 살펴보면, 단체협약으로 조합비 공제를 정한 경우에도 이에 대한 조합원 총회의 의결, 노조규약상의 관련규정 또는 개별조합원의 동의가 없으면 조합원 개인이 조합비 일괄공제를 거부하는 경우 사용자는 이를 공제할 수 없는 것이 원칙이다. 다만, 단체협약으로 조합비 공제를 정하고, 조합원 총회의 의결, 노조규약상의 관련규정이 있는데도 불구하고 조합원이 납부를 거부하는 경우 당해 자체규약 또는 규약이 정하는 바에 따라 제명 등 징계조치를 할 수 있다.[194]

다. 징계 등 통제대상과 결정기관

노동조합의 통제권이 미치는 주요사항으로는, 규약의 준수의무, 결의 · 지시에 대한 복종의무, 조합비 납무의무 등 주로 조합원의 기본적인 의무불이행에 관한 사항이 될 것이다. 대체로 규약위반이나 조합의 결의 · 처분 등 지시에 위반하는 경우가 대부분이다.

1) 징계 등 통제처분의 대상

(1) 조합원의 배신행위

단체교섭 도중에 사용자와 개별적으로 교섭하거나, 사용자로부터 개별적인 이익 등을 제공받거나 약속받는 행위, 쟁의행위 등 집단적행동에 불응하는 행위 등 널리 단체교섭 등을 저해하는 행위를 말한다.

193) 울산지판 94카합1218, 1994.10.11
194) 노조 01254-772, 1997.9.10

(2) 허위의 사실, 비판 등 내부분열 행위

규약 또는 집단적인 결의에 의해 결정된 조합방침에 대해 합리적인 이유나 근거없이 악의적이거나 허위의 사실을 토대로 한 비판 등 내부분열 행위를 한 조합원은 통제대상이 된다. 다만, 결의 처분에 이르지는 않았으나 임원이나 집행부개편 등 조직개편시기를 전후하여 투쟁노선 등 조합활동을 둘러싸고 의견을 달리하여 집행부의 활동을 비판하는 서명운동을 하거나 탄핵운동을 하는 등 정당한 비판활동을 하는 경우에는 통제대상으로 삼을 수는 없을 것이다.

판례에 의하면, 노사분쟁의 자제요구, 해고자 복직투쟁에 불참 등을 이유로 조합원 지위를 제명한 사안에서, 조합원의 활발한 의견개진 내지 비판의 자유는 노동조합의 건전한 운영과 민주성의 확보라는 점에 있어 필요불가결한 요소라 할 수 있는 점을 감안하고, 조합원의 행위로 말미암아 조합의 목적달성이 현저히 곤란하게 되거나 공동의 이익을 위하여 통제처분이 불가피한 경우에 해당하는 사정이 없다면, 조합원의 지위를 제명하도록 결정한 것은 지나치게 가혹하여 재량의 범위를 일탈한 제명처분은 무효라고 한 바 있다.[195)]

그러나 규약 등에 비판이나 의견개진 절차 등이 투명하게 설정되어 있고 사전허가나 승인 등 그 절차 활용에 장애가 있는 경우가 아니라면 절차적 규정을 따르는 것이 원칙이므로 규정을 준수하지 않은 비판은 내부질서 위반 등으로 통제처분 대상이 될 수 있다.

(3) 조합지시 위반

조합의 결의나 지시 등이 규약 · 법률에 위반한 경우 조합원은 복종할 의무가 없으므로 통제 대상이 될 수 없다. 다만, 그 내용이 객관적으로 보아서 중대하고 명백한 위법이 없다면 따르는 것이 원칙이다.

(4) 조합차원의 정치활동에서 결의 지시에 위반한 경우

노동조합이 내부통제권을 행사함에 있어서, 구성원이 일반조합원으로서 가지는 헌법상의 기본권(정치 · 사상의 자유 등)의 본질적인 내용이나 다른 헌법적 가치를 침해하지 않아야 할 내재적인 한계를 지닌다. 즉, 조합원은 개인 또는 일

195) 서울남부지판 2006가합11938, 2007.1.12

반국민으로서 권리를 가지며 그러한 활동에 관해서는 조합의 통제를 받지 아니한다. 다만, 조합은 노동3권의 실질적인 보장과 조합원의 근로조건 향상 및 경제 · 사회적인 지위향상을 위하여 정치적 · 사회적인 활동을 할 수 있는데 이 과정에서 조합활동과 개인의 기본적 인권이 적절히 조화될 수 있도록 하여야 한다.

특히, 정치활동 중 노동3권 보장을 위한 법 개정운동, 법 개정과 관련한 대국민 홍보활동, 조합의 이념과 활동노선에 부합하거나 우호적인 정당이나 정책을 표방한 입후보자에 대한 지지운동 등은 근로자의 경제 · 사회적 지위향상을 위한 조합 차원의 목적에 해당하므로 그에 따른 조합차원의 결의나 지시 등은 그 한도에서 조합원을 구속한다. 따라서 그에 따른 집단적인 입장표명이나 지지활동 등을 위반한 조합원은 징계 등 통제대상이 될 수 있다. 다만, 조합원 개인의 입장에서는 정치 사상적인 자유가 있으므로 선거 등에서 특정후보자를 지지하거나 반대하는 것은 자유로운 의사에 맡겨야 하므로 권고나 설득을 넘어서 이를 강제하는 것은 허용되지 않고, 그에 따른 징계 등 통제처분은 정당성이 없다.[196)]

2) 결정기관

징계 등 조합원에 대한 통제권의 행사는 규약으로 정할 수 있다.[197)] 규약상 총회와 대의원회가 병존되어 운영되고 있는 경우에는 총회의 기능과 대의원회의 기능을 명확히 구분하여 운영하여야 한다. 규약으로 운영위원회에서 조합원이 징계를 의결하도록 정하고 있다면 그에 따라야 한다.[198)] 다만, 임원의 경우 노조법 제11조제15호에서는 "규율과 통제에 관한 사항"을 규약에 기재하도록 규정하고 있으므로 노동조합은 조합원에 대한 징계사유 · 절차 등에 대하여 규약에 정할 수 있는 것이나, 동법 제16조제1항 및 제4항의 규정에 의거 노동조합 임원에 대한 해임은 총회(동법 제17조제1항의 규정에 의거 규약으로 총회에 갈음할 대의원회를 두고 있는 경우 대의원회)에서 조합원(대의원회)의 직접 · 비밀 · 무기명투표에

196) 대판 2004도227, 2005.1.28
197) 노조법 제11조제15호
198) 노조 01254-305, 1995.3.21

의해 재적조합원(대의원) 과반수의 출석과 출석조합원(대의원) 2/3 이상의 찬성이 있어야 하므로 총회(대의원회)가 아닌 다른 노동조합의 기구에서 행한 징계를 이유로 임원자격이 상실되도록 하는 것은 위 조항에 위배된다.[199] 규약으로 징계 등의 의결기관에 관해 정함이 없는 경우에는 조합원의 민주적인 의사결정을 담보할 수 있도록 총회나 대의원회에서 결정하여야 한다.[200] 만약, 임원의 징계에 관하여 총회의 의결사항인지 대의원회의 의결사항인지 그 여부를 알 수가 없을 때에는 당해 임원의 선출기관에서만이 가능하다.[201]

3) 처분절차

통제권의 행사는 민주적이고 공정한 절차에 따라야 한다. 원칙적으로 조합원에 대한 징계는 규약에서 정한 정당한 기관에서 규약에서 정한 적법한 절차와 방법에 의해 이루어져야 하며 징계양정에 따라 징계의 형평성이 유지되어야 하는 것이 원칙이다.[202] 징계 처분시 규약이나 관행상 절차가 있는 경우는 그에 따라야 한다. 절차가 불명확하거나 흠이 있는 경우에도 헌법상 적정절차의 원칙에 준하여 처분대상자에게 미리 처분일정과 제재사유를 통지하여 자신의 입장을 소명할 수 있는 기회를 충분히 부여하여야 하고, 처분의결시에도 공정성을 유지하여야 한다. 행정해석에 따르면, 통제기능으로서 징계는, 징계의 사유, 기관, 절차 및 내용 등 구체적인 기능을 규약 등에 정하여 규제하는 것이 원칙이므로, 만약 규약 등에 피징계자에 대하여 반드시 소명 · 재심의 기회를 주도록 정하여 졌음에도 불구하고 이러한 절차를 결한 것이라면 규약위반 또는 권리남용으로서 무효가 된다고 보았다.[203] 다만, 단체협약이나 취업규칙에 징계대상자에게 징계혐의사실을 통지 등 절차를 거쳐하여야 한다는 규정이 있는 경우에 그 절차를 거치지 아니한 징계처분을 유효하다고 할 수 없을 것이지만 그러한 규정이 없는 경우까지 반드시 절차를 거쳐야 할 의무가 있는 것은 아니다.[204]

---

199) 노조 68107-964, 2000.10.21
200) 노조법 제16조제1항제9호
201) 노조 01254-22, 1995.1.9
202) 노조 01254-455, 1999.6.26
203) 노정 1452-6162, 1969.6.2 ; 노조 01254-455, 1999.6.26
204) 대판 92나18542, 1992.9.25

(1) 의결방법

의결절차에 있어서는 비밀 무기명투표가 아니더라도 구성원의 민주적의사 형성이 보장된다면 거수나 기립표결에 의한 방법도 무방하다. 노동조합이 특정조합원에 대하여 표결할 경우 당해 조합원의 표결권은 인정되지 않는다.[205) 그러나, 소수조합원이 다수조합원에 대해 통제권을 행사할 경우에는 표결할 때 다수조합원을 전부 동시에 배제할 수는 없고, 대상자 개인별로 표결을 하면서 그 조합원에 대해서만 표결권을 제한한다.[206)]

(2) 지부 등의 규약으로 징계처분 한 경우

노동조합이 내부조직으로 지부를 설치하고 있고, 지부가 규약의 범위 내에서 자체적으로 지부운영규정을 제정하여 시행하고 있는 경우 지부운영규정이 본조 규약에 위배되지 않는 한 운영규정에 따라 조합원을 징계한 것만으로는 노동관계법령 또는 규약 위반에 해당한다고 보기는 어렵다.[207)] 통제처분을 받은 조합원이 규약에 정한 징계사유 및 절차의 하자로 인해 재심청구나 소송을 제기하였을 경우, 규약 등에 징계의 효력이 정지된다는 별도의 규정을 두지 않는 한 재심청구나 소송의 제기만으로는 징계처분의 효력이 정지되지는 아니한다.

4) 통제권과 사법심사

통제권의 행사는 조합 내부의 일이므로 조합자치에 일임하고 가급적 국가의 개입은 자제하는 것이 바람직하다. 다만, 징계 등 통제처분이 규약 등에 비추어 절차상 하자가 명백하거나 객관적으로 부당하다고 판단되면, 규약이 정하는 절차와 방법에 의해 재심을 청구하거나, 조합원지위 보전을 구하는 가처분 신청 등 법적 쟁송절차를 통해 그 권리를 구제받을 수 있다. 그 외 노조법에 따라서 징계처분이 규약에 위배된 경우 행정관청은 당사자 등 이해관계인의 신청을 받아 노동위원회의 의결을 얻어 결의처분 시정명령을 할 수 있다.[208)] 다만, 행정관청은 노동조합의 결의 또는 처분이 노동관계 법령 또는 규약에 위반된다고

205) 노조법 제20조
206) 김유성, 『노동법』, 90쪽
207) 노조 68107-24, 2001.1.4
208) 노조법 제21조제2항, 제3항

판단할 경우는 이해관계인의 신청이 없어도 직권으로 노동위원회에 의결을 얻어 시정을 명할 수 있다. 시정명령을 받은 노동조합은 30일 이내에 시정하여야 하나 정당한 사유가 있는 경우에 그 기간을 연장할 수 있다. 노동조합이 시정명령을 불이행 할 경우는 500만원 이하의 벌금에 처할 수도 있다.[209)]

5) 조합 내부문제로 인한 회사의 징계처분

노동조합의 활동 중 조합원들 사이에 발생한 반목과 갈등이 경우에 따라서는 회사의 명예나 영업이익과 직간접적으로 결부되는 심각한 사건으로 확대되기도 한다. 통상 노동조합의 내부문제는 자체적으로 해결하고, 규약 등에 따라 제명 등 징계를 하여 운영질서를 회복하는 것이 일반적이다. 다만, 노동조합의 내부문제로 인해 소송과 투서, 고소 등이 난무하고 이러한 분쟁이 결국 조직원들 간 반목과 분쟁을 야기하여 단결을 저해하고 상호간 신뢰가 심각하게 훼손되어 회사의 손실이 발생하였을 경우, 회사가 이를 징계사유로 삼을 수 있느냐 하는 것이 의문이다.

판례에 따르면, 조합 내부의 문제라도 그로 인하여 회사의 손실 등이 초래되는 경우 회사의 취업규칙 등에서 규정하는 징계사유에 해당할 수 있다고 보았다.[210)] 다만, 조합 내부문제는 회사의 업무영역 밖이라는 점을 고려할 때, 과연 내부문제로 비롯된 사실이 취업규칙이나 단체협약 등으로 정한 징계사유에 해당하는지, 구체적인 회사의 손실발생 여부 및 정도를 면밀히 판단하고, 업무 특성 등을 고려하여 문제가 된 사실과, 손실사이에 구체적인 인과관계가 성립하는지 등을 종합적으로 판단하여야 할 것이다. 실무상, 노조간부에 대한 인사는 노조와 사전에 협의한다. 라는 단체협약규정이 있는 경우 이를 거치지 않은 징계효력이 반드시 해고의 효력에 영향을 미치는 것은 아니다.[211)]

209) 노조법 제93조제2호

210) 대판 2008두22211, 2009.4.9 ; 대판 2001두10455, 2002.5.28

211) 대판 92다18542, 1992.9.25

10
노동조합의 해산

1. 개 요

노동조합의 해산이란, 노동조합이 본래의 활동을 정지하고 소멸과정으로 들어가는 것을 말한다. 노조법 제28조제1항 소정의 해산사유가 발생한 경우에 해산되는 것이 원칙이다. 법으로 정한 해산사유 이외에, 특정기업 근로자를 조직대상으로 하는 기업별 노동조합의 경우 당해 노동조합의 조합원 모두가 당해 기업과 고용관계가 단절되거나 당해 기업이 소멸되었다면 노동조합의 조직적 기초가 상실된 것이므로 노동조합도 소멸한다.[1] 이 경우 법인인 기업은 청산이 종료되어 법인격이 소멸된 시점에 비로소 소멸한 것으로 본다.

상법상 회사는 존립기간의 만료 기타 정관으로 정한 사유의 발생, 총사원의 동의, 사원이 1인으로 된 때, 합병, 파산, 법원의 명령 또는 판결에 의해 해산한다고 정하고 있다.[2] 회사의 해산은 노동조합의 해산 등 조직변동과 필연적으로 연관이 있는 만큼 노동조합의 해산과 무관하지 않다.

노동조합이 해산된 경우 그 대표자는 해산한 날로부터 15일 이내에 해산신고서에 회의록을 첨부하여 행정관청에 신고하여야 한다.[3] 다만, 해산신고가 해산이나 소멸의 요건이 되는 것은 아니다. 해산된 노동조합은 총회 또는 대

---

1) 노조 01254-245, 2000.3.21

2) 상법 제227조

3) 노조법 제28조제2항(규약에서 정한 해산사유가 발생한 경우, 합병 또는 분할로 소멸한 경우, 총회 또는 대의원회의 해산결의가 있는 경우 이상 3가지 사유로 해산하는 경우는 조합의 대표자는 해산한 날로부터 15일 이내에 행정관청에 이를 신고하여야 한다), 노조규칙 제10조

의원회의 결의[4)]에 따라서 본래의 활동을 정지하고, 조합의 사무를 정리하며 조합의 재산을 청산하는 등 해산의 목적 범위 내에서 제한된 활동을 한다. 법인으로 설립등기를 한 노동조합은 민법상 청산절차에 따른다.

다만, 조합재산은 대부분 조합비에 의해 형성된 것이므로 잔여재산이 있으면 총회 또는 대의원회 결의, 규약으로 정한 바에 따라 조합원에게 배분할 수 있다.[5)] 청산절차가 완료되면 조합은 소멸하고, 기존의 단체협약도 함께 소멸한다. 노조법으로 정한 해산사유와 절차 등은 다음과 같다.

2. 해산사유

노동조합은 ① 규약에서 정한 해산사유가 발생한 경우, ② 합병 또는 분할로 소멸한 경우, ③ 총회 또는 대의원회의 해산결의가 있는 경우, ④ 노동조합의 임원이 없고 노동조합으로서의 활동을 1년 이상 하지 아니한 것으로 인정되는 경우로서 행정관청이 노동위원회의 의결을 얻은 경우 해산한다.[6)] 위 해산사유 중 ①~③은 노동조합이 스스로 해산하는 경우이고, ④ 는 행정관청이 노동위원회의 의결을 얻어 노동조합을 해산 처리하는 것이다. 그 외에도 개별 기업노조의 경우 소속 사업장이 폐업된 경우 해산하고, 산업별 · 지역별노조의 경우 조합원이 소속한 사업장이 모두 폐업되는 경우 해산한다. 노조법상 해산사유에 관한 각각의 구체적인 내용은 다음과 같다.

가. 규약에서 정한 해산사유 발생

조합자치주의 원칙상 조합은 미리 규약으로 해산사유를 정할 수 있으며 그 사유가 발생하면 해산하게 되는데, 실무상 합병, 분할, 총회 또는 대의원회의 해산결의 등 노동조합이 자주적으로 해산을 결의하는 경우가 대부분이다. 구체적인 해산의 시기는, 규약에 해산사유와 해산일자를 명기한 경우는 그 날,

---

4) 노조법 제16조제1항제7호, 제2항, 재적조합원 과반수 출석과 출석조합원 3분의2 이상의 찬성이 있어야 한다

5) 노조법 제16조제1항제7호

6) 노조법 제28조제1항

단순히 해산사유만 정한 경우는 해산사유가 발생한 날이 된다. 다만, 규약에 해산사유가 있더라도 총회의 의결을 얻은 때 해산한다고 정했다면 총회에서 해산의결을 한 날이 해산일이다.[7)]

나. 합병 또는 분할로 인한 소멸

기업이란 유형무형의 자본과 노동력의 결합으로 이루어진 동적인 조직으로서 기업의 양도, 양수 또는 업태의 변경 등 에도 불구하고 동일 장소에서 동일 형태가 유지되는 경우, 근로관계는 특단의 규정이 있거나 해산사유가 발생하지 아니하는 한 노동조합은 존속된다. 사업 또는 사업장은 경영여건 등에 따라 폐업, 양도양수, 합병, 분할 등을 할 수 있고, 그에 따라 노동조합의 운명도 달리할 수밖에 없다. 사업 또는 사업장이 폐업할 경우 그 사업 또는 사업장을 조직기반으로 하는 노동조합은 소멸할 수밖에 없고, 단체협약은 효력을 상실한다. 다만, 폐업하지 않고 단순히 기업의 형태만 변경된 경우[8)] 또는 사업주가 변경된 경우에도 조직적인 동일성이 유지된다면 노동조합의 존속에는 아무런 영향이 없다. 특히 관리주체의 변동이 빈번한 아파트 등의 경우 조합의 설립 · 존속 기반인 아파트의 장소적, 인적, 물적 동일성이 유지된다면 해산사유가 존재하지 않는 한 변함없이 존속한다. 기업의 형태 · 명칭 등이 변동되었을 경우는 총회(대의원회) 결의를 통해 규약을 변경하여 변동사항을 반영하여야 한다.[9)] 노동조합은 사업 또는 사업장의 합병 또는 분할로 당연히 소멸하지 않는다. 실무상 기존노조가 체결한 단체협약의 효력이 그대로 유지하는가에 대해서는 차이가 있다.

합병 · 분할로 소멸한 경우는 "합병 · 분할로 노동조합이 소멸한 날, 즉, 총회 또는 대의원회에서 합병 · 분할을 결의한 날 또는 결의 등으로 달리 소멸일을 정한 경우는 그 날"이 해산일이다. 자세한 내용은 다음과 같다.

---

7) (예) 해산사유가 발생하고 재적조합원 과반수 출석과 출석조합원의 2/3 이상 찬성으로 조합의 해산을 의결한 날 등

8) 즉, 개인사업장이 주식회사 또는 유한, 합자회사 등으로, 유한회사, 합자회사가 주식회사로 변경된 경우 등

9) 노조 68107-1149, 2000.12.15

1) 합 병

합병은 두개 이상의 사업 또는 사업장이 하나의 사업장으로 결합하는 통합 방식으로서 2개 이상의 사업장을 합하여 새로운 사업장으로 통합하는 "신설합병"과 하나의 사업장이 1개 이상의 다른 사업장을 흡수 통합하는 "흡수합병"으로 나뉜다. 어느 경우에나 합병은 전체 사원의 동의를 얻도록 하고, 합병으로 존속하는 회사는 변경등기를, 소멸하는 회사는 소멸등기를, 설립되는 회사는 설립등기를 하여야 한다.[10] 상법상 합병은 존속하는 회사 혹은 신설하는 회사가 소멸된 회사의 채권채무 및 인적 · 물적인 권리 · 의무 등을 포괄적으로 승계하는 것이므로 근로관계의 권리와 의무도 함께 승계하는 것이 원칙이다.[11]

합병으로 인해 소멸회사의 조합원들은 자신의 의지와 무관하게 신설, 흡수노조의 조합원이 된다. 노조법상 해산사유로 합병을 정한 것은 합병의 중간과정으로서 형식적인 해산을 말하는 것이며, 실질적으로 소멸회사의 조합원은 별도의 가입절차 없이 자동적으로 신설 · 존속사업장 노동조합의 조합원이 된다. 다만, 흡수합병 후 피합병 기업이 소멸하였으나, 양 기업은 합병 이전부터 종업원인 근로자를 대상으로 하는 노동조합이 각각 존재하고 있었고, 양 기업의 흡수합병에도 불구하고 양 노동조합의 조직대상이 명확히 구분된다면 종전의 노동조합 조직을 그대로 유지하여 1사 2노조 체제가 되더라도 무방하다. 그러나 합병 후 회사조직의 통합 · 인사교류의 실시 등에 의하여 사실상 노조의 조직대상이 중복되는 경우에는 노조의 조직적 기반이 상실될 수 있으므로 통합대회를 거쳐 단일 노조를 설립 · 운영하는 것이 바람직하다.[12]

(1) 합병절차

실무상 합병을 하려는 노동조합은 합병으로 인해 소멸 · 존속 · 신설 등 합병에 관한 합의내용을 승인하는 결의를 하여야 한다. 이때 합병으로 인해 소멸하는 회사의 노동조합은 결의에서 해산하기로 정한 날로부터 15일 이내에 해

---

10) 상법 제230조, 제233조
11) 상법 제235조
12) 노조 01254-691, 1996.7.4

산신고서에 회의록을 첨부하여 해산신고를 하여야 한다.[13] 합병으로 신설되는 노조는 창립총회를 개최하고 규약을 제정하는 등 설립에 관한 결의를 하고, 설립신고서에 관련서류[14]를 첨부하여 행정관청에 신고하여야 한다.[15] 흡수 합병한 노조는 총회를 개최하여 합병을 결의하고, 규약을 변경하여 조합의 조직대상범위를 변경하는 등의 절차를 거쳐야 한다. 한편 소멸사업장 노동조합의 권리 · 의무는 신설 · 존속사업장의 노동조합에게 포괄적으로 이전되므로 재산관계상 따로 청산절차를 밟을 필요가 없다.

실무상, 합병을 하면서 피합병회사의 근로자를 합병회사에 분산배치함으로써 합병회사 내에서 피합병회사 근로자들의 조직적 기반(예 : 공장별, 부서별, 직종별, 고용형태별 등)이 상실되어 합병회사 노동조합과 조직범위 등에서 실질적 동일성을 인정할 수 없다면 독립된 노동조합으로 존속할 수가 없다. 따라서 이 경우는 합병회사의 노동조합에 개별로 가입하여 활동하는 수밖에 없다.[16]

(2) 합병과 단체협약의 효력

합병회사를 신설하고자 기존회사를 해산하는 경우, 구 법인의 권리의무는 신설 법인에 승계되고, 노동조합 또한 그 조직적 기초인 회사가 외형의 변화에도 불구하고 실질적으로는 존재하고 있으므로 달리 해산결의를 하지 않는 한 그대로 존속하게 되고, 구 법인과 체결한 단체협약도 그대로 승계하는 것이 원칙이다.[17]

단체협약의 효력에 있어서도, 소멸회사와 소멸회사 노동조합이 체결한 단체협약은 신설 · 존속회사의 사용자와 노동조합으로 주체가 변경되어 유효기간까지 효력을 유지한다. 판례에 의하면, 합병에 의하여 근로관계가 승계되는 경우에는 종전의 근로계약상의 지위가 포괄적으로 승계되는 것이므로 합병당

13) 노조법 제28조, 노조규칙 제10조
14) 규약 1부, 임원의 성명 및 주소록 1부, 구성노동단체의 명칭과 조합원수 · 주된 사무소의 소재지 및 임원의 성명과 주소(연합단체인 노동조합의 경우에 한함), 사업 또는 사업장별 명칭, 조합원수 대표자의 성명 등
15) 노조법 제10조, 노조규칙 제2조
16) 노조 68107-395, 2001.4.30
17) 노조 01254-454, 2000.5.31

시 취업규칙 개정이나 단체협약의 체결 등을 통하여 합병 후 존속 혹은 신설회사 근로자들의 근로관계 내용을 단일화하기로 변경 · 조정하는 새로운 합의가 없는 한, 존속 혹은 신설회사는 소멸회사에 근무하던 근로자들에 대한 근로관계 내용을 종전과 동일하게 승계하는 것으로 보아야 한다. 그 밖에 영업양도의 경우에도 특별한 사정이 없는 한 종전의 단체협약도 잠정적으로 승계되어 존속하는 것으로 보아야 한다고 판시했다.[18] 행정해석도 판례와 같은 입장이다.[19]

다만, 단체협약의 승계문제에 있어서는 그 내용면에서 일부 부정적인 입장이 있다. 즉, 기존 단체협약의 당사자 일방이 소멸회사인 경우, 회사의 소멸로 당사자 일방이 없어진 단체협약이 그대로 새로운 당사자에게 승계된다는 것은 단체협약의 성질에 부합하지 않는다는 것이다. 따라서 단체협약의 내용 중 채무적 부분은 소멸하고 근로조건 등 규범적부분만 합병회사에 존속승계 한다는 입장이다.[20]

단체협약의 유효기간 중에 노동조합이 해산되어 그 실체가 소멸하는 경우에는 단체협약도 실효되는 것이 원칙이다. 다만, 기존의 노동조합이 다른 노동조합과 통합하면서 기존의 노동조합을 해산한 경우라도 해산노조와 존속노조의 조직의 동일성이 유지되는 한 단체협약은 그 유효기간 동안 효력이 유지된다고 보아야 할 것이다. 합병과 조정의 효력면에서도, 쟁의행위를 하기 위하여 조정을 거치던 중에 합병된 경우에도 조정전치의 효력은 인정되므로 합병 후 다시 조정을 거쳐야 하는 것은 아니다.[21]

2) 분 할

회사의 경우, 분할이란, 분할계약에 따라 하나의 기업이 둘 이상의 기업으로 나눠져 존속하거나 하나의 기업이 둘 이상의 기업으로 나눠지면서 소멸되어 흡수합병되거나 신설되는 것을 말한다. 해산후의 회사는 존립중의 회사를 존

18) 대판 88누4508, 1989.5.23 ; 서울지판 98가단28156, 1998.11.24

19) 노조 01254-543, 1997.6.18 ; 노조 68107-21, 2001.1.14

20) 김형배, 『노동법』, 527쪽

21) 협력 68140-486, 1998.12.31 ; 노조 68107-21, 2001.1.4

속하는 회사로 하거나 새로 회사를 설립하는 경우에 한하여 분할 또는 분할합병 할 수 있다.[22] 노동조합의 경우는, 하나의 노동조합이 조합원의 총의에 의하여 "사업의 동일성과 노조의 조직기반을 유지하면서" 2개 이상의 노동조합으로 나눠지는 것을 말한다. 상법상 법률효과에 의하여 분할결의에 따라 기존 노조의 권리의무는 신설노조에게 포괄적으로 이전되고 기존 노조의 재산도 분할 결의에서 정한 바에 따라 귀속한다.

(1) 행정해석의 견해

행정해석에 의하면, 기업이 분할 · 양도되는 경우[23] 노동조합의 지위와 단체협약의 승계에 관하여 살펴보면, 구성원이 사람인 단체로서의 노동조합은 그 구성원이 전혀 없게 되거나 그 설립단위 내지 조직의 근거가 되는 기업이 소멸되는 경우에는 해산 · 소멸된 것으로 볼 수 있으므로 행정관청은 직권으로 소멸처리 할 수 있을 것이며, 특정 기업이 소멸하고 복수의 기업에게 분리 · 양도되는 경우 원칙적으로 당해 기업에 조직된 노동조합은 그 존립기초를 상실하여 소멸한다고 볼 수 있을 것이다.[24] 다만, 당해 양도가 영업양도에 해당하고 기존 기업에 조직되어 있던 노동조합이 조직적 동일성이 유지되는 경우라면 노동조합은 존속될 수 있다고 볼 수 있을 것이므로 노동조합의 조직적 동일성이 유지되는지 여부, 양수기업의 노동조합과 조직대상 중복여부 등을 종합적으로 검토하여 판단하여야 한다.[25]

특정 기업이 복수의 기업에게 분리 · 양도되는 경우 당해 양도가 영업양도에 해당된다면 당사자 사이에 별다른 합의가 없는 한 양도기업의 단체협약 내용

---

22) 상법 제530조의2

23) A사를 B사와 C사에 양도양수계약을 체결하여 A사 소속 차량 52대를 B사 42대, C사 10대 각각 양도양수하고 A사 근로자 를 C사에 22명, 나머지는 B사에 고용승계한 경우

24) 노조 01254-613, 2000.7.19

25) 노조 01254-193, 1994.2.5. 아파트관리주체가 변경되었다 하더라도 노동조합 해산사유가 발생하지 아니하는 한 노동조합은 존속된다. 기업이란 유형무형의 자본과 노동력의 결합으로 이루어진 동적인 조직으로서 기업의 양도, 양수 또는 업태의 변경에도 불구하고 동일 장소에서 동일 형태가 유지되는 경우, 근로관계는 특단의 규정이 없는 한 존속된다고 보아야 할 것이므로, 아파트관리주체가 변경되었다 하더라도 노동조합법 제31조 각호에 해산사유가 발생하지 아니하는 한 노동조합은 존속된다.

중 근로조건 기타 근로자의 대우에 관한 기준(이른바 규범적 부분)은 양도 근로자의 근로조건으로써 계속 효력을 갖는다고 볼 수 있으나, 당해 양도가 영업양도가 아닌 자산매각에 해당한다면 양도기업의 단체협약은 양수기업에 승계되지 않는 것이 원칙이다. 따라서 양수기업으로 이전된 근로자에게 적용될 근로조건에 대하여는 당해 양도계약의 법적 성질, 즉, 인적, 물적시설을 포함한 양도양수계약인지, 물적시설만 양도양수한 것인지, 근로자의 승계나 고용조건 등에 대해 당사자간 별도의 합의가 있는지 여부 등을 종합적으로 검토하여 판단하여야 한다는 입장이다.[26]

그 외 회사부도로 노동조합이 있는 기존 기업의 근로자들이 전원 사직하고 인수기업에 새로이 입사한 경우, 양도기업과 조합원들의 근로관계가 종료되어 기존 노동조합에는 사실상 조합원이 전혀 없게 되므로 노동조합은 당연히 소멸되는 것이 원칙이나. 신설기업이 기존기업의 조합원 모두를 승계하고 기존기업과 동일한 영업을 수행하고 있으며, 노동조합의 조직 및 단체협약과 관련하여 노사간 합의가 있는 경우라면 노동조합도 계속 존속된다고 할 수 있다.[27]

(2) 학설의 견해

다만, 학설에 의하면, 분할의 경우 기존 노조와 분할에 의해 신설된 여러 조합간의 실질적인 동일성을 인정하기 어려우므로 기존 노조가 체결한 단체협약의 효력은 원칙적으로 종료하고 다만, 조합원들의 권리의무에 관한 규범적인 부분은 변경시까지 효력을 유지한다는 다수설이 견해[28]가 있고, 분할은 합병과 반대방향의 조직변동으로서 분할전후의 조직 사이에 실질적 동일성을 합병의 경우와 같이 인정하여야 할 것이고 다른 법률관계는 신 조합에 분할 · 승계되어 효력을 유지한다. 따라서 노동조합은 분할되면 구조합의 조합원은 당연히 잔존조합과 신 조합으로 나뉘어 그 조합원으로 되고, 채무를 포함한 구조합의 재산과 조합원의 노동조합에 대한 권리의무는 신 조합에 분할 승계가 된

26) 노조 01254-800, 2000.9.5
27) 노조 01254-704, 2000.8.11
28) 김유성, 『노동법』, 118쪽 ; 김형배, 『노동법』, 527쪽 등

다는 소수설이 있다.[29)]

(가) 분할로 2 이상의 기업으로 존속하는 경우

분할계약에 의해 분할 전 기업에 속한 근로자의 근로관계는 분할 후 기업에 포괄적으로 승계된다. 노동조합은 둘 이상으로 나눠져 분할 전 기업의 조합원은 개별 의사와 무관하게 자동적으로 분할 후 노동조합의 조합원이 된다. 이 경우 분할 전 기업의 노조는 분할결의를 하여 규약과 명칭을 변경하고 분할 후 존속하는 회사의 근로자를 조직범위에 포함하여 2~3사 1개 노조로 운영하거나 또는 분할되어 나가는 회사에 속하는 조합원을 기존 노조의 조직대상에서 제외하면서 그 사업장에 노동조합을 신설하는 결의를 할 수도 있다. 분할 후 존속하는 회사 2~3사를 조직대상에 포함하는 경우는 기업별 노조에서 2~3사가 형식상 분할 전 회사와 독립된 것처럼 보이지만 실질적으로 노사대립구도에서 볼 때, 1개 회사와 다름이 없거나, 1개 노조 산하에 지회, 분회 등으로 존속하게 되는 산별노조의 경우에만 가능하다. 이때 분할 전 노조는, 분할로 신설되는 노조의 조직대상범위 및 재산의 분리 등 분할에 관한 구체적 사항을 의결하여 하고, 신설되는 노조는 창립총회를 개최하여 새로이 규약을 정하는 등 노조법상 설립신고절차에 따라 진행한다. 어느 경우에나 규약의 제정변경과 합병, 분할, 해산 및 조직형대 변경에 관한 사항은 재적조합원 또는 대의원 과반수의 출석과 출석조합원 또는 대의원 2/3 이상의 찬성으로 결의하지 않으면 아니된다.[30)]

(나) 분할로 기존 노조가 소멸하고 합병 또는 신설되는 경우

만약, 1개 사업이 2 이상으로 분할되어 소멸하면서 다른 회사에 각각 흡수합병 되거나, 1개 사업이 둘 이상으로 분할되어 소멸하면서 신설회사를 설립하는 경우에도 기존노조는 총회를 개최하여 분할 전 노조의 해산과 재산의 분리 등에 관한 사항을 결의하고, 대표자는 해산한 날로부터 15일 이내에 해산신고서에 회의록을 첨부하여 행정관청에 신고한다.[31)] 분할결의로 신설되는 노

---

29) 임종률, 『노동법』, 96쪽
30) 노조법 제16조제2항 단서
31) 노조법 제28조제1항제2호 · 제2항

조는 창립총회를 개최하여 새로이 규약을 정하는 등 노조법상 설립신고절차에 따라 진행하는데 대표자는 규약 등[32]을 첨부하여 행정관청에 신고하여야 한다.[33] 분할로 소멸되는 노조를 흡수합병한 노조는 규약을 변경하여 조직대상 범위를 변경하는 등 조합원의 통합에 따른 관련사항을 결의하여야 한다.

3) 총회 또는 대의원회의 결의로 해산

노동조합은 규약상 해산사유로 정한 경우가 아니라도 조합원의 총의에 의해 해산될 수 있다. 노조를 자체결의에 의해 해산하고자 할 경우 총회소집 공고시에 노조해산에 관한 사항을 부의안건으로 공고하여야 함에도 이를 공고하지 않고 총회당일 집행부가 회순에다 임의로 기재하여 해산결의를 하였다면 동 해산결의의 효력은 인정될 수 없다.[34] 해산결의에 관한 노조법상 규정은 의결에 필요한 최소한의 정족수를 규정한 강행규정이므로 규약 등으로 법정 의결정족수보다 완화할(재적조합원(대의원) 1/3 이상의 출석과 출석조합원 과반수의 찬성 등으로 완화하는 것)수는 없다. 다만, 법 규정보다 강화하는 것은 무방하다(예 : 재적조합원 2/3 이상의 출석과 출석조합원 2/3 이상의 찬성으로 결정하도록 정한 경우).[35]

총회 또는 대의원회에서 해산결의가 있는 경우 결의에서 해산하기로 정해진 날, 달리 정하지 않았다면 해산결의를 한 날을 해산일로 본다. 노동조합의 해산은 반드시 총회 또는 대의원회에서 결의하여야 한다.[36] 이것은 강행규정이므로 규약으로 달리 정할 수 없다. 집행위 · 운영위 · 상임위 등 총회나 대의원회가 아닌 기관에서 결의한 경우는 법위반 결의로서 효력이 없다. 규약으로 총회, 대의원회중 어느 하나에서 결의하도록 권한을 정했다면 정당한 권한을 가진 기관이 의결하여야 한다. 규약으로 총회에서 결의하도록 정한 경우는 대의원회에서 결의하지 못한다.

---

32) 규약1부, 임원의 성명 및 주소록1부, 구성노동단체의 명칭과 조합원수 · 주된 사무소의 소재지 및 임원의 성명과 주소(연합단체인 노동조합의 경우에 한함), 사업 또는 사업장별 명칭, 조합원수 대표자의 성명 등
33) 노조법 제10조, 노조규칙 제2조
34) 노조 01254-961, 1994.7.15
35) 노조 68107-487, 2002.4.24
36) 노조법 제16조제1항제7호, 제17조제1항 · 제4항

실무상, 총회를 개최하여 해산결의를 하고 해산신고서가 행정관청에 접수되어 유효하게 수리되었으나, 이해관계자 등으로부터 총회일시, 장소, 목적사항의 공고 위배 및 소집절차의 하자와 의결정족수 미달 등 해산결의가 노조법과 규약위반으로 법원에 의해 무효로 확인되는 경우가 있다. 이 경우 법원의 심급에 따른 확정판결시까지는 해산신고수리 등 관련 행정처분은 유효하다.[37]

4) 휴면노조

노동조합의 임원이 없고 노동조합으로서의 활동을 1년 이상 하지 아니한 것으로 인정되는 경우로서 행정관청이 "노동위원회의 의결"을 얻은 경우에는 해산된 것으로 본다. 이때 노동위원회는 해산사유 발생일 이후의 조합활동 여부에 대해서는 고려하지 않는다.[38] 노동조합이 휴면노조에 해당하려면 "임원이 없고" "노동조합으로서의 활동을 1년 이상 하지 아니한 것으로 인정되는 경우" 등 두 가지 요건을 모두 충족하여야 한다.

(1) 임원이 없는 경우

노조활동을 1년 이상 하지 아니하였더라도 임원이 있는 경우에는 해산사유가 되지 아니하며 장기여행, 병가, 요양 등 임원이 일시 유고된 것은 임원이 없는 경우에 해당되지 아니한다. 사망, 퇴직, 노동조합 탈퇴 등은 임원이 없는 경우로 볼 수 있다.

다만, 임원은 있으나 선거절차 등이 규약에 위반되어 시정명령을 받은 경우 규약위반 선거로 선출된 것이므로 임원이 없는 것으로 볼 수 있느냐가 의문이다. 행정해석에 의하면, 노동조합이 대의원선거와 임원선거를 통해 임원을 선출하였다면, 비록 대의원선거와 임원선거가 노동조합 규약에 위반되어 시정명령이 내려졌다 하더라도, 시정명령의 효과는 그 선거결과 자체를 무효로 하는 것은 아니므로, 당해 노동조합에는 임원이 있는 것으로 보아야 한다.[39]

---

37) 노조 01254-1401, 1994.10.28
38) 노조령 제13조제3항
39) 노사관계법제과-39, 2008.8.14

(2) 활동을 1년 이상 하지 아니한 것으로 인정되는 경우

노동조합으로서의 활동을 1년 이상 하지 아니한 것으로 인정되는 경우라 함은, 1년 이상 조합원으로부터 조합비를 징수한 사실이 없거나, 총회 또는 대의원회를 개최한 사실이 없는 경우를 말한다.[40] 노동조합은 "노동위원회의 의결을 얻은 때" 해산된 것으로 본다.[41] 노동조합의 임원이 없고 노동조합으로서의 활동을 1년 이상 하지 아니한다 하더라도 행정관청이 노동위원회의 의결을 얻어 해산시키지 않는 한 당해 기업별 노동조합 자체가 소멸된 것은 아니다. 노조법상 해산에 관한 규정이 소위 휴면노조가 총회 등을 개최하여 임원을 선출하고 조합활동을 재개하는 것을 금지하는 규정이라 할 수 없다.[42] 실무상, 행정관청의 요청에 의해 휴면노조 여부에 관해 노동위원회의 의결 심의중인 노조가 활동을 재개하여 소집권자 지명을 요구하는 경우가 있는데, 이러한 경우는 노동위원회에서 해산사유가 존재한다고 의결한 경우는 해산처리하고, 해산사유가 존재하지 않는다고 의결한 경우는 소집권자 지명여부를 결정하는 것이 바람직하다.

3. 해산절차

노동조합은 규약에서 정한 해산사유가 발생하였거나, 합별 또는 분할로 소멸한 경우, 총회 또는 대의원회의 해산결의가 있는 경우 등, 노조법 제28조제1항제1호~제3호에 해당하는 사유로 해산신고를 한 경우 사발석 해산, 노동위원회의 의결을 얻은 직권해산, 노동위원회 의결 없이 행정관청의 직권해산으로 구분할 수 있다.

---

40) 노조령 제13조제1항

41) 노조행령 제13조제2항

42) 노조 68107-301, 2002.4.10. 2011.7.1 이전까지 기업별노조에서 조직대상을 같이 하는 복수노조가 금지된 경우, 휴면노조가 조합활동을 재개하였다면, 비조합원들의 노조 설립은 복수노조 금지규정에 저촉된다

가. 자발적 해산

노동조합이 자발적으로 해산된 때[43]에는 노동조합의 대표자가 시행규칙 별지 제7호 서식에 의거 노동조합해산신고서에 회의록을 첨부하여 행정관청에게 15일 이내에 신고하여야 한다.[44]

행정관청이 자발적 해산신고를 받은 때는, 해산신고 관련 서류를 검토하여, 해산에 하자가 없는 경우에는 지체없이 해산신고 사실을 관할 노동위원회와 해당 사업(장)의 사용자나 사용자단체에 통보[45]하고, 노동조합관리대장 및 노동단체카드를 정리한다. 만약, 규약에 정한 해산사유가 발생하지 아니하였거나 해산결의에 하자가 있는 경우에는 동 내용을 노동조합에 통보한다. 이 경우 해산신고서 제출처는 다음과 같다.

① 총연합단체, 산업별 연합단체, 전국규모의 산업별 단위노동조합은 고용부 본부
② 2 이상의 시 · 도(특별자치도)에 걸치는 단위노동조합은 노동조합의 주된 사무소의 소재지를 관할하는 지방고용노동관서
③ 2 이상의 시 · 군 · 구(자치구)에 걸치는 단위노동조합은 시 · 도에, 1개 시 · 도(특별자치도) 및 1개 시 · 군 · 구(자치구)에 조직된 단위노동조합은 해당 자치단체

실무상, 단위사업장에서 노동위원회에 부당노동행위 구제신청을 하여 해고의 효력을 다투고 있는 노동조합장이 총회를 개최하여 조합의 해산결의를 한 경우가 있다. 노조법[46]에 의하면, 해고된 자가 노동위원회에 "부당노동행위 구제신청"을 한 경우에는 중노위 재심판정시까지 근로자가 아닌 자로 해석해서는 아니된다고 정하고 있으므로 그때까지 조합장은 조합원의 자격이 인정되는 것이고, 다른 법률이나 조합 규약 등으로 이를 제한하는 규정이 없는 한 조합임원으로서의 자격도 인정되므로 중노위 재심 판정시까지는 노조대표자의 권한

43) 규약에서 정한 해산사유가 발생하였거나, 합별 또는 분할로 소멸한 경우, 총회 또는 대의원회의 해산결의가 있는 경우 등, 노조법 제28조제1항제1호~제3호에 해당하는 사유로 해산신고를 한 경우

44) 노조법 제28조제2항, 노조규칙 제10조

45) 노조령 제13조제4항

46) 노조법 제2조제4호라목 단서

을 행사할 수 있다. 따라서 노조대표자가 규약에 정한 적법한 절차에 따라 총회를 개최하고 결의를 얻어 해산의결을 거쳤다면 해산신고는 적법하다.[47]

나. 직권해산

첫째, 노동위원회 의결을 거친 경우를 살펴보면, 행정관청은 설립신고 된 노동조합이 단체협약 체결, 총회개최 등 외견상 조합활동이 1년 이상 중단된 경우, 기존에 노동조합이 설립신고 되어 있음에도 불구하고 동일한 조직범위를 대상으로 신규로 노동조합 설립신고서가 제출됨에 따라 소위 "유령노조" 시비가 야기된 기존의 노동조합, 노동조합활동유무에 대한 진정 등 민원이 제기된 경우 등, 객관적으로 보아 노동조합으로 볼 수 없거나 민원이 발생한 경우에는, 임원의 임기 · 성명 등을 확인하고, 과거 1년간의 조합비 징수실적을 확인할 수 있는 수입 · 지출장부, 증빙서류 등을 조사하여 노동조합활동 유무에 대한 확인을 한다. 행정관청의 조합활동 유무에 관한 확인은 "조사시점 당시 해산사유가 존재하는지 여부"에 대한 사실조사를 한다. 조사결과, 노조법 제28조제1항제4호(임원이 없고, 노동조합으로서 활동을 1년 이상 하지 아니한 것으로 인정되는 경우)에 해당한다고 판단될 경우에는 관할지방노동위원회에 관련증빙서류를 첨부하여 그 사유에 관한 의결을 요청한다. 노동위원회에서 노조법 제28조제1항제4호의 직권해산사유에 해당한다는 의결이 있는 경우에는 "의결을 얻은 때" 해산된 것으로 본다.[48] 노동위원회의 의결이 있는 경우, 행정관청은 노동단체카드 및 노동조합관리대장 등을 정리하고 그 결과를 해당 사업(장)의 사용자나 사용자단체에 통보[49]한다. 과거 2011.7.1 이전 사업장 단위에서 복수노조가 금지되었을 때는, 노동조합이 휴면상태에 있더라도 노동위원회가 의결할 때까지 조직대상을 같이하는 다른 노동조합의 설립신고서를 접수할 수 없었다.[50]

둘째, 노동위원회 의결 없이 행정관청의 직권해산 조치에 관해 살펴보면, 행정관청은 사업장은 존속하지만 퇴직 등의 사유로 사실상 조합원이 없는 노동

---

47) 노조 01254-584, 1995.5.20

48) 노조령 제13조제2항

49) 노조령 제13조제4항

50) 노조 68107-277, 2001.3.8 ; 노조법 부칙 제7조(법률 제9930호, 2010.1.1)

조합, 사업(장)이 폐업 등으로 사업체의 실체가 없어진 경우에는 사실확인을 거쳐 노동위원회의 의결절차 없이 직권으로 해산조치 한다.

1) 조합원이 없는 경우

노동조합의 조합원이 퇴직 등의 사유로 사실상 조합원이 없는 경우에는 조합원의 존재 유무에 관한 사실확인 절차를 거쳐 노동위원회의 의결없이 행정관청에서 직권으로 해산 조치한다. 노동조합이라 함은 근로자가 주체가 되어 자주적으로 단결하여 근로조건의 유지 · 개선 기타 근로자의 경제적 · 사회적 지위의 향상을 도모함을 목적으로 조직하는 단체 또는 연합단체를 말한다. 따라서 노동조합은 그 요건으로서 단체성이 요구되므로 복수인(2인 이상)이 결합하여야 한다.

(1) 행정해석

행정해석에 의하면, 노조원이 1명만 남은 노동조합은 노조로서 단체성을 상실하였으므로 조합원이 증가될 가망성이 없다면 사실조사를 거쳐 직권으로 해산할 수 있다. 1년 이상 조합원이 증가하지 않은 경우는 일반적으로 조합원이 증가할 가능성이 없는 경우로 본다.[51] 실무상, 퇴직, 탈퇴 등으로 조합원이 한 명도 없게 된 경우는 이미 단체성을 완전히 상실하였으므로 직권으로 소멸조치 한 후 사업장에 통보한다.

(2) 판 례

판례에 따르면, 노동조합은 그 요건으로 단체성이 요구되므로 복수인이 결합하여 규약을 가지고 그 운영을 위한 조직을 갖추어야 하는바, 법인 아닌 노동조합이 일단 설립되었다고 할지라도 중도에 그 조합원이 1인 밖에 남지 아니하게 된 경우에는, 그 조합원이 증가될 일반적 가능성이 없는 한, 노동조합으로서의 단체성을 상실하여 청산목적과 관련되지 않는 한 당사자능력이 없다고 판시한 바 있다.[52]

51) 노조 68107-406, 2003.8.1
52) 대판 97누19830, 1998.3.13

2) 폐업한 경우

노조의 설립기반인 사업장이 폐업 등으로 소멸되었다면 해당 기업별 노조는 당연히 소멸한다. 사업(장)이 폐업 등으로 사업체의 실체가 없어진 경우, 법인의 경우에는 청산절차가 완료된 경우에는 그 사업(장)을 조직대상으로 하는 노동조합을 노동위원회의 의결 없이 직권으로 해산 조치한다. 법인기업이 청산되지 않는 상태에서 세무서에서 사업자등록을 폐지하였다는 이유만으로 행정관청이 노동조합을 직권으로 소멸 처리할 수는 없다[53] 노조법 제28조에 정한 해산사유가 발생하면 노동조합은 해산한 것이므로 행정절차상 해산신고를 하지 않았다는 이유만으로 노동조합이 계속 존속하는 것은 아니라 소멸한다.[54]

이때 사업의 폐지를 위하여 해산하는 기업이 그 청산과정에서 근로자를 해고하는 것은 해고의 정당한 사유에 해당하는지 여부에 관해 다툼이 있을 수 있다. 행정해석에 의하면, 경영상이유에 의한 해고는[55] 기업의 유지 · 존속을 전제로, 긴급한 경영상의 이유로 잉여의 근로자들을 감축하거나 또는 그 인원구성을 바꾸기 위한 해고를 의미한다. 따라서 이와 달리 사업의 폐지를 위하여 해산하는 기업이 그 청산과정에서 근로자를 해고하는 것은 동조에 의한 경영상이유에 의한 해고에는 해당하지 않으며, 동법 제23조제1항에 규정된 "해고의 정당한 사유"에 해당한다.[56]

다. 사업의 파산선고

특정기업 근로자를 조직대상으로 하는 기업별 노동조합의 경우 당해 노동조합의 조합원 모두가 당해기업과 고용관계가 단절되거나 당해 기업이 소멸(법인기업인 경우 청산이 종료되어 법인격이 소멸된 시점)되었다면 당해 노동조합의 조직적 기초가 상실된 것이므로 노동조합도 소멸한다고 보는 것이 타당하다. 특정 기업이 파산선고를 받고 현재 파산관재인이 관리하고 있다하더라도 당해 기업에 소속된 조합원들의 근로관계가 유지되고 있는 경우라면 당해 기업별 노동조합의

53) 노조 68107-829, 2001.7.23

54) 노조 01254-1780, 1988.2.4

55) 근기법 제24조

56) 근로기준과-1508, 2005.3.15

조합원 자격도 유지된다고 보아야 할 것이므로 달리 볼 사정이 없는 한 당해 기업별 노동조합은 존속된다.[57)]

그러나 기업이 파산선고로 인해 청산절차가 진행 중에 있고 조합원 전원이 기업과 고용관계가 단절된 경우, 파산관재인이 근로자 전원에 대해 고용계약을 해지한 경우, 전원을 고용해지 하고 일부를 업무보조로 재고용하는 경우는 기업별노조가 소멸한다고 보아야 한다. 따라서 직권으로 소멸조치 할 수 있다.

라. 조직형태 변경에 의한 해산신고

노조법에서는 노동조합의 조직형태에 대하여 별도의 제한규정을 두고 있지 아니하므로 근로자들은 기업별 노동조합 뿐만 아니라 직종별 · 산업별 · 지역별 노동조합 등 자유롭게 단결체를 선택하여 결성할 수 있다. 다만, 기업별 노동조합이 총회에서 지역별 노동조합의 내부조직(지부 · 분회 등)으로 조직형태 변경결의를 한 경우에는 단위 노동조합으로서의 자격을 상실하게 되는 것이므로 원칙적으로 노조법 제28조제2항의 규정에 의거 해산신고를 하여야 한다. 아울러 동법시행령 제7조에서는 근로조건의 결정권이 있는 독립된 사업(장)에 조직된 노동단체는 지부 · 분회 등 명칭 여하에 불구하고 동법 제10조제1항의 규정에 의한 노동조합의 설립신고를 할 수 있다고 규정하고 있으므로 근로조건의 결정권이 있는 독립된 사업(장)에 조직된 지역별 노동조합의 지부 · 분회 등은 동법 제10조제1항의 규정에 의한 요건을 갖추어 노동조합의 설립신고를 할 수 있다.[58)]

다만, 노동조합의 형태가 기업별 노동조합에서 지역별 노동조합으로 변경된 경우 기업별 노동조합의 조합원중 일부의 조합원만 지역별 노동조합에 가입한 경우가 아니라면, 노 · 사 당사자가 적법한 절차와 방법에 따라 체결한 단체 협약은 별도의 규정 또는 단체협약을 변경할 중대한 사정이 없는 한 그 유효기간동안 효력이 지속된다.[59)]

---

57) 노조 68107-9, 2002.1.4

58) 노조 01254-612, 2000.7.19

59) 노조 01254-334, 1994.3.16

4. 해산사유 발생 이후 조합활동 재개

휴면노조 여부에 대하여 조사를 받고 있는 노조가 조합활동을 재개하여 행정관청에 임시총회(대의원회) 소집권자 지명을 요구하는 경우[60]가 있다. 이러한 경우 행정관청은, 먼저 노동위원회에 해산사유의 존재에 관한 의결을 요청하여 그 판단을 구하고, 의결이 있을 때까지는 소집권자 지명 등의 처리를 유보한다. 노동위원회의 의결결과에 따라 해산사유가 존재한다고 의결한 경우는 활동 재개에도 불구하고 해산처리하고, 해산사유가 존재하지 않는다고 의결한 경우에는 소집권자 지명여부를 결정한다.

휴면노조 여부에 대하여 조사를 받고 있는 사업장에서 기존 노조와 조직대상을 같이하는 신규노조의 설립신고서가 제출된 경우에는, 기존 노조가 휴면노조로서 해산사유가 존재하는지 여부에 대한 사실조사와 노동위원회의 의결을 참고하여 해산노조의 재산권문제, 양 노조의 규약, 회의록, 조합원 등을 검토하고, 나아가 근로시간면제 한도 등 실무적인 문제 들을 구체적으로 판단한다.[61] 사업장단위 복수노조설립금지에 관한 제한이 해제된 2011.7.1부터는 조직대상이 동일하더라도 기존 노조에 대해 해산사유가 존재하는지 여부에 상관없이 설립신고증을 교부할 것인지 여부를 판단하여야 한다.

5. 해산조합의 정리

노동조합이 해산되면 유효기간 중인 단체협약의 효력이 소멸될 뿐 아니라, 단체교섭 · 쟁의행위 · 단체협약 등 노동조합 본래의 활동이 중단되고 노동관계법상 당사자가 될 수 없다. 다만, 기업이 해산한 경우 재산정리 등 청산사무 종결시까지 청산인이 기업의 관리책임을 가지므로 단체교섭권도 청산인에게 있다. 기업의 해산으로 사용자가 청산인으로 변경되었다 하더라도 해당기업의 근로자와 생산시설이 변함없이 존속한다면 노사관계는 새로운 사용자 즉, 청

---

60) 총회 또는 대의원회 소집권자가 없는 경우에 조합원 또는 대의원의 1/3 이상이 회의에 부의할 사항을 제시하고 소집권자 지명을 요구한 때 ; 노조법 제18조제4항

61) 노사관계법제과-234(1), 2010.7.28

산인에게 승계되는 것이며, 따라서 종전 사용자와 체결된 단체협약은 유효기간동안 효력을 가진다.[62)]

일반적으로 해산한 노동조합은 해산신고를 하는 외에 조합의 채무를 청산하고 잔여재산이 있으면 이를 청산하여야 한다. 노동조합의 재산처리에 관해 법으로 명확히 정한 바는 없으므로 민법상 규정과 학설을 참고하는 수밖에 없다.

법인인 노동조합은 민법상 사단법인에 관한 규정이 준용되지만,[63)] 잔여재산의 귀속 및 정산에 관한 규정[64)]은 공익을 목적으로 하는 노동조합에는 적합하지 않다. 따라서 조합재산이 대부분 조합비에 의해 이뤄진 만큼 조합자치의 원칙상 규약으로 잔여재산의 처리방법을 정하여 둔 때에는 그에 따르고, 그러한 규정이 없는 때에는 해산시의 총회 결의에 의하여 조합원에게 평등하게 분배할 수 있다고 보아야 한다. 법인이 아닌 노동조합의 경우에는 재산이 전체 조합원의 총유에 속하고, 총유에 관해서는 민법상 사단법인의 규정이 준용된다. 조합재산은 원칙적으로 근로조건 향상을 위한 독립적인 재산이므로 조합원의 지분이나 분할청구권은 인정되지 않는다. 다만, 조합자치의 원칙상 총회에서 해산결의에 준하는 의결에 의하여 그 총유재산을 조합원에게 분배할 수 있다.[65)]

---

62) 노조 01254-848, 1992.9.22
63) 노조법 제6조제3항
64) 민법 제79조 등
65) 임종률, 『노동법』, 98쪽

11

노동조합활동

1. 노동조합활동의 의의

노동조합활동의 정의에 관해 명확히 법으로 정한 바는 없다. “조합활동이란”, 일반적으로 노동조합이 조직의 결속력을 강화하고 단체의 유지 · 존속 등 목적을 달성하기 위한 일상적인 제반활동을 말한다. 학자에 따라 정의를 달리하나 대체로 헌법상 보장된 노동3권 중, 단결권 속에서 근로자가 노동조합을 조직 · 가입할 권리를 제외하고 나머지 노동조합을 운영할 권리 즉, 총회 등 회의개최, 의사결정, 홍보, 조합가입 권유, 현수막 · 유인물 배포와 부착, 서명활동, 단체교섭을 요구하는 행위, 쟁의행위 돌입하기 전 의사결집과정 등 일련의 행위를 총칭한다.

노조법에서는 “노동조합의 업무를 위한 정당한 행위”[1]에 대하여는 법적인 보호를 받을 수 있도록 정하고 있다. 조합활동은 그 활동이 정당한 경우, 불이익한 취급을 할 수 없고 형사책임이 면제되며 민사책임도 물을 수 없는 것이 원칙이다.[2] 다만, 대부분의 조합활동이 단체교섭과 쟁의행위 등 단체행동권과 밀접하게 연장선상에 있는 경우가 많아 명확하게 경계선을 긋기가 어렵다. 따라서 단체교섭권에 의거 단체교섭 석상에서 이루어지는 언동과 단체행동권에 의한 쟁의행위, 단결권에 의한 노동조합의 조직 · 가입 등 결사체 구성을 제외한 나머지 즉, 집회의 개최 · 참가, 리본 · 머리띠 등의 착용, 유인물의 배포, 벽보의 부착, 가입권유, 총회 · 대의원회 · 임원회의 · 상집회의 등

1) 노조법 제81조제1호

2) 노조법 제81조제1호, 제4조, 형법 제20조

의사결정행위, 조합원관리 등 일련의 활동이 모두 조합활동에 속한다고 보는 견해도 있다.[3)]

근로자의 행위가 조합활동으로서 보호받기 위하여는 우선 그 행위가 노동조합의 결정이나 지시 · 승인에 근거를 두고, 근로조건 유지 · 개선이나 단결의 유지 · 강화를 위한 제반활동을 한 경우라야 한다. 문제는 노동조합의 지시 · 승인이 없는 경우, 근로조건 개선 등과 무관한 사회 · 문화 · 정치적 성격을 가진 활동인 경우에 법적으로 보호할 가치가 있느냐 하는 것이다.

조합원이 노동조합의 지시 · 승인없이 한 자발적 행위라도 근로조건의 유지 · 개선 또는 단결의 유지 · 강화에 기여하는 행위라면 노동조합의 묵시적 지시 · 승인 있었다고 볼 수도 있기 때문에 조합활동에 포함될 수 있다[4)]는 견해가 지배적이다. 특히 조합선거에 있어서 소수파의 선거운동이나 의사결정과정에서 집행부에 대한 비판 등은 조합의 민주적 의사결정체계를 정착시키는데 기여하므로 조합활동으로 보아야 한다. 그러나 일부 조합원이 노동조합 기관의 의사결정에 반하는 독자적 행동을 행하거나 그 결정을 비방하는 유인물 등을 배포하는 경우에는 노동조합 내부에서는 통제처분의 대상이 되고 사용자에 대한 관계에서도 조합활동에 포함되지 않는다.[5)] 조합결성 과정에 있는 근로자의 행위라도 그 양태가 근로조건의 유지 · 개선을 위한 활동인 경우에는 조합활동으로 보아야 할 것이다.

노동조합은 사업장 내외에서 조직의 단결력을 강화하고 생존력과 영향력 · 파급효과를 극대화 하기위해 본연의 조합활동 이외에 대외적인 봉사활동, 불우이웃돕기, 자선바자회 활동, 1사1촌 자매결연지원활동, 농촌 일손돕기, 수해복구 지원활동, 조합원 복지증진사업 등 다양한 활동을 전개할 수 있는데, 이러한 사회 · 문화적 활동은 근로조건의 유지 · 개선과는 직접 관계되지 않지만 단결의 유지 · 강화에 기여하므로 조합활동에 해당한다. 그러나 근로조건 개선과 단결력강화, 근로자 지위향상을 위한 입법 · 행정처분 촉구 · 특정 정책철회 등

---

3) 임종률, 『노동법』, 98쪽
4) 임종률, 『노동법』, 99쪽
5) 대판 92다18542, 1992.9.25

광의의 권익개선과 직접적으로 관련이 없는 시국 · 정책 대정부투쟁, 취약계층 등 특정 사회집단과의 연대투쟁 등 정치 · 사회적 활동은 노동조합의 결의 · 지시 또는 승인에 근거한 것이더라도 조합활동에 포함되지 않는다.

2. 조합활동의 정당성

가. 정당성 판단의 일반원칙

근로자의 행위가 조합활동에 해당하더라도 정당한 활동이라야 법적 보호를 받을 수 있다. 조합활동의 정당성은 그 활동이 사용자의 권리 즉, 시설관리권, 경영권, 노무지휘권과 이익을 침해하는 경우 노동법적인 보호를 받을 수 있는지 여부가 쟁점이 된다. 노사는 조합활동에 대해 단체협약이나 취업규칙 등으로 그 범위와 한계를 정할 수도 있고, 사용자의 동의하에 조합활동의 범위를 설정할 수도 있다. 조합활동에 관해 기왕에 합의하거나 동의를 얻은 경우는 새삼 정당한지 여부를 논할 필요가 없지만, 노사합의나 사용자의 동의가 없는 경우 및 동의나 합의 범위를 넘어서 조합활동을 한 경우 그 활동이 정당한지 여부가 실무상 쟁점이 될 것이다. 그런데 조합활동은 그 양태(종류, 장소, 시간 등) 여하에 따라서는 근로자의 노동의무나 사용자의 노무지휘권 내지 시설관리권과 충돌되기 때문에 그 정당성 여부를 판단하는 것은 간단하지 않다.

1) 조합활동의 정당성 요건

노조법에서는 정당한 조합활동에 대해서 명시적인 규정을 두고 있지 않으므로 부당노동행위 성립여부를 둘러싼 판례 등을 통해 누적적으로 정립된 개념으로 판단할 수 밖에 없다. 조합활동이 정당하려면, ① 그 행위가 노동조합활동으로 볼 수 있어야 하고, ② 목적이 근로조건의 유지개선과 경제적 지위향상 및 단결력 강화에 도움이 되는 행위라야 하고, ③ 단체협약이나 취업규칙 등에 별도의 허용규정이 있거나 관행, 사용자의 승낙이 없는 한 근무시간 외에 행해져야 하고, ④ 사업장 내에서는 사용자와 시설관리권에 바탕을 둔 합리적인 규율이나 제약에 따라야 한다는 일반적인 판례의 기준이 있다.[6)7)] 이상의 각 요건을 차례대로 살펴보면 다음과 같다.

첫째, 조합활동으로 볼 수 있는 행위는 근무시간 외에 하는 것이 원칙이다. 다만, 취업시간 중 조합활동은 이를 허용하는 단체협약 · 취업규칙 · 관행이 있거나 사용자의 승낙이 있어야 정당성이 인정된다. 즉, 근로자는 근로계약의 취지에 따라 노무를 제공할 의무를 가지며, 사용자는 근로계약상 근로제공의 종류 · 장소 · 시간 등 구체적 방법과 모습을 정하고, 근로제공을 지휘 · 감독할 노무지휘권을 가지며 당사자는 노무제공과 보수지급의무를 성실히 이행하여야 하고 불이행시 계약상대방에 대해 손해배상책임을 지거나 불법행위를 구성하기도 한다.[8)] 단체협약 · 취업규칙 · 관행 · 사용자의 승낙이 없이는 근무시간 중에 노동조합활동을 하는 것은 정당성이 없다.

둘째, 사업장 내의 조합활동은 사용자의 시설관리권에 바탕을 둔 합리적인 규율이나 제약에 따라야만 정당성이 인정된다. 즉, 사용자는 사업의 물적 시설 · 설비를 사업목적에 따라 이용하거나 이용할 수 있도록 적절히 보전 · 관리 하는 등 필요한 조치를 취할 시설관리권을 가지며, 단체협약 · 취업규칙 등으로 근로자의 시설이용에 관한 합리적인 규율이나 제약을 미리 정하여 시행할 권리를 가진다. 따라서 사업장 내의 조합활동은 사용자의 시설관리권에 바탕을 둔 합리적인 규율이나 제약에 따라야만 정당성이 인정된다.

셋째, 조합활동은 취업시간 외에 사업장 밖에서 이루어졌을 경우에도 근로자의 근로계약상의 성실의무에 위반하지 않아야 정당성이 인정된다. 성실의무는 근로자가 근로계약상의 부수적 의무로서 준수하여야 하는 것으로서 그 속에는 사용자의 이익을 부당하게 침해하지 아니할 의무가 포함되며 이러한 의무는 취업시간 외 또는 사업장 밖의 조합활동에도 미치기 때문이다.[9)]

조합활동은 근로제공의무 및 사용자의 경영권과 조화를 이루는 범위 내에서

6) 대판 91도3044, 1992.4.10
7) 대판 93도613, 1994.2.22
8) 민법 제390조, 제750조
9) 대판 90도357, 1990.5.15

행사되어야 하는 한계가 있으므로, 정당한 조합활동은 민 · 형사면책, 부당노동행위 구제 등의 보호가 주어지는 반면, 한계를 일탈할 경우 책임이 수반된다. 주요책임으로는, 단체협약 및 취업규칙, 근로계약에 따른 징계책임과 노무제공의무 불이행에 대한 민법 제390조에 의한 채무불이행책임, 업무방해죄 등 불법행위 성립시 민법 제750조에 의한 손해배상책임이 따르고, 아울러 근무시간 중 조합활동에 참여하여 집단적으로 노무제공을 거부하였을 경우 형법 제314조에 의한 업무방해죄가 성립할 수 있다. 다만, 참여한 조합원수가 미미하여 사람의 자유의사를 제압할 정도가 되지 않는다면 업무방해죄의 성립이 부정될 수 있다.[10]

2) 조합활동의 정당성과 업무방해죄

형법상 업무방해죄(業務妨害罪)[11]는 허위의 사실을 유포하거나 기타 사람을 착오에 빠뜨리는 위계로써 사람의 신용을 훼손하는 방법 또는 위력으로써 타인의 업무를 방해함으로써 성립하는 범죄이다. 업무의 방해는 널리 업무경영을 방해하는 일체의 행위이며, 현실로 방해의 결과가 발생할 필요 없는 추상적위태범(抽象的危殆犯)이다. "업무"라 함은 사람이 그 사회적 지위에서 계속적으로 종사하는 다양한 사무 또는 사업을 총칭한다. 농 · 공 · 상업 등 경제적인 것뿐만 아니라, 정신적인 사무도 포함된다. 보수의 유무나 영리목적의 유무도 불문한다. 공무도 업무이지만, 공무집행방해죄가 별도로 규정되어 있고, 경매 · 입찰에 관하여도 별도로 경매 · 입찰방해죄가 규정되어 있다. "위력"이라 함은 범인의 위세 · 인원수 및 주위의 정황에 비추어 피해자의 자유의사를 제압하는 데 족한 범인 측의 일체의 세력을 의미한다. 타인의 사업장에 들어가 큰 소리로 떠들거나 소란을 피우는 등의 방법으로 본연의 업무를 방해하는 것, 자신의 지위나 세력을 이용하여 타인의 업무를 방해하는 것 등이 해당한다. 다만, 집단적인 노사관계 속에서 업무방해죄는 당사자의 사회경제적인 지위와 세력, 발생동기와 상황, 그로 인한 사용자측의 피해정도 등을 종합적으로 고

---

10) 대판 90도2961, 1991.4.23

11) 형법 제313조, 제314조

려한 접근이 필요할 것이다.

종전 판례에 의하면, 노동쟁의행위는 단순히 근로계약상의 노무제공을 거부하는 부작위에 그치지 않고 한 걸음 더 나아가 근로자들이 단결하여 사용자에게 압박을 가하는 것이므로 본질적으로 위력에 의한 업무방해의 요소를 포함하고 있다. 다만 근로자의 단체행동권은 단결권, 단체교섭권과 함께 헌법 제33조제1항에 의하여 보장된 권리이므로 단체행동권에 속하는 쟁위행위가 형식적으로는 업무방해죄의 구성요건에 해당하는 경우에도 그것이 근로자의 근로조건의 유지, 개선 기타 근로자의 정당한 이익을 주장하기 위한 상당한 수단인 경우에는 정당한 행위로서 위법성이 조각된다.

따라서 목적, 수단, 절차 등 정당성의 요건을 결한 쟁의행위에서 작업시작 지연, 잔업거부 퇴근, 집단조퇴 등의 행위를 하여 작업을 중단하는 등 집단적인 작업의 거부는 그 자체가 업무방해죄의 구성요건인 위력에 해당될 수 있다.[12] 근로자들에게 위력을 사용하여 작업을 거부하게 함으로써 사용자의 업무를 방해한 경우에만 비로소 업무방해죄가 성립되는 것은 아니라는 것이 그동안 업무방해죄에 관한 판례의 견해였다.[13]

---

12) 집회 및 시위에 참가한 근로자들이 다중의 위력으로 회사의 생산시설을 파괴 또는 점거하여 조업을 방해하거나, 위와 같은 집회 및 시위의 과정에서 위력을 행사하여 작업에 임하고자 하는 근로자들이나 회사 측 직원들의 업무의 수행을 방해하였다면 업무방해죄에 해당하는 것은 말할 나위도 없고. 아울러 파괴 또는 점거 등에 이르지 않더라도 다수의 근로자들이 상호 의사연락하에 집단적으로 작업장을 이탈하거나 결근하는 등 근로의 제공을 거부함으로써 사용자의 생산 · 판매 등 업무의 정상적인 운영을 저해하여 손해를 발생하게 하였다면, 그와 같은 행위가 노동관계법령에 따른 정당한 쟁의행위로서 위법성이 조각되는 경우가 아닌 한, 다중의 위력으로써 타인의 업무를 방해하는 행위에 해당하여 업무방해죄를 구성한다고 보았다.

13) 대판 91도326, 1991.11.8. 조합원 총회에서 연말 상여금 지급을 요구하고, 사측이 거부할 경우 쟁의 발생신고를 내기로 결의한 후 작업시작 지연, 잔업거부 퇴근, 집단조퇴하게 하여 작업을 중단케 한 사실에서, 근로자들이 작업시간에 집단적으로 작업에 임하지 아니한 것은 다른 위법의 요소가 없는 한 근로제공의무의 불이행에 지나지 않는다고 할 것이지만, 단순한 노무제공의 거부라고 하더라도 그것이 정당한 쟁의행위가 아니면서 위력으로 업무의 정상적인 운영을 방해할 정도에 이르면 형법상 업무방해죄가 성립될 수 있다. 고 할 것인 바, 작업거부, 중단 및 지연 등의 행위로 인하여 회사의 생산 · 판매 등 업무의 정상적인 운영을 방해하여 손해를 유발하고, 조합원의 찬반투표는 쟁의발생의 신고를 내기로 한 점에 관한 것이지, 구체적으로 쟁의행위에 돌입하기 위한 것은 아니었음이 기록상 명백하고, 한편, 준법투쟁이라 함은 근로자 집단이나

그러나 최근 판례의 견해는, 근로자는 원칙적으로 헌법상 보장된 노동3권을 가지므로 쟁의행위로서 파업이 항상 업무방해죄에 해당한다고 볼 것은 아니라고 보아서, 정당성 없는 쟁의행위가 전후 사정과 경위 등에 비추어 사용자가 예측할 수 없는 시기에 전격적으로 이루어져 사용자의 사업 운영에 심대한 혼란 내지 막대한 손해를 초래하는 등으로 사용자의 사업계속에 관한 자유의사가 제압, 혼란될 수 있다고 평가될 수 있는 일정한 요건에 해당하는 경우에 비로소 그 집단적 노무제공 거부가 위력에 해당하여 업무방해죄에 해당한다고 보았다. 따라서 집단적으로 노무제공을 거부하여 사측의 업무운영을 저해하고 손해를 발생하게 하는 행위가 당연히 위력에 해당한다는 전제아래 집단적 행위가 정당한 쟁의행위로서 위법성이 조각되는 경우가 아닌 한 업무방해죄를 구성한다는 종전의 판례[14]를 변경하였다.

“쟁의행위는 그 목적, 방법, 및 절차에 있어서 법령 기타 사회질서에 위반되어서는 아니된다.”[15] 다만, 방법 및 절차적 규정을 위반한 경우[16]는 노조법상 제제가 있지만 목적의 정당성을 상실한 쟁의행위에 대해서는 달리 처벌할 규정이 없다. 최근 판례의 견해는, 쟁의행위가 목적의 정당성을 상실하더라도

노동조합이 그들의 주장을 관철하기 위하여 법의 규정을 준수하고 규정대로의 권리행사를 한다는 명목으로 정시출근, 정시퇴근, 시간외 근로거부 등을 수단으로 하는 투쟁인 바, 피고인의 작업거부행위는 작업시간을 지키지 않거나 작업시간 중에 한 행위로서 이를 준법투쟁이라고 볼 수 없는바 이를 쟁의행위로 본다 하더라도 이에 관하여 위와 같이 노조법 제12조 소정의 적법한 결정이 없었고 제14조 소정의 냉각기간을 위배하는 등 그 절차에 위배하였을 뿐만 아니라 이로 인하여 회사의 정상적인 업무의 운영이 방해되어 손해가 발생하였으므로 그것이 노동관계 법령에 따른 정당한 행위로서 위법성이 조각되는 경우가 아닌 한 업무방해죄의 죄책을 면할 수 없다, 또한 집단적인 작업의 거부는 그 자체가 업무방해죄의 구성요건인 위력에 해당될 수 있고 원심의 판단과 같이 근로자들에게 위력을 사용하여 작업을 거부하게 함으로써 사용자의 업무를 방해한 경우에만 업무방해죄가 성립되는 것은 아니다.(대판 90도2771. 1991.4.23 ; 대판 2004도689. 2004.5.27 등 다수)

14) 대판 90도2852, 1991.1.23 ; 대판 90도2771, 1991.4.23. 2004도689, 2004.5.27 등 다수

15) 노조법 제37조제1항

16) 노조법 제37조제2항, 제38조제1항(출입.조업방해, 폭행.협박금시 등). 제2항(원료.제품 등 부패방지), 제41조제1항(찬반투표), 제41조제2항(방산물자 생산 종사자 쟁의행위금지 등),제42조(폭력행위 등 금지, 안전보호시설 보호), 제43조(채용제한), 제44조제2항(임금지급요구 관철 쟁의행위), 기타 (생략)

즉, 근로조건과 관계없는 임의적 교섭사항을 관철할 목적으로 파업을 하더라도 "심대한 혼란내지 막대한 손해를 초래하여 사용자의 사업계속에 관한 자유의사가 제압, 혼란될 수 있다고 평가될 수 있는 경우"가 아니라면 노조법상 법규정을 준수하는 한 업무방해죄에 해당하지 않는다는 것이다.

실무상, 위력에 해당하는지 여부를 판단할 때, 과연 어떠한 경우에 파업이 전격적으로 이루어 졌다고 할 수 있는지, 어느 범위까지를 심대한 혼란 혹은 막대한 손해로 볼 수 있는지는 여전히 다툼의 여지를 안고 있다.

끝으로, 그럼 정당성 없는 쟁의행위가 업무방해죄에 해당하지 않을 경우 어떻게 법적으로 제제를 가할 수 있는지 의문이다. 우선 노조법상 강행규정 위반에 해당할 경우는 각각 그에 따른 제제[17]가 따르고, 쟁의행위가 업무방해죄에는 해당하지 않으나 그 진행 가운데서 폭행, 협박, 강요 등이 수반된 경우는 각각 형법상 해당 범죄혐의를 입증하여 처벌할 수 있을 것이다. 근로자에게는 민사상 채무불이행 책임과 노조법 위반죄, 징계책임 등으로 처벌할 수 있을 것이다. 보다 자세한 사항은 쟁의행위 편에서 검토한다.

나. 취업시간중의 조합활동

사용자와 근로자는 근로계약을 체결하여 노무제공과 임금지급을 약정한 쌍무계약을 맺고 상호의무를 성실히 이행하여야 하고 계약상 의무를 불이행시 채무불이행 책임을 질 수 있다.[18] 노동조합활동은 반드시 근무시간 중에 하여야 할 특별한사정이 없는 한 사업운영을 부당하게 저해하지 않고 사용자의 노무지휘권을 존중하여 근무시간외에 하는 것이 원칙이다. 부득이한 사유로 근무시간 중에 조합활동을 하고자 할 때는, 사용자의 승인이 있거나 단체협약 등에 허용규정이 있는 경우에 한하여 단체협약 등이 정하는 절차와 방법에 의해 조합활동이 가능하다.[19] 취업활동 시간 중 조합활동이 정당성을 상실하였을 경우 내부적으로 취업규칙, 근로계약, 단체협약 등으로 정한 징계책임과 노조법 위반죄, 정당성 없는 행위가 형사상 범죄에 해당할 경우 위반 죄, 민사

17) 노조법 제37조~제46조, 제88조~제91조

18) 민법 제390조

19) 노조 68107-919, 2001.8.14

상 채무불이행 등으로 인한 책임을 부담해야 한다.

즉, 투쟁복, 리본 등에 적힌 문구가 회사의 명예와 신용을 훼손할 경우 명예훼손죄,[20] 신용훼손죄[21] 등을 구성할 수 있고, 근무 중 무단이탈, 근무지시 위반 등의 사유로 인한 노무제공의무 불이행에 대한 채무불이행 책임,[22] 근무시간 중 조합활동에 참여하여 집단적으로 노무제공을 거부하였을 경우 업무방해죄[23] 업무방해죄로 인해 불법행위가 성립할 경우 손해배상책임,[24] 등이 있다.

1) 근무시간 중 노동조합활동

근무시간 중의 노조활동은 원칙적으로 단체협약 · 취업규칙 등에 의하여 별도로 허용되어 있거나 사용자의 승인을 받아야 하고, 사용자의 시설관리권에 바탕을 둔 합리적인 규율이나 제약에 따라야 정당하다.[25] 그럼에도 불구하고 무단으로 근무시간 중에 노조활동이 행해지거나, 총회 · 교육 등을 빙자하여 노동조합활동을 불법쟁의행위의 방편으로 이용하는 경우가 있다. 노동조합활동을 위하여 할애 받은 시간은 사전에 정한 혹은 승인받은 목적에만 사용하여야 하며, 사용자의 동의 없이 불법파업 결의대회 등 정당하지 않은 목적으로 이용할 수 없다.[26] 중요한 몇 가지 유형을 중심으로 조합활동의 정당성을 살펴보면 다음과 같다.

첫째, 근무시간 중의 조합활동은 특별한 사정이 없는 한 사용자의 승인을 받아야 하는 것이 원칙이다. 다만, 주야 교대근무형태, 원격지 산재근무 등 근무형태, 업무의 특수성, 파업 찬반투표를 위한 총회개최 등 조합운영상 필요 불가결한 활동 등에 비추어 부득이하게 근무시간 중에 하여야 할 필요성이나 불가피성 · 긴급성이 인정되는 경우는 단체협약이나 취업규칙에 정한 바가 없

20) 형법 제307조
21) 형법 제313조
22) 민법 제390조
23) 형법 제319조
24) 민법 제750조
25) 대판 90도357, 1990.5.15
26) 대판 2000도3485, 2002.4.12

고 사용자의 승인을 받지 않아도 무방하다.[27] 예를 들면, 비록 근무시간 중이기는 하지만 쟁의찬반투표를 위한 총회를 야간근무가 끝나고 주간근무가 시작되는 교대시간에 개최한 것은 위법이 아니라고 보는 것이다. 이 경우 부득이한 사유가 있는지 여부는 근무형태의 특수성 뿐 아니라 업무 중단으로 인한 영향, 근무시간외에 가능한 활동인지 여부, 사용자에 대한 사전통보 여부 등의 사정을 종합적으로 판단하여야 한다. 이를테면, 쟁의행위, 사업 변동시 노조의 조직변동을 위한 임시총회 개최 등 긴급 비상시의 노조활동으로서 긴급을 요하는 경우, 임금체불 · 단체협약위반에 대한 항의집회 참가, 파업준비를 위한 임시총회 참가, 조합임원선거 출마 등 부득이한 사유가 있는 경우 인정될 수 있다. 이 경우 단순히 경영질서위반과 같은 추상적 위험만으로 판단해서는 안 되고, 근로자의 조합활동에 의해 사용자의 노무지휘권[28]이 구체적으로 어느 정도까지 침해되었느냐에 따라 정당성여부가 달라 질 수도 있다. 이를테면, 업무의 지장을 초래하지 않은 단시간 근무이탈, 1시간 정도의 작업거부, 리본착용, 조합활동으로서 사전 승인범위를 경미하게 이탈한 경우 등 사실관계를 조사하여 침해정도를 판단하여야 한다. 조합운영상 중요성은 인정되나 근무시간 중에 하여야 할 필요불가결한 활동이 아니라면 단체협약 등에 근거가 있어야만 근무시간 중의 노조활동이 허용될 수 있다. 결론적으로, 취업시간 중 조합활동의 정당성은 당해 조합활동의 필요성, 긴급성, 노무지휘권의 침해정도 및 당해 행위의 원인과 구체적 양태, 관행, 기타 노사관계의 제반실

---

27) 대판 93도613, 1994.2.22

28) 사용자라는 개념은 노무급부의 청구권자로서의 사용자, 지휘명령권자로서의 사용자, 위임받은 한도 내에서 명령지휘권의 대행자로서의 사용자를 포함한다. 노동법에서 사용자의 개념을 명시한 것은 계속적 근로관계에서 근로자의 보호를 위하여 제반 법규에 규정된 근로조건의 기준 등을 준수하여야 할 준수의무자로서 사용자의 범위를 명확히 하기 위한 것이다. 이와 같이 사용자의 개념은 근로자에 대해 지휘 · 명령권을 가지고 법상의 여러가지 사용자의 의무를 준수하여야 할 지위에 있는 자를 말하므로 1개의 사업장에 사용자의 지위에 있는 자는 법인의 경우 대표이사, 개인사업장의 경우 사장을 비롯하여 사업경영담당자, 사업주를 위하여 행위하는 자 등 1인 이상인 경우가 보통이다. 또한, 사용자의 개념은 상대적이므로 예컨대 노무과장은 사용자인 동시에 사업주에 대하여는 근로자가 된다.

태를 종합적으로 고려하여야 한다.[29)]

둘째, 관행으로 인정된 활동을 살펴보면, 근무시간 중 노동조합활동이 관행으로 인정되어 온 경우 관행형성여부 등을 두고 분쟁이 발생할 수 있다. 관행이라 함은, 조직이나 집단이 장기간 동안 반복해온 행동이나 생각이 하나의 조직이나 집단의 규범으로 정착된 것이므로, 단순히 몇 년에 걸쳐 반복적으로 행하여 왔다는 사실만으로는 관행으로 인정하기 어렵다. 다만, 장기간에 걸친 반복적 사실은 아니라도 노동조합활동을 위한 불수 불가결한 활동으로서 부득이 할 때는 정당성을 인정할 수 있다. 예를 들면, 단체협약 등으로 확립된 노사관행에 의해 조합이 사용자의 시설을 이용해 온 경우, 사용자가 일방적으로 시설이용을 거부하거나 관행을 파기하는 것은 노동조합 운영에 대한 지배 · 개입에 해당할 수 있다.[30)]

2) 근무복, 리본 등의 착용

사용자는 취업규칙 등에 근거를 두고 직장 내 질서유지, 성실근무 분위기 조성 등을 위하여 근로자의 복장 등을 규제할 수 있으며, 취업규칙 등에 규정된 근무복 이외의 복장이나 명찰을 근무시간 중에 착용하는 것은 노사간 협의가 있거나 사용자의 승인이 있어야 하는 것이 원칙이다. 다만, 단체교섭 및 쟁의행위 중에는 복장규정이 다소 완화되어 적용될 수 있으나 그러한 행위가 "업무의 정상적인 운영을 저해하였는지 여부"에 따라 다음과 같이 구분하여 판단해야한다.

첫째, 열차, 병원, 호텔, 은행 등 업무의 특성상 제복착용이 중요한 경우, 단순히 명찰, 리본 등을 착용함으로써 노동조합의 요구사항을 홍보하면서 업무의 정상적인 운영을 저해하는 구체적 사실이 없다면 쟁의행위로 볼 수는 없으나, 투쟁복 착용, 사복착용 등으로 업무의 정상적인 운영을 저해한다면 쟁의행위로 보아서 쟁의행위의 요건을 충족해야 한다.

둘째, 단순히 단정한 차림을 요구하거나 일반적인 정도를 벗어나지 않는 복

---

29) 김유성, 『노동법』, 102쪽

30) 서울행판 2003구합32923, 2004.7.22

무규정을 둔 경우처럼, 복장규정을 엄격히 준수하지 않더라도 무방한 사업의 경우, 엄격하지 않은 복장을 착용하여 그로 인해 사업의 정상적인 운영을 저해하지 않는다면 쟁의행위로 보기는 어렵다. 다만, 사업운영에 지장을 초래하지 않는다고 하더라도 정당한 노조활동의 일환으로만 허용될 수 있다.[31)]

노동조합에서 단결력을 과시하거나 자신들의 요구사항을 홍보하기 위해 근무시간 중에 투쟁복이나 조끼, 사복, 리본, 머리띠, 어깨띠 등을 착용하는 경우가 있다. 이러한 행태가 정당한 노동조합활동인지 여부를 판가름하기 위해서는 사업의 종류, 업무의 성질, 착용 동기나 목적, 그 형태와 내용, 착용시기와 장소, 업무에 미치는 영향 등을 종합적으로 판단하여야 한다. 근로자가 투쟁복, 리본, 머리띠 등을 착용하고 근무하는 행위가 정당한지 여부에 관하여는 근로제공의무를 소홀하지 않았다면 업무의 지장을 초래하지 않았다고 보아서 정당하다는 견해와 근로계약상 노무제공의무에는 직무에 전념해야 할 성실의무가 있으므로 그러한 행위에 대해 정당성을 인정할 수 없다는 견해가 있다.

노무제공의 내용과 모습은 업종, 직무내용, 직장의 업무수행 방법 등에 따라 각각 다르다. 그러므로 투쟁복, 조끼, 리본, 머리띠 등의 착용이 근로계약상 성실의무에 위반되는지 여부를 판단할 때는, 업종, 직무내용, 업무수행 방법 · 절차 및 리본 등 착용모습, 문구, 착용방법, 착용시간 등을 종합적으로 고려하여, 그와 같은 착용으로 인하여 성실의무에 위반되었다는 구체적 사정이 있더라도, 그러한 착용이 정신적 · 육체적으로 노무를 제공하는데 지장이 없고 업무수행에 지장을 줄 염려가 없는 경우에는 조합활동으로서 정당성을 인정하여야 할 것이다. 다만, 투쟁복, 리본, 명찰패용[32)] 등에 있어서 그 내용이 사용자에 대한 근거없는 비방 · 명예훼손 · 허위사실 적시 등을 내용으로 하는 경우는 정당한 노동조합활동으로 볼 수 없다. 판례와 행정해석의 사례를 정리하면 다음과 같다.

사업의 특성상 복장을 엄격하게 관리하는 경우(병원위생복, 은행원제복, 지정된 작업

31) 노조 01254-629, 1996.6.19 ; 2008.9, 정당한 노조활동에 관한 지침

32) 노조 01254-629, 1996.6.19, 택시기사가 승무 중 노조명찰을 착용한 것과 관련하여 승무 중에 노조명찰을 패용하기 위하여는 노사간에 협의가 있는 경우에 한하여 허용될 수 있다.

복 · 안전모 · 안전화 착용 등), 근무시간 중 지정된 근무복을 착용하지 않는 것은 징계 사유에 해당한다.[33] 단체교섭과정에서 규정된 복장을 착용하지 않은 것이 업무의 정상적인 수행을 어렵게 한 경우는 규정된 복장을 착용하지 않은 자체가 쟁의행위에 해당한다.[34] 투쟁구호가 적힌 조끼를 착용하고 제모를 착용하지 않아 고객에게 불쾌감을 주고 승무원을 쉽게 구별할 수 없어 업무의 정상적인 운영을 저해했다면 쟁의행위에 해당한다.[35]

다. 사업장 내의 조합활동

사용자는 효율적인 업무수행을 위하여 자신이 소유한 물적시설 · 설비 등을 사업목적에 따라 사용할 수 있도록 적절히 관리하거나 사용, 수익, 대여, 수선 등에 필요한 조치를 할 수 있으며 이러한 권리를 시설관리권(施設管理權)이라고 부른다. 노동조합은 조합원의 결속을 다지고 효과적인 의사소통을 위하여 유인물배포, 벽보나 현수막게시 · 부착 등 다양한 선전 · 홍보활동을 전개할 수 있다. 이 경우 사용자가 관리하는 기업시설을 이용하는 조합활동을 사용자의 승낙을 얻지 않고 행한 경우, 애초 승낙의 범위와 내용을 일탈하거나 사용자의 시설관리권을 훼손한 경우 등 실무에 있어서 어느 범위까지 정당성을 인정할 수 있는지 여부가 문제된다. 학설은 수인설과 승낙설로 나뉜다.[36]

(1) 수인설 (受忍說)

기업별 단위노조는 조합활동을 위하여 기업시설을 이용하는 것이 불가피하기 때문에 일정한 범위 안에서 기업시설을 이용할 권한을 가지며 사용자는 그 이용을 수인할 의무가 있다고 전제하고, 따라서 기업시설을 이용하는 조합활동은 사용자의 승낙이 없더라도 원칙적으로 정당성이 인정된다고 보는 입장이다.

---

33) 대판 95누6151, 1996.4.23
34) 대판 93다29167, 1994.6.14
35) 협력 68140-30, 2002.1.25
36) 임종률, 『노동법』, 102쪽 ; 김유성, 『노동법』, 105쪽

(2) 승낙설(承諾說)

근로자의 기업시설 이용은 시설관리권을 가진 사용자의 승낙이 있어야 가능한 것이므로 사용자의 승낙을 얻지 않고 기업시설을 이용하는 조합활동은 정당성을 인정할 수 없지만, 사용자가 시설이용을 승낙하지 않는 것이 그 시설관리권의 남용이라고 인정되는 특별한 사정이 있는 경우에는 정당성이 인정된다는 입장이다.

(3) 실질적 지장설(實質的 支障說)

사용자는 기업시설에 대하여 시설관리권을 가지므로, 조합활동에 필요성이 있다고 하여 노동조합이 당연히 이용권한을 가진다거나 사용자가 수인의무를 부담한다고 볼 수는 없다. 따라서 사용자의 승낙을 얻지 않고 기업시설을 이용하는 조합활동은 정당성을 인정할 수 없지만, 기업시설을 이용하는 조합활동의 필요성이 있고 또 그로 인하여 업무운영 · 시설관리상의 실질적 지장을 초래하지 않은 경우에는 승낙을 받지 않았다는 위법성이 치유되어 정당성이 인정된다고 보아야 한다는 입장이다.

승낙을 받지 않은 홍보활동 행위로 인해 실질적으로 지장이 있었느냐는 실질적지장설의 입장에 따르면, 사용자의 승낙을 얻지 않고 기업시설에 벽보 등을 부착한 경우라도 부착된 장소나 시설의 성질, 부착의 범위, 벽보의 형상, 문언의 내용, 홍보물 등의 부착 · 게시수량, 부착방법(난잡하고 밀집하게 중첩하여 붙였는지, 원상회복하기 쉽게 붙였는지) 등 제반사정에 비추어 그 조합활동으로서의 불가피한 필요성이 있고 또 그 활동으로 인하여 업무운영 · 시설관리상의 실질적 지장이 초래되지 않은 경우에는 정당성을 인정하여야 한다는 것이다.[37)]

이 경우 조합활동의 필요성을 고려할 때는, 기업시설이 곧 생산의 장소이고 조합활동 장소라는 두 가지 기능적인 측면을 염두에 두고서, 본연의 생산장소에 직접 관련된 것인지 혹은 식당, 강당, 회의실, 주차장, 부지공터, 체육시설 공간 등 평소 조합원에게 제공된 장소인지 여부에 따라 시설관리권의 침해정

37) 지정된 벽보판을 두고서 굳이 내방객의 출입이 잦은 회사로비 입구에 벽보를 부착하거나 지정된 게시판 게시장소를 외면하고 정문 담장에 게시한 경우는 불가피성이 없다.

도를 판단하여야 한다.[38]

노사는 기업발전과 근로자복지증진을 위해 상호 협력하여야 한다. 따라서 사용자의 시설관리권과 노동조합의 단결권은 양보와 협력을 통해 서로 조화로운 공존을 모색할 필요가 있다. 사용자는 그 시설관리권에 근거하여 단체협약 · 취업규칙 등으로 벽보 등의 기업시설부착에 대하여 일정한 규율이나 제약을 설정하는 경우에도, 노동조합의 홍보활동이 업무운영 · 시설관리상의 지장을 초래하는 경우에만 제한을 설정하는 것이 합리적이다. 사용자가 시설관리권을 가졌다 하여 업무운영 · 시설관리상의 지장을 초래하지 않는 벽보, 현수막 등의 부착까지 제한하는 것은 근로자의 언론의 자유 내지 단결권을 침해하여 무효가 된다. 이상의 이론을 토대로 행정해석과 판례를 중심으로 각 홍보활동의 유형별로 정당성을 살펴본다.

1) 회의 · 교육 등을 위한 기업시설물 이용

(1) 기업시설물 이용의 정당성

재산권과 시설관리권에 근거하여 사용자는 자신의 재산과 시설물을 보호하고 합리적인 이용을 도모하기 위해 단체협약이나 취업규칙(회의실, 노천극장, 공연장의 사용규칙 등) 등으로 소정의 절차를 정하고 이용을 제한할 수 있다. 총회개최 등 노조활동이 사업장내에서 이뤄지는 경우, 이용자는 사용자의 재산권 및 시설관리권에 근거하여 사용자가 정한 합리적인 규율[39]에 따라야 하는 것이 원칙이다. 승인절차 등이 없이 임의로 시설물을 사용하는 것은 정당성이 없다.[40] 다만, 조합활동이 정당한 것이라면 사용자는 시설관리권과 조합활동이 조화를 이룰 수 있는 범위 내에서 회의실 등을 합리적으로 이용할 수 있도록 허용하여야 하며, 그 판단기준은 시설 등의 사용을 허용하였을 경우 기업의 시설물관리와 업무수행에 현저한 지장을 초래하는지 여부에 따르는 것이 합리적이다.

---

38) 서울고판 90구14449, 1992.1.17

39) 7일 전에 사용신청서제출 승인을 받을 것, 집회목적, 인원, 행사내용 등 구체적인 사용계획제출 등

40) 노조 68107-186, 2002.3.2

(가) 승인범위 초과 및 취소

일단 승인받은 경우라도 승인범위 내에서 사용하여야 하며, 승인된 시설 이외에 장소에 임의로 출입하거나 사용하는 것은 금지되며, 승인된 시설이라도 기물손괴, 폭력 및 과도한 소란발생 등으로 인하여 업무의 효율적 수행을 저해하는 경우는 승인을 취소할 수 있다. 합리적인 이유없이 노동조합의 활동을 방해할 목적으로 사용을 제한하는 것은 부당노동행위를 구성할 수 있다. 단체협약, 상당기간 노사관행에 의해 노동조합이 사용자의 편의제공을 이용해 온 경우 합리적인 이유없이 사용자가 이를 거부하는 것은 부당하다.

(나) 사전 통보규정과 승낙권 남용

한편 단체협약에서 사전 통보를 조건으로 취업시간중의 집회를 허용한 경우에 사전 통보만 하면 그 집회가 정당화되는 것은 아니다. 사전 통보를 조건으로 취업시간 중에 개최할 수 있는 집회의 태양(종류, 소요시간, 횟수)을 엄격하게 한정한 경우, 사전 통보가 있더라도 그 집회를 취업시간 중에 개최할 필요성이 있고 노무지휘권 침해가 경미하여야 정당성이 인정된다. 사전 통보와 관련, 단체협약 등으로 정하기를 "취업시간중의 집회는 사전에 통보하여야 하며 사용자는 특별한 사유가 없는 한 승낙하여야 한다"고 규정한 경우에도, 이와 같은 규정은 사전 통보를 조건으로 집회를 허용한 것이 아니라 조합이 사전 통보(신청)한 각각의 집회에 대하여 사용자가 수시로 승낙 여부를 결정하되 사용자가 승낙권을 남용하지 않아야 한다는 합의라고 보아야 한다. 따라서 이 경우에 사용자의 승낙 없이 취업시간중의 집회를 개최한 경우에는 사용자가 승낙권을 남용하지 않은 이상 정당성이 인정되지 않는다.

(2) 정당성이 부인되는 경우 주요책임

기업시설물 이용의 정당성이 부인되는 경우 시설무단사용과 사내질서문란 등으로 징계책임과 시설물훼손 등 불법행위 발생시 민법 제750조에 따른 손해배상책임을 질 수 있고, 시설무단출입 등으로 인해 사용자가 퇴거를 요구하였음에도 불응한 경우 형법 제319조에 의한 퇴거불응죄가 성립할 수 있으며, 당해 사업장의 근로자가 아닌 외부 조합원 등이 사용자의 의사에 반하여 무단출입하였을 경우는 형법 제319조에 의거 건조물 침입죄가 성립한다.

예를 들면, 근무시간 중에 조합간부들과 공동으로 회사 사무실 내의 집기를 부수고, 적색페인트, 스프레이 등으로 복도계단 사무실 벽 등 200여군데에 낙서를 하여 수천만원의 수리비가 소요되는 재물손괴를 하였다면 이는 조합활동의 정당성의 범위 밖에 속하고,[41] 조합의 기업시설 이용은 그 목적, 필요성, 이용된 시설의 성격, 사용시간, 사용횟수, 양태, 파급영향 등을 종합하여 사용자의 기업시설관리권의 행사 또는 업무의 수행에 지장을 주지 않는 범위 내에서 허용되는 바, 사용자가 제공한 지하 직원식당을 굳이 마다하고 허가 없이 무단으로 병원 1층 로비에서 조합결성 보고대회를 개최하여 내원자들에게 불편을 초래하고 수납 진료 등 정상적 업무수행을 저해하여 노동조합에 허용되는 기업시설이용의 범위를 현저히 일탈한 것이다.[42]

2) 유인물 배포, 현수막 게시 등

노동조합은 조합원간 단결을 강화하고, 활동에 있어서 조합원의 동의와 지지를 얻어내기 위해 사업장 내외에서 유인물의 배포, 현수막게시 등 다양한 선전 · 홍보활동을 전개하는 것이 일반적이다. 이러한 홍보활동은 원칙적으로 그 내용이 타인의 신용이나 명예를 훼손하지 않아야 하고, 방법에 있어서는 사용자의 시설관리권을 침해하지 않아야 정당성을 인정받을 수 있으며 정상적인 업무 수행을 방해하지 않아야 한다.

정당성을 인정받을 수 없는 주요사례는 내용상 근거없는 비방이나 사용자 등에 대한 명예훼손, 단체협약이나 취업규칙 등으로 정한 게시 · 부착장소나 방법을 위반하고, 회사 시설물에 손상을 초래하는 행위, 사용자의 승인을 얻은 범위를 일탈한 경우가 될 것이다. 이 경우 시설관리권을 침해하였는지 여부에 관한 판단기준은 다음사항을 종합적으로 판단하여야 한다.

① 유인물 등의 게시 · 부착으로 업무의 지장을 초래하였는지
② 시설의 원상회복에 과도한 비용이 들어가는지(담장, 건물벽면 등에 홍보물부착, 스프레이 낙서, 훼손 등)

41) 대판 90도357, 1990.5.15
42) 서울고판 96나35424, 1997.9.4

③ 시설물 효용가치를 손상하였는지(주차장, 잔디광장, 공연장, 회의장 등을 점거하여 상당기간 본연의 용도로 사용할 수 없게 된 경우 등)
④ 시설의 미관을 훼손하였는지 등

(1) 유인물 배포의 정당성

유인물 배포는 벽보 부착의 경우와 달리 시설 이용이 일시적이라는 점에서 시설관리권과의 충돌의 정도는 그 만큼 약한 반면, 유인물의 내용이 끼치는 영향을 감안하면 직장질서와의 충돌이 더 중요하다고 할 수 있다. 문제는 유인물의 부착장소가 지정되어 있는지, 사전에 승낙을 얻어야 하는지, 배포시간이 정상적인 업무수행을 방해하지는 않는지, 내용이 허위 등으로 인해 기업의 명예, 신용, 인격, 비밀침해 등이 없는지 여부에 따라서 정당성을 판가름할 수 있다. 아울러 승낙을 얻기만 하면 정당성이 있고, 배포의 승낙을 받지 않았다면 무조건 정당성이 부인되느냐 하는 것이 실무상 쟁점이다. 판례와 행정해석을 중심으로 살펴보면 다음과 같이 구분할 수 있다.

(가) 부착장소가 정해진 경우

홍보물이나 유인물의 부착장소가 정해진 경우 지정장소 이외에 임의로 벽보 등을 부착하는 것(전용게시판을 설치하였음에도 지정된 장소 이외에 임의부착, 자진철거요구 불응)은 정당성이 없고, 철거 불응시 복무규정 등을 위반한 징계사유에 해당한다.[43] 이 경우 무단으로 게시·부착된 홍보물을 철거하는 것은 부당노동행위에 포함되지 않는다. 만약 정해진 장소 이외의 장소를 사용하고자 하는 경우는 원칙적으로 사용자의 동의를 받아야 하고, 위의 판단기준에 따른 시설관리권을 침해하지 않아야 한다. 사용자가 회사 입구 벽면에 게시·부착을 허용했으나 쉽사리 제거가 불가능한 강력본드, 흉한 흔적이 남는 부착수단, 스프레이 등으로 유인하는 등 불합리한 방법으로 벽면을 복구하여 사용하는데 많은 지장을 초래한 경우 시설관리권을 침해한 것이다.

(나) 내용이 사실을 왜곡·과장, 허위사실유포

선전·홍보물 등의 내용이 비록 근로조건 개선 등을 목적으로 하더라도 그

43) 대판 95누6151, 1996.4.23

내용에 있어서 사실을 왜곡 · 과장하고, 허위사실을 적시한 경우 조합원 등으로 하여금 회사에 대한 불신감 · 증오감을 유발하고, 직장질서를 문란 시키며, 나아가 대외적으로 기업의 이미지 실추와 신용도 저하 등의 위험이 있는 경우는 정당성이 부인된다.[44]

(다) 배포시간

유인물 배포행위는 출퇴근시간, 휴게시간 등 원칙적으로 근무시간 이외에 업무의 정상적인 수행에 지장을 초래하지 않는 방법으로 이루어져야한다. 휴게시간중의 배포행위는 근로자의 취업에 나쁜 영향을 미치거나 휴게시간의 자유로운 이용을 방해하지 않는 한도 내에서 이루어져야 한다. 단순히 허가를 받지 않았다는 이유만으로 배포의 정당성을 부인할 수는 없고 유인물의 내용이나 방법 등 제반사정을 고려할 때, 배포행위가 직장질서를 문란하게 하였거나 다른 근로자의 취업에 나쁜 영향을 미치거나 휴게시간의 자유로운 이용을 방해하였다는 사정이 없다면 정당성을 부인할 수 없다.[45]

(라) 사용자의 승인

유인물배포, 현수막게시 등 선전 · 홍보의 내용과 방법이 사용자의 승인범위를 벗어나 사업장내 시설관리권을 침해하거나 근무시간 중의 정상적인 업무수행에 지장을 초래한다면 정당성이 없으므로 사용자가 이를 철거하거나 제지하는 것은 부당노동행위가 아니다.[46] 따라서 사용자의 승낙을 얻지 않고 유인물을 배포한 경우, 유인물의 내용이 허위사실 적시, 명예훼손, 인신공격, 비방에 이르지 않았는지, 배포의 방법(직접 전달 혹은 은밀한 살포), 배포의 시기(취업시간 중, 휴게시간 또는 퇴근시간) 등 제반 사정에 비추어 그 조합활동으로서의 불가피한 필요성이 있고, 또 그 활동으로 인하여 업무운영 시설관리상의 실질적 지장을 초래하지 않는 경우에는 정당성을 인정하여야 할 것이다. 그러나 예컨대 유인물을 근로자들에게 직접 전달하지 않고 공장 구내에 은밀히 뿌리는 방법으로 배포하는 것은, 비록 배포시기가 노동조합의 대의원선거 운동기간이었다 할지라

---

44) 대판 92다20880, 1993.2.9

45) 대판 91누4164, 1991.11.12

46) 노조 01254-710, 1995.6.21

도 사용자의 시설관리권을 침해하고 직장질서를 문란케 할 위험성이 있으므로 정당성이 인정되지 않는다.[47)]

만일 사용자가 그 시설관리권에 근거하여 취업규칙으로 사업장 내의 유인물 배포에 대하여 합리적 규율이나 제약을 설정한 때에는 유인물 배포는 이에 따라야 정당성이 인정되지만, 합리적인 규율이나 제약을 설정한 것은 주로 직장질서를 유지하기 위한 것이므로 사용자의 규율 · 제약은 직장질서를 해할 우려가 있는 유인물 배포만을 제한하는 것으로 보아야 하고, 그 범위 안에서 제한의 합리성이 인정될 것이다.

사용자는 연설, 사내방송, 서한 등을 통해 근로자들에게 의견을 표명하고 경영방침을 설명할 수 있다. 이 경우 의견표명이 조합원에 대한 보복 · 위협 및 이익의 공여 등을 통해 조합활동을 억압하거나 강제하는 경우 또는 사용자의 우월한 지위에 비추어 발언당시 상황이나 내용 등 여러 사정을 종합 판단할 때 정당한 조합활동을 방해할 위험이 있는 경우는 부당노동행위를 구성한다.

(2) 정당성이 부인되는 경우 주요책임

유인물 배포, 현수막게시 등 선전 · 홍보활동의 정당성이 부인되는 경우 대내적으로는 시설무단사용 · 훼손, 복무질서 위반 등에 관한 징계책임과 민사적으로는 허위사실유포와 시설물 훼손 등 불법행위에 따른 손해배상책임[48)] 신용 · 명예훼손시 명예훼손죄와 신용훼손죄가 성립하고, 시설을 본래의 목적에 사용할 수 없게 함으로서 효용을 해친 경우는 재물손괴죄가 성립할 수 있다.[49)]

라. 언론활동

노동조합에 대한 사용자의 태도, 교섭방법, 노동조합활동에 관한 대응자세 등 노동조합활동과 관련하여 노동조합은 사용자를 비난하는 유인물배포, 벽보부착, 신문 · 잡지광고, 인터뷰 · 논단게재 등의 언론활동을 전개할 수 있는 바, 이때 어떤 경우 정당성이 부인될 수 있는지 여부가 쟁점이다.

---

47) 대판 92누4253, 1992.6.23
48) 민법 제750조
49) 대판 2007도2590, 2007.6.28

판례에 의하면, 조합활동이 정당하려면, 취업규칙이나 단체협약에 별도의 허용규정이 있거나 관행, 사용자의 승낙이 있는 경우를 제외하고 취업시간 외에 행해져야 하고 사업장 내의 조합활동에 있어서는 사용자의 시설관리권에 바탕을 둔 합리적인 규율이나 제약에 따라야 하고, 비록 조합활동이 근무시간 외에 사업장 밖에서 이루어졌을 경우에도 근로자의 근로계약상의 성실의무 즉, 사용자의 이익을 배려하여야 할 의무는 거기까지도 미친다[50]고 판시한 바 있다.

언론활동이 정당성이 있는지 여부에 관한 판단은, 언론활동의 필요성, 그로 인해 침해된 사용자의 명예 · 신용의 정도 · 경영상 위험성 등에 관한 파급효과 등 기타 사정을 종합적으로 고려하여야 한다. 언론활동 등을 취업시간 외에 사업장 밖에서 행하여졌다 하더라도 근로계약상의 성실의무를 위반하지 않아야 정당성이 인정되는 것은 자명한데, 문제는 성실의무 위반을 구체적으로 어떻게 판단할 것인가에 있다.

사용자의 경영 · 인사노무방침에 대한 것일 경우라도 내용이 전체로서 진실한 것이면 성실의무 위반이 아니고 정당한 조합활동으로 인정될 수 있다. 예컨대, 타인의 인격 · 신용 · 명예 등이 훼손 또는 실추되거나 그렇게 될 염려가 있고 또 그 문서에 기재되어 있는 사실관계의 일부가 허위이거나 그 표현에 다소 과장되거나 왜곡된 점이 있다고 하더라도 그 문서의 내용이 전체적으로 보아 진실한 경우가 그러하다. 다만, 비판의 내용이 사실을 왜곡 · 과장 · 허위로 되어 회사경영진에 대한 극도의 불신 내지 증오심을 유발함으로써 회사의 운영에 지장을 가져오고 직장질서를 문란케 할 위험성이 있는 경우일 경우 정당성을 인정받을 수 없다. 또한 내용이 진실한지 여부에 관계없이 사용자나 관리자에 대한 인식공격 내지 비방을 주로 하는 것일 경우에는 쟁의여부에 관계없이 성실의무에 반하여 정당성이 인정될 수 없다. 예를 들면, 경영진 내지 관리자의 명예를 손상시키는 인신 공격적이고 사생활에 관한 내용을 담고 있는 경우, 근로조건의 개선 등 노동조합의 업무를 위한 활동과 관련된 것이라고 하더라도 과격하고 불손한 문구를 사용하여 인신공격을 한 경우 등이 될 것이다.

50) 대판 90도357, 1990.5.15

마. 근로자 아닌 자의 사업장 출입

사업장 내의 조합활동은 사용자의 시설관리권에 바탕을 둔 합리적인 규율이나 제약에 따라야 하며, 사용자는 업무상 필요에 따라 사업장 출입을 제한할 수 있다.[51] 특정사업장의 근로자가 아닌 자는 단체협약 등에 근거가 없다면 사용자의 승인이 없이 사업장 출입을 할 수 없다. 승인을 받아 출입한 경우라도 당초 허용된 출입목적을 위반하여 허용장소 이외에 출입하는 등 시설관리권을 침해하는 경우는 이용금지 · 퇴거요구가 가능하다.[52] 다만, 사용자는 업무에 정당한 지장을 초래하지 않는 범위 내에서 정당한 조합활동을 위하여 필요한 범위 내에서만 사업장 출입은 허용되어야 한다. 즉, 조합원 접견을 위한 조합사무실 출입, 사용승인 받은 회의참석을 위한 회의장 출입, 단체교섭 · 협약체결의 위임을 받은 자가 단체교섭 · 협약체결을 목적으로 교섭장소에 출입 등을 들 수 있다. 이 경우 단체협약 등에 근거가 있고 사용자의 승낙만 있다면 일반적인 관리에 따른 제한 즉, 경비실의 신원확인, 출입목적 확인, 출입증 패용 등이 없이 자유로 출입할 수 있느냐가 의문인데, 사용자의 시설관리권을 고려하면 단체협약에 출입 또는 사용근거가 있거나 사용자의 승인이 있다고 하더라도 일반적인 관리에 따른 제한은 받아야 한다.

(1) 부당노동행위 구제신청 중인 자

한편, 부당노동행위구제신청을 하여 해고의 효력을 다투고 있는 조합원의 경우라도 일반적인 사업장 출입은 허용되지 않으나,[53] 중앙노동위원회의 재심판정이 있을 때까지는 조합원자격이 유지되므로 근로계약 당사자로서 개별근로자가 아닌 조합원으로서 정당한 노동조합활동을 위한 노동조합 사무실 출입, 총회 · 대의원회 참석 등의 목적으로 사업장 출입은 허용되어야 한다.[54] 다만, 근로자와 사용자의 개별적인 근로계약의 일반적인 효력에 확대적용 될 수 없다.

---

51) 대판 96도419, 1996.5.10

52) 대판 2000도3485, 2002.4.12

53) 대판 2003두11834, 2004.3.12

54) 노조 01254-969, 1993.8.11 ; 대판 2003두11834, 2004.3.12

(2) 정당성이 부인되는 경우 주요책임

해당 기업의 근로자가 아닌 자가 사용자의 의사에 반하여 시설에 무단출입하였을 경우 건조물침입죄[55]가 성립하고, 퇴거 요구시 정당한 사유없이 불응한 경우 퇴거불응죄[56]가 성립한다. 건조물 침입죄는 사실상의 주거의 평온을 그 보호법익으로 하는 것이므로 건조물 관리자의 의사에 반하여 건조물에 침입함으로서 성립하고, 일반적으로 개방되어 있는 장소라도 관리자의 필요에 따라 출입을 제한할 수 있다.[57]

바. 조합원 개인의 활동

노동조합은 임원, 총회, 대의원회 등 의사결정체를 중심으로 구성원 모두가 노동조합이란 단체의 이름아래 일사분란한 활동으로 조직의 단결을 도모하는 것이 일반적이다. 그러나 조합의 명시적인 의사 즉, 구체적인 결의나 지시에 의하지 않고 행하여진 조합원 개인 또는 집단의 노동조합활동을 자발적활동이라고 부른다.

이러한 자발적 활동은 조합활동으로 볼 수 없는 것이 원칙이지만, 그 행위의 성질상 노동조합활동으로 볼 수 있거나 또는 조합의 묵시적 수권 또는 승인을 받았다고 볼 수 있는 때(예 : 미가입 근로자에 대한 가입권유, 임원선거 출마, 사용자의 무당노동행위 사례 신고 등)는 조합활동으로 인정받을 수 있다.[58] 개인의 조합활동 유효성에 관한 학설과 판례의 견해는 다음과 같다.

1) 조합활동의 유효성에 관한 견해

(1) 판례의 견해

개인의 행위가 노동조합의 업무를 위한 정당한 활동으로 인정받기 위해서는 노동조합의 목적에 부합하여야 하고, 그 행위가 노동조합을 위하여 행한 것으로 인정되어야 한다. 명시적인 결의 · 지시에 의한 것이 아니라도 묵시적 수권

55) 형법 제319조
56) 형법 제319조
57) 대판 96도419, 1996.5.10
58) 대판 99두4273, 1999.11.9

혹은 승인을 받았다고 인정되는지 여부는 "노동조합에서의 위치나 비중, 조합활동의 내용이나 목적, 평소 노동조합 및 임원과의 관계 등"을 토대로 종합적으로 판단한다. 다만, 선거에서 소수파의 선거운동이나 조합의 의사결정과정에서의 특정사안을 두고 오고가는 비판 즉, 상대 후보의 조합원에 대한 공약의 부당성, 전임기간 중 부당사례 적시 등은 근거없는 비방 등이 아니라면 조합의 민주적 운영을 위해 정당성이 인정된다.[59]

(2) 학설의 견해

견해에 따라, 조합의 명시적인 결의나 지시에 반하는 경우 일괄적으로 조합활동으로 보지 않는 입장,[60] 조합의 명시적 방침에 반한 행위라도 그 행위가 단결권보장에 합당하다면 조합내부의 징계 등 통제는 별론으로 하고 조합활동으로 인정되어야 한다는 입장[61]으로 나뉜다.[62]

문제가 되는 것은 노동조합의 조합원이 아닌 자의 행위를 조합활동으로 볼 수 있느냐 하는 것이다. 조합원이 아닌 자의 행위는 일반적으로 조합활동으로 볼 수 없다. 다만, 조합가입과 관련한 행위, 가입은 하지 않으나 결성을 지원하는 홍보행위 등은 단결권보장 취지에서 예외적으로 조합활동으로 볼 수 있을 것이다. 그러나 조합원이든 조합원이 아니든 개인적 불만을 표출하기 위해 근거없는 허위사실을 들어 사용자를 고소 · 고발하여 기업의 신용과 명예를 훼손하는 행위는 노조활동으로 볼 수 없다.[63]

2) 실무쟁점

(1) 조합원 개인의 고소 등 청원행위

조합원 개인의 청원행위는 조합의 결의 · 지시에 의하거나 묵시적인 수권 · 승인을 받았다고 인정되는 등 특별한 사정이 없는 한 조합활동으로 보기는 어렵다. 조합원 개인에게 반복적인 청원행위를 이유로 징계처분을 하였을 경우

---

59) 대판 99두11042, 2001.4.27
60) 김형배, 『노동법』
61) 박상필, 『노동법』
62) 김유성, 『노동법』 99쪽
63) 서울행판 2003구합12578, 2003.11.6

그 처분이 정당한지 여부는 청원의도 내지 목적, 청원에 이르게 된 경위, 청원 횟수, 그 내용의 진실여부, 청원으로 인해 회사업무에 미친 영향 등을 종합하여 판단한다.

특히 수사기관이나 행정관청에 유사한 내용의 고소장 등 민원을 반복적으로 제출하는 근로자를 회사업무 지장, 명예훼손 등을 이유로 해고 등 불이익 취급한 것이 부당노동행위에 해당하는지 여부를 살펴보면, 재판청구권 · 청원권은 국민의 기본권이기는 하나 그 권리를 남용하는 것까지 허용되는 것은 아니므로, 법률상 허용될 수 없는 것을 반복하여 청구하는 것은 권리남용에 해당하고, 목적이 정당하다고 해도, 사용자 비방, 사생활 폭로, 허위사실 유포 등 사용자의 인격 · 비밀 · 명예 · 신용 등을 훼손하는 것은 정당하다고 할 수 없다.

동일 내지 유사한 사례에 대하여 법위반 사항으로 볼 수 없다는 처분을 받은 이후에도 반복적으로 청원하여 회사의 명예를 훼손시킨 경우에는 단체협약, 취업규칙 등에 의한 징계사유에 해당할 수 있다. 법률상 받아들일 수 없음이 명백한 이유를 들어 같은 내용의 청구를 거듭하는 것은 특별한 사정이 없는 한 소권남용으로서 허용될 수 없다.[64)]

다만, 조합 내부조직의 문제점을 지적하거나 근로기준에 미달하는 근로조건에 관한 개선요구 등 내용이 대부분 사실인 유인물배포행위는 노동조합의 민주적 운영과 활성화를 촉구하고 근로조건의 유지개선과 복리증진 기타 사회 · 경제적 지위향상을 목적으로 한 것으로서 노동조합의 업무를 위한 행위로 보아야 한다.[65)]

(2) 청원과 명예 · 신용 훼손

청원권은 국민이 국가기관에 대하여 자신의 희망이나 의견을 진술할 수 있는 기본권이므로 근로자도 사용자에 관한 사항으로서 널리 공공기관의 권한에 속하는 사항에 대하여는 청원할 수 있음은 당연하다. 다만, 그 청원서의 내용이 허위의 사실이거나 사용자를 비방하는 것이라면 사용자의 인격, 비밀, 명

64) 서울고판 2004나14330, 2004.10.1
65) 대판 99두11042, 2001.4.27

예, 신용 등을 훼손하여서는 아니 되는 성실의무에 반하여 징계사유가 된다고 할 것이고, 이는 청원행위 자체를 이유로 한 불이익 처분이 아니므로 청원법 제11조에 반하는 것이라고 할 수 없다.[66]

(3) 무고죄에 있어서 허위사실의 신고

무고죄에 있어서 허위사실의 신고라 함은, 신고사실이 객관적 사실에 반한다는 것을 확정적이거나 미필적으로 인식하고 신고하는 것을 말하는 것이므로 객관적 사실과 일치하지 않는 것이라도 "신고자가 진실이라고 확신하고 신고하였을 때에는 무고죄가 성립하지 않는다." 여기에서 진실이라고 확신한다 함은, 신고자가 알고 있는 객관적인 사실관계에 의하더라도 신고사실이 허위라거나 또는 허위일 가능성이 있다는 인식을 하지 못하는 경우를 말하는 것이지, 신고자가 알고 있는 객관적 사실관계에 의하여 신고사실이 허위라거나 허위일 가능성이 있다는 인식을 하면서도 이를 무시한 채 무조건 자신의 주장이 옳다고 생각하는 경우까지 포함되는 것은 아니다.[67]

(4) 무혐의 처분을 받은 이후에도 반복적으로 청원

무혐의 처분을 받은 이후에도 반복적으로 청원하여 회사의 명예를 훼손시킨 경우에는 단체협약, 취업규칙 등에 의한 징계사유에 해당될 수 있다. 이 경우, 청원행위 자체가 징계사유가 되는 것이 아니라 청원 등으로 인한 명예훼손, 허위사실 유포에 따른 사내질서 문란이 징계사유에 해당된다고 볼 수 있다.

판례를 기준으로 사례를 살펴보면, ① 뚜렷한 자료도 없이 소속 직장의 대표자를 수사기관에 고소, 고발하거나 그에 대한 인격을 비난하는 내용까지 담긴 진정서 등을 타 기관에 제출하는 것은 그것이 조합원들의 총의에 의한 것이라 하더라도 정당한 조합활동의 범주를 벗어난 것,[68] *계속된 고발이나 질의로 인하여 회사의 신용과 명예가 크게 훼손되었고, 회사관계자들이 수차 고용노동관서에 불려가 조사를 받느라 업무에도 지장을 받은 점 등에 비추어 징계처

---

66) 대판 97누2528, 1999.9.3

67) 대판 2000도1908, 2000.7.4

68) 대판 91다42982, 1992.6.26

분이 지나치게 가혹하여 징계양정에 관한 재량권을 일탈, 남용한 것이라고 할 수 없다.[69] ② 청와대 등 관계기관에 30여 차례 진정 · 고소 · 고발을 하였으나 회사가 이와 관련하여 처벌받은 사실이 없다는 점을 종합하여 볼 때 신청인이 근거없이 고소 · 고발을 남발하였음을 인정할 수 있고 이는 신청인과 피신청인 간에 원만한 고용관계의 회복을 기대하기 어렵다 할 것이므로 부당노동행위로 보기 어렵다.[70] ③ 근로자가 사용자에 대해 근거없는 고소 · 고발을 남발한 행위는 노동조합활동으로 볼 수 없고, 이를 징계사유로 한 것은 정당하다.[71]는 등의 사례가 있다.

69) 서울행판 2003구합12578, 2003.11.6
70) 중노위 2000부노139, 2000.12.18
71) 중노위 2000부노139, 2000.12.18

12
단체교섭권

헌법에 의하면, 근로자는 근로조건의 향상을 위하여 자주적인 단결권(團結權), 단체교섭권(團體交涉權), 단체행동권(團體行動權)을 가진다고 노동3권을 천명하고, "다만, 교원 · 공무원 등 공무원인 근로자는 법률이 정하는 자에 한하여 단결권, 단체교섭권, 단체행동권을 가진다. 법률이 정하는 주요방위산업체에 종사하는 근로자의 단체행동권은 법률이 정하는 바에 의하여 이를 제한하거나 인정하지 아니할 수 있다"[1]고 정하고 있다.

노동3권은 사용자와 근로자간의 실질적인 대등성을 단체적인 노사관계의 확립을 통하여 가능하도록 하기 위하여 시민법상의 자유주의원칙을 수정하는 생존권적 기본권이므로 노동3권은 다 같이 존중 보호되어야 하고, 그 사이에 비중의 차이를 둘 수 없는 권리임이 분명하지만, 근로조건의 향상을 위한다는 생존권의 존재목적에 비추어볼 때, 노동3권 가운데 단체교섭권이 가장 핵심적인 권리이다. 따라서 단체교섭권이 보장되기만 한다면, 그것을 보장하는 수단으로서 단체행동권은 권리의 본질적인 내용을 침해하지만 않는다면 사회질서와 공공복리 등을 위하여 최소한의 권리행사 제한이 불가피할 수도 있다.[2] 헌법상 보장된 노동3권의 향유 주체와 신분상 · 업무 성질상 제한에 대해서는 이미 살펴보았다. 이 장에서는 노동3권 중 단체교섭권의 개별적인 내용을 살펴보고 판례 등을 통해 입법취지와 실정법상의 한계 · 타 권리 행사와의 조화 · 형평의 문제, 권리제한, 권리행사의 정당성 등을 차례로 살펴본다.

---

1) 헌법 제33조

2) 대판 90도357, 1990.5.15

1. 단체교섭권의 주체

단체교섭권은 근로자가 그 단결체의 대표를 통하여 사용자측과 단체교섭을 할 권리이고, 넓게는 그 단체교섭의 결과 합의된 사항을 단체협약으로 체결할 권리도 포함한다. 통상 노동관계는 단결체 결성과 교섭, 그리고 결렬시 쟁의행위로 이어지는 일련의 순환적 과정을 거친다. 이 가운데 단체교섭권은 근로조건의 유지 · 개선과 근로자의 경제 · 사회적 지위향상을 위한 실질적인 협의가 이뤄지는 과정으로서 노동3권 보장의 이념을 실현하는 핵심적인 제도적 수단이다.[3]

노조법은 노동조합대표자에게 노동조합 또는 조합원을 위하여 사용자나 사용자단체와 교섭하고 협약을 체결할 권한을 부여한다.[4] 단체교섭권은 근로조건 유지개선과 근로자의 지위향상을 도모하기 위한 등의 목적이고,[5] 정당한 목적달성을 위한 단체교섭에 대해서는 형법 제20조(정당행위)에 의거 보호 된다.[6] 노사는 신의에 따라 성실히 교섭하고 단체협약을 체결하여야 하고, 권한을 남용해서는 아니되며, 사용자 또는 사용자단체는 정당한 이유없이 교섭 또는 단체협약의 체결을 거부하거나 해태하여서는 아니된다고 정하여 교섭권을 보호하고 있다.[7]

가. 근로자측 단체교섭권의 당사자와 위임

헌법상 노동3권의 원천은 근로자 개인에게 있다.[8] 다만, 단체교섭권과 관련, 개별 근로자는 노동조합 등 단결체를 통하여 단체교섭의 당사자가 될 수 있다. 헌법상 보장된 단체교섭권의 주체는 아니지만, 사용자는 노동조합 등 근로자단결체의 교섭상대방으로서 교섭의무를 지닌 단체교섭의 당사자라고 할 수 있다. 따라서 단체교섭의 당사자는 노동조합 등 근로자측과 사용자 · 사

3) 대판 90도357, 1990.5.15
4) 노조법 제29조
5) 노조법 제1조
6) 노조법 제4조
7) 노조법 제30조, 제81조제3호
8) 헌법 제33조제1항

용자단체 등의 대립구도로 파악할 수 있다.

1) 일반적인 당사자의 자격과 위임

교섭당사자가 되려면, 근로자측은 대외적으로 사용자의 지배를 떠난 주체성과 자주성을 가진 단체로서 사단으로서 조직성을 갖추어야 하고, 노조법 제2조에서 정한 실질적 요건[9]을 갖추어야 한다. 실질적 요건을 구비하고 규약 등을 갖추었지만 설립신고 등 형식적 요건만 갖추지 않은 경우는 사단으로서 조직성과 주체성, 독립성 등을 갖춘 교섭당사자가 될 수도 있다. 이 경우 이러한 정도에 까지 이르지 못한 쟁의단 · 협의체 · 교섭단 등 일시적 목적에 의해 결합한 단체가 단체교섭의 당사자가 될 수 있느냐 하는 것이 의문이다. 쟁의단 등은 노조법 제2조제4호의 실질적 요건 개념에 일치하지도 않고, 사단으로서 조직적 실체도 갖추지 않아서 누가 어떤 근거에서 교섭권한을 가지는지 객관적으로 확인할 수 없으므로 법상 단체교섭 당사자는 될 수 없다. 다만, 판례에 의하면, 당연히 교섭당사자가 될 수는 없지만, 그러한 결함을 가진 단체라도 사용자가 임의로 교섭에 응하여 계약을 체결하였다면 그 계약의 효력(민법상 계약의 일반적인 효력)을 인정할 수밖에 없다고 판시한 바 있다.[10] 관련된 학설의 견해는 대체로 판례와 유사하여 생략한다.

---

9) 노조법 제2조【정의】 이 법에서 사용하는 용어의 정의는 다음과 같다.
   4. "노동조합"이라 함은 근로자가 주체가 되어 자주적으로 단결하여 근로조건의 유지 · 개선 기타 근로자의 경제적 · 사회적 지위의 향상을 도모함을 목적으로 조직하는 단체 또는 그 연합단체를 말한다. 다만, 다음 각목의 1에 해당하는 경우에는 노동조합으로 보지 아니한다.
   가. 사용자 또는 항상 그의 이익을 대표하여 행동하는 자의 참가를 허용하는 경우
   나. 경비의 주된 부분을 사용자로부터 원조받는 경우
   다. 공제 · 수양 기타 복지사업만을 목적으로 하는 경우
   라. 근로자가 아닌 자의 가입을 허용하는 경우. 다만, 해고된 자가 노동위원회에 부당노동행위의 구제신청을 한 경우에는 중앙노동위원회의 재심판정이 있을 때까지는 근로자가 아닌 자로 해석하여서는 아니된다.
   마. 주로 정치운동을 목적으로 하는 경우

10) 대판 90누2246, 1991.6.25 ; 인천지판 91가합15764, 1992.3.31, 비상대책위가 적법한 노동조합은 아니지만 사측에서 이 위원회를 농성근로자대표로 인정하고 맺은 합의는 계약에 준하는 효력이 있다 ; 서울고판 88구8489, 1990.2.3, 민주택시운전자협의회는 적법한 노동조합은 아니지만 사측에서 근로자 대표성을 인정하여 임금협상에 임한 이상 이에 준하는 효력이 있다.

노조법에 의하면, 단체교섭권 뿐 아니라 단체협약체결권 등 그 실현을 위한 실질적인 권한은 원칙상 노동조합 대표자에게 있고,[11] 노동조합의 대표자에게 교섭권 뿐 아니라 단체협약체결권이 있다. 그 밖에 노동조합과 사용자 또는 사용자단체로부터 "교섭 또는 단체협약의 체결에 관한 권한을 위임받은 자"는 그 노동조합과 사용자 또는 사용자단체를 위하여 "위임받은 범위 안에서" 그 권한을 행사할 수 있다.[12] 교섭권의 위임에 관해서는 위임사실[13]을 통보하는 이외에 달리 정한 바가 없다. 그러나 법문[14]에 "위임받은 범위 내에서" "교섭사항과 범위를 정하여"로 정한 것을 감안하면, 개인 · 법인 · 상급단체 · 사용자의 경우 사용자단체 등 당사자가 아닌 제3자에게 위임할 경우, 교섭사항의 구체적 내용과 내용별 한계, 협약체결 권한까지 위임하는지 여부 등 교섭권한과 범위를 구체적으로 정한 위임[15]이 유효하다. 구체적으로 범위를 정하지 않은 포괄적 위임은 자주성을 상실할 우려가 있어 헌법상 노동3권 보장의 취지에도 위배된다고 보아야 한다. 다만, 노조법 제16조에 의하면 "단체협약에 관한 사항"을 총회의 의결사항으로 정하고 있으므로 교섭권과 협약체결권 위임은 반드시 총회의 의결을 거쳐야 가능하다.[16] 한편, 교섭권과 협약체결권 위임은 반드시 총회의결을 얻어야 할 필요는 없고 노조의 자치에 유보하는 것이 타당하다는 견해도 있다.[17]

사업 또는 사업장 단위의 복수노조 아래서, 교섭창구 단일화 절차를 거쳐 결정된 교섭대표노동조합 또는 교섭대표기구의 대표자는, 교섭을 요구한 모든 노동조합 또는 조합원을 위하여 사용자와 교섭하고 단체협약을 체결할 권한을 가진다. 다만, 사용자가 단일화 절차를 거치지 아니하기로 동의한 경우는 각 노동조합의 대표자가 사용자와 교섭하고 단체협약을 체결할 권한을 가진다.[18]

---

11) 노조법 제29조
12) 노조법 제29조제3항
13) 노조령 제14조. 위임받은 자의 성명, 교섭사항, 권한범위 등 위임의 내용
14) 노조법 제29조제2항, 노조령 제14조
15) 교섭사항의 구체적 내용과 한계, 협약체결권한까지 위임하는지 여부 등
16) 김형배, 『노동법』, 722쪽
17) 김유성, 『노동법』, 132쪽
18) 노조법 제29조제2항, 제29조의2제1항

2010.1.1 개정법이 시행되면서, 구법 제29조에 있던 교섭 또는 단체협약 체결에 관해 제3자에게 위임할 수 있다는 조항은 폐지되고, 대신 사업장 단위 복수노조의 교섭대표 노동조합의 대표자의 교섭대표권이 신설되고 구법에 있던 제3자 위임조항이 제3항과 제4항으로 신설되면서 부칙으로 그 시행시기를 2011.7.1부터로 정했다.[19] 따라서 노조법 부칙대로 따르자면 2011.6.30까지는 위임이 없이 직접교섭 하는 수밖에 없었다. 다만, 노조법에 위임규정이 없더라도 민법상 위임절차를 통해 단체교섭권과 협약체결권을 제3자에게 위임할 수 있다.

(1) 제3자에게 단체교섭 등을 위임하지 않겠다는 약정

노조법 제29조제2항에 의하면, "노동조합과 사용자 또는 사용자단체로부터 교섭 또는 단체협약의 체결에 관한 권한을 위임받은 자는 그 노동조합과 사용자 또는 사용자단체를 위하여 위임받은 범위 안에서 그 권한을 행사할 수 있다"고 정하고 있다. 여기서 문제가 되는 것은, 단체협약으로 정하기를, 노동조합이 조합원 이외의 제3자에게 단체교섭을 위임하지 않겠다는 약정을 하는 경우 이른바 "제3자 위임금지조항"이 있는데, 사용자가 이 조항을 이유로 교섭을 거부할 경우 이를 두고 부당노동행위라고 할 수 있느냐 하는 것이 문제이다.

학설에 의하면, 노조법 제29조제2항의 위임조항이 임의규정이므로 제3자 위임금지조항을 두는 것은 유효하다고 보아서 노조가 이를 위반하여 제3자에게 위임한 경우 사용자는 이를 이유로 교섭을 거부할 수 있고 부당노동행위에 해당하지 않는다는 입장, 제3자 위임금지조항을 두는 것은 유효하나 노조가 이를 위반하여 제3자에게 위임한 경우에는 단체협약위반에 따른 채무불이행책임을 질 수는 있어도 제3자에 대한 위임자체는 유효하므로 사용자가 제3자 위임을 이유로 교섭을 거부하면 부당노동행위가 된다는 입장,[20] 제3자 위임금지조항을 두는 것은 유효하나 상급단체는 제3자라고 할 수 없으므로 노조

19) 노조법 제29조, 부칙 제1조(법률 제9930호, 2010.1.1)
20) 김유성, 『노동법』, 133쪽

가 상급단체에 위임한 것도 제3자 위임금지 조항에 포함하는 것은 노조의 자율성을 해치므로 무효라는 제한적인 입장[21]으로 견해가 일치하지 않아 명확한 답을 얻기 어렵다.

(2) 위임의 범위

노조법 제29조 및 동법시행령 제14조의 규정에 의거 노동조합과 사용자는 각각 원하는 자에게 법과 규약이 정한 절차에 따라 교섭 또는 단체협약의 체결에 관한 권한을 위임할 수 있으며,[22] 이 경우 교섭사항과 권한범위를 정하여 위임하여야 한다. 다만, 단체교섭권 또는 협약체결권의 일부를 분리하여 위임하여야 할 합리적인 필요성이 인정되는 경우를 제외하고는 교섭의 원활화와 효율적인 운영 및 노사관계의 안정 등을 위하여 단체교섭 및 협약체결권 일체를 위임하는 것이 타당하다. 위임받은 자의 권한 범위는 위임받은 사항에 한정된다. 노동조합의 대표자는 노동조합 또는 조합원을 위하여 교섭권한 뿐 아니라 단체협약을 체결할 권한도 가진다.[23] 위임받은 자는 위임내용에 따라 교섭권한과 협약체결권한까지 행사할 수 있다. 만약 단체협약체결권에 대해 명시적으로 위임한다고 정하지 않은 경우는 단체교섭권만 위임한 것으로 보아야 한다.[24] 문제는 규약으로 정하여 조합규약상 단체협약 체결 전에 교섭사항에 대하여 총회 인준을 받도록 정한 경우 등 조합대표자의 권한을 제한하는 것이 정당한가 하는 것이다.

① 판례의 견해는, 노동조합의 대표자가 체결한 단체협약의 효력은 헌법 제33조제1항에 의해 강행력을 보장받아 노동조합과 조합원 사용자에게 효력을 가진다. 따라서 규약으로 대표자의 체결권을 제한하거나 인준을 얻을 것을 조건으로 하는 경우 등의 경우, 그러한 절차를 거치지 않았다고 하더라도 외부적으로 단체협약의 효력은 아무런 영향을 받지 않는다.[25] 다만, 조합 내부적으로

21) 김형배, 『노동법』, 737쪽
22) 노조 01254-332, 1999.5.3
23) 노조법 제29조제1항 ; 대판 91누12257, 1993.4.27
24) 김형배, 『노동법』, 735쪽
25) 대판 91누10787, 1993.5.11

규약위반에 대해 징계나 불신임 등 제재를 받을 수 있을 것으로 볼 수 있다.

② 학설의 견해는, 인준을 받도록 정한 규약은 조합원의 총의를 통한 의사결정의 정당화 과정을 거치는 것이기 때문에 조합민주화요청에 부응한다고 판단되므로, 총회 인준조항의 효력을 쉽게 부정해서는 아니된다. 따라서 조합 대표자의 협약체결권에 대한 전면적 · 포괄적 제한(교섭안 전체에 대한 조합원 전원의 찬반투표 등)이 아니라, 특정 일부사항에 대해서만 총의를 묻거나 대의원회 등 대표기관의 동의를 얻도록 하는 등의 절차는 적법하다고 보는 견해[26] 인준투표제라도 단순히 내부적 절차에 그치고 단체협약의 대외적 효력에는 아무런 영향이 없는 경우는 적법하다는 견해, 노조법상[27] 대표자의 협약체결권을 명시한 취지는 인준투표 자체를 금하는 것이 아니라 단체협약의 효력발생에 영향을 주는 인준투표제를 금하는데 있다는 견해[28]가 있다. 대체로 학설의 견해를 종합해보면 판례의 견해와 크게 다르지 않다.

(3) 위임과 성실교섭의무

노조법 제30조에 의하면, 사용자 또는 사용자단체는 신의에 따라 성실히 교섭하고 단체협약을 체결하여야 하며 그 권한을 남용해서는 아니된다고 정하고 있다. 이때 노측에서 "해고가 확정된 자, 해고의 효력을 다투고 있는 자, 다른 사업장 근로자, 시민운동단체 등 법외 유사노동단체, 교섭장에서 취득한 사측의 비밀을 누설하거나 이용할 우려가 있는 자"등에게 교섭권을 위임하였을 경우, 사용자가 이것을 두고 사회상규 위배, 권리남용, 신의성실원칙 등에 비추어 위배된다고 보아서 교섭위임 변경 등을 주장하며 교섭을 기피할 경우 과연 부당노동행위로 볼 수 있는지 의문이다.

*행정해석에 의하면, 교섭권한을 남용하여 해고된 자에게 교섭권을 위임하는 등 성실교섭을 기대하기 어려운 객관적 사정이 있는 경우는 노측에 교섭권한 위임철회나 수임자의 교체를 요구하며 잠정적으로 교섭을 거부할 수 있

---

26) 김유성, 『노동법』, 136쪽

27) 노조법 제29조제1항

28) 임종률, 『노동법』, 118쪽

고 이것은 부당노동행위가 아니다.[29] 다만, 교체 등을 요구하며 교섭을 거부하는 것은 정당하나, 그것을 이유로 아무런 대안 없이 교섭자체를 기피할 수는 없다.

교섭당사자는 정당한 이유없이 상대방 당사자로부터 교섭권한 등을 위임받은 수임인을 배제하고 위임인과의 직접 교섭만을 요구하는 경우에는 그 정당성을 인정받기 어렵다.[30]

2) 연합단체의 당사자 자격

단위노동조합을 구성원으로 하는 연합단체가 단위노동조합의 노측을 대신하여 교섭당사자가 되려면, 우선 연합단체 자체의 규약에 단체협약체결을 목적으로 하는 근거가 있어야 하고, 단위노동조합이 총회에서 재적조합원 과반수 출석과 2/3 이상의 찬성으로 자신의 단체협약체결 권한을 위임 또는 이양한다는 명시적인 결의가 있어야만 단체교섭의 당사자가 될 수 있다.[31] 다만, 연합단체는 단위노조로부터 권한이양이나 위임 등이 없어도 "자신과 조합원을 위하여" 사용자 또는 사용자단체를 대상으로 교섭하고 단체협약을 체결할 권한을 가지므로, 조합활동 등 채무적부분에 관한 협정은 체결할 수 있을 것이나[32] 조합원 개별근로자에게 효력이 미치는 규범적부분이 없는 단체협약은 이미 단체협약이 아니라고 보아야한다.

3) 산업별 지회 · 분회 등의 당사자 자격

산업별 노동조합은 노동관계 법령에서 별도로 정의하고 있지 않으나, 일반적으로 동종산업에 종사하는 근로자들이 직종이나 기업을 초월하여 그 구성원으로서 직접 가입하고 참여하는 노동조합 조직형태를 말한다. 산업별노동조합은, 동종 산업에 조직된 기업별노동조합 등을 구성원으로 하는 산업별연합단체(연맹)와 조직형태에서 구별된다. 단위노동조합으로서 산업별노동조합은 교섭당사자의 지위를 가지고 스스로 단체교섭을 할 수 있는 반면, 산업별연맹은

---

29) 노동조합-62, 2008.3.7
30) 노조 01254-508, 1999.7.10
31) 노조법 제16조
32) 노조법 제29조제1항

기업별노조 등 단위노조의 연합체로서 그 구성원인 각 단위노조별로 교섭하는 것이 원칙이고, 단위노조로부터 교섭권을 위임받은 경우가 아니면 산업별연맹이 스스로 교섭할 수 없다.

일반적으로 산업별노동조합에서 단위노조의 규약에 따라 설립한 지회 · 분회(○○노총○○연맹○○지회(분회), ○○연맹 ○○지역택시노동조합 ○○운수지부)는 단위노조의 위임이 없으면 독자적인 교섭권이 없는 것이 원칙이다.

다만, 독자적인 규약 및 집행기관을 가지고 독립된 단체로서 활동하는 등, 노동조합으로서의 실질적 요건을 갖추고 경우, 그 지회 · 분회가 노조법[33]상 설립신고를 하지 않았더라도 그 지회(분회)의 조직이나 조합원의 고유한 사항에 대해서 교섭당사자로 될 수 있다.[34] 다만 노조가 조직형태를 결정할 때, 기업별노조를 선택한다는 것은 독자적인 교섭 및 협약체결권을 가지고 노조활동을 한다는 의사결정이고, 산별노조의 지부 분회로 남겠다는 것은 특별한 사정이 없는 한 교섭 및 협약체결권을 독자적으로 행사하지 않고 외부의 산별노조 대표자에게 일임하겠다는 의사를 담고 있다고 보아야 한다. 따라서 판례는 지회장의 독자적 단체협약 체결 및 이후 불이행에 따른 처벌과 관련된 사안이므로 이 판례를 두고 설립신고제도 자체를 형해화(形骸化) 하겠다는 취지로 받아들여서는 곤란하다. 따라서 설립신고를 하지 않은 지부 분회는 원칙적으로 독자적인 교섭권이 없다고 보아야 한다.

실질적 요건을 갖추지 않은 지부 · 분회의 경우라도 단위노조로부터 교섭권을 위임받은 경우는 위임받은 범위 내에서 교섭권한을 행사할 수 있다. 이 경우 지부 · 분회의 고유한 사항이나 전체지부 · 분회 등에 영향을 미치는 공통적인 사항에 대하여 교섭권을 위임받거나 수시 위임이 없더라도 규약 등으로 할양받는 경우가 될 것이다. 실질적 요건을 갖추었거나 단위노조로부터 위임받은 경우는 그 사항에 대해 단체교섭을 하고 결렬된 경우는 지부 · 분회 조합원의 찬반투표[35]를 거쳐 쟁의행위를 할 수 있다.

---

33) 노조법 제10조, 노조령 제7조

34) 대판 2000도4299, 2001.2.23.

35) 노조법 제41조, 직접 · 비밀 · 무기명투표를 통한 재적조합원 과반수 찬성으로 결의

만일 실질적 요건을 갖추지도 않고, 교섭권에 대해 위임도 받지 않은 상황에서 권한을 초월한 교섭을 하거나 단위노조의 지시 · 결정을 무시하고 독자적으로 교섭을 요구하는 경우는 노조법 제30조에 정한 노동조합으로 볼 수 없으므로 사용자는 교섭에 응할 의무가 없다. 즉, 지부나 분회는 상부단위노조의 통제에 따라야 한다. 그러므로 단위노조에서 중앙단위 임금교섭을 하고 있을 때, 하위 지부나 분회가 중앙의 방침이나 기준보다 낮은 수준의 임금교섭을 먼저 요구할 수는 없다. 사용자가 이 교섭에 응할 경우 부당노동행위가 성립할 수 있다. 만약 이미 단체협약을 체결한 경우라도 단체교섭권이 없는 상태에서 체결한 단체협약은 노조법상 단체협약의 효력을 가질 수가 없으므로 불이행 책임[36]을 물을 수 없고 그로 인해 쟁의행위로 나아간다면 위법 책임을 면할 수 없다. 다만, 노조법상 무효인 단체협약도 민사상 계약상의 채권채무약정으로서는 효력이 있다고 보아서 불이행시 손해배상 등의 책임[37]을 져야 할 것이다.

4) 유일교섭단체 약정

단체협약으로 정하기를 "회사는 A노동조합이 A사에 있는 조합원을 대표하는 유일한 교섭단체로 인정한다."고 정하는 경우가 있는데, 오직 특정한 노조와 교섭하고 다른 노조와는 교섭하지 않겠다는 약정은 헌법 제33조제1항에서 정한 교섭권에 차등을 두겠다는 것으로 대내외적으로 어떠한 구속력도 가질 수 없다. 만약 사용자가 유일교섭단체 약정을 이유로 연합단체나 다른 노동조합 등 제2노조(B노조)에 대해 정당한 사유없이 교섭을 거부하거나 해태한다면, 헌법상 보장된 단체교섭권을 침해하는 결과가 되므로 부당노동행위가 된다.[38] 학설은 유일교섭단체 약정이 무효라는데 견해가 일치한다.[39]

36) 노조법 제92조
37) 민법 제390조
38) 노조법 제81조제3호
39) 김형배, 『노동법』; 임종률, 『노동법』, 113쪽 ; 김유성, 『노동법』, 134쪽

나. 사용자측 당사자의 자격

1) 사용자

노동조합에 대응하는 사용자측 당사자는 사용자와 사용자단체가 있다. 노조법상 사용자의 개념은 "사업주, 사업의 경영담당자 또는 그 사업의 근로자에 관한 사항에 대하여 사업주를 위하여 행동하는 자를 말한다."[40] 단체교섭의 상대방으로서 사용자는, 근로계약상 당사자와 실질적으로 사용 · 종속관계에서 노무지휘권을 행사하는 지위에 있는 자로서 법인의 경우는 법인, 개인사업의 경우 사업주 개인이 당사자가 된다. 판례에서도, 노조법 소정의 사용자라 함은, 근로자와의 사이에 사용종속관계가 있는 자, 즉, 근로자와의 사이에 그를 지휘 · 감독하면서 그로부터 근로를 제공받고 그 대가로서 임금을 지급하는 것을 목적으로 하는 명시적이거나 묵시적인 근로계약관계를 맺고 있는 자[41]라고 정의한다. 직접적인 근로계약의 당사자가 아니라도, 단체교섭의 대상이 되는 근로조건 기타 노동관계상의 제반 이익에 대하여 실질적인 영향력 내지 지배력을 행사하고 있는 자는 널리 단체교섭의 상대방이 된다는 점에서 학설과 판례는 입장을 같이 한다.

특히 최근 부당노동행위에서의 실질적인 구제명령대상자로서 사용자가 누구인가에 관한 판례에서도, 근로자의 기본적인 근로조건 등에 관해 고용주로서 권한과 책임을 일정부분 담당하고 있다고 볼 수 있을 정도로 실질적이고 구체적으로 지배 · 결정할 수 있는 자를 사용자로 본 사례도 있다.[42]

40) 노조법 제2조제2호

41) 대판 85누856, 1986.12.23 ; 대판 95누3565, 1995.12.22

42) 대판 2007두8881, 2010.3.25. 원청회사가 개별도급계약을 통하여 사내 하청업체 근로자들의 기본적인 노동조건 등에 관하여 고용사업주인 사내 하청업체의 권한과 책임을 일정 부분 담당하고 있다고 볼 정도로 실질적이면서 구체적으로 지배 · 결정할 수 있는 지위에 있고 사내 하청업체의 사업폐지를 유도하는 행위와 그로 인하여 사내 하청업체 노동조합의 활동을 위축시키거나 침해하는 지배 · 개입 행위를 하였다면, 원청회사는 노동조합 및 노동관계조정법 제81조제4호에서 정한 부당노동행위의 시정을 명하는 구제명령을 이행할 주체로서의 사용자에 해당한다고 한 사례.

(1) 학 설

노동시장의 다변화로 사용자가 어떤 근로자를 특정하지는 않지만 불특정 근로자로부터 같은 종류의 노무를 지속적으로 제공받으면서(예 : 건설일용근로자 등) 그 대가를 지급하는 사실상의 사용관계가 점차 확대되고 있다는 점, 단체교섭은 노사간 주장이 대립하는 사항에 관하여 합의를 형성하려는 사실행위이기 때문에 꼭 근기법상 근로계약관계에만 국한되어 사용자성을 판단할 수 없다는 점 등을 종합적으로 고려한다면, 단체교섭의 당사자로서 사용자란, "계약형식에 구애됨이 없이 해당 근로자에게 실질적으로 사용자권한을 행사하는 자로서 근로조건의 전부 또는 일부에 대해 구체적 영향력 내지 지배력을 미치는 자"로 확대해서 보아야 한다[43]는 견해, 하도급기업에 대한 대기업의 영향력 증가 등으로 인해 기업이 자본, 영업, 인사, 노무관리 등 여러면에서 상호 밀접한 제휴가 이루어지고 있고, 업무의 하도급화나 파견확대 등으로 인해 타인의 근로를 사실상 자기의 지배아래 둔 자를 단체교섭상의 사용자로 인정하지 않으면 근로자의 익을 충분히 보호할 수 없는 경우가 점차 증가하고 있으므로 근로조건의 실효성 있는 규제를 위해 당해 노동관계에 대하여 실질적 지배력을 가지는 상대방을 단체교섭의 상대방인 사용자로 인정할 필요가 있다는 견해[44] 예를 들면, ㅇㅇ지역건설노조의 경우 노동조합에 대응하는 별도의 사용자단체도 없이 단지 지역 건설현장에서 일용근로자를 사용 중인 주요 건설사를 중심으로 공동교섭을 진행하는데, 이 경우 사용자는 자신이 도급으로 들어가 공사 중인 현장에 교섭응낙 시점에서 ㅇㅇ지역건설노조의 조합원이 있는지 여부에 관한 명확한 증빙이 없어도 교섭에 응한다. 이 경우 사용자와 근로자는 근로계약관계가 없더라도 같은 종류의 노무를 지속적으로 제공받으면서 그 대가를 지급하는 사실상의 사용관계가 성립되었다고 보는 경우 등이 있다.

---

43) 김형배, 『노동법』, 730쪽
44) 김유성, 『노동법』, 130쪽

(2) 중노위 재결례

중노위 판정에 의하면, 신청인과 조합의 근로자 사이에 근로계약이 체결되어 있지는 않지만 근로자들의 노동력 자체가 기업활동의 중요 구성요소이고, 비록 근로자들이 어느 한 회사에 전속되어 있지 않다고 하더라도 그들이 생존수단으로서 노동력 제공을 통하여 생활을 계속해 왔다면 집단적 노동력의 제공을 통한 거래관계가 성립하는 바, 이러한 노동력 거래관계는 노사관계법의 규율대상이 되며, 당연히 근로조건의 유지 · 개선을 위해서 단체교섭을 요구할 수 있다. 또한, 단체협약을 체결함에 있어서 사용자 또는 사용자단체와 노동조합 간에 반드시 근로계약이 존재하여야 하는 것은 아니므로, 교섭 당사자가 될 수 없다는 주장은 이유 없다는 입장이다.[45)]

2) 사용자단체

사용자단체도 단체교섭의 당사자가 될 수 있다. "사용자단체"라 함은, 노동관계에 관하여 그 구성원인 사용자에 대하여 조정 또는 규제할 수 있는 권한을 가진 사용자의 단체로서,[46)] 그 정관이나 규약에서 개별 사용자를 위하여 통일적으로 단체교섭을 체결할 수 있도록 규정되어 있으며, 그 구성원에 대하여 실질적인 통제력을 가져야 한다.[47)]

행정해석에 의하면, 노동관계에 관하여 그 구성원인 사용자에 대하여 조정 또는 규제할 수 있는 권한을 가진 사용자의 단체로서, 통상 노조와의 단체협약체결을 목적으로 설립되거나, 정관에 단체교섭권한을 인정하고 있거나, 회원사로부터 단체교섭권을 위임받은 단체를 "교섭권한을 가진 사용자단체"로 본다.[48)]

다. 단체교섭의 담당자

단체교섭 당사자를 위하여 사실행위로서 단체교섭을 하는 자를 단체교섭의 담당자라고 부른다. 사용자측의 경우, 사용자 개인과 법인의 대표자 사용자단

45) 중노위 93부노161, 1994.2.23
46) 노조법 제2조제3호
47) 대판 90누9049, 1992.2.25
48) 노조 01254-557, 1996.5.28

체의 경우 그 대표자가 된다. 대표자는 단체교섭권과 단체협약체결권이 있다. 사용자 또는 사용자단체로부터 위임받은 자는 그 위임받은 범위 안에서 권한을 행사할 수 있다. 다만, 교섭담당자로 위임받은 자는 단체교섭에서 상당한 결정권한을 부여받고 있어야 한다. 만약 권한도 없이 전달자 역할만 하는 경우는 성실교섭의무 위반으로 부당노동행위가 될 수 있다.

노동조합측의 경우, 노동조합의 대표자와 복수노조의 경우 교섭대표기구 및 교섭대표노동조합의 대표자, 노동조합으로부터 위임을 받은 자가 담당자가 된다.[49] 교섭대표노동조합의 대표자는 교섭을 요구한 모든 노동조합 또는 조합원을 위하여 사용자와 교섭하고 단체협약을 체결할 권한을 가진다.

노사 공히 교섭권과 단체협약체결권을 위임할 경우는 "전부위임 혹은 일부위임, 교섭권만 위임할 것인지 협약체결권까지 위임할 것인지, 수임자 책임으로 위임사항을 처리할 것인지, 다시 수임자가 자기 책임으로 재위임이 가능한 것인지 여부" 등을 명확히 정하여 교섭사항과 위임 권한 범위를 분명하게 정하여 위임하여야 한다. 수임자(상급단체 임원, 변호사, 노무사, 사회단체 임원 등)는 제한이 없다.

수임자 수에도 제한이 없다. 다만 원만한 교섭을 방해할 정도로 다수를 정하는 것은 방법상의 하자가 있는 것으로 교섭을 거부할 수 있는 정당한 사유가 된다. 노동조합이나 사용자, 사용자단체가 상급단체 등에 단체교섭권한을 위임했더라도 위임자의 권한이 소멸되는 것이 아니라 수임자의 권한과 중복하여 경합적으로 남아 있다.[50]

2. 단체교섭사항

단체교섭사항은 구체적으로 어떻게 정의할 수 있을까? 노조법 제29조에 의하면, 노동조합의 대표자는 그 노동조합 또는 조합원을 위하여 사용자나 사용자단체와 교섭하고 단체협약을 체결할 권한을 가진다고 정하고 있다. 따라서

49) 노조법 제29조제3항
50) 대판 98다20790, 1998.11.13

단체교섭사항은 "조합원을 위한 사항"과 "노동조합을 위한 사항"으로 규정할 수 있으나 그 세부적인 내용에 대해서는 정한 바가 없다.[51] 단체교섭대상인지 여부는 쟁의발생시 목적의 정당성과 관련하여 대단히 중요한 사항이다. 노동조합이 교섭대상이 아닌 사항을 요구하면서 쟁의행위를 할 경우는 목적에서 정당성을 상실하여 위법한 쟁의행위가 된다. 헌법과 노조법 전반에 걸쳐 나타난 취지와 정의 등 즉, 헌법 제33조제1항에서 정한 단체교섭권의 취지와 노조법 제1조의 "목적", 제2조제4호의 노동조합의 정의, 제29조의 교섭 및 체결권한, 제33조의 기준의 효력 등을 토대로 살펴보면, 노사가 근로조건 개선과 근로자 대우 및 사회 · 경제적 지위향상, 노동조합의 운영에 관한 사항에 대해 상호 협의하고 교섭한 결과 단체협약으로 약정할 수 있는 사항을 "단체교섭사항"이라고 정의할 수 있다.

한편, 법이 교섭사항에 대한 명확한 정의를 두지 않은 것은 위법한 사항이 아니라면 노사관계에서 나오는 제반사항을 교섭대상으로 할 수 있도록 보장해 주려는 취지로 보는 견해가 있다.[52] 대체로 사측은 근로조건 등 사용자가 처분할 수 있는 사항으로 국한시키되 경영 · 인사에 관한 사항은 제외시켜 경영에 탄력성을 높이려는 경향이며, 노측은 근로조건 이외에도 경영에 관련된 모든 부분을 교섭대상에 포함시켜 노동조합의 입지를 높이려고 한다. 각국의 사례와 우리나라 판례와 행정해석의 견해를 차례로 살펴본다.

가. 각국의 도입사례

1) 미국의 경우

한편, 미국 노동법계에서는 전국노사관계법(NLRA)을 기초로 전국노사관계위원회(NLRB)와 법원의 판결에 의해 구체적인 노동법리를 형성해 왔는데, 교섭사항을 의무적 사항 · 임의적 사항 · 위법적사항 등 3종류로 구분하여 노동법을 적용한다. 우리나라에서도 대법원판례나 이론적 근거로 자주 인용한다.

첫째, 근로자측이 단체교섭권에 의해 사측에 교섭을 요구할 수 있고 사용자

51) 노조법 제29조제1항

52) 김유성, 『노동법』, 138쪽

에게 반드시 교섭에 응할 의무가 있는 사항을 "의무적 교섭사항"이라고 부른다. 의무적 교섭사항은, 정당한 이유없이 사용자가 교섭을 거부하거나 해태할 경우 부당노동행위가 되며, 그 사항에 대한 교섭이 결렬되는 경우 노동쟁의 조정 · 중재신청 대상이 되고, 쟁의행위 대상이 되는 것이다.[53)]

미국의 경우 의무적 교섭사항 속에 고용 · 배치전환 · 일시해고 · 선임권 등 인사에 관한 사항으로 사용자와 개별근로자에 관한 사항과, 유니온숍 · 조합비공제, 고충처리, 중재절차에 관한 사항, 평화조항 등 쟁의행위 절차에 관한 사항 등 사용자와 노동조합의 관계에 관한 사항을 포함한다.

둘째, 다음으로, 비록 사용자에게 교섭의무는 없으나 그 내용이 사용자에게 처분권한이 있고, 강행법규나 사회 공공기본질서와 건전한 미풍양속에 어긋나지 않는 사항으로서 당사자가 교섭을 통해 합의한 사항을 "임의적 교섭사항"이라고 부른다. 임의적 교섭사항은 사용자에게 교섭에 응할 의무가 없으므로 교섭을 거부하거나 해태하더라도 부당노동행위가 되지 않고, 그 사항에 대해 단체교섭이 결렬되더라도 노동쟁의 조정 · 중재신청 및 쟁의행위를 할 수 없다.[54)]

임의적 교섭사항에 관해 사용자가 임의로 교섭에 응하여 단체협약을 체결한 경우에 한하여 구속력을 갖게 되지만, 사용자의 불이행을 이유로 쟁의행위를 할 경우 정당한 목적으로 인정되지 않는다. 경영권에 관한 사항은 근로조건에 대한 관련성 · 영향성 · 균형성(교섭 이익이 근로자에게 더 큰 경우는 의무적 교섭사항으로 보고, 권리분쟁사항은 고충처리절차에서 처리할 것이지 교섭사항으로 보지 않는다)을 기준으로 교섭대상인지 여부를 판단한다.

셋째, "위법적 교섭사항"은 강행법규나 미풍양속에 위배되어 단체교섭이나 단체협약체결이 금지되거나 체결하였더라도 무효가 되는 사항을 말한다.

2) 일본, 독일의 경우

노동조합법 제6조에서 노조대표자는 "노동협약의 체결 기타의 사항"에 관

53) 대판 2002도7225, 2003.7.22
54) 노조 68107-33, 2002.1.12

하여 사용자와 교섭할 권한이 있다고 포괄적으로 규정하고, 노동관계에 관한 주장의 불일치로 인한 분쟁상태를 쟁의행위로 정의하는 한편, 법원의 판례와 학설 등을 통해 교섭대상에 관한 법리를 형성한다. 원칙적으로 "근로조건의 유지 · 개선과 경제적 지위향상에 관련된 사항을 교섭사항으로 인정하고, 조합원의 근로조건 뿐 아니라 노동조합의 활동사항도 교섭사항으로 보고 있으며, 인사경영권에 대해서는 근로조건에 밀접한 관련이 있으면 교섭사항으로 해석한다. 대체로 우리나라의 판례와 다수설에 근접한다. 독일의 경우 단체협약법에 근로조건에 관한 사항 뿐 아니라, 협약 당사자의 권리 · 의무에 관한 사항이 교섭대상임을 명시하고 있다.

나. 행정해석과 판례의 견해

단체교섭 대상에 관한 행정해석과 판례의 견해는 다음과 같다. 노조법 제2조제5호의 규정에 의해 "노동쟁의의 대상"은 임금, 근로시간, 복지, 해고 기타의 대우 등 근로조건의 결정에 관한 사항으로 규정하고 있으며, 동법 제29조제1항은 노동조합의 대표자는 노동조합과 그 조합원을 위하여 교섭하고 협약을 체결할 권한을 가진다고 규정할 뿐, 단체교섭의 대상에 대하여는 명시적으로 규정하고 있지 않고 있으나, 일반적으로 사용자에게 교섭의무가 있는 사항을 "의무적 교섭사항", 교섭의무가 없는 사항을 "임의적 교섭사항"이라고 분류한다.

① 의무적 교섭사항에 관하여는 노동조합이 단체교섭을 신청하는 경우에 사용자측은 이에 성실하게 응할 의무가 있고 쟁의행위의 정당한 목적으로 인정되나, ② 임의적 교섭사항에 관하여는 사용자가 교섭의무는 없지만 임의로 교섭에 응하여 단체협약을 체결한 경우에 한하여 구속력을 갖게 되며 쟁의행위의 정당한 목적으로 인정되지 않는다.[55] 이러한 견해는 비록 법률 규정에 의해 정의되어지는 사항은 아니나 학설상 다수설의 입장이며, 판례[56]도 이러한 입장을 견지하고 있다.

---

55) 노조 68107-33, 2002.1.12, 임의적 교섭사항과 의무적 교섭사항의 차이

56) 대판 94누9177, 1996.2.23 참조

다. 일반적인 교섭대상 판단기준

일반적으로 단체교섭대상이 되기 위해서는 교섭대상으로 정한 사항이 다음과 같은 요건을 충족하여야 한다.

첫째, 사용자에게 관리 · 처분권한이 있어야 한다.

단체교섭은 노사간에 지켜야 할 근로조건 등을 규율하는 집단적 행위이므로 교섭대상은 사용자에게 관리 · 처분권한이 있어야 한다. 따라서 국가를 상대로 한 정치적 요구사항, 국회나 정부의 권한에 속하는 법 개정 요구사항, 타기업과 관련된 사항 등은 교섭대상이 될 수 없다.

둘째, 그 내용이 개별근로자에 관한 사항이 아니라 전체 조합원에게 적용되는 집단적 성격을 가져야 한다.

모든 조합원에게 공통적으로 적용될 수 있는 근로조건 등을 결정하는 것이므로 교섭대상은 집단성, 공통성을 띠어야 한다. 따라서 해고된 특정 조합원의 복직문제, 임금체불문제 등은 권리분쟁에 관한 사항으로서 노동위원회나 법원의 소송절차에 의해 해결될 사항이지 단체교섭대상으로 삼을 수 없다.

셋째, 임금 · 근로시간 등 조합원의 근로조건 유지향상 및 근로자의 경제적, 사회적 지위향상과 관련되어야 한다.

1) 단체교섭사항의 구분

교섭사항은 크게, ① 노동조합을 위한사항 즉, 노조의 조직승인조항, 조직보호조항(숍제도 등), 조합비 일괄공제제도, 평화조항, 단체교섭의 절차 · 방법에 관한 조항 등 채무적 효력을 가진 사항과 ② 조합원을 위한 사항, 즉, 근로조건에 관한 사항으로 임금 · 퇴직금 · 수당 · 근로시간 · 휴게 · 휴일 · 휴가 등 규범적 효력을 가진 사항으로 구분한다. 교섭사항을 사용자의 처분권한 · 교섭의무 유무 등으로 구분하는 것은, 사용자가 노측의 교섭요구에 대해 교섭을 기피하거나 거부할 경우 과연 그 행위가 노조법 제81조제3호에서 정한 부당노동행위에 해당하는지 법위반 여부를 가리고, 그 사항을 쟁점으로 하여 교섭을 하나가 노사가 의견이 일치되지 않아 쟁의행위로 나아갈 경우, 과연 그 사항의 합의결렬로 쟁의행위를 할 수 있는지 등 쟁의행위가 정당성 여부를 판단

하는데 중요한 잣대가 되기 때문이다.[57)]

다만, 처분권한은 법적인 것 뿐 아니라 사실적인 처분권한도 포함하는 것이어서, 사용자에게 사실상 처분권한이 있다면 실현을 위한 노력대상이 되므로 교섭사항이 될 수 있다는 견해가 있다.[58)] 예를 들면, 산재보험수혜 폭을 넓히는 정책건의, 근로시간단축 정책 국회건의 등과 같은 것이다.

2) 내재적 한계

단체교섭권은 사용자와의 교섭을 통하여 주로 조합원인 근로자의 근로조건을 집단적으로 결정하기 위하여 보장된 것이기 때문에 교섭대상에는 내개적인 한계가 있다.

첫째, 근로조건과 무관한 것에 관하여는 단체교섭을 할 수 없다. 근로조건이란, "근로계약상의 조건과 근로자 대우에 관한 약정사항으로, 임금과 수당, 상여금, 퇴직금, 근로시간, 휴게, 휴일, 휴가, 휴업, 산업안전, 재해보상, 해고, 복리후생, 기타 근무장소, 교대제근로 · 탄력적근로 등 작업방법, 작업내용, 정년제, 명예퇴직제도, 교육훈련 등을 말한다." 다만, 근로계약에 없는 사항으로 성질상 경미하여 사용자의 일상적인 노무지휘권에 속한 사항은 근로조건으로 볼 수 없는 측면이 있다. 그러므로 근로조건과 무관한 것, 즉, 사용자의 경영권이나 인사권 자본투자이윤 배분 등 고유한 경영권의 범주에 속하는 사항은 교섭대상이 될 수 없는 것이 원칙이다. 다만, 경영에 관한 사항이라도 근로조건에 직접 관련되거나 근로조건에 중대한 영향을 미치는 경우에는 단체교섭의 대상이 된다. 경영 · 인사권이 교섭대상인지 여부에 대해서는 항을 달리하여 상세히 설명하기로 한다.

둘째, 단체교섭 대상사항은 사용자측에 처분권한이 있고 그 내용이 강행법규나 사회 공공기본질서와 건전한 미풍양속에 어긋나지 않아야 하며 위반되는 사항은 당사자가 합의를 하더라도 무효가 되고 구속력을 가질 수 없다. 이러한 사항은 사용자측에 교섭의무가 없다.

---

57) 노조 68107-33, 2002.1.12 ; 대판 94누9177, 1996.2.23

58) 김유성, 『노동법』, 138쪽

셋째, 근로조건에 관한 조합의 교섭권한은 조합원을 위한 것이다.[59] 비조합원에 관한 사항은 교섭대상이 아니다. 다만, 비조합원에 관한 문제라도 조합원의 근로조건 등에 영향을 미치는 경우는 교섭대상이 될 수 있다. 예를 들면, 신규직원을 조직대상이 아닌 기간제 근로자로 충원하여 조합원이 감소되는 경우 등을 꼽을 수 있다. 교섭대상은 전체 조합원의 근로조건 개선을 위해 집단성 즉, 전 조합원의 임금 · 수당 등의 인상률 · 약정 무급휴가일수 확대 · 상여금지급 시기 변경 · 일반적인 징계기준의 사유와 양형기준 세분화 등과 같은 성질을 가져야 하고, 개별근로자가 아닌 특정직종 · 특정작업부서 · 혹은 전체부서에 근로하는 모든 조합원에게 적용될 수 있는 공통적 근로조건에 관한 것이라야 한다. 특정 근로자에게 국한되는 사항[60]은 고충처리나 노사협의대상은 될 수 있어도 단체교섭대상은 될 수 없는 것이 원칙이다. 다만, 개별조합원의 문제도 노동조합과 관련이 있거나 다른 조합원의 대우 등과 관련이 있을 때는 교섭사항이 될 수 있다. 특정 조합원이 1명이든 다수든 권리분쟁에 관한 것을 제외하고 그 조합원의 근로조건 결정을 위한 것이면 단체교섭대상이 된다는 주장도 있다.[61]

라. 단체교섭 대상범위

다음은 헌법상 보장된 단체교섭권과 재산권보장 · 영업의 자유와 인사 · 경영권의 관계, 노사협의회 협의사항과 단체협약의 관계, 이미 정한 근로조건의 불이행에 관한 권리분쟁에 관한 사항과 단체교섭의 관계, 단체교섭대상과 쟁의행위 대상의 관계 등에 관해 항을 달리하면서 차례로 살펴본다.

1) 경영권 · 인사권에 관한 사항

사용자는 기업경영을 위하여 인적 · 물적 제반시설과 유기적 관계에 있는 일체의 수단을 결합하여 기업의 유지 · 존속과 발전을 도모한다. 단체교섭과 관련하여 사업의 확장 · 폐업 · 휴업, 인수 · 합병 · 분할, 조업단축 · 업종전환 ·

---

59) 노조법 제29조제1항

60) 특정 근로자의 채용 · 승진 · 징계 · 해고처분 · 복직 등

61) 임종률, 『노동법』, 125쪽

새로운 업종 추가 · 새로운 사업분야 개발과 투자, 도급 · 위임 · 위탁 · 자동화 공정변경 · 신기술 도입, 공장이전, 채용 · 정리해고 구조조정, 임면 · 조직과 인원관리 등 기업경영과 관련한 사용자의 경영권에 관한 사항이 단체교섭대상인지 여부가 쟁점이다. 학설의 경우 약간씩 미세한 부분에서 차이는 있지만, 경영 · 인사에 관한 사항도 그것이 근로조건이나 근로자의 지위에 관련되거나 영향을 주는 경우는 의무적 교섭사항이라는 것이 대체적인 견해이다.[62)]

경영 · 인사권은 헌법상 보장된 사유재산권보장과 직업선택의 자유 그리고 영업의 자유와 밀접하게 관련된다. 특히 경영권은 경영자가 기업경영의 최종 책임을 부담하므로 경영의 근간을 이루는 기업의 인적 물적 자원을 효율적으로 통합하는 권리도 경영자가 배타적으로 가져야 한다는 것을 전제로 한다. 다만, 이와 같은 사용자의 경영 · 인사권을 무한정 보장할 경우, 대부분의 경영이 어떤 형태든 근로조건과 무관하지 않은 현실에서 헌법으로 정한 근로자들의 단체교섭권 보장이 심각하게 훼손될 수 있다. 반면, 경영 · 인사권 행사도 의무적 단체교섭대상이라고 한다면 교섭 결렬시 쟁의행위로 이어질 수 있고 끝내는 도산으로 내몰릴 수도 있는 등 기업경영에 심각한 걸림돌로 작용할 수 있다. 따라서 두 기본권의 충돌상태를 조화롭게 해결할 기준을 찾는 것이 무엇보다 긴요하다.[63)]

판례와 행정해석의 견해를 차례로 살펴본다.

(1) 판례의 견해

판례에 따르면, 기업의 영업목적 실현을 위한 핵심사항, 업종변경 · 신상품 개발 투자 등 창의와 투자에 관한 사항, 휴업 · 폐업 · 창업 등 기업의 존립에

62) 김유성, 『노동법』, 142쪽 ; 김형배, 『노동법』, 208쪽

63) 자유시장 경제를 기본으로 하는 헌법은 자연인 뿐 아니라 법인에게 “재산권행사와 직업의 자유를 보장”하고 직업의 자유 속에는 선택의 자유 · 영업활동의 자유 · 직업행사의 자유 즉, 기업조직 · 기업형태 선택, 투자 · 생산 · 처분 · 거래의 자유, 가격결정의 자유 등을 포함하는 자유를 포함한다. 사업계획 · 생산품목 · 생산방법 · 투자 · 경영조직 등 경영상의 의사결정의 자유는 직업의 자유를 실질적으로 완성하는데 불가결한 요소이다. 경영에 관한 기업주의 자유롭고 창의적인 경제활동은 헌법상 보장된 기업의 고유한 권리라고 보아야 한다. 다만, 기업경영에 수반되는 의사결정에는 근로조건의 변동이 수반될 수밖에 없다.

관한 사항, 부서의 폐지 · 신설 · 확대 등 기업의 조직변경, 공장신설 · 이전 · 매각 등 기업재산의 취득 · 관리 · 처분(영업양도 등) 등에 관한 사항은 헌법상 직업선택의 자유,[64] 재산권보장,[65] 개인과 기업의 경제상의 자유와 창의를 바탕으로 한 경제질서[66]에 기초한 경영권이 지배하는 사항으로서 단체교섭대상이 될 수 없다는 입장이다.[67] 따라서 이와 같은 인사 · 경영권의 본질적인 부분이 아닌 그 이외의 사항은, 그것이 근로자의 근로조건 및 기타 대우에 관계있는 사항이라면 단체교섭대상이 될 수 있다.

즉, 사업의 확장 · 폐업 · 휴업, 인수 · 합병 · 분할, 조업단축 · 업종전환 · 새로운 업종 추가 · 새로운 사업 분야 개발과 투자, 도급 · 위임 · 위탁 · 자동화 공정변경 · 신기술 도입, 공장이전, 채용 · 정리해고 구조조정, 임면 · 조직과 인원관리 · 공장신설 · 영업확대 · 부서폐지 방침결정 그 자체는 경영권의 고유한 사항으로 단체교섭대상이 될 수 없지만, 그로 인해 불가피하게 수반되는 근무조 편성 인원배치 기준, 해고대상자 선발 · 대우기준, 시간외근로 기준, 승진 · 승급 · 전보 · 배치전환의 기준설정, 거주이전 근로자에 대한 대우 등 근로조건과 관련되는 부분은 교섭대상이라는 것이다.[68]

---

64) 노조법 제15조
65) 노조법 제23조
66) 노조법 제119조
67) 대판 99도4893, 2001.4.24 ; 대판 93다30242, 1994.3.25. 기구 통폐합에 따른 조직변경 및 업무분장 등에 대한 교섭요구(대판 2001도1687, 2002.1.11.), 정리해고 반대요구(대판 99도4893, 2001.4.24), 기업의 산하 부서폐지에 대한 교섭요구(대판 93다30242, 1994.3.25), 영업양도와 양도대금분배 교섭요구(대판 99도4659, 1994.3.25), 설비변경과 잉여인력의 배치전환(노조 68107-429, 2001.4.10), 직급신설과 인사고과권 부여 교섭요구(노조 68107-307, 2001.7.19), 징계위원회 노사동수구성 및 가부 동수시 부결처리요구, 기업양도 · 공장이전 · 하도급 및 용역 전환시에 노사간 사전합의 요구, 비상임이사 노조추천권 부여 및 임원 임명시 노조의 동의요구 등을 내용으로 하는 교섭요구는 인사경영권의 침해로 본다.
68) 조합원의 차량별 고정승무 발령 · 배차시간 · 대기기사 배차순서 및 일당기사 배차순서(대판 93누8993, 1994.8.26), 회사 이전으로 인한 근로자의 이사비용 및 정착비용 등의 지불에 관한 사항, 인사원칙, 배치전환의 기준 등과 같이 전체 근로자의 근로조건과 관련된 인사기준의 설정, 징계해고시 그 최종 결정권은 회사가 보유하고 다만 노동조합의 의견을 듣거나 사전 협의를 거치도록 하는 요구사항 등을 교섭내용으로 하는 것은 인사경영권의 본질적 내용을 침해하는 것으로 보지 않는다.

또 다른 판례에 의하면, 교섭사항의 범위가 근로조건과 어느 정도 관련이 있느냐에 따라서 판단하는 것이 타당하다고 보아서, "직접적 중대한 영향을 미치는 경우", "업종 · 실질적인 내용 등 을 감안할 때, 근로자의 근로조건과 밀접한 관련이 있는 경우"는 정당한 교섭사항으로 본 경우도 있다.[69] 경영권과 노동3권의 조화 등에 관한 모범판례는 아래와 같다.[70]

헌법 제23조제1항 전문은 "모든 국민의 재산권은 보장된다"라고 규정하고 있고, 제119조제1항은 "대한민국의 경제질서는 개인과 기업의 경제상의 자유와 창의를 존중함을 기본으로 한다"라고 규정함으로써, 우리 헌법이 사유재산제도와 경제활동에 관한 사적자치의 원칙을 기초로 하는 자본주의 시장경제질서를 기본으로 하고 있음을 선언하고 있다. 헌법 제23조의 재산권에는 개인의 재산권뿐만 아니라 기업의 재산권도 포함되고, 기업의 재산권의 범위에는 투하된 자본이 화체된 물적 생산시설뿐만 아니라 여기에 인적조직 등이 유기적으로 결합된 종합체로서의 '사업' 내지 '영업' 도 포함된다. 그리고 이러한 재산권을 보장하기 위하여는 그 재산의 자유로운 이용 · 수익뿐만 아니라 그 처분 · 상속도 보장되어야 한다. 한편, 헌법 제15조는 "모든 국민은 직업선택의 자유를 가진다."라고 규정하고 있는바, 여기에는 기업의 설립과 경영의 자유를 의미하는 기업의 자유를 포함하고 있다. 이러한 규정들의 취지를 기업활동의 측면에서 보면, 모든 기업은 그가 선택한 사업 또는 영업을 자유롭게 경영하고 이를 위한 의사결정의 자유를 가지며, 확장, 축소, 전환 등 사업 또는 영업을 변경하거나 폐지, 양도 등처분할 수 있는 자유를 가지고 있고 이는 헌법에 의하여 보장되고 있는 것이다. 이를 통틀어 경영권이라고 부르기도 한다.

그러나 물론 기업의 이러한 권리도 신성불가침의 절대적 권리일 수는 없다. 모든 자유와 권리에는 그 내재적 한계가 있을 뿐만 아니라, 헌법 제23조제2항이 "재산권의 행사는 공공복리에 적합하도록 하여야 한다."라고 규정하고 있고, 기업의 이러한 권리의 행사는 경우에 따라 기업에 소속된 근로자의 지위나 근로조건에 영향을 줄 수 있어 근로자의 노동3권과 충돌이 일어날 수 있기

69) 서울지판 90가합5721 ; 대판 93누8993, 1994.8.25 ; 대판 91다34523, 1992.5.12
70) 대판 2002도7225, 2003.7.22

때문이다. 경영권과 노동3권이 서로 충돌하는 경우 이를 조화시키는 한계를 설정함에 있어서는 기업의 경제상의 창의와 투자의욕을 훼손시키지 않고 오히려 이를 증진시키며 기업의 경쟁력을 강화하는 방향으로 해결책을 찾아야 함을 유의하여야 한다. 왜냐하면 기업이 쇠퇴하고 투자가 줄어들면 근로의 기회가 감소되고 실업이 증가하게 되는 반면, 기업이 잘 되고 새로운 투자가 일어나면 근로자의 지위도 향상되고 새로운 고용도 창출되어 결과적으로 기업과 근로자가 다 함께 승자가 될 수 있기 때문이다. 그리고 이러한 문제의 해결을 위해서는 추상적인 이론에만 의존하여서는 아니 되고 시대의 현실을 잘 살펴 그 현실에 적합한 해결책이 모색되어야 한다.

이러한 관점에서, 오늘 처하고 있는 경제현실과 노동쟁의의 현장에서 드러나는 여러 문제점 등을 참작하면, 구조조정이나 합병 등 기업의 경쟁력을 강화하기 위한 경영주체의 경영상 조치에 대하여는 원칙적으로 노동쟁의의 대상이 될 수 없다고 해석하여 기업의 경쟁력 강화를 촉진시키는 것이 옳다. 물론 이렇게 해석할 경우 우선은 그 기업에 소속된 근로자들의 노동3권이 제한되는 것은 사실이나 이는 과도기적인 현상에 불과하고, 기업이 경쟁력을 회복하고 투자가 일어나면 더 많은 고용이 창출되고 근로자의 지위가 향상될 수 있으므로 거시적으로 보면 이러한 해석이 오히려 전체 근로자들에게 이익이 되고 국가경제를 발전시키는 길이 된다. 뿐만 아니라 근기법 제31조는 구조조정 등으로 인한 정리해고에 관하여 그 요건을 엄격하게 규정하고 있고, 근로자들과의 사전협의를 필수적인 절차로 규정하고 있으며, 그 효력에 대하여는 사법심사의 길이 열려 있다. 또한, 근로자참여 및 협력증진에 관한 법률은 경영사항을 포함한 광범위한 영역에서 노 · 사가 협의하도록 제도화하고 있다.

이러한 사정을 종합하여 보면, 위와 같은 해석이 결코 노동3권의 본질적인 내용을 침해하거나 헌법 및 노동관계법의 체계에 반하는 해석이라 할 수 없다. 대법원은 이미 "기업의 구조조정의 실시 여부는 경영주체에 의한 고도의 경영상 결단에 속하는 사항"으로서 이는 원칙적으로 단체교섭의 대상이 될 수 없고, 그것이 긴박한 경영상의 필요나 합리적인 이유없이 불순한 의도로 추진되는 등의 특별한 사정이 없는 한 노동조합이 그 실시를 반대하기 위하여 벌

이는 쟁의행위에는 목적의 정당성을 인정할 수 없다는 입장이다.[71)]

(2) 행정해석

사용자의 인사 · 경영권에 속하는 사항은 사용자의 고유권한으로서 원칙적으로 교섭대상으로 보기 어려우나, 근로조건과 밀접한 관련이 있는 경우에는 그 한도 내에서 교섭대상이 될 수 있을 것이며, 이 경우에도 중요한 기본방침 · 핵심적인 의사결정 등 사용자의 인사 · 경영에 대한 결정권을 본질적으로 침해하는 요구는 정당하다고 하기 어렵다는 것이 행정해석의 기본 입장이다. 따라서 판례와 견해를 같이한다.[72)]

행정해석 중 비교적 중요한 내용을 살펴보면, 『기업의 인수합병 · 업무 전결권 체계조정 · 점포 신설 · 부서 통폐합 · 외국인 임직원 축소 · 내국인 비율 확대 등 경영주체에 의한 경영상의 결정, 직원을 채용할 것인지 말 것인지 · 채용을 한다면 정규직인지 · 기간제인지, 직접 업무를 수행할지 또는 전부 또는 일부를 도급을 줄 것인지의 여부는 경영에 관한 사용자의 결정권 범위 내의 사항이라 할 수 있을 것이므로 사용자가 의무적으로 교섭에 응할 사항이 아니라는 입장이다.』[73)] 특히, 실무 현장에서 자주 발생하는 경영권양도와 사업장 이전에 관해서 살펴보면, 경영권의 양도나 회사의 타 지역 이전의 결정 그 자체는 사용자의 경영권의 본질적인 사항에 해당하므로 단체교섭 사항이 될 수 없는 것이 원칙이다. 따라서 경영권 양도나 회사이전에 기본적으로 노조의 동의가 필요한 것은 아니다. 다만 경영권 양도나 회사 이전과 관련한 고용문제, 이주비 지원 등 근로조건과 직접적인 관련되는 사항은 그 한도 내에서 교섭대상이 될 수 있다는 입장이다.[74)] 보다 자세한 사항은 실무사례를 참고토록 한다.

---

71) 대판 99도5380, 2002.2.26 ; 대판 2000도4169, 2003.2.11 ; 대판 2002도5881, 2003.2.28 ; 대판 2002도5883, 2003.3.14 ; 대판 2002도6060, 2003.3.28 등

72) 대판 99도4893, 2001.4.24 ; 노조 68107-900, 2002.12.2 ; 노조 68107-1200, 2001.11.2

73) 노사관계법제팀-412, 2008.1.30 ; 대판 2002도7225, 2003.7.22

74) 노조 68107-1200, 2001.11.2

결론적으로, 영업양도, 회사매각,[75] 사업장이전,[76] 생산라인 일부축소(확장), 신규채용, 업종변환, 도급 · 위임 · 위탁 · 파견 · 용역 등 업무수행 방법결정, 도급 · 파견 등 비정규직을 정규직으로 할 것인지 여부 등 인사 · 경영권의 본질적인 사항은 의무적 단체교섭사항이 아니다. 다만, 그로 인해 수반되는 근로조건에 관한 문제 즉, 임금지급기준 변경, 해고 · 승진 · 승급 · 전보 · 인사고과평정 기준을 정하는 경우, 거주이전으로 인한 생계압박지원, 고용승계에서 제외되는 자의 명예퇴직 지원조건, 규모축소에 따른 교대제전환 등 근로조건문제, 업무증가로 인한 시간외근로 조건, 일부사업을 매각하는 경우 고용안정 문제와 부수적인 절차나 기준설정 등의 문제는 단체교섭대상이라는 것이 행정해석의 입장이다.

(3) 인사 · 경영권 행사에 관해 "합의" 혹은 "협의"한다고 정한 경우

인사 · 경영권 행사에 관해 "합의" 혹은 "협의"한다고 정한 경우, 이것은 인사 · 경영권의 본질적인 내용을 침해하는 것으로 정당한 교섭요구가 아니다. 따라서 교섭을 거부하더라도 부당노동행위가 아니며, 이를 이유로 쟁의행위를 할 수도 없다. 다만, 사용자가 스스로 의사에 따라 교섭에 임하여 인사, 경영에 관한 합의조항을 체결한 경우는 합의 내용대로 성실히 이행할 의무가 있다.[77] 그러나 사용자가 교섭을 통해 인사 · 경영권 행사에 있어서 사전에 노조측과 "합의 · 협의 · 사전승인" 등을 하기로 합의하더라도 이를 근거로 "어떤 경우에도 노동조합의 합의 · 승인 · 동의 없이는 인사 · 경영권을 행사할 수 없다는 등"사용자의 본질적인 권한을 제한할 수 있는 것은 아니다. 따라서 단체

75) 노조 68107-900, 2002.12.2. 회사의 일부사업을 매각하는 경우 고용안정 문제 등은 그 한도 내에서 단체교섭 대상이 될 수 있다. 회사의 매각 그 자체는 사용자의 경영권의 본질적인 사항에 해당한다 할 것이므로 단체교섭 사항이 될 수 없는 것이 원칙이나, 회사의 매각과 관련한 고용문제 등 근로조건과 직접적인 관련되는 사항은 그 한도 내에서 교섭대상이 될 수 있을 것이다.

76) 노조 68107-1200, 2001.11.2. 경영권의 양도나 회사의 타지역 이전의 결정 그 자체는 사용자의 경영권의 본질적인 사항에 해당한다 할 것이므로 단체교섭 사항이 될 수 없는 것이 원칙이므로 노조의 동의가 없다 하여 경영권 양도나 회사이전이 무효가 되는 것은 아니며, 다만 경영권 양도나 회사 이전과 관련한 고용문제, 이주비 지원 등 근로조건과 직접적인 관련되는 사항은 그 한도 내에서 교섭대상이 될 수 있을 것이다.

77) 대판 92다50263, 1993.7.13

협약의 다른 규정과의 관계 등을 종합적으로 검토 해석하여야 한다. 판례의 입장은 "노동조합의 사전동의권은 어디까지나 신의성실의 원칙에 입각하여 합리적으로 행사되어야 하므로 사측의 인사경영권 행사요건이 객관적으로 명백하여 객관적으로 합의를 위해 성실히 노력하였음에도 무작정 반대하여 합의에 이르지 못한 경우는 합의가 없더라도 유효하다"는 입장이다.[78] 판례의 주요 내용을 살펴보면 다음과 같다.

"사용자가 인사처분을 함에 있어 노동조합의 사전 동의나 승낙을 얻어야 한다거나 노동조합과 인사처분에 관한 논의를 하여 의견의 합치를 보아 인사처분을 하도록 단체협약 등에 규정된 경우에는 그 절차를 거치지 아니한 인사처분은 원칙적으로 무효라고 보아야 할 것이나,[79] 이는 사용자의 노동조합간부에 대한 부당한 징계권 행사를 제한하자는 것이지 사용자의 본질적 권한에 속하는 피용자에 대한 인사권 내지 징계권의 행사 그 자체를 부정할 수는 없는 것이므로[80] 노동조합의 간부인 피용자에게 징계사유가 있음이 발견된 경우에 어떠한 경우를 불문하고 노동조합측의 적극적인 찬성이 있어야 그 징계권을 행사할 수 있다는 취지로 이해할 수 없는 일이고,[81] 노동조합의 사전 동의권은 어디까지나 신의성실의 원칙에 입각하여 합리적으로 행사되어야 한다. 따라서 노동조합측에 중대한 배신행위가 있고 이로 인하여 사용자측의 절차의 흠결이 초래된 경우이거나, 또는 피징계자가 사용자인 회사에 대하여 중대한 위법행위를 하여 직접적으로 막대한 손해를 입히고 비위사실이 징계사유에 해당함이 객관적으로 명백하며 회사가 노동조합측과 사전 합의를 위하여 성실하고 진지한 노력을 다하였음에도 불구하고 노동조합측이 합리적 근거나 이유제시도 없이 무작정 징계에 반대함으로써 사전 합의에 이르지 못하였다고 인정되는 경우나, 노동조합측이 스스로 이러한 사전동의권의 행사를 포기하였다고 인정되는 경우에는 사용자가 이러한 합의 없이 한 해고도 유효하다고 보아야

78) 대판 92다50263, 1993.7.13
79) 대판 92다50263, 1993.7.13
80) 대판 92다50263, 1993.7.13
81) 대판 94다14650, 1995.3.10 참조

한다."[82)]

2) 집단적 노사관계 운영에 관한 사항

단체협약은 노사간의 단체교섭에 따라 합의로 성립되며, 근로조건과 그 밖의 근로자 대우에 관한 기준을 정하고 협약 당사자끼리 채권채무를 인정하는 것을 목적으로 한다. 단체협약은 계약과 같은 효력을 갖는 동시에 노사간에 인정된 자치적 사회규범의 성질을 갖고 있으며 노조법 제33조에 따라 법적인 효력을 갖는다. 단체협약의 내용 중 근로조건 기타 근로자의 대우에 관하여 정한 부분 즉, 조합원을 위한 사항으로서 개별 근로계약의 기준이 되는 사항을 규범적 부분이라고 한다. 이와 같은 규범적인 부분[83)]은 의무적 교섭사항이다. 한편, 단체협약의 내용 중 노사 당사자간 권리와 의무를 정한 채권채무적 효력을 가진 사항, 즉, 노동조합을 위한 사항을로서 노동조합과 사용자 사이의 상호관계, 노동조합활동에 관한 집단적노사관계 운영에 관한 사항은 채무적 부분으로서 임의적 교섭사항이 된다.

---

82) 대판 92다50263, 1993.7.13

83) (독) normativ Kraft, 規範的效力, 단체협약의 내용 중 근로조건 기타 근로자의 대우에 관하여 정한 부분을 규범적 부분이라고 하고, 규범적부분에 위반하는 개개의 근로계약을 무효로 하는 단체협약의 효력을 규범적효력이라고 한다. 노조법은 제33조에서 단체협약에 정한 근로조건 기타 근로자의 대우에 관한 기준에 위반하는 취업규칙 또는 근로계약의 부분은 무효로 하도록 하고, 이 무효로 된 부분은 단체협약에 정한 기준에 의하도록 하며, 근로계약에 규정되지 아니한 사항에 대하여도 단체협약에 정한 기준에 따르도록 하고 있다. 즉, 단체협약에 정하는 기준에 위반되는 근로계약의 부분(무효로 된 부분)은 단체협약의 기준에 정하는 바로써 대치되며, 근로계약에 규정이 없는 사항이라 할지라도 단체협약의 기준에 따라서 이를 규율할 수 있다. 예를 들면, 단체협약에서 1일 시간급 임금을 최저임금이상으로 시간당 9,000원이라고 약정하였을 경우에 사용자가 어떤 근로자에게 시간급 임금 7,000원을 지불할 것을 계약하더라도 이 계약은 시간급 9,000원이라는 단체협약에 위반되므로 무효로 될 뿐만 아니라 그 근로자의 임금은 단체협약의 기준에 의하여 시간급 9,000원으로 되는 것이다. 또한 조합원인 근로자가 임금에 관하여 아무런 결정이 없다 하더라도 그의 임금은 시간급 9,000원으로 결정된다. 이러한 단체협약의 효력을 규범적 효력이라 한다. 단체협약에 이와 같은 규범적 효력이 인정됨으로써 비로소 단체협약이 근로조건을 일정한 수준 이상으로 유지하며 근로자의 생활을 보장하는 데 이바지할 수 있다. 따라서 규범적 효력은 단체협약의 효력에 있어서 본질적인 것이라 할 수 있다. 다만, 이와 같은 규범적 효력은 단체협약에 포함된 모든 사항에 대하여 발생하는 것이 아니라 단체협약으로 정하는 근로조건 및 근로자 대우에 관한 기준에 관한 사항에 대하여서만 발생하고 노동조합활동 등 채무적부분에서는 발생하지 않는다.

(1) 임의적 교섭사항

조합비 일괄공제제도, 노동조합 사무실제공, 교섭절차와 방법, 전임자수 인정과 전임자급여지급, 근로시간 면제한도, 회의실 · 강당 · 게시판 등 시설물 이용, 근무시간 중 노동조합활동 등 주로 조합활동 편의제공 사항,[84] shop제도, 제3자 교섭권위임조항, 쟁의행위 면책특약, 평화조항, 등 주로 노동조합의 활동과 운영 등에 관한 사항이 임의적 교섭사항이 될 것이고, 그 밖에 파업기간 중 임금지급사항, 쟁의행위에 대한 면책 약정 등을 포함할 수 있을 것이다. "임의적 교섭사항"은 노동조합과 사용자 사이의 약정으로 반드시 사용자가 노동조합의 교섭요구에 응할 의무는 없다. 다만, 교섭의무가 없음에도 불구하고 사용자가 그러한 사항에 대해 교섭하기로 단체협약에 정하였다면 차기 교섭에서부터 교섭할 의무가 있다.[85]

(2) 임의적 교섭사항의 효력

한편 임의적 교섭사항은 대부분 노동조합과 사용자 사이에 적용될 권리의무관계를 정한 이른바, "채무적 부분"으로서 협약체결 당사자인 노동조합과 사용자 사이의 계약 일반의 효력 즉, 민사상 채권채무적인 효력만을 가진다. 따라서 노조법 제92조제1호에 의거 단체협약위반에 대한 처벌규정을 따로 둔 "시설편의제공 및 근무시간 중 회의참석에 관한 사항, 쟁의행위에 관한 사항"을 제외한 나머지 임의교섭사항의 불이행에 대해서는 민사소송 절차에 따라 이행을 청구할 수 있을 뿐이다.[86] 임의적 교섭사항에 대해 사용자가 교섭을 거부한다고 해서 부당노동행위가 되는 것은 아니며, 노동조합은 이를 이유로 쟁의행위를 할 수도 없고 중재대상도 아니다.[87]

---

84) 조합활동이 근무시간 중 또는 기업시설 내에서 행해지는 경우는 사용자의 경영권, 특히 근로자의 지휘감독권이나 시설관리권과 마찰이 생길 수 있는데 이러한 경우를 예상하여 미리 사측으로부터 노조활동을 보장받기 위해 지휘감독권과 시설관리권의 일부를 양보받는 요구를 하는데 이를 총칭하여 편의제공이라고 한다.

85) 임종률, 『노동법』, 125쪽

86) 노동조합과-1633, 2008.7.18

87) 대판 94누9177, 1996.2.23

(3) 임의적 사항과 의무적 사항의 혼재

단체협약의 내용은 임의적 교섭사항과 의무적 교섭사항이 혼재되어 있는 경우가 대부분이다. 이 경우 교섭이 결렬되고 조정대상과 쟁의행위 정당성 여부를 판단할 때는 주된 목적이 무엇인지 여부에 따라야 한다.[88] 판례에 따르면, 단체교섭의 절차와 쟁의행위에 관한 절차 등에 관한 사항은 의무적 교섭사항으로 보고 있다.[89]

3) 교섭하기로 정한 사항, 노사협의회 협의사항

의무적 교섭사항에 해당하지 않는 사항에 대해 노사가 관행으로 교섭대상으로 삼아 교섭을 해온 경우라도 항상 교섭의무를 지는 것은 아니므로 교섭을 거부할 수 있다. 단체협약으로 교섭사항을 정한 경우는 단체협약의 유효기간이 만료되면 다시 교섭사항으로 할 것인지 여부를 정할 수 있다. 단체협약에 정함이 있더라도 임의적 교섭사항에 대한 분쟁은 쟁의행위 대상이 아니므로 중재대상도 아니다.[90] 다만, 임의적 교섭사항이 일단 단체협약으로 정해지고 사용자가 이를 불이행한 경우는 단체협약위반[91]으로 처벌받을 수 있고 민사상 채무불이행 책임이 있다.

근참법[92]에 의하면 노동조합의 단체교섭이나 그 밖의 모든 활동은 이 법에 의하여 영향을 받지 아니한다고 정하고 있다. 따라서 근참법상 협의사항[93]이

---

88) 대판 91누5204, 1992.1.21

89) 서울행판 2002구합8091, 2002.9.19 ; 서울행판 2001구52656, 2002.7.26

90) 서울고판 96구9562, 1997.1.31

91) 노조법 제92조제1호 가목~바목 중 해당사항

92) 노조법 제5조

93) 근참법 제20조【협의사항】① 협의회가 협의하여야 할 사항은 다음 각 호와 같다.

1. 생산성 향상과 성과 배분
2. 근로자의 채용 · 배치 및 교육훈련
3. 근로자의 고충처리
4. 안전, 보건, 그 밖의 작업환경 개선과 근로자의 건강증진
5. 인사 · 노무관리의 제도 개선
6. 경영상 또는 기술상의 사정으로 인한 인력의 배치전환 · 재훈련 · 해고 등 고용조정의 일반원칙
7. 작업과 휴게 시간의 운용
8. 임금의 지불방법 · 체계 · 구조 등의 제도 개선

나 의결사항[94]으로 정한 내용을 단체교섭사항으로 정하여 협약을 체결할 수 있다.

마. 권리분쟁에 관한 사항

첫째, 권리분쟁이란, 기존의 법령 · 단체협약 · 취업규칙 등 규범의 해석 · 적용 · 이행에 관한 당사자 사이의 분쟁을 말한다. 권리분쟁에서는 객관적으로 무엇이 법적으로 옳은 것인지 만을 판단하는 것이지 단체교섭사항처럼 양보와 교섭을 통해 해결할 성질이 아니기 때문이다. 판례에 의하면, 이미 단체협약으로 정한 근로조건(임금 · 근로시간 · 휴일 · 휴가 · 상여금 · 해고 등)의 이행, 권리의 행사 · 의무의 이행, 법령이나 단체협약 또는 취업규칙의 해석 · 적용, 해고의 정당성 여부 등에 관한 권리분쟁이나 헌법상 보장된 재산권의 관리를 위하여 사용자의 권한으로 인정되고 있는 인사 · 경영권을 본질적으로 침해하는 사항은 단체교섭이 될 수 없는 것으로 판시하고 있다.[95] 따라서 고용노동관서에 고소 · 진정 등 민원제기 또는 노동위원회에 구제신청, 민사적 소송절차 등을 통해 해결하여야 한다. 대비되는 개념으로 이익분쟁이 있다.

둘째, 이익분쟁이란, 노사간 근로관계를 둘러싸고 권리와 의무가 형성되기

---

9. 신기계 · 기술의 도입 또는 작업 공정의 개선
10. 작업 수칙의 제정 또는 개정
11. 종업원지주제(從業員持株制)와 그 밖에 근로자의 재산형성에 관한 지원
12. 직무 발명 등과 관련하여 해당 근로자에 대한 보상에 관한 사항
13. 근로자의 복지증진
14. 사업장 내 근로자 감시 설비의 설치
15. 여성근로자의 모성보호 및 일과 가정생활의 양립을 지원하기 위한 사항
16. 그 밖의 노사협조에 관한 사항

② 협의회는 제1항 각 호의 사항에 대하여 제15조의 정족수에 따라 의결할 수 있다.

94) 근참법 제21조【의결사항】사용자는 다음 각 호의 어느 하나에 해당하는 사항에 대하여는 협의회의 의결을 거쳐야 한다.
1. 근로자의 교육훈련 및 능력개발 기본계획의 수립
2. 복지시설의 설치와 관리
3. 사내근로복지기금의 설치
4. 고충처리위원회에서 의결되지 아니한 사항
5. 각종 노사공동위원회의 설치

95) 대판 94다4042, 1994.9.30

이전에 집단적인 차원에서 전체 근로자의 임금, 근로시간, 복지, 해고, 휴일, 휴가 등 권리와 의무를 어떻게 형성, 결정할 것인가에 관한 대립되는 주장과 분쟁을 말한다. 대체로 이익분쟁은 단체협약의 중핵적인 사항들로 주된 교섭사항이 된다. 1997년 노조법 제2조제5호에 쟁의행위대상을 "근로조건의 결정에 관한 주장의 불일치 사항"으로 명시하기 이전에는 권리분쟁과 이익분쟁에 관한 쟁의행위의 정당성 여부가 상당기간 쟁점으로 되었다.

바. 교섭금지사항

단체교섭사항이 되려면, 사용자에게 관리 · 처분권한이 있어야 하고, 집단성이 있어야 하며, 근로조건과 직 · 간접적으로 관련이 있어야 한다. 따라서 사용자가 처리할 수 없는 사항, 강행법규나 공서양속에 위반하는 사항은 단체협약을 체결하더라도 그 부분은 무효가 된다.[96] 교섭대상으로 삼을 수 없는 사항은 다음과 같다.

첫째, 일반적 구속력의 적용을 배제하는 경우, 노동조합에 대한 경비원조, 사용자의 인사 · 경영권을 본질적으로 침해하는 경우(채용 · 해고 · 부서이동 등 조합원 인사시 조합과 사전 합의를 요구하는 경우, 징계위원회를 노사동수로 구성하여 가부 동수시 부결처리 요구 등) 등

둘째, 갑근소득세의 감면, 구속자의 석방, 퇴직금제도의 폐지, 특정종교의 강제, 쟁의행위시 필수유지업무와 안전보호시설 등의 유지 · 운영을 폐지하는 것, 단체협약 해지권을 제한하는 내용[97] 등이다.

3. 단체교섭의 방법

노사는 신의에 따라 성실히 교섭하고 단체협약을 체결할 성실교섭의무를 진다. 정당한 이유없이 교섭을 거부하거나 단체협약의 체결을 거부하는 등 권한을 남용해서는 아니된다. 이 경우 교섭 또는 단체협약 체결을 거부할 수 있는 "정당한 사유"란, *권한 없는 자가 교섭을 요구하는 경우 등 정당한 교섭주체

96) 협력 68140-51, 1997.4.19
97) 노사관계법제과-1110, 2008.11.18

가 아닌 경우, *교섭내용이 근로조건 개선과 근로자의 경제 · 사회적 지위향상을 위한 목적에 어긋나는 경우, *교섭요구내용이 법령이나 강행법규에 위반되거나 공공질서와 미풍양속에 어긋나는 경우 등 교섭사항으로 할 수 없는 경우, *해고자에게 교섭권을 위임하는 등 신의성실교섭원칙에 반하는 경우, *교섭금지사항에 대해 교섭을 주장하는 경우, *불성실한 교섭태도로 더 이상 교섭을 진행할 수 없는 경우 등이 될 것이다. 사용자가 정당한 이유없이 단체교섭을 기피하거나 해태하는 경우는 부당노동행위가 될 수 있다. 단체교섭은 교섭을 통해 근로조건 등 당사자의 이해관계를 조정해 나가는 과정이므로 노동조합 뿐 아니라 사용자도 교섭에서 자신의 주장을 담은 요구사항을 제시할 수 있다.[98] 이 경우 사용자는 교섭에서 교섭안을 제시할 수 없다고 합의를 하였더라도 효력이 없다.

가. 교섭의 일반원칙

통상 단체교섭은 예비교섭→상견례→본교섭→실무교섭→단체협약체결과 조인 순으로 진행된다. 노사는 신의에 따라 성실히 교섭하고 그 권한을 남용하여서는 아니되며, 단체교섭 · 쟁의행위 등 어떠한 경우에도 "폭력이나 파괴행위를 정당한 행위로 해석되어서는 아니된다"고 정하고 있다.[99] 성실교섭의무와 권리남용금지를 교섭원칙으로 명문화 한 것은 양 당사자는 노사문제의 합리적인 해결에 성의를 가지고 노력하여야 한다는 것을 천명한 것이고, 교섭 뿐 아니라 노사관계 전반에 걸쳐 사회일반의 법적원칙이 광범위하게 적용된다는 것을 의미한다. 폭력이나 파괴행위를 수반하는 단체교섭요구는 사용자가 거부할 수 있으며, 부당노동행위에 해당하지 않는다.

당사자는 상대방의 요구나 주장에 성실한 회답이나 반론을 하고, 필요한 자료제시 등을 통해 상대방 설득에 힘쓸 의무가 있다. 단순히 문서의 왕복이나 전화 등에 의한 협의는 성실교섭의무에 위배된다. 성실교섭의무를 위반한 일반적인 양태는, "약속한 교섭시기 · 일자 · 인원 등에 맞춰서 단체교섭을 개시

98) 노조 01254-113, 2000.2.14
99) 노조법 제4조단서, 제30조제1항

하지 않거나 정당한 이유없이 일방적으로 중단 · 연기하는 행위, 자기주장만 고집하거나 부당한 내용을 주장하는 경우 등이 될 것이다. 즉, 5회에 걸쳐 교섭을 요구하였으나 문서로 연기회답만 한 경우, 교섭위원의 휴가, 출장, 업무폭주 등을 이유로 기일을 연기하는 경우, 일방적으로 정한 교섭시간 경과를 이유로 퇴장하는 경우 등을 꼽을 수 있다.

1) 위반 사례

교섭의사가 없음을 처음부터 공표하거나, 교섭권한이 없는 자에게 교섭을 맡기거나 실제로는 교섭권을 주지도 않고 형식적으로 교섭석상에 참가만 하는 경우, 의제내용에 따른 화답이나 실질적 검토에 들어가지 않은 경우, 상호 협의를 통한 양보와 절충교섭이 아니라 선택만을 주장하는 경우, 수용하기 어려운 조건을 내걸고 수용되지 않으면 교섭에 응할 수 없다고 고집하는 경우, 합의사항에 대한 서면합의서 작성을 이유없이 기피하는 경우 등 , 이른 아침 · 늦은 저녁시간 등 부적당한 교섭시간 고집, 생산현장 · 작업장 등 집중교섭이 곤란한 장소 선정 교섭주장, 일방적으로 다수의 교섭위원을 요구하여 실질적 교섭이 곤란한 경우, 상대방에게 교섭안을 제시하는데 필요한 정보를 제공하지 않은 경우 등이다. 교섭에 있어서 적정인원은 보통 5~10인 이내가 합리적이다. 너무 적은 인원은 밀실야합이라는 비난이 우려되고, 과다한 인원은 교섭기간이 길어지고 분위기가 산만하여 실질적 교섭이 곤란해진다. 합의서 혹은 잠정합의서에 당사자가 서명 · 날인하지 않거나 체결권한이 없는 자가 서명 · 날인한 경우는 단체협약으로서 효력이 인정되지 않는다.

다만, 쌍방이 의제에 대해 주장 · 제안 · 설명을 다하고 교섭한 결과 더 이상 진전이 없는 등 교섭이 벽에 부딪혀서 중단되거나, 상대방이 사전협정을 중대하게 위반한 경우 등은 성실교섭의무에 위반된다고 볼 수는 없다.

2) 성실교섭의무 위반의 효과

사용자가 교섭을 요구했는데도 불구하고 노동조합에서 교섭을 기피하면 어떻게 할 것인가 의문이다. 노사 당사자는 신의에 따라 성실히 교섭하고 권한을 남용해서는 아니되며 정당한 사유없이 교섭 또는 단체협약의 체결을 거부해서는 아니된다.[100] 성실교섭의무는 노사당사자 모두에게 있지만, 불이행의 경우 형사적 책임은 사용자에게만 있고 노동조합에게는 달리 처벌받는 규정을 두지 않고 있다.[101] 따라서 노동조합이 성실교섭의무를 위반할 경우에도 그 혐의로 노동조합을 고소(진정)등을 할 수는 없고, 사용자는 교섭을 거부 할 수 있을 뿐이다. 이 규정에 근거를 두고 사용자의 교섭거부권이 법적인 타당성을 갖는다고 보는 견해도 있다.[102]

나. 교섭방식

교섭방식에 관해서는 노조법 등으로 명확히 정한 바가 없다. 따라서 노조의 조직형태나 성격, 사용자단체 유무, 평소의 교섭관행 등에 따라 다양한 교섭방식을 예상할 수 있다. 2011.7.1 이후 복수노조 사업장의 초기업단위노동조합이 사용자와 교섭하기 위하여는 개별사업장에서 해당 지부 분회 등이 교섭대표노동조합으로 결정되거나 사용자가 개별교섭을 동의한 경우에만 가능하다. 다만, 실무상 자주 사용하는 유형을 방식별로 정리해 보면 다음과 같다.

첫째, 기업별교섭, 개별기업의 사용자와 노조가 교섭하는 방법으로 가장 보편적이다.

둘째, 통일교섭 혹은 산업별교섭, 산업별 · 직종별 · 지역별 노동조합이 그에 대응하는 사용자단체와 교섭하는 방식으로 영국, 독일 등 산업별노동조합이 정착된 나라에서 많이 활용한다. 산별노조에 대응하는 사용자단체가 구성되어 있는 경우 전국 또는 지역단위로 통일교섭이 가능하다. 또한 산업의 특성 · 사용자단체 구성단위 등에 따라 중앙교섭 · 지역별교섭 · 패턴교섭 등의 교섭형태가 가능하며, 산별교섭의 결과에 대해 개별기업의 여건이나 특수성을 반영하기 위한 보충적인 교섭절차가 필요할 수 있다. 예상 가능한 교섭형태는 아래와 같다.

① 중앙교섭(공통사항) – 기업별 보충교섭

② 지역교섭(중앙은 조정자 역할) – 기업별 보충교섭

---

100) 노조법 제30조

101) 노조법 제81조제3호, 제90조에 의거 2년 이하의 징역 또는 2천만원 이하의 벌금

102) 노동법통람, 175 30-3

③ 패턴교섭(대표적 기업과 산별노조간 교섭) – 다른 기업에 확장 보충교섭

셋째, 대각선교섭, 산업별 · 직종별 · 지역별 노조와 개별기업의 사용자가 교섭하는 방식이다.[103] 이 경우 그 사업장 소속 조합원으로 교섭위원을 선정하는 것이 바람직하다.

넷째, 공동교섭, 산별노조와 그 지부가 공동으로 개별기업 사용자와 교섭을 하거나, 산별연합단체가 그 구성원인 노동조합과 공동으로 개별기업 사용자와 교섭하는 방식이다.[104]

다섯째, 집단교섭, 통일교섭과 유사하나 상급단체 등 조직형태에 구애됨이 없이 임의적인 수개의 노동조합이 이에 대응하는 사용자집단과 교섭하거나, 산업별 연합단체에 속하는 특정분야의 노동조합이 그 사용자단체와 교섭하는 방식이다.[105] 사용자단체가 구성되어 있지 않은 경우, 경총 등 특정 단체 또는 사용자대표에게 교섭권을 위임하거나 다수의 개별기업 사용자가 집단적으로 산별교섭에 응할 수 있다. 일반적으로 산별노조와 다수의 개별기업 사용자 또는 교섭권을 위임받은 대표자간 집단교섭이 보편적으로 행해진다.

산별교섭의 경우 산별노조는 근로조건의 통일을 통한 기업간 임금격차해소 등을 이유로 통일교섭을 요구하나 사용자들은 개별기업의 특수성 반영 등을 이유로 개별교섭을 요구한다. 노조법상 복수노조의 교섭창구 단일화 규정 외에 단체교섭 방식에 대해서는 별도의 규정을 두지 않고 있다. 따라서 단체교섭방식은 노사간 협의하여 결정할 사안이다. 산별노조의 집단교섭요구에 반드시 사용자가 응해야 할 의무는 없으므로 부당노동행위로 보기 어렵다.[106]

다. 단체교섭의 개시 시기

단체교섭 진행절차 및 방법 등에 대하여는 명시적인 규정을 두고 있지 않다. 따라서 교섭의제 · 일시 · 장소 · 교섭인원수 · 진행절차 및 방법 등에 관한 사

103) 전국 금속노동조합의 대표자 : 개별기업의 대표자 교섭
104) 전국 금속노동조합+지역지부 대표자(지회 대표자) : 지역지부 소속 지회의 개별기업 대표자 교섭, 전국 금속노동조합 : A지회+B지회+C지회 대표자
105) 지역 일반노조 사업장(A+B+C)노동조합 : A+B+C기업 대표자
106) 노조 01254-481, 2000.6.13.

항은 노사가 협의하여 자율적으로 결정하여야 한다. 대체로 예비교섭, 상견례, 본 교섭, 실무교섭, 단체협약체결 순으로 진행되는 것이 일반적이다.

일반적으로 단체교섭의 방식이나 시기는 단체협약으로 정할 것이나, 최소한 기존 단협의 유효기간 만료 1개월 전부터 교섭을 시작하는 것이 바람직하다. 대체적으로 노조에서 교섭요구서와 단체협약개정안을 보내는 것으로 시작되나 사용자가 개정안과 교섭요구서를 보내는 경우도 있다. 노조설립 후 최초 교섭을 위해서는 희망일시, 장소, 주된 의제, 대표자 명단을 작성하여 상대방에게 서면으로 통보하고 교섭일시는 상호 협의하여 결정하는 것이 좋다. 노조 대표자는 교섭하고 단체협약을 체결할 권한을 가지고 있으므로 노조가 규약이나 총회결의로 교섭권을 제한하는 경우는 시정을 요구하도록 하고, 그로 인해 교섭이 지연되더라도 부당노동행위가 되지 않는다.

예비교섭에서는 본 교섭에 진행방법과 절차를 논의하고, 위원 수, 장소, 시간, 안건의 토의방식, 교섭권의 위임, 자료의 종류와 제공방법 등을 논의하게 된다.

예비교섭에서 교섭에 따른 절차 등이 정해지면, 상견례와 제안에 관한 설명을 한다. 상견례는 노사교섭대표들이 각자의 입장을 표명하고, 교섭위원들을 소개하며, 상대방에게 당부하고 싶은 제안을 하고 예비교섭에서 합의된 사항을 공식적으로 추인하는 행위를 말한다. 대체로 노사가 첫 대면을 하는 자리로 교섭에 임하는 상대방을 탐색하는 자리인 만큼 원만한 진행을 위해 최고책임자가 직접 참석하여 성의 있는 모습을 보이는 것이 바람직하다. 다음으로 상대방의 요구안과 대응안의 검토순서로 실무교섭과 본 교섭이 번갈아 가며 진행된다. 본교섭 이전에 시간과 비용절감을 위해 2~3인으로 구성된 소위원회에서 상호 주장을 조율하도록 실무교섭을 반복하여 이견을 해소하고 타협안을 도출할 수 있다.

실무상 복수노조 하에서 단체교섭은 어떻게 개시할지 의문이다.

1) 복수노조 하에서 단체교섭

단체협약이란, 임금협약, 단체협약 등 그 명칭[107]을 불문하고 노조법상 단체협약에 해당하는 것으로, 노사관계 당사자가 단체교섭을 통해 근로조건 및 기타 근로자의 대우에 관한 사항,[108] 노사관계 권리 · 의무에 관한 사항[109] 등에 합의하고 작성한 서면의 문서로서 의무적 · 임의적 교섭사항을 모두 포함한다.

노조법 제29조 및 제29조의2 제1항에 의하면, "해당사업 또는 사업장에 단체협약이 있는 경우에는 그 유효기간 만료일 이전 3개월이 되는 날부터 사용자에게 교섭을 요구할 수 있다. 다만, 단체협약이 2개 이상인 경우에는 먼저 도래하는 단체협약의 유효기간 만료일 이전 3개월이 되는 날부터 사용자에게 교섭을 요구할 수 있다." 고 정하고 있다.[110] 따라서, 해당 사업장에 단체협약이 없거나 일부 노조가 단체협약을 체결했지만 다른 교섭단위 내의 노조에게 단체협약이 없는 경우 그 노조는 언제든지 교섭을 요구할 수 있다. 다만, 유효기간만료일 3개월 이전에 교섭을 요구하더라도 처벌규정은 없다. 따라서 3개월 이전이라도 교섭을 요구할 수는 있으나 사측이 이를 거절하더라도 부당노동행위 등으로 처벌할 수는 없다.

통상 단체협약과 임금협정은 각각 2년, 1년으로 그 만료시기가 다른 것이 일반적인데, 실무상 기존 노조가 단체협약을 체결하고 있는 와중에 복수의 노조가 1개 혹은 2개 이상이 설립되는 경우가 있다.[111] 이때 복수노조의 교섭시기는 언제로 볼 것인가 의문이다. 노조법상 단체협약이 2개 이상인 경우에는 먼저 도래하는 단체협약의 유효기간 만료일 이전 3개월이 되는 날부터 사용자에게 교섭을 요구할 수 있다고 정하고 있으므로, 기존 노조의 단체협약이 있는 경우는 그 협약의 유효기간만료일 이전 3개월이 되는 날부터 사용자에게 서면으로 교섭을 요구하여 이후 일련의 교섭창구 단일화절차를 거쳐 교섭에

107) 합의서, 이행각서, 임금 등 일부 근로조건의 이행에 관한 사항, 임금협정, 노조활동 지원협정 등
108) 규범적 부분
109) 채무적 부분
110) 노조령 제14조의2제1항
111) 기존노조 단체협약 유효기간은 2011.2.28~2013.2.27으로 2년, 임금협정의 유효기간은 2011.1.1~2011.12.31로 1년인 사업장에서 신설노조가 2011.9.1 설립된 경우

들어가야 한다.[112)]

라. 소수노조의 교섭권한

단체협약은 사용자와 그 단체협약을 체결한 노조와 그 소속 조합원에게만 효력을 미치는 것이 원칙이다. 다만, 다수노조가 체결한 단체협약이 소수노조에게 미치는 경우 그로 인해 소수노조의 단체교섭권한이 제한을 받을 수 있는지 여부가 쟁점이 될 수 있다. 특히 다수노조가 체결한 단체협약의 일반적구속력이 소수노조 및 그 조합원에게 미치는 경우, 복수노조교섭창구 단일화 절차를 거친 교섭대표노조가 체결한 단체협약의 효력이 소수노조에게 미치는지, 단일화절차 이후에 설립한 소수노조에게도 교섭대표노조가 체결한 단체협약의 효력이 미치는지 그렇지 않으면 소수노조는 별도의 단체교섭을 요구할 수 없는지 여부가 의문이다.

1) 일반적 구속력과 복수노조의 교섭권한

일반적 구속력이란, 하나의 사업 또는 사업장에 상시 사용되는 동종의 근로자 반수 이상이 하나의 단체협약의 적용을 받게 된 때에는 당해 사업 또는 사업장에 적용되는 다른 동종의 근로자[113)]에 대하여도 당해 단체협약이 적용되는 것을 말한다. 실무상, 적용대상이 동일한 복수의 노조[114)]가 있는 상태에서 교섭창구단일화절차를 거쳐 과반수 노조가 소수노조를 대신하여 교섭대표노조로 참여하여 얻은 교섭의 결실이 소수노조 조합원 등에게도 확장 적용되는지 의문이다. 일반적구속력의 취지는 동일 사업 또는 사업장 내에서 노조에 가입하지 않은 미조직근로자들의 근로조건을 개선하여 동일근로 동일조건을 실현하기 위한 것이다.

---

112) 위 1) 사례의 경우 먼저 유효기간 만료가 도래하는 임금협정의 유효기간 만료 3개월 전인 2011.10.1부터 교섭을 요구할 수 있다.

113) 동종의 근로자란, 일반적구속력의 기초가 된 단체협약의 적용을 받는 근로자와 작업내용과 형태가 동일하거나 유사한 직종의 근로자를 의미하는데, 단체협약 적용대상의 동일성을 기준으로 한다.(예 : 생산직, 5급 이하 전사원, 기술직 전원 등)따라서, 적용대상이 특정하지 않거나 모든 직종을 포괄하는 경우 그 사업장 내 모든 근로자가 일반적 구속력의 적용대상이다.

114) (예) 전 사원 330명 중 생산직 노조1 180명, 생산직 노조2 40명, 기술직 노조3 20명, 미가입 생산직근로자 80명, 미가입 사무직 10명 등

복수노조 하에서 교섭대표노조가 체결한 단체협약은 협약체결 방식에 따라 다소 차이는 있겠지만 기본적으로는 단일화 절차에 참여한 모든 노동조합 및 조합원에게 직접 적용되고, 교섭대표노조 선정 등 단일화 절차 이후의 절차에 참여하지 않은 경우에도 교섭대표노조가 체결한 단체협약의 효력은 그 노동조합과 조합원에게 직접적으로 효력을 미치므로 달리 확장적용을 논할 이유도 없다. 또한 개별교섭 또는 다른 교섭형태 등 독자적으로 교섭권을 행사하여 단체협약을 체결한 경우에도 고유의 단체협약이 있으므로 일반적구속력의 확장은 거론 할 수 없다.

(1) 일반적 구속력의 구체적 적용범위

구체적으로 일반적 구속력의 적용여부를 살펴보면, ① 조직대상이 다른 미가입 근로자, ② 조직대상이 동일하든 다르든 교섭절차에 참여하여 단체협약을 체결한 노조, ③ 교섭절차에 참여하지 않으면서 단체협약이 있는 노조에게는 과반수노조가 체결한 단체협약의 효력이 확장 적용되지 않는 것이 원칙이다. 반대로, 규약상 과반수노조와 조직대상이 같으면서 ① 비조합원, ② 단체협약이 없거나 기존 단협의 유효기간이 만료되어 무협약 상태인 노조, ③ 교섭창구 단일화 절차이후에 신설된 노조로서 교섭창구 단일화 절차에 참여하지 않았으나 참여한 노조와 조직대상이 중복되어 교섭대표노조가 체결한 단체협약의 적용이 예상되는 조합원에게는 별도의 단체협약 체결시까지 과반수노조가 체결한 단체협약의 효력이 확장 적용되는 것이 원칙이다.

(2) 유리조건 우선원칙과 관계

실무상 일반적구속력의 확장적용 대상에게 규율되는 기존의 근로조건과 확장 적용되는 근로조건을 비교할 때 유리하든 불리하든 무조건 확장 적용되어야 하는지 의문이다. 단체협약상의 과반수 노조와 조직대상이 같으면서 교섭창구 단일화 절차에 참여하지 않은 노조가 체결한 단체협약이 없거나 또는 기존 단협의 유효기간이 만료되어 무협약상태가 된 경우에도 단체협약상 근로조건 등 규범적부분의 효력은 근로조건으로 체화되어 조합원과 사용자의 개별적 근로관계를 규율하게 된다. 이 경우 체화된 근로조건과 일반적 구속력에 의거 확장 적용되는 과반수노조가 체결한 단체협약의 근로조건을 비교할 때, "확장 적용되는 근로조건이 유리한 경우에만 일반적 구속력이 적용된다"고 보아야 한다.

조직대상이 동일하든 다르든 교섭절차에 참여한 노조는 교섭대표노조 교섭위원 등으로 참여하여 타협과 공감을 통해 실질적인 근로조건의 균등성을 확보할 수 있을 것이다. 만일 확장 적용된다고 하면 교섭창구 단일화에 참여하든 참여하지 않든 교섭의 결과는 동일하게 적용되어 소수노조의 교섭권을 무의미하게 만드는 결과가 된다. 또한 확장될 경우에도 그 내용은 단체협약의 규범적부분에 한정될 수밖에 없다. 채무적부분에 관한 합의는 합의대상 노사에 관한 특별한 사항만을 담고 있으므로 제3자에게 확장 적용되는 것은 제한될 수밖에 없다. 일반적구속력에 관한 자세한 사항은 "단체협약의 효력확장" 부분을 참고하기 바란다.

판례는 단체교섭권의 헌법적 취지에 비춰볼 때, 단체협약의 효력이 일반적 구속력에 의거 소수노조에게 미치는 경우에도, 소수노조라는 이유로 단체교섭 기회를 박탈한다면 다수노조에게만 교섭을 허용하는 결과가 되어 소속 조합원들의 수에 따라 차별대우 하는 것이므로 소수노조의 교섭권을 제한할 수는 없다는 입장이다.[115] 따라서 적용대상이 동일하든 차별이 되든 소수노조는 교섭대표노조에 교섭위원으로 참여하여 교섭권을 적극적으로 실현하는 것이 바람직하다.

2) 교섭창구 단일화 절차와 소수노조의 교섭권한

2011.7.1 이후에는 하나의 사업 또는 사업장에서 조직형태에 관계없이 근로자가 설립하거나 가입한 노조가 2개 이상인 경우는, 사용자가 교섭창구 단일화 절차를 거치지 않기로 동의하지 않은 이상 교섭창구 단일화 절차에 참여한 노조 중에서 교섭대표노조를 선정하여야 한다. 즉, 창구 단일화 절차에 참여한 모든 노조가 교섭대표노조를 자율적으로 정하거나, 단일화 절차에 참여한 노조의 전체 조합원 과반수로 조직된 노조가 교섭대표노조가 되거나 여의

115) 서울행판 2009구합50732, 2010.4.29

치 않을 경우, 단일화절차에 참여한 모든 조합이 공동으로 교섭대표단을 구성하여 사용자와 교섭하게 된다.[116] 이러한 절차를 거친 대표노조는 교섭을 요구한 모든 노조 또는 조합원을 위하여 사용자와 교섭하고 단체협약을 체결할 권한을 가지고 이렇게 체결한 단체협약은 교섭을 요구한 모든 노동조합 또는 조합원에게 효력을 미친다. 따라서 이 경우는 노조법상 교섭창구 단일화 취지상 위임 또는 의제에 의해 소수노조는 별도의 단체협약을 요구할 수 없다.

헌법재판소의 결정에 의하면, 하나의 사업 또는 사업장에 2개 이상의 노동조합이 있는 경우 단체교섭에 있어서 그 창구를 단일화하여 교섭대표가 된 노동조합에게만 교섭권을 부여하는 것은, 복수노조와 사용자 사이의 교섭절차를 일원화하여 효율적이고 안정적인 교섭체계를 구축하고 소속 노조와 무관하게 조합원들의 근로조건을 통일하기 위한 것으로서, 비록 교섭대표노조가 되지 못한 소수노조의 교섭권을 제한하지만, 소수 노조도 교섭대표노조를 정하는 절차에 참여하게 하여 교섭대표노조가 사용자와 대등한 위치에서 설 수 있는 기반이 되도록 하고 있으며, 그러한 실질적인 대등성의 토대위에서 이뤄낸 결과를 함께 향유할 수 있는 주체가 될 수 있도록 하고 있고, 노사대등의 원리하에서 적정한 근로조건의 구현이라는 단체교섭권의 실질적 보장을 위한 불가피한 제도라고 볼 수 있으므로, 소수노동조합의 기본권을 침해하는 것이 아니라고 보았다.[117]

---

116) 노조법 제29조의2

117) 2011헌마338, 2012.4.24. (본문에 이어서) 더구나 교섭창구 단일화를 원칙으로 하되, 사용자의 동의가 있는 경우는 자율교섭도 가능하도록 하고 있고, 현저한 근로조건의 차이로 교섭단위를 분리할 필요가 있을 경우는 분리할 수 있도록 하고 있고, 소수노조 보호를 위해 교섭대표노조에게 공정의무를 부과하여 창구단일화에 따른 문제점을 보완하여 노조의 단체교섭권침해를 최소화하는 장치를 마련하고 있다. 한편 모든 노조에게 자율적 교섭권을 부여하자는 주장이 있으나, 이 경우 하나의 사업장에 둘 이상의 협약이 체결됨으로써 동일한 직업적 이해를 갖는 근로자 사이에도 근로조건의 차이가 발생할 수 있음은 물론, 자율교섭제도에서 여러 노조가 일시에 혹은 자신이 유리한 시기에 먼저 교섭하자고 요구하는 경우 사용자는 자신이 선택한 노조와 선(先)교섭을 이유로 타 노조와의 교섭을 연기하는 등 사실상 장기적으로 교섭에 응하지 아니하는 등 교섭을 합법적으로 거부할 수 있어 오히려 노조를 불리한 위치에 처할 수 있게 하고, 복수의 노조가 유리한 단체협약 체결을 위하여 서로 경쟁하는 경우 그 세력다툼과 분열로 인해 교섭력을 현저히 약화시켜 궁극적으로 전체 노조에게 불이익한 결과를 초래할 수도 있으므로

문제는, 교섭창구 단일화 이후에 산별노조 지회·분회 등 소수노조가 설립되었을 경우, 이러한 소수노조에게도 그 단체협약의 효력이 미친다고 한다면 신설노조의 교섭권 자체를 박탈하는 결과가 될 것이다. 노조법에는 단일화 절차 이후 설립된 노조의 교섭권에 대해서는 규정이 없다. 따라서 일반적구속력이 소수노조의 단체교섭권을 박탈할 수 없다면 교섭창구 단일화절차 이후에 설립한 노조의 교섭권 또한 제한할 수 없다고 보아야 한다. 교섭창구 단일화 절차에 관한 상세한 내용은 다음 장 "복수노조아래서 교섭창구 단일화"부분을 참고한다.

4. 협약안 타결·결렬

노사가 협의결과 의견의 일치를 본 경우는 곧 바로 협약서에 조인을 하거나 일정한 날을 잡아 조인식을 하는 경우도 있다. 타결방법은 합의안을 전체적으로 한꺼번에 서명·날인하여 일괄타결 하는 방법, 항목별로 교섭하고 합의할 때 마다 합의서를 작성하고 서명·날인하고, 뒤에 하나의 단체협약으로 다시 서명·날인하는 항목별 타결방법이 있다. 어느 경우나 당사자가 서명·날인하게 되면 단체협약으로서 효력을 가진다. 항목별로 합의하고 서명·날인 후 최종적으로 조합원 찬반투표에서 부결되어 다시 교섭을 요구할 경우 사용자는 교섭을 거부할 수 있고, 이미 항목별로 서명·날인사항은 단체협약으로 효력을 가진다.[118] 만약 교섭이 결렬된 경우는 노동쟁의상태로 들어가고, 조정(중재) 절차를 거쳐 쟁의행위로 발전할 수도 있다.

가. 잠정합의 표현

노조법 제29조에 의거 교섭 또는 단체협약의 체결에 관한 권한을 위임받은 자는 그 노동조합과 사용자 또는 사용자단체를 위하여 위임받은 범위 내에서

자율교섭제도가 교섭창구 단일화제도 보다 단체교섭권을 덜 침해하는 제도라고 단언할 수 없다. 따라서 노조법 제29조제2항, 제29조의2제1항이 청구인들의 기본권을 침해하여 과잉금지원칙에 위배되지 않는다.

118) 노조 68107-717, 2001.6.22

교섭하고 단체협약을 체결할 권한을 가지고 있으며, 동법 제31조에 비추어 당사자 쌍방이 근로조건 등에 대해 합의한 사항을 서면으로 작성하여 서명 · 날인한 경우라면, 추후 조합원들이 찬반투표를 실시하여 부결시켰다는 사유로 그 단체협약의 효력을 부인할 수는 없다.[119]

행정해석에 의하면, 규약으로 대표자의 단체협약 체결 권한을 전면적 · 포괄적으로 제한하는 것은 사실상 노조 대표자의 단체협약체결 권한을 형해화(形骸化)하게 되므로 노조법 제29조제1항을 위반하는 것이다. 실무상 규약에서 "위원장은 대의원대회의 의결을 얻어 단체협약을 체결한다."고 정한 취지가 단체교섭 결과에 대하여 노조 대표자가 대의원의 의견을 수렴하는데 그치는 것이 아니라 대의원회의 의결 없이는 단체협약을 체결할 수 없도록 하려는 것이라면 이는 위 법조항에 위반된다고 보아야 한다. 이와 같은 경우 단체협약 체결권이 없는 노동조합 대표자와의 교섭 결과를 무위로 돌릴 수 있다는 점을 우려하여 사용자가 노동조합의 대표자에게 협약 체결권한의 전면적인 확보를 요구하며 교섭을 거부하거나, 노사 당사자가 협약의 내용에 합의한 후, 규약에 따라 다시 그 협약안의 가부에 대하여 조합원 총회(대의원회)의 인준투표를 거친 결과 부결된 것을 이유로 노동조합이 재교섭을 요구하고 사용자가 이를 거부하는 경우라면 부당노동행위에 해당한다고 보기 어렵다. 이와 같은 사용자의 정당한 교섭 거부에 대하여 교섭요구에 응할 것을 촉구하며 노동조합이 행하는 집단행동 등은 정당한 조합활동으로 보기 어렵다.[120] 아울러 노사가 단체협약 안에 잠정합의하였음에도 노동조합이 총회(대의원회)의 인준투표 결과 부결을 이유로 재교섭을 요구하고 사용자가 이를 거부한 것은 정당하다고 보아야 한다.

단체협약은 그 규율대상이 복잡하거나 상이할 경우 특정계층(예 : 용광로근무자 · 기간제근로자에 대한 특별한 협약사항 등)에 대해서만 적용될 특별협약을 따로 마련할 수도 있고, 본 협약에 부속된 보충협약 형식으로 특별한 사항에 대해 보완 · 추가 등을 할 수 있다. 노동현장의 사정에 따라서 탄력적으로 정하여 단체협약의 실효성을 높이는 것이 바람직하다.

---

119) 노조 68107-536, 2003.10.15

120) 공공노사관계팀-1159, 2007.6.1

나. 권한 없는 자의 서명 · 날인

단체협약은 권한 있는 노사당사자가 교섭을 하고 합의된 교섭결과를 서면으로 작성하여 당사자 쌍방이 서명 · 날인하여야 그 효력이 인정되는 것이다.

따라서 교섭 과정에서 양측 교섭위원이나 간사가 교섭시마다 합의한 사항을 서면으로 작성하여 서명 · 날인한 경우, 단체협약을 체결할 수 있는 정당한 권한을 가진 자라면 노조법상 단체협약으로 볼 수 있을 것이나 협약체결권이 없는 경우라면 교섭과정에서 노사간에 잠정합의 된 사항을 확인하기 위하여 문서를 작성한 것에 불과하여 노조법상의 단체협약을 체결한 것으로는 보기 어렵다.

다. 서명날인과 효력

노사당사자 혹은 당사자로부터 교섭 · 체결권을 위임받은 자가 합의사항을 서면으로 작성하여 서명 · 날인한 단체협약은 당사자인 사용자 · 노동조합과 체결당시 조합원이었던 근로자에게 적용 된다.

이 경우 단체협약서의 명칭이 합의서 · 이행각서 · 협정서 등 임의로 표기한 경우라도 무방하며, 합의의 진정성과 객관성이 확보되었다면, 친필서명 · 날인, 기명(인쇄 · 출력된 성명) · 날인, 서명 · 무인(손가락 지장)등의 경우에도 효력이 있다. 그러나 단체협약의 개정안에 원만히 합의하였더라도 서명 · 날인이 없다면 개정합의안은 새로운 단체협약으로 효력을 갖지 못한다.[121)]

노조법 제31조제1항에서 굳이 서면에 당사자의 서명 · 날인을 요구하는 것은 내용의 진정성과 객관성 등을 둘러싼 분쟁을 예방하고, 당사자를 명확히 하여 실행성을 담보하는데 그 본뜻이 있다.

5. 단체교섭 거부 · 해태와 대응수단

노동조합은 헌법상 보장된 단체교섭권의 행사를 통해 근로조건을 개선하고 사회 · 경제적 권익향상을 도모한다. 따라서 사용자의 단체교섭 거부 · 해태는 헌법상 보장된 노동3권에 대한 심각한 침해뿐만 아니라 노동조합의 존립자체

121) 대판 94다21818, 1995.2.14 ; 대판 2001다79457, 2002.8.27 ; 대판 94마605, 1995.3.10

를 위태롭게 하는 행위라고 할 수 있다. 단체교섭 거부는, 사용자가 노동조합의 교섭담당자가 신청한 단체교섭을 정당한 이유없이 거부 · 해태하는 것, 사용자의 단체교섭의무 위반행위를 말한다. 이러한 단체교섭의무 위반행위에는 단체교섭 자체를 거부하는 행위 외에 성실교섭의무 위반, 합의된 교섭사항에 대해 단체협약의 체결을 거부하는 행위도 포함된다.

노조법 제81조 3호에 단체교섭거부 · 해태를 부당노동행위로 규정한 조항이 사용자의 계약의 자유와 기업활동의 자유를 침해하여 위헌이라는 견해가 있었으나, 이 조항은 헌법상의 노동3권 보장 취지를 구현한다는 공익을 위한 것인데 비해, 이로 인해 제한되는 사용자의 자유는 단지 정당한 이유 없는 불성실한 단체교섭 내지 단체협약체결의 거부 금지라는 합리적으로 제한된 범위 내의 기본권 제한에 그치고 있으므로, 양쪽 법익간의 균형성이 위배된 것이 아니라는 입장이다.[122] 부당노동행위의 입증책임은 사용자에게 있다. 노동조합 측은 단지 사용자의 교섭거부라는 외적사실만 입증함으로써 족하다.

단체교섭거부에 대한 대응방안은 행정적 · 사법적 구제방안으로 구분할 수 있다. 먼저, 행정적 구제방안은, 사용자가 단체교섭을 거부하거나 기피할 경우 노동조합은 노동위원회에 부당노동행위 구제신청을 할 수 있고, 사법적 구제방안은 고용노동관서에 고소 · 진정형식으로 부당노동행위에 대한 처벌을 요구할 수도 있다. 부당노동행위 그 자체에 대하여는 2년 이하의 징역 또는 2천만원 이하의 벌금에 처할 수도 있다.[123]

가. 교섭거부의 당사자

단체교섭 거부의 주체가 노조법상 사용자일 때 부당노동행위가 성립하고, 노동조합의 대표자 또는 노동조합으로부터 위임을 받은 자와의 단체교섭을 거부한 때 성립한다.[124] 이때 부당노동행위의 사용자는, 집단적 노동관계법에 따른 특유한 위법행위이기 때문에 당해 근로자의 근로조건에 대해 실질적 영향

122) 헌재 2002헌바12, 2002.12.18

123) 노조법 제81조제3항, 제82조~제86조, 제95조(중노위 구제명령에 대한 법원의 이행명령과 불이행시 500만원 이하의 과태료처분), 제90조

124) 노조법 제29조제2항

력 내지 지배력을 행사하는 자를 사용자로 보아야 할 것이다. 다만, 노동조합 이외의 근로자단체도 포함되는가에 대해 의문이 있으나, 법에서 노동조합이라고 명시하고 있고, 노동조합이 아닌 근로자단체는 부당노동행위의 구제신청을 할 수 없으므로[125] 노동조합에 한정된다고 보는 것이 통설이다.

나. 단체협약체결 기타 교섭의 거부 · 해태

1) 단체교섭 응낙의무 위반

노동조합 등 근로자단체의 단체교섭권에 대응하여 사용자 또는 사용자 단체는 단체교섭의무를 부담한다. 즉, 노동조합 등 근로자단체의 정당한 단체교섭 요구에 대하여 정당한 이유없이 거부하여서는 아니 되는 단체교섭 응낙의무를 부담한다 할 것이다. 따라서 정당한 사유없는 응낙의무 위반은 부당노동행위에 해당된다. 응낙의무는 단순히 단체교섭을 거부할 수 없다는 것 뿐 만아니라, 성실하게 교섭에 임해야 하는 성실교섭의무를 포함한다.

실무상, 산별노조가 해당 지회에 조합원 유무 등을 소명하지 않고 교섭을 요구하여 사측이 이를 거부함으로써 분쟁이 발생하는 경우가 있다. 초기업 노조가 사용자를 상대로 교섭을 요구하거나 교섭창구 단일화 절차에 참가하려면 해당 사업장 근로자가 초기업노조의 분회, 지회 등에 가입한 것을 객관적으로 증명하여야 한다. 주로 조합원명부를 제출하거나 조합비 납부내역 이체자의 명단을 제출하는 방법 등이 효과적이다.

2) 성실교섭의무 위반

노동조합과 사용자 또는 사용자단체는 신의에 따라 성실히 교섭하고 단체협약을 체결하여야 하며 그 권한을 남용하여서는 아니 되고, 노동조합과 사용자 또는 사용자단체는 정당한 이유없이 교섭 또는 단체협약의 체결을 거부하거나 해태하여서는 아니된다고 규정하고 있다.[126] 사용자 또는 사용자 단체는 노동조합의 정당한 단체교섭 요구에 응하는 경우에도 신의에 따라 성실히 교섭하여야 하는 성실교섭의무를 부담한다 할 것이고 이러한 성실교섭의무의 위반에 대

125) 노조법 제7조제1항
126) 노조법 제30조

해서도 부당노동행위가 성립된다. 예를 들면, 교섭에 응한다고 하면서 서면으로만 하고 대면교섭을 피하거나, 노조의 요구안을 청취만하고 응답을 하지 않는 경우, 실질적인 교섭권한이 없는 자를 교섭담당자로 지정하는 것이나, 구두합의만 고집하고 서면합의서에 서명날인을 거부하는 것 등을 꼽을 수 있다.

3) 단체협약체결의무 위반

사용자의 단체교섭의무는 단체교섭에 응하고 성실하게 임할 것을 의미하는 것뿐이며, 반드시 교섭사항을 구체적으로 타결하여야 할 의무까지 포함하는 것은 아니다. 그러므로 단체교섭이 순조롭지 못하여 단체협약이 체결되지 못했다고 해서 그 자체를 단체교섭거부에 의한 부당노동행위라 할 수는 없다. 다만, 교섭사항에 대해서 의견의 일치를 보았음에도 불구하고 단체협약에 서명 · 날인을 거부한다든지 협약체결을 거부하는 행위는 성실교섭의무 위반행위로 부당노동행위가 성립된다.

4) 정당한 사유가 없는 경우

법문상 정당한 이유없이 단체교섭을 거부 · 해태할 수 없다고 하고 있다. [127] 따라서 정당한 이유가 있으면 사용자는 단체교섭을 거부 · 해태할 수 있다. 실무상 자주 발생하는 사항으로, 단체교섭 거부 · 해태로서 부당노동행위에 해당하는 경우[128]와 교섭요구를 거부할 수 있는 정당한 사유가 있는 경우를 구분하여 설명한다.[129]

(1) 단체교섭 거부 · 해태로서 부당노동행위에 해당하는 경우

㉠ 교섭불응 또는 노동조합의 교섭요구를 무시하고 개별근로자와 근로계약을 갱신하는 경우
㉡ 교섭은 하되 노동조합의 요구에 대해 대안제시 없이 무조건 반대하거나 정당한 사유없이 고의적으로 교섭을 중단 · 지연시키는 경우
㉢ 교섭전후 노측 교섭위원을 배치 전환시키거나 노측교섭위원을 지정하여 교섭에 응하겠다고 하는 경우

127) 노조법 제30조제2항
128) 노조법 제81조제3호
129) 노동법통람, 249 326-7

㉣ 교섭결과 협약체결을 거부하거나 권한 없는 자가 사측 교섭위원으로 나와서 정당한 이유없이 상부의 지시만 따르겠다고 하는 경우
㉤ 쟁의행위중이라는 이유로 교섭에 응하지 않는 경우, 노측의 요구가 과다하다는 이유만으로 교섭에 불응하는 경우, 단체협약 만료에 대비하여 노측이 합리적인 시기에 요구한 교섭을 거부한 경우 등이다.

(2) 교섭자격을 이유로 거부할 수 있는 정당한 사유가 있다고 보는 경우

㉠ 권한 없는 자가 교섭을 요구하는 경우나 교섭권한이 명확하지 아니한 때, 조합 측에 대하여 교섭담당자 확정을 요구하고 확정시까지 단체교섭을 연기하는 경우, 이를 테면, 단체교섭의 담당자가 조합 총회로부터 단체교섭권한이나 단체협약체결권한을 위임받지 못한 경우, 사용자가 단체교섭권한을 보유하고 있지 아니한 경우 등 단체교섭 주체의 흠결이 있는 경우, 합의사항에 대해 조합원의 찬반투표를 실시하지 않을 것을 조건으로 단체교섭을 거부하는 경우 등을 말한다.
㉡ 근로자측의 단체교섭 당사자가 노조법상 노동조합이 아니거나 노동조합으로서 자주성을 갖추고 있는 노동조합이 아닌 일시적 쟁의단인 근로자단체에 불과한 경우
㉢ 사용자단체 구성요구를 사용자가 곧바로 수용하지 않은 경우

(3) 교섭대상을 이유로 거부할 수 있는 정당한 사유가 있다고 보는 경우

㉠ 사용자에게 처분권한이 없는 순수한 정치문제, 타기업 문제를 교섭사항으로 할 때 이를 거부하는 경우
㉡ 노측의 유일단체교섭조항 요구에 불응하는 경우, 인사 · 경영권의 본질적인 부분을 교섭대상으로 하는 경우
㉢ 구속 근로자의 석방 등에 관한 교섭요구, 비노조원의 근로조건에 대한 교섭요구, 임의적 교섭대상이나 금지적 교섭대상에 관하여 단체교섭을 요구하는 경우

(4) 시기 · 장소 등으로 미루어 교섭거부의 정당한 사유가 있다고 보는 경우

㉠ 통상적인 근무시간을 정상 이상으로 초과하여, 장시간에 걸친 협의로 인해 심신피로로 더 이상 정상적인 교섭이 어려운 경우, 특정사항에 대하여 즉석에서 답변을 요구하는 경우
㉡ 사용자의 사택침입, 심야교섭이나 창고 등 심리적 불안을 줄 수 있는 장소에서 단체교섭요구를 거부하는 경우

ⓒ 교섭시기나 장소에 관해 관행 등이 없는 경우 노측이 일방적으로 지정한 시기 · 장소에 대해 상호 합의를 요구하며 사용자가 교섭을 거부하는 행위 다만, 교섭요구서의 내용, 전달방식 등에 비추어 교섭요구서에 정해진 일시 · 장소에 출석하지 않았다는 것만으로 정당한 이유없이 단체교섭을 거부하거나 해태한 것이라고 단정하기는 어렵다(대판 2009도8239, 2009.12.10).
ⓔ 노측이 위임한 교섭담당자가 너무 많아 원활한 교섭이 어려워, 담당자 축소 등을 요구하며 교섭을 거부하는 경우, 교섭전후 행태에서 협박이나 폭력을 사용하는 경우

(5) 단체교섭의 시기 · 절차에 관하여 정한 규정을 위반

기타 단체교섭의 시기 · 절차에 관하여 정한 규정을 위반하여 단체교섭을 요구하는 경우

5) 유일교섭단체조항과 교섭 거부

단위노조가 아닌 연합단체인 노동조합의 경우에도 단체교섭의 당사자가 될 수 있고, 단위노동조합의 지부 또는 분회의 경우에도 독자적인 규약과 집행기관을 가진 독립된 단체로 인정되는 경우에는 규약이 정하는 바에 따라 단체교섭의 당사자가 될 수 있다. 이 경우 단체교섭권의 정당한 주체에 경합이 있을 수 있고, 그들의 단체교섭권은 아무런 차별 없이 보장되어야 한다. 단체협약상 그 중 특정의 노동조합에 대하여만 단체교섭권을 인정하기로 하는 이른바 유일교섭단체조항을 두고 있다면, 이는 헌법이 보장하고 있는 정당한 단체교섭권자의 단체교섭권을 전면적으로 제한하는 법위반 단체협약으로서 허용될 수 없다.

6) 제3자 위임금지조항과 교섭 거부

단체협약으로 단체교섭권한을 당해 노동조합의 조합원 이외의 자에게 위임하지 아니할 것을 약속하고 이를 단체협약에 명시한 규정을 제3자 위임금지조항이라고 한다. 노조가 단체협약에 이 조항을 위반하여 제3자에게 교섭권을 위임했을 경우에 사용자가 교섭을 거부하면 부당노동행위가 되느냐가 의문이다.

이 조항은 노조가 사용자의 요구를 수용한 것이므로 유효하다고 보는 입장과(박상필) 항상 유효하다고 하면 노조법이 제3자에게 교섭권 위임을 허용하고

있는 취지에 어긋난다고 보아서 제한적으로 인정해야 한다[130]는 입장 등으로 나뉜다.

행정해석에 의하면, 노동조합이 단체협약상 제3자교섭위임 금지조항에 위반한 교섭을 요구할 경우 사용자가 당해 노동조합과의 직접 교섭을 요구하면서 시정할 때까지 교섭을 거부하거나 교섭이 지연된다 하더라도 이를 법 소정의 부당노동행위에 해당한다고 보기 어렵다는 입장으로 제3자 위임금지조항은 유효하다고 본다.[131] 노동조합이나 사용자 또는 사용자단체가 교섭권한을 위임했더라도 위임자의 권한은 소멸되는 것이 아니라 수임자의 권한과 중복하여 경합적으로 존재한다.[132]

7) 교섭창구 단일화 관련, 교섭거부

2011.7.1부터 사업 또는 사업장 단위에서 조직대상을 같이 하는 노동조합이 설립되어 있는지 여부에 불구하고, 근로자는 자유롭게 노동조합을 설립하거나 가입할 수 있다.[133] 노조법 제29조의2, 교섭창구 단일화 절차에 의하면, 하나의 사업 또는 사업장에서 조직형태에 관계없이 근로자가 설립하거나 가입한 노동조합이 2개 이상인 경우 노동조합은 교섭대표노동조합을 정하여 교섭을 요구하여야 한다. 다만, 사용자가 단일화 절차를 거치지 않기로 동의한 경우는 그렇지 않다고 정하고 있다. 따라서 단체교섭 당사자가 다수 존재하는 복수노조 체제에서 교섭창구 단일화를 이유로 사용자가 교섭을 거부하는 경우 정당성이 있다.

ILO는 조합원의 의사를 반영하고 민주적인 절차를 보장하기만 하면, 복수노조하에서 교섭창구를 단일화하더라도 결사의 자유를 침해하지 않는다는 입

---

130) 임종률, 『노동법』, 120쪽

131) 노조 01254-477, 1997.5.28

132) 대판 98나20790, 1998.11.13

133) 다만, 2011.6.30까지는 사업 또는 사업장 단위에서 기존의 노동조합이 설립되어 있는 경우는 그 노동조합과 조직대상을 같이 하는 새로운 노동조합의 설립이 금지되므로 행정관청은 설립하고자 하는 노동조합이 기존의 노동조합과 조직대상을 같이 하는 등 복수노조에 해당한다고 판단되는 경우는 설립신고서를 반려하여야 한다.

장이다. 우리 헌법재판소의 입장과도 일치한다.[134] 교섭창구 단일화에 관한 사항은 다음 장에서 상세히 설명한다.

다. 교섭거부 · 해태시 행정적인 구제수단

사용자가 단체교섭을 거부하거나 기피할 경우 노동조합은 노동위원회에 부당노동행위 구제신청을 할 수 있고, 고용노동관서에 고소 · 진정형식으로 부당노동행위에 대한 처벌을 요구할 수도 있다.[135] 부당노동행위에 의해 권리의 침해를 받은 근로자 또는 노동조합은 관할 지방노동위원회에 부당노동행위가 있은 날로부터 3월 이내에 구제신청을 하는데, "신청취지의 입증책임은 근로자" 측에 있다. 다만, 근로자측의 입증은 소송의 청구취지처럼 엄격하게 볼 것은 아니고 전체적인 취지로 보아서 어떤 구제를 요구하는지 알 수 있을 정도의 청구취지와 구체적 사실을 기재하면 족하다.

구제신청을 받은 노동위원회는 지체없이 필요한 조사와 당사자 심문을 거쳐 판정을 하며, 부당노동행위가 성립한다고 판단할 때는 구제명령을 발하고, 불성립으로 판단할 때는 기각결정을 한다. 구제명령의 내용은 특정되지 않고 침해된 노동3권을 침해 이전의 상태로 회복시키는데 합리적인 내용이면 된다. 사용자가 원상회복결정 등 확정된 구제명령을 불이행할 경우는 피해자의 의사에 불문하고 형사처벌을 받는다.[136] 부당노동행위 구제제도의 전체적인 내용은 부당노동행위부분을 참조하기로 한다.

사용자의 경우, 노동조합이 성실교섭의무를 위반하거나 사용자의 교섭안에 대해 교섭을 기피하는 경우 등 불성실교섭 등에 관해서는 달리 법적인 처벌 등의 방안이 없어 논란이 되고 있는 반면, 노동조합은 사측의 교섭거부에 대해 부당노동행위 구제신청절차와 노조법상 처벌 등을 할 수도 있고, 쟁의행위

---

134) 헌재 2011헌마338, 2012.4.24.

135) 노조법 제81조제3항(노동조합의 대표자 또는 노동조합으로부터 위임을 받은 자와의 단체협약 체결 기타의 단체교섭을 정당한 이유없이 거부하거나 해태하는 행위), 제82조~제86조, 제95조(중노위 구제명령에 대한 법원의 이행명령과 불이행시 500만원 이하의 과태료처분), 제90조(부당노동행위 그 자체에 대한 고용노동관서의 형사처벌, 2년 이하의 징역 또는 2천만원 이하의 벌금)

136) 노조법 세89조

를 통해 사용자의 교섭을 촉구할 수도 있다. 이 경우 제도적인 해결방안을 두고서 굳이 쟁의행위로 나간다면 권한 남용이 아니냐는 논란이 있다. 어느 경우에나 쟁의행위는 최후의 수단성이 있어야 하므로 형사처벌과 부당노동행위 구제신청에 이어서 최종수단으로 사용하는 것이 바람직 할 것이다.

판례에 의하면, 노조법 제81조제3호가 정하는 부당노동행위는, 사용자가 아무런 이유없이 단체교섭을 거부 또는 해태하는 경우는 물론이고, 사용자가 단체교섭을 거부할 정당한 이유가 있다거나 단체교섭에 성실히 응하였다고 믿었더라도 객관적으로 정당한 이유가 없고 불성실한 단체교섭으로 판정되는 경우에는 성립한다고 할 것이고, 한편 정당한 이유인지의 여부는 노동조합측의 교섭권자, 노동조합측이 요구하는 교섭시간, 교섭 장소, 교섭사항 및 그의 교섭태도 등을 종합하여 사회통념상 사용자에게 단체교섭의무의 이행을 기대하는 것이 어렵다고 인정되는지 여부에 따라 판단되어야 한다는 입장이다.[137] 실무상 단체교섭과 관련하여 단체교섭과 부당노동행위구제제도의 목적, 성립요건을 개략적으로만 살펴본다.

1) 부당노동행위제도의 목적과 단체교섭

부당노동행위제도의 목적은 사용자가 근로자의 노동3권에 대한 침해하는 행위를 금지하여 헌법상 보장된 노동기본권을 보장하는데 있다. 노동3권 가운데서도 핵심적으로 보호해야 할 권리는 단체교섭을 통하여 단체협약을 체결함으로써 근로자들의 실질적인 근로조건이 개선된다는 점을 근거로 단체교섭권을 꼽는다. 단체교섭 거부 · 해태는 단순한 노동3권의 침해뿐만 아니라 노동조합의 존립자체를 위태롭게 하는 행위이며, 이는 노동3권에 대한 심각한 침해행위로서 부당노동행위로 보는 것이다. 노조법 제81조 3호에 단체교섭거부 · 해태를 부당노동행위로 규정한 조항이 사용자의 계약의 자유와 기업활동의 자유를 침해하여 위헌이라는 견해가 있었으나, 이 조항은 헌법상의 노동3권 보장 취지를 구현한다는 공익을 위한 것인데 비해, 이로 인해 제한되는 사용자의 자유는 단지 정당한 이유 없는 불성실한 단체교섭 내지 단체협약체결의 거

137) 대판 97누8076, 1998.5.22

부 금지라는 합리적으로 제한된 범위 내의 기본권 제한에 그치고 있으므로, 법익간의 균형성이 위배된 것이 아니라는 것이 헌재의 결정이다.[138)]

2) 부당노동행위 성립요건

단체교섭 거부 · 해태의 주체가 노조법상 사용자일 때 부당노동행위가 성립한다. 단체교섭 당사자로서 사용자는, 부당노동행위가 근로계약상의 위법행위가 아니라 집단적 노동관계법에 따른 특유한 위법행위이기 때문에 당해 근로자의 근로조건에 대해 실질적 영향력 내지 지배력을 행사하는 자를 사용자로 보아야 할 것이다. 단체교섭의 거부 · 해태는 노동조합의 대표자 또는 노동조합으로부터 위임을 받은 자와의 단체교섭을 거부 · 해태한 때 성립한다. 다만, 노동조합 이외의 근로자단체도 포함되는가에 대해 법에서 쟁의조정 및 부당노동행위 구제주체를 노동조합이라고 명시하고 있으므로, 노동조합이 아닌 근로자단체는 부당노동행위의 구제신청을 할 수 없다.[139)] "부당노동행위의 입증"에 있어서 노동조합측은 단지 사용자의 교섭거부라는 외부적인 사실만 입증함으로써 족하고, 사용자측에서 그 정당한 사유를 입증하여야 한다.

라. 사법적인 구제수단

부당노동행위의 보호대상은 사실관계가 유동적이고 집단성을 가지므로 구제절차나 내용은 간편하고 신속하지 않으면 아니된다. 따라서 현행법에서는 행정기관인 노동위원회에 의한 구제절차와 별도로 소송 등 사법기관에 의한 구제절차를 병행할 수 있다. 이때 노동위원회의 구제절차가 사법절차에 선행조건이 되는 것은 아니므로 독립적으로 소송절차를 진행할 수 있다. 노조법상 구제절차와는 별도로 사법기관인 법원에 직접 소송을 제기하여 부당노동행위 구제 재심판정 취소소송을 하거나, 단체교섭권 및 교섭지위확인 소송과 교섭응낙가처분신청을 할 수도 있다.

1) 행정소송(부당노동행위구제 재심판정 취소소송)

부당노동행위가 되는 단체교섭 거부 · 해태행위에 대한 구제신청에 대하여

138) 헌재 2002헌바12, 2002.12.18
139) 노조법 제7조

지방노동위원회의 결정과 이에 대한 중앙노동위원회의 재심판정 등 행정상 구제절차가 있은 후, 중앙노동위원회의 재심판정에 대하여 관계 당사자가 불복이 있는 경우에는 그 재심판정서의 송달을 받은 날부터 15일 이내에 행정소송법이 정하는 바에 의하여 행정소송을 제기할 수 있다.[140]

2) 단체교섭 응낙 가처분신청

사용자가 정당한 이유없이 단체교섭을 거부 · 해태하고 있을 때 노동조합이 민사소송법상 임시의 지위를 정하는 가처분으로서의 단체교섭 응낙 가처분을 신청할 수 있는지에 대하여는 논란이 있다. 단체교섭권은 주관적인 공권뿐만 아니라 사용자에게 성실하게 교섭에 응하도록 하는 사법상의 청구권으로서의 성질을 가진다는 *긍정설의 입장, 단체교섭권은 곧 사용자에게 교섭에 응해야 하는 공법상의 의무를 부여하는 것으로 볼 수 있으나, 그것이 곧 노동조합에게 단체교섭청구권을 부여한 것으로 규정한 것이라고 볼 수는 없다는 *부정적인 입장으로 나뉜다. 단체교섭권은 노동조합의 국가에 대한 주관적 공권이고, 급부내용이 불확정적이므로 강제집행이 불가능하다는 것이 부정설의 입장이다.

하급심 판례에 따르면, 단체교섭 응낙 가처분의 인정여부에 있어서, 단체교섭권이 주관적 공권임을 이유로 가처분의 인정을 부정하는 견해가 있으나 단체교섭권은 사법상 청구권의 성질을 가지고 있다고 판단되므로 근로자의 단체교섭을 사법상 가처분의 피보전 권리로 인정한[141] 사례가 있다. 내용을 살펴보면, "노동3권중에서 핵심적 사항인 단체교섭권에 대한 침해는 당연히 부당노동행위를 구성한다. 단체교섭거부 · 해태를 부당노동행위로 정한 노조법 제81조제3호의 규정이 사용자의 계약의 자유와 기업활동의 자유를 침해하여 위헌이라는 견해가 있으나 이는 타당하지 아니하고, 단체교섭 응낙 가처분의 인정여부에 있어서 주관적 공권임을 이유로 부정하는 견해가 있으나 단체교섭권은 사법상 청구권의 성질을 가지고 있다 판단되므로 근로자의 단체교섭을 사법상 가처분의 피보전권리로 인정하여야 할 것이다."[142]

---

140) 노조법 제85조제2항

141) 부산지판 2000가합53, 2000.2.11

142) 부산지판 2000가합53, 2000.2.11

3) 민사소송 본안

사용자의 단체교섭의무는 사법상 채무의 성질을 가지므로, 사용자의 단체교섭의무 위반이 있을 때 노동조합은 그것이 채무불이행 또는 사용자의 고의·과실에 의한 불법행위를 구성한다는 이유로 사용자를 상대로 그로 인하여 발생한 손해의 배상을 청구할 수 있다. 이 경우 손해액의 범위는 적어도 단체교섭의 위법한 거부·지연으로 조합원들이 입은 정신적 고통에 대한 위자료 손해는 인정될 수 있을 것으로 생각한다.

13 복수노조하에서 교섭창구 단일화

1. 교섭창구 단일화

2011.7.1부터 개별사업장에 대한 복수의 노동조합이 설립 될 경우, 사업장에는 다수의 단체교섭 당사자가 존재하게 되어 사용자는 교섭에 많은 비용과 시간을 소비하게 되고, 노동조합 간 주도권 다툼과 차별화 전략 등으로 인한 노노갈등으로 단체교섭은 혼란을 거듭할 수밖에 없다.[1] 따라서 사업장내 근로조건의 통일을 기하여 근로자의 일체감을 조성하고 효율적인 노무관리를 위해서는 교섭창구를 하나로 통일할 필요가 있다. ILO는 조합원의 의사를 반영하고 민주적인 절차를 보장하기만 하면, 복수노조하에서 교섭창구를 단일화하더라도 "결사의 자유"를 침해하지 않는다는 입장이고 우리 헌법재판소의 입장과도 같다.[2]

사용자는 복수의 노동조합이 교섭창구를 단일화하지 않을 경우 이를 이유로 단체교섭을 거부할 수도 있다.

외국의 경우, 교섭창구 단일화 방안은 국가별로 다서 차이가 있으나, 1사1교섭을 통해 사업장 내에서 하나의 단체협약을 적용하는 것이 보편적이다. 복수노조 아래서 일반적인 교섭창구의 단일화 방안으로서, 교섭권을 과반수 노

---

1) 2011.7.1부터 사업 또는 사업장 단위에서 조직대상을 같이 하는 노동조합이 설립되어 있는지 여부에 불구하고, 근로자는 자유롭게 노동조합을 설립하거나 가입할 수 있다. 다만, 2011.6.30까지는 사업 또는 사업장 단위에서 기존의 노동조합이 설립되어 있는 경우는 그 노동조합과 조직대상을 같이 하는 새로운 노동조합의 설립이 금지되므로 행정관청은 설립하고자 하는 노동조합이 기존의 노동조합과 조직대상을 같이 하는 등 복수노조에 해당한다고 판단되는 경우는 설립신고서를 반려하여야 한다.

2) 헌재 2011헌마338, 2012.4.24.

조로 단일화 하는 배타적교섭형태(미국), 각 노조의 조합원에 비례하여 교섭단을 선출하는 형태(프랑스), 창구단일화의무 없이 개별 교섭을 할 수 있는 형태(일본) 등으로 나뉜다. 교섭형태에 따른 장단점은 다음과 같다.

① "배타적 교섭제"의 경우, 다수 조합원으로 구성된 노조가 교섭의 주도권을 행사하게 되므로 소수노조의 단체교섭권을 침해할 우려 등, 복수노조 취지를 잃어버릴 수 있는 단점이 있으나 교섭비용 절감과 집중교섭으로 인한 경영안정화 조기정착이 가능하다.
② "비례대표제"의 경우 각 노조의 규모에 비례한 교섭권이 보장되지만, 노동조합 간 교섭의제 통합이 실패할 경우 교섭비용증가와 교섭주도권을 둘러싼 노노갈등으로 인해 노사관계가 불안해 질 우려가 있다.
③ "개별교섭형태"의 경우, 개별 노조의 단체교섭권은 충분히 보장되나 다수 노동조합간 선명성 부각을 통한 세력확산을 위해 대립할 수 있으므로 노노갈등이 우려되고 교섭비용 증가와 노사관계 불안이 우려된다.

복수노조에서 교섭창구를 단일화할 경우, 하나의 사업장 내에 통일된 근로조건이 형성되어 노사관계 안정을 도모할 수 있는 장점이 있고, 자율적인 단일화, 공정대표의무 등 제도적인 장치를 마련할 경우 소수노조 등의 결사의 자유를 침해한다는 위헌 우려는 줄어들 것이다.

가. 교섭창구 단일화 관련 부칙 경과규정

입법적으로 2010.1.1 법률 제9930호로 노조법을 개정하면서, 2011.7.1 개별 사업장단위의 복수노조허용에 대비하여 교섭창구 단일화절차[3]를 정하고 단일화절차에 관한 규정은 2011.7.1부터 시행하고 있다[4] 아울러, 개정법이 시행되기 전 2009.12.31을 기준으로, 현재 하나의 사업 또는 사업장에 조직형태를 불문하고 근로자가 설립하거나 가입한 노동조합이 2개 이상 있는 경우 그 사업 또는 사업장에 대하여는 교섭창구 단일화에 관한 관련규정[5]이 2012.7.1부터 적용된다.[6] 다만, 부칙 제4조에서 정하기를 "이 법 시행일 당

3) 노조법 제29조의2, 노조령 제14조~제14조의12 등
4) 노조법 부칙 제1조(2010.1.1, 법률 제9930호)
5) 노조법 제29조제2항 · 제3항 · 제4항, 제29조의2~제29조의5, 제41조제1항 후단, 제89조제2호의 개정규정
6) 노조법 부칙 제6조

시 단체교섭 중인 노동조합은 이 법에 따른 교섭대표노동조합으로 본다."고 정하여 이 법 시행일이 언제인지, 교섭대표노동조합이란 무슨 의미인지 등에 관해 해석상 많은 논란이 있었다. 행정해석은 부칙 제4조의 이법 시행일은 부칙 제1조의 개정법 시행일인 2010.1.1과 같다고 본다.

판례는,[7] 부칙 제4조의 이 법 시행일은, 고용부의 주장대로 2010.1.1이 아니라 2011.7.1이라고 하고, 2011.7.1 시행일 당시 단체교섭 중인 노동조합은 2011.7.1 이후에도 노조법시행령 제14조의10에서 정한 교섭창구 단일화 절차를 거치지 않고 다른 노조의 교섭권을 침범하지 않으면서 기존에 교섭중인 단체교섭에 대해서만 독자적으로 교섭권을 가진다고 명시적으로 판시했다. 따라서 부칙에서 교섭대표노동조합으로 본다는 의미는 그 범위에서 해석해야 한다. 그럼 판례의 해석이 그렇다면 실무상 기존의 단체협약의 범위는 어떻게 볼 것인지, 기존 단체협약에 대한 독자적인 교섭권은 언제까지 향유할 수 있는지, 2011.7.1 이후에 또 다른 복수노조가 설립되고 그 노조가 단체협약을 체결한 경우에 그 유효기간과 독자적 교섭권의 관계가 의문이다.

1) 교섭 중인 단체협약의 범위

통상 단체협약은 근로조건 등 결정에 관한 사항인 규범적부분과 조합활동 등에 관한 채무적 부분으로 구성되는데, 교섭당시 논의 안건으로 상정된 교섭사항과 동일성이 인정되는 범위 내의 것으로 의견불일치가 있는 사항과 불일치는 없었지만 교섭안건에 포함된 전부를 말한다고 보아야 한다. 그럼 교섭도중에 양보와 타협의 산물로 당사자가 안건의 일부를 새로 추가하거나 제외하는 경우가 있는데 이때 추가하는 부분을 동일성이 인정되는 범위 내의 것으로 보아야 하는지가 의문이다. 기존에 포함된 안건의 내용을 일부 가감하는 것이라면 동일성이 있다고 보아야 할 것이지만 전혀 새로운 안건은 포함할 수 없을 것이다. 그렇게 된다면 교섭권의 범위가 지나치게 확장되어 극히 이례적인 사항의 해법을 정한 부칙의 의미가 퇴색할 수 있을 것이다.

7) 대판 2012마858, 2012.11.12

2) 독자적인 교섭권의 한계

기존에 단체협약을 교섭중인 노조의 독자적인 교섭권을 보장한다면 그 시한은 언제까지로 보아야 하는지 의문이다. 단체협약의 유효기간이 최장 2년이고, 임금협정의 경우 통상 1년을 유효기간으로 한다. 사업장 내 다른 복수노조의 교섭권을 고려하면 독자적인 교섭권을 무한대로 보장할 수는 없을 것이다. 교섭, 조정, 쟁의행위 등으로 구성된 단체교섭의 속성을 감안하고, 교섭창구 단일화를 통한 교섭대표노조의 대표권은 2년, 교섭권은 1년임을 고려하면 최소 1년 이상의 기간은 독자적인 교섭권을 향유할 수 있어야 하지만 다른 복수노조의 먼저 도래하는 단체협약 유효기간 만료 3개월 이후까지 확대한다면 교섭창구단일화의 취지를 근본적으로 몰각하는 것이 될 수도 있을 것이다.

3) 2011.7.1 이후에 설립된 다른 복수노조와 관계

2011.7.1 시행일에 A노조가 기존에 교섭중인 단체교섭에 대해서 독자적으로 교섭권을 행사하던 중 2011.10.1 B노조가 설립된다면 B노조는 복수노조상태지만 교섭창구 단일화가 불가능하다. 이 경우 ① 헌법상 고유한 노동3권에 따라 자연스레 개별교섭을 할 수 밖에 없을 것이라는 설, ② 노조법상 단일화 규정에 따라 기존 노조의 단체협약 유효기간 만료 3개월 전까지 무협약 상태로 있어야 한다는 노동부와 경총 등의 입장, ③ 기존 교섭중인 단체교섭에 대해 독자적인 교섭권을 가진 노조가 신설노조의 교섭안을 포함하여 대표 노조로서 함께 교섭을 진행하여야 한다는 설 등 3가지 입장으로 나뉜다. 만약 교섭창구 단일화를 이유로 교섭권을 부정하면서 기존 노조의 단체협약 유효기간 만료 3개월 전까지 무협약 상태로 방치한다면 헌법상 기본권의 침해로 볼 수도 있다.

나. 교섭창구 단일화 대상

하나의 사업 또는 사업장에 조직형태를 불문하고 근로자가 설립하거나 가입한 노동조합이 2개 이상 있는 경우 그 사업 또는 사업장에 대하여는 교섭창구 단일화에 관한 관련규정[8]이 적용되므로 산별노조의 지회 · 지부 · 분회 등도

8) 노조법 제29조의2제1항 전단

사업장 단위 교섭에서는 교섭창구단일화 대상에 포함된다. 그러나 사업장단위를 벗어나 사용자단체와 행하는 산별교섭의 경우는 교섭창구단일화와 무관하게 교섭을 할 수 있다. 그러므로 사용자단체와 교섭하는 경우, 지역과 업종단위에서 위임교섭, 집단교섭 등의 방식으로 교섭하는 경우는 창구단일화규정이 적용되지 않는다. 물론 지회 · 분회 등 산별노동조합의 지회 등이 교섭권의 위임을 받아 개별사업장의 사용자와 교섭하는 경우는 그 사업장 단위에서 교섭창구단일화 절차를 거쳐야 한다. 실무상 복수노조 창구단일화 이전에 이미 일부 산별노조는 사용자들로부터 집단교섭을 하고 있는 경우가 있는데, 사용자가 단일화규정을 이유로 교섭을 거절할 경우 부당노동행위로 볼 수 있느냐가 의문이다. 한편 고용부는 초기업단위 노조의 집단교섭이나 통일교섭 요구에 대해 사용자가 이를 거부하더라도 부당노동행위로 보지 않는다.

하나의 사업장에 사용자와 직접적인 고용관계가 형성되지 않은 사내하도급노조 등은 사용자에 대해 교섭을 요구하거나 교섭창구 단일화 절차에 참여할 수 없다. 일부 판례에서 원청이 하청노동조합의 활동에 대해 지배개입한 것을 인정하고 부당노동행위 구제명령의 이행자로서 원청의 책임을 인정한 바 있으나 단체교섭대상으로 볼 수는 없다.[9)]

다. 교섭창구 단일화와 교섭구도

복수노조에서 노동조합은 사용자가 교섭창구단일화 절차를 거치지 않고 개별교섭을 하기로 동의한 경우 이외에는 반드시 단일화절차를 통해 교섭대표노동조합을 정하여 교섭을 요구하여야 한다. 개별교섭은 반드시 노조의 요구가 있을 때 사용자가 단일화절차를 거치지 않기로 동의를 하여야만 비로소 가

9) 대판 2007두8881, 2010.3.25. 사내 하청업체 소속 일부 근로자들이 비밀리에 노동조합준비위원회를 결성하고 비밀조합원제도를 유지하여 오다가 노동조합설립신고증을 교부받게 되었는데, 원청은 사내 하청업체 성원기업 대표로 하여금 조합원을 사업장에서 근무하지 못하도록 요청하여 근무대기를 하도록 하였고, (중략) 사내 하청업체는 원청의 업무만 수행하고 있고, 개별도급계약의 체결 여부 및 물량을 그 계획에 따라 주도적으로 조절할 수 있고, 도급계약의 해지, 사내 하청업체 등록해지 권한을 가지고 있는 등 우월적 지위에 있으면서, 하청업체들의 폐업을 주도한 점 등으로 볼 때, 원청이 사업폐지를 유도하는 행위와 이로 인하여 참가인 조합의 활동을 위축시키거나 침해하는 지배 · 개입 행위를 하였다고 판단하였다.

능한 것이지 사용자가 일방적으로 결정할 수는 없다. 만약 사용자에게 임의로 개별교섭 결정권을 준다면 특정 노조를 취사선택하는 결과가 되고, 자율교섭에는 포함되더라도 교섭에 참여하지 못하는 소수노조의 교섭권을 방해하는 결과가 될 수도 있다. 따라서 기타 사유로 교섭창구단일화의 예외를 허용한다면 법적제도의 안정화는 크게 위협받을 수 있으므로 법 규정은 엄격하게 준수되어야 한다. 다만, 관련법을 합목적적으로 해석하여 헌법상 보장된 소수노조의 교섭권과 근로조건의 통일성 문제도 적극 고려되지 않으면 아니된다.

2011.7.1 이후에 교섭창구단일화와 관련한 노조의 교섭구도는 ① 단수노조가 교섭 중 다른 노조가 설립되어 복수노조가 된 경우, ② 복수의 노조가 단일화절차를 진행 중 제3노조가 설립된 경우, ③ 기존 노조의 단체협약 유효기간 중 복수노조가 설립된 경우 등 통상 3가지 유형으로 나눌 수 있는데 하나씩 검토해 가면서 문제점과 대응방안을 살펴본다.

1) 교섭 중 제2 노조가 설립되어 복수노조가 된 경우

기존의 A노조가 2011.10.20 단체협약의 2년 유효기간이 만료된다면 그 노조는 단일화절차와 무관하게 유효기간 만료 3개월 전인 2011.7.21부터 교섭을 요구하여 개별교섭을 진행할 수 있는데 2011.10.20까지 단체교섭이 타결되지 않고 협상을 계속할 수도 있다. A노조는 2011.7.1 개정법 시행시점에 교섭중인 노조는 아니므로 복수노조가 된다면 당연히 교섭대표노조 지위를 확보할 수는 없다. 이 경우 2011.10.1 B노조가 설립된다면 당연히 사용자에게 최초교섭을 요구할 것이다. 이때 사용자가 개별교섭에 동의하지 않는다면 AB노조가 교섭창구 단일화절차를 거쳐야 하는지 아니면 이미 개별교섭 중인 A노조의 교섭기득권을 존중하여 각각 개별교섭으로 협약을 체결한 이후에 장차 먼저 도래하는 금번 협약의 유효기간 3개월 전에 교섭을 요구할 때 비로소 교섭창구를 단일화해야 하는지가 의문이다.

이 경우 복수노조체제로 전환되었으니 1 : 1 교섭도중이라도 사용자가 교섭창구를 단일화하지 않았다는 이유로 이후 교섭을 거부할 경우 부당노동행위로 볼 수는 없다. 한편 3개월 이상 수차례 교섭을 가진 기존 노조는 기득교섭권을 주장하며 개별교섭을 통해 주장을 관철시키려고 노력하면서 노사갈등을 증폭시킬 것이다. 이러한 경우 사용자는 B노조가 교섭을 요구한 시점부터 교섭요구사실 공고 등 단일화절차를 개시하여 교섭노동조합이 확정된 날로부터 14일 이내에 교섭창구단일화를 거치지 않고 각 노조와 개별교섭을 통해 단체협약을 체결하든지 혹은 단일화절차에 따라 결정된 교섭대표노조와 교섭을 통해 사업장 내 근로조건을 확정하는 것이 현행법제에서 가장 원만한 해결방법이 된다.

2) 단일화절차 진행 중 제3의 노조 설립

교섭창구 단일화 절차를 진행하여 사용자의 교섭요구사실 공고기간이 만료되어 교섭을 요구한 노동조합이 확정된 이후에 제3노조가 설립되었을 경우 제3노조는 복수노조가 체결한 단체협약의 유효기간이 만료되기 3개월 전까지 무협약 상태로 있어야 하는 것인지 또는 헌법상 교섭권을 존중하여 최초 교섭을 개별교섭으로 진행할 수 있는지 의문이다. 복수노조체제에서 예외적인 경우가 아니면 개별교섭은 불가능하다. 따라서 교섭창구단일화는 교섭을 요구한 노동조합이 확정된 후 14일 이내 즉, 자율적으로 교섭대표노동조합을 결정하는 기한 내에 사용자가 개별교섭에 동의하지 않으면 예외 없이 준수되어야 한다. 이 경우 사용자는 차기 교섭시까지 복수의 교섭대표노조가 체결한 단체협약상 근로조건 등 규범적인 부분을 제3노조에게도 적용하여 사업장내 근로조건을 통일적으로 유지하는 것이 바람직하다. 다만, 복수노조에게 적용되는 조합활동 등 채무적인 부분의 일반적인 사항을 제3노조에게도 허용하는 것은 지나친 비약으로 볼 수도 있다. 단체협약은 공법적 효력을 가진 사법상계약으로 볼 수 있으므로 계약이 없는 상태에서 허용여부를 논할 수는 없다. 다만, 사실관계에서 상호 협의아래 허용하는 것은 무방할 것이다. 통상 임금협정의 경우 1년을 유효기간으로 정하는 것이 일반적이므로 차기 교섭요구까지의 공백기간은 9개월 이내로 길지 않다. 다만, 교섭기간의 장기화로 지나친 무협약상태가 지속될 경우 헌법상 보장된 소수노조의 교섭권이 근본적으로 훼손될 수도 있을 것이고 노사갈등 또는 노노갈등 등 조직 외부의 유인으로 인한 조합원의 이탈과 동요 등 신설조직이 해산되는 위기에 처할 우려도 있다.

만약 복수노조가 자율적 교섭대표노조 결정기한 내에 사용자의 동의를 얻어 개별교섭을 하던 중 제3노조가 설립된 경우가 있겠는데, 이 경우에도 제3노조는 교섭요구노동조합의 확정공고가 끝났으므로 차기 교섭창구 단일화시까지 단체협약은 없으나 근로조건 등 규범적인 부분은 다수노조가 체결한 단체협약상 조건을 준용하여 사업장 내 근로조건을 통일하는 것이 바람직하다.

그러나 실무상 사업장내 근로조건을 통일시키는 것은 어려울 수도 있다. 노동조합은 생물처럼 주변의 환경에 민감하게 반응하면서 끊임없이 살아 움직이는 조직일 수 있다. 이 기간 동안 노조에 대해 적대적인 사용자는 근로조건과 조합활동 등의 합법적인 차별화를 통해 조직기반이 취약한 신설노조의 내부결속을 와해시킬 수도 있고, 기존 노조는 신설 노조원을 자기편으로 끌어 들이기 위해 사용자로 하여금 근로조건을 차별화 하도록 압력을 행사하거나 신설 노조원을 유인하기 위해 조직적인 활동을 하는 등 복잡한 양상이 나타날 수도 있기 때문이다.

3) 기존 노조의 단체협약 유효기간 중 복수노조 설립

기존 노조가 단체협약을 체결하여 유효기간 중 제2노조가 설립되어 복수노조가 된 경우 신설노조는 기존노조의 단체협약 유효기간 만료 3개월 전까지 기다려야 하는지 아니면 신설노조의 교섭요구시점에서 교섭창구를 단일화하여 새로운 단체협약을 체결해야 하는지 의문이다. 이 경우 노조법은 기존 노조의 단체협약 유효기간 만료 3개월이 되는 날부터 교섭을 요구할 수 있다고 정하고 있으므로 신설노조는 차기 교섭시까지 무협약 상태로 있거나, 기존노조와 사용자가 합의를 통해 기존 단체협약을 합의해지하고 신설노조와 함께 새로운 단체협약을 체결하기 위한 교섭창구 단일화절차를 진행할 수도 있다. 만일 차기 교섭시까지 무협약 상태로 있는다고 하면 비록 단체협약은 없으나 근로조건 등 규범적인 부분은 다수노조가 체결한 단체협약상 조건을 준용하여 사업장 내 근로조건을 통일하는 것이 바람직하다.

다만, 단체협약을 체결하지 않은 무협약 기간중 노동조합을 둘러싼 노사갈등과 신구노조 사이에 노노갈등이 계속되는 등 조직 외부의 유인이 있을 경우 조합원의 이탈과 동요 등 조직이 위기에 처할 수도 있으며 사측으로부터 조합 내부의 결속을 와해시키려는 다양한 시도를 예상하는 것은 어렵지 않다. 따라서 신설노조가 무협약 상태로 머물러 있는 동안 기존노조 등이 체결한 단체협약의 규범적효력을 동일하게 확대 적용한다는 것은 이론처럼 쉽지 않을 수 있다.

라. 단체협약의 자동연장 및 자동갱신조항

교섭창구 단일화 절차에 참여하지 않으면 교섭대표노조가 체결한 단체협약의 효력은 불참 노조에게 미치지 않고, 기존 노조의 경우라면 이미 체결한 단체협약은 그 유효기간까지 효력이 존속한다. 대부분의 기존 단체협약 속에는 자동갱신조항 또는 자동연장조항이 있는데 교섭창구 단일화 절차에 참여하지 않은 노조가 체결한 이러한 단체협약의 효력이 개정법상 어떤 근거로 그 효력을 인정해야 할 것인지 여부가 논란이 되고 있다.

1) 자동갱신조항

자동갱신조항(自動更新條項)[10]의 경우 법적 근거는 없으나 당사자가 합의로 정할 경우 그 효력을 부인할 수 없다.[11] 만약, 자동갱신조항을 사용자의 자율교섭 동의에 의한 새로운 협약 체결로 본다면 하나의 사업 또는 사업장 내에서 교섭방식과 절차를 달리하는 것은 형평성과 차별 문제로 시비가 생길 수 있으므로 모든 노조와 개별교섭을 하여야 하기 때문에 교섭창구 단일화 제도의 근간을 무색하게 할 수도 있는 문제점이 있다. 다만, 정당한 교섭절차를 거쳐 체결한 단체협약 내용의 효력을 부인하기도 어렵다.

10) 자동갱신조항은 법으로 정한 제도는 아니지만 당사자 합의로 정하여, 단체협약의 유효기간 만료전의 일정기간까지 당사자 어느 일방에서도 협약의 변경을 주장하지 않는 경우 즉, 종전과 동일한 단체협약을 체결하기를 원하는 경우 그 단체협약을 계속 존속시킨다는 취지의 협정을 말한다. 자동갱신조항은 1회만 유효한 것이 아니라 반복적으로 갱신할 수도 있으나. 갱신된 단체협약의 유효기간은 2년으로 보아야 할 것이다.만일 그 이상으로 본다면 근로조건의 고착화와 노동조합의 유명무실 문제, 사실상 지배개입의 우려 등이 있을 수도 있다.

11) 대판 92다27102, 1993.2.9

2) 자동연장조항

자동연장조항(自動延長條項)[12]의 경우, 새로운 협약이 체결될 때까지 기존 단협의 효력은 유효한 것으로 약정하고 당사자 일방이 해지하고자 하는 날의 6개월 전까지 상대방에게 통보함으로써 해지할 수 있으므로 복수노조 하에서 자동연장협정을 체결한 단체협약의 유효기간은 해지권의 효력이 발생하는 날이라고 할 수 있다. 따라서 복수노조의 경우 해지권의 효력이 먼저 발생하는 단체협약의 해지권효력 발생 3개월 전부터 교섭창구 단일화 절차를 거쳐 새로운 단체협약을 체결하는 방안이 유력한 대안이 될 것이고, 또 다른 견해는 자동연장 조항 적용 후 교섭창구 단일화 절차에 따라 교섭대표노조가 체결한 단체협약의 유효기간 만료 3개월 전이 교섭창구 단일화 시점이 될 수도 있다.

2. 교섭요구 노동조합의 확정 · 결정

가. 교섭요구시기 및 방법

하나의 사업 또는 사업장에서 조직된 노동조합은, 그 조직대상의 중복 · 조직형태 및 복수노조 체제인지 여부에 관계없이, 단체협약 유효기간 만료일 이전 3개월이 되는 날부터 사용자에게 교섭을 요구할 수 있다. 여기서 *노동조합은 노조법상 노조[13]로서, 설립신고증을 교부받은 노조 또는 설립신고증을 교부받은 노조의 지부 · 분회로서 단위노조로부터 교섭권의 위임을 받은 노조를 말한다. *초기업노동조합의 경우 해당 기업에 조합원이 있는지 여부를 누고 다툼이 있을 수 있는데, 노동조합이 해당기업에 재직중인 조합원 명부를 첨부한 경우, 근로자가 은행 등 공신력 있는 금융기관을 통하여 조합비를 납

---

12) 자동연장협정은 단체협약의 유효기간 만료를 전후하여 새로운 단체협약의 노력을 하고, 그 결과 교섭이 타결되지 않는 사태(단체협약의 기간만료 후 법으로 연장되는 3월의 기간까지 합의가 지연될 경우 등)에 대처하여 새로운 단체협약이 체결될 때까지 기존 단협의 효력을 존속시킨다는 내용의 협정조항을 두는 것을 뜻한다. 따라서 새로운 단체협약 체결을 위한 노력이 없다면 유효기간 만료 후 3개월이 경과하면 무협약 상태가 된다. 자동연장된 단체협약의 효력을 해지하고자 하는 경우는 당사자 일방이 해지하고자 하는 날의 6개월 전까지 상대방에게 통보함으로써 해지할 수 있다.

13) 노조법 제29조제3항

부한 경우, 해당 노동조합과 사용자가 체결한 단체협약이 있는 경우, 기타 이에 준하여 객관적으로 노동조합에 가입한 사실이 객관적인 방법으로 확인되어야 한다. 하나의 사업 또는 사업장에 기존 단체협약이 2개 이상 있는 경우는 각각의 유효기간이 다르더라도 먼저 도래하는 단체협약의 유효기간 만료일을 기준으로 그 이전 3개월이 되는 날부터 사용자에게 서면으로[14] 교섭을 요구할 수 있다.[15] 3개월 이전에 노조가 교섭을 요구했을 때 사용자가 이를 거절하더라도 부당노동행위는 아니다. 그러나 교섭을 금하는 규정은 없으므로 3개월 이전이라도 노사 합의만 있다면 교섭이 가능하다. 이 경우 교섭을 요구한 노동조합이 복수인 경우는 자율적으로 대표노동조합을 선정하거나 공동교섭대표단을 결성하는 등 노조법에서 정한 방식에 따라 교섭창구를 단일화하여야 한다.[16] 여기서 *단체협약이란, 임금협약, 단체협약, 노사합의서 등 그 명칭을 불문하고 유효기간이 도래하면 교섭을 요구할 수 있다. 교섭요구 이전에 노동조합은 조합원명부, 노조가입원서, 조합비납부기록, 총회와 교육 등 공식행사 참여 조합원명단 등을 상시적으로 비치하여야 하고, 규약 · 단체협약 · 설립신고증 · 초기업노조의 경우 본조의 가입인준증 등을 준비해 두어야 하며, 사업장에 복수의 노조가 존재하는 경우는 타 노조의 단체협약과 교섭움직임 등을 면밀히 파악하고 있어야 한다.

교섭대표노동조합을 결정하여야 하는 단위(이하 "교섭단위"라 한다)는 하나의 사업 또는 사업장 전체를 하나의 단위로 한다. 다만, 하나의 사업 또는 사업장에서 현격한 근로조건의 차이, 고용형태, 교섭 관행 등을 고려하여 그 내부에서도 교섭단위를 분리하는 것이 합리적인 경우 등, 교섭단위를 분리하는 것이 필요가 있다고 인정되는 경우, 노동위원회는 사용자를 포함한 노동관계 당사자의 양쪽 또는 어느 한 쪽의 신청을 받아 교섭단위를 분리하는 결정을 할 수

---

14) 노동조합의 명칭, 교섭을 요구한 날 현재 조합원의 수 등을 기재

15) 노조령 제14조의2

16) 1안 : 사업장내 모든 노조가 참여하여 자율적으로 교섭대표노동조합을 선정,
2안 : 전체 조합원 과반수로 조직된 노동조합을 대표노동조합으로 선정,
3안 : 자율적으로 "공동교섭대표단"을 구성하는 방법으로 교섭창구를 단일화,
4안 : 노동위원회의 공동교섭대표단 구성에 관한 결정에 따르는 방식

있다. 노동위원회의 교섭단위 분리결정시 각 교섭단위 내에서 교섭창구 단일화 절차에 따라 교섭대표노조를 결정한다.

실무상, 복수의 노조는 교섭창구 단일화를 위한 절차를 진행하기에 앞서서, 공동의사 결정을 보다 용이하게 하기 위해 소정의 협정을 체결하는 것이 바람직하다. 주요 내용은, 노조간 부당경쟁 방지, 교섭 및 쟁의행위시 비용분담 방안, 개별교섭에 관한 사항, 교섭대표자 선정에 관한 사항, 교섭대표노조의 정보공유와 협조 등, 기타 공동대표단 구성과 협약체결과 쟁의행위 등에 관한 제반사항[17]이 될 것이다.

소정의 절차를 거쳐 교섭요구 노동조합이 확정되면 사업장내 모든 노조가 참여하여 자율적으로 교섭대표노동조합[18]을 정하여 사용자 및 사용자단체에게 단체교섭을 요구하거나, 법으로 정한 교섭창구 단일화절차를 거쳐서 교섭대표노동조합을 확정하여야 한다. "1사1교섭원칙, 교섭창구 단일화원칙"으로 부른다.

1) 창구 단일화의 예외

교섭대표노동조합을 자율적으로 결정하는 기한 즉, 교섭요구 노동조합이 확정 또는 결정된 날로부터 14일 이내에 사용자가 교섭창구 단일화 절차를 거치지 아니하기로, 노동조합별 개별교섭을 하기로 동의한 경우에는 그러하지 아니하다.[19] 여기서 사용자의 개별교섭 동의는 1회의 교섭에만 적용되는 것이 원칙이다. 사용자의 동의방법에는 제한이 없으나 서면으로 작성하여 분쟁의 소지를 줄이는 것이 좋다. 사용자의 개별교섭 동의의 효력은 언제까지 지속되는가? 고용부는 사용자의 동의에 따라 체결된 그 단체협약의 유효기간까지 동의의 효력이 유지되는 것으로 본다.[20]

결국 개별교섭 동의에 의해 체결한 수개의 단체협약 중 최초로 만료일이 도

---

17) 참여노조간 균등대우 사항, 공정대표 사항, 쟁의행위 찬반투표 및 쟁의행위 운영사항, 단체협약 체결에 관한 사항(사전동의, 조합원 찬반투표 등)

18) 2개 이상의 노동조합 조합원을 구성원으로 하는 교섭대표기구를 포함한다

19) 노조법 제29조의2제1항

20) 고용노동부, 복수노조업무매뉴얼, 2011. 20면

래하는 협약을 기준으로 3개월 전 시점에서 창구단일화가 시작되므로 개별교섭 합의의 효력도 종료되는 것이다. 따라서 다음 회의 교섭에는 다시 사용자의 동의를 얻어야 한다. 고용부는 자율교섭 동의조항을 강행규정으로 보아서 14일의 기간이 경과한 이후에 개별교섭에 합의하거나 단체협약 등으로 미리 자율교섭에 합의한 경우 모두를 무효로 보고 있다.

그러나 노사합의를 존중하는 측면에서는 14일이 경과하여 교섭창구 단일화 절차 진행 중 혹은 교섭대표노조가 확정된 이후에도 합의만 있다면 자율교섭을 할 수 있다고 보고, 단체협약으로 자율교섭에 관한 사항을 정하는 것이 노사자율원칙에도 부합한다는 주장이 있다.

실무상, 노사가 단체협약으로 "노동조합이 개별교섭을 요청할 경우 사용자는 특별한 사정이 없는 한 교섭요구에 응낙하여야 한다."고 정하는 등 개별교섭동의 간주조항을 체결한 경우는 어떻게 될까? 사전에 정한 특별한 사정이 없다면 사용자는 개별교섭에 응낙할 의무가 있는 것으로 보아야 한다는 주장도 앞의 견해와 맥을 같이 한다. 만약 단일화 절차를 거치지 않기로 정한 경우 공고 등을 통해 개별교섭 동의사실을 알리는 것 또는 단일화 절차를 거친 경우 교섭대표노조 결정사실 등을 명확히 하기 위하여 모든 노조가 서명 또는 날인하고 대표자 등을 선정하여 사용자에게 통지하는 것이 바람직하다.

하나의 노조에 대한 자율교섭 동의는 해당 사업 또는 사업장 내 기존노조와 신설노조 등 다른 모든 노조에게도 미쳐서 전체 노조가 교섭창구 단일화 절차를 거치지 않고 자율교섭을 할 수 있다. 만약 우호적인 노조에 대해서만 자율교섭을 동의하고 그 반대 노조의 경우는 단일화절차를 거치도록 한 경우 부당노동행위에 해당할 수 있다. 다만, 교섭단위가 다를 경우, 하나는 자율교섭으로 다른 하나는 교섭창구 단일화 절차를 거치도록 하더라도 부당노동행위로 볼 수는 없으나 교섭단위 분리 경위, 그 동안의 노사관계 등을 종합적으로 판단할 때 노조간 차별적 처우에 해당할 경우는 역시 부당노동행위에 해당 할 수 있으며, 실무상 차별적 처우로 인한 사업장내 노사갈등이 심화될 것이다.

2) 교섭요구 노동조합의 확정 또는 결정

실무상 노동조합의 교섭요구 사실의 공고 및 교섭요구 노동조합의 확정 · 결정 절차는 다음과 같다.

(1) 교섭요구사실의 공고

(가) 공고내용과 기간계산 등

노동조합으로부터 노동조합의 명칭, 교섭을 요구한 날 현재의 조합원 수 등을 기재한 서면으로 교섭요구를 받은 사용자는, 교섭을 요구받은 날로부터 7일간 교섭을 요구한 조합의 명칭 등[21)]을 당해 사업 또는 사업장에 공고하여 다른 조합과 근로자가 그 사실을 알고 참여할 수 있도록 한다. 사용자가 교섭요구사실을 공고하지 않는다면 부당노동행위에 해당한다.[22)] 공고는 교섭요구 노조 및 다른 노조와 노동자들이 알 수 있도록 사내게시판, 홈페이지 등에 게시하여야 하며, 홈페이지, 게시판 등에 접근성이 낮거나 사용에 제한이 있는 경우는 정당한 공고로 볼 수 없다.[23)] 사용자가 최초 교섭요구사실 공고를 불이행하거나 사실과 다르게 공고한 경우 노동위원회에 시정을 요청할 수 있다. 시정요구를 받은 노동위원회는 요청을 받은 날로부터 10일 이내에 그에 대한 결정을 하여야 한다.[24)] 사용자의 공고에 따라 교섭요구를 하려는 다른 노동조합은 7일간의 공고기간 내에 서면으로 사용자에게 교섭을 요청하여야 한다.[25)] 7일의 기간은 공고한 날로부터 7일간으로서, 다른 노조나 근로자들이 교섭요구사실을 알고 참여할지 말지를 결정할 수 있도록 하기 위한 최소한의 기간을 부여하는데 의미가 있다고 보아야 한다. 사용자는 교섭을 요구받은 날로부터 교섭요구사실을 바로 공고를 하여야 하는데 이를 지체한 경우는 사용자가 실

21) 교섭을 요구한 노동조합의 명칭, 대표자의 성명 및 교섭을 요구한 날, 교섭을 원하는 다른 노동조합이 있을 경우 교섭요구서의 제출기한, 공고일 및 공고기간, 소정기한까지 교섭을 요구하지 아니한 노동조합은 교섭대표노동조합 결정 및 단체교섭 절차에 참여할 수 없다는 사실 등

22) 서울행판 2013구합50678, 2013.7.17

23) 사내전산망 접근이 제한된 경우, 홈페이지 등이 평소에 전혀 이용이 되지 않은 경우, 사업상이 지방에 분산되어 있는데 본사 게시판 혹은 특정 지역게시판에만 공고한 경우 등

24) 노조령 제14조의3

25) 노조령 제14조의4

제 공고한 다음날부터 7일간을 공고기간으로 보아야 한다. 공고기간의 계산에 있어서는 달리 정한 바가 없으므로 민법에 따르는데, 공고한 초일은 산입하지 않고 익일부터 기산하여 공고기간 중 토요일과 일요일, 공휴일이 들어 있는 경우는 그 날을 포함하여 계산하고 공고기간의 말일이 공휴일인 경우는 그 익일을 만료일로 본다.[26] 공고기간의 초일이 토요일과 공휴일인 경우는 달리 정한 바가 없으므로 그 날이 공고일인데 불구하고 익일인 월요일 등에 공고하였을 경우는 그 일수만큼 지체한 경우에 해당한다.[27] 사용자는 최초 공고기간이 끝난 다음 날에 교섭을 요구한 모든 노동조합에 관한 주요사항 즉, 교섭을 요구한 모든 노동조합의 명칭, 대표자의 성명, 주된 사무소의 소재지(사무소가 있는 경우에 한한다)교섭을 요구한 날, 교섭을 요구한 날 현재의 노동조합별 조합원의 수 등을 5일간 공고 하여야 한다.

사용자가 교섭요구사실을 공고하면서 참여의사가 있는 노동조합의 교섭요구서 제출시한까지 교섭을 요구하지 아니한 노동조합, 공고 기간 이후에 근로자가 설립하거나 가입한 경우에는 그 노동조합은 교섭대표노동조합결정 절차에 참여할 수 없다. 소정의 기한까지 교섭을 요구한 노동조합이 1개인 경우에는 그 노동조합을 교섭대표노동조합으로 본다.

(나) 공고기간 이후에 설립된 노조의 교섭권

실무상, 공고기간 후에 설립신고 된 노동조합의 교섭권은 어떻게 할 것인가 의문이다. 교섭권은 노조법보다 앞서는 헌법상 보장된 권리임에도 사용자가 개별교섭에 동의하지 않으면 신설노조는 차기 교섭대표자 선정시까지 통상 수 개월에서~최소 임금협상까지 1년간을 단체협약이 없는 상태로 기다려야 한

---

26) 기업별 노조 A와 산업별노조지회 B가 있는 가운데, 단체협약의 유효기간 만료일이 5.31인 A가 2013.3.1에 교섭요구를 하였는데, 사용자가 3.5 공고를 하였다면 7일간은 3.6~3.12 24:00를 의미한다. 만약 기간의 말일인 3.12이 토요일 혹은 공휴일에 해당하는 경우는 그 다음 날인 3.13에 만료한다.

27) 대전지판 2012가합 35037, 2013.4.17. 민법 제161조, 2012.2.22 교섭요구를 받고, 2.23 공고를 하였으면(노조법시행령 제14조의3제1항 전단, 2.22 교섭을 요구받은 날부터 공고하여야 하는데 1일을 지체하였다) 2.24부터 기산하여 3.1이 7일간의 만료일이 되나 3.1이 공휴일이므로 익일인 3.2 24:00이 만료일이다. 당초 2.22 공고를 하였다면 2.23부터 기산하여 7일째인 2.29 밤 24:00이 만료일이다.

다는 결론에 도달할 수 있다. 이 문제는 입법적으로 정한 바가 없으므로 해석론을 통해 풀어나가는 수밖에 없다.

첫째, 신설노조에게도 독자적인 교섭권을 부여하여야 한다는 견해에서는, 신설노조가 존재하지 않았던 시기에 교섭대표노조가 선정되었고, 모든 노조에게 헌법상 노동3권인 교섭권이 있다는 점을 주장한다. 그러나 이 경우 신설노조에게 교섭권을 허용하면 교섭창구단일화의 입법적 기본틀이 심각하게 훼손되어 교섭질서가 무너지고 부당노동행위가 공공연히 발생하는 등의 문제점이 발생할 수 있다.

둘째, 교섭대표노조의 대표권은 그 협약이 적용되는 시기 동안 유효한 것이므로, 신설노조의 교섭권도 그 속에 포함되는 것으로 파악할 수가 있다. 이는 사용자의 교섭비용 절감과 교섭창구 난립으로 인한 경영공백을 최소화하는데 의의가 있을 것이다. 이 경우 신설노조에게 기존 노조가 체결한 단체협약의 규범적 효력을 동일하게 적용하여야 하는데 현행법상 달리 규정을 찾을 수 없다는 점이 문제가 될 것이고, 기존노조와 사용자가 신설노조에게 우호적이지 않을 수도 있다. 신설노조와 기존노조의 노노간 치열한 다툼도 예상할 수 있으므로 교섭대표노조가 체결한 근로조건을 신설노조에게 동일하게 적용하기는 어려울 것이다.

(다) 단일화 불참노조

교섭창구 단일화 과정에 모든 노조가 의무적으로 참여해야 하는 것은 아니며 단일화과정에 참여할 것인지 여부는 노조 스스로 정책적인 의사결정을 내려야 한다. 불참노조는 기존에 체결한 단체협약의 유효기간까지 적용을 받을 수 있고 그 기간이 만료되면 자동연장협정[28]이 없다면 단체협약의 모든 효력은 실효되는 것이 원칙이다.

---

28) 노조법 제32조제3항 단서, 통상적으로 단체협약의 효력기간이 만료되는 시점까지 교섭이 타결되지 않으면 단체협약이 없는 무협약상태가 빌생할 수 있는데 이것을 예방하기 위해 새로운 단체협약이 체결될 때까지 기존협약의 효력을 자동연장 하도록 협약을 체결하는 것이 일반적이다. 자동으로 연장된 단체협약을 해지하고자 할 경우 해지하고자 하는 날의 6개월 전까지 상대방에게 통고함으로써 종선의 단체협약을 해지할 수 있다.

(라) 일부 단일화 일부 자율교섭 가능성

복수의 노조가 있는 가운데, 하나의 교섭단위 내에서 일부 노조A : 사용자는 개별교섭을, 일부 노조B 와 일부 노조C : 사용자는 교섭창구단일화를 진행할 수 있을까 하는 것이 의문이다. 현재 조문 해석상 명확한 규정은 없다. 다만, 개별교섭은 반드시 노조의 요구가 있을 때 사용자가 단일화절차를 거치지 않기로 동의를 하여야만 비로소 가능한 것이지 사용자가 일방적으로 결정할 수는 없다. 만약 사용자에게 임의로 개별교섭 결정권을 준다면 특정 노조를 취사선택하는 결과가 되고, 자율교섭에는 포함되더라도 교섭에 참여하지 못하는 소수노조의 교섭권을 방해하는 결과가 될 수도 있다. 따라서 복수노조체제에서 일부 노조와 개별교섭을 하면 부당노동행위 소지가 있고 교섭창구 단일화 취지가 무색해 진다. 따라서 전체 복수 노조와 각각 개별교섭을 하여야 한다. 실무상, 사용자가 A노조의 개별교섭을 수용한다면 나머지 B와 C노조도 개별교섭으로 갈 수 밖에 없을 것이다. 만약 B, C 노조가 창구단일화를 원한다면 노조끼리 위임에 의한 방식으로 교섭을 하여 사실상 창구단일화와 같은 효과를 거둘 수는 있을 것이나 드문 일이 될 것이다.

(마) 교섭대상에 따른 교섭창구 단일화

교섭창구 단일화는 궁극적으로 하나의 사업장 내에서 개별노조들과 사용자가 결정한 근로조건이 하나로 통일성을 유지할 수 있다는데 의의를 찾을 수 있다. 다만, 단체협약 속에는 임금, 근로시간 등 근로조건에 관한 *규범적부분과 조합활동의 보장, 편의제공, 타임오프문제, 전임자문제, 조합비공제 등 사용자와 개별 노동조합 사이에 조합활동 등에 관한 *채무적부분이 포함되어 있다. 이러한 채무적인 부분은 그 조합의 성격과 활동방향, 목적 등에 따라 각각 상이한 특색이 있기 마련이므로 수개의 노조가 교섭창구 단일화 속에서 통일적으로 체결하는 것은 무리가 있다. 따라서 교섭창구 단일화를 하더라도 교섭내용은 규범적부분에 국한하고, 채무적인 부분은 개별노조들이 독자적으로 교섭하는 것이 바람직하다. 아울러, 직종별로 교섭단위가 각각 분리되지 않은 가운데 교섭대표노조가 선정되어 교섭이 진행되었다면, 사무, 기술, 영업 등 노동조합별로 조합원의 직종과 임금, 근로시간 산정기준 등이 상이하여 교섭대표노조가 직종이 서로 다른 복수 노조의 근로조건에 관한 통일적인 근로조건으로 교섭안을 내놓기 어려운 경우가 있다. 이러한 경우는 사용자와 교섭대표노조가 전체적인 임금인상폭과 기준, 휴가 · 근로시간 등에 관한 대강의 기준과 타결점에 관해 합의한 후 나머지 직종별로 세부적인 사항은 개별조합 : 사용자가 개별교섭으로 진행하는 것이 바람직하다.

(2) 공고에 대한 이의신청

사용자는 최초 공고기간이 끝난 다음 날에 교섭을 요구한 모든 노동조합에 관한 주요사항[29]을 5일간 공고 하여야 한다. 한편 교섭요구를 한 노동조합은 사용자가 공고한 내용이 사실과 다르거나 공고되지 않은 것으로 판단될 경우는 공고기간 중에 사용자에게 이의신청을 할 수 있고, 이의내용이 사실이라고 인정되는 경우 사용자는 당초 공고기간이 끝난 날부터 5일간 신청한 내용대로 공고하고 이의를 제기한 노동조합에 통지하여야 한다. 만약 이의신청에도 불구하고 사용자가 ① 공고하지 않은 경우는 당초 5일간의 공고기간이 끝난 날부터 5일 이내, ② 신청내용과 다르게 공고한 경우는 사실과 다르게 공고한 5일의 기간이 끝난 날부터 5일 이내에 노동위원회에 시정을 요청할 수 있다. 노동조합으로부터 시정요청을 받은 노동위원회는 그 요청을 받은 날부터 사실조사를 거쳐 10일 이내에 그에 대한 결정을 하여야 한다.[30] 노동위원회가 사용자의 교섭요구사실 공고에 위법한 흠결이 발견되었다면 재공고명령을 할 수 있고 불응시 직권공고절차가 진행될 수 있다. 노동조합 또는 사용자는 노동위원회의 결정이 위법하거나 월권이라며 불복할 경우는 재심신청도 가능하다. 만약 재공고기간 중에 설립된 노조가 있는 경우는 재공고한 기간 중에 자율교섭에 참여할 수 있다.

실무상 교섭요구 노동조합 확정 공고를 하지 않은 경우 및 신청내용과 다르게 공고한 경우는 이의신청과 사용자의 조치 또는 노동위원회의 결정을 통하여 그 확정공고의 효력을 사후적으로 소멸시키는 제도가 있다. 그러나 ③『공

29) 교섭을 요구한 모든 노동조합의 명칭, 대표자의 성명, 주된 사무소의 소재지(사무소가 있는 경우에 한한다)교섭을 요구한 날, 교섭을 요구한 날 현재의 노동조합별 조합원의 수 등

30) 노조령 제14조의5

고기간을 준수하지 않은 경우 또는 공고기간을 지체한 경우』는 어떻게 될까 의문이다. 확정공고 자체를 무효로 볼 경우 그 후속절차인 자율적인 교섭대표노동조합의 결정과 개별교섭요구 그리고 그에 따라 이미 진행된 단체교섭 등 확정공고를 신뢰한 법률관계가 소급적으로 무효가 되어 장기간 미제 상태로 남게 되는 등의 문제가 발생할 수 있기 때문에 확정공고를 지체했다는 사정 하나만으로 무조건 그 확정공고를 무효로 보는 것은 불합리할 수도 있다. 따라서 법률관계 안정과 노사관계의 신뢰성을 고려하여 공고를 지체한 기간과 그렇게 된 경위 등을 종합적으로 판단하여 무효여부를 결정하는 것이 바람직 할 것이다.[31)]

3. 교섭대표노동조합 결정

교섭창구 단일화 절차는 자율적 선정방안→ 과반수 노조를 선정하는 방안→ 공동교섭대표단을 구성하는 방안 등 네 가지 방안을 순차적으로 활용한다. 첫째, 사업장내 모든 노조가 참여하여 자율적으로 교섭대표노동조합을 선정하는 방법, 둘째, 전체 조합원 과반수로 조직된 노동조합을 대표노동조합으로 선정하는 방법, 셋째, 자율적으로 "공동교섭대표단"을 구성하는 방법, 넷째, 노동위원회의 공동교섭대표단 구성에 관한 결정에 따르는 방식이 있다.

가. 자율적으로 교섭대표노동조합 선정

1) 교섭대표노동조합의 대표자와 교섭위원 선정

소정의 절차에 따라 교섭에 참여한 노동조합으로 확정 또는 노동위원회의 결정에 의해 결정된 노동조합은 확정 또는 결정된 날로부터 14일이 되는 날을

31) 대전지판 2012가합35037, 2013.4.17, (예) 교섭요구사실의 공고기간이 만료하는 2012.3.2의 다음 날인 3.3(토)에 교섭을 요구한 노동조합을 확정통지 하고, 그 노동조합의 명칭과 교섭을 요구한 날 현재의 노동조합원 수, 공고내용이 노동조합이 제출한 내용과 다르게 공고되거나 공고되지 않은 경우에는 사용자에게 이의를 신청할 수 있다는 내용을 5일간 공고를 하여야 함에도 불구하고, 3.3과 3.4일이 각각 토요일과 일요일이라서 월요일인 3.5에 공고를 하게 되자, 이틀을 지체하여 무효라고 주장한 사건에서, 사용자가 공고를 지체한 기간이 이틀에 불과하고, 근로자들이 쉬는 토요일과 일요일에 확정 공고하는 것은 불합리하다고 오해한 점을 종합적으로 고려하여, 사용자가 3.5에 공고하면서 3.6부터 기산하여 3.12(3.10은 토요일 3.11은 일요일)을 만료일로 정한 사실이 무효라는 원고의 주장을 받아들이지 않았다.

기한으로 하여, 자율적으로 교섭대표노동조합의 대표자와 교섭위원을 선정하고, 참여노동조합이 연명으로 서명 또는 날인하여 그 내용을 사용자에게 통지하여야 한다. 공고연명으로 서명하는 까닭은 교섭대표노조를 자율적으로 결정하기로 하는 합의를 준수하도록 문서화하여 합의부인 · 번복 등 혼란을 방지하려는 것이다. 자율적 단일화 방식에 관한 법적 제한규정은 없으므로 복수의 노조는 노조간 합의를 통해 연합, 위임, 공동교섭 등의 형태로 교섭을 하는 것이 가능하다. 자율적으로 선정된 교섭대표노동조합은 근로자과반수로 조직되었는지 여부에 관계없이 교섭대표노조로 될 수 있다. 참여 노동조합이 자율적으로 교섭대표노동조합을 선정하여 통보한 후 일부가 그 이후의 교섭절차에 참여하지 않더라도 교섭대표노동조합의 지위는 그대로 유지된다.[32)]

2) 14일이 경과한 합의의 효력

만약, 14일을 경과하여 합의한 경우 그 효력은 어떻게 되는지 의문이다. 법문상 14일의 기준이 강행규정이라고 본다면 그 이후의 자율적 교섭대표결정의 합의는 소용이 없게 된다.[33)] 실무상 14일의 기간은 참여노조의 확정 또는 결정 통보일로부터 14일 이내에 사용자로 하여금 개별노조와 교섭을 할 것인지 교섭창구 단일화절차 방식을 택할 것인지를 결정하도록 하여 원만한 노사합의를 유도하는 것이므로 14일이 경과한 이후에도 교섭창구단일화 방식에 합의할 수는 있다고 보아야 한다. 자율적인 교섭대표노조 선정 및 개별교섭의 합의가 무효인 경우는 곧바로 교섭단위 내에 과반수노조가 존재하는지 여부를 검토하여야 하는데 이 경우 조합원이 과반수인지 여부를 판단하는 기준일은 시행령 제14조의5 교섭요구사실의 공고기간 7일이 끝난 다음 날 8일째 되는 날, 교섭요구 노동조합을 확정공고 하여야 하는데 그 확정공고일이 과반수인지 여부를 판단하는 시점이 된다. 다만, 과반수 노동조합을 결정하

32) 노조령 제14조의6

33) 노조법 제29조의2제1항 단서, 제2항, 노조령 제14조의6, 2012.3.5 달리 이의신청이 없이 교섭요구노동조합이 확정된 날로부터 14일간 즉, 2012.3.6부터 3.19까지는 교섭창구단일화에 참여한 노동조합이 자율적으로 교섭대표노동조합을 결정할 수 있다. 따라서 이 기간을 경과한 3.21에 노동조합이 개별교섭요구(노조법 제29조의2제1항 단서)를 하거나 자율적 교섭대표노조를 선정하였다면 효력이 없다.

는 기준일이 언제인가에 따라 향후 1~2년간 노동조합의 운명이 좌우되므로 엄격한 판단이 필요하다. 따라서 확정공고일은 『실제로 교섭요구 노동조합을 확정공고한 날이 아니라, 확정공고를 했어야 하는 날』이 되어야 한다. 그렇지 않고 실제 확정공고일로 한다면 사용자가 임의로 과반수 노동조합을 결정하는 기준일을 정하는 격이 되는 등 결국 부당노동행위로 이어질 수도 있기 때문이다. 따라서 교섭참여노조의 확정공고일이 지체되어 공고기간을 준수하지 않은 경우, 확정공고를 지체했다는 사정 하나만으로 무조건 그 확정공고를 무효로 보기에는 불합리하여 실제 확정공고한 것을 유효하게 판단하더라도 과반수 노동조합을 결정하는 기준일은 법적으로 확정공고를 했어야 하는 날을 기준일로 한다.[34)]

3) 확정 및 결정의 의미

교섭에 참여한 노동조합으로 확정 또는 노동위원회의 결정에 의해 결정된 노동조합은 확정 또는 결정된 날로부터 14일이 되는 날을 기한으로 하여 자율적으로 교섭대표노동조합의 대표자와 교섭위원을 선정할 수 있는데 확정 및 결정이라는 의미를 명확히 할 필요가 있다.

첫째, "확정"이라고 하는 것은, 시행령 제14조의5 제1항 공고기간이 끝난 다음 날 사용자의 확정통지 및 공고가 있는 경우와, 시행령 제14조의5제2항, 제3항에서 정한 대로 사용자가 교섭요구 노동조합의 이의신청을 받아 들여 최초 5일의 공고기간이 끝난 날부터 5일간 이의신청대로 확정 공고 및 통지를 한 경우를 의미한다.

둘째, "결정"이라고 함은, 노동위원회가 교섭요구노동조합의 이의신청을 받아 들여 교섭요구 노동조합으로 인정하는 결정을 한 경우를 의미한다.

자율적으로 교섭대표노조를 결정한 경우, 교섭대표노조로 결정된 날은 언제

---

34) 대전지판 2012가합35037, 2013.4.17, 2012.2.22 노동조합의 교섭요구가 있었고, 즉시 공고(2.22~2.29, 7일간)를 하여야 함에도 1일간 지체하여 2.23~3.2(3.1공휴일 제외)까지 7일간 공고를 한 것을 유효하다고 판단하더라도, 과반수 노동조합을 결정하는 기준일은 교섭요구가 있은 날부터 7일간 교섭요구사실의 확정 공고기간이 만료된 날의 다음 날 즉, 법상 교섭요구노동조합의 확정공고를 하여야 하는 날이다.

로 볼 것인가 의문이다. “교섭대표노조의 대표자를 정하여 사용자에게 통지를 한 날”을 교섭대표노조로 결정된 날로 보아야 한다.

4) 자율적 단일화 협상의 경우, 노조의 합의사항

법적 규정은 없으나 자율적으로 교섭창구를 단일화 할 경우, 참여노조는 단체교섭과 협약체결, 교섭결렬처리 시점과 절차, 조정신청, 쟁의행위 찬반투표, 단체행동의 결정절차와 단위, 쟁의행위 공동책임에 관한 사항, 필수유지업무협정사항, 단체행동 세부지침, 쟁의조정과정 등에 관하여 서면으로 공동책임의 원칙을 확립해 둘 필요가 있다.[35)]

나. 전체 조합원 과반수로 조직된 노동조합

만약, 자율적 교섭대표노조 결정기한 내에, 노동조합이 자율적으로 교섭대표노동조합을 정하지 못하고, 개별교섭 하기로 사용자의 동의도 얻지 못한 경우에는 교섭창구 단일화 절차에 참여한 노동조합의 전체 조합원 과반수로 조직된 노동조합이 교섭대표노동조합이 된다.[36)] 이때 2개 이상의 노동조합이 위임 또는 연합 등의 방법으로 교섭창구 단일화 절차에 참여하여 그 수가 단일화 절차에 참여한 노동조합 전체 조합원의 과반수가 되는 경우를 포함한다. 다만, 노동조합의 전체 조합원 과반수에 해당하는 인원으로 구성된 단체라고 하더라도 산별노조지회 등은 독자적인 규약과 집행기관을 가지고 독립한 단체로서 활동하면서 당해 조직이나 조합원의 고유한 사항에 대하여는 독자적으로 단체교섭을 하고 협약을 체결할 능력이 있는 등 기업별노조에 준하여 볼 수 있는 사정이 있어야 노조법 제2조제4호에서 정한 실질적 요건을 갖춘 교섭대표노동조합이 될 수 있다.[37)] 위임 또는 연합형태로 교섭대표과반수노조를 구

---

35) 교섭대표, 교섭위원구성, 교섭요구안 준비와 확정, 협약체결과 합의절차, 쟁의의 경우는 교섭결렬절차, 조정신청, 찬반투표, 단체행동결정절차와 단위, 쟁의행위 공동책임사항, 필수유지업무협정사항, 공정대표의무 및 소수노조보호사항, 노조간 분쟁발생시 해결 및 조정방안, 기타 타임오프 운영, 노사협의회 및 각종 근로자대표기구에 관한 사항, 각종 선거 및 투표에 관한 사항, 협정파기 및 실효에 관한 사항 등

36) 노조법 제29의2제3항

37) 서울행판 2012구합 25040, 2013.1.24. 산별노조지회가 독자적인 규약과 집행기관을 가지고 독립한 단체로서 활동하면서 당해 조직이나 조합원의 고유한 사항에 대하여는 독자적으로 단체

성하는 방법은 다음과 같다.

1) 위임 · 연합형태로 교섭대표과반수노조를 구성하는 방법

(1) 위임(委任)에 의한 과반수노조

근로자 200인 규모 사업장에서, 1노조 80명, 2노조 60명, 3노조 40명으로 전체 조합원이 180명인 경우, 과반수 노조가 없으나, 3노조가 2노조에게 "교섭권을 위임"한 경우 2노조+3노조 연합체의 조합원은 100명으로 전체 조합원 180명의 과반수가 되므로 2노조가 교섭대표 과반수노조가 된다.

위임은 일방인 위임인(委任人)이 수임인(受任人)인 상대방에 대해 사무의 처리를 위탁하고 상대방이 승낙하여 성립하는 계약으로서 위임은 수임인이 위임인과 별개로 독자적인 판단에 따라 자기의 이름으로 행동한다. 수임노조는 위임의 본래 취지에 따라 선량한 관리자로서 주의를 다하여 위임사무를 처리할 의무가 있고, 위임노조의 청구가 있을 때는 사무처리 상황을 보고하여야 하며, 위임노조의 승낙이 없이는 제3자에게 위임업무의 처리를 맡길 수 없다.[38] 이와 같은 위임의 특징에 따라 수임인인 2노조가 위임인인 3노조의 위임을 받아 과반수대표노조로서 교섭을 진행할 수 있다.

(2) 연합에 의한 과반수 노조

근로자 200인 규모 사업장에서, 1노조 80명, 2노조 60명, 3노조 40명으로 전체 조합원이 180명인 경우, 과반수 노조가 없으나 3노조가 2노조와 연합할

교섭을 하고 협약을 체결할 능력이 있다면 기업별노조에 준하여 볼 수 있으나, 산별지회가 독자적인 운영규정과 규칙을 정한 바 없거나 상급단체의 규정을 여과 없이 동일하게 반영하여 독자성이 없고, 본조의 의결사항에 반하는 운영결의도 할 수 없고, 지회의 해산은 본조의 의결이나 방침 또는 가입조합원 전체가 해산하였을 경우에만 가능하고, 탈퇴는 본조 위원장의 결재를 득해야 하고, 본조의 위임이 없으면 단체교섭이나 협약체결이 불가능 하고, 지회단위 쟁의행위 찬반투표의 경우에도 본조의 결정과 승인을 받아야 하고, 쟁의행위 돌입과정에서도 본조의 위원장이 노동위원회에 조정신청을 하는 등 독립된 노동조합으로 볼 수 없는 경우는 노조법 제2조제4호에 정한 노동조합으로 볼 수 없다.

38) 민법 제681조, 제682조, 제683조. 수임인은 위임이 종료한 때에는 지체없이 그 전말을 보고하여야 한다. 위임은 상대방에게 특별한 불이익을 주지 않는다면 당사자는 항상 위임계약의 해지가 가능하다.

경우 2노조+3노조 연합체의 조합원은 100명으로 전체 조합원의 과반수가 되므로 2노조가 교섭대표과반수노조가 된다.

연합은 위임과 무엇이 다를까? 사전적 의미로서, 둘 이상의 단체 혹은 조직이 공동목표를 추구하기 위하여 둘 이상이 공동으로 혹은 각자가 서로 힘을 합쳐 마치 하나의 조직체와 같은 관계를 유지하는 상태를 연합이라고 말한다. 위임은 위임의 목적 범위 내에서 수임인이 위임인과 별개로 독자적인 판단에 따라 자기의 이름으로 행동한다. 반면에 연합은 두 개의 노조가 조합 운영에 관한 소정의 합의를 전제로 상호 대등한 입장에서 교섭과 쟁의행위 등 권리와 의무를 공동으로 부담하는 것이 원칙이므로 달리 약정이 없다면 대표권도 반드시 어느 한 노조에게만 있는 것이 아니다. 따라서 교섭대표노조의 대표자가 1개 노조 혹은 약정에 따라 2개 노조의 공동대표가 될 수도 있다.

실무상 연합노조는 단체협약의 유효기간까지 교섭대표노조로서 지위를 유지한다. 그러므로 연합을 해체하더라도 기왕에 연합노조로서 체결한 단체협약의 유효기간까지는 별도로 개별교섭을 요구하거나 기존 단협의 효력을 부인할 수는 없다. 만약 노조가 연합해체, 조합원수 감소 등 단체협약을 체결한 이후의 사정변경을 이유로 각각 교섭을 요구해 올 경우 사용자가 연합체임을 이유로 이를 거절한다고 하더라도 부당노동행위로 보기 어렵다.

2) 전체 조합원 과반수로 조직된 노동조합 확정

단일화 절차에 참여한 노동조합의 전체 조합원 과반수로 조직된 노동조합은, 자율적 교섭대표노동조합 선정기한[39]까지 교섭대표노동조합이 결정되지 못한 경우는 그 기한이 만료된 날로부터 5일 이내에 사용자에게 노동조합의 명칭, 대표자 및 과반수 노동조합이라는 사실을 통보한다. 이 경우 전체 조합원의 과반수란, 하나의 교섭단위에 소속된 전체 조합원의 과반수를 말하는 것이므로 특정 노조가 사업장 전체 근로자의 과반수를 조합원으로 조직하고 있더라도 교섭단위가 둘 이상으로 분리되어 있다면 교섭단위별 소속 조합원의 과반수 이상이라야 한다.

39) 교섭참여 노동조합이 확정 또는 결정된 날부터 14일이 되는 날

사용자는 과반수조합이라는 사실을 통보받은 날로부터 5일간 공고하여 다른 노동조합과 근로자가 알 수 있도록 하여야 한다. 공고된 과반수 노동조합에 대하여 그 과반수 여부에 대해 이의가 있는 경우는 위 사용자의 5일간의 공고기간 내에 노동위원회에 이의를 신청하여야 하고, 기간 내에 이의신청이 없으면 과반수노동조합이 교섭대표노동조합으로 확정된다. 이의신청에 대해 노동위원회는 교섭창구 단일화에 참여한 모든 노동조합과 사용자에게 그 사실을 통지하고 교섭을 요구한 모든 노동조합에게 조합원명부 등[40] 고용노동부령으로 정하는 서류를 제출하거나 출석하는 등의 방법으로 조합원수에 대하여 조사 · 확인하여야 한다.[41]

(1) 조합원수 산정 기준시점

과반수 조합원수를 확인하는 기준일은 교섭사실 공고 이후 교섭참여기간 중에 교섭을 요구한 노조의 명칭 등을 공고한 날을 기준으로 하므로 조합원수 산정기준 시점은 교섭요구 노조의 확정공고일을 기준으로 한다.[42] 이의신청에 따라 조합원수를 확인하는 경우 2개 이상의 노동조합에 가입한 조합원에 대해서는 그 조합원 1명별로 다음 각 호의 구분에 따른 방법으로 조합원 수를 산정한다.[43]

① 조합비를 납부하는 노동조합이 1개인 경우 : 조합비를 납부하는 노동조합의 조합원 수에 숫자 1을 더할 것
② 조합비를 납부하는 노동조합이 2개 이상인 경우 : 숫자 1을 조합비를 납부하는 노동조합의 수로 나눈 후에 그 산출된 숫자를 그 조합비를 납부하는 노동조합의 조합원 수에 각각 더할 것[(1÷조합비를 납부하는 노동조합의 수)+조합비를 납부하는 노동조합의 조합원 수에 각각 더함]
③ 조합비를 납부하는 노동조합이 하나도 없는 경우 : 숫자 1을 조합원이 가입한 노동조합의 수로 나눈 후 그 산출된 숫자를 그 가입한 노동조합의 조합원 수에 각각 더할 것

40) 조합원의 명부는 조합원의 서명 · 날인이 있는 것으로 한정, 조합비납부증명서, 노동조합규약사본, 근로자명부, 체크오프 대상 근로자 명단과 해당노동조합 명칭, 조합비납부실적, 그 밖에 해당 사업 또는 사업장의 근로자 또는 조합원임을 확인할 수 있는 서류 등
41) 노조령 제14조의7제4항
42) 노조령 제14조의7제5항
43) 노조령 제14조의7제6항

노동조합 또는 사용자가 이의신청에 관한 노동위원회의 조사에 따르지 않는 경우에는 고용노동부령으로 정하는 기준에 따라 조합원수를 확인하여 계산한다.[44] 이의를 신청한 노동조합이 서류제출 등 필요한 조사에 따르고 그 노동조합 외에 교섭창구 단일화 절차에 참여한 다른 노동조합이 서류제출 등 노동위원회의 조사에 순응하지 않는 경우에는 제출된 자료를 기준으로 조합원수를 계산하여 확인한다. 노동위원회는 과반수조합 공고에 대해 이의를 신청한 노동조합이 서류제출 요구 등 필요한 조사에 따르지 아니한 경우에는, 당초 교섭창구단일화 절차에 참여한 모든 노동조합의 전체 조합원의 과반수로 조직된 노동조합이라고 사용자에게 통보한 그 노동조합을 교섭대표노동조합으로 결정하여야 한다.[45]

노동위원회는 이의신청에 대한 과반수 조합원수 계산 및 확인 결과 과반수 노동조합이 있다고 인정하는 경우[46]에는 그 이의 신청을 받은 날부터 10일 이내에 그 과반수 노동조합을 교섭대표노동조합으로 결정하여 교섭창구 단일화 절차에 참여한 모든 노동조합과 사용자에게 통지하여야 한다. 다만, 그 기간 이내에 조합원 수를 확인하기 어려운 경우에는 한 차례에 한정하여 10일의 범위에서 그 기간을 연장할 수 있다.[47]

이러한 과정을 거쳐 조합원 과반수 교섭대표노조로 확정된 노동조합이 조합원 탈퇴 등 조합원 수의 감소로 과반수 노조의 지위가 상실되더라도 단체협약의 유효기간 동안 교섭대표노조의 지위는 변동되지 않고 그대로 유지된다.[48]

다만, 실무상 복수의 노조로부터 교섭을 요구받은 날로부터 7일간의 공고기간 동안 교섭요구 노조 사이에 조합원의 이동과 가입탈퇴 등이 있어서 그 중 어느 한 노조가 당초와 다르게 과반수노조로 변경된 경우는 어떻게 할 것인지가 의문이다. 이 경우 사용자는 그 동안의 조합원수 변동사항을 고려하여 7일이 경과한 날 교섭참여노조를 확정 공고하여 과반수노조임을 확정하여야 한

44) 노조령 제14조의7제7항
45) 노조령 세14조의7세1항, 노조규칙 제10조의6
46) 노조령 제14조의7제4항~제8항
47) 노조령 제14조의7제8항
48) 노조령 제14조의10제1항 · 제2항

다.[49] 반면에, 소정의 절차[50]를 거쳐 과반수 교섭대표노조로 확정된 이후에는 조합간 조합원의 가입 탈퇴 등으로 과반수에 미달하더라도 교섭대표노조의 지위는 변동되지 않고 그대로 유지된다. 다만, 교섭대표노조가 결정된 날로부터 1년간 단체협약을 체결하지 못한다면 어느 노조라도 사용자에게 교섭을 요구할 수 있다. 복수의 노조가 교섭참여를 신청한 가운데 교섭대표노동조합의 지위문제는 뒷부분에서 따로 자세히 설명한다.

3) 자율적인 공동교섭대표단 구성

복수의 노조가 있는 상황에서 모든 노동조합은 조합원 수에 불구하고[51] 자율적 교섭대표노동조합 선정 및 과반수 교섭대표노동조합 결정 등 교섭창구단일화절차에 참여할 권리가 있다. 다만, 교섭창구 단일화 절차에 참여한 노동조합 간에 자율적으로 교섭대표노동조합을 결정하지 못하거나, 참여한 노동조

49) 노동조합으로부터 노동조합의 명칭, 교섭을 요구한 날 현재의 조합원 수 등을 기재한 서면으로 교섭요구를 받은 사용자는, 교섭을 요구받은 날로부터 7일간 교섭을 요구한 조합의 명칭 등을 당해 사업 또는 사업장의 게시판에 공고하여 다른 조합과 근로자가 그 사실을 알고 참여할 수 있도록 한다. 사용자가 최초 교섭요구사실 공고를 불이행하거나 사실과 다르게 공고한 경우 노동위원회에 시정을 요청할 수 있다. 시정요구를 받은 노동위원회는 요청을 받은 날로부터 10일 이내에 그에 대한 결정을 하여야 한다. 사용자의 공고에 따라 교섭요구를 하려는 다른 노동조합은 7일간의 공고기간 내에 서면으로 사용자에게 교섭을 요청하여야 한다. 7일의 기간은 공고한 날로부터 7일간으로서, 다른 노조나 근로자들이 교섭요구 사실을 알고 참여할지 말지를 결정할 수 있도록 하기 위한 최소한의 기간을 부여하는데 의미가 있다고 보아야 한다. 사용자는 최초 공고기간이 끝난 다음 날에 교섭을 요구한 모든 노동조합에 관한 주요사항 즉, 교섭을 요구한 모든 노동조합의 명칭, 대표자의 성명, 주된 사무소의 소재지(사무소가 있는 경우에 한한다)교섭을 요구한 날, 교섭을 요구한 날 현재의 노동조합별 조합원의 수 등을 5일간 공고 하여야 한다. 사용자가 교섭요구사실을 공고하면서 참여의사가 있는 노동조합의 교섭요구서 제출시한까지 교섭을 요구하지 아니한 노동조합, 공고 기간 이후에 근로자가 설립하거나 가입한 경우에는 그 노동조합은 교섭대표노동조합결정 절차에 참여할 수 없다. 소정의 기한까지 교섭을 요구한 노동조합이 1개인 경우에는 그 노동조합을 교섭대표노동조합으로 본다.

50) 교섭요구노동조합이 확정된 후 14일 이내에 자율적으로 교섭대표노동조합을 확정하여 사용자에게 통보하지 못한 경우, 1개 조합원 수 혹은 복수의 조합간 위임 · 연합 등을 통해 교섭창구단일화 절차에 참여한 모든 노동조합의 전체 조합원 과반수로 된 노동조합은 14일의 기간이 만료된 날로부터 5일 이내에 사용자에게 과반수 노조라는 사실을 통보한다.

51) 이 경우 복수노조 중 어느 하나가 산별노조 지회일 경우 노동조합은 본조이므로 조합원수가 1명이라도 참여할 수 있다.

합 중 어느 하나라도 그 조합원 수가 단일화 절차에 참여한 전체 조합원의 과반수를 넘지 못하여 과반수 교섭대표노동조합을 결정하지 못한 경우에는, 교섭창구 단일화 절차에 참여한 모든 노동조합은 교섭위원 수, 공동교섭대표단의 대표자 등을 자율적으로 결정한 공동교섭대표단을 구성하여 사용자와 교섭하여야 한다. 다만, 과반수노조가 없는 상황에서 공동교섭대표단 구성에 참여하기 위해서는 개별 노동조합의 조합원 수가 교섭창구단일화에 참여한 전체 조합원수의 10% 이상이라야 한다.[52] 사업장내 노조 전부가 전체 조합원의 10% 미만으로만 조직된 경우는 현행 규정상 공동교섭단 구성 자체가 불가능할 수 있다.

다만, 10% 미만 소수노조도 자율적인 교섭참여, 위임 혹은 연합형태로 교섭대표노조에 참여, 사용자에게 자율교섭 요청, 자율적인 교섭대표노조 선정, 사용자의 공고 등에 대한 이의제기, 노동위원회에 대한 교섭단위 분리신청, 공정대표 의무위반에 대한 이의제기 등은 직접 참여하거나 수행할 수 있다.

(1) 자율적 공동교섭대표단 구성 및 통지

교섭대표노동조합이 결정되지 못한 경우에, 공동교섭대표단에 참여할 수 있는 노동조합은 사용자와 교섭하기 위하여 다음 각 호의 구분에 따른 기간 이내에 공동교섭대표단의 대표자, 교섭위원 등 공동교섭대표단을 구성하여 연명으로 서명 또는 날인하여 사용자에게 통지하여야 한다.[53]

① 과반수 노동조합이 없으므로 사용자에게 통지하거나 그 통지를 받은 사용자가 다른 노동조합이나 근로자에게 그 사실에 대한 공고가 없는 경우(노조법 제14조의7제1항 · 제2항) : 노조법 제14조의6제1항에 따른 기한(교섭참여노동조합이 확정 또는 결정된 날부터 14일이 되는 날)이 만료된 날부터 10일간
② 과반수 노동조합이 없다고 노동위원회가 결정하는 경우(노조법 제14조의7제8항) : 노동위원회 결정의 통지가 있은 날부터 5일간

---

52) 1노조는 20명, 2노조는 200명, 3노조는 100명, 4노조는 130명인 사업장의 전체 조합원 수는 450명이며 이 중 10% 이상은 45명 이상이라야 한다. 따라서 1노조는 공동교섭대표단구성에 참여할 수 없다.

53) 노조령 제14조의8

사용자에게 공동교섭대표단의 통지가 있은 이후에는 그 공동교섭대표단 결정 절차에 참여한 노동조합 중 일부 노동조합이 그 이후의 절차에 참여하지 않더라도 노조법 제29조제2항에 따른 교섭대표노동조합의 지위는 유지된다.

(2) 자율적 공동교섭대표단의 교섭위원 수

실무상 자율적으로 공동교섭대표단을 구성할 경우, 몇 명의 교섭위원을 선정하여야 하는지에 관해서는 법으로 정한 바가 없다. 법에서는 자율적으로 교섭대표단을 구성하지 못하면 노조의 신청으로 신청받은 날로부터 10일 이내에 노동위원회에서 10인 이내의 위원을 정하도록 하고 있다.[54] 다만 효율적인 교섭을 위하여 노사가 사업장의 특성, 조합원 구성, 조직대상 등사업장의 특성을 고려하여 교섭위원 수를 합의하는 방법, 공동교섭대표단에 참여한 노동조합이 조합원 수에 비례하는 등 자율적으로 결정하는 방법 등을 예상할 수 있다.

(3) 공동교섭대표단 내에서 교섭권 위임

과반수 노조가 없는 공동교섭대표단에서 조합 간 교섭권 위임에 의해 1개 혹은 복수의 노동조합에 대표권의 일부 또는 전부를 위임할 수 있을까 하는 것이 의문이다. 사용자 또는 사용자 단체로부터 교섭 또는 단체협약의 체결에 관한 권한을 위임받은 자는 그 노조와 사용자 또는 사용자 단체를 위하여 위임받은 범위 안에서 그 권한을 행사할 수 있다.[55] 그러므로 전체 조합이 참여조합 중 1개 조합에 대해 혹은 복수의 노조 중 일부가 다른 1개 참여조합에 대해 교섭권을 위임할 경우 위임자와 수임자, 위임일시, 위임내용과 범위, 위임기간 등을 사용자에게 통지할 경우 수임노조가 공동교섭대표단의 교섭대표노조가 될 수 있다.

(4) 임의적 공동교섭대표단 구성

실무상, 교섭창구단일화 절차에 참여한 복수의 노조 가운데 1개의 과반수 노조가 있으나 그 노조가 교섭대표노동조합으로 나서지 않고 복수의 노조 전

54) 노조령 제14조의9제2항
55) 노조법 제29조제3항

부가 위임 혹은 연합방식으로 공동교섭대표단을 구성할 수 있는지가 의문이다. 위임 또는 연합에 참여한 노조의 조합원이 각각 전체 조합원의 10% 이상으로 조직된 노조라면, 달리 금하는 규정이 없으므로 사용자가 이러한 교섭요구를 거절할 명분은 없을 것이다.

4) 공동교섭대표단 구성에 관한 결정

교섭창구단일화에 참여한 노동조합이 자율적으로 공동교섭대표단의 구성에 합의하지 못할 경우, 공동교섭대표단 구성에 참여할 수 있는 노동조합[56]의 일부 또는 전부는 노동위원회에 공동교섭대표단 구성에 관한 결정을 신청하여야 한다.

노동조합측의 신청인은 행정관청으로부터 설립신고증을 교부받은 노동조합, 설립신고증을 교부받은 지회 · 분회 등의 노동단체, 초기업노조의 경우는 해당 사업장 소속 근로자가 해당 노조에 가입한 것이 객관적으로 입증되어야 한다.[57]

노동위원회는 공동교섭대표단 구성에 관한 결정 신청을 받은 때에는 그 신청을 받은 날부터 10일 이내에 총 10명 이내에서 각 노동조합의 조합원 수에 따른 비율을 고려하여 노동조합별 공동교섭대표단에 참여하는 인원수를 결정하여 그 노동조합과 사용자에게 통지하여야 한다. 다만, 그 기간 이내에 결정하기 어려운 경우에는 한 차례에 한정하여 10일의 범위에서 그 기간을 연장할 수 있다.[58]

이 경우 공동교섭대표단 결정은 공동교섭대표단에 참여할 수 있는 모든 노동조합이 제출한 조합원 수에 따른 비율을 기준으로 하며, 조합원 수 및 비율에 대하여 그 노동조합 중 일부 또는 전부가 이의를 제기하는 경우에는 과반

---

56) 노조법 제29조의2제4항. 조합원 수가 교섭창구 단일화 절차에 참여한 노동조합의 전체 조합원 100분의 10 이상인 노동조합으로 한다.

57) 초기업노조임을 입증할 수 있는 경우 : 노조가 해당 기업의 조합원명부를 첨부하는 경우, 근로자가 은행 등 공신력 있는 금융기관을 통해 조합비를 납부한 경우, 해당 노조와 사용자가 체결한 단체협약이 있는 경우, 기타 이에 준하여 객관적으로 노동조합에 가입한 사실이 확인되는 경우

58) 노조령 제14조의9제2항

수노동조합의 과반수 여부에 대한 이의신청 처리절차[59]의 규정을 준용한다. 노동위원회는 공동교섭대표단구성 신청을 처리할 경우에, ① 신청기간 이전에 신청한 경우, ② 신청서에 기재된 사용자가 신청노조에 대한 적법한 사용자가 아닌 경우, ③ 신청 노조가 명백히 당사자 적격이 없다고 인정되는 경우에는 심판위원회에서 각하처분을 한다.

공동교섭대표단 구성에 참여하는 노동조합은 사용자와 교섭하기 위하여 노동위원회가 결정한 인원수에 해당하는 교섭위원을 각각 선정하여 사용자에게 통지하여야 한다. 실무상 공동교섭대표단 구성과 교섭위원 배정은 다음과 같이 할 수 있다. 1노조 220명, 2노조 190명, 3노조 40명인 사업장에서 과반수 노조가 존재하지 않아 교섭대표노조를 결정하지 못하여 노동위에 공동교섭대표단구성 결정신청을 한 경우, 3노조는 전체조합원의 10%(45명이상)가 되지 못하여 공동교섭단에 참여할 수 없다. 총 10명의 범위내에서 교섭위원을 배정해야 하므로, 1노조의 교섭위원은 (220명÷410명)×10명=5.3, 5명, 2노조의 교섭위원은 (190÷410)×10명=4.6, 4명 합계 9명의 교섭위원을 배정할 수 있다. 공동교섭대표단의 대표자는 공동교섭대표단에 참여하는 노동조합이 합의하여 정한다. 합의가 되지 않을 경우는 조합원 수가 가장 많은 제 1 노동조합의 대표자가 교섭 및 협약체결의 당사자가 된다.

5) 노동위원회 결정에 대한 이의신청

교섭창구 단일화와 관련하여 노동위원회 결정에 대한 이의가 있는 경우에는 이의제기를 할 수 있다. 노동위원회의 결정에 대한 이의신청은 그 결정이 위법・월권이라고 인정하는 경우에만 가능하다. 노동위원회의 결정에 대한 불복절차 및 효력은 중재의 불복절차 및 효력에 관한 규정[60]을 준용한다.[61] 노동위원회의 결정은 중앙노동위원회에 대한 재심신청이나 행정소송의 제기에 의해 그 효력이 정지되지 아니한다.[62]

---

59) 노조령 제14조의7제4항~제7항
60) 노조법 제69조와 제70조제2항, 중재재정의 내용은 단체협약과 동일한 효력을 가진다
61) 노조법 제29조의3
62) 노조법 제70조제2항

4. 교섭대표노동조합의 지위 유지기간 및 권한과 의무

가. 교섭대표노조 지위 유지기간

노조법 제29조의2제2항부터 제5항까지의 규정에 따라 교섭단위별로 결정된 교섭대표노동조합은 그 결정된 때부터 다음 각 호의 구분에 따른 날까지 노동조합의 대표자는 그 노동조합 또는 조합원을 위하여 사용자나 사용자단체와 교섭하고 단체협약을 체결할 권한을 가진다.

"교섭대표노조로 결정된 날"이라 함은, ① 자율적으로 교섭대표노조를 결정한 경우는 대표자 등을 정하여 사용자에게 통지한 날, ② 전체 조합원 과반수로 구성된 노동조합을 교섭대표노조로 결정한 경우는 과반수 노조에 관한 공고에 이의가 없는 경우는 그 공고기간이 끝나는 날, 이의가 있는 경우는 노동위원회가 과반수 노조를 결정 · 통지한 날, ③ 자율적 공동교섭대표단을 구성하는 경우 교섭위원, 대표자 등을 사용자에게 통지한 날, ④ 노동위원회가 공동교섭대표단 구성을 결정한 경우는 노동위원회가 조합별 참여 인원수를 노동조합과 사용자에게 통지한 날을 의미한다. 소정의 절차를 거쳐 교섭대표노동조합으로 결정된 경우 다음 각 호의 구분에 따른 날까지 각각 교섭대표노동조합의 지위를 유지한다.[63)]

① 교섭대표노동조합으로 결정된 후 사용자와 체결한 첫 번째 단체협약의 유효기간이 2년인 경우 : 그 단체협약의 유효기간이 만료되는 날

② 교섭대표노동조합으로 결정된 후 사용자와 체결한 첫 번째 단체협약의 유효기간이 2년 미만인 경우 : 그 단체협약의 효력이 발생한 날을 기준으로 2년이 되는 날

③ 위 ①~②에 따른 교섭대표노동조합의 지위유지기간이 만료되었음에도 불구하고 새로운 교섭대표노동조합이 결정되지 못한 경우 기존 노동조합은 새로운 교섭대표노동조합이 결정될 때까지 기존 단체협약의 이행과 관련해서는 교섭대표노동조합의 지위를 유지한다.

---

63) 노조법 제29조제1항, 노조령 제14조의10

1) 2011.6.30 이전에 단체교섭이 타결 된 경우

실무상 2011.1.1부터 2011.12.31까지 유효기간으로 하는 임금협상 타결되었다고 가정하면, 임금협상 유효기간 만료 3개월 전인 2011.10.1부터 교섭을 요구, 교섭창구 단일화 절차를 통해 교섭대표노조 선정(유효기간 2년, 2012.1.1부터 2013.12.31까지)하여, 2012년 임단협 교섭을 시작한다. 임금의 경우 2012.1.1부터 2012.12.31까지 1년 유효기간으로 하는 협상을 체결할 것이다. 2013.1.1부터 2013.12.31까지 1년 유효기간으로 하는 임금협상의 경우에도 2011.10.1부터 시작한 교섭창구 단일화 절차에 의해 선정된 교섭대표노조가 유효기간 만료 3개월 전인 2012.10.1부터 주도적으로 교섭을 하고 협약을 체결한다. 교섭대표노조 지위 2년의 기간이 만료되는 2014년 임단협의 경우 유효기간 만료 3개월 전인 2013.10.1부터 교섭창구 단일화 절차를 거쳐 새로이 교섭대표노조를 선정하여 그가 2014년 임금협상을 주도적으로 교섭하고 체결한다.

2) 2011.7.1 이후까지 교섭이 진행된 경우

실무상 기존 단수노조가 2010.9.1부터 2011.8.30까지 1년의 유효기간으로 하는 임금협상 체결하였다고 가정한다. 노조가 임금협정 유효기간 만료 3개월 전인 2011.6.1부터 교섭을 요구하여 교섭중인 가운데, 2011.7.20 복수노조가 설립되었다면, 판례에 따르면, 기존 노조는 교섭창구단일화 절차를 거치지 않고 다른 노조의 교섭권을 방해하지 않으면서 기존에 교섭중인 단체교섭에 대해서만 독자적으로 교섭권을 가진다. 한편, 고용노동부의 입장은 신설노조는 노조법의 교섭창구 단일화 규정에 따라 기존 노조의 새로 체결하는 단체협약 유효기간 만료 3개월 전까지, 즉, 2011.9.1부터 2012.8.30까지 임금협약의 유효기간인 경우, 신설노조는 2011.7.20 설립일로부터 유효기간 만료 3개월 전인 2012.5.30까지는 무협약 상태로 있다가 이후에 단일화절차를 거쳐 새로운 협약을 체결하여야 한다. 따라서 2012.6.1부터 교섭창구 단일화 절차에 참여하여 교섭대표노조(지위 2년. 예 : 2012.6.1부터 2014.5.30까지)를 선정, 그 결과에 따라 확정된 교섭대표노조가 주도적으로 2013년 임금관련 단체교섭을 시작 2012.9.1부터 2013.8.30까지 1년의 임금협약을 체결할 수 있다. 2014년 임금협약의 경우, 2012.6.1 단일화절차를 거쳐 선정된 교섭대표노조가 임금협약 유효기간 만료 3개월 전인 2013.6.1부터 2014년 임금협상 교섭을 시작하여 2013.9.1부터 2014.8.30까지 1년의 임금협약을 체결할 수 있다.

3) 새로운 교섭시작과 기존 교섭대표노조의 지위

교섭대표노동조합으로 결정된 후 사용자와 체결한 첫 번째 단체협약의 유효기간이 2년인 경우는 그 단체협약의 유효기간이 만료되는 날까지 교섭대표노조 지위를 유지할 수 있고, 2년 만료일 이후 새로운 교섭대표노조가 선출되지 못한 경우는 기존 교섭대표노조가 선출될 때까지 그 지위를 유지한다. 예를 들어, 2012.6.1 교섭창구 단일화를 통해 단체협약을 2014.5.30까지 2년을 유효기간으로 하는 단체협약을 체결하였다면, 교섭대표노조 임기 2년은 2014.5.30에 만료된다. 그렇다면 단체협약의 유효기간 만료되기 3개월 전인 2014.3.1부터 새로이 교섭창구 단일화 절차를 거쳐 지위 임기 2년(2014.6.1~2016.5.30)의 새로운 교섭대표노조를 선정, 그가 주도적으로 차기 단체협약을 체결하고 기존의 교섭대표노조는 2014.5.30 지위유지기간 만료시까지 혹은 단체협약 유효기간 2년이 지나도 단체협약이 체결되지 않을 경우 새로운 단체협약 체결시까지 기존 단체협약의 이행과 관련한 사항에 대하여만 교섭대표노조 권한과 의무를 행사한다. 만약 단체협약의 유효기간이 2년 미만으로 정했더라도 교섭대표노조의 지위 유지기간은 그 단체협약의 효력발생일루부터 2년이므로 그러한 경우는 비록 기존 단협의 유효기간 만료 3개월 전부터 차기 단체협약 체결을 위한 교섭창구 단일화가 시작되므로 그 부분에 한해서는 교섭대표노조의 권한을 상실하더라도 기존의 단체협약 이행과 관련해서는 그 단체협약의 효력이 발생한 날을 기준으로 2년이 되는 날까지 교섭대표노조 권한과 의무를 행사한다. 실무상, 기존 임 · 단협의 유효기간 만료시기에 따라 유효기간 만료 3개월 전부터 교섭창구 단일화 절차를 거치게 될 것이므로 교섭대표노조의 2년 지위유지기간도 달라질 수 있을 것이다. 단체협약의 소급적용이 있는 경우는 그 소급된 날로부터 2년까지 교섭대표노조의 지위를 유지한다. 만약 교섭대표노동조합이 그 결정된 날부터 1년 동안 단체협약을 체결하지 못한 경우에는 어느 노동조합이든지 사용자에게 교섭을 요구할 수 있다. 이 경우 다시 교섭창구 단일화 규정[64]을 적용하게 되므로 기존의 교섭대표노조는 그 지위를 상실하게 되므로 그 한도에서는 교섭대표노조의 지위가 1년으로 단축된다고 보아야 한다.[65] 배타적교섭권을 가진 교섭대표노조가 1년간 교섭을 했음에도 불구하고 협약을 체결하지 못한 경우 다시 교섭창구 단일화절차를 거쳐 교섭대표노조를 정하여 당초 배제된 다른 노조에게 교섭대표노조로서의 기회를 부여하자는 취지이다.

나. 교섭대표노동조합의 권한과 의무

노동조합의 대표자는 교섭을 요구한 모든 노동조합 또는 조합원을 위하여 채무적부분과 규범적부분 등 모든 교섭사항에 대하여 사용자나 사용자단체와 교섭하고 단체협약을 체결할 권한을 가지고, 복수노조에게 교섭대표노동조합으로 결정된 조합은 지위유지기간 동안 단체협약 교섭과 체결권, 쟁의행위, 조합활동 등을 주도적으로 수행한다.[66] 교섭대표노동조합과 사용자 또는 사용자단체로부터 교섭 또는 단체협약의 체결에 관한 권한을 위임받은 자는 그 노동조합과 사용자 또는 사용자단체를 위하여 위임받은 범위 안에서 그 권한을 행사할 수 있다. 교섭대표노동조합과 사용자 또는 사용자단체는 교섭 또는 단체협약의 체결에 관한 권한을 위임한 때에는 그 사실을 상대방에게 통보하여야 한다.[67]

교섭창구 단일화를 위한 교섭대표노조는 단체교섭, 쟁의행위, 조정 등의 경우에만 제한적으로 적용된다.[68] 다만, 교섭대표노조는 노조법상 일반적 구속력에서의 근로자 반수가 가입한 노조 또는 근기법상 경영상해고 협의대상 및 취업규칙 변경시 동의(협의)대상인 근로자과반수로 조직된 노조와는 다른 개념

64) 노조령 제14조의2제2항 및 제14조의3~제14조의9
65) 노조령 제14조의10제3항
66) 노조법 제29조제2항
67) 노조법 제29조제3항 · 제4항
68) 노조법 제29조의5

으로 보아야 한다.

1) 조합원 변동 등에 따른 교섭대표노동조합의 지위변동

실무상 조합원수 변동과 노동조합의 해산, 합병, 분할 조직변경 등의 경우에 교섭대표노동조합의 지위변동이 문제될 수 있다.

① 교섭대표 지위 유지기간 동안 중도 탈퇴, 분할로 인한 기존 노조의 조합원 수 감소 등으로 인해 교섭대표노조의 조합원 수 변동이 있더라도 한번 정해진 교섭대표노조의 지위는 법정지위 유지기간 동안 유지한다.

② 교섭대표노조가 해산한 경우는 교섭대표노조의 지위는 종료되는 것으로 보아야 한다.

③ 교섭대표노조가 합병 · 분할 · 조직형태의 변경이 있는 경우, 합병의 경우는 노조의 권리와 의무가 포괄적으로 승계되고, 조직형태 변경의 경우에도 노조의 실질적 동일성이 유지되는 경우는 권리 · 의무가 포괄적으로 승계되는 것으로 보아야 한다.

④ 분할의 경우 본래 노조에서 떨어져 나와 새로 설립되는 노조는 기존 노조와 동일성을 유지하기 어려우므로 단체협약 등 권리의무가 포괄적으로 승계되는 것은 어렵다.

⑤ 교섭대표노조의 지위가 종료되었으나 새로운 교섭대표노조를 정하지 못한 경우는 새로운 교섭대표노조 결정시까지 기존 단체협약의 이행과 관련하여 교섭대표노조의 지위를 유지한다.

교섭대표노동조합이 그 결정된 날로부터 1년 동안 단체협약을 체결하지 못한 경우는 그 교섭단위 내의 어느 노동조합이든지 사용자에게 교섭을 요구할 수 있다. 다만, 이 경우 교섭창구단일화 절차를 처음부터 거쳐야 하며, 교섭대표노조 결정일 이후에 신설된 노조도 단일화 절차에 참여할 수 있다.[69] 한 가지 유의할 것은, 노조법상 교섭창구단일화 절차를 거치도록 되어있으므로 교섭방식 자체를 임의로 자율교섭방식으로 변경하는 것은 허용되지 않는다.

교섭대표노조에게 교섭 및 단체협약체결의 당사자 지위를 부여한 이상 단체

69) 노조령 세14소의2제2항 및 제14조의3~제14조의9

교섭과 쟁의행위 · 조정 등 다음과 같은 사항은 교섭대표노조를 중심으로 이루어지도록 한다. 노동쟁의에서 노동관계 당사자의 정의,[70] 교섭권 위임관련,[71] 교섭 등의 원칙,[72] 노동조합의 쟁의행위 주도,[73] 노조의 쟁의행위 적법수행 지도의무,[74] 필수유지업무 근무 근로자 통보주체,[75] 쟁의기간 중 임금지급을 목적으로 쟁의행위금지,[76] 직장폐쇄의 시기,[77] 조정위원회 구성시 사용자위원에 대한 노조의 추천권,[78] 특별조정위원회 구성시 노조참여권,[79] 부당노동행위 구제신청권,[80] 노조법 제29조의5(그 밖의 교섭창구 단일화 관련 사항) 노동조합은 교섭대표노동조합으로 본다. 실무상, 교섭창구단일화 절차를 거쳐 교섭대표노조로 결정된 노조가 그 권한을 같은 교섭단위 내에서 교섭대표노조로 선정되지 못한 다른 노조에게 위임하는 것은 가능하지만, 스스로 교섭대표권을 포기하는 것은 다른 노조에 대해 예기치 않은 손해를 부담시킬 수 있으므로 허용되지 않는다. 이 경우 다른 노조에 대해 손해배상 책임을 질 수도 있다.

2) 교섭대표권의 위임

실무상 교섭대표노조로 결정된 노조가 교섭대표노조에게 인정되는 교섭사항과 교섭내용을 교섭창구 단일화 절차에 참여하지 않은 제3의 노조에게 위임할 수 있을까? 개정법 제29조 2항에 의하면, 노동조합과 사용자 또는 사용자단체로부터 교섭 또는 단체협약 체결에 관한 권한을 위임받은 자는 위임자를 위하여 위임받은 범위 내에서 그 권한을 행사할 수 있다고 정하고, 위임자는 그 사실을 상대방에게 통보하도록 정하고 있으므로 달리 특약이 없다면 제3자

---

70) 노조법 제2조제5호
71) 노조법 제29조제3항, 제4항
72) 노조법 제30조(성실교섭 등)
73) 노조법 제37조제2항
74) 노조법 제38조제3항
75) 노조법 제42조의6
76) 노조법 제44조제2항
77) 노조법 제46조제1항
78) 노조법 제55조제3항
79) 노조법 제72조제3항
80) 노조법 제81조제3호

에게 위임을 할 수 있다. 교섭권을 위임한 경우라도 위임자인 교섭대표노조의 교섭 및 체결권한은 수임자와 함께 그대로 병존할 수 있으므로 직권으로 교섭하고 단체협약 체결이 가능하다. 수임자가 위임의 본지에 따라 충실하지 않을 경우는 위임계약을 해지할 수도 있다. 위임할 수 있는 사항은 교섭대표노조가 교섭대상이나 교섭범위로 삼을 수 있는 범위 내에서 허용된다. 따라서 교섭대표노조의 교섭대상과 범위를 이탈하여 교섭창구 단일화에 참여하지 않은 노조의 고유한 사항 등에 대해 위임하거나 교섭창구 단일화 제도 자체를 무위로 돌릴만한 사항을 위임하는 것은 위임 자체가 무효가 될 수도 있다.

3) 교섭불참 노조의 추가적 참여문제

사용자의 개별교섭 동의를 얻지 않으면 교섭창구 단일화 절차에 참여하여야 단체협약을 체결할 수 있다. 그렇지 않으면 기존 노조의 경우 기존 단협의 유효기간이 끝나면 무협약 상태가 될 것이고, 신설 노조의 경우 역시 단체협약이 없는 형식적인 노조가 될 것이다. 실무상 당초 교섭창구 단일화 절차에 참여하지 않은 노조가 향후 사정변경 등으로 인해 교섭대표노조에게 추가적으로 참여를 신청할 경우가 있을 것이다. 이 경우 단체협약의 유효기간 중이라면 교섭대표노조가 추가적으로 교섭을 요구한다고 하더라도 사용자가 거절하면 달리 부당노동행위로 대응할 명분도 없다. 그렇다고 아직 교섭중인 경우에도 교섭창구 단일화 절차를 무위로 돌리고 다시 절차를 거치는 것도 합리적이지 않으므로 기존 단협의 유효기간 만료 3개월 전이 도래할 때까지는 교섭대표노조가 체결한 단체협약의 규범적부분을 함께 적용하는 것도 좋을 것이 합리적이다.

5. 교섭단위 결정

하나의 사업은 법인의 경우는 법인 전체를 의미하고, 개인사업의 경우는 그 사업 전체를 의미한다. 사업장이 지역적으로 본사, 공장, 유통센터 등으로 나눠져 있더라도 하나의 사업에 포함된다. 따라서 하나의 사업은 여러 개의 사업장으로 구성될 수도 있고, 여러 개의 사업장이 하나의 사업으로 되기도 한다.

교섭창구 단일화는 하나의 교섭단위에 수개의 노조가 있을 때, 교섭대표노조를 정하거나 공동교섭대표단을 구성하여 사용자와 교섭하는 것으로 교섭단위를 분리하지 않고 하나의 단위로 보고 교섭절차를 진행하는 것이다. 복수노조 아래서 단체교섭은 교섭창구단일화를 통해 하나의 사업장에서 하나의 단체교섭을 하는 것을 원칙으로 한다.

가. 교섭단위

"교섭단위"란, 같은 사업장 안에서도 직종, 고용형태, 근로조건 등은 다양할 수 있고, 그로 인해 단체교섭을 공동으로 진행하기 어려울 수도 있으므로 이러한 경우에 교섭단위 분리 등을 통해 단체교섭을 같이하는 것이 합리적인 단위 또는 집합체를 말한다. 예를 들어 B사에 본사, 공장, 유통센터가 있고 노조가 각각 존재한다면 교섭단위를 분리하기 전에는 3개 노조가 1개로 교섭창구를 단일화 하여야한다. 다만, 공장노조에 생산직만 있고 생산직의 근로조건 등이 본사, 유통센터와 현저한 차이가 난다면 교섭단위로서 생산직 노조를 분리할 필요가 있다. 이럴 경우 공장노조에는 1개 노조만 있으므로 교섭창구 단일화가 필요치 않고, 본사와 유통센터는 2개의 노조가 있으므로 복수노조로서 교섭창구를 단일화 하여야한다. 다만, 이 경우 같은 사업 또는 사업장에서 교섭단위가 분리되어 단수노조로 변한 교섭단위와 복수노조 형태로 교섭단위가 분리된 경우는 법적으로 문제 삼을 수는 없지만 각각 교섭창구 단일화를 두고 형평성에 논란을 야기할 수도 있고 경우에 따라서는 노동조합 간 형평성을 고려하여 3개 노조 모두가 개별교섭으로 가야한다는 결론에 도달할 수도 있다. 실무상 교섭단위 내에 1개 노조만 있더라도 교섭을 전후하여 제2의 노조가 갑자기 설립되어 수면위로 등장할 수도 있는 것이므로 교섭요구사실 공고 등 교섭참여노조의 확정절차를 거쳐서 비로소 교섭대표노조를 확정하는 것이 바람직하다.

개별교섭 또는 교섭단위 분리는 특별한 사유와 요건을 갖춘 경우에만 가능하다. 따라서 하나의 법인체인 경우에도 인사, 노무관리, 회계 등에서 반드시 독립성을 갖춰야 하는 요건이 필요한 것은 아니다. 따라서 독립성 여부를 떠나 하나의 사업 또는 사업장에서 현격한 근로조건의 차이, 고용형태, 교섭 관행, 사업장의 위치, 조합원의 직급 등 조직대상 차이 등을 고려하여 그 내부에서도 교섭단위를 분리하는 것이 합리적인 경우 등, 교섭단위를 분리하는 것이 필요가 있다고 인정되는 경우, 노동위원회는 사용자를 포함한 노동관계 당사자의 양쪽 또는 어느 한 쪽의 신청을 받아 교섭단위를 분리하는 결정을 할 수 있다.[81] 이와 같이 교섭단위가 둘이상이라면 교섭단위마다 각각 교섭창구단일화가 이루어져야 한다.

교섭단위 분리는 노사합의나 사용자의 동의 등 임의로 할 수 없고 반드시 노동위원회의 결정을 통해서만 분리가 가능하다. 일각에서는 노사합의가 있으면 노동위원회 결정을 거치지 않고 임의로 교섭단위를 분리시킬 수다는 주장도 있지만 그럴 경우, 교섭대표노조의 의미가 퇴색하고, 사용자가 교섭질서 혼란과 노사관계 구도를 우호적으로 조정할 목적으로 특정 노조에 유리하게 인위적으로 교섭단위를 분리시킬 수 있다는 점에서 타당하지 않다. 다만, 사업 또는 사업장 내 노사 전체가 합의한 경우는 가능하다는 주장은 일견 그러한 위험성을 대폭 축소시킬 수는 있을 것이다.

나. 교섭단위 분리신청과 결정

노동조합과 사용자는 교섭단위를 분리하려는 경우는, 노조법시행령 제14조의3에 의한 교섭요구사실을 공고하기 전, 교섭요구 사실을 이미 공고한 경우에는 교섭대표 노동조합이 결정된 날 이후에 당사자 한쪽 또는 양쪽[82]이 공동으로 노동위원회에 교섭단위 분리신청을 할 수 있다. 따라서 교섭단위 분리가 필요하다고 판단되는 노조는 교섭요구사실 공고 후 교섭대표노조가 결정되기

81) 노조법 제29조의3, 예를 들면, A제과는 본사, 천안공장, 달성공장, 서울연구소가 있고 각각 노동조합이 있다면, 달리 사정이 없다면 4개 노조는 교섭창구를 하나로 단일화 하여야 한다. 그러나 본사는 사무직, 천안과 달성공장 노조는 생산직, 연구소는 연구직으로 각각 근로조건 등이 상이하다면 본사와 천안과 달성공장, 연구소로 3개의 교섭단위를 분리할 수 있다. 이때 분사와 연구소는 각각 1개의 노조가 있으므로 복수노조가 아니다. 따라서 달리 교섭창구를 단일화해야 할 필요 없이 각각 교섭주체가 된다. 그러나 천안과 달성공장은 2개의 복수노조가 되므로 1개의 교섭창구로 단일화를 하여야 한다.

82) 노조 뿐 아니라 사용자, 노사공동. 둘 이상의 노조가 공동으로

까지의 기간을 제외하고는 항상 신청이 가능하다. 만약 교섭창구 단일화 절차 진행중인 기간에 교섭단위 분리결정신청을 허용하면 분리결정 결과에 따라 교섭대표노조가 달라지는 등 불필요한 혼선이 예상되기 때문이다. 실무상 이미 교섭대표노조가 결정되어 교섭을 진행 중인 과정에서도 교섭창구단일화에 참여한 일부 노조는 교섭관행, 고용형태 등을 이유로 기존 교섭단위의 분리신청이 가능하다. 교섭창구 단일화 절차에 참여여부와 관계없이 해당 사업장에 있는 모든 노조는 교섭단위분리신청을 할 수 있다. 교섭단위분리신청이 있으면 노동위원회의 결정이 있을 때까지 교섭요구사실 공고 등 기존의 창구단일화절차는 중단된다.[83] 따라서 이미 교섭을 진행 중인 교섭단위에서도 교섭을 중단하고 노동위원회결정을 기다려야 한다.

노동위원회가 교섭단위 분리의 결정 신청을 받은 때에는 해당 사업 또는 사업장의 모든 노동조합과 사용자에게 그 내용을 통지하여야 하며, 그 노동조합과 사용자는 노동위원회가 지정하는 기간까지 의견을 제출할 수 있다. 노동위원회는 신청을 받은 날부터 30일 이내에 교섭단위 분리에 관한 결정을 하고 해당 사업 또는 사업장의 모든 노동조합과 사용자에게 통지하여야 한다. 처리기간은 연장할 수 없으므로 기한 내에 처리하여야 한다. 교섭단위 분리여부는 창구단일화에 결정적인 영향을 끼칠 수 있기 때문이다.

교섭대표노조가 선정된 이후, 특정 노조가 교섭단위 분리를 신청하여 받아들여질 경우, 그 분리된 교섭단위에서 복수의 노조가 성립된다면 처음부터 다시 창구단일화에 따른 교섭대표노조를 결정하는 절차를 거쳐야 한다. 그러나 교섭대표노조가 선정되어 교섭중인 기존의 교섭단위에서는 일부 노조의 분리신청이 있어서 참여노조에 변동이 있는 경우에도 다시 교섭창구단일화절차를 거칠 필요가 없이 다음 회의 단체교섭시까지 기존 단일화체제를 그대로 유지한다. 교섭단위 구성원 중 일부가 변동되었다고 해서 다시 단일화절차를 진행한다면 전체 교섭질서에 혼란을 가져오기 때문이다. 고용노동부의 견해는 교섭대표노조가 결정된 이후에 교섭단위가 분리될 경우 기존 교섭단위 뿐 아니

83) 노조령 제14조의11제5항

라 분리된 교섭단위에서도 각각 교섭단위별로 교섭창구 단일화 절차를 진행하여야 한다는 입장이다.[84)]

A기업에는 본사, 원주공장, 충주공장, 대전유통센터, 부산유통센터가 있고, ① 사무직노조는 총 215명인데 본사 150명, 원주공장 20명, 충주공장 45명이 근무하고 있다. ② 생산직노조는 총 585명인데 원주공장 280명, 충주공장 305명이 근무하고 있다. ③ 영업직노조는 총95명인데 대전센터 40명, 부산센터 55명이 근무하고 있는 등 총 3개 노조 895명의 조합원으로 각각 결성되어 있다. 교섭창구 단일화는 원칙적으로 사업 또는 사업장을 기준으로 하므로, 사업을 단위로 한다면 전체 조합원 895명의 과반수 585명인 2 생산직노조가 교섭대표노조가 된다. 그러나 본사 사무직과 원주 및 충주공장 생산직의 근로조건 차이가 크다면 사용자 또는 노조가 두 직종의 교섭단위 분리신청을 할 수 있다. 만약 사무직종 1개 단위와 생산직과 영업직 2개 직종이 하나의 단위로 묶는 것이 효율적이라고 하면, 교섭단위는 사무직과 생산직 및 영업직의 두 개 교섭단위로 분리할 수 있다. 이 경우 사무직은 1개 교섭단위내 단수 노조가 되어 교섭창구단일화가 불필요 하므로, 기존단협의 유효기간 만료 3개월 전에 교섭요구사실 공고를 거쳐 복수노조가 없음을 확인한 후에 단수노조가 사용자와 개별교섭을 진행할 수 있다. 생산직과 영업직은 먼저 도래하는 단체협약의 유효기간 만료 3개월 전에 교섭창구 단일화 절차를 개시하는데, 사용자와 개별교섭에 동의를 받지도 않고 자율교섭대표노조 선정에도 실패할 경우 2개 노조 총 680명의 조합원 중 전체 과반수 585명을 차지한 생산직 노조가 교섭대표노조가 되어 될 것이다. 한편, 하나의 사업 또는 사업장 내에 복수의 노조가 존재할 경우 교섭단위에 불구하고 교섭방식은 형평성을 잃지 말아야 할 것이다. 따라서 사무직 노조만 개별교섭을 진행하고, 생산직과 영업직 노조에 대해서만 교섭창구 단일화 절차를 요구할 경우 노동조합간 차별에 따른 지배개입의 논란이 발생할 수도 있을 것이다.

최초의 교섭단위 또는 분리된 교섭단위에서 소정의 절차를 거쳐 교섭대표노조가 결정될 경우, 교섭단위 내에 기존의 단체협약이 있는 경우는 그 단체협약의 효력만료일을 기준으로, 교섭단위에 단체협약이 없다면 즉시 단체교섭을 요구할 수 있는 등 각각 교섭요구 시기가 정해진다.[85)] 교섭요구는 노동조합의

84) 고용노동부, 복수노조업무메뉴얼, 2011, 36쪽

85) 노조령 제14조의2제1항, 해당 교섭단위에 있는 노동조합에게 단체협약이 있는 경우에는 그 유효기간 만료일 이전 3개월이 되는 날부터 사용자에게 교섭을 요구할 수 있다. 만약 단체협약이 2개 이상 있는 경우는 먼저 도래하는 단체협약의 유효기간 만료일 이전 3개월이 되는 날부터 사용자에게 교섭을 요구할 수 있다.

명칭, 교섭요구일 현재 조합원 수, 교섭요구일 등[86] 필요한 사항을 적은 서면으로 교섭을 요구할 수 있다. 다만, 실무상 문제는, 사용자가 교섭대표노조 등으로부터 교섭 요구를 받은 때는 그 날로부터 7일간 교섭요구 사실을 공고하게 되는데, 노동조합은 타 노동조합의 단체협약 만료일이 언제인지 관련 정보를 잘 모르는 경우가 있다. 따라서 사용자가 교섭요구를 받은 날로부터 수일이 지나서야 공고를 하는 경우, 공고는 정한 날에 하되 의례적으로 하여 사실상 교섭요구를 해야 할 노동조합이 정보를 적시에 알 수 없도록 하는 경우 등의 문제가 있다. 이러한 경우 이미 사용자로부터 교섭요구사실이 공고가 되었으므로 교섭대표노조 결정전까지는 교섭단위 분리신청을 적시에 할 수 없는 어려움이 있다.

다음으로, 산별노조의 경우 교섭단위분리는 어떻게 될지 의문이다. 교섭단위 분리신청과 교섭창구단일화는 사업 또는 사업장 단위에서만 신청할 수 있다. 수개의 사업에 걸친 산별노조의 경우는 동일한 사업 또는 사업장 단위가 아니므로 교섭단위를 분리할 수 없다. 다만, 산별노조의 산하지회나 지부 등이 개별기업을 대상으로 교섭을 요구할 때, 그 기업의 수개 사업장 가운데 산별노조 조합원들로만 구성된 사업장에 대해 교섭단위분리를 신청할 수는 있다. 따라서 사업 또는 사업장 단위를 넘어서는 산별노조와 사용자단체의 교섭은 교섭단위 분리나 교섭창구 단일화 등을 적용할 수는 없다.

다. 분리결정의 효력과 통합문제

지방노동위원회로부터 교섭단위 결정서를 통보받은 날로부터 10일 이내에 중앙노동위원회에 재심신청을 하지 않거나 중노위의 재심결정서를 송달받은 날로부터 15일 이내에 행정소송을 제기하지 않으면 교섭단위 분리결정은 확정된다. 분리결정이 확정되었음에도 노조가 따르지 않는 경우 사용자는 단체교섭을 거부할 수 있으며, 역으로 사용자가 이를 수용하지 않는다면 부당노동행위에 해당할 수 있다.

86) 노조법 제14조의2제2항

1) 분리결정의 효과

분리 결정된 노조는 각각의 교섭단위별로 교섭대표노조의 결정절차를 진행한다. 따라서 분리된 교섭단위에 단체협약이 있는 경우는 그 단체협약의 유효기간 만료일 이전 3개월이 되는 날 최초로 교섭을 요구하고, 유효한 단체협약이 없는 경우는 결정통지를 받은 후 언제든지 처음 교섭을 요구하여 교섭대표노조 결정절차를 진행할 수 있다. 기존 교섭단위에서 교섭대표노조가 결정된 이후에 교섭단위 분리가 결정된 경우에는 새로 분리된 교섭단위 내에서는 새로이 교섭대표노조 결정절차를 거쳐야 한다. 그러나 기존 교섭단위 내에서는 분리로 인해 참여노조의 변동은 있으나 교섭대표노조의 지위가 변동이 없다면 다시 단일화절차를 밟을 필요 없이 교섭절차를 진행하는 것이 합리적이다. 다만, 교섭대표노조가 되지 못한 노조는 초기 단일화 구도에서 실패한 노동조합간 연합 혹은 위임 등에 의해 새롭게 과반수노조로 등극 할 수도 있고, 초기 교섭대표노조로 확정된 노조가 교섭단위가 분리된 노조와 연합, 위임 등에 의해 과반수를 차지한 경우 등 변동사유가 있을 수도 있는 것이므로 새로이 단일화 절차를 거치는 것이 옳다고 본다. 고용노동부의 견해는 교섭대표노조가 결정된 이후에 교섭단위가 분리될 경우 기존 교섭단위 뿐 아니라 분리된 교섭단위에서도 각각 교섭단위별로 교섭창구 단일화 절차를 진행하여야 한다는 입장이다.[87)]

2) 교섭단위 분리 후 재조정

일단 교섭단위가 분리결정 되면, 특별한 사정이 없다면 결정된 교섭단위는 다음 교섭단위 분리결정 전까지 그대로 유지된다. 실무상, 사업장의 신설·폐지·합병·분할과 노조의 해산, 합병·분할 등 변경으로 인해 다시 분리·통합할 필요가 있을 수 있다. 교섭단위 분리 뿐 아니라 조정·통합의 경우에도 노동위원회의 결정을 받아야 하는지 여부에 관해서는 달리 정한 바가 없다. 다만, 교섭단위 분리가 재분리 혹은 통합 등 조정을 포함하는 개념으로 이

---

87) 고용노동부, 복수노조업무메뉴얼, 2011, 36쪽

해하는 견해도 있고,[88] 노조법상 교섭단위 분리규정만 있고, 분리 이후 교섭단위 통합이나 재조정에 대해서는 명문의 규정이 없기 때문에 한 번 교섭단위 분리결정을 하면, 향후 법 개정이 이루어지기 전까지 교섭단위 재조정은 불가능하다는 견해도 있다.[89] 결과적으로 현행법의 테두리 내에서는 교섭단위 분리신청에 관해 신중한 판단이 필요하다.

교섭단위 분리신청 → 노동위원회의 신청사실 통지(노동조합, 사용자) → 노사의 의견제출 → 조정위원회를 거쳐 노동위원회 결정(30일 이내) → 결정결과 통지(노동조합, 사용자) → 불복시(중앙노동위원회에 재심〈결정서 수령후 10일 이내〉) → 행정법원 제소(재심결정서 수령 후 15일 이내)

3) 교섭단위 분리결정과 근로시간면제 한도의 관계

근로시간 면제한도는 그 사업 또는 사업장의 전체 조합원 수를 기준으로 적용하므로 교섭단위 분리와 무관하게 전체 조합원 규모에 따라 면제한도를 적용하여야 한다.

6. 노동조합 및 사용자의 공정대표 의무

단체교섭 및 단체협약체결과 관련, 노동조합과 사용자 또는 사용자단체는 신의에 따라 성실히 교섭하고 단체협약을 체결하여야 하며, 그 권한을 남용해서는 아니 되고, 정당한 이유없이 교섭 또는 단체협약의 체결을 거부하거나 해태하여서는 아니 되는 등 교섭원칙을 준수하여야 한다.[90] 특히 하나의 사업장에 복수의 노조가 공존하는 경우 노사 당사자에게는 참여노동조합의 이익을 공정하고 성실하게 반영하여야 하는 등 공정성 · 형평성을 잃지 말아야 한다.

"공정대표의무"란, 교섭대표노동조합과 사용자가 교섭단위 내의 교섭창구 단일화에 참여한 노동조합과 조합원의 이익을 합리적인 이유없이 차별하지 말

88) 이종수 ,박준우, 김철우 등
89) 노동인권실현을 위한 노무사모임, 41쪽
90) 노조법 제30조

고 공정하게 대표할 의무를 지는 것을 말한다.[91] 공정대표의무 위반은 단체교섭과정 뿐 아니라 교섭결과 단체협약 체결시에도 일관되게 적용된다. 복수노조에서 교섭대표노동조합은 교섭 등에 있어서 자칫 소수 노동조합의 의견과 이익을 합리적인 이유없이 차별할 수 있다. 따라서 교섭대표노조는 교섭 전 또는 교섭도중에 교섭대표가 아닌 노조나 비정규직 등 근로자 의견을 충실하게 들어야 하고, 교섭대표가 아닌 노동조합 또는 조합원간 부당한 차별을 하지 않도록 하는 등 교섭 및 단체협약을 불편부당하게 체결하지 않을 의무를 부담하며, 그 외 단일화 절차에 참여한 노동조합의 고충처리 · 단체협약의 적용 · 조합활동 등에서도 합리적인 이유없이 차별하지 않는 등 모든 조합활동에 있어서 공정대표의무를 부담한다. 다만, 합리적인 이유가 있는 차별인 경우는 법위반으로 볼 수 없다.

합리적인 이유가 무엇인지에 관해서는 달리 정한 바가 없으나 자의적이거나 임의적이지 않아야 하고 불성실하지 않아야 한다. 예를 들면, 고의로 단체교섭을 위한 예비교섭 등에 참여시키지 않거나 통보하지 않는 경우, 교섭위원 선임시 조합원 비례원칙을 임의로 정하거나 자의적으로 특정 노조에 교섭위원을 배정하지 않거나 적게 배정하는 경우, 특정 노조에 대해 교섭에 관한 자료를 제공하지 않는 경우 등을 말한다. 공정대표의무는 사용자에게도 부여되는데, 교섭대표노동조합 뿐 아니라 사용자에게도 공정대표의무를 정한 것은, 사용자도 교섭과정에서 공정성을 유지할 의무가 있기 때문이다.

불공정한 교섭과 차별적 내용이 포함된 협약체결로 인하여 권리를 침해받았거나 합리적인 이유없이 차별을 받은 경우 등 교섭대표노동조합과 사용자가 공정대표의무를 위반하였다고 판단될 경우, 노동조합은 차별이 발생한 날 또는 차별적 내용이 포함된 단체협약체결일로부터 3개월 이내에 노동위원회에 구제를 신청할 수 있다. 개별조합원이나 교섭창구 단일화에 참여하지 않은 노

91) 공정대표의무는 교섭대표노조와 사용자에게 부과되는 의무로서, 교섭대표노조는 여러 노조를 대표해 교섭대표노조로서 단체교섭에 임하여야 하고, 노사가 단체협약 체결시 교섭대표노조나 소속 조합원이 우대를 받거나 특정 노조나 조합원이 차별대우를 받는 것을 미연에 방지하기 위한 세노이나.

조는 시정요청 권한이 없다. 개별조합원은 해당 노동조합을 통하여서만 공정대표의무 위반을 시정할 수 있다. 노동위원회는 합리적 이유없이 차별하였다고 인정되는 경우 관계당사자에게 불합리한 차별을 시정하는데 필요한 조치를 명할 수 있다. 구제명령의 불복절차와 벌칙 등에 관해서는 부당노동행위구제명령의 불복절차 및 벌칙규정[92]을 준용한다.[93] 노동위원회에 구제신청을 거치지 않고 곧바로 법원에 민사소송을 제기하거나 가처분신청 등을 할 수도 있다. 단체협약 내용 및 합리적 이유 없는 차별내용의 무효확인 및 그로 인한 손해배상 청구, 작위 또는 부작위 명령, 각각의 차별행위에 대한 시정을 구하는 소송 등을 할 수 있다.

1) 공정대표의무 위반 시정절차

노동조합은 결정된 교섭대표노동조합과 사용자가 교섭창구 단일화에 참여한 노동조합과 그 조합원에게 합리적인 이유없이[94]차별한 경우에는 고용노동부령으로 정하는 바에 따라 노동위원회에 공정대표의무 위반에 대한 시정을 신청할 수 있다. 노동위원회가 공정대표의무 위반의 시정 신청을 받은 때에는 지체없이 필요한 조사와 관계 당사자에 대한 심문을 하여야 한다. 심문을 할 때에는 관계 당사자의 신청이나 직권으로 증인을 출석하게 하여 필요한 사항을 질문할 수 있다. 심문을 할 때는 관계 당사자에게 증거의 제출과 증인에 대한 반대심문을 할 수 있는 충분한 기회를 주어야 한다. 노동위원회는 공정대표의무 위반의 시정 신청에 대한 명령이나 결정을 서면으로 하여야 하며, 그 서면을 교섭대표노동조합, 사용자 및 그 시정을 신청한 노동조합에 각각 통지하여야 한다. 노동위원회의 제1항에 따른 공정대표의무 위반의 시정 신청에 대한 조사와 심문에 관한 세부절차는 중앙노동위원회가 따로 정한다. 확정된 시정명령을 불이행하면 3년 이하 징역이나 3천만원 이하의 벌금형에 처해 질 수도 있다.

92) 노조법 제85조, 제86조, 제89조제2호
93) 노조법 제29조의4
94) 노조법 제29조의4제1항 위반

2) 공정대표의무 위반 단체협약의 효력

교섭대표노조가 공정대표의무를 위반하여 차별적인 내용으로 체결된 단체협약의 효력은 어떻게 될 것인가 의문이다. 단체협약은 노사관계에 관해 노사당사자가 체결한 사법상 계약으로서 권리적인 채권과 의무적인 채무를 그 주된 내용으로 한다. 노동위원회는 단체협약의 내용 중 노조법에 비추어 위법한 사항에 대해서만 의결을 거쳐 시정명령을 내리게 된다. 노조법상 공정대표의무를 위반한 차별적 단체협약이 노동위원회로부터 시정명령을 받았더라도 공법상 단체협약을 개정할 의무를 부담하지만 사법상 효력까지 부정되는 것은 아니다. 따라서 시정명령 이행여부와 관계없이 단체협약의 규정은 당사자가 위법한 부분을 고쳐서 새로운 단체협약을 체결하지 않는 한 공정대표의무 위반 단체협약의 효력을 정지시키는 것은 어렵다. 다만, 위법한 내용이 강행법규를 위반했을 경우는 그 부분에 한해 효력을 상실한다고 보아야 한다.[95]

3) 공정대표의무 위반과 부당노동행위

교섭대표노조와 사용자가 합리적인 이유없이 단일화에 참여한 노동조합과 조합원을 차별하는 내용의 단체협약을 체결하였을 경우 공정대표의무 위반으로 노동위원회의 시정명령을 받을 수 있다. 부당노동행위는 사용자에게만 부과된다. 교섭대표노조의 차별적 의무위반이 아니라 사용자가 공정대표의무를 위반한 행위가 부당노동행위와 관련이 있을 수 있다. 사용자가 교섭창구 단일화에 참여한 노조나 조합원을 차별대우를 하는 경우[96] 그 차별적 행위가 노

---

95) 서울고판92누12096, 1993.3.12

96) 각종수당 차별, 사용자의 산별노조 간부에 대한 사업장 출입거부(대판 2001두8568, 2004.2.27 ; 인천지판 94가합5386, 1995.2.17. 노조법 제2조제4호라목 단서규정은 기업별노동조합이 사용자로부터 해고되어 근로자성이 부인될 경우에 대비하여 마련된 규정으로서, 초기업노조는 기업별노조와 다르게 원래부터 일정한 사용자에 대한 종속관계를 조합원의 자격요건으로 하는 것은 아니다. 회사가 조합사무실을 조합 측에 무상으로 대여한 것은, 조합이 기업시설의 일부를 기업경영에 지장이 없는 범위 내에서 조합사무실로 사용할 수 있는 무명계약으로서 회사는 조합의 사무실 이용을 방해하지 말아야 할 의무를 부담하고, 조합은 정당한 조합활동을 위하여 조합사무실을 이용할 권한을 취득하는 것이고, 그 이용권한에는 조합원 이외의 외부인들도 조합사무실을 출입하게 할 권한도 포함되는 것이라고 보는 것이 정당하다), 다만, 행정해석은 초기업노조의 경우 지부장 등이 해고돼 조합원자격을 상실했다면 단체협약에 달리 정함이 없다면 사업장 출입을 금할

조운영을 지배 · 개입하는 것을 내용으로 할 때 부당노동행위에 해당할 수도 있다. 사용자가 교섭대표노조를 회유하는 등의 방법으로 노동조합활동에 지배 · 개입하여 단체협약을 체결했다면 차별에 대한 책임 이외에 부당노동행위에 대한 책임을 져야 할 것이다.[97] 아울러, 차별의 내용이 각종 노동관계법의 강행규정을 위반했을 경우에는 그에 따른 책임이 따른다.

7. 교섭대표 노동조합과 쟁의행위 찬반투표

사업 또는 사업장 단위의 복수노조인 경우, 단체교섭 등에서 교섭대표노조가 협약의 당사자이며 교섭대표 선정 등에 참여한 각 노조가 독자적으로 단체교섭권과 협약체결권을 갖는 것이 아니다. 쟁의행위에 참여할 수 있는 조합원의 범위는 교섭단위를 기준으로 판단하여야 한다. 교섭단위가 분리되지 않은 경우는 하나의 사업 또는 사업장 전체의 조합원들이 참여대상이고, 교섭단위가 분리되었다면 교섭단위별로 교섭과 조정, 결렬 등 단체교섭의 진행경과가 다른 만큼 쟁의행위 찬반투표 등의 시기도 다를 수밖에 없다.[98] 따라서 쟁의행위 찬반투표는 교섭창구 단일화에 참여한 전체조합원(해당 사업 또는 사업장 소속 조합원으로 한정한다)의 직접, 비밀, 무기명투표에 의한 과반수 찬성으로 의결하여야 한다.[99]

실무상, 과반수조합이 없어서 교섭창구 단일화에 참여한 모든 노동조합이 공동교섭대표단구성에 합의하여 교섭을 진행 중 쟁의행위에 돌입하기 위한 찬반투표를 실시할 경우, 전체 조합원 속에는 조합원 수가 전체조합원의 10% 미만인 소수노조로서 공동교섭대표단 구성에 참여하지 못한 노동조합의 조합

수 있다는 입장이다.(노사관계법제팀-635, 2005.11.29.)

97) 과반수인 정규직 생산직 노조가 비정규직 기능직 노조를 차별하는 내용의 단체협약을 체결한 경우 등

98) 1개 사업장에서 생산직과 기능직 노조 그리고 사무직 노동조합으로 교섭단위가 2개로 분리된 경우, 생산직노조(220명)와 기능직 노조(190명)가 창구단일화로 교섭을 진행 중 결렬되어 쟁의행위로 나간다면 전체조합원 410명에 대하여 쟁의행위찬반투표를 실시하고 사무직노조(50명)가 교섭이 결렬되어 쟁의행위를 한다면 50명에 대해 찬반투표를 실시한다.

99) 노조법 제41조제1항 단서

원도 포함이 되고 쟁의행위에 참가할 수도 있다.[100] 교섭창구단일화과정에 참여한 노동조합들이 협정 등을 통해 교섭과 합의, 찬반투표 , 조정, 쟁의행위 등에 관해 공동으로 규칙[101]을 미리 정해두는 것이 바람직하다. 다만, 사용자는 개별노조와 교섭을 하는데 동의한 경우를 제외하고는 노동조합들이 교섭창구단일화를 하지 않으면 교섭을 거절하더라도 부당노동행위로 보지 않는다. 따라서 조합원 수가 10% 이상에 해당함에도 불구하고 스스로 교섭창구단일화에 불참한 노조는 교섭권을 얻지 못하기 때문에 쟁의행위 찬반투표를 하거나 쟁의행위에 들어갈 수도 없다.

쟁의행위가 진행 중인 경우에, 정당성이 없는 경우라면 쟁의행위에 참여한 조합원의 업무를 사업 또는 사업장 내 다른 교섭단위 조합원 혹은 비조합원에게 수행토록 할 수도 있고 근로자를 신규채용하거나 외부에 도급을 주는 것도 가능하다. 한편, 정당한 쟁의행위인 경우에도 교섭단위 내의 비조합원과 교섭단위가 다른 노조의 조합원에게 쟁의행위로 중단된 업무를 수행하도록 할 수 있다.

한편 직장폐쇄의 경우에도 교섭창구 단일화에 참여한 노동조합의 업무와 해당 교섭단위의 비조합원의 업무에 대해서 직장폐쇄를 실시할 수 있다. 이 때 교섭대표노조가 아닌 단일화에 참여한 개별노조가 독자적으로 진행하는 쟁의행위는 정당성이 없다. 이 경우 사용자는 정당하지 않은 쟁의행위에 참여한 개별노조의 조합원에 대하여 직장폐쇄를 실시할 수 있다. 다만, 해당 노조의 파업으로 인하여 사업 또는 사업장 전체에 영향을 받는 경우라면 사업 또는 사업장 전체에 대한 직장폐쇄도 가능하다.

---

100) 전체 근로자 380명인 사업장에서 1노조 180명, 2노조 110명, 3노조 70명, 4노조 20명인 경우 과반수노조가 없어 합의로 공동교섭대표단을 구성한 경우 조합원수가 전체 조합원의 10%미만인 4노조는 공동교섭대표단구성에 참여할 수 없다. 다만, 쟁의행위 찬반투표시 전체조합원의 과반수로 결의할 때는 참여하여야 한다.

101) 단일화 침여노조가 공동으로 합의안에 내한 총회의설, 쟁의행위 찬반투표, 파업을 진행 할 경우 교섭단위 내의 개별 참여노조의 성향, 조합의 재정적 부담수준, 지도부의 지도력, 조합원의 결집력 등에 따라 차이가 나는 등 갈등과 환란이 있을 수 있으므로 이러한 사항에 관해 미리 협정서, 규칙 등을 정해두는 것이 바람직하다.

8. 필수유지업무 협정체결과 노동조합별 근무 근로자 선정

필수유지업무란, 필수공익사업[102]의 업무 중 그 업무가 정지되거나 폐지되는 경우 공중의 생명, 건강 또는 신체의 안전이나 공중의 일상생활을 현저히 위태롭게 하는 업무로서 대통령령으로 정하는 업무를 말한다. 교섭대표노조는 쟁의행위기간동안 필수유지업무의 정당한 유지 · 운영을 위하여 사용자 및 사용자단체에 대해 필수유지업무의 필요 최소한의 유지 · 운영수준, 대상 직무 및 필요인원 등을 정한 필수유지업무협정을 서면으로 체결할 수 있다. 당사자 쌍방 또는 일방은 자율적으로 필수유지업무협정이 체결되지 아니할 때에는 노동위원회에 필수유지업무의 필요 최소한의 유지 · 운영수준, 대상 직무 및 필요인원 등의 결정을 신청하여 특별조정위원회로부터 결정을 받을 수 있다.[103] 노동위원회의 결정이 있는 경우 그 결정에 따라 쟁의행위를 한 때는 필수유지업무를 정당하게 유지운영하면서 쟁의행위를 한 것으로 본다.[104] 필수유지업무 유지 · 운영수준에 관해 노동위원회의 결정 또는 당사자 사이에 협정이 체결된 경우, 교섭대표노동조합은 필수유지 업무에 근무하는 조합원 중 쟁의행위기간동안 근무하여야 할 조합원을 통보하는데, 이 경우 근로자가 소속된 노동조합이 2개 이상인 경우는 각 노동조합의 해당 필수유지업무에 종사하는 조합원의 비율을 고려하여 필수유지업무 근무 근로자를 통지하거나 지명하여야 한다.[105]

102) 노조법 제71조제2항, 노조법 제42조의2제1항, 노조령 제22조의2 별표1
103) 노조법 제42조의4
104) 노조법 제42조의5
105) 노조법 제42조의6제2항

14

단체협약

1. 단체협약의 의의와 특징

노동권익이 확충되기 이전에는 개별 근로조건은 근로자와 사용자 간의 계약에 의하여 규율되는 것이 계약자유의 원칙에 부합한 것으로 보았다. 개별 근로자가 사용자와 대등한 입장에서 계약을 체결한다는 것은 불가능하다. 그러므로 조합의 단결력을 이용하여 단체교섭을 행하고 평화적인 교섭에 실패할 때는 쟁의행위를 하여 근로조건에 관한 주장을 관철함으로써 실질적인 계약의 대등성을 확보하게 되었다.[1] 이러한 노동조합과 사용자 또는 그 단체 사이의 협정으로 체결되는 자치적 노동법규를 단체협약(labor collective agreement, 團體協約)이라고 한다.

단체협약이란, 노동조합과 사용자가 교섭과정을 거쳐 임금, 근로시간, 휴가 등 개별적 근로관계에 관한 사항과 노동조합활동 등 집단적 노사관계에 적용할 규칙에 관해 합의한 협정 혹은 계약으로서 집단적노사관계의 꽃이라고 할 수 있다. 단체협약은 단체협약 · 약정서 · 협정서 · 이행각서 · 합의서 등 명칭에 불구하고 쌍방이 정상적인 교섭을 통해 합의한 내용을 서면으로 표기하고 당사자가 서명 · 날인한 문서를 말한다. 단체협약이 자치법규로서 강제력을 가지는 것은 노사가 합의를 통해 계약내용으로 정한 근로조건 등에 관해 구속

1) 단체협약은 사용자에 비해 사회경제적 약자인 근로자가 집단적이고 조직적인 힘의 연대를 바탕으로 자신들의 권익을 보호하는 등 개별적 근로관계의 약점을 극복하기 위한 집단적 계약관계의 성질을 갖는 것으로서, 제도적으로 시민법상 계약자유원칙의 폐단을 시정하는 기능을 한다. 따라서 단체협약은 일정기간에 걸쳐서 소정의 근로조건을 규율하려는 것이므로 그 주체가 법상 노동조합이 아닌 일시적 근로자단체 등인 경우는 단체협약을 체결할 능력이 없다.

력을 갖는다고 약정했기 때문이고, 계약내용의 이행과 질서에 관한 주된 부분에 대해 헌법을 비롯한 노조법, 근기법 등 강행법규로 당사자를 구속하기 때문이다. 따라서 집단적 교섭의 결과물인 단체협약은 개별 근로계약에 대하여 지배력을 가지고 협약에 위반한 근로계약을 무효화하며, 무효부분에 대해서는 협약이 정하는 바에 따르도록 강제한다. 단체협약에 대한 입법태도는 나라마다 다른데, 영국처럼 단순히 신사협정(紳士協定)으로 보아서 자치적 규범의 준수를 대립되는 노사 관계 속에 방임하면서 그 이행과 분쟁 등에 관해 법원을 구속하지 않는 나라, 유럽과 미국 우리나라의 경우처럼 자치적 규범을 공법의 체계의 하나로 흡수함으로서 단체협약을 법률로 규율하여 법원을 구속하는 나라도 있다.

이러한 취지에서, 노조법은 단체협약의 성립 · 존속 · 기간 · 효력에 관하여 규정하고 일정한 법률상의 효력을 부여하고 있는데, 법에 의해 교섭의무가 부과되고, 합의에 도달한 사항에 대해서는 협약체결의 자유가 제한되며,[2] 계약내용이 강행법에 위배되지 않았는지 신고의무부과 하는 등 관여를 하고[3] 그 내용 가운데 법위반 사항에 대해서는 노동위원회의 의결을 거쳐 이를 변경 · 취소할 수 있도록 시정명령을 할 수 있으며, 법적 유효기간이 2년으로 제한되어 있다[4] 단체협약에는 민사상 채권채무적 효력 뿐 아니라, 단체협약에서 정한 근로조건 기타 근로자의 대우에 관한 기준 등 규범적 부분에 위반하는 취업규칙 또는 근로계약의 부분은 무효이며, 그 무효부분은 단체협약에 정한 기준에 의하고 근로계약에 규정되지 아니한 사항의 경우 단체협약상 근로조건이 적용되는 등 규범적인 효력도 인정된다.[5] 일반계약은 당사자에게만 효력이 있지만 단체협약은 규범적효력에 대해서는 일반적 구속력과 지역적 구속력에 의해 당사자 뿐 아니라 당사자 이외의 제3자에게도 그 효력이 확장될 수 있다는

2) 노조법 제30조, 제31조

3) 노조법 제31조, 협약체결일로부터 15일 이내에 행정관청에 신고의무

4) 노조법 제31조제3항, 제32조제2항

5) 노조법 제33조, 기준의 효력 : 단체협약에서 정한 근로조건 기타 근로자의 대우에 관한 기준(규범적 부분)에 위반하는 취업규칙 또는 근로계약의 부분은 무효이며, 그 무효부분은 단체협약에 정한 기준에 의하고 근로계약에 규정되지 아니한 사항의 경우에도 동일하다.

점이 특징이다.[6)]

한편, 일반계약의 경우 당사자간 계약 목적과 내용에 대해 합의에 도달하였더라도 반드시 계약을 체결해야할 법적인 의무도 없으며 일부 공익목적에 의한 최소한의 신고와 규제 이외에 달리 제한을 받거나 계약내용의 시정명령을 받는 등 공법적인 의무는 없다.

단체협약은 반드시 하나만 체결해야만 하는 것은 아니다. 적용 조합원의 범위, 사업장, 시기적 구분, 협약이 추구하는 목적 등에 따라 수개의 형태로 존재할 수도 있고 이러한 사항을 모두 묶어서 하나의 단체협약 속에 구분 표기하는 방식으로 체결할 수도 있다. 하나의 사업장 내에 수개의 직종이 존재하고 그에 따라 복수의 교섭단위가 있다면 직종별로 각기 다른 단체협약이 존재할 수 있다.[7)] 다만, 하나의 사업장 내에 근로조건은 수당 등 특수한 직종의 차별화된 대우부분을 제외하고는 가급적 통일성을 기하는 것이 바람직하며, 특히 노동조합활동 등 채무적부분에 관해서는 노동조합 간 차별이 발생하지 않도록 형평의 관점에서 고려가 있어야 한다. 그렇지 않으면 불공평한 처우에서 비롯된 노동조합 간 갈등이 전체 사업장으로 비화될 소지가 있다.

실무상 복수노조하에서 교섭대표노조는 참여노조를 위하여 복수의 단체협약을 체결할 수도 있는데, 근로조건 등 규범적 부분은 각 참여노조 조합원 모두에게 동일하게 적용되도록 1개의 단체협약으로 체결하는 것이 바람직하고, 조합활동 · 타임오프 등 각 조합의 고유한 채무적 부분은 참여 조합별로 각각 단체협약을 체결하는 것이 바람직하다. 이 경우 각각 단체협약을 체결한다고 하더라도 단체협약체결권은 교섭대표노조에게 있다.

---

6) 노조법 제35조, 제36조, 근로조건 등은 협약당사자가 아닌 조합원과 협약당사자인 사용자에게 각각 규범적 효력을 가진다.

7) 단일 단체협약(1. 총칙, 2. 근로조건 가. 정규직 나. 임시직 등, 3. 조합활동 가. 정규직 나. 임시직 등), 수개 단체협약(ㅇㅇ산업 정규직 단체협약, ㅇㅇ산업 비정규직 단체협약 등), 교섭대표노조가 수개의 노조를 위한 각각의 단체협약을 체결하는 경우(1노조 단체협약, 2노조 단체협약, 3노조 단체협약 등)

2. 단체협약의 기능과 성질

단체협약은 기준의 효력에 따라 규범적 효력을 가지고, 강행법규에 위반되지 않는 한도 내에서 취업규칙이나 근로계약보다 우월한 효력이 있으며,[8] 당사자인 노동조합과 체결당시 조합원인 근로자에게 효력을 발생한다. 따라서 노사가 구속력 범위에 관해 달리 약정하지 않았다면, 단체협약이 체결된 후 비노조원이 노동조합에 새로이 가입한 경우 또는 신입사원이 노동조합에 가입한 경우는 이미 체결한 단체협약의 효력을 적용할 수는 없다. 즉, 단체협약은 체결당시 조합원인 근로자 즉, 적용이 예상되었던 자에게 효력이 발생하므로, 연봉제계약을 한 신입사원이 입사 후 노동조합에 가입하였다고 해서 곧바로 연봉제가 소멸되고 단체협약상 조합원에 적용되는 호봉제가 적용되는 것이 아니다.[9] 따라서 다음 단체협약이 체결되면 그 단체협약의 효력을 적용받는다.[10]

가. 단체협약의 기능

단체협약은 기본적인 근로조건 개선기능 이외에 계약의 본질에서 나오는 평화적 기능, 질서형성기능을 가지고 있고, 조직의 확대기능, 경영안정화 기능, 경영참여 기능, 근로조건 개선기능 등을 동시에 수행한다. 각각 차례로 살펴본다.

첫째, 노사관계 안정 등 평화적 기능, 단체협약의 유효기간 동안 협약의 내용을 서로 존중하고 이미 체결한 단체협약 내용의 변경을 요구하는 쟁의행위를 하지 않는 등 노사관계 안정과 평화를 유지하는 기능을 수행한다.

둘째, 근로관계 개선 및 질서형성기능, 단체협약은 임금, 근로시간 등 개별적 근로관계에 관한 합의를 통해 조합원의 근로조건을 점차 개선하는 기능을 가지며, 근로시간면제, 시설물 이용, 근무시간 중 조합활동 등 노동조합활동에 대한 구체적인 약정을 통해 노사관계의 일정한 질서와 기준을 형성하는 기

8) 노조법 제33조
9) 노조 68107-1101, 2001.9.28
10) 노조 68107-249, 2001.3.2

능을 한다.

셋째, 조직의 확대기능 단체협약 속에 있는 유리한 근로조건은, 미처 노동조합에 가입하지 않은 근로자를 조합 속으로 흡수하는 유인기능이 있어서 비조합원의 가입을 촉진시켜 노동조합의 조직이 점차 확대되는 기능을 한다.

넷째, 경영안정화 기능, 사용자는 단체협약의 유효기간 중 임금 등 근로조건이 일정수준으로 유지 · 고정되어 경영의 안정화를 도모할 수 있다. 산별노동조합의 경우 근로조건의 평준화를 통해 기업 간 불필요한 경쟁을 예방하는 기능도 있다.

다섯째, 경영참여 기능, 단체협약상 협의회, 위원회 등 노사가 협의하여 결정하는 다양한 의사결정구조 즉, 조직적 부분을 통해 조합원의 경영참여를 제도화하는 기능을 가진다.

나. 단체협약의 성질

단체협약은 노동조합과 사용자의 합의에 의해 성립된다. 따라서 기본적으로는 계약의 성격을 가지고, 한편, 근로자와 사용자 사이의 근로계약을 직접적으로 규율하는 규범적 성질도 가진다. 이러한 두 가지 성질 중 어느 것에 치중하느냐에 따라서 규범설과 계약설로 학설이 나뉜다.

1) 규범설(規範說)

단체협약의 체결과 성립에는 대체로 계약일반의 법리가 적용되나, 일단 서명날인을 통해 단체협약으로 성립한 경우, 이 단체협약은 하나의 법적인 규범으로서 작용한다는 입장이다. 이 입장을 취하는 경우 노조법 제33조에 정한 기준의 효력[11]은 규범설을 실정법으로 뒷받침 · 확인해 주는 역할을 하는 것으로 본다. 비판적인 견해로는, 비록 법규범설의 입장에서 볼 때, 단체협약이 합의에 의하여 개별 근로자의 근로조건을 자주적으로 규제하고 법적 지위와 효력을 부여하려는 점에서 사회적 기능이 주목되지만, 그러한 사회적 기능을 가

---

11) ① 단체협약에 정한 근로조건 기타 근로자의 대우에 관한 기준에 위반하는 취업규칙 또는 근로계약부분은 무효로 한다. ② 근로계약에 규정되지 않은 사항 또는 제1항의 규정에 의하여 무효로 된 부분은 단체협약의 정한 기준에 의한다

진다 하여 "사인에 불과한 노사당사자 사이의 합의를 법규범으로까지 볼 수는 없다"는 비판이 있다.[12)]

2) 수권설(授權說)

단체협약은 본래 당사자인 노동조합과 사용자 사이의 계약에 불과 하지만 근로자보호 및 노사관계안정을 위하여 "국가법[13)]이 특별히 정책적으로 규범적 효력을 부여하였기 때문에 규범적 성질을 갖는다."[14)] 수권설의 입장을 취하는 경우 헌법 제33조의 규정이 단체협약에 규범적 효력을 부여하는 것으로 보기는 어렵고, 노조법 제33조의 규정에 따라 단체협약에 규범적 효력이 창설되는 것으로 본다.[15)] 다만, 단체협약의 규범적 효력이 노조법 제33조에 근거를 둔 것이라고 본다면, 당사자 적격, 서면형식을 갖춘 서명 · 날인, 강행법에 위반한 내용, 위임범위를 벗어난 단체협약체결 등 노조법이 정한 요건을 갖추지 못한 단체협약은 규범적 효력이 인정되지 않는다는 결론을 얻을 수 있다. 다만, 이러한 흠결로 인해 규범적 효력은 없더라도 사법상 당사자 합의에 의한 계약적인 효력은 인정할 수 있다는 것이 통설의 입장이다.

3) 규범계약설(規範契約說)

단체협약은 "노사 당사자 사이에 적용되는 일종의 규범을 당사자의 합의를 통해 계약으로 체결하였기 때문에 규범적 성질을 갖는다"는 입장이다.

4) 법적효과설(法的效果說)

단체협약은 헌법상 노동3권이 보장되고 노조법 제33조에 의거 단체협약의 효력을 부여하는 것으로 "법률에 따라 체결된 단체협약은 본질적으로 규범적 성질을 갖는다"는 것이다.

결론적으로, 단체협약은 헌법과 법률의 규정에 의거 개별적 근로관계를 규율하는 규범적 효력과 일반적 구속력을 가지고 있고, 강행법의 테두리 내에서

---

12) 임종률, 『노동법』, 137쪽
13) 노조법 제33조
14) 임종률, 『노동법』, 138쪽
15) 김유성, 『노동법』, 155쪽

체결된 단체협약은 당사자의 의사에 따라 개별적 근로관계 · 집단적 노사관계의 질서를 형성하는 계약적 성질도 가지는 이중적 성질을 가지고 있다고 이해하면 무방하다. 단체협약을 일종의 규범으로 파악하는 것은 독일, 프랑스, 일본 등 대륙법계의 공통적 입장이다.[16)]

3. 단체협약의 당사자

단체협약은 일반적인 계약과 달리 규범적 효력이 인정되어 개별적인 근로계약의 내용을 규율하는데, 이처럼 노동법에 의거 단체협약을 체결할 능력을 가지는 자를 단체협약의 당사자라고 한다. 이것은 민법상의 행위능력이나 권리능력과는 다른 개념이다. 단체협약의 규범적인 효력은 노조법[17)]에 의거 창설된 것이므로 근로자측 당사자는 노조법상 법인격 유무에 관계없이 노동조합이 되고 개인근로자인 조합원과 일시적 집단이나 쟁의단은 당사자가 될 수 없다. 사업주인 사용자는 당연히 당사자가 될 수 있다. 법인인 경우는 대표이사, 개인기업인 경우는 사업주가 당사자가 되고, 그가 서명 또는 날인할 경우 단체협약의 효력이 발생한다. 이 경우 사용자단체는 구성원인 사용자에 대하여 조정 또는 규제할 수 있는 권한을 보유하고 있어야 한다.[18)] 연합단체 등 노동조합의 상급단체와 노동조합의 지회 · 분회가 당사자 능력이 있는지는 교섭주체와 위임 등에 의거 교섭당사자 능력이 있는지 여부에 따라 좌우된다.

가. 연합단체

단위노동조합을 구성원으로 하는 연합단체가 단위노동조합의 노측을 대신하여 교섭당사자가 되려면, 우선 연합단체 자체의 규약에 단체협약체결을 목적으로 하는 근거가 있어야 하고, 단위노동조합이 총회에서 재적조합원 과반수 출석과 2/3 이상의 찬성으로 자신의 단체협약체결 권한을 위임 또는 이양

16) 김유성, 『노동법』, 152쪽
17) 노조법 제33조, 제35조, 제36조
18) 노조법 제2조제2호, 제3호

한다는 명시적인 결의가 있어야만 단체교섭의 당사자가 될 수 있다.[19] 다만, 연합단체는 단위노조로부터 권한이양이나 위임 등이 없어도 자신과 조합원을 위하여 사용자 또는 사용자단체를 대상으로 교섭하고 단체협약을 체결할 권한을 가지므로, 조합활동 등 채무적부분에 관한 협정은 체결할 수 있을 것이나[20] 조합원 개별근로자에게 효력이 미치는 규범적부분이 없는 단체협약은 이미 단체협약이 아니라고 보아야한다.

나. 산업별 노동조합의 지회 · 분회 등

일반적으로 단위노조의 규약에 따라 설립한 지회 · 분회[21]는 단위노조의 위임이 없으면 독자적인 교섭권이 없는 것이 원칙이다. 다만, 독자적인 규약 및 집행기관을 가지고 독립된 단체로서 활동하는 등, 노동조합으로서의 실질적 요건을 갖추고 경우, 그 지회 · 분회가 노조법[22]상 설립신고를 하지 않았더라도 그 지회(분회)의 조직이나 조합원의 고유한 사항에 대해서 교섭당사자로 될 수 있다.[23] 아울러, 실질적 요건을 갖추지 않은 지부 · 분회의 경우라도 단위노조로부터 교섭권을 위임받은 경우는 위임받은 범위 내에서 교섭권한을 행사할 수 있다. 이 경우 지부 · 분회의 고유한 사항이나 전체지부 · 분회 등에 영향을 미치는 공통적인 사항에 대하여 교섭권을 위임받거나 수시 위임이 없더라도 규약 등으로 할양받는 경우가 될 것이다. 실질적 요건을 갖추었거나 단위노조로부터 위임받은 경우는 그 사항에 대해 단체교섭을 하고 결렬된 경우는 지부 · 분회 조합원의 찬반투표[24]를 거쳐 쟁의행위를 할 수 있다. 만일 실질적 요건을 갖추지도 않고, 교섭권에 대해 위임도 받지 않은 상황에서 권한을 초월한 교섭을 하거나 단위노조의 지시 · 결정을 무시하고 독자적으로 교섭을 요구하는 경우, 노조법 제30조에 정한 노동조합으로 볼 수 없으므로 사용

---

19) 노조법 제16조

20) 노조법 제29조제1항

21) ㅇㅇ노총ㅇㅇ연맹ㅇㅇ지(분회)회, ㅇㅇ연맹 ㅇㅇ지역택시노동조합 ㅇㅇ운수지부

22) 노조법 제10조, 노조령 제7조

23) 대판 2000도4299, 2001.2.23

24) 노조법 제41조. 직접 · 비밀 · 무기명투표를 통한 재적조합원과반수 찬성으로 결의

자는 교섭에 응할 의무가 없다.

만약, 이미 단체협약을 체결한 경우라도 단체교섭권이 없는 상태에서 체결한 단체협약은 노조법상 단체협약의 효력을 가질 수가 없으므로 불이행 책임[25]을 물을 수 없고 그로 인해 쟁의행위로 나아간다면 위법 책임을 면할 수 없다. 다만, 노조법상 무효인 단체협약도 민사상 계약상의 채권채무약정으로서는 효력이 있다고 보아서 불이행시 손해배상 등의 책임[26]을 질 수도 있을 것이다.

노동조합의 조직위계상 지부나 분회는 상부단위노조의 통제에 따를 수 밖에 없다. 그러므로 단위노조에서 중앙단위 임금교섭을 하고 있을 때, 하위 지부나 분회가 중앙의 방침이나 기준보다 낮은 수준의 임금교섭을 먼저 요구할 수는 없다. 사용자가 이 교섭에 응할 경우 부당노동행위가 성립할 수도 있다.

4. 단체협약의 성립과 신고

가. 서명날인

단체협약의 효력은 노조법 제29조에 의거 창설된 것이므로 동법 제31조에 정한 요식행위에 따라야 효력이 있다.[27] 단체협약은 당사자 사이에 단체교섭에서 합의된 내용을 서면으로 문서화한 것으로서 서면으로 작성하여 당사자 쌍방이 서명 또는 날인하여야 한다고 정하고 있다.[28] 따라서 단체협약이 성립하기 위해서는 우선 당사자 사이에 단체교섭을 통한 의사의 합치 즉, 합의가 있어야 하고, 나아가서 그 합의내용을 서면으로 당사자 쌍방이 서명 · 날인하여 문서화하여야 한다.[29] 서면에 의하지 않고 구두 등의 방식으로 정한 것은 효력이 없다.[30]

---

25) 노조법 제92조
26) 민법 제390조
27) 김형배, 『노동법』, 750쪽
28) 노조법 제31조제1항
29) 노조법 제31조제1항
30) 대판 2001다15422, 2001.5.29. 회사와 노동조합 사이에 임금과 상여금을 감액하기로 하는 구두의 합의가 있었다고 하더라도 그 방식을 갖추지 않은 경우 단체협약은 효력을 가질 수 없다고 할 것인 바, 강행규정에 위반된 단체협약의 무효를 주장하는 것이 신의칙에 위배되는 권리의 행

교섭위원이 여러 명인 경우 모두가 서명해야 효력이 있는 것이 아니라 노동조합의 대표자, 사용자의 대표자 한사람이 서명하면 효력이 있다. 규약에 달리 정한 경우라도 마찬가지다.[31] 교섭권을 위임하였을 경우 교섭권만 위임한 경우는 위임자가 체결권을 가지며, 체결권을 포함하여 위임한 경우는 위임자 ○○○의 대리인 ○○○이라는 것을 명기한 후 수임자의 이름과 서명으로 체결한다.[32] 한편, 위임자는 위임해지 의사표시가 없더라도 수임자와 함께 경합적으로 단체교섭권을 가지므로 직접 단체교섭 또는 협약을 체결할 수도 있다.[33]

이처럼 문서화와 서명 또는 날인이라는 엄격한 요건을 정한 취지는 단체협약이 규율대상으로 하는 노사관계가 집단적, 계속적이라는 점을 고려하여 체결당사자를 명백히 하고 동시에 당사자의 최종적인 의사를 확인함으로써 협약의 진정성과 명확성을 담보하려는데 있다.[34] 협약의 진정성과 명확성이 담보되기만 한다면 서명 또는 날인 대신 서명 무인한 경우나 기명날인한 경우에도 유효하다.[35] 임기가 만료된 노조대표자가 체결한 단체협약은 효력이 없다.

단체협약은 교섭을 거치면서 의견의 조율과 합의를 통해 성립할 수 있다. 따라서 노사협의회에서 의결된 사항[36] 또는 노사협의회 쌍방 위원 사이의 협정은 단체협약이라 할 수 없고 규범적 효력을 가지지 않는다. 다만, 그 사업장에서 단체교섭의 예비교섭단계로 노사협의회를 통해 우선 협의를 거치는 것이 단체협약에 규정되어 있거나 관행으로 되어 있는 경우에는 그 노사협의는 단체교섭의 연장이라 할 수 있으므로 노사협의에서의 합의는 단체협약으로 될 수 있다고 보아야 할 것이다.[37] 이러한 경우는 당사자 쌍방이 반드시 정식의

사라는 이유로 이를 배척한다면 입법취지를 완전히 몰각시키는 결과가 될 것이므로 특별한 사정이 없는 한 그러한 주장이 신의칙에 위배된다고 볼 수 없다.

31) 노조 68107-563, 2001.5.16 ; 노조 01254-11879, 1989.8.14
32) 노조 01254-163, 1995.2.13
33) 대판 98다20790, 1998.11.13
34) 대판 2001다79457, 2002.8.27
35) 대판 94마605, 1995.3.10 ; 대판 2001다79457, 2002.8.27
36) 근참법 제21조
37) 대판 2003다27429, 2005.3.11 ; 임종률, 『노동법』, 139쪽.

교섭절차를 거치지 않았더라도 노사협의회에서 의결한 사항을 단체협약으로 갈음한다는 명확한 의사표시가 전제되어야만 가능하다. 노사가 주고받은 질의서나 화답문서의 경우처럼 특정사안에 대해 주고받는 문서를 대조하여야 확인이 되는 합의사항은 단체협약으로 볼 수 없다.[38)]

(2) 효력발생일

단체협약은 체결일로부터 효력을 발생한다. 다만, 효력발생시기에 대해 별도의 약정이 있는 경우는 그에 따른다.[39)] 이 경우 효력발생시기를 협약체결일 이전까지 소급할 수도 있다. 예를 들면, 2010.7.1 협약을 체결했으나 2009.10.1부터 기본급을 3% 소급인상 등을 정하는 것이다.

노조법은 복수노조인 경우 개별교섭에 관한 사용자의 동의가 있는 경우를 제외하고는 반드시 교섭창구 단일화를 통해 교섭대표노조 등으로 하여금 단체협약을 체결하도록 정하고 있는데, 실무상 교섭요구사실 공고기간 중에 개별교섭에 관한 사용자의 동의도 얻지 못하고 교섭창구단일화에 참여하지도 않은 노조의 단체협약의 효력은 어떻게 되는지 의문이다. 이 경우 참여하지 못한 노조의 단체협약은 기존 단협의 효력만료일까지는 그 효력을 가지며, 효력만료일 이후부터는 교섭대표노조가 체결한 단체협약이 효력을 지니게 되지만 참여하지 않은 노조에게는 적용되지 않는다. 따라서 참여하지 않은 노조는 기존 단협이 정한 규범적부분에 대해서는 별도의 변경이 없는 한 단체협약 실효 이후에도 근로조건으로 화체되어 그 효력을 유지하지만 조합활동 · 전임자 등 채무적 부분은 새로운 단체협약 체결시까지 효력을 상실하게 된다.

(3) 교섭권과 협약체결권 제한 등

노동조합의 대표자는 노동조합 또는 조합원을 위하여 사용자 또는 사용자단체와 교섭권한 뿐 아니라 단체협약을 체결할 권한도 가진다.[40)] 노동조합의 대표자가 체결한 단체협약의 효력은 헌법 제33조제1항에 의해 강행력을 보

38) 임종률, 『노동법』, 140쪽

39) 노정 1452.5-193, 1963.9.25

40) 노조법 제29조제1항 ; 대판 91누12257, 1993.4.27

장받아 노동조합과 조합원 사용자에게 효력을 가진다. 다만, 노사당사자는 교섭권 뿐 아니라 협약체결권까지 위임할 수 있으며, 위임받은 자는 위임내용에 따라 그 범위 안에서 교섭권한과 협약체결권한까지 행사할 수 있다. 만약 단체협약체결권에 대해 명시적으로 위임한다고 정하지 않은 경우는 단체교섭권만 위임한 것으로 보아야 한다.[41] 원활한 교섭을 위하여는 체결권을 포함하여 위임하는 것이 바람직하다.[42] 실무상 자주 쟁점이 되는 사항을 살펴보면 다음과 같다.

첫째, 노동조합의 대표자가 조합원들에게 교섭사항을 알리지 않고 교섭위원도 없는 상황에서 사용자와 체결한 단체협약의 효력에 관해 다툼이 있을 경우, 당해 노조의 규약 · 단체협약 등에서 정한 절차와 방법 또는 그동안의 관행 등을 따라 단체교섭이 이루어졌는지 여부 등을 고려하여 판단하여야 한다.[43]

둘째, 기존 단체협약에서 정한 교섭위원 전원이 아닌 노사 대표자만이 서명날인한 단체협약이 유효한지 의문이다. 노조법상 노동조합의 대표자와 사용자는 교섭 및 협약체결권을 가지므로, 비록 기존 단체협약에 새로운 단체협약의 체결은 노사교섭위원 전원이 서명날인 하도록 정하고 있다하더라도, 노사 교섭위원 전원이 아닌 쌍방 대표자만이 교섭결과 합의된 사항을 서면으로 작성하여 서명 또는 날인하더라도 단체협약으로 적법하게 성립되었다고 보아야 할 것이다.[44]

셋째, 단체협약 체결 전에 교섭사항에 대하여 총회 인준을 받도록 정하는 등 조합대표자의 교섭권한을 제한하는 것이 과연 정당한가 하는 점과 규약 혹은 단체협약에 교섭당사자인 노동조합대표자가 단체협약의 내용을 합의한 후 다시 그 협약안의 가부에 대해 조합원 총회 또는 대의원회의 의결을 거치도록

41) 김형배, 『노동법』, 735쪽

42) 노조 68107-923, 2000.10.11

43) 노조 01254-514, 1997.6.11. 단체협약의 효력 유무에 대하여는 당해 노조의 규약 · 단체협약 등에서 정한 절차와 방법 또는 그 동안의 관행 등을 따라 단체교섭이 이루어졌는지 여부 등을 고려하여 판단하여야 한다.

44) 노사관계법제과-545, 2008.9.25

규정한 사례가 있는데 이 두 가지가 과연 정당한가 하는 점이 의문이다.

(가) 합의하기 전

규약 혹은 단체협약에 정하기를, 교섭과정에서 안건을 조율하던 중 쟁점사항에 상호 의견이 일치하여 합의서 서명 등이 필요한 경우, 합의 이전에 노동조합 대표자가 그 사항에 관해 총회 또는 대의원회 인준을 받도록 정하였다면, 이를 교섭권과 협약체결권에 대한 실질적인 제한으로 보아서 법위반 규약 혹은 단체협약 시정명령을 해야 하는지 여부가 의문이다. 내부적으로 상대방과 합의하기 이전에 교섭안에 대하여 최종적으로 조합원의 총의를 듣는 등 합의의 전단계로서 의결을 거치도록 정한 경우 이것을 법위반이라고 하기에는 무리가 있을 것이다. 이 경우 노동조합의 대표자는 임의대로 단체협약을 체결할 수는 있으나 규약위반에 대해 내부 징계나 불신임 등 제재를 받을 수는 있다.

다만, 현실적으로 이와 같은 행태가 만연하고 있어 교섭이 효율적이지 못하는 등의 문제가 심각할 수 있는데, 노사는 이와 같은 점에 대비하여 단체협약으로 명확한 교섭절차와 합의방법 등에 관해 정해두는 것이 합리적이다. 당사자가 교섭을 타결할 목적을 갖지 않고 노사관계를 파행으로 이끄는 등 사실상 교섭기피 또는 해태가 있다면 사측의 경우 부당노동행위가 될 수 있고, 노측의 경우 신의칙위반 등으로 민사상 손해배상 책임을 질 수도 있을 것이다.

(나) 합의한 후

규약 혹은 단체협약에 정하기를, 노조 대표자가 교섭안에 대해 잠정합의하고 교섭결과에 대해 노조의 동의나 승인을 얻어 협약을 체결하도록 정하는 경우가 있다. 이것은 노조대표자의 협약체결 권한을 전면적 · 포괄적으로 제한하여 사실상 단체협약의 체결권한을 형해화(形骸化)하여 명목에 불과하도록 만드는 것이므로 법 위반에 해당하여 무효가 된다.[45] 따라서 노조대표자가 교섭한 후 독자적으로 단체협약을 체결하였다고 해도 효력이 있다.[46] 이 경우 노조대표자가 조합원의 동의나 승인을 얻지 못하여 재교섭을 요구할 경우 사용자가 교섭을 거부하더라도 부당노동행위에 해당하지 않고 이를 이유로 쟁의행위

45) 대판 91누10787, 1993.5.11 ; 노조법 제29조제1항

46) 대판 91누10787, 1993.5.11 ; 노조 01254-394, 2000.5.15 등 다수

를 할 수도 없다.[47]

이와 같은 법위반 규약이나 단체협약의 내용은 행정관청이 노동위원회의 의결을 얻어 시정명령을 할 수 있다.[48] 따라서 규약으로 체결권을 제한하거나 인준을 얻을 것을 조건으로 하는 등의 경우, 그러한 절차를 거치지 않았다고 하더라도 외부적으로 단체협약의 효력은 아무런 영향을 받지 않는다.[49]

노조법 제16조제1항3호에 "단체협약에 관한 사항"을 총회의 의결을 거치도록 정하고 있으나 이는 교섭당사자 사이에 합의된 사항을 총회에서 인준을 받으라는 것이 아니라, 포괄적인 의제 속에서 특정사안에 대해 총회의결이 있으면 집행부가 의결에 따르라는 의미라고 보아야 한다. 인준투표제는 조합내부적인 제한에 불과하고 대표자가 체결한 단체협약의 효력에는 영향이 없다. 실무상, 노동조합을 가진 기업이 법정관리에 들어간 경우가 있다. 이 경우 통합도산법에 의거 회생절차 등의 개시가 결정된 기업은 법원의 허가를 얻어야 할 사항이 법정되어 있고, 허가를 얻지 않은 사항은 무효가 된다. 따라서 임금교섭 등의 경우 법원의 허가를 얻지 않은 단체협약체결은 법원이 거부할 경우 효력이 없다.[50] 기타 법령에 특정사항(예 : 정관, 보수규정, 인사규정 등)을 변경할 경우는 주무장관의 승인을 얻도록 정한 경우에도 승인을 얻지 않은 것은 그 부분에 한해 효력이 없다. 실무상 협약내용에 대한 합의는 하였는데, 상대방이 서명날인을 거부하는 경우가 있다. 사용자가 거부하는 경우는 부당노동행위구제절차를 이용할 수 있고, 노동조합이 거부하는 경우는 사측은 법원에 서명의무 이행을 청구할 수도 있다.

다. 단체협약의 신고

당사자는 협약 체결일로부터 15일 이내에 쌍방이 연명으로 신고서에 협약서 사본을 첨부하여 행정관청에 신고하여야 한다.[51] 불이행시 300만원 이하의

47) 대판 97도588, 1998.1.20
48) 노조법 제21조제1항(법위반 규약의 시정명령), 제31조제3항(법 위반 단체협약의 시정명령)
49) 대판 91누10787, 1993.5.11
50) 노조 01254-779, 2000.9.29
51) 노조법 제31조제2항, 노조령 제15조, 노조규칙 제11조

과태료에 처할 수 있다.[52] 다만, 신고의무는 단체협약의 효력요건은 아니므로 신고와 관계없이 적법하게 성립된 단체협약은 그 자체로 유효하다.

5. 단체협약의 시정명령과 내용변경

가. 행정관청의 시정명령

행정관청은 단체협약 중 위법한 내용이 있는 경우에는 노동위원회의 의결을 얻어 30일 이내의 필요한 기간을 부여하여 시정을 명할 수 있다.[53] 시정명령에 따르지 않는 경우는 노조법 제93조제2호에 의거 500만원 이하의 벌금에 처할 수 있다. 과거에는 "위법 · 부당한 내용이 있는 경우"를 포함하였으나 1998.2.20 개정법에서 "위법한 내용이 있는 경우"로 제한하였다. 실무상 행정관청이 도 · 시 · 군인 경우는 노사당사자가 시정기한내에 명령을 이행하지 않으면 지방고용노동관서에 고발조치하고 근로감독관의 수사를 거쳐 검찰에 송치한다. 행정관청이 지방고용노동관서인 경우는 당사자에게 20일 이내의 기한을 정하여 시정지시하고 불응하면 노동위원회의 의결을 얻어 30일 이내의 기간을 정하여 시정명령을 한다. 불이행시 사건을 검찰에 송치하여 벌금이 부과되도록 한다.

나. 단체협약의 내용변경

1) 당사자 변경, 사정변경

단체협약의 유효기간 중 노동조합이 해산되어 실체가 소멸되는 경우는 단체협약도 실효된다. 그러나 노동조합의 대표자가 변경된 경우에도 유효기간 동안 효력이 유지되어 성실히 이행할 의무가 있다. 영업양도 등 특정기업이 사업의 동질성을 유지하면서 경영주체가 변경된 경우는 노동조합이 그대로 존

52) 노조법 제96조제2항, 노조령 제34조. 과태료부과시 위반사실과 과태료금액을 서면으로 명시하여 처분대상자에게 통지한다. 이때 10일 이상의 기간을 정하여 처분대상자에게 구술 또는 서면에 의한 의견진술 기회를 주어야 한다.

53) 노조법 제31조제3항

속하는 한 유효기간 동안 단체협약의 효력이 있다.[54] 다만, 유효기간 중이라도 중대한 사정변경, 즉, 당초 협약체결시 예상하지 못했던 사항이 사후적으로 발생하여 기 체결한 단체협약의 일부나 전부의 효력을 그대로 지속하는 것이 현저히 불합리하다고 판단되는 경우는 노사합의로 새로운 단체협약을 체결할 수 있다. 다만, 체결당시 일방의 부주의로 협약내용의 전제가 된 사항을 예견하지 못하였다든가 사후적으로 발생한 사항이라도 당사자 일방의 부주의로 발생한 경우는 계약 당사자인 본인의 과실로 볼 수 있으므로 상대방에게 협약내용의 변경합의를 강요할 수는 없을 것이다.

2) 조합의 조직형태변경

노동조합의 조직형태변경[55]에도 불구하고 노동조합의 동질성이 유지된다면 별도의 규정 또는 단체협약을 변경할 중대한 사정이 있거나 당사자가 합의하여 새로운 단체협약을 체결하지 않는 한 기존의 단체협약이 그대로 효력을 가진다.[56] 다만, 조직개편 후 기존의 단체협약의 유효기간이 만료되어 효력이 소멸한 경우에도 변경된 조직의 단체협약이 그대로 적용되는 것이 아니라 변경된 조직에 새로이 가입한 근로자들의 적용을 예상한 새로운 단체협약에 체결되면 그 단체협약부터 적용하고, 달리 합의가 없는 한 그 이전까지는 기존 협약의 근로조건 등 규범적부분을 적용하여야한다.

6. 단체협약의 불이익변경

단체협약은 기업의 경영상황과 기업을 둘러싼 다양한 경영환경에 민감할 수 밖에 없다. 기업이 쇠퇴하여 투자가 줄어들면 근로기회가 감소되고 실업이 증가하는 반면, 그 반대의 경우 새로운 고용이 창출되고 근로자의 지위가 향상되면 결국 기업과 근로자 모두에게 유리하게 된다. 따라서 노사 협약당사자는 기업이 처한 상황에 따라 기존 단체협약의 근로조건을 유리하게 혹은 불리하

54) 노조 68107-1149, 2000.12.15
55) 기업별 노조→산업별 지회 · 분회, 산업별지회 · 분회→기업별 노조 등
56) 노조 01254-1004, 1995.9.12 ; 노조 01254-183, 1992.2.26

게 변경할 수 있다.[57] 판례에 의하면, 노사합의로 단체협약의 내용상 근로조건을 불이익하게 변경하는 경우에도, 단체협약의 불이익 변경이 현저하게 합리성을 잃어버려 노동조합의 목적을 벗어난 것과 같은 특별한 사정이 없는 한 그러한 노사합의를 무효라고 할 수는 없다는 입장이다.[58] 따라서 당사자간 합의만 있다면 단체협약의 유효기간 중 또는 유효기간 만료에 대비하여 새로운 협약을 체결할 경우 불이익변경을 할 수 있다. 즉, 현저히 합리성을 잃어버려 노동조합의 목적을 벗어난 것과 같은 특별한 사정이 없는 한 그러한 노사합의를 위하여 사전에 개별근로자로부터 동의나 수권을 받을 필요는 없다.

다만, 제3자인 노동조합과 사용자가 이미 단체협약을 통해 개별근로자에게 귀속된 권리[59]를 소멸 혹은 처분하는 약정을 하는 것은 제3자의 권리를 해치는 불리한 계약으로 무효이다. 따라서 단체협약을 불이익하게 변경하더라도 개별근로자의 명백한 동의가 없는 한 이미 발생한 근로자의 기득권을 소급하여 침해할 수는 없고 불이익의 효력은 장래를 향해 발생하도록 약정[60]하여야 한다.

근로조건을 불리하게 변경하는 내용의 단체협약이 "현저하게 합리성을 잃어버렸는지 여부"에 대하여는 단체협약의 내용과 그러한 협약을 체결하게 된 경위, 당시 사용자측의 경영상태 등 여러 사정에 비추어 판단하여야 한다.[61] 단체협약의 갱신으로 인하여 신 단체협약이 구 단체협약보다 불리한 경우에도 질서의 원칙에 의거 새로운 단체협약이 적용된다.[62]

단체협약제결 이후 단체협약과 별도로 합의서, 부속각서, 이행협약서 등을 작성하는 경우가 있는데, 노동조합과 사용자가 서면으로 서명 · 날인한 것으로 근로조건에 대해 집단적으로 효력을 미칠 것을 목적으로 한 협정이라면 그 형식에 구애됨이 없이 단체협약으로 보아야 한다.[63]

---

57) 대판 2002도7225, 2003.7.22
58) 대판 2001다41384, 2002.4.12
59) (예) 이미 발생한 임금 · 수당 · 휴가일수 · 퇴직금 등의 일정비율을 반납하는 약정 등
60) (예) 장래 발생할 임금 · 수당 등의 일정액을 반납 · 삭감하는 결의 등
61) 대판 99다67536, 2000.9.29
62) 대판 2001다36504, 2002.11.26 ; 노조 01254-623, 1995.5.30
63) 대판 2001다41384, 2002.4.12 ; 김형배, 『노동법』, 788쪽

단체협약의 목적이 헌법상 보장된 노동3권의 효과적인 실현을 통해 근로자를 보호하는데 있음은 분명한 일이지만, 기업경쟁의 경제적인 법칙과 무관할 수는 없으므로, 노사가 단체협약을 체결할 경우, 기업의 지불규모와 시장여건을 감안하여 근로자 권익보호와 기업의 경쟁력확보를 동시에 고려하는 균형적인 시각이 필요하다.

7. 단체협약의 적용

단체협약은 체결당사자인 사용자단체 및 사용자단체의 구성원인 사용자, 노동조합 및 체결당시 적용이 예상되었던 조합원에게 적용된다. 단체협약을 체결할 당시에 그 협약의 적용을 받는 자 등 그 시점에서 노동조합의 규약상 조직대상으로서 조합원 자격을 가진 자는 모두 단체협약의 적용이 예상되는 자로 보아야 할 것이다. 이 경우 특정직종, 직급 등으로 조합원 자격을 특정한 경우는 그 자격요건에 해당하는 자, 조직대상에 직종과 직급 등을 특정하지 않은 경우는 사용자를 제외한 전체 근로자를 포함하고, 단체협약의 내용이 특정 직종, 직급에 한정된 경우는 그 요건에 해당하는 조합원을 적용이 예상되는 자로 보아야 한다.

"단체협약의 적용이 예상되는 자"의 범위에 대해 명쾌한 판례나 행정해석은 발견할 수 없다. 행정해석에 의하면, 새로 가입한 노조원에게는 단체협약체결당시 그 근로자에게 단체협약을 적용할 것이 예상되지 않았다면 적용하지 않는다고 한다. 따라서 단체협약 체결당시 비노조원이었거나 체결 후 새로이 신규입사한 자는 기존의 단체협약을 적용하지 않고 노조가입 후 새로이 체결되는 단체협약의 효력을 적용받을 수 있다.[64] 다만, 단체협약으로 명시하기를 "단체

64) 노조 68107-3737, 2001.3.30 외 다수. 단체협약이 구속할 수 있는 범위 : 명문의 규정은 없지만, 단체협약의 규범적 부분은 협약당사자인 노동조합의 조합원 · 사용자측 협약당사자가 사용자단체인 경우에는 그 구성원인 사용자에게만 적용되는데, 이것을 단체협약의 "구속력범위"라 부른다. 물론 단체협약의 규정에 의하여 협약 규정의 전부 또는 일부에 대하여 그 적용범위를 전체 조합원이 아니라 일부 조합원으로 축소할 수는 있다. 다만, 구속력범위를 넘어 단체협약을 적용한다고 규정하는 것은 허용되지 않는다. 협약당사자인 노동조합의 조합원인 이상, 노동조합의 가입 시기를 불문하고 가입의 시점부터 단체협약 적용된다(다만, 단체협약체결당시 적용이 예상

협약체결 후 새로 가입하는 자에게도 이 단체협약을 적용한다."고 노사가 약정을 했다면 이미 적용을 예상한 자이므로 기존의 단체협약을 적용한다.[65]

합병 등에 따라 편입한 자, 단체협약과 다른 근로조건으로 근로계약을 체결하고 입사한 자는 기존 단체협약의 적용을 예상하지 않은 자로 보아야 한다.[66] 예를 들면, 단체협약에 퇴직금 누진제를 정하고 있는 사업장에서 신규 입사한 근로자에게는 본인이 인지한 상태에서 취업규칙상 법정퇴직금제도를 적용하였는데, 이후 근로자가 노동조합에 가입하였다고 해서 기존 단체협약상 퇴직금누진제를 적용할 수는 없다.[67]

단체협약은 조합원에게만 적용되는 것이 원칙이다. 사용자는 사업장내 조합원과 비조합원의 근로조건을 통일하기 위해 비노조원에게도 조합원에게 적용하는 근로조건 등 규범적 부분을 동일하게 적용할 수는 있지만, 비노조원에

되지 않았던 자는 차기 단체협약부터 적용을 받는다). 반대로 협약당사자인 노동조합에 가입하지 않은 근로자에게는 단체협약이 적용되지 않는다. 또 협약당사자인 노동조합에 가입하였다가 그 협약의 유효 기간 중에 노동조합을 탈퇴 또는 제명에 의하여 이탈한 자에게는 그 이탈의 시점부터 단체협약이 적용되지 않는다(사용자와 탈퇴근로자가 새로이 근로계약을 체결하거나 기존 단협의 규범적 부분으로 정한 근로조건을 그대로 적용하는 경우가 될 것이다).

65) 실무상, 조합활동 등 채무적부분은 조합과 사용자간 계약이므로 조합원에 대한 적용여부는 곧 근로조건 등 규범적부분을 의미한다.

66) 노조 68107-249, 2001.3.2 ; 대판 2002다23185 · 23192, 2004.5.14. 복수의 회사가 합병되더라도 피합병회사와 그 근로자 사이의 집단적인 근로관계나 근로조건 등은 합병회사와 합병 후 전체 근로자를 대표하는 노동조합과 사이에 단체협약의 체결 등을 통해 합병 후 근로자들의 근로관계 내용을 단일화하기로 변경 · 조정하는 새로운 합의가 있을 때까지는 피합병회사의 근로자들과 합병회사 사이에 그대로 승계되는 것이고, 합병회사의 노동조합이 유니온숍의 조직형태를 취하고 있었다고 하더라도 피합병회사의 근로자들까지 아우른 노동조합과 합병회사 사이의 새로운 합의나 단체협약이 있을 때까지는 피합병회사의 근로자들이 자동적으로 합병회사의 노동조합원이 되는 것이 아니다. 노조법 제35조는 하나의 사업 또는 사업장에 상시 사용되는 동종의 근로자 반수 이상이 하나의 단체협약의 적용을 받게 된 때에는 당해 사업 또는 사업장에 사용되는 다른 동종의 근로자에 대하여도 당해 단체협약이 적용된다고 정하고 있는데, 이 규정에 의거 단체협약의 적용을 받게 되는 동종의 근로자라 함은, 당해 단체협약의 규정에 의하여 그 협약의 적용이 예상되는 자를 가리키는데, 서로 다른 종류의 사업을 운영하던 회사들이 합병한 이후 근로자들의 근로관계나 내용을 단일화하기로 변경 · 조정하는 새로운 합의가 있기 전에 그 중 한사업부분의 근로자들로 구성된 노동조합이 회사와 체결한 단체협약은 그 사업부분의 근로자들에게 대하여만 적용될 것이 예상되는 것이라 할 것이어서 다른 사업부분의 근로자들에게는 적용될 수 없다.

67) 근기-2768, 2005.5.21

게는 단체협약의 기준과 다른 근로조건으로 근로계약을 체결할 수도 있다. 다만, 일반적 구속력과 지역적구속력이 적용되는 경우는 비노조원인 동종의 근로자에게도 단체협약의 규범적 부분을 확장 적용한다.

노조법 제35조에 의하면, 하나의 사업 또는 사업장에 상시 사용되는 동종의 근로자 반수 이상이 하나의 단체협약의 적용을 받게 된 때에는 당해 사업 또는 사업장에 사용되는 다른 동종의 근로자에 대하여도 당해 단체협약이 적용된다고 정하고 있다. 일반적구속력을 판단함에 있어서, 동종의 근로자이면 단체협약 체결당시 비노조원이었거나 체결 이후에 새로이 신규입사한 자에게도 단체협약의 내용 중 규범적 부분이 일반적구속력으로 적용되느냐 하는 의문이 있다. 일반적구속력이 사업장 내의 동일근로 동일근로조건을 실현하고, 노동조합에 가입하지 않은 미조직근로자들이 낮은 근로조건으로 노동력을 공급하는 것을 보호하는 한편, 비조합원의 근로조건을 통일적으로 규제하여 조합원을 보호하는데 목적을 두고 있다. 따라서 단체협약의 적용을 받는 자와 작업내용과 행태가 동일하거나 유사하여 비록 조합에 가입하지는 않았지만 단체협약의 적용이 예상되는 등 규약상 조직대상에 해당되는 근로자에게도 체결당시 비노조원이었거나 체결 이후에 새로이 신규입사한 자인지 불문하고 당해 단체협약이 확대 적용된다.[68] 그러므로 단체협약의 적용범위가 특정된 경우는 그 직종 등에 해당하는 근로자, 특정되지 않은 경우 또는 협약조항이 모든 직종에 걸쳐 공통적으로 적용되는 경우는 직종의 구분 없이 사업장 내 모든 근로자가 동종의 근로자에 해당한다.[69] 일반적구속력에 관한 자세한 사항은 이 장의 "단체협약의 효력확장" 부분을 참고한다.

가. 노동조합 탈퇴자

탈퇴자에게는 단체협약의 강행적 · 직접적 효력이 상실되므로 사용자는 단체협약과 다른 새로운 근로조건으로 근로계약을 체결할 수 있다. 다만, 새로이 근로계약을 체결하지 않는 한 단체협약으로 정한 근로조건은 규범적 효력

68) 노동조합-207, 2004.1.26

69) 대판 92누13189, 1992.12.22. 신동진, 『집단노사관계법』 초판, 360쪽에서 신규입사자에게 일반적구속력이 적용되지 않는다고 기술한 오류를 바로잡는다.

에 의해 그대로 적용된다. 일반적 구속력이 적용되는 경우에는 탈퇴에도 불구하고 단체협약의 규범적 효력은 그대로 적용된다.

실무상 복수노조하에서 가입과 탈퇴를 반복하는 경우 소속노조가 바뀌게 되는데 그렇다고 수시로 근로조건을 변경하는 것은 단체협약의 유효기간 동안 근로조건 등의 확정을 통해 노사관계의 안정성을 도모하려는 법의 취지에도 어긋난다. 이 경우 어떤 단체협약을 적용할 것인지 의문이다. 기존 노조를 탈퇴하여 새로운 노조에 가입한 조합원은 노사가 새로운 노조의 단체협약을 체결할 당시에 적용이 예상되는 자로 볼 수는 없으므로, 새로 가입한 노조의 단체협약 유효기간이 만료되어 새로운 단체협약이 체결될 경우 그 협약의 유효기간 시점부터 변경된 근로조건을 적용하는 것이 바람직하다.

나. 퇴직자, 정년 후 촉탁근무자의 적용문제

단체협약은 시행 이후에 그 사업체에 종사하며 그 적용을 받게 된 노조원이나 근로자에게만 효력이 있고, 단체협약 체결 이전에 이미 퇴직한 근로자에게는 적용될 수 없다. 정년퇴직 후 촉탁직으로 고용된 자는 단체협약과 다른 근로계약을 체결할 수 있다.[70] 다만, 드물지만 촉탁직을 조직대상으로 하고 있고, 촉탁직에 대해서도 정년이전 조합원과 같이 또는 일부 차등된 효력을 적용한다는 규정이 있다면 그에 따른다. 단체협약 체결이전에 퇴직했지만 단체협약의 적용시점이 재직 중에 해당하더라도 적용을 주장할 수 없다. 예를 들면, 2010.2.20 단체협약이 체결되면서 기본급 임금을 3% 인상하기로 정하고 그 적용기간을 2009.10.1부터 소급적용하기로 정한 경우에도 2009.12.31로 정년퇴직한 근로자는 2009.10.1부터 2009.12.31까지 인상된 임금의 차액 등을 청구할 수 없다. 단체협약의 개정은 달리 약정이 없다면 그 단체협약이 시행된 이후에 그 사업체에 근로하는 노조원 및 근로자에게 적용되기 때문이다. 관행으로 계속 지급하여 온 경우에도 마찬가지로 지급의무가 없다.[71]

70) 노조 68107-990, 2001.8.29
71) 대판 2000다50701, 2002.4.23

다. 복수의 조합에 가입한 경우

현행법은 하나의 사업 또는 사업장에 복수의 노조가 존재하는 경우, 근로자가 조직대상에 부합되는 복수의 노조에 이중으로 가입하는 것을 제한하지 않는다. 복수의 노조 사업장에서 수개의 노조가 교섭단위를 분리하지 않고 하나의 단위로 교섭창구를 단일화하여 교섭대표노조가 1개의 단체협약을 체결한 경우, 또는 교섭대표노조가 수개의 단체협약을 체결했으나 규범적 부분은 1개의 단체협약으로 통일한 경우는 모든 조합원이 같은 근로조건을 적용받게 되므로 이중가입을 하더라도 근로조건을 차등 적용하는 문제는 없다. 한편, 교섭단위가 복수로 분리된 상태에서 1명의 조합원이 각 교섭단위에 속한 복수의 노조에 가입하거나, 또는 수개의 노조에 대해 사용자가 각각 개별교섭을 동의한 상태에서 복수의 노조에 가입한 조합원에게 적용할 근로조건 등 규범적 부분은 어떤 단체협약을 적용할 것인지가 의문이다. 다른 교섭단위라도 사업장내의 모든 조합에 대해 동일한 조건이 정해져 있다면 문제가 없으나 근로조건 등 규범적부분이 각각 다르다면 문제가 될 것이다. 노조법에서는 이 부분에 대해 정한 바는 없다.

사견으로는, 각 단체협약 중 비교우위에 있는 유리한 조항만 취사선택하여 적용받겠다고 한다면 단체협약상 근로조건의 통일된 형성을 통해 사업장내 근로조건과 노사관계의 안정을 도모하는 노조법 기본취지에도 어긋나므로, *전체 단체협약의 근로조건을 비교하여 전반적으로 자신에게 유리한 1개의 단체협약을 선택하도록 하는 방안, *예비교섭에서 참여조합과 사용자의 합의로 특약을 정해 적용할 단체협약을 미리 확정해두는 방안, *가입기간이 가장 오래된 노동조합의 단체협약을 적용하는 방안 등이 있을 것이다. 어느 경우나 실무상 적용하는데 혼선이 있으므로 협약으로 정한 통일된 규정이 필요하다.

8. 단체협약의 효력

단체협약은 그 속에 근로자의 근로조건 개선과 근로자 대우에 관한 사항 등 주로 조합원을 비롯한 근로자와 사용자 사이의 개별적 근로관계를 규율하는 규범적 부분, 협약당사자인 노동조합과 사용자 사이의 권리 · 의무를 규정한(사업장의 제도 · 기관의 조직과 운영에 관한 사항을 포함한다) 채무적 부분으로 크게 구분한다.

노사관계 당사자인 노동조합과 사용자측 사이의 계약의 일종인 단체협약은, 근로자보호 및 노사관계안정을 위하여 협약 내용 중 일정한 부분에 대하여는 당사자가 아닌 근로자 개인과 사용자를 구속하는 효력, 즉, "규범적 효력"을 특별히 부여하고 있다.[72] 법상으로 명문의 규정은 없지만, 단체협약의 규범적 부분은 협약당사자인 노동조합의 조합원과 사용자, 협약당사자가 사용자단체인 경우에는 그 구성원인 사용자에게만 적용되는데, 이것을 단체협약의 구속력범위라 부른다. 다만, 협약자치의 원칙상 강행법에 위배되지 않는 한, 단체협약의 규정으로 정하여, 협약 규정의 전부 또는 일부에 대하여 그 적용범위를 전체 조합원이 아니라 특정직급, 직종, 성별, 연령 등에 해당하는 일부 조합원으로 축소할 수도 있다. 한편, 단체협약은 규범적 효력의 이외에도 당사자간 계약으로서의 성격을 유지하고 있으므로 단체협약의 전체 내용은 당사자간에 계약으로서의 효력, 즉, 채무적 효력을 가진다. 단체협약의 유효기간이 만료되고 새로운 단체협약이 체결되지 않더라도 근로조건 등 개별근로자에 관한 규범적 부분은 근로계약의 내용이 되어 그대로 개별근로관계를 규율한다.

가. 규범적 효력

노조법에 의하면, 규범적 효력(規範的 效力)은 강행적 효력(强行的 效力)과 보충적 효력(補充的 效力) 두 가지 구성되어 있다. 즉, "단체협약에 정한 근로조건 기타 근로자의 대우에 관한 기준에 위반하는 취업규칙 또는 근로계약의 부분은 무효로"하는 강행적 효력, 그 "무효로 된 부분 또는 근로계약에 규정되지 않은 사항"은 단체협약에 정한 기준에 따르도록 하는 보충적 효력을 정하고 있다.[73] 근로계약 당사자 사이에 단체협약의 규범적 효력을 배제하는 특별한 약정을 하더라도 무효가 된다.[74] "근로조건 기타 근로자의 대우에 관한 기준"은 임금, 근로시간, 휴게, 휴일, 휴가, 안전 · 보건 · 작업환경, 재해보상, 복리후

72) 노조법 제33조
73) 노조법 제33조제1항 · 제2항
74) 임종률, 『노동법』, 143쪽

생, 인사 즉, 채용을 제외한 배치 · 전보 · 전직 · 교육훈련, 승급기준, 평가기준 등과 해고, 정년 등을 말하고, 이러한 제반 조건에 대한 전체적이며 구체적이고 객관적인 기준 즉, 기본급체계 · 징계사유와 양형기준 · 교육훈련 과정과 이수기준 · 근무성적평정 기준과 반영비율 · 교대제 근로시간 편성과 기준 · 재해보상 기준 등, 근로자의 집단적 대우기준 즉, 공동시설 이용방법 · 작업환경 · 건강검진기준 · 작업절차 · 작업속도 등을 모두 포함한다.

1) 강행적 효력

근로계약이나 취업규칙의 성립시기가 단체협약을 체결하기 이전이냐 이후이냐를 묻지 않고, 단체협약이 그에 위반하는 근로계약 또는 취업규칙의 해당 부분을 무효로 하는 효력을 강행적 효력(强行的 效力)이라고 한다.[75] "무효로 한다"는 것은 사실상으로는 규정이 있지만 법률상으로는 그 규정이 존재하지 않은 것으로 본다는 것을 의미한다. 예를 들면, 단체협약 상 임금승급 체계를 1~20호봉으로 정하고 있으나, 근로계약상 임금승급 체계는 1~20호봉으로 정하되 각 호봉마다 a~c등급으로 세분화하여 근무성적과 연동하여 호봉승급 조치 하는 경우, 근로계약상의 규정은 단체협약에 위반되어 무효가 된다.

여기서 실무상 문제가 되는 것은, 위반의 의미를 협약의 규정과 다른 것으로 해석할 때 단체협약에 정한 규정과 다른 근로계약이나 취업규칙의 규정은 유리하든 불리하든 모두 무효가 되느냐 하는 것, 즉, "유리조건우선의 원칙이 적용되느냐 하는 것"과 취업규칙에 단체협약에 없는 새로운 해고사유를 정한 경우 그것을 무효로만 볼 것이냐 하는 두 가지 의문점이다.

첫째, 취업규칙에 단체협약에 없는 새로운 해고사유를 정한 경우를 살펴보면, 기업질서는 기업의 존립과 사업의 원활한 운영을 위하여 필요불가결한 것

75) 노조법 제33조제1항, 조례와 어긋나는 단체협약의 효력(노사관계법제과-1200, 2008.11.25) 도립국악원의 운영조례는 도립국악원에 근무하는 예술단의 근로조건에 대하여 "공무원복무규정에 따른다"고 정하고, 조례가 국악원 소속 근로자들의 근로조건과 복무규율 등 근로기준법 제93조의 필요적 기재사항 등을 포함하고 있어 국악원 근로자들의 근로조건을 규율하고 있는 경우, 조례는 그 명칭에도 불구하고 취업규칙에 해당될 것이다. 따라서 노조법 제33조에 따라 단체협약에서 정한 근로조건에 어긋나는 취업규칙의 해당 부분은 효력이 없으므로, 조례의 개정 여부와 관계없이 단체협약에서 정한 근로조건이 적용될 것이다.

이고, 사용자는 기업질서를 확립하고 유지하는데 필요하고도 합리적인 것으로 인정되는 한 근로자의 기업질서위반행위에 대하여 근로기준법 등의 관련법령에 반하지 않는 범위 내에서 이를 규율하는 취업규칙을 제정할 수 있다. 또한 단체협약에서 규율하고 있는 기업질서위반행위 외의 근로자의 기업질서에 관련한 비위행위에 대하여 이를 취업규칙에서 해고 등의 징계사유로 규정하는 것은 원래 사용자의 권한에 속한다. 따라서 단체협약에서 "징계에 관하여는 단체협약에 의하여야 하고 취업규칙에 의하여 징계할 수 없다"는 취지로 규정하거나 "단체협약에 정한 사유 외의 사유로는 근로자를 징계할 수 없다"고 규정하는 등 근로자를 징계함에 있어서 사유 및 절차를 단체협약에 의하도록 명시적으로 규정하고 있거나, 동일한 징계사유나 징계절차에 관하여 단체협약상의 규정과 취업규칙 등의 규정이 상호 저촉되는 경우는 단체협약에 따라야 한다. 그러므로 그 이외의 경우 사용자는 취업규칙에서 새로운 징계사유를 정할 수 있고, 그 징계사유에 터잡아 근로자를 해고할 수 있다.[76)]

둘째, 단체협약에 정한 규정과 다른 근로계약이나 취업규칙의 규정은 유리하든 불리하든 모두 무효가 되느냐 하는 점에 관해 살펴본다. 이 점에 대해서는 노동조합법 등으로 정한 명문의 규정이 없기 때문에 해석론상 다툼이 있다.

(1) 적용된다는 견해

단체협약은 근로조건의 최저기준을 정한 것으로 보기 때문에, 근로계약이나 취업규칙이 단체협약의 동일기준보다 유리한 조건을 정한 경우는 그 한도 내에서는 단체협약의 강행적 효력이 인정되지 않는다. 따라서 사용자는 계약자유의 원칙을 바탕으로 자발적으로 단체협약으로 정한 기준보다 유리한 급부를 하는 것은 얼마든지 유효하다는 입장이다.[77)] 결론적으로, 단체협약의 조항과 다른 약정은 근로자에게 유리한 경우에는 유효하다. 다만, 이 견해에서도 새로운 단체협약이 체결되는 경우 구 단체협약의 유리한 규정이 신 단체협약을 대체할 수는 없으므로 신 단체협약의 불리한 규정이 그대로 적용된다고 본다.

---

76) 대판 93다26151, 1994.6.14 ; 대판 98두16132, 1999.3.26 등 참조.
77) 김형배, 『노동법』, 756쪽 ; 독일법계 선해

(2) 적용될 수 없다는 견해

독일과 같은 산업별협약이 지배적인 상황에서는 전체적인 관련 산업의 최저기준을 바탕으로 개별노사가 최저기준 이상으로 상회하는 합의를 할 수도 있다. 그러나 기업별노조가 지배적인 우리 현실에서 유리조건 우선원칙을 적용하면, 사용자와 개별조합원이 단체협약보다 유리한 근로계약 등을 체결할 경우 노동조합의 단결권과 단체교섭권이 상당부분 침해될 수 있고, 결국은 지배개입이나 부당노동행위로 갈 우려가 높다고 보아서 “단체협약에 위배되는 근로계약이나 취업규칙의 조항은 무효가 되고 단체협약으로 정한 기준을 적용하는 것이 옳다는 것”이다.[78)]

(3) 판례의 견해

판례에 의하면, 협약자치의 원칙상 노동조합은 사용자와 사이에 근로조건을 유리하게 변경하거나 불리하게 변경하는 내용의 단체협약을 체결할 수 있다. 따라서 근로조건을 불리하게 변경하는 협약이 현저히 합리성을 잃어버려 노동조합의 목적을 벗어난 것과 같은 특별한 사정이 없는 한 그러한 노사간의 합의를 무효라고 볼 수는 없다. 취업규칙과 동일한 내용의 단체협약이 있는 경우, 조합원에 관한 취업규칙 조항은 단체협약과 내용상으로 연동되어 지는 것이 바람직하다.

판례에 의하면, 조합원에 대하여 단체협약의 개정에도 불구하고 종전 단체협약과 동일한 내용의 취업규칙이 그대로 적용된다면 단체협약의 개정은 그 목적을 달성할 수 없으므로, 개정된 단체협약에는 당연히 취업규칙상의 유리한 근로조건을 배제하고 개정된 단체협약이 우선적으로 적용된다는 내용의 합의가 포함된 것이라고 보는 것이 당사자의 의사에 합치된다 할 것이다. 따라서 개정된 후의 단체협약에 의하여 취업규칙의 해당 규정은 그 적용이 배제된다고 보아야 한다면서, 유리조건 우선원칙을 부정한다.[79)]

---

78) 김유성, 『노동법』, 168쪽 ; 임종률, 『노동법』. 단체협약상 근로조건의 기준은 단체협약상 유리의 원칙을 명문화하지 않은 이상, 그보다 유리한 근로계약에 대하여도 강행적 · 보충적 효력을 미치고 유리의 원칙은 적용되지 않는다고 생각한다 ; 박홍규, 『노동법2』 등

79) 대판 2002두9063, 2002.12.27 ; 대판 2001다36504, 2002.11.26.

법 적용위계에 의하면, 법→단체협약→취업규칙→근로계약 순으로 적용상 강행적 · 보충적효력을 가지므로, 상위법규정에 위반되는 하위법규정은 그 부분에 한해 효력을 상실하게 되고 상위법 조항이 우선하여 적용 된다. 실무상 단체협약에 정한 징계사유 이외의 징계사유를 취업규칙에 정하고 있는 경우 그 효력에 관해 의문이 들 수 있다.

판례에 의하면, 취업규칙에서 정한 징계사유 외에 다른 징계사유를 규정하고 있는 단체협약상의 징계의 종류를 선택하여 한 징계처분은 적법하다.[80] 즉, 협약자치의 원칙상 노동조합은 사용자와 사이에 근로조건을 유리하게 변경하는 내용의 단체협약뿐만 아니라 근로조건을 불리하게 변경하는 내용의 단체협약도 체결할 수 있으므로, 근로조건을 불리하게 변경하는 내용의 단체협약이 현저히 합리성을 결하여 노동조합의 목적을 벗어난 것으로 볼 수 있는 것과 같은 특별한 사정이 없는 한 그러한 노사간의 합의를 무효라고 볼 수는 없고, 단체협약의 개정에도 불구하고 종전의 단체협약과 동일한 내용의 취업규칙이 그대로 적용된다면 단체협약의 개정은 그 목적을 달성할 수 없으므로 개정된 단체협약에는 당연히 취업규칙상의 유리한 조건의 적용을 배제하고 개정된 단체협약이 우선적으로 적용된다는 내용의 합의가 포함된 것이라고 봄이 당사자의 의사에 합치한다는 것이다.[81]

특히 단체협약이 현저히 합리성을 잃어버렸는지 여부는 단체협약의 내용과 체결경위, 당시 사용자의 경영상태 등 여러 사정을 종합적으로 고려하여 판단하여야 한다.

(4) 행정해석의 견해

근기법은 취업규칙과 근로계약의 관계에 있어서 유리조건 우선의 원칙을 적용하고 있다.[82] 다만, 노조법은 단체협약에 정한 기준에 위반하는 취업규칙과

---

80) 서울행판 2009구합16787, 2009.11.5

81) 대판 2000다30516, 2001.1.19

82) 근기법 제15조 【이 법을 위반한 근로계약】 ① 이 법에서 정하는 기준에 미치지 못하는 근로조건을 정한 근로계약은 그 부분에 한하여 무효로 한다.
② 제1항에 따라 무효로 된 부분은 이 법에서 정한 기준에 따른다.
근기법 제97조 【위반의 효력】 취업규칙에서 정한 기준에 미달하는 근로조건을 정한 근로계약은

근로계약은 무효로 한다고 정하고 있고,[83] 근기법에서도 취업규칙이 단체협약과 어긋나서는 아니된다고 하면서, 고용노동부장관은 법령이나 단체협약에 어긋나는 취업규칙의 변경을 명할 수 있다고 정하고 있다.[84] 협약자치의 원칙상 기존 근로조건보다 불리하게 변경된 단체협약은 취업규칙상의 유리조건의 적용을 배제하고 새로운 단체협약을 적용하므로 그 한도에서 유리조건 우선원칙을 배제한다.[85] 기존의 근로조건보다 유리하게 변경된 단체협약은 말할 나위 없이 그대로 적용된다.[86]

2) 보충적 효력

단체협약에 정한 규범적 부분 즉, 근로조건 기타 근로자의 대우에 관한 기준에 위반하는 취업규칙 또는 근로계약의 부분은 무효로 하고, 단체협약에 정한 사항이 근로계약에 규정되지 아니한 사항 또는 전항의 규정에 의하여 무효로 된 부분은 단체협약에 정한 기준에 의한다. 강행적 효력에 의하여 무효로 된 근로계약이나 취업규칙의 부분과 근로계약에 규정되지 않는 사항에 대하여 단체협약의 기준을 적용하는 효력을 보충적 효력 또는 직접적 효력이라고 한다.[87] 이론상으로는 단체협약의 기준이 근로계약 속에 들어가 그 내용으로 화체되는 것 즉, 근로계약 화체설(勤勞契約 化體說, Transubstantiaton)이라고 한다. 노조법 제33조제2항의 문언 상 "근로계약에 규정되지 아니한 사항"으로 표기되어 있으므로, 취업규칙에 규정하지 않은 사항은 단체협약의 규정이 적용되지 않는다. 취업규칙은 노조원과 비노조원 모두에게 적용되는 규범으로서 일반적

그 부분에 관하여는 무효로 한다. 이 경우 무효로 된 부분은 취업규칙에 정한 기준에 따른다.

83) 노조법 제33조【기준의 효력】① 단체협약에 정한 근로조건 기타 근로자의 대우에 관한 기준에 위반하는 취업규칙 또는 근로계약의 부분은 무효로 한다.
② 근로계약에 규정되지 아니한 사항 또는 제1항의 규정에 의하여 무효로 된 부분은 단체협약에 정한 기준에 의한다.

84) 근기법 제96조【단체협약의 준수】① 취업규칙은 법령이나 해당 사업 또는 사업장에 대하여 적용되는 단체협약과 어긋나서는 아니된다.
② 고용노동부장관은 법령이나 단체협약에 어긋나는 취업규칙의 변경을 명할 수 있다.

85) 대판 2000다30516, 2001.1.19

86) 집단노사관계메뉴얼, 고용노동부

87) 노조법 제33조제2항

구속력이 적용되는 등 특별한 경우가 아니면 비조합원에게 단체협약이 적용될 수 없으므로, 설사 취업규칙으로 규정하지 않은 사항이 단체협약에는 있다고 하더라도 보충적 효력을 적용하여 단체협약을 적용할 수는 없을 것이다. 단체협약은 조합원에게만 적용되는 것이 원칙이므로, 강행적 효력에 따라 무효가 된 취업규칙의 부분에 대해 단체협약의 규정이 적용되는 것은 노조원인 근로자에 국한된다고 보아야 한다.

3) 규범적부분에 해당하지 않는 단체협약의 효력

단체협약 조항이 규범적부분에 해당하려면, 기준의 성격을 가지고 일반적 준칙으로 인정될 수 있는 객관성과 명확성을 가져야 한다. 따라서 근로자 대우에 관한 조항이라도 사용자의 추상적 노력의무만 정한 경우, 예를 들면, 사용자는 사내 헬스센터 건립, 간이의료시설 확충 등 조합원의 건강증진을 위하여 영업이익을 적극 환원한다는 등을 비롯하여, 전체가 아닌 특정 개별근로자의 대우에 관한 사항(특정 근로자의 징계철회 협정 등)을 규정한 것은 규범적 부분으로 볼 수 없는 것이 원칙이다. 이러한 규정은 규범적 효력은 없지만 채무적부분이 되어 협약을 위반한 사용자에 대해 채무적 효력 위반의 책임을 물을 수 있을 것이다.[88)]

4) 동의 · 협의 조항의 규범적 효력

사용자는 단체협약의 규범적 부분 중 채용 · 인사이동 · 휴직 · 상벌 · 해고 등 인사에 관한 조항을 취업규칙 등으로 정할 수 있다. 이 경우 인사에 관한 구체적인 절차나 기준은 사용자에게 준수할 의무가 있는데, 문제는 해고 · 징계 · 전보 등 인사권을 행사할 경우 노동조합의 동의 · 승인 · 협의를 거치도록 정하는 경우가 있다. 이 경우 동의 · 승인 등을 거치지 않은 인사권 행사의 효력이 문제가 될 수 있다.

(1) 판례의 견해

근기법 제23조제1항은 "사용자는 근로자에 대하여 정당한 이유없이 해고

88) 김유성, 『노동법』, 163쪽

를 하지 못한다."고 규정하여 원칙적으로 해고를 금지하면서, 다만, 예외적으로 "정당한 이유가 있는 경우"에 한하여 해고를 허용하여 제한된 범위 안에서만 사용자의 해고 권한을 인정하고 있다. 판례에 따르면 노사간의 협상을 통해 사용자가 그 해고 권한을 제한하기로 합의하고 노동조합이 동의(승인)할 경우에 한하여 해고권을 행사하겠다는 의미로 해고의 사전 합의 조항을 단체협약에 두었다면, 그러한 절차를 거치지 아니한 해고처분은 원칙적으로 무효이다.[89] 다만, 노동조합이 "동의권을 포기하거나 중대하게 남용하는 경우"는 동의절차 없이 행사한 인사권은 유효하다.[90]

(가) 동의권 남용 · 포기에 해당한다고 보는 경우

노동조합의 "동의권 남용이나 포기에 해당한다고 본 경우"는, 노동조합측에 중대한 배신행위가 있고 그로 인하여 사용자측의 절차의 흠결이 초래되었다거나, 피징계자가 사용자인 회사에 대하여 중대한 위법행위를 하여 직접적으로

---

89) 대판 2005두8788, 2007.9.6. ① 구 근로기준법(2007.4.11. 법률 제8372호로 전문 개정되기 전의 것) 제30조 제1항은 "사용자는 근로자에 대하여 정당한 이유없이 해고를 하지 못한다."고 규정하여 원칙적으로 해고를 금지하면서, 다만 예외적으로 정당한 이유가 있는 경우에 한하여 해고를 허용하여 제한된 범위 안에서만 사용자의 해고 권한을 인정하고 있는데, 노사간의 협상을 통해 사용자가 그 해고 권한을 제한하기로 합의하고 노동조합이 동의할 경우에 한하여 해고권을 행사하겠다는 의미로 해고의 사전 합의 조항을 단체협약에 두었다면, 그러한 절차를 거치지 아니한 해고처분은 원칙적으로 무효이다. ② 단체협약에 해고의 사전 합의 조항을 두고 있다고 하더라도 사용자의 해고 권한이 어떠한 경우를 불문하고 노동조합의 동의가 있어야만 행사할 수 있다는 것은 아니고, 노동조합이 사전동의권을 남용하거나 스스로 사전동의권을 포기한 것으로 인정되는 경우에는 노동조합의 동의가 없더라도 사용자의 해고권 행사가 가능하나, 여기서 노동조합이 사전동의권을 남용한 경우라 함은 노동조합측에 중대한 배신행위가 있고 그로 인하여 사용자측의 절차의 흠결이 초래되었다거나, 피징계자가 사용자인 회사에 대하여 중대한 위법행위를 하여 직접적으로 막대한 손해를 입히고 비위사실이 징계사유에 해당함이 객관적으로 명백하며 회사가 노동조합측과 사전 합의를 위하여 성실하고 진지한 노력을 다하였음에도 불구하고 노동조합측이 합리적 근거나 이유 제시도 없이 무작정 반대함으로써 사전 합의에 이르지 못하였다는 등의 사정이 있는 경우에 인정되므로, 이러한 경우에 이르지 아니하고 단순히 해고사유에 해당한다거나 실체적으로 정당성 있는 해고로 보인다는 이유만으로는 노동조합이 사전 동의권을 남용하여 해고를 반대하고 있다고 단정하여서는 아니된다. ③ 파업을 주도한 노동조합 위원장에 대한 해고사유가 해고하여야 함이 명백한 때에 해당한다고 보기 어렵고, 노동조합 또한 사전 합의의 조항만을 내세워 해고를 무작정 반대하였다고도 볼 수도 없어, 노동조합이 사전동의권을 남용하였다고 단정할 수 없다.

90) 대판 2005두8788, 2007.9.6 ; 대판 94다46763, 1995.3.28 ; 대판 92다50263, 1993.7.13 등

막대한 손해를 입히고 비위사실이 징계사유에 해당함이 객관적으로 명백하며 회사가 노동조합측과 사전 합의를 위하여 성실하고 진지한 노력을 다하였음에도 불구하고 노동조합측이 합리적 근거나 이유 제시도 없이 무작정 반대함으로써 사전 합의에 이르지 못하였다는 등의 사정이 있는 경우를 말한다. 따라서 이러한 경우에 이르지 아니하고 단순히 해고사유에 해당한다거나 실체적으로 정당성 있는 해고로 보인다는 이유만으로는 노동조합이 사전동의권을 남용하여 해고를 반대하고 있다고 단정하여서는 아니된다. 즉, 무단결근으로 징계위원회 참석을 통지했으나 1차는 불출석 · 2차는 출석하여 징계에 반대한 경우 등을 동의권의 포기나 남용으로 보아서 절차를 거치지 않은 해고도 유효하다.[91)]

(나) 동의권 행사와 신의성실의 원칙(principle of good faith, 信義誠實의 原則)

사용자가 인사처분을 함에 있어 노동조합의 사전 동의나 승낙을 얻어야 한다거나 노동조합과 인사처분에 관한 논의를 하여 의견의 합치를 보아 인사처분을 하도록 단체협약 등에 규정된 경우에는, 그 절차를 거치지 아니한 인사처분은 원칙적으로 무효라고 보아야 할 것이다. 그러나 이것은 사용자의 노동조합에 대한 부당한 징계권 행사를 제한하자는 것이지 사용자의 본질적 권한에 속하는 피용자에 대한 인사권 내지 징계권의 행사 그 자체를 부정할 수는 없다.

따라서 노동조합의 간부인 피용자에게 징계사유가 있음이 발견된 경우에 어떠한 경우를 불문하고 노동조합측의 적극적인 찬성이 있어야 그 징계권을 행사할 수 있다는 취지로 해석할 수는 없고, 노동조합의 사전동의권은 어디까지나 신의성실의 원칙에 입각하여 합리적으로 행사되어야 할 것이다. 따라서 노동조합측에 중대한 배신행위가 있고 이로 인하여 사용자측의 절차의 흠결이 초래된 경우이거나, 또는 피징계자가 사용자인 회사에 대하여 중대한 위법행위를 하여 직접적으로 막대한 손해를 입히고 비위사실이 징계사유에 해당함이 객관적으로 명백하며 회사가 노동조합측과 사전 합의를 위하여 성실하고 진지한 노력을 다하였음에도 불구하고 노동조합측이 합리적 근거나 이유의 제시도

91) 대판 2005두8788, 2007.9.6

없이 무작정 징계에 반대함으로써 사전 합의에 이르지 못하였다고 인정되는 경우, 노동조합측이 스스로 이러한 사전동의권의 행사를 포기하였다고 인정되는 경우에는 사용자가 이러한 합의 없이 한 해고도 유효하다고 보아야 할 것이다.[92)]

(2) 행정해석의 견해

행정해석에 의하면, 단체협약에 "정리해고를 포함한 인위적인 감원은 실시하지 않으며, 긴박한 경영상의 사유로 인력조정이 불가피한 경우 사전에 노조의 동의를 얻도록"하는 규정을 둔 경우, 약정에도 불구하고 사용자가 노조의 사전 동의 없이 일방적으로 고용조정을 하는 경우 원칙적으로 사용자는 채무불이행에 따른 손해배상 등의 책임을 지게 될 수도 있을 것이다. 그러나 사용자가 긴박한 경영상의 이유로 해고회피 노력의 하나인 명예퇴직 시행에 대해 협의할 것을 요구하였음에도 노조가 정당한 사유없이 의견을 제시하지도 않은 채 논의 자체를 거부하면서 쟁의행위를 하는 것은 동의권의 남용에 해당되어 쟁의행위의 정당성을 인정받기 어렵다.[93)] 판례의 견해와 같다.

반면, 동의나 승인이 아닌 "협의를 거쳐야 한다는 조항"은 회사로 하여금 인사의 내용 등을 노동조합에 통지하도록 하여 조합에게 인사의 공정을 기하

---

92) ① 징계양정은 원칙적으로 사용자의 재량사항이다. 피징계자에게 징계사유가 있어 징계처분을 하는 경우 어떠한 처분을 할 것인가는 원칙적으로 징계권자의 재량에 맡겨져 있는 것이므로 그 징계처분이 위법하다고 하기 위하여는 징계권자가 재량권을 행사하여 한 징계처분이 사회통념상 현저하게 타당성을 잃어 징계권자에게 맡겨진 재량권을 남용한 것으로 인정되는 경우에 한한다고 할 것이고, 그 징계처분이 사회통념상 현저하게 타당성을 잃은 처분이라고 하려면 구체적인 사례에 따라 직무의 특성, 징계의 사유가 된 비위사실의 내용과 성질 및 징계에 의하여 달하려는 목적과 이에 수반되는 제반 사정을 참작하여 객관적으로 명백히 부당하다고 인정되는 경우라야 할 것이다.(대판 2003두8876, 2004.2.13 ; 대판 2005두3608, 2005.7.28)
② 징계사유에 해당함이 객관적으로 명백하여 회사가 노동조합측의 동의를 얻기 위하여 진지한 노력을 다하였음에도 불구하고 노동조합측이 합리적 근거나 이유제시도 없이 무작정 징계에 반대함으로써 동의를 얻지 못하였다고 인정되는 경우 또는 노동조합측이 스스로 이러한 동의권의 행사를 포기하였다고 인정되는 경우에는 사용자가 노동조합측의 동의 없이 한 해고도 유효하다고 보아야 한다.(대판 2003두10978, 2004.3.11 ; 대판 2001두3136, 2003.6.10 ; 대판 2010다38007, 2012.6.28)

93) 대판 93다3042, 1994.3.25 등 참조 ; 협력 68140-405, 1998. 10.29

기 위하여 필요한 의견을 제시할 기회를 주고, 사용자는 이를 참고로 하여 시행하라는 의미이다. 판례의 사례를 보면, 단체협약의 징계해임처분에 노동조합과 "사전협의"를 거치도록 한 취지는 단체협약 전체의 체계와 내용 및 노사의 관행에 비추어 노동조합의 임원, 지부장, 역원 등 노동조합간부에 대한 사용자의 자의적인 인사권 행사로 인하여 노동조합의 정상적인 활동이 저해되는 것을 방지하려는 뜻에서 사용자로 하여금 노동조합의 임원 등에 대한 인사의 내용을 미리 노동조합에 통지하는 등 노동조합을 납득시키려는 노력을 하도록 하고, 노동조합에 의견을 제시할 기회를 주게 하며, 아울러 노동조합으로부터 제시된 의견을 참고자료로 고려하게 하려는 것에 지나지 않는 것이라고 봄이 상당하다. 따라서 근로자에 대한 징계해임처분이 위와 같은 "사전협의"를 거치지 아니한 채 행하여졌다고 하여 반드시 무효라고 할 수는 없다는 견해이다.[94)]

5) 단체협약으로 정할 수 있는 규범적 효력의 한계

(1) 강행법 위반

노사가 협약을 통해 정할 수 있는 규범 즉, 단체협약으로 정할 수 있는 규범적 효력은 사회상규(社會常規)와 헌법·노동관계법 등 강행법규에 반하는 경우는 효력이 없다. 즉, 근로기준법에 정한 기준에 달하지 못하는 근로조건을 정한 근로계약은 그 부분에 한하여 무효이므로 그것이 단체협약에 의한 것이라거나 근로자들의 승인을 받은 것이라고 하여 유효로 볼 수 없다.[95)] 여성근로자를 불합리하게 차별하는 경우, 근기법과 고평법상 모성보호조항의 적용배제, 시간외 가산임금을 받지 않기로 정한 경우, 퇴직금 산정시 평균임금으로 하지 않고 통상임금으로 정하기로 약정한 경우 등을 꼽을 수 있다. 그러나 퇴직금누진제 기초액이나 지급률을 종전보다 불리하게 변경하는 것은 이미 발생한 퇴직금청구권을 포기하게 하는 것이 아니라 누진제퇴직금에 대한 기대이익을 감축한 것에 불과하므로 유효하다.

94) 대판 92다34940, 1993.4.23 ; 대판 92다18542, 1992.9.25 등 다수
95) 대판 90다카24496, 1990.12.21

(2) 개별 조합원의 의사에 좌우되는 결정

단체협약은 집단적인 규범을 창설하는 것이므로 개별조합원의 의사에 좌우되는 결정 즉, 임금 · 퇴직금반납 등 이미 기득한 개별근로자의 권리를 반납하거나 포기하는 약정, 연장근로, 일정한 사유발생시 근로자의 의사에 불구하고 당연퇴직조치 등을 약정할 수는 없다. 다만, 일부 유효하다는 판례도 있으나 이는 적극 존중되어져야 할 개별근로자의 권리에 심각한 제한을 가하는 것이므로 일반론으로 보기에는 무리가 있다.[96)]

특히 단체협약으로 노동조합의 동의가 있어야 시간외근로를 한다는 약정을 하는 경우가 있는데, 이러한 경우는 그 조항 하나만으로 개별근로자의 동의 없이 시간외 근로가 가능한 것이 아니라 노동조합의 동의가 있으면 시간외 근로를 하되 개별 근로자의 반대가 있으면 그 근로자에게는 시간외 근로를 시킬 수 없다는 의미로 해석하여야 한다.

판례에서도, 근기법 제42조제1항은 8시간근로제도에 따른 기준근로시간을 규정하면서 아울러 8시간근로제도에 대한 예외의 하나로 당사자의 합의에 의한 연장근로를 허용하고 있는바, 여기서 당사자간의 합의라 함은 원칙적으로 사용자와 근로자와의 개별적 합의를 의미하고, 개별근로자의 연장근로에 관한 합의권을 박탈하거나 제한하지 아니하는 범위에서는 단체협약에 의한 합의도 가능하다고 판시한 바 있다.[97)]

(3) 기존의 근로조건보다 불리한 내용을 약정한 단체협약

문제는 협약자치에 따라 노사가 합의만 하면 단체협약으로 기존의 근로조건보다 불리한 내용의 근로조건을 약정한 단체협약이 효력이 있느냐 하는 것이다. 노동조합의 목적이 근로조건의 유지개선에 있지만 장기적인 차원에서 파악할 필요성이 있고, 단체협약이 계약의 일종으로서 기업의 상황이나 경제전반에 걸친 여건과 무관하지 않은 점 등을 감안하면 노사가 합의하여 불리한 내용의 단체협약을 체결할 수도 있으며 불리한 근로조건이라도 규범적 효력을

---

96) 대판 94다4011, 1995.4.11

97) 대판 93누5796, 1993.12.21

가진다.[98] 상세한 사항은 앞부분에서 이미 설명한 바 있으므로 생략한다.

6) 규범적부분에 대한 이행청구소송 지위 등 확인소송

규범적 부분은 조합원인 근로자가 규범적 효력에 의하여 직접 사용자에게 청구권을 취득하고 행사(이행청구소송 등)할 수 있다. 이 경우 협약당사자인 노동조합이 근로자를 대신하여 위반당사자인 사용자를 상대로 "이행의 청구소송 등"를 할 수 있는지 여부가 문제된다. 규범적 부분에 대해 사용자는 노동조합에 대하여 이행의무를 진다. 따라서 규범적 부분이지만 조합원 개개인에 의한 청구권의 행사로서는 그 실현을 기할 수 없는 경우, 예컨대 단체협약상 작업환경, 보건, 안전시설, 작업체계 등 종업원의 집단적 대우 등에 관한 규정을 이행하지 않는 경우에는 노동조합이 사용자에 대하여 이행소송을 제기할 수 있다고 보아야 한다. 따라서 규범적 부분에 대하여 노동조합이 "규정의 확인소송"을 제기할 수도 있다.

나. 채무적효력

단체협약의 내용 중 협약당사자인 노동조합과 사용자 상호간의 권리 · 의무를 규정한 것으로 대체로 작위 · 부작위형태로 설정된 것을 채무적부분(債務的部分)이라고 한다. 예를 들면, 취업시간 중 조합활동에 관한 권리 · 의무사항, 노조전임자의 대우에 관한 사항, 회의실 · 강당 · 게시판 등 시설물 이용에 관한 권리 · 의무사항, 조합비공제에 관한 사항, 단체교섭절차와 쟁의행위 절차에 관한 사항, 숍에 관한 사항, 협약순수의무, 평화의무, 조합원에 대한 지도통제 등 소위 영향의무, 조합사무소 제공 등 편의제공의무, 규범적부분에 대한 이행의무 등을 꼽을 수 있다. 채무적 효력(債務的效力) 단체협약 중 채무적부분과 민사상 채무불이행 책임과 관련하여 규범적 부분을 포함한 단체협약 전

98) 기존의 근로조건보다 불리하게 체결된 단체협약의 효력(노사관계법제과-1408, 2008.12.12) : 노동조합 대표자는 교섭권과 협약체결권을 가지므로, 사용자와 기존의 근로조건 보다 유리하거나 불리하게 변경하는 내용의 단체협약을 체결할 수 있으며, 근로조건을 불리하게 변경하는 내용의 단체협약이 현저히 합리성을 잃어 노동조합의 목적을 벗어난 것으로 볼 수 있는 경우와 같은 특별한 사정이 없는 한 개정된 협약은 유효하다. 이 경우 노조 대표자가 사전에 개별근로자로부터 동의를 받아야 하는 것은 아니다(같은 취지, 대판 99다67536, 2000.9.29), 김유성, 『노동법』, 169쪽

체에 대해 적용된다. 대체로 기업별노동조합에서는 규범적부분에 비해 채무적부분의 중요성도 높다. 그러나 유럽 등 산업별 노동조합 형태에서는 산업전체에 적용될 근로조건의 기준을 설정하는 것이 중요하므로 규범적부분이 중요시된다.

1) 협약내용의 성실한 준수의무

협약은 민사상 계약의 일종이므로 당사자는 성실히 계약내용을 이행할 의무가 있다. 성실한 준수의무는 당사자인 노동조합과 사용자 혹은 사용자단체 모두가 부담한다. 특히 사용자는 채무적부분 뿐 아니라 규범적부분 등 단체협약 전체에 대해 협약준수의무를 부담하므로 사용자가 이를 위반하는 경우는 협약준수의무 즉, 민법상 채무이행의무 위반을 이유로 손해배상을 청구할 수 있고,[99] 소정의 단체협약 불이행으로 인해 형사적 책임을 질 수도 있다. 즉, 노조법 제92조제1호가목~바목, 임금 · 복리후생 · 퇴직금 · 근로시간 · 휴게시간 · 휴일 · 휴가에 관한 사항, 징계해고의 사유와 중요한 절차에 관한 사항, 안전보건 및 재해부조에 관한 사항, 시설편의제공 및 근무시간 중 회의참석에 관한 사항, 쟁의행위에 관한 사항 등이다. 당사자의 준수의무 이외에 노동조합과 사용자는 조합원 등이 협약내용을 성실히 이행하도록 지도 · 통제할 책임을 진다. 노사 당사자는 사실관계의 바탕이 된 법령개폐, 현저한 사정변경 등 특별한 사유가 없는 한 협약의 유효기간 동안 협약내용의 개정과 폐지 등을 주장할 수 없는 것이 원칙이다.

2) 평화의무

협약당사자는 노사관계 안정과 산업평화를 위하여 협약의 유효기간 중 이미 정한 협약사항의 개정과 폐지 등을 목적으로 쟁의행위를 하지 말아야 할 의무를 부담한다. 이를 평화의무(平和義務)라고 한다. 평화의무는 협약당사자 사이에 이에 관하여 명시적 약정이 없더라도 당연히 발생하고, 당사자의 합의로 평화의무를 배제하는 약정을 할 수도 없다. 평화의무는 약정기간 동안 근로조건의 규제를 통하여 노사관계를 안정시키는 기능을 수행하는 중요한 의무라는 점에

99) 민법 제390조~제393조

서 이를 임의로 배제할 수도 없다. 만약 합의로 이를 배제하는 조항을 두는 것은 단체협약제도의 근본취지를 몰각하는 것이 될 것이다.

다만, 평화의무는 협약으로 체결한 사항에 대한 개정과 폐지 등을 목적으로 하는 쟁의행위를 금하는 것이지, 쟁의행위를 수반하지 않는 방법으로 유효 기간 중에 기존의 협약 내용을 변경하자고 하면서 단체교섭, 또는 재교섭을 요구하는 행위를 금하지 않는다. 이 경우 사용자에게 교섭의무가 있는지 여부는 별론으로 한다. 다만, 기존의 단체협약에 없는 새로운 사항의 교섭과 협약체결을 위한 쟁의행위, 유효기간 이내라도 장래 기간만료에 대비하여 다음 단체협약 체결을 위한 교섭과 그로 인한 쟁의행위는 평화의무 위반의 범주에 포함하지 않는다. 그러나 유효기간 만료에 대비하여 다음 단체협약 체결을 위한 교섭결과 결렬되더라도 그로 인한 쟁의행위는 유효기간이 만료된 다음에 할 수 있다는 것이다.[100)]

교섭과정에서 신설하지 않기로 합의된 사항은 신설하지 않는 것이 단체협약의 내용으로 되어 있기 때문에 유효기간 중에 그 신설을 위한 쟁의행위를 하는 것은 평화의무에 위반된다고 보아야 할 것이다. 사용자의 선제적인 직장폐쇄에 대항한 노동조합의 정당성 있는 쟁의행위의 경우에도 평화의무 위반책임을 물을 수 없다.

평화의무는 절대적일까? 단체협약의 유효기간 중이라도 협약체결 당시에는 전혀 예견할 수 없었던 사정의 변경이 있고, 그에 대해 당사자에게 귀책사유가 없는 경우는 평화의무가 소멸한다는 일부의 견해가 있다.[101)] 유사한 용어로서 평화조항(平和條項)은, 노사 양측이, 쟁의행위를 미연에 방지하고 분쟁을 평화적으로 해결할 것을 목적으로 조정 등 일정한 절차를 거치지 아니하면 쟁의행위를 할 수 없도록 규정한 단체협약 조항을 말한다. 평화조항은 단체협약의 평화의무와는 달리 협약 내에 구체적으로 이에 관한 규정을 둠으로써 효력을 발생한다. 일반적으로 평화조항은, 쟁의행위에 앞서 노동위원회나 자주적인 조정기관에 조정을 신청하여야 한다거나, 쟁의행위는 사전에 상대방에게

100) 협력 68140-292, 1998.7.27

101) 김유성, 『노동법』, 174쪽

통고되어야 한다든지 하는 등의 내용을 담고 있다. 그러므로 노사간에 분쟁이 발생했을 때에는 먼저 조정기관을 통한 해결을 모색하여야 하며, 이렇게 하지 않고서는 쟁의행위를 할 수 없다. 이러한 평화조항에 위반되는 쟁의행위는 협약위반의 쟁의행위로서 문제가 된다. 이 경우 형사책임은 묻지 않는 것이 보통이지만, 협약상의 채무불이행으로 인한 민사상의 손해배상책임은 면할 수가 없다.

(1) 구성원 통제의무

다수 근로자의 결합체인 노동조합은 그 결합목적의 달성과 단결의 유지를 위하여 제한된 범위 내에서 스스로 통제력을 갖춘다. 협약당사자는 스스로 기존의 협약 내용을 유효 기간 중에 변경하기 위한 쟁의행위를 하지 않아야 할 뿐 아니라 노동조합의 경우 구성원이 그러한 쟁의행위를 하지 않도록 통제하여야 한다. 그러나 영향력을 행사하였음에도 불구하고 일부 구성원이 따르지 않은 경우에는 협약당사자에게 평화의무위반으로 책임을 물을 수는 없고 구성원들이 통제위반의 쟁의행위 내지 비조합적 쟁의행위를 한 것이 문제될 뿐이다.[102)]

(2) 평화의무위반 쟁의행위의 정당성

평화의무 위반의 쟁의행위가 정당성을 가지는지 여부에 대해서는, 단체협약의 성질을 법규범으로 보는지 혹은 계약상 묵시적 의무로 보는지에 따라서 견해가 엇갈린다. 어느 견해에 의하든 평화의무 위반의 쟁의행위에 대하여 형사책임은 물을 수 없고, 채무불이행으로 인한 손해배상책임이 발생한다는 점에는 일치된 견해이다.

(가) 단체협약을 법규범으로 보는 입장

단체협약의 성질을 법규범으로 보는 입장은, 평화의무 위반의 쟁의행위는

102) 보사노-1179, 1962.5.2. (유사) 다수 근로자의 결합체인 노동조합은 그 결합목적의 달성과 단결의 유지를 위하여 제한된 범위 내에서 스스로 통제력을 갖추는 것이며 조합규약에 의한 징계는 그 내용과 절차가 정당하며 적법하여야 하는 바 노동조합의 목적과 그 내부적 통제의 범위를 이탈해서 취업의 제한을 내용으로 하는 징계는 노동조합법 제1조 및 동법 제8조에 위반하는 것이다.

법규범의 설정과 모순되는 것이므로 정당성을 갖지 않는다고 보고 있다. 평화의무는 단체협약에 태생적(胎生的)으로 내재하는 의무로서 근로조건의 규제 · 향상을 통하여 노사관계를 안정시키는 중요한 기능을 법적으로 담보하는 것이라고 보는 입장에서도 평화의무 위반의 쟁의행위에 대하여 정당성을 부정한다. 따라서 사용자는 평화의무를 위반한 노동조합에 대하여 채무불이행책임은 물론 불법행위책임도 물을 수 있고, 또 그 쟁의행위를 주동한 조합원에 대하여 징계처분도 할 수 있다.

(나) 계약상의 묵시적인 의무로 보는 입장

단체협약을 계약의 일종으로 보아서, 평화의무를 당사자 사이의 합의에서 발생하는 계약상의 묵시적인 의무로 보는 입장에서는, 평화의무 위반은 계약위반에 불과하고 정당성이 부정되는 것은 아니므로 평화의무를 위반한 노동조합의 쟁의행위는 채무불이행의 책임을 질 뿐 불법행위 책임이나 징계책임은 없다고 본다. 이 경우 손해배상의 범위에 있어서는, 노사관계상 신뢰관계를 침해한 것에 대한 정신적 손해, 즉, 위자료에 한정된다고 보는 견해[103]와 평화의무 위반의 쟁의행위와 상당인과관계(相當因果關係)[104]에 있는 모든 손해에 미친다고 보아야 한다는 견해[105]로 나뉜다. 이 경우 손해배상책임의 주체는 협약당사자인 노동조합일 뿐, 그 쟁의행위를 실행한 조합원 개인은 주체가 될 수 없다.

103) 김유성, 『노동법』, 175쪽

104) 相當因果關係說 Theorie der adäquaten Verursachung(독), 어떤 행위에서 그러한 결과가 생기는 것이 경험상 통상인 경우에는 인과 관계가 있다는 설로 현재의 통설이며 크게 ① 주관설 : 행위당시에 행위자가 인식하였거나 인식할 수 있었던 사정을 기초로 하여 상당인과관계를 고려해야 한다는 설(독)Kries가 주장하였다. 행위자가 알지 못하였다는 사정을 모두 제외하는 점에서 너무 좁다는 비판이 있다. ② 객관설 : 재판시 재판관의 입장에서 행위 당시에 존재한 모든 사정과 예견 가능한 사후의 사정을 기초로 하여 인과관계 여부를 판단하여야 하다는 설로 Rümelin이 주장하였다. 행위 당시와 행위 후에 발생한 사정을 구별하는 것은 이론적 근거가 없다든지, 행위당시 일반인과 행위자 모두 알 수 없었던 특수한 사정도 기초로 하는 것은 은 경험상 통상이라는 상당인과관계설의 근본 취지에 모순된다는 등의 비판이 있다. ③ 절충설 : 행위낭시 동상인이 알거나 예견할 수 있었을 것이라는 일반적 사정과 행위자가 현재 알고 있거나 또는 예견하고 있던 특별한 사정을 기초로 하여 판단해야 한다는 설로 Träger가 주장하였다. 절충설이 현재의 통설이다.

105) 김형배, 『노동법』, 764쪽

(다) 판례의 입장

단체협약에서 이미 정한 근로조건이나 기타 사항의 변경 · 개폐를 요구하는 쟁의행위를 단체협약의 유효기간 중에 하여서는 아니된다는 이른바 평화의무를 위반하여 이루어진 쟁의행위는 노사관계를 평화적 · 자주적으로 규율하기 위한 단체협약의 본질적 기능을 해치는 것일 뿐 아니라 노사관계에서 요구되는 신의성실의 원칙에도 반하는 것이므로 정당성이 없다는 입장이다.[106)]

(라) 행정해석의 입장

노사당사자가 적법하게 체결한 단체협약은 유효기간 동안 그 변경이나 개폐를 위한 교섭요구를 하지 않을 평화의무가 내재되어 있으므로, 노사 공히 이를 성실히 이행하여야 할 의무가 있다. 평화의무는 단체협약이 체결되면 그 유효기간 중에는 단체협약에서 이미 정한 근로조건 등의 변경 · 개폐를 요구하는 쟁의행위를 하여서는 아니 되는 의무를 말하고, 이를 위반한 쟁의행위는 노사관계를 평화적 · 자주적으로 규율하기 위한 단체협약의 본질적 기능을 해치는 것일 뿐만 아니라 노사관계에서 요구되는 신의성실의 원칙에도 반하기 때문에 정당하다고 할 수 없다는 것이 행정해석의 기본입장으로서 판례와 견해를 같이 한다. 또한 단체협약 유효기간 중 노동조합이 그 변경이나 개폐를 위한 교섭요구를 하더라도 사용자가 임의로 교섭에 응하는 것은 별론으로 하더라도, 당연히 교섭에 응할 의무는 없으므로 교섭거부가 부당노동행위를 구성하지 않는다. 단체협약의 유효기간 만료에 대비하여 다음 단체협약 체결을 위한 교섭결과 결렬되더라도 쟁의행위는 유효기간이 만료된 다음에 할 수 있다.[107)]

다만, 법 일반의 사정변경의 원칙상, 협약체결 당시 예상하지 못한 현저한 사정변경으로 근로조건 관련 사항에 중대한 변경이 있어 이에 대해 교섭을 요구하는 경우 즉, 단체협약의 부칙 등으로 사정변경시 특정사안에 대해서는 다시 교섭할 수 있다고 정한 경우 및 협약체결 당시 예상하지 못한 현저한 사정변경으로 근로조건 관련 사항에 중대한 변경이 있어 이에 대해 교섭을 요구하

106) 대판 94다4042, 1994.9.30
107) 협력 68140-292, 1998.7.27

는 경우와 사용자의 경영권의 본질적인 내용을 침해하지 않는 범위 내에서 고용안정 등 근로조건 관련 사항은 성실히 교섭에 응하여야 할 것이다.[108] 다만, 부칙 등으로 정한 중대한 사정변경 등이 없음에도 교섭을 요구하는 경우 사용자가 이를 거부하더라도 부당노동행위로 볼 수 없는 것이 원칙이다.

(마) 중대한 평화의무 위반과 단체협약 해지

민법 제2조에 의하면, 권리의 행사와 의무의 이행은 신의에 좇아 성실히 하여야 하며, 권리는 남용하지 못한다고 정하고 있다. 로마 · 프랑스 · 독일 등 유럽법계에서 계약일반의 원칙으로 정립된 신의성실의 원칙은 "권리 · 의무관계에 서는 당사자 사이를 규율하는 일반원칙"으로서 학설과 판례를 통해 우리 민법의 최고원칙으로 자리 잡고 있다. 신의성실의 원칙(principle of good faith, 信義誠實의 原則)은, 선행행위와 모순되는 사후적 행위 금지 즉, 근로계약을 체결하여 사용지휘를 하면서도 4대보험 가입을 피하기 위해 개인별로 사업자등록증을 발급받는 경우와 같은 전후 사실관계에서 모순행위를 금한다. 또한 실효의 원칙, 사정변경의 원칙 즉, 계약 당시 예상하지 않았고 예상 불가능한 사정이 발생하였을 경우 당사자를 그 계약에 구속받게 하는 것이 가혹하다고 인정되는 경우 계약을 해지할 수 있다는 견해, 스스로 계약상 의무를 이행하지 않은 자는 상대방의 이행을 청구할 수 없다는 원칙으로 동시이행의 항변권, 주채무 · 보증채무자의 항변권 등을 주요 내용으로 한다. 판례에 따르면 신의성실의 원칙에 위배된 행위는 권리남용에 해당한다는 입장이다.[109] 이 밖에 고지의무, 성실이행의무 등을 계약에 따른 부수적 이행채무의 하나로 파악하고 있다.

단체협약의 일방 당사자가 단체협약의 존재 의의를 상실시킬 만한 중대한 위반행위를 할 경우 계약상의 성실이행의무를 위반하였으므로 다른 당사자 일방이 단체협약을 해지할 수 있다고 볼 수 있다.[110] 다만, 노사당사자 일방이 단체협약으로 정한 약정 즉, 채무를 이행하지 않을 경우 상대방은 상당기간을 정하여 이행을 최고(Mahnung, 催告)[111]하고 그 기간 내에도 이행이 없으면 계약

108) 노사관계법제과-198, 2009.1.28 ; 노사관계법제팀-3444, 2006.11.20 등 다수

109) 대판 77다2324, 1978.2.14

110) 민법 제544조 등

111) 최고(Mahnung, 催告)란, 일정한 행위를 하도록 상대방에게 요구(독촉)하는 의사의 통지를 말

을 해제할 수 있을 것이나, 노사관계의 안정이라는 측면에서 볼 때 단체협약을 일방적으로 해지하는 것은 바람직하지 않다.[112] 유효기간이 만료되지 아니한 단체협약 보충교섭과 유효기간이 만료된 임금협약 교섭을 진행하던 중 쟁의행위에 돌입하게 된 경우, 쟁의행위에서 추구하는 목적이 여러가지이고 그 중 일부가 정당하지 못한 경우에는 주된 목적내지 진정한 목적의 당부에 의하여 그 쟁의행위 목적의 정당성을 판단하여야 할 것이므로 이 경우 쟁의행위에 이르게 하는 결정적 사안이 무엇에 있느냐에 따라 그 정당성 여부가 결정되어야 한다.[113]

다. 단체협약의 중요한 조항

단체협약 중 비교적 중요한 사항으로서 인사조항, 제3자 위임금지조항, 유일단체조항, 쟁의조항, 면책조항, 조합원범위조항, 유니온숍 조항, 단체교섭조항 등이 있는데 차례로 살펴본다. 인사조항,[114] 제3자 위임금지조항, 유일단

한다. 의무이행의 최고와 권리행사의 최고로 나눌 수 있다. 전자는 채무자에게 이행을 독촉함으로써 이행지체의 책임을 지게 하는 최고(민법 제395조), 시효중단을 위한 최고(민법 제174조), 상대방의 의무불이행으로 인한 계약해제권을 발생시키기 위한 최고(민법 제544조) 등이 있고, 후자는 무능력자의 행위에 대한 추인의 최고(민법 제15조), 법인의 청산절차에 있어서 청산인이 하는 채권신고의 최고(민법 제89조) 등이 있다. 최고의 효과는 법률에 규정된 대로 어떤 이익 또는 불이익을 받는 데에 있다. 예컨대 최고로 인하여 시효중단을 생기게 하거나, 이행지체 또는 계약해제권의 발생, 또는 무능력자의 행위에 대한 최고에 대하여 확답이 없을 때에는 법정대리인에 대한 최고의 경우는 그 행위를 추인한 것으로 보고, 특별한 절차를 요하는 경우에는 그 행위를 취소한 것으로 보는 것과 같다(민법 제15조제2항 · 제3항).

112) 노조 68107-190, 2003.4.23

113) 협력 68140-299, 1998.8.5

114) 인사조항(人事條項) ; 쟁의기간 중에 쟁의행위에 참가한 조합원에 대한 징계 등 인사조치 등에 의하여 노동조합의 활동이 위축되는 것을 방지함으로써 노동조합의 단체행동권을 실질적으로 보장하기 위하여 쟁의기간 중 조합원의 인사에 관해 약정한 것을 말한다. 판례는 단체협약에 "쟁의기간 중에는 어떤 사유로도 징계 등 인사조치 할 수 없다"고 명시된 경우, 그 쟁의행위가 목적과 수단, 절차 등에 있어서 정당하다면 비록 그 쟁의 과정에서 징계 사유가 발생하였으며, 단체협약 유효기간 만료 후 파업을 벌였더라도 새로운 단체협약이 체결될 때까지는 노조원을 해고해서는 안된다고 판시한 바 있다(대판 2008다70336, 2009.2.12). 다만, 위 판례에서는 "쟁의행위가 수단, 목적, 절차 등에 있어서 정당할 경우에만 국한된 것이므로 쟁의행위가 정당성이 없을 경우는 당연히 징계 등 인사조치를 할 수 있다고 보아야 한다. 즉, (구)단체협약 중 "쟁의기간 중에는 조합원에 대하여 어떠한 사유에 의해서도 징계, 부서이동 등 제반 인사조

체조항 등은 앞부분에서 이미 설명한 바 있으므로 생략한다.

1) 쟁의조항

단체협약에서 쟁의행위를 시작하기 전 거쳐야 할 사항과 요건을 정한 규정, 이를 테면, 노사쟁점에 대한 조정과 중재, 사적 혹은 공적조정과 중재 방법, 쟁의행위 개시 전 사전예고 등과, 파업 · 태업 등 쟁의행위의 모습과 농성장소 · 이용시설과 이용시간 등 구체적 방법, 파업에도 불구하고 보전해야 할 시설과 장비 및 해당인원 · 쟁의행위 중 안전 · 보안 · 통제요원배치, 기타 쟁의행위 개시요건, 조합원 중 쟁의행위에 참가할 수 없는 범위, 대체노동의 금지 등을 규정하는 경우가 있다. 이들 규정을 쟁의조항이라 부른다.

쟁의조항은 노사당사자가 계약으로 약정한 채무적 부분에 속하고, 그 위반에 대하여는 민법상 채무불이행으로 인한 손해배상책임이 발생한다.[115] 따라서 쟁의조항은 법규범으로 볼 수 없고, 협약당사자 사이의 계약이기 때문에 계약으로 정한 내용에 위반하는 모습으로 쟁의행위가 전개되더라도 위반 그 자체만으로는 당연히 정당성을 상실하지는 않는다. 그 외 주체 · 목적 · 모습 · 절차 · 내용 등을 종합적으로 검토하여 정당성 여부를 별도로 판단하여야 한다.

2) 면책조항

쟁의행위를 수습하는 과정에서 인적, 물적 손해 발생에 따른 민사상 손해배상과 법위반에 따른 형사적 책임, 사내 질서위반 등에 따른 징계책임, 갈등을

치를 할 수 없다"라는 "규정은 쟁의기간 중에 쟁의행위가 그 목적에 있어 정당하고, 절차적으로 노조법의 제반 규정을 준수함으로써 정당하게 개시된 경우라면, 비록 그 쟁의 과정에서 징계 사유가 발생하였다고 하더라도 쟁의가 계속되고 있는 한 그러한 사유를 들어 쟁의기간 중에 징계위원회의 개최 등 조합원에 대한 징계절차의 진행을 포함한 일체의 징계 등 인사조치를 할 수 없음을 선언한 것으로, 정당하게 개시된 전면파업 또는 부분파업 기간 중에 징계위원회를 개최하여 위 파업에 참여한 조합원들에 대하여 파업기간 중의 행위를 이유로 파면을 결의한 것은 (구)단체협약에 위반한 것으로서 징계절차상 중대한 하자가 있으므로 이에 따른 징계해고는 무효이고, 이는 위 결의에 따른 징계처분의 효력발생시기를 쟁의기간 이후로 정하였다고 하여도 마찬가지이다"라고 판시한 바 있다.

115) 민법 제390조~제393조

야기한 주체의 재발방지 약속과 사과 등 사후처리에 관한 합의문의 해석을 두고 노사가 갈등을 겪을 수 있다. 쟁의행위 종료를 전후하여 노사가 합의한 사항 중, 쟁의행위기간 중의 비위행위 내지 사건에 대하여 사용자가 민 · 형사책임, 또는 일체의 책임을 묻지 않는다거나 징계 등 신분상 불이익을 주지 않는다는 단체협약상의 조항을 통틀어 면책조항(免責條項)이라 부른다. 면책조항 등에 관해서는 법으로 달리 정한 바가 없으므로 강행법의 일반원칙 등에 위배되지 않는다면 당사자가 합의한 내용대로 계약법적인 효과를 부여하는 것이 원칙이다. 다만, 면책계약을 하더라도 사회 공공질서를 위반한 형사적 책임 등 노사 당사자가 법률상 책임을 면제받을 수 없는 부분에 관한 약정은 그 한도에서 효력이 없다. 합의문안의 해석을 두고 사후에 분쟁을 줄이기 위해서는 민사, 형사, 징계책임 중 어떤 부분을, 어떤 경우에, 어느 정도, 어느 시기까지 발생한 사항에 대해 면책할 것인지, 합의의 전제가 되는 성취 혹은 해제조건은 무엇인지, 금번 비위행위를 사후 다른 징계의 양정(懲戒量定)자료로 삼을 수는 있는지 등 예견되는 제반사항을 구체적이고 명확하게 표기하여 합의하는 것이 바람직하다. 만약 면책협정을 체결한 후 당사자 일방이 동 협정을 위반하였다면 상대방은 계약불이행으로 협정을 해지할 수 있고 그 해지에 의하여 면책협정은 실효가 된다.[116]

면책조항은 단체협약의 채무적 부분에 속한다. 따라서 이 조항 위반은 단체협약 불이행 책임을 발생시킨다. 또 이 조항에 위반하여 근로자를 징계하거나

116) 대판 91누10480, 1992.5.8. 노동조합과 회사 사이에 임금교섭기간 중 생겨난 민, 형사상의 문제는 노사가 각 취하하고 회사는 고소된 근로자들이 금고 이상의 형을 선고받더라도 석방과 동시에 원직에 복귀시키기로 한다는 내용의 합의서 및 합의각서에 의한 약정을 체결하였으며, 이와 동시에 노동조합은 회사에 그 동안의 불법적인 단체행동으로 막대한 손해를 끼친 점을 사과하고 앞으로는 정상조업을 방해하는 비합법적인 단체행동을 하지 않을 것을 확약하였으나 그 후 노동조합원들이 회사로부터 구속된 조합원에 대하여 휴직처분이 내려진 데에 반발하며 이틀에 걸쳐 집단적으로 휴일계를 제출하고 결근함으로써 공장가동이 전면적으로 중단되었고 또 임시총회를 개최하며 공장가동을 중단시켰다면 노동조합원들이 위와 같은 비합법적인 단체행동을 저지른 것은 위 약정을 위반한 것이라고 할 수 있으므로 회사로서는 이를 이유로 하여 위 약정을 해제할 수 있고 그 해제에 의하여 위 면책약정은 실효되는 것이다.

해고하는 것은 권리남용으로서 무효가 될 수 있다.[117] 실무상 합의는 그 내용에 따라 다양할 수 있는데, 면책조항은 그러한 조항을 두게 된 경위와 당사자의 진의 등을 종합적으로 판단하여 합의내용을 해석하는 것이 바람직하다.

(1) 면책범위

민사 · 형사적 책임과 징계책임 중 일부분에 관해 합의한다고 약정한 경우는 그 부분에 한해서만 효력이 있다. 형사책임의 면책에 대해서 합의하는 경우는 당사자가 상대방의 법위반 사실에 대해 형사상 고소 · 고발을 자제하겠다는 취지로 해석한다.[118] 단체교섭 과정에서 발생한 개별적 · 집단적 사건에 대하여 노사는 단체교섭 합의일 이후 고소 · 고발을 하지 않고 민사상 책임만을 묻지 않는다는 합의의 취지는, 그 합의일 이후 기존의 고소고발 이외의 더 이상 새로운 고소 · 고발을 하지 아니하고 그 이전의 쟁의행위에 대하여는 민사상 손해배상의 책임만을 묻지 아니한다는 데에 불과할 뿐 징계책임에 대한 면책합의에까지 이른 것이라고는 볼 수 없다.[119] 만약 농성기간 중의 행위에 대하여 근로자들에게 민 · 형사상의 책임이나 신분상 불이익처분 등 일체의 책임을 묻지 않기로 노사가 합의를 한 경우, 그 취지는 농성중의 행위와 일체성을 가지는 행위 또는 농성중의 행위와 필연적으로 연속되는 행위로서 불가분적 관계에 있는 그 준비행위,[120] 유발행위까지 포함한 일체의 행위에 대해서 면책시키기로 한 것이라고 보아야 한다.[121]

특히 법질서 위계상 단체협약은 강행법에 위배되지 않으면 법률과 같은 지위를 가지므로 쟁의과정에서 발생한 비위사실이 단체협약이나 취업규칙 혹은 근로계약에서 정한 소정의 징계사유에 해당한다 하더라도 면책에 합의하였다면 달리 정한 바가 없는 한 이에 반하여 징계책임을 물을 수는 없다. 징계면책

117) 임종률, 『노동법』, 157쪽
118) 서울고판 89나3863, 1990.6.13
119) 서울행판 2002구합26303, 2002.11.28.
120) 유인물 배포, 시설물부착 등 무단사용과 훼손, 비방과 명예훼손 등
121) 대판 92다14786, 1992.7.28 ; 대판 90다카21176, 1991.1.11 ; 중노위 99부노127 · 부해505, 1999.12.15 ; 대판 91다1233, 1991.8.13 ; 대판 90다카21176, 1991.1.11 ; 대판 90다8077, 1991.7.9 ; 대판 91다13731, 1991.7.23

합의는 달리 약정이 없다면 합의의 전제가 된 비위사실을 징계사유로 삼지 않는다는 것을 약정하는 것일 뿐 그러한 비위행위가 있었던 점을 징계양정(懲戒量定)의 판단자료로 삼는 것까지 금하는 것은 아니다. 어느 경우에나 면책약정의 합의는 그 내용면에서 구체적이고 명확하지 않으면 회복할 수 없는 신뢰의 손상을 가져오고 또 다른 분쟁의 불씨가 될 수 있다. 판례에서[122] 민사 · 형사적 사건과 노동청사건에 대해 면책약정을 한 것은 그 진정한 의사와 합의배경을 고려할 때, 징계면책이 포함된 것으로 본다는 취지는[123] 명확한 합의의 중요성을 시사하는 것이다.

(2) 선처합의

면책약정 중 특정행위나 사안에 대해 사측이 선처한다고 합의하는 경우가 있다. 회사와 노동조합 사이에 쟁의행위 중에 발생한 구속 및 고소 · 고발자에 대하여 징계를 하지 않는다는 문구 대신 최대한 선처하겠다고 합의한 경우, 이는 회사가 구속자에 대한 형사처벌이 감경되도록 노력하겠다는 취지로 해석되고 구속자들을 징계하지 않겠다는 내용의 합의로는 볼 수 없다.[124]

3) 조합원범위조항

조합원의 자격과 어떠한 근로자들을 조합원으로서 조직대상 범위에 포함할 것인가는 노동조합의 규약으로 자유롭게 정할 수 있다. 다만, 사용자가 특정 범위에 속하는 근로자 이를 테면, 노조법상 사용자의 개념에 포함하는 자, 특정 중요설비나 시설의 운영을 담당하는 근로자, 경비원 · 방호원 등 사업장의 유지 · 존속에 중요한 역할을 하는 근로자 등을 조합원의 범위에서 제외시킬 것을 요구받고 노동조합이 그 요구를 받아 들여 단체협약으로 정한 경우, 이를 "조합원범위조항"이라고 한다. 판례와 행정해석의 공통된 견해는, 노사가 합의하여 단체협약으로 조합원의 범위를 정하더라도 위법이나 무효로 볼 수는 없다는 입장이다.

---

122) 서울고판 2012누11807, 2012.11.14 ; 대판 2012두9594, 2010.10.14 등
123) 서울고판 2012누11807, 2012.11.14
124) 대판 93다1503, 1993.5.11

(1) 판례의 견해

판례에 의하면, 단체협약에서 노동조합의 조합원이 될 수 없는 자를 특별히 규정하여 일정 범위의 근로자들에 대하여 단체협약의 적용을 배제하는 경우 무효라고 볼 수 없다는 입장이다.[125)]

판례의 요지를 살펴보면, 노조법 제5조, 제11조의 각 규정에 의하면, 근로자는 자유로이 노동조합을 조직하거나 이에 가입할 수 있고, 구체적으로 노동조합의 조합원의 범위는 당해 노동조합의 규약이 정하는 바에 의하여 정하여지며, 근로자는 "노동조합의 규약이 정하는 바에 따라" 당해 노동조합에 자유로이 가입함으로써 조합원의 자격을 취득하는 것이다.

사용자와 노동조합 사이에 체결된 단체협약은 특약에 의하여 일정 범위의 근로자에 대하여만 적용하기로 정하고 있는 등의 특별한 사정이 없는 한 협약당사자로 된 노동조합의 구성원으로 가입한 조합원 모두에게 현실적으로 적용되는 것이 원칙이다. 다만 단체협약에서 노사간의 상호 협의에 의하여 규약상 노동조합의 조직대상이 되는 근로자의 범위와는 별도로 조합원이 될 수 없는 자를 특별히 규정함으로써 일정 범위의 근로자들에 대하여 위 단체협약의 적용을 배제하고자 하는 취지의 규정을 둔 경우에는, 비록 이러한 규정이 노동조합 규약에 정해진 조합원의 범위에 관한 규정과 배치된다 하더라도 무효라고 볼 수 없다.

(2) 행정해석의 견해

행정해석에 의하면, 종업원의 조합원 자격 여부는 노조법 제5조에 저촉되지 않는 범위 내에서 규약이나 단체협약에 따라 정할 수 있다는 입장이다.[126)] 따

---

125) 대판 2001다5142, 2004.1.29 ; 대판 2009구합3699, 2009.7.17. 단체협약은 특별한 사정이 없는 한 협약당사자로 된 노동조합 구성원으로 가입한 조합원 모두에게 현실적으로 적용되는 것이 일반적이지만, 단체협약에서 "조합원이 될 수 없는 자를 특별히 규정"함으로써 일정 범위의 근로자들에 대하여 위 "단체협약의 적용을 배제하고자 하는 취지"의 규정을 둔 경우에는 비록 이러한 규정이 "규약에 정해진 조합원의 범위에 관한 규정과 배치된다 하더라도 무효라고 볼 수 없다." 따라서 단체협약에서 환경미화원을 조합원의 범위에서 제외하기로 함으로써 단체협약의 적용대상이 되는 근로자의 범위를 제한한 것이 원고 조합의 단결권을 침해하는 내용으로서 무효라고 볼 수는 없다

126) 노조 01254-11445, 1985.6.21

라서 노사가 조합원범위에 관해 협약으로 정하더라도 위법하거나 무효로 볼 수 없다. 판례와 견해를 같이 한다.

4) 노동조합활동조항

노동조합활동은 사용자의 업무지휘권 · 경영권 · 시설관리권 등 재산권과 유기적인 결합과 조화로운 운영이 없으면 정상적으로 유지되기가 어려운 취약점을 안고 있다. 따라서 노동조합과 사용자는 단체협약을 통하여 노동조합활동에 관한 세부적인 사항을 미리 약정하여 경영권과 조화로운 운영을 모색할 수밖에 없다. 이것을 노동조합활동조항이라고 한다. 즉, 노동조합의 유지 · 운영을 위하여 취업시간 중 조합활동을 할 수 있는 시간, 근무시간 중 상급단체나 당해 노동조합의 회의참석에 관한 사항, 노동조합 업무를 전담할 전임자의 지정, 조합활동을 위하여 어떤 시설을 언제 어떻게 운영할 것인가, 홍보물과 현수막 공지사항 등을 어떻게 배포하며 어떤 시설(인트라넷, 게시판, 건물외벽, 담장 등)을 이용할 수 있는가, 조합비는 어떻게 공제(조합원의 개별납부 혹은 사용자가 원천징수하여 노동조합에 전달 등)할 것인가, 조합운영을 위하여 노동조합 사무소 제공 등 편의제공에 관한 사항, 조합원 후생복지를 위한 기금의 제공 등 단체협약상 노동조합활동에 관해 정한 사항을 말한다.

기업별 노조가 대세인 우리나라 실정상 조합활동은 대부분 기업내부에서 이루어지므로 매우 중요하다. 조합활동조항은 대부분 채무적 부분으로서 일부 사항[127]을 제외하고는 불이행시에도 노조법상 법위반 책임은 없다. 다만, 민사상 채무불이행에 관한 손해배상 등의 책임을 져야한다.

조합원은 근로계약상 사용자의 지휘명령에 따라 노무제공의무를 부담하며, 사용자는 경영의 목적을 달성하기 위하여 노무지휘권을 가진다. 조합활동은 근무시간외에 할 수 있는 것이 원칙이다. 특히 사업장 내의 조합활동에 있어서는 사용자의 시설관리권에 바탕을 둔 합리적인 규율이나 제약에 따라야 하며, 폭력과 파괴행위 등의 방법에 의하지 않는 것이어야 한다. 근무시간 중

127) 노조법 제92조제1호마목에 정한 사항으로서, 시설 · 편의제공 및 근무시간 중 회의참석에 관한 사항에 대해 불이행시 1천만원 이하의 벌금에 처할 수 있다.

조합활동은 사용자의 업무지휘권과 관련하여 어느 정도까지 가능한지 여부가 실무 쟁점이 되고 있다. 판례와 행정해석의 일관된 입장은, 성질상 노동조합의 활동으로 볼 수 있거나 노동조합의 묵시적인 수권 또는 승인을 받았다고 볼 수 있는 것으로서 근로조건의 유지 개선과 근로자의 경제적 지위의 향상을 도모하기 위하여 필요하고 근로자들의 단결강화에 도움이 되는 행위이어야 하며, 그 활동이 단체협약에 정해져 있거나, 관행이 있거나, 사용자의 동의가 있으면 가능하지만 그 외의 경우는 원칙적으로 불가능하다는 입장이다. 다만, 판례에 따르면, 단체협약상 조합활동사항으로 정하거나 사용자의 허락을 받지 않았더라도, 취업시간 중 쟁의행위에 대한 찬반투표를 위해 근무시간 중 조합원 임시총회를 개최한 행위에 대하여, 필요성과 긴급성, 사용자에 대한 사전통보 등 배려정도, 사용된 시간의 정도, 업무형태 등에 비췄을 때 불가피성, 업무에 미친 영향 등을 종합적으로 고려하여 노동조합의 정당한 행위라고 판시한 바 있다.[128] 기타 자세한 사항은 조합활동 부분에서 따로 상세히 설명한다.

5) 단체교섭조항

단체교섭의 성질상 쟁점을 사이에 두고 노사가 첨예하게 대립하게 되어 감정대립이나 시간낭비가 있는 등 전체적으로 불필요한 낭비를 가져오는 경우가 비일비재하다. 노사는 이러한 점을 감안하여 단체협약으로 교섭절차, 교섭장소, 교섭에 참여할 인원, 제3자에 대한 교섭권 위임여부 · 위임절차, 회의록 작성, 의안에 대한 사전조정, 유일교섭단체 조항, 교섭결과에 대한 합의서 작성 등을 미리 정해두는 것이 효과적이다. 이러한 사항을 단체협약으로 정한 것을 "단체교섭조항"이라고 한다. 이것은 채무적인 부분으로서 협약자치의 원칙상 노동조합법 등 강행법에 위반되지 않는 한 자유로이 정할 수 있다. 다

128) 대판 93도613, 1994.2.22 ; 대판 91도3044, 1992.4.10. 쟁의행위에 대한 찬반투표 실시를 위하여 노동조합이 임시총회를 개최할 예정이니 협조를 구한다는 취지를 2회에 걸쳐 서면으로 통보하였으나 회사 측에서 이를 거부하자 전체 조합원이 참석할 수 있도록 근무시간 중에 노동조합 임시총회를 개최하고 3시간에 걸친 투표 후 1시간의 여흥시간을 가졌더라도 그 임시총회 개최행위가 전체적으로 노동조합의 정당한 행위에 해당한다.

만, 유일교섭단체조항(唯一交涉團體條項)[129]은 다른 노동조합의 교섭권을 침해하므로 무효라고 보아야 한다.

6) 유니온숍 조항

노동조합은 조직확대를 위하여 대내적 통제와 대외적 조직강제 등 다양한 방법을 사용하는데, 그 가운데 노사가 협약을 통해, 근로자가 조합원이 될 것을 고용조건으로 하는 단체협약상의 규정을 유니온숍조항이라고 한다. 노동조합의 조직강제는 흔히 유니온숍(union-shop)의 경우처럼 고용의 단계에서는 조합원이 아닐지라도 일단 취업이후에는 노동조합 가입을 강제하여 조합에 가입하지 않는 근로자 · 탈퇴한 자 · 제명된 자를 해고하도록 정하는 경우, 클로즈드(closed-shop)숍처럼 노동조합에 가입하지 않는 자는 처음부터 고용하지 않을 것을 조건으로 하고, 고용된 이후에 탈퇴하거나 제명된 자를 해고하는 것 등을 주요 수단으로 정한다.

우리나라의 경우 사용자가 노동조합의 조직 · 결성에 지배 · 개입하는 것을 금하기 위해, 사용자가 근로자를 채용하면서 근로자가 어느 노동조합에 가입하지 않을 것 또는 탈퇴할 것을 고용조건으로 하거나 특정한 노동조합의 조합원이 될 것을 고용조건으로 하는 행위는 원칙적으로 부당노동행위로 보아서 금하고 있다.[130] 다만, 조직유지와 강화에 기여하는 측면을 고려하여, 조직강제를 허용하는 요건으로서, "노동조합이 당해 사업장에 종사하는 노동조합의 조합원 자격을 가진 근로자의 2/3 이상을 대표하고 있을 때"에는, 근로자가 그 노동조합의 조합원이 될 것을 고용조건으로 하는 단체협약을 체결하여 유니온숍을 도입할 수 있도록 허용하되, 다만, 그 노동조합에서 제명된 것 또는 그 노동조합을 탈퇴하여 다른 노동조합에 가입한 것을 이유로 그 근로자에게 신분상 불이익을 할 수 없도록 제한하고 있다. 따라서 입사시 그 노동조합에 가입하지 않은 것, 가입 이후 그 노동조합을 탈퇴하여 다른 노동조합에 가입하지 않은 것을 이유로 해고하는 것은 허용된다. 특히 2010년 이후 복수노

---

129) 단체협약으로 특정한 노동조합에 대해서만 단체교섭권을 인정하기로 정한 조항을 말한다.
130) 노조법 제81조제2호 전단

조가 형성된 경우는 그 노동조합을 탈퇴하여 다른 노동조합을 조직하거나 가입하는 것을 이유로 신분상 불이익한 행위를 할 수 없다. 판례에 의하면, 복수노조가 허용되지 않거나 유예된 상황에서는, 조합원이 유니온숍이 체결된 노동조합을 탈퇴하여 조직대상을 같이 하면서 독립된 교섭권을 가지는 다른 노동조합에 가입하는 것을 허용하면 사실상 회사 내에는 유니온숍의 협정이 와해되므로 가입하지 않은 자 탈퇴자를 해고한 것은 정당하다[131]는 입장이다. 따라서 일반적인 조직강제의 의미보다 다소 강제력이 약한 형태의 조직강제를 일정한 요건아래 허용한다는 의미이다. 만약 당해 사업장에 종사하는 근로자의 2/3 이상을 대표하고 있지 않은 노조와 유니온숍 협정을 채결하는 것은 반조합 계약이 되어 부당노동행위에 해당된다. 또한 조합탈퇴 등으로 인해 2/3에 미달할 경우는 그 때부터 유니온숍의 효력이 상실된다.

(1) 유니온숍과 헌법상 기본권의 충돌

판례에 의하면, 노조법 제81조제2호 및 그 단서규정은 당해 사업장에 종사하는 근로자의 3분의 2 이상을 대표하는 노동조합과 유니온숍 협정을 체결하는 것은 반조합계약, 즉, 노조의 불가입이나 그로부터 탈퇴 또는 특정한 노조에의 가입 등을 고용조건으로 하는 부당노동행위에 해당되지 않으나, 그렇지 않은 노조와 유니온숍 협정을 채결하는 것은 반조합 계약이 되어 부당노동행위에 해당됨을 규정한 것이다. 유니온숍 협정이 근로자 개인의 조합에 가입하지 않을 자유나 조합 선택의 자유와 충돌하는 측면이 있기는 하지만 조직강제의 일환으로서 노조의 조직유지와 강화에 기여하는 측면을 고려하여 일정한 요건하에서 체결된 유니온숍 협정의 효력을 인정한 것이라 할 것이어서 헌법상의 근로자의 단결권을 침해하는 조항으로 볼 수는 없다는 입장이다.[132]

(2) 신분상 불이익한 행위를 할 수 없다는 것

신분상 불이익한 행위를 할 수 없다는 것은 근로자의 신분이 불이익하게 되는 인사처분을 말하는데, 해고 · 전직 · 전출 · 휴직 · 징계 · 강등 · 승진불이익

131) 대판 2000다23815, 2002.10.25
132) 대판 2000카기183, 2002.10.25

등이 포함된다. 제명을 이유로 해고 등 불이익처분을 금하는 것은 노동조합이 근로자의 직업선택의 자유, 계약의 자유를 침해하는 것이고, 나아가 사실상 사용자의 인사권을 침해하는 것이기 때문이다.

(3) 단체협약상 규정유무에 따른 유니온숍 효력

유니온숍은 당해 사업장에 종사하는 근로자의 3분의 2 이상을 대표하는 노동조합과 단체협약으로 조직강제에 관한 협정을 체결하는 것이다. 따라서 노동조합의 근로자요건이 충족되더라도 "노사가 단체협약으로 유니온숍에 관한 협정을 체결하지 않으면 도입할 수 없다." 판례에 의하면, 단체협약에 "유니온숍협정에 따라 근로자는 노동조합의 조합원이어야만 된다"는 규정이 있는 경우에는(해고할 의무에 관한 약정 등) 다른 명문의 규정이 없더라도 사용자는 노동조합에서 탈퇴한 근로자를 해고할 의무가 있다고 판시한 바 있다.[133)]

(4) 복수노조와 유니온숍

복수노조가 존재하는 상황에서도 하나의 노조가 전체 근로자 중 해당 노동조합의 조직대상에 속하는 근로자의 2/3 이상을 조합원으로 구성하고 있을 경우에는 해당 노동조합은 사용자와 유니온숍 협약을 체결하여 새로 입사하는 근로자 중 해당 노동조합의 조직대상에 속하는 근로자는 본인의 의지와 무관하게 그 노동조합의 조합원이 될 것과 가입하지 않을 경우 불이익처분을 한다는 것, 가입자가 일단 가입 후 탈퇴를 한 경우에도 새로이 노동조합을 조직하거나 다른 노동조합에 가입하지 않으면 불이익처분을 할 것을 약정할 수 있다. 따라서 신입사원은 입사와 동시에 자신과 같은 직종을 조직대상으로 하는 노동조합 중 근로자의 2/3 이상을 대표하는 노동조합에 의무적으로 가입을 하여야 하고, 자신의 취향에 부합하는 특정노동조합에 임의로 가입할 수는 없다. 나중에 취향에 맞는 노동조합을 선택하려는 경우에도 일단 가입한 뒤 탈퇴를 하여 그 노동조합에 가입하여야 불이익을 피할 수 있다.

만일 노사가 협약으로 정하여. 새로운 노조를 설립하거나 타 노조에 가입하기 위하여 기존 노조를 탈퇴하는 경우 불이익처분을 한다고 정하였다면, 해당

133) 대판 96누16070, 1998.3.24

조합원은 노동위원회에 구제신청을 하거나 민사소송을 통해 권리를 보호받을 수 있다.

7) 그 밖에 단결력 강화를 위한 숍(shop)제도

그 밖에 숍(shop)제도는, 노조가 체결한 단체협약의 효력을 비조합원이 적용받기를 원하는 경우에는 조합비에 상응하는 금액을 임금에서 공제하도록 정하는 제도로서 대가없이 혜택을 누리는 것을 금하면서 근로자들의 조합가입률을 높이는 효과가 있는 에이전시숍(agency shop), 조합원이 단체협약의 유효기간 중에 탈퇴하는 경우에는 불이익을 주어 조합원의 탈퇴를 막고 단결력을 공고히 하는 조합원자격유지협약(maintenance of membership), 노동조합이 사용자와 단체협약을 체결하면서 조합원과 비조합원의 근로조건을 어느 정도 격차를 두도록 정하는 격차조항[134)]등이 있다. 특히 에이전시숍은 사용자가 노조를 와해할 목적으로 노조와 단체협약을 체결하면서 비조합원의 근로조건을 단체협약의 근로조건과 동일한 수준으로 향상시킬 경우 기존 조합원의 조직이탈과 비조합원의 가입동기를 몰락시키는 효과를 가져 올 수 있는데 그러한 경우에 노동조합으로서는 조직강화를 위한 유용한 수단이 될 수도 있다. 조합원자격유지협약 및 격차조항은 기존 조합원의 탈퇴를 방지하여 조합의 단결력을 강화하는 수단이 될 수 있다.

한편, 복수노조에서 사용자는 자신에게 우호적이거나 조합활동경향 등을 고려할 때 유리하다고 판단되는 노조에게 보다 나은 내용으로 근로조건을 정하여 상대적으로 열등한 노조로 하여금 조직의 단결이 와해, 축소되도록 조장할 수 도 있다. 이 경우 노동조합은 단체협약 체결시 사업 또는 사업장 내의 다른 노동조합과 체결한 단체협약 중 자신의 노동조합과 체결한 단체협약상 근로조건 보다 더 유리한 규정이 있는 경우는 그 유리한 근로조건으로 단체협약이 체결된 것으로 간주한다는 최혜노조대우조항을 정할 수도 있다. 다만, 사용자가 자신에게 유리한 조합에게만 이 조항을 합의할 경우는 동일한 사업 또

134) 조합원에게 임금 3% 인상+조합수당으로 기본급의 0.25%를 신설하는 내용으로 단체협약을 체결할 경우 비조합원에게는 임금 2% 인상 등으로 내용으로 근로조건에 일정한 격차를 두는 것을 말한다.

는 사업장 내의 조합간 차별로 인한 갈등이 심각한 문제로 나타날 수 있다.

9. 단체협약의 효력 확장

단체협약은 협약당사자 및 그 구성원 즉, 노동조합과 사용자, 협약체결당시 조합원과 단체협약의 적용이 예상된 자에게 구속력을 가지므로 비조합원과 제3자의 지위에 있는 자에게는 효력이 미치지 않는 것이 원칙이다. 다만, 노동조합법은 일정한 요건을 갖추는 경우에는 당해 협약과 관련이 없는 근로자나 사용자에 대하여도 그 효력을 확장되도록 법으로 정하고 있다. 단체협약의 사업장단위 일반적 효력확장제도와 지역단위 효력확장제도 또는 구속력이 그것이다. 국제적으로는 독일 · 프랑스 등 대륙법계국가에서 지역단위 효력확장제도를 인정하고 있고, ILO 권고에서는 산업 · 지역단위 효력확장제도를 인정하고 있다.

가. 사업장단위의 일반적 구속력

일반적 구속력(一般的 拘束力)이라 함은, 단체협약에 대하여 노조법이 특별히 인정하고 있는 효력을 말한다. 사업장 내에서 동일근로 동일근로조건을 실현하고 노동조합에 가입하지 않은 미조직 근로자들이 낮은 근로조건으로 노동력을 공급하는 것을 저지하고 보호하기 위해, 법으로 정한 일정한 요건에 해당하는 경우 협약당사자 등이 원하든 원하지 아니하든 법령에 따라 당해 사업 또는 사업장에 사용되는 다른 동종의 근로자에 대하여도 당해 단체협약의 규범적 효력이 확장 적용되는 것을 말한다.

일반적 구속력을 두는 취지는, 사용자간 불공정한 경쟁을 방지하고, 동일한 사업 또는 사업장 내에서 근로하는 동일 직종 또는 동일한 조직대상 근로자들이 비조합원과 조합원으로 나눠져서 근로조건이 차별화됨으로써 궁극적으로 노동조합의 입지가 약화되는 것을 방지하고, 비조합원의 근로조건을 통일적으로 규제함으로서 조합원을 보호하는데 목적이 있다.[135]

135) 노사관계법제팀-1420, 2007.4.27

1) 효력확장 성립요건

하나의 사업 또는 사업장에 상시 사용되는 동종의 근로자 반수 이상이 하나의 단체협약의 적용을 받게 된 때에는 당해 사업 또는 사업장에 사용되는 다른 동종의 근로자에 대하여도 당해 단체협약이 적용된다.[136] 동종(同種)의 근로자란, 단체협약의 적용이 예상되는 자 즉, 비록 노동조합에 가입하지는 않았지만 조합의 규약상 조직대상의 범위에 포함되는 근로자를 말한다. 따라서 독자적인 단체협약을 가진 소수의 노동조합원은 자신이 체결한 단체협약이 적용되므로 반수 이상 노조가 체결한 단체협약의 효력확장 대상이 될 수 없다. 복수노조에서도, 교섭대표노조가 체결한 단체협약은 기본적으로 단일화과정에 참여한 전체 조합원과 노동조합에 대해 적용되므로 그 노동조합이나 조합원에 대한 일반적구속력의 효력확장에 대해서는 고민할 필요가 없다. 단일화 절차 이후 과정에 더 이상참여하지 않은 경우에도 교섭대표노조가 체결한 단체협약이 교섭단위 내의 모든 조합에 직접적으로 적용되므로 효력확장 대상이 되지 않는다. 결국, 복수노조에서 일반적 구속력의 효력이 미치는 범위는 ① 드물지만, 교섭창구 단일화 절차에 참여하지 않고 단체협약도 없는 노동조합으로서 확장 적용되는 단체협약의 적용대상과 규약상 조직대상이 동일한 경우. ② 단일화절차 이후에 신설된 노조로서 단체협약이 없으면서 확장 적용되는 단체협약의 적용대상과 규약상 조직대상이 동일한 경우가 될 것이다.[137]

---

136) 노조법 제35조

137) 복수노조 하에서 교섭대표노조가 체결한 단체협약은 협약체결 방식에 따라 다소 차이는 있겠지만 기본적으로는 단일화 절차에 참여한 모든 노동조합 및 조합원에게 직접 적용되고, 교섭대표노조 선정 등 단일화 절차 이후의 절차에 참여하지 않은 경우에도 교섭대표노조가 체결한 단체협약의 효력은 그 노동조합과 조합원에게 직접적으로 효력을 미치므로 달리 확장적용을 논할 이유도 없다. 또한 개별교섭 또는 다른 교섭형태 등 독자적으로 교섭권을 행사하여 단체협약을 체결한 경우에도 고유의 단체협약이 있으므로 일반적구속력의 확장은 거론 할 수 없다. 따라서 ① 조직대상이 다른 미가입 근로자, ② 조직대상이 동일하든 다르든 교섭절차에 참여하여 단체협약을 체결한 노조, ③ 교섭절차에 참여하지 않으면서 단체협약이 있는 노조에게는 과반수노조가 체결한 단체협약의 효력이 확장 적용되지 않는 것이 원칙이다. 반대로, 규약상 과반수노조와 조직대상이 같으면서 ① 비조합원, ② 단체협약이 없는 노조, ③ 교섭창구 단일화 절차이후에 신설된 노조로서 교섭창구 단일화 절차에 참여하지 않았으나 참여한 노조와 조직대상이 중복되어 교섭대표노조가 체결한 단체협약의 적용이 예상되는 조합원에게는 별도의 단

(1) 하나의 사업, 사업장

하나의 사업 또는 사업장이라 함은, 단체협약의 적용을 받는 반수 이상의 근로자를 산출하는 단위로서 동일한 장소에서 유기적인 조직으로 결합되어 작업이 계속적으로 행하여지는 단위를 말한다. 조합원이 동종 근로자의 반수 이상이 되는지 여부의 계산은 "하나의 사업 또는 사업장"을 단위로 한다.

사업을 단위로 계산할 것인가 또는 사업장을 단위로 할 것인가는 당해 단체협약의 적용을 받는 자와 동종의 근로자가 사업 전체에 존재하는가 아니면 어느 하나 또는 일부의 사업장에만 있는가에 따라 결정되어야 할 것이다. 하나의 기업이 수개의 사업장으로 구성된 경우는 사업장마다 환경, 근로의 종류, 작업방법, 인사 · 노무 · 회계 등의 독립성 등에 있어서 각각 특수성이 있는 경우는 각각의 사업장을 의미하고(예 : 단위농협 각 지점, ○○자동차(주)○○상용차 공장, ○○시멘트(주)○○공장 등), 각각 특수성이나 인사 · 노무 · 회계 등에 있어서 독립성 등이 없는 경우(예 : 은행 · 농협중앙회 등의 각 지점, 각 지역 통신사 지점, 정부투자기관 ○○공사의 각 지점, 한국○○○ 달성공장, ○○공사 충북지역본부 등)는 사업장 전체[138]가 하나의 사업이 된다. 하나의 사업에 조직된 노동조합이 수개의 사업장을 포괄하고 있는 경우에는 수개 사업장의 전체근로자 중 규약으로 정한 조직대상인 근로자의 반수 이상이 그 노동조합에 가입하여 단체협약을 적용받는지 여부에 따라 판단하고, 각 사업장별로 노동조합이 조직되어 있는 경우는 각 사업장별로 해당 여부를 판단하여야 한다.

예를 들면, A, ○○제과 이천공장(상시 사용되는 근로자 350명 중 330명이 조직대상)과

체협약 체결시까지 과반수노조가 체결한 단체협약의 효력이 확장 적용되는 것이 원칙이다. 실무상 일반적구속력의 확장적용 대상에게 규율되는 기존의 근로조건과 확장 적용되는 근로조건을 비교할 때 유리하든 불리하든 무조건 확장 적용되어야 하는지 의문이다. 단체협약상의 과반수 노조와 조직대상이 같으면서 교섭창구 단일화 절차에 참여하지 않은 노조가 체결한 단체협약이 없거나 또는 기존 단협의 유효기간이 만료되어 무협약상태가 된 경우에도 단체협약상 근로조건 등 규범적부분의 효력은 근로조건으로 체화되어 조합원과 사용자의 개별적 근로관계를 규율하게 된다. 이 경우 체화된 근로조건과 일반적 구속력에 의거 확장 적용되는 과반수노조가 체결한 단체협약의 근로조건을 비교할 때, 확장 적용되는 근로조건이 유리한 경우에만 일반적 구속력이 적용된다고 보아야 한다.

138) 한국화약, 농협중앙회, 국민은행, 철도공사, 한국도로공사, 한국통신 등

B, 달성공장(상시 사용되는 근로자 220명 중 200명이 조직대상)은 동일 사업주 소속으로서 업종이나 근로형태 등이 동일하고 인사 · 노무 · 회계 등에 있어서 A · B공장이 독립되지 않고 하나의 사업으로 되어 있고, 1개의 노동조합이 설립되어 있고 A · B공장의 상시 근로자는 570명이다. 570명 중 사용자성을 가진 40명을 제외하면, 조직대상 근로자 530명 중 270명이 조합원으로 있다고 가정하면, 노동조합과 체결한 단체협약은 일반적구속력에 의거 미조직대상 근로자 260명에 대해서도 규범적부분이 확장 적용된다.

(2) 상시 사용되는 동종의 근로자

"상시 사용되는" 근로자는 객관적으로 판단할 때, 근로자의 직종 · 지위 고하를 막론하고, 정규직 · 계약직 · 임시직(기간제계약이 반복 갱신되어 사실상 상시 사용되고 있는 임시직 근로자) 등에 불구하고, 근로계약상의 명칭에 구애됨이 없이 사실상 계속적으로 사용되고 있는 근로자를 말한다.[139]

"동종의 근로자"라 함은, 단체협약의 적용을 받는 근로자와 작업내용이나 형태가 동일하거나 유사한 직종의 근로자를 의미하며, 규약상 적용대상의 동일성을 기준으로 한다. 예를 들면, ○○사업장의 생산직 · 사무직 근로자를 조직대상으로 하는 경우, ○○사업장의 사원 중 과장급이하 모든 사원을 조직대상으로 하는 경우, ○○사업장의 계약직 · 임시직 · 상용직근로자를 조직대상으로 하는 경우, ○○산업의 모든 근로자를 조직대상으로 하는 경우 등이다. 따라서 단체협약의 적용범위가 특정되지 않은 경우 또는 협약조항이 모든 직종에 걸쳐 공통적으로 적용되는 경우는 직종의 구분 없이 사업장내의 모든 근로자가 동종의 근로자에 해당한다.[140]

(3) 근로자 반수 이상이 하나의 단체협약 적용을 받을 때

이때 근로자수를 산정하는 시점은, 효력확장이 문제되는 시점에 수치상으로 파악된 근로자 수가 아니라, 업무 자체의 규모나 필요성 등으로 보아서 그 업무를 처리하는데 일상적으로 소요 · 사용되는 전체 근로자로 산정하고, 그

139) 대판 92누13189, 1992.12.22

140) 대판 92누13189, 1992.12.22

가운데 단체협약의 본래적인 적용대상자로서 단체협약상 적용범위에 해당하는 자, 이를 테면, 단체협약상 특별히 적용범위를 한정하지 않은 경우는 해당 단체협약의 협약당사자인 노동조합의 조합원 전체를 말하고, 주○○공장 내의 생산직근로자, (주)○○의 5급 이하 모든 사원 등 단체협약이 근로자 일부에게만 적용되는 것으로 한정하는 경우에는 그 한정된 범위의 조합원의 1/2 이상에 해당하는 수의 근로자가 하나의 단체협약의 적용을 받게 된 때를 말한다.[141)]

"하나의 단체협약"은 당해 사업 또는 사업장의 근로자에게 적용되는 것이면 족하고, 기업별 협약인가 산업별·직종별·지역별 협약인가를 불문하고, 그 단체협약의 협약당사자인 노동조합이 하나인가 복수인가를 불문한다.

다만, 하나의 기업에 하나의 단체협약이 존속하는 경우는 별 문제가 없으나, 2개 이상의 단체협약이 존재하는 경우 어느 특정단체협약이 그 사업장의 반수 이상의 근로자에게 적용될 때는 그 단체협약의 효력이 비조합원에게 확장 적용될 수 있다. 이때 비조합원이라 함은, 그 단체협약의 적용이 예상되는 자 즉, 비록 노동조합에 가입하지는 않았지만 규약상 조직대상의 범위에 포함되는 근로자를 말한다.[142)] 만약 사업장내에 업종을 달리하는 근로자들이 각각 별개의 노동조합을 결성하고 있는 때는 업종을 달리하는 노동조합 단위로 각각 일반적 구속력이 적용되는지 여부를 판단하여야할 것이다.[143)]

(가) 교섭단위를 분리한 경우

예를 들면, A사업장은 정규직은 현업직, 사무직, 기술직종이 있고, 경비직은 비정규직이다. 현업직은 200명 중 70명, 사무직은 30명 중 20명 , 기술직은 50명 중 28명, 경비직은 15명 중 5명 등 4개 복수노조 123명의 조합원으로 현업직 노조가 교섭창구 단일화에 참여한 노동조합의 전체조합원 123명의 과반수노조로서 교섭대표노동조합이다. 그러나 사용자가 교섭요구사실을 공고하기 전 A사업장은 노사가 고용형태 등을 고려하여 노동위원회의 승인을 얻

141) 김유성, 『노동법』, 191쪽

142) 대판 2001다63599, 2004.2.12

143) 대판 2002다23185, 2004.5.14

어 교섭단위를 정규직 노조와 비정규직 노조로 분리하였는데 정규직은 현업직 200명 중 70명, 사무직 30명 중 20명 , 기술직 50명 중 28명 등 3개 노조 조직대상 280명의 근로자 중 118명이 가입한 3개 노조가 교섭창구를 단일화하여 이 가운데 118명 중 70명을 차지한 과반수인 현업직 노조가 교섭대표노동조합이 되어 3개 참여노동조합을 위해 한개 또는 수개의 단체협약을 체결하였을 경우는 118명의 조합원은 동종근로자 280명의 반수 이상에 해당하지 못하게 되어 단체협약은 일반적구속력이 적용될 수 없다.

다른 한편, 현업직과 경비직이 하나의 교섭단위로 사용자의 동의를 얻어 각각 개별교섭을 하고, 사무직 30명 중 20명 , 기술직 50명 중 28명이 가입한 2개 노조가 하나의 교섭단위로 결정되어 단체협약을 체결하였을 경우라면, 전체 동종근로자 80명 중 48명이 가입하여 반수 이상의 요건을 충족하게 되므로 규약상 조직대상에 해당하는 나머지 비조합원 32명에게도 일반적구속력이 적용되어 단체협약 중 규범적부분이 확장 적용될 수 있다. 다만, 이 경우 각각 다른 근로환경으로 인해 직종에 따라 근로조건이 다른 단체협약을 각각 체결할 수도 있는데, 직종별로 비조합원에 대해 해당 조합에 해당하는 규범적부분이 확대 적용된다고 이해하면 될 것이다.

(나) 개별교섭의 경우

개별교섭을 한 현업직은 동종근로자 200명 중 70명만 조합에 가입하였고, 경비직은 15명 중 5명만 가입하였으므로 각각 반수 이상에 해당하지 못하여 조직대상에 해당하는 비조합원은 일반적 구속력은 적용받을 수 없다.

(다) 교섭창구 단일화에 참여하지 않은 경우

현업직을 조직대상으로 하는 노조로서 근로자 200명 중 100명이 가입한 1노조와 70명이 가입한 2노조가 있다고 가정한다. 단체협약은 별도의 약정이 없는 한 협약체결당시 적용이 예상되는 자에게만 적용되는 것이 원칙이며 특히 협약 내용 중 채무적인 부분은 협약 당사자 사이에만 적용된다. 1노조와 2노조가 교섭창구 단일회과정에 참여하였고, 두 개의 조합이 모두 동일한 교섭단위 속에 있다고 가정한다면 전체 200명 근로자 가운데 반수 이상인 100명을 확보한 1노조가 교섭대표노조로서 체결한 단체협약이 2노조에게도 적용되는 것은 당연하다. 그러나 두 개 노조의 규약상 적용대상이 동일한 가운데 2노조가 교섭창구단일화에 참여하지 않았다면 그때도 1노조가 체결한 단체협약의 일반적구속력이 적용되는지 여부가 쟁점이다. 현행법에서는 하나의 사업 또는 사업장에 상시 사용되는 동종의 근로자 반수 이상이 하나의 단체협약의 적용을 받게 된 때에는 당해 사업 또는 사업장에 사용되는 다른 동종의 근로자에 대하여도 당해 단체협약이 적용된다고만 정하고 달리 제한을 두지 않고 있다.[144] 2노조가 단체협약을 가지고 있다면 근로조건의 유리불리를 불문하고 1노조의 단체협약은 2노조에게 확대 적용되지 않는 것이 원칙이다. 따라서 일반적구속력의 측면을 본다면 1노조의 단체협약 중 규범적부분은 2노조의 조합원을 제외한 동종의 근로자인 비조합원에게 확장 적용된다. 한편, 2노조가 기존의 단체협약을 가지고 있다면 그 단체협약의 유효기간까지는 협약의 효력이 지속될 것이고, 유효기간이 만료된 이후에도 채무적 부분은 소멸하지만, 근로조건 등 규범적 부분은 조합원의 근로조건으로 체화되어 사용자와 조합원인 근로자 사이를 규율할 것이다. 교섭창구 단일화시 공동교섭단 구성에 참여하지 못한 10% 미만의 소수 노조에게도 일반적구속력이 확장 적용될 수 있을 것이다. 다만, 이 경우 소수 노조는 아무런 노력없이 교섭창구 단일화에 참여하지 않아도 반수이상 노조가 체결한 단체협약의 규범적 효력의 혜택을 향유한다는 비판에 직면할 수 있다.

2) 일반적 구속력의 효과와 유리조건 우선원칙

이상과 같은 요건을 갖춘 단체협약은 쌍방 당사자의 신청 등이 없더라도 자동적으로 일반적 구속력이 적용되어 당해 사업 또는 사업장에 사용되는 다른 동종의 비조합원 근로자에 대하여도 당해 단체협약의 규범적부분이 확장 적용된다. 채무적부분은 협약당사자간의 권리 · 의무를 정한 것이므로 성질상 비조합원에게 적용될 수는 없다.

여기서 확장되는 단체협약의 효력이 확장 적용되는 비조합원 근로자의 근로조건보다 낮은 경우에도 그대로 규범적효력을 가지고 적용되는가 하는 것이

144) 노조법 제35조

의문이다. 사업장단위 효력확장제도는 소수근로자 보호를 목적으로 법이 특별히 인정된 제도로서 근로조건을 획일화하는 것이 목적이 아니기 때문에 확장적용되는 단체협약의 근로조건은 표준적 기준이 아니라 최저기준으로 적용된다.[145] 따라서 협약의 효력확장에는 유리조건 우선원칙이 적용되어 단체협약의 내용과 비조합원의 근로조건 중 보다 유리한 근로조건만이 적용된다. 복수노조 상황에서, 교섭창구 단일화 절차에 참여하지 않은 노조가 단체협약이 없거나 기존에 체결한 단체협약의 유효기간이 만료된 때는 과반수 노조가 체결한 단체협약의 규범적부분이 확장 적용되는데, 이때에도 단체협약이 없는 노조원의 취업규칙상의 근로조건과, 이미 유효기간 만료로 실효된 단체협약의 규범적부분으로서 개별 근로자의 근로조건으로 체화된 규범적 근로조건과 일반적 구속력에 의해 확장 적용되는 단체협약의 규범적 부분을 비교하여, 조합원 등 근로자에게 보다 유리한 근로조건을 적용한다. 다만, 일반적구속력과는 별개로 단체협약의 규범적효력 그 자체를 판단할 경우는 단체협약 보다 유리한 근로조건이 있더라도 조합원에게는 유리조건 우선원칙이 적용되지 않는다는 것이 다수설이다.

만약, 노사가 단체협약으로 특정 대상의 근로자에게는 노동조합의 가입자격을 주지 않거나 단체협약상 적용제외 규정을 두는 경우[146]가 있는데, 이때는 단체협약의 해당조항을 적용요건에 해당하는 동종의 비조합원 근로자에게만 확대적용 하여야 한다.[147] 판례와 학설의 다수설의 견해도 일치한다.

(1) 판례의 견해

판례에 따르면, 일반적 구속력의 적용을 받게 되는 동종의 근로자라 함은, 당해 단체협약의 규정에 의하여 그 “협약의 적용이 예상되는 자”를 가리키며, 단체협약의 규정에 의하여 조합원의 자격이 없는 자는 단체협약의 적용이 예

145) 김유성, 『노동법』, 193쪽

146) (예) 3년 근속 이상인 기술직근로자에게만 생산장려수당을 지급하고 사무직 · 생산직근로자 모두와 3년 미만인 기술직 근로자에게는 지급하지 않는 경우

147) (예) 고압위험직종 종사자에게 지급하는 수당, 5년 이상 근속자에게만 지급하는 수당 등, 조합원 일부에게만 적용되는 것으로 한정한 경우에는, 확대 적용되는 비조합원 중 그 요건에 해당하는 자에게만 확대적용 하는 것을 말한다.

상된다고 할 수 없어 확장적용을 받지 아니한다는 견해이다.[148)]

(2) 학설의 견해

판례와 입장을 같이하는 견해에 따르면,[149)] "단체협약을 적용받는 자와 동종의 근로자"는 단체협약을 적용받는 자의 범위에 따라 당연히 달라진다고 보아서, 단체협약의 적용대상자가 노동조합의 조합원 전체인 경우에는 이들과 동종의 근로자는 결국 "노동조합 규약 상 조합원자격을 가지는 근로자"로 한정된다. 그러나 단체협약의 적용대상자가 특정 요건에 해당하는 자로 한정된 경우(즉, 조합원 중에서 위험직종 종사자나 3년 이상 근속자인 경우)에는 조합원자격을 가지는 확대적용대상 비조합 근로자 중에서 그 요건에 해당하는 자가 "동종의 근로자"로 된다. 노조법 제2조제4호 각목 등 노조법에 정한 바에 따라 조합원 자격이 없는 자는 "동종의 근로자"에 포함되지 않는다.

일부 다른 견해에 의하면, 소수근로자를 보호하기 위해서는 단체협약으로 특정 대상의 근로자에게는 노동조합의 가입자격을 주지 않거나 단체협약상 적용제외 규정을 두는 경우에도, 법으로[150)] 정한 동종의 근로자에서 제외할 수는 없으므로 일반적 구속력이 적용되어야 한다는 입장이다. 이를 테면, 조직대상은 정규직 생산직 근로자로 한정하지만, 임시직 · 기간제 근로자라도 직무의 특성 등을 감안할 때 실질적으로 생산직근로자와 동종의 근로자로 판단되는 자는 비록 단체협약의 조직대상에는 포함되지 않지만 소수근로자 보호를 위해

---

148) 대판 2001두10264, 2003.12.26. 노조법 제35조의 규정에 따라 단체협약의 일반적 구속력으로서 그 적용을 받게 되는 '동종의 근로자'라 함은 당해 단체협약의 규정에 의하여 그 협약의 적용이 예상되는 자를 가리키며, 단체협약의 규정에 의하여 조합원의 자격이 없는 자는 단체협약의 적용이 예상된다고 할 수 없어 단체협약의 적용을 받지 아니한다(대판 96다13415, 1997.10.28 ; 대판 99두6927, 1999.12.10 ; 대판 2002다23611, 2003.6.27 참조). 이 사건 징계해고 당시 원고들은 단체협약 제6조에 규정된 조합원의 범위에 해당되지 아니하여 단체협약의 규정에 따른 조합원의 자격이 없는 자이므로 단체협약의 적용이 예상된다고 할 수 없어 법 제35조에 따라 단체협약의 일반적 구속력을 받는 동종의 근로자라고 할 수도 없다(뿐만 아니라 참가인 회사 노동조합의 조합원은 원고들이 징계 해고될 당시 상시고용인원 중 반수에 미치지 못하였다)고 한 원심 판단은 정당하고, 거기에 상고이유에서 주장하는 바와 같은 단체협약의 일반적 구속력에 관한 법리오해의 위법이 없다(대판 2001다5142, 2004.1.29).

149) 임종률, 『노동법』, 161쪽

150) 노조법 제35조

확대적용되어야 한다는 견해가 있다.[151)]

일응 판단과 적용의 간편함은 있겠으나 단지 소수근로자 보호목적만 고려하여 단체협약의 적용이 예상되지 않은 자에게 규범적효력을 확대시키는 것은 지나친 비약이라고 본다.

3) 일반적 구속력의 소멸

단체협약의 효력이 발생된 이후에 신입사원의 채용으로 전체 근로자수의 분모가 늘어나거나 조합원탈퇴 등으로 분자가 줄어들어 반수 이상의 근로자 요건을 충족하지 못하거나 단체협약의 유효기간이 만료되면 그 시점부터 일반적구속력의 효력은 자동적으로 소멸한다. 노조법 제35조에서 정한 요건은 단체협약의 일반적구속력의 성립요건이자 동시에 존속요건이기 때문이다. 사업장단위 일반적 구속력의 규정은 주로 비조합원의 이익을 위하여 설정된 것이므로, 노동조합과 사용자가 협약을 통해 일반적 구속력을 갖추고 단체협약의 규범적 부분을 비조합원에게 적용하지 않는다는 특약을 맺더라도 그것은 무효가 된다.[152)]

나. 지역단위의 구속력

노조법 제36조에 의하면, 하나의 지역에 있어서 종업하는 동종의 근로자 3분의 2 이상이 하나의 단체협약의 적용을 받게 된 때에는 행정관청은 당해 단체협약의 당사자의 쌍방 또는 일방의 신청에 의하거나 그 직권으로 노동위원회의 의결을 얻어 당해 지역에서 종업하는 다른 동종의 근로자와 그 사용자에 대하여도 당해 단체협약을 적용한다는 결정을 할 수 있고, 행정관청이 이러한 결정을 한 때에는 지체없이 이를 공고하여야 한다고 정하고 있다.

지역단위 효력확장제도는 일정한 지역에서 지배적인 단체협약을 협약 당사자의 구성원이 아닌 자에 대하여 확대 적용하는 제도로서, 입법취지는 일정한 지역에서 지배적인 의의를 가지는 단체협약상의 기준을 그 지역의 동종 근로자를 위한 최저기준으로 함으로써 보다 낮은 근로조건으로 고용하려는 사용자

151) 김유성, 『노동법』, 192쪽
152) 임종률, 『노동법』, 160쪽

의 의도를 저지하고 단체협약의 사회적 실효성과 노동조합의 조직력을 확보하며, 사용자간 공정한 경쟁의 촉진하는 등 일련의 기능을 토대로 근로조건을 둘러싼 불필요한 사회적 분쟁을 방지한다.

구체적 사안에 따라 약간씩 다르겠지만, 행정구역, 경제생활권, 관습, 노사관계 등을 종합적으로 판단할 때 동일한 생활여건에 있는 지역 즉, "하나의 지역"에 있어서 종업하는 동종의 근로자 3분의 2 이상이 하나의 단체협약의 적용을 받게 된 때에는 행정관청은 당해 단체협약의 당사자의 쌍방 또는 일방의 신청에 의하거나 그 직권으로 노동위원회의 의결을 얻어 당해 지역에서 종업하는 다른 동종의 근로자와 그 사용자에 대하여도 당해 단체협약의 규범적부분의 효력을 확대 적용한다는 결정을 할 수 있다. 이것을 지역적 구속력이라고 한다. 다만, 지역적 구속력을 적용받고자 하는 사업(장)의 노사 당사자는 원칙적으로 신청권이 없다. 행정관청이 지역단위 효력확장 결정을 한 때에는 지체없이 이를 공고하여야 한다.[153] 공고는 효력발생 요건에 속하므로 공고하지 않으면 지역적구속력의 법적인 효력이 발생하지 않는다. 지역적 구속력의 효력은 공고일로부터 발생한다.[154] 행정관청은 지역적 구속력을 결정한 때는 확장 적용할 단체협약의 당사자인 노동조합과 사용자 또는 사용자단체에게 통보한다.이 경우 지역단위 구속력의 결정 여부 및 내용은 전적으로 행정관청의 권한과 책임이기 때문에 노동위원회는 당부만 의결하면 족하고 내용을 수정할 수는 없다.

"하나의 지역"을 판단할 경우 기준은 행정관청의 합리적 재량에 맡겨진다. 따라서 근로조건 · 노사관계 · 경제적 기초의 유사성이 있어 지역단위 일반적 구속력을 적용할 만한 가치가 인정되는 지역인지를 판단하여야 하고, 그 결정은 반드시 행정구역과 일치할 필요는 없다. 예를 들면, ㅇㅇ광역시 시내버스 운송조합과 자동차노련 ㅇㅇ광역시 지부가 맺은 단체협약이 지역적구속력

153) 노조법 제36조제2항, 당해 단체협약의 당사자 쌍방 또는 일방의 신청 또는 행정관청의 직권에 의해 지역단위 효력확장 신청 → 노동위원회 의결요청 → 노동위원회 의결 → 행정관청의 결정 → 지역단위 효력확장 결정공고 및 노동조합 또는 사용자(사용자단체)에 통보

154) 노조 01254- , 1991.5.8

확장 요건에 해당할 경우, ○○광역시 시내버스의 운영실태와 운행구역, 이용자, 시내버스 운송조합과 회원사 그리고 노동조합과의 노사관계 등을 중심으로 ○○광역시장이 지역적구속력을 확대 적용할 것인가를 합리적인 재량을 바탕으로 종합적으로 판단한다.

사업장 단위의 일반적 구속력이 기업별노조에 해당하는 것이라면, 지역적 구속력은 직종별 · 지역별 · 산업별 노동조합을 염두에 둔 제도로서 주로 독일, 벨기에, 프랑스 등에서 주로 활용한다. 우리나라의 경우 지역을 중심으로 한다.

1) 하나의 지역에 있어서 종업하는 동종의 근로자

하나의 지역에서 종업(從業)하는 동종의 근로자라 함은, 단체협약의 적용을 받는 근로자와 작업내용이나 형태가 동일하거나 유사한 직종의 근로자를 의미하며, 적용대상의 동일성을 기준으로 한다. 따라서 단체협약의 적용범위가 특정되지 않은 경우 또는 협약조항이 모든 직종에 걸쳐 공통적으로 적용되는 경우는 직종의 구분 없이 사업장내의 모든 근로자가 동종의 근로자에 해당한다.[155)]

2) 하나의 단체협약

하나의 단체협약은 일반적으로 기업별 교섭을 통하여 체결된 단체협약이 아니라 당해 지역에서 집단교섭 또는 산업별 통일 교섭을 통하여 체결된 단체협약이 될 것이다. 그러나 지역단위 일반적 구속력 규정의 취지가 기업 간의 불공정한 경쟁을 방지하는 데 있기 때문에, 기업별 교섭이나 대각선 교섭을 통하여 체결된 복수의 단체협약이라도 그 내용이 동일한 경우에는 하나의 단체협약으로 보아야 한다고 생각한다.

다만, 하나의 지역에 있어서 종업하는 동종의 근로자 3분의 2 이상이 적용받는 하나의 단체협약으로, 당해 지역에서 종업하는 다른 동종의 근로자와 그 사용자에 대하여도 확대 적용할 단체협약은 그 내용이 하나로서 분명하지 않으면 아니된다. 따라서 산별노조 지부가 사용자단체와 단체협약을 체결하였고 그 조합원규모가 하나의 지역에서 종업하는 동종의 근로자 3분의 2 이상이

155) 대판 92누13189, 1992.12.22

적용을 받는다고 하더라도 ○○광역시 지부 산하 각 분회에서(○○광역시 버스노동조합지부 ○○여객 분회) 사용자와 노조가 각각 분회차원의 별도의 단체협약을 체결하여 각 분회의 단체협약이 각각 다르다면 결국은 하나의 지역에 있어서 종업하는 동종의 근로자 3분의 2 이상이 하나의 단체협약의 적용을 받는다고 할 수 없으므로 지역적구속력을 확대 적용할 수 없다.[156)]

3) 적용대상자와 효력

지역적 구속력은, 첫째, 확장 적용하기로 결정 공고한 지역 내에서 노동조합이 조직되지 않은 사업장의 근로자와 사용자,둘째, 노동조합이 조직 되어 있으나 유효한 단체협약을 체결하지 못한 사업장의 근로자와 사용자에게 단체협약의 근로조건 등 규범적부분이 확장 적용된다. 다만, 소수의 노동조합 즉, 동종의 근로자 3분의 2 이상이 하나의 단체협약의 적용을 받게 된 다수의 노동조합을 제외한 군소 노동조합이, 별도의 유효한 단체협약을 가지고 있는 경우에는, 그 단체협약 내용이 확장 적용하려는 단체협약보다 유리하든 불리하든 그 사업장의 근로자와 사용자에게는 지역적 구속력은 적용되지 않는다.[157)] 또 한셋째, 공고한 지역 내에서 노동조합이 조직되지 않은 사업장의 근로자와 사용자, 노동조합이 조직 되어 있으나 유효한 단체협약을 체결하지 못한 사업장의 근로자에게 적용되는 근로조건이 확장 적용될 단체협약의 근로조건보다 유리한 경우는 유리조건 우선원칙에 의거 지역적 구속력은 적용되지 않는다.

지역적 구속력 적용결정의 공고일 또는 공고에서 따로 정한 효력 발효일로부터 그 단체협약의 규범적부분의 효력은 당해 지역 각 사업장에서 종업하는 다른 동종의 근로자와 그 사용자에 대하여 적용된다. 확장 적용되는 단체협약이 기간만료 등으로 실효되거나, 하나의 지역에서 종업(從業)하는 동종의 근로자 3분의 2에 미달하는 등, 실체적 요건이 상실된 때에는 행정관청의 결정도 당연히 실효된다. 이 경우 근로조건에 관한 문제는 단체협약 실효 후의 근로조건에 준하여 처리하면 된다.

---

156) 대판 92도2247, 1993.12.21
157) 대판 92도2247, 1993.12.21

(1) 적용 사업장에서 새로운 단체협약 체결 가능성

지역적구속력을 적용받고 있는 사업장, 즉, 노동조합이 조직되어 있으나 유효한 단체협약을 체결하지 못한 사업장과 노동조합을 조직하지 못한 사업장의 근로자들이 유효한 단체협약을 갱신체결하거나, 기존의 근로조건 보다 나은 근로조건을 얻기 위하여 노동조합을 조직하고 단체교섭 및 단체행동을 하거나, 소속 사업장의 사용자와 새로운 근로조건으로 근로계약을 체결하는 것 그 자체를 금지하거나 제한할 수는 없다.[158]

(2) 임의로 적용을 거부할 수 있는지

법원은 지역적 구속력의 확대적용을 받는 사업장에서 근로자들에게 약정한 기존의 근로조건보다 확대적용 되는 유리한 조건을 적용하기가 어려워 확대적용결정 취소를 구하는 소송에서 이를 부인한 바 있다.[159]

10. 단체협약의 해석분쟁과 법위반 단체협약 시정명령

협약자치의 원칙상 단체협약의 해석은 1차적으로 협약 당사자에게 권한이 있다. 다만, 자율적인 갈등 조정이 실패할 경우 부득이 강행법으로 규제하는 것 이외에 달리 방법이 없다. 단체협약 규정의 해석을 둘러싼 다툼의 해결과 단체협약 중 위법한 내용이 있는 경우 처리방안에 대해서 살펴본다.

가. 단체협약 규정의 해석을 둘러싼 다툼

단체협약의 해석 또는 이행방법에 관하여 관계 당사자간에 의견의 불일치가 있는 경우에는, 궁극적으로는 민사소송(확인의소)에 의하여 해결되지만, 당사자 쌍방 또는 단체협약에 정하는 바에 의하여 어느 일방이 노동위원회에 당해 단체협약의 내용과 당사자의 의견을 기재한 서면으로 그 해석 또는 이행방법에 관한 견해의 제시를 요청할 수 있고, 이 경우 노동위원회는 그 날로부터 30일 이내에 명확한 견해를 제시하여야하며, 노동위원회가 제시한 해석 또는 이행

158) 대판 92도2247, 1993.12.21
159) 대구고판 95부94, 1995.3.16

방법에 관한 견해는 중재재정[160]과 동일한 효력을 가진다.[161]

관계당사자 또는 당사자는 단체협약의 당사자를 말하고 규범적 부분의 이해관계자인 근로자까지 포함하지 않는다. 당사자 쌍방의 합의 또는 단체협약에 정하는 바에 의하여 어느 일방이 견해제시를 요청할 수 있으므로 합의나 단체협약에 근거규정 없이 당사자 일방이 견해제시를 요청할 수는 없다. 노동위원회가 제시한 견해는 유권해석의 일종이지만, 중재재정과 동일한 효력을 가지므로, 당사자는 이에 따라야 한다. 노동위원회의 견해가 위법 또는 월권이라고 인정되는 경우에 한하여 당사자 일방은 견해서를 송달받은 날부터 10일 이내에 중앙노동위원회에 재심을 신청할 수 있다.[162] 위 기간은 불변기간(不變期間)이다.[163] 따라서 기간 내에 재심신청(再審申請)을 하지 않으면 확정되므로 견

160) 사전적 의미로 중재(arbitration, 仲裁)란, 분쟁 당사자의 합의에 따라 분쟁에 관한 판단을 법원이 아닌 제3자(중재인 또는 중재기관)에게 맡겨 그 판단에 복종함으로써 분쟁을 해결하는 방법을 말한다. 분쟁 당사자 사이에 제3자가 개입하여 화해를 붙인다는 점에서 조정과 큰 차이가 없으나 법률적으로는 명확하게 구별된다. 조정에서는 분쟁의 당사자가 제3자의 조정안을 승낙함으로써 당사자를 구속한다. 이에 대하여 중재에서는 제3자의 판단이 법적인 구속력을 가짐으로써 당사자는 이에 따라야 한다. 중재는 알선 · 조정의 경우와는 달리 노동자와 사용자 양측의 자주적 해결의 원칙과는 거리가 멀다. 노동쟁의에서 중재는 관계 당사자의 신청이 있을 때 그 절차가 개시되는 임의중재, 관계 당사자가 신청하지 않아도 중재절차가 개시되는 강제중재로 구분된다. 임의중재는 일반사업과 공익사업을 구별하지 않고 모두 적용되는 반면에 강제중재는 필수적인 공익사업에 한하여 적용된다(노조법 제62조). 일단 중재에 회부되면 그 날로부터 15일 동안은 쟁의행위를 할 수 없다(노조법 제63조). 노조법에 의거 확정된 중재재정은 단체협약과 동일한 효력(규범적 효력 등)을 가진다(노조법 제70조). 관계당사자는 중재재정이 위법이거나 월권에 의한 것이라고 인정되는 경우에 한하여 중앙노동위원회에 재심을 신청하거나 행정소송을 제기할 수 있다(노조법 제69조제1항 · 제2항). 이는 중재재정의 실질적 내용의 타당성을 다시 다투게 한다면 사실상 노동쟁의를 무제한 계속시키는 결과가 되기 때문에 이를 제한하기 위한 것이다. 중재재정은 그 자체에 법적구속력이 부여되는 것이므로 중앙노동위원회에의 재심신청이나 행정소송이 제기된다 하더라도 그 효력은 정지되지 아니하고(노조법 제70조제2항). 서면으로 작성되어야 하며 그 서면에는 효력발생기일을 명시하여야 한다(노조법 제68조제1항). 중재재정서는 관계당사자에게 지체없이 송달되어야 한다(노조령 제29조제1항).

161) 노조법 제34조, 단체협약의 해석 등에 관한 견해의 제시 요청서에 단체협약사본 1부, 견해제시 요청에 관해 당사자 쌍방이 합의한다는 취지의 서면 또는 단체협약에 그 내용이 기재된 경우는 그 사본 1부를 첨부하여 노동위원회에 제출하여야 한다. 노동위원회 규칙 제87조제2항 노동위원회는 당사자(노동조합, 사용자), 주문(단체협약의 해석이나 이행방법에 관한 견해의 구체적 내용)이유(인정사실과 법률상 근거 등) 등을 기재한 결정서를 당사자에게 교부한다.

162) 노동위원회법 제26조, 노동위원회규칙 제87조제3항

163) 사전적인 의미로만 판단하면, 법률에 그 길이가 정해져 있는 기간. 법원 또는 법관이 재량으로

해에 따라야 한다.

나. 단체협약 중 위법한 내용이 있는 경우

단체협약의 이행의무는 단체협약의 내용이 적법 · 유효함을 전제로 한다. 단체협약의 내용이 위법한 경우에는 그 부분은 아무런 효력을 발생하지 않는 것이 원칙이다. 다만, 그대로 방치해 두면 당사자가 이를 오인하고 이행하거나 이행토록 요구할 여지도 있다. 따라서 노조법은 이 점을 고려하여 단체협약 중 위법한 내용이 있는 경우에는 관할 행정관청이 노동위원회의 의결을 얻어 그 시정을 명할 수 있도록 규정하고 있다. 시정명령에 불이행할 경우 500만원 이하의 벌금에 처할 수 있다.[164)]

11. 단체협약의 종료와 효력상실

협약서, 협정서, 각서, 이행약정서 등 명칭에 불구하고 노동조합과 사용자가 근로조건 등 규범적부분과 협약당사자 사이의 권리 · 의무관계를 정하여 서면으로 서명 · 날인한 문서로서 본래의 협약서 뿐 아니라 본래 협약서 등과 별도로 작성하여 서명 · 날인한 임금 · 노동조합활동 등 특정 사안에 국한 된 협정서 등을 통틀어 단체협약이라고 한다. 단체협약은 유효기간의 만료, 취소사유에 따른 일방의 취소에 의한 종료, 장래를 향하여 이미 발생한 단체협약의 효력을 소멸시키는 해지, 일방의 위반에 대한 상대방의 해제 및 해지, 사업장의 소멸 · 노동조합의 해산과 합병 · 조직변경 등에 의해 실효되는 경우 등

정하는 재정기간과 대립되는 개념이다. 민사소송법상의 법정기간에는 불변기간과 통상기간이 있다. 불변기간은 조문 상 '…불변기간으로 한다.'는 규정이 있는 기간으로 주로 소송 종결의 재판에 대한 불복신청기간이며, 법원이 이를 임의로 연장하거나 축소할 수 없다. 다만, 부가기간을 정하거나 당사자가 책임질 수 없는 해태의 경우에 추후보완 할 수 있는 점에서 다른 기간과 다르다. 제소신청기간(제388조제4항), 항소기간(제396조제2항), 즉시항고기간(제444조제2항), 특별항고기간(제449조제3항), 재심제기기간(제456조제2항) 등이다. 통상기간은 불변기간이라는 명시가 없는 보통의 법정기간이며, 원칙적으로 법원이 직권으로 신축할 수 있는 기간이다. 예컨대 제척 · 기피 신청기간(제44조제2항), 소송행위의 추완기간(제173조), 상고이유서 제출기간(제427조) 등이다

164) 노조법 제31조

에 의해 효력을 상실하고, 단체협약상의 특정조항에서 정한 목적이 달성한 경우, 새로운 협약의 발효 등에 의거 각각 효력을 상실한다. 단체협약의 유효기간 만료, 단체협약의 소멸시 규범적부분의 효력은 어떻게 적용되는지 등이 실무상 쟁점이 된다.

가. 유효기간 만료

단체협약은 협약체결일 혹은 따로 효력발생일을 정한 경우는 그 날부터 기산하여 유효기간의 만료시까지 효력을 가진다. 다만, 기산일로부터 2년을 초과하는 유효기간을 정할 수 없다. 당사자가 유효기간을 정하지 아니한 경우 또는 2년의 기간을 초과하는 유효기간을 정한 경우에 그 유효기간은 2년으로 한다.[165] 유효기간이 너무 길면 경제적인 변화와 물가 등을 적절히 반영할 수 없고, 경제 · 사회적 환경이나 노사간 세력변화에 유연하게 대처하지 못하게 되어 노사관계 안정과 산업평화를 해칠 수 있으므로 최장유효기간을 제한하였다.[166] 당사자는 2년을 초과하지 않는 범위에서 유효기간(적용기간)을 자유로이 정할 수 있고, 효력발생시기를 협약체결 이전으로 소급할 수도 있다.

1) 단체협약이 없는 상태

단체협약은 유효기간이 만료되면 효력을 상실하고, 그때까지 새로운 단체협약이 체결되거나 기존 단체협약의 효력연장 · 본래 단체협약 체결시 별도의 의사표시가 없는 경우 자동갱신 된다는 조항을 미리 설정해 두든지 · 새로운 협약이 성립될 때까지 기존의 협약이 유효하다는 자동연장조항을 설정해 두지 않으면 단체협약이 없는 상태로 들어가게 된다.

판례에 의하면, 단체협약이 실효되면 조합활동 등 채무적부분은 당사자를 구속하는 효력을 상실하지만, 임금, 퇴직금이나 노동시간, 그 밖에 개별적인 노동조건에 관한 부분은 개별적인 근로자의 근로계약의 내용으로서 여전히 남아 있어 사용자와 근로자를 구속하게 된다.[167] 즉, 단체협약이 실효되었다

165) 노조법 제32조
166) 대판 92다27102, 1993.2.9
167) 대판 98다13747, 2000.6.9 ; 대판 2007다51758, 2007.12.27

고 하더라도 임금, 퇴직금이나 노동시간, 그 밖에 개별적인 노동조건에 관한 부분은 그 단체협약의 적용을 받고 있던 근로자의 근로계약의 내용이 되어 그것을 변경하는 새로운 단체협약, 취업규칙이 체결 · 작성되거나 또는 개별적인 근로자의 동의를 얻지 아니하는 한 개별적인 근로자의 근로계약의 내용으로서 여전히 남아 있어 사용자와 근로자를 규율하게 되는데, 단체협약 중 해고사유 및 해고의 절차에 관한 부분에 대하여도 이와 같은 법리가 그대로 적용된다.[168)]

2) 개별협정(보충협약 등)의 유효기간

임금협정 등 본 협약과 차이가 있는 개별협정도 2년 이내의 유효기간으로 제한된다. 개별협정이 본 협약과 일체를 이루는 경우는 본 협약과 유효기간을 같이 하지만, 본 협약과 별개인 경우는 그 자체가 별도의 단체협약으로 독립성을 가진다. 다만, 본 협정에 부수적인 것인지 혹은 독립적인지는 당사자의 의사와 개별협정 내용, 본 협약과의 관계 등을 종합적으로 검토하여 판단한다.[169)]

실무상 사용자와 산별노조위원장이 단체협약을 체결한 뒤, 이어서 사용자와 산별노조 지부장이 그 단체협약의 추가 부속합의서를 체결하는 경우가 있다. 이와 같은 경우, 지부장이 체결한 부속합의서의 효력이 있는지 여부가 의문이다.

노조법 제29조제1항의 규정에 의하면, 사용자나 사용자단체와 교섭하고 단체협약을 체결한 권한은 노동조합 대표자에게 있다. 따라서 동법 시행령 제7조의 규정에 의하여 설립신고증을 교부받지 않는 노동조합의 지부 · 분회 등은 노동조합의 내부조직에 불과하므로 노동조합의 대표자가 지부 · 분회장에게 교섭권을 위임하는 등 달리 볼 사정이 없는 한 지부 · 분회장은 교섭 및 단체협약을 체결할 권한이 없는 것이 원칙이다. 다만, 판례의 견해에 따르면, 근로조건의 결정권이 있는 사업 또는 사업장에 조직된 산업별 · 지역별 노조의 지

168) 대구지판 2012나61504, 2013.9.4
169) 김유성, 『노동법』, 199쪽

부 · 분회 등이 독자적인 규약과 집행기관을 가지고 독립된 조직체로서 활동을 하는 경우 당해 조직이나 그 조합원의 고유한 사항에 대하여 사용자와 아무런 다툼 없이 교섭하고 협약을 체결하였다면 그 효력을 부인하기 어렵다.[170)]

(1) 보충협약 결렬로 인한 쟁의행위

단체협약을 체결한 후 그 유효기간 중에 추가 협약을 체결할 필요가 있어서 노사가 보충협약을 교섭하다가 합의점을 찾지 못하여 결렬된 경우 쟁의행위로 나아갈 수 있는지 여부가 의문이다. 단체협약 유효기간 중에는 노사간 이미 단체협약으로 합의한 사항에 대해 이의 개폐 또는 변경을 목적으로 쟁의행위를 하여서는 아니 되는 평화의무가 있다. 따라서 이미 단체협약으로 합의한 사항에 대해 이의 개폐 또는 변경을 목적으로 쟁의행위를 하여서는 아니 되는 것이 원칙이다. 다만, 사정변경 등으로 인해 단체협약 등에 의해 노사간 보충협약 체결을 위한 교섭은 가능하다 할 것이나 이 경우에도 기존 단체협약의 평화의무가 훼손되지 않는 범위 내에서 인정되어야 한다. 따라서 보충협약 체결관련 교섭결렬이 노동쟁의 대상인지 여부는 보충협약을 체결해야 할 필요성 내지 상당성 즉, 경제적 · 사회적 여건의 변화 또는 법령의 개 · 폐 등으로 단체협약을 그대로 유지하는 것이 당사자 일방 또는 쌍방에게 현저하게 불이익하거나 타당성이 없는 경우 등 그 필요성의 존재여부에 따라 판단하여야 할 것이다.[171)]

나. 단체협약의 효력 연장

단체협약의 유효기간이 만료되는 때를 전후하여 당사자 쌍방이 새로운 단체협약을 체결하고자 교섭을 계속하였음에도 불구하고 새로운 협약이 체결되지 아니한 경우에는 별도의 약정이 있는 경우를 제외하고는 종전의 협약은 그 효력만료일부터 3월까지 계속 효력을 갖는다. 다만, 단체협약에 그 유효기간이 경과한 후에도 새로운 협약이 체결되지 아니한 때에는 새로운 협약이 체결될 때까지 종전 단체협약의 효력을 존속시킨다는 취지의 별도의 약정이 있는 경

170) 대판 2000도4299, 2001.2.23 참조
171) 협력 68140-323, 1998.8.31

우에는 그에 따르되, 당사자 일방은 해지하고자 하는 날의 6월전까지 상대방에게 통고함으로써 종전의 단체협약을 해지할 수 있다.[172)]

자동갱신조항이나 자동연장협정은 단체교섭이 없이 새로운 규범을 창출하는 예외적인 것이므로 반드시 기존 단체협약에 그 사항에 관한 노사의 합의가 명시되어 있어야 한다. 법은 단체협약의 효력을 지속시킬 수단에 관한 별도의 약정이 없는 상태에서, 유효기간 만료를 전후하여 당사자가 새로운 협약 체결을 위한 노력을 계속하여도 합의에 이르지 못한 무협약 상태를 피하기 위해 종전의 단체협약을 유효기간 만료일로부터 3월까지 계속 효력을 갖도록 정하고 있다. 유효기간 만료 전 약정에 의해 단체협약의 효력을 연장하거나 제32조에 의거 유효기간 만료 후 3월까지 연장되는 경우, 규범적부분과 채무적 부분 모두의 효력이 연장된다.

1) 자동연장조항

단체협약의 유효기간이 경과한 후에도 새로운 단체협약이 체결되지 않는 경우에 대비하여 당초 단체협약 체결시 당사자가 합의하여 자동연장조항을 미리 정하는 경우, 새로운 단체협약 체결시까지 종전 단체협약의 효력을 자동으로 연장한다는 합의를 할 수가 있다.

새로운 단체협약을 체결하기 위한 단체교섭은 유효기간 만료시기를 전후하여 계속되어야 효력연장의 효과가 발생한다. 따라서 새로운 단체협약의 체결을 위한 교섭이 타결되지 않은 채 3월의 효력연장 기간이 만료하면 단체협약은 실효되고 무협약상태가 된다.

유효기간 만료 후 새로운 단체협약에 대한 합의가 3월을 경과하여 지연될 것에 대비하여 미리 "새로운 협정이 체결될 때까지"로 장래의 불확정 기한을 정하여 약정한 경우에도 그 효력이 인정된다.[173)] 이때 새로운 협정이 체결될 때까지 장래의 기한은 2년의 제한기간을 초과하여도 무방하다. 이 경우 자동연장 되고 있는 단체협약의 효력을 해지하고자 하는 경우는 당사자 일방이 해

172) 노조법 제32조제3항

173) 대판 98다13747, 2000.6.9

지하고자 하는 날의 6월전까지 상대방에게 통고함으로써 통고한 날로부터 6월이 지나면 종전의 단체협약을 해지할 수 있다.[174]

결국 자동연장조항을 둔 경우 새로운 단체협약이 체결되지 않으면 기존의 단체협약은 최소한 6월 이상 효력이 지속된다. 6월 미만의 예고기간을 제시하여 해지한 경우에는 해지 통고서의 도달 후 6월이 경과하여야 해지의 효과가 발생한다고 해석된다. 만약 당사자 쌍방이 합의하여 해지하고자 하는 경우는 굳이 6월전까지 통보할 필요 없이 해지하기로 합의한 날 해지의 효력이 발생한다. 자동연장 된 단체협약의 합의에 의한 해지는 효력만료일로부터 3월의 기간 내에서도 할 수 있다.[175]

2) 자동갱신조항

자동연장조항과 비슷한 것으로서 자동갱신조항(自動更新條項) 이 있다. 이것은 유효기간 만료 전의 일정기간까지 당사자 어느 일방에서도 단체협약의 변경을 주장하지 않는 경우 즉, 종전과 동일한 단체협약을 체결하기를 원하는 경우에는 그 단체협약을 계속 존속시킨다는 취지의 협정을 말한다.

"자동연장조항"이 유효기간만료를 전후하여 새로운 단체협약의 변경을 위한 노력을 하고 그 결과 교섭이 타결되지 않는 사태에 대처하여 새로운 협약이 체결될 때까지 효력을 존속시키려는 것인데 반하여, "자동갱신조항"은 당사자간에 단체협약 변경의사가 없는 경우에 대처하여 새로운 단체협약체결을 위한 교섭절차 없이 종전과 동일한 내용의 단체협약을 손쉬운 방법으로 체결하는 효과를 거두려는 것이다. 따라서 자동 갱신된 단체협약을 해지하고자 하는 경우는 노조법 제32조제3항 후단에 정한 해지하고자 하는 날의 6월전까지 상대방에게 통고하는 규정은 적용되지 아니 한다.

자동갱신협정의 효력에 관하여는 법으로 정한 바가 없다. 다만, 협약자치의 원칙상 종전과 같은 단체협약을 유지하려는 당사자간의 자유로운 합의를 무효라고 볼 수는 없다.[176] 자동갱신조항은 1회만 유효한 것이 아니라 반복적으로

174) 노조법 제32조제3항 후단
175) 노조 68107-17, 2001.1.4
176) 대판 92다27102, 1993.2.9

갱신할 수 있다. 다만, 자동 갱신된 단체협약의 유효기간은 노조법상 최장유효기간인 2년 이내로 제한된다고 보아야 한다.[177] 만일, 자동갱신 단체협약의 유효기간을 2년을 초과한 기간으로 한다면, 노동현장에서 외관상 평화로운 노사관계는 있겠지만, 근로조건의 고착화라는 폐단이 있을 수도 있기 때문이다.

3) 복수노조에서 자동연장 및 자동갱신조항의 효력

단수노조에서는 자동연장이나 자동갱신조항의 효력은 달리 문제될 것이 없을 것이다. 복수노조 관련 규정에 의하면, 하나의 사업 또는 사업장에서 조직형태에 관계없이 근로자가 설립하거나 가입한 노동조합이 2개 이상인 경우 교섭대표노동조합 또는 교섭대표기구를 정하여 교섭을 요구하여야 한다. 즉, 1사 1교섭을 원칙으로 한다.[178] 다만, 사용자가 자율적으로 교섭대표노동조합을 정할 수 있는 기한 내에[179] 사용자가 교섭창구단일화절차를 거치지 아니

---

177) 임종률, 『노동법』, 168쪽

178) 복수노조에서 교섭창구 단일화에 참여하지 않은 노조는 원칙적으로 단체교섭이 불가능하다. 노동조합이 그 간의 관행이나 위력을 무기로 개별교섭을 요구할 수는 있으나 사용자가 이를 거절할 경우 부당노동행위로 제소하거나 효과적인 대항수단이 없다. 결국 기존 노조가 교섭창구 단일화절차에 참여하지 않으면 교섭대표노조가 체결한 단체협약은 그 노조에게 적용되지 않으며, 기존 단체협약의 효력이 만료된 후에는 무협약상태가 된다.

179) 노조법 제29조, 제29조의2제1항 · 제2항, 노조령 제14조의2, 제14조의3, 제14조의4, 제14조의4, 제14조의5, 제14조의6, 단수노조 또는 복수의 노조가 있는 사업장의 노조는 단체협약이 있는 경우 그 유효기간 만료일 이전 3개월이 되는 날부터 사용자에게 교섭을 요구할 수 있다, 만약 복수의 노조가 있는 상황에서 단체협약이 2개 이상 있는 경우에는 먼저 도래하는 단체협약의 유효기간 만료일 이전 3개월이 되는 날부터 사용자에게 교섭을 요구할 수 있다. 사용자는 노동조합으로부터 교섭을 요구받은 때에는 그 요구받은 날부터 7일간 그 교섭을 요구한 노동조합의 명칭과 대표자 성명, 주된 사무소의 소재지, 교섭을 요구한 날 현재의 조합원 수를 공고한다(사용자가 교섭요구사실을 공고하지 않거나 사실과 다르게 공고한 경우 노동조합은 노동위원회에 시정을 요구할 수 있고 노동위원회는 그 요청받은 날로부터 10일 이내에 그에 관한 결정을 하여야 한다). 7일의 기간 동안 사용자와 교섭하려는 다른 노동조합은 서면으로 교섭을 요구하여야 한다. 사용자는 공고기간이 끝난 다음 날 교섭을 요구한 노동조합을 확정 통지하고 교섭을 요구한 노동조합의 명칭과 교섭을 요구한 날 현재의 조합원 수 등을 5일간 공고하여야 한다(조합은 공고내용이 제출한 내용과 다르거나 공고되지 않은 경우 이의신청을 할 수 있고 사용자는 신청내용이 타당한 경우 최초 5일의 공고기간이 끝난 날로부터 5일간 공고한다. 만약 사용자가 이의신청에 대해 공고하지 않은 경우는 최초 공고기간이 끝난 다음 날, 이의신청과 다르게 공고한 경우는 5일간의 공고가 끝난 날로부터 5일 이내에 노동위원회에 시정을 요청할 수 있고 노동위원회는 요청 받은 날로부터 10일 이내에 결정을 하여야 한다). 이와 같은 절차

하기로 동의한 경우에는 교섭창구단일화절차에 참여한 전체 노동조합은 개별교섭을 할 수 있도록 정하고 있다. 따라서 복수노조에서 교섭창구단일화제도가 교섭창구를 단일화를 강제하면서도 교섭대표노동조합을 자율적으로 정하는 기간 내에 사용자가 교섭창구단일화를 거치지 않도록 동의하는 경우에는 그 교섭단위 내의 전체 노동조합에 대해 교섭창구 단일화의무를 면제하고 있다.[180] 즉, 동일한 교섭단위 내의 하나의 조합에 대한 개별교섭 동의는 모든 노동조합에 대한 개별교섭으로 이어질 수 밖에 없다. 이와 같은 규정을 감안할 때 복수노조에서 단체협약의 자동연장과 자동갱신조항이 교섭창구 단일화와 신생노조의 교섭권보장에 문제가 없는지, 교섭창구 단일화 절창에 참여하지 않은 노조의 기존 단체협약 속에 자동갱신 또는 자동연장협정이 있는 경우 그 효력 등을 검토해 볼 필요가 있다.

(1) 교섭창구 단일화의 합헌성

헌재 결정[181]에 의하면, 노동조합에 대한 단체교섭권 보장은 반드시 모든 노동조합에게 각각 부여해야 하는 것이 아니라, 교섭대표노동조합이 사용자와 사이에 노사관계 안정과 적정 근로조건을 형성하는 기능을 충분히 담당할 수 있다면 교섭대표노동조합에게 단체교섭권을 인정하는 것이 노동3권 보장의 취지에 더욱 부합한다고 보았다. 교섭창구단일화제도는 복수노동조합과 사용자 사이의 교섭절차를 일원화하여 효율적이고 안정적인 교섭체계를 구축하는 한편, 조합원의 소속이 어느 노동조합이든지 관계없이 조합원의 근로조건을 통일하고자 하는 데 그 목적이 있는 제도로서 교섭창구 단일화를 통해 교섭에 임할 경우에는 그 효율성과 목적에 비춰볼 때 수단으로서 적절성이 있을 뿐 아니라, 비록 교섭대표노동조합이 되지 못한 소수노동조합의 헌법상 단체교섭권을 일응 제한하고 있지만, 소수노동조합도 교섭대표노동조합을 정하는 절차

를 거쳐 교섭을 요구한 노동조합으로 확정된 노동조합은 확정 또는 노동위원회로부터 결정 된 날로부터 14일 이내에 자율적으로 교섭대표노동조합을 정하여 교섭대표노동조합의 대표자, 교섭위원 등을 연명으로 서명 또는 날인하여 사용자에게 통지하여야한다.

180) 노조법 제29조의2

181) 헌재 2011헌마338, 2012.4.24

등을 통해 교섭절차에 참여하여 교섭대표노동조합이 사용자와 대등한 위치에서 교섭할 수 있게 하고 그 결과물을 함께 향유할 수 있는 주체가 되는 것이므로, 비록 교섭대표노동조합이 되지 못한 기간 동안 침해되는 소수노동조합의 단체교섭권은 일정기간 동안 한정적인 것이고, 향후 다수 조합원을 확보하여 직접 교섭당사자가 될 수 있는 가능성이 있으므로 그 침해 이익이 그렇게 크다고 보지 않았다.

이와 같이 현행 노조법은 조합의 헌법상 단체교섭권을 보장하되 복수의 노조가 병존하는 경우 야기될 수 있는 현실적인 문제, 즉, 복수의 노조가 각각 독자적인 교섭권을 행사하여 발생하는 노노갈등과 조합 간 상호질시와 반목갈등, 동일 사항에 대한 반복교섭으로 인한 비용증가와 비효율성, 복수의 단체협약으로 인한 노무관리의 어려움, 동일 또는 유사한 노무제공에도 불구하고 상이한 근로조건으로 인한 불합리성 등을 교섭창구단일화라는 제도적인 장치를 통해 효과적으로 제어하고 있는 것으로 본다.

결국, 노동조합의 단체교섭권은 원칙적으로 보장하되, 복수노조 상태에서 소수노조의 단체교섭권은 교섭창구단일화를 거쳐 교섭대표노동조합의 대표자를 통해 사실상 법률적인 위임 등 간접적인 방법으로 행사하는 것으로 볼 수 있다.

(2) 신생노조의 단체교섭권 보장과 자동갱신조항

만약, 신생노조(新生勞組)가 설립되어 기존 노조의 단체협약 유효기간 만료일 이전 3개월이 되기까지 기다리지 않고 그 이전부터 단체교섭을 요구할 경우 사용자가 신생노조의 개별 단체교섭요구를 들어줘야 하는지 또는 기존 노조의 단체협약의 유효기간 만료일 이전 3개월이 되는 날까지 무협약 상태로 기다렸다가 그 시점에 가서야 비로소 교섭창구단일화 절차에 참여할 수 있는지가 의문이다.

또한 자동갱신조항을 둔 기존노조가 교섭창구 단일화절차에 참여하지 않고 자동갱신의 효력을 주장하는 것이 가능한지도 의문이다.

먼저, 신생노조의 경우 노동조합으로 하여금 단체협약이 없는 상태에서 활동하도록 하는 것은 노동3권을 무력화시키는 것이다.[182] 그러나 교섭창구단일화 취지를 부정할 수는 없으므로 현행법이 허용하는 교섭시기까지 무협약 상태로 있다가 단일화절차에 참여할 수밖에 없다. 다만, 사용자는 이 기간 중 기존 노조에게 부여한 규범적부분의 효력을 신생 노조원에게도 적용하여 공백기동안 근로조건의 차등으로 인해 노노갈등의 소지를 차단하는 것이 바람직하다. 다음은 기존 노조의 단체협약 속에 자동갱신조항이 들어 있는 경우에 신생노조의 교섭요구 시기는 언제로 보아야 할 것인지도 의문이 아닐 수 없다. 자동갱신조항은 유효기간 만료 전의 일정기간까지 당사자 어느 일방에서도 단체협약의 변경을 주장하지 않는 경우 즉, 종전과 동일한 단체협약을 체결하기를 원하는 경우에는 그 단체협약을 계속 존속시킨다는 취지의 협정을 말한다. 노사가 정당한 절차를 거쳐 체결한 자동갱신조항 등 단체협약의 내용을 부정할 수는 없다.

기존 노조의 단체협약 속에 자동갱신조항을 정해 두었다면 그 협정은 당사자간에 단체협약 변경의사가 없는 경우에 대처하여 새로운 단체협약체결을 위한 교섭절차 없이 종전과 동일한 내용의 단체협약을 손쉬운 방법으로 체결하는 효과를 거두려는 것이다 다만, 자동갱신협정의 유효성만 앞세우면 사실상 현행법상 교섭창구 단일화제도가 무의미한 것이 될 수도 있으므로, 당사자 중 일방에게 단체협약을 변경할 의사가 없는 경우에는, 교섭창구단일화 절차를 거쳐 사용자가 개별교섭에 합의한 것으로 보는 것이 합리적일 것이다. 따라서 기존 노조가 단체협약의 유효기간 만료 3개월 전이 도래하였음에도 불구하고 자동갱신조항을 들어 신생노조가 제기한 교섭창구단일화 절차에 참여하지 않는 경우는 신생노조를 포함한 동일한 교섭단위 내의 복수의 노조는 모두 개별교섭을 할 수 있도록 허용하는 것이 법 규정의 공백을 실무적으로 보완하는

182) 교섭창구단일화제도는 복수의 노조가 각기 다른 단체협약을 체결하고 있는 경우를 상정한 제도로 단체협약의 유효기간 만료일 이전 3개월이 되는 날부터 교섭대표노동조합 또는 교섭대표기구를 정하여 교섭을 요구하도록 정하고 있다. 따라서 기존 노조의 단체협약의 유효기간 만료일 이전 3개월이 되기 이전에 설립신고 된 노동조합의 경우 단체협약의 유효기간 만료일 이전 3개월이 되는 날까지 무협약 상태로 기다렸다가 그 시점에 가서야 비로소 교섭창구단일화 절차에 참여할 수 있다고 해석다면 헌법상 단체교섭권 등을 심각하게 훼손하는 것이 될 수도 있다.

합리적인 조치일 것이다.

(3) 자동연장조항과 단체교섭권 보장

실무상 기존노조와 신생노조의 복수노조 상황에서 기존노조가 단체협약에 자동연장조항을 두는 경우가 있다. 자동연장조항은 유효기간만료 3개월 전부터 새로운 단체협약의 변경을 위한 노력을 하고 그 결과 유효기간 만료이후 3개월까지 교섭이 타결되지 않는 무협약 사태에 대처하여 새로운 협약이 체결될 때까지 기존 단협의 효력을 존속시키려는 것이다. 일방이 기존 단체협약을 해지하고 새로운 협약을 체결하고자 하는 경우, 해지하고자 하는 날의 6개월 전까지 상대방에게 통보를 하여 해지할 수는 있다. 이 경우 이미 교섭창구단일화를 위한 법률상 요건은 이미 갖춘 것이므로 신생노조는 기존 노조의 단체협약 유효기간 만료일 이전 3개월이 되는 날 이후부터 사용자에게 단체교섭을 요구하여 교섭창구단일화 절차를 거치거나 사용자의 동의를 얻어 개별교섭을 통해 각각 새로운 단체협약을 체결할 수 있다.

일부에서는[183] 복수노조 상황에서 자동연장조항을 정해 둔 특정 노동조합이 교섭창구단일화 절차에 참여하지 않더라도 그 단체협약의 효력은 새로운 단체협약이 체결 될 때까지 유효하게 연장된다고 하는 견해도 있다. 이 경우 새로운 단체협약이 체결될 때를 언제까지로 보고 그 효력을 연장할 수 있을 것인지 등 불안정한 계약상의 권리의무 관계를 두고 갈등이 유발되는 단점이 있다. 노조법이 복수의 노조는 반드시 교섭창구단일화 절차를 거쳐서 교섭대표노동조합을 정한 후 사용자에게 교섭을 요구할 수 있도록 정하고 있고, 예외적으로 사용자의 동의가 있는 경우에만 교섭단위 내의 모든 노동조합이 개별교섭을 할 수 있다. 따라서 자동연장조항을 정해 두었다고 해서 새로운 단체협약이 체결될 때까지 무한정 교섭창구단일화절차를 거치지 않아도 무방하다고 한다면, 동일 사업장 내에서 근로조건의 통일성을 기하고 교섭절차를 일원화하여 교섭비용 증가 등 비효율성을 제거하려는 법의 제정취지에도 부합하지 않고, 신생노조의 교십권을 심각하게 침해하는 것이 될 것이다. 따라서 기

183) 이종수 등 3인, 복수노조 100문100답, 96쪽

존 단협의 유효기간만료일 3개월 전에 교섭창구단일화 절차가 개시되면, 사용자가 개별교섭에 동의하여 기존 노조에게는 사실상 자동연장과 같은 효과를 거두는 한편, 신생 노조에게는 개별교섭권을 보장해 주는 것이 합리적일 것이다. 이와 같은 경우는 기존 2개 이상의 복수노조 상황에서 어느 한 노조가 기존의 단체협약에 자동연장조항을 둔 경우에도 같은 맥락으로 판단을 할 수 있을 것이다.

다. 단체협약의 취소 · 해지

단체협약은 당사자의 합의와 유효기간 만료, 협약당사자의 변경 등으로 소멸할 수 있다. 단체협약 속에 자동연장조항이나 자동갱신조항이 없는 가운데, 단체협약의 유효기간 만료를 전후하여 다음 협약의 체결을 위한 교섭을 시작하지 않으면 유효기간 만료로 소멸하는 것이 원칙이다. 다만, 유효기간 만료를 전후하여 차기 단체협약 체결을 위한 교섭을 시작하였을 경우는 유효기간 만료일로부터 3월까지 종전 단체협약의 효력이 지속되어 시간을 두고 차기 협약체결을 위한 노력을 할 수 있고, 유효기간 만료 전 혹은 만료일로부터 3월 사이에 자동연장협정이나 자동갱신협정을 체결하지 않으면 3월의 기간경과로 단체협약은 소멸하는 것이 원칙이다. 노조법은 위와 같이 제32조제3항에 정한 사유 이외에 단체협약의 해지 · 취소가 허용되는지에 관하여 별도로 규정하고 있지 않다. 단체협약도 민사상 계약의 일종으로 볼 수 있으므로 민법상 일반법리[184]에 따라 단체협약의 취소나 · 해지가 허용되는지 살펴보아야 한다.

---

184) 민법 제107조【진의 아닌 의사표시】① 의사표시는 표의자가 진의 아님을 알고한 것이라도 그 효력이 있다. 그러나 상대방이 표의자의 진의 아님을 알았거나 이를 알 수 있었을 경우에는 무효로 한다.
② 전항의 의사표시의 무효는 선의의 제삼자에게 대항하지 못한다.
민법 제108조【통정한 허위의 의사표시】① 상대방과 통정한 허위의 의사표시는 무효로 한다.
② 전항의 의사표시의 무효는 선의의 제삼자에게 대항하지 못한다.
민법 제109조【착오로 인한 의사표시】① 의사표시는 법률행위의 내용의 중요부분에 착오가 있는 때에는 취소할 수 있다. 그러나 그 착오가 표의자의 중대한 과실로 인한 때에는 취소하지 못한다.
② 전항의 의사표시의 취소는 선의의 제삼자에게 대항하지 못한다.
민법 제110조【사기, 강박에 의한 의사표시】① 사기나 강박에 의한 의사표시는 취소할 수 있다.

1) 단체협약의 취소

(1) 하자있는 의사표시로 인한 단체협약의 취소

단체협약은 당사자의 의사표시에 의해 성립되는 것이므로 협약의 중요부분에 착오가 있거나 사기 또는 강박에 의한 것인 경우에는 당사자의 일방의 의사표시에 의해 취소될 수 있다.[185] 따라서 민법의 총칙부분에서 의사표시에 관한 규정과 채권부분의 계약일반론에 따라 취소와 해지의 요건 등을 판단할 수밖에 없다. 민법의 의사표시에 관한 규정에 따라 비진의(非眞意)의사표시나 통정허위(通情虛僞)의사표시에 의하여 성립한 단체협약은 무효가 되고,[186] 협약내용의 중요부분에 착오가 있거나 사기(詐欺) · 강박(强迫)에 의한 것인 경우[187]에는 당사자 일방의 의사표시에 의하여 취소될 수 있다. 그러나 단체협약의 성격과 노사관계의 대립구조상 교섭안에 대한 대립의 강도나 합의점에서 양보정도의 차이만 있을 뿐이지, 속마음과 다르게 의사표시를 하거나 노사가 담합하여 거짓내용으로 문언을 작성하고 서명 · 날인하는 경우는 드물 것이다.

문제가 되는 것은 착오나 사기 · 강박에 의한 의사표시로서 서명 · 날인하는 경우가 될 것이다. 특히 노동관계법에 익숙하지 않은 노사당사자가 강행법에 위반하거나 공서양속(public order and standards of decency)[188]에 반하는 내용인줄 모

---

② 상대방 있는 의사표시에 관하여 제삼자가 사기나 강박을 행한 경우에는 상대방이 그 사실을 알았거나 알 수 있었을 경우에 한하여 그 의사표시를 취소할 수 있다.
③ 전2항의 의사표시의 취소는 선의의 제삼자에게 대항하지 못한다.

185) 민법 제107조~제110조

186) 민법 제107조, 제108조

187) 민법 제109조, 제110조

188) 공서양속(public order and standards of decency, 公序良俗) ; 사전적 의미로서 공공의 질서와 선량한 풍속' 의 줄인 말로, '선량한 풍속' 또는 '사회질서' 를 뜻하는 말이다. 사회적 타당성 또는 사회성이라고도 한다. 사회의 일반적 도덕관념, 즉, 모든 국민이 지켜야 할 최소한의 도덕률을 뜻하고, '사회질서' 란 국가 · 사회의 공공적 질서 내지 일반적 이익을 뜻한다.
공서양속은 공공복리를 지향하는 현대민법에 있어서 지도원리의 하나가 되었다. 민법은 법률행위 자유의 원칙에 따라 사법상의 법률관계 형성은 당사자의 자유에 맡기고 있지만, 선량한 풍속 및 기타 사회질서에 위반한 사항을 내용으로 하는 법률행위는 무효로 한다고 규정함으로써, 사회질서에 위배된 법률행위의 효력을 부인한다. 우리 민법은 '사히질서' 를 '선량한 풍속' 의 상위개념으로 사용하고 있다. 다만, 사회의 윤리관이나 질서관념은 시대와 장소에 따라 다

르고 단체협약의 내용으로 삼는 경우가 있다. 이를 테면, 기본적인 근로시간을 주 60시간으로 정하거나, 주 40시간제를 채택하지 않기로 합의하거나, 산전후휴가를 45일 이내에서 신청하는 경우에만 부여한다든지, 여자란 이유만으로 남자보다 시간급 통상임금의 10%를 낮게 책정하는 경우, 조합활동 시간을 전혀 부여하지 않거나 단체행동권을 행사하지 않기로 합의하는 경우 등 헌법상 기본권을 포기하는 약정을 하는 경우, 신설노조에 대해 절대로 단체협약을 체결하지 않는다는 약정, 개별근로자의 권리에 속한 임금 등을 개별근로자의 동의 없이 노동조합대표가 임의로 삭감하기로 합의한 경우, 강성노조의 강압과 폭압분위기 등에 휘말려 원하지 않는 협약안에 서명 · 날인한 경우 등이 문제가 될 것이다.

(2) 취소의 문제점 등

단체협약은 계속적인 채권관계인 근로관계에 적용되는 것이기 때문에 그 취소는 장래에 대해서만 효력을 미친다. 아울러 하자 있는 의사표시에 의한 단체협약의 취소에 있어서는 단체교섭과 단체협약의 특수성을 고려할 필요가 있으며, 특히 강박과 관련하여 단체교섭이나 쟁의행위가 그 성질상 어느 정도의 집단적 위력을 배경으로 하여 이루어지는 점을 고려하여 민법규정의 적용여부를 결정하여야 할 것이다. 유효기간 중이라도 당사자의 합의로 단체협약을 해지하는 것은 유효하지만, 상대방이 단체협약의 일부 조항을 위반 또는 불이행했다고 하여 단체협약 전체를 해지하는 것은 문제가 있을 것이다. 노사관계를 사실상 규범적으로 규율하고 있는 단체협약에 대하여 계약해지에 관한 이론을 무비판적으로 적용한다면 노사관계 전체의 안정이 중대하게 침해될 수 있기 때문이다.

를 뿐만 아니라, 부단히 변천하므로 그 내용이나 기준을 획일적으로 정할 수는 없다. 따라서, 공서양속 또는 선량한 풍속 및 기타 사회질서라는 표준은 추상적인 것이며, 그 구체적인 내용이나 기준은 개별적인 사건의 판결을 통하여 밝혀질 수밖에 없다. 어떤 법률행위가 사회질서 내지 공서양속에 위반된 경우, 그 효력이 인정되지 않으므로, 아직 이행하지 않은 때는 이행할 필요가 없으며, 이행하지 않더라도 소송을 통하여 이를 강제할 수 없다.

2) 단체협약의 해지

당사자간 단체협약으로 정한 사항 중 중대한 의무를 일방이 불이행한 경우와 사정변경 등으로 인하여 당사자가 그대로 그 계약에 구속받게 하는 것이 가혹하고 온당치 않다고 인정되어 신의칙에 반한다고 판단되는 때에는 그 계약을 해지할 수 있다. "취소"는 착오, 사기 · 강박 등 당초 협약체결시부터 있었던 하자로 인해 당사자 일방이 단체협약을 취소하는 것이지만, "해지(解止)"는 정당하게 성립한 단체협약이 중대한 의무불이행, 사정변경 등 사후적인 발생사유로 인해 장래를 향해 효력을 소멸시키는 것을 말한다. 유사한 용어로 "해제(解除)"는 일단 유효하게 성립한 계약의 효력을 소급적으로 소멸시키는 것을 말한다. 다만, 계속하여 권리 · 의무관계가 이어지는 단체협약의 특성상 노사관계안정을 위하여 취소, 해지, 해제 등의 효과는 장래를 향해서만 발생한다고 보아야 한다. 따라서 "해지"가 적합한 표현이라고 본다.

실무상, "단체협약의 유효기간이 만료되었음을 이유로 어느 일방이 기존 단체협약의 해지를 요구하여서는 아니된다"고 규정하여 단체협약의 일방 해지권의 행사를 금지하는 경우가 있다. 이처럼 단체협약 해지권을 제한하는 단체협약의 효력은 어떻게 볼 것인지가 의문이다. 단체협약은 유효기간 만료로 인하여 그 효력이 소멸하는 것이 원칙이다. 다만, 유효기간 만료를 전후하여 새로운 협약체결을 위한 교섭을 계속하였음에도 불구하고 새로운 협약이 체결되지 않은 경우에는 자동갱신조항 등 별도의 약정이 있는 경우를 제외하고는 종전 단체협약의 효력은 그 효력만료일로부터 3월까지 계속 효력을 갖는다. 아울러 노조법 제32조제3항 단서에 따라 단체협약에 그 유효기간이 경과한 후 새로운 단체협약이 체결될 때가지 종전 단체협약의 효력을 존속시킨다는 취지의 '자동연장조항' 규정이 있는 경우에는 그에 따르되, 당사자 일방은 해지하고자 하는 날의 6월전까지 상대방에게 통고함으로써 종전 단체협약을 해지할 수 있다고 정하고 있다. 이는 교섭당사자 어느 일방이 불리한 기존 협약에 장기간 구속됨을 방지하기 위하여 마련된 규정이다. 따라서 이와 같은 법 규정 취지에 반하여 해지권행사를 제한하는 약정을 하는 것은 강행법 위반으로서

그 효력을 인정받기 어렵다.[189]

(1) 중대한 의무 불이행으로 인한 해지

평화의무 위반 등, 상대방이 단체협약의 존립을 위태롭게 하여 존재의의를 상실 시킬만한 중대한 위반행위를 한 때에는 일방이 단체협약을 해지하여 무협약상태로 들어갈 수 있다. 다만, 해지는 중대한 사유가 있는 경우에 최후적 수단으로 행해져야 한다. 따라서 자신의 의무를 이행하지 않으면서 상대방의 불이행을 이유로 해지하는 것, 이를 테면, 단체협약상 근로조건을 이행하지 않으면서 시설관리권을 침해한 노동조합의 행위만 탓하는 경우와, 경미한 불이행을 이유로 노사관계의 안정을 현저히 저해하는 해지, 즉, 노동조합활동 문제로 협의 중 노조간부의 상급자 폭행 등 형사상 문제를 기화(a good opportunity)로 전체 단체협약을 해지하는 경우 등, 일체를 이루는 협약 규정 중 자신에게 불리한 규정만 해지하는 것 등은 권리남용으로서 허용되지 않는다. 중대한 이유에 의한 해지의 효력은 일정기간 통고 후 즉시 발생할 수 있다.[190]

(2) 사정변경으로 인한 해지

경제사회적 상황에 따라 민감하게 반응하는 단체협약의 특성상 협약의 전제가 된 기본적인 상황에 중대한 변화가 생긴 경우에는, 당사자가 그대로 그 계약에 구속받게 하는 것이 가혹하고 온당치 않다고 인정되므로 신의칙에 반한다고 보아야 한다. 이 경우 민법 제2조제1항에 근거하여, 당사자의 귀책사유에 해당하지 않으면서 계약당시 예상하지 않았고 할 수도 없었던 사정이 발생하여 당사자가 그대로 그 계약에 구속받게 하는 것이 가혹하고 온당치 않다고 인정되어 신의칙에 반한다고 인정될 때에는 그 계약을 해지할 수 있다는 "신의성실의 원칙"중 사정변경의 법리에 따라 협약당사자는 단체협약의 실효를

---

189) 노사관계법제과-1110, 2008.11.18 ; 노사관계법제과-606, 2008.10.2. 자동연장조항이 있는 단체협약의 일방해지 통보시점 : 협약의 유효기간이 2010.12.31까지이고 협약상 자동연장조항 규정이 있다면, 당사자 일방은 기존 협약이 만료되어 협약연장의 효력이 발생하는 2011.1.1 이후에 해지일로부터 6개월 전이 되는 날에 상대방에게 해지통고를 할 수 있다.

190) 김형배, 『노동법』, 792쪽

주장할 수 있다고 보아야 한다.[191] 다만, 사정변경은 신중하게 원용되어야 한다. 경제사정 악화, 경영수익 감소, 원자재비용 증가 등 경영상 일상적인 상황이나 감수해야 할 위험과 같은 것은 사정변경으로 볼 수 없다. 한편, 외환위기 경영악화, 기업의 도산위기 · 법정관리 진입 등은 사정변경의 원칙이 적용될 수 있다. 그러나 이러한 상황이 예기치 못하게 발생하였다고 하더라도 1차적으로 단체협약 내용의 변경조정을 시도하여 단체협약의 실효성을 제고할 수 있을 것이고, 해지권은 변경조정이 불가능하거나 적절치 못한 수단으로 전락할 경우 최후적 수단으로만 활용할 수 있을 것이다. 일방해지나 합의해지는 단체협약의 체결의 요식성과의 균형상 당사자 일방 또는 쌍방이 서명 날인한 서면으로 하여야 한다.

라. 협약당사자의 변경 · 소멸

협약당사자의 쌍방 또는 일방의 법적 지위가 변경되거나 소멸된 경우에 단체협약은 종료된다. 다만, 형식적으로 당사자 일방의 주체가 변경되고 그 실체는 그대로 남아 있어서 당사자의 실질적 동일성이 유지되는 경우에는 단체협약이 종료되지 않는다. 노조법에 의하면, 합병 · 분할 · 해산에 관하여 총회 또는 대의원회의 의결사항으로 정하여 재적조합원 과반수의 출석과 출석조합원 3분의2 이상의 찬성으로 특별결의를 얻도록 정하고, 합병 또는 분할로 소멸한 경우를 노동조합의 해산사유로 정하고 있다.[192] 노동조합이 해산한 경우 단체협약은 소멸하지만, 이미 개별근로자의 근로조건으로 화체된 근로관계에 관한 약정은 소멸하지 않는 등 구체적 상황에 따라 다를 수 있다. 상법 등 관련법을 중심으로 판단해 본다.

1) 사용자측

사용자측이 회사인 경우 단체협약은 회사의 해산 · 조직변경 · 합병 · 사업양도 · 개인사업주의 사망에 의하여 당연히 종료되지는 않는다. ① 회사가 "해

191) 다수설, 곽윤직, 이원영, 백태승 등
192) 노조법 제16조제2항, 제26조제1항제2호

산(解散)"한 때에는 청산(清算)[193]의 종결시점 또는 청산절차 중에 전체 근로자를 해고함으로써 단체협약은 효력을 상실한다. ② 합명회사에서 합자회사로, 유한회사에서 주식회사로 회사의 "조직이 변경"된 경우에는 인적 · 물적 요소의 유기적인 조직체인 회사의 동일성이 인정되는 한 단체협약은 그대로 존속한다. ③ "합병(合併)"의 경우에는 피합병회사 자체는 소멸하나 그 회사의 권리 · 의무관계는 포괄적으로 합병회사에 승계되기 때문에 단체협약은 합병회사와의 사이에 그대로 존속한다. 상법 제235조에 의하면, 합병 후 존속 · 신설하는 회사는 합병으로 소멸하는 회사의 권리 · 의무를 포괄적으로 승계한다고 정하고 있다. ④ "사업양도의 경우에는, 사업의 동일성이 인정되는 한 단체협약은 그대로 존속한다고 보아야 한다는 것이 다수설의 입장이다. 판례에 의하면, 일정한 영업목적에 의하여 조직화된 총체 즉, 인적 · 물적 조직을 그 동일성을 유지하면서 일체로서 이전하는 것이 영업양도이므로, 특별한 사정이 없는 한 양도기업의 노동조합과 사용자 간에 체결된 단체협약은 양수기업에 잠정적으로 승계되어 존속하는 것으로 보아야 한다.[194] 다만, 전부양도의 경우에 규범

---

193) 청산(liquidation , 清算) : 회사 등의 법인 · 조합이 해산(解散)에 의하여 모든 법률관계를 종료시키고 그 재산관계를 정리하여 이를 분배함을 목적으로 하는 절차이다. (1) 영리법인이 아닌 경우는, 청산절차에 들어가면 청산인(清算人)이 이사에 갈음하여 임무를 집행하여 현존사무를 종결하고, 채권의 추심과 채무의 변제를 한다. 청산 중에 법인의 재산보다 채무가 많은 것이 분명하게 된 때에는, 청산인은 파산선고를 신청하고 재산을 정리하여 잔여재산이 있으면 그것을 일정한 귀속권리자에게 인도한다. 귀속권리자가 없는 때에는 국고에 귀속한다. 청산이 종결하면 청산인은 이를 등기하고 주무관청에 신고하여야 한다. (2) 영리법인인 회사의 경우는, 합병의 경우를 제외하고 해산으로 말미암아 곧 회사가 소멸하는 것이 아니라, 기존의 법률관계의 결말을 지을 때까지 존속한다. 이 결말을 짓기 위한 절차를 청산이라 하며, 이 청산 중의 회사는 해산 전의 회사와 동일한 인격을 지속하고, 오로지 청산이라는 목적의 범위 내에서 존속하게 된다. 따라서 사원의 출자의무와 책임 등은 그대로 존속하지만, 영업을 전제로 하는 여러 제도는 적용되지 않는다. 회사의 청산방법에는 임의청산과 법정청산이 있다. 전자는 정관 또는 총사원의 동의로써 자유로이 정한 방법에 따라서 하는 청산으로, 합명회사와 합자회사에만 인정한다(상법 제247조 · 제269조). 후자는 법이 정하는 방법에 따라서 하는 청산으로, 모든 종류의 회사에 적용되는 규정이 있다(상법 제250조～제265조 · 제269조 · 제531조～제542조 · 제612조 · 제613조). (3) 민법상 조합의 경우는, 해산된 경우의 조합재산 정리라는 의미에서 청산이라는 관념을 인정한다(민법 제721조～제724조).

194) 대판 88누4508, 1989.5.23

적 부분은 양수기업의 근로계약 내용이 되어 그대로 이전하지만 채무적 부분까지 승계되느냐에 관해서는 견해가 엇갈린다. 노동조합과 사용자 사이의 권리 · 의무에 관한 사항인 채무적부분은 협약당사자의 동일성이 전제가 되어야 하는 만큼 채무적부분의 승계는 부정하는 것이 옳다. 다만, 채무적부분 중 평화의무와 조합활동조항 등은 효력을 상실하지만, 단체교섭 절차에 관한 조항은 새로운 협약체결을 위한 질서에 관한 사항으로 볼 수 있으므로 그대로 효력을 가진다고 보는 것이 옳다.[195] 실무상 양도사업장 노조와 양수사업주가 협의를 통해 기존 단체협약 중 채무적부분의 승계여부를 결정하는 것이 바람직하다. 일부양도의 경우에는 단체협약의 채무적부분은 제외하고 규범적부분만 근로계약의 내용이 되어 양수기업에 승계된다. 개인기업의 경우 사용자가 사망하더라도 상속인이 사업주의 권리의무를 포괄적으로 승계하여 그 사업을 계속 유지하는 한 단체협약은 존속한다. 사용자단체가 해산한 경우에는 개별 사업장이 사용자단체에 위임하여 체결된 단체협약은 회사의 단체협약으로서 유효하게 성립되었다고 할 것이므로 사용자단체가 해산된 이후에도 특별한 사정이 없는 한, 그 유효기간 동안 계속 효력을 가진다.[196]

2) 노동조합측

해산 · 합병 · 분할 기타 조직형태 변경 등은 노동조합측의 변경 · 소멸사유에 해당한다. 다만, 단체협약의 존속여부는 노동조합의 실질적 동일성 여부에 따라 결정된다. "합병 · 분할 또는 조직변경"으로 인하여 연합체가 단일조합으로 또는 단일조합이 연합체로 재조직되는 경우에도 조직상의 실질적 동일성이 인정되는 한 단체협약은 존속한다. 노동조합에서 상당수의 조합원들이 탈퇴하더라도 기존 노동조합의 실체가 존속하는 한 단체협약의 효력은 계속된다. 기업별노조가 산업별노조로 변경되거나 그 반대의 경우에도 새로운 단체협약이 체결되지 않는 한 기존의 단체협약은 유효기간 동안 효력을 가진다.

첫째, 조합이 해산(解散)되는 경우에는 청산종료시점에서 협약당사자의 실체

195) 김유성, 『노동법』, 206쪽
196) 노동조합과-1336, 2008.6.19

가 없어지기 때문에 단체협약은 효력을 상실한다. 해산 후 별개의 노동조합을 결성하더라도 해산된 노동조합이 체결한 단체협약은 승계되지 않는다. 그러나 조합이 형식적으로만 해산하고 그 실질에 있어서 단순히 명의만을 변경한 경우라면 단체로서의 동일성이 계속되는 한 단체협약은 실효하지 않는다고 보아야 할 것이다.

둘째, 합병(合併)의 경우, 상법에 의하면, 합병 후 존속한 회사 또는 합병으로 인하여 설립된 회사는 합병으로 인하여 소멸된 회사의 권리의무를 승계한다.[197] 노동조합은 총회 또는 대의원회의 결의를 통해 다른 노동조합과 합병을 결의하고, 그 결의에 따라 새로운 노동조합을 설립(A+B=K로 신설합병)하거나 다른 노조에 편입한다(A+B=B로 흡수합병). 이 경우 합병노조는 기존 노조와 조직적인 동일성을 유지하므로 통합 전에 체결된 단체협약은 합병노조에 승계되어 효력을 가진다.

셋째, 분할(分割)의 경우, 상법에 의하면, 분할 또는 분할합병의 효과로서, 분할 또는 분할합병으로 인하여 설립되는 회사 또는 존속하는 회사는 분할하는 회사의 권리와 의무를 분할계획서 또는 분할합병계약서가 정하는 바에 따라서 승계한다.[198] 분할은 하나의 회사가 수개로 나눠져 새로운 수개 회사를 설립하는 것, 하나의 회사가 분할되어 수개의 존립중인 회사로 분산 합병되는 것, 하나의 회사가 분할되어 수개회사로 설립 되거나 수개의 회사에 합병되는 경우로 나눠지고, 분할 된 본래회사와 분할되어진 회사 사이에 자본의 감자, 새로 설립되거나 합병되는 회사에 대한 주식배정, 정관변경, 임원선출, 분할 후 발행주식 등 세부적인 사항이 따른다.[199]

다만, 이 과정에서 단체협약의 존속여부는 분할로 인하여 노동조합의 실질적인 동일성이 상실되었는가에 따라 단체협약의 존속여부가 결정된다. 분할에 의하여 기존 조합원은 개별적 의사와 무관하게 자동적으로 분할 후 편입회사의 조합원이 되거나 조합이 없는 경우 일반근로자로 남게 된다. 다만, 기존

197) 상법 제235조
198) 상법 제530조의10
199) 상법 제530조의2~제530조의5

노조는 그대로 존속하면서 일부 조합원들이 집단으로 탈퇴하여 별도의 노조를 결성하는 사실상의 분리는 분할로 볼 수 없다. 회사의 분할에 따라 조합원과 규약상 조직대상, 사용자측 단체협약의 당사자가 변경되므로 노동조합과 사용자가 체결한 단체협약은 실질적인 동일성을 유지하기가 어려워진다.

(1) 하나의 회사가 2개 이상으로 분할

하나의 회사가 2개 이상으로 분할 된 경우, 대체로 노동조합은 총회(대의원회)의 결의를 거쳐 2개 이상의 노조로 분할되고 조합원은 사업장 분할에 따라 나눠질 수밖에 없다. 이 경우 법인의 동일성을 유지한 상태로 사업장 단위로 노동조합이 분할 된 경우는 신설회사로 이전 된 조합원들이 참가한 상태에서 규약을 변경하여 1개 노조이면서 복수의 다수사업장에 노조원을 둔 노조로 존속하거나 자체 결의를 통해 노동조합을 2개 이상으로 분할 할 수도 있을 것이다.

단체협약 당사자의 변경이 없는 기존의 존속하는 노조는, 규약 및 관련 변경신고를 하여 조직대상 등을 바로 잡고, 사업장 분할로 당사자가 소멸되어 신설되는 노조는, 새로 조합을 설립하는 절차에 따라 규약제정 및 임원을 선출하여 설립신고를 하는 한편, 새로이 단체협약을 체결하여야 할 것이다. 이를테면, A노조의 노조원÷2개 사업장=A노조(A-1사업장 노조원, A-2사업장 노조원), A사업장÷2=기존노조원과 사용자가 실질적으로 동일한 A사업장, 노조원은 동일하나 사용자가 변경된 B사업장 형태로 나눠질 수도 있다.

이 경우 존속하는 사업장 노동조합은 실질적 동일성이 인정되므로 단체협약은 승계되지만, 분할로 신설되는 노조는 실질적 동일성을 인정하기 어려워 단체협약은 효력을 상실한다. 다만, 단체협약의 내용 중 규범적 부분은 개별근로계약의 내용으로 전환되어 계속 효력을 가진다.[200] 그러나 존속하는 사업장의 경우에도 구성원이나 조직범위 등에 있어서 동일성을 인정할 수 없을 정도로 현저히 변화된 경우는 조직적 동일성을 인정할 수 없으므로 실질적인 협약당사자의 지위를 상실하게 되어 단체협약은 종료된다고 보아야 한다.[201]

200) 노조 68107-704, 2002.8.26

201) 김유성, 『노동법』, 203쪽

(2) 사용자도 둘 이상으로 변경되고, 노동조합도 둘 이상으로 분할

사업장이 둘 이상으로 나눠지고 종전 법인이 해산되고, 새로이 법인이 설립되는 등 사용자도 둘 이상으로 변경되고, 노동조합도 둘 이상으로 분할된 경우에는 해산된 노동조합과 신설된 법인으로 고용이 이전된 노동조합 간의 조직적 동일성을 인정하기 어려우므로 기존 노동조합과 사용자간에 체결된 단체협약은 효력을 상실한다. 다만, 단체협약의 내용 중 규범적 부분은 개별근로계약의 내용으로 전환되어 새로이 단체협약이 체결되거나 근로계약 등의 내용을 새로이 정할 때까지는 계속 효력을 가진다.[202] 이를 테면, A÷2=A법인이 해산, B, C 2개 회사로 법인이 신설되고, 기존노조원이 B, C 2개 회사로 분산되어 고용관계가 인수된 경우가 될 것이다.

넷째, 조직형태 변경의 경우, 노동조합이 실질적인 동일성을 유지하면서 그 조직형태를 유효하게 변경하는 경우,[203] 변경 후의 노동조합이 변경 전 노동조합의 재산관계 및 변경 전 노동조합에 의하여 체결된 단체협약의 주체로서 지위를 승계하므로 유효기간 동안 효력을 가진다.[204]

마. 목적의 달성 및 신단체협약의 발효로 인한 효력소멸

단체협약은 본래의 목적달성 및 새로운 단체협약의 발효로 인해 효력이 소멸할 수 있다. 외환위기 대비 구조조정, 사업장 이전시 근로조건문제 등 단체협약에 일시적인 문제처리나 특정사항 종료시까지 잠정질서를 형성하기 위하여 정한 목적조항이 있다면 그 조항은 협약의 전제가 된 문제의 처리가 종료되면 목적달성에 의하여 실효된다. 단체협약을 운용 중, 경제적 · 사회적 여건변화에 부응하여 단체협약의 실효성을 높이기 위해, 노사 당사자는 단체협약의 만료 또는 실효 전이라 하더라도 기존 협약을 폐지하고 새로운 단체협약을 체결할 수도 있다. 이 경우 당사자가 기존 협약의 내용과 충돌되는 새로운 단체협약을 체결한 경우에는 기존의 협약은 새로운 협약의 발효와 동시에 실효된다.

---

202) 노조 68107-704, 2002.8.26

203) 산업별노조 분회→기업별노조, 기업별노조→산업별노조 등

204) 대판 95누4377, 1997.7.25

바. 단체협약 종료 후의 근로관계

1) 무협약 상태에 대비한 제도적 장치

단체협약은 유효기간의 만료, 당사자의 합의해지, 노동조합 해산, 법인의 경우 해산, 개인사업의 경우 사업폐지, 영업의 일부양도, 노동조합 분할 등에 의하여 그 효력을 상실한다. 일반적으로 노사 당사자는 기존 단체협약이 효력을 상실하기 전에 새로운 단체협약의 체결을 위한 교섭을 진행하여 신 협약을 체결하여 노사간 새로운 질서를 구축한다. 다만, 그렇지 못한 경우도 있을 수 있는데, 노조법 제32조제3항 전단은 "단체협약의 유효기간이 만료되는 때를 전후하여 당사자 쌍방이 새로운 단체협약을 체결하고자 단체교섭을 계속하였음에도 불구하고 새로운 단체협약이 체결되지 아니한 경우에는 별도의 약정이 있는 경우를 제외하고는 종전의 단체협약은 그 효력만료일부터 3월까지 계속 효력을 갖는다."라고 규정함으로써, 협약만료에 대비하여 새로운 단협 체결을 위한 노력을 했음에도 불구하고 체결이 지연되거나 실패하였을 경우, 단체협약 유효기간 만료 후 3개월까지는 구 단체협약의 모든 효력 즉, 규범적 부분뿐 아니라 채무적 부분 등의 효력이 소멸하지 않고 존속한다. 다만, 당사자는 교섭기간의 장기화 등에 대비하여 사전에 단체협약으로 자동연장조항을 두고 충분한 교섭기간을 거쳐 협약을 체결하는 경우도 있고, 자동갱신조항을 두어 일방이 새로운 협약체결을 위해 교섭을 요구하지 않으면 종전 단체협약의 효력을 그 유효기간만큼 자동으로 갱신하는 조항을 두기도 하지만 그렇지 않은 경우, 3개월의 기간이 만료되었음에도 불구하고 새로운 단체협약이 체결되지 않았을 때에는 무협약 상태가 발생한다. 이때 단체협약에 의하여 규율 되었던 근로조건 기타 근로자의 대우에 관한 근로관계의 내용은 어떻게 처리되어야 할 것인가 하는 것이 문제이다.

2) 규범적 부분의 효력 존속

단체협약이 기간만료 등으로 실효하여 무협약상태가 되면 조합활동 등 채무적 부분에 의하여 발생한 협약당사자의 권리의무가 소멸된다는 점에는 이의가 없다. 문제는 그 동안 규범적 부분으로 규율하여 온 근로조건은 어떻게 되는

가에 있다. 즉, 단체협약상의 근로조건은 단체협약의 실효 후에도 효력을 가지는지, 또는 규범적효력에 따라 단체협약상의 근로조건에 위반하여 무효로 되었던 근로계약상의 근로조건이 단체협약이 실효됨으로서 되살아나 자동적으로 효력을 발생하는가가 문제된다.

(1) 여후효(餘後效)

독일의 단체협약법에 따르면, "단체협약상의 규범적 부분은 그 종료 후에도 새로운 단체협약, 사업장협정 또는 근로계약으로 대치될 때까지 계속 효력을 가진다"고 규정하고 있으며,[205] 이를 단체협약의 "여후효"(Nachwirkung)라 부른다. 따라서 단체협약상의 근로조건은 단체협약의 실효 후에도 새로운 단체협약이나 근로계약이 체결될 때까지는 효력을 유지하게 된다. 다만, 우리나라에서는 이점에 대한 명문의 규정은 없고 단체협약의 규범적 부분 자체가 실효·소멸되었기 때문에 그 존속을 전제로 하는 여후효는 인정되지 않지만, 단체협약상의 근로조건은 단체협약이 실효되기 전에 보충적 효력에 의하여 이미 근로계약 속으로 들어가 그 내용이 되어 있다고 볼 수 있으므로, 단체협약이 실효되더라도 그 단체협약에 근거하여 근로계약의 내용으로 되어 있는 근로조건은 새로운 단체협약이나 근로계약이 체결될 때까지는 효력을 가진다고 보아야 한다. 따라서 실질적으로는 여후효를 인정하는 것과 같다.

결론적으로, 단체협약이 실효되었다 하더라도 임금, 퇴직금이나 근로시간, 그밖에 개별적인 근로조건에 관한 부분은 그 단체협약의 적용을 받고 있던 근로자의 근로계약의 내용이 되어, 당사자가 그것을 변경하는 새로운 단체협약이나 취업규칙을 체결·작성하거나, 그것을 변경하기 위하여 개별적인 근로자의 동의를 얻지 아니하는 한 즉, 개별근로계약으로 변경 체결하거나, 근기법 제94조에 의거 취업규칙의 변경절차를 거치는 등 개별적인 근로자의 근로계약의 내용으로서 여전히 남아 있어서 사용자와 근로자를 규율한다. 노동조합으로부터 제명당한 근로자의 경우에도 근로자의 동의를 얻어 단체협약상의 근로조건을 변경하는 근로계약을 체결하여야 한다. 아울러, 단체협약의 유효

---

205) 독일 단체협약법 제4조제5항

기간의 만료 등으로 조합원에 대한 협약기준을 새로이 정할 경우에도 노동조합은 모든 조합원을 대표한 단체교섭권을 가지므로 사용자와 조합원의 개별적인 합의로써 규범적부분의 기준을 변경할 수는 없다.

3) 새로운 단체협약 체결을 위한 교섭과 쟁의

노동조합 해산, 법인해산, 개인사업의 경우 사업폐지, 영업의 일부양도, 노동조합 분할 등에 의하여 단체협약이 실효되고 없을 경우 사용자는 개별 근로자와 협의를 거쳐 근로관계 등 규범적부분의 내용을 변경할 수도 있다. 한편 단체협약의 유효기간 만료, 합의해지 등의 경우는 노동조합과 새로운 교섭을 통하여 집단적 근로관계를 규율할 새로운 단체협약을 체결할 수 있다. 교섭과정에서 협상이 결렬될 경우, 단체협약의 소멸로 인해 그 동안 지속되었던 평화의무가 없어졌기 때문에 당사자는 상대방의 수락을 촉구하고 교섭력을 강화하기 위하여 쟁의행위를 할 수도 있다. 일련의 절차를 거쳐 신단체협약이 성립하면 그 협약 내용에 따라 조합원 등에 대한 새로운 근로계약관계를 규율하게 된다.

4) 확장효력을 적용받던 비조합원 등에 대한 적용

단체협약이 실효될 경우, 구 단체협약 시절에 일반적구속력 등을 적용받던 비조합원은 협약상의 근로조건 등 규범적 부분을 확대 적용받지 못하게 된다. 이 경우 사용자는 과거 협약상의 규범적 부분을 그대로 존중하든지 또는 개별 근로자와 협의를 통해 새로운 조건으로 근로계약을 체결할 수 있다. 일반적으로 취업규칙 변경절차를 활용할 수도 있는데 불이익변경의 경우 반드시 근로자 과반수의 동의를 얻어야 한다.[206)]

12. 단체협약 불이행

단체협약은 헌법과 노조법에 바탕을 둔 규범적 효력과 협약자치의 원칙상 민법의 계약형태에서 발생하는 채권 · 채무적 효력을 동시에 가지는 양면적 모습을 지니고 있다. 어느 경우에나 단체협약의 성실한 이행이 따르지 않으면 실정법위반으로 형사적 처벌을 받을 수도 있고, 민사상 손해배상 채무를 질

206) 근기법 제94조

수 있다. 다만, 협약의 내용상 규범적부분과 채무적부분의 불이행은 세부적인 면에서 구제수단과 처벌규정을 각각 달리하고 있다.

종전에는 위반내용에 관계없이 단체협약을 위반한 자에게는 일률적으로 처벌할 수 있도록 정했으나 죄형법정주의에 비춰볼 때 명확성의 원칙에 위배된다는 결정[207]이 있어서 2001.3.28 법 개정으로 단체협약 내용 중 중요사항을 열거하고 이를 위반할 경우에만 형사절차에 따라 처벌하도록 명확히 정하고 나머지 협약내용의 위반사항에 대해서는 당사자간 민사소송 등에 의하도록 하였다.

노조법[208]에 의하면, 단체협약 내용 중 소정사항 즉, 임금 · 복리후생비, 퇴직금에 관한 사항, 근로 및 휴게시간 · 휴일 · 휴가에 관한 사항, 징계 및 해고의 사유와 중요한 절차에 관한 사항, 안전보건 및 재해부조에 관한 사항, 시설 · 편의제공 및 근무시간 중 회의참석에 관한 사항, 쟁의행위에 관한 사항 등을 불이행한 경우 1천만원 이하의 벌금에 처할 수 있도록 정하고 있다. 형사처벌 대상으로 정한 사항을 각각 상세히 풀어보면 다음과 같다.

1. 임금 · 복리후생비, 퇴직금에 관한 사항

근로기준법상 임금 · 상여금 · 퇴직금법정, 중간정산금, 누진제 약정퇴직금 등이 모두 포함된다. 그 외 사용자가 부가세 환급금(경감액)의 50%를 노동조합에 지급하고 조합은 이를 근로자에게 복리후생비로 사용하기로 정한 경우에 이를 위반한 사용자에게도 노조법 제92조제1호의 벌칙을 적용할 수 있다(노조 68107-659, 2003.12.26.) 등의 지급액, 지급사유, 구성항목, 계산방법, 절차, 지급시기, 지급방법 등이 해당된다.

---

207) 헌재 1996헌마가20, 1998.3.26.

208) 노조법 제92조【벌 칙】다음 각호의 1에 해당하는 자는 1천만원 이하의 벌금에 처한다.

2. 제31조제1항의 규정에 의하여 체결된 단체협약의 내용 중 다음 각목의 1에 해당하는 사항을 위반한 자

가. 임금 · 복리후생비, 퇴직금에 관한 사항

나. 근로 및 휴게시간, 휴일, 휴가에 관한 사항

다. 징계 및 해고의 사유와 중요한 절차에 관한 사항

라. 안전보건 및 재해부조에 관한 사항

마. 시설 · 편의제공 및 근무시간중 회의참석에 관한 사항

바. 쟁의행위에 관한 사항

2. 근로시간 및 휴게시간, 휴일 · 휴가에 관한 사항

법정 및 약정사항을 모두 포함한 근로시간 및 휴게시간, 휴일 · 휴가에 관한 사항으로서 근로시간이나 휴일, 휴가 그 자체 뿐 아니라, 실시사유, 절차, 방법, 대상 등이 해당된다. 근로시간은 법정근로시간 · 약정근로시간 · 휴일근로시간 · 연장근로시간 등 명칭에 불구하고 근로자가 사용자에게 근로를 제공하는 시간을 의미한다.

3. 징계 및 해고의 사유와 중요한 절차에 관한 사항

단체협약상 징계기관 및 그 구성, 징계사유, 징계위원회 개최에 따른 사전통보, 소명기회 부여, 재심청구, 정리해고에 관한 협의절차 등 징계 및 해고에 관한 일반적인 기준 등에 관한 사항이 해당된다. 따라서 해고자 복직 등 개별근로자에 관한 구제적인 사항은 포함되지 않는다.

4. 안전보건 및 재해부조에 관한 사항

5. 시설 · 편의제공 및 근무시간 중 회의참석에 관한 사항

"시설 · 편의제공"은 노조전임제, 조합비 일괄공제, 노조전용 게시판 제공, 조합 사무실 제공 등 노동조합활동사항과 관련하여 제공하기로 한 시설이나 편의를 의미한다. "근무시간 중 회의참석에 관한 사항"은 근무시간 중에 개최되는 것으로 총회 · 대의원회개최, 조합원에 대한 교육시간 인정, 상급단체 회의참석, 지역지부 등 소속단체나 인접단체와의 연대회의참석 등을 말한다. 단체협약의 채무적 부분에 해당한다.

6. 쟁의행위에 관한 사항

쟁의행위의 개시시기, 요건, 절차, 방법, 쟁의행위의 인적 · 장소적 범위, 대체근로(노동조합-821, 2004.3.30) 등 쟁의행위와 직접 관련되는 내용을 의미한다. 단체협약의 채무적 부분에 해당한다.

가. 규범적 부분 불이행

단체협약의 내용 중 임금, 복리후생비, 근로시간, 퇴직금, 휴일, 휴가, 휴게, 재해부조, 징계 · 해고 등의 중요 절차에 관한 사항, 학자금지급[209] 등 근로조건은 사용자와 조합원 개인의 근로조건 기준에 관해 정한 규범적 부분(規範的部分)이다. 근로조건은 구체적으로 무었을 뜻하는 것일까, 판례에 의하면, 노조법상 근로조건은 근기법에 정해진 임금, 근로시간, 해고 뿐 아니라 근기법 제

209) 노사관계법제과-366, 2008.9.10. 학자금은 근로자의 근속을 우대, 장려함과 동사에 생활배려 및 복리후생적인 차원에서 마련된 것이므로 근로조건에 해당한다.

93조에서 정한 취업규칙의 신고사항으로 열거한 내용[210] 뿐 아니라, 동법 시행령 제8조에서 정한 취업의 장소와 종사할 업무에 관한 사항, 기숙사가 있는 경우 기숙사 규칙 등이 모두 포함된다고 판시한 바 있다.[211] 다만 해고 · 징계 등 인사절차에서 노동조합의 협의나 동의를 얻도록 정한 것은 사용자와 노동조합 사이의 권리의무를 규율한 채무적 부분(債務的 部分)에 속한다. 규범적 부분은 사용자와 노동조합원 구성원인 근로자 사이의 근로조건의 기준에 관한 사항을 정한 것이므로, 조합원인 근로자는 근기법과 노조법에 정한 강행규정을 근거로 고용노동관서에 진정 · 고소 등의 형태로 사용자의 불이행에 대한 형사적 처벌을 구하는 방법[212]과 민사상 청구소송을 통해 사용자에게 협약상 기준의 이행을 청구할 수도 있다.[213] 노동조합은 권리의무의 당사자로서, 사용자의 전체적인 단체협약상 의무 불이행을 이유로 민사상 손해배상을 청구할 수도 있고, 조합원에 관한 사항에 대하여는 제3자로서 고발장을 통해 사용자의 불이행을 고용노동관서에 제소할 수도 있다.

사용자의 불이행이 조합원으로서 차별 등 불이익처분에 해당한다고 판단될

210) 근기법 제93조【취업규칙의 작성 · 신고】 상시 10명 이상의 근로자를 사용하는 사용자는 다음 각 호에 관한 취업규칙을 작성하여 고용노동부장관에게 신고하여야 한다. 이를 변경하는 경우에도 또한 같다.
1. 업무시작과 종료시각, 휴게시간, 휴일, 휴가 및 교대근로에 관한 사항
2. 임금의 결정 계산 및 지급방법, 임금의 산정기간과 지급시기 및 승급에 관한 사항
3. 가족수당의 계산과 지급방법에 관한 사항
4. 퇴직에 관한 사항
5. 퇴급급여보장법 제4조에 따라 설정된 퇴직급여, 상여 및 최저임금에 관한 사항
6. 근로자의 식비 및 작업용품 등의 부담에 관한 사항
7. 근로자를 위한 교육시설에 관한 사항
8. 출산전후휴가, 육아휴직 등 모성보호 및 일 가정 양립 지원에 관한 사항
9. 안전과 보건에 관한 사항
9의2. 근로자의 성별 · 연령 또는 신체적 조건 등의 특성에 따른 사업장 환경의 개선에 관한 사항
10. 업무상과 업무외 재해부조에 관한 사항
11. 표창과 제재에 관한 사항
12. 그 밖에 사업 또는 사업장 근로자 전체에 적용될 사항

211) 대판 94누9177, 1996.2.23.

212) 근기법 제23조제1항, 제36조, 제43조, 제12장 벌칙, 노조법 제92조제1호가목~라목 등

213) 민법 제390조, 제393조, 제394조

때, 이를 테면 노동조합에 가입했다는 이유로 근무성적 평정에 있어서 합리적인 이유없이 불이익을 주는 경우, 노동조합활동의 일환으로 사용자의 근로조건 불이행 등을 사내 인터라넷에 지적했다는 이유로 인사기준에 비추어 불합리하게 하향전보 되는 등의 경우는[214] 부당노동행위로 노동위원회에 구제신청을 할 수도 있고, 고용노동관서에 형사처벌을 요구할 수도 있다.[215]

나. 채무적 부분 불이행

단체협약의 내용 중 노동조합과 사용자 사이의 권리 · 의무관계를 설정한 채무적 부분(債務的 部分)은 민사상 계약의 일종으로서 협약 당사자 사이에 채권채무관계를 구성한다. 채무적 부분, 이를 테면, 취업시간 중 조합활동에 관한 사항, 노조전임자 대우조항, 노조사무소 · 게시판 · 기타 기업시설 이용에 관한 사항, 유니온숍 등 숍에 관한 사항, 조합비 공제에 관한 사항, 단체교섭 절차 · 쟁의행위 절차에 관한 사항, 평화조항, 조합원지도 통제의무 등의 위반에 대해서는 단체협약의 해제, 손해배상, 강제집행 등의 방법이 있다. 다만, 계약일반법을 적용하더라도 민사상의 구제 · 항변수단을 그대로 적용할 수는 없는 것이므로 단체협약의 특수성을 고려하여야 한다.

첫째, 당사자간의 상호 권리 · 의무를 정한 쌍무계약에서 일방이 협약으로 정한 채무를 불이행할 경우 상대방은 상당기간 이행을 최고하고 그 기간 내에 이행이 없으면 계약을 해제할 수 있다.[216] 다만, 단체협약의 특성상 1회의 불이행을 문제 삼아 곧장 해제할 수는 없고 불이행 내용의 중요성, 상대방의 이행태도와 불이행 사유, 불이행으로 인해 단체협약의 존립자체가 무의미한지 등을 종합적으로 고려하여야 한다. 그렇지 않으면 권리남용에 해당할 수 있다. 민법상 일방의 불이행이 있을 경우 그 이행이 있을 때까지 자신의 채무이

214) 노조법 제81조제1호

215) 노조법 제90조(2년 이하의 징역 또는 2천만원 이하의 벌금), 노동위규칙 제5장. 구제신청은 부당해고 등이나 부당노동행위가 있은 날로부터 3개월 이내에 하여야 한다. 기산일은 부당노동행위가 계속되는 경우에는 그 행위가 종료된 날

216) 민법 제544조

행을 거절할 수 있는 동시이행의 항변권[217]은 단체협약에 적용하기는 어렵다는 견해가 지배적이다.[218] 다만, 계약의 일반원칙에 비춰볼 때, 자신의 의무를 이행하지 않고 상대방의 의무불이행에 대해서만 책임을 주장하는 것은 신의칙에 어긋난다.[219]

둘째, 단체협약의 이행책임에서, 당사자 일방이 단체협약으로 정한 의무의 내용에 따른 이행을 하지 아니한 때에는 상대방은 그로 인한 통상으로 손해를 한도로 손해배상을 청구할 수 있다. 다만, "특별한 사정"으로 인한 손해는 상대방이 그 사정을 알았거나 알 수 있었을 때에 한하여 배상의 책임이 있다. 그러나 천재지변, 외환위기로 인한 부도로 인해 지급불능 등 채무자의 고의나 과실 없이 이행할 수 없게 된 때에는 그러하지 아니하다. 이때 "특별한 사정"은, 쟁의행위시 조합원들이 시설물을 파괴하면 복구에 상당한 비용이 소요되고 정상 가동시까지 상품생산이 불가능하여 납기지연으로 인한 손해와 판매이익감소 등이 발생한다는 사실, 사용자가 협약상 시설물 제공의무를 이행하지 않으면 노동조합활동에 많은 지장을 받는 다는 사실 등을 말한다. 손해는 다

217) 동시이행의 항변권(Einrede des nicht erfllten Vertrages(독) 사전적인 의미로, 쌍무계약에 있어서 공평의 원칙상 인정되는 것으로, 당사자 일방이 상대방이 그 채무이행을 제공할 때까지 자기의 채무이행을 거절할 수 있는 권리를 말한다(민법 제536조제1항) 보통 쌍무계약에서는 양쪽의 채무 사이에 즉, 일방의 채무와 상대방의 채무와의 사이가 서로 동시이행의 관계에 있기 때문이다. 동시이행의 항변권은 비단 매매의 경우뿐만이 아니라 모든 쌍무계약에 있어서 발생하는 것이다. 쌍무계약이라도 당사자의 일방이 먼저 이행할 특약이 있는 때에는 동시이행의 항변권은 없으나, 일방이 상대방에게 먼저 이행하여야 할 경우에 상대방의 이행이 곤란한 현저한 사유가 있는 때에는 동시이행의 항변권이 있다(민법 제536조제2항).동시이행의 항변권을 행사하려면, 동일한 쌍무계약에서 발생하는 양쪽의 채권이 존재하여야 하고, 상대방의 채무가 이행기에 있어야 하며, 상대방이 채무의 이행이나 변제의 제공을 하지 않았을 때이다. 먼저 이행할 의무가 있을 때에는 항변권을 상실한다. 한 번이라도 제공하면 항변권이 영구히 소멸할 것인가의 여부는 의문이지만 소멸하지 않는다는 것이 판례이다. 동시이행항변권의 효력은 항변권이 있는 한 채무의 이행을 거절할 수 있으며 거절을 해도 채무불이행이 되지 않는다. 소송을 하면 상대방의 의무인 급부와 상환하여 급부하라는 제한승소판결을 받을 수도 있다.

218) 김유성, 『노동법』, 177쪽

219) 근무시간 중 조합활동은 사측의 승인을 받아야 함에도 불구하고 중식시간을 40분이나 초과한 시간에 200여명의 조합원이 식당을 점거하고 일방적으로 임시집회를 개최하면서, 한편 사측에 대해 시설물사용 사전승인제도를 철폐하자면서 협약의 일부조항 갱신을 주장하는 것 등

른 의사표시가 없으면 금전으로 배상하고 법원을 통해 상대방의 재산에 압류, 경매 등 강제집행을 할 수도 있다.[220] 다만, 노사관계질서를 형성하는 단체협약의 특성상 신중을 기하지 않으면 본연의 취지에 어긋난다. 노사관계에서 다양한 단체협약의 불이행을 두고서 객관적인 손해액을 산정하는 자체가 곤란한 경우가 많을 것이다.

다. 조합원의 불이행

조합원이 조합의 의사에 반한 행위를 하여 단체협약상 규정을 위반하게 된 경우, 사용자는 조합원에 대해 손해배상청구 및 복무규율 위반 등에 따른 징계책임을 물을 수 있다. 이 경우 노동조합이 위반행위를 지시 · 강요하지 않았다면 조합원에 관한 지도 · 통제책임을 물어 발생한 손해에 대해 연대책임을 물을 수는 없다.

220) 민법 제390조~제394조

15 쟁의행위

1. 단체행동권

가. 단체행동권의 개념

근로자들은 대립되는 노사관계에서 사회 · 경제적으로 우월한 사용자에 비해 교섭력과 압력수단에 있어서 현저히 불리한 위치에 있을 수밖에 없으므로 실질적인 힘의 균형을 뒷받침하여 교섭의 공정성을 도모하기 위한 제도적인 지원이 필요하다. 단체행동권은 근로자로 하여금 우월한 사용자에 맞서 대등한 교섭주체로 활동할 수 있도록 실질적인 물리적 힘을 부여하고, 교섭력의 균형을 확보하여 집단적인 요구를 효과적으로 실현하는 수단이다.[1] 노조법 등 노동관계법은 노사의 세력불균형을 고려하여 근로자의 쟁의권에 관한 명문의 보장규정을 두고 있으면서, 사용자의 쟁의권에 대해서는 소극적인 직장폐쇄 이외에 달리 정한 바가 없다.

노사관계에서 단체행동은 소극적으로 쟁의행위, 즉, 파업 · 태업 · 직장폐쇄 기타 노동관계 당사자가 "근로조건의 결정에 관한 주장을 관철할 목적으로 하는 행위와 이에 대항하는 행위"로서 "업무의 정상적인 운영을 저해하는 행

---

1) 대판 98다34331, 2000.5.26 ; 헌재92헌마33, 1993.3.11. 헌법이 노동3권을 보장하는 취지는 원칙적으로 개인과 기업의 경제상의 자유와 창의를 존중함을 기본질서로 채택하면서 노동관계 당사자가 상반된 이해관계로 말미암아 계급적 대립 또는 적대관계로 나가지 않고 활동과정에서 서로 기능을 나누어 가진 대등한 교섭주체의 관계로 발전하게 하여 그들로 하여금 때로는 대립 · 항쟁하고 때로는 교섭타협의 조정과정을 거쳐 분쟁을 평화적으로 해결하게 함으로써 결국에 있어서는 근로자의 지위향상과 이익을 도모하는 사회복지국가 건설의 과제를 달성함에 있다.

위"를 뜻하고,[2] 적극적의미로서 단체행동, 즉, 파업 등 쟁의행위는 물론 가두시위 · 집회 등 반드시 업무의 정상적인 운영을 저해하지 않는 그 밖의 집단적인 행위를 포함하는 넓은 의미로 구분할 수 있다. 일반적으로 언론과 학설 등에서는 노동조합의 행위에 대해 파업이라는 용어를 폭넓게 사용한다. 학설은 쟁의행위의 정당성과는 별개로 근로조건 결정에 관한 사항 뿐 아니라, 해고자 복직 · 단체협약 불이행 등 권리분쟁, 정치적인 이슈를 내건 파업에 대해서도 모두 쟁의행위로 본다. 언론과 일반인들은 근로자들의 집단행동 전체를 대체로 쟁의행위로 이해하고, 나아가 노동조합이 아닌 화물 차주들의 연대모임 등 근로자로 보기 어려운 계층의 영업이익과 관련한 집단행동까지 파업으로 인식하면서, 집단행동을 노조법상 노동조합이 주도했는지, 근로계약상 약정한 노무제공을 거부했는지, 혹은 민사상 용역 · 서비스 등의 급부계약을 거부했는지 여부를 불문하는 경향이 있다.

노동관계법상 쟁의권 행사에 있어 타인의 기본적 인권을 침해하는 행위, 사용자의 재산권까지 부정하는 쟁의행위는 인정될 수 없으며, 정치적 목적 및 다른 사업장의 파업을 지원하기 위한 동맹파업(同盟罷業)은 불법파업으로 간주되고 있다. 우리나라에서는 단체행동권의 행사는 법률이 정하는 바에 따르게 되어 있어 제한을 받고 있으며 공무원인 근로자는 법률로 인정된 자를 제외하고는 노동3권을 가질 수 없다. 또한 국가, 지방자치단체, 국공영기업체, 방위산업체, 공익사업체 또는 국민경제에 중대한 영향을 미치는 사업체에 종사하는 자의 단체행동권은 법률이 정하는 바에 따라 이를 제한하거나 인정하지 않을 수 있다고 규정되어 있다.

1) 단체행동권의 발전

단체행동권의 허용범위에 대해 국가마다 다소 차이는 있지만, 대체로 초기에는 계약자유 및 사적 소유권에 대한 위법한 침해로 규정하여 억압을 하는 단계에서, 근로자의 사회적 지위향상에 따라 방임하는 소극적 허용단계를 거

2) 소극적 의미로서 쟁의행위의 요건 중 어느 하나라도 충족되지 않는 경우는 노조법상 쟁의행위로 볼 수 없다.

쳐 오늘날에는 적극적으로 보호를 하는 추세로 발전해 왔다. 헌법에서는 노동 3권을 정하고[3] 단결권, 단체교섭권에 비해 단체행동권에 대해서는 보다 많은 제한을 두어 왔으나, 현행법 체계에서는 단체행동권에 대한 개별적인 법률유보 조항이 삭제되고, 사업의 특수성을 이유로 한 개별적인 헌법유보의 범위가 대폭 축소됨으로써 단체행동권의 헌법적 보장이 확대되었다. 다만, "공무원인 근로자는 법률이 정하는 자에 한하여 단결권 · 단체교섭권 및 단체행동권을 가진다. 법률이 정하는 주요방위산업체에 종사하는 근로자의 단체행동권은 법률이 정하는 바에 의하여 이를 제한하거나 인정하지 아니할 수 있다"고 정하여[4] 공무원과 주요 방산업체 종사자에 대한 개별적인 헌법유보는 그대로 있다.

노조법상 쟁의행위는 단체행동의 대표적인 모습이다. 대립적인 노사관계에서 일반 시민법상 근로자들에게 허용된 수단으로는 활용할 수 있는 압력행사 수단이 크게 제약을 받을 수밖에 없다. 따라서 시민법의 관점에서 보면 다소 위법한 점이 있더라도 근로자의 생존권 확보를 위한 정당한 것이라면 헌법과 노조법 등 노동관계법으로 보호를 강화하는 추세에 있다.[5] 주요 보호수단으로 정당한 쟁의권행사에 대해서는 민 · 형사면책과 노조법상 불이익취급금지, 기타 쟁의행위기간동안 현행범 이외에는 노조법위반으로 인한 근로자 구속제한과 대체근로 제한 등을 주된 내용으로 한다. 쟁의행위 제한법규, 쟁의행위의 정당성, 위법한 쟁의행위에 대한 책임문제 등이 부당노동행위 등과 관련하여 쟁점이 된다. 쟁의행위에 해당하지 않는 단체행동은 헌법의 단체행동권보장 취지에 어긋나지 않는 한 노조법이 아닌 집회 및 시위에 관한 법률의 규정이 적용된다.

---

3) 헌법 제33조제1항

4) 헌법 제33조 【근로자의 단결권 등】 ① 근로자는 근로조건의 향상을 위하여 자주적인 단결권 · 단체교섭권 및 단체행동권을 가진다.
② 공무원인 근로자는 법률이 정하는 자에 한하여 단결권 · 단체교섭권 및 단체행동권을 가진다.
③ 법률이 정하는 주요방위산업체에 종사하는 근로자의 단체행동권은 법률이 정하는 바에 의하여 이를 제한하거나 인정하지 아니할 수 있다.

5) 김유성, 『노동법』, 207쪽

2) 유사 용어와 구분

첫째, "노동쟁의"는 노조법 제2조5호에 따라 노동관계 당사자간에 임금 · 근로시간 · 복지 · 해고 기타 대우 등 "근로조건의 결정에 관한 주장의 불일치"로 인하여 발생한 분쟁상태로서 통상 쟁의행위에 들어가기 전단계의 심각한 조정 · 갈등 국면을 뜻한다. 다만, 임금이나 단체협약의 갱신 · 체결 등 근로조건 기준에 관한 권리의 형성 · 유지 · 변경 등을 둘러싼 분쟁, 즉, 권리분쟁으로서 근로조건의 결정에 관한 주장의 불일치라고 정의하고 있다.

따라서 교섭당사자가 부적격한 경우,[6] 근로조건에 관한 사항이지만 충분한 교섭을 하지 않은 경우[7]이거나 근로조건 이외의 사항[8]과 법령 · 취업규칙 · 단체협약 등에 의하여 이미 확정된 권리에 관한 노사간의 해석 · 적용 · 준수 등을 둘러싼 권리분쟁 등은 노동쟁의로 볼 수 없다.[9] 여기서 근로조건이라고 함은, 근로계약관계에서 근로자의 대우에 관해 정한 조건을 말하고, 구체적으로는 근기법에 정해진 근로시간, 복지, 해고뿐 아니라, 근기법 제93조에서 정한 취업규칙 기재사항 모두를 포함한다.[10]

노동쟁의는 쟁의행위의 전제가 되는 분쟁상태로써 무슨 이유로 갈등국면에 처하게 되었는지, 노사분규가 노조법상 쟁의행위에 해당하는지 여부 등 정당성 판단의 기초가 된다. 그러므로 노동쟁의대상이 되는 사항, 즉, 근로조건 결정에 관한 사항은 단체교섭의 의무적 교섭대상이자 쟁의행위의 목적이라고 할 수 있다. 통상 노조법상 쟁의상태는 당사자 일방이 상대방에게 서면으로 통보

---

6) 파견업체 · 하청업체 노조가 사용사업주 · 원청사업주에게 교섭을 요구하는 경우, 공기업 노조가 정부를 상대로 교섭을 요구하는 경우, 지역노조 등이 소속 조합원이 없는 사업주에게 교섭을 요구하는 경우, 노동조합의 지회 · 분회 등이 노동조합의 내부 위임 없이 독자적으로 교섭을 요구하는 경우, 노사협의회 · 근로자단체 등 노동조합이 아닌 단체 등이 교섭을 요구하는 경우

7) 단체교섭방법과 절차에 관한 이견으로 교섭을 하지 않거나, 충분한 교섭을 하지 않은 상태에서 일방의 주장만으로 발생한 의견의 불일치 등

8) 정치적 · 입법적 해결이 요구되는 사항, 사용자 책임이고 스스로 해결할 수 없는 사항, 강행법규나 공서양속에 위배되는 사항, 인사경영권의 본질적 내용을 침해하는 사항, 근로자 개인적 불만이나 고충, 권익침해 등 노사협의회, 고충처리위원회, 근로기준법 등 개별노동관계에 관한 의견 불일치로 관계법을 통해 해결하여야 할 사항 등

9) 대판 2001두4818, 2003.7.25 ; 협력 68140-151, 1997.4.19

10) 대판 94누9177, 1996.2.23

한 때로부터 발생한다.[11)]

둘째, "쟁의행위"는 노조법 제2조제6호에 따라 파업 · 태업 · 직장폐쇄 기타 노동관계 당사자가 그 주장을 관철할 목적으로 행하는 행위와 이에 대항하는 행위로서 업무의 정상적인 운영을 저해하는 행위 등 단결된 힘을 동반한 대결국면을 뜻한다.

셋째, "노사분규"는 그 행위와 대결양상이 노동관계법에 비춰볼 때 적법한지 불법한지 여부를 고려하지 않고 당사자 일방의 주장을 관철할 목적으로 정상적인 업무활동을 중단 또는 저해하는 일체의 집단행동 양상을 포괄적으로 나타내는 의미이다. 법적인 용어로 볼 수는 없다.

3) 쟁의행위의 개념에 대한 이해

노조법은 쟁의행위가 근로조건의 유지개선과 근로자의 경제 · 사회적 지위의 향상을 도모하는 목적을 가진 정당한 경우에는 민사상 손해배상 청구를 제한하고, 형사상 책임을 묻지 않는다고 규정하는 한편, 노동조합에 의해 주도되지 않은 쟁의행위, 목적 · 방법 · 절차에 있어서 법령기타 사회질서에 위반되는 행위를 금하고 있다.[12)] 세부적인 규정을 나열해 보면 다음과 같다.

첫째, 목적에 관한 제한 규정 : 제2조제5호, 근로조건 결정에 관한 주장의 불일치로 발생한 분쟁상태 및 제6호의 쟁의행위 및 노동쟁의에 관한 정의, 제4조의 정당행위, 제44조 쟁의행위기간 중 임금지급요구의 금지

둘째, 방법에 관한 제한 규정 : 제37조제2항 노동조합에 의해 주도되지 않은 쟁의행위, 제38조 노동조합의 지도와 책임, 제42조 폭력, 파괴행위 금지 및 안전보호시설 보호 규정, 제46조 직장폐쇄의 요건

셋째, 절차에 관한 제한규정 : 제41조 쟁의행위에 관한 절차적 제한과 금지대상 업종 종사자, 제45조 조정의 전치, 제63조 중재시 쟁의행위금지, 제77조 긴급조정시 쟁의행위금지 등의 규정

---

11) 노조법 제45조제1항

12) 노조법 제1조, 제3조, 재4조, 제37조. 다만, 제37조제1항의 목적 · 방법 · 절차에 있어서 법령기타 사회질서에 위반되는 행위에 대해서는 노조법상 처벌규정을 두지 않고 형법 등 개별법령 위반에 따른 처벌과 민사절차에 따른 손해배상 책임 등을 물을 수 있다.

이러한 점을 감안하면, 노조법이 전제하고 있는 쟁의행위는 먼저, 정치파업과 노사관계 당사자가 아닌 집단의 단체행동[13] 등 다양한 단체행동 가운데에서, 『그 목적과 주체 측면에서 정당한 행위만을 노조법상 규제대상』으로 하면서,[14] 쟁의행위 전개에 있어서도 폭력이나 파괴행위 등 그 방법 · 절차 · 수단 등에 관한 양태가 노조법상 규정의 문언과 취지에 부합하지 않는 위반사건은 정당하지 않은 쟁의행위로 판단하여 노조법 및 형법상 책임을 묻도록 하고, 당사자간 민사절차에 의한 손해배상청구 등의 길을 열어두고 있다. 특히, 『전개과정에서 노동조합의 지도와 책임, 쟁의행위 돌입절차, 폭력행위 등 금지, 필수유지업무 보호, 사용자의 채용제한, 조정전치, 직장폐쇄의 요건 등 중요한 절차와 방법 등에 관해서는 형사적 처벌 조항을 두어서 강행성을 담보하고 있다.』

다만,『쟁의행위가 목적 · 방법 · 절차에 있어서 법령기타 사회질서에 위반되는 경우는 노조법상 처벌규정을 두지 않고 형법 등 개별법령 위반에 따른 처벌과 민사절차에 따른 손해배상 책임 등을 물을 수 있도록 하고 있다.』[15]

결론적으로, 쟁의행위는 다양한 단체행동 가운데 노조법상 취지에 부합하는 행위를 규율대상으로 하면서, 행위 그 자체로는 사전에 정당, 부당에 관한 가치판단이 미리 부여되어 있지 않은 가치중립적인 것으로 보고, 그 개시 및 진행과정에서 그 행위가 목적 · 절차 · 방법 등에 관한 노조법상 제반 규정을 준수하는지 여부에 따라 정당 혹은 부당이 판가름 되고. 판단결과 정당하다고 판단되는 경우에 비로소 빈 · 형사 면책 등 노조법상 각종 보호를 받을 수 있다는 것이 판례와 행정해석의 일관된 입장이다.

---

13) 대판 90도2852, 1991.1.12. 구속자 석방 등 근로조건의 유지향상을 목적으로 하지 않는 쟁의행위는 노조법상 규제대상인 쟁의행위에 해당하지 않는다 ; 대판 99도3865, 2000.9.5. 근로자가 정부를 상대로 집회 및 시위를 통하여 법률의 개정과 같은 정치적 문제에 관한 의사표시를 하는 것은 쟁의행위의 범위에 포함되지 않는다 ; 헌재 2003헌마 878, 2004.7.15. 교육정보시스템시행저지를 목적으로 하는 쟁의행위는 노조법의 적용대상인 쟁의행위에 해당하지 않는다.

14) 대판 2000도3485, 2002.4.12 ; 대판 99두5740, 1999.9.17 ; 대판 96누2125, 1997.2.11

15) 노조법 제37조세1항

4) 조합활동과 차이점

쟁의행위는 집단적인 주장의 관철을 목적으로 사용자에 대하여 경제적 압력을 행사하는 행위인데 대하여, 조합활동은 단결력의 유지 · 강화를 목적으로 하는 일상적인 행위라는 점에서 구별할 수 있다. 다만, 쟁의행위와 조합활동은 노사관계 현실에서 엄격하게 구별하기가 쉽지 않다. 유인물 배포, 현수막게시, 벽보 등 부착, 유니폼착용거부, 리본패용 등은 업무의 정상적인 운영을 저해하지 않으면 정당한 조합활동에 속하지만, 쟁의행위기간을 전후하여 행해지는 경우 쟁의행위인지 조합활동인지 구분이 모호하다. 이를 테면, 폐업회사에서 농성, 중식의 거부, 근무시간외 사업장 밖에서 집회 · 시위, 리본 · 완장 · 머리띠 · 규정된 복장 이외에 간소복 착용(정복착용이 의무화 되거나 업무에 비춰서 반드시 필요한 경우는 제외) 등은 정상적인 업무의 저해를 수반하지 않으면 쟁의행위가 아니다.[16)]

쟁의행위는 행위의 목적과 모습에서 조합활동과 구분되는데, 조합활동으로서 근로자들의 집단적인 행동이 쟁의행위로 판단되기 위해서는 몇 가지 특징이 있다.

첫째, 근로자 개인의 행위가 아니라 집단적인 행위로서 노동조합이 주체가 되어야 한다. 집단적 행위 속에는 단체의 지시에 의거 일부근로자 집단이 참여하는 부분파업, 지명파업 등을 포함한다.

둘째, 전체 근로자의 집단적인 근로조건 기타 경제적 · 사회적 지위향상과 관련된 주장의 관철을 위한 것이라야 한다.

셋째, 그 행위가 사용자의 정당한 업무수행을 저해하는 것이라야 한다.

5) 목적에 관한 견해

쟁의행위의 궁극적인 목적이 무엇인가에 관해서는 두 가지 견해로 나뉜다. 판례는 단체교섭권이 핵심적인 목적이라고 보는데 반해, 단결권 그 자체를 목적으로 보는 다른 견해도 있다. 단체교섭권을 목적으로 본다면 단체교섭 대상이 될 수 없는 정치적인 목적을 가진 집회 등은 노동관계법에 의한 보호를 받

16) 대판 91도204, 1991.6.11 ; 대판 92도 1645, 1992.12.8. 회사가 폐업신고를 하였다면 업무의 정상적 운영을 포기한 것이므로 근로자들이 집단적으로 농성을 하였더라도 그로 인해 업무의 정상적 운영을 저해할 여지는 없다.

을 수 없다. 그러나 단결권 그 자체가 목적이라면 정치적 목적을 가진 집회 등에 대한 정당성 여부가 쟁점이 될 수도 있다. 다만, 노동관계법에 의한 쟁의의 성립요건은, 노동관계 당사자가 임금 등 근로조건과 관련한 사항을 가지고 상호 주장의 불일치가 발생하고 그로 인한 분쟁상태가 되어야 한다는 것이 판례 등의 일관된 입장이다.[17]

나. 단체행동권 보호

헌법상 권리인 단체행동권은 하위법인 노조법 등 노동관계법에 의해 실질적으로 보호받지 않으면 그 실효성을 담보할 수 없다. 근로자의 단체행동은 경우에 따라서 근로계약상의 채무불이행, 불법행위 또는 형법상 범죄를 구성할 수 있다. 다만, 헌법상 권리로 보장을 받고 있으므로 정당하게 행사되기만 한다면 민사상 손해배상 책임과 업무방해죄 등 형사적 책임, 명령불이행 등 내부적인 징계책임 등으로부터 면책을 받을 수 있다. 단체행동권 행사가 정당성을 잃지 않는다면 국가나 사용자는 이를 수인하고 그로 인한 손해 등을 감수하여야 한다는 면책의 법리(免責의 法理)[18]가 내포된 것이다.[19]

노조법에 의하면, 근로조건의 유지개선과 근로자의 경제적 · 사회적 지위향상을 도모하기 위하여 단체교섭 · 쟁의행위를 하는데 있어서, 그 행위가 정당하기만 하면 그 행위는 형법 제20조의 사회상규에 위반하지 않는 행위로서 처벌하지 않는다고 정하여 형사면책(刑事免責)을 규정하고 있고,[20] 사용자가 이 법에 의한 단체교섭 또는 쟁의행위로 인하여 손해를 입은 경우에도 노동조합과 근로자에게 손해배상을 청구할 수 없도록 하여 민사면책(民事免責)을 규정하고 있다.[21] 다만, 단체행동권도 기본적 취지나 본질적인 내용은 침해하지 않

---

17) 대판 90도357, 1990.5.15 ; 울산지판 2009.4.17, 2008노404 · 975 · 976 · 977(업무방해) 상고
18) 노조법 제3조, 제4조, 제81조제1호 · 제5호
19) 김유성, 『노동법』, 209쪽
20) 노조법 제4조 【정당행위】 형법 제20조의 규정은 노동조합이 단체교섭 · 쟁의행위 기타의 행위로서 제1조의 목적을 달성하기 위하여 한 정당한 쟁의행위에 대하여 적용된다. 다만, 어떠한 경우에도 폭력이나 파괴행위는 정당한 행위로 해석되어서는 아니된다.
21) 노조법 제3조 【손해배상청구의 제한】 사용자는 이 법에 의한 단체교섭 또는 쟁의행위로 인하여 손해를 입은 경우에 노동조합 또는 근로자에 대하여 그 배상을 청구할 수 없다.

는 한도에서 국가안보 · 질서유지 및 공공복리를 위하여 필요한 경우는 법률로 제한할 수 있는 등 다른 기본권과 관계에서 합리적인 조정 · 제한을 받을 수도 있다.[22] 정당한 쟁의행위에 관한 보호규정은 민 · 형사면책, 불이익취급금지, 쟁의행위기간동안에는 현행범 이외에는 노조법위반으로 인한 구속제한, 쟁의행위로 중단업무의 대체근로제한, 파견근로자 사용제한 등이다. 면책근거와 구체적 항목별 내용은 다음과 같다.

1) 면책에 관한 학설

학설에 의하면, 쟁의행위는 위법성조각설과 구성요건해당성조각설로 나뉜다. 쟁의행위는 민법 · 형법규정에 의하면 처음부터 당연히 노무제공거부에 따른 근로계약위반으로 인한 채무불이행이 되고, 직장점거, 업무방해 등 형법상 고의 · 과실에 의한 불법행위를 구성하는 것이 옳지만, 예외적으로 노동조합 등 적법한 노동관계 당사자가 이를 정당하게 행사하는 경우는 그 위법성이 없어진다는 것이 위법성조각설(違法性阻却說)의 입장이다. 한편, 쟁의행위는 노동법에 의해 독자적인 성격과 고유한 가치가 승인된 합법적인 행동유형이기 때문에 처음부터 범죄구성요건 자체가 성립되지 않는다 것이 구성요건해당성조각설(構成要件該當性阻却說)의 입장이다. 판례는 위법성 조각설에 따른다.[23]

한편, 독일법 등 대륙법계에서는 쟁의행위의 면책근거에 대하여 수단이 목적에 비추어 적합하고 필요한 것이라야 한다는 균형성원칙, 헌법상 보장된 단결목적을 달성하기 위하여 행사되어야 한다는 적합성원칙, 그 목적달성을 위하여 필요이상의 과잉행위로 발전하지 말아야 한다는 필요성원칙, 쟁의행위와 방법의 균형을 유지해야 한다는 비례성원칙, 쟁의행위에 앞서 모든 가능한 교섭방법과 조정절차를 동원하고, 평화적인 방법을 통해서도 분쟁해결에 실패할 경우에 최후적으로 쟁의행위를 사용해야 한다는 최후성원칙 혹은 과잉금지원칙을 토대로 쟁의행위의 적법성을 판단하고 있다.[24]

---

22) 헌법 제37조제2항
23) 대판 91도324, 1991.5.24 ; 대판 90도1431, 1990.10.12
24) 김형배, 『노동법』, 809쪽

2) 헌법상 면책요건

공무원과 주요 방위산업체 종사자 등 일부 법률로 정하는 예외적인 경우를 제외한다면, 근로자는 근로조건의 향상을 위하여 자주적인 단결권 · 단체교섭권 및 단체행동권을 가진다.[25] 헌법으로 단체행동권을 보장한 취지는, 근로조건 향상을 위한 실력행사를 보장하고 그 법적효과로서 민 · 형사상 면책과 쟁의행위를 했다는 이유로 해고 등 불이익을 받지 않도록 하는데 있다. 따라서 헌법과 하위법인 노조법 · 형법 등에서 정한 한계범위를 초과해서는 정당성을 가질 수 없다. 쟁의행위는 노동조합 등 노동관계 당사자가 주체가 되어,[26] 임금 등 근로조건 향상을 목적으로, 근로조건 결정에 관한 당사자간 주장의 불일치가 발생하여 각자 주장을 관철하기 위하여, 업무의 정상적인 운영을 저해하는 방법으로 행해지지 않으면 안된다.[27] 여기서 주장의 불일치라고 함은, 단순한 견해의 차이를 말하는 것이 아니라 더 이상 교섭을 하더라도 합의의 여지가 없는 상태를 말한다. 쟁의행위는 "노무제공의 거부나 완전한 중단 또는 태만 혹은 불완전 중단이라는 방법"을 통해 "업무의 정상적인 운영을 저해하는 결과를 초래하는 행위"라고 볼 수 있다.[28] 그러므로 업무의 정상적인 운영을 저해하지 않는 단체행동은 노조법상 쟁의행위가 아니다.[29]

한편, 근무시간 중 투쟁복착용 등 노무제공거부와 무관한 단체행동은 그러한 행동의 결과로서 정상적인 업무의 운영에 지장을 초래하였는지 여부를 구체적으로 판단하여야 한다. 헌법규정에 불구하고 단체행동권의 실질적인 행사

---

25) 헌법 제33조. 다만, 공무원인 근로자는 법률이 정하는 자에 한하여 단결권 · 단체교섭권 및 단체행동권을 가지고, 법률이 정하는 주요방위산업체에 종사하는 근로자의 단체행동권은 법률이 정하는 바에 의하여 이를 제한하거나 인정하지 아니할 수 있다.

26) 대판 96누2125, 1997.2.11

27) 노조법 제2조제6호, 제3조, 제4조, 형법 제20조 등

28) 대판 95도2970, 1996.2.27

29) 대판 91도204, 1991.6.11. 폐업신고한 회사에서 농성한 행위는 그로 인해 업무의 정상적인 운영이 저해될 여지가 없어 노조법상 규제대상인 쟁의행위에 포함되지 않는다 ; 대판 92도1645, 1992.12.8 병원의 일과개시 전 또는 중식 휴게시간을 이용하여 주로 병원행정업무부서와 약국 등이 위치한 현관로비에서 구호를 외치거나 노래를 부르는 등의 시위행위는 병원업무개시 전이거나 점심시간을 이용하여 이루어 진 것임이 분명하므로 특별한 사정이 없는 한 이로 인한 업무방해가 있었다고 볼 수 없다.

를 지원하는 개별법 조항에서는, 노조법상 성립된 노조가 아니면 쟁의행위 조정 및 부당노동행위 구제를 신청할 수 없고,[30] 조세의 감면도 받지 못하는 등[31] 구체적인 사안에 대해서는 별도로 보호여부를 판단하여야 한다.

(1) 업무의 정상적 운영이란

(가) 판례의 견해

판례의 견해는, 종전에는 관계법령, 근로계약 등에 의한 적법한 사용자의 지휘명령에 기한 운영을 의미한다는 입장으로서, 노동관계법과 근로계약에 위배된 사용자의 지시에 불복하여 그 결과 사용자측의 업무수행에 지장이 있었다 하더라도 법적평가에 있어서는 업무의 정상적 운영이 저해되었다고 볼 수는 없다고 판시한 바 있다. 한편, 최근에는 휴일근무, 연장근로 등이 관행적으로 이루어 진 사업장에서, 다른 주장을 관철시키기 위해 그 동안의 근로관행을 무시하고 집단적으로 휴일근로와 연장근로 거부 등 노무제공을 거부하는 것은 오직 업무의 정상적 운영을 방해할 의도로 이루어진 것이므로 쟁의행위에 해당한다는 입장이다.[32]

(나) 행정해석의 견해

업무의 정상적 운영이란, 적법한 운영만을 의미하는 것이 아니라, 사실상 또는 관행상 행해지고 있는 평상의 운영을 의미한다. 따라서 단체협약, 취업규칙, 근로계약 및 사실상 관행에 의하여 이루어지고 있는 연장근로의 거부는 업무의 정상적 운영을 저해하는 것으로 쟁의행위에 해당한다. 다만, 쟁의행위가 다른 주장을 관철할 의도가 아니라, 사실상 명백히 강행법규를 위반하여 행해지고 있는 연장근로 등을 법에 맞게 시정하도록 요구하는 행위라면, 쟁의행위로서 정당성 요건을 갖추지 않았다고 하여 곧바로 불법으로 보기는 어렵다는 입장이다.[33]

---

30) 노조법 제7조

31) 노조법 제8조

32) 대판 76도3657, 1979.3.13 ; 대판 95도2970, 1996.2.27 ; 대판 94다27342, 1995.4.7 ; 대판 91누10473, 1992.3.13

33) 협력 68140-208, 1997.5.29

(2) 쟁의행위의 민 · 형사적 면책과 위법성

쟁의행위가 노동조합에 의하여 근로조건의 개선을 목적으로 업무의 정상적인 운영을 저해하는 방법을 통해 행해진다면 민법상 계약위반이나 형법상의 불법행위에 해당하지 않는다. 다만, 주의할 것은 쟁의행위가 노동법상 실질적인 정당성을 갖지 못하여 위법하게 됨으로써 형사상 · 민사상 면책을 받지 못하는 경우에도 쟁의행위 전체가 위법성을 가지는 것은 아니라는 점을 유의해야 한다.[34]

판례는, 정당한 쟁의행위는 민 · 형사상 책임이 면제됨은 물론 이러한 쟁의행위를 이유로 한 사용자의 불이익처분은 부당노동행위로서 구제명령의 대상이 되는 바, 쟁의행위가 정당성을 갖추기 위하여는 우선 ① 그 쟁의행위가 단체교섭과 관련하여 근로조건의 유지 · 개선 등을 목적으로 하는 것으로서 그 목적이 정당하여야 하고, ② 쟁의행위의 시기와 절차가 법령의 규정에 따른 것으로서 정당하여야 하며, 또 ③ 쟁의행위의 방법과 태양이 폭력이나 파괴행위를 수반하거나 기타 고도의 반사회성을 띤 행위가 아닌 정당한 범위 내의 것이어야 한다. 그런데 쟁의행위의 시기와 절차에 관하여 노동쟁의조정법 제14조는 쟁의행위는 일정기간 경과하지 않으면 이를 행할 수 없도록 냉각기간을 설정하고 있고 또 같은법 제16조는 노동쟁의가 발생한 때에는 관계당사자 어느 일방이 행정관청과 노동위원회에 신고하고 이를 상대방에게 통고하도록 사전신고를 요구하고 있으며 같은법 제47조, 제48조는 위 각 규정의 위반행위에 대하여 벌칙을 두고 있는 바 , 위와 같은 냉각기간이나 사전신고에 관한 규정의 취지는 분쟁을 사전조정하여 쟁의발생을 회피하는 기회를 주고 또 쟁의발생을 사전예고케 하여 손해방지조치의 기회를 주려는 데에 있으며 쟁의행위 자체를 적극적으로 금지하려는 데에 있는 것이 아니므로, 위 각 규정에 위반함으로써 벌칙적용의 대상이 된다고 하여 이것만으로 바로 쟁의행위로서의 정당성이 상실된다고 볼 것이 아니라 그 위반행위로 말미암아 국민생활의 안정이나 사용자의 사업운영에 예기치 않는 혼란이나 손해를 끼치는 것과 같은

34) 대판 90누4006, 1991.5.14.

부당한 결과를 초래하는지의 여부 등 구체적 사정을 살펴서 그 정당성 유무를 가려야 할 것이다.[35]

(3) 노조법상 면책요건

(가) 민사면책

근로계약상 노무제공불이행과 시설점거, 파업, 태업, 기타 업무방해 등을 수반하는 쟁의행위는 필연적으로 민사상 채무불이행과 불법행위를 구성한다. 다만, 헌법상 쟁의권보장의 효과로서, 쟁의행위가 정당성을 가지는 경우, 사용자는 노조법에 따른 정당한 단체교섭이나 쟁의행위로 인하여 영업상 · 재산상 손해를 본 경우에도 노동조합이나 근로자에게 손해배상을 청구할 수 없다. 또한 노조법의 일부규정을 위반한 쟁의행위라도 전체로서 정당성을 가지면 민사상 면책을 받을 수도 있다.

(나) 형사면책

쟁의행위는 다중의 소요나 시위, 점거 등을 통해 주장을 관철하는 일련의 과정에서 필연적으로 업무방해, 협박, 주거침입 등의 형법상 보호법익을 침해할 소지가 많지만, 그 목적과 수단이 정당한 경우는 정당행위로서 형법상 범죄가 성립하지 않는다. 다만, 폭력이나 파괴행위는 어떠한 경우에도 정당한 행위로 해석할 수는 없다.[36] 형사면책이란, 쟁의행위가 형법상 정당행위(正當行爲)로서 요건을 갖춘 경우를 말한다. 노동조합이 단체교섭, 쟁의행위, 기타 근로조건 유지개선의 목적을 달성하기 위하여 행한 정당한 행위인 경우는 형법 제20조의 사회상규에 위반하지 않는 행위로서 처벌하지 않는다.[37] 대법원 전원합의체 판결에서는 쟁의행위가 형법상 정당행위가 되기 위하여는 다음과 같은 조건을 모두 갖추어야 한다고 판시한 바 있다.[38]

첫째, 그 주체가 단체교섭의 주체로 될 수 있는 자라야 하고,

둘째, 그 목적이 근로조건의 향상을 위한 노사간의 자치적 교섭을 조성하는

---

35) 대판 90누4006, 1991.5.14
36) 노조법 제4조
37) 노조법 제4조
38) 대판 99도4837, 2001.10.25

데 있어야 하며,

셋째, 사용자가 근로자의 근로조건 개선에 관한 구체적 요구에 대해 단체교섭을 거부할 때 개시하되, 특별한 사정이 없는 한 조합원의 찬성결정 등 법령이 규정한 절차를 거쳐야 하고,

넷째, 그 수단과 방법이 사용자의 재산권과 조화를 이루어야 함은 물론, 폭력의 행사에 해당하지 않아야 한다.

3) 불이익취급 금지 및 쟁의행위기간 중 구속제한

조합원이 정당한 절차에 따라 쟁의행위를 하였다는 이유로 사용자로부터 인사·노무관리 등에서 차별적 대우나 불이익을 받는다면 노동3권은 실질적으로 제한을 받게 될 수밖에 없다. 따라서 사용자는 근로자가 정당한 단체행동에 참가한 것(수동적 참가 및 능동적인 결정·지시·지도·기획·방조 등)을 이유로 또는 노동위원회에 사용자가 노조법 규정을 위반한 것을 신고하거나 그에 관한 증언을 하거나 기타 행정관청에 증거를 제출한 것을 이유로 그 근로자를 해고하거나 그 근로자에게 불이익을 주는 행위를 할 수 없다.[39]

근로자는 쟁의행위기간동안에는 현행범 이외에는 노조법 위반을 이유로 쟁의행위 참가자를 구속되지 않는다.[40] 따라서 노조법을 위반한 현행범과 노조법 이외의 형법 등을 위반한 사범은 구속이 가능하다. 이 규정은 정당성을 상실한 쟁의행위까지 구속제한을 통해 보호하려는 것은 아니므로, 구속제한은 정당한 쟁의행위에 대해서만 적용되기 때문이다.[41]

4) 대체근로 제한 및 근로자 파견금지

노동조합이 쟁의행위를 하는 것은 단체교섭에서 자신들의 주장관철을 위해 법으로 허용된 실력행사를 하는 것이고, 그 행사가 유효한 동력으로 작용하여 경제·사회적으로 유리한 지위에 있는 사용자에 대해 대등한 입장에서 근로조건을 협상할 수 있도록 하는데 제도적인 취지가 있는 것이다. 그런데도 불구하고 사용자가 파업 등 쟁의행위로 인해 부족한 노동력을 다른 방법으로 대

39) 노조법 제81조제5호
40) 노조법 제39조
41) 임종률, 『노동법』, 198쪽

체 · 충당할 수 있도록 허용한다면 단체행동권의 취지를 근본적으로 몰각(沒却)시키는 것이다. 따라서 사용자는 쟁의행위기간동안 그 쟁의행위로 중단된 업무수행을 위하여 해당 사업과 관계없는 자를 채용 또는 대체할 수 없으며, 쟁의행위기간 중 그 쟁의행위로 중단된 업무를 도급 또는 하도급 줄 수 없다.[42] 다만, 필수공익사업은 대체근로제한의 예외이다. 즉, 필수공익사업의 사용자는 당해 사업 또는 사업장 파업참가자의 100분의 50을 초과하지 않는 범위 내에서 당해 사업과 관계없는 자를 채용 또는 대체하거나 도급 또는 하도급 줄 수 있다. 이 경우 파업참가자의 수는 근로의무가 있는 근로시간 중 파업참가를 이유로 근로의 일부 또는 전부를 제공하지 아니한 자의 수를 1일 단위로 산정한다.[43] 대체근로는 정당한 쟁의행위에 대해서만 적용된다. 따라서 정당하지 않은 쟁의행위로 인해 업무의 정상적 운영을 저해 받은 사용자는 당해 사업과 관계없는 자를 채용 또는 대체근로하거나 중단된 업무를 도급 또는 하도급 줄 수 있다. 자세한 사항은 "대체근로"부분에서 상세히 설명한다.

파견사업주는 쟁의행위 중인 사업장에 그 쟁의행위로 중단된 업무수행을 위하여 근로자를 파견할 수는 없다.[44] 다만, 종전부터 파견하던 근로자를 쟁의행위 중에 계속 파견하는 것은 그 쟁의행위로 중단된 업무수행을 위한 것이 아니므로 법위반이라고 볼 수 없다.

2. 쟁의행위

가. 쟁의행위 정당성

쟁의행위의 기본원칙이라고 함은 곧 정당성 있는 쟁의행위의 요건을 말하는 것이다. 근로자의 쟁의행위가 정당하기 위하여는 그 주체, 목적, 시기, 절차, 그 수단, 방법에 있어서 각 요소가 모두 정당하지 않으면 아니된다.[45] 구체적으로 쟁의행위가 정당성을 갖추기 위하여는 첫째, 주체가 단체교섭이나 단체

42) 노조법 제43조제1항 · 제2항
43) 노조법 제43조, 노조령 제22조의4
44) 파견법 제16조제1항
45) 대판 99도4837 전원합의체, 2001.10.25

협약 체결능력이 있는 자 즉, 노동조합이어야 하고, 둘째, 그 목적이 근로조건의 향상을 위한 노사간의 자치적 교섭을 조성하기 위한 것이어야 하며, 셋째, 그 시기는 사용자가 근로자의 근로조건 개선에 관한 구체적인 요구에 대하여 단체교섭을 거부하거나 단체교섭의 자리에서 그러한 요구를 거부하는 회답을 했을 때 개시하되, 넷째, 특별한 사정이 없는 한 법령이 정하는 절차에 따라 조합원의 찬성결정 및 노동쟁의발생신고를 거쳐야 하고, 다섯째, 그 방법은 소극적으로 노무의 제공을 전면적 또는 부분적으로 정지하여 사용자에게 타격을 주는 것이어야 하며, 노사관계의 신의성실의 원칙에 비추어 공정성의 원칙에 따라야 하고, 여섯째, 사용자의 기업시설에 대한 소유권 기타의 재산권과 조화를 이루어야 함은 물론 그 수단에 있어서도 폭력이나 파괴행위을 수반하여서는 아니 되는 것이다.[46)]

이것은 단체행동권의 주체가 노동조합이라는 점과 그 책임을 강조하고, 쟁의행위를 하면서 목적 · 시기 · 방법 · 절차 · 진행과정 모습 등이 노조법 · 형법 · 민법 · 단체협약 등 관계법령에 비춰서 적법하여야 하고, 사회질서와 상호 신의를 존중하여야 한다는 점을 선언하고 있다. 목적, 방법, 절차, 수단 등에 있어서 법령에 위반한 쟁의행위에 대해서는 노조법상 벌칙규정[47)]이 있고, 그 외 업무방해죄, 폭행죄, 재물손괴죄(財物損壞罪), 명예훼손죄, 모욕죄, 강요죄 등 쟁의행위에 수반할 수 있는 사회질서 위반사항은 형법, 민법 등 관련법에 따른 처벌과 손해배상의무 등이 따른다. 노동조합에 의해 주도되지 않은 쟁의행위 및 주요 방위산업체 종사자 등 쟁의행위를 할 수 없는 자의 쟁의행위에 대해서는 노조법상 엄한 처벌규정을 두고 있다. 쟁의행위를 주도한다는 것은

46) 대판 91다43800, 1992.7.14 ; 대판 99다8377, 1999.6.25 ; 서울행판 2003구합6375, 2004.4.16

47) 노조법 제37조제2항(노동조합에 의해 주도되지 않은 쟁의행위), 제38조(비참가자의 출입 조업방해, 폭행 · 협박 등, 원료 제품의 변질, 부패방지), 제41조(조합원찬반투표, 방산업무종사자 등의 쟁의행위), 제42조(폭력, 파괴행위, 시설점거, 안전보호시설 정지 · 폐지 · 방해 등), 제42조의2(필수유지업무 유지운영 정지 · 폐지),제43조(사용자의 채용 · 대체제한, 하도급제한),제44조(쟁의행위기간 중 임금지급요구 쟁의행위), 제45조(조정전치), 제46조(직장폐쇄요건, 신고의무(과태료),제61조(조정서 내용 불이행), 제63조(중재회부시 쟁의행위금지), 제68조(중재재정 내용 불이행), 제69조(재심 등에 의해 확정된 중재재정 내용 불이행), 제77조(긴급조정시 쟁의행위금지)

쟁의행위 사전기획, 결정, 주도, 구체적 방향지시, 사후추인 등을 모두 포함한 개념이다.

다만, 쟁의행위는 그 주체, 목적, 시기, 절차, 그 수단, 방법, 모습 등에 있어서 각 요소가 모두 정당하지 않으면 아니 되지만, 구체적으로 쟁의행위의 정당성 여부를 결론짓기 위해서는, 조정절차를 거치지 않았다거나 찬반투표를 거치지 않았다는 등 한 두 가지 사실만으로 전체 쟁의행위가 정당한지 여부를 판단할 수는 없고, 노동쟁의 상태의 발생이라는 사실과 주체, 목적, 개시시기, 절차, 방법과 수단 등 실질적인 요건과 조정전치, 조합원 찬반투표 등 노조법에서 요구하는 절차적 요건의 충족여부 등 제반요건을 종합적으로 검토한 후 정당성 여부를 판단하여야 한다.[48]

특히 노조법에서 정한 절차적 요건 중 단순한 절차규정 즉, 쟁의행위 사전신고,[49] 부당한 출입감시 등 피케팅 제한,[50] 쟁의행위에 대한 노동조합의 지도와 책임,[51] 객관적으로 조정을 거칠 수 없는 사유가 있다고 인정되는 경우 등을 위반한 경우는 정당성에 영향을 미치지 않으므로 그로 인해 전체 쟁의행위를 위법하다고 볼 수는 없다.

중요한 절차적 규정으로서 이를 위반할 경우 쟁의행위 전체가 위법하게 되는 경우는 다음과 같다.

① 공무원과 교원의 쟁의행위금지
② 노동조합에 의해 주도되지 않은 쟁의행위(노조법 제37조제2항)
③ 시설의 보호와 부패방지를 위한 쟁의행위의 금지(노조법 제38조제2항)
④ 주요 방산업체 종사자의 쟁의행위금지(노조법 제41조제2항)
⑤ 조합원과반수 찬성으로 쟁의행위 결의(노조법 제41조제1항)
⑥ 필수유지업무 정지 · 폐지행위(노조법 제42조의2제2항)
⑦ 조정전치(노조법 제45조제2항)

48) 협력 68140-189, 1998.5.19 ; 협력 68140-359, 1998.9.25 ; 대판 99도4812, 2000.10.13 ; 대판 90누4006, 1991.5.14
49) 노조령 제17조
50) 노조법 제38조제1항
51) 노조법 제38조제3항

⑧ 폭력행위 등의 금지(노조법 제42조제1항) 및 안전보호시설의 정지 · 폐지(노조법 제42조제2항)
⑨ 쟁의기간 중 임금지급을 요구하는 쟁의행위(노조법 제44조제2항)
⑩ 중재시 쟁의행위금지(노조법 제63조), 긴급조정시 쟁의행위금지(노조법 제77조)

다만, 위 ⑩의 경우는 위반하는 경우 위법하지만 객관적으로 인정되는 특별한 사정이 있으면 위법하지 않을 수도 있다는 견해도 있다.

일부에서는 헌법과 노동관계법의 해석기준을 도입하여 쟁의행위 정당성을 판단하는 기준으로 삼아야 한다는 입장이 있다. 이러한 입장은, 독일법계에서 나온 비례의 원칙과 과잉금지 원칙을 헌법해석의 기준으로 삼고, 법 제정 목적달성의 수단으로서 기본권 최소침해원칙, 최후수단성원칙, 비례원칙, 비교형량원칙 등을 내세운다. 노동법에서 이러한 원칙을 원용하는 경우 징계처분의 적절성, 징계수위, 쟁의행위의 최후수단성 등을 지표로 삼을 수 있을 것이다.

나. 쟁의행위 주체

단체교섭은 노동조합과 사용자 또는 사용자단체가 하는 것이므로 근로자측의 쟁의행위의 주체는 단체교섭이나 단체협약 체결능력이 있는 자 즉, 노동조합이어야 한다. 쟁의단, 해고자 복직투쟁위원회, 노사협의회, 구사대, 노동조합결성 준비단 등은 주체가 될 수 없으며, 이들이 주도하는 단체행동은 노조법 등 노동관계법의 적용 및 보호 대상이 아니다.[52)]

산업별 · 지역별 노동조합의 지부나 분회가 독자적으로 쟁의행위를 할 수 있는지가 의문이다. 산업별 · 지역별 노동조합의 지부나 분회 등 산하조직이 근로조건의 결정권이 있는 사업장에 설치되고 설립신고를 하였을 경우는 하나의 독립된 단위노조로 볼 수 있으므로 단체교섭과 단체행동을 독자적으로 할 수

52) 헌재 89헌가103, 1990.1.15. 쟁의행위는 단체협약의 당사자가 될 수 있는 자에 의하여 이루어져야 한다. ; 대판 96누2125, 1997.2.11. 근로자라고 할 수 없는 해직이 확정된 자도 회원자격을 인정하고 있는 등 노조법상 노동조합이라고 할 수 없고, 단체교섭권도 없어 쟁의행위의 정당한 주체라고 할 수 없는 ㅇㅇ단체가 주체로 된 파업 등 일련의 단체행동은 그 주체, 목적, 수단의 면에서 정당성을 인정할 수 없으므로 정당성이 없다. ; 대판 94다4042, 1994.9.30 ; 대판 99도4837, 2001.10.25 ; 대판 95도1959, 1996.1.26.

있다. 그러나 설립신고를 하지 않은 경우는 산업별 · 지역별 노동조합 등의 내부 산하조직에 불과하므로 독자적인 단체교섭과 단체행동을 할 수 없기 때문에 쟁의행위를 하였을 경우는 위법이 된다. 다만, 단위노조로부터 일정사항에 대해 위임을 받아 교섭을 하였다면 그 교섭이 결렬되었을 경우, 지부나 분회 조합원을 대상으로 쟁의행위 찬반결의를 하고 조정절차를 거치는 등 법에 정한 절차에 따라 독자적인 쟁의행위를 할 수 있다. 조정신청은 지부명의로 할 수 없으므로 단위노동조합 명의로 하고 지부의 대표자가 단위노조 대표자의 위임장을 지참하여 조정회의 등에 참석한다.

판례에 의하면, 예외적으로 단위노조의 산하조직이 비록 설립신고를 하지 않았더라도 독자적인 규약을 갖추고 집행부를 구성하여 운영하는 경우는, 당해 조직이나 조합 고유의 사항에 대해서는 독자적으로 교섭하고 단체협약을 체결할 수 있다.[53]

1) 판례와 학설의 견해

(1) 판례의 견해

쟁의행위 주체를 반드시 노조법상 노동조합으로만 보아야 하는가에 대해 의문이 있다. 판례는, 쟁의행위의 주체를 법내 노동조합으로 한정하고, 법상 노동조합의 행위만 쟁의행위로 보는 입장이다.[54] 즉, 노조법 제7조제1항이 같은 법에 의한 노동조합이 아니면 노동쟁의의 신고를 할 수 없다고 규정하고, 같은 법 제33조(현 제29조제3항)는 노동조합의 대표자 또는 노동조합으로부터 위임을 받은 자에게만 단체교섭권을 부여하고 있으며, 노조법 제12조제1항(현 제41조)은 노동조합의 쟁의행위는 그 조합원의 직접, 비밀, 무기명투표에 의한 과반수의 찬성으로 결정하지 아니하면 이를 행사할 수 없다고 규정하고 있는 점에 비추어 보면, 현행법상 적어도 노동조합이 결성된 사업장에 있어서의 쟁의행위가 노조법 제2조(현 제4조) 소정의 형사상 책임이 면제되는 정당행위가 되기 위해서는 반드시 그 쟁의행위의 주체가 단체교섭이나 단체협약을 체결할 능력

53) 대판 2000도4299, 2001.2.23

54) 대판 94다4042, 1994.9.30 ; 대판 95도1016, 1995.10.12

이 있는 노동조합일 것이 요구된다 할 것이고,[55] 일부 조합원의 집단이 노동조합의 승인없이 또는 그 지시에 반하여 쟁의행위를 하는 경우에는 형사상 책임이 면제될 수 없다는 점 등을 근거로 쟁의행위의 주체를 법내 노동조합으로 한정하고, 법상 노동조합의 행위만 쟁의행위로 보는 입장이다.

(2) 학설의 견해

판례와 다른 견해로는, 헌법 제33조제1항에 정한 단결권에 근거하여, 쟁의행위 주체를 설립신고 된 노동조합으로만 한정하지 않고 근로자 개인의 행위가 아니라면 법내 조합이든 법외 조합이든 "노동조합이나 그 밖의 단결체"가 하는 집단적 행위를 쟁의행위로 본다. 따라서 미조직 근로자로 구성된 쟁의단이 단체협약 주체는 될 수 없지만 단체교섭의 주체는 될 수 있으므로 쟁의단이 주도하는 파업도 정당성을 가질 수 있다는 입장이다.[56] 헌법상 쟁의권은 원래 근로자 개인에게 보장된 권리인데, 만일 노동조합만이 정당한 쟁의행위의 주체가 될 수 있다고 한다면 조직 결성과정에 있는 근로자들은 쟁의권 행사를 위해 먼저 노조를 조직해야 하므로 모순이 있다는 입장이다. 그 밖에도 쟁의단 등 일시적인 단결체는 단체협약 체결능력이 없으므로 쟁의행위 정당성이 부인되는 것이 일반적이지만, 비노조 파업이라도 사안의 성격상 비노조가 주체가 될 수밖에 없는 경우(노조결성과정에서 발생한 쟁의행위, 다수의 해고자 복직 또는 해고조건 등을 둘러싸고 쟁의가 발생한 경우 등)는 쟁의행위의 정당성을 인정하려는 입장,[57] 노조법상 노동조합이 아니면 쟁의행위 신고와 조정을 받을 수 없을 뿐이고, 근로계약을 체결하지도 않은 사용자에게도 단체교섭의무를 인정[58]하는 이상 노조법상 노동조합이 아니라도 쟁의행위의 당사자가 된다는 입장 등으로 나뉜다. 즉, 노조법 제37조제2항에서 규정하는 "조합원은 노동조합에 의해 주도되지 아니한 쟁의행위를 할 수 없다"는 것은 조합의 의사에 반하는 파업을 제한하는 것일 뿐 근로자단체의 쟁의행위를 제한하는 것은 아니라는 입장이다.[59]

---

55) 대판 1990.5.15, 90도357 ; 대판 1991.5.24, 91도324 ; 대판 1994.9.30, 94다4042 등 참조
56) 임종률, 『노동법』, 190쪽
57) 김유성, 『노동법』, 220쪽
58) 중노위 93부노161, 1994.2.23, 항운노조와 화주간 단체교섭의무
59) 이병태, 『노동법』, 312쪽

2) 노동조합이 아닌 자의 쟁의행위

조합원은 노동조합에 의하여 주도되지 아니한 쟁의행위를 할 수 없으며 위반시 형사처벌이 따른다.[60] 노동조합은 쟁의행위가 적법하게 수행될 수 있도록 지도 · 관리 · 통제할 책임이 있다.[61] 다만, 조합원이 노동조합의 의사에 반하여 쟁의행위를 하는 것을 금지하는 것이므로, 단위노조가 상급단체인 연합노조 등의 의사에 반해 쟁의행위를 하더라도 법위반이라고 할 수 없다. 그러나 단위노조가 내부적으로 상급단체가 정한 규약위반 등으로 인해 징계 등 문책을 받는 문제는 별론으로 한다. 지역별 · 산업별 · 업종별 노동조합의 경우에는 총파업이 아닌 이상 쟁의행위를 예정하고 있는 당해 지부나 분회소속 조합원의 과반수의 찬성이 있으면 쟁의행위는 절차적으로 적법하다.[62]

조합의 의사에 반해 쟁의행위를 한 조합원은 조합의 내부통제권에 따라 제명, 권리정지, 벌금부과, 경고 등 징계를 받을 수 있고, 사용자에 의해 불법쟁의행위를 주도한 혐의로 복무관리상 징계처분을 받을 수 있다. 실무상 노동조합이 적극적으로 제지하지 않고 조합원의 쟁의행위를 방치한 경우는 조합의 묵시적인 승인이 있다고 보아서 노동조합이 아닌 자의 쟁의행위로 볼 수는 없다.

(1) 복수노조 체제에서의 쟁의행위 주체

사업 또는 사업장에 단수의 노조가 있는 경우 또는 복수의 노조가 있으면서 사용자가 개별교섭에 동의한 경우에 있어서 쟁의행위 주체는 각 개별 노동조합이 된다. 산별노조 등 초기업노조가 사용자단체와 교섭할 경우에는 교섭창구단일화 절차와 무관하므로 교섭이 결렬되었을 경우 초기업노조가 쟁의행위의 주체가 된다. 그러나 사용자단체가 교섭을 거절한다면 달리 교섭을 강제할 방안은 없기 때문에 산별노조 등 초기업 노조와 그 지회, 분회 등이 설치된 개별기업 사용자의 대각선교섭을 할 수 밖에 없는데, 이러한 경우 교섭창구단일화절차를 거쳐야 교섭에 참여할 수 있다. 다만, 그 외 복수의 노조에서 교섭

60) 노조법 제37조

61) 노조법 제38조제3항

62) 대법 2004도4641, 2004.9.24

대표노조는 쟁의행위의 주체가 되고, 쟁의행위 전체를 지도할 책임이 있다.[63] 창구단일화에 참여하지 않은 노조, 단일화 이후에 설립된 노조는 단체교섭권이 없으므로 교섭결렬과 쟁의행위는 고려할 수도 없다.

3) 공무원 · 교원 등의 쟁의금지

헌법 제33조제2항에 의하면, 공무원인 근로자는 법률이 정하는 자에 한하여 단결권 · 단체교섭권 및 단체행동권을 가진다. 여기서 단체행동권을 비롯한 노동3권 모두를 보장받는 자는 사실상 노무에 종사하는 공무원으로서, 이들은 공무원노조법의 적용을 받지 않으므로 노동3권이 보장된다.[64] 그 이외 공무원노조법의 적용을 받는 공무원인 근로자는 법률로 정한 자에 대해서만 노동조합에 가입할 자격을 주고, 헌법이 보장한 노동3권중 단체행동권을 제외한 단결권과 단체교섭권을 가진다. 즉, 6급 이하 일반직 및 이에 상당하는 연구 · 특수직렬의 일반직공무원, 특정직공무원 중 6급 이하의 일반직공무원에 상당하는 외교행정 · 외교정보 관리직 공무원, 기능직공무원, 6급 이하의 일반직공무원에 상당하는 별정직 · 계약직공무원, 고용직공무원을 가입대상으로 한다. 다만, 다른 공무원을 지휘 · 감독하거나 다른 공무원의 업무를 총괄하는 공무원, 인사 · 보수에 관한 업무를 수행하는 공무원 등 노동조합과 관계에서 행정기관의 입장에 서는 공무원, 교정 · 수사 그 밖에 이와 유사한 업무에 종사하는 공무원, 업무의 주된 내용이 노동관계의 조정 · 감독 등 노동조합의 조합원으로서 지위를 가지고 수행하기에 적절하지 않다고 인정되는 공무원은 가입할 수 없다.[65] 따라서 일반 노합법의 적용을 받는 사실상 노무에 종사하는 공무원 즉, 우체국 기능직집배원 · 철도청소속 기능직공무원 및 고용직공무원, 국립의료원 간호원 등 기능직공무원 등은 노동3권을 보장받지만, 공무원노조법의 적용을 받는 공무원인 근로자는 단체행동권을 제외한 나머지 단결권과 단체교섭권만 보장 받는다.[66] 다만, 사실상 노무에 종사하는 공무원이라도

63) 노조법 제29조의5, 제37조제2항
64) 공노법 제2조
65) 공노법 제6조
66) 헌법 제33조제2항 ; 공노법 제11조

그 가운데 사용자 입장을 대변한다고 볼 수 있는 자 즉, 서무, 인사, 경리, 물품출납, 보안, 경비, 관용차운전 공무원 등은 가입대상에서 제외된다.

초 · 중등교육법에서 정한 교원(국 · 공사립에 관계없이 초 · 중 · 고교 교원)은 노동조합에 가입할 수 있으며, 단결권, 단체교섭권은 보장하되 단체행동권은 보장되지 않는다. 교원의 노동조합 가입이나 그 밖의 활동에 대하여는 교원노조법에 특별히 정한 것을 제외하고는 노조법이 적용 · 준용된다.[67] 현역군인, 경찰관, 교정직공무원, 보도직공무원, 소방공무원 등은 노동3권 자체를 가질 수 없으므로 쟁의행위를 할 수 없다.[68] 공무원과 교원 등의 노동조합활동에 대해서는 뒷부분에서 장을 달리하여 각각 상세히 설명하기로 한다.

4) 주요 방위산업체에 종사하는 근로자의 쟁의행위금지

방위사업법에 의하여 지정된 주요방위산업체에 종사하는 근로자 중 전력, 용수 및 주로 방산물자를 생산하는 업무에 종사하는 자는 쟁의행위를 할 수 없으며, 주로 방산물자를 생산하는 자의 범위는 "방산물자의 완성에 필요한 제조 · 가공 · 조립 · 정비 · 재생 · 개량 · 성능검사 · 열처리 · 도장 · 가스취급 등의 업무에 종사하는 자를 말한다.[69]

주요 방위산업체라 함은, 군용으로 제공되는 물자를 생산하는 업체로서 일정한 시설기준과 보안요건을 갖추어 정부의 지정을 받은 사업체를 말한다. 다만, 방위산업체로 지정된 업체라고 하더라도 방산물자 생산을 포기하고 생산조직과 활동을 폐기한 경우는 방산물자 생산업체로서 실체가 없어졌다고 보아서 비록 형식상 허가 등이 소멸하지 않았더라도 방위산업체에 해당하지 않는다. 판례에서도 이러한 쟁의행위 제한 규정이 헌법상 평등권에 반하지 않는다는 입장이다.[70] 이 규정은 국방의 특수성을 고려하여 우리 군에 대한 방산물자의 원활한 조달이 쟁의행위로 방해받지 않도록 하는데 그 목적이 있으므로 수

---

67) 교원노조법 제8조, 제14조제1항

68) 군인복무규율, 경찰공무원복무규정, 국가공무원법 제66조, 공무원복무규정

69) 노조법 제41조제2항, 노조령 제20조

70) 대판 93도493, 1993.4.23 ; 대판 90도2278, 1991.1.15 ; 김형배, 『노동법』, 829쪽

출용 방산물자 생산업체는 적용되지 않는다.[71] 다만, 업계 실정상 대부분 생산품목에서 내수와 수출이 혼재하고 있으므로 획일적으로 단언할 수는 없을 것이다. 방산업의 중요성을 고려하면 방위사업법에 의하여 지정된 주요방위산업체로서 생산품목 가운데 어떤 형태든 내수부분이 있다면 쟁의권에 제한을 받는 방산물자 생산업체로 보아야 할 것이다.

5) 선원, 경비 기타

경비업법상 특수경비원은 파업, 태업 그 밖에 경비업무의 정상적인 운영을 저해하는 일체의 쟁의행위를 하여서는 아니된다. 선원법의 적용을 받는 근로자는 원칙적으로 쟁의행위를 할 수 있다. 다만, 선박이 외국의 항구에 있는 경우, 여객선이 승객을 태우고 항행 중인 경우, 위험물 운송을 전용으로 하는 선박이 항행 중인 경우로서 위험물의 종류별로 해양수산부령이 정하는 경우, 어선이 어장에서 어구를 내릴 때부터 이를 들어 올리고 냉동처리 등을 완료할 때까지의 일련의 어획작업 중인 경우, 그 밖에 선원근로관계에 관한 쟁의행위로 인하여 인명이나 선박의 안전에 현저한 위해를 줄 우려가 있는 경우, 선박이 항구를 출입할 때나 좁은 수로를 지나갈 때 또는 그 밖에 선박에 위험이 생길 우려가 있을 때에는 선장이 직접 조종 지휘하는데 이러한 경우는 쟁의행위를 하여서는 아니된다.[72]

다. 쟁의행위의 목적

쟁의행위의 목적은 근로조건의 향상을 위한 노사간의 자치적 교섭을 조성하기 위한 것이어야 하고, 쟁의행위에 의해 달성하려는 요구사항이 단체교섭 사항이 될 수 있어야 한다. 쟁의행위는 노동관계 당사자가 노동쟁의의 원인이 된 그 "주장을 관철할 목적으로 행하는 행위"를 말한다고 규정하고 있다.[73] 여기서 "주장"이란, 쟁의행위의 목적으로서 집단적인 근로조건의 결정에 관한 주장 즉, 단체교섭사항이 될 수 있는 것이라야 한다는 것을 의미한다. 따라

71) 임종률, 『노동법』, 201쪽
72) 선원법 제9조, 제25조 ; 경비업법 제15조
73) 노조법 제2조제6호

서 단체협약, 근로계약, 취업규칙 등으로 이미 확정된 기존의 근로조건에 관한 해석 · 적용 · 이행 등 권리분쟁에 관한 사항, 정치투쟁, 개별근로자의 근로조건에 관한 문제 등은 쟁의행위 대상이 아니다.[74] 쟁의행위의 목적으로 될 수 있는 사항은 다음과 같이 요약할 수 있을 것이다.

첫째, 개별근로자가 아닌 전체근로자의 근로조건의 향상과 대우에 관한 것을 관철하려는 것이다. 따라서 개별근로자의 해고자 복직, 구속자 석방 등은 근로조건향상을 위한 것이 아니다.

둘째, 근로조건과 관련되더라도 사용자의 인사 · 경영권의 본질적인 내용을 침해하지 않는 것이라야 한다. 예를 들면, 정리해고 · 중국공장 신설 · 지점폐쇄 · 해외매각반대, 폐업에 따른 보상금 요구, 경영위기 타개를 위한 명퇴실시 반대 등은 경영권의 본질적인 부분을 침해하는 것이다.

셋째, 관철하려는 요구사항이 사용자에게 법적으로나 현실적으로 처분가능한 사항이라야 한다.

넷째, 부당노동행위 · 근로조건 불이행 등 이미 결정되어진 근로조건 등에 관한 불이행을 다투는 권리분쟁이 아니라, 결정되어 질 근로조건에 관한 것이라야 한다.

다섯째, 주장하는 내용이 강행법규에 위반되지 않아야 한다.

여섯째, 요구사항이 단체교섭이나 단체협약의 취지를 무의미하게 하지 않는 것, 즉, 사용자의 경영 · 인사권을 침해하지 않는 범위 내에서 근로조건의 개선과 관련된 사항 등 집단적 이익분쟁에 관한 것으로서 강행법규에 위반되지 않으면서 사용자의 처분이 가능한 범위내의 사항이어야 하는 등 의무적 교섭사항을 의미한다.

1) 단체교섭대상과 관계

단체교섭대상은 곧 쟁의행위의 목적으로 볼 수도 있다. 현행 노조법에서는 사용자의 성실한 교섭의무와 교섭의 거부 및 해태 금지를 규정하면서도[75] 구체적

74) 대판 90도2852, 1991.1.29
75) 법 제30조제1항 · 제2항, 제81조제3호

으로 단체교섭 대상사항이 무엇인지에 대하여는 명문의 규정을 두고 있지 않고 있다. 일반적으로 교섭사항은 의무적교섭사항과 임의적교섭사항으로 나눈다. 교섭사항과 관련한 판례에 따르면, 임금 · 근로시간 · 복지 · 해고 · 기타 대우 등 근로조건 결정에 관한 "의무적 교섭사항"은 당해 사항에 대한 교섭요구가 있는 경우 사용자가 교섭에 응할 의무를 부담하는 것으로서, 사용자가 교섭을 거부할 경우 부당노동행위가 되어 형사적 처벌의 대상이 되고,[76] 노동조합은 쟁의행위를 통해 이를 관철시키려 할 수 있다. 반면 그 밖에 "사용자가 처분할 권한이 있으면서 강행법규나 공서양속에 위반되지 않는 사항" 즉, "임의적 교섭사항"은 사용자가 교섭에 응할 의무는 없지만, 임의로 응하여 단체협약을 체결한 경우에는 법적 효력이 인정되는 사항으로 사용자가 이를 거부하였다고 하여 노동조합이 그 주장의 관철을 목적으로 쟁의행위를 할 수 없다[77]는 입장이다.

(1) 법률상 · 사실상 처분 가능성

판례에 따르면, 단체교섭사항이 되려면 우선 사용자가 법률상 · 사실상 처분 가능한 것이라야 하는데, 무엇이 사용자의 처분권한 내의 것인지 의문이다.

쟁의행위의 목적은, 좁게는 사업장 내의 근로조건 향상을 위해 단체교섭과정에서 유리한 지위를 획득하기 위함이고, 넓게는 근로자의 경제적, 사회적 지위향상을 목적으로 진행되며, 궁극적으로는 근로조건 향상을 위한 노사간의 자치적 교섭을 조성하는데 있다. 따라서 쟁의행위의 목적사항은 사용자의 처분권한 내의 것이라야 한다. 단체교섭제도는 사용자와의 교섭을 통하여 근로자의 근로조건을 집단적으로 결정하는 것이므로, 교섭사항이 되려면, 우선 사용자가 법률상 · 사실상 처분 가능한 것이라야 한다. 일반적으로 근로자의 근로조건 기타 근로자의 대우 또는 당해 사업장의 단체적 노사관계의 운영에 관한 사항으로서 사용자가 처분할 수 있는 사항은 단체교섭사항에 해당한다.[78]

---

76) 노조법 제90조

77) 대판 1996.2.25, 94누9177

78) 대판 2007도1557, 2008.1.18 ; 대판 2003도687, 2003.11.13 ; 대판 2003누8906, 2003.12.16. 노동조합 지부가 아닌 비상대책위원회에서 회사대표의 형사처벌 및 퇴진, 군내 버스의 완전공영제 실시 등을 요구조건으로 내걸고 파업을 했는데, 쟁의행위의 주체와 단체교섭의 주체는 동일한 것으로서 교섭당사자가 될 수 있는 근로자 집단은 대외적 자주성을 가진 단체이고, 통

이러한 견해는 구체적인 쟁의행위에 들어가서도 노동조합의 요구가 단체교섭의 대상이 되는지 여부, 쟁의행위의 목적에 비추어 정당성이 있는지 여부를 판가름하는 기준으로 작용한다. 단체교섭 대상이 아닌 요구를 내세우고 이를 관철할 목적으로 하는 쟁의행위는 목적의 정당성을 인정할 수 없다.[79)]

노동조합은 쟁의행위기간에 대한 임금의 지급을 요구하며 이를 관철할 목적으로 쟁의행위를 할 수 없다. 다만, 쟁의행위기간에 대한 임금지급을 요구하는 단체교섭을 하는 것과 사용자가 교섭에 응하여 지급을 약속하는 것은 임의적 교섭사항으로서 쟁의행위 목적의 정당성과는 별개의 사항이다.

(2) 학설의 견해

쟁의행위 목적에 관한 학설의 입장은, 권리분쟁이나 정치파업도 그 목적에서 정당성이 있는지 여부를 떠나서 쟁의행위에 해당한다는 입장,[80)] 쟁의행위의 정의를 규정한 노조법상 규정은 노조법상 독자적인 시각에서 노동위원회가 쟁의의 조정을 개시하기 위한 판단기준에 지나지 않는다고 보아서 노조법의 정의규정에 엄격하게 구속될 것 없다는 입장, 권리의 내용 등 권리분쟁에 관한 사항이라도 기존 근로조건의 개선과 향상 등을 둘러싸고 그것이 단체교섭으로 진행되고, 결국 근로조건 결정에 관한 이익분쟁으로 발전한다는 등의 입장이 있다.[81)]

(3) 정치파업 등의 정당성

(가) 정치파업

노조가 정부부처나 정당, 국회 등을 상대로 자신들에게 유리한 주장 · 정책 · 입법방향 등에 관하여 건의 · 시위 · 선전 활동 등을 하는 경우, 정작 주장 관철의 대상은 정부나 정당 등이면서 파업 등에 따른 손실은 주장과 무관

일적인 의사형성이 가능한 단체 즉, 노동조합이라야 한다. 따라서 비상대책위원회는 단체교섭과 쟁의행위의 주체로서 자격이 없으며, 더구나 그 요구사항도 사용자가 처분이 가능한 것이 아니라, 사법부 또는 지방자치단체의 권한에 속하는 것으로서 노사간에 자치적으로 해결할 수 있는 사항이 아니어서 목적으로서 정당성도 없다.

79) 대판 99도4893, 2001.4.24

80) 임종률, 『노동법』, 191쪽

81) 이병태, 『노동법』, 310쪽

한 사용자가 입는다. 이 경우 노조의 요구사항은 사용자에게 사실상 및 법률상 처분가능성이 없으며, 단체교섭을 통한 요구사항과도 무관하다. 이러한 파업을 "정치파업"이라고 부른다. 정치파업에 대해서는 세 가지 입장으로 구분된다.[82]

첫째, 사용자의 처분범위를 벗어난 것으로 정당한 쟁의행위가 아니라는 입장, 즉, 처분 불가능한 사항을 목적으로 한 쟁의행위로 인한 손해를 사용자로 하여금 수인하도록 하는 것은 형평에 맞지 않다는 것이다.[83]

둘째, 정치파업도 단체행동권으로 보장해야 한다는 입장, 즉, 단체행동권을 기본권으로 보장한 것은 근로자의 집단적 참여를 통한 사회 전반에 대한 민주주의의 확대에 있으므로 정치파업도 단체행동권으로 보장된다는 입장으로서, 노사관계를 둘러싼 사회전반의 여건변화로 인해 정치적 사항 가운데 근로자의 지위와 관련된 것이 증가하고 있다는 현실적 필요성을 강조한다.[84]

셋째, 전적으로 정치적인 파업은 정당성이 없다는 입장, 즉, 근로자의 경제 · 사회적 지위와 관련된 정치적 파업은 쟁의행위의 목적이 될 수 있지만, 전적으로 정치적인 파업은 목적이 될 수 없다. 다만, 근로자의 경제 · 사회적 지위와 관련된 정치적 파업도 사용자의 손해를 최소화 할 수 있는 방법이라야 목적에서 정당성을 가진다는 입장이다.[85]

이상의 학설을 긍정설과 부정설로 대별해 보면, 정치파업의 정당성을 부정하는 입장은, 쟁의행위는 단체교섭을 촉진하거나 유리한 국면으로 이끄는 수단으로만 인정된 것이므로 단체교섭 내지 협약을 통한 근로조건의 향상을 목적으로 해야 정당성이 인정된다. 따라서 입법이나 정책결정을 통해 근로조건을 향상시키려면 정치적 활동으로 하여야 한다는 입장이다. 반면, 긍정하는 입장은, 헌법 제33조에서 단체행동권(쟁의권)보장의 목적으로 정한 근로조건 향상이 단체교섭을 통해서만 달성하라는 취지가 아니라, 널리 입법 등을 통한

---

82) 김유성, 『노동법』, 224쪽

83) 대판 90도2852, 1991.1.29. 즉, 동료근로자의 형사재판 결과에 대한 항의와 석방촉구 쟁의행위 등은 사용자의 처분범위를 벗어난 것으로 쟁의행위로서 목적을 상실한 것이라는 입장이다.

84) 이영희, 『노동기본권의 이론과 실제』, 174쪽.

85) 임종률, 『노동법』, 220쪽

근로조건의 향상을 포함하는 의미로 보아서, 단체교섭을 통한 근로조건의 향상은 물론, 입법 등을 통한 근로조건의 향상도 쟁의행위의 정당한 목적이 될 수 있다고 본다.[86)]

(나) 동정파업

스스로의 근로조건 향상을 위한 주장 등이 없이 오직 다른 근로자의 파업이나 주장에 동조하여 이를 지원할 목적으로 하는 파업으로서, 쟁의행위 목적에 대해 처분권한 없는 사용자가 손해를 입는다는 점에서 정치파업과 유사하다. 동정파업은 목적의 정당성이 없다는 것이 일반적인 입장이다. 다만, 동정파업의 주체가 산업별노조 등 지원세력과 조직적 결합관계를 가지는 경우에는 근로조건에 관해 실질적으로 이해를 같이 하는 것이므로 그 목적면에서는 정당성을 부정할 수는 없을 것이다. 다만, 파업에 돌입하기까지 찬반투표 등 절차적 문제는 별도로 검토해야 한다.

(4) 복수의 목적

쟁의행위는 임금인상과 구조조정, 조합활동 등 몇 가지 복합적인 이슈를 들어 개시하는 경우가 일반적인데, 이 경우 추구되는 목적이 여러가지이고 일부가 정당하지 못한 경우에는 주된 목적 내지 진정한 목적의 당부에 의하여 그 쟁의목적의 당부를 판단하여야 하고, 부당한 요구사항을 제외하였다면 쟁의행위를 하지 않았을 것이라고 인정되는 경우에는 전체가 정당성을 갖지 못한다고 판단한다.[87)] 구조조정 반대를 실질적 목적으로 하면서 임금인상과 징계위 노사동수구성을 함께 이슈로 내건 경우, 주된 목적이 경영상 고유권한에 속하여 정당성이 없으므로 쟁의행위 전체가 정당성을 상실한다고 보아야 한다. 주된 목적 또는 진정한 목적이 무엇인지는 노동조합의 회의록 또는 회보, 조합인터넷사이트에 주장 등으로 미루어 판단할 수 있다. 노동조합은 쟁의행위 도중에 목적을 추가할 수도 있다. 다만, 근로조건에 관한 주장의 불일치로 노동쟁의상태가 발생하여 쟁의발생신고를 하고 조정기간을 거쳐 정당한

86) 임종률, 『노동법』, 220쪽

87) 대판 2010도11030, 2011.1.27 ; 대판 2004두10852, 2005.4.29 ; 대판 2001도3380 203.12.26 ; 대판 91누5204, 1992.1.21 ; 대판 2004도8448, 2005.3.10

쟁의행위를 계속하고 있는 도중에 새로운 쟁의사항이 부가되었다 하더라도, 그 사항에 관하여 다시 별도의 쟁의발생신고나 조정절차 등을 거쳐야 할 의무는 없다.[88]

(5) 쟁의행위 목적으로서 권리분쟁

(가) 근로조건에 관한 주장의 불일치

노동쟁의는 분쟁상태에 돌입하게 된 원인이 무엇인가에 따라 그 다음에 진행되는 쟁의행위의 정당성을 좌우하게 된다. 1997.3 현행 노조법의 개정 이전에는, 노동쟁의의 정의를 "근로조건에 관한 당사자간 주장의 불일치"라고 명시하여, 판례는 이를 근거로, 근로조건에 해당하기만 하면 장차 근로조건 결정에 관한 형성과 기존의 근로조건에 관한 권리의 주장도 포함하는 것으로 판단하였다.[89]다만, 고용부 입장은 권리분쟁에 대하여는 쟁의행위 목적으로 삼을 수 없다는 입장을 지켜왔는데, 권리행사, 의무의 이행, 법령이나 단체협약 또는 취업규칙의 해석과 적용, 해고의 정당성 여부 등에 관한 권리분쟁은 당사자간의 대화로 해결되지 않으면 최종적으로 고용부, 노동위원회, 법원 등 국가기관에 의해 해결되어야 할 성질이라고 보았다.

(나) 근로조건의 결정에 관한 주장의 불일치

이러한 갈등을 입법적으로 해결하기 위해, 1997.3 개정법에서는 노동쟁의를 "근로조건의 결정에 관한 주장의 불일치"로 규정하여 노동쟁의의 대상을 이익분쟁에 한정시킴으로서 그 간의 행정해석이 입법적으로 명확하게 되었다.[90] 따라서 권리분쟁 중 단체협약의 해석 및 이행방법에 관해 당사자간 의견불일치가 있는 경우는 당사자 쌍방 또는 단체협약에 정해져 있는 자에 의하여 어느 일방이 노동위원회에 그 해석 또는 이행방법에 관한 견해의 제시를 요청할 수 있도록 정하고 있는데, 이 규정은 권리분쟁사항인 단체협약의 해석 및

88) 대판 2010두17601, 2013.2.14

89) 대판 90도2528, 1991.3.27

90) 서울행판 2001구26084, 2001.11.22. 임금체불과 같은 사유는 근로조건의 결정에 관한 사항이 아니어서 노조법에 따른 정당한 쟁의행위의 이유가 될 수 없을 뿐 아니라 그 절차적인 요건도 갖추지 않았으므로 쟁의행위주도는 일응 정당한 징계사유가 된다.

이행에 관한 분쟁은 쟁의가 아닌 노동위원회를 통한 분쟁처리절차를 거치도록 명문화한 것이다.

(6) 인사 · 경영권의 행사와 쟁의행위대상

인사 · 경영에 관한 사항"은 헌법의 재산권 보장과[91] 민법 및 기타 법률로 사유재산권을 보호하고 있으므로 기업의 재산권 행사와 관련한 사용자의 인사 · 경영권을 부인할 수 없다. 특히 단체교섭 및 쟁의행위와 관련해서는 인사 · 경영권이 어느 선까지 단체교섭 대상인지 여부가 쟁점이다. 판례에 따르면, 사용자의 재량적 판단이 존중되어야 할 경영권에 속하는 사항(기구 통 · 폐합에 따른 조직변경 및 업무분장 등에 관한 결정권)은 사용자의 경영권에 속하는 사항으로서 단체교섭사항이 될 수 없고, 단체교섭사항이 될 수 없는 사항을 달성하려는 쟁의행위는 그 목적의 정당성을 인정할 수 없는 것이 원칙이다.[92] 인사 및 기업의 경영관리는 기업주체로서의 사용자의 책임 아래에 행해지는 사항이지만, 사용자는 단체교섭 등을 통해 스스로의 의사에 따라 그 권한에 제약을 가할 수 있으므로, 사용자의 인사 · 경영권을 근본적으로 제약하는 것이 아닌 한 근로조건과 밀접한 관련이 있는 부분은 단체교섭의 대상으로 볼 수 있다.[93]

따라서 전직, 징계, 해고 등 인사에 관한 기준이나 절차에 관한 사항이나 경영, 생산에 관한 사항도(합병, 영업양도, 신기술 도입, 생산판매 체재, 하도급) 근로조건과 관련된 부분이라면 교섭사항이 될 수 있다. 그러나 고도의 경영상 결단이 필요한 사항으로서 경영권의 본질적인 부분은 사용자의 전단에 속하는 권리에 속한다. 즉, 기업의 인수, 합병, 휴 · 폐업 및 일부 부서 폐지결정, 구조조정, 정리해고 등 "경영권의 본질적인 부분인 경영상의 의사결정 자체(본질적이 아닌 부분은 구조조정 절차, 시기, 대상인원 등 근로조건과 밀접한 관련이 있는 사항)"나 개별근로자의 징계 또는 해고 등 인사결정권 자체는 원칙적으로 교섭대상이 되지 않는다.[94]

특히 경영권 행사가 긴박한 경영상의 필요나 합리적 이유없이 불순한 의도

91) 헌법 제23조제1항
92) 대판 2001도1687, 2002.1.11
93) 대판 94다21337, 1994.9.30 등
94) 대판 93다30242, 1994.3.25 등

로 추진되는 등의 특별한 사정이 없는 한, 비록 그 실시로 인하여 근로자들의 지위나 근로조건의 변경이 필연적으로 수반된다고 하더라도 노동조합이 실질적으로 그 실시 자체를 반대하기 위하여 쟁의행위를 한다면 목적의 정당성을 인정할 수 없으므로 사측이 교섭을 거부하는 것은 정당한 이유가 있다고 본다.[95] 다만, 경영권의 경우, 사업통폐합, 구조조정 등은 경영주체의 고도의 결단에 속하는 사항이지만, 노사가 협의를 통해 구조조정을 실시하지 않기로 하는 등 경영권의 일부를 제한하기로 합의하였다면 특별한 사정이 없는 한 그 합의는 유효하다.[96] 문제는 그 합의를 불이행한 사용자를 상대로 이행을 촉구하는 것을 주된 목적으로 쟁의행위를 한 경우 그것이 근로조건 등 규범적부분에 속한다면 정당한 쟁의행위로 볼 것인지, 쟁의행위가 정당하다면 단체교섭의 대상으로 삼을 수 있는지 여부가 의문이다.

지금까지 판례의 일관된 견해는, 경영권과 인사권의 본질적인 부분에 관한 사항은 단체교섭의 대상이 될 수 없으므로 그것을 목적으로 하는 쟁의행위 또한 정당성이 없다는 입장이다.[97]

(가) 경영권제한에 관한 합의

단체협약 체결시 구조조정 등 경영권의 행사시 노사가 합의를 거쳐야 한다거나 노조의 동의를 얻어 시행토록 정한 경우가 있다. 경영권의 본질에 속하여 단체교섭의 대상이 될 수 없는 사항에 관하여 노동조합과 합의하여 결정 혹은 시행하기로 하는 단체협약의 일부 조항이 있는 경우, 합의, 동의 등 그 조항 하나만을 주목하여 쉽게 사용자의 경영권의 일부포기나 중대한 제한을 인정하여서는 아니 되고, 그와 같은 단체협약을 체결하게 된 경위와 당시의 상황, 단체협약의 다른 조항과의 관계, 권한에는 책임이 따른다는 원칙에 입각하여 노동조

---

95) 대판 2000도4169, 2003.2.11 ; 대판 99도5380, 2002.2.26 ; 대판 2004도8448, 2005.3.10. 해고자복직, 업무위탁 철회, 안전요원확보, 2인승무제 환원, 용역철회, 안전위원회설치는 사용자의 경영・인사에 관한 사항이고, 안전소요예산 정부부담은 사측의 처분권한이 없는 사항이므로 각각 단체교섭대상이 아니다.

96) 서울고판 2010누18552, 2011.2.9 ; 대판 2011두7526, 2011.5.26

97) 서울고판 2003누8120,2004.4.2 ; 대판 2001도1687, 2002.1.11 ; 서울고판 95구1288, 1996.12.27. 외국인조종사 채용동결, 기구통폐합, 조직변경 및 업무분장, 소사장제 도입여부 그 자체는 사용자의 경영・인사에 관한 사항이다.

합이 경영에 대한 책임까지도 분담하고 있는지 여부 등을 종합적으로 검토하여 그 조항에 기재된 합의의 의미를 해석하여야 한다는 입장이다.[98)]

판례도 정리해고에 관한 노동조합의 요구내용이 "정리해고를 해서는 아니된다"라는 취지라면 이는 사용자의 경영권을 근본적으로 제약하는 것이 되어 원칙적으로 단체교섭의 대상이 될 수 없다[99)]고 판정하고 있으므로 "합의"를 통해 구조조정을 실시한다고 정한 경우, 노동조합의 합의를 얻지 못할 경우에도 구조조정의 필요성과 불가피성이 있다면 사용자는 경영권에 기해 구조조정을 할 수 있다. 다만, 경영권과 인사권 등 경영의 본질적 부분에 속하는 사항에 관하여는 교섭대상이 아니므로 쟁의행위의 이유로 삼으면 정당성이 없다는 주장에 대한 다른 견해는, 근본적으로 경영의 본질적 부분이 교섭대상인지 여부가 경영권과 노동기본권이 충돌하는 것이라고 보고, 근로자 시각에서 보면 경영권과 인사권의 본질적인 부분이라도 대부분 근로조건에 해당하므로 교섭대상이 된다는 소수의 의견도 있다. 정당한 경영권 행사를 반대할 목적으로 하는 쟁의행위는 경영을 저해하는 행위로서 형법상 업무방해죄를 구성할 수도 있는데, 사업의 수행, 사업의 확장 · 축소 · 전환 · 폐지, 사업장폐쇄 · 가동중단 등 경영계획의 추진 등 일련의 경영행위는 업무방해죄의 보호법익이 된다.[100)]

(7) 목적의 불합리성

(가) 업무저해성

쟁의행위가 근로조건의 유지 · 개선을 목적으로 하지 않고 오직 쟁의를 통해 정상적인 업무수행을 저지하는 것에만 목적을 둔 경우[101)]는 정당성이 없다. 다

98) 대판 99도5380, 2002.2.26. 사례에서, "정리해고나 사업장조직 통폐합에 따른 직원의 해고시 노조와 사전에 합의한다."라고 규정한 사안에서, 이것은 사용자가 정리해고 등 경영상 결단을 하기 위하여는 반드시 노조의 사전동의를 요건으로 한다는 취지가 아니라 사전에 노조에게 해고의 기준 등에 관하여 필요한 의견을 제시할 기회를 주고 노조의 의견을 성실히 참고하게 함으로써 구조조정의 합리성과 공정성을 담보하고자 하는 협의의 취지로 해석함이 상당하다고 보고, 사측이 수차례에 걸쳐 구조조정에 관해 협의하려고 노력했음에도 통폐합의 백지화만 고집하면서 쟁의행위로 나간 사건에서, 그 쟁의행위가 목적의 정당성을 부여받을 수도 없다고 보았다.

99) 대판 99도4893, 2001.4.24

100) 대판 2004도8701, 2005.4.15

101) (예) 구체적인 요구안 없이 돌발적인 쟁의행위 돌입, 잦은 교섭안 변경 등 성실한 교섭이 불가

만, 판례는 노동조합이 기업의 경영상태나 지불능력 등에 비추어 객관적으로 수용이 불가능한 요구사항을 제시한 경우 교섭과정에서 조정할 문제이지 곧바로 정당성이 없는 교섭으로 판단할 수는 없다고 판시하여 교섭기술의 일종으로 판단한 바 있다.[102)]

(나) 근로조건 개선이 아닌 조합활동 목적의 정당성

직접 근로조건 개선을 목적으로 하지 않고 외부행사 참석, 연대투쟁 집회참석, 정치투쟁 연대집회행사 참석 등 조합활동 기회를 쟁취하기 위해 쟁의권을 이용하는 경우, 이를 테면, 상부조직 연대투쟁에 다수 조합원을 차출해야 하나, 전임자 수가 적거나 사용자의 승인을 받지 못한 경우 부분적으로 지명파업을 하거나, 집단휴가 등을 사용하여 업무의 정상적 수행을 저해하는 경우, 개인택시 면허 부여 조건개선 등 버스운전기사의 집단적 권익보호 조건을 획득하기 위한 파업 등의 행위는 쟁의권 남용으로 정당성이 없다.[103)]

라. 쟁의행위 시기와 방법

1) 쟁의행위 시기

단체행동권은 교착상태에 빠진 단체교섭을 조장하는 수단적인 권리이며 궁극적으로 단체협약을 성사시키는 것을 목적으로 한다.[104)] 쟁의행위는 사용자가 근로자의 근로조건 개선에 관한 구체적인 요구에 대하여 단체교섭을 거부하였을 때에 개시하여, 파업 · 태업 등의 집단적인 수단을 통해 업무의 정상적인 운영을 저해함으로써 주장을 관철하는 것이다. 그렇게 본다면 쟁의행위는 각자의 주장에 대해 단체교섭을 충분히 한 상태에서 더 이상 교섭을 하더라도 쟁점에 대한 합의의 여지가 없는 상태에 도달하여야 하고, 그 사실을 어느 일방이 상대방에게 서면으로 통보하여야 하며, 소정의 조정절차를 거치지 아니하면 쟁의행위를 할 수 없다. 사용자가 노동조합 설립을 철저히 봉쇄하고, 조합이나 단체교섭 자체를 인정하지 않거나 거부하는 경우는 단체교섭이 없더라

능한 경우, 실현 불가능한 요구사항을 반복제시 하는 등

102) 대판 91누5204, 1992.1.21

103) 대판 90도2852, 1991.2.29 ; 김유성, 『노동법』, 230쪽

104) 대판 90도357, 1990.5.15

도 합의의 여지가 없는 경우로 본다.[105] 따라서 교섭이 개시되기도 전에 위력을 과시하기 위해 먼저 쟁의행위를 하는 경우, 교섭과 동시에 쟁의행위를 하는 경우, 노동조합의 요구에 사용자가 회답할 시간도 없이 시작하는 경우, 사전통보 등 예고 없이 하는 쟁의행위, 합의가 불가능 할 것이라는 예단(豫斷)아래 하는 쟁의행위, 단체협약의 유효기간 중에 쟁의행위를 하는 경우는 평화의무 위반으로 정당성이 없다. 노동조합이 대표자에게 교섭권만 주고 협약체결권을 부여하지 않았다는 이유로 사용자가 교섭을 거부할 경우 부당하다고 할 수 없다. 이 경우 노조가 교섭거부로 쟁의행위를 하는 것은 위법하다.

쟁의행위는 교섭안에 대해 사용자가 회답을 기피하거나, 교섭거부 의사를 밝히거나, 노동조합이 수용하기 불가능한 답변 · 불명확한 답변으로 일관하는 경우 개시할 수 있다. 즉, 당사자간 합의를 위한 노력을 계속하여도 더 이상 자주적교섭에 의한 합의의 여지가 없는 경우, 즉, "최후수단성"이 있어야 한다.[106] 평화의무 위반 쟁의행위에 대해서는 본문 말미에 따로 설명한다.

(1) 조정 · 중재절차 이행

노조법은 쟁의의 개시절차와 관련하여 조정전치,[107] 중재회부 된 날로부터 15일간 쟁의행위금지,[108] 긴급조정 결정 공표시 공표일로부터 30일간 쟁의행위금지[109] 등의 절차규정을 두고 있다. 법령 이외에 단체협약이나 규약 등으로 쟁의행위 요건과 절차를 합의로 정한 경우는 따라야 한다. 법정기간 내에 조정이 이루어지지 않거나 기간 내에 중재재정이 이루어지지 않은 경우에는 쟁의행위를 할 수 있다.[110] 조정을 거치지 않은 쟁의행위에 대해서는 처벌이 따른다. 이러한 절차를 거치지 않은 쟁의행위가 곧바로 정당성이 부인되는지 여부가 의문이다.

105) 대판 90누4006, 1991.5.14
106) 노조법 제2조제5호 단서 ; 대판 94다4042, 1994.9.30
107) 노조법 제45조제2항
108) 노조법 제63조
109) 노조법 제77조
110) 노조법 제45조

(가) 판례와 학설의 입장

첫째, 판례의 견해는, 앞서 언급한 법령상 절차규정은 소정기간 동안 쟁의행위 시작을 유보하여 분쟁의 사전 조정을 통해 쟁의행위 발생을 피할 수 있는 기회를 주거나, 진행 중인 쟁의행위를 중단하고 조정 · 중재 등의 성공을 위해 노력하도록 하는 정책적인 고려에서 비롯된 것이지 쟁의행위 자체를 금지하려는 데에 있는 것이 아니므로, 쟁의행위가 조정전치의 규정 등 법령에 정한 절차를 거치지 아니하였다고 하여 무조건 정당성이 결여된 쟁의행위라고 볼 것이 아니고, 그 위반행위로 말미암아 사회 · 경제적 안정이나 사전통보유무 등 사용자의 사업운영에 예기치 않는 혼란이나 손해를 끼치는 등 부당한 결과를 초래할 우려가 있는지의 여부 등 구체적 사정을 살펴서 그 정당성 유무를 가려 형사상 죄책 유무를 판단하여야 할 것이라는 입장이다. 노조법상 절차를 거치지 않는 등 법위반으로 인해 벌칙을 받는 것은 정당성과 별도로 판단할 문제라는 입장이다.[111)]

둘째, 학설의 경우에도 조정전치주의, 소정기간 쟁의행위금지 등 법령상 절차의 제한에는 쟁의조정 등 실효성 확보라는 측면과 쟁의가 정당하기 위한 실질적 요건의 두 가지 취지가 내포된 것이라고 보고, 조정전치주의 위반 등 법규위반사실이 그 쟁의행위의 정당성을 상실하는 지표가 되기는 하지만, 정책적 목적에 의한 형사벌칙효과는 인정되나 쟁의행위 자체의 정당성은 당연히 상실되는 것이 아니라 제한 · 금지법규의 취지에 비추어 별도로 정당성을 판단하여야 한다는 입장으로 판례와 같은 입장이다.[112)]

다만, 학설과 일부 판례의 견해에도 불구하고, 조합원 찬반투표를 거쳐야 하는 것은, 조합의 자주적이고 민주적 운영을 도모할 뿐 아니라 쟁의에 참가한 근로자들이 사후에 정당성과 관련하여 어떤 불이익도 받지 않도록 그 개시에 관해 조합의사결정에 신중을 기하도록 마련된 규정이므로 절차를 준수할 수 없었던 불가피하고 객관적인 사정이 입증되지 않는 한 쟁의행위의 정당성은

111) 대판 99도4812, 2000.10.13 ; 대판 90도357, 1990.5.15 ; 대판 94누11583, 1995.4.28 ; 대판 90누4006, 1991.5.14

112) 김유성, 『노동법』, 239쪽

없다고 보는 것이 옳다.[113] 만약 찬반투표를 거치지 않은 쟁의행위의 정당성을 인정하면 위임에 따른 대리투표, 공개결의 혹은 사후결의, 사실상의 찬성간주 등 조합의 민주적 운영을 저해하는 편법이 난무할 것이므로, 찬반투표를 거치지 않은 쟁의행위는 절차를 따를 수 없는 객관적인 사정이 없는 이상 정당성을 인정할 수 없다.[114]

(나) 행정해석의 입장

법 제45조제2항에서 "쟁의행위는 조정절차(調停節次)를 거치지 아니하면 행할 수 없다"고 정하고 있고, 불이행시 형사처벌을 하고 있으며,[115] 조정을 거치지 않은 쟁의행위는 정당성이 없는 것으로 보고 있다.[116] 실무에서는 조정신청을 반려한 경우, 조정대상이 아니라고 행정지도를 한 경우, 1차 조정 후 쟁의행위를 하고 업무복귀 후 다시 파업한 경우 등 다양한 쟁점이 있을 수 있다. 노동위원회가 쟁의조정신청서를 반려한 경우는 조정절차를 거친 것이라 볼 수 없고,[117] 최초 조정신청시에는 포함되지 않았던 새로운 쟁점이 추가되었을 뿐 아니라, 최초 쟁의행위 재개 당시의 쟁점과 비교할 때 동일한 분쟁상태로 보기 어려운 경우는 새로운 쟁점에 대한 충분한 교섭을 실시한 후 쟁의행위를 개시할 경우 새로운 조정절차를 밟아야한다.[118] 이 경우 최초의 조정신청 당시의 쟁점과 새로운 쟁점이 추가된 후 교섭을 실시하는 두 시점 사이에 노동쟁의 상태가 동일성을 인정하기 어려운 객관적인 사정이 없다면 조정신청 등 별도의 절차를 거치지 아니하여도 무방할 것이다.

파업 후 업무에 복귀하였다가 별도의 조정절차를 거치지 않고 재파업을 하였을 경우의 정당성 여부에 관해서도 같은 논리로 볼 수 있다.[119] 노동위원회가 조정신청 사건에 대하여 노조법 제2조제5호에 의한 노동쟁의에 해당되는

113) 대판 99도4837 전원합의체, 2001.10.25.
114) 대판 99도4837 전원합의체, 2001.10.25.
115) 노조법 제91조
116) 협력 68140-132, 2000.4.10
117) 협력 68140-189, 1998.5.19
118) 협력 68140-359, 1998.9.25
119) 협력 68107-427, 2001.8.23

지의 여부를 검토하고 조정대상이 아니라고 인정하여 당사자간 자주적이고 성실한 교섭을 충분히 갖도록 다른 해결방법을 알려주고 권고하였음에도 노조가 이를 무시하고 쟁의행위에 돌입하였다면, 이는 동법 제45조제2항에 규정된 조정절차를 거쳤다고 할 수 없어 법위반에 해당한다.[120]

노조규약에 정한 결의절차를 위반한 노동쟁의의 조정신청은 무효이고,[121] 노동위원회가 관계당사자의 조정절차 불참으로 "조정중지"를 결정하는 경우에는 조정절차를 거친 것으로 볼 수 없으므로 별도의 조정절차를 거쳐야 한다.[122]

그럼 조정을 거친 쟁의행위는 모두 정당한지 여부가 의문이다. 조정을 거쳤더라도 쟁의행위의 주체나 목적이 정당하지 못한 경우 그 쟁의행위는 위법하다. 판례에 따르면, 정리해고에 반대하는 부당한 목적이라면 조정을 거친 쟁의행위라도 정당성이 없다고 판시한 바 있다.[123]

(2) 조합규약 기타 절차준수와 정당성 문제

쟁의행위는 단결력을 바탕으로 하여야 실효성을 거둘 수 있으므로, 쟁의의사를 형성하려면 조합원의 민주적 의사가 반영되어야 한다. 실무상 노동조합에서 쟁의행위의 시기와 개시요건 등을 규약으로 정해두는 경우가 많은데, 규약상의 절차를 위반한 쟁의행위가 정당성이 있는지 의문이다. 노조규약에 정한 노동쟁의 결의절차를 위반한 조정신청은 무효이다.[124] 규약이 대의원대회를 통해 노동쟁의 발생을 결의하도록 규정하고 있는 경우, 노동조합의 대표자는 규약이 정한 바에 의하여 노동쟁의를 결의하고 조정신청을 하여야 하는 것이며 이를 위반한 조정신청은 각하되어야 한다. 규약위반의 쟁의행위는 규약에 정한 절차를 거치지 않은 경우, 의결기관을 위반한 결의, 정족수 미달 · 투표절차 하자 등 내부 절차상 흠결이 있는 경우로 구분할 수 있다. 이 가운데

120) 협력 68140-132, 2000.4.10
121) 협력 68140-1510, 1997.4.19
122) 협력 68140-97, 1998.3.25
123) 대판 99도4893, 2001.4.24
124) 협력 68140-1510, 1997.4.19

아예 결의를 거치지 않은 경우와 의결기관을 위반한 결의는 정당성이 없으며, 정족수 등 절차상 흠결은 궁극적으로 조합원의 민주적 의사형성이 보장되었는지 여부에 따라 구체적으로 판단하는 것이 합리적이다.[125)]

(3) 부당노동행위와 주장의 불일치로 인한 쟁의행위

노조법 제81조제3호에 의하면, 노조대표자 또는 노조로부터 위임을 받은 자와의 단체협약체결 기타 단체교섭을 정당한 이유없이 거부하거나 해태하는 행위는 이를 부당노동행위로 보아서 노동위원회에 구제신청을 할 수 있도록 정하고 있다. 이처럼 교섭거부나 기피는 권리분쟁의 성격을 가지고 있으므로 쟁의행위대상이 아니지만, 사용자의 성실하지 못한 교섭자세로 더 이상 자주적인 해결 가능성이 없다고 볼 때는 쟁의행위가 가능할 수도 있다.[126)]

(4) 평화의무 위반 쟁의행위

노사가 단체협약을 체결한 경우, 단체협약의 유효기간 중에는 이미 협약으로 정한 사항의 개정이나 폐지 등을 목적으로 하는 쟁의행위를 해서는 아니됨은 물론, 조합원들에 대하여도 통제력을 행사하여 그와 같은 쟁의행위를 행하지 못하게 방지해야 할 이른바 평화의무(平和義務)를 부담한다.[127)] 평화의무는 노조법 등 실정법으로 정한 바는 없고 판례에서 인정하는 것으로서, 이미 합의한 사항의 개폐를 목적으로 쟁의행위를 할 수 없다는 것이다. 따라서 ① 단체협약에 없는 것을 신설하기 위한 교섭과 쟁의행위, ② 쟁의행위 없이 이미 합의한 내용을 변경하자고 단체협약을 요구하는 것, ③ 기존 협약의 변경이 아닌 유효기간 만료를 전에 다음 협약을 교섭하고 쟁의행위를 하는 경우 등은 무방하다.

실무상, 단체협약이 형식적으로 유효한 것처럼 보이지만 무효라고 주장할 만한 특별한 사정이 인정되는 경우에도 노동조합으로서는 단체협약의 유효기간 중에 사용자에게 단체협약을 무효라고 주장하는 근거를 제시하면서 기존

---

125) 김유성, 『노동법』, 233쪽
126) 대판 90누4006, 1991.5.14
127) 대판 92누7733, 1992.9.1

의 단체협약 개폐를 위한 단체교섭을 요구할 수 있다.[128] 평화의무는 단체협약을 체결한 당사자가 바뀌거나 당초에 체결한 내용이 불만족스럽더라도 그대로 지켜져야 한다. 그럼 평화의무는 명문으로 정한 경우에만 효력이 있는가? 평화의무는 단체협약상 문구로 표기한 경우와 그렇지 않은 경우가 있으나 어느 경우에나 명시적인 약정이 없더라도 단체협약의 신의칙(信義則)상 당연히 발생한다. 평화의무 근거에 대하여는 단체협약의 본래적 평화유지 기능에 있다는 설,[129] 당사자 사이에 묵시적 합의로 발생하는 의무라는 설,[130] 이미 체결한 협약내용이 유효기간 도중에 불만족하다고 하여 쟁의행위를 하는 것은 신의칙상 허용이 불가능한데서 오는 효과라는 설 등[131]으로 나뉜다. 당사자간 약정으로 평화의무를 배제하는 것은 단체협약제도의 근본취지를 몰각(沒却)하는 것으로 효력이 없다. 평화의무를 위반한 쟁의행위는 정당성이 없으므로, 사용자는 평화의무를 위반한 노동조합에 대하여 협약위반으로 인한 채무불이행 책임을 물을 수 있고, 쟁의를 주동한 조합원은 징계처분을 할 수 있으며 손해배상 등 민·형사상 책임을 물을 수 있다.[132]

다만, 단체협약은 계약이고 평화의무는 단체협약의 계약이행의무에서 파생되는 신의칙상의 의무이므로, 평화의무 위반 쟁의행위는 계약상 채무불이행은 되지만 반사회적이거나 불법행위 책임을 발생시키는 것은 아니라고 보아야 한다. 자세한 사항은 "단체협약의 효력"부분에서 자세히 설명한다.

평화의무와 유사한 것으로 "평화조항"이 있는데, 당사자간 단체협약으로 정하기를 "이런 경우 이외에는 쟁의행위를 할 수 없다"고 정하고, "나머지 사항

128) 대판 2002두9919, 2003.2.11 ; 노사관계법제팀-3444, 2006.11.20. 단체협약의 유효기간 중에도 노동조합은 차기의 협약체결을 위하거나 기존의 단체협약에 규정되지 아니한 사항에 대하여 사용자에게 단체교섭을 요구할 수 있다 할 것이고 또한 단체협약이 형식적으로 유효한 것처럼 보이지만 무효라고 주장할 만한 특별한 사정이 인정되는 경우에도 노동조합으로서는 단체협약의 유효기간 중에 사용자에게 단체협약을 무효라고 주장하는 근거를 제시하면서 기존의 단체협약 개폐를 위한 단체교섭을 요구할 수 있다.

129) 김형배, 『노동법』, 766쪽 ; 이상윤, 『노동법』, 676쪽

130) 김유성, 『노동법』, 235쪽

131) 임종률, 『노동법』, 152쪽

132) 대판 92누7733, 1992.9.1 ; 대판 94다4042, 1994.9.30

에 관해서만 쟁의행위를 할 수 있다"고 약정한 조항을 말한다. 평화조항을 위반한 경우는 민사상 채무불이행으로 인한 손해배상 책임과 단체협약 불이행에 따른 책임을 질 수 있다.

2) 쟁의행위 수단과 방법

쟁의행위는 노동관계당사자가 그 주장을 관철할 목적으로 하거나 이에 대항하는 행위로서 업무의 정상적인 운영을 저해하는 행위[133]를 말하므로 상대방에게 자기의 주장을 수용하도록 요구하거나 그 요구를 저지하기 위한 수단으로서 방어적 · 수동적 행위[134]라야 한다. 쟁의행위가 그 방법에 있어서 정당성을 가지기 위하여는 소극적으로 근로제공을 전면적 또는 부분적으로 정지함으로써 사용자의 정상적인 업무수행을 저해하는 것이어야 하고, 노사관계의 신의성실의 원칙에 비추어 공정성의 원칙에 따라야 하며, 사용자의 기업시설에 대한 소유권 기타의 재산권과 조화를 기하고, 신체의 자유 · 안전 등을 해치는 폭력을 사용해서는 아니된다.[135] 쟁의행위는 파업과 같은 노무제공의 전면적 또는 부분적 정지, 태업, 직장점거, 보이콧, 피케팅, 준법투쟁 등 여러가지 투쟁수단으로 나타난다.

(1) 쟁의행위 수단

(가) 파 업

파업(strike, 罷業)은 노사관계 상황과 쟁의행위 양상에 따라 장기 · 단기, 생산라인의 전면 · 부분파업, 전체조합원 혹은 일부조합원만 참여, 순회파업, 전산업에 걸친 총파업 등 다양한 모습으로 나타나는데, 어떤 형태든 근로계약상의 근로제공을 부분적 · 전면적으로 정지하는 소극적 투쟁수단이므로 파업 그 자체는 원칙적으로 정당성을 가진다. 다만, "쟁의행위는 그 쟁의행위와 관계없는 자 또는 근로를 제공하고자 하는 자의 출입 · 조업 기타 정상적인 업무를 방해하는 방법으로 행하여져서는 아니되며 쟁의행위의 참가를 호소하거나 설

133) 노조법 제2조제6호
134) 노조법 제46조제1항 사용자의 직장폐쇄
135) 대판 90도357, 1990.5.15 ; 대판 91다43800, 1992.7.14

득하는 행위로서 폭행 · 협박을 사용하여서는 아니된다"고 정하고 있으므로[136] 파업과정에서 직장점거나 폭력 · 협박 · 감금 · 불법점거 등 위법사항이 있을 경우 그 행위 자체가 위법하게 되는 것은 물론이고, 쟁의행위 자체도 위법하게 되어 정당성이 훼손된다. 공무원의 경우 파업은 직무유기죄를 구성할 수 있다.[137]

(나) 태 업

근로자는 근로계약에 따라 사용자에게 노동의 양 뿐 아니라 질적인 측면에서도 완전한 근로를 제공할 의무를 진다. 태업(soldiering, 怠業)은 근로자가 사용자의 지휘 · 명령에 따라 노무제공은 하되 부분적으로 특정한 작업에 대해 노무제공을 제외하거나 또는 전체적으로 불완전하게 제공하여 작업능률을 저하시키는 쟁의수단이다. 이를 테면, 승하차운행 등은 하면서 요금징수 기피, 출퇴근시간 기재거부, 상품주문전화 · 문서 등 접수거부, 상품하자보수 기피, 생산은 하면서 포장 · 선적 등 상품출하 거부 등 업종실태에 따라 다양할 수 있다. 태업은 사용자의 지휘 · 명령에서 완전히 이탈하지는 않으면서 파업의 경우처럼 임금삭감의 위험도 피하면서 업무의 정상적 운영을 저해할 수 있기 때문에 주로 쟁의 초반기에 집단적인 위력시위를 하거나 교섭상황을 유리하게 이끌기 위한 목적으로 활용한다. 태업도 파업과 마찬가지로 쟁의행위 수단으로서 정당성이 인정된다. 다만, 원료 · 기계 등 사용자 재산을 훼손 · 은닉 · 임의 처분하거나 적극적으로 불량품을 생산하는 경우 이른바 사보타지(sabotage)는 일반적으로 정당성을 인정받지 못한다. 다만, 소극적 태업을 하면서 조합원의 주의력이 산만하여져서 결과적으로 평소보다 불량품이 많아진 경우에는 정당성에 영향을 주지 않는다. 태업과정에서 상품의 판매대금을 적기에 납부하지 않고 보관하는 경우가 있는데, 쟁의종료 후 즉시 완전한 상태로 반환할 수 있는 경우는 정당성이 상실되지 않지만, 보관방법이 불확실하거나 투명하지 않아서 횡령, 착복, 임의사용 등의 사유로 즉시 반환하지 못한다면 횡령죄 등으로 형사처벌을 받을 수도 있다.

---

136) 노조법 제38조제1항

137) 대판 91도324, 1991.5.24

(다) 직장점거

"직장점거"란 파업 · 태업 등 쟁의기간 중 단결을 유지 · 강화하고, 파업 중 비조합원 또는 쟁의불참자 등에 의해 계속되는 조업을 저지하는 한편, 교섭을 유리한 국면으로 이끌고 주장관철을 위해 사용자의 시설관리권을 침해하여 기업시설, 토지, 동산 등 재산권의 일부 또는 전부를 점거하는 것을 말한다. 자세한 사항은 뒷 부분 "쟁의행위 모습"에서 따로 자세히 설명한다.

(라) 보이콧

보이콧(boycott)은, 조합원, 소비자 또는 타 기업을 대상으로 쟁의중인 기업의 상품이나 서비스의 불매나 거래중단을 호소하여 사용자의 기업신용과 이미지 등에 타격을 줌으로써 교섭테이블에서 유리하도록 압력을 가하는 행위를 말한다. 다만, 노조법에는 보이콧의 정당성에 관한 규정이 없으므로, 목적 · 방법 및 절차에 있어서 법령 기타 사회질서에 위반되어서는 아니 되고,[138] 신의칙에 바탕을 둔 성실교섭의무[139]를 정한 쟁의행위 일반론적인 관점에서 정당성을 판단할 수밖에 없다. 따라서 불매운동 등이 기업차원에서 사용자에게 타격을 주기 위해 내부조합원이나 근로자를 대상으로 하지 않고 타 기업이나 일반시민 · 소비자 등을 대상으로 할 때,[140] 사업주의 명예나 신용훼손, 협박, 허위광고 등 형사상 법익을 침해할 경우 정당성이 없다고 보아야 한다. 다만, 노동조합의 주장관철을 위해 평화적 방법으로 호소하는데 불과한 경우는 허위선전을 하거나 상품거래 여부의 자유를 침해하는 것이 아닌 한 정당성을 가진다.[141] 판례에 의하면, 보이콧은 교섭당사자가 아닌 기업간 거래관계에 대한 개입이므로 교섭당사자간 실력행사 수단인 쟁의행위로서의 정당성을 부정한 바 있다.[142]

(마) 피케팅

피케팅(picketing)은 근로자가 일정한 대열을 형성하여 자신들이 쟁의중이라는 것을 알려 유리한 여론을 형성하고 사용자나 조합원 및 근로희망자에게 동

---

138) 노조법 제37조
139) 노조법 제30조제1항
140) 제2차 보이콧이라고 한다. 이 경우 정당성이 없다는 입장, 임종률, 『노동법』, 230쪽
141) 이른바 제1차보이콧, 임종률, 『노동법』, 230쪽
142) 인천지판 89고단2276, 1989.8.30 ; 김유성, 『노동법』, 243쪽

참을 호소하며, 제품의 출하저지를 하거나, 쟁의대열의 이탈을 저지 · 감시하거나 사업장의 출입통행 등에 제한을 가하는 시위형태이다.[143] 노조법에 의하면, "쟁의행위는 그 쟁의행위와 관계없는 자 또는 근로를 제공하고자 하는 자의 출입 · 조업 기타 정상적인 업무를 방해하는 방법으로 행하여져서는 아니되며 쟁의행위의 참가를 호소하거나 설득하는 행위로서 폭행 · 협박을 사용하여서는 아니된다"고 정하고 있다.[144] 따라서 쟁의행위로서 피케팅이 정당하려면, 행위모습에서 거래처직원, 비조합원, 대체근로자, 파업불참자 등에 대한 출입 · 조업방해 등을 방해할 수 없고 쟁의행위 참여유인 방법도 문서와 구두에 의한 호소 등 언어적이고 평화적인 설득에 그쳐야 하며, 폭행, 협박, 위력에 의한 실력저지나 물리적인 강제를 수반하는 경우는 정당성이 없다. 이를테면, 소음, 냄새방출을 통한 조업방해, 출입저지를 위한 연좌 · 스크랩 · 장애물설치 등 위력행사, 협박을 포함한 언어적 설득이나 장시간에 걸친 대화강요, 파업감시원의 배치가 너무 조밀하여 상대방의 자유로운 의사결정을 저해할 정도인 경우 등은 정당성이 없다. 다만, 노동관계의 동적인 상황, 즉, 사측이 불법대체근로자를 투입하려는 경우 상당한 정도의 실력으로 저지하는 경우 등에서는 정당성이 인정될 수도 있다.[145]

피켓팅은 노동조합이 필요한 장소에 감시요원을 배치하여 근로희망자들의 사업장 출입을 저지하고 파업에 동조할 것을 권유, 설득하는 행위로 독립된 쟁의행위는 아니며 파업의 효과를 높이기 위해 부수적으로 행하여지는 보조적 수단이나. 따라서 근로희망자 등에게 폭행, 협박, 폭언 등을 사용하여 파업에 참가 또는 동조할 것을 요구할 수 없으며 원칙적으로 평화적 설득의 방법에 의한 경우에만 정당성이 인정될 수 있는 것이다.

(바) 준법투쟁

파업 등 본격적인 쟁의행위에 돌입하기 전, 준법 명목하에 위력시위를 하여 조합원의 단결력을 높이고 교섭에서 유리한 지위를 차지하기 위해 직 · 간접적

143) 대판 91도1834, 1992.2.11 ; 대판 91도, 1991.6.28

144) 노조법 제38조제1항

145) 대판 91나43800, 1992.7.14

으로 정상적인 업무운영을 저해하는 행위를 말한다. 주로 쟁의행위가 제한된 사업장 또는 여론이 교섭에 큰 변수로 작용하는 경우에 많이 활용된다.

① 판례의 견해

준법투쟁의 유형은 리본패용, 취업규칙 등으로 정한 출퇴근시간 준수, 야간근로 휴일근로 등 잔업 거부, 집단적인 휴가사용 청구, 안전규칙의 엄격한 준수 등 조합활동에 편승하거나 노동법규나 취업규칙에 정한 규정을 원칙대로 시행하는 등의 행위를 통해 간접적으로 업무의 정상적인 운영을 저해한다. 판례는 사용자에 대한 주장관철을 목적으로 하고 있고, 업무의 정상적 운영을 저해한다는 점에서 준법투쟁을 쟁의행위의 한 형태로 판단한다.[146] 다만, 헌법재판소는, 연장근로거부, 정시출근, 집단적인 휴가와 같이 한편으로는, 근로자들의 권리행사로서의 성격을 갖는 쟁의행위에 관하여도 정당성이 인정되지 않는다고 하면서, 다른 한편으로는 형사처벌 할 수 있다는 대법원의 판례는 헌법이 단체행동권을 보장하는 취지에 부합하지 않고, 근로자들로 하여금 형사처벌의 위협아래 노동에 임하게 하는 측면이 있다는 지적을 하였다.[147] 준법투쟁의 정당성에 대해서는 한마디로 정의하기 어렵고 사업장의 관행과 업종의 특수성 등을 감안하고 쟁의행위의 시기와 목적, 수단, 방법 등 제반사정을 종합적으로 판단하여야 한다.

사용자는 노동관계법령에 위배되지 않는 범위 내에서 취업규칙,[148] 근로계약 등으로 안전에 관한 규정과 복무규정을 둘 수 있고, 규정이 없더라도 산업안전보건법 등 노동관계법령에 의해 사업장내 안전과 보건을 비롯한 휴가 · 연장근로 · 야간근로 등 복무를 규율한다. 준법투쟁 등 쟁의행위와 관련하여 문제가 되는 것은 법령이나 규정에 불구하고 평상시 기준미달의 안전규칙 준수 등이 관행화 되어 있다가 노동조합측에서 갑자기 쟁의행위를 전후하여 법령에 정한대로 규칙 등을 엄격히 준수함으로써 간접적으로 정상적인 업무운영을 저해하는 경우가 있는데 이러한 안전보건투쟁, 준법투쟁으로서 엄격한 법령준수

146) 대판 93다29167, 1994.6.14

147) 헌재 97헌마23, 1998.7.16

148) 안전보건관리규정 등

가 쟁의행위로서 정당성을 가지는지 여부가 쟁점이다. 판례에 의하면, 평소에 수행해 온 업무가 법령 등에 적합하지 않은 관행 등에 의한 것, 즉, 평소 해온 과속 · 신호위반 · 합승 · 부당요금 징수 등 교통법규 위반 영업, 평소 해온 법정한도를 초과한 연장근로, 관행화 된 휴일근로, 연 · 월차휴가 실제사용 대신 금전보상, 안전모 미착용 작업, 방진마스크 미착용 작업 등이라도 이를 거부하여, 연월차휴가 일제사용, 평소해 오던 잔업거부, 교통법규 준수, 평소 해오던 야간근로 거부, 일제히 병가신청 등의 행위를 함으로써 정상적인 업무수행을 저해할 경우는 적법여부에 관계없이 쟁의행위에 해당한다고 보고 있다.[149)]

② 행정해석의 견해

행정해석에서도, 쟁의행위로 정상적 운영이 저해되는 "업무"의 개념에는 "관행상 존속되던 업무도 포함된다."고 보아서 안전보건투쟁, 준법투쟁 등을 통하여 정상적 운영을 저해하거나 "법령이나 규정의 객관적 의미나 취지에 비추어 준수할 필요가 없는 규정을 형식적으로 철저히 준수하는 경우" 등을 통해 집단적 요구를 관철하려는 경우는 쟁의행위에 해당한다고 보고 있다.[150)]

③ 학설의 견해

다만, 학설에 의하면, 법령이나 규칙 미준수 등이 관행으로 계속되었더라도 이를 전부 쟁의행위로 보면 평소의 위법행위를 보호하고 적법행위를 제재하는 불합리가 따른다고 보아서, 평소 잘 지키지 않던 안전보건 규정, 복무관리 규정, 노동법규 등을 철저히 준수하는 경우는 쟁의행위가 아니라고 본다. 다만, 안전보건 규정, 복무관리규정 등 법령규정 중 객관적 취지나 의미 등에 비추어 준수할 필요가 없는 사문화 된 규정을 형식적으로 철저히 준수하는 것은 쟁의행위로 보아야 한다면서 엄격한 법령규칙 준수행위 전체를 일률적으로 쟁의행위라고 보는 판례의 입장은 곤란하다는 견해,[151)] 쟁의행위에 해당하지만, 쟁의행위로서 정당한지 여부는 관행으로서의 보호가치가 있는지 여부, 쟁의행위에 수반되는 법령준수여부, 목적의 정당성, 수단 · 방법의 정당성 등 다양한

149) 헌재 2003헌마878, 2004.7.15 ; 대판 93다29167, 1994.6.14

150) 노사 32281-11348, 1989.8.2

151) 임종률, 『노동법』, 8판, 194쪽

요소를 종합적으로 고려하여 전체적인 별도의 관점에서 평가되어야 한다는 견해[152]가 있다. 특히 안전 · 보건규정의 경우 법령준수의 중요성 등을 고려하여 이를 위반한 관행은 보호할 가치가 없으므로 정당한 쟁의행위로 보아야 한다는 견해가 지배적이다.[153]

학설 등의 견해에도 불구하고, 휴가의 경우는 근로자가 청구하는 시기에 주어야 하지만, 사용자는 사업운영에 막대한 지장이 있는 경우는 시기변경권을 행사할 수도 있으므로 사용자가 적법하게 시기변경권을 행사하였음에도 불구하고 일제히 휴가를 사용한 경우는 적법한 업무운영을 저해하기 때문에 쟁의행위로 보아야 하고, 반면에 노조의 청구가 있음에도 시기변경권을 행사하지 않았을 경우 집단적인 휴가를 사용한 것이라면 적법한 업무운영을 저해한 것이라고 볼 수는 없으므로 쟁의행위로 볼 수는 없다는 입장[154]에 공감한다.

준법투쟁이 쟁의행위가 되는 것은, 평소에 지키지 않은 법도 상대방의 입장에서는 기대가능성과 예측가능성이 있는 것인 만큼, 신의성실의 원칙에 위배된다는 점에서 쟁의행위로 보는 것이 정확할 것이다. 따라서 법위반 문제에 있어서도, 준법투쟁이 업무의 정상적인 운영을 저해하면 쟁의행위가 되기 때문에 찬반투표를 비롯한 노조법상 절차 등을 지키지 않으면 형사처벌을 받을 수 있다.[155]

④ 생산관리

생산관리란, 사업장의 시설을 점거하여 사용자의 지휘 · 명령을 완전히 배제한 상태에서 조합간부 등의 지휘에 따라 작업을 하는 쟁의형태를 말한다. 대체로 수익금이나 생산품을 회사를 위해 보관하고 임금은 종전기준으로 지급하는 소극적인 방법과 생산품 등을 임의로 처분하여 수입금은 임금 조합운영비 등에 임의로 처분하는 적극적인 방법으로 구분할 수 있다. 생산관리는 사용자의 지휘 · 감독권을 배제하고, 시설 등 재산권을 임의로 점거 사용하여 수익을 마음대로 처분하는 것으로 위법하다.

---

152) 김유성, 『노동법』, 249쪽

153) 임종률, 『노동법』, 194쪽 ; 김유성, 『노동법』, 247쪽

154) 임종률, 『노동법』, 195쪽

155) 노조법 제41조제1항, 제91조

기타의 쟁의행위로서, 집단적인 사표제출, 배식구 한 줄서기, 일제히 의무실 이용하기, 다수가 화장실 함께 가기, 사내 금고에 일제히 예금하고 인출하기 등 진정성이 없는 행위가 업무의 정상적인 운영을 방해할 경우에도 쟁의행위로 볼 수 있다. 이러한 행위는 쟁의행위의 필요한 실질적 · 형식적인 요건을 갖추지 못하면 위법하다.

3) 쟁의행위 방법

쟁의행위는 그 양태가 방어적이고 수동적이어야 하므로 상대방을 압살하기 위해 폭행, 협박 등을 사용하거나, 교섭이나 주장의 조정 등 협상노력없이 선제적 · 일방적으로 파업하거나, 장기간의 사업장 폐쇄 등 공격적인 방법을 사용할 수 없다. 쟁의행위는 소극적으로 노무제공을 거부하거나 정지하는 행위만이 아니라 적극적으로 그 주장을 관철하기 위하여 업무의 정상적인 운영[156]을 저해하여 사용자에게 경제적 타격을 주는 행위까지 포함한다. 따라서 쟁의행위의 본질상 사용자의 정상업무가 저해되는 것은 당연하고 사용자는 이를 수인할 의무가 있다. 다만, 이러한 근로자의 쟁의행위가 정당성의 한계를 벗어날 때에는 근로자는 업무방해죄 등 형사상 책임을 면할 수 없다. 쟁의행위의 형사상 책임이 면제되는 정당성의 요건은 주체 · 목적 · 시기 · 절차가 법령의 규정에 따른 것으로서 정당하여야 하며, 방법과 태양이 폭력 또는 파괴행위를 수반하거나 기타 고도의 반사회성을 띤 행위가 아닌 정당한 범위 내의 것이어야 하는 등 이러한 요건을 모두 구비하여야 한다.[157] 노조법에서는 쟁의행위의 목적과 수단이 정당한 경우에도 폭력이나 파괴행위를 동반할 수 없으며, 안전보호시설 유지 · 운영 등 인명과 신체의 안전을 도모하고, 작업시설의 손상이나 원료 · 제품의 부패 · 변질을 방지하여 사업장의 시설관리권과 재

156) 업무의 정상적 운영이란, 적법한 운영만을 의미하는 것이 아니라, 사실상 또는 관행상 행해지고 있는 평상의 운영을 의미한다. 따라서 단체협약, 취업규칙, 근로계약 및 사실상 관행에 의하여 이루어지고 있는 연장근로의 거부는 업무의 정상적 운영을 저해하는 것으로 쟁의행위에 해당한다. 다만, 쟁의행위가 다른 주장을 관철할 의도가 아니라, 사실상 명백히 상행법규를 위반하여 행해지고 있는 연장근로 등을 법에 맞게 시정하도록 요구하는 행위라면, 쟁의행위로서 정당성 요건을 갖추지 않았다고 하여 곧바로 불법으로 보기는 어렵다는 입장이다.

157) 대판 99도4837 전원합의체, 2001.10.25

산권을 존중하여야 할 뿐 아니라, 공중의 생명 · 신체 · 건강 또는 공중의 일상생활을 현저히 위태롭게 하는 필수유지 업무의 정당한 유지 · 운영을 정지 · 폐지 또는 방해하는 행위로 쟁의행위를 할 수 없다고 구체적으로 정하고 있다.[158] 이상의 원칙을 항목을 달리하여 살펴본다.

(1) 폭행 · 협박 등의 사용금지

쟁의행위는 그 쟁의행위와 관계없는 자 또는 근로를 제공하고자 하는 자의 출입 · 조업 기타 정상적인 업무를 방해하는 방법으로 행하여서는 아니되며, 쟁의행위의 참가를 호소하거나 설득하는 방법으로서 폭행 · 협박을 사용해서는 아니된다고 정하고 있다.[159] "쟁의행위와 관계없는 자"란, 쟁의행위에 참가하지 않은 조합원, 사용자, 비조합원인 근로자, 대체근로자, 거래처 고객 등이 포함된다. 이 조항은 쟁의행위를 수행하면서 파업근로자들의 일체감을 조성하고 이탈을 방지하기 위해 적재적소에 감시인원을 배치하거나 정문 등에서 사업장 출입을 통제 · 제한하는 경우 및 제품의 출하작업을 저지하거나 관리직원 들의 출입을 제한하는 경우에도, 그 방법이 폭행 · 협박을 사용해서는 아니되며 구두나 문서에 의한 언어적 호소나 설득 등 평화적 방법(개인별 혹은 집단적 피켓사용, 구호연창, 유인물배포 등)으로 수행되어야만 한다는 것이다.

"출입 · 조업 그 밖의 정상적인 업무를 방해하는 방법"으로 할 수 없으므로, 출입과 생산작업 등 그 밖의 정상적인 업무수행을 방해, 즉, 바리케이트설치, 통행 출입에 지장을 주는 장애물설치, 소음, 살수, 투석 등을 하지 않아야 한다. 다만, 피아 식별을 위한 출입증패용, 유인물배부 등은 법위반이라고 볼 수 없다. 출입통제 및 제품출하 저지 등을 위해 실력저지나 물리적강제가 수반되는 경우는 정당성이 부정된다. 그러나 쟁의행위와 실력저지 등 노사관계의 특수성에 비추어 사용자의 불법 대체근로 투입에 실력으로 저지하는 경우 등 쟁의현장의 동적인 구체적 정황에 비추어 정당성이 인정되는 경우도 있다는 점을 유의해야 한다.[160] 폭행 · 협박을 사용하는 경우 등 법 위반시 형사처벌을

158) 노조법 제42조의2
159) 노조법 제38조제1항
160) 대판 91다43800, 1992.7.14

받을 수 있다.[161)]

(2) 업무방해죄

실무상 폭행협박은 곧 업무방해 요소를 동반하는 것이 일반적이다. 업무방해죄는 위계 또는 위력으로써 사람의 업무를 방해한 경우에 성립한다.[162)] 업무방해죄의 성립에 있어서는 업무방해의 결과가 실제로 발생함을 요하는 것이 아니고 업무방해의 결과를 초래할 위험이 발생하는 것이면 충분하다. 업무란, 직업 또는 계속적으로 종사하는 사무나 사업을 말하는 것으로서 타인의 위법한 행위에 의한 침해로부터 보호할 가치가 있는 것이면 되고, 그 업무의 기초가 된 계약 또는 행정행위 등이 반드시 적법하여야 하는 것은 아니다. 위력이란, 폭행이나 협박은 물론 사람의 의사의 자유를 제압, 혼란케 할 일체의 세력을 가리키는 것으로서, 노동쟁의행위는 근로자들이 단결하여 사용자에게 압박을 가하는 것이므로 본질적으로 위력에 의한 업무방해의 요소를 포함하고 있는 것이다.

따라서 근로자들이 근무시간에 집단적으로 근무에 임하지 아니한 것은 다른 위법의 요소가 없는 한 근로제공의무의 불이행에 지나지 않는다고 할 것이지만, 단순한 노무제공의 거부라고 하더라도 그것이 「정당한 쟁의행위가 아니면서, 위력으로 업무의 정상적인 운영을 방해할 정도」에 이르면 "형법상 업무방해죄"가 성립될 수 있다. 다만, 업무방해죄는 헌법이 보장하는 노동3권의 내재적 한계를 넘어선 행위 즉, 헌법의 보호영역 밖에 있는 행위를 규제하는 것일 뿐 정당한 권리행사까지 처벌하는 것은 아니다.

따라서 집단적 노무제공의 거부가 본질적으로 위력성을 가져서 외형상 업무방해죄의 구성요건에 해당한다 하더라도 그것이 헌법과 법률이 보장하고 있는 범위 내의 행사로서 쟁의행위의 정당성이 인정되는 경우에는 위법성이 조각되어 처벌할 수 없다고 보았다.[163)] 종래 업무방해죄의 주요사례는 다음과 같다.

161) 노조법 제89조, 3년 이하 징역 또는 3천만원 이하 벌금
162) 형법 제314조
163) 대판 2001도4335, 2001.9.28

1. 점심시간에 북과 꽹과리 등을 치고 확성기를 통해 노동가요를 방송하고 구호를 외친 행위만으로 업무방해죄의 죄책을 묻기 위한 '위력' 에 해당한다고 보기 어렵다.(서울지판 2002노10906, 2004.5.6)
2. 근로자 182명 중 9명이 부분파업에 참여하는 등 그 파업 규모만으로는 사용자의 사업운영에 심대한 혼란이나 막대한 손해가 초래되었다고 보기 어려운 사업장까지 업무방해죄의 피해 사업장으로 적시되어 있는 점에 비추어, 적시된 사업장들 가운데 일부는 사용자의 사업계속에 관한 자유의사가 제압 · 혼란될 수 있다고 평가할 수 있는 경우에 해당하지 아니한다고 볼 여지가 있다.(대판 2010도5392, 2012.4.26)
3. 업무방해죄에 있어서 그 보호대상이 되는 "업무"라 함은 직업 또는 계속적으로 종사하는 사무나 사업을 말하는 것으로서 타인의 위법한 행위에 의한 침해로부터 보호할 가치가 있는 것이면 되고, 그 업무의 기초가 된 계약 또는 행정행위 등이 반드시 적법하여야 하는 것은 아니다. 사장에 대한 출근저지 및 퇴진을 위한 일련의 집단행동으로 인하여 동인의 업무가 방해되는 결과를 초래할 위험이 발생하였다고 인정하기에 충분하다.(대판 91도944, 1991.6.28)
4. 노동조합측이 정리해고의 실시를 전제로 그 범위, 규모, 실시방법, 대상자 선정기준 등에 대하여 사용자인 회사측과 협의를 하였다면 모르나 단체협약이나 노동쟁의의 대상이 아닌 정리해고의 실시 자체를 반대하면서 이에 대하여 형식적으로 노동위원회의 조정절차를 거친 후 곧바로 돌입한 쟁의행위는 그 목적이나 절차가 적법하다고 볼 수 없고, 쟁의과정에서 물리적 방법으로 관리직 사원 등 다른 회사들의 근무를 방해하고, 그들의 신체에 대하여 폭력을 행사하여 상해를 입게 하고 회사의 기물을 손괴하는 행위를 한 것이므로 쟁의행위는 그 수단과 태양에 있어서도 정당한 쟁의행위라고 볼 수 없어 이는 업무방해죄' 를 구성한다고 본 사례이다.(부산고판 99노34, 1999.5.3)
5. 근로자 100명 중 2명이 지역집회 참가를 이유로 2시간 파업에 참여하는 등 그 파업 규모만으로는 사용자의 사업운영에 심대한 혼란이나 막대한 손해가 초래되었다고 보기 어려운 사업장까지 업무방해죄의 피해 사업장으로 적시되어 있는 점에 비추어, 이 부분 공소사실에 적시된 사업장들 가운데 일부는 사용자의 사업계속에 관한 자유의사가 제압 · 혼란될 수 있다고 평가할 수 있는 경우에 해당하지 아니한다고 볼 여지가 있다고 할 것이다.(대판 2009도6260, 2011.10.27)
6. 10여명의 공장 종업원들이 회사의 정문을 봉쇄하고 출입자를 통제하여 규찰을 보며 공장 관리직 사원들과 함께 밖으로 나가려는 이사를 밖으로 나가지 못하게 하였다면 위와 같은 일련의 행위과정에 나타난 위세는 위 회사를 위한 업무종사자들의 자유의사를 제압하거나 혼란케 할만한 정도의 세력이어서 업무방해죄에 있어서의 행위수단인 위력에 해당된다. 주간에 있어서의 공장 조업이 끝났다고 하더라도 공장을 가동하여 섬유제품을 생산, 가공, 판매하는 회사 본래의 주된 영업활동을 원활하게 수행하기 위하여 위 회사는 공장건물 및 기자재 관리나 당직근무자 등을 통한 공장출입자에 대한 통제를 야간에도 계속해야 함은 물론 전체 회사 직원들의 출퇴근이 제대로 이루어질 수 있도록 공장 정문의 정상적인 개폐 등에도 만전을 기하여야 하는 것이며, 이러한

업무는 위 회사의 주된 업무와 밀접불가분의 관계에 있으면서 계속적으로 수행되어지는 회사의 부수적 업무라 할 것이므로 이는 업무방해죄에서 보호의 대상으로 삼고 있는 업무에 해당된다.(대판 91도1834, 1992.02.11)

7. 점심시간을 이용하여 식당 앞에서 식사를 하러 가거나 식사를 마치고 나오는 노동자들을 상대로 노조가입홍보를 한 정도라면 회사의 생산업무에 지장을 초래할 위험이 발생하였다고 보기 어렵고, 비록 피고인들의 일부가 작업장 안에 들어가 비정규직 노동자들에게 노조가입을 권유하는 유인물을 배포하였다고 하더라도 그와 같은 행위가 업무방해죄에서 말하는 위력에 해당한다고 보기 어렵다.(울산지판 2006노346, 2006.6.30)

(가) 업무방해죄에 관한 최근 판례의 변화

쟁의행위는 근로자가 근로계약에 따른 노무제공을 거부하는 부작위에 그치지 않고 나아가 위력에 의해 정상적인 업무운영을 방해하더라도 그 행위가 노동관계법과 형법 등 관련법에 비춰 정당하기만 하다면 위법성이 조각되어 업무방해죄 등 형사상 책임을 지거나 민사상 손해배상 책임을 부담하지 않는다.[164] 그러나 정당성이 없는 쟁의행위로서 단순한 노무제공거부 등이 위력으로 업무의 정상적인 운영을 방해할 정도에 이르면 형법상 업무방해죄와 민사상 손해배상 책임을 부담할 수 있다는 것이 종래 판례의 견해임을 앞에서 살펴보았다.

최근 판례에 의하면, 정당성이 없는 쟁의행위로서의 파업이 노조법상 쟁의관련 법위반으로 처벌을 받거나 민사상 손해배상의무를 지는 것은 별론으로 하더라도, 그것이 언제나 형법상 업무방해죄에 해당하는 것으로 볼 것은 아니고, 그 행위가 업무의 정상적인 운영을 방해할 정도에 더하여 전후 사정과 경위 등을 고려할 때, 사용자가 예측할 수 없는 시기에 전격적으로 이루어져 사용자의 사업운영에 심대한 혼란 내지 막대한 손해를 초래하는 등으로 사용자의 사업계속에 관한 자유의사가 제압·혼란될 수 있다고 평가할 수 있는 경우에 비로소 그 집단적 노무제공의 거부가 위력에 해당하여 업무방해죄가 성립한다고 보고 있다.[165] 즉, 사용자의 주관적 기준이 아닌 객관적 판단기준에 의할 때 파업이

---

164) 헌재 97헌바23, 1998.7.16

165) 대판 2007도482 전원합의체 2011.3.17 ; 대판 2009도3390, 2011.10.27. 개별 사용자가 예

예측할 수 없는 시기에 이루어 져야 하며, 파업의 결과와 파업과 결과 사이의 인과관계가 있어야 한다. 따라서 정당성 없는 쟁의행위로서 단순한 노무제공거부의 경우에도, 그 행위가 업무의 정상적인 운영을 방해할 정도에 더하여 전후 사정과 경위 등을 고려하여 판단할 때「사용자가 예측할 수 없는 시기에 전격적으로 이루어져 사용자의 사업운영에 심대한 혼란 내지 막대한 손해를 초래하는 등으로 사용자의 사업계속에 관한 자유의사가 제압 · 혼란될 수 있다고 평가할 수 있는 경우」에만 업무방해죄의 구성요건에 해당한다는 것이다

(나) 소수의 반대의견

소수의 반대의견을 살펴보면,「파업 등 쟁의행위에서 단순히 노무제공을 거부하는 것은 근로계약상 부작위 즉, 채무불이행에 해당하는 사적자치영역에 속하여 민사상 손해배상 등의 책임을 지는 것으로 해결하여야지 근로계약상 의무불이행으로 인해 사용자에게 손해를 가한 행위를 업무방해죄라는 형사처벌의 대상으로 삼는다는 것은 형벌로 근로계약상의 노무의 제공을 강제하겠다는 것과 다름이 없다. 위력에 의한 업무방해죄는 애초 프랑스, 일본 등에서 노동운동을 탄압하기 위해 도입한 죄목을 우리 형법에서 도입한 것인데, 일본 이외에 미국과 유렵 각국에서도 위법한 쟁의행위는 주로 손해배상 등 민사상 책임이나 징계책임으로 하고 단순파업을 형벌의 대상으로 삼는 경우는 찾아볼 수 없다. 특히 이러한 다수의 견해는 집단적인 월차휴가 사용과 시간외 근로거부, 정시 출퇴근 등 준법투쟁을 수단으로 한 쟁의행위에 대해서도 쟁의행위가 정당성이 없다면 모두 업무방해죄에 해당한다고 보는 등 문제가 있었다.[166]

다만, 다수의견이 단순파업이 쟁의행위로서 정당성이 없는 경우라고 해서 언제나 위력에 해당한다고 볼 수는 없다고 보아서 위력의 개념을 어느 정도 제한

측할 수 없는 시기에 전격적으로 이루어져 개별 사용자의 사업운영에 심대한 혼란 내지 막대한 손해를 초래하였는지에 관하여 보건대, 이 부분 공소사실에는, 근로자 100명 중 2명이 지역집회 참가를 이유로 2시간 파업에 참여하는 등 그 파업 규모에 비추어 사용자의 사업운영에 심대한 혼란이나 막대한 손해가 초래되었다고 볼 수 없는 사업장까지 업무방해죄의 피해 사업장으로 적시되어 있는 점에 비추어, 이 부분 공소사실에 적시된 사업장들 가운데 일부는 사용자의 사업계속에 관한 자유의사가 제압 · 혼란될 수 있다고 평가할 수 있는 경우에 해당하지 아니한다고 볼 여지가 있다.

166) 대판 90도2852, 1991.1.29 ; 대판 2003도2146, 2004.8.30 ; 대판 96도419, 1996.5.10 등

적으로 해석한 것은 종래 판결에 비추어 진일보한 것으로 평가된다. 그러나 업무방해죄의 구성요건인 위력의 개념도 매우 광범위하고 모호하여 함부로 확장되지 않도록 신중을 기할 필요가 있다는 의견이다. 하지만 이 부분에 대한 헌재의 결정은, 위력, 업무방해 등의 개념이 모호하지 않고 건전한 상식과 통상적인 법 감정을 가진 일반인으로서도 능히 인식할 수 있는 것으로서 어떤 행위가 이에 해당하는지 의심을 가질 정도로 불명확한 개념이라고 볼 수 없다고 밝힌 바 있다.[167] 근로자의 정당성 없는 쟁의행위로 인해 사용자가 손해를 본 경우에도 정당성을 결여한 쟁의행위에 대해 노조법상 처벌규정[168]이 있으므로 별도로 형법상 업무방해죄를 적용하는 것은 불필요 할 수도 있다는 주장이 있다. 따라서 쟁의행위에서 근로자들이 단순히 집단적으로 노무제공을 불이행한 경우 비록 쟁의행위로서 정당성을 갖추지 못하였다고 하더라도 폭행, 협박, 강요, 손괴 등 불법적인 수단이 수반되지 않는다면 형법상 업무방해죄[169]로 처벌하기보다 노조법위반죄로 처벌하는 것과 동시에 민사상 채무불이행책임을 부담시켜 손해배상 등을 구하는 것이 보다 효과적이라는 소수의 비판이 있다.

(3) 폭력 · 파괴 또는 생산기타 주요시설 점거금지

쟁의행위는 소극적으로 근로제공을 거부함으로써 정상적인 업무의 운영을 저해하는 수준에 그쳐야 하며, 사용자의 조업계속의 자유를 침해하거나 기업시설에 대한 관리권, 소유권 등을 침해해서는 아니된다. 따라서 생산시설이나 주요업무시설을 점거하는 형태로 쟁의행위를 할 수 없다. 구체적으로 살펴보면, 폭력이나 파괴행위 또는 생산 기타 주요업무에 관련되는 시설과 이에 준하는 시설로서 대통령령이 정하는 시설 즉, 전기 · 전산 통신시설, 철도(도시철도 포함)의 차량 또는 선로, 건조 · 수리 정박 중인 선박(다만, 선원법에 의한 선원이 당해 선박에 승선하는 경우를 제외), 항공기 · 항행안전시설 또는 항공기의 이착륙이나 여

167) 헌재 97헌바23, 1998.7.16

168) 노조법 제88조 내지 제91조, 5년 이하의 징역 또는 3천만원 이하의 벌금형에서부터 1년 이하의 징역 또는 1천만원 이하의 벌금형을 부과한다. 다만, 형법(제314조)상 업무방해죄는 5년 이하의 징역 또는 1천5백만원 이하의 벌금에 처하도록 규정하고 있다.

169) 형법 제314조제1항

객 · 화물의 운송을 위한 시설, 화약 · 폭약 등 폭발위험이 있는 물질 또는 유해화학물질관리법에 의한 유독물을 보관 · 저장하는 장소, 기타 점거될 경우 생산기타 주요업무의 정지 또는 폐지를 가져오거나 공익상 중대한 위해를 초래할 우려가 있는 시설로서 고용노동부장관이 관계중앙행정기관의 장과 협의하여 정하는 시설[170)]을 점거하는 형태로 할 수 없다.[171)] "생산 기타 주요업무에 관련되는 시설"은 평소 작업하던 생산시설과 사용자 및 관리자 등의 사무실 · 회의실, 제품의 실험실 · 포장실 · 출하실, 고객대기시설, 제품야적장, 창고 등은 주요업무에 관련되는 시설에 해당하므로 검거하는 형태로 쟁의행위를 할 수 없다. 다만, 화단, 운동장, 대체수단이 있는 이동통로, 강당, 근로자용 식당, 휴게실, 노동조합사무실 등은 생산 기타 주요업무에 관련되는 시설이라기보다 부대시설에 가깝다고 보아야 한다. 폭력행위 등을 금한 법 조항을 위반하였을 경우 형사처벌을 받을 수 있다.[172)] 실무상, 직장점거의 한계를 어디까지로 보아야 하는지, 폭력, 파괴, 직장점거 등 일부 조합원의 우발적 행위가 전체 쟁의행위의 정당성에 어떤 영향을 미치는지가 의문이다.

(가) 직장점거의 한계

직장점거란, 근로자들이 소정의 목적을 관철하기 위하여 사용자의 의사에 반해 사업장, 공장, 회사, 영업장 등에서 퇴거하지 않고 장시간 체류하는 것이고, 파업의 실효성을 담보하기 위한 부수적인 쟁의수단이다. 판례는, 사용자의 점유를 방해하지 않고 조업도 방해하지 않는 범위 내에서 부분적 · 병존적일 경우에 한하여 정당성이 인정되므로, 사용자의 기업시설을 장기간에 걸쳐 전면적 · 배타적으로 점유하여 조합원 이외에는 출입을 저지하거나 사측의 관리지배를 배제하여 업무의 중단 또는 혼란을 야기하는 행위 등을 하는 것은 시설관리권을 침해하여 정당성의 한계를 벗어난 것으로 본다.[173)]

더구나, 점거가 금지되는 생산기타 주요업무에 관련된 시설과 이에 준하는

170) 노조령 제21조
171) 노조법 제42조제1항
172) 노조법 제89조, 3년 이하 징역 또는 3천만원이하 벌금
173) 대판 90도1431, 1990.10.12 ; 대판 91도383, 1991.6.11. 대전지판 2001노759, 2001.6.14

시설로서 대통령령이 정하는 시설을 점거하는 행위는 부분적 · 병존적일 경우에도 정당하지 않다. 실무상, 다른 업무의 방해를 유발하지 않고 출입, 체류하는 자체는 점거에 해당하지 않으나 그러한 점유결과 업무의 정상적 운영이 방해되는 상황에 이르렀을 경우는 법위반 점거에 해당한다.[174] 대통령령으로 정하는 시설과 유형별로 주요업무 시설로 볼 수 있는 것은 다음과 같다.[175]

1. 그에 준하는 시설로서 대통령령이 정하는 시설

전기 · 전산 · 통신시설, 철도차량(도시철도 포함) · 선로, 건조 · 수리 또는 정박 중인 선박(선원법에 의한 선원이 당해 선박에 승선하는 경우를 제외한다), 항공기 · 항행 안전시설 또는 항공기의 이착륙이나 여객 · 화물의 운송을 위한 시설, 화약 · 폭약 등 폭발위험이 있는 물질 또는 유해화학물질관리법에 의한 유독물을 보관 · 저장하는 장소, 기타 점거될 경우 생산 기타 주요업무의 정지 또는 폐지를 가져오거나 공익상 중대한 위해를 초래할 우려가 있는 시설로서 고용노동부장관이 관계중앙행정기관의 장과 협의하여 정하는 시설을 말한다. 시설 등 점거금지 위반행위에 대해서는 3년 이하의 징역 또는 3천만원 이하의 벌금에 처할 수 있다.

2. 유형별 주요업무시설

① 병원 : 환자의 진료를 위한 시설 및 환자의 안정가료를 위한 평온성이 요구되는 장소와 이에 준하는 시설로서, 진료대기공간(로비), 응급 · 외래 · 입원 등 각종 진료시설, 수술 · 방사선치료 등 처치시설, 소독 등의 시설, 입원 · 분만 등 환자수용시설,입원환자 급식시설, 치료를 위한 입원 등 환자관리시설과 병원내 자가발전 시설, 교환시설, 전기통신시설 등 이에 준하는 시설

② 백화점 : 백화점은 각종 상품의 종합 소매업을 영위하는 특성상 영업의 지장이나 방해를 초래하는 시설로서, 영업매장과 매장 내 이동공간, 이동수단, 관리사무실, 상품의 매입 · 반품장소, 상품 검품장(고객을 위한 휴식, 만남의 장소인 광장시설은 제외)

③ 호텔 : 룸 · 데스크서비스, 라운지 · 연회 집회시설 등 서비스 시설과 숙박시설로서, 객실, 객실복도, 고객용 시설(식음료 영업장과 레포츠시설)호텔로비(프론트 포함)

④ 자동차영업장 : 자동차판매 및 장비와 관련된 시설로서, 자동차 전시장, 영업소 출납창구, 점거시 정상적인 업무에 미치는 영향정도를 감안한 고객대기실

174) 협력 68140-120, 2000.3.28

175) 협력 68140-179, 1997.5.7 ; 노동조합과-612, 2004.3.11 ; 협력 68140-174, 1997.5.6 ; 협력 68140-431, 1997.11.12

(나) 직장점거에서 조합원의 우발적 행위

쟁의행위는 그 수단과 방법이 사용자의 재산권과 조화를 이뤄야 할 뿐만 아니라 타인의 생명, 신체적 안위, 재산상 기본권 등 다른 기본적 인권을 폭력적으로 침해하지 않는 등 헌법상의 요청과 조화를 이루어야 한다. 다만, 노동조합의 의사와 무관하게 쟁의과정에서 일부 조합원이 우발적 · 일시적으로 폭력 · 파괴행위가 발생한 경우에는 그 하나만 들어서 쟁의행위 전체의 정당성을 부인할 수는 없고 전체 진행과정과 구비요건을 검토하여 판단하여야 한다.[176] 다만, 전체적으로 정당성이 있더라도 개인의 형법과 민법 등의 위반사실은 응분의 책임이 따른다.

(4) 안전보호시설에 대하여 정상적인 유지 · 운영

안전보호시설이란, 가동을 중단할 경우 사람의 생명 · 신체를 위태롭게 하는 시설을 말한다. 쟁의행위는 사업장의 안전보호시설에 대하여 정상적인 유지 · 운영을 정지 · 폐지 또는 방해하는 행위를 할 수 없다.[177] 이 규정은 파업중이라도 안전보호시설을 정상적으로 가동함으로서 인명과 신체의 안전을 보호하려는 취지이다. 즉, 아파트 난방 · 수도 · 전기시설, 관제통신, 항공보안시설, 병원의 급식시설, 가스폭발시설, 낙반방지시설, 통기배수시설, 병원의 구급진료시설, 동력실, 용광로작업, 냉난방보일러작업, 석유화학공장의 전기 · 증기 · 압축공기 등을 생산 · 공급하는 동력부분 등을 안전보호시설로 볼 수 있다. 안전보호시설을 유지 · 운영하는 조합원을 쟁의행위에 참가하도록 하거나 비조합원이라도 그 시설을 유지 · 운영하는 자를 강제로 축출하거나 위력으로 작업불능토록 하는 등 정지 · 폐지 행위를 할 수 없고, 안전보호시설의 정상적인 유지 · 운영을 정지 · 폐지 · 방해하는 행위만 있으면 법위반으로 충분하고 반드시 인명이나 신체의 안전을 침해한 결과가 발생하여야 하는 것은 아니다. 이 규정은 직장폐쇄의 경우에도 적용된다. 당해 사업장의 시설 중 특정부분이 안전보호시설에 해당하는지 여부는 그 작업의 중단으로 인하여 인명이

176) 대판 2003두8906, 2003.12.26
177) 노조법 제42조제2항

나 신체의 안전을 침해할 수 있는 결과가 발생할 우려가 있는지 여부를 고려하여 구체적 상황에 따라 판단하여야 한다.

행정관청은 쟁의행위가 안전보호시설의 정지 · 폐지 등에 해당한다고 인정하는 경우에는 노동위원회의 의결을 얻어 서면으로 그 행위를 중지할 것을 통보하여야 한다. 다만, 사태가 급박하여 노동위원회의 의결을 얻을 시간적 여유가 없을 때는 의결을 얻지 아니하고 구두로 즉시 그 행위를 중지할 것을 통보할 수 있다. 행정관청이 쟁의행위를 중지할 것을 통보한 경우는 관할 노동위원회와 쟁의행위 당사자에게 지체없이 통지하여야 한다.[178] 시 · 도지사 또는 시장, 군수, 구청장이 중지를 통보하는 경우에는 서면통지서 사본에 쟁의행위 당사자, 발생장소, 일시 등을 노동조합 소재지를 관할하는 지방고용노동관서장에게 송부하여야 한다. 노동위원회의 의결을 얻지 않고 중지통보를 한 경우는 지체없이 노동위원회에 사후승인을 얻어야 하며 승인을 얻지 못한 때에는 그때부터 효력을 상실한다.[179]

당사자가 쟁의행위 중지통보를 받고 이행하지 않는 경우 불이행 자체의 벌칙은 없지만 그 보다 앞서 안전보호시설의 정지 · 폐지 · 방해금지 위반에 대한 벌칙은 적용이 된다.[180]

(5) 작업시설의 손상, 원료 · 제품의 변질 또는 부패방지 작업

원래 쟁의행위는 사용자에게 생산중단 등으로 인한 경제적 타격을 주는데 그쳐야 하지 인명이나 물적시설 등 재산에 손해를 주는 것은 쟁의행위의 정당성을 넘는 것이다.[181] 쟁의행위 중에도 작업시설의 손상이나 원료 · 제품의 변질 또는 부패를 방지하기 위한 작업은 정상적으로 수행되어야 한다.[182] 이 규정은, 파업중이라도 작업시설의 손상이나 원료 · 제품의 변질 또는 부패를 방지하기 위한 작업을 중단하면 생산시설 등 사용자의 재산에 심각한 손해를 주

178) 노조규칙 제12조
179) 노조법 제42조제3항 · 제4항, 노조령 제22조
180) 노조법 제91조, 1년 이하의 징역 또는 1천만원 이하의 벌금
181) 김형배, 『노동법』, 833쪽
182) 노조법 제38조제2항

게 되어 쟁의종료 후에도 복구에 많은 시간과 경비가 소요되는 등 부작용이 발생하여 궁극적으로는 노사모두에게 회복하기 어려운 손해로 직결되게 되므로 이를 예방하는데 목적이 있다. ① 작업시설의 손상을 방지하기 위한 작업은, 냉난방보일러 작업, 윤활유 공급작업, 화재점검 · 소화작업, 경비 · 소방작업, 균열 · 응고 폭발방지작업, 배수 · 급수작업 등을 말한다. ② 원료 · 제품의 변질 또는 부패를 방지하기 위한 작업에는 원료나 제품의 세척 · 냉장 · 방부처리작업 등을 말한다. 한편, 모든 작업시설이나 원료 · 제품은 시간이 경과하면 자연적으로 손상 · 변질 · 부패가 진행되므로 파업 등이 있었다고 하더라도 이 같은 자연적인 부식 · 부패 등은 법위반이라고 하기 어렵고, 쟁의기간 중에 긴급작업을 중단하거나 소홀히 하여 결과적으로 원료, 제품의 변질 또는 부패를 가져온 경우에만 위반이 된다는 견해도 있다.[183] 이 규정을 위반하였을 경우 형사처벌을 받을 수 있다.[184]

(6) 필수유지업무의 정상적인 유지 · 운영

쟁의행위는 사용자에게 생산중단 등으로 인한 경제적 타격을 주는데 그쳐야 하지 인명이나 물적시설 등 재산에 손해를 주는 것은 쟁의행위의 정당성을 넘는 것이다. 따라서 쟁의행위 중이라도 공중의 생명 · 건강 또는 신체의 안전이나 공중의 일상생활을 현저히 위태롭게 하는 업무는 정상적으로 유지 · 보호되어야 한다. 필수유지업무란, 노조법 제71조제2항에 정한 필수공익사업 업무 중 그 업무가 저지되거나 폐지되는 경우 공중의 생명 · 건강 또는 신체의 안전이나 공중의 일상생활을 현저히 위태롭게 하는 업무로서 대통령령이 정하는 업무를 말한다. 노동조합이 있는 사업장의 경우, 노사관계 당사자는 쟁의기간 중이라도 필수유지 업무의 정당한 유지 · 운영을 위하여 필수유지업무의 필요, 최소한 유지 · 운영수준, 대상직무, 필요인원 등을 내용으로 하는 협정을 서면으로 쌍방이 서명 또는 날인하여 체결하여야 한다.[185] 노사자율로 협정이 체결되지 않을 경우 노사쌍방이 함께 또는 어느 일방이 노동위원회에 필수유

183) 임종률, 『노동법』, 206쪽
184) 노조법 제91조, 1년 이하 징역 또는 1천만원 이하 벌금
185) 노조법 제42조의3

지 업무의 유지 · 운영수준 등의 결정을 신청할 수 있다. 노동위원회 특별조정위원회는 사업장별 필수유지 업무의 특성 및 내용 등을 고려하여 필수유지업무의 운영에 필요한 최소한의 유지 · 운영수준, 대상직무 및 필요인원 등을 결정할 수 있다.[186] 노동관계 당사자간 체결된 필수유지업무의 유효기간은 제한이 없고 당사자가 자율적으로 정하기 나름이다.

노조법은 공익사업 중 그 업무의 정지 · 폐지가 공중의 일상생활을 현저히 위태롭게 하거나 국민경제를 현저히 저해하고 그 업무의 대체가 용이하지 아니한 사업으로서 철도 · 도시철도 사업, 항공운수사업, 수도 · 전기 · 가스사업, 석유정제 · 석유공급사업, 병원사업 및 혈액공급사업, 한국은행사업, 통신사업[187]을 "필수공익사업"으로 정하고, 그 가운데 그 업무가 정지 · 폐지되는 경우 공중의 생명 · 건강 또는 신체의 안전이나 공중의 일상생활을 현저히 위태롭게 하는 업무로서 대통령령으로 정하는 업무를 "필수유지업무"로 정하여, 쟁의행위시 필수유지 업무의 정당한 유지 · 운영을 정지 · 폐지 또는 방해할 수 없도록 정하고 있다.[188]

필수유지 업무는 "직권중재제도를 폐지"[189]하는 대신 필수공익사업에 대해 "사업장(병원, 상수도사업소, 한국전력 등)보다 업무중심 즉, 응급의료, 마취업무, 발전설비 운전업무, 지역전기 공급업무, 취수 · 정수시설 운영업무, 제어시스템업무 등"으로 쟁의권을 제한한 것이다. 과거 필수공익사업에 대한 직권중재제도는 일단 결정되면 그 중재안은 단체협약과 같은 효력을 발생하게 되고, 단체협약은 유효기간 동안 평화의무가 발생하여 중재안에 불만이 있더라도 쟁의행위를 할 수가 없기 때문에, 당사자에게 보장된 헌법상의 노동기본권을 심각하게 훼손한다는 지적이 있어 이를 폐지하고 대안으로 입법화된 것이다. 자세한 사항은 뒷부분에서 별도 항목으로 "필수유지업무제도"에서 상세히 설명한다.

---

186) 노조법 제42조의4
187) 노조법 제71조제2항
188) 노조법 제42조의2
189) 구 노조법 제62조

마. 법령에 정한 절차상의 제한

쟁의행위는 단결권의 취지상 조합민주주의 원칙에 의거 전체 조합원의 총의에 따라 단체행동권을 행사할 수 있고, 반드시 강행법에 정한 절차에 따라 목적에 맞게 적정하게 행사되어야 정당성을 가질 수 있다. 따라서 노동조합이 쟁의행위를 하려면 사전에 조합원의 찬반투표를 거쳐야 한다. 쟁의행위는 법에서 정한 조정의 절차를 거치지 아니하면 이를 행할 수 없다.[190] 조정 또는 중재기간에는 쟁의행위를 할 수 없다.[191] 쟁의행위를 하려면 고용노동부령으로 정하는 바에 따라 쟁의행위 일시, 장소, 참가인원, 및 방법을 행정관청과 노동위원회에 미리 서면으로 신고하여야 한다.[192]

1) 조합원 찬반투표

쟁의행위가 정당행위가 되기 위한 절차적 요건으로서, 조합원의 의견을 수렴하는 절차를 거치도록 한 것은 노동조합의 자주적이고 민주적인 운영을 도모함과 아울러 쟁의행위의 정당성 유무와 관련하여 어떤 불이익도 받지 않도록 그 개시에 관해 조합의사의 결정을 보다 신중을 기하기 위하여 마련한 규정이다. 따라서 쟁의행위는 조합원의 과반수 찬성으로 결정하지 않으면 할 수 없다.[193] 기업별노동조합의 경우는 당해 사업 또는 사업장 소속 조합원, 복수노조에서 교섭단위 내에서 교섭대표노동조합이 결정된 경우에는 그 절차에 참여한 노동조합의 전체 조합원의 과반수의 찬성으로 결정하지 아니하면 쟁의행위를 할 수 없다.

(1) 일반적인 투표방법 절차 등

쟁의행위를 하려면, 특별한 사정이 없는 한 조합원의 직접 · 비밀 · 무기명투표에 의한 “재적조합원 과반수의 찬성결의”[194] 등 법령이 규정한 절차를 거쳐야 한다. 이 경우 대리투표, 일련번호 등을 부여한 용지사용 등 사실상의 공개

---

190) 노조법 제45조제2항
191) 노조법 제54조, 제63조
192) 노조령 제17조
193) 노조법 제41조제1항, 제45조제2항
194) 노조법 제41조

투표, 공개결의, 사실상의 찬성간주, 박수, 기립표결 등은 모두 무효가 되며, 투표의 장소는 한자리 집합투표가 아니더라도 공장별, 부서별, 교대근무조별로 투표실시가 가능하다. 노조원의 투표를 거쳐 쟁의행위가 정당하게 결의되었다면, 구체적인 시기나 방법 등은 규약이나 결의내용 등에 따라 집행부가 결정하더라도 무방하다.[195)]

(2) 산별노조의 찬반투표

지역별 · 산업별 · 업종별 노동조합의 경우 찬반투표의 범위는 교섭의 범위에 따라 좌우된다. 찬반투표의 결과는 교섭단위에 포함되지 않는 지부 · 분회에 대하여는 효력이 미치지 아니한다. 총파업인 경우는 전체 조합원의 과반수의 찬성, 총파업이 아닌 경우는 쟁의행위를 예정하고 있는 지부나 분회소속 조합원의 과반수 찬성, 통일교섭의 경우 교섭에 참여한 지부 · 분회 전체 조합원을 대상으로 과반수 찬성이 있으면 절차적으로 적법한 쟁의행위를 할 수 있다.

대각선교섭을 실시했음에도 찬반투표를 전체 지부 · 지회를 대상으로 실시한 경우는 효력이 없다. 다만, 지부 · 분회별 투표 후 당해지부 · 분회 조합원의 찬반투표율이 명확히 구분되고, 당해 지부 · 분회 조합원 과반수 이상의 찬성이 있는 경우에는 쟁의행위가 가능하다.[196)]

(3) 교섭창구 단일화 後 쟁의행위

복수노조에서는 하나의 교섭단위 내에서 교섭창구 단일화에 참여한 전체 조합원의 과반수 찬성으로 의결하여야 한다. 다만, 조합원 10% 미만의 소수노조는 교섭창구 단일화에 참여하지는 못하지만 쟁의행위 찬반투표에는 참여할 수 있다. 단일화된 교섭대표노조 혹은 교섭대표기구는 쟁의행위를 주도하도록 정해져 있으므로 찬반투표관리 등 쟁의행위 전반 걸쳐 공동으로 관리하는 것이 바람직하다. 단일화 과정에서 협정을 통해 교섭안 작성, 교섭개시, 합의,

195) 노사 68140-315, 1993.9.18

196) 대판 2004도4641, 2004.9.24 ; 서울행판 2005구합35902, 2006.9.14. 사내하청지회가 설치된 협력업체별로 개별교섭(대각선교섭)을 진행해 왔으므로 쟁의행위 찬반투표도 협력업체별로 당해 업체 소속의 조합원들에 한하여 실시해야 함에도 사내하청지회에 속한 모든 협력업체의 조합원을 대상으로 한 찬반투표는 무효이다.

결렬, 찬반투표, 조정, 쟁의행위 등 일련의 과정에 대한 규정을 마련해 두는 것이 분쟁을 줄이고 교섭력을 극대화시키는 방법이 될 것이다.

(4) 복수노조에서 교섭단위 분리[197]와 쟁의행위

쟁의행위 참여 조합원의 범위는 교섭단위를 기준으로 한다. 교섭단위가 분리된다면 교섭단위별로 교섭개시 일정이나 진행경과가 다를 것이고,[198] 분리되지 않는다면 하나의 사업 또는 사업장 전체의 조합원들이 쟁의행위 참여대상이 된다. 복수노조에서 쟁의행위 찬반투표는 자신이 속한 교섭단위의 의사결정에 참여하는 수단이다. 교섭단위가 다른 2개 이상의 노조에 가입한 조합원, 혹은 개별 교섭을 하는 다수의 노조에 가입한 조합원의 찬반투표는 그 수를 1/2로 할 것인지 아니면 1로 할 것인지 의문이다. 노조법[199]에서 정한 조합원수 계산법은 동일한 교섭단위 안에서 한 명의 조합원이 복수의 노동조합에 가입했을 경우에 적용하는 것이다. 따라서 한 명의 조합원이 교섭단위가 다른 복수의 조합에 가입한 경우는 그 방법을 적용할 수 없다. 쟁의행위 찬반투표는 교섭단위별로 산정해야 하므로 교섭단위가 다르다면 각 단위별로 1명의 조합원으로 계산하여야 한다. 규약으로 교섭단위가 다를 경우 각각의 교섭단위에 이중가입을 제한하거나 투표권을 제한하는 것이 가능한지 의문이다. 노조법상 근로자의 단결권을 제한하는 규정은 찾아볼 수 없다. 그러나 실무상 하나의 사업에서 교섭단위가 다른 조합원을 이중으로 가입시키려는 조합원 확보 경쟁이 치열해 질 수도 있고, 인적분리를 전제로 하는 교섭단위분리제도가 근본적으로 유명무실해 질 수도 있는 등의 문제점을 내포하고 있다. 규약 등으

---

197) 교섭단위 분리요건은, 현저한 근로조건의 차이, 고용형태, 교섭관행 등에 관한 객관적 요건과 교섭단위 분리필요성이라는 주관적인 요건을 종합적으로 고려하여 결정한다. 직종에 따라 임금체계, 인사제도, 근무시간 등 근로조건의 차이가 클 경우에도 요건에 해당한다. 교섭단위 분리요건에 해당한다고 판단되면, 당사자 중 일방이 해당 사업의 본사 소재지 노동위원회에 신청을 하고, 회사와 노조가 교섭단위 분리에 대한 의견을 제출하면 노동위가 신청을 받은 날로부터 30일 이내에 결정한다.

198) 사무직과 영업직 노조로 교섭단위가 분리되었다면 교섭과 쟁의행위 찬반투표는 각 직종별로 할 것이고, 사용자와 개별교섭을 하는 노조의 경우 해당 노조의 조합원만 쟁의행위에 참여할 수 있다.

199) 노조령 제14조의7제5항

로 이중가입은 허용하고 투표권을 제한하는 것도 단결권보장에 비춰볼 때 노동3권을 침해할 소지가 있다.

일각에서는 교섭단위가 분리된 상황에서 쟁의행위가 발생했을 경우 사업장 내 교섭단위가 다른 노조가 대체인력으로 투입될 수 있는 등의 문제가 있다는 이유로 노조의 교섭력 강화에 도움이 되지 않는다는 의견도 있다.

(5) 투표의 시기 · 대상 등

투표의 시기는 가급적 노동위원회, 사적조정인 등의 조정을 거치고서도 합의가 이루어 지지 않을 경우에 하는 것이 바람직하지만, 조정신청 이전에 찬반투표를 하였다고 해서 부당하다고 할 수 없다.[200] 같은 회기 내에 1차 부결 후 재투표를 실시할 수 있을지 의문이다. 동일 안건에 대해 재투표를 하는 것은 일사부재리원칙에 어긋난다.[201] 규약에서 출석조합원 과반수 찬성으로 결의하도록 정하거나, 대의원회의에서 결의하도록 정하지 못한다.[202] 준법투쟁의 경우에도 업무를 저해하는 쟁의행위이므로 찬반투표 절차를 거쳐야 한다. 찬반투표를 거치지 않은 쟁의행위는 법 제91조에 의거 형사처벌을 받을 수 있다(1년 이하의 징역 또는 1천만원 이하 벌금). 판례는 조합원의 찬반투표를 거치지 않은 쟁의행위는 그 절차를 준수할 수 없는 객관적인 사정이 없는 한 절차적인 정당성이 없다는 입장이다.[203]

2) 조정전치주의

조정(調停)이란, 노동쟁의 상태에서 당사자간 근로조건 결정 등에 관한 주상의 불일치로 노동쟁의가 발생하는 경우 제3자인 노동위원회가 공정한 교섭을 촉진시키는 등 당사자간 자주적인 합의를 통해 분쟁을 해결하도록 권고하는 절차로서 노동쟁의를 신속 · 공정하게 해결하여 쟁의행위로 인한 노동관계 당사자의 손실을 예방하고 국민경제 발전에 기여하는 일련의 절차이다. 조정은 서비스적 성격을 지닌 조정(Mediation), 당사자에게 이행의무를 부과하는 중재

200) 노사 32281-10142, 1988.7.7
201) 협력 68140-214, 1998.6.9
202) 노사 32281-5355, 1988.4.11
203) 대판 2001구24388, 2001.10.25

재정(Arbitration), 쟁의행위가 국민경제 또는 국민의 생활을 위태롭게 할 위험이 현존할 때 극히 예외적으로 행하는 긴급조정(Emergency Adjustment)절차를 포함하는 개념이다.

외국의 경우 대체적으로 조정전치의무를 정한 바는 없으나 각각 노사관계 실정에 따라 조정 중재를 통해 쟁의행위를 사전에 예방하고 있다.[204] 우리나라의 경우, 1953년 노조법에서 냉각기간 동안 쟁의행위를 금하고 노동위원회가 알선, 조정, 중재를 실시하다가 1997년 냉각기간 대신 조정전치주의를 도입했다.

쟁의행위는 노조법에서 정한 조정의 절차를 거치지 아니하면 이를 행할 수 없다.[205] 이를 조정전치주의(調停前置主義)라고 한다. 판례의 견해[206]에 따르면, 노사 당사자로 하여금 쟁의행위 발생신고 및 조정기간을 거치도록 정한 것은 분쟁을 사전에 조정하여 쟁의발생을 회피할 기회를 주는 한편, 쟁의발생을 사전에 알려 손해방지를 위한 조치의 기회를 부여하려는 것이지 쟁의행위 그 자체를 금지하려는 것은 아니므로, 쟁의행위 발생신고나 조정기간을 거치지 아니하였다고 하여 무조건 정당성이 결여된 행위라고 볼 것이 아니라 그 위반행위로 말미암아 사회 · 경제적 안정이나 사용자의 사업에 예기치 않은 혼란이나 손해를 끼치는 등 부당한 결과를 초래할 우려가 있는지 여부 등 구체적 사실관계를 파악하여 정당성 유무를 판단하고 그 결과로 형사상 죄책유무를 결정하여야 한다는 입장이다. 다만, 우리나라의 노사관계 현실을 고려할 때 쟁의발생 신고나 조정기간을 거치지 않은 쟁의행위에 대해 정당성을 부여하는 것

204) ① 일본의 경우 : 조정전치의무는 없으나 일반사업의 경우 쌍방의 신청 또는 단협이 정하는 바에 따라서 일방이 신청시 조정을 개시하고, 공익사업의 경우 노동위원회 결의 또는 권한있는 당국의 신청시 조정을 개시하며 쟁의행위 개시 10일 전까지 행정관청과 노동위원회에 파업을 예고할 의무를 부과한다.
② 독일의 경우 : 조정전치의무는 없으나 판례에 의해 쟁의행위의 최후수단성원칙에 따라 성실교섭과 노사자율에 의한 조정절차를 거친 후 파업을 하는 것이 일반적인 관행이다.
③ 미국의 경우 : 조정전치의무는 없으나, 쟁의행위의 상대방 통지의무가 있고 조정은 당사자의 동의에 의해서만 개시된다.
④ 프랑스의 경우 : 조정전치의무는 없다. 파업권은 개인의 권리이므로 파업에 관한 절차규정은 없으나 일정한 경우 파업예고제가 있다.

205) 노조법 제45조제2항

206) 대판 92도1855, 1992.9.22

은 극히 예외적인 것으로 보아야 한다. 특히 금속, 의료, 택시, 시내버스, 항공운수 등 산업별 · 직종별 · 지역별노동조합의 경우 파업 등 쟁의행위의 효과가 관련 산업의 전반에 걸치고 국민의 생활안정과도 밀접한 관련이 있는 만큼 신중한 고려가 필요할 것이다.

조정안을 수용할 것인지 여부는 당사자가 임의적으로 결정할 수 있는 것이 원칙이지만, 중재재정(仲裁裁定)은 그 안이 위법이나 월권이 아닌 한 당사자는 이의 없이 따라야 하는 점에서 큰 차이가 있다.[207]

현행법은 이익분쟁에 대해서만 조정을 실시할 수 있도록 정하여 갈등해결에 한계를 표출하고 있는데, 대표적으로 2003년 철도파업, 조흥은행파업 등의 경우 파급효과는 매우 컸음에도 이익분쟁이 아니라는 이유로 조정을 할 수 없었던 사례도 있었다.

(1) 조정의 원칙

조정은 자주성, 공정성, 신속성, 공익성을 지닌다.[208] 집단적 노사관계는 노사자치의 원칙이 적용된다. ① 자주성은, 분쟁이 발생하였을 경우에도 자주적으로 해결하는 것이 원칙이지만 자주적 해결이 곤란하거나 불가능하게 되어 조정이 개시되더라도 그 절차적 내용은 당사자의 자주적인 해결을 촉진하는 것이다. 따라서 조정안의 수락여부도 자주성에 입각하여 당사자의 자유에 속한다. 다만, 중재는 관계당사자를 구속하는 법률상 효력이 있는 처분이므로 반드시 따라야 한다. ② 공정성은, 분쟁은 이해관계의 대립에서 비롯된 것이

---

207) 중재재정은 노동쟁의 당사자 쌍방이 함께 또는 일방이 단체협약에 의하여 중재를 신청하는 경우 노동위원회의 중재재정에 따라 노동쟁의를 해결하는 조정절차를 말한다. 당사자는 그 안이 위법이나 월권이 아닌 한 이의 없이 따라야 한다. 조정은 노동쟁의상태에서 당사자간 근로조건 결정 등에 관한 주장의 불일치로 노동쟁의가 발생하는 경우 당사자간 합의를 통해 분쟁을 해결하도록 권고하는 절차로서, 당사자는 조정안을 수용할 것인지 여부를 임의적으로 결정할 수 있는 것이 원칙이다. 반면 중재는 중재위원회 및 사적중재인 등이 제시한 해결안에 대해, 그 안이 위법이나 월권이 아닌 한 이의 없이 따라야 하는 강제적인 분쟁해결 절차인 점에서 차이가 있다. 다만, 긴급조정을 제외하고는 어느 것이나 신청에 의하여 개시된다는 점에서 공통점이 있다.

208) 노조법 제48조(자주성), 제49조(공정성), 제50조(신속성), 제51조(공익성), 국가, 지자체, 국영기업체, 방위산업체, 공익사업에 있어서의 노동쟁의조정은 우선적으로 취급하고 신속하게 처리하여야 한다.

므로 조정은 양자의 불만을 최소화하는 수준에서 공정성을 유지하여야 한다. ③ 신속성은 조정의 목적은 분쟁이 당사자 및 국민경제 전체에 미치는 부정적인 영향을 최소화하는데 있으므로 그 절차는 신속성을 가져야 한다. ④ 공익성은, 노동쟁의는 당사자의 이해관계와 국가경제 등 공익에도 영향을 미칠 수 있으므로 공익의 측면도 고려하여야 한다. 노동위원회에 공익위원을 포함하는 이유와 맥을 같이 한다.

(2) 조정의 구분

노사문제는 당사자가 주체가 되어 해결하는 것이 바람직하다. 따라서 노사는 평소에 분쟁을 자율적으로 해결할 수 있도록 해결절차 · 요건 · 쟁의행위 억제방안 등에 관해 단체협약 등으로 정해두는 것이 바람직하다. 노사는 쟁의행위가 발생하였을 경우 1차적으로 단체협약 등으로 정한 바에 따라 스스로 해결할 수 있도록 노력하고 여의치 않을 경우 개인이나 단체 등에 사적조정을 의뢰하거나 노동위원회에 공적조정을 신청하여 조정안을 도출할 수 있다. 조정은 당사자 일방이 노동위원회에 신청하는 경우의 임의조정, 쌍방의 합의 또는 단체협약이 정하는 바에 따라 개인이나 단체 등 제3자에게 의뢰하는 사적조정[209]과 강제적 절차인 중재, 긴급조정을 포함한다. 현행 노조법은 당사자 쌍방의 합의 또는 단체협약이 정하는 바에 따라 행해지는 사적조정과 중재절차를 예외로 하고 노동위원회를 통한 조정을 의무화하고 있다. 노동위원회는 당사자가 조정신청을 하기 전이라도 원활한 조정을 위하여 교섭을 주선하는 등 관계 당사자의 자주적인 분쟁해결을 지원할 수 있다.[210] 노동위원회는 신청내용이 조정(중재)대상이 아니라고 인정할 경우는 그 사유와 다른 해결방법을 알려주어야 하고, 조정(중재)를 하게 된 경우는 지체없이 서면으로 관계 당사자에게 각각 통보하여야 한다.[211]

(가) 공적조정

공적조정의 경우는 당사자 쌍방 또는 일방이 노동위원회에 신청한다. 이때 노

---

209) 노조법 제52조, 제53조

210) 노조법 제53조

211) 노조령 제24조, 제25조

동조합은 노조법에 의해 설립 신고 된 조합이라야 하므로, 설립신고를 하지 않은 지부, 분회 등은 조정신청을 할 수 없다.[212] 다만, 설립신고를 하지 않은 지부가 단위노조대표자로부터 위임을 받아 신청할 수가 있는데 이 경우에도 명의는 단위노조대표자로 하여야 한다. 기타 단위노조 위임을 받아 조정절차에는 참석할 수 있고, 쟁의행위는 지부단위 노조원을 대상으로 투표하여 가부를 결정하고 지부단위로 진행할 수 있다. 조정신청을 받은 노동위는 당사자에게 조정위원 후보자 명단을 통보하여 추천하는 위원을 제출할 것을 요청하고, 심의에 필요한 임금구조, 대차대조표 등 참고자료를 받아 사실조사 등을 거쳐 부의안을 작성한다. 노동위원회의 조정위원회는 조정위원 3인으로 구성한다. 회의는 당사자 및 참고인을 출석시켜 질의응답을 통해 주장을 확인하고 수락을 권고한다. 위원회는 구성원 3명 전원으로 개회하고 과반수인 2명의 찬성으로 의결한다.

(나) 사적조정

사적인 조정의 경우는 단체협약으로 정하거나 쌍방이 합의한 경우 노동위원회가 아닌 사적인 조정인에게 조정을 의뢰하여 분쟁의 해결을 시도하는 것이다.

사적조정방법은 현행법에 달리 정한 바가 없으므로 노사는 교섭결렬시 자동으로 사적조정이 개시되도록 정하거나, 일방 또는 쌍방이 합의하도록 정할 수도 있고, 공적조정 도중 사적조정을 개시하거나, 조정과 중재를 순차적으로 거치지 않고 곧바로 제3자에게 중재를 의뢰할 수도 있다. 사적조정과 공적조정을 동시에 할 수 있다고 합의한 경우는 사적조정이 우선되어야 할 것이다. 이 경우 조정기간은 공적조정의 경우처럼 신청이 있은 날로부터 기산하는 것이 아니라. "조정을 개시한 날"로부터 기산하여 일반사업의 경우 10일, 공익사업의 경우 15일 이내에 조정이 성립되지 않을 경우 쟁의행위를 할 수 있다. 사적조정은 공적조정이 진행 중인 경우에도 공적조정과 병행하여 할 수도 있고,[213] 사적조정에 의해 쟁의행위가 조정되지 않는 경우 당사자는 공적조정에 의해 노동쟁의를 조정해 줄 것을 관할 노동위원회에 신청할 수도 있다. 신청을 받은 노동위원회는 지체없이 조정을 개시하여야 한다.

212) 노조 68107-510, 2001.4.28
213) 노조법 제52조, 노조령 제23조

사적조정은 조정대상도 일반사업 · 공익사업 · 필수공익사업 등의 구분 없이 모든 사업에 적용이 가능하고, 기간계산에서 기산일을 제외하고 조정기간과 효력 등 모든 면에서 공적조정과 동일하다. 사적조정 · 중재가 이루어진 경우에 그 내용은 공적조정 · 중재와 마찬가지로 단체협약과 동일한 효력을 가진다. 따라서 사적조정과 공적인 조정은 조정을 거쳤다는 점에서 차이가 없으므로 사적조정 후 공적조정을 다시 받을 필요도 없이 쟁의행위를 할 수 있다. 사적조정이 실패하더라도 공적조정을 강제하지 않는 것이다. 다만, 사적조정을 받다가 노동위원회의 공적조정을 받기로 한 경우는 사적조정을 받은 기간은 포함하지 않고 "노동위원회에 조정신청을 한 다음날"로부터 조정기간이 새롭게 기산된다. 사적조정 등을 수행하는 자는 「노동위원회법」 제8조제2항제2호 각목의 "조정담당공익위원의 자격"을 가진 자로 한다. 노동관계 당사자는 사적조정 · 중재에 의해 노동쟁의를 해결할 경우에는 관할 노동위원회에 신고하여야 한다.[214] 노동위원회는 신고 받은 사항을 관할 행정관청에 지체없이 통보하여야 한다.[215] 이 경우 사적조정 등을 수행하는 자는 노동관계 당사자로부터 수수료, 수당 및 여비 등을 받을 수 있다. 조정절차를 위반한 쟁의행위는 벌칙을 적용받는다.[216] 지방노동위원회의 조정담당 공익위원은 다음 각 목의 어느 하나에 해당하는 자로서 노동문제에 관한 지식과 경험이 있는 자 중에서 위촉한다.[217]

1. 공인된 대학에서 조교수 이상으로 재직한 자
2. 판사 · 검사 · 군법무관 · 변호사 또는 공인노무사의 직에 3년 이상 재직한 자
3. 노동관계업무에 3년 이상 종사한 자로서 3급 또는 3급 상당 이상의 공무원이나 고위공무원단에 속하는 공무원으로 재직한 자
4. 노동관계업무에 10년 이상 종사한 자로서 4급 또는 4급 상당 이상의 공무원으로 재직한 자
5. 기타 노동관계업무에 10년 이상 종사한 자 또는 사회적 덕망이 있는 자로서 조정담당 공익위원으로 적합하다고 인정되는 자

214) 노조령 제23조
215) 노조규칙 제13조
216) 노조법 제91조
217) 노동위원회법 제8조

(3) 조정기간

조정은 노조법 제54조에서 정한 기간 즉, "조정의 신청이 있은 날부터" 일반사업에 있어서는 10일, 공익사업에 있어서는 15일 이내에 종료하여야 한다. 다만 당사자간 합의할 경우 일반사업의 경우 10일, 공익사업의 경우 15일 이내에서 조정기간을 연장할 수 있다. 기간 내에 조정이 종료되지 아니하거나 중재에 회부된 날로부터 15일 이내에 중재재정이 이루어지지 아니한 경우에는 조정이 없이도 쟁의행위를 할 수 있다. 조정기간 준수에 관한 법의 규정은 쟁의행위의 쟁점에 대해 노동위원회나 제3자의 조정을 거치는 동안 쟁의행위를 할 수 없도록 하여 가급적 노동쟁의가 쟁의행위로까지 발전하지 않고 평화적으로 해결되도록 하는 정책적인 고려에서 나온 것이다. 다만, 조정기간 중 단체행동권을 제한하더라도 그 기간을 지나치게 길게 잡을 경우 헌법상 보장된 노동기본권을 심하게 제약하는 것이므로[218] 일반사업의 경우 당사자 일방 또는 쌍방이 노동위원회에 "조정신청이 있은 날"로부터 10일, 공익사업의 경우 "조정신청이 있은 날"로부터 15일 이내에 조정이 성립되지 않을 경우 쟁의행위를 할 수 있도록 정한 것이다. 조정기간이 종료되었더라도 당사자 쌍방이 조정의 계속을 요청한 경우는 기간에 불구하고 조정을 계속할 수 있다. 조정절차를 위반한 쟁의행위는 벌칙을 적용 받는다.[219]

(가) 조정기간의 계산

기간의 계산은 법령, 재판상 처분, 법률행위에 달리 정한 바가 없으면 민법에 따라야 한다. 노조법은 조정 · 중재기간 및 쟁의행위금지 기간의 계산에 있어서 달리 정한 바는 없다. 따라서 기간이 오전 0시로부터 시작하는 때를 제외하고는 일, 주, 월 또는 년으로 정한 때에는 기간의 초일은 산입하지 아니하므로, 조정 · 중재기간은 그 다음날부터 기산하여야 하며, 기간의 말일이 공휴일인 때에는 그 다음 날로 만료한다.[220]

---

218) 대판 2000도2871, 2001.6.26

219) 노조법 제91조, 1년 이하의 징역 또는 1천만원 이하의 벌금

220) 협력 68140-298, 2000.7.11 ; 민법 제155조~제161조 ; 민법과 달리 기간계산을 규정한 경우 : 국회법 제165조(기간의 계산에는 초일을 산입한다), 호적법 제42조(신고기간의 기산점,

(나) 조정기간과 쟁의행위

조정절차를 마치거나 조정이 종료되지 아니한 채 조정기간이 경과하면 조정절차를 거친 것으로 보아서 쟁의행위를 할 수 있다. 다만, 판례에 따르면 노동쟁의는 특별한 사정이 없는 한 그 절차에 있어서 조정을 거쳐야 하는 것이지만, 그렇다고 반드시 노동위가 조정결정을 한 뒤에 쟁의행위를 하여야만 그 절차가 정당한 것은 아니라고 판시한 바 있다.[221]

이 사례에서는 사용자가 실질적인 교섭을 기피하고 있는 가운데 노측의 조정신청에 대해 중노위가 조정을 하면서 당사자간 교섭이 충분히 이루어지지 않았다고 하여 조정안을 제시하지 않고 자주적이고 적극적인 교섭을 권고하는 행정지도를 하였는데, 노조측은 행정지도가 종료된 이후에 별도의 교섭 없이 쟁의행위를 한 것이 정당한 것이냐가 쟁점이었다. 판례는 사측의 교섭거절로 실질적인 교섭이 이루어지지 않고 있는 상황에서 노동위원회가 조정을 하지 않으면 노동조합의 쟁의권을 부당하게 침해하는 것이라는 점과 법정조정기간이 종료되면 그 종결원인에 관계없이 조정을 거친 것으로 보는 제도적인 측면을 고려할 때 노동위원회의 행정지도 이후에 이루어진 쟁의행위는 결국 조정절차를 거친 이후에 이루어진 것과 동일하게 보아서 절차적으로 정당한 것으로 보았다. 결국 판례는 교섭미진과 관련된 행정지도에 한하여 노동조합의 쟁의권을 보호할 필요가 있는지 여부에 따라 적법성을 판단하는 것으로 볼 수 있다.

따라서 행정지도가 있으면 무조건 조정을 거친 것으로 보아서 쟁의행위가 정당성이 있다고 보아서는 아니된다. 통상 상호 교섭이 불충분하거나 쟁의행위 대상이 아니라고 보는 경우에 행정지도가 내려지는데, 쟁점사항, 당사자간 교섭과정과 노력, 상대방의 교섭태도 등을 종합적으로 판단하여 결론을 얻어야 한다. 그렇게 볼 때 반드시 조정을 거쳐야만 쟁의행위가 정당한 것은 아니

신고기간은 신고사건 발생일로부터 기산한다. 재판의 확정일로부터 기간을 기산하여야 할 경우는 재판이 송달 또는 교부 전에 확정된 때에는 그 송달 또는 교부된 날로부터 기산한다), 형법제84조(형기는 판결이 확정된 날로부터 기산한다)

221) 대판 2001도1863, 2003.12.26 ; 대판 2000도2871 2001.6.26 ; 청주지판 99노534, 2001.6.26

며, 그렇다고 조정만 거치면 쟁의행위가 모두 정당한 것도 아니다.

쟁의발생신고를 하고 조정기간을 거쳐 정당한 쟁의행위를 하고 있는 도중에 새로운 쟁의사항이 부가되었다고 하더라도 다시 그 사항에 관해 별도의 쟁의발생신고 또는 조정기간을 거쳐야 할 필요는 없다.[222) 반대로 절차적 정당성을 갖추지 못한 쟁의행위를 사후에 쟁의발생 신고 또는 조정신청을 하여 하자를 추완한다는 것은 법적 취지에도 부합하지 않다.

(4) 조정위원회 구성 등

노동쟁의의 조정을 위하여 노동위원회에 조정위원 3인으로 구성된 조정위원회를 둔다. 조정은 대상에 따라 일반사업과 공익사업으로 구분하여 위원회 구성을 달리한다.「일반사업」의 경우 조정위원은 당해 노동위원회의 위원 중에서 사용자를 대표하는 자, 근로자를 대표하는 자 및 공익을 대표하는 자 각 1인을 그 노동위원회의 위원장이 지명하되, 근로자를 대표하는 조정위원은 사용자가, 사용자를 대표하는 조정위원은 노동조합이 각각 추천하는 노동위원회의 위원 중에서 지명하여야 한다. 다만, 조정위원회의 회의 3일전까지 관계당사자가 추천하는 위원의 명단제출이 없을 때에는 당해 위원을 위원장이 따로 지명할 수 있다.

노동위원회의 위원장은 근로자를 대표하는 위원 또는 사용자를 대표하는 위원의 불참 등으로 인하여 조정위원회의 구성이 어려운 경우 노동위원회의 공익을 대표하는 위원 중에서 3인을 조정위원으로 지명할 수 있다. 다만, 관계당사자 쌍방의 합의로 선정한 노동위원회의 위원이 있는 경우에는 그 위원을 조정위원으로 지명한다.[223) 위원장은 공익을 대표하는 조정위원이 된다. 다만, 근로자위원 또는 사용자위원의 불참 등으로 위원회 구성이 어려워 공익위원 3명으로 구성한 경우는 조정위원 중에서 호선한다.[224) 회의는 당사자 및 참고인을 출석시켜 질의응답을 통해 주장을 확인하고 수락을 권고한다. 위원회는 구성원 3명 전원으로 개회하고 과반수인 2명의 찬성으로 의결한다.

222) 대판 2010두20362, 2013.2.15
223) 노조법 제55조
224) 노조법 제56조

「공익사업」[225]의 노동쟁의조정을 위하여 노동위원회에 공익위원 3인으로 구성된 특별조정위원회를 두고 지체없이 조정을 개시한다. 특별조정위원은 그 노동위원회의 공익을 대표하는 위원 중에서 노동조합과 사용자가 순차적으로 배제하고 남은 4인 내지 6인중에서 노동위원회의 위원장이 지명한다. 다만, 관계 당사자가 합의로 당해 노동위원회의 위원이 아닌 자를 추천하는 경우에는 그 추천된 자를 지명한다. 위원장은 공익을 대표하는 노동위원회의 위원인 특별조정위원 중에서 호선하고, 당해 노동위원회의 위원이 아닌 자만으로 구성된 경우에는 그 중에서 호선한다. 다만, 공익을 대표하는 위원인 특별조정위원이 1인인 경우에는 당해 위원이 위원장이 된다.[226] 조정기간의 차이를 제

225) 노조법 제71조제1항 · 제2항, [공익사업]이란, 공중의 일상생활과 밀접한 관련이 있거나 국민경제에 미치는 영향이 큰 사업으로서 정기노선여객운수사업(여객자동차운수사업법 제2조, 제3조), 항공운수사업(항공법 제2조), 수도, 전기(전기사업법 제2조, 발전, 송전, 배전, 전기판매, 구역전기사업), 가스(연료, 난방용 제조가스 및 혼합가스를 생산하는 사업과 생산구입한 가스를 배관시설에 의해 가정, 산업, 기타 사용자에게 공급하는 사업을 의미), 석유정제 및 석유공급사업(원유, 역청물질 또는 이들의 분할제품으로서 가스 또는 액상의 연료, 조명유, 윤활유, 그리스 및 관련제품을 생산하는 사업을 의미), 공중위생(일반공중을 상대로 한 쓰레기수집 및 처리사업으로서 위탁 또는 직영을 구분하지 않는다) 및 의료사업(병원, 의원 및 기타 의료기관과 의료관련 서비스 제공기관) 혈액공급사업, 은행(한국은행, 시중은행, 지방은행, 외국은행국내지점 등 일반은행, 특별법에 의한 특수은행, 농협 및 수협중앙회의 신용사업부문과 새마을금고연합회의 신용사업부문을 말한다) 및 조폐사업, 방송(공중파방송, 라디오방송업, 유선 및 위성방송사업, 프로그램공급업, 종합유선 및 기타 유선방송사업, 위성방송업을 말함) 및 통신사업(일반대중이나 다른 사업체를 위하여 국내외에 송달되는 우편물 및 우편화물을 수집, 운반, 배달하는 우편사업, 전신전화 및 기타 통신시설에 의하여 음성 또는 비음성 전달요소를 전기식 또는 전자식 방법에 의해 송달하는 전기통신업을 의미)을 말한다. 이 중 [필수공익사업]은 공익사업으로서 그 업무의 정지 또는 폐지가 공중의 일상생활을 현저히 위태롭게 하거나 국민경제를 현저히 저해하고 그 업무의 대체가 용이하지 않은 다음 각호의 사업으로서, 철도 및 도시철도(여객 및 화물을 운송하는데 필요한 철도시설과 차량 및 이와 관련된 운영지원체계), 항공운수사업, 수도사업(일반용 및 공업용수도사업으로서 원수 또는 정수공급사업을 의미), 전기사업, 가스사업, 석유정제사업, 석유공급사업, 병원사업(종합병원, 병원, 치과병원, 한방병원, 요양병원만 필수공익사업에 해당된다 기타 의료기관은 공익사업에 포함), 혈액공급사업, 한국은행사업, 통신사업을 말한다. 은행사업은 은행법제2조에 의한 금융기관을 의미하므로 보험사업자, 상호저축은행, 신탁업무만을 수행하는 회사는 은행사업에 해당하지 않는다. 방송업에서 디자인, 세트, 의상, 분장, 미용 등의 업무를 수행하는 사업은 일반사업에 해당한다.(협력 68140-234, 2000.6.14.)

226) 노조법 제72조, 제73조

외하고는 공익사업에서의 조정방법은 일반사업에서의 조정과 같다. 공익사업에 해당하려면, 형식적으로 법제71조제1항에 정한 사업에 해당하여야 하고, 실질적으로는 해당사업 중에서 공중의 일상생활과 밀접한 관련이 있어야 하고 쟁의행위로 인하여 국민경제에 미치는 영향이 큰 사업이라야 한다.

사업은 조직과 인력 등의 유기적인 조직체로 볼 수 있으므로 하나의 사업에 일반사업과 공익사업이 혼재하는 경우는 공익과 관련된 서비스가 제공되기까지의 일련의 과정이 기능적으로 밀접성을 가지고 통합되어 있다면 공익사업으로 보아야 한다. 만약, 업종, 직종 등 사업성격에 따라 노동조합이 달리 조직되어 있는 경우에는 쟁의행위가 문제되는 분야를 분리하여 공익사업인지 여부를 판단하여야 한다.[227)]

(5) 단독조정

노동위원회는 관계 당사자 쌍방의 신청이 있거나 노동위가 관계 당사자 쌍방의 동의를 얻은 경우에는 조정위원회에 갈음하여 단독조정인에게 조정을 행하게 할 수 있다. 이 경우 단독조정인은 당해 노동위원회의 위원 중에서 관계 당사자의 쌍방의 합의로 선정된 자를 그 노동위원회의 위원장이 지명한다.[228)] 대체로 조정위원 3인중 1인에게 조정을 받는 경우가 일반적이다.

(6) 조정절차

(가) 상호 주장 확인

조정위원회 또는 단독조정인은 기일을 정하여 관계 당사자 쌍방을 출석하게 하여 주장의 요점을 확인하여야 한다. 조정위원회의 위원장 또는 단독조정인은 관계 당사자와 참고인 외의 자의 출석을 금할 수 있다.[229)] 노동위위원장은 조정이나 중재신청 당사자가 적격이 없다고 판단되는 경우는 조정담당 공익위

227) 서울행판 2001구12870, 2001.9.13. 전기사업이라 함은, 반드시 전기사업법제에서 산원자원부장관의 허가를 받아 영위하도록 한 발전사업, 송전사업, 배전사업, 전기판매사업을 영위하는 전력공급의 주체가 되는 것은 아니더라도 그 사업이 발전사업과 불가분적으로 결합되어 전력공급의 본질적요소를 구성하는 것(발전 및 송전설비에 대한 정비업무)이라면 필수공익사업인 전기사업에 해당한다.

228) 노조법 제57조

229) 노조법 제58조, 제59조

원 3인 이상의 의견을 들어 조정을 개시하지 않을 수 있다.[230)]

(나) 조정안의 작성과 수락

조정은 노동위원회나 사적조정인 등 조정자가 쟁점에 대한 노사의 의견을 들어 적절하다고 판단되는 조정안을 작성하여 이를 수용하도록 당사자에게 권고하여 수락하는 형태가 일반적이다. 조정절차는 현장방문 조사, 사전조정회의, 의견청취 등을 통해 적합한 조정안을 확정할 수 있다. 조정결과 쌍방의 의견이 어느 정도 근접하여 조정안을 제시하는 것이 자율적 타결에 도움이 된다고 판단될 경우 조정위원회 또는 단독조정인은 조정안을 작성하여 이를 관계 당사자에게 제시하고 그 수락을 권고하는 동시에 그 조정안에 이유를 붙여 공표할 수 있으며, 필요한 때에는 신문 또는 방송에 보도 등 협조를 요청하여 사회적인 여론의 힘을 활용할 수도 있다. 만약 성실한 교섭에도 불구하고 당사자간 현격한 의견차이 등으로 조정안 제시가 불가능하거나 부적절한 경우, 노동조합이 수차례 교섭을 요구하였으나 사용자측이 정당한 사유없이 교섭을 거부·해태하여 교섭이 미진한 경우는 조정안을 제시하지 않고 그 사유를 당사자에게 서면으로 통지하고 "조정을 중지"할 수도 있다.

조정위원회 또는 단독조정인은 관계 당사자가 조정안의 수락을 거부하거나 조정기간 범위 내에서 지정한 날까지 수락의사표시가 없는 경우 등 더 이상 조정이 이루어질 여지가 없다고 판단되는 경우에는 "조정의 종료"를 결정하고 이를 관계 당사자 쌍방에 통보하여야 한다.[231)]

(다) 행정지도

노동위는 조정회의결과 당사자의 분쟁이 노동쟁의라고 볼 수 없어 조정대상이 아니거나, 아직 쟁의상태에 이르지 않은 경우는 해당조정위원회의 의결에 따라 다른 해결방법을 알려주고 조정을 거부하는 이른바 "행정지도"를 한다.

구체적인 행정지도 사유를 살펴보면, ① 단체교섭 및 협약당사자가 아닌 자가 신청한 경우, 의무교섭대상이 아닌 경우, ② 노동조합이 조정신청 이전에 사용자에게 전혀 교섭을 요구하지 않거나 교섭을 요구한 후 수일 이내에 조정

230) 노동위규칙 제126조제6항
231) 노동위규칙 제129조제5항

신청을 한 경우 등 충분한 교섭이 이루어 지지 않아 합의의 여지가 남아있는 경우, 다만, 사용자에게 책임이 있는 교섭부족은 조정중지에 해당한다. ③ 그 외에 조정신청의 사유를 발견할 수 없거나 분명하지 않은 경우, ④ 단체협약의 유효기간이 너무 많이 남아서 조정이 부적절한 경우, ⑤ 사용자가 교섭을 거부하여 교섭이 미진하더라도 거부에 정당한 사유가 있는 경우 등의 사유가 있는 경우는 조정을 거부할 수 있다.

"다른 해결방법"을 알려준다는 것은, 교섭을 충분히 한 후 다시 신청토록 한다든가, 진정한 교섭 당사자를 찾아 다시 교섭을 한 후 조정신청을 한다든가, 근로기준 및 부당노동행위 등 노동법위반시정 등이 바른 목적일 경우는 구제제도를 안내하는 등을 말한다. 행정지도 결정이 있는데도 불구하고 교섭미진 등 하자를 바로 잡아 다시 조정신청을 하지 않고 쟁의행위에 돌입한 경우는 조정전치위반, 쟁의행위 개시시기 잘못 등으로 인해 원칙적으로 위법한 쟁의행위가 된다. 쟁의행위는 노사가 성실한 교섭에도 불구하고 더 이상 합의의 여지가 없는 경우에 최후의 수단으로 행사되어야 하고, 특별한 사정이 없는 한 법령이 정한 절차를 밟아야 정당성을 인정받을 수 있다. 노동조합이 쟁의행위에 돌입할 목적으로 사용자와 교섭시도 없이 형식적인 조정절차를 거친 후 바로 쟁의행위에 돌입하는 등 노동조합의 귀책사유에 해당하는 교섭미진의 경우는 정당성이 없다.

다만, 판례에 따르면, 노조측이 평화의무를 위반한 것도 아닌데 사용자가 교섭단의 미구성 등을 이유로 교섭을 거부하여 노동위원회로부터 교섭미진으로 행정지도를 받은 사안에서, 사측의 교섭거절로 실질적 교섭이 이루어지지 않았는 데도 노동쟁의가 아니라는 이유로 조정결정을 하지 않고 행정지도를 한다면, 오히려 조정전치주의 때문에 노동조합의 단체행동권이 심각하게 침해된다고 보아서 행정지도에도 불구하고 조정기간이 경과한 이후에 쟁의행위를 한 것은 절차적으로 정당하다는 입장이 있다.[232)]

232) 대판 2007두12859, 2009.6.23

(라) 조정의 취하 및 반려 등

조정 중 당사자는 쟁점사항에 합의를 하거나 조정을 계속할 필요가 없다고 생각되면 언제든지 조정을 신청한 쟁점사항의 전부 또는 일부를 "취하"할 수 있다. 전부취하는 다시 조정을 거치지 않는 한 쟁의행위를 할 수 없고, 일부가 취하된 경우에는 취하된 쟁점사항을 이유로 쟁의행위를 할 수 없다.[233)]

"반려"는 당사자 일방 또는 전부가 정당한 이유없이 조정회의에 출석하지 않고 달리 조정기간을 연장하는 조치를 취하지도 않아서, 조정 기간 내에 다시 회의를 소집할 시간적 여유가 없을 때는 당해 조정신청을 취하한 것으로 보고 반려한다. 반려한 경우는 조정을 거치지 않은 것이므로 쟁의행위를 할 수 없다.

(마) 조정안의 해석 · 이행방법에 관한 의견 불일치

조정안이 관계 당사자의 쌍방에 의하여 수락된 후 그 해석 또는 이행방법에 관하여 관계 당사자간 의견의 불일치가 있는 때에는, 관계 당사자는 당해 조정위원회 또는 단독조정인에게 조정안의 내용과 당사자의 의견을 서면으로 기재하여 그 해석 또는 이행방법에 관한 명확한 견해의 제시를 요청하여야 한다. 조정위원회 또는 단독조정인은 견해제시의 요청을 받은 때에는 그 요청을 받은 날부터 7일 이내에 명확한 견해를 제시하여야 한다. 즉, 당사자, 주문(조정안의 해석이나 이행방법의 구체적 내용), 이유(인정사실과 법률상 근거)를 기재한 결정서를 교부한다.[234)] 견해가 제시될 때까지는 관계 당사자는 당해 조정안의 해석 또는 이행에 관하여 쟁의행위를 할 수 없다.[235)] 조정위원회 또는 단독 조정인이 제시한 해석 또는 이행방법에 관한 견해는 중재재정과 동일한 효력을 가진다.

(7) 조정의 효력

조정안은 원만한 분쟁해결을 위한 제3자의 권고안이므로 노사 당사자는 반드시 조정안의 내용을 수락할 의무는 없지만 당사자가 조정안을 수락하면 서명날인 절차를 거쳐 조정이 성립된다. 서명 날인한 조정서의 내용은 단체협약

233) 노동위규칙 제130조

234) 노동위규칙 제131조제3항

235) 노조법 제60조, 노조령 제27조

과 같은 효력을 지닌다. 만일 쌍방이나 일방이 조정안 수용을 거부하면 조정은 종료되어 쟁의행위를 할 수 있다. 당사자가 수락한 조정서의 내용을 이행하지 않는 경우는 1천만원 이하의 벌금에 처할 수 있다.[236] 노동위원회는 제60조제2항의 규정에 따른 조정의 종료가 결정된 후에도 노동쟁의의 해결을 위하여 조정을 할 수 있다. 이 경우 절차 등은 조정이 종료되기 전의 절차[237]를 준용한다.[238]

3) 긴급조정

고용부장관은 이미 발생한 쟁의행위가 공익사업에 관한 것이거나 그 규모가 크거나 그 성질이 특별한 것으로서 현저히 국민경제를 해하거나 국민의 일상생활을 위태롭게 할 위험이 현존하는 때에는 긴급조정(緊急調整, Emergency Adjustment)의 결정을 할 수 있다. 긴급조정은 노동위원회의 통상적인 조정절차를 통해서도 해결이 어려운 쟁의행위에 대하여 고용부장관이 공익적인 관점에서 중노위의 의견을 들어 결정함으로써 쟁의행위를 중지시키고 중노위로 하여금 조정절차를 시작하도록 하여 평화적인 분쟁해결을 도모하는데 취지가 있다. 개략적인 절차는 쟁의로 인한 위험발생→중노위위원장의 의견청취→긴급조정 결정 공표 및 관계 당사자에게 통고→쟁의행위 즉시 중단(30일간)→지체없이 조정개시→ 중재회부→중재재정, 노동쟁의 해결의 진행순으로 요약할 수 있다.

긴급조정은 노동쟁의중인 사업장에 대해서는 할 수 없고, 이미 발생한 쟁의행위로서 그 대상이 공익사업에 관한 것이거나, 그 규모가 크거나, 그 성질이 특별한 것으로서 현저히 국민경제를 해치거나 국민의 일상생활을 위태롭게 할 위험이 현존하거나 위험성이 있다고 판단되는 경우에는, 미리 중노위위원장의 의견을 들어 고용부장관이 긴급조정의 결정을 하고, 지체없이 신문, 라디오, TV 등에 이유 등을 공표하고, 중앙노동위원회와 관계당사자에게 통보한

---

236) 노조법 제61조제1항, 제92조제2호
237) 노조법 제55조~제61조
238) 노조법 제61조의2

다.[239] 긴급조정결정 대상사업장은 일반사업장, 공익사업장, 필수공익사업장 등 모든 사업장을 대상으로 한다. 따라서 사업규모가 적더라도 공익성이 있는 일반사업장이면 공익사업으로 보아야 한다.[240] 긴급조정결정이 공표되면 이미 실행중인 쟁의행위는 즉시 중지하여야 하고, 공표일로 30일이 경과하지 않으면 쟁의행위를 할 수 없다.[241] 일반적인 조정이 쟁의행위 개시 전에 당사자의 신청에 의해 시작되는데, 긴급조정은 쟁의행위가 발생한 이후에 고용노동부장관이 직권으로 조정결정을 한다는 점에서 차이가 있다.

(1) 조정안 제시 및 중재회부 결정 등

중노위는 긴급조정의 결정을 통보받은 때는 지체없이 특별조정위원회를 구성하여[242] 조정기간이 만료되기 전까지 부득이한 사유가 없는 한 조정안을 제시하여야 한다. 조정을 개시하여 당사자에게 조정안을 제시하여 수락을 권고하되, 수락안을 거부하거나 지정된 일시까지 수락의 의사표시가 없는 등 수용될 가망이 없다고 판단되는 경우는 통보받은 날로부터 15일 이내에 공익위원의 의견을 들어 중재에 회부할 것인지 여부를 결정하여야 한다.[243] 중앙노동위원회는 당해 관계 당사자의 일방 또는 쌍방으로부터 중재신청이 있거나 또는 중재회부의 결정을 한 때에는 지체없이 중재를 행하여야 한다. 일단 중재결정

239) 노조법 제76조, 노조령 제32조

240) 영세한 도시 마을버스 업체, 도서벽지 공영버스사업자 등

241) 노조법 제77조, 긴급조정 결정 후 30일간은 쟁의행위가 금지되는데 중노위위원장은 이 기간 내에 조정 및 중재를 하여야 한다. 다만, 그 요건이 엄격하여 1963년 제도 도입 후 지금까지 4차례(1967년 조선공사, 1993년 현대차, 2005년 아시아나, 대한항공 파업)발동하였으며 중노위 조정중재 없이 노사가 자율적으로 타결한 바 있다. 외국의 경우 ① 미국은 전국노사관계법(NLRA)에서 파업이 무역, 통상, 운송, 통신 등 주요부분에 영향을 미치고 국민의 건강과 안전을 위협할 경우는 긴급사태로 규정할 수 있는데, 법원의 명령으로 80일간 파업중지 및 노사위원회구성 등 조정노력을 하도록 하고, 실패시 사측의 최종안에 대해 근로자의 찬반투표를 거쳐 부결시 직권중재 없이 파업을 허용하지만, 그 이후에는 국회를 통해 해결하도록 정하고 있다. ② 일본은 요건과 절차가 한국과 유사하며 내각총리대신이 긴급조정결정을 할 수 있으며 50일간 쟁의행위가 중지된다. 다만, 긴급조정절차에 직권중재제도는 두지 않고 있다. ③ 영국의 경우 1970년 보수당정권에서 미국의 긴급사태조항을 도입하여 1972년 철도파업시 사용하였으나 실효를 거두지 못하다가 이후 노동당정권에서 폐지되었다.

242) 노조법 제72조

243) 노동위규칙 제133조

이 내려지면 그 안은 단체협약과 동일한 효력을 가지므로 당사자는 이에 따라야 한다. 쟁의행위가 금지된 전체 30일의 기간 중 15일 이내에 조정안을 마련하여 수락을 권고하고 가망이 없다고 판단될 경우 중재회부 여부를 결정하는 절차를 모두 끝마쳐야 한다.[244] 긴급조정기간 30일(혹은 30일 기간 중 중재에 회부된 경우 그 기간)중에 쟁의행위를 하는 경우 2년 이하 징역 또는 2천만원 이하의 벌금에 처해진다.[245] 중재재정서의 내용을 이행하지 않는 경우는 1천만원 이하의 벌금에 처해진다.[246] 확정된 중재재정에 따르지 않는 경우는 2년 이하의 징역 또는 2천만원 이하의 벌금에 처해진다.

쟁의행위가 긴급조정의 요건에 해당하지 않음에도 긴급조정결정이 내려졌다고 생각하여 다투고자 하는 경우는 행정소송으로 할 수 있다. 실무상 중재재정에 이르는 중재회부결정이 독립적인 효력을 가지는지, 중재회부결정 그 자체에 대해 불복할 수 있는지가 의문이다. 판례는 가능하다고 본다.[247]

4) 중 재

중재(仲裁, arbitration)란, 노동쟁의 당사자 쌍방이 함께 또는 일방이 단체협약에 의하여 중재를 신청하는 경우 노동위원회의 중재재정에 따라 노동쟁의를 해결하는 조정절차를 말한다. 노동위원회는 당사자 쌍방이 함께 또는 일방이 단체협약에 의하여 중재를 신청할 때에는 지체없이 중재를 한다.[248] 중재는 노동위원회에 설치된 중재위원회 및 사적중재인 등이 노동쟁의의 해결조건을 정한 해결안을 작성하고, 당사자는 그 안이 위법이나 월권이 아닌 한 이의 없이 따라야 한다.

조정은 노동쟁의상태에서 당사자간 근로조건 결정 등에 관한 주장의 불일치로 노동쟁의가 발생하는 경우 당사자간 합의를 통해 분쟁을 해결하도록 권고하는 절차로서, 당사자는 조정위원회, 사적조정인 등이 제시한 조정안을 수용할 것인지 여부를 임의적으로 결정할 수 있는 것이 원칙이다. 반면 중재는 중

244) 노조법 제79조
245) 노조법 제90조
246) 노조법 제68조제1항, 제92조제2호
247) 대판 95누6724, 1995.9.15
248) 노조법 제62조, 노조령 제28조

재위원회 및 사적중재인 등이 제시한 해결안에 대해, 그 안이 위법이나 월권이 아닌 한 이의 없이 따라야 하는 강제적인 분쟁해결 절차인 점에서 차이가 있다. 다만, 긴급조정을 제외하고는 모두 신청에 의하여 개시된다는 점에서 공통점이 있다.

(1) 중재의 구분

중재는 중재를 개시하는 원인에 따라 ① 개인 또는 단체에 중재를 위임하는 사적중재, ② 당사자 쌍방 또는 일방이 단체협약으로 미리 정한 바에 따라 노동위원회에 신청하는 임의중재, ③ 긴급조정에서 당사자가 조정안의 수락을 거부하거나 지정된 날까지 가부의사를 표시하지 않는 경우 등 긴급조정안이 당사자에게 수용되기 어렵다고 판단되는 경우 또는 특별조정위원회가 부득이한 사유로 조정안을 제시하지 않는 경우에 긴급조정의 통고를 받은 날로부터 15일 이내에 중노위위원장이 조정에 참여하지 않았던 조정담당 공익위원 1명 이상의 의견을 들어 하는 직권중재회부,[249] ④ 긴급조정을 받고 있는 쟁의행위당사자 일방 혹은 쌍방이 중재를 신청한 경우 등으로 구분한다. 임의중재는 일반사업 또는 공익사업 등 모든 사업장에 대해 적용이 가능하다. 중재방법에 있어서는 당사자의 주장을 절충하는 절충식과 특정 당사자의 주장을 반영하는 선택적방식이 있으나 어느 것을 택하든 노동위원회의 재량에 일임한다. 중재를 신청하고자 하는 자는 중재신청서에 단체협약서 사본과 사업장 개요, 단체교섭 경위, 의견불일치 사항 및 주장내용, 기타 참고사항을 노동위원회에 제출하여야 한다.[250]

(2) 중재재정 기간 중 쟁의행위금지

노동쟁의가 중재에 맡겨진 경우, 그날로부터 15일간이 중재재정 기간이 되고, 회부된 날로부터 15일간은 쟁의행위를 할 수 없다. 기간의 계산은 회부된 날 초일을 산입하지 않고 그 다음 날 0시부터 기산하여 15일이 되는 날 24시까지를 말한다. 이 경우 당사자 신청에 의한 임의중재, 사적중재, 노동위 결정

---

249) 노조법 제79조, 제80조

250) 노조규칙 제15조

에 의한 직권중재 등 모든 중재에 동일하게 적용된다.[251] 중재기간 중에 쟁의행위를 할 경우는 1년 이하의 징역 또는 1천만원 이하의 벌금에 처한다.[252] 임의중재의 경우에도 중재기간 중 쟁의행위가 금지되는지가 의문이다. 임의중재의 경우는 제도 취지가 평화적 방법을 통해 분쟁을 종국적으로 해결하려는 것이고 그에 대한 당사자의 합의가 있는 만큼, 중재기간 중의 쟁의행위는 정당성이 없다고 보아야 한다.[253]

(3) 중재회의

노동위원회는 노조법 제62조의 규정에 의하여 노동쟁의의 중재를 행하게 된 경우에는 지체없이 당해 사건의 중재를 위한 중재위원회를 구성하여야 한다.[254] 중재는 개인이나 단체 등 사적중재에 일임하는 경우를 제외하고 노동위원회가 담당한다. 노동위원회는 중재 또는 재심을 위하여 중재위원 3인으로 구성되는 중재위원회를 둔다. 중재위원은 공익위원 중에서 노사합의로 선정된 자를 위원장이 지명한다. 다만, 합의가 성립하지 않을 경우는 위원장이 공익위원 중에서 지명한다. 위원장은 중재위원 중에서 호선한다.[255] 위원회는 기일을 정하여 관계당사자 쌍방 또는 일방을 중재위원회에 출석토록 하여 주장의 요점을 확인하여야 한다. 이때 당사자는 노동위원회의 동의를 얻어 사용자대표위원과 근로자대표위원을 지명하여 회의에서 의견을 진술하게 할 수 있다. 위원장은 당사자와 참고인 이외의 자는 회의출석을 금할 수 있다.[256]

노동위원회는 법 제68조제1항의 규정에 의하여 중재를 한 때에는 지체없이 그 중재재정서를 관계당사자에게 각각 송달하여야 한다. 중앙노동위원회는 지방노동위원회 또는 특별노동위원회가 행한 중재재정을 재심한 때에는 지체없

251) 노조법 제63조

252) 노조법 제91조제1호

253) 김유성, 『노동법』, 238쪽

254) 노조령 제28조, 노조규칙 제15조. 중재를 신청하고자 하는 자는 중재신청서에 단체협약서 사본과 사업장 개요, 단체교섭 경위, 의견불일치 사항 및 주장내용, 기타 참고사항을 제출하여야 한다. 노동위원회는 중재신청을 받은 경우와 중재를 종료한 경우에는 그 내용을 행정관청에 지체없이 통보하여야한다.

255) 노조법 제64조, 제65조

256) 노조법 제66조, 제67조

이 그 재심결정서를 관계당사자와 관계노동위원회에 각각 송달하여야 한다.[257)]

노사당사자는 쌍방의 합의 또는 단체협약에 정하는 바에 따라 노동위원회가 아닌 개인 또는 단체에 의한 사적중재를 받을 수 있다. 사적중재의 경우에도 중재를 "개시한 날"로부터 15일간은 쟁의행위를 할 수 없다. 사적중재를 받던 중 공적중재를 신청한 경우 노동위는 중재를 개시하여야 하며 이 경우 쟁의행위금지 기간은 공적중재를 "신청한 날"로부터 다시 기산하여 15일간 쟁의행위를 할 수 없다. 중재기간 15일이 경과하면 쟁의행위를 할 수 있으나, 중재기간이 경과하기 전에 중재재정이 내려지면 그 내용은 단체협약과 동일한 효력을 가지므로 쟁의행위가 금지될 뿐 아니라 노동쟁의 전체가 일단락된다.

(4) 중재의 취하

중재는 임의중재의 경우는 중재재정이 있기 전까지 언제든 신청의 전부 또는 쟁점사항의 일부를 취하할 수 있다. 지노위의 재정에 대해 불복하여 재심을 신청한 경우도 재심결정이 있기 전까지 언제든 신청의 전부 또는 쟁점사항의 일부를 취하할 수 있다.

(5) 중재재정의 대상과 방법

(가) 중재재정의 대상

현행법 운영상 노동쟁의대상과 단체교섭의 대상 및 쟁의행위 대상은 동일한 것으로 파악할 수 있다. 중재절차는 원칙적으로 노동쟁의가 발생한 경우에 "노동쟁의의 대상이 된 사항"에 대하여 행하여지는 것이고, 노조법 제2조제5호에서는 노동쟁의를 "노동조합과 사용자 또는 사용자 단체 간에 임금 · 근로시간 · 복지 · 해고 기타 대우 등 근로조건의 결정에 관한 주장의 불일치로 인하여 발생한 분쟁상태"라고 규정하고 있으므로, 근로조건 이외의 사항인 근무시간 중 조합활동, 조합전임자, 시설 편의제공, 출장취급 등을 중재재정의 대상으로 할 수 없다. 따라서 근로조건 이외의 사항에 관한 노동관계 당사자 사이의 주장의 불일치로 인한 분쟁상태는 근로조건의 결정에 관한 분쟁이 아니어서 현행법상의 노동쟁의라고 할 수 없고, 특별한 사정이 없는 한 이러한 사

257) 노조령 제29조

항은 중재재정의 대상으로 할 수 없는 것이 원칙이다.[258] 다만, 중재절차는 노동쟁의의 자주적 해결과 신속한 처리를 위한 광의의 노동쟁의조정절차의 일부분이므로 노사관계 당사자 쌍방이 합의하여 단체협약의 대상이 될 수 있는 사항에 대하여 중재를 해 줄 것을 신청한 경우이거나 이와 동일시 할 수 있는 특별한 사정이 있는 경우에는 근로조건 이외의 사항에 대하여도 중재재정을 할 수 있다고 보아야 한다.

판례의 경우를 예를 들면, 기존의 단체협약에는 조합활동에 관한 조항이 포함되어 있고, 원고가 임금 등 근로조건에 관한 사항과 함께 조합활동에 관한 사항을 포함하여 교섭을 진행하여 왔을 뿐 아니라, 그 동안 중재절차에서 조합활동에 관한 사항이 중재의 대상에서 제외되어야 한다는 의사를 밝힌 적이 없고, 오히려 조합활동 중 일부 조항의 개정에 관하여 적극적으로 의사를 밝히는 등, 노사 쌍방이 합의하여 단체협약의 대상이 될 수 있는 사항에 대하여 중재를 해 줄 것을 신청한 경우, 또는 이와 동일시할 수 있는 중재재정의 대상으로 삼을 만한 "특별한 사정"이 있다고 판단되는 경우에는, 근로조건 이외의 사항인 근무시간 중 조합활동, 조합전임자, 시설 편의제공, 출장취급 등 집단적 근로관계의 운영에 관한 사항도 중재재정의 대상이 될 수 있다.[259]

(나) 중재재정의 내용으로 합의한 사항

중재재정은 내용이 노동관계법규 등에 비추어 위법하지 않는 한 당사자가 쟁점에 합의하거나 달리 이견을 제시하지 않는 사항은. 그 사항이 "단체교섭사항인지 여부를 불문하고 중재재정을 할 수 있다." 즉, 전임자에 관한 사항, 시설편의제공, 근무시간 중 조합활동 등 근로조건이 아닌 사항도 "상호 합의로 중재해 줄 것을 요청한 경우"는 중재재정을 할 수 있다.[260] 이 경우 당사자가 합의한 사항을 합의 내용과 다르게 중재한 경우는 월권에 해당할 수 있다. 다만, 휴직 및 해고자의 복직요구와 같은 권리분쟁은 노동위원회의 중재에 의한 해결방법으로는 적절하지 아니하므로 이러한 분쟁사항에 대하여 노동위원

258) 대판 94누9177, 1996.2.23
259) 대판 2001두4818, 2003.7.25
260) 대판 2001두4818, 2003.7.25

회가 사법적 절차에 의하여 해결하라는 취지의 재정을 할 수는 있다.[261)]

그러나 당사자가 중재재정에 따르기로 합의하지 않은 사항에 대해서는 의무적교섭사항에 대해서만 중재재정을 결정하여야 한다. 만일, 전임자에 관한 사항, 시설편의제공, 근무시간 중 조합활동 등 의무적교섭사항이 아니면서 합의로 중재를 요청한 사항이 아닌데도 불구하고 중재재정을 하게 되면 월권이 될 수 있다. 당사자간 쟁점사항(임금인상수준, 상여금지급수준, 징계양정기준 등)에 대해서는 당사자가 주장하는 범위 내에서 재정한다. 만일, 주장의 범위를 벗어나면 월권이 된다.[262)] 중재는 분쟁이 없는 사항에까지 중재재정을 할 수 없다.[263)] 중재재정의 내용은 노동관계법기타 강행법규를 위반할 수 없음은 물론이다.

(6) 중재재정의 효력

중재재정은 서면으로 작성하고 효력발생 기일을 명시하여야 한다.[264)] 노동위원회가 내린 중재재정은, 기일 내에 재심을 신청하지 않거나 행정소송을 제기하지 아니하여 확정된 경우 또는 지노위나 중노위의 중재재정에 대해 상급 심급을 다투고 있거나 계류 중인 중재재정 등 확정되지 않은 경우 등, 모든 중재재정이 단체협약과 동일한 효력을 가지므로 당사자는 이에 따라야 한다. 중재재정의 해석 또는 이행방법에 관하여 관계 당사자간에 의견의 불일치가 있는 때에는 당사자의 의견을 기재한 서면으로 중재위원회에 견해의 제시를 요청하여야 한다. 당해 중재위원회의 해석은 중재재정과 동일한 효력을 가진다.[265)] 중재재정 해석절차에서 당사자들을 소환하지 아니하였거나 의견서를 송부하지 않았다 하여 절차적 위법이 있다고 할 수 없다.[266)]

---

261) 서울고판 93구30145, 1994.6.9

262) 대판 94누9177, 1996.2.23

263) 대판 95누17380, 1997.6.27

264) 노조법 제68조제1항

265) 노조법 제68조제2항

266) 서울행판 2006구합40253, 2007.6.5. 중재위원회는 기일을 정하여 관계 당사자 쌍방 또는 일방을 중재위원회에 출석하게 하여 주장의 요점을 확인하도록 규정하고 있으나 위 규정은 중재위원회가 중재절차에서 이행하여야 할 내용으로서 이미 성립된 중재재정의 해석의 불일치로 인하여 중재위원회가 이를 해석함에 있어 요구되는 절차규정이라고 할 수 없는 것이다.

단체협약의 유효기간으로 미루어[267] 중재재정의 유효기간은 2년을 초과할 수는 없고, 유효기간을 정하지 않은 것은 2년의 유효기간으로 단축된다고 보아야 한다.[268] 기간의 정함이 없는 중재재정의 유효기간은 단체협약의 그것과 동일하다.[269] 중재재정 자체에 의하여 효력기간이 정하여져 있는 경우에 그 중재재정은 유효기간의 경과로 효력이 상실되고 특별한 사정이 없는 한 노동관계 당사자는 그 중재재정의 취소를 구할 법률상의 이익이 없다.[270] 중재재정의 해석과 이행방법에 대한 이견으로 쟁의행위를 하게 되면 권리분쟁으로서 목적이 정당하지 않다.

(7) 중재재정의 재심사유

중재재정은 단순히 노사 일방에게 불리하여 이를 테면, 어느 일방이 불리한 경우, 중재재정의 내용이 불합리하다고 주장하는 경우, 중재재정의 내용을 따를 경우 사업경영에 지장을 가져온다고 생각하는 경우, 중재재정의 내용이 기존의 근로조건을 저하시키는 경우 등 부당하다거나, 불합리한 내용이 있다는 이유로 불복이 허용되지 않고, 중재재정이 위법하거나 월권에 의한 것이라고 인정되는 경우에만 허용된다.[271] 중재재정 뿐만 아니라 노동위원회의 중재회부 결정에 대하여도 불복할 수 있다.

관계 당사자는 지노위 또는 특별노동위원회의 중재재정이 위법하거나 월권에 의한 것이라고 인정하는 경우에는 그 중재재정서의 송달을 받은 날로부터 10일 이내에 중노위에 재심을 신청할 수 있다. 중노위 중재재정이나 재심결정이 위법이나 월권(越權)에 의한 것이라고 인정하는 경우에는 행정소송법 제20조의 규정에 불구하고 그 중재재정서 또는 재심결정서의 송달을 받은 날부터 15일 이내에 행정소송을 제기할 수 있다. 기간내 재심 또는 행정소송을 제기하지 아니한 때는 그 중재재정 또는 재심결정은 확정된다. 관계 당사자는 확

---

267) 노조법 제32조
268) 대판 91누8944, 1992.7.14
269) 대판 91누8944, 1992.7.14
270) 대판 97누676, 1997.9.30
271) 대판 93누11883, 1994.1.11

정된 중재재정이나 재심결정에 따라야 한다.[272)]

중재재정에 대한 재심이나 행정소송에서는 중재재정의 내용의 타당성을 심사하는 것이 아니라 중재재정의 절차나 범위, 내용 등에서 위법이나 월권이 있었는지 여부를 심사하는 것을 알 수 있다. "위법 · 월권의 의미"는 다음과 같다.[273)]

① 의무적교섭사항이 아닌 사항에 대한 중재재정, 분쟁의 범위를 벗어난 중재재정, 분쟁의 상태에 있지 않은 사항에 대한 중재재정
② 중재회부 결정 및 중재재정의 절차가 위법한 경우
③ 중재재정의 내용이 근로기준법 등을 위반하거나 그 규정을 무의미하게 만드는 경우 등을 말한다.

다만, 중재재정에 대해 재심신청 또는 행정소송을 제기하더라도 그 효력이 정지되는 것이 아니므로 당사자는 이에 따라야 한다. 조정내용 및 중재재정의 내용을 불이행한 자는 1천만원 이하의 벌금에 처할 수 있다.[274)] 확정된 중재재정에 따르지 않는 경우는 2년 이하의 징역 또는 2천만원 이하의 벌금에 처해진다.[275)]

바. 쟁의행위의 모습

쟁의행위는 노사관계의 신의칙에서 파생하는 "공정한 게임의 룰"에 따라야 정당성을 인정받을 수 있다. 특히 쟁의행위는 헌법상 보장된 권리지만, 토지, 건물, 설비, 동산 등 사용자의 기업시설에 대한 소유권 기타 재산권과의 균형을 도모하고 조화롭게 이루어져야 정당성이 인정된다. 쟁의행위는 폭력이나 파괴행위 또는 생산 기타 주요업무에 관련되는 시설과 이에 준하는 시설로서 대통령령이 정하는 시설을 점거하는 형태로 이를 행할 수 없고, 사업장의 안

272) 노조법 제69조

273) 대판 91누8944, 1992.7.14. 중재재정은 그 절차가 위법하거나 그 내용이 근로기준법위반 등으로 위법한 경우 또는 당사자 사이에 분쟁의 대상이 되어 있지 않은 사항이나 정당한 이유없이 당사자의 분쟁범위를 벗어나는 부분에 대하여 월권으로 중재재정을 한 경우와 같이 위법이거나 월권에 의한 것임을 이유로 하는 때에 한하여 불복할 수 있고, 중재재정이 단순히 노사 어느 일방에게 불리한 내용이라는 사유만으로는 불복이 허용되지 않는다.

274) 노조법 제61조제1항, 제68조제1항, 제92조제2호

275) 노조법 제69조제4항, 제90조

전보호시설[276]에 대하여 정상적인 유지 · 운영을 정지 · 폐지 또는 방해하는 행위는 쟁의행위로서 이를 행할 수 없다.[277] 노조법에서 주요업무시설의 점거를 금한 취지는 쟁의행위가 사용자에게 보장되어 있는 영업 및 조업의 자유를 침해하지 않는 방법으로 행사하도록 그 한계를 명시한 것이므로, 타 업무의 방해를 유발하지 않고 출입, 체류하는 그 자체는 점거에 해당한다고 보기는 어렵다. 노동조합이 회사 시설 등을 점유한 결과, 업무의 정상적인 운영이 방해되는 상황에 이르렀을 경우에는 법상 금지되는 점거로서 정당성이 없다.

점거가 금지되는 시설로서 「생산 기타 주요업무에 관련되는 시설」은 노동조합에 의해 점거될 경우는 사용자 또는 다른 근로자의 조업의 중단 혹은 방해를 가져올 수 있는 시설이다. 시설의 범위는 사업의 종류, 쟁의행위 당시 생산과 업무형태에 따라 판단되어야 하므로 개별 기업의 사정에 따라 차이가 있겠지만, 대체로 제조업의 경우 생산시설, 냉동업의 경우 창고, 유통업의 경우 물류시설, 병원의 경우 진료 · 수술 · 입원시설, 방송국의 경우 제작시설 · 송출시실 등, 금융업의 경우 객장과 사무실 등 영업행태나 생산물 등에 비추어 주된 업무가 이루어지는 곳을 말하고, 이른바 부대시설 즉, 구내식당, 주차장, 휴게실, 탈의실, 운동장 등은 제외된다. 시설 등 점거 금지 위반행위에 대해서는 3년 이하의 징역이나 3천만원 이하의 벌금에 처할 수도 있다. 기타 이에 준하는 시설로서 「대통령령으로 정하는 시설」은 다음 각호와 같다.

1. 전기 · 전산 또는 통신시설
2. 도시철도를 포함한 철도의 차량 또는 선로
3. 건조 · 수리 또는 정박중인 선박. 다만, 선원법에 의한 선원이 당해 선박에 승선하는 경우를 제외한다.
4. 항공기 · 항행 안전시설 또는 항공기의 이착륙이나 여객 · 화물의 운송을 위한 시설

---

276) 노사 32281-3168, 1988.3.3. 안전보호시설이란 인명, 신체에 대한 위해예방 또는 보건상 필요한 시설을 뜻하며 주요 사례로는 가스폭발 방지시설, 낙반방지시설, 통기 배수시설, 병원의 구급진료시설 등이 포함될 수 있다. 이러한 안전보호시설이 쟁의행위가 금지되는지 여부는 당해 기업의 사정과 위험성을 구체적, 종합적으로 검토하여 직접 인명과 신체에 대한 위험성이 객관적으로 예측되는가에 따라 결정되어야 한다.

277) 노조법 제42조

5. 화약 · 폭약 등 폭발위험이 있는 물질 또는 유해화학물질관리법에 의한 유독물을보관 · 저장하는 장소
6. 기타 점거될 경우 생산기타 주요업무의 정지 또는 폐지를 가져오거나 공익상 중대한 위해를 초래할 우려가 있는 시설로서 고용부장관이 중앙행정기관의 장과 협의하여 정하는 시설

1) 소유권 및 재산권과의 조화 · 균형

쟁의권과 함께 국민의 재산권은 헌법으로 보장하고 있다.[278] 그러므로 쟁의행위는 토지, 건물, 설비, 동산 등 사용자의 기업시설에 대한 소유권 기타 재산권과의 균형을 도모하고 조화롭게 이루어져야 정당성이 인정된다. 재산권을 침해하는 점거, 훼손, 파괴행위 등은 정당하지 않은 쟁의수단이다. 폭력이나 파괴행위는 어떠한 경우에도 정당한 쟁의행위로 해석할 수 없으며,[279] 파괴행위 또는 생산기타 주요업무에 관련되는 시설과 이에 준하는 시설로서 대통령령이 정하는 시설을 점거하는 형태로 할 수 없다.[280] 점거가 금지되는 생산기타 주요업무 시설과 이에 준하는 시설로서 대통령령이 정하는 시설을 점거하는 행위는 비록 부분적, 병존적(竝存的)일 경우에도 정당성이 없다. 아울러, 작업시설의 손상이나 원료 · 제품의 변질 또는 부패를 방지하기 위한 작업은 쟁의행위기간 중이라도 정상적으로 수행되어야 한다[281]고 정하여 재산권과의 불균형으로 인하여 정당성을 인정받지 못하는 경우를 열거하고 있다. 쟁의행위로 인해 작업시설의 손상 및 안전보호시설에 대한 중단이 발생한 경우, 행정관청은 노동위원회의 의결을 얻어, 혹은 사태가 급박할 경우 즉시 그 행위를 중지할 것을 통보할 수 있고, 사용자는 그 시설의 정상적인 유지 · 운영을 위해 당해 사업과 관계가 없는 자를 채용 또는 대체할 수 있다. 쟁의행위 중 재산권침해에 따른 파괴 · 시설점거 등 법위반행위에 대해서는 형사처벌을 할 수 있다.[282] 다만, 법위반 여부 등 쟁의행위 수단으로서 정당성을 판단할 경우에

278) 헌법 제33조제1항, 제23조제1항
279) 노조법 제4조 단서
280) 노조법 제42조제1항
281) 노조법 제38조제2항
282) 노조법 제89조제1호

도, 기업별 노조의 경우 평상시 조합활동의 대부분이 사업장 안에서 이루어지고 있고 일정한 한도 내에서 사용자의 승인이 있는 점 등 사업장별 실태를 고려하여 정당성을 판단하여야 한다.

(1) 직장점거

"직장점거(職場占據)"란 파업 · 태업 등 쟁의기간 중 단결을 유지 · 강화하고, 파업 중 비조합원 또는 쟁의불참자 등에 의해 계속되는 조업을 저지하는 한편, 교섭을 유리한 국면으로 이끌고 주장관철을 위해 사용자의 시설관리권을 침해하여 기업시설, 토지, 동산 등 재산권의 일부 또는 전부를 점거하는 것을 말한다. 쟁의행위는 필연적으로 실력행사와 집단적인 시위 · 집회 등을 동반할 수밖에 없으므로 일정부분 직장점거를 할 수밖에 없다. 이 경우 직장점거가 정당성을 가지려면 어떻게 해야 하는지가 쟁점이 된다.

(가) 판례의 견해

판례에 의하면, 사용자측의 점유를 배제하지 않고 조업도 방해하지 않는 범위내에서 부분적 · 병존적 직장점거는 정당하다고 보고, 전면적 · 배타적인 직장점거는 정당성을 부정하고 있다.[283] 정당성이 없는 직장점거에 대해서는 시설관리권 침해, 조업중단을 이유로 한 퇴거 및 업무방해금지가처분이 인정되고, 퇴거불응죄, 건조물침입죄, 주거침입죄, 업무방해죄 등 형사책임을 물을 수 있다.[284] 직장점거는 시설관리권과 긴밀히 연결되므로 노동조합은 부득이하게 회사 시설을 이용하여 쟁의행위를 하여야 하는 경우에도 타인의 통행, 회사의 업무방해를 최소화 할 수 있는 장소를 선택해야 할 의무가 있다. 따라서 시설의 설치목적을 고려하고, 시설의 점거가 실질적으로 조업에 대한 침해로 이어지는지 여부를 판단하여 조업에 방해를 가져올 경우는 정당성이 없다고 보아야 한다.

---

283) 대판 91도383, 1991.6.11 ; 대판 90누6620, 1991.1.15 ; 대판 90도1431, 1990.10.12 ; 대전지판 2001노759, 2001.6.14

284) 서울지판 90카85485, 1990.11.27 ; 대판 91도1324, 1991.8.13 ; 대판 91도753, 1991.6.11 ; 대판 91도3051, 1992.5.8

(나) 작업장 점거

실무상 조합원들이 자신들의 작업장을 점거한 경우 그것이 기업시설의 일부만 점거한 것으로 정당하다고 보아야 하는지가 의문이다. 사업장 시설의 일부만 점거하고 사용자측의 출입 · 관리 · 조업을 배제 · 방해하지 않는다는 점을 강조할 때에는 부분적 · 병존적 점거로서 정당하다고 보게 될 것이다. 그러나 조합원들의 작업장도 비조합원과 함께 이용하고 관리자도 그 지휘 · 감독권의 행사를 위하여 수시로 출입해 온 시설이라는 점 등을 감안하면, 배타적 점거에 해당하므로 정당성을 인정하기 곤란하다.[285] 노조법에서 생산 기타 주요 업무에 관련되는 시설의 점거를 금지한 것도 같은 취지라고 볼 수 있다.[286]

(다) 점거가 금지되는 주요업무시설

실무상 판례와 행정해석 등에서 점거가 금지되는 주요업무시설로 판단한 경우를 정리해 보면 다음과 같다.

> ㉠ 병원의 시설 중, 환자진료실(응급 · 외래 · 입원 등 진료시설), 방사선치료 및 처치실, 입원실 · 분만실 등 환자수용시설, 환자급식시설, 환자관리업무 시설, 자가발전 · 변전시설, 교환시설, 전기시설, 통신시설, 공기조절 · 열 공급 · 급배수 시설(협력 68140-179, 1997.5.7)
> ㉡ 호텔시설 중, 객실, 복도, 식음료 매장 및 레포츠시설, 호텔로비 프론트 데스크 등 접객서비스 시설(협력 68140-174, 1997.5.6)
> ㉢ 백화점의 시설 중, 상품 입고 · 검사 · 반출 · 보관창고, 고객이동통로, 영업객장, 영업관리사무실, 광장(다만, 전면적 배타적 점거는 정당하지 않다)
> ㉣ 사업장의 정문, 출입문, 고객 대기실, 자동차판매 정비업을 하는 사업장의 전시장, 영업소의 출납창구(협력 68140-431, 1997.11.12)
> ㉤ 기타 제과점의 매장과 접객대기공간, 차량 · 중기정비소의 대기실 · 정비장 · 도색장 · 출고장 · 검사장소, 리조트의 수부실, 출입문, 객실, 레스토랑 · 빠 · 노래방 · 수영장 및 헬스장 · 켄벤션룸 등 이용객부대시설, 버스회사의 승객대기실 · 매표소 · 탑승주차장 · 하차장 · 차량정비소 · 수화물 하치장 등 사업장의 영업장과 고객이용공간 등 주요부대시설이 해당한다.

285) 임종률, 『노동법』, 230쪽

286) 노조법 제42조제1항. 생산 기타 주요업무에 관련되는 시설과 이에 준하는 시설로서 대통령령이 정하는 시설을 점거하는 형태로 이를 행할 수 없다.

(2) 작업시설 손상이나 원료 · 제품의 변질 또는 부패방지 작업

사용자의 시설관리권과 재산권 보호를 위해 쟁의행위기간 중이라도, 작업시설 손상이나 원료 · 제품의 변질 또는 부패방지 작업은 정상적으로 수행하여야 한다. "작업시설 손상을 방지하기 위한 작업"은 기계 등의 유지보수 작업, 작업시설의 화재 등을 점검하는 작업, 경비 · 방재작업, 압연강관작업의 냉각설비 유지 · 보수 등, 주물공정의 고로시설 등 응고, 폭발방지 작업 등이다. "원료 · 제품의 변질 또는 부패를 방지하기 위한 작업"은 원료나 제품의 세척, 냉장, 방부처리 작업 등이 속한다.

2) 인신의 자유와 안전의 보호

헌법에 의하면 모든 인간은 인간으로서 존엄과 가치를 가지면 보호받아야 하고, 신체의 자유를 보장하고 있다.[287] 노동조합의 주장이 아무리 정당하고 호소력이 있는 경우라도, 쟁의행위는 폭행 · 협박 · 감금 등의 행위를 수반하지 않아야 정당성을 가진다. 법이 쟁의수단으로서 폭력을 금지하고,[288] 형사책임과 관련하여 폭력을 정당한 행위로 해석하지 않도록 규정한 것[289]도 이 점을 확인한 것이다.

노조법상 인신의 자유와 안전의 보호를 위한 규정을 살펴보면, 안전보호시설의 정상적인 유지 · 운영을 정지 · 폐지 또는 방해하는 행위는 쟁의행위로 할 수 없고,[290] 사람의 생명 · 신체 · 건강에 직접 영향을 미치는 작업(환자의 수술이나 여객기의 관제 · 조정 등)을 공익사업 중 필수공익사업으로 정하고 있다.

특히, 이 가운데 항공운수사업, 병원사업과 혈액공급사업 즉, ① 병원의 경우 응급의료업무, 중환자 치료 · 분만(신생아 간호포함) · 수술 · 투석업무, 앞의 업무를 지원하기 위한 마취 · 진단검사(영상검사 포함), 응급약제, 치료식 환자급식, 산소공급, 비상발전 및 냉난방업무를 말하고, ② 혈액공급사업의 경우는 채혈 · 채혈된 혈액의 검사업무, 혈액관리법에 따른 혈액제재(수혈용에 한정)제조업

287) 헌법 제10조, 제12조제1항
288) 노조법 제42조제1항 전단
289) 노조법 제4조 단서
290) 노조법 제42조제2항

무, 혈액 및 혈액제재 수송업무[291]등의 경우, 인신의 자유 · 안전의 보호에 직결되므로 필수유지업무[292]로 정하고, 정당한 유지 · 운영을 정지 · 폐지 또는 방해하는 행위는 쟁의행위로서 할 수 없도록 정하고 있다.[293]

1. 〈자율적 체결〉노동조합이 있는 사업장의 경우 노사관계 당사자는 쟁의기간 중이라도 필수유지 업무의 정당한 유지 운영을 위하여 필수유지업무의 필요, 최소한의 유지 운영수준, 대상직무, 필요인원 등을 내용으로 하는 협정을 서면으로 쌍방이 서명 날인하여 체결하여야 한다.
2. 〈노동위원회 결정에 의한 방식〉노사자율로 협정이 체결되지 않을 경우 쌍방이 함께 또는 어느 일방이 노동위원회에 필수유지 업무의 유지 · 운영수준 등의 결정을 신청할 수 있다. 노동위원회 특별조정위원회는 사업장별 필수유지 업무의 특성과 내용 등을 고려하여 운영에 필요한 최소한의 유지 · 운영수준, 대상직무, 필요인원 등을 결정할 수 있다.
3. 〈필수유지 업무의 유효기간〉당사자간 체결된 필수유지 업무의 유효기간은 제한이 없고 당사자가 자율로 정하기 나름이다.[294]

다만, 실무에서 쟁점이 되는 것은, 쟁의행위 중 사람의 생명 · 신체 · 건강에 관한 업무를 수행하면서 업무의 근본적인 운영을 저해하지는 않지만 특정업무의 일부에 해당하는 사항을 저해하는 경우 이를 정당한 것으로 볼 것인지 여부가 의문이다. 예를 들면, 수술 등 진료를 하고 환자급식을 지급하면서 급식시간, 급식의 질 등 서비스 품질을 저해하는 경우, 산부인과에서 신생아 출산과 간호를 하면서 기록 등 사후관리를 하지 않는 경우 등을 말한다. 이러한 경우 생명 · 신체 · 건강에 관한 업무 등, 주된 필수유지 업무를 정상적으로 수행하되 단지 생명 · 신체 · 건강에 지장이 없는 한도 내에서 부수된 사항을 이행하지 않은 것이라면 법위반이라고 볼 수는 없으므로 태업의 일종으로 보아서 정당성을 부인할 수는 없을 것이다. 기타 필수유지업무 협정체결 등에 관한 자세한 사항은 필수공익사업별 필수유지업무 부분을 참고하기 바란다.

---

291) 노조법 제71조제2항제3호

292) 필수유지업무란, 노조법 제71조제2항에서 정한 필수공익사업 업무 중 그 업무가 정지되거나 폐지되는 경우 공중의 생명 · 건강 또는 신체의 안전이나 공중의 일상생활을 현저히 위태롭게 하는 업무로서 대통령령이 정하는 업무를 말한다.

293) 노조법 제42조의2제2항

294) 노조법 제42조의3, 제42조의4

(1) 안전보호시설의 정상적 유지 · 운영

안전보호시설(安全保護施設)이란, 가동을 중단하면 사람의 생명 · 신체에 대한 위해를 줄 수 있거나, 위해예방 또는 보건상 필요한 시설, 물적 설비의 보호를 위한 시설을 의미한다.[295] 즉, 아파트 난방 · 수도 · 전기시설, 관제통신, 항공보안시설, 병원의 급식시설, 가스폭발시설, 낙반방지시설, 통기배수시설, 병원의 구급진료시설, 동력실 근무, 용광로작업, 냉난방보일러작업, 석유화학공장의 전기 · 증기 · 압축공기 등을 생산 · 공급하는 동력부분 등을 의미하는데, 안전보호시설의 유지운영을 정지 · 폐지 또는 방해할 수 없으므로 유지 · 운영업무를 수행하는 조합원을 쟁의행위에 투입하여 업무를 정지 · 폐지 또는 방해할 수 없고, 조합원이 아닌 자가 그 업무를 수행하는 것을 방해할 수도 없다. 이 규정은 실제로 피해발생 등 결과가 발생하지 않더라도 사람의 생명 · 신체의 안전침해의 위험성이 있으면 법위반이 된다. 직장폐쇄의 경우에도 동일하게 적용이 된다.[296] 행정관청은 쟁의행위가 안전보호시설의 정지 · 폐지 등에 해당한다고 인정하는 경우에는 노동위원회의 의결을 얻어 서면으로 그 행위를 중지할 것을 통보하여야 한다. 기타 상세한 사항은 앞부분을 참고하기 바란다.

3) 공정성에 입각한 투쟁

쟁의행위는 노사관계의 신의칙에서 파생하는 "공정한 게임의 룰"에 따라야 정당성을 인정받을 수 있다. 노사관계에서 공정한 게임의 룰이란, 법령이나 단체협약 등으로 정한 바에 따라 노사 당사자 상호간 기대가능한 행위의 범위 내에서 요구사항을 주장하고 관철을 위해 노력해야 하는 등 신의칙에서 우러나는 기대 가능한 행위모습을 말한다. 예컨대, 노사는 신의칙에 따라 상호 이익과 결부되고 처분 가능한 사항에 관해 요구를 하고 쟁의행위를 할 수 있으므로 근로조건 개선과 관련이 없는 정치적 투쟁, 동정파업 등은 공정한 게임의 룰을 벗어난 것이다. 쟁의행위는 단체교섭을 유리하게 타결하기 위한 경제적 압력수단을 인정한 것이고, 그 투쟁은 단체교섭 타결 후의 노동관계의 계속을 예정한 것

295) 협력 68107-219, 2001.5.11
296) 임종률, 『노동법』, 203쪽

이기 때문에 신의성실의 원칙에 따라야 한다.[297] 노사가 파업권이나 직장폐쇄 등을 행사하더라도 파업시기, 참가범위 등을 사전에 알려줌으로써 영업의 계속성 등을 도모하도록 배려하거나, 합리적인 설득과 협상을 통해 주장의 불가피성을 인식토록 하고, 법령 규칙 등에 정한 절차적 준수를 통해 상호 공정한 게임을 추구하면서, 합리적인 사고의 틀을 벗어나지 말아야 한다.[298]

3. 쟁의행위에 대한 사용자의 대항수단과 제한

노동조합의 정당한 쟁의행위에 대하여 자유롭게 노동력을 채용 또는 대체하여 경제적으로 타격을 받지 않는다면 노사간의 교섭력의 균형이 무너지게 되어 헌법상 보장된 노동3권은 유명무실하게 될 수도 있다. 이러한 취지에서, 노조법은 정당한 쟁의행위기간 중 당해 사업내의 미참여 근로자로 하여금 쟁의행위로 중단된 업무를 수행하도록 대체를 허용하면서, 당해 사업과 관계없는 자의 채용 · 대체 또는 그 업무의 도급 · 하도급 등을 금하고 있다. 다만, 쟁의행위기간 중 대체근로 허용문제는 일방의 입장만 고려해서는 안 되고, 노동조합의 쟁의권 보호와 사용자의 조업의 자유를 동시에 고려하여야 하고, 아울러 쟁의행위에 참여하지 않는 근로자들의 조업권도 함께 보호되어야 한다.

ILO입장은, 대체근로는 업무중단에 의해 긴박한 위기가 초래될 수 있는 서비스 내지 산업에 한해 그 정상적인 운영을 보장할 필요성이 있는 경우에만 허용하는 입장이다. 외국의 경우, 대부분의 국가에서 영업의 자유와 파업권의 조화로운 공생관계에서 대체근로를 인정하고 있다. ① 미국은 파업시 파업참가 근로자를 영구대체하는 신규채용이 있으면 파업종료 후 참가자를 복직시키지 않아도 무방하다는 법리가 정착되어 있으나, 부당노동행위 항의파업의 경우는 파업참가 근로자를 대체하는 신규채용이 있더라도 복직의 권리가 인정

297) 무노동 무임금 준수, 파업해제 후 직장복귀시 직장폐쇄 철회, 쟁의행위기간 중에도 필수유지업무협약 준수 등

298) 예를 들면, 임금인상관철을 위해 하수종말처리장의 하수처리 정화장치 운전기능을 폐쇄하여 복구하는데 수억대의 설비손실을 입히는 경우 등, 주장이익보다 쟁의행위로 인한 손해가 더 큰 경우 등은 공정성이 없다고 보아야 한다.

된다. ② 독일의 경우 파업으로 인해 중단된 업무를 파업불참자의 자발적인 동의에 의해서 대체할 수 있고, 외부근로자를 신규채용하거나 제3자에게 도급 또는 하도급 줄 수 있다. 다만, 파견근로자를 투입하여 대체근로 하는 것은 금하고 있다. ③ 일본의 경우 대체근로를 금지하는 규정은 없으며, 대체근로자를 고용할 수 있으나 대체근로자를 이유로 파업참가자를 해고하는 것은 부당노동행위에 해당한다. 대체근로 제한규정은 우리나라만의 독특한 제도이다.[299] 파업, 태업 기타 노동조합의 쟁의행위에 대한 사용자의 대항수단은 직장폐쇄와 대체근로로 구분할 수 있다.

가. 대체근로 제한

파업을 당한 사용자는 조업의 정상적인 유지 및 사업의 원활한 운영을 도모하고 손실된 노동력을 확보하기 위하여 새로운 노동력을 획득하여 대체(대체근로)하거나 그 업무를 도급 또는 하도급 주는 방법 등의 조치를 할 수 있다. 쟁의행위시 사용자의 이러한 행위는 파업의 위압효과를 떨어지게 하고, 상대적으로 열위에 있는 근로자들의 투쟁동력을 무위로 돌려, 단체교섭에서 불리한 위치에 내몰리게 할 수 있으므로, 가급적 노사가 대등한 입장에서 근로조건 등을 결정할 수 있도록 입법조치로서 일정부분 사용자의 행위를 제한할 필요가 있다.

따라서 "사용자는 쟁의행위기간 중 그 쟁의행위로 인하여 중단된 업무의 수행을 위하여 당해 사업과 관계없는 자를 채용 또는 대체하거나 그 업무를 도급 또는 하도급 줄 수 없다"[300]고 정하고 있다. 이 규정은 "근로자의 채용 시기에 관계없이 그 행위가 쟁의행위로 중단된 업무를 수행케 할 목적으로 당해 사업과 관계없는 자를 채용했는지 여부가 관건"이다.[301]

---

299) 이상윤, 『노동법』, 796쪽, 1995년 초까지 당해 사업장 내 근로자 중에서도 유사한 업무 종사자의 대체만 허용하다가 이후 "당해 사업장내 근로자의 대체가 가능"하도록 해석을 변경하였다. 97년 제정된 노조법에서는 대체근로 허용범위를 "당해 사업 내"근로자로 한정하는 한편, 파업 등으로 중단된 업무의 신규하도급을 금하도록 했다. 2006년 개정법에서는 필수공익사업에서 대체근로를 파업참가자의 100분의 50을 초과하지 않는 범위 내에서 허용하였다.

300) 노조법 제43조제1항 · 제2항

301) 노동소합-719, 2004.3.22

"쟁의행위기간 중"이란, 실제로 쟁의행위에 돌입한 경우를 말한다.[302] "사업"이란, 경영상 일체를 이루는 기업 그 자체를 말한다. "채용"이란 당해 사업과 새로이 근로계약을 체결하는 것을 말하고, 대체란 채용 이외의 방법으로 당해 사업에 근로를 제공하는 것을 말한다.

사업에 있어서 그 범위를 지나치게 확대해석 할 경우, 근로자들의 단체행동권이 침해되어 교섭상의 불균형이 초래되므로, 제한적으로 해석되어야 한다. 그렇지 않으면, 사용자 소유의 기업 · 동일법인에 속하는 사업이면 장소와 사업의 내용에 관계없이 기업조직 전반에 대해 대체근로가 가능하게 되어 사용자의 경제적 손실은 미미한 반면, 노동조합의 타격력은 약화되고 쟁의기간 동안 임금상실의 부담만 가중되어 균형성을 잃게 되기 때문이다.[303]

대체근로는 파업 등 쟁의행위에 참가한 조합원의 업무를 다른 사람으로 하여금 대신 수행토록 하는 것 그 자체를 의미하는 것으로, 반드시 근로자 신분이라야 한다거나 임금을 지급해야 하는 것은 아니다. 특히 "당해 사업과 관계없는 자"란, 노동조합법상 근로자와 사용자에 해당하지 않는 자, 즉, 파업 개시 사용자와 그 당시에 당해 사업의 종업원이었거나 그 사업의 업무를 수행하고 있었던 자를 제외한 모든 자를 의미한다. 행정해석에 의하면, 당해 사업과 관계없는 자는 경영상 일체를 이루는 당해 사업의 근로자 및 사용자를 제외한 모든 자를 의미하므로, 파견근로자의 경우는 파견업무 범위 내에서는 사용업체의 근로자에 해당하고, 비상임 이사, 대주주, 투자자 등 상법상으로는 의결권행사 등 직 · 간접적으로 관련이 있더라도 노조법상 사용자에 해당하지 않는 자는 당해 사업과 관계없는 자에 해당하고, 법인 등기부상으로는 이사이지만 실질적으로는 사업에 관여한 사실이 없는 등 노조법상 사용자에 해당하지 않는 자는 당해 사업과 관계없는 자에 해당한다. 항만계약에 의한 항운노조원은 당해 사업과 관계없는 자에 해당한다고 보았다.[304]

---

302) 협력 68140-414, 1998.11.2
303) 김형배, 『노동법』, 853쪽
304) 노동조합-2169, 2005.8.4

1) 대체근로 제한 규정의 적용범위

노조법상 대체근로 제한규정이 모든 쟁의행위에 대해 대체근로 등을 제한하는 것인지 정당한 쟁의행위에 대해서만 대체근로 등을 제한하는 것인지가 쟁점이다. 명문으로 정당한 쟁의행위에 대해서만 적용된다는 요건을 명시하지 않았으나 법 취지상 위법한 쟁의행위에 대해서까지 대체근로 등을 제한하려는 것은 아니므로 정당한 쟁의행위일 경우에만 적용된다고 보아야 한다. 노조법 제43조는 "쟁의행위기간 중 그 쟁의행위로 중단된 업무수행을 위하여…"라고 정하고 있다. 이 규정 중 쟁의기간 중이라 함은 노동조합의 파업 · 태업 등 업무의 정상한 운영을 저해하는 정당한 쟁의행위기간만을 의미하는 것이다.[305) 따라서 대체고용이 금지되는 쟁의행위는 정당한 쟁의행위에 국한되며, 쟁의행위가 정당성을 상실한 경우는 아무런 제한없이 임시, 기간제 근로자 등 신규채용, 하도급, 파견업체 근로자 사용, 기존의 하도급업무 범위 확장, 운송 등의 경우 타 회사 차량 이용 등을 통해 제한없이 대체고용을 할 수 있다.[306)]

쟁의행위신고 당시 쟁의행위기간으로 신고하였다 하더라도 실제로 쟁의행위에 돌입하지 아니한 기간, 쟁의행위 없이 쟁의상태에 있는 기간은 쟁의행위기간으로 볼 수 없다.[307)]

2) 대체근로 허용범위

대체노동력 확보를 위하여 신규로 종업원을 채용하는 것 또는 다른 사업, 예컨대 법인이 다른 계열사 · 자회사 · 용역사업체 · 파견사업체의 근로자를 대체근로에 투입하는 것은 금지되지만, 당해 사업의 종업원은, 노동조합의 조합원인지 여부 또는 당해 사업의 어느 사업장 소속인지 직종이 무엇인지 여부를 불문하고, 당해 사업내의 모든 근로자를 대체근로에 투입할 수 있으며, 또 당

305) 협력 68140-362, 1996.10.7

306) (예) 안전보호시설 종사자의 쟁의행위, 필수유지업무 종사자의 쟁의행위 등 ; 노사 32281-8345, 1989.6.7

307) 협력 68140-414, 1998.11.2 ; 협력 68140-362, 1996.10.7. 노조법 제43조의 규정에 의한 쟁의행위기간 중 대체근로 등의 문제는 쟁의행위로 인하여 업무의 중단이 발생된 경우에 그 중단된 업무의 수행을 위하여 발생하는 문제이므로 실제로 쟁의행위에 들어가지 아니한 기간에 대하여는 대체근로 제한규정이 적용되지 않는다.

해 사업내의 근로자라면 사외근로자나 파견근로자 등 종전부터 당해 사업의 업무를 수행하여 온 자도 대체근로에 투입할 수 있다. 다만, 파업으로 중단된 업무를 당해 사업 외부에 도급 또는 하도급을 주는 것은 다른 사업의 근로자를 대체근로에 투입하는 것과 같은 효과를 가지므로 이를 금지하고 있다.[308)]

쟁의행위 개시 이전에 채용 · 대체 또는 도급 · 하도급을 준 경우라도 그 목적이 쟁의행위로 중단된 업무를 수행케 할 목적으로 이뤄진 경우는 법위반이다. 쟁의행위와 무관하게 자연감소 또는 신규채용계획에 따른 인원충원 등은 법위반으로 볼 수는 없다. 다만, 채용 · 대체가 쟁의행위와 무관한 업무에서 이루어 진 경우에도, 기존의 근로자를 쟁의행위로 중단된 업무에 투입하고, 그 결과로 공백이 생긴 업무에 신규채용 · 대체하는 것[309)]은 대체근로 위반으로 볼 수 있다.[310)] 신규채용 사유가 없음에도 노동조합의 파업에 대비하여 다수의 일용직을 채용하여 중단된 업무에 투입하는 경우, 결원을 장기간 방치하여 사실상 충원의 필요성이 없음에도 파업을 하자 갑자기 결원충원을 이유로 신규채용 하는 경우 법위반이다.

(1) 사업의 판단기준

대체근로가 허용되는 "사업"이란, 경영상 일체를 이루는 기업체 그 자체로 유기적으로 운영되는 기업조직을 말한다.[311)] 다만, 쟁의행위 대체근로제한과 관련해서 사업이란, 장소적 의미에 국한할 수 없고, 하나의 사업인지 여부는 각각 장소적 위치를 달리한다고 하더라도 업무가 일관된 공정 하에 통일적으로 수행되고 있는가에 의해 결정된다. 따라서 동일한 장소에 동일인 소유로 있더라도 인사, 노무, 회계 등이 서로 독립하여 있으면 각기 다른 사업으로 보아야 하고, 법인의 경우 동일 법인내의 사업소, 공장, 영업소 등은 장소적으로 달리하더라도 하나의 사업으로 보아야 한다. 그러므로 서울본사와 지방의 공

308) 임종률, 『노동법』, 196쪽
309) 관리직원을 파업 중인 생산현장에 투입하고 임시직원을 신규채용하여 관리직의 업무에 투입하는 것
310) 노동조합-336, 2005.1.27
311) 대판 93다18365, 1993.10.12

장, 영업소, 지사 등 수개의 사업장이 하나의 법인[312]사업에 속하면, 어느 한 공장에서 쟁의행위가 발생하였을 경우 타 사업장 소속직원으로 하여금 쟁의행위로 중단된 업무를 수행토록 할 수 있다. 특히, 인사 · 노무 등에 있어서 일정부분 위임이 있어도 하나의 법인에 속한 수개의 사업장 수개의 사업부서[313]는 업종이 다르더라도 하나의 사업에 포함된다. 이때 하나의 법인 내에 속한 수개의 사업장에 각각 사업장마다 노동조합이 달리 구성되어 있다고 해도 하나의 사업으로 본다.[314] 대표이사 경영진이 동일하더라도 법인이 다른 경우(백화점, 호텔 등 동일그룹 계열사)는 경영주체가 다르므로 별도의 법인으로 보며, 인수 · 합병되어 하나의 법인체가 된 경우는 업종에 관계없이 인수 · 합병이 완료된 시점에 하나의 사업에 해당한다.[315]

(2) 해당사업과 관계없는 자

쟁의행위로 인해 업무의 정상적 운영을 저해 받은 사용자는 중단된 업무수행을 위해 동일법인의 계열사, 파업불참자, 비조합원, 동일기업에 속하는 다른 사업장의 근로자[316]등 해당사업과 관계있는 자를 투입하여 중단된 업무를 수행할 수 있다. 다만, 그 사업과 관계없는 자를 채용 또는 대체할 수 없으며, 쟁의행위로 중단된 업무를 도급 또는 하도급 줄 수 없다.[317] 여기서, 당해 사업과 관계없는 자란, 당해 쟁의행위 발생당시 사용자와의 근로계약을 중심으로 판단할 때, 당해 사업의 근로자 또는 사용자를 제외한 모든 자로서 이드로 하여금 쟁의행위로 중단된 업무를 수행하게 할 수는 없다. 따라서 임직원 가족, 주민, 자원봉사자, 운송수단을 주로 하는 업종이 파업으로 중단된 경우는 타 회사 차량 · 임대차량 등, 쟁의행위로 중단된 업무수행을 위해 신규채용된

---

312) 개별사업의 경우 동일사업자 소유에 속하면서 독립성이 있는 하나의 기업단위

313) 수개의 공장, 수개의 지점, 사무소 등이 장소적으로 독립되어 있으나 하나의 법인인 경우, 용역업체, 위탁관리업체, 건설업체 등의 각 현장은 하나의 사업으로 본다.

314) 노동조합-2214, 2004.8.16

315) 협력 68107-447, 2001.9.6

316) 동일법인으로서 본사와 지사, 공장, 개별기업의 경우 대표자, 회계, 인사, 영업 등의 독립성을 기준으로 동일한 단일사업체로서 본사와 공장, 영업소 등

317) 노조법 제43조제1항 · 제2항

근로자로서 직종을 불문하며, 쟁의행위 이후에 새로이 도급계약 혹은 파견계약을 체결하여 쟁의행위로 중단된 업무를 수행하는 도급 · 파견근로자 등을 말한다. 동일법인 산하에 있는 독립된 사업체의 근로자는 평소 그 사업의 업무에 종사해 온 근로자라고 할 수 없으므로 당해 사업과 관계없는 자에 해당한다. 따라서 대체근로를 위해 투입하는 것은 법위반에 해당한다.[318)]

(3) 당해 사업과 관계있는 자로서 대체근로가 가능한 경우

사용자는 파업기간 중 스스로 업무를 수행하거나 동일법인 또는 동일사업 내에서 본사, 독립성이 없는 공장 · 사업소 · 영업소 · 계열사 등에 소속된 파업불참자, 비조합원 등을 활용하여 중단된 업무를 수행할 수 있다. 즉, 동일법인 또는 동일사업 내에 수개의 공장이 각각 다른 노동조합이 조직되어 있고 그 중 하나가 쟁의행위가 발생하였을 경우에도 다른 사업장소속 조합원이 대체근로가 가능하다. 쟁의행위 이전부터 적법하게 파견된 근로자(다만, 파견계약 내용을 벗어나 쟁의행위로 중단된 업무를 파견근로자로 대체함은 위법), 쟁의행위 이전부터 일용 · 아르바이트로 근로한 자의 경우, 쟁의행위 이전부터 사업확장 혹은 채용계획에 의해 근로자를 신규채용하거나 결원을 보충하는 것은 무방하다.[319)] 따라서 본래 채용이 예정된 수습 · 시용근로자의 수습 · 시용기간 만료로 인한 채용의 경우, 본래 예정된 신규근로자를 채용 발령하는 경우 등은 대체근로가 가능하다.

(가) 채 용

채용이란, 근로자를 새로 고용하는 것으로, 고용형태나 기간을 불문하고 신규채용의 시기 등에 관계없이 오직 그 목적이 쟁의행위로 인하여 중단된 업무를 대체할 목적으로 이뤄졌는지 여부에 따라 판단한다.[320)] 자연감소에 따른 충원, 사업확장에 따른 신규채용, 수습근로자의 정식임용, 기간제 근로자 정식임용, 한시적 근로자 계속사용, 쟁의행위와 무관한 영역에 대한 신규채용 혹은 비조합원 또는 파업불참자 중 기간 만료자와 계약을 갱신하여 계속 사용하

318) 노동조합과-720, 2004.3.22
319) 노사 68140-313, 1992.9.16
320) 대판 99도317, 2000.11.28

는 경우, 쟁의행위 이전부터 추진해 오던 채용계획에 의한 인원충원은 법위반이 아니다.[321] 실무상 종래 인력충원 과정과 절차 · 시기, 인력부족규모, 결원발생시기 및 그 후의 조치내용, 쟁의기간 중 채용의 필요성, 신규채용 인력의 투입시기 등을 종합적으로 고려하여 판단하여야 한다.[322] 파업 이전부터 정상적으로 징계절차를 진행하던 중 파업기간에 징계가 확정되어 해고한 후, 관행에 따라 결원을 신규채용하는 경우 대체근로 위반이 아니다.

(나) 협력업체의 소속직원의 대체인력지원

사업 내에 있는 별개의 법인 등으로서 도급업체, 하청업체, 용역업체 등 이른바 협력업체의 소속직원이 원청업체, 위탁업체에서 쟁의행위가 발생하였을 경우 대체인력을 지원하는 것이 적법한지 의문이다. 이 경우 비록 업종이 같고 업무의 연관성이 깊지만, 쟁의행위 당사자를 중심으로 할 때, 독립된 전혀 별개의 사업인 만큼, 당해 사업과 관계있는 자라고 할 수 없으므로 위법하다고 보아야 한다. 행정해석도 이와 같은 입장으로 쟁의행위가 발생한 사업장에서 하청업체의 업무범위를 확대하여 사실상 대체근로와 같은 효과를 거두는 것을 법위반으로 보고 있다.[323]

---

321) 노동조합-2146, 2005.8.2

322) 대판 2008도4831, 2008.11.13. 대체근로시 인사권행사와 관련한 판례 : 노조법 제43조제1항에 의하면, 사용자는 쟁의행위기간 중 그 쟁의행위로 중단된 업무의 수행을 위하여 당해 사업과 관계없는 자를 채용 또는 대체할 수 없고, 여기서 당해 사업과 관계없는 자란 당해 사업의 근로자 또는 사용자를 제외한 모든 자를 가리키는바, 이 규정은 노동조합의 쟁의행위권을 보장하기 위한 것으로서 쟁의행위권의 침해를 목적으로 하지 않는 사용자의 정당한 인사권 행사까지 제한하는 것은 아니어서 자연감소에 따른 인원 충원 등 쟁의행위와 무관하게 이루어지는 신규채용은 쟁의행위기간 중이라고 하더라도 가능하다. 다만, 결원충원을 위한 신규채용 등이 위 조항 위반인지 여부는 표면상의 이유만을 가지고 판단할 것이 아니라 종래의 인력충원 과정 · 절차 및 시기, 인력부족 규모, 결원 발생시기 및 그 이후 조치내용, 쟁의행위기간 중 채용의 필요성, 신규채용 인력의 투입시기 등을 종합적으로 고려하여 판단하여야 한다. 이러한 법리에 의할 때, 사용자가 쟁의기간 중 쟁의행위로 중단된 업무의 수행을 위해 당해 사업과 관계있는 자인 비조합원이나 쟁의행위에 참가하지 아니한 조합원 등 당해 사업의 근로자로 대체하였는데 그 대체한 근로자마저 사직함에 따라 사용자가 신규채용하게 되었다면, 이는 사용자의 정당한 인사권 행사에 속하는 자연감소에 따른 인원 충원에 불과하다고 보아야 하므로 특별한 사정이 없는 한 위 조항 위반죄를 구성하지 않는다.

323) 협력 68107-457, 2001.9.15

(다) 임시직 등의 사용기간 연장, 자원봉사자, 파견근로자 등

당해 사업 내 근로자라면 파트타임 등 단시간 근로자의 계약기간을 연장하여 근로하거나, 기왕에 사용해 오던 일용근로자를 계속 사용하는 것은 가능하다.[324] 사용자가 가족 · 자원봉사자 · 주민 등 당해 사업과 관계없는 자를 쟁의행위로 중단된 업무에 투입하는 것은 법위반이다.[325] 다만, 사용자의 관여없이 이루어지는 순수한 자발적인 자원봉사활동, 주민의 활동에 대해서는 대체근로 제한 규정을 적용하기 어렵다. 즉, 환경미화원의 파업으로 인해 악취가 심하자 주민, 자원봉사단체 등이 사용자 관여없이 자발적으로 오물 수거, 아파트 관리업체가 파업하자 입주자대표회의 주도로 주민들이 스스로 청소 · 경비 일을 도맡아 처리하는 경우 등을 꼽을 수 있다.

파견법에 따르면, 사용사업주는 파견근로자를 파견계약에 의한 업무영역 내에서는 근무 장소에 관계없이 대체투입이 가능하나, 그러나 파견사업주는 쟁의행위 중인 사업장에 그 쟁의행위로 중단된 업무의 수행을 위하여 근로자를 파견하여서는 아니된다. 쟁의행위로 중단된 업무에 투입하는 것은 대체근로위반에 해당한다. 이 규정은 파업을 당한 사용자가 파업으로 중단된 업무수행을 위해 파견근로자를 투입하여 대체근로효과를 거두는 것을 방지하기 위하여 파견사업주에게 별도로 의무를 과한 것이다.[326] 그러나 쟁의행위 개시 이전에 적법하게 체결된 파견계약에 따라 파견근로자를 사용하였을 경우는 법위반이 아니다.[327]

(4) 도급 · 하도급의 제한

도급 · 하도급이 금지되는 업무는 정당한 쟁의행위로 인하여 중단된 업무에 한정된다. 따라서 쟁의행위기간 중이라도 사업활동과 조업자유는 보장되어야 하므로, 쟁의기간 중에 신규로 계약된 업무 등 확장된 업무영역과 쟁의행위 개시 이전에 수주 받은 물량이나 작업이 개시되지 않은 물량을 도급 · 하도급

324) 협력 68140-423, 1997.10.28
325) 협력 68140-36, 2001.1.20 ; 노동조합-720, 2004.3.22
326) 파견법 제16조
327) 협력 68140-223, 2001.5.14

주는 경우, 쟁의행위와 무관한 업무에 대한 도급 · 하도급은 가능하다. 아울러 계약해지 · 기간만료 된 도급 · 하도급 계약을 기존 계약내용의 범위 내에서 연장하거나 새로운 업체에 도급 · 하도급 주는 것 등은 사용자의 경영권의 자유에 속하는 것으로 제한할 수가 없다.[328] 다만, 노사의 협상수단의 형평성의 관점에서 볼 때, 간접대체 즉, 쟁의행위와 무관한 업무를 도급 · 하도급 주고, 이로 인한 유휴인력을 중단된 업무에 투입하는 경우 법위반에 해당하고, 도급 · 하도급 계약을 변경하여 기존 내용에 포함되어 있지 않은 업무로 확장하거나 용역업체 근로자 등이 본래 수행하던 업무를 확장하여 쟁의행위로 중단된 업무에 대체하는 것은 법위반에 해당한다.[329]

(가) 도급 · 하도급 계약의 해지 및 타 업체 서비스 이용대체 등

타 회사 시설 이용, 차량임차사용 등의 방법으로 중단된 업무를 수행하는 것도 법위반이다.[330] 그러나 쟁의행위로 중단된 업무를 도급 · 하도급 주는 것이 아닌 단순히 물건을 구입(쟁의행위로 인하여 생산이 중단된 물품을 타 업체에서 구입하여 납품하는 경우)하거나 타 업체 서비스를 이용하는 것(중단된 작업물량을 A업체에 알선해 주고, 그 대가로 추후 A업체로부터 알선받는 물물교환 형태), 쟁의행위로 중단된 업무(음료판매 업무 등)를 자동판매기 등 무인자동기계로 대체하는 것은 법위반과 관련이 없다.[331] 그러나 쟁의기간 중 판매상품 제조를 타 업체 혹은 개인에게 의뢰하여 제조 납품받는 것, 쟁의로 인한 손실을 방지 혹은 보충하기 위해 일시적으로 지점을 설치하거나 작업장을 변경하는 것은 사실상 쟁의와 관계없는 자를 대체하는 결과가 되어 법 위반에 해당한다.[332]

---

328) 협력 68140-179, 2001.4.21

329) 협력 68107-457, 2001.9.15

330) 협력 68140-179, 2001.4.21. 정당한 쟁위행위 기간 중에 조합원의 쟁의행위 참여로 인해 중단된 레미콘수송업무를 타 회사 차량을 이용하거나 용차하는 방법으로 대체하였다면 그와 같은 행위는 동법 제43조의 규정에 위반된다. 다만, 사용자가 정당한 도급계약해지 또는 도급계약기간의 만료로 인한 업무의 공백을 충당하기 위해 새로운 도급계약을 체결하는 행위까지 위법하다고 보기는 어렵다.

331) 협력 68140-423, 1997.10.28. 사용자가 노동조합의 쟁의행위로 물건이 생산되지 않아 외부회사로부터 단순히 물건을 구입한 경우라면 이를 도급 또는 하도급이라 보기는 어렵다

332) 노성 1452.5-1283, 1966.3.21

(나) 생산품을 외부에서 구매 조달하는 경우

조합원들이 수행하던 화초재배 · 생산업무가 중단되어 인근 조경회사에서 납품받은 경우는 쟁의행위로 물건이 생산되지 않아 외부 회사로부터 단순히 물건을 구입한 것이므로 도급 또는 하도급으로 볼 수 없다.[333] 기숙사 조리원의 파업으로 임시조치로 도시락 식사배달을 하는 것은 도급 · 하도급이라고 볼 수 없으므로 법위반이 아니다.[334]

(다) 하도급업체의 쟁의행위로 인한 원청업체의 직접수행 등

하도급업체의 쟁의행위로 중단된 업무를 원청업체가 직접수행하거나 계약을 해지하고 다른 하도급 업체가 수행토록 하는 것은 원청업체가 쟁의행위의 당사자인 직접 사용자의 위치에 있지 않으므로 법위반이 아니다.[335]

쟁의행위로 중단된 업무를 도급 또는 하도급 줄 수 없다.[336] 이 경우 기존의 도급업체가 수행중이던 업무에 더하여 쟁의행위로 중단된 업무를 새로이 도급업무에 추가계약을 하였을 경우에도 대체근로와 같은 효과가 있으므로 정당성이 없다. 다만, 하도급업체나 수탁업체 사용자와 노동조합 사이에 쟁의행위가 발생하였을 경우, 쟁의행위로 중단된 업무를 원청업체 혹은 위탁자가 직접 수행하거나 그 업무를 새로운 사업자에게 도급 또는 재위탁을 주는 경우는 원청업체나 위탁자는 쟁의행위 당사자가 아니므로 가능하다.

실무상 문제가 되는 것은, 용역, 도급, 수탁업체 등이 생산라인에 일정구획을 두고 혼재되어 있으면서 원청근로자와 동일한 업무를 수행하는 경우, 그 사업장에 쟁의행위가 발생하였을 때 사실상 쟁의로 인해 단축된 생산량을 도급업체 등이 작업물량을 확대하여 생산함으로써 사실상 대체근로와 같은 효과를 나타낸다. 이 경우 동일한 도급계약에 의거 단순히 생산물량만 증가하는

333) 협력 68140-423, 1997.10.28

334) 노사관계법제팀-613, 2005.11.25. 기숙사 관리직원 파업으로 도시락구입조달 혹은 배달식사 이용 등은 중단된 업무를 도급 하도급 주는 것이 아니다.

335) 협력 68140-173, 1997.5.6. 구청과 용역계약을 맺은 청소업체가 파업으로 인해 청소업무가 중단된 경우, 쟁의행위의 직접 당사자가 아닌 구청에서 청소업무를 직접 수행하거나, 쟁의중인 용역업체와의 청소계약을 해지하고 새로운 용역업체와 청소계약을 체결하는 것은 법위반이 아니다

336) 노조법 제43조제1항 · 제2항

것을 두고 대체근로금지규정에 위반한다고 볼 수는 없을 것이다. 이를테면, 클러치공정 3개 작업라인이 도급1, 직영2로 구성되어 있는데 그 중 2개 라인이 쟁의행위로 중단되었을 경우 도급1개 라인이 생산력을 총동원하여 2개 라인의 물량을 사실상 대체 생산하는 경우를 꼽을 수 있다. 다만, 세부적인 면에서 쟁의행위로 중단된 업무와 생산품 등의 차이가 있는 도급업체가 중단된 업무를 수행할 경우는 사실상 "쟁의행위로 중단된 업무를 도급 또는 하도급 줄 수 없다"[337]는 강행규정을 위반한 대체근로로 보아야 한다. 이를 테면, 자동차 냉각라디에터 제조공정을 하도급 받은 업체가 쟁의행위로 중단된 클러치공정의 작업을 도급받는 경우 등을 꼽을 수 있다.

3) 필수공익사업의 경우 적용예외

필수공익사업의 경우는 일반사업과 달리 정당한 쟁의행위기간 중 쟁의행위로 중단된 업무수행을 위하여 사업 내 파업참가자 수의 100분의 50 범위 내에서 당해 사업과 관계없는 자를 채용 또는 대체하거나 중단된 업무를 도급 또는 하도급 줄 수 있다.[338] 다만, 불법쟁의일 경우는 대체근로제한 규정을 적용받지 않으므로 100분의 50을 초과하여 대체근로 사용이 가능하다. 파업참가자 수는 근로의무가 있는 근무시간 중에 파업참가를 이유로 근로의 일부 또는 전부를 제공하지 아니한 자를 1일 단위로 산정하며, 이월 · 적치하여 사용할 수 없다. 파업이 아닌 태업 등 다른 쟁의행위인 경우는 파업참가자 수 산정에서 제외된다. 단체협약 등으로 연장근로가 의무화 된 사업장에서 연장근로를 거부하는 것은 파업으로 간주한다.[339]

(1) 필수유지업무 운영수준

현행 법에서는 필수공익사업 여부와 관계없이 당해 사업 내에서의 대체근로는 법상 제한받지 않는다. 따라서 사용자가 사업 내 비조합원이나 파업에 불참한 조합원을 투입하여 필수유지업무를 노사 당사자간 자율 체결한 필수유지

337) 노조법 제43조제1항

338) 노조법 제43조제3항 · 제4항

339) 노조법 제43조제3항 · 제4항, 노조령 제22조의4

업무협정이나 노동위원회에서 결정한 필수유지업무 유지 · 운영 수준 보다 높게 유지한다 하여도 법 위반으로 볼 수 없다.

(2) 대체인력에 따른 근무조합원 조정 등

사용자가 대체인력을 필수유지업무에 투입시켰을 경우, 노동조합이 투입된 대체인력 만큼 필수유지업무 근무 조합원을 제외시키는 경우 법에 위반되지 않는지 여부가 실무상 의문이다. 필수유지업무제도는 공익과 쟁의권의 균형있는 보호의 취지에서 도입된 제도로서, 필수유지업무협정(또는 노동위원회 결정서)상 필수유지업무 유지 · 운영 수준은 쟁의행위기간동안 당해 필수유지업무제도에 종사하는 비조합원의 근무를 전제로 한 상태에서 노동조합과 필수유지업무 수행 조합원에게 부과된 근로의무 수준으로 보아야 한다. 따라서 필수유지업무를 수행하는 조합원이 사용자의 대체인력 투입을 이유로 그 수만큼 쟁의행위에 참가하는 경우에는 필수유지업무 불이행으로 인해 노조법 제42조의2 제2항 규정 위반의 책임이 발생할 수 있다. 한편, 대체인력은 사용자의 경영상 판단에 의하여 투입여부가 결정되는 것이므로 필수유지업무의 필요 최소한의 유지 · 운영을 위한 필요인원에 그러한 대체인력은 포함되지 않는다.[340)]

4) 대체근로에 관한 당사자간 약정

노사는 단체협약을 통해 쟁의행위시 대체근로 허용범위 등에 대해서 약정을 할 수 있다. 이 경우 노동조합과 사용자간에 대체근로의 허용범위를 법에서 정한 범위보다 좁게 한정하는 취지, 예를 들면, 쟁의행위시 당해 사업장 노동조합 조직대상에 해당하는 근로자만 대체근로에 투입할 수 있다는 등의 약정의 단체협약은 유효하다. 그러나 반대로 대체근로의 허용범위를 법에서 정한 규정보다 넓게 확장, 예를 들면, 쟁의행위시 법인이 다른 계열사 근로자까지 대체근로에 투입할 수 있다는 약정하는 단체협약은 강행규정 위반으로 무효가 되어 법적제한 범위이내로 축소된다.[341)] 따라서 노조법 제43조의 취지상 사용자는 쟁의행위로 업무가 중단될 경우 당해 사업내의 비조합원을 사용하여

---

340) 노사관계법제과-958, 2008.10.31

341) 임종률, 『노동법』, 197쪽

조업을 계속할 수 있음에도 단체협약으로 쟁의행위기간 중 비조합원을 대체하여 근무시키지 못한다고 약정한 경우, 그 약정을 무시하고 사용자가 비조합원에게 쟁의행위로 중단된 업무를 수행토록 하더라도 단체협약 위반에 따른 민사상 책임문제는 별론으로 하더라도 대체근로 위반 등 법위반[342]으로 처벌할 수는 없다.[343]

단체협약 위반책임에 관해서도 살펴보면, 노조법상[344] 단체협약 위반시 처벌되는 사항으로 "쟁의행위에 관한 사항"을 규정하고 있으나, 이 규정은 쟁의행위의 절차, 요건, 방법 등 쟁의행위에 직접 관련된 내용을 위반한 경우에 적용되는 것으로, 사용자의 대체근로에 관한 규정은 "쟁의행위에 관한 사항"에 해당되지 않는 것으로 보아야 한다.[345] 다음은, 노측에서 약정을 위반한 경우를 가정해 보자. 단체협약에 특정직무 또는 특정업무에 종사하는 근로자의 쟁의행위 참가를 배제하는 조항을 정한 경우, 노동조합은 그 약정을 지켜야 한다. 만일 노동조합에서 쟁의기간 중 이를 위반한 경우 사용자는 민법상 노동조합의 계약불이행에 대한 동시이행항변권을 행사할 수 있다. 따라서 협약상의 근로사항을 위반한 범위 내에서 대체근로를 투입하더라도 노조법위반으로 보기 어렵다. 예를 들면, 필수공익사업인 병원의 급식시설의 운영을 정지·폐지하는 것은 위법하여 불법쟁의행위에 해당하므로 외부공급 급식이용, 소요인원 대체근로 등 대체근로를 투입하더라도 법위반이 아니다.[346]

나. 대체근로 관련 쟁점

1) 법위반 실력저지

사용자의 대체근로가 법위반에 해당하는 경우, 노동조합이 직접 실력으로 대

342) 노조법 제43조제1항, 제91조

343) 노동조합법제팀-821, 2004.3.30. 법 규정상 쟁의기간 중 쟁의로 인한 중단된 업무수행을 위해 당해 사업 내 비조합원을 사용하여 조업을 계속할 수 있으나 단체협약으로 정하기를 쟁의기간 중 비조합원을 대체하여 근로할 수 없다고 정한 경우, 사용자가 그 규정을 위반하여 대체근로를 시켰더라도 법 제43조 위반이라고 할 수 없다.

344) 노조법 제92조제1호바목

345) 노동조합과-821, 2004.3.30

346) 대체근로쟁점해설, 고용노동부 2006.2

체근로자의 출입을 저지할 수는 없을 것이다. 사용자의 채용 · 대체가 법에 위반되는 경우에도 사실 자체로 곧 바로 부당노동행위가 되는 것은 아니며 대체근로 시기, 규모, 동기, 그로 인한 사용자의 피해정도, 노동조합에 미친 영향 등을 종합적으로 판단하여야 한다.[347] 다음과 같은 경우는 부당노동행위로 볼 수 있다.

347) ① 대체근로는 당해 사업과 관계있는 자에 한정되므로, 사내 도급업체 종업원으로 하여금 쟁의행위로 중단된 업무를 수행케 하는 것은 법위반에 해당한다(협력 68107-447, 2001.9.6)
② 쟁의행위기간 이전부터 사용하여 온 일용근로자(협력 68140-423, 1997.10.28).쟁의행위기간 이전부터 사용하여 온 기왕의 일용근로자를 계속하여 사용할 수 있는 것이며, 쟁의행위기간중 일용근로자의 임금인상은 대체근로 여부를 판단할 사항이 아닌 것으로 사료되며, 도급이란 당사자 일방이 어느 일을 완성할 것을 약정하고 상대방이 그 일의 결과에 대하여 보수를 지급할 것을 약정하는 것으로 사용자가 노동조합의 쟁의행위로 물건이 생산되지 않아 외부 회사로부터 단순히 물건을 구입한 경우라면 이를 도급 또는 하도급이라 보기는 어렵다.
③ 당해 사업과 관계없는 자는 경영상 일체를 이루는 기업체의 근로자를 제외한 모든 자를 의미하는 것이다. 따라서 당해 사업내 수개의 사업장이 있는 경우에 본사 및 다른 사업장 근로자를 대상으로 한 대체근로는 동 조항 위반에 해당되지 아니하다. 노동관계 당사자가 아닌 제3자인 원청회사가 하청업체 노조의 쟁의행위로 중단된 업무를 직접 수행하거나 도급계약을 해지하는 등의 방법으로 다른 하청업체를 선정하여 중단된 업무를 수행하도록 하는 것은 「사용자의 채용제한」규정 위반이 아님(노동조합과-2214, 2004.8.16).
④ 대체근로자 허용되는 범위는 "당해 사업과 관계있는 자"에 한정되므로 사용자(하청업체)가 재하청업체의 업무영역을 확대하는 방법으로 당해 노동조합의 쟁의행위로 중단된 업무를 수행케 하는 것은 노동조합 및 노동관계조정법 제43조제2항 위반에 해당한다(협력 68107-457, 2001.9.15).
⑤ 수탁근로자들의 쟁의행위로 중단된 업무에 위탁자가 직접 인력투입(협력 68140-283, 2000.7.5). '甲'이 '乙' 노동조합과의 관계에서 노동관계당사자 일방인 사용자의 지위에 있지 않는 이상, '乙'이 위탁업무를 수행하지 못하는 사정이 발생하여 '甲'이 대체인력을 투입 위탁업무를 수행하는 경우 위 · 수탁계약 위반은 별론으로 하고 같은 법 제43조 소정의 사용자의 대체근로 금지 위반 문제는 발생하지 않는다.
⑥ 쟁의행위로 중단된 생산라인에 파견근로자 투입(협력 68107-223, 2001.5.14) 쟁의행위 발생 이전부터 파견근로자를 사용한 경우, 동법 제20조의 규정에 의한 파견계약 내용을 벗어나 쟁의행위로 중단된 업무를 파견근로자로 대체함은 위법하다고 할 것이나,쟁의행위 개시 이전 적법하게 체결된 파견계약 내용에 따라 파견근로자를 사용하였을 경우에는 노동조합 및 노동관계조정법 제43조 사용자의 채용제한 위반이 성립되지 않을 것이다.
⑦ 본사 및 다른 사업장의 근로자 대체 투입(노동조합과-2214, 2004.8.16) 소각로를 위탁받아 운영하는 업체로 A지역에는 '甲' 노동조합이, B지역에는 '乙' 노동조합이 설립되어 있음. 이렇게 사업장이 지역별로 분리되어 있고 노동조합도 각각 설립되어 있는 경우, A지역의 '甲' 노동조합 파업시 B지역 및 본사 등 타지역 사업장의 근로자를 대체투입해도 되는지 여부에 관해 살펴보면, 노동조합 및 노동관계조정법 제43조에 사용자는 쟁의행위기간중 그 쟁의행위로

① 신규채용 사유가 없음에도 단순히 노조의 파업에 대비하여 다수의 일용직을 채용하고 파업 후 이들을 대체투입 한 경우
② 파업에 돌입하자, 그 동안 묵인해 오던 징계사유를 문제 삼아 파업기간 중에 해고한 후, 결원을 이유로 신규채용 한 경우
③ 무기계약을 반복 갱신하여 사실상 무기계약과 다름이 없음에도 관행에 어긋나게 기간 만료로 계약을 종료하고 신규채용 한 경우

다. 직장폐쇄

직장폐쇄(lockout, 職場閉鎖)란, 근로자측의 쟁의행위에 대항하기 위해 사용자가 근로자의 노무수령을 거부하여 노무제공의 반대급부인 임금을 지급하지 않음으로써 경제적 압박을 가하고, 시설관리권에 기해 직장점거 등 근로자로부터 사업장에 대한 물적 지배권을 완전히 회복하여 쟁의행위의 쟁점에 관한 노사협상에서 유리한 위치를 점하기 위한 사용자의 쟁의수단을 뜻한다. 직장폐쇄는 쟁의행위가 종료하면 노무수령이 거부되었던 근로자들을 다시 취업시키는 등 근로계약상 주된 내용의 일시적인 정지와 회복을 의미하는 것이므로 단순히 기술적 · 경제적 이유에서 조업을 중단하는 폐업이나 휴업과는 구분된다.

사용자는 기본적으로 근로자보다 우월한 지위에서 근로계약을 체결하고 노무를 수령하지만 쟁의행위에 돌입하면 구체적인 사실관계에 따라서 오히려 사용자측이 불리한 위치에 서는 경우가 많다. 따라서 노사간의 세력균형을 회복시키기 위하여 노사대등성의 원칙을 고려하고, 노사가 활용가능한 투쟁수단

중단된 업무의 수행을 위하여 당해 사업과 관계없는 자의 채용 또는 대체할 수 없다고 규정되어 있는 바, 여기서 당해 사업과 관계없는 자는 경영상 일체를 이루는 기업체의 근로자를 제외한 모든 자를 의미하는 것이다. 따라서 당해 사업내 수개의 사업장이 있는 경우에 본사 및 다른 사업장 근로자를 대상으로 한 대체근로는 동 조항 위반이 아니다.

⑧ 쟁의행위기간 중 타사차량을 사용 레미콘운반(협력 68140-179, 2001.4.21)정당한 쟁위행위 기긴 중에 조합원의 쟁의행위 참어로 인해 중단된 레미콘수송업무를 타 회사 자량을 이용하거나 용차하는 방법으로 대체하였다면 그와 같은 행위는 동법 제43조의 규정에 위반된다. 다만, 사용자가 정당한 도급계약해지 또는 도급계약기간의 만료로 인한 업무의 공백을 충당하기 위해 새로운 도급계약을 체결하는 행위까지 위법하다고 보기는 어렵다.

의 균형측면에서 사용자측의 대항수단으로서 직장폐쇄의 필요성을 인정하고 있다.[348] 다만, 사용자는 기본적으로 근로자와의 세력관계에서 우월한 지위에 있다. 따라서 구체적인 쟁의행위에서 현저히 불리한 위치에 서는 경우, 압력을 완화하기 위한 수단으로 사용자측의 쟁의수단으로 인정하면서도, 근로자의 쟁의행위로 인해 사용자가 받는 손해의 정도 등 구체적인 사정에 비추어 형평을 도모하는 견지에서 근로자측의 쟁의행위에 대한 방어수단으로서 방어적 · 대항적으로 행해진 경우에만 정당성을 인정한다.[349] 이런 취지로 노조법에서도, 사용자는 노동조합이 쟁의행위를 개시한 이후에만 직장폐쇄를 할 수 있도록 정하고 있다. 노조법 제46조에 의하면, 사용자는 직장폐쇄를 할 경우에는 미리 행정관청 및 노동위원회에 각각 신고하여야 한다고 정하고 있는데, 사용자가 신고의무를 위반하더라도 그로 인해 직장폐쇄 자체의 정당성에는 영향이 없다.[350] 쟁의행위 개시 전 선제적 직장폐쇄에 대해서는 형사처벌을 할 수 있다.[351] 이 같은 규정 이외에 실정법상 적극적으로 직장폐쇄를 보호하는 규정은 없다. 자세한 사항은 뒤에서 상세히 설명한다.

1) 직장폐쇄의 모습

직장폐쇄는 쟁의행위의 일종이므로 노무수령거부나 작업장 입장금지 등 의사표시만으로 성립하는 것이 아니라, 공장폐쇄, 작업장 체류자 퇴거요구, 작업장의 전원단절 등 실질적으로 노무제공이 불가능하도록 사실적인 조치가 따라야 한다.[352] 다만, 직장폐쇄의 경우에도 쟁의행위에 참여하고 있는 조합원의 출입을 제한하는 것은 가능하지만, 생산이나 업무와 관계없는 시설로서 사업장 내의 노조사무실, 기숙사 등 정상적인 조합활동 또는 기본적인 생활근거

348) 대판 98다34331, 2000.5.26

349) 대판 98다34331, 2000.5.26 ; 대판 2003두1097, 2003.6.13

350) 김형배, 『노동법』, 853쪽 ; 노조법 제96조. 신고의무 위반시 500만원 이하의 과태료처분 ; 노조령 제12조의3. 시 · 도지사 또는 시장 · 군수 · 구청장은 법 제46조에 따라 직장폐쇄의 신고를 받은 경우에는 그 사본 1부를 지체없이 쟁의행위의 당사자인 노동조합의 주된 사무소의 소재지를 관할하는 지방고용노동관서의 장에게 송부하여야 한다.

351) 1년 이하 징역 또는 1천만원 이하 벌금, 노조법 제91조

352) 임종률, 『노동법』, 252쪽

지에 대한 출입은 특별한 사정이 없는 한 허용되어야 한다.[353] 그러나 직장폐쇄의 목적 달성을 위해 조합활동 또는 후생복리를 위한 시설에 대해서도 노조원의 출입을 합리적인 범위내에서 일부 제한할 수 있다. 직장폐쇄는 사용자가 노동조합의 쟁의행위에 대항하여 생산수단을 폐쇄함으로써 일시 집단적으로 노무제공의 수령을 거부하는 행위로서 대항성과 방어성이 있어야 하므로, 쟁의행위가 사업장의 일부만을 대상으로 하는 경우 그 쟁의행위에 대응하는 범위 이상의 전면적 직장폐쇄는 허용되지 않음이 원칙이다. 다만, 사업장 일부에 대한 쟁의행위로 말미암아 사업장 전체의 정상적인 업무가 불가능하게 되는 등 전면파업과 유사한 효과를 가져오는 특수한 사정이 있는 경우에는 전면적 직장폐쇄도 가능하다. 만약, 조직대상을 달리하는 2개의 노동조합이 있는 어느 사업장에서 특정 노조가 쟁의행위에 들어간 경우에는 그 쟁의행위에 대응하는 범위 내에서 직장 폐쇄도 가능하다.[354]

2) 직장폐쇄에 관한 학설

학설에 의하면, 직장폐쇄가 단순한 사용자의 경영자유에 속한다는 경영자유설, [355]쟁의행위에서 노사간 수단의 형평성 혹은 대등성의 원칙에서 근거를 두고 노사간 균형관계는 형식적의미의 평등이 아닌, 근로자들에게 노동3권을 보장하여 협약자치를 실현할 수 있도록 실질적 평등을 구하는 것으로, 근로자에 대한 노동3권 보장이 사용자에게 집단적 대항행위를 아예 금지하거나 본질적으로 차별을 주는 것은 아니라는 노사균형설,[356] 헌법상 기업의 경제적 자유와 재산권보장에서 근거를 찾는 견해,[357] 사용자는 취업규칙 변경이나 인사권 행사 등을 통해 기본적으로 노사관계에서 우월적 지위를 가지므로 상대적으

353) 노사관계법제팀-2687, 2006.9.11 ; 협력 68140-409, 1998.10.30. 직장폐쇄는 생산수단을 근로자로부터 차단하여 노무수령을 거부하는 데 지나지 않아 직장폐쇄가 미치는 범위도 생산시설 내지 업무시설에 한정되나, 생산이나 업무와 관계없는 시설로서 노조사무실, 기숙사, 식당 등 조합활동 또는 후생복리를 위한 시설에 대해서도 노조원의 출입을 합리적인 범위내에서 일부 제한할 수 있다고 할 것이다.

354) 노사관계법제팀-2687, 2006. 9.11

355) 김치선, 『노동법』, 406쪽

356) 김형배, 『노동법』, 853쪽

357) 권영성, 『헌법』, 466쪽

로 열위에 있는 노측에 힘을 실어주어 노사대등의 균형을 확보하기 위해 쟁의권 등 노동3권을 부여한 것인데, 쟁의행위의 구체적 모습에 따라 오히려 사용자가 현저히 불리한 입장에 처하는 등 균형을 상실하는 불합리한 결과가 발생하므로 이를 완화하여 당초의 세력균형을 확보하기 위한 수단으로 인정한 방어적 권리로서 인정한 것이라는 설,[358] 쟁의권보장의 이념을 전제로 노동조합의 쟁의권 남용을 방지하기 위한 대항수단으로 상당성이 인정되는 경우 사용자측에 주어지는 권리라는 견해,[359] 직장폐쇄를 헌법상 재산권보장과 노동3권의 조화 · 균형에 두고, 노동3권 행사는 사용자의 재산권과 조화 · 균형을 이루어야 하는 바, 근로자가 이를 침해하는 경우 사용자는 자신의 재산권행사로서 직장폐쇄를 행할 수 있다는 설[360] 등이 있다.

대체로 노사간 세력균형을 회복하기 위해 사용자에게 주어진 방어적 · 대항적 권리라는 점에서 일치한다. 비록 사용자가 경제적으로 우월한 지위에 있다고 해도 파업, 태업, 생산관리 등을 개시하여 직장점거 농성 등의 상태로 사용자의 업무를 지속적이고 조직적으로 방해할 경우, 직장폐쇄와 같은 대항수단을 인정하지 않으면 노사간 세력균형을 도모하는 수단의 형평에 어긋난다고 보아야 한다. 다만, 헌법상 근로자의 단체행동권만이 보장되어 있다는 이유로 직장폐쇄의 필요성 등을 부정하는 견해도 있다.[361]

3) 직장폐쇄의 주체와 정당성

첫째, 직장폐쇄의 주체는 쟁의행위가 발생한 사업장의 사용자이다. 사용자는 사업주, 사업의 경영담당자 또는 그 사업의 근로자에 관한 사항에 대하여 사업주를 위하여 행동하는 자를 말하며,[362] 사업주를 제외한 자는 내부적으로 위임 등에 의해 직장폐쇄를 할 수 있는 권한을 갖고 있어야 한다.[363]

둘째, 직장폐쇄는 파업 · 태업 등 근로자측의 쟁의행위가 개시한 이후에 시작

358) 임종률, 『노동법』, 253쪽
359) 이병태, 『노동법』, 339쪽
360) 이상윤, 『노동법』, 808쪽
361) 독일 hessenwn주 헌법 제29조제5항
362) 노조법 제2조제2호
363) 이상윤, 『노동법』, 811쪽

하는 대항성과 방어성을 가져야 하고, 근로자가 아직 쟁의행위를 시작하지 않았는데도 노동조합을 굴복시키고 자신의 주장을 관철할 목적으로 먼저 직장폐쇄를 시작하는 선제적 · 공격적으로 행하여서는 아니된다. 따라서 예방적 · 선제적 직장폐쇄는 인정되지 않는다.[364] 직장폐쇄 이후에 노동조합의 직장점거는 정당한 쟁의행위의 한계를 이탈한 것으로 민 · 형사상책임을 면할 수 없다.[365]

(1) 판례의 견해

사용자의 쟁의행위가 정당성을 갖추기 위하여는 노사간 교섭태도와 경과, 쟁의행위의 모습, 그로 인한 사용자의 피해정도 등 구체적 사정을 감안할 때 형평의 견지에서 쟁의행위에 대한 대항 · 방어수단으로서 상당성이 인정되어야 한다.[366]

만약, 근로자의 쟁의행위에 대항하는 사용자에게 일체의 대항수단이 없다고 한다면 상당하지 않을 뿐 아니라, 구체적 노사관계에서 근로자측의 쟁의행위가 오히려 노사간 적정한 세력균형을 붕괴시켜 사측이 불리한 압력을 받을 수도 있으므로, 비록 사용자에게 근로자와 같은 정도의 쟁의권을 인정할 수는 없으나, 공평의 원칙상 노측의 부당한 노동쟁의에 대항하여 노사간 적정한 세력균형을 회복하기 위해 상당성이 인정되는 범위 내에서 사용자의 직장폐쇄가 정당성이 인정된다. 사용자의 쟁의권으로서 직장폐쇄가 노측의 쟁의행위에 대한 대항 방어수단으로서 상당한지 여부는 개개의 구체적 행위에 있어서 노사간의 교섭태도, 경과, 노측의 쟁의행위 모습, 이로 인해 사용자가 받은 타격정도 등 구체적 제반사정을 종합적으로 검토하여 형평의 견지에서 판단하여야 하고, 이와 같이 상당성이 인정되는 경우에만 정당한 직장폐쇄로서 그 기간 중 대상근로자에게 개별 근로계약상의 임금지급의무를 면할 뿐이다.[367]

직장폐쇄가 정당한지 여부는, 직장폐쇄 내용 등 제반사정을 토대로 종합적

364) 노조법 제46조제1항

365) 노사 32281-26, 1989.1.4

366) 대판 2003누1097, 2003.6.13 ; 대판 2002도2243, 2002.9.24. 직장폐쇄는 근로자의 교섭태도와 교섭과정, 쟁위행위의 목적과 방법 및 그로 인하여 사용자가 받는 타격의 정도 등에 비추어 쟁의행위에 대한 방어수단으로서 상당성이 있어야만 정당성이 인정될 수 있다

367) 대전고판 95나1697, 1995.12.29

으로 검토하여, 과연 노사간 쟁의행위에 있어서 수단 등의 세력균형성·형평성이 있는지 여부를 기준으로 판단하여야 한다고 보아서 세력균형성성과 형평성을 중요한 기준으로 본다.[368] 다만, 대항성과 방어성이 있다면 사용자 입장에서 힘의 균형을 회복하기 위한 가용수단을 전부 활용한 후 마지막으로 선택할 수밖에 없는 최후수단이라야 정당성이 있는 것은 아니다.

(2) 학설 등의 견해

직장폐쇄는, 쟁의행위로 인해 사용자가 현저히 불리한 손해나 압력 등을 받게 되어, 조업을 계속하는 것보다 오히려 직장을 폐쇄하여 업무의 일부 혹은 전부에 걸쳐 노무수령을 거절함으로써, 민법상 노무수령 지체 등 채무불이행 책임에서 벗어나 쟁의기간 중 임금지급의무를 면하고, 생산설비나 시설 등 노동조합의 침탈로부터 재산권의 완전성을 회복하여, 노동조합측의 압력을 완화하고 교섭상의 세력균형을 도모하는 대항적, 사후적, 방어적인 수단이다. 여기서 방어적이란, 노측의 쟁의행위로 인해 사용자가 현저한 압력을 받는 경우 임금부담 등을 완화하려는 수단으로 인정되는 것이지, 사용자가 노동조합을 굴복시켜 자신의 주장안을 관철시키려고 인정한 것은 아니다.[369] 즉, 사용자는 근로계약상 노무수령과 임금지급의무를 불이행하면 계약위반으로 손해배상과 임금지급의무 등을 부담하게 되는데, 이를 회피하려면 해고를 하여야 하지만 이 또한 해고제한법리 및 부당노동행위문제[370]로 위법행위에 해당할 수 있다. 따라서 이 같은 문제를 벗어나 집단해고를 하지 않으면서도 근로계약은 존속시키되 노무수령과 임금지급을 거부할 수 있는 제도이다. 따라서 반드시 쟁의행위를 개시한 이후에 교섭상황 등이 사용자에게 불리하여 노무수령을 집단적으로 거부하지 않으면 현저한 불이익을 입게 되는 경우에 사후적으로 개시할 수 있는 것이지, 노동조합을 굴복시켜 사용자의 주장을 관철시킬 목적으로 하는 공격적 직장폐쇄는 정당성이 없다는 입장으로 판례와 견해를 같이한다.[371]

368) 서울행판 2001구15411, 2001.11.15
369) 임종률, 『노동법』, 254쪽
370) 근기법 제23조제1항 ; 노조법 제81조
371) 김형배, 『노동법』, 854쪽

학설은, 직장폐쇄가 쟁의행위에 대한 대항 · 방어수단으로서 상당성이 인정되는 것을 쟁의행위로서의 "실질적 요건"이라고 하고, 반대로 노조법상 신고절차 위반, 단체협약으로 정한 직장폐쇄 규정위반, 회사정관으로 정한 직장폐쇄 규정 위반 등을 직장폐쇄의 본질적인 내용과는 무관하다고 하여 "형식적 요건"이라고 하면서, 직장폐쇄가 형식적인 요건을 갖추지 못하더라도 실질적 요건만 충족되면 정당성이 있는 것으로 본다.[372)]

(3) 대항성과 방어성에 관한 행정해석 등

쟁의행위에 대한 대항성과 방어성이 직장폐쇄의 전제조건이라면, 노동조합이 파업을 철회하면 사용자도 당연히 직장폐쇄를 철회하여야 한다. 이 경우 파업철회는 어떤 형태든 의사표시에 해당하는데, 조업복귀의사는 경영의 예측가능성과 안정을 이룰 수 있는 정도의 표시라야 한다.[373)] 따라서 근무복귀의사만 표시할 뿐, 쟁의행위를 중단하겠다는 의사가 명확하지 않은 경우는 직장폐쇄를 계속하더라도 정당하다.[374)] 직장폐쇄는 노조법상 쟁의행위에 속하므로 실질적 및 형식적 요건에서 정당하지 않으면 법위반이 될 수 있다. 실무상 노동조합의 정당하지 않은 쟁의행위에 대항하여 직장폐쇄를 하였을 경우, 사용자도 마찬가지로 법위반이 될 수 있는지 여부가 의문이다.[375)] 이 경우 불법한 쟁의행위로 인해 사용자가 현저히 불리한 압력을 받고 그를 회피하기 위한 수단으로 직장폐쇄를 하였다면 방어성과 정당성을 인정하여야 한다는 견해, 불법적인 쟁의행위에 대해서는 직장폐쇄로 대응할 수는 없고 사법적인 수단으로 대응하여야 한다는 견해 등이 있다.[376)] 이점에 대해서는 뒷부분에서 자세히 설명한다.

직장폐쇄가 대항성과 방어성을 상실하고 선제적, 공격적으로 쟁의행위 이전에 실시된 경우는 법 제46조제1항을 위반한 것이므로 1년 이하의 징역 또는

372) 이상윤, 『노동법』, 815쪽
373) 협력 68140-103, 1998.3.26
374) 창원지판 2000가합297, 2002.10.18
375) 노조법 제2조제6호
376) 임종률, 『노동법』, 251쪽

1천만원 이하의 벌금에 처한다.[377] 그러나 사후적 · 방어적으로 실시된 직장폐쇄가 사후에 정당성을 상실한 경우는 달리 형사적인 처벌조항이 없다.

(가) 대항성 · 방어성을 상실한 경우

노측의 쟁의행위로 인해 사용자가 현저한 압력을 받는 경우 임금부담 등을 완화하려는 수단으로 활용하지 않고, 사용자가 노동조합을 굴복시켜 자신의 주장 안을 관철시키려고 할 때는 대항성 · 방어성을 상실한 것이다. 즉, 잔업 · 야간근로거부와 출퇴근 시간 엄수 등 준법투쟁을 시작한지 3일 만에 전격적으로 단행한 직장폐쇄,[378] 노동조합에서 임금 10% 인상안을 관철하기 위한 파업이 예상되어 이를 방어하기 위한 직장폐쇄, 노동조합이 주장을 포기하고 사측의 제안을 받아들이도록 할 목적으로 직장폐쇄, 사용자가 주장한 교대제 실시 등에 대해 주장을 관철할 목적으로 하는 경우, 노동조합의 단결력붕괴 또는 조직의 세력약화를 기도하는 경우, 업무수행에 큰 지장이 없는데도 불구하고 직장폐쇄를 단행한 경우, 파업종료를 선언하고 진정으로 직장복귀를 희망하는데도 직장폐쇄를 계속하는 경우,[379] 노측의 작업장 체류를 저지하기 위해 폭력을 사용하거나 안전보호시설의 유지 · 운영을 정지 · 폐지 · 방해하는 경우, 조업저지를 명목으로 식당, 기숙사 등 복리시설과 조합사무소 등 시설일체를 이용하지 못하게 하는 경우(다만, 사업장에 부속한 식당이 조업을 전제로 이용하는 경우는 이를 폐쇄해도 무방하다) 등은 공격적 직장폐쇄로 보아야 한다. 다만, 방어적이면서 그 효과로 인해 노조가 위축되고 결국 사측 주장을 수용하는 결과가 따를 것이라는 예측이나 기대가 있다고 해서 곧 공격적이라고 할 수는 없을 것이다. 결국 직장폐쇄를 단행한 사측의 의지나 진행경과, 노사양측의 교섭상태 등을 종합적으로 판단할 때, 사측의 쟁의행위가 근본적으로 공격적 의사를 지녔는지 여부에 따라야 한다. 대항적 · 방어적으로 개시된 직장폐쇄가, 파업을 끝내고 직장복귀 의사를 밝혔음에도 사용자가 철회하지 아니하는 경우 등 공

377) 노조법 제91조
378) 대판 98다34311, 2000.5.26
379) 대전지판 93가합566, 1995.2.9

격적 직장폐쇄에 대해서는 지배 · 개입 등 부당노동행위 의사가 없다면[380] 노조법상 달리 처벌할 조항이 없으므로 민사적 방법으로 해결하여야 한다. 자세한 사항은 항을 달리하여 설명한다.

(나) 대항성 · 방어성을 지닌 경우

쟁의행위가 기업시설의 일부를 파괴 · 훼손하는 경우, 태업상태로 조업을 계속하는 것 보다 직장폐쇄를 하는 것이 합리적일 경우, 부분파업을 하여 생산 전반에 걸쳐 관련 업무를 마비시키면서도 임금은 정상적으로 지급하지 않으면 안 되는 경우, 태업을 하여 임금은 전혀 상실하지 않으면서 업무타격이 심한 경우, 파상파업, 부분파업 등 장기간 파업으로 기업의 이미지나 상품의 선명성 등 기업 존립에 심한 위협을 받는 등 막대한 손해를 야기한 경우, 산발적인 파업과 조업계속을 반복하여 재가동시마다 막대한 손실이 수반되는 경우, 겉으로는 파업철회와 조업복귀를 내걸지만 사실은 직장폐쇄에 따른 임금손실을 벗어나 투쟁동력을 회복할 계산으로 진정성이 의심되는 경우에 직장폐쇄를 계속 유지하는 경우, 부분적인 직장폐쇄를 유지했으나 노측이 전면파업으로 전환하여 투쟁양상이 협박과 폭력으로 비화할 조짐이 있는 등 생산라인이 전면 중단되고 기업시설의 안전보호와 재가동시 막대한 손실부담 등 조업의 계속성 유지가 곤란한 경우 등은 공격적이라고 할 수 없는 정당한 직장폐쇄이다. 노측의 선제적 부분파업에 대해 사측이 전면적 직장폐쇄로 대항하였다고 하더라도 그 목적이 방어적이라면 정당하다.

(다) 대항적 · 방어적이면서 실상은 공격적인 경우

문제가 되는 것은 쟁의행위 개시 이후에 단행한 대항적 · 방어적 직장폐쇄는 일반적으로 정당성이 있지만, 대항적 · 방어적이면서 실상은 공격적 성질을 가지는 경우 과연 정당성이 있느냐 하는 것이 쟁점이다. 직장폐쇄는 방어적인 경우에만 그 정당성이 인정되므로, 대항적으로 행해지는 경우에도 방어적인 성질을 가진 때에만 정당성을 가진다고 보아야 한다. 다만, 대항적으로 행해진 직장폐쇄가 방어적인지 공격적인지 여부를 판가름 하는 것이 실무상 중요

380) 노조법 제81조

하다. 예를 들면, 준법투쟁 3일 만에 전격적인 직장폐쇄, 쟁의행위로 업무의 정상적 운영측면에 큰 손해가 없는데도 불구하고 직장폐쇄, 노측의 임금 10% 인상 주장안 제시에 대해 사측은 임금동결 주장 관철위한 전면적 직장폐쇄, 직장폐쇄 후 노동조합이 굴복하여 파업종료를 선언하고 평화적교섭(안)을 제시하고 취업을 희망하였으나 계속 직장폐쇄 유지, 파업이 철회되고 교섭안 수정제시 등 직장폐쇄를 유지할 필요성이 극소화되었음에도 불구하고 지도부와해 및 노조세력약화 등을 목표로 계속적인 직장폐쇄를 유지하는 등의 사례는 공격적 유형에 해당한다.[381]

---

381) ① 직장폐쇄는 공격적, 선제적인 경우에 정당성을 상실하며 노동조합의 적법한 쟁의행위 이후에 가능하다(노사 32281-8245, 1989.6.3). 태업으로 임금을 지급해야 하면서도 회사업무를 마비시키는 경우, 부분파업으로 임금을 지급해야 하면서 관련업무를 마비시키는 경우, 장기간 파업으로 기업의 존립이 위협받는 경우, 파상적 파업으로 막대한 비용을 수반하는 경우 등 쟁의국면을 타개하기 위한 사후적, 방어적인 경우에 직장폐쇄를 할 수 있다. 다만,노동조합이 평화적인 분쟁의 타결가능성을 구체적으로 제시하거나 직장폐쇄의 계속이 무의미하게 된 경우 직장폐쇄를 계속하는 것은 방어성을 상실할 수 있다.

② 공격적 직장폐쇄(부당노동행위로 인정되는 경우)노동조합이 주장을 포기하고 사용자의 안을 수용하도록 할 목적, 새로운 근로조건 등 쟁의를 유발한 이슈에 대해 사용자의 안을 정착시키려는 경우, 노동조합의 단결력을 붕괴시키고, 조합의 세력을 약화시킬 목적, 준법투쟁 3일만에 전격적 직장폐쇄조치, 노조의 쟁의행위로 중대한 업무장애가 없는데도 직장폐쇄를 하여 과잉방어, 파업참가자가 전체근로자를 두고볼 때 소수이고 업무에 지장을 초래할만한 상황이 아님에도 직장폐쇄, 파업출정식을 하기 전 직장폐쇄, 승무의사를 밝혔음에도 배차거부 후 부분직장폐쇄, 타 회사의 사무실을 임시로 사용하면서 비조합원에게만 차량을 배차하여 사업을 계속한 경우 등(임종률, 『노동법』, 250쪽 ; 대판 2002도2243, 2002.9.24 ; 대판 2003두1097, 2003.6.13 ; 서울행판 2001구15411, 2001.11.15)

③ 직장복귀 진정성, 복귀의사를 밝혔으나 단체교섭이 완료되지 아니한 점, 노동조합의 쟁의행위 신고가 철회되지 아니한 점, 쟁의관련 유인물 등을 철거하지 아니하여 정상적인 작업환경을 갖추지 않은 점, 생산현장의 출입을 불허하는 회사의 경고와 퇴거지시에도 불응한 점 등을 감안하면 직장폐쇄를 철회하지 않은 것은 부당노동행위에 해당한다고 볼 수 없다(중노위 2002부노163, 2002.11.1).

④ 공격적 직장폐쇄, 노동조합이 2007.10.5~11.11 4차례 쟁의행위를 한 이후에는 일체의 쟁의행위를 중단하고 파업에 참여하였던 조합원 모두가 정상근로를 제공하고 있는 상태에서 2007.12.5 조합원 전원에 대해 직장폐쇄를 실시하는 것이 정당한지 여부에 관해 살펴보면, 노조법의 규정에 의한 사용자의 직장폐쇄는 근로자측의 쟁의행위로 노사간에 힘의 균형이 깨지고 오히려 사용자측이 현저히 불리한 압력을 받는 경우에 사용자측이 그 압력을 저지하고 힘의 균형을 회복하기 위한 형평의 견지에서 근로자측의 쟁의행위에 대한 대항·방어 수단으

다만, 복귀의사를 표시하였으나 쟁의행위를 재개할 가능성이 농후하는 등 직장복귀 의사가 진정한 의사라고 볼 수 없을 때에는 직장폐쇄를 지속하더라도 위법한 직장폐쇄라고 할 수 없다.[382] 정당한 직장폐쇄에도 불구하고 노조측에서 폭력으로 사업장을 강점하고 임의로 영업행위 등을 한다면 이는 정당한 쟁의권의 한계를 벗어나게 되어 민 · 형사상 또는 신분상 책임문제가 발생하게 된다.

(4) 정당한 쟁의행위와 직장폐쇄

정당하지 못하고 위법한 파업에 대해서는 직장폐쇄를 할 수 없고, 반드시 합법적이고 정당한 쟁의행위에 대해서만 직장폐쇄를 할 수 있는지가 의문이다. 직장폐쇄 대상으로서 쟁의행위는 정당한 쟁의행위든 위법한 쟁의행위든 불문한다. 만약 위법한 쟁의행위에 대항하는 직장폐쇄가 허용되지 않는다면, 위법행위로 법익이 침해되는 경우에도 정당한 자력구제로 대항할 수 없다는 모순이 생긴다. 따라서 명백히 위법한 파업이나 태업을 행하여 사용자가 그로 인

로서 상당성이 있어야만 사용자의 정당한 쟁의행위로 인정된다 할 것이다(대판 98다34331, 2000.5.26). 근로자측이 며칠간의 부분 및 전면파업 이후 일체의 쟁의행위를 중단하고 정상적으로 근로를 제공하고 있음에도 사용자가 직장폐쇄를 단행한 것은 달리 볼 사정이 없는 한 노동조합의 쟁의행위에 대항하여 방어적으로 이루어진 것으로 보기 어려울 것이다(노사관계법제팀-212, 2008.1.17).

⑤ 조합워들이 근무에 복귀하고자 하는 경우 직장폐쇄를 중단하여야 한다고 본 사례(중노위 2000부노152, 2001.3.23). 노조법 제46조에 규정된 직장폐쇄란 노동조합의 파업, 태업 등 쟁의행위에 대항하여 방어적 · 수동적 차원에서 허용되는 것으로 노동조합이 쟁의행위를 중단하고 조업에 복귀할 경우 직장폐쇄를 철회하여야 할 것임에도, 신청인(사용자)은 피신청인(노동조합)이 2000.8.14. 같은해 8.16에 파업출정식을 갖는다는 내용의 공고문을 게시하자 같은 해 8.15부터 정문을 폐쇄하고 피신청인 조합원들에게 배차를 하지 않았을 뿐만 아니라, 피신청인이 같은해 8.17부터 수차례에 걸쳐 근무할 의사를 가지고 배차를 요구하였으며, 지방고용노동관서에서도 신청인에게 정당하지 못한 직장폐쇄조치를 철회하고 정상적인 노무수령을 촉구하는 공문을 발송하였음에도, 신청인은 같은해 8.15 이후 피신청인 조합 소속 피해자들에게 배차를 하지 않고 노무수령을 거부하는 것은 조합원들에게 경제적으로 타격을 주어 조합원들의 노동조합활동을 무력화시키기 위한 의도로 밖에 볼 수 없다.

⑥ 직장폐쇄시 취업을 희망한 근로자가 본연의 임무를 수행하는 경우는 대체근로금지규정에 위배되지 아니한다(노사 32281-11088, 1991.7.31).

382) 협력 68140-409, 1998.10.30

해 현저히 불리한 압력이나 손해를 입는 경우에 대항하는 직장폐쇄는 방어적인 것으로서 정당하다고 보아야 한다.[383] 행정해석도 견해를 같이한다. 직장폐쇄의 정당성 여부에 관한 입증책임은 사용자가 주장 · 입증하여야 한다.[384]

(가) 학 설

첫째, 정당한 쟁의행위에만 허용된다는 입장

합법적이고 정당한 쟁의행위에 대해서만 직장폐쇄가 가능하다는 입장은, 직장폐쇄는 단체협약의 체결을 목적으로 하는 협약자치의 범위 내에서 인정되는 것이므로 단체협약자치의 범위를 벗어난 위법한 파업에 대해서는 헌법 제33조제1항에 비추어 직장폐쇄가 허용될 수 없고 이익분쟁으로서 조정의 대상이 될 수도 없으므로, 비록 사용자가 위법한 쟁의행위로 인해 고통을 받더라도 직장폐쇄로 대응할 수는 없고 사법적으로 가처분신청, 징계, 해고 등의 수단으로 대응하여야 한다고 주장하면서, 실무상 위법성이 명백하지 않고 직장폐쇄를 단행할 필요성이 있다면 정당성이 있고, 위법성이 명백하거나 비노조파업은 직장폐쇄를 할 수 없으므로 정당하지 않다는 입장이다.[385]

둘째, 위법한 쟁의행위에도 직장폐쇄가 허용되어야 한다는 입장

이에 반해 위법한 쟁의행위에도 직장폐쇄가 허용되어야 한다는 입장은, 오히려 정당하지 못하거나 위법한 쟁의행위(전면적 직장점거, 폭력이나 파괴를 수반한 위력적 시위, 자신들의 주장관철을 위해 장기농성 · 시위 등으로 업무방해 및 사회적 물의야기 등)가 사용자의 단체교섭력이나 재산권을 침해할 가능성이 크므로 위법한 쟁의행위에 대항하는 직장폐쇄가 허용되지 않는다면, 정당한 쟁의행위는 직장폐쇄로부터 위협받고, 위법한 쟁의행위는 직장폐쇄로부터 보호받는 모순이 초래된다. 따라서 근로자가 위법하고 정당성이 없는 쟁의행위를 하여 사용자가 이로 인해 현저한 압력이나 손해를 받을 경우 이에 대항하는 직장폐쇄는 방어적인 것으로 보아서 정당성이 있다고 보아야 한다[386]는 견해에 동의한다.

---

383) 임종률, 『노동법』, 251쪽

384) 대전고판 95나1697, 1995.12.29

385) 김형배, 『노동법』, 858쪽

386) 임종률, 『노동법』, 256쪽 ; 이상윤, 『노동법』, 812쪽

(나) 행정해석의 입장

행정해석에 의하면, 쟁의행위가 노조법상 쟁의행위로 볼 수 있는 경우는 그 쟁의행위가 적법한지 위법한지 여부를 불문하고 그 정도나 횟수와 관계없이 노동조합이 쟁의행위를 개시한 이후에 사용자가 직장폐쇄를 행한 때는 처벌할 수는 없다는 입장이다.[387] 따라서 사용자는 노동조합의 쟁의행위가 위법한지 적법한지 여부에 불구하고 노동조합이 쟁의행위를 개시한 이후에 쟁의모습 등 제반사정을 감안하여 직장폐쇄를 할 수 있다.

다만, 사용자의 직장폐쇄가 방어적 · 대항적 요건을 갖추고도 실질적인 면에서 정당성이 없는 경우가 있으나 이러한 경우라도 노조법상 달리 처벌할 수 있는 조항은 없다. 따라서 민사적인 방법으로 해결하여야 한다. 직장폐쇄가 정당하지 않은 경우는 쟁의기간 중 사용자의 임금지급의무가 면제되지 않으므로 사용자는 근로자가 정상적으로 근로를 했더라면 받을 수 있었던 임금을 지급하여야 한다.[388] 자세한 사항은 항을 달리하여 설명한다.

(다) 외국의 사례

일본의 경우 쟁의행위에 대항수단으로서 소극적 대항적인 조치로만 허용된다는 것이 학설의 주장이나, 독일의 경우는 사실상의 관계를 기초로 파업과 직장폐쇄의 정당성을 판단한다. 프랑스의 경우는 법상 규정은 없으나 직장폐쇄는 원칙적으로 계약파기로 보아서 위법하지만 파업권 남용, 노무제공이 불가능한 경우, 폭력 · 파괴로 기업질서와 안전유지 필요 등 사용자가 불가항력의 존재를 입증한 경우는 면책을 받는다는 입상이다.[389]

(5) 단체협약으로 직장폐쇄를 할 수 없다고 정한 경우

노사가 단체협약으로 정하기를 “쟁의기간 중에 회사 측은 직장 및 사업장을 폐쇄하지 아니한다”고 정한 경우, 사측이 이를 위반하고 직장폐쇄를 했을 때, 단체협약 위반 등 노조법상의 책임과 채무불이행에 따른 민사상 손해배상 등의 책임이 있는지가 의문이다. 직장폐쇄는 노조법 제46조에 규정된 바와 같이

---

387) 노사관계법제과-18, 2008.8.12

388) 대판 98다34331, 2000.5.26

389) 직장폐쇄쟁점해설, 2005.6

노동조합이 쟁의행위를 개시한 후 이에 대항하기 위한 수단으로 인정된 것이다. 직장폐쇄는 노사간 힘의 균형을 위해 헌법 등에 의해 보장된 것으로서, 노동조합은 쟁의행위가 가능함에도 불구하고 사용자측은 자기 방어적 수단인 직장폐쇄를 사용할 수 없다면 부당하다. 따라서 단체협약 규정에 불구하고 사용자가 대항적 · 방어적인 직장폐쇄를 하였다면 정당성이 있으므로 노조법상 책임을 물을 수 없을 것이다. 위의 경우 단체협약에 규정된 쟁의기간 중에 회사측은 직장 및 사업장을 폐쇄하지 아니한다는 약정은 노동쟁의 발생신고 이후 노동조합이 쟁의행위를 개시하기 전의 노동쟁의 기간 중에 사용자가 직장폐쇄를 할 수 없다는 점을 확인하는 조항이라고 해석하는 것이 합리적이다.[390)]

이 경우 사용자가 단체협약을 위반하여 직장폐쇄를 하더라도 평화의무 위반 쟁의행위와 같은 단체협약의 본질적인 내용을 침해하는 것으로 볼 수 없다. 노조법 제92조제1호 바목에 의하면, 단체협약 중 "쟁의행위에 관한 사항"을 위반한 경우 처벌할 수 있도록 정하고 있는데, 단체협약상 직장폐쇄를 할 수 없다는 노사간 약정을 위반한 사용자의 행위를 법위반으로 처벌할 수 있는지가 의문이다. 노조법 제92조제1호 바목에 정한 "쟁의행위에 관한 사항"은 쟁의행위의 절차, 요건, 방법 등 쟁의행위에 직접 관련된 내용을 위반한 경우에 적용되는 것이며, 사용자의 직장폐쇄에 관한 규정은 동 규정의 "쟁의행위에 관한 사항"에 해당되지 않는 것으로 보아야 할 것이다.

4) 직장폐쇄의 효과

직장폐쇄의 정당성 여부는 곧 사용자의 임금지급의무를 면제할 것인가 여부, 공장 · 시설물 등 재산권에 대한 사용자의 물권적 지배권 회복문제와 직결된다. 직장폐쇄가 정당하게 이뤄진 경우 사용자는 직장폐쇄의 대상으로 삼은 근로자에 대한 임금지급의무를 면하고, 쟁의행위 중인 근로자를 생산시설 또는 사업장으로부터 배제할 수 있다. 직장폐쇄이후 사용자는 사업장에 대한 물권적 지배권을 전면적으로 회복하게 되므로 점거 중인 근로자에 대하여 정당하게 퇴거요구를 할 수 있고, 쟁의중인 근로자가 사용자의 정당한 퇴거요구에

---

390) 노사 32281-11473, 1989.8.4

불응할 경우 퇴거불응죄 등 위법을 구성한다.[391] 정당한 직장폐쇄가 이루어졌으나 사후에 특정한 사유 즉, 노조의 파업철회 이후에도 직장폐쇄를 계속하는 경우, 적법한 직장폐쇄 후 노조의 수차례 교섭요구를 거절하고 장기간 직장폐쇄를 하여 조합원들에게 타격을 주고 자신의 요구를 관철하기 위해 시도 하는 등의 사유가 발생하여 정당성을 상실한 경우는 그 자체로 직접적인 형사처벌 규정은 없다. 다만, 직장폐쇄가 정당성을 상실한 경우 민사적으로 임금지급의무가 발생하므로 당사자간 사법절차를 통해 해결하여야 한다.[392] 정당성을 상실한 직장폐쇄의 주요유형은 다음과 같다.

[정당성을 상실한 직장폐쇄 유형]

1. 직장폐쇄는 근로자의 쟁의행위로 인하여 막대한 손해를 입게 된 사용자가 세력균형의 만회를 위해 부득이한 경우에 대항적 · 수동적 · 방어적으로 행하여야 하며, 힘의 우위에 있는 사용자가 자기의 요구를 관철할 수단으로 행하는 경우 정당성이 없다(제주지판 96가합1807, 1997.7.10).
2. 쟁의상태에 들어가기 전 선제적인 직장폐쇄를 하는 경우는 물론, 이미 쟁의행위에 들어간 이후에도 쟁의행위에 의한 손해를 경감시키기 위한 목적을 넘어 공격적으로 직장폐쇄를 하는 경우(대전지판 93가합566, 1995.2.9), 비록 적법한 직장폐쇄 후에도 주위 사정으로 보아서 대항적 · 방어성을 상실하고 근로자들에게 심한 타격을 주어 이들을 굴복시키고 나아가 근로자의 쟁의권 자체를 위협하는 성격으로 전환하는 경우 정당성이 없다(제주지판 96가합1807, 1997.7.10).
3. 노측의 임금인상 요구가 사측의 사정을 고려하지 않은 터무니없는 정도가 아니고, 준법투쟁도 3일에 불과하고, 불법이나 파행정도에 이르지 않는 등 제반사정을 종합하면 직장폐쇄가 수동적, 방어적이라고 볼 수 없다(대판 98다34331, 2000. 5.26).

(1) 일반적인 임금지급 문제

직장폐쇄는 노동조합과의 관계에서 대항적 · 방어적 수단으로 인정된 것이기 때문에 쟁의행위를 주도한 노동조합의 조합원 또는 쟁의행위 지원자에 대하서만 허용되며 기타의 근로자에 대하여는 직장폐쇄를 하더라도 임금지급의무 면제의 효과가 미치지 않는다고 보는 견해가 있다. 그러나 직장폐쇄가 당

391) 대판 91도1324, 1991.8.13

392) 제주지판 96가합1807, 1997.7.10

해 노동조합이 주도한 쟁의행위로 인하여 미치는 손해를 완화하기 위하여 인정되는 대항적 · 방어적 수단이기 때문에 그 손해와 관련되는 범위 안에서는 파업불참 조합원, 비조합원도 직장폐쇄의 대상으로 할 수 있고 임금지급의무 면제의 효과가 미친다고도 보아야 할 것이다. 다만 쟁의행위와 무관한 정상조업이 가능한 부문, 부분적 직장폐쇄의 경우 직장폐쇄범위를 벗어난 정상근로 부분의 근로자에 대하여는 대항방어의 수단이 필요하지 않으므로 이들에 대하여는 정상적인 임금을 지급하여야 한다.[393)]

(가) 정당성을 가지는 경우

정당성을 가지는 경우에는 조합원이든 비조합원이든 직장폐쇄 대상근로자에 대한 사용자의 임금지급의무가 면제된다. 이 경우 사용자는 직장폐쇄 후의 첫 임금지급기일에 근로자가 정상적인 근로를 했더라면 받을 수 있었던 임금에서 직장폐쇄 기간에 상응하는 일수의 임금을 삭감하고 지급할 수 있다.

(나) 정당하지 않은 경우

직장폐쇄가 정당성을 가지지 않는 경우에 근로자는 노무를 제공하고 임금을 수령할 이른바 "취업청구권"을 상실하지 않으므로 사용자는 계약상 채무불이행책임과 사용자 귀책으로 인한 계약이행불능에 관한 민법상 책임을 부담한다.[394)] 따라서 임금지급의무가 면제되지 않고 휴업수당[395)]이 아니라 그 근로자가 정상적인 근로를 했더라면 받을 수 있었던 임금을 지급하여야 한다.[396)] 민사상 계약불이행[397)]에 따른 손해배상으로는 "정상적인 근로를 했더라면 받을 수 있었던 임금"을 통상의 손해배상으로 지급하는 것이 합리적이다.[398)]

여기서, 정상적인 근로를 했더라면 받을 수 있었던 임금은 어떻게 산정할 것인가 하는 것이 의문이다. 판례는, 해고 무효처분이 취소되었을 경우 근로자

393) 임종률, 『노동법』, 258쪽 ; 김형배, 『노동법』, 860쪽
394) 민법 제390조(계약상 채무불이행으로 인한 손해배상), 민법 제393조(채무불이행 손해배상 범위, 통상의 손해), 민법 제750조(고의과실에 의한 위법행위 손해배상)
395) 근기법 제46조
396) 대판 98다34331, 2000.5.26
397) 민법 제393조
398) 김형배, 『노동법』, 860쪽

가 계속 근로하였을 경우 받을 수 있는 임금전액 혹은 임금상당액의 지급을 청구할 수 있다고 한 바 있지만,[399] 구체적 산정방법에 관해서는 언급한 바 없어 실무상 어려움이 있다. 직장폐쇄가 정당하지 않을 경우 사용자가 지급하여야 할 임금전액도 여기에 준해 판단할 수 있을 것이다. 실무상 3가지로 나누는데, 첫째, 직장폐쇄 이전 3개월간 평균임금을 계산한 후 부당한 직장폐쇄일수에 비례해서 산정하는 방법. 둘째, 직장폐쇄 이전 1년간의 임금총액을 단순평균한 후 이를 직장폐쇄기간에 비례해서 산정하는 방법. 셋째, 정기적으로 수령한 임금 · 각종 수당 등과 급식보조비, 출퇴근보조비를 포함하고, 1년간 수령한 것으로 인정되는 상여금 · 체력단련비 · 효도휴가비 및 월동비를 포함하되, 경비보조를 위한 업무활동보조비 및 기밀비, 출근해 근무하는 자에 대해서만 지급하는 특근매식비 등 실비변상적 성격의 경비는 임금에서 제외한다.[400] 다만, 직장폐쇄 등의 경우를 대비해 단체협약에 달리 정하고 있는 경우는 임금산정시 그에 따른 요소를 고려하여야 한다.

5) 직장폐쇄와 직장점거

원래 사용자는 기업시설에 대하여 시설관리권을 가지지만 노동조합의 직장점거가 정당한 경우에는 그 한도에서 사용자의 물권적지배권은 제한을 받기 때문에 사용자는 이를 수인하여야 하므로 방해배제권을 행사할 수 없다. 그러나 정당한 직장폐쇄는 사업장에 관한 사용자의 물권적 지배권이 전면적으로 회복되므로 노동조합이 정당하게 직장점거를 하고 있더라도 퇴거를 요구할 수 있게 되고 퇴거를 요구받은 이후의 직장점거는 위법하게 되어 형법상 퇴거불응죄를 구성한다.[401] 반대로 사용자의 직장폐쇄가 정당한 쟁의행위로 인정되지 아니하는 경우는 적법한 쟁의행위로서 사업장을 점거 중인 근로자들이 직장폐쇄를 단행한 사용자로부터 퇴거요구를 받고 이에 불응한 채 직장점거를 계속하더라도 퇴거불응죄가 성립되지 않는다.[402]

399) 대판 81다626, 1981.12.22
400) 서울고판 99나54525, 2001.1.18
401) 대판 91도1324, 1991.8.13
402) 대판 2007도5204, 2007.12.28

사용자의 시설관리권과 관련하여 직장폐쇄의 효과가 미치는 범위는 직장폐쇄 대상으로 정한 생산시설 내지 업무시설에 한정된다. 다만, 직장폐쇄의 효과는 노동3권을 보장한 법 취지와 조화를 이루는 범위 내에서 방어수단으로 행사되어야 한다. 따라서 생산시설과 직접적인 관련이 없는 사업장 내의 노조사무실 등 정상적인 노조활동에 필요한 시설, 기숙사, 식당 등 근로자의 기본적인 생활근거지에 대한 출입은 허용되어야 하고, 그러한 시설을 그 본래의 목적에 따라 이용하는 근로자에 대하여는 퇴거를 요구할 수도 없다고 보아야 한다. 하지만 식당 등이 생산작업과 직접 연계하여 운영되는 경우는 직장폐쇄 대상으로 할 수 있다. 다만, 사무실의 위치, 출입하는 자의 신분, 출입인원 등 제반사정을 보아서 타 시설의 점거 및 생산활동의 저해가 우려되는 상황이라면 조합원, 조합임원 등이라도 합리적인 범위 내에서 출입을 제한하거나 금지할 수 있다.[403] 직장폐쇄의 효과와는 별도로 사용자가 조합원을 시설물로부터 배제하기 위해 사법기관을 통해 출입금지 · 접근금지가처분 신청을 하는 경우, 노동조합은 그 내용에 따라야 하고, 노조사무실을 포함한 전체사무실의 출입이 금지된다.

첫째, 단체협약에 따라 노동조합 사무실 등을 노동조합이 전속적으로 사용하는 경우, 용도에 관해서는 노동조합이 자율적으로 정할 수 있으나 이러한 경우에도 당해 사업장의 직장질서 또는 복무규율에 반하지 않아야 한다.[404] 따라서 사무실 수용규모에 비해 과도한 인원이 출입하거나 폭력 · 파괴 등 불법적 수단을 동원하여 출입을 시도하는 경우 등 직장질서와 복무규율에 위배될 경우는 노조간부 등 통상적으로 사무실을 사용하는 인원 이외에 출입을 제한하더라도 무방하다.[405]

403) 협력 68140-409, 1998.10.30

404) 중노위 2002부노133, 2002.9.16. 단체협약에 따라 노조사무실 등에 관한 사용권이 있더라도 사업장 내에서 사용자의 시설관리권에 바탕을 둔 합리적인 규율이나 제약에 따라야 함은 물론, 일과시간 이후 외부인의 출입을 통제하는 것은 지배개입으로 볼 수 없다.

405) 노조 01254-708, 2000.8.11 ; 인천지판 94가합5386, 1995.2.17. 노조사무실을 제공하기로 한 경우 특별한 사정이 없는 한 이용을 방해해서는 아니된다. 다만, 사무실에 출입하는 외부인으로 인하여 다른 기업시설물 관리 · 보존에 지장을 초래하거나 회사의 시설이용이 방해받는 등 시설관리권이 현저히 침해받는 경우는 일정부분 제한이나 통제를 가할 수 있다.

둘째, 조합원이 징계를 받아 출근이 정지된 경우라도 징계처분 자체는 직무에서 일정기간 배제하여 과오반성을 통해 기업질서를 회복하려는 것이므로 노동조합활동 보장차원에서 노조사무실 출입을 위한 출입은 허용되어야 한다. 다만, 징계나 부당노동행위 등에 대한 항의 · 농성 · 타 근로자 선동, 업무방해를 위한 출입은 제한하더라도 무방하다.[406)]

셋째, 부당노동행위로 해고의 효력을 다투는 자는 중노위의 재심 판정시까지 노동조합활동과 관련하여 조합원으로서 신분은 유지되는 것이므로, 정당한 노동조합활동을 위하여 노조사무실에 출입하고자 하는 경우 제한할 수 없다. 다만, 사무실의 위치, 출입목적 등 제반사정을 보아서 합리적인 범위 내에서 출입을 제한할 수 있다.[407)]

넷째, 상부단체 간부 등 외부인은 당해 사업장과 관련이 없으므로 반드시 사업장 출입을 허용하여야 하는 것은 아니다. 따라서 상부단체 간부 등 외부인이 사업장 내에 있는 노동조합 사무실에 출입이 허용된 경우라 하더라도 상급단체 관계자 등 재직근로자 아닌 자의 사업장 출입 여부는 당해 사업장의 시설관리 권한을 가진 사용자의 의사에 따라야 할 것이다. 단체교섭 · 체결권을 위임받은 자가 그 권한을 행사하기 위하여 필요한 범위 내에서 사업장 출입을 원할 경우에는 이를 거부할 특별한 사정이 없는 한 허용되어야 할 것이다.[408)] 다만, 회사 내에서 개최되는 집회 등에 참석하기 위한 출입을 제한하더라도 부당하지 않고,[409)] 일과시간 이후에 상급단체 간부 등 외부인의 출입을 통제하는 것은 지배개입으로 볼 수 없다.[410)]

다섯째, 직장폐쇄가 정당성이 없는 경우는 다른 특별한 사정이 없는 한 근로자가 평소 출입이 허용되는 사업장에 출입하는 것은 주거침입죄를 구성하지 않는다.[411)] 근로자에 대하여 사용자가 퇴거를 요구할 수 있는 것은 직장폐쇄의 본질이

406) 대판 92누4253, 1992.6.23 ; 서울행판 2002구합13437, 2002.11.26
407) 노조 01254-969, 1993.8.11
408) 노조 68110-480, 2003.9.8
409) 대판 2002도3485, 2002.4.2
410) 중노위 2002부노133, 2002.9.16
411) 대판 2002도2242, 2002.9.24

시설관리에 기한 방해배제권의 행사라는 입장과 정당한 직장폐쇄의 당연한 효과라고 보는 견해로 나뉘고 있으나 정당한 직장폐쇄의 효과로 보아야 한다.[412)]

최근 대법원판례에 의하면, 직장폐쇄의 경우에도, 사업장 내의 노조사무실 등 정상적인 노조활동에 필요한 시설, 기숙사 등 기본적인 생활근거지에 대한 출입은 허용되어야 하는 바, 직장폐쇄시 회사가 노조사무실 대체장소를 제공하는 등의 방법을 전혀 고려하지 않았다면, 회사가 사전에 통보한 소수 인원에 한하여 노조사무실 출입을 하도록 제한하는 것은 허용되지 않는다고 판시한 바 있다.

즉, 사용자의 직장폐쇄는 사용자와 근로자의 교섭태도와 교섭과정, 근로자의 쟁의행위의 목적과 방법 및 그로 인하여 사용자가 받는 타격의 정도 등 구체적인 사정에 비추어 쟁의행위에 대한 방어수단으로서 상당성이 있어야만 사용자의 정당한 쟁의행위로 인정될 수 있고, 직장폐쇄가 정당한 쟁의행위로 평가받는 경우 사용자의 사업장에 대한 물권적 지배권이 전면적으로 회복되므로 사용자는 직장폐쇄의 효과로서 사업장의 출입을 제한할 수 있다고 할 것이다.

그러나 이러한 경우에도 사업장 내의 노조사무실 등 정상적인 노조활동에 필요한 시설, 기숙사 등 기본적인 생활근거지에 대한 출입은 허용되어야 하고, 다만 쟁의 및 직장폐쇄와 그 후의 상황전개에 비추어 노조가 노조사무실 자체를 쟁의장소로 활용하는 등 "노조사무실을 쟁의행위와 무관한 정상적인 노조활동의 장소로 활용할 의사나 필요성이 없음이 객관적으로 인정"되거나, 노조사무실과 생산시설이 장소적 · 구조적으로 분리될 수 없는 관계에 있어 일방의 출입 혹은 이용이 타방의 출입 혹은 이용을 직접적으로 수반하게 되는 경우로서 생산시설에 대한 노조의 접근 및 점거가능성이 합리적으로 예상되고, 사용자가 노조의 생산시설에 대한 접근, 점거 등의 우려에서 노조사무실 대체장소를 제공하고 그것이 원래 장소에서의 정상적인 노조활동과 견주어 합리적 대안으로 인정된다면, 합리적인 범위 내에서 노조사무실의 출입을 제한할 수 있다는 것이다.[413)]

---

412) 임종률, 『노동법』, 258쪽

413) 대판 2009도12180, 2010.6.10

6) 직장폐쇄와 기본적인 근로관계

근로계약을 해지 하지 않고 파업에 참가하여 노무제공을 하지 않는 행위가 근로계약위반이 아니라는 Bulla(독일)의 이론적인 토대 즉, 파업 등 쟁의행위는 집단적 행위이므로 개개 근로자가 노무제공을 거부한 것은 독자성이 없고, 집단행위와 분리될 수 없기 때문에 법적평가도 집단행위에 대해서만 가능하다. 그러므로 개개 파업참가자의 행위를 계약상의 노무급부의무 위반으로 보는 것은 파업의 본질과 어긋난다. 따라서 근로계약을 해지 하지 않고 파업에 참가하여 노무제공을 하지 않는 행위가 근로계약위반이 아니라는 Bulla(독일)의 이론적인 토대 위에서, "파업기간 중에는 노무급부에 대한 근로관계의 주된 의무와 권리인 노무제공의무와 임금청구권리, 사용자의 임금지급의무와 노무급부청구권이 정지되는 한편, 근로계약에서 부수되는 성실의무와 배려의무 등은 그대로 살아있으므로, 정지된 의무와 권리는 파업의 종료와 함께 다시 살아난다"고 보는 것이 일반적인 견해이다.[414] 정당한 쟁의행위 등 단체행동에 참가한 자의 불이익취급을 부당노동행위로 정한 것[415]과 쟁의기간 중 대체근로의 제한을 정한 것[416]도 근로계약의 존속을 전제로 한 것으로 같은 맥락으로 보아야 한다. 쟁의행위 전에 휴직에 들어가서 쟁의행위기간 중 근로를 제공하지 않는 휴직자는 쟁의행위 당시에 이미 노무제공의무가 없는 자이므로 무노동무임금원칙이 적용되지 않는다. 따라서 휴직기간 중 지급되어야 할 금품은 단체협약이나 취업규칙 또는 근로계약에서 정하는 바에 따라야 할 것이고, 그러한 약정이 없는 경우는 근로기준법상 휴업수당지급대상인지 여부에 따라 임금지급 여부를 판단하여야 한다.[417]

첫째, 직장폐쇄 기간 중 타회사 취업가능성을 살펴보면, 노동조합의 파업과 사용자의 직장폐쇄 기간 중에는 근로자의 노무제공 의무가 일시적으로 정지된 상태이므로 근로자가 동 기간 중에 생계유지를 위하여 개별적으로 자기 사업

---

414) 김유성, 『노동법』, 294쪽
415) 노조법 제81조
416) 노조법 제43조
417) 협력 68140-270, 2000.6.27

을 영위하거나 타인의 업무 등에 종사하더라도 타인의 업무에 종사하지 못한다는 등 취업규칙 위반으로 볼 수 없을 것이다.[418]

둘째, 직장폐쇄기간 중 주휴일 · 휴가 등의 산정에 관해 살펴보면, 전체 사업장에 대해 직장폐쇄를 한 경우는 근로계약의 주된 권리의무가 정지된다고 보아서, 그 기간 중 근기법상 휴일 · 휴가 실제부여 문제는 발생하지 않는다. 다만, 부분적 직장폐쇄의 경우 직장폐쇄의 범위에서 제외되어 근로를 제공하고 있는 근로자가 연 · 월차휴가를 신청할 경우, 청구한 시기에 휴가를 주는 것이 사업운영에 심대한 지장이 있다고 판단될 때는 사업장 안정 이후 등 그 시기를 변경할 수 있는 것이다.[419] 휴일 · 휴가의 발생에 있어서도, 쟁의행위에 대항하여 합법적인 직장폐쇄를 한 경우 그 기간을 연 · 월차유급휴가 산정을 위한 소정근로일수에 산입하여 근로하지 않은 것으로 처리할 수 있는 것인지 여부가 의문이다. 근기법상 연 · 월차유급휴가는 소정근로일의 개근 여부 또는 그 출근율을 기준으로 부여한다. 따라서 당초 근로하기로 정하여졌지만 특별한 사유로 근로제공의무가 정지된 날, 이를 테면, 사용자의 귀책사유로 인한 휴업기간, 적법한 쟁의행위기간, 남녀고용평등법에 의한 육아휴직기간, 기타 이상의 기간에 준하여 해석할 수 있는 기간은 소정근로일수에서 제외하여야 한다. 이 경우 연차유급휴가일수는 이를 제외한 나머지 소정근로일수에 대한 출근율에 따라 산출된 일수에 당해 사업장의 연간 총 소정근로일수에 대한 특별한 사유로 근로제공의무가 정지된 기간을 제외한 소정근로일수 비율을 곱하여 산정하는 것이 합리적이다.[420] 다만, 불법적 직장폐쇄기간은 그 기간을 소정근로일수에 포함하고 출근한 날로 보아서 출근율을 산정하는 것이 합리적이다.

7) 비노조활동 · 부당노동행위와 직장폐쇄

노동조합이 주체가 되지 않은 일부근로자들의 우발적 집단행동이나 노노간 조직 갈등으로 인한 폭력행위 등으로 정상적 업무수행이 방해를 받는 상황 등은 쟁의행위로 볼 수 없기 때문에 노조법상 직장폐쇄를 할 수는 없다. 다만,

418) 노사 32281- 14471, 1991.10.8
419) 근기 68040-1769, 1994.11.10
420) 근기 68207-463, 2002.2.5

형사상 업무방해 등 불법행위에 대한 고소를 할 수 있을 것이고, 민사상 시설 관리권에 기한 방해배제청구권과 손해배상청구소송을 검토할 수 있다. 노조간부 등 특정인을 거명하여 직장폐쇄를 함으로써 조직력을 약화시키려는 의도를 한 경우, 조업복귀 의사를 명백히 하였음에도 정당한 사유없이 직장폐쇄를 해제하지 않고 적극적 조합활동 근로자만 선별하여 복귀시키지 않은 경우[421] 부당노동행위로 의심될 수 있다. 그러나 사용자의 의사에 반해 출입을 시도하는 교섭권의 위임을 받지 않은 상급단체 · 노동관계 지원자 등의 출입을 제한하는 경우, 법원의 처분에 따라 노조사무실 등 전면적으로 출입을 금지하는 경우, 파업을 철회하였으나 조업복귀 의사가 불명하여 그 기간 동안 직장폐쇄를 철회하지 않은 경우, 부분직장폐쇄 중 조업을 희망하는 파업불참 노조원 및 비노조원을 사용하여 조업을 계속하는 경우 등은 부당노동행위로 볼 수 없다.[422]

8) 법위반 직장폐쇄에 대한 처벌

정당성을 상실한 직장폐쇄가 당연히 형사처벌 대상이 되는 것은 아니다. 사용자의 직장폐쇄가 정당성을 상실하였다면 그 기간동안에 근로를 제공하지 못한 근로자에 대하여 민사상 임금상당액 또는 근기법 제46조의 휴업수당지불 등의 문제가 발생할 수 있으나, 사용자의 부당한 직장폐쇄에 대한 형사처벌에 대하여는 사용자가 노동조합이 쟁의행위를 개시하기 전에 직장폐쇄를 한 경우,[423] 미리 행정관청과 노동위원회에 각각 직장폐쇄신고를 하지 않거나[424] 허위의 신고를 한 경우 형사처벌 또는 과태료처분을 받을 수 있다. 그 이외에는 달리 위법요소가 없는 한 당연히 형사처벌이나 과태료처분 대상이 되는 것이 아니다. 따라서 위법한 직장폐쇄가 형법상 업무방해에 해당되는지 여부는 구체적인 사실관계를 조사, 위법 위반의 구성요건에 해당되는지에 따라 판단되어야 할 것이다.[425]

---

421) 중노위 2002부노152, 2001.3.23
422) 중노위 2002부노163, 2002.11.1 ; 서울고판 2002누9348, 2003.5.1
423) 노조법 제46조제1항, 제91조에 의한 형사처벌
424) 노조법 제46조제2항, 제96조에 의한 과태료처분
425) 조정 68140-92, 1995.4.1

9) 직장폐쇄의 신고

사용자가 직장폐쇄를 할 경우에는 미리 행정관청 및 노동위원회에 각각 동시에 신고하여야 한다.[426] 시 · 도지사 또는 시장 · 군수 · 구청장은 법 제46조에 따라 직장폐쇄의 신고를 받은 경우에는 사본 1부를 지체없이 쟁의행위의 당사자인 노동조합의 주된 사무소 소재지를 관할하는 지방고용노동관서장에게 송부하여야 한다.[427] 노동조합 주된 사무소 소재지와 직장폐쇄를 실시하는 사업장을 관할하는 지방고용노동관서가 다른 경우는, 예를 들면 산별노조 00병원의 지부에서 파업이 발생하여 ○○병원이 직장폐쇄를 할 경우, 직장폐쇄 신고 관할과 사업장관할 지방고용노동관서가 다른 경우 등은 실질적인 지도관리가 사업장관할 고용노동관서에서 이뤄지고 있으므로 노동조합의 주된 사무소 관할 고용노동관서나 지자체에 직장폐쇄신고서 사본을 송부한다. 사용자가 신고하지 않은 경우 과태료를 부과할 수 있다.[428] 고용부소관 사업장에 대한 과태료부과는 노동조합의 주된 사무소 소재지를 관할하는 지방고용노동관서에서 처리하고, 지자체 소관사업장에 대한 과태료부과는 해당 지자체에서 처리한다. 그러나 과태료 부과와는 별개로 신고하지 않은 직장폐쇄라도 곧 바로 정당성이 상실되는 것이 아니라. 개별사안에 따라 구체적 사정을 감안하여 직장폐쇄의 실질적인 정당성여부를 판단한다.[429] 주요실무 사례를 살펴보면 다음과 같다.

첫째, 사용자의 임금지급의무에 관해 살펴보면, 직장폐쇄대상인 근로자에 대하여 직장폐쇄 기간 중에 사용자의 노무수령거부가 합법적으로 인정되므로 근기법상 휴일 · 휴가의 문제는 발생하지 않는다. 임금은 사용자가 근로의 대상으로 근로자에게 지급하는 금품을 말하는 것이므로 직장폐쇄로 인해 근로자가 근로를 제공하지 않은데 대한 사용자의 임금지급 의무는 없다. 이는 직장폐쇄 대상에 속하는 조합원 이외의 다른 근로자에 대하여도 같다. 다만, 직장

---

426) 노조법 제46조제2항
427) 노조규칙 제12조의3
428) 노조법 제96조제1항제3호, 500만원 이하의 과태료
429) 노사 32281-13997, 1988.9.12

폐쇄 대상이 아닌 자가 회사업무수행을 위해 정상근로를 제공하였다면 그에 따른 소정의 임금은 지급되어야 한다.[430)]

둘째, 직장폐쇄의 부당한 지속에 대한 형사처벌에 관해 살펴보면, 노조의 쟁의행위 개시이후 이에 대응하여 행한 사용자의 직장폐쇄가 노조의 파업철회 이후에도 상당기간 지속됨으로써 그 정당성이 부인되는 경우 사용자를 노조법 제46조제1항 및 제91조제1호 위반을 이유로 형사처벌 할 수 있는가 의문이다. 죄형법정주의의 원칙상 범죄의 구성요건은 엄격하게 해석되어야 하고 유추해석이나 확대해석에 의해 형사처벌을 할 수 없다. 따라서 이 법률조항은 노조의 쟁의행위 개시이전의 직장폐쇄만을 처벌하는 것으로 해석하는 것이 타당하다.[431)]

셋째, 불법 쟁의행위에 대한 직장폐쇄에 관해 살펴보면, 노조법에서는 사용자는 노동조합이 쟁의행위를 개시한 이후에만 직장폐쇄를 할 수 있다고 규정[432)]하면서 이를 위반한 자에 대하여는 1년 이하 징역 또는 1천만원 이하 벌금에 처하도록 규정[433)]하고 있다. 노동조합의 쟁의행위가 적법한 경우는 물론 불법 쟁의행위 시에도 노조법상 쟁의행위로 볼 수 있는 경우, 그 정도나 횟수와 관계없이 노동조합이 쟁의행위를 개시한 이후 사용자가 직장폐쇄를 행한 때는 그 정당성 여부는 별론으로 하더라도 노조법 제43조제1항 위반으로 처벌할 수 없다.[434)]

넷째, 직장폐쇄 후 노동조합의 직장점거에 관해 살펴보면, 사용자가 노조법 제17조의 규정 등에 의하여 정당하게 직장폐쇄가 실시되고 있는 경우 근로자가 사용자의 의사에 반하여 사업장에 침입하거나 취업을 강행하는 것은 정당한 행위로 볼 수 없는 것이 원칙이다. 따라서 정당한 직장폐쇄에도 불구하고 노조측에서 폭력으로 사업장을 강점하고 임의로 영업행위를 하였다면 이는 정당한 쟁의권의 한계를 벗어나게 되어 민 · 형사상 또는 신분상 책임문제가 발

430) 노사 68107-338, 1994.12.21
431) 협력 68140-396, 1998.10.26
432) 노조법 제46조제1항
433) 노조법 제91조
434) 노사관계법제과-18, 2008.8.12

생하게 된다.[435)]

다섯째, 부분파업에 대한 직장폐쇄에 관해 살펴보면, 노동조합이 합법적 절차를 거쳐 시간별 부분파업(1일 1시간씩)을 진행할 경우 해당 파업시간만 직장폐쇄를 할 수 있는지가 의문이다. 사용자는 노동조합의 파업, 태업 등 쟁의행위에 대항하여 경영상의 필요성과 긴급성이 있는 경우에 방어적 · 수동적인 차원에서 직장폐쇄를 할 수 있다. 노동조합이 파업효과를 극대화 할 목적이거나 전략적으로 매일 일부시간을 반복하여 쟁의행위를 하는 경우 이에 대항하여 사용자가 직장폐쇄를 함에 있어 대항 · 방어수단으로서 상당성이 부인되지 않는 한 계속 반복되는 노동조합의 쟁의행위에 따라 직장폐쇄의 유지 · 철회를 반복할 필요는 없다. 따라서 노동조합이 쟁의행위 철회 의사를 표명하지 않는 한 이러한 쟁의행위기간 동안 쟁의행위를 하지 않는 시간에 대해서도 직장폐쇄를 계속 유지할 수 있을 것이다. 직장폐쇄가 정당한 경우 사용자는 근로계약상의 임금지급의무를 면하는 등 민 · 형사상면책을 받는다.[436)]

여섯째, 직장폐쇄에 따른 노조사무실 출입 제한에 관해 살펴보면, 노동조합이 쟁의행위에 돌입하자, 이에 대항하여 회사에서 직장폐쇄 조치를 한 이후 노동조합의 상급단체인 연맹 간부, 동 연맹 지역본부 간부 등이 사업장내에 위치한 노조사무실을 출입할 경우 이를 제한할 수 있는지 여부가 의문이다. 직장폐쇄가 정당한 경우라 하더라도 사업장 내의 노동조합 사무실 등 조합원의 일반적인 단결활동을 위한 시설의 이용은 원칙적으로 허용되어야 한다. 다만, 사업장 내에 위치한 노동조합 사무실에 출입이 허용된 경우라 하더라도 재직근로자 아닌 자의 사업장 출입 여부는 당해 사업장의 시설관리 권한을 가진 사용자의 의사에 따라야 한다. 한편, 단체교섭 · 체결권을 위임받은 자가 그 권한을 행사하기 위하여 합리적이고 필요한 범위 내에서 사업장 출입을 원할 경우에는 이를 거부할 특별한 사정이 없는 한 허용되어야 할 것이다.[437)]

435) 노사 32281-26, 1989.1.4
436) 노사관계법제과-1019, 2008.11.7
437) 노조 68110-480, 2003.9.8

4. 쟁의행위 참가자에 대한 임금삭감

가. 임금삭감의 근거

노조법 제44조에 의하면, "사용자는 쟁의행위에 참가하여 근로를 제공하지 아니한 근로자에 대하여는 그 기간 중의 임금을 지급할 의무가 없고, 노동조합은 쟁의행위기간에 대한 임금의 지급을 요구하여 이를 관철할 목적으로 쟁의행위를 하여서는 아니된다"고 정하여 이 무노동무임금원칙을 확인하고 있다. 판례에서도, 단체협약이나 취업규칙 등으로 쟁의행위시 쟁의행위에 참가한 근로자에 대한 임금지급에 관해 규정하거나 임금지급에 관해 당사자 사이의 약정이나 관행이 없다면, 쟁의행위기간동안에는 근로자의 임금청구권이 발생하지 않는다고 판시하여 이 원칙을 확인한 바 있다.[438] 불완전한 노무를 제공하는 태업도 그 시간 또는 기간만큼 임금을 삭감하는 것이 정당하다. 판례의 배경에는, 노사가 단체협약으로 노무제공여부에 상관없이 문제가 된 기간동안에 임금을 지급하기로 정하였다면 민사상 계약적 효력에 의해 그에 따르는 것이 원칙이지만, 그러한 약정이 없다면 노무제공의무가 없거나 정지된 휴직기간, 쟁의행위기간 등의 경우에는 임금청구권이 없다는 것이다. 신고당시 쟁의행위기간으로 신고를 하였더라도 신고 된 쟁의행위기간 중 실제 쟁의행위에 돌입하지 아니한 기간은 쟁의행위기간으로 볼 수 없으므로 무노동무임금원칙이 적용되지 않는다.[439]

1) 무노동무임금원칙

무노동무임금원칙(no work no pay)은 근로하지 않은 기간에 상응하는 임금은 지급하지 원칙이다. 근로계약은 근로자가 사용자에 대하여 임금, 봉급 등 노무제공에 대한 대가를 받고 근로할 것을 약속하는 유상쌍무계약이므로 이 원칙은 근로계약의 본질로부터 당연히 도출되는 것이고, 이미 국제적으로 보편화된 기준과 관행으로 정착되어 있다. 다만, 이 원칙을 기준으로 쟁의행위기간 중 노무를 제공하지 않은 부분에 대한 임금의 공제를 한다면 그 범위가 어

---

438) 대판 2007다73277, 2009.12.24

439) 협력 68140-414, 1998.11.2

디까지냐 하는 것이 쟁점이다. 현재 학설의 견해는, 명목에 불구하고 전부 공제되어야 한다는 전부공제설, 임금은 노동력의 제공에서 발생하는 기본급, 연공급 등 교환적부분과 종업원이라는 지위에서 발생하는 가족수당, 주택수당 등 사회보장적인 부분으로 구분하고, 교환적인 부분에만 국한되어야 한다는 임금이분설로 나뉜다. 노조법상 무노동 무임금의 원칙 이외에 임금삭감에 관한 세부적인 규정은 찾아볼 수 없다.

(1) 행정해석의 입장

행정해석에 의하면, 노조법 제44조는 쟁의행위기간 중 사용자의 임금지급 의무를 면제하고 있는데, 이것은 쟁의행위기간 중 근로하지 않은 시기에 대응하여 임금을 지급하지 않는다는 근로계약의 본질로부터 도출되는 원리로 파악한다. 파업기간 중 무노동 무임금의 적용범위에서도, 사용자가 근로자에게 지급하는 금품의 제반 항목을 검토해 볼 때 근로의 대상으로 지급하는 임금이 아니라고 근로계약 당사자간의 특단의 규정을 명시한 경우를 제외하고는, 파업기간 중 공제의 대상으로 볼 수 있다는 전부공제설의 입장이다.[440) 따라서 파업기간에 상응하는 임금을 감액 지급할 경우, 달리 명시적으로 정한 바가 없다면, 기본급 이외에 평균임금과 기타금품에 속하는 상여금, 제수당, 복리후생비 등에 대해서도 폭 넓게 적용할 수 있다. 노사는 쟁의행위 등에 대비하여 단체협약 · 취업규칙 · 근로계약 등으로 임금삭감 사유와 금품의 종류, 기간 등을 정할 수는 있고 그에 따르면 될 것이다. 만일, 단체협약이나 취업규칙 등으로 정하거나 관행으로 확립된 바도 없는 경우에는, 임금공제에 관한 당사자의 진의가 무엇인지, 무엇을 기준으로 삼아야 합리적인 판단인지 검토하여야 한다.[441)]

(2) 판례의 입장

종전에는 임금이분설에 입각하여 쟁의행위기간 중 임금을 삭감함에 있어서 근로자는 사용자에 대해 교환적부분에 한하여 지급청구권을 갖지 못한다고 판

440) 협력 68140-351, 1997.8.29
441) 협력 68140-440, 1998.11.25

시해 왔다.[442] 그러나 이후 의료보험조합 사례에 대한 전원합의체 판결을 통하여 쟁의행위시의 임금 지급에 관하여 단체협약이나 취업규칙 등에서 이를 규정하거나 그 지급에 관한 당사자 사이의 약정이나 관행이 있다고 인정되지 아니하는 한, 근로자의 근로제공의무 등의 주된 권리 · 의무가 정지되어 근로자가 근로 제공을 하지 아니한 쟁의행위기간동안에는 근로제공의무와 대가관계에 있는 근로자의 주된 권리로서의 임금청구권은 발생하지 않는다고 하여야 하고, 그 지급청구권이 발생하지 아니하는 임금의 범위가 임금 중 이른바 교환적 부분에 국한된다고 할 수 없으며, 사용자가 근로자의 노무 제공에 대한 노무지휘권을 행사할 수 있는 평상적인 근로관계를 전제로 하여 단체협약이나 취업규칙 등에서 결근자 등에 관하여 어떤 임금을 지급하도록 규정하고 있거나 임금 삭감 등을 규정하고 있지 않고 있거나 혹은 어떤 임금을 지급하여 온 관행이 있다고 하여, 근로자의 근로제공의무가 정지됨으로써 사용자가 근로자의 노무 제공과 관련하여 아무런 노무지휘권을 행사할 수 없는 쟁의행위의 경우에 이를 유추하여 당사자 사이에 쟁의행위기간 중 쟁의행위에 참가하여 근로를 제공하지 아니한 근로자에게 그 임금을 지급할 의사가 있다거나 임금을 지급하기로 하는 내용의 근로계약을 체결한 것이라고는 할 수 없다는 입장[443]으로서, 쟁의기간 중 일체의 임금청구권이 발생하지 않는다는 전부공제설의 입장을 따른다.

(3) 학 설

학설의 견해를 종합해 보면, 임금산정의 실태에 따라 삭감기준도 달리 판단할 수 있는데, 사용자에게 구속된 시간을 기준으로 하는 시간급 임금의 경우

442) 대판 91다36307, 1992.3.27 등

443) 대판 2003다4815 전원합의체 ; 대판 94다26721, 1995.12.21. 지급청구권이 발생하지 않는 임금의 범위가 이른바 교환적부분에 국한된다고 할 수 없으며 사용자가 근로자의 노무제공에 대한 노무지휘권을 행사할 수 있는 평상적인 근로관계를 전제로 하여 단협이나 취업규칙 등에서 결근자에 관해 어떤 임금을 지급하도록 규정하고 있거나, 임금삭감 등을 규정하고 있지 않거나, 혹은 어떤 금품을 지급해 온 관행이 있다든가 하는 것을 이유로, 근로자의 근로제공의무가 정지됨으로써 사용자가 근로자의 노무제공과 관련하여 아무런 노무지휘권을 행사할 수 없는 쟁의행위의 경우에 이를 유추하여 당사자 사이에 쟁의행위기간 중 쟁의행위에 참가하여 근로를 제공하지 아니한 근로자에게 그 임금을 지급할 의사가 있다거나 임금을 지급하기로 하는 내용의 근로계약을 체결한 것이라고는 할 수 없다.

는 쟁의시간은 노무를 제공하지 않았으므로 지급대상 자체가 아니라고 본다. 또한 사업장에서 쟁의기간 중 임금삭감규정을 둔 경우는 그에 따르면 될 것이나, 그렇지 않은 경우는 일시적 노무제공 불이행 등 결근자에 대한 삭감규정을 살펴서, 결근 등의 경우에도 삭감하지 않는다면 쟁의시에도 삭감하지 않는 취지로 유추적용하는 것이 합리적이라고 한다. 판례의 견해와 다르다. 삭감항목에 있어서도, 성과금의 경우는 달리 정한 바가 없으면 삭감할 성질의 금품은 아니라고 보고, 파업 결근 등의 경우에도 삭감하는 금품과 그렇지 않은 금품으로 나눠지는 경우는 관행 결근자 등에 대한 지급실태 등을 살펴서 당사자 사이에 그 금품에 대한 지급의무가 있는지 여부를 확정하여야 한다는 입장이다.[444] 취업규칙에 쟁의기간에 대응하여 삭감규정이 있더라도 그 규정이 일시적인 노무제공불이행의 경우보다 삭감정도가 높다면 불이익취급으로 무효라고 보는 견해도 있다.[445]

전면 파업의 경우 노무를 제공하지 않았으므로 임금청구권이 발생하지 않지만 근로제공을 불완전하게 하는 태업의 경우는 어느 정도까지 삭감되어야 하는지 쟁점이 된다. 노무제공의 불완전을 계량적으로 측정하기가 사실상 어려우므로 임금삭감을 하거나 민사상 손해배상을 청구하기가 어려울 것이다.[446] 이 때문에 실제로는 태업에 대하여 사용자가 임금삭감을 하지 않고, 그 대신 정당한 직장폐쇄에 의하여 대상근로자에 대하여 임금지급의무를 면하는 경우가 많다.

나. 임금삭감 방법

행정해석과 판례의 입장은 쟁의행위시 노무를 제공하지 않은 부분에 대해서 노사가 달리 약정하지 않았다면 일체의 금품을 대상으로 임금을 삭감할 수 있다는 입장인 것을 알 수 있다. 임금의 구성형태는 사업장마다 각양각색이어서 한마디로 구분하기는 어렵다. 고용부 행정지침상 분류에 따라 구분해보면, 임금은 ① 소정근로시간 또는 법정근로시간에 대하여 지급하기로 정한 기본급, ② 1임금 산정 기간내에 소정근로시간 또는 법정근로시간에 대하여 일급 · 주

444) 임종률, 『노동법』, 243쪽
445) 김유성, 『노동법』, 299쪽
446) 김유성, 『노동법』, 301쪽

급 · 월급 등의 형태로 정기적 · 근로의 대가로 지급되는 고정급 임금으로서 근무일수와 관계없이 지급되는 각종 수당,[447] ③ 실제 근로여부에 따라 지급액이 변동되는 금품으로서 연장 · 야간 · 휴일 · 월차휴가근로 · 연차휴가근로 수당, 근무일수에 따라 변동되는 수당이나 장려금으로서 개근수당, 근속수당, 정근수당, 항해수당, 입갱수당 등, ④ 근로시간과 무관하게 생활보조적, 복리후생적으로 지급하는 금품,[448] ⑤ 기타 금품의 성격상 임금대상에서 제외되는 금품[449]으로 구분할 수 있다.

첫째, 쟁의기간 중 임금지급에 관해 단체협약, 취업규칙, 근로계약, 관행 등으로 당사자간 달리 약정이 없다면, 노무를 제공하지 못한 일수에 따라 비례원칙에 의거 일체의 금품을 대상으로 삭감하는 것이 합리적이다. 예를 들면, 1임금 산정기간 중 20일을 쟁의행위로 노무를 제공하지 못한 근로자가 1일 8시간 근로시 일급 5만원을 받으며, 기본급(26일×5만원) 130만원, 주휴수당 20만원(4일), 연장수당(4일) 20만원, 출근일마다 지급하는 식비 13만원(1식5천원×26일), 직책수당 10만원, 기술수당 20만원 등 총 203만원을 받는다면, 203만원/30일×20=1,353천원을 삭감하고 677천원을 지급하는 방법이 될 것이다.

둘째, 노사가 근기법 등에 정한 기준 이상으로 달리 정한 다는 것은 어떤 내용일까, 예를 들면, 예시금품 이외에 당사자간 약정문언 중 후생복리적 금품이나 포상금, 상여금 등이 근로일수에 비례하여 지급한다고 정하지 않고 "지급일 현재 재직 중인 자"로 지급요건을 제한하고 있을 경우는 쟁의기간 중이라도 근로계약관계는 존속하고 있으므로 지급하여야 하고, "○○일 현재 계속근로 중 인자"라고 정한 경우에는 금품의 성격과 지급근거 등을 종합적으로

---

447) 직무 · 직책수당, 직급간 조정수당, 기술 · 자격 · 면허 · 위험수당, 벽지수당, 승무수당, 항해수당, 생산장려수당, 능률수당 등

448) 식비, 차량유지비, 통근수당, 가족수당, 교육수당 등 복리적, 생활보조적 명목의 금품으로서 전근로자에게 정기적, 일률적으로 지급되는 경우는 평균임금에 포함되는 반면, 출근일수, 개인별 사정 등에 따라 변동적으로 지급되는 경우는 기타금품에 해당하는 금품

449) 격려금 · 성과금 · 포상금 · 인센티브 등의 명목으로 정기적, 고정적, 일률적인 경우가 아닌 금품, 휴업수당, 퇴직금, 해고예고수당, 축의, 조의, 의료비, 재해위로금, 후생시설이용비, 통근비, 기숙사 등 제공, 실비변상적 금품으로 출장비, 정보비, 업무추진비, 작업용품구입비, 4대보험료, 결혼수당, 목욕비 등의 금품

판단하여 평시 근로제공이 없더라도 사용자에게 지급의무가 있는 금품인지 여부를 판단하여야 한다. 사용자가 법규정에 불구하고 단체협약 · 취업규칙 등 임의규정으로 지급을 약속한 경우는 지급의무가 있다.[450] 불이행시 노조법 제92조제1호 가목 등에 의해 단체협약위반의 처벌을 받을 수 있고, 민사상 채무불이행에 대한 손해배상 등 지급책임이 따르고, 근기법상 해당 금품의 지급의무 위반의 죄목이 성립할 수 있다.

단체협약 등으로 정하기를, 일정일 이상 근무한 자에 대한 임금 지급방법, 기타사항을 명시하는 경우가 있다. 예를 들면, 1월의 근로일수가 10일 이상인 경우 통상임금 전액 및 근속수당 전액을 지급하여야 하는지 여부에 대하여 정하는 것을 말한다. 이 경우 1달의 11일만 근로하고 나머지 19일 중 소정근로일 15일을 파업한 경우 월 통상임금 전액을 지급해야 하는지 의문이 될 수 있다.
행정해석에 의하면, 이러한 합의내용은 회사가 직원에 대한 노무지휘권을 정상적으로 행사할 수 없는 쟁의행위의 경우에는 적용하기 어렵고, 당사자간 의사에도 부합되지 않은 것이므로 파업 기간을 제외한 근무일수에 비례하여 일할 계산한 급여를 지급하는 것이 합리적이라는 입장이다.[451] 따라서 이러한 경우는 각 금품의 성질 및 지급조건, 지급시기 등을 종합적으로 고려하여 근로기준법상 임금에 속하는 것을 정하고, 각 금품을 근무일수에 비례한 만큼만 지급하면 될 것이다. 이 경우 정기적 · 고정적으로 지급되는 상여금 등 임금성을 가진 금품은 모두 포함한다. 다만, 단체협약으로 쟁의행위가 포함된 기간에 대한 임금계산방법에 관해 정하기를 "임금계산 단위기간 중 쟁의행위를 한 날을 제외하고 10일 이상 근로하였다면 1월의 통상임금을 모두 지급한다."는 등 예외적인 사항에 관해 구체적으로 약정하였다면 그에 따르는 것이 원칙이다.

다. 쟁의행위기간 중 임금지급 쟁점

1) 유급휴일 부여문제

판례의 예시를 살펴보면, 근기법 제55조에 의하면, 1주일의 소정근로일을 개근한 자에게 1일의 휴일을 부여하되 그날은 노무를 제공하지 않아도 유급 통상임금을 지급하고, 개근하지 못한 자에게는 무급으로 한다는 것이다. 이것은 휴일을 부여하도록 정한 취지가 「계속된 근로일의 도중에 휴일을 부여하여

---

450) 대판 95다19501, 1996.2.9 ; 대판 96다26671, 1996.12.6
451) 협력 68140-459, 1998.12.8

사용자의 지휘명령으로부터 완전히 벗어나 근로를 제공하지 아니하면서 연속된 근로에서의 피로회복과 건강회복 및 여가의 활용을 통해 인간으로서의 사회적 · 문화적 생활의 향유를 위하여 마련된 것이다.」 이와 같이 휴일의 취지를 감안할 때, 일하지 않아도 유급휴일에 대한 임금을 지급받을 수 있으려면, 기본적으로 「평상시 근로자가 근로를 제공해 왔고, 또한 계속적인 근로가 예정되어 있어야만 유급휴일을 부여하는 의미가 있다」는 것이다. 그러므로 노조전임자 · 휴직자 · 정직 등 징계처분으로 일정기간 출근정지처분을 받은 자 · 업무상질병으로 요양중인 자 등은 노무제공의무가 일시 정지되어 있으므로 이러한 유급휴일에 관한 규정이 적용되지 않는다.[452] 설령, 쟁의행위기간에 약정유급휴일이 포함되어 있더라도 그것은 정상적인 노사관계에서 노무제공과 임금지급의무가 대가적 상관관계를 지닐 때 유효한 것이지 쟁의행위에 참가하여 근로를 제공하지 않은 근로자에 대하여는 그 기간 중의 임금을 지급할 의무가 없다는 점은 더 말할 나위가 없다.[453]

2) 전임자의 임금

노조법 제44조에 의하면, "사용자는 쟁의행위에 참가하여 근로를 제공하지 아니한 근로자에 대하여는 그 기간 중의 임금을 지급할 의무가 없고, 노동조합은 쟁의행위기간에 대한 임금의 지급을 요구하여 이를 관철할 목적으로 쟁의행위를 하여서는 아니된다"고 정하여 "무노동 무임금원칙"을 적용한다는 것을 정하고 있다. 따라서 무노동무임금 원칙이 적용되는 근로자의 지위는 근로계약상 노무제공의무를 지닌 자라야 한다.

2010.1.1 개정법에 따라 전임자에 대한 급여지급을 할 수 없으므로 논의의 실익은 없다. 다만, 개정법 이전에 해석에 따르면, 노조전임자는 근로계약은 유효하지만, 전임기간 동안 노무제공의무가 정지된 휴직자와 같은 신분이고 노사가 단체협약으로 정하여 전임자에게 지급되는 급여는 임금이 아니므로 무노동무임금원칙이 적용되지 않는 것이다. 따라서 전임자 급여지급에 관한 사

452) 대판 96다26671, 1996.12.6 ; 대판 2003다4815 · 4822 · 4839, 2003.9.2
453) 협력 68140-96, 2000.3.15

항은 단체협약으로 정하기 나름이다.[454] 즉, 지급할 것인지, 지급하지 않을 것인지, 쟁의기간 중에도 지급할 것인지 여부 등. 다만 달리 정하지 않았다면 정직처분기간 중이라도 전임자로서 노조업무를 수행하고 있다면 지급하여야 한다는 행정해석이 있다.[455] 다만, 전임자를 근로계약상 본래의 근로 제공 업무에 종사하는 일반조합원보다 불리한 처우를 받지 않도록 하는 범위 안에서 일정한 급여를 지급하기로 단체협약으로 정한 바가 있다면」, 그 취지는 「전임자가 사용자로부터 노동조합의 업무에 전임하도록 승낙을 받고도 근로계약상 본래 담당하는 근로제공의무를 면하고 있다는 이유로 아무런 대가도 지급받지 못한다면 그로 인하여 초래될 생활상의 불이익 등 부당한 결과를 피하기 위하여 근로계약상 본래의 업무에 종사하고 있는 일반조합원에 준하는 급여를 제공하는 것이 적절하다는 노사합의에 기초한 것」이라고 보아서 일반조합원과 동등한 처우를 정한 것으로 판단해야지, 그렇지 않고, 전임자를 일반조합원보다 더욱 유리하게 처우하는 것으로 판단하는 것은 노사 쌍방이 당초 의도한 바와 합치하지 않는 것이다.

따라서 쟁의기간 중 전임자의 처우를 일반조합원과 같이 정했다면, 일반조합원들이 무노동 무임금의 원칙에 따라 사용자로부터 파업기간 중의 임금을 지급받지 못하는 경우에는 노동조합 전임자도 일반조합원과 마찬가지로 사용자에게 급여를 청구할 수 없다는 내용으로 해석함이 상당하므로, 노동조합 전임자들은 사용자에 대하여 일반조합원과 마찬가지로 파업기간 중의 급여를 청구할 수 없다고 판시한 바 있다.[456]

앞서 언급한대로 2010.1.1 개정법에 따라 전임자에 대한 급여지급을 할 수 없으므로 논의의 실익은 없다. 다만, 부칙 제3조에 의거 개정법시행일인 2010.1.1 이전에 단체협약이 만료되어 새로운 단협을 체결하여 2010.1.1 현재 유효한 경우 그 단체협약의 유효기간까지, 2010.1.1 이전에 단체협약이

454) 노조 68107-703, 2001.6.19

455) 노조 68107-573, 2003.11.5

456) 대판 96다26671, 1996.12.6 ; 대판 2003다4815 · 4822 · 4839 ; 대판 2003.9.2, 2003다4815 · 4822 · 4839

만료되어 자동갱신을 통해 2010.1.1 이후까지 협약이 존재할 경우는 그 단체협약의 유효기간까지는 효력이 있으므로, 단체협약 속에 전임자급여지급에 관한 약정이 있다면 그 한도 내에서는 유효하다고 할 것이다. 노동조합은 전임자급여지급을 요구하는 목적으로 쟁의행위를 하여서는 아니된다. 이 경우 쟁의행위에서 표방하는 여러가지 목적 중 전임자급여지급에 관한 사항이 포함되기만 하면 법위반으로 처벌을 받는 것이지 반드시 전임자급여지급에 관한 사항이 주된 목적에 속하지 않아도 무방하다.[457] 실무상, 개정법 시행 이전에 단협상 전임자임금지급사항을 정하고 자동갱신조항[458]을 두었을 경우, 당사자가 기존 단협의 전임자임금지급 조항의 개정을 원하지 않는다면 개정법과 관계에서 어떻게 보아야 할까 의문이다. 자동갱신조항은 당사자간 기존 단체협약의 변경의사가 없는 경우, 새로운 단체협약 체결을 위한 교섭절차 없이 종전과 동일한 내용의 단체협약을 손쉽게 체결하는 효과가 있다. 자동갱신조항은 1회가 아니라 반복적으로 갱신할 수 있는데, 판례는[459] 자동갱신협정의 효력에 관해서는 법으로 정한 바가 없으므로 협약자치의 원칙상 무효라고 볼 수는 없다는 입장이다. 다만, 갱신된 협약의 유효기간은 최장 2년으로 보아야 한다. 따라서 부칙에 따라 2010.1.1 이전에 기간 만료된 단체협약을 자동갱신을 통해 2010.1.1 이후까지 협약이 존재할 경우는 그 단체협약의 유효기간까지는 전임자급여지급조항의 효력이 유지되는 것이나[460] 그 이후에는 강행법 위반 단체협약이 되어 행정관청의 시정명령 대상이다.

3) 쟁의행위기간 중 발생한 재해와 산재보험

업무상 재해란, 업무상 사유로 발생한 재해로 업무와 재해발생 간에 상당인과관계가 있는 경우로서 사업주의 지배관리 속에서 근로계약에 의한 업무를 수행 중 그 업무와 관련하여 발생한 재해를 말하는 것이다. 평시 노조전임자

457) 노조법 제24조제5항, 제92조제1호

458) 자동갱신조항은 당사자간 기존 단체협약의 변경의사가 없는 경우, 새로운 단체협약 체결을 위한 교섭절차없이 종전과 동일한 내용의 단체협약을 손쉽게 체결하는 효과가 있다.

459) 대판 92다27102, 1993.2.9

460) 임종률, 『노동법』, 168쪽

가 사업주의 구체적·개별적 지휘명령을 받는 지위에서 사업주를 위한 업무를 수행하는 도중 발생한 재해는 업무상 재해로 인정하고 있다.[461] 그러나 쟁의행위 중 현수막설치 도중 발생한 재해, 사업장 옥상을 점거 농성 중 추락으로 발생한 재해 등 사용자와 대립구도 속에서 쟁의행위 중에 발생한 재해는 업무상 재해로 볼 수 없다. 한편, 학설에 의하면, 산재법상 업무는 반드시 적극적인 근로제공에 국한할 필요는 없고, 헌법이나 법령을 해석할 때, 근로자에게 노사관계상 합리적으로 요구되거나 허용되는 행위로 보아야 한다고 보아서, 쟁의행위도 업무수행으로 보아서 근로제공과 동일하게 업무상재해로 보는 것이 단체행동권보장의 취지에 합치된다는 견해가 있다.[462]

5. 위법한 쟁의행위와 책임귀속

가. 책임의 근거와 구분

노조법 제3조에 의하면, 사용자는 이 법에 의한 단체교섭 또는 쟁의행위로 인해 손해를 입은 경우에 노동조합 또는 근로자에 대하여 그 배상을 청구할 수 없다고 정하고 있다. 여기서 민사상 손해배상책임이 면제되는 손해는 정당한 쟁의행위[463]로 인한 손해에 국한된다.

---

461) 산재보험과-2709, 2005.6.18. 산재보험법상 업무상 재해는 근로자가 사업주의 지배관리하의 근로계약에 의한 업무를 수행 중 그 업무와 관련하여 발생한 재해를 말하는 바, 노조전임자가 근로자의 지위를 유지하고 있다는 것만으로 당연히 업무상 재해로 인정할 수 있는 것은 아니다. 노조전임자에 대하여는 사업주의 구체적·개별적 지휘명령을 받는 지위에서 사업주를 위한 업무를 수행하는 도중 발생한 재해(질병 포함)에 한하여 업무상 재해로 인정하고 있는 바, 업무상 질병 여부에 대하여는 근무내용, 질병발생원인, 업무와 질병과의 상당인과관계 여부 등을 구체적인 사실관계를 확인하여 판단할 사안이다. ; 보상 32540-15262, 1987.9.19

462) 이병태, 『노동법』, 397쪽

463) 대판 99다8377, 1999.6.25 ; 대판 93다 32828, 1994.3.25. 등 쟁의행위가 정당하려면, ① 주체가 단체교섭의 주체로 될 수 있는 자이어야 하고, ② 단체교섭과 관련하여 근로조건의 유지, 개선을 목적으로 하는 것이어야 하고, ③ 시기와 절차가 법령의 규정에 따른 것으로서 정당하여야 하고, ④ 방법과 태양이 폭력이나 파괴행위를 수반하는 등 반사회성을 띤 행위가 아닌 정당한 범위내의 행위라야 한다.

1) 학설의 견해

사용자의 손해배상 청구에 대해서는 학설의 견해가 엇갈린다. 부정설에 의하면 노동조합에 대한 사용자의 손해배상청구를 인정하지 않는 입장인데 입법례로는 영국의 해상법을 들 수 있다. 재산관계를 다루는 민사법상의 법적제도를 노사관계에 적용하는 것이 부적절하다는 견해와 일치한다. 긍정설 중에는 첫째, 노동조합 단독책임설로서 노조가 단독으로 책임을 지고 구성원인 조합원은 책임을 지지 않는다는 입장, 둘째, 연대책임설로서 노동조합 및 조합원이 연대해서 책임을 진다는 입장으로 나뉜다. 우리 법원은 연대책임설을 취하고 있다.

2) 책임의 구분

정당한 쟁의행위는 민사 · 형사책임, 징계책임 등이 모두 면제된다. 쟁의행위가 정당하려면, 주체 · 목적 · 방법 및 절차에 관하여 법령이나 그 밖의 사회질서에 위반해서는 아니된다.[464)]

[쟁의행위가 정당하려면.]

1. 그 주체가 단체교섭의 주체로 될 수 있는 자라야만 하고,
2. 그 목적이 근로조건의 향상을 위한 노사간의 자치적 교섭을 조성하는 데에 있어야 하며,
3. 사용자가 근로자의 근로조건 개선에 관한 구체적인 요구에 대하여 단체교섭을 거부하였을 때에 개시하되,
4. 특별한 사정이 없는 한 조합원 과반수의 찬성결의, 사전조정 등 법령이 규정한 절차를 거쳐야 하고,
5. 그 수단과 방법이 사용자의 재산권과 조화를 이루어야 함은 물론 폭력이나 파괴행위를 수반하는 등 그 밖에 반사회성을 띤 행위가 아닌 정당한 범위 내의 것이어야 한다.

일반적으로 쟁의행위의 정당성은 주체, 목적, 개시시기, 절차, 방법과 수단 등 실질적 요건과 "조정전치, 조합원 찬반투표" 등 노조법에서 요구하는 절차적 요건의 충족여부 등 제반요건을 종합적으로 검토한 후 정당성 여부를 판단하여야 한다.[465)]

464) 노조법 제37조제1항

465) 협력 68140-189, 1998.5.19 ; 협력 68140-359, 1998.9.25 ; 대판 99도4812, 2000.10.13

쟁의행위는 그 자체로 업무의 정상적인 운영을 저해하는 것이므로 쟁의행위가 정당성을 가지지 않는 경우에 노동관계법 위반책임, 민사 · 형사적 책임, 징계책임이 발생하고 인사상 불이익취급의 대상이 될 수 있는데, 이 경우 구체적으로 누구에게 어떠한 책임을 물을 수 있는지 문제가 된다.

첫째, 민사의 경우는 주로 계약위반에 따른 채무불이행[466]과 그로 인한 손해배상책임 문제, 고의과실로 손해를 끼친 경우 불법행위로 인한 손해배상 책임 문제로 각각 귀착이 된다. 둘째, 형사책임의 경우는 쟁의행위 과정에서 발생하는 보호법익침해 즉, 조합장이나 간부, 조합원에게 재물손괴 · 주거침입 · 폭행 · 상해 · 업무방해 · 협박 · 감금죄 등을 물을 수 있다. 셋째, 조직 내에서 징계책임이 따르는 것은 자명한 일이다. 이때 노사당사자가 아닌 제3자가 입은 민사적인 손해에 대해서는 어떤 책임을 누가 지는 것이 합리적인지 의문이다.

정당하지 못한 쟁의행위는 노동관계법 위반과 형법상의 각 조항을 위반한 처벌, 민사소송에 따른 대가를 치르겠지만, 처음에는 실질적 · 절차적 요건을 구비하여 출발한 정당한 쟁의행위라도 그 진행과정에서 폭행 · 협박 · 시설물손괴 · 감금 · 퇴거불응죄 등 형법상 보호법익을 침해한 경우와 노동관계법 위반 등이 발생할 경우는 쟁의행위가 위법하게 될 뿐 아니라 응분의 책임을 지울 수도 있다.

---

466) 채무자가 채무의 내용에 따른 이행을 하지 않는 일(민법 제390조)을 말하는 바, 불법행위와 함께 위법행위가 된다. 채무의 내용에 따른 이행이라고 볼 수 없는 것은 법률의 규정, 계약의 취지, 거래의 관행, 신의성실의 원칙 등에 비추어 적당한 이행을 하지 않은 것을 말한다. 채무의 불이행은 이행지체 · 이행불능 · 불완전이행의 3가지 형태로 나누어진다. 부작위채무에 있어서는 경업피지에 위반하는 경업행위를 하는 것과 같이 채무자가 금지되어 있는 행위를 하였을 경우에 채무불이행이 성립한다. 채무불이행이 성립한 경우, 채무 본래의 이행이 가능하면 강제이행을 할 수 있고(제389조), 담보권을 실행할 수 있으며, 계약을 해제할 수 있는(제544조~제546조) 등의 효과가 발생하지만, 가장 중요한 효과는 손해배상을 청구할 수 있다는 점이다(제390조 · 제392조~제397조). 어느 경우라도 위와 같은 채무자의 책임이 발생하기 위하여서는 원칙적으로 채무불이행이 채무자의 책임으로 돌아갈 사유에 의하여 발생할 것을 요하며, 그 거증책임은 일반적으로 채무자에게 있다는 해석이 판례 · 통설이다. 채무자의 책임으로 돌아갈 사유는 채무자 자신의 고의 · 과실뿐 아니라, 이행보조자의 고의 · 과실, 그 밖의 신의성실의 원칙상 채무자의 고의 · 과실과 같이 보아야 할 사유를 포함한다(제391조). 금전채무에 관해서 그 불이행은 언제나 이행지체가 되며, 더욱이 과실이 없음을 항변할 수 없고, 특약 또는 법률에 특별한 규정이 없는 한 법정이율에 상당하는 손해배상을 해야 한다. 약정이율이 법정이율을 초과할 때에는 원칙적으로 약정이율에 따라 배상액을 계산하지 않으면 안된다(제397조).

노동관계법 위반책임은 주로 노동조합법에 정한 제한 법규 즉, 절차 · 금지 법규를 위반한 책임으로서 특별사법경찰관인 근로감독관에 의해 범죄사실이 확인되고, 검사에 의해 공소가 제기되는 특징이 있다. 노동관계법 위반 책임은 대부분 형사적인 처벌이지만 행정벌인 과태료처분를 받는 경우[467]도 있다.

노동관계법에서 정한 중요한 절차적 규정 · 금지규정으로서 이를 위반할 경우 쟁의행위 전체가 위법하게 되는 경우는 다음과 같다. 이러한 규정을 위반한 경우는 근로감독관의 수사절차를 거쳐 검사의 공소제기로 형사상 처벌을 받을 수 있다. 다만, 노조법에서 정한 절차적 요건 중 단순한 절차규정 즉, 쟁의행위 사전신고,[468] 부당한 출입감시 등 피케팅 제한,[469] 쟁의행위에 대한 노동조합의 지도와 책임,[470] 객관적으로 조정을 거칠 수 없는 사유가 있다고 인정되는 경우 등을 위반한 경우는 정당성에 영향을 미치지 않으므로 그로 인해 전체 쟁의행위를 위법하다고 볼 수는 없다.

1. 공무원과 교원의 쟁의행위금지(공노법 제11조, 제18조, 교노법 제8조, 제12조)
2. 노동조합에 의해 주도되지 않은 쟁의행위(노조법 제37조제2항, 제89조)
3. 시설의 보호와 부패방지를 위한 쟁의행위의 금지(노조법 제38조제2항, 제91조)
4. 주요 방산업체 종사자의 쟁의행위금지(노조법 제41조제2항, 제88조)
5. 조합원과반수 찬성으로 쟁의행위 결의(노조법 제41조제1항, 제91조)
6. 필수유지업무 정지 · 폐지행위(노조법 제42조의2 제2항, 제89조)
7. 조정, 중재기간 중 쟁의행위금지(노조법 제45조제2항, 제91조)
8. 폭력행위 등의 금지(노조법 제42조제1항, 제89조) 및 안전보호시설의 정지 · 폐지 (노조법 제42조제2항, 제91조)
9. 쟁의기간 중 임금지급을 요구하는 쟁의행위(노조법 제44조제2항, 제90조)
10. 중재시 쟁의행위금지(노조법 제63조, 제91조), 긴급조정시 쟁의행위금지(노조법 제77조, 제90조)

467) 노조법 제46조제2항(직장폐쇄시 신고불이행), 제27조(행정관청이 요구하는 결산결과와 운영상황보고), 제14조(노동조합의 서류비치의무), 제13조(노동조합 설립변경사항 신고), 제28조제2항 (노동조합 해산시 신고), 제31조제2항(단체협약신고불이행), 제85조제5항(확정된 구제명령 불이행)

468) 노조령 제17조

469) 노조법 제38조제1항

470) 노조법 제38조제3항

11. 쟁의행위시 쟁의행위와 관계없는 자, 근로를 제공하려는 자의 출입·조업 기타 정상적인 업무를 방해하는 방법으로 행하거나, 참가 설득의 방법으로 폭행사용(노조법 제38조제2항, 제91조)
12. 대체근로제한 위반(노조법 제43조제1항, 제91조) 쟁의행위로 중단된 업무 도급 하도급(노조법 제43조제2항, 제91조), 필수공익사업의 유지·운영수준위반(노조법 제43조제3항, 제91조)
13. 쟁의행위 개시이후에만 직장폐쇄 위반(노조법 제46조제1항, 제91조)

다만, 위 10의 경우를 위반하는 경우 쟁의행위 전체가 위법하지만 객관적으로 인정되는 특별한 사정이 있으면 위법하지 않을 수도 있다는 견해도 있다. 11~13의 경우 위반하여 형사처벌을 받는다고 하더라도 그 자체로 쟁의행위 전체가 위법하게 되는 것은 아니다.

나. 실질적인 민·형사책임

노동조합의 쟁의행위는 실질적인 노동쟁의와 쟁의행위의 존재 상태에 따라 그 정당성 여부가 판단되어야 할 것이다. 쟁의행위가 정당한 것으로 인정받기 위한 실질적 요건을 어느 하나라도 충족하지 못하면 전체의 정당성이 부정되어 민·형사상 책임은 물론 징계책임을 면할 수 없다.

노조법은 법에 정한 노동조합이 사용자를 상대로, 근로조건 개선을 위하여 그가 처분 가능한 사항을 관철할 목적으로 하는 쟁의행위에 대해서만 규율한다. 따라서 노동조합이 아닌 자, 근로자 개인, 일시적인 쟁의단 등의 집단적인 작업거부행위, 노동조합이 쟁의행위를 하더라도 근로조건 개선을 목적으로 하지 않은 정치적 파업·인사 경영권 침해·권리분쟁·개별근로조건 불이행 등으로 인한 분쟁, 구속자석방·해고자 복직·전임자 임금지급 등 단체교섭사항이 아닌 사항 등은 노동조합법 위반으로 처벌할 규정이 없다. 따라서 이 부분은 형사적으로는 일반경찰에 의해 업무방해죄, 주거침입죄, 퇴거불응죄, 직무유기죄 등을 구성하고, 폭행·협박·감금 등이 있는 경우는 그 행위 자체로 처벌을 받을 수밖에 없다. 이와는 별개로 사용자는 민사적으로 행위 주체에 대하여 그 불법행위로 인하여 입은 손해에 대한 배상을 청구할 수 있다.

1) 형사적 책임

일반적으로 쟁의행위는 본질적으로 집단행동이고 위세와 인원수 즉, 다중의 위력적인 요소를 내포하고 압력을 행사하여 자유의사를 억압하는 등 형법상 구성요건에 해당하는 위법한 행위지만, 노동법상 요구되는 정당성을 갖추었을 때는 형법 제20조에 정한 "정당행위"에 해당하여 위법성이 조각된다고 보는 것이 판례의 태도이다.[471] 노동관계법을 위반한 쟁의행위는 정당성을 가질 수 없으므로 민·형사상 책임을 질 수 있다. 민사책임은 형사적 책임보다 넓다고 할 수 있으므로 노동관계법 위반책임은 곧 민사상 위법성과 일치한다고 볼 수도 있지만, 반드시 형법상의 위법성과 일치하는 것은 아니다. 형법상으로 처벌을 하려면 형벌을 과할만한 정도의 강한 위법성이 있어야 하기 때문이다. 예를 들면, 형법상 업무방해죄[472]를 살펴보면, 위력으로써 사람의 업무를 방해한 자는 5년 이하의 징역 또는 1,500만원 이하의 벌금에 처한다고 정하고 있는데, 여기서 위력과 다수의 집단성은 필연적으로 연결되는 동일개념이 아니다. 따라서 쟁의행위시 위력을 행사하였는지 여부는 집단성의 관점이 아니라, 구체적 사실관계와 영향력 등을 기준으로 노동관계법을 위반한 쟁의행위가 형법상 조항을 위반했는지 여부를 판단하여야 하는 바, 노동법규범과 형벌규범을 종합한 견지에서 사회상규에 위배되는지 여부 즉, 형벌을 과할만한 정도인지를 구체적·개

471) 대판 2001도1863, 2003.12.26 등

472) 형법 제314조(위력으로써 사람의 업무를 방해한 자는 5년 이하의 징역 또는 1천500만원 이하의 벌금에 처한다). 업무라 함은 사람이 그 사회적 지위에서 계속적으로 종사하는 사무 또는 사업을 총칭한다. 농·공·상업 등 경제적인 것뿐만 아니라, 정신적인 사무도 포함된다. 보수의 유무나 영리목적의 유무도 불문한다. 공무도 업무이지만, 공무집행방해죄가 별도로 규정되어 있고, 경매·입찰에 관하여도 별도로 경매·입찰방해죄가 규정되어 있다. 업무의 주체는 자연인·법인은 물론 법인이 아닌 단체도 포함된다. 이 죄의 행위는 허위의 사실을 유포하거나 위계나 위력으로써 업무를 방해하는 것이다. 허위 사실의 유포에 의한 업무방해의 사례로서는, 상점에서는 저울을 속여서 판다는 거짓 소문을 퍼뜨려 손님을 빼앗는 경우를 들 수 있다. 위계는 사람을 착오에 빠뜨리기 위한 계략이며, 그 예로는 동종·유사한 상호 또는 상표를 사용하여 고객을 빼앗는 경우를 들 수 있다. 위력은 사람의 의사를 제압하는 세력을 말하며, 타인의 식당에 몇 사람이 들어가 큰 소리로 떠들거나, 자기의 사회적·경제적 지위나 세력을 이용하여 업무를 방해하는 경우를 그 예로 들 수 있다. 업무의 방해는 널리 업무경영을 방해하는 일체의 행위이며, 현실로 방해의 결과가 발생할 필요는 없다(추상적위태범). 근로자의 쟁의행위는 헌법(제33조)·노조법(제4장)에 따라 합법적으로 인정되는 한, 정당행위(형법 제20조)로서 그 위법성이 조각된다.

별적으로 판단하여야 한다.[473] 형사적 책임은 노동조합에 대해서는 물을 수 없고, 조합장, 조합원, 조합간부 등 각 개인에게만 책임을 물을 수 있다. 형사처벌과 그로 인한 실질적인 손해배상에 대해서는 당사자간 민사소송으로 해결하여야 한다. 형사상 주요 범죄를 살펴보면 다음과 같다.

(1) 업무방해죄

업무방해죄는, 위력으로써 사람의 업무를 방해한 자, 컴퓨터 등 정보처리장치 또는 전자기록 등 특수매체기록을 손괴하거나 정보처리장치에 허위의 정보 또는 부정한 명령을 입력하거나 기타 방법으로 정보처리에 장애를 발생하게 하여 사람의 업무를 방해한 자를 과별대상으로 한다. "위력"이란 폭행이나 협박은 물론 사람의 의사의 자유를 제압, 혼란케 할 세력을 가리킨다. 노동쟁의행위는 근로자들이 단결하여 사용자에게 압박을 가하는 것이므로 본질적으로 위력에 의한 업무방해의 요소를 포함하고 있다. 따라서 다른 위법한 요소가 없이 근로자들이 근무시간에 집단적으로 근무에 임하지 아니한 것이 단순히 근로제공의무의 불이행에 지나지 않는다고 할지라도 그것이 "정당한 쟁의행위가 아니면서 위력으로 업무의 정상적인 운영을 방해할 정도"에 이르면 형법상 업무방해죄가 성립될 수 있다.[474]

쟁의행위가 정당성이 없는 경우, 노동조합의 노무제공불이행 · 시설점거 등 쟁의행위는 형법상 업무방해죄를 구성한다. 업무방해는 널리 경영을 저해하는 경우에 성립하는 것으로, 업무로서 행하여 온 일상적인 사무나 사업의 수행, 사업의 확장, 구조조정 등 축소, 업종 전환, 사업장 · 부서폐지, 공장 · 부서 가동중단 등을 포함하는 의미이다. 업무방해죄는 업무방해 결과가 실제로 발생할 것을 요하지 않고, 발생할 위험이 있는 것으로 족하다.[475] 다만, 업무방해의 경우에도 본질적으로 위력행위를 내포하고 있는 쟁의행위의 속성상 비록 집단성을 갖췄지만 규모나 위력면에서 소극적인 노무제공 거부까지 모두 업무방해죄로 다스릴 경우 헌법상 기존권을 침해할 우려도 있고 과잉침해금지원칙에도 반한다고 보아서,

473) 김형배, 『노동법』, 840쪽
474) 대판 2001도1863, 2003.12.26 등
475) 대판 92도1645, 1992.12.8 ; 대판 2004도8701, 2005.4.15

"행위의 구체적 모습에서 적극성"을 기준으로 업무방해죄를 적용하여야 한다.[476)]

이를 테면, 업무시간 중의 시위행위, 규찰대를 조직하여 정문봉쇄 출입제한, 바리케이트 설치 출입제한, 비가담자를 설득하는 수단으로 폭행 · 협박 · 위력에 의한 실력저지, 찬반투표를 거치지 않은 쟁의행위에서 노무제공불이행, 직장폐쇄시 퇴거에 불응하고 잔류중인 경우 등이다.

최근 헌법소원에서는, 업무방해죄가 헌법이 보장하는 단체행동권의 내재적 한계를 넘어 정당성이 없다고 판단되는 경우에만 적용되므로 헌법상 단체행동권을 침해한다고 볼 수 없다고 하면서, 쟁의행위의 속성상 단체행동권이라는 기본권행사에 본질적으로 수반되는 정당화 할 수 있는 업무의 지장초래는 업무방해에 해당한다고 볼 수 없고, 정당한 쟁의행위는 처벌대상이 되어서는 아니된다고 확인한 바 있다.[477)]

(2) 기타 형법상 범죄

폭행죄, 협박죄, 명예훼손죄, 신용훼손죄, 주거침입 · 퇴거불응죄, 재물손괴죄 등 형법에서 정한 보호법익을 위반한 경우는 그 행위 자체로 처벌을 받을 수 있다. 위법한 파업감시 · 직장점거의 쟁의행위나 쟁의행위에 수반되는 폭력 · 파괴행위 등의 행동은, 그 기초가 되는 파업 · 태업의 쟁의행위가 정당성을 가지는지 여부를 불문하고, 채권침해나 조업권침해 또는 소유권침해 등의 불법행위의 행위자로서 개인책임을 질 수 있고,[478)] 노조 간부 내지 쟁의지도부나 임원 등이 그러한 위법한 행동을 기획 · 지시 · 지도한 경우에는 이들이 공동불법행위자, 교사자[479)]또는 방조자[480)]로서 행위자와 연대책임을 진다. 다만

476) 김형배, 『노동법』, 843쪽

477) 헌재 2009헌바168, 2010.4.29

478) 민법 제750조

479) 범죄의 의사가 없는 타인(정범, 피교사자, 범죄실행자)을 교사하여 죄를 범하게 한 자를 말한다. 교사범이 성립하기 위해서는 주관적 요소와 객관적 요소로 나뉘어지는데 먼저 주관적 요소로는 교사자에게 피교사자로 하여금 범죄실행의 결의를 갖게 하려는 의사와 정범이 실행하는 범죄에 대한 고의가 있어야 한다. 따라서 과실로 인한 교사는 있을 수 없다. 그리고 객관적 요소로는 교사행위가 있어야 한다. 이 교사행위의 수단에는 제한이 없고, 명령 · 지시 · 애원 등 어떤 방법이라도 무방하다. 또 명시적일 뿐 아니라 묵시적이라도 가능하다.

480) 정범의 범죄실행을 방조한 자(형법 제32조제1항)를 말한다. 형사상 종범이라고도 하며 교사범과 함

폭행죄의 경우 어떠한 경우에도 정당화 될 수는 없지만.[481] 노사간 현실적인 대항관계에서 불법한 공격이 이루어지고 이에 대항하는 수단으로 방어행위가 행해진 경우는 정당방위나 긴급피난 등 위법성 조각사유에 해당하는지 여부를 검토해야 한다.[482] 형법상 해당 각조에서 정한 범죄는 아래 자료를 참고한다.

형법 제260조【폭행】

① 사람의 신체에 대하여 폭행을 가한 자는 2년 이하의 징역, 500만원 이하의 벌금, 구류 또는 과료에 처한다.

형법 제276조【체포, 감금】

① 사람을 체포 또는 감금한 자는 5년 이하의 징역 또는 700만원 이하의 벌금에 처한다.

형법 제283조【협박】

① 사람을 협박한 자는 3년 이하의 징역, 500만원 이하의 벌금, 구류 또는 과료에 처한다.

형법 제307조【명예훼손】

① 공연히 사실을 적시하여 사람의 명예를 훼손한 자는 2년 이하의 징역이나 금고 또는 500만원 이하의 벌금에 처한다.
② 공연히 허위의 사실을 적시하여 사람의 명예를 훼손한 자는 5년 이하의 징역, 10년 이하의 자격정지 또는 1천만원 이하의 벌금에 처한다.

형법 제313조【신용훼손】

허위의 사실을 유포하거나 기타 위계로써 사람의 신용을 훼손한 자는 5년 이하의 징역 또는 1천500만원 이하의 벌금에 처한다.

형법 제314조【업무방해】

① 제313조의 방법 또는 위력으로써 사람의 업무를 방해한 자는 5년 이하의 징역 또는 1천500만원 이하의 벌금에 처한다.
② 컴퓨터등 정보처리장치 또는 전자기록등 특수매체기록을 손괴하거나 정보처리장치에 허위의 정보 또는 부정한 명령을 입력하거나 기타 방법으로 정보처리에 장애를 발생하게 하여 사람의 업무를 방해한 자도 제1항의 형과 같다.

께 협의의 공범에 해당한다. 방조에는 언어방조와 거동방조가 있다. 언어방조는 지적 · 정신적 방조를 말하는 것으로 이미 범죄를 결의하고 있는 자에게 결의를 강화시켜주고 조언을 한다는 점에서 교사와 구별된다. 민법 제760조(공동불법행위자의 책임) 수인이 공동의 불법행위로 타인에게 손해를 가한 때에는 연대하여 그 손해를 배상할 책임이 있다. 공동 아닌 수인의 행위 중 어느 자의 행위가 그 손해를 가한 것인지를 알 수 없는 때에도 전항과 같다. 교사자나 방조자는 공동행위자로 본다.

481) 노조법 제4조 단서

482) 김형배, 『노동법』, 844쪽

형법 제319조【주거침입, 퇴거불응】

① 사람의 주거, 관리하는 건조물, 선박이나 항공기 또는 점유하는 방실에 침입한 자는 3년 이하의 징역 또는 500만원 이하의 벌금에 처한다.

② 전항의 장소에서 퇴거요구를 받고 응하지 아니한 자도 전항의 형과 같다.

형법 제366조【재물손괴 등】

타인의 재물, 문서 또는 전자기록 등 특수매체기록을 손괴 또는 은닉 기타 방법으로 기 효용을 해한 자는 3년 이하의 징역 또는 700만원 이하의 벌금에 처한다.

2) 민사적 책임과 범위

위법한 파업 · 직장점거 등 쟁의행위나 쟁의행위 진행과정에서 수반되는 폭력 · 파괴 · 협박 · 불법점거행위 등의 행동은, 그 기초가 되는 파업 · 태업 등의 쟁의행위가 정당성을 가지는지 여부를 불문하고, 계약상의 채무불이행으로 인한 상대방 사용자의 채권침해 · 영업권 침해 또는 시설, 건조물 등 소유권침해 등 불법행위의 행위자로서 책임을 진다.[483] 즉, 개별적인 사유로 인한 노무제공 불이행은 개별근로계약 위반에 대한 징계책임 등을 물을 수 있지만, 쟁의행위로서 집단적인 노무제공 불이행이 정당성을 상실하면 "근로계약상 노무제공의무 위반과 그로 인한 채무불이행으로 손해배상책임"을 진다. 또한 쟁의행위의 정당성 유무와 관계없이 수행과정에서 "폭력 · 파괴 · 불법적 직장점거를 함으로써 사용자의 영업권, 재산권 등을 고의 · 과실로 침해하였다는 이유로 손해배상", "쟁의행위 과정에서 타인의 신체, 자유 또는 명예를 해하거나 기타 정신상고통을 가한 경우 등, 재산 이외의 손해에 대하여도 배상할 책임" 등 타인의 권리를 침해한 결과로 형사처벌과 함께 민사상 금전적인 배상책임을 지울 수 있다.[484] 다만, 조합원 개인과 조합간부의 책임, 노동조합의 책임은 구분될 수 있고 연대책임관계에 서는 경우도 있다.

만일, 쟁의행위 중 발생한 불법행위에 관해서, 노동조합 대표자나 조합간부 등의 결의 · 지시가 있었고, 그에 따라 개별조합원들이 불법행위를 한 경우는

---

483) 민법 제750조

484) 민법 제390조, 제655조, 제750조, 제751조 등

개인근로자, 조합간부, 노동조합이 불법행위로 인한 전체 손해에 대해 연대책임을 진다. 다만, 단순가담 조합원과 조합간부의 책임을 두고 논란이 있는데, 일부 판례에서 단순가담자의 책임을 부정하는 사례도 있으나[485] 불법행위의 일반원칙에 따라 연대책임관계에 있는 공동불법행위로 보는 것이 일반적이다.[486]

결론적으로, 쟁의행위의 민사적 책임소재에 있어서는 한마디로 개인책임을 정의할 수는 없고, 쟁의행위의 구체적 모습에 따라, 개별조합원의 실행과 조합간부의 집행행위, 노동조합 자체의 독자적 쟁의행위에 대해 각 주체별 책임소재를 구분하는 것이 바람직하다.

(1) 조합원 개인책임

노조의 결의 없이 또는 결의에 반하여 개별조합원이 독자적으로 쟁의행위를 한 경우 및 정당한 쟁의행위가 진행되던 중 일부 조합원이 불법행위로 나아간 경우에 있어서, 개별조합원의 일탈행위는 쟁의행위로서 집단성을 인정할 수 없고 조합간부의 불법행위 방지의무도 인정할 수 없으므로 조합간부나 조합에게 책임을 물을 수는 없다. 따라서 그 행위에 참가한 개별조합원들이 단독 혹은 수인이 함께한 경우 연대하여 책임을 진다.

조합원 개인이 위법한 파업이나 태업 등 정당성이 없는 쟁의행위에 참가한 행위는 근로계약의 근로제공의무를 위반하는 것이 되고, 정당성이 없는 불매동맹에 참가한 행위는 근로계약상 성실의무를 위반하여 고용계약상 채무를 이행하지 않음으로써 채무불이행이 성립된다.[487] 이때 근로자가 부담해야 할 채무불이행책임의 내용은, 당해 파업이나 태업 · 불매동맹에 의하여 사용자에게 발생한 전체 손해액에 대한 연대책임이 아니라, 발생한 전체 손해액 중에서 개별 근로자의 노무제공불이행 또는 성실의무 위반으로 인하여 발생한 손해에 해당하는 일부분이다.[488] 즉, 전체손해액÷노무제공불이행 근로자 수=개별근

485) 인천지판 90가합15200, 1991.10.24

486) 대판 93다32828, 1994.3.25 ; 서울고판 93나12338, 1994.6.16

487) 민법 제390조, 제655조

488) 대판 2005다30610, 2006.9.22 ; 김유성, 『노동법』, 270쪽.

로자의 책임손해배상액에 한정되고 그 손해배상범위도 손해발생과 상당인과관계가 있는 손해에 국한된다. 다만, 노동조합이 주도하지 않거나, 비록 쟁의행위가 정당하다고 하더라도 그 과정에서 일부 조합원이 조합의 지시에 위반한 위법한 쟁의행위를 하여 불법행위가 성립하는 경우는 불법행위에 참가한 근로자 모두가 연대하여 손해배상액 전체에 대해 책임을 진다.[489)]

(가) 상당인과관계

상당인과관계(相當因果關係)란, 어떤 원인이 있으면 그러한 결과가 발생하리라고 보통 인정되는 관계, 어떤 결과에 대한 원인으로 생각되는 제반 조건 가운데서 특정한 경우 뿐 아니라 일반적인 경우에도 같은 결과를 초래할 것으로 판단되는 조건을 그 원인으로 본다는 것을 말한다. 즉, 단순히 노무제공을 정지한 경우는 해당 공정의 생산중단으로 인해 부품조달에 차질이 생기고 그로 인해 부품조달시까지 완제품의 일정량이 생산되지 않았으므로 수입에 손실이 왔다면 쟁의행위로 인한 노무제공거부라는 원인과 수입손실이라는 손해는 서로 상당인과관계가 있는 것이다. 다만 공정작업을 중단할 경우 전원을 차단하지 않으면 화재가 발생할 가능성이 짙은 경우, 평소 교육 등으로 그 위험성을 잘 알고 있는 작업자에게는 손해발생의 일반적인 조건으로 되지만, 평소 당해 공정에 근로하지 않아 공정의 특성을 모르는 작업자에게는 특정한 조건으로 보아서 그가 그러한 차단조치를 취하지 않고 작업을 중단한 경우는 일반적인 손해의 원인은 되더라도, 화재발생으로 인해 추가로 발생한 손해의 원인으로는 지적할 수는 없다는 것이다. 이것을 쟁의행위의 손해발생과 관련한 판례를 토대로 살펴보면, 일반 조합원이 불법쟁의행위시 노동조합 등의 지시에 따라 단순히 노무를 정지한 것만으로는 노동조합 또는 조합간부들과 함께 공동불법행위책임을 진다고 할 수 없다. 다만, 근로자의 근로내용 및 공정의 특수성과 관련하여 그 노무를 정지할 때에 발생할 수 있는 위험 또는 손해 등을 예방하기 위하여 그가 노무를 정지할 때에 준수하여야 할 사항 등이 정하여져 있는데도 불구하고,[490)] 근로자가 이를 준수함이 없이 노무를 정지함으로써 그로 인

489) 대판 95도1016, 1995.10.12

490) (예) 작업시설 등의 화재나 응고, 급결, 누수, 폭발, 협착 등의 위험이 발생할 우려가 있으므로

하여 손해가 발생하였거나 확대되었다면, 그 근로자가 일반 조합원이라고 할지라도 그와 상당인과관계에 있는 손해를 배상할 책임이 있다.[491)]

(2) 조합간부 책임

조합간부는 처음부터 위법한 쟁의행위를 결의한 경우, 위법한 쟁의행위의 집행에 기획 · 지도 등의 방법으로 관여한 경우, 위법한 쟁의행위를 지휘하거나 실행자를 지정하는 등 중요한 기능을 능동적으로 담당한 경우는 그 행위로 인한 민사적 책임은 조합간부에게 귀속된다. 다만 이 경우에도 노동조합의 방침에 의해 전체조합의 결의를 수행하는 과정에서 간부의 역할로 인해 함께 이루어 진 경우는 노동조합과 조합간부 그리고 조합원이 각각 책임을 지는 것은 말할 것도 없다. 이 경우 적극 가담여부는 구체적 사실관계를 토대로 판단한다.

조합간부는 쟁의행위를 조직하고 주도적으로 이끌어가는 직위를 가지고 조합원들의 노무제공 불이행을 기획하고 지시하는 주동자 위치에 있다. 따라서 조합간부 등이 위법한 쟁의행위에서 발생한 폭력 · 파괴 · 불법점거, 성실의무 위반 등의 위법한 행동을 기획 · 지시 · 지도한 경우에는 이들이 공동불법행위자 또는 교사자 · 방조자[492)]로서 행위자와 연대책임을 진다. 처음부터 정당성을 상실한 채 쟁의행위가 시작되거나, 처음에는 실질적 · 절차적 요건을 갖추고 출발한 정당한 쟁의행위가 수행과정에서 폭력 · 파괴 · 협박 · 감금 · 시설 불법 점거 · 불매운동 등 정당성이 없는 형태로 변질되었을 경우는, 근로계약상의 근로제공 및 성실의무를 위반하는 등 채무를 불이행한 불법행위 책임과 사용자의 시설관리권과 영업권 · 경영권을 침해한 불법행위 책임으로 인하여, 발생된 손해 전체에 대해 민사상 책임을 져야하고 형사적 책임과 징계책임이 따른다.[493)] 이 경우 해당 불법행위를 주도한 간부가 여러 사람인 경우는 손해 전체에 대해 연대책임을 부담하여야 하고, 조합간부에게 파업 · 태업 · 사보타

그 업무를 중단하거나 이석할 경우는 특정한 예방조치를 취하도록 행동요령이나 작업요령이 매뉴얼이나 주의사항 등으로 정해져 있는 경우

491) 대판 2005다30610, 2006.9.22 ; 김유성, 『노동법』, 270쪽

492) 민법 제760조

493) 대판 93다32828, 1994.3.25

지 등 불법한 쟁의행위를 지시한 자가 있다면 그 사람도 불법행위자로 공동책임을 진다.[494] 이 경우 손해배상의 범위에 관해 살펴보면 다음과 같다.

(가) 조합간부의 손해배상범위

조합간부의 손해배상범위에 대해 살펴보면, 불법쟁의행위에 대한 귀책사유가 있는 노동조합이나 불법쟁의행위를 기획 · 지시 · 지도하는 등 이를 주도한 노동조합간부 개인이 그 배상책임을 지는 배상액의 범위는, 불법쟁의행위와 상당인과관계에 있는 모든 손해로 보는 것이 원칙이다. 연대책임 관계에서도, 노동조합간부 개인의 손해배상책임과 노동조합 자체의 손해배상책임은 부진정 연대채무관계에 있는 것이므로 노동조합의 간부도 불법쟁의행위로 인하여 발생한 손해 전부를 배상할 책임이 있다. 다만, 사용자가 노동조합과의 성실교섭의무를 다하지 않거나 노동조합과의 기존합의를 파기하는 등 불법쟁의행위에 원인을 제공하였다고 볼 사정이 있는 경우 등에는 사용자의 과실을 손해배상액을 산정함에 있어 참작할 수 있다.[495]

(나) 단순히 집행에 관여만 한 경우

노동조합의 전체적 방침으로 처음부터 위법한 쟁의행위가 결의되어 그 과정에서 간부는 단순히 수동적으로 집행만 하였으며, 조합방침과 지시에 따라 행동한 개별조합원의 실행행위에 있어서도 일탈행위가 없는 경우는 그 쟁의행위로 인한 책임은 노동조합에만 귀속하고 달리 간부의 개별책임을 묻기는 어렵다고 볼 수도 있다.

(3) 노동조합의 책임

쟁의행위가 정당하지 않은 경우 노동조합이 부담할 법적인 책임부분은 단체협약위반으로 인한 채무불이행 책임[496]과 불법행위로 인한 손해배상책임[497]이다. 대체로 쟁의행위는 노동조합의 집행기관 또는 노동조합의 지휘감독 아래

---

494) 민법 제760조(공동불법행위자의 책임) ; 김형배, 『노동법』, 847쪽

495) 대판 2005다30610, 2006.9.22

496) 평화의무 위반, 평화조항 위반 등

497) 정당성이 없는 쟁의행위, 정치파업, 연대파업, 동정파업 등 불법파업으로 인한 영업권 · 시설관리권 · 경영권침해, 업무방해, 폭력, 파괴, 퇴거불응, 재물손괴 등

집행간부 등 개인의 직무행위를 통하여 이루어진다. 이 경우 그 행위에 대한 책임은 노동조합원과 조합간부 등의 사용자인 노동조합에 귀속되므로 단체로서의 노동조합이 불법행위에 의한 손해배상책임을 진다. 이때 노동조합이 법인이 아닌 권리능력이 없는 사단인 경우에도 마찬가지다.[498] 그러므로 위법한 쟁의행위가 노동조합 의결기관의 결의와 집행기관의 기획 · 지도 등을 받아 노동조합의 행위로 파악되는 경우에는 노동조합이 그 재산이나 기금에서 손해를 배상할 책임을 진다. 뿐만 아니라 의결기관의 결의나 집행기관의 지도가 없이 행하여지는 경우라도 위법한 쟁의행위를 현실적으로 수행한 자가 조직 내에서 중요한 지위나 역할을 담당하고 있거나 노동조합의 집행기관이 당해 쟁의행위에 대하여 지원 · 승인하는 태도를 취한 때에는 그 쟁의행위로 인한 손해에 대하여 노동조합에 책임이 귀속된다고 볼 수 있다.

판례는 민법상 법인도 불법행위능력이 있다는 점, 법인은 이사 기타 대표자가 그 직무에 관하여 타인에게 가한 손해를 배상할 책임이 있으며, 이사 기타 대표자는 이로 인하여 자기의 손해배상책임을 면하지 못한다. 법인의 목적범위외의 행위로 인하여 타인에게 손해를 가한 때에는 그 사항의 의결에 찬성하거나 그 의결을 집행한 사원, 이사 및 기타 대표자가 연대하여 배상하여야 한다[499]는 점 등을 유추 적용하여 조합 자체의 배상책임과 함께 조합대표자의 배상책임을 연대하여 인정한다.[500] 다만, 노동조합이 민사상 불법행위나 채무불이행으로 인한 손해배상 책임의 주체가 되기 위해서는 불법쟁의행위를 기획, 주도, 지시, 명령하는 등 기관의 대표자인 조합장 등 임원의 불법행위가 성립

498) 민법 제756조(사용자의 배상책임)

499) 민법 제35조(법인의 불법행위 책임)

500) 대판 93다32828, 1994.3.25. 노조간부들이 불법행위를 기획, 지시, 주도하는 등으로 주도한 경우에 이 같은 간부들의 행위는 조합의 집행기관으로서의 행위라고 할 것이므로, 이러한 경우 민법 제35조제1항의 유추적용에 의하여 노동조합은 그 불법행위로 인하여 사용자가 입은 손해를 배상할 책임이 있다 할 것이고, 한편, 조합간부들의 행위는 일면에 있어서는 노동조합 단체로서 행위라고 할 수 있는 외에 개인의 행위라는 측면도 아울러 지니고 있고, 일반적으로 쟁의행위가 개개 근로자의 노무정지를 조직화하고 집단화하여 이루어지는 집단적 투쟁행위라는 그 본질적 특성을 고려하여 볼 때, 노동조합의 책임 이외에 불법행위를 기획, 지시, 주도하는 등으로 주도한 조합간부들 개인에 대하여도 책임을 지우는 것이 상당하다.

하여야 한다.

사측의 손해배상청구는 1차적으로 조합원, 간부 등의 임금에 대한 손배가 압류 형태로 나타나는데 ① 일본의 경우는 조합 및 파업을 조직한 노조간부의 책임을 인정하는 한편, 개인책임 인정여부에 대해서는 학설 등에서 대립하고 있다. ② 프랑스의 경우 원칙은 파업권의 주체인 개인책임이지만 조합이 주도한 경우는 조합도 책임을 지운다. ③ 독일의 경우 개인과 조합 모두에게 책임을 지운다. 다만, 개인의 경우 강제가담자는 책임이 없다는 입장이다. ④ 영국의 경우 계약책임의 원칙에 의거 근로자 개인에게 책임을 지우는 것이 원칙이다. 다만, 1983년 고용법제정이후 조합의 책임도 인정하되 조합기금의 일부에 대해서는 강제집행을 제한하고 있다.

(4) 손해액으로 인정할 수 있는 범위

다음으로, 민사적 손해배상책임이 있다고 판단될 경우 손해액으로 인정할 수 있는 범위가 어디까지 인가 하는 것이 의문이다. 판례에 따르면, 쟁의행위로 인해 조업이 중단되고 그로 인해 사용자가 얻을 수 있었던 영업이익의 상실 내지 감소는 "쟁의행위와 상당인과관계가 있는 손해"에 해당한다고 하고, 상당인과관계가 있는 영업이익을 산정할 때는 기업의 평균생산능력, 경영능력과 시장여건, 기타 제반사정을 감안해야 한다고 판시한 바 있다.[501)]

기타 제반사정이란, 상당인과관계가 있는 여러가지 사정을 종합할 때, 실질적으로 발생한 손해에 결과적으로 책임을 물을 만한 사정이 존재하는지 여부를 말한다. 하급심 판례에 의하면, 정당성이 없는 쟁의행위는 불법행위를 구성하고 이로 말미암아 손해를 입은 사용자는 그 손해배상을 청구할 수 있지만, 불법행위로 인한 손해배상책임이 인정되려면 가해행위에 의하여 발생한 손해가 현실적으로 발생한 것이어야 하고, 불법행위가 인정되고 손해의 발생이 추정되는 경우라 할지라도 그 손해의 종류, 범위 및 금액에 대한 주장 · 입증이 없다면 손해배상청구를 인용할 수 없다고 할 것인데, 쟁의행위로 제품생산라인이 중단되었다고 하더라도 도급생산, 위탁생산 등 다른 방법으로 제품

---

501) 서울고판 92나52285, 1993.4.14 ; 대판 93다24735, 1993.12.10

주문 수량을 충족하였다면 현실적인 손해가 발생하였다고 할 수 없다고 보았다.[502] 그 외 사건에서 손해배상범위와 관련한 판례는 다음과 같다.

① 감가상각비, 부동산 동산의 임차료, 세금과 공과금, 퇴직적립금, 복리후생비, 보험료 등 고정비용은 영업중단이 있는 경우 상당인과관계에 있는 손해로 본다(대판 93다24735, 1993.12.10).
② 쟁의로 조업중단이 되어 직장폐쇄에 이르지 않고 임금을 지급한 경우, 파업불참자의 노동력을 적절히 배분하지 못해 발생한 손해도 상당인과 관계에 있는 손해이다(서울고판 92나52285, 1993.4.14). 다만, 위와 같은 경우를 상당인과관계가 있는 손해로 인정하면서도 휴업수당을 초과한 부분은 인정할 수 없다고 한 사례(서울고판 93나12338, 1994.6.16)
③ 시설손괴나 출입저지로 인해 제품, 반제품의 가치가 훼손된 경우 그 손해도 상당인과관계가 있는 손해로 본 사례(인천지판 91가합18329 ; 서울고판 93나12338, 1994.6.16)
④ 신용이나 명예훼손을 손해로 인정하는 경우는 교섭과정의 구체적 상황과 수단의 상당성을 고려하여야 한다(서울지판 91가합64567, 1992.4.17).
⑤ 쟁의의 발생이나 확대에 사용자의 고의나 과실이 있는 경우 그 또한 손해사정에 참작하여 경감 또는 감액 되어야 한다(서울고판 93나12338, 1994.6.16).

다. 징계책임

정당성 없는 쟁의행위에 대해, 사용자는 쟁의행위 도중이나 사후에, 위법한 쟁의행위를 주도했거나 참가한 자 또는 직접 파괴 등 위법한 쟁의행위를 한 자에 대해 징계처분을 하는 경우가 많다. 징계책임을 두고 쟁의행위는 집단적 행위이므로 개인의 행위는 집단속에 매몰되어 개인근로자는 책임주체가 될 수 없다는 입장이 있으나, 판례에 의하면 징계처분은 기업의 질서유지를 위해 필요한 것이므로 개인책임을 부정할 수는 없다[503]는 입장이다. 사용자 입장에서 보면, 쟁의행위 결과 국가의 형벌권에 의한 형사적 책임이나 민사소송 등을 통한 손해의 전보는 현실적인 이행이나 효과면에서 효과가 미미하고 절차가 번거로울 수도 있다. 따라서 사용자에 의한 징계처분은 신속하고 간편한 방법으로 기업질서를 회복하는 수단이다. 다만, 징계처분은 노동조합에 대해서는

502) 서울남부지판 2005가합14459, 2007.4.26
503) 대판 92누1094, 1992.12.8

할 수 없으므로 개별근로자 · 조합간부 등 개인에 대한 처분일 수밖에 없는 한계가 있고, 처분과정이나 대상자 선정과정 등에서 사용자의 임의성이 내포될 수 있으며, 징계권이 남용되지 않도록 공정성과 형평성이 요구된다.

징계책임은 정당성 없는 쟁의행위가 기업질서를 침해하는 정도와 모습에 따라 각 근로자마다 경중에 따라 결정되는 것이 원칙이다. 개별조합원은 그 위치나 의사결정이나 조합활동 등 내부구조상 조합간부나 대표자의 지시를 어기고 개별적으로 행동하는 것은 어려운 일이므로, 정당성이 없는 쟁의행위에 가담한 경우에도 쟁의행위 중 자의로 불법행위를 저지른 경우가 아닌, 단순가담자를 조합간부나 적극 가담자와 동일한 수위로 징계처분 하는 것은 형평에 어긋날 것이다. 다만, 민사적 책임에서는 단순가담자와 조합간부 등 적극가담자를 구분하지 않고 불법행위의 일반원칙에 따라 연대책임관계에 있는 공동불법행위로 보는 것이 일반적이다.[504] 한편, 노동조합은 쟁의행위가 법령이나 사회질서를 준수하여 적법하게 수행될 수 있도록 조합원을 지도 · 관리 · 통제할 책임은 있다. 이 경우 조합간부의 지시나 기획에는 없는 폭행, 파괴, 무단시설점거, 불법감시, 피켓 등에 의한 명예훼손 등 통제를 일탈한 조합원 개인의 행위에 대해서는 노동조합이나 간부의 연대책임을 물을 수는 없고, 불법행위를 한 조합원 개인이 민 · 형사책임을 지고, 조합이나 간부의 경우는 일반적인 지도 · 관리책임만 물을 수 있을 것이다. 이 경우 조합은 사용자의 징계처분과는 별도로 불법행위를 저지른 조합원에 대해 규약에 따른 징계처분과 지원배제 등의 조치를 취할 것이다.

1) 조합간부의 책임가중

다음은 쟁의행위를 주도, 지시한 조합간부의 책임에 관해 살펴보면, 징계책임은 기업이익을 침해하는 정도와 가담정도, 쟁의행위 모습에 따라 다를 수밖에 없다. 위법한 쟁의행위를 기획 · 주도한 간부의 경우 쟁의행위가 적법하게 수행될 수 있도록 조합원을 지도 · 관리 · 통제할 책임이 있다.[505] 따라서 판례

504) 대판 93다32828, 1994.3.25 ; 서울고판 93나12338, 1994.6.16
505) 노조법 제38조제3항

는 방지의무 그 자체의 위반에 대한 책임으로 징계처분 할 수 있다고 본다.[506] 간부라는 위치에 있어서 모든 조합원을 대표하여 책임지는 것은 있을 수 없고, 기업질서 침해와 결과발생, 기여도 등을 고려하는 한편, 취업규칙과 단체협약 등에 정한 징계규정과 근기법 제23조제1항에 정한 불이익처분의 정당한 사유가 있는지 등을 전체적으로 고려해야 한다.[507] 그러나 조합간부가 부당한 쟁의행위를 기획 · 지도함으로써 기업질서 침해라는 결과를 발생시키는데 중요한 역할을 수행한 책임은 일반조합원보다 더 엄중한 징계처분대상이 된다. 다만, 학설에 의하면 간부의 위치에 있다는 이유만으로 조합원에 대해 영향의무, 방지의무가 있다고 보아서 징계처분 하는 것은 결국 타인의 행위에 대한 책임을 인정하는 결과가 되어 개인책임의 원리에 반한다는 입장,[508] 간부의 기획 · 지도책임을 인정하면 징계라는 수단으로 사용자가 지배 · 개입하는 것과 같다는 입장[509] 등이 있다.

2) 단체책임과 개인책임의 관계에 대한 학설

위법한 쟁의행위에 대하여 노동조합이라는 단체의 불법행위책임과 조합간부 등 개인의 불법행위책임이 경합하는 경우에 양자의 관계를 어떻게 파악할 것인가가 문제된다. 단체라는 개념은 추상적인 것에 지나지 않고 실질적인 행위자는 구체적 불법행위능력을 가진 개인이기 때문에 개인은 각자가 단체와 함께 위법한 쟁의행위에 의한 전체 손해에 대하여 부진정연대책임(不眞正連帶責任)[510]을 진다고 보는 견해가 있다.[511] 그러나 노동조합이라는 단체는 추상적인

506) 대판 99누7733, 1992.9.1

507) 김형배, 『노동법』, 849쪽

508) 김유성, 『노동법』, 277쪽

509) 박홍규, 『노동법2』

510) 연대채무자의 의사와 관계없이 우연히 발생한 채무 등 책임을 말한다. 예를 들면, 자가용 운전기사가 사고를 낸 경우에 그 운전기사는 불법행위자로서 당연히 책임이 있으며, 자가용 소유자는 사용자로서 책임을 지게 된다. 여기서 자가용 소유자는 본인의 의사와 관계없이 우연히 연대책임 관계가 성립하게 되는데, 이를 부진정연대채무라 한다. 그런데 이 경우에 피해자가 사고를 낸 자가용 운전기사에 대해 손해배상에 관한 권리를 포기하거나 채무를 면제할 의사표시를 했다고 하더라도 다른 채무자인 자가용 소유자에 대해서는 그 효력이 미치지 않는다.

511) 김유성, 『노동법』, 273쪽 ; 대판 93다32828, 1994.3.25

개념이 아니라 법적 · 사실적 실체이고 행위자는 개인이더라도 그 책임은 노동조합이라는 단체에 귀속시키는 것이다. 따라서 위법한 쟁의행위가 조합원의 다수결로 권한이 부여된 경우에는 노동조합의 책임을 일차적인 것으로, 행위자 내지 참가자의 책임을 이차적인 것으로 파악해야 한다. 바꾸어 말하자면, 위법한 쟁의행위가 조합원의 다수의 결의에 의하여 노동조합의 공식적인 행위로서 행하여진 경우에는 개인책임은 단체책임의 배후로 돌아가고, 단체책임이 소멸되면 개인책임도 소멸되는 부종성(附從性 Akzessoritt)[512]과 보충성(補充性)[513]을 가진다고 보아야 할 것이다.[514]

라. 제3자에 대한 책임문제

쟁의행위는 소비자, 일반시민의 소비생활과 사회활동 등에도 영향을 미칠 수 있다. 이 경우 쟁의행위에 참가한 자가 사용자와의 거래관계에 있는 제3자, 불특정 일반인 등에 대해서 민사상 책임을 질 수 있느냐 하는 것과 제3자가 받은 손해가 쟁의행위와 어떤 인과관계에 있는지 여부가 쟁점이다.

1) 사용자의 거래상대방에 대한 손해배상 책임

거래 상대방에 대하여는 사용자가 상대방에게 고의과실로 계약상 채무를 이행하지 않은 채무불이행책임과 고의과실로 인한 불법행위책임이 있다. 고의과실이란, 사용자 등의 귀책사유에 의한 것을 말한다. 파업과 직장폐쇄는 계약상 불이행문제를 수반한다.[515] 민법에 의하면, 사용자는 쟁의행위가 정당한 경우 계약상대방에 대하여 자신의 귀책사유로 인한 계약상 채무의 이행지체

---

512) 어떤 권리 · 의무가 주된 권리 · 의무의 경제적 목적을 달성하는 수단인 경우에 법률상 그 성립(成立) · 존속(존속) · 태양(態樣) · 소멸(消滅) 등에 주된 권리 · 의무와 운명을 같이하는 성질을 말한다. 예컨대, 채권을 담보하기 위하여 저당권 · 질권을 설정하거나(물적 담보) 보증인을 세운다면(인적 담보), 거기에는 근본이 되고 있는 주된 권리와 의무 이외에 저당권 · 질권과 관련된 권리 · 의무 그리고 보증채무 및 그에 대한 권리라는 형식으로 종속된 권리 · 의무가 발생한다. 이런 경우에 종속한 권리 · 의무는 주된 권리 · 의무가 성립하지 않으면 성립할 수 없고, 주된 권리 · 의무가 소멸하면 역시 소멸하다.

513) 최고 및 검색의 항변권 ; 민법 제437조

514) 임종률, 『노동법』, 235쪽

515) (예) 정한 기일에 상품인노 불이행 또는 지체, 납기에 부품 등 공급중단

나 이행불능에 대해서는 손해배상책임을 부담하지 않는다. 이 경우는 사용자가 노조의 요구를 들어주지 않아서 쟁의가 발생하거나 쟁의기간이 연장되거나 스스로 직장폐쇄를 단행하여 쟁의가 장기화되더라도 마찬가지다. 그러나 사용자의 위법한 직장폐쇄 등 쟁의행위가 정당하지 못한 경우는 상대방에게 손해배상책임을 부담한다.[516] 비노조파업 등 쟁의행위가 위법하여 상대방에게 채무를 이행하지 못한 경우는, 사용자가 약정기한까지 상당한 사전조치를 취했더라면 채무의 내용을 실현할 수 있었던 경우, 주동자 징계 등 적절한 조치를 취하면서 대비하지 않은 경우, 사용자가 스스로 쟁의행위 원인을 제공한 경우 등 사전 혹은 사후에라도 적절히 대비하지 않은 불이행 책임을 진다.[517]

사용자는 쟁의행위가 발생할 경우 자신이 상대방에 대한 채무불이행, 혹은 상대방의 계약내용 이행에 대한 자신의 수령지체 등을 미리 예상하고 그러한 경우에 책임이 없다는 내용의 약정을 맺어두는 것이 좋을 것이다. 이 때 약관에 관한 문제는 약관의 규제에 관한 법률에서 다룰 사항이다.

2) 사용자의 일반 제3자에 대한 불법행위 책임

예를 들면, 철도파업으로 인한 시민의 불편이 발생할 경우, 사용자가 일반 제3자에게 손해를 배상할 책임이 있는지 여부가 의문이다. 모든 기업은 직업 선택의 자유와 재산권을 보장받고, 사업의 개업, 휴업, 폐업 등 영업의 자유를 가지며, 사용자는 헌법 제33조의 반사적인 효과로서 단체교섭의 자유를 가진다. 따라서 사용자는 노사분쟁으로 인해 영업을 단축, 정지 등을 하더라도 반드시 제3자의 이익을 고려하여 결정할 의무는 없다. 그러므로 제3자에게 어떤 손해가 발생하다고 해도 원칙적으로 이에 대한 책임을 지지 않는다. 다만, 공기업의 경우 관련법에 의거 공중의 이익보호를 위해 영업의 개시, 수행, 휴·폐지 등에 제한을 두고 그 한도에서 사용자의 영업의 자유를 제한하지만, 그러한 규제법규는 개인의 이익을 보호하는 법규가 아니므로 규제를 이유로 제3자에 대한 불법행위책임까지 물을 수는 없다.[518]

516) 민법 제387조, 제390조, 제393조
517) (예) 연장근로를 통해 물량확보, 사전에 원료구입, 대체상품 확보 등 ; 김형배, 『노동법』, 877쪽
518) 김형배, 『노동법』, 881쪽

다른 견해는, 헌법상 단체행동권이 권리로 보장된 이상, 집단적 노사자치는 공적질서의 한 부분을 형성하고 있다. 만약 사용자가 제3자의 이익을 보호하려면 중단된 조업을 강행하여야 하는데 강행법으로 대체근로가 제한[519]되어 사실상 조업강행이 곤란하다. 따라서 제3자는 쟁의행위로 인한 손해를 받아들여야 한다고 주장하면서, 다만, 노동3권보장과 제3자의 기대이익을 상호 조화시키는 관점에서 판단할 때, 사용자의 부당한 노동행위로 쟁의행위가 확대 · 야기되었거나, 고의성 있는 교섭지연 혹은 거부가 노사관계 악화의 원인이 된 경우는 예외적으로 손해배상책임이 인정된다고 본다. 또한 이때 사용자의 손해배상 책임은 자신의 책임이지 노조나 근로자에 대한 사용자책임이 아니기 때문에 선배상조치(先賠償措置) 후구상권행사(後求償權行事)같은 것도 타당하지 않다는 입장이다.[520]

3) 근로자와 노동조합의 제3자에 대한 손해배상 책임

정당한 쟁의행위에 대한 민 · 형사면책 규정이 사용자와 거래관계에 있는 자 또는 쟁의행위로 인해 어떤 형태든 불이익을 받은 제3자에게도 같이 적용되는지 여부가 의문이다. 헌법 제33조에 보장된 단체행동권으로서 근로자의 쟁의행위가 정당한 경우는 사용자나 제3자는 그로 인한 손해를 감수하여야 하므로 조합원 등은 민사상 책임을 지지 않는다. 다만, 당해 쟁의행위가 직접적으로 제3자에 대한 가해를 목적으로 하여 폭행, 파괴 등을 수반할 경우는 노동조합과 근로자의 불법행위책임이 성립한다.[521] 쟁의행위가 노조법상 금지 · 제한법조항을 위반한 경우[522] 이러한 금지 · 제한규정은 공중생활에 필요불가결한 공공서비스 확보 등을 목적으로 하는 보호법규에 해당한다. 공공서비스제공은 단순한 반사적이익(reflective interest, 反射的 利益)[523]이 아니라 법적이익으로 평가

519) 노조법 제43조제1항

520) 김유성, 『노동법』, 278쪽

521) (예) 제3자의 재산권침해 등, 쟁의행우 도중 제3자의 차량과 점포손괴

522) 공무원과 교원의 쟁의행위금지(공노법 제11조, 제18조, 교노법 제8조, 제12조), 주요방산업체 종사자의 쟁의행위금지(노조법 제41조제2항) 필수유지업무 정지 · 폐지행위(노조법 제42조의2 제2항, 제89조) 필수공익사업의 유지 · 운영수준위반(노조법 제43조제3항, 제91조) 등

523) 법이 공익의 보호증진을 위하여 일정한 규율을 행하고, 또한 법에 근거하여 행정의 집행이 이

되어야 하므로 위반시 불법행위가 된다. 이를 테면, 안전보호시설 정상적 유지 · 운영을 위반한 쟁의행위로 제3자의 생명이나 신체에 대한 침해가 있을 경우는 불법행위가 되어 손해배상책임이 인정될 수 있다. 의료법상 의료인의 진료거부행위를 처벌하는 것은 벌칙이외에 보호법규위반의 손해배상책임이 인정된다. 다만, 제한 · 보호법규 위반 쟁의행위에 대한 불법행위책임을 널리 인정하면 실질적인 단체행동권행사에 큰 제약이 될 수 있으므로 법규위반 행위가 이용자 개인의 법적으로 보호받을 만한 법익을 침해한 경우에만 손해배상책임을 인정하여야 한다는 입장이다.[524)]

4) 쟁의행위가 정당성이 없는 경우 제3자에 대한 책임

노조의 쟁의행위가 정당성을 갖지 못하는 경우라도 노동조합이나 근로자가 제3자와 계약관계가 없으므로 직접 제3자의 법익을 침해한 경우, 이를 테면, 사외 시위진행 중 제3자의 차량이나 점포, 가게시설 등을 훼손하거나 제3자에게 욕설, 폭행, 명예훼손 등의 불법행위를 저지른 경우 등의 경우가 아니라면 제3자에 대해 책임을 질 사항은 없다.[525)] 다만, 노동조합이나 조합원이 쟁의행위 과정에서 사용자와 제3자 사이의 계약이행과정, 예를 들면 원자재반입, 물건납품, 시설하자 보수작업을 위한 출입 · 체류, 플랜트 시공계약, 공장확장 · 신축 등에 개입하여 직접 반출 입하 등을 저지하거나 출입을 금지시켜 당사자 사이의 계약이행을 직접적으로 방해한 경우는 제3자의 채권을 침해한 것이므로 불법행위가 성립할 수 있다. 이 경우 불법행위에 조합의 지시 · 기획이 있었고 조합원이 이를 수행한 경우는 근로자와 조합의 연대책임이 발생하고, 지시 · 기획 없이 조합원들이 개별적으로 수행한 경우는 근로자들이 불법행위 책임을 진다.[526)]

루어지는 것의 반사적 효과로서 특정 또는 불특정의 사인에게 발생하는 일정한 이익을 말한다.

524) 김유성, 『노동법』, 281쪽

525) 이병태, 『노동법』, 390쪽 ; 김형배, 『노동법』, 883쪽

526) 대판 1992.9.25, 92다18542 ; 대판 1996.2.23, 95다13708 ; 대판 99두5740, 1999.9.17. 노동조합이 조직 · 주도하지 않은 쟁의행위, 노조법에 의하면 노동조합은 조합원 투표에 의한 과반수의 찬성 등 일정한 절차상의 요건을 갖추어야만 사용자의 업무의 정상적인 운영을 저해하는 쟁의행위를 실행할 수 있고, 조합원은 노동조합에 의하여 주도되지 아니한 쟁의행위는 하

6. 필수유지업무제도

가. 필수유지업무협정

1) 제정취지 및 도입배경

필수유지업무(必須維持業務)란, 공익사업[527] 중 그 업무의 정지 · 폐지가 공중의 일상생활을 현저히 위태롭게 하거나 국민경제를 현저히 저해하고 그 업무의 대체가 용이하지 아니한 사업을 말하는 것으로서, 법 제71조제2항에서 정한 철도사업, 도시철도사업 및 항공운수사업, 수도 · 전기 · 가스사업, 석유정제 및 석유공급사업, 병원사업 및 혈액공급사업, 한국은행사업, 통신사업을 필수공익사업(必須公益事業)으로 정하고 있다. 좀 더 구체적으로 본다면, 필수공익사업의 업무내용[528]으로 볼 때, 그 업무가 정지되거나 폐지되는 경우 공중의 생명 · 건강 또는 신체의 안전이나 공중의 일상생활을 현저히 위태롭게 하는 업무로서 대통령령이 정하는 업무를 말한다.[529] 필수유지업무제도는 노조법상 필수공익사업장에서 노사가 쟁의행위 개시 전까지 자율적으로 협정을 체결하여 파업시에도 유지하여야 할 필수유지업무의 필요성, 최소한의 유지 · 운영 수준, 대상직무, 필요인원 등을 정함으로써 쟁의행위시 공익침해의 정도에 대

여서는 아니 되는 것이므로, 원고가 위와 같은 행위로 나아간 것이 1997.8.26.의 결의에 따른 것이라고 하더라도 그 결의는 조합원 전체가 아닌 곡블럭 조립부 소속 조합원만의 의사로 이루어진 이상, 원고의 위 행위는 노동조합의 결의나 구체적인 지시에 따른 노동조합의 조직적인 활동 그 자체가 될 수 없음은 물론 그 행위의 성질상 노동조합의 활동으로 볼 수 있다거나 노동조합의 묵시적인 수권 혹은 승인을 받았다고 볼 수도 없고, 단지 조합원으로서의 자발적인 행동에 불과할 뿐이어서 정당한 노동조합활동이라고 할 수 없다

527) 노조법 제71조【공익사업의 범위 등】①"공익사업"이라 함은 공중의 일상생활과 밀접한 관련이 있거나 국민경제에 미치는 영향이 큰 사업으로서 다음 각 호의 사업을 말한다.
1. 정기노선 여객운수사업 및 항공운수사업
2. 수도사업, 전기사업, 가스사업, 석유정제사업 및 석유공급사업
3. 공중위생사업, 의료사업 및 혈액공급사업
4. 은행 및 조폐사업
5. 방송 및 통신사업

528) 철도 및 도시철도 차량의 운전업무, 선로점검 및 보수업무, 항공운수사업에서 탑승수속업무 및 항공기 조정업무, 수도사업에서 가압 · 취수 · 배수시설의 운영업무 등을 말한다.

529) 노조법 제42조의2제1항, 노조령 제22조의2, 별표1

한 예측가능성을 확보하고, 노사가 미리 대비하도록 협정을 체결하여 공중의 건강과 생명 신체의 안전을 유지하는 한편, 쟁의권과 공익의 합리적인 조화를 도모하는데 취지를 두고 있다.

법은 노동관계 당사자에게 필수유지업무의 유지의무를 부과하여, 쟁의행위시 필수유지 업무의 정당한 유지·운영을 정지·폐지 또는 방해할 수 없도록 정하고 위반시 형사처벌을 할 수 있다.[530] 필수공익사업의 사용자는 쟁의행위로 인해 그 업무가 중단되었을 경우는 쟁의행위기간 중에 한하여 당해 사업 또는 사업장의 파업참가자의 100분의 50을 초과하지 않는 범위 내에서 그 사업과 관계없는 자를 채용 또는 대체하거나 도급 또는 하도급을 줄 수 있다.[531] 불법파업의 경우는 제한없이 외부인력 등을 사용할 수 있다. 다만, 파견법에 의거 파견근로자 대체사용은 허용되지 않는다.[532] 파업참가자 수는 근로의무가 있는 근무시간 중에 파업참가를 이유로 근로의 일부 또는 전부를 제공하지 아니한 자로서 1일단위로 산정하며, 이월·적치하여 사용할 수 없다. 파업이 아닌 태업 등 다른 쟁의행위인 경우는 파업참가자 수 산정에서 제외되며 단체협약 등으로 연장근로가 의무화된 사업장에서 연장근로를 거부하는 것은 파업으로 간주한다.[533] 다만, 노사가 필수유지업무의 유지, 운영수준을 결정하고 협정을 체결하는 문제는 문언상 의무사항으로 정하였지만 달리 처벌규정을 두지 않고 자율에 일임하고 있다.

[공익사업과 필수공익사업의 구분]

① "공익사업"은 공중의 일상생활과 밀접한 관련이 있거나 국민경제에 미치는 영향이 큰 사업으로서 정기노선여객운수사업 및 항공운수사업, 수도·전기·가스사업, 석유정제 및 석유공급사업, 공중위생사업, 의료사업 및 혈액공급사업, 은행 및 조폐사업, 방송 및 통신사업을 말한다.[534] 공익사업은 노조법상 쟁의행위와 관련하여 특별한 규정을 두고 있는데, 쟁의조정은 우선적으로 취급하고 신속히 처리하며,[535] 특별조정위원회가 담당하고,[536] 조정기간이 15일로서 일반사업 10일보다 길고,[537] 긴급조정의 대상이 된다.[538]

530) 노조법 제42조의2제2항. 필수유지업무의 정당한 유지·운영을 정지·폐지 또는 방해하는 행위는 쟁의행위로서 이를 행할 수 없다 ; 노조법 제89조제1항, 3년 이하의 징역 또는 3천만원 이하의 벌금에 처한다.

531) 노조법 제43조

532) 파견법 제16조제1항

533) 노조법 제43조제3항·제4항, 노조령 제22조의4

② "필수공익사업"은 공익사업 중에서 그 업무의 정지 또는 폐지가 공중의 일상생활을 현저히 위태롭게 하거나 국민경제를 현저히 해하고, 그 업무의 대체가 용이하지 않은 사업으로서 다음 각호의 사업을 말한다.[539)]
1. 철도사업, 도시철도사업 및 항공운수사업
2.수도사업, 전기사업, 가스사업, 석유정제사업 및 석유공급사업
3.병원사업 및 혈액공급사업
4.한국은행사업
5.통신사업

과거 필수공익사업에 대하여 노동위원회를 통해 쟁의권을 사전에 제한할 수 있던 직권중재제도가 있었으나 위헌논란과 함께 ILO등 국내외 노동단체로부터 직권중재제도가 노동기본권을 과도하게 제약한다는 비판이 있어,[540)] 직권중재제도를 폐지"[541)]하였다. 그 대신에, 항공운수사업과 혈액공급사업을 필수공익사업으로 추가하고, 논란이 된 쟁의권은 보장하되 필수유지업무 종사자는 쟁의행위를 제한하여 파업시 최소업무유지를 의무화하며, 필수공익사업에 대해 대체근로를 허용하는 등을 골자로 제도를 도입하게 된 것이다. 필수공익사업에 대해서는 사업장(병원, 상수도사업소, 한국전력 등)보다 병원의 응급의료 · 마취업무, 한국전력의 발전설비 운전업무 · 지역전기 공급업무, 상수도사업소의 취수 · 정수시설운영 및 제어시스템업무 등 업무중심으로 쟁의권을 제한한 것이다. 필수유지업무 제도가 헌법상 단체행동권에 제약을 가하고, 죄형법정주의 등의 원칙에도 위배된다는 지적에 대하여 판례는 다음과 같이 판시한 바 있다.

---

534) 노조법 제71조제1항
535) 노조법 제51조
536) 노조법 제72조, 제73조
537) 노조법 제54조제1항
538) 노조법 제76조
539) 노조법 제71조제2항
540) 과거 필수공익사업에 대한 직권중재제도가 당사자에게 보장된 헌법상의 노동기본권을 심각하게 훼손한다는 지적, 즉, 직권중재가 결정되면 그 중재안은 단체협약과 같은 효력을 발생하게 되고, 평화의무가 발생하여 중재안에 불만이 있더라도 쟁의행위를 할 수가 없는 폐단이 있어 이를 폐지하고 대안으로 입법화된 것이다.
541) 구 노조법 제62조

「필수유지업무제도는 종래의 직권중재제도를 대체하여 필수공익사업의 쟁의행위를 규율하기 위한 제도로서, 필수공익사업에 있어서 노사 양측의 극단적인 이해대립과 갈등으로 파업 등이 발생하는 경우 필수공익사업의 업무 중 그 업무가 정지되거나 폐지되는 경우 공중의 생명 · 건강 또는 신체의 안전이나 공중의 일상생활을 현저히 위태롭게 하는 업무를 미리 필수유지업무로 지정하여 그 업무의 정당한 유지 · 운영을 정지 · 폐지 또는 방해하는 행위를 쟁의행위로서 행할 수 없게 함으로써 공중의 일상생활 유지와 국민경제의 보전을 도모하고자 하는 것으로 그 입법목적이 정당하고, 노조법상 규정된 기본권 제한의 방법이 적절하며 기본권 제한의 정도도 최소화하고 있을 뿐만 아니라 보호하고자 하는 공익과 제한되는 사익 간의 균형도 유지하고 있다고 보여진다. 또한 위 제도에 의하여 단체행동권 자체가 박탈되는 것이 아니며 불복절차를 경유할 수 있는 조치도 마련되어 있으므로, 근로자의 단체행동권 등의 본질적인 부분을 침해한다고 볼 수 없고, 그 밖에 죄형법정주의, 명확성의 원칙 등에 위배되어 위헌이라고 보기도 어렵다[542]」는 입장이다.

2) 필수공익사업 판단

(1) 판단요건

필수공익사업(必須公益事業)에 해당하려면, 법 제71조제1항에 정한 공익사업으로서 법 제71조제2항에 정한 각호 규정의 사업이라는 *형식적 요건에 해당하여야 하고 구체적인 해당여부는 한국표준산업분류[543]에 따른 산업의 정의 및 분류와 각 사업시행의 근거법률(철도사업법, 도시철도법, 항공법 등)을 기초로 특정사업이 노조법상 필수공익사업에 해당하는지 여부를 판단하여야 하고, 동시에 업무의 정지 · 폐지가 공중의 일상생활을 현저히 위태롭게 하거나 국민경제를 현저히 해하고 그 업무의 대체가 용이하지 않는 등 *실질적인 요건을 충족하지 않으면 아니된다.

필수유지업무의 해당여부는, 그 업무의 정지 · 폐지가 있을 때, 생산 · 공급

542) 서울행판 2009구합23426, 2010.1.21

543) 통계청고시 제2000-1호

하는 서비스에 대한 장해로 인해 그것을 이용하는 일반공중의 수요가 본질적으로 침해받을 수 있느냐가 핵심이다. 공중의 일상생활 및 국민경제에 대한 파급효과가 큰 사업이라야 하므로, 서비스 · 재화의 생산규모 및 서비스 공급대상이 일반 공중을 대상으로 하여야 한다. 또한 그 업무의 대체가 용이하지 않아야 한다는 것은 생산 · 서비스 규모를 감안할 때 다른 동종업체를 통해 대체하는 것이 곤란한 정도라야 한다.

필수유지업무의 범위는 법[544)]에 정한 업무를 반드시 포함하되 업무의 정지 · 폐지시의 영향, 대체서비스 공급가능성, 대체인력확보 가능성, 근무형태의 특성 등의 개념적인 지표[545)]를 활용하여 실질적 요건을 판단하고, 각 법률상 업무수행이 의무화 되어 있는지 여부[546)] 등을 고려하여 노사간 자율교섭을 통해 정하는 것이 바람직하다. 단순히 공중의 일상생활에 불편을 초래하는 업무인 경우는 필수유지업무에 해당할 가능성이 상대적으로 낮을 수 있다. 만약 도급 또는 위탁 등을 통해 외부업체가 수행하는 사업으로서 외주계약 취소 및 타 업체와의 재계약을 통해 대체수행이 용이한 사업이라면 원칙적으로 대체가능성이 있다고 보아야 한다.[547)]

법에 정한 각 필수공익사업사업에서 제외되는 세부적 업무를 살펴보면, 철도사업 중 철도화물운송 · 철도건설 · 터미널시설운영업 등, 도시철도사업 중 지하철건설 및 운송관련서비스업, 항공운수사업 중 여행알선 · 창고 및 운송관련서비스업 · 항공화물취급업, 가스사업 중 차량용 가스충전소운영과 산업용 압축 · 액화가스 제조, 석유정제 및 석유공급사업 중 석유정제물 재처리

544) 노조법 제71조제2항, 노조령 제22조의2 별표1

545) 개념적 지표 ① 업무의 정지 · 폐지시의 영향 : 당해 업무가 공중의 생명, 건강, 안전, 일상생활 등 공익에 미치는 영향과 긴급성 정도, ② 대체서비스 공급가능성 : 당해업무의 노무공급이 독과점인지 경쟁적인지 등 상황고려, ③ 대체인력확보 가능성 : 당해 업무의 숙련성, 전문성, 경험 등이 높은 수준을 요구하는지 여부 및 대체인력확보의 용이성을 고려, ④ 근무형태의 특성 : 정규시간 24시간 연속업무, 특정시간 및 특정기간 근무, 공정, 업무의 독립성과 연관성 정도 등을 고려한다.

546) 필수공익사업 근거법률 : 철도사업법, 도시철도법, 항공법, 인천국제공항공사법, 수도법, 전기사업법, 도시가스사업법, 석유사업법, 한국은행법, 의료법, 혈액관리법, 전기통신사업법, 우편법

547) 2007.11, 필수유지업무제도지침

업 · 석유화학계 기초화합물 제조업, 병원사업 중 의원 · 일반의원 · 방사선진단 및 병리검사의원 · 치과의원 등은 해당사업에 속해 있으면서도 필수공익사업이 아니다.[548)]

각 필수공익사업별 필수유지업무의 내용은 아래와 같다.[549)]

1. 철도사업과 도시철도사업의 필수유지 업무
   (가) 철도 · 도시철도 차량의 운전업무, 운행관제업무, 운행에 필요한 전기시설 · 설비 유지관리
   (나) 차량운행과 이용자 안전에 필요한 신호시설 · 설비를 유지 · 관리업무, 차량운행에 필요한 통신시설 · 설비를 유지 · 관리하는 업무
   (다) 안전운행에 필요한 차량의 일상점검이나 정비업무, 선로점검 보수업무
2. 항공운수사업의 필수유지업무
   (가) 승객 및 승무원의 탑승수속, 승객 및 승무원과 수하물의 보안검색업무
   (나) 항공기조종, 객실승무, 비행계획수립, 항공기 운항감시 · 통제업무

---

548) ① 사업장의 주요업무가 "전기발전 및 증기제조 · 공급업무"인 경우 대체가능성 여부에 따라서 필수공익사업 해당여부가 좌우될 것이므로 증기제조업무는 부수적사업이고, 전기발전 업무는 폐지되더라도 한국전력에 의해 차질 없이 대체공급이 가능하므로 필수공익사업요건에 해당하지 않는다(협력 68140-381, 1998.10.17).
② 전기정비 전문기술회사는 전기의 정상적 생산 및 공급을 위해 발전설비의 예방점검 및 고장복구 등을 주요사업으로 하므로 전기사업에 해당하여 필수공익사업에 속한다(협력 68140-38, 2000.2.9). 반면, 전기설비 검사 · 점검업무, 전기안전조사 연구 · 기술개발업무는 공익사업에 해당하지 않는다(협력 68140-549, 2000.11.15).
③ 도시가스 공급 · 안전관리를 수행하는 회사, 가스공급설비 정비업무를 수행하는 사업은 필수공익사업에 해당한다(노사관계법제팀-1623, 2006.6.16).
④ 집단전화사업, 구내통신사업, 정보통신사업, 통신관련 금융렌탈사업, CATV 전송선로유지 및 보수사업은 업무가 정지 · 폐지된다고 하더라도 그 정도가 공중의 일상생활을 현저히 위태롭게 하거나 국민경제를 현저히 저해하는 정도에 이르지 않고, 그 대체에 있어서도 한국통신의 위탁업무철회 등으로 대체가 가능하여 필수공익사업의 통신사업에 해당하지 않는다. 반면, ㅇㅇ이동통신사업은 이용자수, 대체가능성, 호환성 등을 감안할 때, 국가경제 전반에 미치는 영향이 크며, 사실상 대체가 어렵다는 점에서 필수공익사업에 해당하며, 향후 실질적 변화에 따라 해당여부도 변화할 수 있을 것이다(협력 68140-62, 1999.10.26). 고속인터넷접속, 정보시스템안전관리업체는 국민생활과 밀접한 관련은 있으나 다수의 업체가 있어 대체성이 존재하므로 필수공익사업으로 보기 어렵다(협력 68107-159, 2002.5.6).

549) 노조령 제22조의2, 별표

(다) 항공기운항관련 시스템 · 통신시설 유지 · 보수업무, 항공기정비(창정비 제외)업무
(라) 항고안전 및 보안에 관련된 법령 · 국제협약 또는 취항국가의 요구에 따른 항공운송사업자의 안전 또는 보안조치와 관련된 업무, 항공기 유도 및 견인업무, 항공기 급유 · 지상전원공급 · 제설 · 제빙업무
(마) 승객승하기 시설 · 차량운전업무, 수하물 · 긴급물품의 탑재 · 하역업무
(바) 항공법 제2조제16호에 따른 항행안전시설과 항공기 이착륙시설의 유지운영(관제 포함)업무

3. 수도사업의 필수유지업무

(가) 취수 · 정수(소규모 자동화정수시설 포함) · 가압 · 배수시설의 운영업무
(나) 수도시설의 통합시스템과 계측 · 제어설비의 운영업무, 시설긴급복구와 수돗물공급을 위한 법정기준이나 절차 등의 준수를 위한 업무

4. 전기사업의 필수유지 업무

(가) 발전부문
- ○ 설비의 운전(운전을 위한 기술지원업무 포함)업무
- ○ 설비의 점검 및 정비(정비를 위한 기술 · 행정지원은 제외)업무와 안전관리업무

(나) 송전 · 변전 및 배전부문
- ○ 지역 전기공급업무(무인변전소 순회점검업무는 제외)
- ○ 전력계통 보호를 위한 보호계전기 시험 및 정정업무
- ○ 배전선개폐기 및 자동화시스템을 통한 배전설비의 감시 · 제어와 배전선로 긴급계통전환업무, 전력계통보호를 위한 통신센터 운영업무(전력계통원방감시제어장치 포함)
- ○ 통신보안 관제센터 운영업무, 전력공급 비상시 부하관리업무, 송전 · 변전 및 배전설비 긴급복구업무

(다) 전력거래부문
- ○ 선력의 공급운영과 송전설비 계통운영의 제어업무
- ○ 1주 이내의 단기 전력수요 예측에 따른 전력계통의 안정적 운영계획수립 등 급전운영업무
- ○ 전력계통 등의 운영을 위한 전산실운영(출입관리 포함)업무

5. 가스사업의 필수유지업무(액화석유가스사업은 제외)

(가) 천연가스의 인수, 제조, 저장 및 공급업무
(나) 가목과 관련된 시설의 긴급방제 및 안전관리업무

6. 석유정제사업과 석유공급사업(액화석유가스사업 포함)

(가) 석유(천연가스 제외)의 인수 · 제조 · 저장 및 공급업무
(나) 가목과 관련된 시설의 긴급정비 및 안전관리업무

7. 병원사업의 필수유지업무

(가) 응급의료에관한법률 제2조제2호에 따른 응급의료업무

(나) 중환자 치료 · 분만(신생아 간호 포함) · 수술 · 투석업무

(다) "가목과 나목"의 업무수행 지원을 위한 마취 · 진단검사(영상검사 포함), 응급약제, 치료식환자급식, 산소공급, 비상발전 및 냉난방업무

8. 혈액공급사업의 필수유지업무

(가) 체혈 및 체혈된 혈액의 검사업무

(나) 혈액관리법 제2조6호에 따른 혈액제제(수혈용에 한정한다. 이하 같다)제조업무

(다) 혈액 및 혈액제제의 수송업무

9. 한국은행사업의 필수유지업무

(가) 한국은행법 제6조, 제28조와 제29조에 따른 통화신용정책과 한국은행 운영에 관한 업무

(나) 한국은행법 제47조부터 제86조까지의 규정에 따른 아래 업무

○ 한국은행이 수행하는 한국은행권 발행업무

○ 금융기관의 예금과 예금지급 준비업무

○ 금융기관에 대한 대출 · 지급결제 등의 업무

(다) "가목과 나목"의 수행지원을 위한 각종 전산시스템 운영 · 통신 및 시설보호 업무

(라) 타 법령에 따라 한국은행에 위임 또는 위탁된 업무

10. 통신사업의 필수유지 업무

(가) 기간망과 가입자망의 운영 · 관리업무, 통신장애의 신고접수 및 수리업무

(나) 우편법 제14조에 따른 기본우편업무, 제15조,부가우편역무 중 내용증명과 특별송달 업무

(2) 협정체결 방식과 효력

필수유지업무협정은 당사자가 반드시 서면으로 작성하고 서명 또는 날인하여야 한다.[550] 이때 진정성과 명확성이 인정되는 경우 무인도 유효하다. 필수유지업무제도의 운영에 관하여 문서화한 것이면 합의서, 협약서, 약정서 등 명칭을 불문하고, 단체협약과 달리 약정하지 않으면 협정의 유효기간도 없고,

550) 노조법 제42조의3, 노동관계 당사자는 쟁의행위기간동안 필수유지업무의 정당한 유지 · 운영을 위하여 필수유지업무의 필요 최소한의 유지 · 운영 수준, 대상직무 및 필요인원 등을 정한 협정(이하 · 필수유지업무협정 · 이라 한다)을 서면으로 체결하여야 한다. 이 경우 필수유지업무협정에는 노동관계 당사자 쌍방이 서명 또는 날인하여야 한다.

행정관청에 신고할 의무는 없으며, 협정을 체결하지 않는다고 하여 달리 처벌규정도 없고, 의무적 교섭사항이 아니므로 노사 양측 중 어느 하나가 필수유지업무협정체결 교섭을 요구했을 경우 거부를 하더라도 부당노동행위로 되는 것도 아니다.[551] 또한 단체협약과 달리 법령위반을 이유로 행정관청에서 시정명령을 할 수도 없다. 쟁의행위를 전제로 하므로 노동조합이 없는 사업장은 해당이 없고, 노동조합이 있더라도 해당 직무에 종사하는 조합원이 없다면 쟁의행위로 인한 필수유지업무의 정상운영이 저해될 수는 없다. 다만, 향후 해당 직무에 종사하는 근로자 중 조합원이 발생할 경우 협정이 없다면 정상운영에 제한을 받을 수도 있다.

나. 필수유지업무 협정체결

(1) 협정체결과 노동위원회 결정 등

생명, 보건, 신체안전, 일상생활 등 공중의 이익을 보호하기 위해 쟁의행위 중에도 정상적으로 유지 · 운영되어야 할 필수유지업무는 법으로 정해두었지만 그 인원과 유지 · 운영수준 등에 대해서는 노사가 대상업무, 유지 · 운영의 필요성과 규모, 필요인원, 분쟁해결방법, 효력발생시기, 유효기간, 변경절차, 해지절차 등에 관해 서로 합의하여 서면으로 협정을 체결하도록 자율성을 부여하고 있다.

노동조합이 있는 사업장의 경우, 노사관계 당사자는 쟁의기간 동안 필수유지 업무의 정당한 유지 · 운영을 위하여 필수유지업무의 필요, 최소한 유지 · 운영수준, 대상직무, 필요인원 등을 내용으로 하는 협정을 서면으로 쌍방이 서명 또는 날인하여 체결하여야 한다.[552] 단체협약과 달리 협정의 유효기간은 제한이 없으며 당사자간 자율에 일임하고 있다.

필수유지업무는 그 업무가 정지되거나 폐지되는 경우 공중의 생명 · 건강 또는 신체의 안전이나 공중의 일상생활을 현저히 위태롭게 하는 업무이기 때문

551) 단체교섭은 노조의 교섭요구에 대하여 교섭이 개시되고, 사용자가 의무적교섭사항에 대하여 정당한 사유없이 교섭에 응하지 않으면 부당노동행위에 해당할 수 있다.

552) 노조법 제42조의3

에 필수공익사업의 운영주체가 직접 이를 수행하는지 위탁하였는지 여부와 관계없이 항상 최소한의 범위 내에서 그 유지 · 운영이 담보되어야 할 필요가 있다. 따라서 사업주측과 위수탁계약을 체결한 후 그 사업장에서 해당업무를 수행하고 있는 노사는 노동위원회에 필수유지업무결정을 신청할 당사자적격이 있다.[553] 협정은 가급적 쟁의행위 개시 전까지 체결하는 것이 바람직하지만 그 이후에 체결해도 무방하며, 협정을 체결하지 않는다고 달리 처벌하는 조항은 없다.

다만, 노사가 협정을 체결하고자 노력했으나 협정이 체결되지 아니할 때는 당사자 일방이나 쌍방이 노동위원회에 필수유지업무의 필요 최소한의 유지 · 운영수준, 대상 직무 및 필요인원 등의 결정을 신청하여야 하고, 신청을 받은 노동위원회는 사업 또는 사업장별 필수유지업무의 특성 및 내용 등을 고려하여 필수유지업무 유지 · 운영 수준 등을 결정할 수 있다. 노동위원회는 위원 3인으로 특별조정위원회를 구성하여 당사자 진술과 현장조사 등을 거쳐 사업장별 필수유지업무의 특성을 고려하여 결정할 수 있다.[554]

필수유지 업무 결정 관할 노동위원회는 원칙적으로 사업장 관할 지방노동위원회에서 관장하되, 2 이상의 관할구역에 걸친 사건은 주된 사업장의 소재지를 관할하는 지방노동위원회에서 관할하고, 주된 사업장을 정하기 어려운 경우 중노위위원장이 지정한 지방노동위원회에서 관장한다. 노동위원회 신청시 구비서류는 사업장 개요, 협정 미체결 경위, 당사자간 필수유지업무의 필요 최소한의 유지 · 운영수준, 대상직무 및 필요인원에 대한 의견 불일치사항 및 이에 대한 당사자의 주장내용, 그 밖의 참고사항 등이다.[555] 노동위원회가 결정에 앞서 당사자에게 자율적으로 결정할 기회를 부여할 필요는 없다.[556] 노동

553) 서울행판 2009구합16909, 2009.11.6. (예) 병원에서 산소공급과 비상발전 및 냉난방 업무를 수행하고 있는 용역회사 등

554) 노조법 제42조의4제1항 노동관계 당사자 쌍방 또는 일방은 필수유지업무협정이 체결되지 아니하는 때에는 노동위원회에 필수유지업무의 필요 최소한의 유지 · 운영 수준, 대상직무 및 필요인원 등의 결정을 신청하여야 한다.

555) 노조규칙 제12조의2

556) 서울행판 2009구합23426, 2010.1.21

위원회의 결정은 서면으로 당사자에게 통보한다.

필수유지업무에 관한 노동위원회의 결정이 있는 경우, 그에 따라 쟁의행위를 한 때는 필수유지업무를 정당하게 유지 · 운영하면서 쟁의행위를 한 것으로 본다.[557] 당사자간 자율적으로 필수유지업무 협정을 체결한 사업장에서 쟁의행위가 발생한 경우는, 공중의 생명 · 건강 및 신체의 안전, 공중의 일상생활에 미치는 영향을 기준으로 쟁의기간 중 필수유지 업무를 정당하게 운영했는지 여부를 판단하여야 한다.

필수유지업무 유지 · 운영 수준 등의 결정신청을 받은 노동위원회는 사업 또는 사업장별 필수유지업무의 특성 및 내용 등을 고려하여 필수유지업무의 필요 최소한의 유지 · 운영 수준, 대상직무 및 필요인원 등을 결정할 수 있고, 일반 사업장의 쟁의행위에 대한 조정안을 내는 것과 같이 노사간 의견불일치가 있는 일체의 사항에 대하여 결정을 할 의무는 없다.[558]

(2) 노동위원회의 결정과 불복절차 등

노동위원회의 결정에 대해 당사자 쌍방 또는 일방이 결정에 대한 해석이나 이행방법에 관하여 의견이 일치하지 아니하면 서면으로 의견을 첨부하여 관할 노동위원회에 해석을 요청할 수 있고, 그에 따른 특별조정위원회의 해석은 노동위원회의 결정과 동일한 효력이 있다. 결정에 대한 불복절차와 효력은 중재재정에 관한 규정을 준용한다.

중재재정은 그 절차가 위법하거나 그 내용이 근기법 위반 등으로 위법한 경우 또는 당사자 사이에 분쟁의 대상이 되어 있지 않은 사항이나 정당한 이유 없이 당사자의 분쟁범위를 벗어나는 부분에 대하여 월권으로 중재재정을 한 경우와 같이 위법이거나 월권에 의한 것임을 이유로 하는 때에 한하여 불복할 수 있고, 중재재정이 단순히 노사 어느 일방에게 불리한 내용이라는 사유만으로는 불복이 허용되지 않는데, 법 제42조의4 제5항에 의하면 중재재정의 불복사유에 대한 위 법리는 필수업무유지결정에 관하여도 동일하게 적용

557) 노조법 제42조의5

558) 서울행판 2009구합23211, 2010.1.21

된다.[559]

지방노동위원회의 결정이 위법이거나 월권이라고 인정되는 경우에는 결정서의 송달을 받은 날로부터 10일 이내에 중노위에 재심을 신청할 수 있고, 중노위재심결정이 위법이나 월권에 의한 것인 경우는 재심결정서 송달을 받은 날로부터 15일 이내에 행정소송을 제기할 수 있다. 제척기간 내에 재심이나 행정소송을 제기하지 않을 때는 필수유지업무결정 또는 그 재심결정이 확정되며 당사자는 이에 따라야 한다. 노동위원회의 필수유지업무 결정이나 재심결정은 중노위에 대한 재심신청이나 행정소송 제기에도 그 효력이 정지되지 않는다.[560] 필수유지업무협정을 둘러싼 분쟁은 노조법상 근로조건 결정에 관한 쟁의행위로 보기 어렵기 때문에 쟁의행위의 정당한 사유가 되지 않는다.

다. 필수유지업무 협정이행

노동조합은 필수유지업무협정이 체결되거나 노동위원회의 결정이 있는 경우, 필수유지업무에 근무하는 조합원 중 쟁의행위기간동안 근무하여야 할 조합원을 사용자에게 통보하여야 하며, 사용자는 이에 따라 근로자를 지명하고 이를 노동조합과 그 근로자에게 통보하여야 한다. 다만, 노동조합이 쟁의행위 개시 전까지 이를 통보하지 아니한 경우에는 사용자가 필수유지업무에 근무하여야 할 근로자를 지명하고 이를 노동조합과 그 근로자에게 통보하여야 한다.[561] 협정이 체결되거나 그렇지 않고 노동위 결정에 따라 필수유지업무를 유지 · 운영하는 경우 그 업무나 담당직무를 수행할 근로자를 지명하여야 한다. 이 때 노동조합이 1차적인 지명권이 있고, 노동조합이 쟁의시작 전까지 지명하지 않으면 사용자가 지명한다. 쟁의행위기간동안 사용자로부터 필수유지업

559) 서울행판 2009구합4791, 2010.1.21. 특별조정위원회가 노동조합이 회의에 전혀 참석하지 않고 필수유지업무결정에 관하여 아무런 의견도 제시하지 않았기 때문에, 어쩔 수 없이 회사가 제출한 자료 등에 근거하여 이 사건 업무에 관한 필요 최소한의 유지 · 운영수준을 평상시의 60%로 정한 후 그 대상직무와 필요인원을 정한 결정은 위법이거나 월권에 의한 것이라고 인정되지 않는다. 또한 이 사건 결정이 단순히 노동조합에게 불리한 내용이라는 사유는 정당한 불복사유에 해당하지 않는다.

560) 노조법 제42조의4제5항, 노조령 제22조의3

561) 노조법 제42조의6

무에 근무하기로 지명된 조합원은 사용자의 명령에 따라 필수유지업무를 수행하여야 한다. 정당한 사유없이 근무하지 않을 경우는 필수유지업무의 정당한 유지 · 운영을 정지 · 폐지 또는 방해하는 것으로 볼 수 있다.

문제는 필수공익사업자인 병원에서 필수유지대상 업무를 하도급 준 경우에도 그 병원에 대해 필수유지업무협정이 필요한가 하는 의문이다. 행정해석은 변함없이 필수공익사업장에 해당한다고 본다.[562] 또 다른 문제는 필수유지 업무 협정에 따른 쟁의행위는 정당하지만, 협정 등 기준을 설정하지 않은 상태에서 파업을 한 경우가 있는데, 이 경우는 소송에서 법원이 다시 심사하여 정당성을 판단하여야 한다. 필수유지업무의 유지 · 운영을 정지 · 폐지 또는 방해하는 행위가 금지되므로, 노동조합이 그 업무를 수행하는 조합원을 쟁의행위에 참가토록 조치하거나 조합원 또는 비조합원, 대체근로자 등이 그 업무를 수행하는 것을 방해할 수도 없다. 쟁의행위시 필수유지 업무의 유지 · 운영을 정지 · 폐지 또는 방해하는 행위를 할 경우, 비록 공중의 생명 · 보건 · 신체의 안전이나 일상생활에 대한 침해가 현실적으로 발생하지 않더라도 행위 그 자체로 형사처벌을 받을 수 있다.[563] 그 외 필수업무 유지 · 운영과 관련한 쟁의행위 모습에 따라 민사책임과 사내 징계책임을 피하기 어렵다.[564]

---

562) 노사관계법제팀-1623, 2006.6.16

563) 노조법 제89조, 3년 이하의 징역 또는 3천만원 이하의 벌금

564) 노조법 제42조제2항, 제89조제1호

16
부당노동행위

1. 제도의 의의와 학설

가. 제도의 의의와 주체

부당노동행위(不當勞動行爲, unfair labor practice)란, 사용자가 헌법상 보장된 근로자와 노동조합의 노동3권 보장질서 및 실현행위를 침해하거나 방해하는 행위로서, 구체적으로 사용자가 노동조합의 정당한 조직 · 활동에 대응하여 근로자를 해고하는 등 불이익을 주거나 반조합적 선전, 어용노조의 결성, 단체교섭의 거부 · 해태 등 정상적인 노조활동을 방해하는 등 정당하지 못한 방법으로 근로자의 노동3권을 침해하는 행위를 부당노동행위라고 하고, 이러한 사용자의 노동3권 침해금지와 그 구제절차 및 벌칙을 정하고 있는 공법상 구제제도를 부당노동행위제도라고 한다. 부당노동행위는 노사의 대립적 이해관계 구도에서 비롯된다. 노동조합은 사측과 대등한 관계에서 근로조건을 유지향상시키려고 집단적으로 뭉친 자발적 결사체이므로, 힘의 열세를 단결을 통해 극복하고자 하는 것이 본질적 성향이다. 따라서 사측은 경영의 능률성과 이익확대를 위해 노조의 설립, 운영, 교섭, 쟁의행위 등 전반적인 조합활동 과정에서 부단히 단결력을 약화시키기 위해 노력한다.

이 제도는 1935년 미국 연방노동관계법(Wagner Act)[1]에서 처음으로 법제화되

1) 전국노동관계법(National Labor Relations Act)이다. 이 법률의 제안자인 당시의 상원의원 R. F. 와그너의 이름을 따서 와그너법(Wagner Act)이라 한다. 근로자의 단결권 및 단체교섭권을 보호하기 위한 목적으로 제정되었으며, 미국의 노동헌장이라고도 부르며, 이 법률로 미국의 노동 운동은 획기적인 발전을 보았다고 평가한다. 그러나 제2차 세계대전 후에 제정된 태프트-하틀리법(1947)은 새로이 근로자측의 부당노동행위제도를 설정하고, 단체교섭의 단위 · 대상범위 · 방법

었고, 태프트-하틀리법(Taft-Hartley Act 1947년)에서는 노동조합의 사용자에 대한 부당노동행위도 추가되었다. 역사적으로 노동법의 초기인 18세기 말과 19세기 초에는 근로자의 단결은 자유와 인권선언에 대한 위협행위로, 파업은 반사회적 행위로, 노조가입 설득은 계약위반 유도행위로 치부되어 형벌로 억제하였다. 19세기 중반에 들어서면서 대공황을 타개하기 위해 유효수요창출을 위한 뉴딜정책을 펴면서 근로자들의 실질적인 교섭력을 증진시키기 위해 노동조합의 교섭력을 강화할 필요성을 고려하여 단결금지정책을 완화하여 와그너법(Wagner Act)을 통해 사용자의 부당노동행위를 규정하고 단결에 대한 민형사상 면책이 이루어 졌다. 이후 노동조합의 조직력이 강화되어 오히려 교섭력에서 사용자보다 우위를 차지하게 되자 1947년 테프트-하틀리법(Taft-Hartley Act)으로 노동조합의 무당노동행위를 규정하게 되었다. 우리나라도 1953년 노조법 제정 시 사용자의 부당노동행위와 노동조합의 부당노동행위를 모두 규정하였으나, 이후 사용자의 부당노동행위만을 인정하고 있다. 제2차 세계대전 이후에 우리나라, 인도, 오스트레일리아, 케나다, 일본, 프랑스 등으로 전파되었으며, ILO에서도 회원국들에게 제도의 도입과 시행을 권장하고 있다.[2)]

사용자의 노동3권 침해는 원래 노동조합이 스스로 방어하여야 할 것이지만 노동조합에 의한 자주적 방어가 어려운 경우에는 국가기관의 개입에 의하여 사용자의 침해행위를 배제하는 제도가 필요하다. 부당노동행위 구제제도는 사용자에 의한 노동기본권의 부당한 침해행위를 저지하고 노동조합 또는 개개의 근로자를 보호함으로써 공정한 룰에 의한 노사관계 질서를 형성 · 정립하는데 그 의의가 있다. 노조법상 구제제도는 원상회복주의와 처벌주의를 병행하여 실효성을 높이고 있는데, 사법적구제와는 별도로 노동위원회라는 전문적 행정위원회가 준사법적 절차로서 판정을 내리고 사안에 따라 구제명령을 한다. 노사관계의 전문적인 행정기관이 사건의 다양한 특성을 감안하여 적절한 시정조치를 하도록 재량권을 부여하자는 것과, 시간과 비용측면에서 신속하고 부담이 없는 방법으로 사건을 처리하는 사법적 구제기능을 함께 실현하는데 목적

등에 대하여도 규제를 강화함으로써 와그너법을 대폭적으로 수정하였다.

2) ILO 제98조 협약 제1조~제3조

이 있다.

[부당노동행위제도 연혁]

- 1953년 노조법을 개정하면서 단체교섭을 거부 해태하는 사용자와 노동조합 모두에 대해 형벌을 부과했으며, 노조법과 노동쟁의조정법의 여러 조항에서 지배개입, 조합원을 이유로 한 차별대우, 쟁의참가 및 노동위원회 증언에 대한 차별대우 등을 부당노동행위로 규정하였다.
- 1963년 법 개정으로 부당노동행위를 별도의 장으로 규정하여 유형을 구체화하고, 형사처벌을 폐지하는 대신 노동위원회의 구제제도 즉, 원상회복주의를 채택하였다.
- 1986년 법 개정으로 원상회복주의에 처벌주의를 가미하고 반의사 불법조항을 신설하였다.
- 1997년 법 개정으로 반의사불법조항을 삭제하고, 전임자급여지원을 부당노동행위로 신설하였으며 법원의 구제명령 긴급이행명령제도를 도입하였다.

급변하는 세계 환경은 첨예하게 대립하는 노사관계법에서도 많은 변화를 요구하고 있는데, 우리나라에서도 전임자 급여지급금지와 근로시간면제제도, 조직대상을 같이하는 복수노조의 설립허용 등 많은 부분의 변화가 있었다. 헌법상 노동3권의 실현을 위하여 개별 노조법에서 부당노동행위제도를 도입하고, 법 제81조 각호는 사용자의 부당노동행위를 유형별로 규정하고 금지하고 있다. 사용자의 부당노동행위에는 불이익 대우(취급), 반조합계약, 단체교섭의 거부, 지배 개입 행위 등이 있다.[3] 노조법 제81조 각 호의 관계를 살펴보면, 부

3) 불이익 대우(취급)는 근로자의 노동조합 조직, 노동조합 가입, 노동조합활동을 이유로 해고, 전출 등 불이익을 주는 행위와 근로자의 정당한 단체행동 참가, 부당노동행위 신고 등과 관련하여 해고, 전출 기타 불이익을 주는 행위를 말한다. 반조합계약(황견계약)은 근로자를 고용할 때 노동조합에 가입하지 않을 것 또는 노동조합에서 탈퇴할 것을 고용조건으로 하는 경우 또한 특정한 노동조합의 조합원이 될 것을 고용조건으로 하는 경우(일명 유니언숍)에도 부당노동행위가 된다. 다만, 그 노동조합이 그 사업장에 종사하는 근로자의 3분의 2 이상을 조합원으로 두고 있는 경우에는 근로자가 그 조합의 조합원이 될 것을 고용조건으로 하는 단체협약을 체결하는 것은 부당노동행위가 아니다. 단체교섭의 거부는 사용자가 노동조합의 대표자 또는 노동조합으로부터 위임을 받은 자와의 단체협약체결, 기타의 단체교섭을 정당한 이유없이 거부하거나 자꾸 연기하는 경우를 말한다. 지배 · 개입 행위는 노조운영에 지배 · 개입 · 기타 운영비를 원조하는 행위로 노조결성을 비난하거나 중지할 것을 설득 강요하는 경우, 노조의 각종 총회가 단체교섭 · 쟁의행위를 방해 감시하는 경우, 노조 내에 대립집단이 있는 경우에 일방에 대한 지원이나 불이익을 주는 경우 등이 해당된다.

당노동행위 각각의 유형을 병렬적으로 규정한 것이지만 서로 배척하는 것이 아니라 부분적으로 중첩하는 것이므로 상호간에 보충적 기능을 갖고 있다. 예를 들면, 열성조합원을 합리적인 사유없이 승급에서 배제하는 등 불이익취급하여 배치전환하며, 비조합원을 승급에서 우대하는 경우 등 궁극적으로 조합의 조직력을 약화시키는 경우 등이다. 따라서 어떤 입장이든 결과에 있어서는 부당노동행위를 인정하는 데에는 큰 차이가 없으므로, 각 유형을 형식적으로 준별할 필요 없이 상호보완적으로 적용하면서 사안의 내용에 따라 적합한 유형을 적용하면 될 것이다.

부당노동행위의 주체는 누구일까, 부당노동행위제도는 일반적으로 사용자의 행위만 규율할 뿐 근로자측의 행위는 인정하지 않는다. 사용자란, 구체적으로 개인기업의 경우 실질적인 사업주, 법인의 경우 대표자를 가리키고, 그 외 사업경영 담당자, 근로자에 관한 사항에 대해 사업주를 위하여 행위하는 자를 포함한다.

구체적으로는 사업주 이외에 임원, 지배인, 지점장, 공장장, 영업소장 등 상위지휘감독자와 전무, 상무, 부장, 과장, 팀장 등 상급관리직원들은 사업주의 명확한 지시 또는 위임이 없더라도 부당노동행위의 주체가 될 수 있고, 계장, 주임, 반장 등 하급관리자는 사용자의 지시, 명시적 · 묵시적인 승인아래 사용자의 행위로 간주될 수 있다. 기타 사용자의 명확한 수권이나 위임이 있는 경우 제3자도 부당노동행위의 주체가 될 수 있다. 부당노동행위 양벌규정[4]에 의거, 법인 또는 단체의 대표자 · 대리인 · 사용인 기타 종업원이 그 법인, 단체 또는 개인의 업무에 관한 구제명령에 대한 위반행위를 한 경우에는 처벌할 수 있으므로 그 한도에서는 사업주 이외의 자에게까지 부당노동행위의 주체가 확대 적용된다고 볼 수도 있다.

노조법은 부당노동행위의 주체를 사용자로 한정하고 있으므로 힘의 균형측면에서 사용자에게 불리한 측면이 있다.[5] 현재의 노사관계는 거대 조직을 가

4) 노조법 제94조(양벌규정)

5) 다만, 미국의 태프트-하틀리법(Taft-Hartley Act 1947)은 노동조합도 부당노동행위주체로 인정하고 있고, 케나다는 제3자도 부당노동행위주체로 인정하고 있다.

진 산업별 · 업종별 · 지역별 노동조합이 막강한 교섭력으로 사용자를 압박하여 교섭 · 협상 등에서 과도한 요구를 하거나 사측의 고유권한인 경영권까지 협상대상으로 삼는 사례가 발생하고 있다. 사용자는 강력한 노조의 요구를 거부하지 못하고 무리한 조건을 수용할 수밖에 없다. 이러한 불합리한 힘의 균형을 바로잡고 노사가 부당노동행위의 주체로서 사회적 책임과 역할을 다할 수 있도록 제도적으로 근로자나 노동조합의 부당노동행위도 금지하는 규정을 마련해야 할 필요가 있다는 의견이 제기되고 있다.

아울러, 최종 확정시까지 최대 5심제를 거쳐야 하는 현행제도를 보다 간소화하여 신속한 판결과 저비용으로 제도를 개선해야 한다는 의견이 있다. 특히 상대적 약자인 근로자보호를 위하여 노동위원회의 재심에 불복하여 행정법원에 소를 제기할 경우 소송비용이 발생하는데 노무사 등 노동전문가의 소송 대리인으로 참여하는 문제, 전문노동법원제도를 도입문제를 검토할 필요가 있다.

나. 학 설

부당노동행위에 대한 학설의 견해는 단결권 침해설, 단결권보장 질서위반설, 단체교섭권침해설, 노동3권의 구체화설로 나눈다.[6)]

첫째, 단결권침해설(團結權侵害說)은, 부당노동행위제도는 헌법상 단결권의 보장을 구체화한 것이라고 본다.

둘째, 단결권보장질서위반설(團結權保障秩序違反說)은, 부당노동행위제도를 헌법상 단결권보장의 단순한 구체화로 보지 않고, 그 위에 확립되어야 할 공정한 노사관계질서 혹은 합리적인 노사관계 질서에 본질을 두고 있다고 보고, 부당노동행위는 단결권보장에 기초를 둔 노사관계질서에 위반되는 행위로서 그 판단은 사용자의 행위가 단결권보장에 기초를 둔 노사관계질서에 위반되는 행위인지 여부를 객관적으로 판단하여야 하며 주관적으로 그 권리의 침해여부를 문제 삼아서는 아니된다고 본다.

셋째, 단체교섭권침해설(團體交涉權侵害說)은, 부당노동행위의 본질은 원활한 교섭의 실현인데, 부당노동행위는 교섭을 방해하는 사용자의 행위유형으로 본다.

---

6) 이상윤, 『노동법』 2001

넷째, 헌법상 노동3권의 구체화설(具體化說)은, 헌법상 노동3권보장을 위해 국가가 구체화하여 마련한 공법상의 제도로 본다. 이 견해는 노동3권을 침해당한 근로자를 보호·구제하는데 중점을 두고, 노사관계질서를 확립하는 것은 부수적 목적에 지나지 않는다고 본다.

2. 부당노동행위의 객체

현행법상 부당노동행위의 주체는 사용자와 사용자성을 가진 자[7]로 한정되어 있으므로 근로자와 노동조합이 부당노동행위의 객체로서 구제신청 권한을 가진다. 이 때 노동조합 속에 설립신고를 하지 않은 법외노동조합이 포함되는지 의문이다. 법 제81조에 의하면 설립신고 된 노동조합이 아니면 부당노동행위 구제신청을 할 수 없으나 불이익취급행위,[8] 불공정 고용계약행위,[9] 보복적 불이익행위[10]에 있어서 근로자 보호를 부인하여서는 아니된다고 정하고 있다. 따라서 법외 노동조합이 제1호, 제2호, 제5호의 불이익 등을 받은 경우는 법외노동조합 명의로 구제신청을 할 수는 없고, 피해 근로자가 구제신청을 할 수 있다.[11] 다만, 노동조합 설립 과정의 부당노동행위에 대해서는 후에 설립된 노동

---

7) 사용자란, 구체적으로 개인기업의 경우 실질적인 사업주, 법인의 경우 대표자를 가리키고, 그 외 사업경영 담당자, 근로자에 관한 사항에 대해 사업주를 위하여 행위하는 자를 포함하는데, 부당노동행위 양벌규정 노조법 제94조(양벌규정)에 의거, 법인 또는 단체의 대표자·대리인·사용인 기타 종업원이 그 법인, 단체 또는 개인의 업무에 관한 구제명령에 대한 위반행위를 한 경우에는 처벌될 수 있으므로 그 한노에서는 사업주 이외의 자에게까지 부당노동행위의 주체가 확대 적용된다고 볼 수도 있다.

8) 노조법 제81조 제1호 신분적(해고, 권고사직, 본채용 거부, 복직거부, 계약갱신거절 등)·인사적(불이익한 훈련, 전직, 전출, 인사고과부여, 승진, 징계처분 등)·경제적(임금과 수당산정, 기준의 차별적 적용, 연장근로 제외 등) ·정신적 측면(잡다한 일 부여, 회사 행사 등 참여불허, 부부직원 원격지 격리 배치 등), 단체활동상 불이익(비조합원 직위로 승진발령, 조합활동 불가능 지역으로 전보 등) 등이 있다. 불이익처분이 부당노동행위의 주류를 이룬다.

9) 노조법 제81조제2호

10) 노조법 제81조제5호

11) 대판 2002두5535, 2002.10.11. 노조법 제81조에서 규정하고 있는 부당노동행위의 유형중 제1호, 제2호, 제5호의 경우에는 법외 노동조합의 경우라도 그 소속근로자가 직접 구제신청을 할 수 있지만, 제3호, 제4호의 경우에는 법내 노동조합과 그 소속 근로자만이 구제신청권을 갖는 취지로 봄이 상당하다.

조합에도 구제신청 자격이 인정된다.[12] 따라서 그 한도내에서 설립신고 이전의 법외 노조 및 조합원에 대한 사용자의 부당노동행위 금지와 처벌제도는 적용된다. 다만, 단체교섭 거부금지,[13] 운영비 원조금지[14] 및 비열계약금지와 조직강제 허용[15]규정은 노동조합법상 설립신고 된 노동조합을 의미하므로 법상 노동조합과 그 소속 근로자만이 구제신청을 할 수 있다. 단체교섭 거부 · 해태 및 운영비 원조 등 지배 · 개입의 경우에는 원칙적으로 노동조합이 신청인이 되는 것이나, 조합임원 또는 개별 근로자도 이해관계자로서 신청할 수 있다.[16]

조합원의 지위를 취득하지 못한 상태에서 노조에 가입하려고 한 근로자들에 대하여 사용자가 부당노동행위를 하였다면, 노동조합도 자신의 권리를 침해받은 것으로 볼 수 있어 독자적으로 부당노동행위에 대한 구제신청권을 가진다.

판례에 의하면, 노조법 제82조제1항에 의거 노동조합은 사용자의 부당노동행위에 대하여 근로자 개인의 구제신청권과는 별개의 독자적인 구제신청권을 가진다.[17] 노동조합에게 이와 같은 구제신청권을 인정한 이유는, 노동조합의 단결권 또는 그 지위 및 기능의 보호 · 유지에 있고, 법 제5조가 근로자의 노동조합 결성 및 가입의 자유를 보장하고 있으며, 법 제81조제1호에서 사용자가 노동조합에 가입한 근로자에게 불이익을 주는 행위뿐만 아니라 노동조합에 가입하려고 한 근로자에게 불이익을 주는 행위에 대하여도 부당노동행위로 규정하여 이를 금지하고 있는 점에 비추어 보면, 노동조합으로서는 자신에 대한 사용자의 부당노동행위가 있는 경우뿐만 아니라, 그 소속 조합원으로 가입한 근로자 또는 가입하려고 하는 근로자에 대하여 사용자의 부당노동행위가 있는 경

12) 노조법 제7조제1호 ; 대판 90누4952, 1991.1.25. 노동조합법 제82조에 의하면, 사용자의 부당노동행위로 인하여 그 권리를 침해당한 근로자 또는 노동조합은 노동위원회에 그 구제를 신청할 수 있도록 되어 있으므로 노동조합을 조직하려고 하였다는 것을 이유로 근로자에 대하여 한 부당노동행위에 대하여는 후에 설립된 노동조합도 독자적인 구제신청권을 가지고 있다고 보아야 할 것이다

13) 노조법 제81조제3호

14) 노조법 제81조제4호

15) 법 제81조제2호 단서

16) 대판 2002두5535, 2002.10.11

17) 대판 78다2275, 1979.2.13

우에도 노동조합의 권리가 침해당할 수 있으므로, 그 경우에도 노동조합은 자신의 명의로 그 부당노동행위에 대한 구제신청을 할 수 있는 권리를 가진다.[18]

3. 부당노동행위의 성립요건

사용자에 의한 노동3권 침해행위는 노사관계의 특성에 따라 다양할 수밖에 없다. 그러나 모든 침해행위를 국가가 보호할 수는 없고, 사용자의 구체적 침해행위가 노조법 제81조에 정한 일정한 요건에 해당되어야 한다. 부당노동행위가 성립하려면, ① 사용자의 행위라야 하고, ② 사용자의 행위가 노조법 제81조 각호에 해당되어야 하며, ③ 피해자의 노동조합에서의 지위, 노동조합활동 내용, 처분내용 · 사유 · 시기, 사용자가 주장하는 사유의 합리성, 종래 관행과의 균형 여부, 평소 사용자의 언동이나 태도, 처분 당시 노사관계, 처분후의 노동조합활동의 쇠퇴 여부 등을 종합하여 판단할 때, 사용자에게 부당노동행위 의사가 있어야 한다. 이상 언급한 것을 차례대로 살펴본다.

가. 사용자의 행위

부당노동행위는 사용자에 대하여 금지되는 행위이므로, 부당노동행위의 성립을 위해서는 그 행위가 사용자의 행위일 것이 요구되며, 행위의 주체로서 사용자는 법 제2조제2호의 사업주, 사업경영담당자, 근로자에 관한 사항에 대하여 사업주를 위하여 행동하는 자[19]를 말한다. 사업주란, 명시적 혹은 묵시

---

18) 대판 2007두19249, 2008.9.11 ; 서울고판 2008누26758, 2009.4.15

19) ① "사업주"는 법인의 경우는 법인의 대표자, 개인 사업주의 경우는 개인을 말하고, (대판 85누856, 1986.12.23 ; 대판 2006다40935, 2008.9.11 노조법상 사용자라 함은 근로자와의 사이에 사용종속 내지 노동종속관계가 있는 자 즉, 근로자는 사용자의 지휘 · 감독아래 사용자에게 근로를 제공하고 사용자는 그 대가로서 근로자에게 임금을 지급하는 것을 목적으로 하는 명시적이거나 묵시적인 노동계약관계가 있는 자를 말하는 것이다.)

② "사업경영담당자"는 사업주로부터 사업경영의 전부 또는 일부에 대해 포괄적인 위임을 받고 대외적으로 사업을 대표하거나 대리하는 자로서 구체적으로는 주식회사의 대표이사, 합명 · 합자회사의 업무집행사원, 유한회사의 이사, 정리회사의 공동관리인 · 지배인 등이 해당하고, 미성년자 · 금치산자가 사업주인 경우 법정대리인과 후견인도 사업경영담당자가 된다.

③ "사업주를 위하여 행동하는 자"는 근로자의 인사, 급여, 후생, 노무관리 등 근로조건의 결정 또는 업무상의 명령이나 지휘감독을 하는 등의 사항에 대하여 사업주로부터 일정한 권한과 책임

적인 근로계약의 당사자로서 그의 지휘 · 감독아래 근로를 제공하는 근로자에게고 계약상 대가로서 임금을 지급의무를 진 당사자이고, 경영담당자 또는 그의 이익을 위해 행동하는 자는 포괄적인 위임에 의해 사업을 대리, 대표하거나 또는 근로자이면서 업무분장 등에 의해 근로조건 결정과 업무 지휘감독 등 근로자에 관한 계약사항에 대하여 일정한 권한과 책임을 부여받은 자를 말한다. 사용자는 직위나 권한 및 직무의 내용에 따라 객관적으로 판단해야 하는데 직위나 권한은 형식적인 명칭 등에 의하여 결정될 것이 아니라 실질적으로 사용자로서 기능하느냐에 따라 결정되어야 한다.

실무상 형식적인 근로계약관계가 없는 사용자에 의해 행해진 경우 이를 사용자로 볼 수 있는지 여부가 의문이다. 부당노동행위는 근로계약상의 위법행위가 아니라 집단적 노사관계법상 특유한 위법행위이기 때문에 현실적인 근로계약의 당사자인지 여부로서 사용자 개념의 기준을 정할 수는 없다. 일본의 경우 근로계약의 유무와 관계없이 근로계약상의 제반 이익에 대하여 실질적인 영향력 내지 지배력을 가질 수 있는 지위에 있는 자를 사용자로 보고 있고, 우리나라의 경우도 일부 하급심에서 영향력 내지 지배력설에 근거하여 판결을 내리기도 한다. 특히 지배개입에 있어서, 사업주가 사업경영담당자가 아니라 하위의 관리직이나 일반 근로자가 행한 경우 그를 사업주의 이익대표자로 볼 수 있는지 여부가 밀접한 관련이 있다. 일본의 경우도 근로자의 인사나 근로조건의 결정 등 노사관계의 제반 이익에 대하여 직접적인 영향력이나 지배력을 행사할 수 있는 직제나 관리직을 사용자 개념에 포함하여 우리나라의 사용자 정의와 같다.

따라서 구제명령을 이행하여야 할 사용자는 부당노동행위의 행위주체와는 달리 노조법 제2조제2호의 사용자 중 사업주만이 해당되므로 개인기업의 경

을 부여받은 자를 의미한다.

④ 대판 97누8076, 1998.5.22. 근로자에 관한 사항에 대하여 사업주를 위하여 행동하는 자라 함은 근로자의 인사, 급여, 후생, 노무관리 등 근로조건의 결정 또는 업무상의 명령이나 지휘감독을 하는 등의 사항에 대하여 사업주로부터 일정한 권한과 책임을 부여받은 자를 말한다 할 것이므로 회사의 공작과 과장대리가 "근로자에 대한 사항에 대하여 사업주를 위하여 행동하는 자"에 해당하는지의 여부는 그가 근로자에 관한 어떤 사항에 대하여 사업주로부터 일정한 권한과 책임을 부여받고 있었는지의 여부에 따라 결정되는 것이라 할 것이다.

우 사업주 개인, 법인기업의 경우 법인 그 자체가 될 것이나, 법 제94조에 의해 법인 등과 함께 직접적인 행위자를 처벌토록 하고 있으므로 그 처벌의 한도 내에서는 사업주 이외의 사용자도 사용자의 행위보조자이자 법위반 사항에 관한 처벌대상으로서 구제명령을 받는 사용자로 볼 수 있다.

다만, 교섭거부나 지배개입에 있어서 사용자단체가 부당노동행위의 주체가 될 수 있느냐에 관해 의문이 될 수 있는데, 노조법 제81조에서 부당노동행위의 주체를 사용자로 정한 것이 예시적 의미를 갖는데 불과하다고 보아서 사용자단체도 "사용자"속에 포함된다는 측면과, 그 동안 노동위원회와 법원에서 사용자단체를 부당노동행위의 주체로 본 사실도 있다는 점을 들어 사용자단체도 부당노동행위주체에 포함시켜야한다는 주장이 있다.[20] 그러나 부당노동행위 처벌규정에서는 죄형법정주의 원칙상 "사용자단체"에 관한 명문의 규정[21]이 없으므로 제90조의 벌칙을 적용하기는 어렵다.

나. 노조법 제81조에 규정된 행위

부당노동행위가 성립되기 위해서는 사용자의 행위가 노조법 제81조 각호에 해당되어야 한다. 각 항목별로 구체적 요건을 살펴본다.

1. 노동조합에 가입 또는 조직하려고 하였거나, 노동조합을 조직하려고 하였거나, 기타 노동조합 업무를 위한 정당한 행위를 한 것을 이유로 그 근로자를 해고하거나 불이익을 주는 행위(제1호 : 불이익 취급행위)
2. 근로자가 어느 노동조합에 가입하지 아니할 것 또는 탈퇴할 것을 고용조건으로 하거나 특정한 노동조합의 조합원이 될 것을 고용조건으로 하는 행위(제2호 : 불공정 고용계약행위) 근로자가 어느 노동조합에 가입하지 아니할 것 또는 탈퇴할 것을 고용조건으로 하거나 특정한 노동조합의 조합원이 될 것을 고용조건으로 하는 행위. 다만, 노동조합이 당해 사업장에 종사하는 근로자의 3분의 2 이상을 대표하고 있을 때에는 근로자가 그 노동조합의 조합원이 될 것을 고용조건으로 하는 단체협약의 체결은 예외로 하며, 이 경우 사용자는 근로자가 그 노동조합에서 제명된 것 또는 그 노동조합을 탈퇴하여 새로 노동조합을 조직하거나 다른 노동조합에 가입한 것을 이유로 근로자에게 신분상 불이익한 행위를 할 수 없다.

---

20) 임종률, 『노동법』, 263쪽

21) 노조법 제81조

3. 노동조합 대표자 또는 노동조합으로부터 위임을 받은 자와의 단체협약 체결 기타의 단체교섭을 정당한 이유없이 거부 · 해태하는 행위(제3호 : 교섭 거부 · 해태)
4. 노동조합의 조직 · 운영을 지배 · 개입하거나 노동조합의 전임자에게 급여를 지원하거나 노동조합의 운영비를 원조하는 행위(제4호 : 지배 · 개입행위) 근로자가 노동조합을 조직 또는 운영하는 것을 지배하거나 이에 개입하는 행위와 노동조합의 전임자에게 급여를 지원하거나 노동조합의 운영비를 원조하는 행위. 다만, 근로자가 근로시간 중에 사용자와 협의 또는 교섭하는 것을 사용자가 허용함은 무방하며, 또한 근로자의 후생자금 또는 경제상의 불행 기타 재액의 방지와 구제 등을 위한 기금의 기부와 최소한의 규모의 노동조합사무소의 제공은 예외로 한다.
5. 근로자가 정당한 단체행위에 참가한 것을 이유로 하거나 노동위원회에 사용자의 부당노동행위를 신고 · 증언 · 자료제출을 이유로 그 근로자를 해고하거나 불이익을 주는 행위(제5호 : 보복적 불이익행위) 근로자가 정당한 단체행위에 참가한 것을 이유로 하거나 또는 노동위원회에 대하여 사용자가 이 조의 규정에 위반한 것을 신고하거나 그에 관한 증언을 하거나 기타 행정관청에 증거를 제출한 것을 이유로 그 근로자를 해고하거나 그 근로자에게 불이익을 주는 행위를 각각 요건으로 한다.

다. 부당노동행위 의사

부당노동행위는 사용자의 의사에 기초를 둔 언동(言動)에서 비롯되는 것이므로 사용자의 반 조합적 의도 내지는 동기라는 부당노동행위 의사를 필요로 한다. 부당노동행위 의사는 사용자의 내심의 상태인데다가 사용자는 흔히 근무성적 불량, 경영질서 위반 등 불이익처분에 대한 정당성을 주장하기 때문에 피해근로자가 이를 입증하기도 어렵고 후일 노동위원회에 가서 그 존부를 확인하기도 곤란하다. 따라서 사용자에게 필요한 부당노동행위 의사는, 외부에 나타나는 객관적 사실을 종합하는 등 제반사정을 토대로 사용자의 반조합적 의사를 가늠하는 추정적의사로서 족하고[22] 행위나 의사표시에 있어서 고의나 과실을 요구하지 않는다. 구체적 사실관계에서 과연 부당노동행위 의사가 존재하는지 여부는 피해자의 노동조합에서의 지위, 노동조합활동 내용, 불이익 등 처분내용 · 사유 · 시기, 처분에 따른 절차의 이행여부, 사용자가 주장하는 처분사유의 합리성, 종래 관행과의 균형 여부, 노동조합에 대한 평소 사용자

22) 임종률, 『노동법』, 271쪽, 이른바 객관적 인과관계설

의 언동이나 태도, 처분 당시의 노사관계, 처분후의 노동조합활동의 쇠퇴 여부 등을 종합하여 판단한다.[23] 이 경우 사유는 객관적으로 명료하고 합리성과 일관성이 있어야 한다.

한편, 사용자의 부당노동행위 의사가 추정됨과 동시에 사용자가 주장하는 불이익 취급의 사유도 정당한 경우에 부당노동행위가 성립하는지 여부가 쟁점이 될 수 있다. 판례는 부당노동행위제도가 사용자의 정당한 권한 행사나 지휘명령권의 행사까지 제한한다고 볼 수 없으므로, 근로자에게 복무위반 등의 귀책사유가 인정되어 그 불이익 취급이 정당한 경우에는 사용자에게 부당노동행위 의사가 추정되거나 근로자의 노동조합활동을 혐오한 사정이 엿보인다고 하더라도 부당노동행위로 단정하기는 어렵다[24]는 부정설의 입장이다.

1) 불이익취급의 학설

불이익취급 등 부당노동행위는 정당한 조합활동에 참여를 하고 그로 인해 근로자에게 불이익처분이 있었다는 인과관계(causation, 因果關係)[25]가 성립되어야 하는데, 인과관계와 부당노동행위에 관한 학설을 살펴보면, 첫째, 사용자가 근로자의 정당한 조직활동을 이유로 불이익취급을 하는 경우에는 정당한 징

---

23) 대판 90누7685, 1991.4.23. 부당노동행위 의사의 존재는 사용자가 내세우는 해고사유와 그 근로자가 한 노동조합업무를 위한 정당한 행위의 내용, 징계해고를 한 시기, 사용자와 노동조합과의 관계, 동종의 사례에 있어서의 조합원과 비조합원에 대한 제재의 불균형 여부, 종래의 관행에 부합하는지 여부, 사용자의 노동조합에 대한 언동이나 태도 등 기타 부당노동행위 의사의 존재를 추정할 수 있는 제반 사정 등을 비교 검토하여 판단하여야 한다

24) 대판 2004두2882, 2004.6.10. 부당노동행위가 성립하기 위하여는 사용자의 반조합적 의도 내지 동기라고 하는 이른바 부당노동행위의사가 있어야 한다. 한편 근로자에 대한 징계처분에 정당한 이유가 있는 것으로 인정되는 경우에는 비록 사용자가 근로자의 조합활동을 못마땅하게 여긴 흔적이 있다거나 사용자에게 반노동조합의사가 추정된다고 하더라도 당해 불이익처분의 사유가 단순히 표면상의 구실에 불과하다고 할 수는 없어 그와 같은 불이익처분은 부당노동행위에 해당하지 않는다.

25) 일반적으로 어떤 선행사실(원인)과 후행사실(결과)의 필연적 관계를 가리킨다. 어느 행위가 일정한 효과를 나타냈을 경우에 행위자의 책임을 전제로서 인과관계가 문제된다. 민법상 불법행위나 채무불이행에 의한 손해배상책임을 논할 경우에 중요하다. 행위와 손해와의 사이에 조금이라도 논리적 인과관계가 있으면 그 손해에 대하여 책임을 져야한다는 조건설과 경험적 · 일반적으로 그 행위로부터 흔히 생겨날 결과에 대하여서만 책임을 지면 된다는 상당인과관계설이 대립되고 있다. 최근의 학설과 판례는 상당인과관계설을 채택하고 있다.

계사유가 존재한다고 할지라도 언제든지 부당노동행위가 성립한다고 보는 부당노동행위 성립 긍정설 또는 인과관계설, 둘째, 불이익취급의 정당한 사유가 있는 경우에는 부당노동행위가 성립하지 않는다는 부정설,[26] 셋째, 근로자의 정당한 조합활동과 해고 등 불이익취급의 정당한 사유 중 어떤 것이 불이익취급의 결정적인 원인인가에 따라 부당노동행위인지를 판단하여야 한다는 결정적이유(동기)설, 넷째, 근로자의 정당한 조합활동이 없었다면 불이익취급도 없을 것이라는 정도의 상당인과관계가 존재하면 부당노동행위가 성립한다는 상당인과관계설 등이 있다. 다수 학설과 판례는 노사관계의 경험칙상 근로자의 조합활동이 없었더라면 사용자의 불이익처분도 없을 것이라고 판단되는 경우는 사용자의 불이익취급을 인정하는 상당인과관계설(相當因果關係說)을 취한다.[27]

2) 인과관계에 관한 견해

특히 부당노동행위의 유형 중 불이익취급의 성립요건으로서 인과관계에 관한 견해를 살펴보면, 노조법 제81조제1호 및 제5호에 의하면 부당노동행위로서의 불이익취급이 성립하기 위해서는 근로자의 정당한 노동3권 보장활동과 사용자의 불이익취급 사이에 인과관계가 존재하여야 함을 명시하고 있는데 이때 인과관계의 성립에 관하여 견해의 대립이 있다. 첫째, 사용자가 조합원에 대한 혐오, 차별 등의 주관적 의사가 있어야 한다는 주관적 인과관계설, 둘째, 사용자의 주관적 의도 내지 동기는 문제가 되지 않고 오직 외부에 객관적으로 나타난 행위에서 그 의사를 추정할 수 있으면 족하다는 객관적 인과관계설, 셋째, 불이익처분에 관한 내심의 주관적 의사와 외부에 나타난 주관적 의사가 함께 있어야 한다는 절충설로 나눈다.

4. 불이익 취급

불이익 취급[28]이란, 근로자가 노동조합에 가입 또는 가입하려고 하였거나, 노동조합을 조직하려고 하였거나 기타 노동조합의 업무를 위한 정당한 행위를

26) 대판 96누4220, 1997.3.28 ; 대판 2004두2882, 2004.6.10
27) 임종률, 『노동법』, 271쪽 ; 대판 94누3001, 1994.12.23
28) 노조법 제81조제1호, 제5호

한 것을 이유로 그 근로자를 해고하거나 그 근로자에게 불이익을 주는 행위[29]와, 근로자가 정당한 단체행위에 참가한 것을 이유로 하거나 또는 노동위원회에 대하여 사용자가 이 조의 규정에 위반한 것을 신고하거나 그에 관한 증언을 하거나 기타 행정관청에 증거를 제출한 것을 이유로 그 근로자를 해고하거나 그 근로자에게 불이익을 주는 행위[30]를 말하는데, 부당노동행위의 대부분을 차지하는 전형적인 모습이다. 불이익처분의 구체적 모습은, 징계처분 · 전직 · 전보 · 강등 · 승진제외 · 감급제제 · 대기발령 등 인사면에서 불이익, 보직박탈 · 차별대우 · 일방적인 업무변경 등 정신적 불이익, 조합활동에서의 불이익 등 일체의 불이익한 처분으로서 노동조합활동과 사용자의 노무지휘권이 상호 충돌하는 양상으로 다양하게 나타나는 것이 일반적이다. 대체적으로 사용자의 불이익 취급에 대하여 근로자는 노동조합활동을 이유로 한 부당노동행위라고 주장하는 반면, 사용자는 근무불량 등 근로자의 귀책사유로 인한 정당한 인사권 행사라고 주장하여 다투는 것이 일반적이다. 이와 같이 불이익 취급에 대한 노사의 주장이 상이하여 실무상 부당노동행위 해당 여부를 판단하는데 어려움이 있다.

사용자의 불이익 취급 행위가 부당노동행위로 성립되기 위해서는 근로자가 정당한 노동조합활동에 참여하고(원인), 사용자가 이를 이유로 하여(인과관계) 근로자에게 불이익한 취급을 하여야(행위결과) 하는 인과관계가 성립되어야 한다.[31]

행위의 결과로서 불이익을 주는 행위란,[32] 해고 이외에 그 근로자에게 휴

29) 노조법 제81조제1호

30) 노조법 제81조제5호

31) 서울고판 91구11447, 1992.5.1. 노동조합의 업무를 위한 정당한 행위를 한 것을 이유로 사용자가 그 근로자에게 불이익을 주는 행위를 부당노동행위의 한 형태로 규정하여 이를 금지하고 있는 바, 사용자의 어떤 행위가 위 법규정에 정하여진 부당노동행위에 해당하는 것으로 인정되기 위하여는 첫째, 그 행위가 해고, 사직서의 제출강요, 근로계약의 갱신거부, 근로자에게 불리한 배치전환이나 전근, 출근정지, 승급정지, 감봉, 승임거부 등과 같이 근로자의 지위 그 자체나 그 지위에 따른 인사상 · 경제적 대우상의 불이익취급이거나 또는 정상적인 담당업무를 배정치 아니하고 잡역을 시키는 등의 정신적 생활상의 불이익취급이어야 하고, 둘째, 그러한 조치가 정당한 노동조합활동을 이유로 한 것이어야 한다.

32) 대판 2004도3891, 2004.8.30

직 · 전직 · 배치전환 · 감봉 등 법률적 · 경제적으로 불이익한 대우를 하는 것을 의미하는 것으로서 어느 것이나 현실적인 행위나 조치로 나타날 것을 요한다고 할 것이므로, 단순히 그 근로자에게 향후 불이익한 대우를 하겠다는 의사를 말로써 표시하는 것만으로는, 위 법 제81조제1호 소정의 불이익을 주는 행위에 해당한다고는 볼 수 없다. 따라서 단순한 의사표명에 그치고 구체적인 처분이 없는 경우이거나(행위결과 결여), 근로자의 행위를 정당한 조합활동으로 볼 수 없거나(원인 결여), 사용자의 불이익 취급이 정당한 조합활동을 이유로 한 것이라고 볼 수 없는 경우에는 부당노동행위로 볼 수 없다. 단순한 의사표명에 그친 경우는 지배 · 개입[33)]에 해당될 수 있을 것이다.

가. 불이익취급의 내용

1) 조합원인 것, 노동조합에 가입 · 조직하려 한 것

불이익 취급 대상으로서 "조합원"은 현재 노동조합에 가입하고 있는 조합원과 가입의사를 가진 근로자가 포함되고, "노동조합"은 실질적 요건[34)]또는 형식적 요건[35)]을 갖춘 노동조합과, 비록 노동조합의 실질적 요건 또는 형식적 요건을 갖추지 못한 근로자단체에 불과할지라도, 이를 노조법상의 노동조합으로 만들려는 조직 · 준비과정에 있는 근로자단체 등도 법 제81조제1호의 노동조합 개념에 포함될 수도 있다.[36)] 다만, 노동조합은 법 제2조제4호의 규정에 의한 자주성과 민주성을 갖춘 노동조합을 의미하므로 일시적인 쟁의단, 노사협의회, 단순히 공제 · 수양, 친목도모, 복리사업만을 목적으로 하는 단체인 경우는 해당하지 아니 한다.[37)]

그러나 법내 노동조합이 자주성을 결한 노동조합인 경우에도 소속 조합원이

33) 노조법 제81조제4호

34) 노조법 제2조제4호

35) 노조법 제10조

36) 김유성, 『노동법』, 319쪽. 법외노동조합이지만 그 조직에 가입하려는 근로자가 노동조합을 조직하려 하거나, 노동조합을 조직하기 위한 활동을 하는 과정일 경우는 노동3권의 보장을 받아야 하므로 불이익취급금지의 보호대상이 된다.

37) 노조법 제2조제4호다목 참조

정당한 노동조합활동을 하는 경우, 근로자가 가입하려고 하는 경우에는 불이익취급 금지의 보호를 받는다.[38] 아울러 노동조합을 가입하려 하였거나 조직하려는 것에는 노동조합 가입원서 배포, 노동조합 가입의사 표명, 가입을 위한 상담, 노동조합 조직의 필요성 역설, 노동조합 결성을 위한 준비활동 등이 모두 포함된다.

2) 정당한 조합활동 또는 단체행동을 한 것

불이익 취급이 성립하기 위해서는 정당한 조합활동이고, 그로 인해 사용자가 근로자에게 현실적으로 불이익한 처분을 하여야 하며, 처분과 정당한 조합활동 사이에 인과관계가 있어야 한다. 판례에 따르면, 노동조합활동의 정당성은 불이익취급 등 사용자의 일정한 제재조치가 타당한가를 판단하기 위한 전제로서, 그 행위의 성질이나 목적, 수단이나 방법, 업종 · 생산품 · 노사관행 · 당해 노사관계의 정황 등 제반사항을 종합하여 판단한다. 노동조합의 활동이 근무시간 중 또는 기업 시설 내에서 이루어지는 경우에 정당한 활동으로 인정되기 위해서는 다음과 같은 요건을 갖추어야 한다.

1. 그 행위가 우선 노동조합의 활동으로 볼 수 있어야 하고
2. 그 목적이 근로조건의 유지 · 개선, 단결강화를 위한 것이어야 하고
3. 단체협약, 취업규칙에 별도의 허용규정이 있거나 관행, 사용자의 승낙이 없는 한 취업시간 외에 하여야 하며
4. 사용자의 노무지휘권이나 시설관리권에 바탕을 둔 합리적인 규율이나 제약에 따라야 하며, 사회상규에 반하지 않아야 한다(대판 91도3044, 1992.4.10).

정당한 조합활동이란, 노동조합의 기관으로서 행하는 활동, 노동조합 의사로서 행하는 활동, 근로자의 단결을 지향하는 집단적 의미를 갖는 활동 등을 의미한다. 일반적으로 노동조합 주도로 이루어지는 행위로서, 노동조합의 목적 달성을 위한 단체교섭, 쟁의행위, 노동조합의 운영을 위한 총회 · 대의원대회, 노동조합의 교육 실시 및 참여, 노동조합의 연대감과 단결력 강화를 위한 단합대회, 운동회, 봉사활동, 자선활동 등이 해당한다. 이 밖에도 다양한 조합

38) 김유성, 『노동법』, 319쪽

활동이 노동조합활동에 해당되는지 여부는 헌법 제33조에서 노동3권을 보장한 취지에 따라 구체적인 사정에 따라 해석하여야 할 것이며 조합활동으로서의 정당성 여부는 사용자의 행동과 비교하여 상대적으로 평가되어야 한다.

다만, 정치적인 활동은 노동법개정 · 정부의 노동정책에 항의하거나 주장을 피력하는 등 전체적으로 근로자의 경제적 · 사회적 지위향상을 위한 활동인 경우는 조합활동으로 정당성을 인정할 수 있지만, 환경, 보건, 사회 소외계층문제, 무역문제 등 근로조건 개선과 경제적 · 사회적 지위향상을 위한 활동에 직접적으로 관련이 없는 것은 정당성을 인정받을 수 없다.

조합원의 행위는 노동조합의 결의 · 지시 등 결정에 근거하거나, 노동조합의 묵시적인 수권 또는 승인을 받았다고 볼 수 있는 등 그 성질상 노동조합의 활동으로 볼 수 있는 경우에만 노동조합의 업무를 위한 행위에 해당한다.[39] 이 경우 조합의 묵시적 수권이나 승인을 받을 수 없는 반조합적 활동이 조합활동에 포함될 수 있느냐 의문이다. 조합원 일부가 노조결정이나 방침에 반대하면서 비판하는 행위, 사내 체육대회에서 노조위원장 출마예정자인 노조간부가 상사에게 폭언 및 폭행한 행위, 노조가 체결한 임단협에 불만을 품은 다수 조합원의 농성행위, 단체협약이나 취업규칙상 규정을 준수하지 않고 유인물을 건물 벽 등에 부착하고 유인물의 내용도 허위사실을 적시하여 회사대표를 일방적으로 비난하고 불법파업을 선동한 행위는 노동조합 업무를 위한 정당한 행위로 볼 수 없다. 다만, 단순히 유인물에 기재된 사실관계의 일부가 허위 또는 다소 과장 왜곡되었다는 사실만으로는 부당한 행위라고 볼 수는 없다. 일부 견해에 의하면, 현 지도부 정책비판, 특정 대안정책에 대한 지지층 서명운동 등 조합의 방침이나 지시에 반하는 자발적 활동이라도 그 행위가 단결권보장의 취지에 합당하다면 조합내부의 징계 등 내부적인 통제는 별론으로 하더라도 행위 자체는 조합활동으로 보아야 한다는 견해가 있다.[40]

---

39) 대판 91누4164, 1991.11.12 ; 대판 95다1323, 1995.6.23.

40) 김유성, 『노동법』, 99쪽

3) 노동위원회에 신고 · 증언 · 증거 제출한 것

노동위원회에 신고 · 증언 · 증거 제출한 것을 불이익취급금지에 포함한 것은, 넓은 의미에서 노동조합의 정당한 활동에 포함되는 행위를 이유로 한 불이익 취급을 부당노동행위로 규정하고 그로 인한 일종의 보복적 차별대우를 금지한 것이다. "신고한다는 것"은 사용자의 부당노동행위에 대하여 근로자 또는 노동조합이 노동위원회에 구제신청 또는 재심신청을 하는 것을 의미하고,"증언한다는 것"은 사용자의 부당노동행위에 대한 노동위원회의 조사 및 심문과정에서 이루어지는 일체의 증언 즉, 구제신청 당사자 · 참고인 · 신청인의 위임자 · 대리인 등의 증언을 의미한다. 이 경우 노동위원회에 신고 · 증언 · 증거를 제출한 사항이 결과적으로 인용 · 각하 · 취소되었는지 여부와 불이익취급의 정당성은 아무런 관련이 없고, 행위 그 자체를 이유로 불이익이 있었는지 여부만을 고려한다.[41]

나. 불이익취급과 관련한 정당한 조합활동의 실무적 유형

1) 근무시간 및 시설 이용 관련

(1) 근무시간 이용 관련

근무시간 중의 노동조합활동은 단체협약 · 취업규칙 등에 허용규정이 있거나 사전에 사용자의 승낙을 받아야 하고, 합리적인 방법으로 이루어져야 정당하다. 조합활동이 정당하려면 취업규칙이나 단체협약에 별도의 허용규정이 있거나 관행, 사용자의 승낙이 있는 경우 외에는 취업시간 외에 행해져야 하며, 사업장 내의 조합활동에 있어서는 사용자의 시설관리권에 바탕을 둔 합리적인 규율이나 제약에 따라야 하고, 비록 조합활동이 근무시간 외에 사업장 밖에서 이루어졌을 경우에도 근로자의 근로계약상의 성실의무는 거기까지도 미친다.[42] 다만, 근무시간 중의 노동조합활동에 대해 사용자의 명시적인 승인을 받지 않은 때에도 다음과 같은 경우에는 정당하다고 볼 수 있다.

---

41) 노조 68107-1084, 2001.9.25

42) 대판 90도357, 1990.5.15

첫째, 근무형태나 업무의 특수성 등에 비추어 부득이하게 근무시간 중에 하여야 할 필요성이나 중요성 및 불가피성이 인정되고 업무에 지장이 초래되지 아니한 경우,[43] 그러나 단체협약 등에 규정된 절차 · 방법 등을 준수하였더라도 관계법령 · 사회상규 등에 저촉되는 행위로 이루어진 경우에는 정당하다고 할 수 없다. 예를 들면, 노동조합활동을 위해 할애 받은 시간을 사용자의 동의 없이 불법파업 참여 등 정당하지 아니한 목적으로 이용하는 경우가 해당된다.[44]

둘째, 동일한 사례에 대한 사용자 처분내용, 관행 등에 따라 묵시적으로 승인 내지 묵인해 왔다고 인정되며, 근무시간 중의 노동조합활동을 사전에 통보하여 사용자에게 충분히 대비할 여유를 주는 등 업무지장을 최소화시킨 경우를 들 수 있다. 관행인지 여부를 둘러싸고 노사간에 다툼이 있는 경우는 단순히 몇 년에 걸쳐 반복적으로 행해져 왔다는 것만으로는 인정될 수 없으며 노조의 필수불가결한 활동으로서 부득이 하다고 판단될 때 인정한다.

---

43) ① 대판 93도623, 1994.2.22. 노동조합 임시총회가 근무시간 중에 열렸고 4시간의 전체 총회시간 중 찬반투표를 실시하고 남은 1시간을 여흥에 사용하기는 하였으나, 위 임시총회가 노조법상 쟁의행위를 하기 위한 필수적 요건인 조합원의 투표를 위한 것으로서 2회에 걸친 서면통보를 거쳐 개최되어 회사가 이에 대비할 여유가 충분히 있었고, 일부 조합원들이 야간근무를 하는 회사의 근무형태 때문에 전체 조합원이 총회에 참석할 수 있게 하려면 비록 근무시간 중이기는 하지만 야간근무가 끝나고 주간근무가 시작되는 교대시간에 총회를 소집하는 것이 필요하였으며, 쟁의행위에 들어갈 것인지 여부를 결정하기 위하여는 의견교환 등도 필요하였을 것이라는 사정 등과 위 조합원의 수 등에 비추어 보면, 위 총회가 근무시간 중에 열렸다는 사정만으로 위법하다고 할 수 없고, 4시간의 시간이 필요 이상의 시간이었다고 보기도 어려울 것이다.
② 대판 94누5496, 1995.3.14. 노동조합원들이 레미콘차량 운전기사로서 대부분의 시간을 회사 밖의 공사현장에서 보내고 있어 공사현장의 작업상황에 따라 회사의 규정 근무시간 이후라도 임의로 작업을 종료할 수 없을 뿐 아니라 작업종료시간을 일률적으로 맞출 수 없는 업무의 특수성 등으로 인하여 취업시간중의 조합활동이 불가피하고, 회사와 단체협약도 취업시간 중의 조합활동을 허용하고 있는 것이라면, 노동조합원 총회 등이 취업시간 중에 개최되었다는 사유만으로 총회 등의 개최가 정당한 노동조합의 활동범위를 벗어났다고 할 수 없다.

44) 대판 2000도3485, 2002.4.12. 노동조합원에 대한 교육시간의 할애를 빙자하여 파업결의대회 등에 참가하였다고 하더라도, 진정으로 교육시간으로 할애할 의사에서 나온 것이 아닐 뿐만 아니라 실제로 교육시간으로 사용한 바도 없으므로, 이는 불법파업에 동참하려는 의사에서 나온 것임이 분명하고 그 결과로 회사의 업무수행이 지장을 받은 이상 그것 역시 업무방해의 죄책을 면할 수 없다.

(2) 기업 시설물 이용 관련

노동조합의 기업시설이용은 그 시설이용의 목적, 필요성, 이용된 시설의 성격, 시간, 횟수, 양태, 영향 등을 종합하여 사용자의 기업시설 관리권의 행사 또는 업무의 수행에 지장을 주지 아니하는 합리적인 범위내에서 허용되고, 근로시간중의 노동조합활동은 취업규칙이나 단체협약 등에 규정되어 있거나 사용자의 허가가 있는 경우 외에는 허용되지 아니한다.[45] 노동조합활동이 사업장 내에서 이루어지는 경우 사용자의 시설관리권 등과 충돌하는 경우가 종종 발생한다. 시설관리권 침해 여부는 단체협약 · 취업규칙 등의 관련 규정이나 그간의 노사관행, 사업의 특수성, 시설물의 성격이나 중요성, 시설물 이용시간 및 횟수, 시설물을 이용한 목적 및 필요성, 시설물 이용으로 침해된 손해의 정도, 조합활동의 태양 등을 종합하여 판단한다.

사용자의 승인없이 회사시설의 무단 사용, 점거농성 등 불법적인 행위를 수반하는 경우는 사용자의 시설관리권을 침해하는 것으로 정당하다고 할 수 없는 것이 원칙이다. 직장점거는 그 점거의 범위가 직장 또는 사업장시설의 일부분이고 사용자측의 출입이나 관리지배를 배제하지 않는 병존적인 점거에 지나지 않을 때에는 정당한 쟁의행위로 볼 수 있으나, 이와 달리 직장 또는 사업장시설을 전면적, 배타적으로 점거하여 조합원 이외의 자의 출입을 저지하거나 사용자측의 관리지배를 배제하여 업무의 중단 또는 혼란을 야기케 하는 것과 같은 행위는 이미 정당성의 한계를 벗어난 것이라고 볼 수밖에 없다. 전면

45) 서울고판 96나35424, 1997.9.4. 노동조합의 기업시설이용은 그 시설이용의 목적, 필요성, 이용된 시설의 성격, 시간, 횟수, 양태, 영향 등을 종합하여 사용자의 기업시설 관리권의 행사 또는 업무의 수행에 지장을 주지 아니하는 합리적인 범위내에서 허용되고, 근로시간중의 노동조합활동은 취업규칙이나 단체협약 등에 규정되어 있거나 사용자의 허가가 있는 경우 외에는 허용되지 아니한다고 할 것이다. 의료원은 그 성격상 다른 일반 사업장과 달리 직원들의 근무시간이 종료된 뒤에도 일과시간 중에 접수된 진료나 그 진료에 따른 수납 등을 미쳐 마치지 못한 내원자나 응급환자 등의 대기나 출입이 계속되고 입원 및 수술환자 등의 안정가료를 위한 평온성이 요구된다고 할 것인데도 원고가 비록 근무시간 종료 후라고 할지라도 병원의 업무나 내원자 등에게 별 영향을 미치지 아니한다는 면에서 노동조합 결성보고 내회장소로서 합당하다고 보여지는 의료원 당국 지정의 지하 직원식당을 마다하고 굳이 의료원 당국의 허가 없이 위 병원 1층 로비에서 노동조합 결성보고대회를 개최하여 내원자 등에게 불편을 끼치고 의료원이 정상적인 수납 및 신료업무를 방해함으로써 노동조합에 허용되는 기업시설이용의 범위를 일탈하였다 할 것이다.

적 · 배타적 직장점거는 사용자의 시설관리권을 침해하는 것으로 정당하지 않다.[46)]

아울러, 사용자는 자신의 시설관리방법을 자유로이 변경할 수 있으므로 업무상 필요성이 있는 경우 노동조합에게 협의절차를 거쳐 노조사무실을 다른 장소로 이전 요구 및 반환 요구가 가능하다. 다만, 편의시설의 이용기간이 있는 경우 중간에 사용자가 일방적으로 노동조합의 시설이용을 거부하거나 종전의 관행을 파기하는 것은 노동조합의 운영에 대한 지배 · 개입행위에 해당할 수 있다. 따라서 사용자가 그간의 시설관리방법을 변경한 경우에는 변경시기나 내용, 변경사유나 필요성, 사용자의 의도, 변경이 조합활동에 미치는 일반적 또는 구체적 영향, 그 시설의 특성과 노동조합 운영과의 관련성 등을 종합하여 판단한다.[47)]

2) 투쟁복 · 리본 등 착용

사용자는 직장질서 등 업무운영을 위하여 취업규칙 등으로 합리적인 범위 내에서 복장을 규제할 수 있으며, 취업규칙 등에 규정된 근무복 이외의 복장이나 명찰을 근무시간 중에 착용하는 것은 노사간 협의에 의하여야 한다.[48)] 근

---

46) 대판 91도383, 1991.6.11

47) 서울행판 2003구합32923, 2004.7.22. 원래 사용자는 자신의 시설관리의 방법을 자유로이 변경할 수 있고, 그로 인하여 노동조합의 활동에 다소간의 불편이 초래되더라도 그것은 불가피한 것이라고 할 수 있으나, 그와 같은 시설관리방법의 변경이 구체적인 경우의 권리남용에 해당하는 때에는 노동조합의 운영에 대한 지배 · 개입이 될 수 있으며, 어떠한 경우에 사용자의 시설관리방법의 변경이 권리남용이 되는가는 그 변경의 시기와 사유, 그 필요성과 그것이 노동조합활동에 미치는 일반적 또는 구체적 영향, 그 시설의 특성과 노동조합 운영과의 관련성, 사용자의 의도와 같은 관련 사항을 모두 종합하여 판단하여야 하는 것으로서, 예를 들어, 단체교섭의 결과로 또는 확립된 노사간의 관행에 의하여 노동조합이 사용자의 시설을 이용해 온 경우로서 그 시설이 노동조합의 운영에 긴요한 것이지만 기업의 운영에는 그다지 현저한 지장을 주지 아니하는 경우에는 원칙적으로 사용자는 노동조합의 시설이용을 수인하여야 할 것이므로, 그같은 경우에 사용자가 일방적으로 노동조합의 시설이용을 거부하거나 종전의 관행을 파기하는 것은 노동조합의 운영에 대한 지배 · 개입행위가 된다고 할 것이다.

48) 노조 01254-629, 1996.6.19. 승무 중 근로자의 복장 등 승무내용은 취업규칙으로 정하는 바에 따라야 할 것이며, 노동조합이 조합원인 운전기사에게 노조의 명찰을 패용하도록 하는 것은 노조활동의 범위 내에서 인정될 수 있을 뿐이므로 승무 중에 노조명찰을 패용하기 위하여는 노사간에 협의가 먼저 이루어지는 경우에 한하여야 할 것이다.

로자가 단결력을 과시하거나 자신들의 요구사항을 홍보하기 위하여 근무시간 중에 투쟁복이나 사복, 리본 등을 착용하는 것이 정당한 조합활동인지 여부는 사업의 종류, 업무의 성질, 착용 동기나 목적, 그 형태와 내용, 착용시기와 장소, 업무에 미치는 영향 등을 종합하여 판단한다.

호텔 · 백화점 등 사업의 특성상 취업규칙 등에 의하여 정복착용 혹은 정복이 아니라도 복장을 엄격하게 관리하고 있는 경우, 근무시간 이후나 정당한 쟁의행위기간 등과 같이 사용자의 노무관리권이 미치지 않는 그러한 사정이 없는 한, 조합원들은 항상 단정한 복장을 착용할 의무가 있다. 따라서 그러한 경우 근무시간 중에 지정된 근무복을 착용하지 않는 것은 취업규칙 등에 의한 징계사유에 해당될 수 있으며, 사용자가 이러한 법령 및 훈령상의 의무를 조합원들에게 주지시키는 것을 부당노동행위라 할 수도 없다.[49]

3) 유인물 배포 · 부착 등 홍보활동

노동조합의 사업장 내 유인물 배포, 벽보 및 현수막 부착 등의 홍보활동은 사용자의 시설관리권이나 노무지휘권, 타인의 신용이나 명예를 침해하지 않는 범위내에서 이루어져야 하는 것이 원칙이다. 사전허가제 등 단체협약 등에 규정된 절차나 방법이 있다면 이를 준수하여야 하며, 이러한 규정이 없는 경우 과거 동일한 사례에 대한 노사의 태도에 비추어 수인할 수 있는 절차나 방법으로 이루어져야 한다. 유인물 배포 행위의 정당성 여부는 사용자의 허가 유무만을 기준으로 판단할 것이 아니라, 유인물 배포의 동기나 목적, 유인물에 기재된 내용의 진실성, 유인물 배포 범위, 배포장소 · 시기 · 방법의 적정성, 조합의 유지 및 운영에 필요한지 여부, 해당 관계인의 업무나 신용에 미친 영향 등을 종합하여 판단한다.

(1) 부착 행위의 정당성 여부

특히, 벽보 · 현수막 등 부착 행위의 정당성 여부는, 노조전용 장소(게시판)의 제공 여부, 부착한 장소 · 시설의 성질, 부착의 범위 및 방법, 벽보 등의 형상 · 문언 · 매수, 조합의 유지 및 운영에 필요한 것인지, 그 시설 이용이 조합

49) 대판 95누6151, 1996.4.23 ; 노소 68107-106, 2002.1.31

활동에 적합한 것인지, 회사의 업무운영에 초래되는 지장 등 제반 사정을 종합하여 판단한다. 벽보, 현수막 등 각종 홍보물의 부착장소가 정해져 있는 경우에는 지정장소에서 사업장 시설의 파손 및 훼손을 초래하지 않는 방법으로 이루어져야 한다.[50] 노조전용 게시판 등 각종 홍보물의 게시 · 부착장소가 정해져 있는 경우 사용자의 허가 없이 다른 장소를 이용하는 것은 정당하다고 보기 어려우며, 사용자가 무단으로 게시 · 부착된 홍보물을 철거하더라도 부당하다고 할 수 없다. 또한, 지정된 장소에 게시 · 부착한 경우라도 조합활동과 무관한 임직원의 사생활을 폭로하거나 명예를 훼손하는 내용 등은 정당하다고 할 수 없다.

(2) 목적 · 내용 관련

유인물 등에 표시된 내용은 유인물 등의 목적 · 내용에 비추어 사실에 바탕을 둔 진실한 내용이라야 한다. 따라서 사실왜곡 · 과장, 허위사실 적시 등으로 회사에 대한 불신감을 유발하고 직장질서를 문란케 할 위험성이 있거나, 회사 또는 개인의 명예 · 신용 · 인격 · 비밀을 침해하는 경우에는 정당하다고 할 수 없다. 다만, 유인물에 기재되어 있는 문언에 의하여 타인의 인격, 신용, 명예 등이 훼손 또는 실추되거나 그렇게 될 염려가 있고, 또 그 문서에 기재되어 있는 사실관계의 일부가 허위이거나 그 표현에 다소 과장되거나 왜곡된 점이 있다고 하더라도 그 문서를 배포한 목적이 타인의 권리나 이익을 침해하려는 것이 아니라 근로조건의 유지 개선과 근로자의 복지증진 기타 사회적 · 경제적 지위의 향상을 도모하기 위한 것으로서 그 문서의 내용이 전체적으로 보아 진실한 것이라면 이는 근로자들의 정당한 활동범위에 속하는 것이다.[51] 자신의 권리를 침해하는 위법행위를 하거나 범죄행위를 한 것처럼 타인으로 하여금 오해하게 하는 등 기업이나 타인의 신용 · 명예를 대외적으로 훼손 · 실추시키는 경우,

50) 대판 95누6151, 1996.4.23. 병원이 노동조합의 정당한 홍보활동을 보장하기 위하여 노동조합의 전용 게시판을 설치하여 이를 이용하도록 통보하였음에도 조합원들이 주동이 되어 임의로 벽보 등을 지정장소 외의 곳에 부착하였고, 또한 노동조합이나 병원과는 직접적인 관련이 없는 전국병원노련위원장의 구속을 즉각 철회하라는 내용의 현수막을 병원 현관 앞 외벽에 임의로 각 설치한 후 병원의 거듭된 자진철거요구에 불응한 것은 복무규정을 위반한 징계사유에 해당한다.

51) 대판 96누11778, 1997.12.23

유인물 등에 일방적으로 매도하는 표현이나 지나치게 과격한 표현을 사용하여 노사간 불신을 조장하거나 직장질서를 문란케 하는 경우, 다른 근로자들을 상대로 불법행위를 선동하는 내용인 경우는 정당성을 인정받을 수 없다.

(3) 수단 · 태양 관련

유인물 등을 배포하는 것은 원칙적으로 시설관리권에 근거하여 사용자의 승인을 받거나 취업규칙 단체협약 등으로 정한 바에 따르는 것이 원칙이다. 다만, 허가 없이 근무시간 중에 유인물을 배포하는 경우라도, 그 내용이 정당하고 교대근무자를 상대로 배포하는 등 다른 근로자들의 취업이나 휴게시간의 자유로운 이용을 방해하지 않고, 회사의 업무에 지장을 주지 않는 경우에는 부당하다고 할 수 없다. 그러나 유인물의 배포방법, 수량, 시기 등 그 수단이나 태양에 있어 사회통념상 용인될 수 있는 적정한 정도를 넘어 사용자의 시설관리권이나 노무지휘권을 침해하는 경우에는 정당하다고 할 수 없다. 사무실 · 공장내부 등을 임의 방문하는 경우, 회사 소유시설을 무단으로 사용하는 경우 등, 사용자의 의사에 반하여 회사시설을 이용하는 경우, 유인물을 근로자들에게 직접 건네주지 않고 사용자의 공장에 은밀히 뿌리는 행위 또는 이와 유사한 방법으로 사용자의 시설관리권을 침해하고 직장질서를 문란시킬 구체적인 위험성이 있는 것, 유인물 배포가 비록 근로조건 개선을 목적으로 했다 하더라도 내용이 사실을 왜곡 또한 과장한 것으로서 경영진에 대한 극도의 불신 내지 증오심을 유발케 하여 직장질서를 문란케 할 위험성이 있는 경우, 인격과 사생활을 침해하고 근거가 불명확한 내용을 포함시킨 인쇄물을 작성하여 직원들에게 회람시켜 서명을 받는 경우, 구속된 노조간부의 재판 방청을 위하여 집단으로 월차휴가를 실시하여 방청할 것을 권유하고 위원장의 구속이 계속될 경우 교육거부 등을 하자는 내용의 인쇄물을 노동조합의 지시 없이 독자적으로 작성, 배포하는 행위를 하여 그 결과다수의 근로자가 이에 동조하여 사업장을 무단이탈함으로써 회사 업무의 정상적인 운영에 지장을 준 경우, 노사협상과 무관한 자를 비난하여 유리한 국면을 조성하고자 그가 노동조합을 탄압하고 국회의원임을 이용하여 법도 지키지 아니한다는 등의 내용이 기재된 유인물을 시민들에게 나누어주는 등 모욕하거나 명예를 훼손하는 발언을 한 경우 단체교섭 과정에서 교섭이 원만히 진행되지 아니한다는 이유로 회사 소유의 차량들에 현수막을 부착한 채 공장 내를 운행하다가 회사에게 차량의 출입을 금지하자 이를 거절하는 등, 그 행위의 태양, 장소, 대상 및 피고 회사의 업무에의 영향 등에 비추어 사회적 상당성을 갖추었다고는 볼 수 없는 경우는 정당한 노동조합활동이라고 할 수 없다.[52)]

4) 조합원 개인의 활동

조합원 개인의 활동이 조합의 결의나 지시에 따라서 한 조직적인 것이 아닐지라도 그 행위가 규약이나 방침에 반하지 않고, 조합의 존재 및 활동목적에 부합하고, 개인의 목적이 아닌 노동조합을 위하여 행한 것으로서 성질상 노동조합의 활동으로 볼 수 있거나 노동조합의 묵시적인 수권이나 승인을 받았다고 볼 수 있을 때에는 그 조합원의 행위를 노동조합의 업무를 위한 정당한 조합활동 행위로 보아야 한다.[53)] 조합원 개인의 활동이 정당한 조합활동에 해당되는지 여부는, 노동조합의 규약이나 방침에 부합되는지, 노동조합의 수권이나 승인을 받았는지, 그 행위의 목적이나 태양이 합당한지, 사용자의 시설관리권 · 노무지휘권을 침해하는지, 그 방법 · 수단이 단체협약이나 사회상규에 부합하는지 등을 종합하여 판단한다.

이때, 노동조합의 묵시적인 수권 또는 승인을 받았는지 여부는 노동조합에서의 위치나 비중(평조합원, 조합간부 등), 조합활동 내용이나 목적, 평소 노동조합 · 임원 등과의 관계를 토대로 판단한다. 노동조합의 합리적인 운영, 단체협약 등에 규정된 근로조건의 확보[54)] 등과 관련된 행위는 개인의 목적으로 행

---

52) 대판 92누4253, 1992.6.23 ; 대판 98다54960, 2000.6.23 ; 대판 92다20880, 1993.2.9 ; 대판 91누5020, 1992.3.13 ; 대판 2001도1012, 2001.6.12

53) 대판 99두4273, 1999.11.9

54) 대판 99두11042, 2001.4.27. 유인물 내용이 조합원의 의견수렴에 충실을 기하지 못한 위원장의 조합 운영상의 문제점을 지적하거나 근로기준법에 미달되는 각종 수당의 산정방식 등 근로조건의 개선을 요구하는 것인데다가 대부분 사실에 부합하는 점에 비추어 위 유인물 배포행위는 기본적으로 노동조합의 민주적 운영과 활성화를 촉구하고 근로조건의 유지 · 개선과 근로자의 복리증진 기타 경제적 · 사회적 지위의 향상을 도모하기 위한 것으로서 조합의 업무를 위한 행위로 보아야 한다.

한 특별한 사정이 없는 한 노동조합 규약이나 방침 등에 반한다고 볼 수 없으며, 정당한 조합활동에 해당한다. 근로조건과 관련된 내용이라도 개인의 이익을 추구하기 위한 행위이거나, 개인의 불만을 표출하기 위한 경우, 명확한 근거나 확신 없이 관계법령을 위반하였다며 임의로 근로자 전원의 명의로 수차에 걸쳐 행정관청에 민원을 제기하는 경우 등은 정당성을 인정받을 수 없다.

그러나 개인의 목적을 위한 것이 아니라 조합원 전체의 권리보호를 위하여 법령이나 단체협약 등에 규정된 근로조건의 이행을 사용자에게 촉구하는 경우, 조합임원, 대의원 등으로 선출되기 위하여 행하는 입후보 관련 행위, 조합활동에 관한 유인물 등을 작성하여 조합원들에게 알리는 행위, 노동조합 가입권유 등 조합원으로서 당연히 가지는 권리 내지 권한을 행사하는 경우는 정당성이 있다.

(1) 노조규약 · 방침 관련

노동조합 규약이나 방침 등에 위반되는 조합원 개인의 활동은 행위의 성질상 노조활동으로 볼 수 있다거나 노동조합의 수권 또는 승인을 받았다고 볼 만한 사정이 없는 경우 등은 노동조합의 업무를 위한 행위로 보기 어렵다. 특히 일부 조합원들의 의사결집을 통해 이루어진 활동의 경우에는, 전체 노동조합의 결의나 구체적인 지시에 따른 노동조합의 조직적인 활동 그 자체가 될 수 없음은 물론, 그 행위의 성질상 노동조합의 활동으로 볼 수 있다거나 노동조합의 묵시적인 수권 혹은 승인을 받았다고 볼 수도 없다.[55] 예를 들면, 노동조합의 간부도 아닌 평조합원이 세차비문제, 구상권문제, 인사 · 배차문제, 학자금 미지급 문제 등을 이율로 대표이사를 단체협약위반혐의로 노동관서에 진정을 한 경우, 이는 성질상 노동조합활동이라고 할 수 없고 노동조합의 묵시적 위임이나 수권을 받은 것으로 보여지지 않는다면 정당한 노동조합 업무라고 할 수 없다.[56]

55) 대판 99두5740, 1999.9.17

56) 대판 2008두22211, 2009.4.9. 노조설립과 관련 후원금을 모금하고 그에 따른 사용 · 관리문제로 인해 노조원들 사이에 분쟁이 발생하게 되자 그러한 분쟁발생이 회사의 손실을 야기한 책임을 물어 당사자들을 해고한 사건에서, 비록 노동조합의 내부문제라도 회사의 손실을 초래하는 경우는 징계사유가 될 수 있다고 보았다.

(2) 특정 조합원들의 결의에 의한 활동

회사가 근로자들의 작업량을 파악하여 효율적인 생산관리를 꾀할 목적으로 엄격한 자재관리를 시작하게 되자, 노동조합 조합원들은 개별 근로자의 작업량이 회사에게 파악되고 근로자간 경쟁이 촉발되고 노동강도가 높아지게 된다는 등의 이유로 반발하면서, 조합 대의원 등 일부 조합원이 주도하여 원자재사용 거부, 옥외작업 · 잔업 · 특근 및 근로계약상 의무로 되어 있지 않은 작업과 조금이라도 위험이 따르는 작업은 거부하기로 결의하는 경우가 있다. 이 경우 노동조합의 결의나 구체적인 지시에 따른 노동조합의 조직적인 활동이 아니라, 그 행위의 성질상 노동조합의 활동으로 볼 수 있다거나 노동조합의 묵시적인 수권 혹은 승인을 받았다고 볼 수도 없고, 단지 조합원으로서의 자발적인 행동에 불과할 뿐이라면, 정당한 노동조합활동이라고 할 수 없다.[57]

(3) 노동조합의 조직이나 정당한 결정에 반하는 행위

노사가 특정안에 대해 수차 교섭을 통해 합의를 하였음에도 불구하고, 합의에 반대하는 조합원이 조합장을 비방하는 내용의 유인물을 제작하여 조합원들에게 배포하고,[58] 근무시간 중 조합장의 불신임결의를 위한 임시총회의 소집을 요구하는 서명을 받았으며, 회사로부터 근무시간 중 서명을 받는 행동을 중지할 것을 지시받았음에도 불응하는 등, 이와 같은 유인물배포행위나 서명활동, 타결된 임금협상의 무효화 선동 등은 근무시간 중에 이루어진 것이어서 노동조합의 업무를 위한 정당한 행위라고 할 수 없다.[59]

다. 해고 등 징계상, 인사상 불이익 취급

단체협약, 취업규칙, 근로계약 등으로 정한 징계사유에 해당할 경우, 근로자에 대해 소정의 불이익처분을 하는 경우가 있다. 이 경우 해고 등 징계상 불이

---

57) 대판 99두5740, 1999.9.17

58) 서울행판 2003구합8494, 2003.9.30. 서울고판 상고심 각하 확정, 노조와의 협의를 통하여 사납금을 인상하였음에도 불구하고, 회사가 일방적으로 직원들의 궁박을 이용하여 사납금을 인상하여 부당이득을 취하였다고 고발하는 등 노사간의 신뢰관계를 근본적으로 해치는 비위행위를 한 경우 징계사유에 해당한다.

59) 대판 95누16738, 1996.9.10

익 취급이 부당노동행위에 해당되는지 여부는 조합활동의 정당성, 징계사유의 정당성, 징계양정 및 절차 등 사용자의 부당노동행위 의사를 추정하여 판단하여야 하며, 한걸음 더 나아가 처분시기 · 징계양정 · 불이익처분과 사용자의 태도 · 징계결과 미친 영향 등 구체적인 사실관계를 종합판단하여 사용자의 부당노동행위가 있었는지 여부를 판단한다. 사안별로 판례에 따른 일반적인 판단기준은 다음과 같다.[60]

1) 처분시기

처분시기는 원인과 처분시기가 부자연스럽게 떨어져 있지는 않은지, 징계처분시 노사가 긴장관계에 있지는 않았는지(조합결성 직후, 단체교섭 전후 등), 조합원 임원선거 등 조합 내부 문제와 징계시기의 관계에서 관련사항은 없는지 등을 종합 판단한다. 처분사유나 필요성이 없어진 사유에 대하여 노동조합 결성 전후, 조합활동이 활발해진 시기 등에 징계처분 하는 경우 등, 처분의 원인과 처분시기가 부자연스럽게 떨어져 있는 경우에도 사용자의 부당노동행위 의사를 추정할 수 있다.

2) 징계양정

징계양정의 경우는, 처분사유가 단체협약, 취업규칙 등에 의한 징계사유에 해당되는지, 징계절차의 하자는 없는지, 동종 사례에 있어서 처분의 불균형은 없는지 여부(이례적 처분, 가혹한 처분 여부), 처분이 종래의 관행에 부합되는지, 노사간 징계면책에 관한 합의가 있었는지 여부 등을 종합 판단한다.

3) 불이익처분과 관련한 사용자의 태도

불이익처분과 관련한 사용자의 태도는, 사용자가 내세우는 징계사유와 노동조합 업무의 내용, 평소 회사와 노동조합과의 관계, 평소 사용자의 노동조합에 대한 언동이나 태도, 사용자 주장의 명확성, 합리성, 일관성 여부, 처분을 받은 근로자의 조합활동 상황(중추적인 역할, 조합활동의 적극성 등), 과거 당해 사업장에서 부당노동행위 사례는 없었는지 등을 종합 판단한다.[61] 노동조합 조직

60) 대판 99두4273, 1999.11.9

61) 대판 90누3683, 1990.11.27. 입사할 무렵부터 노동조합에 가입한 후 적극적인 조합활동을 하

전후로 조회, 교육 등을 통해 노동조합에 대한 부정적인 언행을 자주하는 등 사용자의 태도나 언행에 변화가 일어난 경우에는 부당노동행위 의사를 추정할 수 있다. 근무형태나 노사관행에 어긋나게 조합설립 후 또는 단체교섭 시기 등에 조합원에 대해서만 법정근로시간 등 관련 법규정을 엄격하게 적용하는 경우, 통상적으로 승인해 오던 총회 개최 등 근무시간 중의 조합활동을 개최 당일에 불허하거나, 총회 개최일에 예정에 없던 출장근무를 지시 또는 체육행사를 개최하는 등 갑자기 노동조합활동을 어렵게 하는 경우 부당노동행위를 추정할 수 있다.

그러나 사용자와 사전협의없이 대의원대회 참석 등 조합활동을 이유로 이미 계획되어 있던 업무를 수행하지 아니한 경우, 노사합의로 실시해 오던 연장근로를 노동조합 결성 후 일방적으로 거부하거나 노사합의 사항이나 노사관행 등을 거부하는 경우, 노동조합 조직 후 조합 측에서 기존의 관행을 일방적으로 이행하지 아니하는 등 노동조합의 정당하지 아니한 행위가 징계의 선행행위로 작용한 경우에는 부당노동행위로 보기 어렵다.

사용자의 조합활동 지배개입은 조합활동이나 조직력이 약화된 시기에 주로 발생할 수 있다. 예를 들면, 노동조합이 결성된 직후 아직 그 조직이 취약한 상태에서는 회사간부가 노동조합활동에 관련한 행위자에 대하여 그 경위를 개별면담의 방식으로 조사를 하는 것은, 그 자체가 노동조합의 조직이나 운영에 개입하는 결과를 초래할 우려가 농후한 것이다.[62]

여 노조대의원으로 선출된 원고가, 조합총회나 대의원회의의 동의도 없이 사용자측의 뜻에 따라 임금인상시기를 변경하는 내용의 단체협약을 체결하려는 노조집행부에 반대하면서 조합원들로부터 조합총회 소집을 요구하는 서명을 받기 시작하여 노조집행부와 회사가 임금인상시기를 늦추는 데에 따르는 보상안을 마련하자 위 서명작업을 중단하였으며, 그 후에도 대의원회의 등을 통하여 임의 수당을 신설할 것을 주장하는 등 계속하여 조합활동을 하여 왔는데, 원고가 야간근무시간중 2시간 정도 무단이탈을 한 사실이 드러나자 회사에서 수차에 걸쳐 사직을 요구하다가 이를 거절하는 원고를 징계해고한 것은 노동조합활동을 방해할 의도로 이루어진 부당노동행위에 해당한다.

62) 서울고판 90구14449, 1992.1.17

4) 징계결과 미친 영향과 형평성

징계 결과와 관련해서는, 징계 등 불이익처분 결과 조합원의 감소 등 노동조합 조직·운영의 변화 추이를 살펴보고, 처분이 노동조합활동에 미친 영향, 처분을 전후하여 정리해고 등에 있어 조합원이 차지하는 비율 등을 종합적으로 판단한다. 불이익처분을 하면서 유사한 징계사유에 대하여 비조합원이나 조합탈퇴자에 대하여는 비교적 경미하게 처분하고 조합원이나 조합활동에 적극적인 자에 대하여는 중징계하는 경우, 어느 누구에게도 문제 삼은 적이 없는 경미한 복무위반 등에 대하여 노동조합 가입 직후 또는 노동조합활동이 활발해진 직후에 이례적으로 이를 문제 삼아 징계하는 경우, 정리해고시 조합원과 비조합원을 차별[63]하여 비조합원은 모두 정년 도래자, 계약기간 만료자, 자진퇴사자 등을 대상으로 하고, 조합원은 모두 생산직 정규근로자를 정리해고 대상으로 포함하는 차별적인 불이익을 주는 경우 등, 조합원과 비조합원, 조합활동에 적극적인 자와 그렇지 않은 자를 징계절차나 양정 등에 있어서 차별하는 경우 사용자의 부당노동행위 의사를 추정할 수 있다.[64]

---

63) 대판 2002두5535, 2002.10.11. 중재재정이 노조원에 대하여만 적용되고 1일 배차시간은 식사 및 휴게시간 1시간 20분을 포함하여 8시간 40분으로 정하고 있으나, 회사의 승인을 얻은 경우 초과근로시간으로 인정하여 시간외 근로수당을 지급하도록 하고 있는 점에 비추어 보면, 위 중재재정에서 정한 1일 배차시간은 운송수입금 전액관리제 및 완전월급제의 시행에 따라 정액급여의 산정을 위한 기준으로 볼 것이지, 노조원들로 하여금 1일 배차시간을 초과하여 근무하는 것을 절대적으로 금지하는 취지라고 볼 것은 아니므로, 회사가 비노조원에게는 종전과 같이 1일 10~11시간의 운행을 허용하면서 노조원에 대하여는 1일 8시간 40분으로 승무시간을 엄격히 통제한 것은 부당한 차별대우라 할 것이다.

64) ① 대판 90누6132, 1991.2.22. 시내버스운수회가가 교통사고를 일으킨 운전사들에 대한 징계를 함에 있어서 노동조합을 탈퇴하였거나 노동조합에 가입하지 아니한 운전사들에 대해서는 감봉처분을 하면서도 그들과 동일 내지 유사한 교통사고를 일으킨 운전사로서 노동조합업무를 실질적으로 이끌고 가던 조합의 총무에 대하여는 징계사유로서는 미흡한 징계불복 등의 사유를 추가하여 징계해고 처분한 것은 노동조합활동을 혐오한데서 나온 부당노동행위라고 보아야 한다.
② 대판 2006두13220, 2008.12.11. 원고 회사가 참가인 수습 근로자의 노동조합활동을 방해하고 근로관계를 일방적으로 단절할 목적으로 다른 수습 근로자에 비해 비합리적인 평가 기준을 적용해 본 계약 체결을 거부한 행위는 사실상 해고한 것으로 볼 수 있어 이 사건 해고는 부당노동행위에 해당한다.

5) 학력 및 경력은폐

기업이 근로자를 고용하면서 학력 또는 경력을 기재한 이력서나 그 증명서를 요구하는 이유는 단순히 근로자의 근로능력 즉, 노동력을 평가하기 위해서만이 아니라, 노사간의 신뢰형성과 기업질서 유지를 위해서는 근로자의 지능과 경험, 교육 정도, 정직성 및 직장에 대한 정착성과 적응성 등 전인격적 판단을 거쳐 고용 여부를 결정할 필요가 있으므로 그 판단자료로 삼기 위한 것이다.

사용자가 사전에 학력이나 경력의 허위기재 사실을 알았더라면 고용계약을 체결하지 아니하였거나 적어도 동일 조건으로는 계약을 체결하지 아니하였을 것으로 인정되는 경우에 한하여 이를 근로자에 대한 정당한 징계해고사유로 삼을 수 있다. 이 때 고용계약을 체결하지 아니하였거나 적어도 동일 조건으로는 계약을 체결하지 아니하였을 것으로 인정되는 경우란, 기업의 종류나 성격, 허위기재하거나 은폐한 내용, 고용계약 체결 당시의 상황 등에 비추어 그러한 사정이 객관적으로도 인정되는 경우를 말한다.[65] 따라서 기업의 종류나 성격, 허위기재 또는 은폐한 내용, 그 내용이 전체 경력에서 차지하는 비중이나 중요성, 허위기재가 착오에 의한 것인지, 고용계약 체결 당시의 상황 등을 종합적으로 고려하여 판단하고, 그 사정에 비추어 사용자가 사전에 그러한 사실을 알았다면 채용하지 아니하였을 것이라는 점이 객관적으로 인정되어야 한다.

첫째, 학력이나 경력의 은폐, 허위기재 등을 징계사유로 규정한 취업규칙 등은 특별한 사정이 없는 한 유효하다. 따라서 이에 근거하여 고의적이거나 그 비중이 중요한 내용을 은폐한 행위에 대하여 징계, 하향전보 등을 하는 경우 등은 정당하다고 할 수 있다.[66] 이력서에 허위의 경력을 기재한다는 것은 그

65) 대판 99다53865, 1999.12.21

66) 대판 98다54960, 2000.6.23 ; 대판 93누21521, 1994.8.12. 입사하면서 제출한 이력서에 그 학력 및 경력 등을 고의로 누락시킨 이상 이들이 모든 경력 중에서 차지하는 중요성 등에 비추어 볼 때, 회사 취업규칙상의 해고사유인 사기 또는 부정한 방법으로 채용되는 자에 해당하는 것으로 볼 수밖에 없으므로 회사의 징계해고는 정당한 이유가 있는 해고라고 보지 않을 수 없으며, 회사가 이를 징계사유로 삼아 해고한 것은 기업질서유지를 위한 사용자의 고유의 징계권행사로 보여 질 뿐 이를 가리켜 부당노동행위로 볼 수 없다.

자체가 그 근로자의 정직성에 대한 중요한 부정적인 요소가 됨은 물론, 기업이 고용하려고 하는 근로자들에 대한 전인격적인 판단을 그르치게 하는 것이므로, 채용시의 허위경력기재 행위 내지 경력은폐행위를 징계해고사유로 규정하는 취업규칙 등은 허위사항의 기재가 작성자의 착오로 인한 것이거나 그 내용이 극히 사소하여 그것을 징계해고사유로 삼는 것이 사회통념상 타당하지 않다는 등의 특별한 사정이 있는 경우까지에도 적용되는 것이 아니라면 정당한 해고사유를 규정한 것으로 유효하고 이에 따른 징계해고는 정당하다

둘째, 사용자가 요구하는 노동력이 있거나 성실하게 근무한 점이 인정되더라도 학력이나 경력의 허위기재 또는 은폐 사실을 알았다면 채용하지 않았을 것으로 보여지는 경우 징계사유가 될 수도 있다.[67] 예를 들면, 노동조합장으로 당선된 직후 또는 적극적인 조합활동을 하고 있는 자가 취업규칙 등에 의한 징계사유에 해당되는 학력 은폐 등의 행위에 대하여 해고하는 경우가 있을 수 있다.

셋째, 평소에는 문제를 삼지 않다가 조합활동이 활발해지자 허위기재 · 누락 등이 작성자의 착오로 인한 것, 그 내용이 사소한 것, 경력 등에서 차지하는 중요성이 낮은 것을 징계사유로 삼는 경우, 학력과 경력이 근로계약 체결 여부에 크게 영향을 주었다고 보기 어려운 경우라면, 적어도 동일 조건으로는 계약하지 아니하였을 것이라는 객관적인 사정이 존재한다고 볼 수는 없다.[68]

---

67) 대판 92다31095, 1992.10.27 ; 대판 2003두5198, 2004.1.16. 회사설립 이후 신규채용 대상을 중 · 고졸로 한정하였고, 생산직에 응모한 대졸학력자들이 모두 불합격처리 되기까지 하였고, 학력 허위 기재자를 징계해고한 사실이 있는 점 등을 고려해 보면 비록 채용 후 6년간 별다른 문제를 일으킨 바는 없다 하더라도 대학졸업자라는 사실을 알았다면 고용계약을 체결하지 아니하였을 것으로 보이고 착오로 인한 것이거나 그 내용이 극히 사소하다고 볼 수 없으므로 이를 이유로 한 해고는 정당하다.

68) ① 대판 94누9771, 1996.2.9. 예를 들면, 입사시 제출한 이력서에 최종학력을 기재하지 아니하고 타 회사 근무기간을 실제보다 길게 기재한 것은 사실이나 다른 근로자들과 마찬가지로 생산직 사원으로 근무하면서 아무런 문제없이 맡은 바 업무에 성실히 근무해오다 노조위원장으로 피선되자 회사간부들이 노조간부들을 사무실로 불러 노조를 해산하도록 종용하고 노조원들이 많이 기거하는 기숙사를 폐쇄하는 등 여러가지 방법으로 노조를 해산하기 위한 조치를 취하는 한편, 노조간부들에 대한 뒷조사와 신원조회, 가정방문 등을 통한 압력과 회유를 계속하던 중 입사시 제출한 이력서에 학력과 경력을 허위로 기재한 것을 알아내고 징계해고한 것은, 적극적인 노

6) 노조전임자 관련

노조전임자라 할지라도 사용자와의 사이에 기본적인 근로관계는 유지되는 것이므로 단체협약 등에 특별한 규정이나 관행이 없는 한 출 · 퇴근시간에 관한 사규를 준수하여야 한다. 취업규칙 등의 위반 행위에 대해 징계하는 것은 부당노동행위로 볼 수 없는 것이 원칙이다. 노조전임자라 할지라도 단체협약에 조합전임자에 관하여 특별한 규정을 두거나 특별한 관행이 존재하지 아니하는 한 출 · 퇴근에 대한 사규의 적용을 받게 되고, 전임자가 수행한 노동조합의 업무가 사용자의 노무관리업무와 전혀 무관한 것이 아니고 안정된 노사관계의 형성이라는 면에서 볼 때는 오히려 밀접하게 관련되어있다. 따라서 근로계약 소정의 본래 업무를 면하고 노동조합의 업무를 전임하는 노조전임자의 경우에 있어서 출근은 통상적인 조합업무가 수행되는 노조사무실에서 조합업무에 착수할 수 있는 상태에 임하는 것이라 할 것이고, 만약 노조전임자가 사용자에 대하여 취업규칙 등 소정의 절차를 취하지 아니한 채 위와 같은 상태에 임하지 아니하는 것은 무단결근에 해당한다.[69]

전임자는 전임해제와 동시에 원직에 당연히 복귀하여야 하므로 정당한 이유 없이 원직복직을 거부하는 것은 징계사유에 해당될 수 있다. 사례에서, 노조위원장 사임계를 제출하여 노조전임에서 해제되면 별도의 인사발령 없이도 전

조활동을 혐오한 나머지 학력 및 경력 허위기재 등의 표면적인 구실을 내세워 해고한 것이므로 부당노동행위이다. 사용자가 조합간부, 조합활동에 적극적인 자들에 대해 은밀히 뒷조사를 실시하여 학력이나 경력의 허위기재 사실을 취득하고, 노조탈퇴 등의 부당한 수단으로 이용하는 경우 등, 학력 · 경력의 허위기재 또는 누락이 작성자의 착오로 인한 것이거나 그 내용이 극히 사소하여 징계사유로 삼는 것이 사회통념상 타당하지 않음에도 조합활동이 활발하게 이루어진 시기 등에 징계하는 경우 등에는 부당노동행위 의사를 추정할 수 있다.

② 대판 2003두4338, 2004.2.27. 〈객관적 사정〉입사시 대학중퇴 및 다른 회사의 근무경력을 누락한 것은 사실이나, 사내에 대졸학력을 가진 근로자가 다수 있으며, 대졸학력자들이 모두 다른 기사들과 동일한 조건으로 근무하고 있고, 학력과 경력이 근로계약 체결 여부에 크게 영향을 주었다고 보기 어려우며, 근무기간 동안 동료들과 위화감 조성 및 위장취업으로 노사간 분쟁 야기 사실이 없는 점 등을 종합적으로 고려하면, 사전에 학력허위 기재 사실을 알았다면 고용계약을 체결하지 아니하였거나 적어도 동일 조건으로는 계약하지 아니하였을 것이라는 객관적인 사정이 존재한다고 볼 수 없다.

69) 대판 92다34926, 1993.8.24

임해제와 동시에 당연히 원직에 복귀하여 정상 출근하여야 함에도 전임해제 다음날부터 17일간이나 무단결근하고 또 노조위원장으로 재직하면서 그 관리 감독을 소홀히 하여 공금의 결손 내지 유실을 가져오고 이로 인하여 노조원들 사이에 분쟁을 야기시켜 결국 회사업무에 지장을 초래케 한 것으로 볼 것이고, 이는 징계사유에 해당한다고 판시한 바 있다.[70)]

7) 승진 등 인사상 불이익

근로자에 대한 전직 및 전보처분은 근로자가 제공하여야 할 근로의 종류, 내용, 장소 등에 변경을 가져온다는 점에서 불이익한 처분이 될 수 있으나, 원칙적으로 인사권자인 사용자의 재량에 속하는 것이므로 업무상 필요한 범위 안에서는 상당한 재량을 인정하여야 하고, 그것이 근로자에 대하여 정당한 이유없이 해고, 휴직, 정직, 감봉, 그 밖에 징벌을 하지 못하도록 하는 근기법제 23조 1항에 위배되거나 권리남용에 해당하는 등 특별한 사정이 없는 한 무효라고 할 수 없다. 전직처분 등이 정당한 인사권의 범위에 속하는지 여부는 당해 처분의 업무상 필요성과 전직 등에 따른 근로자의 생활상의 불이익을 비교 · 형량하고, 근로자가 속하는 노동조합이 있으면 그 노동조합, 없다면 근로자 본인과의 협의 등 처분과정에서 신의칙상 요구되는 절차를 거쳤는지 여부를 종합적으로 고려하여야 한다.[71)] 승진, 전보 등 인사상 불이익 조치가 부당노동행위에 해당하는지 여부는 인사기준 · 관행의 부합 여부, 인사시기와 조합활동과의 관련성, 업무상 필요성, 인사의 합리성, 조합원과 비조합원간의 균형이나 형평성, 조합활동에 미치는 영향 등의 요소를 종합하여 판단하여야 한다. 인사상 불이익은 승진탈락 등 외형상의 불이익 뿐만 아니라 노동조합에 가입할 자격이 부여되지 아니한 직급으로의 승진 등의 내부적인 행위까지 포함된다. 판례 등에 따른 일반적인 판단기준은 다음과 같다.[72)]

첫째, 승진의 시기와 노동조합활동과의 관련성, 업무상 필요성, 적격성과 합리성 등의 유무, 당해 근로자의 승진이 조합활동에 미치는 영향, 당해 근로자

70) 대판 93다5607, 1994.3.11
71) 대판 2007두20157, 2009.4.23
72) 대판 97누18035, 1998.12.23

의 동기들과의 관련성, 노조원과 비노조원을 전체적으로 비교하여 승진에 있어서 격차가 있는지 여부를 기준으로 판단한다. 노동조합의 조합원이라는 이유로 불리하게 인사고과가 되었는지 여부를 판단하는 방법에 관해 판례를 살펴보면 다음과 같다. “사용자가 근로자에 대하여 노조원이라는 이유로 비조합원보다 불리하게 인사고과를 하고, 그 인사고과가 경영상이유에 의한 해고대상자 선정기준이 됨에 따라 그 조합원인 근로자가 해고되기에 이르렀다고 하여 그러한 사용자의 행위를 부당노동행위라고 주장하는 경우, 조합원집단과 비조합원집단을 비교하여 두 집단이 서로 동질의 균등한 집단임에도 인사고과에서 두 집단 사이에 통계적으로 유의미한 격차가 있었는지, 그러한 격차가 조합원임을 이유로 하여 비조합원에 비하여 불이익취급을 하려는 사용자의 반조합적 의사에 기인한 것, 즉, 사용자의 부당노동행위 의사의 존재를 추정할 수 있는 객관적인 사정이 있었는지, 인사고과에서의 그러한 차별이 없었다면 해고대상자 선정기준에 의할 때 선정되지 않았을 것인지 등을 심리하여 판단한다.”[73]

둘째, 전보에 있어서, 전보명령의 동기나 목적, 전보명령에 관한 업무상의 필요성이나 합리성의 존부, 전보에 따른 근로자의 생활상의 불이익과의 비교형량, 전보명령의 시기, 사용자와 노동조합과의 관계, 전보명령에 이른 과정이나 사용자가 취한 절차, 직무환경이나 조건 또는 상사나 동료와의 관계에서 문제가 있었는지 여부, 조합원과 비조합원간의 마찰로 인한 전보 필요성 등,[74] 그 밖에 전보명령 당시의 외형적, 객관적인 사정 등을 종합 판단한다.

셋째, 인사기준 및 관행과 관련하여 부당노동행위로 문제가 될 수 있는 것은, 주로 그간의 인사관행에 어긋나거나 인사기준 자체가 불합리하여 사실상 조합원과 비조합원, 조합활동에 적극적인 자와 그렇지 않은 자를 차별하는 것이다. 그러나 인사발령 당시에 정원의 증가로 인하여 충원이 필요하였거나,

73) 대판 2007두25695, 2009.3.26

74) 노조 68107-1130, 2001.10.10. 조합원과 비조합원간의 마찰이 심화되어 비조합원들이 탄원 및 집단사직 제기 등을 통해 작업라인의 전환배치를 요구하는 등 정상적인 작업수행이 어려운 부득이한 사정으로 일시적으로 조합원과 비조합원을 분리하여 작업라인을 전환배치하였다면 이를 노동조합의 활동을 약화시키고 단결력을 저하시킬 의사를 가지고 한 행위라고 보기 어렵다.

교육훈련을 마치고 재배치의 필요성이 있었거나, 승급 등으로 보직변경이 필요하였거나, 기구 개편 등으로 정원조정이 불가피한 상황이 있는 경우, 단체협약 · 취업규칙 등의 인사규정, 종래의 관행 · 질서에 따라 인사가 합리적으로 이루어진 경우에는 부당노동행위로 보기는 어렵다.[75] 인사 및 전보 등과 관련 구체적 판단기준을 살펴보면, 노동조합 설립 전후를 비교하여 인사횟수, 인사시기 등 인사관행을 변경했는지 여부, 인사발령기준을 변경했는지 여부, 노동조합 가입 이후 인사고과의 결과의 변동추이, 인사고과 대상기간을 가입 전후로 구분하지 않았는지, 노조탈퇴 이후 인사, 전보 등의 추이, 해당근로자의 인사가 입사동기생과 비교할 때 형평성을 잃지 않았는지 여부 등이 기준이 될 수 있다. 그간의 인사관행과는 달리 조합원에게 불리한 인사가 이루어진 경우, 인사발령시 비조합원의 의견은 대부분 반영하면서도 조합원의 의견은 제대로 반영하지 않은 경우 등은 부당노동행위로 의심받을 수 있다. 다만, 외형상 조합원과 비조합원의 승진에 격차가 있더라도 비교대상인 조합원과 비조합원간에 업무능력, 근무실적, 적격성 등에서 차이가 있는 경우 및 근로자의 성격, 동료와의 갈등 등 근로자간의 인화를 위한 필요성으로 전보, 배치전환하는 경우 등은 부당노동행위에 해당한다고 볼 수 없다.[76] 결론적으로, 조합원이라는 이유로 불리하게 인사고과가 되었는지 여부를 판단하는 방법은, 조합원집단과 비조합원집단을 전체적으로 비교하여 두 집단이 서로 동질의 균등한 집단임에도 인사고과에서 두 집단 사이에 통계적으로 유의미한 격차가 있었는지 등 통계적으로 의미 있는 격차에 대해 사용자가 달리 합리적인 이유가 있음을 적극적으로 증명하지 못하면 부당해고 등 불이익취급이 될 수 있다.

---

75) 대판 2002누6264, 2003.4.10. 승진규정에 직원의 승진임용은 인사고과 및 근무평정기준표에 의하되 승진소요 연한을 기준으로 승진대상자를 선정하도록 규정되어 있더라도 회사 설립이래 승진은 인사고과 및 근무평정 기준에 의하기보다는 경력순으로 승진하는 것이 일반적인 관례임에도 조합원 중 승진한 예가 없고, 근속년수가 짧은 비조합원을 먼저 승진시킨 것에 대해 노동조합에서 항의하자 뒤늦게 노조원을 승진발령한 것은 조합원이라는 이유로 부당하게 승진인사에 탈락시키는 불이익 취급에 해당한다.

76) 대판 97누2528, 1999.9.3. 근로자가 수년에 걸쳐 회사를 상대로 행정심판 청구, 감사원에 재심사청구 등을 제기하여 동료 및 상급자와의 불편한 감정을 고려 인화단결을 위해 단행된 전보인사는 업무상의 필요성에 따라 행하여졌다고 인정된다.

넷째, 전보 등이 노동조합활동에 지장을 초래하거나 생활상의 불이익이 통상 감수하여야 할 정도를 벗어난 경우 등에는 정당한 인사권의 행사로 보기 어려워 부당노동행위로 의심받을 수 있다. 생활상 불편이 경미한 곳으로 전보발령할 수 있음에도 의도적으로 본래 업무나 생활 근거지와 동떨어진 곳으로 발령하여 생활상 불편을 초래함은 물론 조합활동을 어렵게 하는 경우, 조합활동을 방해할 의도로 조합원 자격을 상실하거나 조합활동이 불가능한 곳으로 승진 또는 전보발령하는 경우에는 노동조합활동을 방해하려는 의사로 행한 것으로서 부당노동행위에 해당한다. 그러나 전보발령 등의 시기가 조합가입 직후, 적극적인 조합활동을 한 이후라도 그 이전부터 내부적으로 적격자로 선발되어 전보를 계속 추진해온 경우 등, 조합활동이나 일상생활에 지장이 초래되더라도 합리적인 기준에 의한 정당한 인사권의 행사일 경우 등에는 부당노동행위로 보기 어렵다. 또한 인사업무상 전보발령의 필요가 있었고, 업무수행능력[77] · 근무경력[78] · 휴직 전 직위 · 조합에의 영향력 등을 참작해 전보한 경우 부당노동행위에 해당하지 않는다.[79]

---

77) ① 대판 96누10188, 1998.2.10. 회사의 승진제도가 종업원의 업무능력, 근무성적, 상위직에 대한 적격성 등의 반영에 의하여 이루어지는 능력주의 승진제도에 기초하고 있는 이상, 노조원과 비노조원을 전체적으로 비교하여 보아 승진에 있어서 외형상 격차가 있다고 하더라도, 조합원과 비교의 대상으로 된 비조합원과의 사이에 업무능력, 근무실적, 상위직에 대한 적격성 등에 있어서 차이가 있다면 불이익취급을 받았다고 단정할 수 없다.

② 대판 2001누8681, 2003.2.28. 사용자가 전보발령이 있을 무렵 특정부서의 인력을 충원할 업무상 필요가 있었고, 해당 근로자의 업무수행능력 · 근무경력 · 휴직 전 직위 · 조합에의 영향력 등을 참작해 전보가 이루어진 경우는 나름의 합리성을 인정할 수 있다. 따라서 회사가 근로자의 조합활동을 혐오한 나머지 이를 방해하기 위해 전보발령을 했다고 단정할만한 객관적 사정이 없다면, 부당노동행위에 해당한다고 볼 수 없다

78) 대판 95누18345, 1996.12.20. 근로자의 근무경력, 동료직원과의 업무상 및 개인적 마찰로 인한 업무능력 저하 등을 고려하여 전보명령을 한 사안에서, 전보에 따른 생활상의 불이익이 보통의 근로자가 통상 감수하여야 할 정도를 현저하게 벗어난 것이 아니라면 부당노동행위에 해당한다고 할 수 없다.

79) 대판 97누18035, 1998.12.23, 노동조합의 위원장으로 재직하면서 적극적으로 정당한 노조활동을 하다가 위원장 선거에서 낙선하고 같은 해 원직 복귀하였는데, 노조위원장 선거에서 낙선한 후 불법선거임을 주장해 오다가 선거무효확인소송을 제기하는 등 조합원으로서 노동조합의 조직 및 운영에 영향을 미칠 활동을 계속적으로 하여 오던 상태에서, 사용자가 업무상 필요성을 이유로 갑자기 조합원 자격이 없어 조합활동을 할 수 없는 과장으로 승진시킴과 동시에 원거리 부서를 급

라. 금전 기타 불이익 처분

비조합원 또는 노조탈퇴자에 비해 조합원에게 노후차량을 배차하는 등 근무환경을 열악하게 제공하는 경우,[80] 특정 조합원이 파업에 참가하였거나 노조활동에 적극적이라는 이유로 해당 근로자에게 연장근로 등을 거부하는 경우,[81] 조합원들이 쟁의행위를 했다는 이유로 전년도 임금인상분을 전액 지급하지 않는 차별적인 불이익을 주는 경우, 좌석배치, 보직 등에서 부당한 대우로 모욕감을 갖게 함으로써 정신적 고통이나 곤란을 주는 경우,[82] 하급자가 수행하던 업무를 부여하거나, 직급에 맞지 않은 보직으로 강등하거나 결재권한을 부여하지 않는 등 정신적 고통을 주는 경우, 관례적으로 참석해 오던 회의 · 회식 등에 배제시켜 회사에서 불필요한 사람으로 다루는 경우, 생활자금 대부, 장학금 지급, 복리후생시설 이용, 작업도구 지급 등에 있어 조합원을 차별하는 경우, 관행적으로 이루어진 시간외 근로를 정당한 이유없이 일방적으로 조합원에게만 실시하지 아니하여 수입을 감소시키는 경우 등 합리적인 이유없이 근무조건이나 근무환경 등을 차별하여 경제 · 생활상의 불이익을 주거나 정신적 고통을 주는 것, 합리적인 이유없이 시용 기간 중에 있는 근로자를

조하여 배치전환하고, 본래 업무와는 동떨어지고 생활근거지와 이격된 곳에서 근무하도록 하였으며, 이에 불복하여 출근을 거부하자 노조간부들을 순차로 위 연락사무소로 배치전환한 것이라면, 실질적으로는 종전 노동조합활동을 혐오한 나머지 이에 대한 예방적 차원의 조치로서 노동조합활동을 방해하려는 의사로 행한 것으로서 부당노동행위에 해당한다고 판시한 바 있다.

80) 대판 2002두5535, 2002.10.11. 파업 종료 후 승무에 복귀한 노조원들에 대하여는 노후한 차량을 배차하였으나, 노조를 탈퇴한 사람들에 대하여는 탈퇴 당일 소나타, 크레도스 등 고급차량을 배차하거나 고급차량이 없을 경우 일단 노후 차량을 배정한 뒤 이후 다시 고급차량을 배차하였는바 이는 정당한 사유없이 노조원에 대하여만 불이익을 주는 행위에 해당된다고 판단된다.

81) 대판 2006도388, 2006.9.8. 일반적으로 근로자가 연장 또는 휴일근로를 희망할 경우 회사에서 반드시 이를 허가하여야 할 의무는 없지만, 특정 근로자가 파업에 참가하였거나 노조활동에 적극적이라는 이유로 해당 근로자에게 연장근로 등을 거부하는 것은 해당 근로자에게 경제적 내지 업무상의 불이익을 주는 행위로서 부당노동행위에 해당할 수 있다.

82) 대판 2004두10401, 2004.9.23. 센터장이나 팀장의 보직을 부여받은 차장을 순차적으로 과장급 보직, 대리급 및 평사원급 직위로 강등시키고, 팀장이 8년 후배인 부서의 팀원으로 배치하면서 사무실 입구에서 가장 가까운 끝 좌석에 앉도록 하고, 팀원이 배당받는 업무의 10% 정도만을 부여함으로써 사실상 업무에서 배제하고 정당한 대우조차 하지 아니하고 회사에서 불필요한 사람으로 다루어 근무의지를 꺾는 것에 항의하여 업무를 거부한다는 이유로 징계한 것은 부당하다.

해고하거나 시용 기간 만료시 본 계약의 체결을 거부하는 것은 부당노동행위에 해당할 수 있다.[83)]

그러나 조합원과 비조합원간 임금체계의 차이, 파업기간 중 파업참가자의 업무에 대체 투입되어 과중한 업무를 수행한 것에 대한 보상차원에서 특별수당을 지급하는 경우 등 과중한 업무수행에 대한 보상과 같은 합리적이고 특별한 사유가 있어 비조합원에 대해서만 금전을 지급하는 것 등은 부당노동행위로 보기 어렵다. 노동조합과의 단체교섭이 타결되기 전에 근로자들의 의견을 수렴하여 비조합원에 대한 임금 인상율을 결정하여 지급하는 경우,[84)] 사용자가 근로자에 대하여 해고 등 불이익처분을 함에 있어서 당시 사정으로 보아 사용자가 당해 불이익처분을 할 만한 정당한 이유가 있다고 판단한 것이 무리가 아니었다고 인정되는 경우는 부당노동행위로 보기 어렵다.[85)]

5. 불공정고용계약

가. 불공정계약의 의의

사용자가 취업규칙이나 근로자 개인과의 합의를 통해 근로자의 단결체 선

---

83) 대판 2002다62432, 2006.2.24 참조 ; 대판 2006두13220, 2008.12.11. 시용 기간 중에 있는 근로자를 해고하거나 시용 기간 만료시 본 계약의 체결을 거부하는 것은 사용자에게 유보된 해약권의 행사로서, 당해 근로자의 업무 능력, 자질, 인품, 성실성 등 업무 적격성을 관찰·판단하려는 시용 제도의 취지·목적에 비추어 볼 때 보통의 해고보다는 넓게 인정되나, 이 경우에도 객관적으로 합리적인 이유가 존재하여 사회 통념상 상당하다고 인정되어야 한다. 회사가 표면상으로는 수습근로자 김○○ 등의 근무 평가 점수가 적격 판정 점수에 미달한다는 것을 이유로 본계약의 체결 거부라는 형식으로 근로관계를 단절하였지만, 그 실질은 금속노조에 가입한 참가인 김○○ 등의 노동조합활동을 방해하고, 근로관계를 일방적으로 단절할 목적으로 객관적이고 합리적인 평가 기준을 적용하지 아니한 채 다른 수습 근로자들에 비하여 비합리적인 평가점수를 부여하여 김○○ 등을 사실상 해고한 것이므로 부당노동행위에 해당한다.

84) 노조 68107-1193, 2001.10.31

85) 대판 2006도7233, 2008.9.25. 사용자가 근로자에 대하여 해고 등 불이익처분을 함에 있어서 표면상으로 내세우는 불이익처분 사유와는 달리 실질적으로는 근로자의 정당한 노동조합활동을 이유로 불이익처분을 한 것으로 인정되는 경우에는 부당노동행위라고 보아야 할 것이지만, 불이익처분을 할 당시 실제로 그 처분사유가 존재하였고 당시 사정으로 보아 사용자가 당해 불이익처분을 할 만한 정당한 이유가 있다고 판단한 것이 무리가 아니었다고 인정되는 경우에는 그 불이익처분이 형사처벌 대상이 되는 부당노동행위에 해당한다고 단정하기는 어려울 것이다

택권을 박탈하거나 왜곡시키는 행위, 즉, 사용자가 선호하는 특정 노동조합에 조합원이 될 것을 고용조건으로 하는 행위 등은 불공정계약으로 부당노동행위가 된다. 불공정 고용계약은 구체적으로 노동조합에 가입하지 아니할 것, 가입한 노동조합에서 탈퇴할 것, 특정노동조합의 조합원이 될 것, 가입하더라도 조합활동을 하지 않는다는 고용조건을 내용으로 하는 것을 말한다. 그런 취지에서 법 제81조제2호에서는, 사용자는 근로자가 어느 노동조합에 가입하지 아니할 것 또는 탈퇴할 것을 고용조건으로 하거나 특정한 노동조합의 조합원이 될 것을 고용조건으로 하는 행위를 할 수 없도록 정하고 있다. 다만 예외적으로 노동조합이 당해 사업장에 종사하는 근로자의 3분의 2 이상을 대표하고 있을 때에는 근로자가 그 노동조합의 조합원이 될 것을 고용조건으로 하는 단체협약의 체결 이른 바 유니온숍 약정은 허용한다. 이 경우 사용자는 근로자가 그 노동조합에서 제명된 것 또는 그 노동조합을 탈퇴하여 새로 노동조합을 조직하거나 다른 노동조합에 가입한 것을 이유로 근로자에게 신분상 불이익한 행위를 할 수 없다.[86] 따라서 노조에서 제명되거나, 탈퇴 후 새로운 노조를 조직하거나 타 노조에 가입한 것을 이유로 불이익처분을 할 수는 없으나 조직대상에 속한 근로자가 입사 후 일정기간 내에 조합에 가입하지 않거나, 임의로 그 노동조합을 탈퇴한 후 타노동조합에 가입하지 않거나 일정기간 내에 새로운 노동조합을 조직하지 않는 등 거취에 관해 아무런 조치가 없다면 해고 등 불이익처분이 가능하다. 가입한 노동조합에서 탈퇴할 것을 고용조건으로 하는 것은, 고용된 자에 대한 고용계속(재계약 등)의 조건으로 하는 경우까지 포함되며, 비정규직 조합원을 정규직으로 전환하면서 노조탈퇴를 고용조건으로 요구하는 경우도 이에 해당할 수 있다. 제명된 것을 이유로 해고 등 불이익을 약정하면 불이익취급과 결합하여 사실상 조합원의 인사권을 노동조합에게 양여하는 격이 되고, 다른 노동조합에 가입하거나 새로운 노동조합을 조직하려는 것을 이유로 탈퇴하는 것에 관해 불이익취급을 하면 복수노조 허용 등 단결권보장의 취지에도 반하기 때문이다.

86) 2006.12.30, 2010.1.1 시행

불이익취급은, 근로자의 노동3권을 침해하는 처분에 대한 규제이지만, 불공정 고용계약은, 근로자가 되기 전 고용계약 단계에서 노조활동을 하지 않겠다는 등의 결사의 자유를 침해하는 것이므로, 상대적 약자인 근로자의 궁핍한 지위를 이용하여 단결활동을 봉쇄하려는 사용자의 불공정한 고용계약행위를 규제하는 것이다. 불공정 고용계약의 금지 취지가 단결권을 저해하는 사용자의 행위를 배제하려는 데에 있으므로 노동조합에 가입하더라도 조합활동을 하지 않는다는 고용조건도 불공정 고용계약에 해당될 수 있다. 불공정 고용계약은 반드시 문서로 작성되어야 하는 것은 아니므로 구두로 계약하는 경우에도 해당된다. 근로계약 중 불공정 고용계약 부분은 헌법 제33조제1항, 노조법 제81조에 위반되어 무효가 된다.

나. 유니온숍 협정

노조법 제81조제2호 단서에 노동조합이 당해 사업장에 종사하는 근로자의 3분의 2 이상을 대표로 하고 있을 때에는 근로자가 그 노동조합의 조합원이 될 것을 고용조건으로 하는 단체협약 즉, 유니온숍(Union Shop)의 체결을 부당노동행위의 예외로 하고 있다. 단서규정은 당해 사업장에 종사하는 근로자의 3분의 2 이상을 대표하는 노동조합과 유니온숍 협정을 체결하는 것은 반조합계약, 즉, 노조의 불가입이나 그로부터 탈퇴 또는 특정한 노조에의 가입 등을 고용조건으로 하는 부당노동행위에 해당되지 않으나, 그렇지 않은 노조와 유니온숍 협정을 체결하는 것은 반조합 계약이 되어 부당노동행위에 해당됨을 규정한 것이다. 유니온숍은 반드시 노사가 협정을 체결할 것을 전제로 한다. 따라서 해당 조합이 당해 사업장에 종사하는 근로자의 3분의 2 이상을 대표하는 경우라도 노사가 협정을 체결하여 명시하지 않으면 효력이 없다. 또한 협정을 체결하더라도 탈퇴시 해고 등 불이익처분을 명시적으로 약정하거나, 명문의 해고의무 약정은 없더라도 그 동안 관행으로 해고를 하는 등의 불이익처분을 약정하지 않았다면 탈퇴하더라도 반드시 해고 등 불이익처분을 해야 할 의무는 없다.[87] 실무상 해고 등 불이익처분 의무규정이 있더라도 조합원이 그

87) 노사관계법제과-89, 2008.8.19

사실을 알지 못할 경우는 그 의미를 주지시킨 상태에서 스스로 불이익처분을 감수할 것인지를 선택할 기회를 주는 것이 합리적이다.[88)]

유니온숍 협정은 근로자 개인의 조합에 가입하지 않을 자유나 조합 선택의 자유와 충돌하는 측면이 있기는 하지만, 단결강제 혹은 조직강제[89)]의 일환으로서 노조의 조직유지와 강화에 기여하는 측면을 고려하여 일정한 요건하에서 체결된 유니언숍 협정의 효력을 인정한 것이어서 헌법상의 근로자의 단결권을 침해하는 조항으로 볼 수는 없다는 것이 판례의 견해이다.[90)]

1) 사업장과 근로자

"당해 사업장"이란, 노동조합의 조직대상으로서의 사업장을 의미하므로 노동조합이 사업단위로 설립된 경우에는 그 사업을, 사업장 단위로 설립된 경우에는 그 사업장을 의미한다. 이때 "당해 사업장에서 종사하는 근로자"라 함은, 기본적으로 노조법 제2조제1호의 근로자 중 동법 제2조제4호가목의 규정에 의한 사용자 또는 항상 그의 이익을 대표하여 행동하는 자로써 노동조합에 가입할 수 없는 근로자를 제외한 노동조합조직 가능 근로자를 의미한다.[91)] 노동조합의 조직대상이 해당 사업장의 전체근로자 중 사용자성을 가진 자를 제외한 나머지 전체를 대상으로 하는 경우는 그 나머지의 3분의 2 이상, 수개 직종 가운데 생산직, 5급 이하 사원 전체 등 전체 근로자 가운데 특정 직종만

---

88) 노조 01254-1412, 1989.7.18

89) 노동3권의 헌법상 보장은 현대 헌법에 내재하는 공통적인 특색의 하나라고 볼 수 있다. 헌법은 단결권의 보장을 단순히 소극적인 자유권의 하나로서만 보장하는 것이 아니라 노사의 실질적평등을 확보를 위하여 적극적인 생존권의 하나로서 이를 보장하고 있다. 즉, 국가가 근로자의 단결의 자유를 부당하게 침해해서는 안된다는 것뿐만 아니라 사용자도 이 단결권을 부당하게 침해하여서는 안된다는 의미로 보장하는 것이다. 따라서 사용자가 단결의 자유를 제한 또는 방해하는 것은 위법행위로서 책임을 면치 못하며, 또 나아가서 그러한 약정은 무효가 되는 것이다. 헌법은 이러한 단결권의 노사관계에 있어서의 적극적 성격을 중시, 일반적인 결사의 자유(헌법 제21조)와 구별하여 특히 이를 규정하고 있는 것이다. 그러므로 단결권은 어느 정도의 '단결강제'를 수반한다. 그러나 단결강제는 일반적으로 근로자 자신이 좋아하는 조직의 강제(일반적 조직화의 강제)를 뜻하는 것이지 '단결선택의 자유'까지를 인정하지 않는 것은 아니다. 이러한 근로자의 단결권을 침해하거나 지배·개입하는 사용자의 행위는 부당노동행위로서 엄격히 규제한다.

90) 대판 2000카기183, 2002.10.25

91) 노조 68107-450, 2002.5.22

을 조직대상으로 하는 경우는 그 직종과 계급 등에 해당하는 근로자의 3분의 2 이상으로 구성된 노동조합이 유니온숍 협정을 체결할 수 있는 요건을 갖춘다. 유니온숍 협정 체결당시 체결요건을 충족하지 못하였다면 그 효력은 발생하지 아니하고, 유니온숍 협정 체결 당시에는 근로자의 3분의 2 이상이었으나 조합원 다수가 탈퇴하여 근로자 3분의 2 미만이 된 경우에는 유니온숍 협정의 효력은 상실된다. 따라서 효력상실 이후에도 노동조합 가입을 강제하는 것은 부당노동행위에 해당한다.

복수노조에서 사실관계를 토대로 살펴보면, 기존의 1개 노조가 유니온숍을 체결한 가운데, 2011.7.1부터 기존 노조의 근로자가 탈퇴하여 새로운 노조를 설립하려고 할 때 해고 등 불이익조치를 할 수 없다. 기존 2개 이상의 노조가 있는 경우, 교섭창구 단일화 규정이 2012.7.1부터 시행되는 것으로 유예되었지만 2011.7.1부터 1년간 조합원 확보경쟁이 치열한 가운데 기존의 유니온숍을 체결한 노조의 조합원이 3분의 2 미만으로 줄어들게 된다면 그 노조와 사용자가 체결한 유니온숍의 효력은 사라질 것이다.

유니온숍 협정은 소급적용할 수 없으므로 기존 조합원과 협약체결 이후 신규 채용되는 근로자에게 그 효력이 미친다. 따라서 유니온숍 협정 체결 이전에 취업한 근로자에 대하여 노동조합 가입을 강제할 수는 없다.[92] 다만, 협정 체결 이전에 입사한 근로자라도 이후 조합에 가입하였다면 협정의 효력이 당연히 미친다.

유니온숍 협정이 체결되었다고 하여 신규근로자가 별도의 노조가입 절차 없이 입사와 동시에 자동으로 조합원 신분을 취득한다는 의미는 아니므로 별도의 노조가입절차를 거쳐야 한다.[93]

실무상 입사 후 소정의 기간 내에 가입하여야 한다는 명확한 규정과 절차를 정해두는 것이 합리적이다. 신규입사자가 노동조합에 가입하지 않는 한 노동

92) 노조 68107-89, 2002.1.28

93) 노조 68107-1199, 2001.11.2. 신규 근로자가 별도의 노조가입 절차 없이 입사와 동시에 조합원 신분을 취득한다는 의미는 아니라고 보아야 할 것이므로 '유니온숍' 협정의 효력 유무와 관계없이 당해 사업(장)의 근로자들이 노동조합에 가입하고자 하는 경우 규약이 정하는 절차에 따라 노조가입원서를 노동조합에 제출하여야 할 것이다.

조합은 사업주에게 당해 근로자의 해고를 요구할 수는 있을 것이나, 당해 근로자의 의사에 반하여 조합비를 징수할 수 없다.[94]

1. 오픈숍(Open Shop) : 근로자가 본인의 자유의사에 따라 노조에 가입할 수 있으며, 조합원 · 비조합원의 차별을 두지 않음으로써 사용자에게 완전한 고용의 자유를 보장하는 제도(법 제5조) 현행법은 open shop 제도를 원칙으로 하면서 유니온숍제도를 부분적으로 인정하고 있다.
2. 클로즈드숍(Closed Shop): 노동조합의 조합원이 되지 않으면 고용하지 않는 등 불이익을 준다는 것으로 노조가 근로자의 신규채용을 통제할 수 있는 제도, 현행 유니온숍과 결합하여 조직을 강제하는 제도이다. 사용자가 취업규칙이나 근로자 개인과의 합의를 통해 특정노동조합 즉, 사용자가 선호하는 노동조합에 조합원이 될 것을 고용조건으로 하는 행위는 비열계약으로 부당노동행위가 된다.

2) 사용자의 해고 등 불이익처분의무

사용자가 유니온숍 협정을 체결하고도, 노조를 탈퇴한 근로자에 대한 해고 등 불이익처분의무를 이행하지 않는다고 해서 당연히 부당노동행위에 해당되는 것은 아니다. 단체협약상의 유니온숍 협정에 의하여 사용자가 노동조합을 탈퇴한 근로자를 해고할 의무는 단체협약상의 채무일 뿐이고, 이러한 채무의 불이행 자체가 바로 노동조합에 대한 지배 · 개입의 부당노동행위에 해당한다고 단정할 수 없다.[95] 다만, 민법상 단체협약으로 정한 계약상 채무를 이행하지 않은 불이행책임을 질 수 있고, 해고 등 의무를 이행하지 않은 자체가 노동조합 운영상 사용자의 지배 · 개입에 해당할 수도 있다. 해고 등 불이익처분의무 불이행이 지배 · 개입에 해당하는지 여부는 노조탈퇴자에 대한 그간의 제재조치 관행, 탈퇴 시기나 경위, 탈퇴자에 대해 제재조치를 취하지 아니한 경위, 탈퇴자의 노조 내에서의 지위와 평소 노조와의 관계, 노조탈퇴로 인하여 노조에 미치는 영향 등을 종합 판단하여, 과연 사용자의 행위가 노동조합의 조직운영에 간섭하여 그 의사결정 등에 영향을 미쳤는지 여부를 종합적으로 판단한다.

---

94) 노조 68107-547, 2001.5.12 ; 노조 68107-1199, 2001.11.2
95) 대판 96누16070, 1998.3.24

3) 가입의사의 진정성과 조합비 공제

노동조합 가입행위는 원칙적으로 근로자의 청약과 조합의 승낙이라는 진정한 의사의 합치에 의하여 성립하는 계약이다. 따라서 청약서, 가입신청서 등 객관적으로 가입의사의 진정성이 없다면 조합원의 자격을 취득했다고 볼 수 없는 것이 원칙이다. 비조합원들이 자발적인 가입의사가 없음에도 불구하고 유니온숍 협정에 의하여 급여에서 노동조합비가 일괄 공제됨에 따라 일방적으로 조합원으로 간주된 것에 불과하다면 노동조합에 가입하려는 청약의 의사표시 자체가 결여된 것으로서 그러한 사실만으로 조합원의 자격을 취득하였다고는 볼 수 없다. 반면에, 요건 흠결 등으로 인해 유니온숍 협정이 무효인 경우에도, 비조합원들이 유니온숍 협정이 체결된 것을 계기로 또는 유니온숍 협정과 무관하게 스스로 노동조합에 가입하려는 의사를 가지고 급여에서 조합비를 공제하는 것에 동의하는 방식으로 청약의 의사표시를 하고 조합이 조합비를 수령함으로써 이를 승낙하였다는 특별한 사정이 인정된다면, 근로자와 노동조합 사이에 조합의 가입계약이 성립하고 이로써 조합원의 자격을 적법하게 취득하였다고 보아야 한다.[96)]

4) 탈퇴자의 재가입

근로자는 누구나 자유로이 노동조합을 조직하거나 가입할 수 있다. 따라서 일단 노동조합을 탈퇴한 근로자가 탈퇴의사를 철회하고 재가입을 원할 경우 노동조합은 가입을 거부해서는 아니된다.[97)] 노동조합이 규약상 규정에 따라 탈퇴한 근로자의 재가입을 일정기간 혹은 영구히 거부하고 사용자에게 해고 등 불이익처분을 요구하는 것은 사실상 제명의 효과를 발생시킨 것에 해당하

96) 대판 2003다264, 2004.11.12

97) 노조법 제5조, 대판 94다15363, 1995.2.28. 노조를 탈퇴한 근로자 11명이 노조탈퇴의사를 철회하고 노조에 다시 가입하기 위한 노력을 하였음에도 불구하고 그 중 일부에 대하여는 노조탈퇴의사 철회를 받아들이지 않고 회사에 대하여 해고를 요구하여 결국 회사가 이들을 해고한 것으로서, 이와 같이 노조탈퇴의사를 철회하고 노조에 다시 가입하려는 근로자에 대하여 이를 거부하고 해고되게 한 것은 노조 자체가 단결권의 정신을 저버리고 실질상 제명과 같은 효과를 발생시킨 것으로서, 노동조합법 제39조제2호 단서에 위반될 뿐만 아니라 유니언숍 협정에 기한 해고의 목적범위를 일탈한 것이다.

여 유니온숍 협정에 기한 해고 등 불이익처분의 목적범위를 일탈한 것이다.[98)]

6. 단체교섭거부 및 해태

가. 단체교섭의 보호

단체교섭은 노동조합이 단결력을 바탕으로 임금 · 근로시간 등에 관하여 사용자 또는 사용자단체와 교섭하는 것으로서 노동조합의 가장 중심적인 활동이라 할 수 있다. 현행법은 단체교섭을 중심으로 한 합리적인 노사관계 질서를 형성 · 보호하기 위하여 사용자에게 노동조합과의 교섭에 성실히 임할 의무를 부과하고 있다. 노동조합 대표자, 노동조합으로부터 교섭 또는 단체협약 체결에 관한 권한을 위임받은 자는 그 노동조합 또는 조합원을 위하여 사용자나 사용자단체와 교섭하고 단체협약을 체결할 권한을 가지며, 노조법은 사용자가 노동조합의 대표자 또는 노동조합으로부터 위임을 받은 자와의 단체협약체결 기타의 단체교섭을 정당한 이유없이 거부하거나 해태하는 행위를 부당노동행위로 규정하여 금하고 있다.[99)] 단체교섭을 위한 정당한 행위는 민 · 형사상 면책이 되며,[100)] 근로자가 근로시간 중에 사용자와 협의 또는 교섭하는 것을 사용자가 허용하는 것은 사용자의 경비원조가 아닌 것으로 하여[101)] 단체교섭을 보호하고 있다.

1) 부당노동행위로서 교섭거부 및 해태

부당노동행위가 되는 단체교섭 거부 · 해태에는 교섭단계 뿐만 아니라 협약체결 단계에서 정당한 이유없이 협약체결을 거부 · 해태하는 것도 포함되며 형식상으로는 교섭에 응하면서도 불성실한 교섭태도를 계속 유지하는 것도 해당한다. 이 경우 사용자가 단체교섭을 거부할 정당한 이유가 있다거나 단체교섭에 성실히 응하였다고 믿었더라도 객관적으로 볼 때, 정당한 이유가 없고 불

---

98) 대판 94다15363, 1995.2.28

99) 노조법 제81조제3호

100) 노조법 제3조 및 제4조

101) 노조법 제81조제4호

성실한 단체교섭으로 판정되는 경우에는 부당노동행위가 성립할 수 있다.[102) 다만, 사용자는 노동조합의 요구나 주장에 대해 대안을 제시하고 근거자료를 제공하는 등 성실히 대응하여 합의 가능성을 모색할 의무는 있으나 노동조합의 요구를 무조건 받아들여 합의하거나 양보해야 할 의무까지는 없다.

단체교섭을 거부 · 해태할 정당한 사유가 있는지 여부는 단체교섭의 요구사항, 노동조합의 교섭권자, 노동조합이 요구하는 교섭시간 · 장소, 그간의 교섭 진행상황, 노사당사자의 교섭태도 등을 종합하여 사회통념상 사용자에게 교섭의무의 이행을 기대하는 것이 어렵다고 인정되는지 여부에 따라 판단한다.[103) 교섭당사자 및 주체 · 내용 · 시기 · 대상 · 방법 · 태도 등 관련항목을 차례로 살펴본다.

(1) 단체교섭의 당사자

근로자측의 교섭당사자는 노조법 소정의 설립요건을 갖춘 적법한 노동조합이여야 하므로, 일시적인 쟁의단이나 해고자 단체, 반 집행부 간부 등은 단체교섭권한이 없으며, 이를 거부하더라도 부당노동행위가 되지 아니한다. 사용자측의 교섭당사자는 조합원인 근로자와 직접적이거나 묵시적으로 사용종속관계를 가지는 사업주, 해당법인이 당사자가 되므로 직접적으로 사용종속관계를 가지지 않는 레미콘 기사,[104) 골프장캐디, 학습지교사[105) 등이 가입한 노조

---

102) 대판 97누8076, 1998.5.22

103) 대판 97누8076, 1998.5.22

104) 대판 2003두3871, 2006.9.8. 운송계약상 레미콘 기사는 회사가 지정하는 시간에 출근하여 공장 내에 대기해야 하는 등의 의무를 부담하고, 그 위반시 원고는 참가인 등에게 경고나 벌칙을 부과할 수 있으며, 경고누적 등의 경우에는 계약을 해지할 수 있으나, 이는 상당한 신뢰관계가 요구되는 계속적 운송도급계약에 있어서 레미콘의 신속하고 안정적인 공급이라는 계약목적을 달성하기 위해 마련된 불가피한 계약내용으로 이해할 수 있는 점 등에 비추어 볼 때, 레미콘 기사가 회사에 대해 사용종속관계하에서 노무에 종사하고 그 대가로 임금 등을 받아 생활하는 노동조합법 소정의 근로자라고 볼 수 없어 레미콘 기사가 조합원으로 가입한 전국건설운송노동조합의 단체교섭 요구를 거부했다고 하더라도 부당노동행위가 성립하지 않는다.

105) 서울고판 2005나5586, 2005.6.14. 학습지교사가 회사로부터 위탁계약에 따른 최소한의 교육 등을 받을 의무가 있을 뿐 위탁업무의 수행과정에서 업무의 내용이나 수행방법 및 업무수행시간 등에 관하여 피고회사로부터 구체적이고 직접적인 지휘 · 감독을 받고 있지 아니한 점, 학습지교사는 피고회사의 정사원과는 달리 그 채용부터 출퇴근 시간, 위탁관계의 종료에 이르기까지 그

가 요구하는 단체교섭에 불응하더라고 부당노동행위가 되지 아니한다.

이 경우 사용자단체가 교섭의 당사자가 될 수 있느냐가 의문이다. 단체교섭의 당사자가 될 수 있는 사용자단체는 단순한 사용자의 단체를 의미하는 것이 아니라 그 정관이나 규약에 노동조합과의 단체교섭 및 단체협약을 체결할 수 있도록 규정하고 있고, 그 구성원인 사용자에 대해 규제 또는 조정할 수 있는 권한과 통제력이 있어야 한다.[106)]

(2) 단체교섭 절차 및 장소 등

단체교섭 인원 · 장소 등 교섭의 절차와 방법에 대하여 노조법에 특별한 규정이 없으므로 노사가 자율적으로 결정하되 협약에 정한 바가 있으면 이에 따르고, 정한 바가 없으면 노사관행이나 노사간 합의에 의해 결정해야 한다. 사용자는 사전협의 없는 노동조합의 특정교섭방식에 당연히 응하여야 할 의무가 없으므로, 노동조합의 집단교섭 요구에 대하여 사용자가 근로조건 차이 등을 이유로 개별교섭을 주장하며 집단교섭을 거부하더라도 부당노동행위로 보기 어렵다.

(3) 교섭주체

교섭결과 합의내용의 협약 체결을 거부하거나, 교섭권한이 없는 자가 사용자측 교섭위원으로 나와 상부의 지시에만 따르겠다는 등 무책임한 태도로 일관하는 경우, 사용자가 책임 있는 교섭을 기대하기 어려운 자를 교섭위원으로 지정하여 형식적으로 교섭에 임하는 것, 특별한 사유없이 노조측의 특정 교섭위원의 교체나 교섭권 위임의 철회를 요구하며 교섭을 거부 · 지연시키는 경우 등은 교섭을 해태하는 부당노동행위에 해당한다.

다만, 노동조합의 교섭당사자가 될 수 없는 일시적인 쟁의단, 해고자단체, 개별근로자나 반집행부 간부, 근참법상 근로자 대표 등의 교섭요구를 사용자

제한이 거의 없고 다른 곳의 취업에도 특별한 제한이 없는 점에 비추어 피고회사에 전속되어 있다고 볼 수 없는 점, 근로제공의 대가로서의 임금이라고 보기 어려운 점 및 여러 사정을 종합하여 보면, 학습지교사는 회사와 사이에 사용종속관계에서 임금을 목적으로 근로를 제공하는 근로자로 볼 수 없다. 따라서 학습지교사는 회사의 근로자에 해당한다고 할 수 없으므로 조합은 결국 근로자가 아닌 자로 구성된 단체로서 노동조합법상 노동조합에 해당한다고 볼 수 없어 피고회사가 조합의 단체교섭 요구에 응하지 않은 것은 노동조합법상 부당노동행위라 볼 수 없다.

106) 대판 90누9049, 1992.2.25

가 거부하는 경우, 노조 규약상 총회인준 규정이 있는 경우에 사측에서 노조 대표자에게 협약체결권의 확인 내지 확보를 요구하고 이로 인해 교섭이 지연되는 경우, 사용자는 자신과 근로관계를 맺은 조합원이 가입한 노동조합에 대해서만 교섭의무를 진다. 그러므로 지역노조 등 초기업단위 노동조합의 교섭요구에 대하여 당해 사업장 소속 조합원에 대한 확인을 요구하며 가입사실이 확인될 때까지 교섭을 거부하는 경우,[107] 노동조합의 교섭권한 위임이 신의성실의 원칙에 반하거나 권리남용에 해당되어 사회통념상 사용자에게 성실한 교섭의무를 기대하기 어려운 경우 등 교섭권 및 협약체결권이 없는 자의 교섭요구를 사용자가 거부·해태하거나 교섭권한이 불명확한 자에 대해 체결권 유무를 명확하게 제시할 것을 요구함에 따라 교섭이 지연되는 것은 부당노동행위에 해당하지 아니한다.

(가) 복수노조관련 교섭창구 문제

2011.7.1부터 복수노조를 허용할 경우, 사용자가 단체교섭을 거부할 수 있는 "정당한 이유"로서 조직대상이 중복되는 복수의 기업별 노동조합이 각각 교섭을 요구할 경우, 교섭창구 단일화가 필수적인 문제로 될 것이다. 이 경우 사용자가 단일화 등 합리적인 교섭대표노동조합 선정을 요구하면서 그 때까지 단체교섭을 기피할 경우 정당한 이유가 될 수 있을 것이다.

① 노조가 있는 사업장에 신규노조 설립된 경우

(a) 기존 노동조합과 단체협약이 유효한 경우

대부분 사업장의 경우 단체협약의 내용 중 근로조건에 관한 규범적부분은 취업규칙 등에 반영하여 해당 노동조합의 조합원이 아닌 근로자에게도 적용시키고 있으므로, 신설노조가 생겼다고 하여 새로운 단체협약을 체결할 경우 해당 사업장의 근로조건 통일성과 조직의 안정성에 반할 수 있다. 따라서 다른 특별한 사정이 없는 한 그 유효기간 동안 사용자가 신규노조의 교섭요구에 대해 거부, 해태하는 것은 정당한 이유가 있다고 보아야 한다. 교섭요구 사항 중 조합활동에 관한 사항은 채무적부분으로서 임의적교섭사항에 해당하므로 사

107) 노조 68107-1022, 2000.11.3

용자가 교섭을 거부하거나 해태하더라도 그 정당성을 인정하여 부당노동행위로 보지 않는다.

(b) 교섭창구 단일화를 요구하며 교섭을 거부하는 경우

기존 노동조합과 단체협약 유효기간 만료시점에 신규노조가 교섭을 요구할 경우, 사용자는 기존노조와 신규노조간 교섭창구 단일화를 요구할 수 있다. 사용자가 단일화 전까지 단체교섭을 거부하더라도 부당노동행위가 아니다.

(c) 순차교섭을 하면서 다른 노동조합에 대하여 교섭을 거부하는 경우

사용자가 노동조합에 대하여 차례대로 교섭을 하면서 타 노동조합과 교섭중임을 이유로 교섭을 거부하는 것은 정당한 이유가 있는 것으로 본다.

② 노조가 없는 사업장에 2개 이상의 신설노조가 생긴 경우

사용자가 교섭창구 단일화를 요구하면서 교섭을 거부하더라도 정당성을 인정하여 부당노동행위로 보지 않는다. 교섭창구 단일화 이전에 교섭이 진행될 경우 순차적으로 개별교섭을 진행하면서 다른 노동조합에 대하여 교섭을 거부하더라도 부당노동행위로 보지 않는다. 만약, 순차교섭을 통하여 대규모노동조합과 단체협약이 체결된 경우 소규모 노동조합이 대규모노동조합과 조직대상이 서로 달라 근로조건 등이 현저한 차이가 없다면, 소규모 노동조합이 더 나은 근로조건을 요구하더라도 사용자는 동일한 근로조건으로 단체협약을 체결할 것을 요구할 수 있고, 이 경우 정당성이 있으므로 부당노동행위로 보지 않는다.

③ 기존 1사 다수 노동조합의 경우

사용자는 근로조건 통일성을 확보하기 위하여 교섭창구 단일화를 요구할 수 있다. 다만, 조직대상이 중복되지 않고 서로 달라 근로조건에 현저한 차이가 있어 각각의 노동조합과 개별교섭을 해 온 관행이 있는 경우는 조직대상별로 개별교섭을 진행하는 것도 가능하다. 다만, 이 경우 교섭창구 단일화를 요구하며 교섭을 거부하는 것은 정당한 이유가 있다고 보기 어려워 부당노동행위에 해당할 수 있다.

(a) 소수 노동조합을 차별하는 경우

사용자는 모든 노동조합을 중립적으로 공정하게 대우할 의무가 있으므로 불합리하게 차별하지 않고 합리적인 이유가 있을 때만 차별대우를 할 수 있다

(예 : 규모가 큰 노동조합에 큰 사무실이나 더 많은 집기제공 등) 그러므로, 소수노조에게 합리적인 이유없이 불리한 단체협약을 체결한 경우는 지배 · 개입으로 보아서 부당노동행위에 해당한다. 노동조합 규모 등을 고려하여 조합활동 인정범위, 사무실 제공 등 채무적부분에 있어서 조합간 차별을 두어 단체협약을 체결하는 경우는 정당성이 있다고 보아서 지배 · 개입으로 보지 않는다.

(b) 단일화 절차에 불복한 노동조합에 대한 단체교섭 거부

노동조합 사이에서 자율적으로 동의한 교섭창구 단일화 절차 및 결과에 정당한 이유없이 불복한 노동조합이 개별교섭을 요구한 경우 사용자가 교섭을 거부하더라도 정당성이 있다.

(나) 교섭권 위임과 교섭권한 문제

노동조합이 상급단체에 교섭권한을 위임한 경우, 이를 해지하는 등의 별개의 의사표시가 없더라도 노동조합의 단체교섭권한은 여전히 수임자인 상급단체의 단체교섭권한과 중복하여 경합적으로 남아 있다. 따라서 사용자는 상급단체와 위임 노동조합의 교섭요구에 각각 응해야 한다. 그러므로 노동조합의 요구로 직접교섭에 임하면서 이를 이유로 상급단체와의 교섭을 거부하는 경우 부당노동행위가 될 수 있다.[108)]

① 교섭권과 단체협약체결권이 분리된 경우

노조법 제29조제1항의 '교섭할 권한'은 단체협약을 체결할 권한을 포함하는 것이다. 다만, 노동조합의 대표자 또는 수임자가 교섭과정에서 단체협약을 합의한 후 다시 협약안의 가부에 관하여 조합원 총회의 의결을 거친 후에만 단체협약을 체결할 것임을 명백히 하는 경우가 있다. 이 경우 노사 쌍방간의 타협과 양보의 결과로 임금이나 그 밖의 근로조건 등에 대하여 합의를 도출하더라도 노동조합의 조합원 총회에서 그 단체협약안을 받아들이기를 거부하여 단체교섭의 성과를 무위(doing nothing)로 돌릴 위험성이 있다. 따라서 사용자측으로서는 최종적인 결정 권한이 없는 교섭대표와의 교섭 내지 협상을 회피하거나 설령 교섭에 임한다 하더라도 성실한 자세로 최후의 양보안을 제출하는

108) 대판 98다20790, 1998.11.13

것을 꺼리게 될 것이다. 노동조합측 교섭대표가 교섭권과 단체협약체결권이 분리되어 있음을 이유로 사용자가 단체교섭을 회피 또는 해태하더라도 정당한 이유가 없는 것이라고 비난하기도 어렵다.[109)]

② **교섭관련 쟁점사례**

(a) 소속 조합원에 대한 가입사실 확인 사용자는 자신과 근로관계를 맺고 있는 근로자가 가입한 노동조합에 대하여만 단체교섭 의무를 지는 것이다. 그러므로 사용자는 지역노동조합에 가입한 당해 사업장 소속 조합원에 대한 확인을 요구할 수 있을 것이며, 조합원의 확인을 전제조건으로 교섭을 거부하더라도 부당노동행위에 해당한다고 보기 어렵다.[110)]

(b) 해고된 자에게 교섭권 위임 해고된 자에게 교섭권을 위임하여 수임자의 활동경력, 당해 수임자와의 그 간의 관계 등을 감안하여 정상적인 단체교섭이 어렵다고 판단되는 경우 사용자는 노동조합에 대하여 교섭권 위임의 철회 또는 수임자의 교체를 요구할 수 있을 것이며, 이를 이유로 한 교섭의 잠정적 거부는 정당한 교섭거부 사유로 볼 수 있을 것이다.[111)]

(4) 단체교섭의 대상

단체교섭의 대상이란, 단체교섭의 목적이 되는 사항, 즉, 노동조합의 요구에 대하여 사용자가 교섭할 의무를 부담하는 사항을 의미한다. 단체교섭 사항이 되기 위해서는 처분가능성, 즉, 사용자가 처리 또는 처분할 수 있어야 하고, 집단성, 즉, 집단적인 성격을 가져야 하며, 근로조건 관련성, 즉, 근로조건의 결정과 관련이 있어야 한다. 사용자가 처리할 수 없는 사항 또는 강행법규나 공서양속에 위반하는 사항에 대한 노동조합의 교섭요구를 거부 · 해태하더라도 부당노동행위에 해당되지 아니하며, 그러한 사항에 관하여 임의로 합의하여 단체협약을 체결하였다 하더라도 그 부분은 무효가 된다. 강행법규나 공서양속 위반사항은, 일반적구속력의 적용 배제, 갑근세의 감면, 구속자의 석방, 퇴직금 제도의 폐지, 특정 종교의 강제, 노동조합에 대한 경비원조, 노사협의

109) 대판 97도588, 1998.1.20
110) 노조 68107-1022, 2000.11.3
111) 노조 68107-405, 2001.4.4

회 철폐 등을 꼽을 수 있다. 또한, 단체교섭 대상으로 될 수 있는 사항은 근로조건의 결정과 관련된 사항이므로, 이미 결정된 기존의 법령 · 단체협약 · 취업규칙 등 규범의 적용 · 이행에 관한 당사자간의 분쟁 즉, 사용자의 부당노동행위 · 부당해고 철회, 단체협약의 이행, 체불임금의 청산 요구 등은 사법절차나 노동위원회를 통하여 해결할 사항이므로 단체교섭의 대상이 될 수 없다.

(가) 경영권에 속하는 사항

헌법 제23조제1항 전문은 "모든 국민의 재산권은 보장된다"라고 규정하고 있고, 제119조제1항은 "대한민국의 경제질서는 개인과 기업의 경제상의 자유와 창의를 존중함을 기본으로 한다"라고 규정함으로써, 우리 헌법이 사유재산제도와 경제활동에 관한 사적자치의 원칙을 기초로 하는 자본주의 시장경제질서를 기본으로 하고 있음을 선언하고 있다. 헌법 제23조의 재산권에는 개인의 재산권뿐만 아니라 기업의 재산권도 포함되고, 기업의 재산권의 범위에는 투하된 자본이 화체된 물적 생산시설 뿐만 아니라 여기에 인적조직 등이 유기적으로 결합된 종합체로서의 '사업' 내지 '영업' 도 포함된다. 그리고 이러한 재산권을 보장하기 위하여는 그 재산의 자유로운 이용 · 수익 뿐 아니라 그 처분 · 상속도 보장되어야 한다. 한편 헌법 제15조는 "모든 국민은 직업선택의 자유를 가진다."라고 규정하고 있는 바, 여기에는 기업의 설립과 경영의 자유를 의미하는 기업의 자유를 포함하고 있다. 이러한 규정들의 취지를 기업활동의 측면에서 보면, 모든 기업은 그가 선택한 사업 또는 영업을 자유롭게 경영하고 이를 위한 의사결정의 자유를 가지며, 사업 또는 영업을 확장 · 축소 · 전환 등 변경하거나 폐지 · 양도 등 처분할 수 있는 자유를 가지고 있고 이는 헌법에 의하여 보장되고 있는 것이다. 이를 통틀어 경영권이라고 부르기도 한다.[112)]

이처럼 경영권은 기업경영과 관련하여 사용자에게 귀속되는 일체의 권한으로서, 헌법상 보장된 재산권의 관리 · 행사를 위하여 사용자의 권한으로 인정되는 것이다. 따라서 회사의 조직변경, 사업확장, 경영진의 임면, 합병 · 분할 · 양도, 공장이전, 하도급 · 용역전환, 휴 · 폐업, 신기술 도입, 생산계획

112) 대판 2002도7225, 2003.7.22

의 결정 등에 관한 사용자의 제반 권한을 의미하는 경영권은, 원칙적으로 기업주체로서의 사용자의 책임아래 이뤄지는 사항이므로 단체교섭의 대상이 될 수 없다. 다만 단체협약에 있어서는, 경영권의 본질적인 사항을 침해하지 않는 범위 내에서 경영상의 결정에 따른 근로조건의 변경, 인사권 행사의 기준에 관한 내용 등이 교섭 대상이 된다. 한편으로는 사용자의 경영권에 속하는 사항이지만, 또 한편으로는 근로자들의 근로조건과도 밀접한 관련이 있는 부분 이를 테면, 공장이전으로 인한 이주비용 문제, 숙소문제 등도 사용자의 경영권을 근본적으로 제약하는 것이 아니라면 단체협약의 대상이 될 수 있다.[113]

(가) 공장 이전이나 통 · 폐합 등에 따른 고용 · 배치전환 기준, 근로자의 이사비용, 정착비용 등의 지불을 요구하는 경우 등
(나) 인사원칙 등 전체 근로자의 근로조건과 관련된 인사기준의 설정을 요구하는 경우
(다) 징계 · 해고시 사용자의 인사결정권을 인정하는 범위 내에서 노동조합의 의견을 듣거나 사전 협의를 거치도록 요구하는 경우
(라) 고용안정을 위한 전직훈련 프로그램, 작업방식의 합리화 등 해고회피를 위한 조치를 요구하는 경우

그러나 경영권 행사에 대하여 노동조합과의 합의 또는 사전 승인을 요구하는 것은 본질적인 사항을 침해하는 것에 해당되며, 정당한 교섭 요구로 볼 수 없다. 주요 사례는 다음과 같다.

(가) 조합원의 인사(전보, 해고, 부서 이동 등) 등을 노동조합과 사전 합의하여 실시하도록 요구하는 경우
(나) 특정직종의 채용은 노조와 합의하여야 한다거나, 노조에서 추천한 자의 채용을 거부해서는 아니된다거나, 노조에서 채용거부한 자를 채용하여서는 아니된다는 내용을 요구하는 경우
(다) 징계위원회를 노사동수로 구성하여 가부 동수시 부결처리 등 사용자의 징계권 행사를 본질적으로 침해하는 경우
(라) 특정 직종이나 부서는 비조합원의 배치를 금지하고, 조합원에 대해서만 근무할 수 있도록 요구하는 경우 등

---

113) 대판 993누8993, 1994.8.26

기업의 구조조정 실시 여부는 경영주체에 의한 고도의 경영상의 결단에 속하는 사항으로서 근로자들의 지위나 근로조건의 변경을 수반하더라도 이는 원칙적으로 단체교섭의 대상이 될 수 없는 것이 원칙이다. 정리해고, 사업조직 통 · 폐합 등 구조조정과 관련된 사항은 근로자들의 지위나 근로조건의 변경이 필연적으로 수반된다 하더라도 단체교섭의 대상이 될 수 없다.[114] 그러나 경영권의 본질에 속하는 사항이 아니어서 경영권을 근본적으로 제약하지 않는 경우에는 근로조건과 밀접한 관련이 있다면 교섭대상이 될 수 있다.[115] 예를 들면, 단체협약 중 조합원의 차량별 고정승무발령, 배차시간, 대기기사 배차순서 및 일당기사 배차에 관하여 노조와 사전합의를 하도록 한 제18조의 내용이 한편으로는 사용자의 경영권에 속하는 사항이지만, 또 한편으로는 근로자들의 근로조건과도 밀접한 관련이 있는 부분으로서 사용자의 경영권을 근본적으로 제약하는 것도 아니라고 보아서 단체협약의 대상이 될 수 있다.[116]

아울러 구조조정실시여부 등 경영상의 결단이 긴박한 경영상의 필요나 합리적인 이유없이 불순한 의도로 추진되는 등의 특별한 사정이 없는 한 노동조합이 그 실시를 반대하기 위하여 벌이는 쟁의행위에는 목적의 정당성이 없다.[117]

① 경영권행사를 제한한 경우

"정리해고 등 구조조정을 향후 몇 년간 실시하지 않는다." 등과 같이 경영권의 행사를 제한한 경우에도 문언 그대로 해석하기보다 전체적인 전후 문장과 그러한 조항을 정한 배경, 당시 상황 등을 종합판단하여 합리적으로 해석하여야 한다. 판례에 의하면, 고용안정협약에 기재된 "D자동차 노사가 향후 5년간 정리해고를 하지 않기로 한다."는 부분은 당해 규정의 전단에 기재된 "회사와 노동조합은 생산성 향상, 인력 재배치 등 해고회피를 위해 최선의 노력을 다하여야 한다."는 내용 등에 비추어 볼 때에 소정의 기간동안은 어떠한 경

114) 대판 99도5380, 2002.2.26 등
115) 대판 93누8993, 1994.8.26
116) 대판 993누8993, 1994.8.26
117) 대판 99도4893, 2001.4.24, 현대자동차사건 ; 대판 2001도1687, 2002.1.11, 국민건강보험공단 사건 ; 대판 99도5380, 2002.2.26 조폐공사사건 ; 대판 2000도4169, 2003.2.11, H공영사건 등

우에도 절대로 정리해고를 하지 않겠으며 그 기간 내에 이루어진 정리해고는 무조건 효력이 없다는 취지로 단정해 해석하기는 어렵다.[118]

② 휴 · 폐업 조치

부당노동행위가 되는 휴 · 폐업 조치는 기업이 진실한 조업중단 또는 기업폐지의 의사가 없이 오직 노동조합의 결성 또는 조합활동을 혐오하고 와해시키기 위한 수단으로 기업의 실체를 존속하면서 조합원을 일정기간 조업현장에서 격리시키거나 조합원을 배제한 채 기업활동을 계속하는 경우를 말한다. 일부 사업부서의 폐지조치는 경영권에 속하는 사항으로 단체교섭의 대상도 아니고 쟁의행위 대상도 아니다.[119] 폐업의 경우, 경영권에 속하는 사항을 단체협약으로 정하지 않았다면 휴폐업의 결정을 하기 전에 노동조합과 반드시 협의해야 할 의무는 없다.[120] 사용자가 사업체를 폐업하고 근로자 전원을 해고하는 것이 조합의 단결권을 방해하기 위한 위장폐업이 아닌 한 원칙적으로 기업경영의 자유에 속하는 것으로 유효하다.[121]

③ 단체협약상 합의나 협의를 정한 경우

인사 · 경영사항에 관하여 단체협약으로 정하기를, 노동조합과 합의 또는 협의를 하여야 한다거나 사전승인을 받아야 한다는 취지의 조항이 있더라도, 이는 단체협약상 다른 규정과의 관계 속에서 해석되어야 하며, 이를 근거로 사

118) ① 대판 2003다43278, 2003.10.24 긴박한 경영상의 필요에 의하여 하는 이른바 정리해고의 실시는 사용자의 경영상의 조치라고 할 것이므로, 정리해고에 관한 노동조합의 요구내용이 사용자는 정리해고를 하여서는 아니된다는 취지라면 이는 사용자의 경영권을 근본적으로 제약하는 것이 되어 원칙적으로 단체교섭의 대상이 될 수 없고, 단체교섭사항이 될 수 없는 사항을 달성하려는 쟁의행위는 그 목적의 정당성을 인정할 수 없다.

② 대판 99도5380, 2002.2.26 정리해고나 사업조직의 통폐합 등 기업의 구조조정의 실시 여부는 경영주체에 의한 고도의 경영상 결단에 속하는 사항으로서 이는 원칙적으로 단체교섭의 대상이 될 수 없고, 그것이 긴박한 경영상의 필요나 합리적인 이유없이 불순한 의도로 추진되는 등의 특별한 사정이 없는 한, 노동조합이 실질적으로 그 실시 자체를 반대하기 위하여 쟁의행위에 나아간다면, 비록 그 실시로 인하여 근로자들의 지위나 근로조건의 변경이 필연적으로 수반된다 하더라도 그 쟁의행위는 목적의 정당성을 인정할 수 없다.

119) 대판 93다30242, 1994.3.25

120) 대판 94다3261, 1994.8.12

121) 대판 93다7457, 1993.6.11, 노동조합의 위법한 쟁의행위와 조합원 상호간의 갈등으로 정상조업이 장기간 불가능하여 사원총회를 거쳐 적법한 절차에 따라 폐업한 것은 유효하다고 본다.

용자의 인사 · 경영권이 당연히 제한되는 것은 아니다.

(a) 노동조합과 "협의한다"고 규정한 경우

단체협약에 "회사는 노조 간부에 대한 인사는 사전에 노조와 협의한다."라고 규정된 경우 이를 단체협약 전체의 체계와 내용 및 노사의 관행 등에 비추어 보면, 위와 같은 사전협의는 노동조합의 동의나 승인 또는 노동조합과 협의하여 결정하도록 함으로써 인사에 대하여 노동조합이 회사와 공동결정권을 가지거나 노동조합과의 합치된 의사에 따르게 하는 경우와는 달라 이는 회사의 자의적인 인사권의 행사로 인하여 노동조합의 활동이 저해되는 것을 방지하기 위하여 회사가 노동조합에게 해고의 필요성 또는 정당성을 납득시키기 위한 노력을 충분히 하고 노동조합측으로부터 의견을 제시받아 이를 참작하여야 한다는 취지로서 인사조치 등이 사전협의절차를 거치지 않은 채 행하여졌다고 하더라도 반드시 그 해고 등의 효력에 영향을 미치는 것은 아니다.[122)]

(b) 노동조합과 "합의한다"고 규정한 경우

사용자가 경영권의 본질에 속하여 단체교섭의 대상이 될 수 없는 사항에 관

---

122) ① 대판 92다18542, 1992.9.25 ; 대판 99다8377, 1999.6.25. 회사의 단체협약이 "회사는 조합원의 지점 간 이동시에는 합의하며, 지점 및 출장소의 신설, 폐쇄에 따른 인원의 재배치가 필요한 경우에는 본인의 의사를 최대한 존중하여 협의한다"고 규정하고 있는 경우, 그 취지는 조합원의 지점 간 이동은 조합과 합의하여 행함이 원칙이나 지점폐쇄 등으로 불가피하게 행해지는 조합원의 이동은 그러하지 아니하고, 다만, 그 경우에도 본인과 충분히 협의하는 등으로 본인의 의사를 최대한 존중하여 조합원을 재배치하여야 한다는 취지에 불과하고, 지점폐쇄 자체에 관하여 조합 또는 조합원과 미리 합의 또는 협의하여야 한다는 뜻은 아니므로, 회사의 지점폐쇄가 조합 또는 조합원들과의 사전합의 또는 협의 없이 행해졌다 하더라도 그것을 들어 단체협약 위반이라고 할 수는 없다 할 것이어서 지점폐쇄 조치 자체의 철회를 목적으로 한 점거농성은 경영주체의 경영권에 속하는 사항을 목적으로 하는 것으로서 그 목적에 있어서 정당하다고 할 수 없다.

② 대판 93다30242, 1994.3.25. 단체협약상 '회사는 휴폐업(폐쇄), 분할, 합병, 양도, 이전, 업종전환 등으로 조합원의 신분변동(인원감축, 직종변경, 전환배치)이 불가피할 경우 노조와 협의해 사후대책을 마련한다' 는 규정의 취지는 불가피한 휴폐업 등의 경우 그 사후대책에 관하여 노조와 협의할 것을 정한 데 불과할 뿐, '휴폐업 등을 할 것인지' 의 여부 자체에 관하여 노조와 협의할 것을 정한 것은 아니어서, 시설관리사업부의 폐지문제가 단체교섭의 대상이 된다고 할 수는 없고, 또 위 문제와 관련해서 피고회사가 노동조합과 수차례 만나 상반된 입장을 확인한 적이 있다고 하더라도 그러한 사실만으로 당연히 위 문제가 단체교섭사항으로 되는 것이 아니다.

하여 노동조합과 합의하여 결정 혹은 시행하기로 하는 단체협약의 일부 조항이 있는 경우, 그 조항 하나만을 주목하여 쉽게 사용자의 경영권의 일부 포기나 중대한 제한을 인정하여서는 아니된다. 따라서 그와 같은 단체협약을 체결하게 된 경위나 당시의 상황, 단체협약의 다른 조항과의 관계, 권한에는 책임이 따른다는 원칙에 입각하여 노동조합이 경영에 대한 책임까지도 분담하고 있는지 여부 등을 종합적으로 검토하여 그 조항에 기재된 "합의"의 의미를 해석하여야 한다. 판례에 의하면, "정리해고나 사업장 조직 통폐합에 따른 직원의 해고시 노조와 사전에 합의한다."라는 규정은 단체협약의 체결 경위와 당시의 상황, 단체협약의 전체적인 체계 및 내용 등에 비추어 보면, 정리해고 등 경영상 결단을 하기 위해서는 반드시 노조의 사전 동의를 요건으로 한다는 취지가 아니라 사전에 노조에게 해고의 기준 등에 관하여 필요한 의견을 제시할 기회를 주고 공사는 노조의 의견을 성실히 참고하게 함으로써 구조조정의 합리성과 공정성을 담보하고자 하는 협의의 취지로 해석하여야 한다.[123]

(c) 노동조합의 "사전 동의를 얻어야 한다"고 규정한 경우

사용자가 인사처분을 함에 있어 노동조합의 사전 동의나 승낙을 얻어야 한다거나 노동조합과 인사처분에 관한 논의를 하여 의견의 합치를 보아 인사처분을 하도록 단체협약 등에 규정된 경우에는 그 절차를 거치지 아니한 인사처분은 원칙적으로 무효라고 보아야 할 것이다. 다만, 이는 사용자의 노동조합 간부에 대한 부당한 징계권 행사를 제한하자는 것이지 사용자의 본질적 권한에 속하는 인사권 내지 징계권의 행사 그 자체를 부정할 수는 없는 것이다. 노동조합의 간부에게 징계사유가 있음이 명확하게 발견된 경우에 어떠한 경우를 불문하고 노동조합측의 찬성이 있어야 그 징계권을 행사할 수 있다는 취지로 이해할 수 없는 일이다.[124]

(나) 사용자의 처분권한

노동조합에서 교섭을 요구하는 사항에는 의무적 교섭사항과 임의적 교섭사항이 중복되어 있는 경우가 있다. 이 경우 사용자가 임의교섭사항이 포함되어

123) 대판 99도5380, 2002.2.26

124) 대판 2001두3136, 2003.6.10

있다는 이유만으로 단체교섭을 거부하는 것은 부당노동행위에 해당하므로 협의를 통해 임의적 교섭사항을 제외한 나머지 사항에 대해서 교섭을 하여야 한다. 그러나 단체교섭 대상은 사용자가 처리 · 처분할 수 있는 것이어야 하므로 순수한 정치문제, 법안통과 저지, 타기업의 문제 등 사용자의 처분권한 밖의 사항에 대한 교섭요구를 거부하는 것은 부당노동행위로 볼 수 없다(예 : 구속자 석방, 소득세 면제 등). 정부출연기관, 법정관리회사 등이 인사, 급여 등 중요한 사항에 대하여 관계법령에 의한 감독관청 또는 법원의 승인 · 허가절차를 진행하면서 단체협약 체결이 지연되는 것은 부당노동행위로 보기 어렵다. 특히 공기업 등 공공기관에서 단체협약을 체결하였다고 할지라도 단체협약 내용 중 주무부처의 장관의 승인이 필요한 사항이 있을 경우에는 주무부처의 장관이 승인 후 효력이 발생한다. 그러나, 감독관청의 승인, 법원의 허가사항 이라는 이유만을 주장하며 교섭자체를 거부하거나, 승인 · 허가받기 위해 노력하지 아니하고 정당한 이유없이 단체협약 체결을 지연시키는 것은 부당노동행위에 해당할 수 있다.

(5) 교섭분위기 등

사용자의 교섭 거부 · 해태는 노동조합의 교섭태도와 관련하여 상대적으로 판단되어야 하는 것이다. 그러므로 교섭권을 필요이상의 많은 인원에게 위임하여 원활한 교섭진행을 기대하기 어려움에 따라 적정수준으로 교섭인원의 조정을 요구하며 교섭이 지연되는 경우, 노동조합이 폭력적인 태도 · 위협적인 분위기를 조성하며 단체교섭에 임하려고 할 때 이의 시정을 요구하며 교섭을 거부하는 경우, 노동조합의 교섭요구안 중 명확하지 아니한 부분을 명확하게 제시할 것을 요구하여 교섭이 지연되는 경우 등 사용자에게 교섭을 강요하는 것이 부당하다고 볼 수 있는 경우에는 부당노동행위로 보기 어렵다. 그러나 노동조합의 교섭요구사항이 사용자측에서 수용하기 어려운 내용이 포함되어 있다는 이유만으로 교섭자체를 거부하는 경우, 노조측의 교섭요구안이 지나치다거나 타결여지가 희박하다는 등의 이유로 교섭 자체를 거부하는 것, 단체교섭에 임하기는 하나 노동조합의 요구안에 대하여 대안을 제시하지 아니하면서

무조건 반대하며 교섭을 지연시키는 경우, 쟁의행위 중이라는 이유만으로 교섭에 응하지 아니한 경우 등은 부당노동행위에 해당한다. 그러나 쟁의행위가 정당하지 아니한 경우에는 교섭을 거부하더라도 부당하다고 볼 수 없다. 주요 사례는 다음과 같다.

첫째, 노동조합이 회사로서는 수용할 수 없는 요구를 하고 있었다고 하더라도 이는 단체교섭의 단계에서 조정할 문제이지 노동조합측으로부터 과다한 요구가 있었다하여 곧 그 쟁의행위의 목적이 부당한 것이라고 해석할 수 없다.[125)]

둘째, 노동조합이 공장시설을 불법점거하여 공장가동을 중단시키고 관리직 사원 및 비조합원 등의 출입을 봉쇄하면서 단체교섭을 요구하였다면 이는 노사간 대등한 지위에서의 정상적인 교섭의 실현을 저해하는 것으로서 사용자가 이러한 불법적 공장점거 행위의 시정을 요구하며 단체교섭을 잠정적으로 거부하는 것은 교섭거부의 정당한 사유에 해당한다고 볼 수 있을 것이며, 따라서 이를 부당노동행위라고 보기는 어려울 것이다.[126)]

셋째, 단체교섭 요구안 중 기타사항에 대하여 사용자가 노조측에 동 사항의 내용을 명확히 해 줄 것을 요구함으로써 교섭이 다소 지연되었다 하더라도 이는 합리적인 이유가 되는 것이므로 단체교섭의 거부 · 해태로 보기는 어려울 것이다.[127)]

(6) 교섭시기 · 장소

노동조합의 교섭요구에 대해 사전에 아무런 이의를 제기하지 않다가 정당한 이유없이 교섭일시에 임박하여 교섭 장소나 일시를 노동조합에 현저히 불리한 장소나 시간대로 변경 · 요구하며 교섭을 거부하는 경우, 단체협약 유효기간 만료에 대비, 교섭관행 등을 고려하여 합리적인 시기에 교섭을 요구하였음에도 유효기간중이라는 이유만으로 교섭 자체를 거부하는 경우 등, 교섭시기, 장소 등에 대한 노사간 의견이 대립될 때에 사용자가 제시한 일시, 장소만을 고집하며 노조측이 이에 따르지 않는다는 이유로 교섭을 거부하는 것은 부

125) 대판 91누5204, 1992.1.21
126) 노조 68107-844, 2001.7.26
127) 노조 01254-614, 1995.5.29

당노동행위에 해당한다. 반면, 교섭장소나 시기가 사용자에게 현저히 불리하여 새로이 시기나 장소를 정할 것을 협의요청하면서 교섭이 지연되는 경우에는 부당노동행위로 보기 어렵다. 또한 교섭장소가 근로자의 조업에 방해되는 장소, 노조가 점거농성중인 장소, 기타 사용자에게 불안을 줄 수 있는 장소 등에 해당되어 사전에 장소변경을 요청하는 경우, 단체협약 유효기간 중 단체협약에서 정한 근로조건의 변경 등에 관한 교섭요구를 거부하는 경우는 부당노동행위로 보기 어렵다.[128)]

단체협약의 당사자인 노동조합은 협약의 유효기간 중 협약에서 정한 근로조건 등에 관한 내용의 변경이나 폐지를 요구하는 쟁의행위를 행하지 아니하여야 할 평화의무를 지고 있으므로, 협약이 새로 체결된 직후부터 뚜렷한 무효사유를 내세우지도 아니한 채 전면무효화를 주장하면서 평화의무에 위반되는 쟁의행위를 하는 것 등은 이미 노동조합활동으로서의 정당성을 결여한 것이다. 단체협약의 효력개시일을 명확히 명시하지 않은 경우 차기 교섭개시일과 관련하여 논란의 대상이 될 수 있다.

효력개시일은 당해 단체협약으로 정한 경우에는 그에 따르되 협약체결시기에 대하여 별도의 정함이 없는 경우라면 기존 관행상의 교섭개시 시점 및 단체협약의 유효기간 등을 감안하여 합리적인 시기에 교섭을 개시할 수 있도록 노사가 협의 · 결정하는 것이 타당하다.[129)]

(7) 교섭방식

노조법에는 단체교섭의 방식에 대하여 별도의 규정을 두고 있지 않다. 따라서 노동조합의 단체교섭 방식은 그간의 교섭관행, 교섭방식 등을 고려하여 노사가 협의하여 결정하는 것이 바람직하다. 노동조합의 일방적인 교섭요구에 대해 사용자가 이유를 제시하며 교섭방식 및 교섭시기 등의 변경을 요구하고, 이로 인해 노사간 의견이 일치하지 않아 교섭이 진행되지 않았다고 하더라도 이것만으로 사용자가 정당한 이유 없는 교섭거부를 했다고 볼 수 없다.[130)] 특

128) 대판 94다4042, 1994.9.30
129) 노조 01254-448, 1997.5.19
130) 노동조합과-362, 2004.2.11

히 산별교섭에 있어서, 사용자는 산별노동조합의 집단교섭 요구에 반드시 응할 의무는 없으므로 근로조건의 차이 등을 이유로 개별교섭을 요구하며 집단교섭을 거부하는 경우, 부당노동행위로 볼 수 없다.[131)]

7. 사용자의 지배 · 개입

가. 지배 · 개입의 의의

지배 · 개입(支配 · 介入)은, 근로자가 자주적으로 결정하여야 할 노동조합의 조직 · 운영 등 정당한 활동에 관하여 사용자가 부당하게 간섭하는 일체의 행위를 의미하는 것으로서[132)] 불이익취급과 함께 부당노동행위의 대표적인 유형이다. 지배 · 개입의 부당노동행위는 사용자가 "근로자가 노동조합을 조직하거나 운영하는 것을 지배하거나 개입하는 행위"로서 성립한다. 다만, 지배개입을 판단함에 있어서, 근로자가 근무시간 중에 사용자와 협의 또는 교섭하는 것을 사용자가 허용하는 경우, 근로자의 후생자금 또는 경제상의 불행 기타의 재액의 방지와 구제 등을 위한 기금의 기부, 노조사무소와 최소한의 필요적 부대시설(전기시설 등) 등 최소한의 규모의 노동조합 사무소 제공, 노동조합 전임자에 대한 급여지원 행위는 예외로 본다.[133)]

첫째, .구체적으로 "지배"란, 사용자가 노동조합의 조직 · 운영에 관하여 주도권을 가지고 그 의사결정을 좌우하는 것을 말하고, "개입"이란, 지배에까지 이르지는 못하였지만 사용자가 노동조합의 조직 · 운영에 간섭하여 그 의사결정에 영향력을 미치는 것을 말한다.[134)]

둘째, "운영"이란, 조합의 내부적 운영뿐 아니라 단체교섭 및 쟁의행위 등 그 목적을 달성하기 위한 활동, 선전 · 계몽 · 교육활동 등의 대내적 활동, 각

131) 노조 01254-481, 2000.6.13, 산별중앙교섭에 관한 법적쟁점 검토 등 지도지침, 노사관계법제과-105, 2008.8.20

132) 중노위 89부260, 1990.3.2

133) 노조법 제81조제4호 단서. 단, 전임자에 대한 급여지원은 2009.12.31까지만 예외로 인정되며 그 이후에는 부당노동행위가 된다.

134) 중노위 95부노138, 1995.11.17

종 문화활동 등의 대외적 활동 등 노동조합의 유지 · 존속 및 확대를 위한 일체의 행위를 의미한다. 조합의 조직운영에 대한 지배 · 개입에는 근로자의 단결활동에 대한 비난, 조합원 해고, 전근, 매수, 향응제공, 운영비원조, 탈퇴나 불가입의 종용, 비판조직의 격려 및 원조, 친목단체 또는 우호적인 노동조합의 조직 또는 지원, 다른 노동조합의 우대, 조합회의나 임원선거에 대한 감시 · 영향력행사 등 다양한 행위가 포함된다.[135)]

셋째, "지배나 개입"은 간섭 · 방해의 정도에 따라 구별되나 노동3권에 대한 침해행위이고 그 구제의 내용과 방법도 다르지 않기 때문에 엄밀하게 구별할 실익은 없고, 노동조합에 대한 일체의 간섭 및 방해 등의 행위를 넓은 의미의 지배 · 개입 행위로 해석하더라도 무리가 없을 것이다. 노동조합의 조직과 운영에 관한 지배개입의 실무사례는 각주와 같다.[136)]

다른 부당노동행위가 사용자가 근로자의 자주적인 노동3권 행사를 직접적으로 방해하거나 참여하고 있는데 반하여, 지배 · 개입의 경우는 위법하거나 부당한 방법을 통해 노동3권행사 자체를 사용자가 원하는 방향으로 유도내지 제한하여 간접적으로 노동3권 행사를 침해하는 행위를 금하는 것이라고 볼 수 있다.

나. 지배 · 개입의 성립요건

1) 지배 · 개입의 의사

인간의 행동은 무의식적이고 반사적이라기보다 계획적이고 의사에 근거하는 것이 일반적이다. 지배 · 개입의 의사가 부당노동행위의 성립요건인가 하는 문제에 있어서는, "광의(廣義)의 조합활동에 관한 사용자의 개입내지 간섭행

135) 임종률, 『노동법』, 276쪽

136) ① 노동조합 조직에 관한 지배개입 : 조합의 조직, 가입 비난 및 노조결성 불인정 행태, 폭행과 협박 등으로 조합탈퇴강요, 임의 해산신고, 해산종용, 노조탈퇴, 타노조 및 어용노조가입 권유 설득, 새로운 업체를 만들어 조합원 흡수 유인 해산, 비조합원 조직 등 노조에 대항하는 조직 결성 비호, 조합와해 목적 위장폐업, ② 노동조합 운영에 관한 지배개입 : 집행부 임원 등 사퇴조치, 조합원 회의 대회 등에 출석 방해 감시, 전임자, 조합간부의 원직복귀 조치, 조합간부 매수, 반조합적 내용 강의 등, 이전부터 해오던 조합비 일괄공제 전달 거부, 조합해산 임원의 재선거 발언 등, 조합의 운영 등에 관해 조합원을 상대로 여론조사 실시 등

위가 있으면 지배 · 개입으로 인정되는 것이고, 반조합적 의욕이나 자주성을 침해한다는 목적은 필요하지 않다. 또한 사용자의 행위로 인하여 노조활동의 좌절, 실패, 약화 등 현실적인 결과나 손해가 발생하여야 하는 것은 아니고 우려성 있는 행위도 지배 · 개입에 속한다."라는 입장[137]과, 지배 · 개입이 성립하려면 구체적인 반조합적인 의사, 즉, 지배 · 개입의 의사 즉, 구체적인 행동을 통해 노동조합의 조직 · 운영을 저지 · 방해하려 하거나, 회유, 약화하려 하거나, 자주적 의사결정을 방해하려는 행위가 필요하다는 입장으로 나뉜다.[138]

*행정해석은, 지배 · 개입의 의사를 필요로 하지만 이는 사용자의 내심의 문제이고 이를 입증하는 것은 사실상 불가능하므로, "여러가지 객관적 · 외형적인 정황을 종합하여 그 의사를 추정할 수 있는 정도면 충분하다"는 입장이다.[139]

*판례의 견해도,[140] 사용자의 지배 · 개입 행위 자체만으로 부당노동행위가 성립되며, 지배개입으로서의 부당노동행위의 성립에 반드시 근로자의 단결권을 침해하는 결과의 발생, 즉, 노동조합 조직의 약화 등 구체적이고 현실적인 결과 또는 손해가 반드시 발생하여야 하는 것은 아니라는 입장이다. 부당노동행위가 민사적인 제도와 달리 이미 발생된 손해를 배상하려는 것이 아니라 노동3권을 보호하는데 목적이 있으므로, 노조법에서 정한 사용자의 위법행위로 인해 어용노조 결성, 조합원의 이탈로 노동조합의 세력이나 조직력 약화 등 구체적인 결과나 손해의 발생을 요건으로 하지 않는다. 따라서 근로자가 노동조합을 조직 또는 운영하는 것을 지배하거나 이에 개입하는 행위는 근로자의 단결권이 실제로 침해되지 않더라도 성립할 수 있다. 실무상 사용자가 조합원에 대한 반노동조합적인 발언은 무조건 지배개입에 해당하여 부당노동행위에 해당하는지 여부가 의문이다.

노동조합이 반사용자적인 발언을 할 수 있듯이 사용자 또한 자신의 의견을 표명할 수 있는 자유를 가지고 있다. 따라서 사용자가 노동조합의 쟁의, 파업

137) 김유성, 『노동법』 353쪽 ; 김형배, 『노동법』

138) 임종률, 『노동법』, 277쪽

139) 부당노동행위사례 및 실무, 110쪽

140) 대판 96누2057, 1997.5.7

활동 등에 대하여 단순히 비판적 견해를 표명하거나 근로자를 상대로 집단적인 설명회 등을 개최하여 회사의 경영상황 및 정책방향 등 입장을 설명하고 이해를 구하는 행위 또는 비록 파업이 예정된 상황이라 하더라도 파업의 정당성과 적법성 여부 및 파업이 회사나 근로자에 미치는 영향 등을 설명하는 행위를 할 수 있는 것이다. 그러므로 거기에 징계 등 불이익의 위협 또는 이익제공의 약속 등이 포함되어 있거나 다른 지배, 개입의 정황 등 노동조합의 자주성을 해칠 수 있는 요소가 연관되지 않는 한, 사용자에게 노동조합의 조직이나 운영 및 활동을 지배하거나 이에 개입하는 의사가 있다고 단정할 것은 아니다.[141] 즉, 사용자의 반조합적인 발언이 곧 부당노동행위로 귀결되는 것은 아니다.

2) 지배 · 개입 행위의 존재

노동조합에 대한 지배 · 개입행위는 단순히 물리적인 실력의 행사만을 의미하는 것은 아니라 노동조합 조직 · 운영에 관한 사용자의 견해 표명도 포함될 수 있고, 반드시 직접, 본인 · 당사자에 대한 행위만 문제 삼는 것은 아니다. 노동조합 자체에 대하여 직접 행하여지지 않더라도 A조합에 비해 B조합을 상대적으로 우대하는 경우나 제3자에게 청탁, 교사하여 제3자로 하여금 실행케 한 경우도 지배 · 개입이 될 수 있다. 계층적 의사결정 구조를 가진 사업장에서 지배 · 개입 등 부당노동행위는 사업주나 경영담당자의 명확한 지시나 표의가 없더라도 관리자, 경영담당자, 계장, 과장 등 하위 감독자 등이 차상위층의 묵시적인 승인아래 행동하는 경우 명시적인 반대의사가 없었다면 이는 사용자의 행위로 보아야 한다. 다만, 사용자의 지휘감독아래 있지 않은 자 즉, 다른 회사종업원, 다른 노조의 조합원 등 해당 사업의 조합원이 아닌 경우는 사용자와의 공모 또는 지시 등이 있는 경우에만 이를 사용자의 행위로 보아야 한다.[142]

141) 대판 2011도15497, 2013.1.10
142) 임종률, 『노동법』, 277쪽

다. 지배 · 개입의 실무적 유형

1) 조직에 대한 간섭

노동조합에 영향을 미칠 의도로 노동조합의 조직 · 해산, 상급단체에의 가입 · 탈퇴 등을 비난하거나 종용하는 것, 사용자에게 협조적 · 우호적인 제2노조나 친목단체 등의 결성 · 활동을 지원하는 것, 노동조합의 간부 등에 대해 금전매수, 향응 제공 등으로 노동조합의 어용화를 시도하는 경우, 노동조합의 약화를 위해 친목단체에 대해 노동조합보다 유리한 활동경비 · 시설 · 인력 등의 편의를 제공하고, 기존 노동조합과의 교섭을 거부하며 제2조직과 근로조건을 협의하는 등 노동조합의 조직 활동에 영향을 미치는 행위는 부당노동행위에 해당한다.

제2노조나 친목단체 등이 어용조직에 해당하는지 여부는, 설립경위나 취지, 설립시기, 구성원의 성향, 기존노조활동에 미친 영향, 기존노조와의 관계, 사용자의 기존노조와 친목단체에 대한 반응, 친목단체 구성후의 기존노조 조직의 변화 추이 등을 종합하여 판단한다.

첫째, 임원선거에 있어 특정후보를 지지 · 반대하거나, 선거에 입후보할 수 없도록 불이익을 주는 등 선거에 개입하는 경우, 특정후보자의 입후보를 방해하거나 사용자에게 우호적인 후보자를 지지하도록 회유 · 매수하는 등 선거를 방해하는 경우, 노조임원선거에서 특정 후보자를 지지하는 내용과 관련된 문언을 공표 · 발송하는 경우 부당노동행위에 해당한다. 그러니 사용자의 이익대표자 등 노동조합 비가입 대상자에게 노조탈퇴를 유도하는 것은 부당노동행위로 보기 어렵다.[143)]

판례에 따르면, 노동조합분회의 대의원선거에의 입후보등록용으로 재직증명서의 발급을 신청하였음에도 대표이사가 직인을 소지한 채 부재중이라는 이유로 입후보등록 마감시한까지도 재직증명서를 발급하지 아니한 행위는 노동조합 대의원선거에 입후보하는 것을 막으려는 의도하에서 이루어진 것으로 부

143) 서울행판 2003구합27891, 2004.4.23

당노동행위이다.[144)]

둘째, 근로자가 노동조합 설립신고를 하자 사측 간부들이 근로자와 노조간부들을 사무실로 불러 노조를 해산하도록 종용하거나, 작업을 전면 중단시킨 채 전 사원을 집합시켜 놓고 노조해산을 하지 않으면 회사문을 닫겠다고 협박하거나, 자진해산을 하지 않자 사업장의 휴업을 선언하고 단전, 단수 및 폐문조치 하거나, 기숙사에 기거하는 사원 중에 적극적인 노조원이 많다는 이유로 기숙사를 폐쇄하는 등 여러가지 방법으로 노조를 해산하기 위한 조치를 취하는 경우, 노조간부들의 뒷조사를 하는 경우, 등은 지배개입의 전형적인 사례이다.[145)]

2) 단결력 약화 · 조합활동 방해 등 운영에 대한 간섭

(1) 단결력 약화

사용자의 발언 · 노동조합에 대한 처분 등이 반조합적 행태를 가지고 있는 경우가 있다. 즉, 반노조적인 현수막 게시 및 혐오적인 말과 행동을 통해 노조활동을 방해 또는 위축시키려는 경우, 노조를 설립한 조합원을 전체 근로자가 모인 회의석상에서 일일이 호명하며 일으켜 세우는 등 노조활동에 대한 혐오적인 말과 행동을 한 경우 등에 반조합적행태로 인하여 근로자의 단결력이 약화되어 조직 내부에 갈등이 발생하거나 활동이 위축되고 반대세력의 활동이 증가하는 경우 지배 · 개입이 될 수 있다. 조합의 자주성을 감안, 조합기금의 부당지출, 조합비 횡령, 조합 내부의 계파간 갈등 등 조합내부의 분쟁에 사용자가 개입하는 것은 부당노동행위에 해당한다. 다만, 조합내부의 분쟁을 벗어나 불법적인 집단행동, 폭력 등 사내질서 문란, 업무방해 등에 이른 경우 사규에 따른 징계조치 등은 정당하다. 또한 불법행위에 대한 손배 · 가압류 제기, 출입금지 등의 가처분 신청, 법원의 결정을 집행하는 것은 이로 인해 노동조합의 활동이 위축되는 결과를 초래하더라도 부당노동행위로 볼 수 없다.

144) 대판 92누3496, 1992.6.3

145) 대판 94누9771, 1996.2.9

노동조합과 협의하여야 할 사항에 대하여 노동조합을 배제하고 개별 근로자와 협의 · 결정하는 등 고의적으로 노동조합을 무시 · 경시하는 것은 단결력 내지는 교섭력을 약화시키는 지배 · 개입에 해당될 수 있다. 그러나 임금교섭 타결이 장기간 지연됨에 따라 노동조합의 의사와 관계없이 임금인상률을 결정하여 인상된 임금을 지급하더라도 그 자체만으로 노동조합의 단결력이나 교섭력을 약화시키기 위한 의도라고 단정할 수 없다.

(2) 조합활동 방해 관련

사용자가 정당한 이유없이 노조전임자 선정을 방해하거나 그 활동을 어렵게 하여, 노동조합의 조직 · 운영을 방해하는 경우 부당노동행위에 해당한다. 단체협약이나 관행으로 인정되어 온 노동조합 주관의 행사개최 · 참여 등 근무시간 중의 조합활동을 정당한 이유없이 불허하여 노동조합활동을 방해하는 것, 회사에 적대적인 자, 조합활동에 적극적인 자의 노조전임 인정을 거부하는 경우, 단체협약 등에 특별한 규정이 없음에도 근로제공의무가 면제된 노동조합 전임자에 대해 직장교육, 연수, 훈련 등의 행사에 참가하도록 강제하는 경우, 정당한 사유없이 관행에 어긋나게 노조전임자에게 출퇴근 시간 등 근무시간의 준수를 강요하는 경우, 노동위원회에서 해고의 효력을 다투고 있는 자의 조합원 지위를 인정하지 아니하고 조합활동을 방해하는 것, 정직, 출근정지 등 징계에 의해 사업장 출입이 금지된 기간이라도 정당한 조합활동을 위한 사업장 내 노조사무실 출입을 금지하는 것 등의 사례는 부당노동행위에 해당한다.

다만, 노조전임자 발령 및 처우 등에 대해서는 단체협약 등 노사가 합의 · 결정하여야 하므로 노동조합의 일방적인 전임요청에 대하여 회사가 이를 인정하지 않더라도 부당하다고 할 수 없고, 단체협약상 절차를 거치지 아니한 노동조합의 일방적인 전임 지정에 대해 이의 시정을 요구하며 전임인정을 거부하는 경우, 조합원 자격없는 자의 전임자 발령요청을 거부하는 경우, 점거농성 등 불법적인 행위나 정당하지 아니한 행사에 참여하기 위한 휴가신청이나 근무배려요청을 불허하는 것은 부당노동행위로 보기 어렵다.

1. 판례에 따르면, 노동조합의 교육부장으로 임명된 후 조합원에 대하여 활발한 교육과 홍보물의 제작, 배포를 주도하는 등 적극적으로 노조활동을 하자 이를 우려하여 노조대의원선거에 출마하지 못하도록 하고, 새로운 노조위원장이 당선에 기여한 참가인을 노조사무국장으로 내정하여 전임자로 인정해줄 것을 회사에 요청하자 업무상 필요성을 내세워 참가인을 조합원 자격이 없어 조합활동을 할 수 없는 업무부 업무과로 전보명령을 한 것은 노조활동을 적극적으로 하게 될 것을 혐오하여 이루어진 것이므로 부당노동행위이다(대판 95누9792, 1995.11.7)고 판시한 바 있고,
2. 또 다른 판례는, 노동조합 전임자는 사용자와 사이에 기본적 노사관계는 유지되고 근로자로서의 신분도 그대로 가지지만 휴직상태에 있는 근로자와 유사하여 근로제공 의무가 면제되고, 한편 사용자가 근로시간을 대체하여 근로자에 대하여 실시하는 교육, 연수, 훈련 등에 참가하는 것이 근로자의 의무로서 강제되는 한 근로제공과 다를 바 없으므로 단체협약 등에 다른 정함이 없다면 근로제공의무가 면제된 노동조합 전임자가 그러한 교육에 참가하지 않았다 하여 바로 잘못이라고 보기는 어려우므로 노동조합 전임자로 승인된 위 원고가 회사에서 실시하는 근로정신 함양교육에 참가하지 않은 것이 징계사유가 되지 않는다고 판시한 바 있다(대판 99다45246, 1999.11.23).

(3) 서약서 · 경위서 징구 관련

사용자가 근로기간 중에 준법의식 및 성실근로 의식을 고취 · 함양을 위한다거나, 근로자를 징계함에 있어 개전의 정이 있는지 여부를 판단하기 위하여 불법파업에 대한 잘못을 인정하고 재발방지를 약속하는 내용의 서약서, 불법파업에 참가한 경위서 등을 제출받는 것은 부당하다고 할 수 없다.

다만, 서약서나 경위서를 제출받는 과정에서 징계양정의 자료로 활용하기 위함이 아니라, 노동조합에 대한 개별 조합원의 조직 충성도를 시험판별하는 기초자료를 확보하고 개별조합원의 성향을 파악하는 기회로 삼고자 하는 경우, 노조탈퇴를 강요하거나 노동조합의 내부사항에 대한 진술 강요 등 노조조직 · 운영을 지배 · 개입하는 경우에는 부당노동행위에 해당할 수 있다.[146]

그러나 근로기간 중에 준법의식 및 성실근로 의식을 고취, 함양한다거나 징계절차에서 양정자료로 삼을 목적 등으로 근로자로 하여금 장차 불성실 근무나 불법 쟁의행위를 하지 않을 것을 약속하고 자신의 잘못을 인정하고 재발방

146) 서울행판 2003구합32909, 2004.7.6

지를 약속하는 내용의 서약서를 작성, 제출하게 할 수 있고, 특별한 사정이 없는 한 이러한 행위가 부당노동행위에 해당한다고 보기 어렵다.[147)]

3) 운영비 원조 등 경비지원

(1) 전임자급여 지원

운영비 원조 등 경비지원은 노동조합의 자주성을 침해할 우려가 높다. 2010.7.1부터 사용자가 노동조합 전임자에게 급여를 지원하거나 노동조합의 운영비를 지원하는 경우 지배 · 개입의 부당노동행위가 성립한다.[148)] 다만, 개정법 시행으로 인한 불필요한 노사갈등을 없애기 위해, 2010.1.1 현재 유효한 단체협약으로서 전임자에 대한 급여지급을 약정한 경우는 그 단체협약의 유효기간까지는 효력이 있으므로 그 한도 내에서는 부당노동행위가 성립하지 않는다.[149)]

이 경우, 약정에도 불구하고 일방적으로 노조전임자의 급여지급을 중단한 것은 노동조합의 활동을 억제하고, 불이익을 주는 부당노동행위에 해당한다.[150)] 자세한 사항은 앞부분에서 상세히 설명한 바 있으므로 생략한다.

실무상, 노조법 부칙에 의거 과거 전임자 급여지급이 허용되던 시기에, 단체협약으로 전임자급여지급을 약속하고도 이행하지 못한 경우 이를 두고 부당노동행위가 아닌지 분쟁이 성립하는 경우가 있었다. 부당노동행위란 노조법 제81조에 정한 사항을 위반한 것인데, 단체협약에 지급규정이 있다고 하더라도 경영악화로 근로자들의 임금을 체불하는 등 부득이한 사정으로 노조전임자의 급여를 삭감하거나 지급을 중단하는 등 부당노동행위 의사와 무관하게 전임자의 급여지원을 중단하였다면 부당노동행위라고 할 수 없다. 다만, 임금 등 금품체불로 근기법을 위반하게 되고, 단체협약을 불이행한 계약상의 채무불이행으로 손해배상청구를 받을 수 있는 것,[151)] 노조법상 임금 등 단체협약 불이행

147) 서울행판 2003구합32909, 2004.7.6
148) 노조법 제81조제4호
149) 노조법 부칙 제8조, 법률 제9930호
150) 서울고판 2005누15009, 2006.7.5
151) 민법 제390조

으로 처벌을 받을 수 있는 것은 부당노동행위와는 별도로 판단할 문제이다.[152)]

(2) 기타 운영비지원 관련

운영비원조를 지배 · 개입행위로 금지한 이유는 노조가 사용자로부터 운영에 필요한 경비를 원조 받으면 그로 인해 조합의 자주성이 상실되거나 단결력이 약화되어 종국에는 조합의 어용화도 가능하기 때문이다.

노동조합의 운영비란, 노동조합의 존립, 활동을 위해 소요되는 모든 경비 즉, 교육, 행사, 세미나, 연찬회, 체육회 등의 강사비 · 식비 · 교통비 · 차량비 · 피복비 등 경비, 노조용무 출장비 · 여비지급 등 일상활동에 소요되는 경비 등을 포함한다. 운영비 원조는 사용자의 지원행위가 노동조합의 자주성을 구체적으로 침해했는지 그러한 위험이 야기되었는지 여부에 따라 부당노동행위가 될 수 있다.

노사는 단체협약 등으로 일정한 경비지원을 합의하는 경우가 있으나, 비록 노사합의로 운영비를 지원하더라도 부당노동행위에 해당된다는 것이 행정해석의 입장이다.[153)] 다만, 다수설은 형식상 운영비지원에 해당하는 것처럼 보이는 행위가 있더라도 실질적으로 노동조합의 자주성이 저해되거나 그러한 위험이 야기되지 않는 이상 부당노동행위가 성립되지 않는다고 보아서, 사용자가 단체협약에 따라 노사합의로 운영비를 지원하더라도 부당노동행위에 해당되지 않는다는 실질적 입장이다.[154)] 더구나 그 지원이 노조의 적극적인 투쟁에 결과로 얻은 경우는 지배 · 개입으로 자주성이 침해될 우려가 전혀 없다는 것이다. 이 경우 실질적으로 자주성을 침해할 위험이 있었는지 여부에 관해 구체적인 판단을 통해 지배 · 개입여부를 확인하여야 한다.

그러나 근로자들을 위해 경제적 불행, 재액방지(災厄防止) 및 구제 등의 목적을 정하여 조합원 생활안정기금, 노동조합 산업재해예방 발전기금 등 노동조합에 자금을 지원하거나 개개 근로자에게 지원하는 것 즉, 파업이 장기화되면서 대다수 조합원들이 생계에 막대한 어려움을 겪게 되어 생계차원의 고충을 고

152) 노조법 제92조제1호가목

153) 부당노동행위사례 및 실무, 122쪽

154) 임종률, 『노동법』, 278쪽 ; 김유성, 『노동법』, 351쪽

려하여 사용자가 소속 근로자에게 무이자대출과 무상정액 지원을 하는 경우는 경비원조에 해당되지 아니한다.[155)]

실무상 경비원조에 해당하는 경우로는, 노동조합에서 주관하는 교육에 소요되는 강사비, 교통비, 식비의 지급,[156)] 사용자가 노동조합 연간 운영비 예산의 50% 이상을 매월 정기적으로 지원함으로서 그것이 노동조합의 자주성이 상실되거나 사용자에 의한 지배개입의 우려가 있다고 판단될 경우,[157)] 노동조합의 행사에 대한 지원금, 연구과제 수행비, 조합임원에게 이동통신기기 및 그 사용료 지급은 노조법 제81조제4호 단서규정의 경비원조에 해당한다.[158)]

4) 시설관리권 행사와 지배 · 개입

사용자는 자신이 소유한 기업시설과 자산 일체에 대해 소유권과 시설관리권을 가지며 기업활동 등에 전속적으로 사용 · 수익할 수 있고 소유권이나 시설관리권 침해시 방해배제청구권을 행사할 수 있으며, 민사상 불법행위에 따른 손해배상청구권[159)]을 가진다. 일반적으로 노조활동과 관련하여 시설관리권이 문제가 되는 것은 현수막 · 벽보 · 대형걸개 각종 깃발 등 홍보물과 집회 · 교육 · 단결행사 · 대회 · 행사 등에 사용되는 회의실, 광장, 교육장, 운동장 등의 시설물, 담장, 홍보판, 게시대, 건물벽면 등 홍보물 게시시설의 사용이 정당한지 혹은 사용자의 조치가 조직 · 운영 등 노조의 활동을 위축시키는 등 부당노동행위에 해당하지 않는지 여부가 쟁점이 되고, 기타 건물 · 토지 · 시설 등의 소유권과 관련된 일체의 사용 · 수익권이 시설관리권에 포함된다.

(1) 노조사무실

사용자가 단체협약으로 특정장소를 노조사무실로 제공하기로 한 경우, 노조사무실의 사용권은 노조에 일정기간 귀속된다. 따라서 노조사무실의 이전은 사전에 노조와 협의하는 등 이전사유나 이전절차 등에 있어서 사회적 합리

155) 노조법 제81조제4호 후단 ; 노조 68107-107, 2001.1.29
156) 노조 01254-457, 1999.6.26
157) 노조 68107-967, 2000.10.24
158) 노조 68107-620, 2001.5.29
159) 민법 제750조

성이나 상당성이 인정되어야 할 것이며, 사용자가 임의로 노조사무실을 이전하는 것은 타당하지 않다. 이 경우 부당노동행위에 해당되는지 여부는 이전사유나 동기, 노조사무실의 위치와 업무수행과의 상관관계, 이전전후의 노조사무실 위치 · 규모 · 이용상 편리성, 노동조합활동에 미치는 영향, 노조와의 사전 협의 여부 등을 종합적으로 판단한다. 한편, 비록 사용권이 노조에게 귀속되어 있다고 하더라도 근본적인 시설관리 · 소유권은 사용자에게 있는 것이므로, 사용자와 사전승인없이 노조사무실을 상급단체나 다른 노동조합과 함께 사용하는 것은 정당하다고 할 수 없다.[160)]

(2) 홍보문 게시

노조활동상 벽보, 현수막 등 홍보물의 설치는 필수적인 만큼, 노동조합의 활동이 정당하다면 사용자는 기업운영상 특별한 지장이 없고 업무의 정상적인 운영을 방해하지 않는 합리적인 범위 내에서 홍보물의 규격, 부착 · 게시장소, 게시기간, 홍보물의 내용심의 등 사전승인 절차이행 등을 취업규칙이나 단체협약 등으로 정하여 시설운영을 허락하여야 한다. 노동조합이 시설의 합리적 이용에 대해 사전협의나 합의 등을 하지 않고 일방적으로 이용하는 경우는 사전예고 등 상당한 절차와 방법에 따라 합리적인 범위 내에서 홍보내용 등의 조정, 자진철거 등을 하여 시설관리권의 합리적인 운용을 도모할 수 있다. 사용자는 노동조합이 정당한 노조활동을 위하여 합리적인 범위 내에서 시설사용 청구할 경우 사용을 허락하여야 한다. 즉, 사전 철거예고, 타 시설물 이용, 이용방법이나 내용 변경권고, 홍보물의 규격 등을 시설미관에 적합하게 변경 등의 합리적인 조치를 예상할 수 있다. 그렇지 않고 일방적으로 시설사용을 거부하는 경우 또는 노동조합의 일방적인 시설물 사용에 대해서도 상당한 절차와 방법에 의하지 않고 시설물을 철거하는 것은 부당노동행위에 해당할 수 있다.[161)]

일부 견해는 벽보부착 등이 기업운영에 특별한 지장을 초래하지 않는다면 필요불가결한 조합활동으로서 사용자는 이를 수인할 의무가 있다고 보고, 노

160) 노조 68107-812, 2001.7.19
161) 임종률, 『노동법』, 280쪽

동조합이 불법적인 시설사용으로 설령 기업운영에 지장이 있더라도 상당한 절차와 방법에 따라 자진철거, 타 시설 이용 등의 조치를 취하지 않고 합리적인 이유에 대한 충분한 설명 등이 없이 일방적으로 철거할 경우는 지배 · 개입에 해당한다고 본다.[162] 이 견해는 사용허락보다 수인의무를 강조한 점에서 현저한 차이가 있다

5) 사용자의 발언 · 견해표명 등 언론활동

노사쌍방은 노사관계에서 각자의 의견을 자유로이 발표하여 논의를 전개하거나 합의에 도달하는 것은 건전한 노사관계 형성에 반드시 필요하다. 다만, 사용자는 노사관계에서 지배력을 가진 우월한 지위로 인해 노조의 조직 · 활동에 대한 발언 등으로 인해 노동조합의 활동에 막대한 영향력을 미칠 수 있다. 사용자의 연설, 사내방송, 서한 등을 통한 의견표명이 부당노동행위에 해당하는지 여부는 그것이 행하여진 시기 · 장소 등 상황, 그 동기나 목적, 그 대상자나 내용, 노동조합의 운영이나 활동에 미친 영향 등을 종합하여 판단한다.[163]

특히 노조의 조직범위, 노조의 형태, 상부단체 가입여부 등 조직이나 결성에 관한 사항, 임원선거, 내부규율 등 통제권문제, 총회 · 대의원회 개최 등 의사결집과정 등 내부 운영에 관한 문제는 노조의 자주성과 독립성이 강조되는 분야로 그에 영향력 등을 미칠 수 있는 사용자의 개입이나 간섭은 배제되어야 한다. 따라서 이러한 노동조합의 조직이나 결성 · 내부운영문제에 관한 문제에 관한 사용자의 발언은 언론의 전체적이고 실질적인 내용 · 배포시기 · 배포장소 · 발언의 동기 등 언론과 관련한 제반사정을 종합적으로 판단하되, 협박 · 위협 · 반대급부제공 · 유익한 점 시사 등 발언 속에 적극적 지배 · 개입의 의사가 표명되지 않더라도 원칙적으로 지배 · 개입에 해당할 수 있다.[164]

다만, 사용자는 헌법에 의해 연설, 서한 등을 통해 자신의 의견을 표명할 수 있는 언론의 자유를 가지고 있는 바, 사용자의 언론의 자유와 노동3권간의 적절한 조화가 필요하다. 따라서 정당한 노조결성 및 운영과 관련하여 사용자

162) 김유성, 『노동법』, 347쪽

163) 대판 97누8076, 1998.5.22 등 다수

164) 중노위 90부노67, 1990.9.13 ; 김유성, 『노동법』, 370쪽

의 연설, 서한 등 언론행위가 강제 또는 위압 내지 반대급부의 명시 · 암시를 내포하는 등 노동조합의 자주성을 저해하는 것으로 통상 볼 수 있는 경우에는 지배 · 개입에 해당한다 할 것이나, 단순히 노조의 주장에 대한 반론 제기나 그 잘못을 지적 · 비판하는 행위, 회사의 사정 및 단체협약 진행상황 등에 관한 입장표명 즉, 노조에서 배포하는 홍보물 내용의 거짓 부당함을 적시하고 중단을 요청하거나 불법적인 시설점거 등의 자제를 요청하는 발언 등은 부당노동행위로 보기 어렵다.[165)]

(1) 연설, 공고문

연설 등 사용자의 언동이 노동조합에 대한 의견의 피력에 그치는 경우에는 언론의 자유에 속하는 것이나, 우월한 지위를 이용하여 노동조합활동에 영향을 미칠 의도로 이루어지는 경우에는 부당노동행위에 해당될 수 있다. 노동조합 결성 · 가입을 비난하거나, 노동조합을 인정하지 않겠다고 발언하거나, 사보 등에 반조합적 기사를 기재하는 경우, 산별노조로의 전환 등 조직형태 변경에 대하여 특정 조직형태의 단점만을 집중적으로 부각시키거나 전환시의 폐해를 강조하며 비난하는 경우, 공개적으로 노동조합을 부인하는 태도를 명백히 하고 근로자들의 조합활동을 주저하게 하는 발언을 하는 경우 지배 · 개입에 해당할 수 있다.

다만, 회사의 경영방침 등에 대한 노동조합의 주장에 대하여 회사의 입장 등 사실관계를 해명하거나 반론을 제기하는 것은 부당노동행위로 보기 어렵고, 단체교섭 진행 중에 근로자 등 직원간담회를 통해 임금인상안, 회사의 경영상황 등 회사의 입장을 설명하는 경우, 교회 목사가 기독교 언론과의 인터뷰에서 교회 직원 등의 노조활동이 종교적 측면에서 바람직하지 않다는 자신의 소신을 밝힌 경우, 조합탈퇴를 원하는 조합원들의 조합비공제 등에 대해 조합원이 반복적으로 문의하는 내용에 대해 안내문을 게재하는 등 정당한 사유가 인정되는 경우에는 지배 · 개입으로 보기는 어렵다. 판례 등에서 보는 실무사례는 다음과 같다.

---

165) 노조 68107-745, 2001.6.30

(가) 회사대표 발언

회사대표가 종무식장에서 전직원을 상대로 조직의 성질상 태어나지 말아야 할 노동조합이 생겼으며, 자신을 포함한 우리 모두가(감독관청인 국방부에 대하여) 노동자인 것이고, 조직의 성격상 노조활동에는 한계가 있다고 보며, 계속하여 분쟁이 야기되어 전직원으로부터 사표를 받고 공개채용으로 다시 충원해야 하는 일이 없길 바란다는 취지로 발언한 것은, 노동조합을 부인하는 태도를 명백히 함과 동시에 조합활동이 계속되는 경우 직원의 신분이 박탈될 수도 있다는 신분상의 불안감을 느끼게 하여 조합활동을 위축시킴으로써 조합의 조직과 활동에 영향을 미치고자 하는 의도임이 충분히 인정되므로, 부당노동행위에 해당한다.[166)]

(나) 노조발생 관련 부정적인 발언

담임목사가 소외 조합 지부 출범식 전날 교회 내 모든 성직자들을 구성원으로 하는 회의에서 노동조합 지부 출범식이 원고 교회 앞에서 열리게 된다는 사실을 알리며 남녀선교회 회장 중심으로 출범식을 막아 교회를 사수해 달라는 요지의 발언을 하고, 노동조합과의 단체교섭이 진행되고 있는 상황에서 언론사와의 인터뷰를 통해 '계산하고 협상으로 푼다는 것은 기독교 신앙 및 봉사정신에 어긋난 것이며 만약에 개인적인 사례나 휴가, 모든 편의나 대우를 받기를 원한다면 세상 직장으로 나가라', '한국교회 내 노조발생은 시기상조이고 한국 내에 존재하는 형태는 반대한다'는 등의 발언을 한 것은, 노동조합을 부인하는 태도를 명백히 함과 동시에 근로자들의 조합활동을 주저하게 하는 등 조합활동을 위축시킴으로써 조합의 조직과 활동에 영향을 미치고자 하는 의도임이 충분히 인정되므로, 위와 같은 발언은 노조법 제81조제4호에서 정한 지배·개입의 부당노동행위에 해당한다.[167)]

(다) 직원간담회 등에서 회사의 입장을 표명

회사가 회사 내 게시판에 사업부서 폐지와 해당직원의 타부서 발령이 단체협약에 위반한 강제구조조정이라는 노조의 주장을 반박하는 공고문을 게시하면

---

166) 대판 97누8076, 1998.5.22

167) 서울행판 2005구합21194, 2006.6.23

서 사업부서 직원을 타부서로 발령한 것이 강제구조조정인지 여부, 이를 이유로 노조에서 파업할 경우 합법한지 여부, 노조간부의 비리로 인하여 노조활동이 와해된 실례, 노조의 요구사항에 대한 회사의 대응태도 등에 관하여 회사담당자와 노동관계법 전문위원과의 대화내용이나 의견을 게재한 것은 부정적인 표현이 일부 포함되어 있기는 하나 사용자로서 노조의 활동에 대해 비판적 견해를 발표한 것에 지나지 않고, 회사가 직원간담회에서 임금인상안, 회사의 경영상황, 사업부서 직원들의 배치전환 문제, 노사의 합동단결 등의 사항에 관하여 발언한 것은 노조의 조직이나 운영을 개입한 것으로 보기 어렵다.[168)]

(라) 노조활동에 부정적 소신 피력

기독교 언론과 인터뷰를 하는 과정에서 종교인으로서 신앙적 관점에서 교회 등과 기독교 신자인 그 직원들 사이의 종교적 상호 관계를 강조하면서 다소 정제되지 않은 표현으로 교회 직원 등의 노조활동이 종교적 측면에서 볼 때 바람직스럽지 않다는 자신의 소신을 밝힌 것은 소외 조합을 지배 · 개입할 의사로 그와 같이 발언했다고 보기는 어렵다.[169)]

(마) 상례적인 안내문 게재

병원의 총무과장이 조합탈퇴와 관련된 안내문을 게시한 동기가 조합탈퇴를 원하는 조합원들의 조합비 공제와 관련된 문의에 대하여 동일한 답변을 하는 번거로움을 피하기 위한 것이었고 그 내용도 조합탈퇴에 관한 절차만을 안내하는 것이어서, 안내문 게시 사실만으로는 병원 측에서 조합원들에게 조합탈퇴를 강요하거나 종용하였다고 보기 어렵다.[170)]

(바) 노조 탈퇴자에 대한 입장표명 등

파업이 장기화로 집행부에 불만을 갖고 파업에 불참 중인 일부 조합원들이 유니온숍 제도하에서 조합원이 제명되거나 탈퇴할 경우 회사측의 처리 방침에 대하여 의문을 제기하였고, 이에 따라 사업부서장이 질의를 통해 회사의 명확한 방침을 정리해달라고 요구하였고, 조합원 4명이 노조탈퇴서를 제출하기에

---

168) 서울행판 2003구합27020, 2003.12.9
169) 서울고판 2006누18364, 2008.8.14
170) 대판 99두3256, 2000.4.7

이르러 노동문제 전문가의 자문을 받아 파업종료 후에 각 사업부서장들에게 회신문을 발송한 행위나, 노동조합이 탈퇴 조합원을 해고하여 줄 것을 요구하자 위와 같은 자문결과에 따라 회사는 관계 법령이나 단체협약상 해고의무가 없으므로 해고할 수 없다고 통보한 행위는 노동조합의 단결활동의 자주성을 저해하거나 영향을 미치려 한 지배 · 개입으로 볼 수 없다.[171]

(사) 단순히 불이익 의사표시

노조법 제81조제1호에서 "불이익을 주는 행위"란 해고 이외에 그 근로자에게 휴직 · 전직 · 배치전환 · 감봉 등 법률적 · 경제적으로 불이익한 대우를 하는 것을 의미하는 것으로서 어느 것이나 현실적인 행위나 조치로 나타날 것을 요한다. 단순히 근로자에게 향후 불이익한 대우를 하겠다는 의사를 말로써 표시하는 것만으로는, 법 제81조제4호에 규정된, 노동조합의 조직 또는 운영을 지배하거나 이에 개입하는 행위에 해당한다고 할 수 있음은 별론으로 하고 위 법 제81조제1호 소정의 불이익을 주는 행위에 해당한다고는 볼 수 없다. 대표이사가 노동조합 위원장에게 노동조합을 없애라는 말을 하고, 부위원장에게 사직서를 제출하라는 말을 하고, 회사 부장이 조합원에게 노동조합을 탈퇴하지 않으면 공연팀에서 일하지 못하도록 하겠다는 말을 하였을 뿐 실현하지는 않은 것은 불이익을 주는 행위에 해당한다고는 볼 수 없다.[172] 다만, 이러한 경우는 발언을 하게 된 동기나 장소 등 여러가지 객관적 · 외형적인 정황을 종합하여 그 의사가 노동조합활동을 방해할 의도가 있었는지 여부를 구체적으로 판단하여야 한다.[173]

판례에 의하면, 대표이사가 근로자들로부터 노동조합 가입신청을 받고 방송으로 전직원을 소집하여 노동조합의 사실에 근거한 주장을 반박하고, 노동조합의 무용론을 역설하고, 노조의 불필요성을 강조한 결과, 상당수의 조합원들이 탈퇴서를 제출하였다면, 이러한 행위는 노동조합에 대한 비판적 의견을 표현하는 범위를 넘어서 근로자들에게 신분상 불안감을 느끼게 하여 조합활동을

171) 대판 96누16070, 1998.3.24
172) 대판 2004도3891, 2004.8.30
173) 부당노동행위 사례 및 실무, 110쪽

위축시킴으로써 노동조합의 조직과 활동에 영향을 미치는 간섭행위이므로 부당노동행위에 해당하는 것으로 보고 있다.[174)]

(아) 노조활동에 부정적 도서강요

사용자가 근로자들에게 노동조합활동에 부정적인 인식을 심어 줄 수 있는 내용의 도서를 읽게 하고 그에 관해 시험을 치른 것은 경영권에 포함된 교육의 범위를 넘어서 노동조합활동을 위축시키고 회의를 품게 하는 등 노동조합의 활동 및 운영을 지배하거나 개입한 것으로 본다.[175)]

(2) 회의, 면담 관련

노동조합 결성 후 회의·교육 등을 통하여 수시로 노동조합에 대한 부정적인 시각, 노동조합 존재의 불필요성을 강조하며 노동조합 탈퇴를 유도하는 경우, 회사에 우호적인 조합원, 노동조합 내 소수파 등을 상대로 노동조합의 결의 또는 처분에 응하지 말도록 선동하는 경우, 각종 회의나·교육, 개별면담 등을 통해 노동조합 자체를 부정하거나 비판하며 노동조합의 방침에 따르지 말도록 적극적으로 설득하는 것은 부당노동행위에 해당될 수 있다. 그러나 불법파업 등에 참여하지 말 것을 호소·설득하는 것은 부당하다고 할 수 없다.

판례에 의하면, 회사의 대표이사나 전무가 일부 조합원들을 개별적으로 만나거나 조합에 불만을 가진 일부 조합원을 모아서, 조합 운영위원회의 결의에 반대하여 종전과 같은 방식으로 근무할 것을 종용하는 등의 행위를 하고, 그 결과로 조합원들 중의 일부가 조합의 종전과 같은 방식으로 근무할 것을 결의하는 등의 행위를 하게 되었다면, 부당노동행위에 해당된다고 본 사례가 있다.[176)]

(3) 가정통신문 등 서신 관련

가정통신문 등 서신을 통해 불법행위의 중단을 촉구하거나, 사용자의 입장을 호소하는 것은 부당하다고 할 수 없다. 그러나 허위의 과장된 내용 또는 노동조합에 대한 반감·혐오감을 유발하는 내용을 부각시키는 것은 부당노동행

174) 서울행판 2001구52243, 2002.7.11
175) 서울행판 2013구합 2013.9.5
176) 대판 91누636, 1991.12.10

위에 해당될 수 있다. 가정통신문을 발송하면서 특정조합 또는 그 조합원들을 지칭하여 극도로 혐오 내지 비하하는 내용을 관련자들에게 유포한 사실이 있고, 노동조합이 그에 대해 잘못된 사실관계 및 내용의 정정을 요구하였음에도 받아들여지지 않고, 사실관계를 바로잡고자 유인물을 발송한 사실을 징계사유로 삼았을 뿐만 아니라, 간부들이 조합원은 불이익을 당할 수 있다는 전화를 한 사실 등은 정상적인 노동조합활동을 심히 위축시키는 부당노동행위로 보아야 한다.[177)]

6) 기타 지배 · 개입

(1) 노동조합 현황 공개

사용자 또는 제3자가 특정 노동조합의 조합원수, 노조운영비 지원현황 등을 언론에 공개하거나 공시할 경우에 그 내용이 사실이고 개인정보 등이 포함되어 있지 않다면 노조활동을 위축시키려는 지배개입의 부당노동행위로 보기 어려우나 조합원 개인 실명을 공개(학교 홈페이지 등)하여 제3자 등으로부터 평가대상이 되게 하여 노조활동에 위축을 초래하였다면 노조활동에 개입하려는 지배개입의 부당노동행위가 될 여지가 있다.

(2) 직장폐쇄, 파업기간에 대한 임금삭감

파업기간 중 파업참가자에 대한 임금삭감이 정당한지 여부는 그 삭감이 적법한지 여부에 따라 좌우된다. 적법한 삭감은 무방하지만 부적법한 삭감은 부당노동행위 의사가 추정될 수 있다.[178)]

직장폐쇄가 정당성을 상실할 경우 그 자체는 민사상 손해배상 청구 대상일 뿐 곧바로 부당노동행위가 성립된다거나 형사처벌의 대상이 되는 것은 아니다. 정당하지 아니한 직장폐쇄가 부당노동행위에 해당되는지 여부는 노동조합의 조직력을 약화시키기 위한 의도 등 부당노동행위 의사 존재 여부에 따라 종합적으로 판단한다. 직장폐쇄가 대항적 방어적 성격을 벗어나 공격적 · 선제적 성격을 띠고 있어 노동조합의 세력약화 내지 조합원에 대한 보복차원에

177) 중노위 2002부노8, 2002.6.3

178) 임종률, 『노동법』, 281쪽

서 이뤄진 불이익처분인 경우는 부당노동행위 의사를 추정할 수 있다. 노동조합의 쟁의행위가 개시된 이후에만 방어적 차원에서 직장폐쇄를 할 수 있기 때문에 위반한 경우에는 노조법상 처벌대상이 된다.[179)]

노동조합의 조직력을 약화시킬 의도로 노조간부 등 특정 노조원을 지명하여 직장폐쇄라는 명분으로 조합원과 접촉을 차단하는 경우, 파업을 철회하고 진정으로 조업복귀 의사를 명백히 하였음에도 직장폐쇄를 해제하지 아니한 채 조합활동을 방해할 의도로 선별 복귀시킨 경우, 직장폐쇄를 이유로 합리적인 이유없이 정상적인 조합활동을 위한 노조사무실 출입을 전면적으로 거부하거나 노조사무실에 단전, 단수 등의 조치를 취하여 노동조합활동을 방해한 경우 부당노동행위로 의심할 수 있다.

그러나 사용자가 업무에 복귀하려는 노동조합원들의 진의를 확인한 후 직장폐쇄 유지 여부를 결정할 필요성 때문에 조합원들에게 파업종료확인서에 서명을 요구한 경우, 파업을 철회하였으나 조업복귀 의사가 불분명하여 그 기간 동안 직장폐쇄를 해제하지 아니한 경우, 쟁의행위 참가 조합원을 제외한 부분 직장폐쇄 중 조업, 취업을 희망하는 파업불참 노조원 및 비노조원을 사용하여 조업하는 경우 등은 지배 · 개입으로 볼 수 없다.[180)]

직장폐쇄 후 노조사무실 출입통제와 관련하여 사용자의 지배 · 개입이 문제가 될 수 있다. 사업장 내에 노조사무실이 있고, 대부분의 교섭 및 노동조합활동이 주로 사업장내에서 이루어지는 현실에서 직장폐쇄를 하였다는 이유만으로 사업장 출입을 전면 제한하는 것은 곤란하다. 따라서 직장폐쇄를 하였더라도 정상적인 조합활동을 위한 노조사무실 출입을 정당한 이유없이 금지하는 것은 정당하다고 할 수 없다. 그러나 노조사무실의 위치, 출입을 원하는 인원 등 제반 사정을 고려하여 볼 때 다른 시설의 점거 및 생산활동의 저해가 우려되는 상황이라면 출입을 제한하더라도 부당하다고 할 수 없으며, 법원으로부터 출입금지 · 접근금지 가처분 결정을 받은 경우에는 노조사무실을 포함하여 전면적으로 출입을 금지하더라도 지배 · 개입 등 부당노동행위로 볼 수 없다.

---

179) 노조법 제46조제1항, 제91조

180) 대판 2004도7218, 2005.6.9

행정해석에서도, 직장폐쇄는 생산수단을 근로자로부터 차단하여 노무수령을 거부하는데 지나지 않아 직장폐쇄가 미치는 범위도 생산시설 내지 업무시설에 한정되나, 생산이나 업무와 관계없는 시설로서 노조사무실, 기숙사, 식당 등 조합활동 또는 후생복리를 위한 시설에 대해서도 노조원의 출입을 합리적인 범위 내에서 일부 제한할 수 있다는 입장이다.[181)]

(3) 폐업과 부당노동행위

사용자가 사업을 폐업하여 조합원과 고용인원 전원을 해고할 경우 조합원 입장에서는 노조세력의 소멸이나 약화를 도모하기 위한 조치로 인식할 수도 있다. 이 경우 폐업이 경영상 이유 등에 의한 진정성을 지닌 것인지 조합세력의 축출을 위한 일시적 조치인지 여부가 관건이다. 만약 사업주가 노조에 대한 지배 · 개입의 목적으로 일시적 위장폐업을 하고 일정기간 경과 후 그 사업을 재개하거나, 폐업사업장과 별도로 새로운 회사를 설립하여 종전 사업을 재개하는 경우는 폐업 사용자와 재개업 사용자가 동일하고 업종과 물적시설 등이 동일하다면 지배 · 개입에 해당할 수 있다.

다만, 사용자는 자신의 의지에 따라 사업을 확장 · 축소할 수도 있고 업종을 변경할 수도 있는 등 경영의 자유를 가진다. 따라서 인허가 반납, 폐업신고, 사업장 소멸신고 등 진정한 폐업을 한 경우는 설사 내심으로 반조합적 의도가 있다고 하더라도 기업의 존속을 전제로 노사의 대립관계를 유지하는 것을 목적으로 하는 부당노동행위 구제신청 등은 성립할 여지가 없다는 것이 판례의 견해이다.[182)]

판례에 의하면, 경영권의 자유와 그에 따른 위장폐업을 다음과 같이 정의하고 있다. "헌법 제23조에 사유재산권의 보장을 규정하고 있고 제15조에 직업선택의 자유를 기본권으로 규정하고 있는 바, 기업의 운영과 그 폐지는 개인의 자유이며, 국가라 하더라도 법률상 정당한 근거없이는 이에 개입할 수는 없다. 부당노동행위가 되는 위장폐업은 기업이 진실한 기업폐지의 의사가 없

181) 협력 68140-409, 1998.10.30

182) 대판 89누6501, 1990.2.27 ; 대판 91누2762, 1991.12.24

이, 노동조합의 결성 또는 조합활동을 혐오하고 노동조합을 와해시키기 위한 수단으로서, 기업을 해산하고 조합원을 전원 해고한 다음, 새로운 기업을 설립하는 등의 방법으로, 기업의 실체가 존속하면서 조합원을 배제한 채 기업활동을 계속하는 것을 말한다."[183]

위장폐업은 기업의 실체가 존속하고, 기업활동이 계속된다는 점에서 진정폐업과 구별된다. 판례의 경우 진정으로 기업경영을 포기하고 더 이상 기업활동을 영위하지 아니하는 진정폐업은 사유재산 보장질서와 직업의 자유도 보장되어야 한다는 점에서 부당노동행위 구제실익이 없다고 본다.[184]

실무상, ① 위장폐업 여부는 폐업의 동기와 기업실체의 존속여부를 종합하여 판단하여야 한다. 폐업시기, 평소 조합활동에 대한 사용자의 태도, 폐업당시 및 그 이전 상당기간의 영업실적, 노동조합 결성 또는 노동쟁의 발생 전의 사업계획, 동종 사업의 재개 가능성 여부, 거래처와의 계약존속 여부, 사업장 주요설비의 유출 여부 등을 통해 폐업의 동기를 판단할 수 있고, ② 기업실체의 존속 여부는 신 · 구회사의 소재지 및 업종, 신 · 구 회사의 자본 성격, 자본금, 설립자, 출자자, 임원, 종업원 등과 폐업 회사와의 관련성, 영업목적 등 신 · 구회사의 운영상황 등을 종합하여 판단한다. 자산매각 등 폐업절차의 진행 여부는 폐업의 진정성을 판단할 수 있는 기준이 될 수 있다. ③ 폐업절차를 실질적으로 진행하지 않은 경우에는 폐업의 진정성을 의심할 수 있는데, 미수금 등 자산의 처분 여부,[185] 사측의 핵심 근로자들을 주축으로 한 사업개시 여부, 거래처 등 거래선 유지 · 관리 여부, 과거 폐업 전례 등을 종합 판단한다. 그러나 법에 따른 폐업절차를 완료하였거나 정황상 시설의 재가동이 불가능한 경우에는 물적시설의 효용성이 떨어져 재가동이 불가능한 상태인지, 미수금 등 자산의 처분권한을 근로자에게 위임하였는지, 법원의 경매절차가 진행중인지, 사용자가 소재불명으로 수사기관으로부터 지명수배된 상태인지 등을 종합 판단하여 진정한 폐업여부를 확인한다.

183) 대판 91누2762, 1991.12.24
184) 대판 89누6501, 1990.2.27
185) 거래처 등 친분있는 자에게 양도하였는지, 재산을 은닉하였는지 등

근로자, 생산품, 거래처가 동일하다거나 조합원만을 배제한 채 비조합원 대부분을 채용하여 근무하게 하는 경우나, 폐업 사업장의 임원이나 간부 등 제3자 명의로 새로운 기업을 설립하여 시설 및 영업을 인수하게 하여 사업을 계속하게 하거나 종전 사업주가 사실상 운영권을 행사하고 있는 경우 등에는 위장폐업으로 의심할 수 있다.[186] 다만, 회사를 폐업한 후 동종의 다른 기업을 경영하는 경우라도 폐업하기 훨씬 이전부터 설립되어 운영되고 있는 등 폐업일시와 다른 회사의 설립일시가 동떨어져 있는 경우에는 위장폐업으로 보기 어렵다.

실무상 문제가 되는 것은 위장폐업에 이어 종전 사용자가 별도의 회사를 설립하였다고 의심되는 경우의 사실여부에 관한 판단인데, 판례에 의하면, 사용자가 노동조합에 대한 협오감을 가지고 있고 그로 인해 사직을 하고 별도의 회사를 설립하였다고 하더라도, 설립시기, 설립자금의 동질성, 인적 동질성 등을 종합 판단하여야 한다는 입장이다.[187]

---

186) 중노위 2000부노28, 2000.6.20. 호텔업을 폐업하고 사업종류를 부동산업으로 정정하고, 행정관청에 관광사업 폐업통보서를 제출하고 폐업신고서가 처리되는 등 개인 사업체의 폐업절차가 정상적인 점, 호텔업을 폐업한 후 현재까지 같은 업종의 사업을 하지 않으므로 기업의 실체가 존속하면서 조합원을 배제한 채 기업활동을 계속하고 있다고 볼 수 없는 점, 폐업 당시 조합원은 물론 비조합원까지 폐업에 따른 불필요한 인원 모두를 해고하여 비조합원만으로 기업활동을 계속하고 있는 것이 아닌 점, 대표이사가 소명서에서 진의의 폐업임을 확인시켜준 점, 호텔건물을 타인에게 임대하기 위하여 일간지에 임대광고를 하고 임차인이 확정단계에 이르는 등 임대차 추진이 상당히 진척되어 있는 점, 호텔업 폐업조치와 함께 전 근로자의 임금, 퇴직금, 해고수당 등 일체의 금품을 청산한 점 등을 고려해 볼 때 사업장을 폐업한 동기에 일부 반조합적 혐의가 의심되는 면(호텔이 2년여 동안 개보수 공사를 진행하여 오던 과정에서 노동조합이 파업을 하자 서둘러 직장폐쇄를 하고 곧 폐업한 점, 호텔의 시설과 건축물이 구조상 타 용도로 사용이 불가능한 점을 초심에서 반조합적 혐의로 인정하였다)도 없지는 않지만 그렇다 하더라도 위장폐업이라고 볼 수 없다.

187) 대판 91누2762, 1991.12.24 ; 중노위 2001부노154, 2001.11.9. 2000년 매출액이 20억원 정도였으나 2001년에는 12억원 정도로 감소하는 등 수주물량이 거의 없어 7일간 휴업한 점, 이사회 및 임시주주총회를 개최하여 폐업을 결의하고 폐업공고를 한 다음날 관할 세무서에 폐업신고한 점, 임시주주총회를 개최하여 법인해산 결의를 하고 청산인을 선임하여 법인해산 및 청산인 등기를 한 점 등을 미루어 볼 때 원청회사로부터 물량감소 등 사업부진을 이유로 폐업하였고 새로운 기업을 설립한 사실도 없으므로 노동조합활동을 혐오한 나머지 위장 폐업하였다고 볼 수 없다.

(4) 일방적인 관행파기

교섭절차, 조합활동 편의제공 등 사업장 내외부에서 이루어진 조합활동 등이 비록 문서나 협약으로 정한 바는 없었지만 상호 묵시적인 신청과 동의아래 오랜 기간동안 아무런 이의 없이 관행으로 정착된 경우가 있다. 이러한 관행은 당사자가 노사관계 안정을 위해 상호 존중해야 할 준칙으로서 일방이 이를 파기하거나 축소 변경할 경우 상호 이해증진을 통해 합의를 거쳐야 한다. 사용자가 이러한 노력없이 상당기간 지속되어 온 관행을 일방적으로 파기할 경우 지배 · 개입이 성립할 수 있다.

특히 단체협약 그 자체를 해지하고 새로이 협약을 체결하는 것은 부당노동행위가 되지 않지만, 기존의 단협으로 정해 둔 단체교섭 절차 · 방법 등 세부적인 사항, 조합활동사항 등 집단적 노사관계에 관한 세부적 운영조항은 새로운 협약이 체결될 때까지 관행으로 남아 당사자를 규율하는 것으로 보는 것이 합리적이다.[188)]

(5) 근로자 감시장치

사용자의 사업장내 감시장치(CCTV) 등의 설치에 대하여 노동조합은 조합활동을 감시 · 통제하기 위한 부당노동행위라고 주장하는 반면, 사용자는 절도 · 기물파손 방지 등 회사 재산을 보호하기 위한 정당한 조치라고 주장할 수 있다. 이와 같이 감시장치 등의 설치는 근로자의 초상권 · 프라이버시권과 사용자의 시설관리권 · 노무지휘권이라는 권리의 충돌 발생한다. 감시장치 설치가 부당노동행위에 해당되는지 여부는 설치 목적 내지 동기, 설치장소 · 규모 · 방법, 설치장소와 설치목적 · 필요성의 부합성, 보호 · 관찰의 대상 및 그 방법, 녹화화면의 관리 등 운영실태, 설치전후의 노사관계, 조합활동에 미치는 영향 등 설치를 필요로 하는 현실적이고 상당한 이유가 있는지를 종합하여 판단한다.

고가장비 등 시설이나 재산보호를 목적으로 사업장내에 감시카메라 등을 설치하는 것은 사용자의 경영권에 속하는 사항이다. 사업장 내에서의 감시카메

---

188) 임종률, 『노동법』, 283쪽

라 설치 등이 설치장소 · 규모 · 감시방법 등에 있어 업무상 필요성 · 상당성이 인정된다면 이로 인하여 노동조합 조직 · 운영에 영향을 받았다하여 당연히 부당노동행위에 해당된다고 보기는 어렵다.[189] 그러나 설치 필요성은 거의 없음에도 주로 조합원이 이용하는 장소에 CCTV를 설치하여 조합원들에게 심리적 압박감을 주어 조합활동을 위축시킬 의도인 경우에는 부당노동행위로 볼 여지도 있다.[190]

한편, 근로자 감시 · 관찰행위는 근로자의 인격권[191]과 관련된 문제로 그 정당성 여부는 통신비밀보호법, 정보통신망이용촉진및정보보호등에관한법률에 의해 평가되어야 한다. 판례는 감시카메라 설치와 관련하여, 사용자가 사업장 내에 감시카메라 설치를 필요로 하는 현실적이고 상당한 이유가 있고, 근로자들의 인격권의 침해를 최소화하는 방법을 선택하였다면 위법성이 없다고 판시한 바 있다. 즉, 감시카메라 설치 등에 의한 근로자 감시 · 관찰행위가 정당하기 위해서는 업무상 필요성이 인정되어야 하고, 근로자의 인격침해를 최소화하는 방법을 선택하여야 한다.[192]

(6) 인터넷 사용 관련

사내 인터라넷 사용이 보편화된 시점에서 인터넷이 조합활동과 연계되는 경우 인터넷 사용의 제한이 부당노동행위에 해당되는지 여부가 쟁점이 될 수 있다. 인터넷 사용의 제한이 부당노동행위에 해당되는지 여부는 업무내용 및 근무형태와 인터넷 사용의 근접성, 평소 인터넷 사용에 제한을 두었는지, 그간 차단한 인터넷 서버의 종류 및 절차, 인터넷 사용으로 인한 업무지장 정도, 조합활동에 있어서 인터넷 활용비중 및 활용방법, 인터넷 사용을 제한한 시기 등을 종합적으로 고려하여 판단한다.

---

189) 노조 68107-1085, 2001.9.25

190) 노조 68107-1085, 2001.9.25. 고가장비 등 시설보호 목적으로 공장 내 CCTV를 설치하는 것은 사용자의 경영권에 속하는 사항으로 근로계약 관계에 있어서 근로자의 대우에 관하여 정한 근로조건이라고 보기 어려우며, 이러한 CCTV설치가 개별 근로자들에게 심리적인 압박요인으로 작용한다 할지라도 이를 근로자의 근로조건에 직접적인 영향을 미치는 경우라고 보기 어렵다.

191) 초상권, 프라이버시권 등

192) 선수지법군산지판 2001가합1173, 2002.4.18 ; 광주고판 2002.6.26. 소취하 확정

근로자들의 통신의 자유나 프라이버시권 등은 직장내에서도 보호되어야 하는 것은 당연하나, 기업의 시설관리권 및 회사의 재산에 대한 권리 또한 보호되어야 할 것이다. 따라서 사이버 공간에서의 조합활동이라고 해서 달리 볼 것은 아니므로, 기업에서 컴퓨터, 전화기 등 설비를 제공하는 주목적은 업무를 위한 것이라는 점, 근로자에게는 성실하게 근로를 제공할 의무가 있다는 점, 사용자에게는 노무관리차원에서 근무시간 중 업무 이외의 인터넷 사용을 제한하는 것은 그 목적상 타당하다는 점, 근무시간 중의 조합활동은 원칙적으로 허용되는 것이 아니라는 점 등을 감안하면, 근무시간 중에 회사에서 제공한 설비를 이용한 인터넷 사용은 일정부분 제약이 불가피하고, 특히 조합활동은 근무시간 이외에 하는 것이 원칙이므로 근무시간 중의 인터넷 사용을 제한한다고 하여 부당하다고 할 수는 없는 것이 원칙이다.

다만, 근무시간 중이라도 노조사무실이나 노조전임자 등 특정장소나 특정인원에 대하여 조합활동과 관련된 인터넷 사용을 제한하는 경우나, 파업기간 등 노사가 대립하고 있는 시기에 전격적으로 인터넷 사용을 제한하는 것은 부당노동행위 소지가 있다. 사내통신망 등 인터넷을 통해 노동조합 가입을 호소하는 등 노동조합조직 확대를 시도한 직후에 특별한 사유없이 인터넷 사용을 엄격하게 통제하는 경우 등, 특별히 업무에 지장을 초래하지 않음에도 노조홈페이지 등 노동조합활동 관련 인터넷 사이트만을 차단하는 것은 부당노동행위에 해당될 수 있다. 그러나 해고근로자가 회사를 비방하기 위한 목적으로 개설한 사이트 등 회사의 명예를 훼손하는 내용의 사이트를 차단하는 경우 등은 부당노동행위로 보기 어렵다. 예를 들면, 해고된 근로자나 평조합원 등이 개인자격으로 개설하여 운영하는 사이트의 접속을 차단하는 경우, 허위사실 유포 등 회사의 명예훼손, 직원 상호간 불신감 조장, 불법행위를 선동하는 사이트의 접속을 차단하는 경우, 노조홈페이지 등에 게재된 허위사실 등 회사의 명예를 훼손하는 내용에 대해 노동조합에 삭제를 요청한다거나 수사의뢰하는 경우 등을 꼽을 수 있다.

판례에 의하면, 파업을 끝내고 복귀하기 전까지는 조합원들이 노동조합 홈페이지에 접속하는 것을 제한없이 허용하여 오다가 복귀 이후 각 사업장 업무용 컴퓨터는 물론 노동조합 업무용 컴퓨터까지 노동조합, 상급단체, 총연합단체로의 접속을 근무시간 종료 이후까지 전면적으로 차단하였다면, 설령 노동조합 홈페이지의 게재내용에 인신공격성 비난의 글들이 포함되어 있고, 파업 이후에 조속한 경영정상화를 위해 불가피하게 사용자의 시설관리권을 행사할 수밖에 없었다는 전후사정을 감안하더라도 노조가 전국적인 산업별 노동조합으로 조합원들이 대규모이고 전국적으로 산재되어 있어 노조홈페이지를 통해 조합원들에게 공지사항이나 일상적인 노조활동을 해온 점 등에 비추어 볼 때 노동조합의 인터넷 홈페이지 접속을 차단한 것은 일상적인 정당한 노조활동마저도 막는 결과를 초래한 것으로 본 사례가 있다.[193)]

사무직 근로자의 노조 가입을 추진하는 과정에서 회사의 부당한 처우와 고용불안에 대항하기 위해 다수의 노동자가 기존 노조에 가입했다고 알리고 나머지 사무직 근로자들에게 동참할 것을 요청하는 성명서를 회사 내 전자통신망을 통해 배포하고, 노조의 홈페이지를 통해 가입의 당위성을 주장하면서 표현이 다소 과정되거나 과격한 표현으로 방해하는 회사를 비방한 바 있으나, 이와 같은 행위가 기본적으로 회사 사무직 근로자들의 근로조건 향상과 복지증진 등을 도모하기 위한 것으로 전체적으로는 그 내용이 진실된 것이라 판단되므로 징계사유로 삼을 수는 없다는 사례가 있다.[194)]

(7) 조합활동 관련 동태확인 등

노동조합의 불법행위 등에 대해 적절하게 대응하기 위하여 동태를 파악하는 등 그 목적에 있어서 업무상 상당성이 인정되는 경우에는 부당노동행위로 보기는 어렵다. 사용자의 동태파악 행위가 부당노동행위에 해당되는지 여부는 동태파악의 목적 · 방법 · 내용, 대상자의 조합활동 관계 등을 종합하여 상당성이 있는지에 따라 판단한다. 노동조합 조직 · 가입 차단 등 조합활동을 방해할 의도로 비밀리에 조합간부나 조합활동에 적극적인 자 등을 불법적인 방법이나 수단으로 감시하는 것은 부당노동행위 의사를 추정할 수 있다.

---

193) 서울행판 2003구합32923, 2004.7.22
194) 대판 2001두8339, 2002.10.25

(8) 사업장 출입통제

원칙적으로 사업장내에서의 조합활동은 사용자의 시설관리권에 바탕을 둔 합리적인 규율이나 제약에 따라야 하며, 사용자는 업무상 필요성에 따라 사업장 출입을 제한할 수 있다. 이 경우 해고의 효력을 다투는 근로자가 사업장출입을 할 수 있느냐가 실무쟁점이다. 판례에 따르면, "해고된 자가 노동위원회에 부당노동행위의 구제신청을 한 경우에는 중앙노동위원회의 재심판정이 있을 때까지는 근로자가 아닌 자로 해석하여서는 아니된다"[195]라는 노동조합법 규정은 노동조합의 설립 및 존속을 보호하고 사용자의 부당한 인사권의 행사에 의하여 노동조합의 활동이 방해받는 것을 방지하기 위한 규정으로서 노동조합의 구성원이 될 수 있는 자격에 관하여 규정한 것일 뿐, 사용자와 근로자와의 개별적인 근로관계에 관한 규정은 아니다. 따라서 이 규정은 해고된 근로자가 노동조합의 조합원으로서의 지위와 관련하여서만 한정적으로 적용이 되어야 할 것이고, 근로자와 사용자와의 개별적인 근로계약 일반의 효력에 확대 적용될 수는 없다.[196]

따라서 근기법 제23조제1항에 정한 정당한 사유없는 해고 등 불이익 처분에 대하여 해고의 효력을 다투고 있는 근로자는 해고에 의하여 근로관계는 종료되는 것이므로 해고의 효력을 다투고 있는 자의 사업장 출입을 금지한다 하여 부당하다고 할 수 없는 것이 원칙이다. 그러나 해고가 노동조합법 제81조 각호에 정한 사용자의 불이익취급 등 부당노동행위로 인하여 해고되었다고 주장하는 근로자로서, 일반법원이나 고용노동관서가 아닌, 노동위원회에 부당노동행위 구제신청을 제기하여 해고의 효력을 다투고 있는 자는, 비록 근기법상 개별근로계약에서 우러나오는 제반효력 즉, 근로제공의무, 휴가청구권, 임금 등 금품청구권, 사원으로서 복지시설 이용자격, 품위유지 의무, 성실의무 등은 소멸하였지만, 법 제2조제4호 라목 단서에 의거 중앙노동위원회 재심판정시까지 노동조합의 조합원으로서의 자격은 그대로 유지되므로 노조임원으로

195) 노조법 제2조제4호라목 단서

196) 대판 92다42354, 1993.6.8 ; 대판 77다1822, 1978.2.14, 회사의 적법한 해고처분으로 근로자 및 조합원의 자격을 모두 상실한다.

서 활동, 조합원으로서의 정당한 조합활동을 위한 노조사무실 출입을 금지할 수는 없다. 중앙노동위원회 재심판정에서 부당노동행위를 인정받지 못하였다면 법원에 제소했다고 하더라도 더 이상 조합원 자격은 인정받을 수 없다.

다만, 부당노동행위로 심판계류중인 조합원에 대한 사용자의 노조사무실 출입저지행위가 노조법 제81조에서 정하고 있는 부당노동행위를 구성하는지의 여부는 사용자가 이와 같은 저지행위를 함에 있어 부당노동행위의 의사가 있었는지 그리고 당해 조합원이 노조사무실에 출입하면서 실제로 행한 조합활동이 정당한지 여부 등에 대한 구체적인 판단이 있은 후에야 결론이 가능하다.[197)]

다만, 부당노동행위구제신청 중인 근로자가 외형상 노조사무실을 출입하기 위함이라도 정리해고 된 근로자들이 집단적으로 회사 내에서 점거농성을 할 우려가 있거나 노조사무실 이외의 장소를 출입할 우려가 있는 경우에는 시설관리권 보호차원에서 출입을 제한하는 것은 부당하다고 할 수 없다. 부당해고구제신청 중인 근로자는 개별근로계약 뿐 아니라, 노동조합원으로서 자격도 상실된 것이므로 노조사무실 뿐 아니라 회사 시설물 등 소유권이 미치는 시설 전반에 대해 출입이 금지되며 불응시 주거침입죄와 퇴거불응죄 등이 성립할 수 있다.[198)]

실무상, 노조사무실에 출입이 허용된 자가 식당에 들어가 유인물을 배포하고 소란을 피운 경우는 단지 노동조합 사무실에 가기 위하여 회사 내에 들어갔다고 볼 수 없으므로 건조물침입죄가 성립한다.[199)]

(가) 단체교섭 · 체결권을 위임받은 자의 출입행위

상급단체 관계자 등 단체교섭 · 체결권을 위임받은 자가 단체교섭을 위해 노

197) 노조 01254-969, 1993.8.11

198) 대판 96도419, 1996.5.10. 건조물침입죄는 사실상의 주거의 평온을 그 보호법익으로 하는 것이므로 건조물 관리자의 의사에 반하여 건조물에 침입함으로써 성립하는 것이고, 일반적으로 개방되어 있는 장소라 하더라도 관리자가 필요에 따라 그 출입을 제한할 수 있는 것이므로 관리자의 출입제지에도 불구하고 다중이 고함이나 소란을 피우면서 건조물에 출입하는 것은 사실상의 주거의 평온을 해하는 것으로서 건조물침입죄를 구성한다

199) 대판 91도326, 1991.11.8

조사무실이나 교섭장소에 출입하는 것을 정당한 이유없이 금지하는 것은 정당하다고 할 수 없다. 다만, 단체교섭을 위임받은 상급단체 관계자라도 단체교섭 이외의 출입목적이나 출입할 수 있는 허락범위를 벗어난 장소를 출입하는 경우에는 이를 이유로 출입을 제한하거나 퇴거조치를 하더라도 부당하다고 할 수 없다.

(나) 노동관계 지원자의 출입행위

노동관계 지원자의 지원행위는 노사당사자의 자주적 의사결정을 침해하지 않는 범위 내에서 교섭의 원활화를 도모하고 쟁의행위를 예방 또는 합리적으로 해결할 수 있는 방향으로 이루어져야 하며, 교섭장소 또는 사업장내의 출입은 당해 사용자의 시설관리권한 등을 침해하지 않는 범위 내에서 이루어져야 한다.[200] 노동관계 지원자의 행위는 그가 노사 일방으로부터 단체교섭 · 체결권의 위임을 받지 않는 한 노동관계에 있어서 상담 · 조언 등의 행위를 할 수 있을 뿐, 단체교섭 또는 쟁의행위에 직접 참여하는 행위까지 포함하는 것은 아니므로 당연히 사업장을 출입할 권리가 발생되는 것은 아니다. 따라서 노동관계 지원자 등이 사용자의 승인 등 의사에 반하여 사업장 · 단체교섭장 출입을 시도하거나, 단체교섭 참여를 시도하는 것은 정당하다고 할 수 없다. 불응시 시설관리권을 침해하여 퇴거불응죄 등 형법상 위법행위를 구성한다.[201]

(다) 초기업 노조 간부의 출입거부

기업별 노조와 달리 산별노조는, 원래 일정한 사용자에 대한 종속관계를 조합원의 자격요건으로 하는 것이 아니므로 구직 중인 실업자도 초기업 노조의 조합원이 될 수 있다.[202] 산별노조의 간부는 기업별 지회의 사무실에 자유롭게 출입할 수 있다. 만약 산별노조 간부인 근로자가 해고되어 중노위에 부당노동행위 구제신청을 하여 기각판정을 받았더라도 산별노조의 조합원으로서 자격

200) 노동조합과-820, 2004.3.30. 지원행위는 노사당사자의 자주적 의사결정을 침해하지 않는 범위 내에서 교섭의 원활화를 도모하고 쟁의행위를 예방 또는 합리적으로 해결할 수 있는 방향으로 이루어져야 하며, 법상 노동관계 지원이 가능한 자라 하더라도 교섭장소 또는 사업장내의 출입은 당해 사용자의 시설관리권한 등을 침해하지 않는 범위 내에서 이루어져야 한다.

201) 협력 68140-209, 1997.4.29

202) 대판 2001두8568, 2004.2.27

은 유지하는 것이므로 합리적인 범위 내에서 기업별 지회의 사무실에 출입할 수 있다. 다만, 행정해석은 단체협약에 달리 정함이 없다면 사업장 출입을 금할 수 있다는 입장이다.[203)]

(9) 원 · 하청 관계에서 부당노동행위 주체

최근 용역 · 파견 등 새로운 고용형태가 증가함에 따라 이를 둘러싼 새로운 유형의 부당노동행위가 늘어나고 있으나 부당노동행위 주체로서 사용자에 대한 판단의 어려움 때문에 부당노동행위 여부에 대한 판정이 곤란하다. 따라서 현행 법 체계하에서의 판정기준을 명확히 하여 현장의 수요에 대응할 필요가 있다. 판례 등에 따르면, 법 제2조제2호에 정한 "사용자"라 함은, 사업주, 사업의 경영담당자 또는 그 사업의 근로자에 관한 사항에 대하여 사업주를 위하여 행동하는 자로서, 근로자와의 사이에 사용종속관계가 있는 자, 즉, 근로자와의 사이에 그를 지휘 · 감독하면서 그로부터 근로를 제공받고 그 대가로서 임금을 지급하는 것을 목적으로 하는 명시적이거나 묵시적인 근로계약관계를 맺고 있는 자[204)]를 말하고, 노조법상 단체교섭에 응하여야 하는 사용자는 "원칙적으로 근로계약에 의하여 채용하는 계약상의 당사자로서 근로조건의 결정권이 있고 단체협약상의 권리와 의무를 부담하는 자"로 보고 있다.[205)]

원청사업주는 하청근로자와 명시적인 근로계약 관계가 없고 원청사업주와 하청근로자간에 실질적인 사용종속관계가 없다면, 하청근로자는 하청사업주와 근로계약관계에 있으므로 그가 노동관계법상 사용자가 되어 제반 책임을 지는 것이 원칙이다. 다만, 형식상의 근로계약에 불구하고, 원청사업주는 수급인 근로자와 명시적인 근로계약 관계는 없지만, 수급인이 사업주로서 독자성이 없거나 독립성을 상실하였다고 보여질 정도로 그 존재가 형식적이고, 근로자와 도급인 간에 종속적인 관계가 있고, 실질적으로 임금을 지급하는 자도 도급인이고, 근로제공의 상대방도 도급인이며, 비록 수급인이 자신의 사업을 수행하는 것처럼 외관을 갖추고 있으나 실질적으로는 업무수행의 독자성이나

203) 노사관계법제팀-635, 2005.11.29

204) 대판 95누3565, 1995.12.22

205) 대판 95노3565, 1995.12.22 ; 노조 68107-1048, 2001.9.12 등

사업경영의 독립성을 갖지 못한 채 도급인의 일개 사업부서로서 기능하거나 노무관리대행기관으로서 역할을 수행할 뿐인 경우 등, 실질적으로 원청사업주가 하청업체에게 직접 작업지시를 하고, 임금을 포함한 제반 근로조건을 정하는 등 묵시적인 사용종속 관계가 인정되는 경우에는 원청사업주를 부당노동행위의 사용자로 인정하여야 한다.[206)]

(가) 학계의 견해

학계에서는 한걸음 더 나아가 일찍부터 근로기준법상의 사용자보다 노조법상의 사용자 개념을 확대해야 한다는 점에 견해를 같이하고, 부당노동행위 금지규정상의 사용자는 근로계약상의 사용자와 동일한 것이 아니고 근로계약내지 그것에 근접하는 비슷한 기반을 가진 즉, 사실상 지휘종속관계를 가진 원청사업주, 불법파견사용자 등의 집단노동관계의 당사자 일방을 의미하는 것으로 확대하여 근로계약상 사용자가 아니라도 이와 근접한 유사한 지위에 있는 자는 사용자로 인정해야 한다는 입장이다.[207)] 즉, 조합원의 근로조건에 현실적, 구체적인 지배력을 행사하는 예외적인 경우는 단체교섭상의 사용자가 될 수 있다고 보는 것이다.

노조법 제81조제4호에서 규정하고 있는 지배 · 개입의 주체로서 사용자는 일반적으로 근로계약상의 사용자를 말하는 것이지만, 근로자와 사이에 직접적 또는 묵시적 근로계약관계가 성립되지 않은 자의 경우에도 위 조항이 단결권을 침해하는 일정한 행위를 부당노동행위로서 배제, 시정하고 정상적인 노사관계를 회복하는 것을 목적으로 하고 있는 것에 비추어 보면, 근로계약상의 고용사업주로부터 근로자를 공급받아 자기의 업무에 종사시키고, 그 근로자의 기본적인 노동조건 등에 관하여 고용사업주로서의 권한과 책임을 일정 부분 담당하고 있다고 볼 정도로 현실적이면서 구체적으로 지배 · 결정할 수 있는 지위에 있는 경우에는 그 한도 내에서 사용사업주는 위 조항에서 정하는 '사용자'에 해당한다는 판례의 견해도 같은 맥락으로 보아야 한다.[208)]

---

206) 대판 2005다75088, 2008.7.10

207) 김형배, 『노동법』, 4판, 923쪽 ; 임종률 ; 『노동법』, 7판, 261쪽

208) 서울고판 2006누13970, 2007.4.11

(나) 판례의 견해

판례의 입장은 가끔 하급심 판례에서 일부 긍정적인 판례가 있었으나 사용자 개념의 확장에 주저하는 기본적인 틀을 유지하면서 집단적노동관계법상 사용자에 해당하는지 여부는 근로계약의 존재여부를 중요한 판단기준으로 하면서 독립성 지휘종속관계 등을 중심으로 조심스레 근로계약관계를 묵시적인 단계로까지 확대시켰다. 특히 현대미포조선사건에서 형식적으로는 수급자가 회사와 도급계약을 체결하고 수급자는 소속 근로자들로부터 노무를 제공받아 도급자와 계약에 따른 사업을 수행한 것과 같은 외관을 갖추었다고 하더라도, 실질적으로는 수급자가 업무수행의 독자성이나, 사업경영의 독립성을 갖추지 못한 채, 도급회사의 일개 사업부서로서 기능하거나, 노무대행기관의 역할을 수행하였을 뿐이고, 오히려 도급회사가 수급자의 근로자들로부터 종속적인 관계에서 근로를 제공받고, 임금을 포함한 제반 근로조건을 정하였다고 판단하여, 근로자들과 도급회사 사이에는 직접 도급회사가 수급자의 근로자들을 채용한 것과 같은 묵시적인 근로계약관계가 성립되어 있었다고 보아서 사용자의 지위를 원청 즉, 도급회사에까지 확대하였다.[209)]

그 후 대법원에서는 묵시적 근로계약관계에서 진일보하여 "근로계약관계가 없더라도" 근로자를 고용한 사업주로서의 권한과 책임을 일정부분 담당하고 있다고 볼 정도로 실질적이고 구체적으로 지배 · 결정할 수 있는 지위에 있는 자가 노동조합을 조직 · 운영하는 것을 지배하거나 개입하여 노조법 제81조4호의 행위를 하였다면 그 시정을 명할 사용자에 해당한다고 보았다. 해당 사건에서, 모회사 사내하청업체 소속 일부 근로자들이 노조결성 준비위원회를 결성하고 설립신고를 하게 되자 그로부터 몇 달 사이에 노조간부들과 조합원이 소속한 하청업체들이 전부 폐업하고 조합원들이 해고를 당하게 되었고, 노조측은 이 같은 조치가 원청인 모회사의 지배 · 개입 때문이라고 주장하면서 노동위원회에 부당노동행위구제신청을 했다.

구체적인 판결내용을 살펴보면, "부당노동행위제도는 헌법이 규정하는 노동

---

209) 대판 2005다75088, 2008.7.10

3권을 구체적으로 확보하고 집단적노사관계의 질서를 파괴하는 사용자의 행위를 예방·제거함으로써 근로자의 노동3권을 확보해 노사관계의 질서를 신속하게 정상화시키는 제도"라고 정의하고, 노동위원회의 구제명령을 이행할 수 있는 법률적, 사실적 권한이나 능력을 가지는 지위에 있는 자는 그 한도 내에서 부당노동행위의 주체로서 구제명령의 대상자인 사용자가 되는 것이다. 따라서 근로계약관계가 없는 원청회사나 도급인도 하청회사나 수급인의 노동자들에 대해 근로계약상 여러 이익에 대해 실질적인 지배력과 영향력이 있다면 노조법상 사용자가 되는 것이므로 부당노동행위의 주체로서 구제명령을 이행하여 노사관계의 질서를 회복시킬 책임이 있다고 본 것이다.[210]

이러한 판결의 추이는 향후 집단적 노사관계에 있어서 많은 변화를 예고하는 단초가 될 수도 있을 것이다. 즉, 하청업체 노조의 단체협약요구사항 가운데 원청업체가 실질적으로 영향을 미치는 사항이 있다면 원청업체에 대해서도 단체교섭 상대방으로서 지위가 확대될 수도 있고, 경우에 따라서는 쟁의행위의 상대방이 될 수도 있을 것이다.

(10) 사용사업주와 파견근로자간 부당노동행위의 주체

파견근로자는 파견사업주와 근로계약을 체결하고 파견사업주와 사용사업주간 인력파견계약에 의거 사용사업주에게 배속되어 업무지휘를 받는 등 고용과 사용이 분리된 근로형태로 볼 수 있고, 노동조합을 조직한다고 하더라도 파견사업주를 사용자로 하고, 파견사업주에게 소속 된 파견근로자가 조합원이 된다. 따라서 사용사업주와 파견근로자간에는 직접적인 근로계약 관계가 없으므로 원칙적으로 사용자 책임을 인정하기 곤란하므로 파견사업주를 부당노동행위의 주체인 사용자로 보아야 하며, 사용사업주는 부당노동행위의 주체로서 인정되지 않는 것이 원칙이다. 앞에서는 수급인 근로자의 노동조합에 대한 근로조건의 실질적이고 구체적인 지배결정권이 있는 도급인을 부당노동행위 구제명령의 이행당사자로서 사용자로 본 바가 있다.[211] 다만, 최근 판례에

210) 대판 2007두8881, 2010.3.25
211) 대판 2007두8881, 2010.3.25

서는 수급인이 사업주로서 독자성과 독립성을 유지하는 한 수급인의 근로자와 도급인 사이에 묵시적 또는 직접적인 근로계약의 성립을 부정하면서도 도급인이 수급인의 근로자들에 대해 지휘명령권을 행사하는 경우는 사실상 파견법의 적용을 받는 파견근로자로 보고 도급인은 사용사업주로 보아서 근로형태나 업종 등이 적법파견이든 불법파견이든 고려하지 않고 도급인이 2년의 기간을 초과하여 파견근로자를 계속 사용한 경우 직접고용간주규정을 적용한다고 보았다.[212] 이 판결로 인해 수급인근로자와 도급인사이에 지휘명령권을 매개로 하여 파견근로관계를 인정하기가 쉬워졌다고 볼 수 있는데, 지휘명령권을 인정하는 구체적 사실관계는 다음과 같다.

1. 도급인의 시설 · 기자재 등을 사용하면서 도급인의 작업지시를 받아 업무를 수행하는지 여부
2. 도급인과 수급인의 근로자들이 동일한 공정에 투입되는지 여부
3. 도급인이 수급인 근로자들에 대해 작업배치권과 변경결정권을 갖는지 여부
4. 도급인이 수급인 근로자들에 대해 시업과 종업 등 근로시간을 관리하는지 여부
5. 도급인이 수급인근로자들의 근태상황, 인원현황 등을 관리하는지 여부 등

행정지침에서는, 파견법상 사용사업주에 대해 근기법과 산안법 상 특례조항을 둔 것은 "고용과 사용형태의 특수성"으로 인해 해당 법 위반 책임만 인정하는 입법적 배려인 것이지, 집단적 노사관계법까지 확대하는 것은 곤란하다는 것이 행정해석의 입장이다.[213] 따라서 사용사업주를 부당노동행위 구제명령의 사용자로 보지는 않는다. 다만, 형식상으로는 파견계약이 체결되어 있다고 하더라도 파견사업주가 사업주로서 실체가 인정되지 않는다면 사용사업주가 당해 근로자를 직접 고용한 것으로 보아야 하는데, 사업주로서의 실체적 판단기준은 ① 채용 · 해고 등의 결정권, ② 소요자금 조달 및 지급에 대한 책임, ③ 법령상 사업주로서의 책임, ④ 기계, 설비, 기자재의 자기 책임과 부담, ⑤ 전문적 기술 · 경험과 관련된 기획 책임과 권한 등이 있는지 여부에 따

212) 대판 2008두4367, 2010.7.22
213) 부당노동행위 사례 및 실무, 2009.5

라 결정된다고 보아서, 판례의 직접고용 간주규정과 견해를 같이하는 것으로 보인다.[214)]

실무상 부당노동행위 사건을 처리할 경우, 계약 당사자인 사용자 이외에 원청업체와 사용사업체의 지배 · 개입이 확인될 경우 계약의 당사자가 아닌 제3자를 법위반으로 처벌할 수 있느냐 하는 것이 문제다. 부당노동행위는 "사용자라는 신분"을 요하는 신분범이므로 원칙적으로 노조법상 사용자[215)]에 대해서만 부당노동행위로 규율할 수 있다. 근로계약관계에 있지 아니한 사용업체 · 원청업체 사용자는 파견업체 · 하청업체 근로자의 사용자가 아니므로 부당노동행위로 처벌하는 것은 곤란하다. 그러나 형법상 공범죄 법리를 살펴볼 때, 공범죄 구성요건에 해당하는 경우에는 노조법상 사용자가 아닌 사용업체 · 원청업체 사용자를 부당노동행위 공범으로 다룰 수 있을 것이다. 자세한 사항은 구제절차에서 별도로 설명한다.[216)]

---

214) '근로자파견' 의 판단기준에 관한 지침, 비정규대책팀-1303, 2007.4.19

215) 근로자와 근로계약관계를 맺고 있는 자

216) 부당노동행위 사례 및 실무, 2009.5

17

부당노동행위 구제절차

1. 제도의 의의

노동조합의 조직 · 활동에 대응하여 사용자측에서 노동조합 결성을 주도한 근로자를 해고하는 등 불이익을 주거나, 반조합적 선전, 어용노조 결성, 단체교섭의 거부 · 해태 등 정상적인 노동조합활동을 방해하는 사례가 있다. 사용자의 노동3권 침해는 본래 노동조합이 스스로 방어하여야 할 것이지만, 자주적인 방어가 어려운 경우 국가기관의 개입에 의해 사용자의 침해행위를 배제할 수 있다. 부당노동행위 구제제도는 헌법이 규정하는 노동3권을 구체적으로 확보하고 집단적노사관계의 질서를 파괴하는 사용자의 행위를 예방 · 제거함으로써 근로자의 노동3권을 확보해 노사관계의 질서를 신속하게 정상화시키는 제도 혹은 사용자에 의한 노동기본권의 부당한 침해행위를 저지하고 노동조합이나 근로자 개인을 보호함으로써 공정한 룰에 의한 노사관계질서를 확립하는데 있다.[1] 사용자의 부당노동행위로 인하여 그 권리를 침해당한 근로자 또는 노동조합은 부당노동행위가 있은 날, 계속하는 행위는 그 종료일로부터 3월 이내에 노동위원회에 그 구제를 신청할 수 있다.[2]

현행 구제절차는 노동위원회에 의한 원상회복차원의 구제명령과 행정관청에 의한 형사상 처벌주의를 병행하고 있다. 당사자는 둘 중 어느 하나를 선택하거나 동시에 청구할 수도 있는데, 구제절차 개시는 당사자의 신청에 의하도록 하는 당사자주의를 취하고 있다. 사용자의 부당노동행위에 대하여는 직권

---

1) 부당노동행위 사례 및 실무, 2009.5

2) 노조법 제82조

또는 신고 등에 의거 형사적 제재를 가할 수도 있고,[3] 민사소송에 의한 구제도 가능하지만, 피해자에게 실질적이고 가장 효과적인 것은 노동위원회에 의한 신속한 구제절차이다.[4] 부당노동행위구제제도의 특징은 아래와 같다.

1. 독립적 행정기구인 노동위원회에서 심사와 판정을 하여 실질적인 권리구제를 도모하고, 근로자와 사용자 공익을 대표하는 노사관계 전문가들로 구성되어 심사의 전문성을 확보한다. 다만, 부당노동행위 성립여부와 구제명령에 관해서는 공익위원만이 합의하여 결정한다.
2. 구제절차는 근로자와 노동조합의 신청에 의해서만 개시되고, 심사의 대상은 신청의 대상이 된 "부당노동행위를 구성하는 구체적 사실"에 한정된다. 노동위원회는 구제를 신청 받지 않은 사실에 대하여 판정할 수 없다(노동위규칙 제58조).
3. 절차의 진행과 심사에 대하여는, 노동위원회가 주도적인 권한을 행사한다. 즉, 노동위원회는 신청을 받은 때는 지체없이 필요한 조사와 당사자의 심문을 할 의무가 있고, 심사에 있어서 직권 및 당사자 신청에 의한 증거조사 증거의 제출과 증인에 대한 반대심문을 할 수 있다(노조법 제83조). 사실의 인정에 있어서도, 민사소송의 경우처럼 엄격한 증거법칙이 정립되어 있지 않으므로, 노동위원회가 증거의 취사선택이나 증명력 평가를 자유로이 할 수 있고 신청인의 입증책임도 어느 정도 경감하거나 전환할 수 있다.
4. 노동위원회는 부당노동행위의 성립이 인정되면 불이익침해 등 원상회복을 위한 구제명령에 있어서 상당한 재량권을 가지고 위반행위의 성질에 따라 적합한 구제명령을 할 수 있다. 초심 노동위원회의 결정에 불복하는 자는 재심 및 행정소송절차를 활용할 수 있다.

2. 구제신청 주체와 당사자 적격

가. 구제신청의 주체

고소 · 고발, 노동위원회 구제신청 등 구제신청을 할 수 있는 자는 그 권리를 침해당한 근로자 또는 노조법에 의하여 설립된 노동조합이며, 일시적인 쟁의단이나 근로자 단체 등은 법상 노동조합이 아니므로 구제신청의 주체가 될 수 없다. 다만, 노조법상 노동조합이 아닌 근로자단결체의 조합원은 불이익취급이나 반노동조합계약과 관련하여 근로자 개인의 명의로 구제신청을 할 수는

3) 노조법 제81조 및 제90조
4) 노조법 제82조

있다.[5)]

첫째, 불이익 취급의 경우, 조합의 설립과정에서 발생한 불이익취급 등[6)]에 대해서는 그러한 행위를 거쳐 후에 설립한 노동조합도 독자적인 구제청구권을 가진다. 이 경우 노동조합의 구제신청권은 근로자의 구제신청권과 다른 독자적인 권리이다. 따라서 불이익을 받은 근로자가 노동조합을 탈퇴하거나 조합원 자격을 상실한 경우 또는 구제신청을 명시적으로 포기하거나 반대한 경우에도 노동조합은 독자적으로 구제신청권을 가진다. 그러나 이 경우 불이익취급에 대한 구제내용은 피해 근로자에 대한 구제내용이 아닌, 노동조합을 대상으로 한 구제내용에 국한된다.[7)]

둘째, 단체교섭 거부의 경우는[8)] 단체교섭권의 주체가 노동조합이므로 교섭권을 침해받은 노동조합만이 구제신청권을 가진다.

셋째, 지배 · 개입의 경우는 노동조합과 근로자 모두에게 구제신청권이 있다. 사용자가 하급노조에 대한 지배 · 개입으로 상급단체가 피해를 입은 경우 피해를 입은 상급단체도 신청권이 있다. 지부 · 분회단위에서 사용자의 지배 · 개입, 단체교섭 거부, 기타 불이익 등 부당노동행위가 발생한 경우 지부 · 분회에게도 독자적인 청구권이 있다.

나. 권리구제의 상대방

부당노동행위 구제신청의 상대방, 피신청인은 사용자이다. 피신청인이 될 수 있는 자격이 있는 자는 사업주인 바, 부당해고 등 구제신청사건의 경우 신청인인 근로자와 근로계약관계에 있는 사업주를 말하며, 부당노동행위 구제신청사건의 경우 노동조합원인 근로자와 근로계약관계에 있거나 노동조합과 단체교섭의무가 있는 사업주를 말한다. 사업주는 개인 사업체인 경우에는 그 대표자, 법인 사업체인 경우에는 법인 그 자체이며, 법인에는 법인으로 설립등기를 하였거나, 등기는 하지 아니하였지만 정관 · 대표자 등 법인으로서의 실

5) 김유성, 『노동법』, 355쪽
6) 노조법 제81조제1호 · 제2호
7) 김유성, 『노동법』, 356쪽 ; 대판 78다2275, 1979.2.13
8) 노조법 제81조제3호

질을 갖추고 있는 단체, 이른바 권리능력 없는 사단 또는 재단도 포함된다.[9]

첫째, 권리능력 없는 사단을 살펴보면, 판례가 인정하는 권리능력 없는 사단은, 아파트입주자대표회의, 종친회, 학회, 동창회, 노동조합, 직장 · 지역 주택조합, 불교 신도회, 문중, 종중, 천주교 이외의 일반교회, 상가번영회, 설립 중의 회사 등이 있으며, 판례가 인정하는 법인이 아닌 재단으로서, 사회사업을 위해 모금한 기부재산, 육영회, 대학교장학회 등이 모두 포함된다. 노무담당이사, 과장, 부장 등 조직의 간부에 불과한 자는 구제 상대방이 될 수 없다. 다만, 해당 사안에 대해 실질적인 권한을 가진 경우는 지점장, 공장장, 영업소장 등도 상대방이 될 수 있다. 경우에 따라 부당노동행위 주체가 아니더라도 구제명령을 실현할 사실상의 권한과 능력을 가진 자는 구제신청의 상대방이 될 수 있다. 즉, 합병예정회사, 영업양수회사, 조직적으로 일체가 된 관련회사, 실질적인 모회사, 지배주주 등의 경우처럼 실질적인 권한을 가진 자가 따로 있거나 그가 구제신청의 상대방으로 포함되지 않으면 실질적인 권리구제가 어려운 경우 등을 꼽을 수 있다. 이것은 구제절차의 취지가 신청인이 받은 불이익 등을 실질적으로 구제하려는 것이기 때문이다.

둘째, 노동조합의 조직변경으로 인한 주체변경에 관해 살펴보면, 노동조합이 부당노동행위 구제신청 후 합병이나 조직형태의 변경이 있는 경우에는 합병 후 설립 또는 존속되는 노동조합이나 조직형태를 변경한 후의 노동조합이 당사자의 지위를 승계한다. 구제신청이 제기된 후 사용자측에 사업인수나 합병 등의 사유가 발생한 때에는 사업인수자나 합병 후 신설 또는 존속하는 법인이 당사자의 지위를 승계하며, 「채무자회생 및 파산에 관한 법률」에 따른 채무자 회생절차나 파산절차가 개시된 경우에는 관리인이나 파산관재인이 그 지위를 승계한다. 당사자의 지위를 승계한 자는 노동위원회에 서면으로 그 사실을 통지하여야 한다.[10]

---

9) 민사소송법 제52조
10) 노동위규칙 제34조

다. 선정대표자 및 대리인 선임

노동위원회는 필요하다고 인정할 때에는 당사자에게 대표자의 선정을 권고할 수 있다. 근로자나 노동조합 또는 사용자나 사용자단체는 사건의 당사자가 여러 명인 경우에는 3인 이내의 대표자를 선정할 수 있으며, 이 경우 대표자 선정서를 노동위원회에 제출하여야 한다. 대표자가 선정된 경우 나머지 당사자들은 그 대표자를 통해서 당해 사건에 관한 행위를 할 수 있다. 당사자들은 필요하다고 인정할 때에는 선정대표자를 해임하거나 변경할 수 있으며, 이 경우 그 사실을 지체없이 노동위원회에 통지하여야 한다. 선정대표자는 당해 심판사건 처리에 관한 행위를 할 수 있다. 다만, 구제신청을 취하하는 경우에는 나머지 당사자들의 동의서를 붙인 취하서를 제출하여야 한다.[11] 당사자는 다음 각 호의 어느 하나에 해당하는 사람을 대리인으로 선임할 수 있다.

1. 당사자가 근로자인 경우 : 그 배우자, 직계존 · 비속이나 형제자매
2. 당사자가 노동조합인 경우 : 그 조합의 임원이나 조합원
3. 당사자가 사용자나 사용자단체인 경우 : 그 사업의 임원이나 직원
4. 변호사, 공인노무사와 다른 법률에 따라 심판사건을 대리할 수 있는 자
5. 제1호에서 제4호까지 이외의 자로서 노동위원회위원장의 승인을 받은 자

당사자는 위임사실과 범위 등을 직접 또는 대리인을 통하여 서면으로 증명하여야 하며 대리권을 수여받은 자는 지체없이 대리인 선임 신고서를 노동위원회에 제출하여야 한다. 당사자들이 대리인 선임을 철회하거나 다른 대리인으로 변경한 경우에는 그 사실을 노동위원회에 서면으로 통보한 이후에 그 효력이 발생한다. 대리인은 당사자를 위하여 심판사건에 대한 사실관계와 주장, 노동위원회에서 송달한 문서의 수령 등 일체의 행위를 할 수 있다.[12] 다만, 대리권의 범위를 명시한 경우에는 그 범위 안에서 대리행위를 할 수 있다. 대리권에 흠이 있는 대리인의 행위에 대하여 대리권을 수여한 당사자가 추인한 경

11) 노동위규칙 제35조
12) 노동위규칙 제36조, 제37조

우에는 대리권의 흠이 없어진다.[13)]

3. 구제신청서 제출

부당해고 등의 구제신청이나 부당노동행위 구제신청은 소정서식에 다음 각 호의 사항을 기재한다.[14)]

- 근로자의 성명, 주소(노동조합일 경우에는 그 명칭, 대표자의 성명, 주된 사무소의 소재지)
- 사업주의 성명, 주소(근로자가 본점이나 본사에 소속되어 있지 아니한 경우에는 근로자가 소속되어 있는 사업장의 명칭 · 주소 · 대표자 성명 등도 함께 기재)
- 부당해고 등이나 부당노동행위를 구성하는 구체적인 사실(근로자나 노동조합이 구제받고자 하는 사항)
- 신청일자, 신청 이유(부당해고 등의 경위와 부당한 이유를 기재, 해고 사건의 경우 해고통지서 수령일자 포함)

구제신청서에는 부당노동행위를 구성하는 구체적인 사실을 기재하면 족하고 적용 법조 내지 부당노동행위의 유형은 기재하지 않아도 된다. 신청취지는 민사소송의 청구취지처럼 엄격하게 해석할 것은 아니고 신청의 전체적인 취지로 보아 어떠한 구제를 구하고 있는지를 알 수 있을 정도면 족하다. 노동위원회는 재량에 의하여 신청하고 있는 구체적 사실에 대응하여 적절 · 타당하다고 인정되는 구제를 명할 수 있다. 신청서에 구제의 내용이 구체적으로 특정되어 있지 않더라도 부당노동행위를 구성하는 구체적인 사실을 주장하고 있다면 그에 대한 구제도 신청하고 있는 것으로 보아야 한다. 기재사항의 누락이 있거나 명확하지 않을 때는 기간을 정하여 보완요구를 할 수 있다.[15)] 근로자나 노동조합은 부당해고 등의 구제신청이나 부당노동행위 구제신청 후 누락된 신청취지를 추가 · 변경하고자 하는 경우는 노동위원회 승인을 얻어야 한다.[16)]

---

13) 노동위규칙 제38조
14) 노동위규칙 제39조
15) 노동위규칙 제41조
16) 노동위규칙 제42조

4. 구제수단

사용자의 부당노동행위에 대한 구제방법은 형사처벌을 통한 제재,[17] 노동위원회에 구제신청과 행정소송, 일반법원에 의한 민사소송으로 구분 할 수 있다. 다만, 형사처벌은 형벌권에 의해 이행을 강제하는 조치로서 실질적인 구제수단으로 볼 수는 없지만, 처벌과정을 통해 법위반 사실을 시정할 수 있는 반사적 효과를 거둘 수 있다.

가. 형사처벌

1) 부당노동행위 그 자체에 대한 처벌

법 제90조에 의거, 부당노동행위로 피해를 입은 근로자 또는 노동조합은 지방고용노동관서에 진정, 고소 등 사용자의 처벌을 요구할 수 있다.[18] 이 규정은 노동위원회의 구제명령과 무관하게 부당노동행위 그 자체에 대한 처벌규정으로서, 고용노동관서에서는 부당노동행위에 대하여 피해자의 의사에 관계없이 직권으로 또는 고소 · 고발에 의거 형사처벌이 가능하다.[19] 이 경우 고소 · 고발권한, 방식 등은 형사소송법 제223조(고소권자) 내지 제237조(고소 · 고발의 방식)의 규정에 의하여야 한다. 만약 형사처벌 규정을 두지 않으면 사용자가 부당노동행위를 하더라도 구제명령이 확정된 후에 이를 이행하기만 하면 아무런 처벌을 받지 않게 되고 부당노동행위가 반복될 수도 있다. 형사처벌은 국가의 형벌권에 따른 것으로, 노동위원회의 판단에 의존하는 것이 아니기 때문에 검사는 구제절차와 무관하게 독자적으로 부당노동행위금지규정을 위반한 자를 기소할 수 있다. 따라서 사용자가 노동위원회의 구제명령을 이행한 경우 및 구제의 필요성이 없어 구제신청이 기각된 경우에도 처벌할 수 있다.[20] 다만, 검사는 범행의 동기 · 수단 · 결과, 정황, 피해자의 의사 등을 참작하여 불기소 할 수도 있

17) 고용노동관서에 의한 부당노동행위 자체에 대한 법위반 형사처벌(법 제90조), 노동위원회에 의해 확정된 구제명령 · 행정소송에 의해 확정된 구제명령에 위반하는 경우에 대한 형사처벌(법 제89조제2호)

18) 노조법 제90조, 2년 이하의 징역 또는 2천만원 이하의 벌금

19) 노조법 제90조

20) 임종률, 『노동법』, 303쪽

으므로, 노동위원회의 구제명령 유무와 확정여부 등을 참작할 수 있다.

2) 확정된 구제명령에 위반한 경우 형사처벌

노동위원회의 구제명령을 신청한 당사자가 초심의 구제명령에 불복하여 소정의 기간 내에 재심을 신청하지 않거나, 재심판정에 대해 행정소송을 제기하지 않은 경우 그 구제명령 · 기각결정 · 재심판정은 확정되어 더 이상 다툴 수가 없게 되는데, 확정된 구제명령을 이행하지 않은 경우 3년 이하의 징역 또는 3천만원 이하의 벌금에 처하게 된다.[21)]

나. 노동위원회에 구제신청 및 행정소송

형사처벌과는 별도로, 권리를 침해당한 노동조합 또는 근로자는 노동위원회에 부당노동행위 구제신청을[22)] 병행할 수도 있고, 민사적 방법에 의거 해고무효확인소송, 불법행위로 인한 손해배상청구소송[23)] 등을 제기할 수 있으며, 본안소송이 확정될 때까지 가처분제도에 의해 구제받을 수도 있다.

노동위원회의 구제명령은 사용자에 대하여 명령을 이행하여야 할 공법상의 의무를 부담시키는 것일 뿐, 근로자와 사용자 사이의 사법상의 법률관계를 발생 · 변경시키는 등 직접 영향을 미치지는 않는다. 따라서 근로자가 종국적으로 사용자의 해고 등 부당노동행위에 대하여 권리구제를 받기 위하여는 사용자를 상대로 해고무효 또는 종업원지위확인 등 민사소송을 법원에 청구할 수밖에 없다.[24)] 그러므로 법원에 의한 사법적구제와 노동위원회에 의한 행정적

21) 노조법 제85조제3항, 제89조제2호
22) 노조법 제82조
23) 민법 제750조
24) 대판 95다53102, 1996.4.23. 노조법 제42조(현행법 제84조)에서 규정한 노동위원회의 사용자에 대한 구제명령은 사용자의 노동자에 대한 동법 제39조(현행법 제81조) 각호의 해고, 차별대우 기타 불이익 처분 등 부당노동행위를 시정하고 노동자를 원직 또는 원직 상당직에의 복귀를 명하거나 그 불이익취급을 해제할 것을 내용으로 하는 것으로서 사용자에 대하여는 이에 복종하여야 할 공법상의 의무를 부담시킬 뿐, 직접 노사간의 사법상의 법률관계를 발생 또는 변경시키는 것은 아니고, 이러한 사법상의 법률관계에 관한한 노동위원회의 권한 밖의 사항이며 노동자가 종국적으로 사용자의 해고 등 부당노동행위에 대하여 사법상의 지위의 확보, 권리의 구제를 받기 위하여는 사용자를 상대로 해고무효 또는 종업원 지위의 확인을 구하는 등의 민사소송을 별도로 법원에 청구할 수밖에 없다.

구제는 각각 병행할 수 있다.

다. 민사소송

근로자가 자신에 대한 해고 등의 불이익 처분이 부당노동행위에 해당한다고 주장하여 부당노동행위 구제신청을 하여 그 구제절차가 진행 중에 별도로 사용자를 상대로 해고 등 무효확인 청구의 소를 제기할 수 있다. 민사소송에서 청구기각 판결이 확정된 경우에는 사용자의 근로자에 대한 해고 등의 불이익 처분이 정당한 것으로 판명된 것이다. 따라서 노동위원회로서는 그 불이익 처분이 부당노동행위에 해당한다고 하여 구제명령을 발할 수 없게 되므로 부당노동행위 구제이익은 소멸한다.[25] 행정소송과 민사소송에 대한 사항은 구제절차 뒷부분에서 상세히 설명한다.

5. 신고 · 구제신청기간

부당노동행위로 인한 불이익침해 등 권리구제 신청은 법이 정한 기간 내에 제기하여야 한다. 법정 신청기간을 설정한 이유는, 우선 분쟁의 신속한 해결을 도모하고, 사실관계가 기간의 경과로 인해 당사자 등에게 진실한 권리관계에 부합하는 것으로 신뢰를 주고, 그러한 바탕위에서 형성된 관련 법률관계의 안정성을 유지하려는 것이다. 구제신청 및 법위반 사실 신고는 노동위원회와 지방노동관서에 각각 제출하여야 한다.

첫째. 지방고용노동관서에 신고 기간을 살펴보면, 사용자의 부당노동행위로 인하여 불이익 등 피해를 입은 근로자나 노동조합은 , 사용자의 부당노동행위가 있은 날로부터 5년 이내에 지방고용노동관서에 진정, 고소 · 고발 등 신고사건을 제기하여야 한다. 노조법 제81조 및 제90조 위반에 대한 공소시효는 5년이다.[26] 다만, 부당노동행위사건은 노사관계의 특수성에 비추어 형사처벌보다는 노동위원회의 권리구제를 통한 원상회복 중심으로 해결하는 것이 바람

---

25) 대판 95누6151, 1996.8.23

26) 형사소송법 제249조(공소시효) : 장기 5년 미만의 징역 또는 금고, 장기 10년 미만의 자격정지 또는 벌금에 해낭하는 범죄에는 5년

직하다. 그러므로 고용노동관서와 노동위원회에 동일한 사건이 계류 중일 때는 노동위원회의 초심판정을 기다려서 그 결과를 존중하여 일관성을 유지하는 것이 바람직하다. 피해자가 단순히 권리구제만을 원하는 경우는 고소 · 고발 · 진정 등 신고사건은 취하토록 하고, 노동위원회에 권리구제를 신청토록 하는 것이 좋다.

사용자의 부당노동행위 신고를 접수한 노동관서는 근로감독관 집무규정에 따라 25일 이내에 위반사실을 시정토록 지도하고, 기한 내 시정하지 않을 경우 형사입건하여 형사절차를 통해 처벌을 한다. 다만, 고의적이고 상습적인 부당노동행위는 위반사실이 중대하고 명백하며 사회적 물의가 야기된 경우는 엄중히 처벌한다. 아울러 노동위원회의 결정에 의해 확정된 구제명령을 이행하지 않을 경우에도 동일한 절차에 따라 처벌한다.[27)]

둘째, 노동위원회의 관할 및 구제신청기간을 살펴보면, 노동위원회는 중앙노동위원회, 지방노동위원회, 특별노동위원회로 구분한다.[28)] 부당노동행위 구제신청의 초심은 부당노동행위가 발생한 사업장의 소재지를 관할하는 지방노동위원회가 관할한다.[29)] 지방공장 근무자에 대해 서울 본사에서 해고한 경우는 본사와 지방공장 모두 부당노동행위가 발생한 사업장이 될 수 있다. 다만, 실질적인 권리구제의 중심은 처분권한을 가진 본사에 있으므로 본사관할 노동위원회에서 하는 것이 합리적이다. 노동위원회는 접수된 사건이 타 노동위원회 관할인 때는 즉시 관할 노동위원회로 이송한다. 이송해야 할 지방노동위원회가 2 이상인 경우는 중노위에 관할 지정신청을 하여야 한다. 이송된 사건은 처음부터 이송을 받은 노동위원회에 접수된 것으로 본다.[30)] 중노위위원장은 효율적인 쟁의조정과 심판사건의 처리를 위하여 필요하다고 인정하는 때 또는 주된 사업장을 정하기 어렵거나 주된 사업장소재지 지노위에서 처리가 곤란한 사정이 있는 경우는 직권이나 지노위위원장의 신청에 따라 당해 사건을 처리

27) 노조법 제89조
28) 노위법 제2조제1항
29) 노동위규칙 제30조제2항
30) 노동위규칙 제32조제1항 · 제5항

할 지노위를 따로 지정 할 수 있다.[31)]

특정한 사항을 관장하기 위하여 필요한 경우 특별노동위원회를 설치하는데, 관계법률이 정하는 바에 따라 설치목적으로 규정된 특정사항에 관한 사건을 관장한다. 「노동위원회법」 제2조제3항의 규정에 의한 특별노동위원회로서 국토해양부장관소속하에 선원노동위원회를 둔다.[32)]

노동위규칙 제30조【사건관장】 ① 중앙노동위원회는 다음 각 호의 사건을 관장한다.
1. 지방노동위원회와 특별노동위원회의 판정 등 처분에 대한 재심사건
2. 2 이상의 지방노동위원회의 관할구역에 걸친 노동쟁의 조정사건
3. 교원노조법이나 공무원노조법에 따른 교원노동관계조정이나 공무원노동관계 조정사건
4. 지방노동위원회의 중재재정에 대한 재심사건
5. 필수유지업무의 유지 · 운영수준 등의 결정에 대한 재심사건

② 지방노동위원회는 다음 각 호의 사건을 관장한다.
1. 당해 지방노동위원회 관할 구역에서 발생하는 부당해고 등 · 부당노동행위나 차별시정 사건. 다만, 2 이상의 관할구역에 걸친 사건은 주된 사업장의 소재지를 관할하는 지방노동위원회에서 관장
2. 당해 관할구역에서 발생한 노동쟁의 조정사건
3. 당해 관할구역의 필수유지업무의 유지 · 운영수준 등의 결정사건

③ 제2항제1호 단서의 규정에 따른 2 이상의 관할구역에 걸친 사건의 경우 주된 사업장의 소재지는 다음 각 호에 따라 정한다.
1. 부당해고등 구제신청 : 해당 부당해고등이 있었던 당시의 근로자 근무지, 부당해고등이 연속된 경우에는 마지막 행위가 있었던 당시의 근로자 근무지
2. 부당노동행위 구제신청 또는 공정대표의무 위반 시정신청 : 해당 부당노동행위 등이 있었던 당시의 노동조합 소재지 또는 근로자 근무지, 부당노동행위 등이 연속된 경우에는 마지막 행위가 있었던 당시의 노동조합 소재지 또는 근로자 근무지. 다만, 사업 또는 사업장에 노동조합의 지부 · 지회 · 분회 등 하부기관이 있는 경우에는 해당 하부기관 소재지
3. 차별시정신청 : 해당 불리한 처우가 있었던 당시의 근로자 근무지, 불리한 처우가 연속된 경우에는 마지막 불리한 처우가 있었던 당시의 근로자 근무지. 다만, 파견근로자의 차별시정신청은 파견근로자가 근무하는 사업장 소재지
4. 교섭창구 단일화 절차 및 교섭단위 분리 신청 : 사업 또는 사업장의 주된 사무소 소재지. 다만, 주된 사무소에 노동조합의 조합원이 없는 경우 조합원이 있는 사업장 중 근로자수가 가장 많은 사업장 소재지

---

31) 노동위규칙 제31조

32) 선원법 제4조제1항

가. 구제신청기간 및 신청의 취하 등

부당노동행위에 대한 행정적 구제절차에 있어서 그 심사대상은 구제신청의 대상이 된 부당노동행위를 구성하는 구체적 사실에 한정된다. 사용자의 부당노동행위로 인하여 불이익 등 피해를 입은 근로자나 노동조합은 부당노동행위가 있는 날, 계속하는 행위는 그 종료일로부터 3월 이내에 관할 노동위원회에 구제신청을 할 수 있다.[33] 신청기간을 지나서 신청한 경우 "각하"된다.[34] 요양 중 해고 등 해고에 전제가 사유 등이 추후에 소급하여 무효가 될 경우에도 기산일은 해고 등 불이익처분이 발생한 날로부터 기산한다. 다만, 신청기간이 경과한 경우라도 민사소송 등 민사적 절차는 진행이 가능하다.

1) 부당해고 등, 부당노동행위가 있은 날

(1) 부당해고 등

"부당해고 등"은 경고, 견책, 감급, 감봉, 배치전환, 전보, 전근, 전직, 전출, 전적, 직위해제, 대기발령, 정직, 해고, 직권면직 등 그 명칭에 관계없이 사용자가 근로자에게 행한 인사상 불이익 조치를 의미하며, "부당해고 등이 있은 날"은 사용자가 근로자에게 해고 등 인사상 불이익조치를 한 날을 의미한다.

사용자가 근로자에 대하여 해고 등 인사조치를 하는 경우, 즉시 시행하거나 그 시행일을 장래의 특정일로 정하여 인사발령을 하는 경우가 일반적이다. 그러나, 해고 등에 있어서 시행일을 인사발령 이전일로 하는 경우[35] 구제신청기

33) 노조법 제82조제2항

34) 노동위규칙 제60조제1항제1호 ; 중노위 2008부해865, 2009.1.12 ; 중노위 2008부해162, 2008.5.21, 노동위원회 구제신청기간은 제척기간이므로 부당해고 사유 인정 여부와 무관하게 제척기간을 도과한 구제신청은 각하에 해당한다. 근로자는 이 사건 사용자가 징계면직을 하였으나, 근로복지공단을 상대로 요양 불승인에 대해 행정소송을 제기하여 승소확정 판결로 추후 요양을 소급하여 승인받았으므로 근기법 제23조에서 규정한 요양으로 휴업기간 중에 해고를 한 자체가 원천무효이고, 구제신청 기산일도 승소판결 후 최초 요양승인일부터 기산하여야 한다고 주장하고 있다. 그러나 이 사건 요양 중 해고의 정당성 여부는 별론으로 하고, 제척기간의 기산을 달리 할 수는 없다 할 것이므로, 이 사건 근로자가 부당해고구제신청을 부당해고가 있었던 날로부터 3개월 이내에 하여야 함에도 1년 이상 경과한 후 구제신청을 하였음은 각하 사유에 해당된다.

35) 이른바 소급해고

산일을 언제로 할 것인가가 문제가 되며, 서면으로 통지하지 아니한 경우 통지 여부에 대하여 당사자의 주장이 서로 다른 경우도 있으므로 각 사례별로 "부당해고 등이 있은 날"을 예시하면 다음과 같다.

- ○ 〈사례1〉 : 사용자가 2007.7.1 당해 근로자에게 "2007.7.1자로 해고(정직 등 인사상 불이익조치 포함)한다"는 내용의 통지서를 교부한 경우
  ☞ 해고 등이 있었던 날 : 2007.7.1
- ○ 〈사례2〉 : 사용자가 2007.7.1 당해 근로자에게 "2007.7.11자로 해고한다"는 내용의 통지서를 발송하여, 당해 근로자가 2007.7.7 그 통지서를 수령하였고, 2007. 7.11. 사용자가 당해 근로자를 퇴직 처리한 경우
  ☞ 해고 등이 있었던 날 : 2007.7.11
- ○ 〈사례3〉 : 사용자가 2007.7.1 당해 근로자에게 "2007.7.1자로 해고한다"는 내용의 통지서를 발송하여, 당해 근로자가 2007.7.7 그 통지서를 수령한 경우
  ☞ 해고 등이 있었던 날 : 2007.7.7
- ○ 〈사례4〉 : 2007.7.1 징계위원회에서 어느 근로자에 대하여 "정직 1월"을 의결하였으나 대표이사가 정직처분은 하되 그 집행을 유예하기로 하고 당해 근로자에게 "정직 1월(2007.7.1~2007.7.31)까지 정직 1월에 처하되, 그 집행은 유예한다"는 내용의 통지서를 발송하였는바, 당해 근로자가 2007.7.7 그 통지서를 수령한 경우
  ☞ 정직처분이 있었던 날 : 2007.7.7
- ○ 〈사례5〉 : 2007.7.20 징계위원회에서 어느 근로자에 대하여 "감급 1월"을 의결하였고, 사용자가 당해 근로자에게 "감급 1월에 처하며, 2007.8월분 임금에서 총액의 1/10을 감액한다"는 내용의 통지서를 발송하였는바, 당해 근로자가 2007.7.25 그 통지서를 수령한 경우
  ☞ 감급처분이 있었던 날 : 2007.7.25 징계위원회의 결정은 사용자가 인사조치를 하기 위한 내부 이사결정 과정이고, 감급 1월에 처한다는 의사표시가 인사조치에 해당하며, 8월분 임금에서 감액하는 것은 인사조치에 따른 집행의 문제이다.
- ○ 〈사례6〉 : 해고 이외의 불이익조치에 있어서 사용자가 당해 근로자에게 인사조치 사실을 서면으로 통지하지 아니하여 인사조치의 시기에 대하여 서로 주장이 다른 경우(인사상 불이익조치가 있었던 날:근로자가 인사상 불이익조치가 있었음을 안 날)

(2) 부당노동행위

불이익처분의 부당노동행위[36]는 사용자의 해고 등 인사상 불이익조치가 전제되므로 위 부당해고 등과 같다. 나머지 부당노동행위의 경우 유형별로 "부

36) 노조법 제81조제1호, 제5호

당노동행위가 있은 날"을 살펴보면 다음과 같다.

- ○ 노조법 제81조제2호(비열계약), 근로자로 하여금 어느 노동조합에 가입하지 못하게 하거나 어느 노동조합으로부터 탈퇴 또는 가입할 것을 고용조건으로 하는 계약을 체결한 경우 : 그러한 계약을 체결한 날
- ○ 노조법 제81조제3호(단체교섭거부), 사용자가 노동조합의 단체교섭 요구를 명시적으로 거부하는 의사표시를 한 경우 : 단체교섭 거부의 의사표시가 노동조합에 도달한 날, 사용자가 단체교섭 거부의 의사표시 없이 노동조합이 요구한 단체교섭일에 교섭에 임하지 아니한 경우:단체교섭일
- ○ 노조법 제81조제4호(지배 · 개입)지배개입의 부당노동행위는 노동조합의 조직 또는 운영에 개입하거나 운영비를 원조하는 행위를 한 경우:그러한 행위가 끝난 날, 비열계약에 이르지는 못하였지만 노동조합 가입을 하지 못하도록 방해하거나 노동조합 탈퇴를 권유한 경우 : 그러한 행위가 끝난 날

2) 3월 이내의 기산일

부당노동행위 등에 대한 구제신청기간은 근로자가 부당노동행위라고 주장하는 구체적인 사실이 발생한 날, 근기법 제23조제1항 소정의 해고 등 사용자의 불이익 처분이 있은 날, 다만, 계속하는 행위인 경우에는 그 종료일로부터 기산된다. 구제신청기간은 다음과 같다.[37]

(가) 해고의 경우에는 근로자가 받은 해고통지서에 기재된 해고일, 다만 해고통지서에 기재된 해고일이 통지서를 받은 날보다 빠른 경우, 즉, 받기 이전인 경우는 해고통지서를 받은 날

해고의 경우에는「근기법」제27조에서 서면으로 통지해야 효력이 있다고 명시적으로 규정하고 있고, 해고통지는 근로계약을 해지한다는 일방적인 의사표시이므로 사직서 수리, 기간제 근로계약에 있어서 기간만료, 착오에 의한 정년퇴직처리 등 성격상 별도의 해고통지가 필요하지 아니한 경우 외에는 규칙 제40조제1호에 따라 기산일을 정하여야 한다. 성격상 서면통지가 요구되지 않는 해고의 기산일 적용에 관해서는 아래 3) 별도로 설명한 사례를 참고한다.

---

37) 노동위규칙 제40조

(나) 징벌의 관한 통지(문서 혹은 구두)를 받은 경우에는 그 통지를 받은 날

(다) 부당노동행위가 계속되는 경우에는 그 행위가 종료한 날

이때 계속하는 행위란, 동일한 부당노동행위 의사에 근거하여 계속적으로 반복되는 행위를 말하며, 사용자가 한 행위의 효과가 계속된다는 의미는 아니다. 예를 들면, 무기정직, 감봉, 해고처분 등은 그 처분과 동시에 행위가 종료되므로 처분익일로부터 기산하여 3월이 되는 날까지가 된다.[38] 그러나 경비원조가 계속적으로 이어지는 경우, 노동조합 사무실폐쇄 등 편의제공 불이행이 계속되는 경우, 직장폐쇄가 계속되는 경우 등과 같은 행위는 그 행위가 완결되지 아니하고 일정기간 계속되는 행위에 해당하므로 그 해제일 · 경비원조나 사무실폐쇄 중단일의 익일로부터 3월이 되는 날까지가 될 것이다. 한편 수개의 부당노동행위가 순차적으로 행해진 경우는 그 전체를 계속된 행위로 보아야 한다. 예를 들면, 인사고과 차별로 승진심사에서 누락된 경우, 인사평점 차별로 임금이나 수당지급에서 차별을 받은 경우 등은 평점과 불이익에 이르는 전체를 시정해야만 실질적인 구제가 이루어지므로 계속된 과정으로 보는 것이다. 다만 승진심사에서 누락되고 전보명령에 불응하여 해고 된 경우는 해고를 기준으로 신청기간을 기산한다.[39]

(라) 단체협약이나 취업규칙 등에 징계재심절차가 규정된 때

구제신청기간은 신속 · 간이한 행정적 구제절차로서의 기능을 확보하기 위한 것이므로 그 기간이 경과하면 그로써 행정적 권리구제를 신청할 권리는 소멸하는 것이 원칙이다.[40] 해고 등 부당노동행위의 전제가 된 불이익 처분 등에 대하여 근로자가 취업규칙 등의 규정에 따라 재심절차를 밟고 있다고 하더라도 원처분의 효력이 정지되지 않는 것이 원칙이다. 따라서 당초의 처분일이 변동된다든가, 그로 인해 구제신청기간이 연장된다고 할 수 없기 때문에 원처분일을 기산일로 하는 것은 옳다. 다만, 노사가 단체협약, 취업규칙 등으로 정하기를, 재심청구시 원처분의 효력이 정지된다고 약정을 한 경우는 초심 징계

38) 대판 92누15406, 1993.3.23

39) 김유성, 『노동법』, 359쪽

40) 대판 95누11238, 1996.8.23

처분의 효력은 재심청구시부터 당연히 정지되기 때문에 결국 불이익처분의 효력은 재심결정처분에 따라 정해지는 것이므로 구제신청기간의 기산점은 재심결정이 있은 때 즉, 문서 또는 구두로 처분내용을 통보받은 때로부터 진행되어야 한다.[41)]

규칙 제40조 각호의 기산일 규정은, 사건의 유형과 통지의 방법 · 통지의 시기 · 실제로 행위가 있었던 날에 따라 기산일이 달라질 수 있으므로 적용의 편의를 위하여 예시적으로 규정한 것이다. 따라서 규칙 제40조 각호의 규정을 적용할 수 없는 경우에는 법 해석의 일반원칙을 따르는 것이 합리적이다.

3) 기간의 계산방법

구제신청기간의 계산방법은, 기간의 계산은 법령, 재판상의 처분 또는 법률행위에 다른 정한 바가 없다면 본장의 규정에 의한다고 규정한 민법 제155조의 규정에 따라 민법 제6장 기간의 규정을[42)] 적용한다. 기간의 기산점에 있어서, 기간을 일 · 주 · 월 · 년으로 정한 때(발생일 처분일로부터 3일, 2주, 2월, 1년이내 등으로 정한 경우)는 그 기간이 초일 오전 0시부터 시작하는 경우 및 연령계산의 경우를 제외하고는 기간의 초일(당일)은 산입하지 아니하며, 익일 00:00부터 기간말일 24:00까지로 한다.[43)] 최종의 월에 해당일이 없는 경우에는 그 월의 말일로 기간이 만료된다.[44)] 기산일이 1일인 경우 세 번째 달의 말일로 기간이 만료된다.[45)] 기간의 말일이 토요일, 공휴일 등 휴일인 경우에는 휴일 다음의 첫 근

---

41) 서울행판 2011구합39363, 2013.3.28. 해고 등 불이익처분이 있었다고 하더라도 그 후 그 효력이 소멸 또는 정지되었음이 명백한 경우에는 구제신청의 대상인 부당해고 등 또는 불이익취급의 부당노동행위가 있다고 할 수 없으므로 그에 대하여 구제신청기간이 진행될 수 없다. 단체협약에 "재심을 청구시 재심결정시까지 원심의 효력은 정지되며, 재심은 원심보다 징계를 가중하지 않는다."고 규정하였다면, 단체협약의 규범적 효력에 의거 재심을 청구한 근로자들과 사용자 사이에 초심 징계처분의 효력은 당연히 정지된다.

42) 민법 제155조~제161조

43) 해고일이 2007.3.28 경우 : 2007.3.29 00:00부터 2007.6.28 24:00까지이다. 다만, 오전 0시부터 시작하는 경우는 2007.3.28 00:00부터 2007.6.27 24:00까지

44) 민법 제160조 ; 해고일이 2006.11.30인 경우 : 3개월의 기간 말일은 2007.2.28이다.

45) 민법 제160조

무일에 기간이 만료된다.[46)]

4) 실무계산 사례

(1) 해고의 서면통지와 관련한 쟁점

사용자가 근로자를 해고하려면 해고사유와 시기를 서면으로 통지하도록 하고, 판례에서는 서면으로 통지하지 않은 해고를 무효라고 해석한다.[47)] 고용부에서는 "사용자가 구두로 해고를 통지한 경우에도 해고 자체는 성립하나, 해고의사의 서면통지가 특별효력요건으로 규정되어 있으므로 구두로 통지한 경우는 효력이 부인되어 결국 절차적 요건불비로 인하여 부당해고가 된다."고 설명하고 있다.

(가) 해고의 특별효력요건

서면통지 특별효력요건에서 중요한 것은 방식은 서면이어야 하고, 내용은 해고시기와 해고사유를 특정한 것이다. 서면의 의미는 일정한 내용을 적은 지면을 뜻하고 지면에 해고사유와 해고시기를 부동문자로 인쇄하거나 적어야 한다. 문제는 팩시밀리나 휴대전화 문자, 이메일이 서면통지로서 효력이 있는지 여부이다. 휴대전화 문자는 해고자의 서명이 존재하지 않고 발신번호 조작, 타인의 전화 사용가능성으로 해고자 불특정 등 문제가 있으므로 무효이다. 팩시밀리의 경우 수신인의 입장에서는 지면형태로 받고 서명날인 등 진정성을 확인할 수 있으므로 바르게 작성된다면 유효한 서면으로 볼 수 있다. 이메일의 경우 전자결재 체제를 완비하여 모든 문서의 기안, 결제, 시행과정을 관리하는 전자시스템이 갖춰져 있는 등의 특별한 사정이 없다면 서면으로 보지 않는다.[48)] 다만, 해외에서 근로하는 근로자와 근무기간 동안 이메일을 통한 교신이 빈번하게 이루어 졌고 신속한 의사전달이 가능하다는 사정을 감안 이메일을 서면통지로 인정한 하급심판례가 있다.[49)] 문제는 어떤 방식이든 해고사유와 해고시기를 특정하여야 하고 서면과 동일한 진정성을 갖지 않으면 효력

---

46) 민법 제161조
47) 서울행판 2010구합11269, 2010.6.18 ; 근기법 제27조
48) 서울행판 2010구합11269, 2010.6.18
49) 서울중앙지판 2008가합42794, 2009.9.11

이 없다.

(나) 근로자가 수령을 거부한 경우

근로자의 수령여부는 해고의 유효요건으로 정하고 있지 않으므로 근로자가 서면통지서의 수령을 거부하는 경우에도 서면속에 해고사유와 해고시기가 특정되어 있다면 해고절차를 위반한 것으로 보기 어렵다.[50)]

(다) 해고사유가 적시되지 않은 통지

해고의 서면통지는 해고남발 방지와 법률요건의 명확화라는 두 가지 측면이 있다. 노동위원회는 사용자측이 해고사유를 구체적으로 입증하지도 못하고 통지서에 구체적사유가 적시되어 있지 않은 사건에서 해고사유를 적시하지 않은 해고통지를 절차적 정당성이 없는 것으로 판단했다.[51)]

(라) 해고시기가 적시되지 아니한 해고통지

흔히 해고사유만 통지되고 시기가 확정되지 않았거나 구두로 해고시기를 언급했으나 서면으로 시기를 적시하지 않은 경우 효력문제로 다투는 경우, 구두통보의 해고시기와 서면통보의 해고시기가 다른 경우가 있다. 해고시기가 적시되지 않은 경우 절차적 정당성이 결여되어 부당해고가 될 것이다. 문제는 구두통보와 서면통지의 해고시기가 상이한 경우 노동위원회에 구제신청 제척기간의 기산점을 어디로 잡을 것인지가 의문이다. 이 경우 고용부지침은, 서면으로 통보한 경우는 해고통지가 "서면으로 있던 날로부터 3월 이내", 구두로 통보했으나 서면으로 통보하지 않은 경우는 "구두의 방법으로 통보한 날로부터 3개월 이내", 구두통보와 서면통보의 해고시기가 같은 경우는 "해당일로부터 3개월 이내", 구두통보 이후 그 해고일이 지난 후에 다른 날을 해고일로 지정하여 서면통지를 한 경우, 즉, 구두로 10.15자로 해고한다고 하고, 11.1에 서면으로 통보하기를 11.15자로 해고한다고 통지한 경우는 11.15부터 3개월 이내[52)]가 된다.

---

50) 경기지노위 2009부해253, 2009.5.18 ; 중노위 2009부해493, 2009.8.7

51) 서울지노위 2009부해2154, 2009.12.2

52) 해고의 서면통지 관련 업무처리지침, 고용노동부, 중노위 2008부해865, 2009.1.12. 이 사건 근로자가 2008.6.9 이 사건 사용자의 사무실로 찾아가 그만두라는 얘기냐고 하자 이 사건 사용자는 정확한 답변 대신 미안하다고 하였고 이후 이 사건 근로자가 해고통지서 내지 계약해지 내용을 서면으로 보내달라고 한 점, 이 사건 근로자가 2008.6.9 이 사건 사용자와 면담을 마친 후

(2) 성격상 서면 통지가 요구되지 않는 해고의 기산일 적용

(가) 해고의 성격을 가지는 사직서 수리의 경우

근로자가 사기나 강박 등에 의하여 사직서를 제출하였는데 사용자가 이를 수리한 것은 부당해고라고 주장하며 구제신청을 제기하는 경우, 구제신청기간의 기산일은 사직서 수리일로 보아야 한다.

(나) 기간제 근로계약의 기간만료

근로계약 기간만료일에 근로관계를 청산한 경우에는 근로계약 종료통보 여부와 관계없이 그 기간만료일이 기산일이 된다. 다만, 기간제 근로계약에서 근로자가 갱신을 거절당하여 이를 부당해고라고 주장하며 구제신청을 제기한 사건에서, 근로계약 기간만료일로부터 상당한 기간이 지나서 근로관계를 청산한 경우에는 그 청산일이 기산일이 되며, 근로계약 기간만료일로부터 상당한 기간이 지난 시점에서 장래의 어느 날 근로관계를 종료할 것임을 통보하는 경우에는 장래의 어느 날을 기산일로 보아야 할 것이다.

(다) 착오에 의한 정년퇴직 처리

정년의 경우 연령의 도래로 근로계약은 자동으로 종료가 된다. 다만, 사용자가 정년일을 잘못 계산하여 부당하게 퇴직처리를 하였다고 주장하며 구제신청을 제기한 경우 사용자의 착오에 의하여 정년일을 정하고 이를 기초로 정년퇴직처리를 하였다면 정년퇴직 처리일이 기산일이 된다.

기타 위의 경우 외에도 성격상 해고의 서면통지가 필요 없는 경우에 해당된

사무실로 내려와 작업복을 벗어 놓고 수첩 등 개인물품을 챙겨 나와 직원들과 악수를 하면서 열심히 하라고 인사를 한 뒤 회사를 떠나 그 뒤로 출근하지 아니한 점, 2008.6.9 이후 이 사건 사용자가 이 사건 근로자에게 출근을 독려하지 않았으며 이 사건 근로자 또한 출근 여부 등에 대하여 이 사건 사용자에게 문의한 사실이 없는 점, 이 사건 근로자가 2008.9.19 이 사건 사용자에게 송부한 내용증명에 이 사건 근로자가 아닌 이 사건 사용자로부터 그만두었으면 좋겠다는 말을 들은 날이 2008.6.9이라고 기재되어 있는 점 등을 종합하여 보면, 양 당사자간의 근로관계는 2008.6.9 종료되었다 할 것이고 이 날짜를 구제신청 기산일로 하여야 할 것이다. 이 사건 초심 구제신청은 해고일로부터 3개월이 경과한 2008.9.25 제기되었으므로 3개월의 구제신청 제척기간을 도과하여 신청한 경우에 해당하여 행정적 권리 구제를 신청할 권리는 소멸하였다 할 것이다. 따라서 이 사건 근로관계 종료가 해고 또는 권고사직에 해당하는지 및 해고처분이 정당한지 여부에 대하여 더 이상 살펴볼 필요가 없다.

다고 판단되는 경우 위의 경우에 준하여 기산일을 정하는 것이 타당할 것이다.

5) 노동위원회의 신청요건 조사

당사자로부터 구제신청을 접수한 노동위원회는, 사건이 신청요건을 갖추지 못하였거나 사건 진행 중 요건을 상실하여 구제절차를 유지할 수 없게 된 때에는 해고 등의 사실 및 그 정당성 여부를 판단할 필요 없이 신청을 각하한다. 만약, 당해 사건이 신청요건 또는 구제절차 유지요건을 갖추지 못하였음에도 노동위원회가 이를 알지 못하거나 당사자가 이에 관하여 아무런 주장을 하지 아니하였다는 이유로 신청을 각하하지 아니하고 구제명령을 한다면 재심 또는 행정소송에서 취소사유가 된다. 따라서 신청요건 구비 여부에 대해서는 이에 관한 당사자의 주장이 없더라도 노동위원회가 직권으로 조사하여야 한다. 변론주의를 채택하고 있는 민사소송에서도 소송요건은 법원의 직권조사 사항이다.

6. 노동위원회 구제신청에 대한 신청이익과 처분유형

부당노동행위제도는 사용자의 부당노동행위로 인하여 생긴 침해상태를 회복하고 장래의 노사관계질서를 정상화 하여 게임의 룰을 확립하는 데 그 목적이 있다. 따라서 과거의 부당노동행위와 미래의 부당노동행위 침해 가능성에 대한 예방적 조치가 동시에 고려되어야 한다. 즉, 사용자의 과거의 부당노동행위로 인한 침해상태가 그 후에 정상적으로 회복된 경우는 구제의 필요성이 없다고 보아 신청을 기각할 수 있다. 다만, 과거의 침해행위가 현재도 계속되고 있고 이를 행정구제조치로서 제재하지 않으면 장래에도 지배 · 개입이나 불이익취급 등 침해행위가 계속될 것으로 예상되는 경우에는 장래의 침해예방까지 고려한 구제명령을 할 수 있다. 예를 들면, 불이익취급에 있어서 사용자가 불이익처분을 철회하고 원상회복조치를 취한 경우, 비열계약에 있어서 당해 계약을 취소하고 적법한 계약으로 변경한 경우, 단체교섭거부에 있어서 사용자가 태도를 바꾸어 단체교섭에 성실히 응한 경우, 지배 · 개입에 있어서 사용자가 시정조치를 강구하여 그 결과를 제거한 경우에도 과거행위에 대한 재발방지안내문과 구제명령서 게시, 불이익취급 개선 등 노사관계정상화에 대한 개선조치 등을 구제명령으로 할 수 있다.

가. 처분유형

노동위원회는 구제신청이 옳고 그름을 판단하는데 필요한 선결조건을 구비하지 못하였을 경우 심판위원회의 결정으로 "각하"처분을 하거나, 내용을 심사한 결과 구제신청의 이유가 없다고 인정될 경우는 "기각"결정을 한다. 심판위원회는 구제신청의 전부나 일부가 이유 있다고 인정할 때는 "구제명령"을 한다. 처분유형과 구제신청의 이익, 이익의 존재요건은 다음과 같다.

1) 각하처분

1. 신청인 및 피신청인 자격이 없는 등 당사자가 적격하지 않은 경우
2. 구제신청 내용이 노동위원회의 구제명령대상이 아닌 경우
3. 2회 이상 보정요구를 이행하지 않은 경우 "각하"할 수 있으며, 그 이외에도
4. 신청기간이 지나서 신청한 경우
5. 신청하는 구제내용이 법령상이나 사실상 실현할 수 없거나 신청의 이익이 없음이 명백한 경우
6. 신청인이 2회 이상 출석에 불응하거나 주소불명이나 소재불명으로 2회 이상 출석통지서가 반송되거나 그 밖의 사유로 신청의사를 포기한 것으로 인정될 경우(대판 89누7337, 1990.2.27)
7. 같은 당사자가 같은 취지의 구제신청을 거듭하여 제기하거나 같은 당사자가 같은 취지의 확정된 판정(법 제16조에 따른 화해조서를 포함)이 있음에도 구제신청을 제기한 경우나 판정이 있은 후 신청을 취하하였다가 다시 제기한 경우는 "각하"할 수 있다(노동위규칙 제60조제1항).

각하는 심사를 거치지 않고서도 명확한 사실에 근거하여 신청을 받아들이지 않는 것이므로 심사 이전의 단계에서 또는 적어도 심문 이전의 조사단계에서 행해지는 처분이다. 그러나 조사나 심문을 개시한 후에 각하사유가 있음이 판명된 경우는 그때에도 신청을 각하할 수 있다.

2) 기각처분

구제신청의 내용을 심의한 결과 신청의 이유가 없다고 인정할 때는 "기각"하는 결정을 하여야 한다.[53] 특히, 계약기간만료로 근로관계가 종료됨으로 인

53) 노동위규칙 제60조제2항

해 부당해고 등이 있다고 다투는 경우에 있어서는, 먼저 고용형태가 무기계약인지 유기계약인지 여부를 판단하고, 유기계약인 경우에 존속기간인지, 갱신기간인지를 판단해야 하며, 무기계약 또는 갱신기간으로 볼 경우에는 기간만료로 근로계약관계가 종료된 것으로 할 수 없으므로 심문 · 판정회의 등에 앞서 세밀한 조사가 있어야 한다. 구제명령에 대해서는 뒷장 해당부분에서 따로 상세히 설명한다.

나. 구제신청의 이익과 존재요건

1) 구제신청의 이익

구제신청의 이익이 무엇인지에 대하여 노동관계법령에서 정의된 것은 없고, 노동위원회규칙 제60조제1항제6호에서 "각하사유 중 하나로 규정"하고 있을 뿐이다. 대법원판례에서는 소의 이익을 "재심판정의 취소를 구할 법률상 이익"[54]이라고 표현하고 있고, 근로자측면에서의 소의 이익을 "구제절차를 유지할 이익",[55] 사용자측면에서의 소의 이익을 "노동위원회의 결정에 따른 공법상 의무를 면하기 위한 이익"[56]으로 표현하고 있다.

초심 구제절차에서의 신청의 이익은 신청인이 근로자 또는 노동조합이므로 "구제명령을 받을 법률상 이익"이라고 할 수 있으며, 판례에서는 "구제이익"이라고 표현한다. 재심절차에서의 신청의 이익은 근로자 또는 노동조합이 초심지노위의 기각(각하 포함)판정에 불복하여 재심신청을 제기한 경우에는 초심 구제절차에서의 신청의 이익과 같고, 사용자가 초심지노위의 구제명령에 불복하여 재심신청을 제기한 경우에는 "초심구제명령으로 인하여 부과된 공법상 의무를 면하기 위한 법률상 이익"이라고 할 수 있다. 넓은 의미의 신청의 이익은 ① 권리보호의 자격 또는 신청의 적격, ② 권리보호의 이익 또는 필요, ③ 당사자 적격을 모두 포함하는 개념이다. 반면, 좁은 의미에서의 신청의 이익은 권리보호의 자격 또는 신청의 적격과 권리보호의 이익 또는 필요만을 가리

54) 대판 1995.12.5, 95누12347
55) 대판 2001.4.24, 200두7988
56) 대판 1993.4.27, 92누13196

키며, 일반적으로 신청의 이익 즉, 소의 이익이라 함은 좁은 의미의 신청의 이익을 말한다.

2) 구제신청의 이익 존재요건

부당노동행위 구제신청에 관한 권리보호의 자격과 이익 또는 필요 등에 관한 일반적인 요건을 노동관계법령, 노동위원회법 · 규칙, 소(訴)의 이익에 관한 민사소송법상의 이론 및 법원 판례 등을 종합하여 정리하면 다음과 같다.

첫째, 구제신청이 노동위원회 권한 범위 내에 있는 구체적 권리에 관한 법률적 다툼일 것[57)]

둘째, 법률상 · 계약상 구제신청제기 금지사유가 없을 것[58)]

셋째, 신청인이 같은 구제신청에 대하여 확정된 판정을 받은 경우가 아닐 것[59)]

넷째, 신의칙 위반의 구제신청이 아닐 것[60)]

다섯째, 구제신청의 목적이 명예회복 등 사실상 이익만을 위한 것이 아닐 것[61)]

여섯째, 구제신청의 목적이 법률상 또는 사실상 실현이 가능할 것[62)]

3) 구제신청의 이익 존재 여부에 대한 판단 기준과 시점

구제신청의 이익 존재 여부에 대한 판단 기준과 시점은 심급에 따라 달라진다. 초심구제절차에서는 근로자나 노동조합이 신청인이 되므로 근로자나 노동조합측에 구제신청의 이익이 있는지 여부를 판단해야 하며, 그 판단시점은 초

57) 노위법 제15조제3항, 노동위규칙 제60조제1항제4호, 구제신청 내용이 노동위원회의 구제명령 대상이 아닌 경우, 대판 1994.11.22, 93다40089 ; 대판 1995.12.5, 95누12347

58) 노동위규칙 제60조제1항제5호, 같은 구제신청을 거듭 제기, 판정 이후 취하하였다가 다시 제기한 경우 ; 민소법 제259조(중복제소금지), 민소법 제267조제2항(재소금지) ; 대판 1993.5.14, 92다21760

59) 노동위규칙 제60조제1항제5호, 같은 당사자가 같은 구제신청에 대한 확정판정(화해조서 포함)이 있음에도 구제신청을 제기한 경우 ; 대판 1972.7.25, 72다935

60) 노동위규칙 제60조제1항제6호, 신청의 이익이 없음이 명백한 경우 ; 대판 2000.4.25, 99다34475 ; 대판 1996.11.26, 95다49004

61) 노동위규칙 제60조제1항제6호, 신청의 이익이 없음이 명백한 경우 ; 대판 1997.7.8, 96누5087 ; 대판 1995.12.5, 95누12347

62) 노동위규칙 제60조제1항제6호, 신청하는 구제의 내용이 법령상이나 사실상 실현할 수 없는 경우 ; 대판 2001.4.24, 2000두7988 ; 서울고판 2003.10.30, 2003누2658

심판정 때가 된다. 변론주의를 채택하고 있는 법원에서는 소의 이익 존재 여부에 대한 판단시점을 사실심 변론종시로 하고 있으나, 직권주의를 채택하고 있는 노동위원회의 구제절차에서는 심문회의 종결 후에도 참고인 조사 또는 증거자료의 추가 제출명령 등 직권으로 추가적인 조사를 할 수 있으므로 초심판정시를 구제신청의 이익 존재 여부의 판단 시점으로 하는 것이 타당하다.

재심절차에서는 재심신청인이 어느 쪽인가에 따라 신청의 이익 존재 여부에 대한 판단 기준과 시점이 달라질 수 있다. 초심의 기각 및 각하에 대해서는 근로자 및 노동조합의 입장에서 구제명령을 받을 이익이 있는지 여부에 따르고,[63] 초심 구제명령에 대한 사용자의 재심신청은 사용자의 입장에서 구제명령에 따른 공법상 의무를 면할 이익이 있는지 여부[64]에 따라 판단한다.

(1) 초심기각 판정 취소를 구할 재심신청의 이익이 없는 경우

철근공인 근로자가 사용자의 하도급공사 종료 시까지 근무하기로 한 근로계약관계는, 부당해고구제 재심신청사건 진행 중에 사용자가 하도급 공사를 포기하였다면 사용자가 근로자를 부당하게 해고한 사실이 인정되어 구제재심신청이 받아들여진다 해도 객관적으로 그 실현이 불가능하게 되었다 할 것이므로 초심기각 판정 취소를 구할 재심신청의 이익이 없다.[65]

(2) 구제명령에 따른 공법상 의무를 면하기 위한 재심신청(소)의 이익

구제(신청)이익은 구제명령을 할 당시를 기준으로 판단하여야 하는 것으로 노동위원회의 구제명령 후 근로자가 정년에 도달하여도 해고 다음날부터 복직명령의 이행이 가능하였던 정년퇴직 시까지의 기간동안의 임금상당액 지급의무는 소급하여 소멸하는 것이 아니므로 원고인 사용자는 구제명령에 따른 공법상 의무를 면하기 위한 재심신청(소)의 이익이 있는 것이다.[66]

63) 같은 취지 : 서울고판 2003누2658, 2003.10.30 ; 대판 96누5087, 1997.7.8
64) 같은 취지 : 대판 2003두11247, 2004.1.15
65) 같은 취지 : 서울고판 2003누2658, 2003.10.30 ; 대판 96누5087, 1997.7.8
66) 같은 취지 : 대판 2003두11247, 2004.1.15

(가) 소의 이익이 부인된 사례

1. 참가인과 원고 사이의 근로계약관계가 위와 같이 종료되었다면 원고 근로자로서는 비록 이미 지급받은 해고기간 중의 임금을 부당이득으로 반환하여야 하는 의무를 면하기 위한 필요가 있거나 퇴직금 산정시 재직기간에 해고기간을 합산할 실익이 있다고 하여도 그러한 이익은 사실상의 이익에 지나지 않고, 또한 민사소송절차를 통하여 해결될 수 있는 것이므로, 중앙노동위원회의 재심판정을 다툴 소의 이익이 없다(대판 96누5087, 1997.7.8).
2. 부당정직에 대한 구제신청을 하여 구제절차가 진행 중에 있는 근로자가 같은 사유로 제기한 별도의 정직처분무효확인청구의 소에서 패소확정판결을 받은 경우 구제이익은 소멸한 것으로 보아야 한다(대판 92누9766, 1992.11.24).
3. 참가인의 직원으로서의 지위 회복이 불가능하게 된 이상 임금 부분에 대하여 임금청구소송 등 민사소송을 제기하여 그 전제로서 면직이 무효임을 주장하여 구제받을 수 있는 것이므로, 명예회복을 위한 것이라거나 임금을 지급받기 위한 것이라는 등의 사유는 재심판정의 취소를 구할 법률상 이익에 해당된다고 볼 수 없다(대판 95누12347, 1995.12.5).
4. 해고 후 6일 만에 다른 회사에 입사하였고 다른 회사에서의 보수도 해고된 회사보다 현저하게 낮다고 볼 수 없고, 또 복직의사가 없을 뿐만 아니라 복직이 현실적으로 어려운 상태에서 징계해고 후 9개월이 넘어 해고무효의 소를 제기하는 것은 신의성실의 원칙 내지는 실효의 원칙에 비추어 허용될 수 없다(대판 92다49171, 1993.4.13).

(나) 소의 이익이 인용된 사례

1. 참가인 이○○의 경우 이 사건 변론종결 당시에 이미 정년이 도과하여 복직이 불가능하므로 참가인 이○○에 대하여는 구제이익이 소멸하였다는 원고의 주장에 대하여, 구제이익은 구제명령을 할 당시를 기준으로 판단하여야 하는 것으로서 구제명령 발령 당시에 참가인 이○○에게 구제이익이 있었다면 해고된 근로자를 원직에 복직시키고 해고기간 동안 임금상당액의 지급을 명하는 내용의 노동위원회의 구제명령에 관한 재심판정 후에 근로자가 정년에 달하여도 해고 다음 날부터 복직명령의 이행이 가능하였던 정년시까지의 기간 동안의 임금상당액의 지급의무는 소급하여 소멸하는 것이 아니므로, 참가인 이○○에게는 사용자로 하여금 임금상당액의 지급명령을 포함하는 노동위원회의 결정에 따를 공법상의 의무의 이행을 구하기 위한 구제이익이 있다(대판 2003두11247, 2004.1.15).
2. 사용자가 행한 해고처분에 대하여 이를 부당해고로 인정하면서 해고된 근로자를 원직에 복직시키고 해고기간동안 임금상당액의 지급을 명하는 내용의 노동위원회의 구제명령에 관한 재심판정 후에 사업장이 폐쇄되어도 해고 다음날부터 복직명령의 이행이 가능하였던 사업장 폐쇄 시까지의 기간동안의 임금상당액의 지급의무는 소급하여 소멸하는 것이 아니므로, 사용자로서는 위 임금상당액의 지급명령을 포함하는 노동위원회의 결정에 따를 공법상의 의무를 부담하고 있는 상태라 할 것이니, 그 의무를 면하기 위하여 재심판정의 취소를 구한 법률상 이익이 있다(내판 93누16680, 1994.4.29).

3. 근로자들이 전보명령 이후 해고되었다고 하더라도 그 해고의 효력을 둘러싸고 법률적인 다툼이 있어 그 해고가 정당한지 여부가 아직 확정되지 아니하였고, 그 해고가 전보명령에 따른 무단결근 등을 그 해고사유로 삼고 있어서 전보명령의 적법성 여부가 해고의 사유와도 직접 관련을 갖고 있다면, 그 전보명령에 대한 구제의 이익이 있다(대판 94누7959, 1995.2.17).
4. 대기발령으로 인한 임금 차액의 지급과 불이익조치 금지를 명한 중앙노동위원회의 재심판정 후 근로자가 임금 차액을 수령하고 자진퇴직한 경우에도, 사용자로서는 재심판정의 취소를 구할 법률상 이익이 있다(대판 93누1268, 1993.9.14)

4) 구제의 이익과 구제명령의 변경

(1) 구제신청 취지 변경 등

근로자나 노동조합은 부당노동행위구제신청 후 누락된 신청취지를 추가하고자 하거나 당초 신청이유가 된 징계처분의 변경 등으로 신청취지를 변경하고자 하는 경우에는 새로운 구제신청을 하는 대신 노동위원회의 승인을 얻어 신청취지를 추가하거나 변경할 수 있다. 노동위원회는 승인사항을 상대방에게 지체없이 서면으로 통지하여야 한다.[67] 이 외에도 초심이나 재심신청 후에도 청구취지를 변경할 수 있다. 예를 들면, 초심구제명령 후 재심판정이 있기 전에 사업장의 소멸, 근로자의 자진퇴사, 근로계약기간만료, 정년퇴직 등으로 근로관계가 소멸 또는 종료하였으나 재심에서도 해고 등이 부당하다고 인정되는 경우, 초심구제명령 중 원직복직 부분은 객관적으로 그 실현이 불가능하게 되었으나, 해고 다음 날로부터 근로관계 소멸 또는 종료 직전 일까지는 구제명령의(복직명령) 이행이 가능하였으므로, 그 기간동안의 임금상당액을 지급하라는 취지로 초심구제명령을 변경하는 것이 타당하다.[68]

(2) 구제신청 이익

심판사건이 신청하는 구제의 내용이 법령상이나 사실상 실현할 수 없거나 신청의 이익이 없음이 명백한 경우 각하한다.[69] 구제신청 당시에는 신청취지가 이유가 있었다고 하더라도 노동위원회가 판정할 시점에 가서 구제신청의 필요

67) 노동위규칙 제42조
68) 중노위 2005.5.13, 2004부해766 ; 중노위 2005.5.20, 2004부해951 외 다수
69) 노동위규칙 제60조제1항제6호

성이나 이익이 없어질 경우는 부당노동행위 성립여부에 대한 실체적인 판단을 하지 않고 신청을 각하한다. 예를 들면, 해고한 후 노동위원회에 구제신청을 하자 판정이 나기 전에 원직에 복직시킨 경우, 노동위원회에 구제신청을 하고 민사소송으로 동일한 사안을 다투던 중 해고무효확인 소송에서 패소한 경우[70) 근로계약 기간만료로 근로관계가 종료된 자가 갱신거절을 이유로 해고를 다투는 경우, 단체교섭거부를 이유로 구제신청을 하였으나 이후 단체교섭을 원만히 재개하여 협약을 타결한 경우, 부당노동행위로 인한 해고로 구제신청을 하였으나 구제명령 전 폐업으로 소멸한 경우 등은 구제신청의 이익이 없다.

다만, 해고로 인해 구제신청한 후 조직개편으로 원직이 없어진 경우, 구제신청 후 사업의 합병 · 양도가 있는 경우 등은 구제이익이 소멸된 것으로 볼 수는 없다.

7. 구제절차

부당노동행위의 구제절차에 관하여 노조법은 기본적인 사항[71)]만 규정하고 구체적인 것은 노동위원회법 및 노동위원회규칙에서 상세하게 규정하고 있다. 부당노동행위 구제절차는 노동위원회라는 전문적 행정위원회에 의한 준사법적 행정구제방식이다. 노동위원회는 절차적 · 실체적인 판정의 공정성을 도모하기 위해 구제신청을 접수하면 지체없이 필요한 조사와 관계당사자의 심문을 하여야 한다.[72)] 신청인과 피신청인이 각자 유리한 주장과 증거자료를 제출하면 노동위원회는 직권 또는 신청 등 필요에 따라 증인을 출석케 하여 심문하고 증거자료를 조사하는 등 증거의 제출과 증인에 대한 반대심문을 충분히 한 후 공평하게 판정한다.[73)] 노동위원회는 일련의 절차를 거쳐 심판위원회를 개최하여 부당노동행위의 성립 여부를 판정하고 판정서[74)]를 작성한다.[75)] 심판위

70) 대판 92누9766, 1992.11.24
71) 노조법 제82조~제86조
72) 노조법 제83조제1항
73) 노조법 제83조제2항, 제3항
74) 사건명, 당사자, 판정일, 주문, 신청취지, 이유(당사자 개요, 구제신청 경위, 당사자 주장요지, 인정사실, 판단), 결론 등
75) 노동위규칙 제59조, 제62조

원회는 구제신청의 전부나 일부가 이유 있다고 인정할 때는 구제명령을, 구제신청의 이유가 없ㄷ다고 인정할 때는 기각하는 결정을 하여야 한다. 판정서는 기각 · 각하결정 또는 구제명령 형태로 행정처분으로서 발하지만, 구제명령의 내용은 재량권을 가지고 사안에 따라 적절한 구제조치를 결정한다. 참고로 외국의 부당노동행위제도 및 유형을 살펴보면 다음과 같다.

1. 일 본

사용자의 부당노동행위에 대해 노동위원회에 의한 원상회복주의를 채택하고 직접 처벌규정은 두지 않고 있다. 사용자가 노동위원회의 구제명령에 불복하여 법원에 행정소송(취소소송)을 제기한 경우에 구제명령의 신속한 이행을 강제하기 위한 제도로서 확정판결시까지 법원의 긴급명령제도가 있는 등 우리나라와 유사하다. 사용자가 재심신청, 제소기간 경과에 의해 확정된 구제명령 또는 법원의 긴급명령을 불이행할 때에는 과태료의 제재를, 법원의 판결에 의해 확정된 구제명령을 위반할 때는 형사처벌의 제재를 받는다.

2. 미 국

전국노사관계위원회(NLRB)의 구제명령을 통한 원상회복주의를 채택하고 있으며, 사용자 뿐만 아니라 노동조합 또는 그 대리인의 부당노동행위도 규정하고 있으나, 직접 처벌규정 없다. 사용자 또는 노동조합의 부당노동행위를 주장하는 자는 부당노동행위가 발생한 날로부터 6월 이내에 NLRB 지역사무소에 제소할 수 있고, 제3자도 고발 가능하다. 부당노동행위 관련 신청이 제기되면 지역사무소의 일선검사 및 일선심사관은 부당노동행위 사실이 있는지 여부를 조사한다. 지역사무소장은 구제신청에 이유가 없으면 신청인에게 취하를 권고하거나 취하하지 않을 경우 기각 결정한다.

기각결정에 불복시 NLRB본부에 재심신청, 다만 NLRB본부 사무총장의 기각 결정에 대해서는 항소가 불가능하다(종국적인 처분). 지역사무소장은 부당노동행위로 인정되면 우선 자율적으로 화해할 것을 권고한 후 이러한 자율타결 노력이 실패하면 행정판사에게 정식절차 청구한다. 행정판사는 부당노동행위 사건이 기소되면 해당 지방사무소를 순회하며 청문을 개최, 부당노동행위 해당 여부를 판정한다. 행정판사의 결정에 대해 불복하는 자는 20일내에 NLRB 본부에 재심 신청한다. 본부 위원회는 재심사를 통해 부당노동행위가 인정되면 구제명령을 내리고, 불인정시에는 기각하는 최종 명령을 내린다. 확정된 구제명령은 법원소송을 통해 집행할 수 있으며, 법원이 인정한 명령 위반시 법원모독죄로 처벌한다. 위원회의 명령에 의해 권리가 침해된 자는 부당노동행위의 발생지를 관할하는 연방항소법원에 명령의 취소를 구하는 소송을 제기할 수 있다.

가. 구제신청 처리절차

부당노동행위 구제신청의 대체적인 처리절차를 살펴보면 다음과 같다.

① 구제신청접수 → ② 심사(조사 · 심문), 조사 및 심문과정에서 화해권고(화해성립시 사건 종결) → ③ 심사종결 판정 → ④ 심판위원회의 판정회의 개최, 판정서 작성, 구체적 처분 결정 · 명령 → ⑤ 불복하는 당사자는 기간 내(명령서 또는 결정서의 송달을 받은 날로부터 10일이내)에 중노위에 재심신청 → ⑥ 재심판정에 불복하는 자는 기간 내(재심판정서 송달을 받은 날로부터 15일 이내)에 행정소송제기 등의 일련의 절차를 따른다. 기간 내에 재심신청을 하지 않거나 행정소송을 제기하지 않을 때는 구제명령의 기각결정이나 재심판정은 확정된다. 피해당사자의 청구를 인용한 초심 · 재심의 구제명령은 재심 또는 행정소송 제기에 영향을 받지 않으므로, 사용자가 재심 또는 행정소송을 제기하여 다투더라도 우선 초심 혹은 재심의 구제명령을 이행하여야 한다.[76)]

사용자가 재심구제명령을 불이행하면서 행정소송을 제기하는 경우 중노위는 관할법원에 긴급이행명령을 신청하여 판결이 확정될 때까지 중노위 구제명령의 전부 또는 일부를 이행하도록 하여 근로자의 피해구제가 신속히 이루어질 수 있도록 한다.[77)] 법원의 명령에 불응한 자는 500만원 이하의 과태료에 처한다. 이때 구제명령이 작위를 내용으로 할 경우는 불이행 일수 1일에 50만원 이하의 비율로 산정한 금액의 과태료에 처할 수 있다.[78)]

사용자가 기간 내에 재심신청 또는 행정소송을 제기하지 아니하여 확정된 구제명령 또는 행정소송의 판결에 의해 확정된 구제명령을 이행하지 않는 경우에는 구제명령 위반죄로 처벌된다.[79)]

나. 심급단계

부당노동행위 구제절차는 크게 초심절차, 재심절차, 행정소송으로 나누어진다. 초심은 지방노동위원회 또는 특별노동위원회가, 재심은 중앙노동위원회가

76) 노조법 제86조
77) 노조법 제85조제5항
78) 노조법 제95조
79) 벌칙 : 3년 이하의 징역 또는 3천만원 이하의 벌금(노조법 제89조)

관할권을 가진다. 재심신청은 초심에서 신청한 범위를 넘어설 수 없으며, 중노위의 재심심리와 판정은 당사자가 재심으로 신청한 불복의 범위 안에서 하여야 한다.[80] 관할에 관하여 더 자세한 것은 노동위원회 부분에서 언급하기로 한다.

초심 · 재심은 신청 → 심사 즉, 조사 · 심문 · 증인출석 · 증거제출 · 반대신문 등[81] → 판정(심판위원회의 판정회의 개최 의결 및 명령서 등의 작성)의 순서로 절차가 진행된다. 이러한 절차의 도중에 신청의 취하, 신청의 각하, 화해에 의하여 사건이 종결될 수도 있다. 행정소송 즉,노동위원회 명령 · 결정의 취소소송에 대하여는 제척기간, 재심절차와의 관계, 긴급이행명령에 관한 노조법상 특별규정,[82] 행정소송 제기가 구제명령 효력에 미치는 영향[83] 등을 제외하고는 행정소송법이 정한 바에 따른다.

1) 초심절차

(1) 심문과 조사

노동위원회는 부당노동행위의 구제신청을 받은 때에는 지체없이 필요한 조사와 관계당사자의 심문을 하여야 한다. 조사는 양당사자의 주장과 입증방법을 명확하게 하여 쟁점을 정리하는 절차로서 심문을 위한 준비절차라 할 수 있다. 심문을 할 때는 당사자의 신청에 의하거나 직권으로 증인을 출석하게 하여 필요한 사항을 질문할 수 있고, 증거의 제출과 증인에 대한 반대심문을 할 기회를 충분히 주어야 한다.[84] 심사의 대상은 신청인이 신청서에 기재한 "부당노동행위를 구성하는 구체적인 사실"이다. 사용자가 심사의 대상이 된 처분을 그 후 변경한 경우에도 신청인이 신청을 변경하지 않는 이상, 노동위원회는 당초의 처분을 심사대상으로 한다.[85] 노동위원회는 1인이 제출한 여러 개의 사건, 다수인이 제출한 동일한 사건, 기타 필요하다고 인정한 사건에 대

80) 노동위규칙 제89조
81) 노조법 제83조
82) 노조법 제85조제5항
83) 노조법 제86조
84) 노조법 제85조제1항 · 제2항
85) 대판 94누1579, 1995.4.7

하여 위원장의 결정으로 사건을 분리 또는 병합하여 처리할 수 있다.[86)]

신청서를 접수한 노동위원회 위원장은 사건을 담당할 심판위원회를 지체없이 구성하며, 사건처리를 담당할 심사관을 지정하고, 당사자에게 이유서 · 답변서 제출방법 · 위원의 제척 · 기피, 단독심판과 화해절차 등 심판사건의 진행사항에 관해 안내를 하여야 한다. 심판위원회는 심판당당공익위원 3인 또는 부득이한 경우 차별시정담당 공익위원이나 조정담당공익위원 중에서 지명한다. 신청인에서 신청이유로 소명하기 위한 증거의 제출을 요구하며, 피신청인에게는 신청서에 대한 답변서 및 그 이유의 소명을 위한 증거의 제출을 요구하여야 한다.[87)] 노동위원회는 당사자 또는 증인 · 참고인의 출석을 요구하여 그 진술을 듣고 사실의 조사를 할 수 있고, 심사관은 이에 관하여 조서를 작성하거나 당사자 또는 증인으로부터 진술서를 받아 신속하게 사건을 심판위원회에 회부하여야 한다. 이 경우 진술서를 작성하는 것으로 조사를 대신할 수도 있다.[88)] 당사자는, 본인의 출석이 조사와 심문을 위하여 불가결하여 출석요구를 받은 경우를 제외하고는, 대리인을 선정하여 조사와 심문에 응할 수 있다.[89)] 조사관은 사실관계 확인을 위해 사업장을 방문하여 증표를 제시하고 업무현황과 서류 그 밖의 물건을 조사할 수 있다. 조사관은 조사가 종료된 때에는 사실관계와 당사자의 주장 등을 객관적이고 공정하게 기재하여 조사보고서를 작성하여야 하고, 사건 접수일로부터 60일 이내에 심문회의를 개최하여야 한다.[90)] 공정성 확보를 위해 부당노동행위의 성립 여부는 반드시 심문을 거쳐 판정되어야 하며 조사를 거친 것만으로 판정할 수는 없다.

(가) 심문일정 통지 및 연기신청

노동위원회 위원장은 심문에 앞서서 심판기일을 정하여 당사자에게 심문통지서를 심문 개최일 7일전까지 송부하여야 한다. 당사자가 법인 · 단체 또는 노동조합인 경우에는 특히 출석할 자를 지정할 수 있다. 통지서에는 사건명,

86) 노동위규칙 제48조
87) 노동위규칙 제45조
88) 노동위규칙 제46조
89) 노동위규칙 제36조
90) 노동위규칙 제50, 제51조

심판위원회 위원, 참여위원, 당사자, 심문일시 및 장소를 명시하고 당사자가 출석하여야 한다는 뜻을 기재한다. 통지를 받은 당사자는 심문회의 개최 전까지 참석자명단을 제출하여야 하고, 사망, 체포 · 구금, 질병 등 규칙[91]에 정한 소정의 사유가 있을 경우 심문 개최일 3일전까지 서면으로 연기신청을 할 수 있다. 다만, 당사자가 합의로 연기신청을 하는 경우와 그 밖의 준하는 사유로 연기신청을 하는 경우는 위원장의 승인을 얻어야 한다.[92]

(나) 심문회의 개최 준비

조사관은 사건조사를 신속히 진행하여 조사가 완료되면 조사보고서를 작성하며, 조사보고서 작성을 마무리하기 전에 당사자에게 추가자료 제출계획이 있는지를 확인하여 이유서 · 답변서 제출이 완료되도록 하여야 한다.[93] 조사관은 심문회의 개최일 7일 전까지 조사보고서와 관련 기록을 당해 심판위원회 위원에게 송부하여야 한다. 만약, 조사보고서 작성 중 또는 작성 후 이유서가 접수되는 경우에는 당사자에게 주장의 기회가 균등하게 보장되도록 피신청인에게 즉시 송부하여 심문회의 개최 전까지 답변서가 제출될 수 있도록 하여야 한다.

---

91) 第53조【심문회의의 연기신청】 ① 第52조의 심문회의 일정을 통지 받은 자는 다음 각 호의 어느 하나에 해당하면 심문회의 개최일 3일 전까지 별지 제13호 서식의 심문회의 연기신청서에 따라 심문회의의 연기를 신청할 수 있다. 다만, 제6호에서 제8호까지의 경우에는 심문회의 개최 전까지 신청할 수 있다.
1. 노동조합선거 출마자로서 선거 당일이 심문회의 당일인 경우
2. 사용자의 주주총회 당일이 심문회의 당일인 경우
3. 당해 구제신청사건과 같은 원인에 따른 소송의 재판기일이 심문회의 당일인 경우
4. 당사자나 대리인이 수행하는 심판사건의 심문회의가 같은 날 다른 노동위원회에서 개최 예정인 경우
5. 당사자나 대리인이 해외출장 중인 경우
6. 중대한 신병치료 중으로 거동이 불편하거나 상해, 급성질병 등이 발생한 경우
7. 「형사소송법」에 따라 체포 · 구속된 경우
8. 본인이나 배우자의 직계존 · 비속과 형제자매의 사망으로 장제기간 중인 경우
9. 당사자가 합의하여 심문회의의 연기를 신청한 경우
10. 그 밖에 이에 준하는 사유

② 제1항제9호와 제10호의 사유로 인한 연기신청은 당해 심판위원회위원장의 승인을 얻어야 한다.
③ 노동위원회위원장은 제2항에 따른 승인 여부를 당사자에게 알려주어야 한다.

92) 노동위규칙 제53조제1항 · 제2항

93) 노동위규칙 제54조

(다) 심문회의 진행

심문회의는 공익위원 3인이 모두 참석하여야 개시할 수 있으며, 노동위원회위원장은 근로자위원 · 사용자위원 각 1인을 심문회의에 참여하게 하여야 한다.[94] 다만, 단독심판위원이 처리하는 사건이나 근로자위원 · 사용자위원이 정당한 이유없이 참여하지 아니한 경우에는 그러하지 아니하다. 심문회의는 당사자가 모두 출석한 가운데 진행하는 것이 원칙이나, 당사자 일방이 정당한 이유없이 출석하지 아니하였을 경우에는 일방 당사자만을 상대로 심문회의를 진행할 수 있다.[95] 당사자가 정당한 사유없이 불참하는 경우에는 1회 불참의 경우에도 신청인 · 피신청인 구별 없이 궐석 심문 진행을 원칙으로 한다. 심문회의는 공개로 진행함을 원칙으로 하나 심판위원회의 결의에 의하여 비공개로 할 수 있다.[96] 당사자가 심문회의에 참고인과 함께 참석하고자 하는 경우에는 심문회의 개최 전에 당해 심판위원회위원장의 승인을 얻어야 한다. 위원장은 직권으로 증인을 지정하여 심문회의에 출석하게 할 수 있다. 증인이 출석한 경우 당사자에게 심문이나 반대심문의 기회를 주어야 한다. 심문에 참여한 위원은 당사자와 증인을 심문할 수 있다. 위원장은 심문을 종결하고자 할 때는 당사자가 최종적으로 진술할 기회를 주어야 한다.[97] 사실심문시 유형별 착안사항은 다음과 같다.[98]

1. 대기발령 : 업무상 필요성과 근로자의 불이익 비교, 대기발령 기간 명시 여부
2. 전보 · 전근 : 업무상 필요성과 근로자 생활상의 불이익 비교, 근로자와의 성실한 협의 여부
3. 전직 · 전적 : 근로계약 · 취업규칙상 전직규정 존재여부, 근로자와의 성실한 협의 여부(규정이 없는 경우 근로자의 동의 여부)
4. 징계위원회 결정을 통한 해고 등 징벌 : 징계절차의 정당성(소명의 기회 부여 · 징계위원회구성의 적정성 등), 징계사유 존재 여부 및 정당성, 징계양정의 적정성(비위의 정도와 징벌의 비례성), 다른 근로자와의 형평성, 징계시효 경과 여부, 사업의 성격 · 근로자의 비위행위가 사업에 미친 영향, 징벌의 목적 등

94) 노동위규칙 제54조제4항
95) 노동위규칙 제54조제2항
96) 노위법 제19조
97) 노동위규칙 제55조, 제56조
98) 노동위 심판업무처리요령, 2007.3

5. 대기발령 후 자동면직 : 대기발령 당시에 해고할 만한 사유 존재 여부
6. 기간제근로자의 갱신거절 : 사업의 성격상 유기계약의 필요성 존재 여부, 근로계약 갱신의 관행, 근로계약 갱신 절차의 존재 및 절차준수 여부, 갱신에 대한 기대감 형성 여부, 갱신거절의 합리적인 이유 존재 여부 등
7. 정리해고 : 긴박한 경영상 사정 존재 여부, 근로자 대표와의 성실한 협의 및 해고회피 노력, 공정하고 합리적인 대상자 선정기준 및 그 기준에 의한 선정 여부
8. 사직서 수리 : 사직서 제출의 진의 여부, 사용자가 사직서 제출의 진의를 알았는지 여부, 사직의사 철회와 사직서 수리 시기 등

(라) 심문과정에서 증거조사와 입증책임 등

부당노동행위 사건에 대한 사실인정에 있어서 증거조사의 범위 및 방법에 관하여는 특별한 제한이 없으므로 노동위원회는 증거의 취사선택 및 증명력의 평가를 자유로이 할 수 있다. 즉, 민사소송의 경우처럼 엄격한 증거법칙이 적용되지 않고 보다 자유로운 심증주의가 가능하다. 따라서 예컨대 자백한 사실이나 당사자가 다투지 않은 사실에 관하여도 노동위원회는 직권으로 증거를 조사하고 이에 의하여 사실을 인정할 수 있다. 다만, 재심판정은 행정소송의 대상이 되기 때문에 행정소송에서도 지지받을 수 있는 정도의 증명도(확신도)가 요구된다. 부당노동행위를 구성하는 사실에 대한 입증책임은 신청인이 부담하는 것이 원칙이다.[99] 그러나 노동위원회는 입증사실의 난이도와 성질, 당사자 사이의 형평을 고려하여 구제제도의 취지에 반하지 않는 범위 안에서 입증책임을 경감하거나 부분적으로 입증책임을 사용자에게 전환할 수 있다. 예컨대 인사평정의 차별을 주장하는 경우에 평정자료가 성격상 공개하기 곤란하더라도 이것이 없이는 부당노동행위의 입증이 곤란할 때에는 사용자가 그 자료 제출 등을 통하여 인사평정에 차별이 없음을 입증하지 않으면 사용자측에 불리하게 사실인정을 할 수 있다.[100]

노동위원회의 회의는 공개하는 것이 원칙이다. 다만 결의에 의해 공개하지

99) 대판 91누2557, 1991.7.26
100) 임종률, 『노동법』, 288쪽

않을 수 있다.[101] 전체 또는 부문별위원회위원장은 소관회의의 공정한 진행을 방해하거나 질서를 문란하게 하는 자에 대하여는 퇴장명령 그 밖에 질서유지에 필요한 조치를 취할 수 있다.[102]

(마) 심문회의 생략

노동위원회는 구제신청사건이 규칙 제60조제1항 1.2.4.5.7호에 해당하고, 근로자와 노동조합이 그 사실을 인정하는 경우는 심문회의를 생략하고 판정회의를 개최할 수 있다. 이 경우 판정회의 개최일 10일전까지 서면으로 통지하여야 하고, 당사자는 판정회의 개최 전일까지 서면으로 의견을 제출할 수 있다.[103] 심문회의 개최를 생략할 수 있는 경우는 다음과 같다.[104]

1. 관계법령의 규정에 따른 신청기간을 지나서 신청한 경우
2. 신청서 기재사항이 명확하지 않거나 누락되어 보정요구를 2회 이상 하였음에도 하지 아니한 경우
4. 구제신청의 내용이 노동위원회의 구제명령 대상이 아닌 경우
5. 같은 당사자가 같은 취지의 구제신청을 거듭하여 제기하거나 같은 당사자가 같은 취지의 확정된 판정(법 제16조에 따른 화해조서 포함)이 있음에도 구제신청을 제기한 경우나 판정이 있은 후 신청을 취하하였다가 다시 제기한 경우
7. 신청인이 2회 이상 출석에 불응하거나 주소불명이나 소재불명으로 2회 이상 출석통지서가 반송되거나 그 밖의 사유로 신청의사를 포기한 것으로 인정될 경우

(2) 판정 · 의결

심문을 종결하였을 때에는 판정회의를 개최하여야 한다. 판정회의는 심문의 결과에 기한 사실의 인정, 판정의 종류와 내용에 관하여 의결하게 된다. 다만, 심문회의에서의 새로운 주장에 대한 사실 확인이나 증거의 보완 등이 필요하다고 판단되거나 화해만을 위한 회의 진행으로 추가적인 사실심문이 필요한 경우에는 추후에 심문회의를 다시 개최할 수 있다.[105] 판정회의는 공익위원 전원 참

101) 노위법 제19조
102) 노위법 제20조
103) 노동위규칙 제57조
104) 노동위규칙 제60조
105) 노동위규칙 제59조제3항

석으로 개의하고, 심판위원회위원장은 근로자위원과 사용자위원에게 당해 사건에 관한 의견을 진술할 기회를 주어야 한다.[106] 근로자위원과 사용자위원은 당해 사건에 대한 법적 판단과 그 이유에 대하여 간단명료하게 의견을 개진한다.

심판위원회는 쟁점사항별로 충분한 토론을 거친 후 판정하여야 한다. 조사관은 심판위원회위원장의 지시에 따라 관련 판정 · 판례 등을 제출할 수 있으며, 필요한 경우 심판위원회위원장의 승인을 얻어 진술할 수 있다. 판정에 앞서 심문회의에 참석한 근로자위원과 사용자위원에게 의견진술의 기회를 주어야 한다.[107] 다만, 출석요구를 받고 정당한 사유없이 출석하지 아니하는 경우에는 그렇지 않다.[108] 공익위원은 근로자위원과 사용자위원이 제시한 의견, 토론에서 제시된 의견 등을 충분히 고려하여 최종적인 결론에 대한 자신의 의견을 개진하고 과반수의 찬성으로 판정내용을 결정한다. 다만, 심문회의에서의 당사자 주장에 대한 사실 확인이나 증거의 보완 등이 필요하다고 판단되거나 화해가 진행 중에 있고 성립가능성이 높은 경우 심판위원회의 결의로 판정을 유보하고 추후에 판정회의를 다시 개최할 수 있다. 심판위원회는 위원 3인 전원의 출석으로 개의하고 위원 3인 중 과반수인 2인이 찬성하여야 성립한다.[109] 판정 · 명령 결정은 서면으로 하되, 신청인과 해당 사용자에게 각각 교부한다.[110]

(가) 판정의 종류와 방법

초심판정은 구제명령과 기각결정으로 나누어진다. 노동위원회가 심문을 종료하고 부당노동행위가 성립한다고 판정한 때에는 사용자에게 구제명령을 발하고 부당노동행위가 성립되지 않는다고 판정할 때에는 그 구제신청을 기각하

---

106) 노동위규칙 제59조제2항

107) 노동위규칙 제61조. 조사관은 근로자위원과 사용자위원의 의견, 의결사항의 요지 등을 기재한 회의록을 작성하여야 한다. 주심위원은 판단요지를 쟁점사항별로 작성하여야 하며, 주심위원이 지명되지 아니한 때에는 공익 위원 중 한 사람이 작성하여야 한다.

108) 노위법 제18조제2항

109) 노위법 제17조제2항

110) 의결결과 알림 : 노동위원회는 부득이한 사유가 있는 때를 제외하고는 심판위원회의 의결결과를 의결일 다음 날(다음 날이 휴무일인 경우 그 익일)까지 전화, 모사전송, 자동문자 메시지(SMS)서비스 등을 통하여 당사자에게 알려주어야 한다. 다만, SMS서비스나 전화 통화가 안 되는 경우 등 불가피한 사유가 있는 때에는 의결일 다음날에 의결결과를 서면으로 발송할 수 있다(노동위규칙 제28조)

는 결정을 하여야 한다. 판정 · 명령 및 결정은 서면으로 하되, 이를 당해 사용자와 신청인에게 각각 교부하여야 한다.[111] 노동위원회는 그 의결에 의하여 신청의 전부 또는 일부가 이유 있다고 인정할 때에는 사용자에게 서면으로 신청의 전부 또는 일부를 인정하는 구제명령을 발하여야 한다.[112] 노동위원회는 그 의결에 의하여 신청의 전부 또는 일부가 이유 없다고 인정할 때에는 서면으로 신청의 전부 또는 일부를 기각하는 결정을 하여야 한다.[113]

(나) 판정서 작성

판정서는 당해사건에 대한 위원회의 법률적인 판단이며, 부당해고 등 · 부당노동행위 사건 등에 있어서는 근로자 · 노동조합의 구제명령 요청에 대한 처분 또는 거부처분의 내용을 담은 것이다. 판정서는 조사결과와 심문결과의 종합적인 반영이어야 하며, 주문과 이유 사이에 논리적인 일관성이 유지되어야 한다. 판정서의 판단내용은 조사 · 심문을 통하여 확인된 사실에 대한 법률적인 판단이므로 판단의 요소가 되는 사실관계가 빠짐없이 정리되어 있어야 한다. 판정서의 판단부분은 결과적으로 당사자의 상반되는 주장 중 어느 일방의 주장을 인용하거나 배척하는 것이므로 당사자의 핵심적인 주장마다 인용 또는 배척하는 이유와 근거가 빠짐없이 제시되어야 한다. 판정서는 사건, 당사자, 판정일, 주문, 신청취지, 이유[114]로 구성된다. 말미에는 판정의 일자, 위원회의 명칭을 기재하고 위원은 이에 서명하여야 한다.[115]

주문의 내용을 살펴보면, 판정서의 주문은 심판위원회에서 의결된 내용을 간결 · 명확하고 문법에 맞는 서술형으로 구성한다. 구제명령을 하는 경우에는 판단부분과 의무부과부분을 각 항으로 나누어 독립된 문장으로 구성하되 의무부과는 명령문의 형태로 한다. 구제명령의 내용은 신청인의 신청취지에

---

111) 노조법 제84조
112) 노동위규칙 제60조제2항
113) 노동위규칙 제60조제2항
114) ① 당사자 개요, ② 구제신청에 이른 경위, ③ 당사자 주장 요지, ④ 인정사실[관련 규정], ⑤ 판단(쟁점별로 작성), ⑥ 결론
115) 노동위규칙 제62조

충실하게 하되 구제신청제도의 취지를 고려하여야 한다.[116]

(다) 판정서 주문의 예시

㉠ 예시 1 : 부당해고등 구제신청사건(구제명령)

1. 이 사건 사용자가 20 . . . 이 사건 근로자에 대하여 한 해고는 부당해고임을 인정한다.
2. 이 사건 사용자는 이 사건 근로자를 즉시(이 판정서를 송달받은 날부터 0일 이내에) 원직에 복직시키고, 해고기간동안 근로하였다면 받을 수 있었던 임금상당액을 지급하라.

㉡ 예시 2 : 부당해고등 구제신청사건(기각 · 각하)

이 사건 근로자의 신청을 기각(각하)한다.

㉢ 예시 3 : 부당노동행위 구제신청사건(금전보상명령)

1. 이 사건 사용자가 20 . . . 이 사건 근로자에 대하여 한 해고는 부당해고임을 인정한다.
2. 이 사건 사용자는 이 사건 근로자에게 해고기간 동안 근로하였다면 받을 수 있었던 임금상당액을 포함한 금____원을 이 판정서를 송달받은 날부터 ○일 이내에 지급하라.

㉣ 예시 4 : 부당노동행위 구제신청사건(구제명령)

1. 이 사건 사용자가 20 . . . ○○고등학교 교무실 게시판에 게시된 이 사건 노동조합의 게시물을 임의로 철거한 행위는 ○○고등학교노동조합에 대한 지배 · 개입의 부당노동행위임을 인정한다.
2. 이 사건 사용자는 게시물 임의철거에 대한 사과와 재발방지를 약속하는 내용의 공고문을 ○○고등학교 교무실 게시판에 게시하라.

㉤ 예시 5 : 부당해고 및 부당노동행위 구제신청사건(전부인정)

1. 이 사건 사용자가 20 . . . 이 사건 근로자에 대하여 한 해고는 부당해고이며, 불이익조치의 부당노동행위임을 인정한다.
2. 이 사건 사용자는 이 사건 근로자를 즉시 원직에 복직시키고, 해고기간동안 근로하였다면 받을 수 있었던 임금상당액을 지급하라.
3. 이 사건 사용자는 재발방지를 약속하는 내용의 사과문을 사내게시판에 게시하라.

㉥ 예시 6 : 부당해고 및 부당노동행위 구제신청사건(부해 : 인정, 부노 : 기각)

1. 이 사건 사용자가 20 . . . 이 사건 근로자에 대하여 한 해고는 부당해고임을 인정한다.
2. 이 사건 사용자는 이 사건 근로자를 즉시 원직에 복직시키고, 해고기간 동안 근로하였다면 받을 수 있었던 임금상당액을 지급하라.

---

116) 부당해고 등 구제명령을 하는 경우에는 30일 이내에서 정한 이행기한을 의무부과부분에 명시하여야 한다. 다만, 이행기한은 이행강제금제도 시행을 위한 것이므로 해고 등 징벌이 2007.7.1 이후에 발생한 경우부터 적용한다(근기법(2007.4.11. 법률 제8372호) 부칙 제12조).

3. 이 사건 근로자의 나머지 신청을 모두 기각한다.

ⓐ 예시 7 : 부당해고 및 부당노동행위 구제신청사건(전부기각)

이 사건 근로자 및 노동조합의 신청을 모두 기각한다.

ⓞ 예시 8 : 노동조합의 결의 · 처분의 시정명령 의결

○○노동조합이 20 . . . 신청외 ○○○에 대하여 한 제명처분은 ○○노동조합 규약 제○○조에 위반되는 것으로 판단된다.

ⓙ 예시 9 : 노동조합 임시총회 소집권자 지명요청 의결

신청외 ○○○가 20 . . . ○○시장에게 한 노동조합 임시총회 소집권자 지명요구는 「노동조합 및 노동관계조정법」 제18조제3항의 요건을 충족하고 있는 것으로 판단된다.

(라) 판정서 경정

판정서가 당사자에게 교부된 후 당사자 표시나 내용의 오기, 누락 등 표현상의 잘못이 명백한 경우에는 사건 당사자의 신청이나 직권으로 당해 심판위원회의 의결을 거쳐 이를 경정(更正)할 수 있다. 판정서 경정은 판정서 작성 과정에서의 과실에 의한 표현상의 잘못에 국한되며, 새로운 내용을 추가 · 보완하는 것은 허용되지 아니한다. 경정한 판정서를 지체없이 당사자에게 송부하여야 하며, 판정서의 경정은 구제명령의 이행기간, 재심신청기간, 행정소송 제기기간의 산정에 영향을 미치지 않는다.[117]

(3) 명령 · 결정 등 판정의 효력

노조법상 부당노동행위금지규정은 사법상의 권리 · 의무에 관한 규범이 아니다. 노동위원회의 판정은 구제명령으로서 명령 · 결정은 행정처분의 일종이다. 노동원회의 판정은 당사자에게 교부된 후에는 판정을 한 노동위원회도 이를 취소 · 변경할 수 없는 불가변력,[118] 그것은 재심신청 또는 행정소송의 제기에 의해서만 취소 · 변경될 수 있는 공정력[119]을 가진다. 구제명령은 판정서

117) 노동위규칙 제63조

118) 사전적 의미로서 불가변력, 어떤 행정행위에 대하여 행정청 또는 그 상급 감독청이 직권으로 당해 행정행위를 취소 · 변경하는 것을 불허하는 힘을 말한다.

119) 공정력은 행정행위가 무효가 아닌 한 행정행위로 인하여 법률상 이익을 침해 받은 자는 행정쟁송을 통해서만 그의 효력을 부인할 수 있게 하는 구속력만을 협의의 공정력이라고 한다. 공정

의 교부일로부터 효력을 발생하므로 당사자는 지체없이 이를 이행할 공법상의 의무를 진다. 다만, 결정 · 명령에 불복이 있는 자는 중노위에 재심절차를 통해 취소 · 변경이 가능하다. 법정기간 내에 재심이나 행정소송을 재기하지 않는 경우 처분은 확정되며(확정된 구제명령) 관계 당사자는 이에 따라야 한다.[120]

노동위원회의 결정 · 명령은 재심신청이나 행정소송 제기에 의해 그 처분의 효력이 정지되지 않으므로 재심이나 행정소송을 제기하여 계속 다투는 경우에도 초심판정이나 재심판정의 이행의무는 계속된다.[121] 그러나 초심의 구제명령에 대하여 사용자가 재심신청을 하여 초심의 구제명령이 확정되지 않는 경우에도 초심의 구제명령을 이행하여야 하는지 의문이다. 초심판정은 재심신청에 의하여 그 효력이 정지되지 않으므로[122] 사용자는 재심신청을 한 경우에도 초심의 구제명령을 이행할 의무를 부담한다. 다만 이행을 하지 않는다고 해도 미확정의 구제명령 불이행을 처벌 할 수는 없기 때문에 실제로 미확정의 구제명령은 그 이행을 확보하기는 곤란하다.

구제명령은 노동위원회가 사용자에게 공법상의 이행의무를 부과하는 것이므로, 당초 구제명령의 원인이 된 처분 즉, 부당노동행위로 인한 해고, 전보, 감봉처분 등 사실관계에 대한 사법상의 효력을 변경시키는 등의 직접적인 효력을 미치지 않는다. 예컨대 불이익취급으로서의 해고에 대한 원직복귀명령은 해고자를 사실상 원직으로 복귀시키는 것을 명할 뿐 당해 해고를 사법상 무효로 하는 것은 아니다. 그러나 원직복귀명령이 확정되었을 때에는 그 원인인 해고는 부당노동행위 금지의 강행법규에 위반하는 행위로서 사법상으로도 무효가 된다고 보아야 할 것이다. 구제명령 중 임금 등의 소급지급명령이 있었더라도 그 명령 자체가 민사소송법상 채무명의로 되는 것은 아니다. 사용자가 노동위원회의 확정된 구제명령을 이행하지 않는 경우, 사용자는 노조법 제89조제2호에 의거 3년 이하의 징역 또는 3천만원 이하의 벌금에 처해질 수도

력의 한계는 무효인 행정행위에는 인정되지 않고, 취소할 수 있는 행정행위에만 인정된다. 또한 권력관계에만 인정되고, 비권력적행위, 사법행위, 사실행위에는 인정되지 않는다.

120) 노조법 제85조제3항 · 제4항

121) 노조법 제86조

122) 노조법 제86조

있고, 그와 같은 형사적인 처벌압박으로 인해 형사처벌을 전후하여 혹은 기소준비과정의 도중에 구제명령을 이행할 수도 있다. 하지만 그렇지 않은 경우, 권리구제를 신청한 자가 구제내용을 실현하려면 형사처벌과는 별도로 민사소송을 제기하여 부당노동행위 구제명령의 원인이 된 처분의 무효확인, 교섭해태 · 직장폐쇄 · 경비원조 등 부당노동행위에 대한 부작위 · 작위명령, 손해배상 청구 등을 통해 실현할 수 있다. 민사절차를 통한 구제에 대해서는 뒷부분에서 상세히 설명한다.

(4) 구제명령의 내용과 한계

(가) 구제명령의 내용

현행법상 구제명령의 내용을 제한하는 특별한 규정은 없다. 따라서 노동위원회는 부당노동행위 구제제도의 취지에 비추어 합리적인 재량을 가지고, 침해된 권리를 효과적으로 회복하기 위한 다양한 형태의 구제명령을 하게 된다.

예컨대 ① 불이익취급에 대하여 불이익처분 이전의 지위로 복구(원직복귀)시키라는 명령, ② 해고 · 징계 · 인사조치 등의 불이익처분에 대하여는 그러한 처분이 없었더라면 그 기간동안에 근로자가 받을 수 있었던 임금상당액을 지급(소급임금 지급 ; back pay)하라는 명령, ③ 사용자가 주장하는 그런 사유로는 단체교섭을 거부 · 해태하지 말하는 명령, ④ 특정의 교섭주체 · 교섭사항에 대하여 성실하게 교섭하라는 명령, ⑤ 문제의 지배 · 개입행위를 중단하라는 명령, ⑥ 문제의 행위에 대하여 구제명령을 받았다는 취지, 문제의 행위에 대하여 잘못을 시인하거나 그러한 행위를 향후 않겠다는 취지, 문제의 행위에 대하여 잘못을 시인하거나 그러한 행위를 향후 않겠다는 취지가 담긴 문서를 게시(공고문게시 ; post notice)하라는 명령 등이다. 대체로 복귀 명령을 할 때에는 소급임금 지급명령을 병행한다.[123)]

다만, 부당노동행위로 인한 해고처분으로 인해 구제를 신청한 경우, 근로자가 구제절차 진행중 혹은 소송과정에서 정년에 도달하거나, 근로계약기간이 만료되거나, 임의로 사직하거나 사망하여 원직복직의 실익이 없을 경우는 민

123) 임종률, 『노동법』, 290쪽

사소송 절차에 의해 불이익을 입은 기간 동안의 임금상당액과 위로금을 청구하거나 구제절차 도중에 노동위원회의 금전보상제도를 활용하여 부당해고기간 동안의 임금상당액과 위로금을 지급하도록 신청서를 제출할 수 있다. 금전보상제도의 청구범위는 임금상당액외에 위로금 기타 비용을 포함할 수 있으며, 반드시 근로자에게만 신청권이 부여된다. 노동위원회가 금전보상명령을 할 때는 판정서 주문에 보상금액과 이행기간(구제명령일로부터 30일 이내)을 명시하여 기일내에 이행하지 않으면 이행강제금의 부과대상이 되고, 노동위원회의 고발에 의해 1년 이하의 징역 또는 1,000만원 이하의 벌금에 처할 수 있다는 점을 명시한다.[124)]

(나) 구제명령의 한계

이상 언급한 구제명령 이외에도 사안에 따라 노동위원회는 합리적 재량을 가지고 전문적이고 합리적인 판단에 따라 적합한 시정조치를 할 수 있다. 다만, 노동위원회가 가지는 재량권은 합리적 범위 내에서 일정한 한계를 두어야 하는 바, 그 구체적 내용을 살펴보면 다음과 같다.

부당노동행위구제절차는 사용자로부터 침해된 노동3권을 정상적으로 회복하기 위한 다양한 조치를 수단으로 사용하는 것이므로, 구제명령의 내용도 침해가 없었던 상태로 회복하는 원상회복조치가 주요 내용으로 된다. 이 경우 원상회복조치는 근로자개인과 노동조합의 집단적 피해 모두를 포함하고, 과거의 침해 뿐 아니라 장래의 침해위험에 대한 예방적 측면도 고려되어야 한다. 이와 같이 노동3권 침해의 회복수단으로서 구제명령은 사안에 따라 합목적적이고 탄력적인 재량을 가질 수밖에 없다. 다만, 노동위원회가 구제명령을 하는데 있어서 합리적인 재량권을 가진다고 하더라도 부당노동행위제도의 취지와 목적에 비추어 일정한 한계를 가지며, 이를 일탈하는 구제명령의 내용에 대하여는 적법성이 인정되지 않는다. 따라서 구제명령은, 사용자의 위법한 행위로 인한 단결활동권 침해 상태를 직접적 · 구체적으로 시정하여 정상적인 노사관계 질서를 신속히 회복하고, 부당노동행위로 인한 권익침해를 피해를 구제하는 필요

124) 근기법 제111조

적절한 명령이어야 적법성을 가진다. 다만, 구제명령은 성질상 부당노동행위라는 사실적 법률관계를 시정하기 위한 행정조치이므로, 그 적법성 여부는 강행법규에 위반하지 않는 등 행정처분으로서의 적법성을 갖추면 되는 것이다. 따라서 구제명령의 내용도 민사소송에서처럼 엄격한 제약을 받는 것도 아니고, 그 명령이 사법상 가능(적법)한지 여부에 따라 좌우되는 것도 아니다.[125]

(다) 구제명령으로서 사과문, 반성문 등의 게시명령의 적법성

노동위원회는 부당노동행위에 대한 실질적인 원상회복조치로서 구제명령과 함께 명령에 관한 공고문 게시명령이나 동종의 행위에 대한 부작위명령 등을 함께할 수 있다. 다만, 사과문, 사죄문, 유감표시 등을 공고문의 내용으로 하는 구제명령의 경우는 사용자의 양심의 자유를 억압하고 윤리적인 판단을 강제하여 기본권을 과도하게 제약한다는 점에서 불가능하다는 견해[126]와 정상적인 노사관계의 회복을 위한 형식적 조치일 뿐이고, 부당노동행위에 대한 반성까지 강요하는 것이 아니라면, 양심의 자유를 침해하는 것은 아니라고 보아야 한다는 견해[127]로 나눠지고 있다. 그러나 노동위원회나 법원의 구제명령이 아닌 사용자의 자발적인 조치로서의 사과 · 유감의 표시문 게재 등은 문제될 수 없을 것이다.

(5) 유형별 구제명령

(가) 불이익취급의 경우

법 제81조제1호에 의하면, 사용자는 근로자가 노동조합에 가입 또는 가입하려고 하였거나 조직하려하였거나 기타 노동조합의 업무를 위한 정당한 행위를 한 것을 이유로 그 근로자를 해고하거나 불이익을 주는 행위와, 제5호에 의하면, 정당한 단체행위에 참가한 것을 이유로 하거나 또는 노동위원회에 사용자의 법 위반사항을 신고 · 증언하거나, 기타 행정관청에 증거를 제출한 것을 이

---

125) 김유성, 『노동법』, 291쪽

126) 김유성, 『노동법』, 373쪽 ; 헌재89헌마160, 1991.4.1. 명예훼손에 대한 원상회복적 구제조치로서 "사죄광고"를 포함시킨 것에 대해, 양심의 자유를 제한함에 있어서 수단이 목적에 적합하지 않을 뿐 아니라 그 정도가 과잉하여 비례에 원칙에 반한다고 보아서 위헌이라고 판시

127) 임종률, 『노동법』, 292쪽

유로 해고하거나 불이익을 주는 행위 등을 금하고 있다.

사용자에게 부당노동행위가 입증될 경우, 해고 · 전직 · 강등 등 불이익취급에 대한 구제로는 원직복귀명령, 불이익취급이 정직 · 감봉 등 징계처분인 경우는 그 처분을 취소하라는 명령, 인사평정상 차별에 의해 승진 · 임금 · 보직 등에 있어서 차별이 이루어진 경우에는 재심사 혹은 그 결과에 따라 승진 또는 차액을 지급하라는 명령, 게시판 · 회의실 등 정당한 조합활동을 위한 시설의 사용 등에 있어서 불이익을 준 경우는 그렇게 하지 말라는 부작위명령 등이 적합하고, 위와 같은 구제명령과 함께 명령에 관한 공고문 게시명령이나 동종의 행위에 대한 부작위명령 등을 함께 할 수 있다. 불이익취급에 관한 최근판례와 재결례 등은 다음과 같다.

1. 위력으로 직원들의 출근업무 및 골프장 운영에 관한 업무를 방해하고 직원에게 상해를 가하여 해고한 것은 정당하고 부당노동행위로 볼 수 없다(서울행판 2008구합28219, 2009.6.5).
2. 정당한 사유에 기초하여 이루어진 승급배제는 부당노동행위에 해당하지 않는다 (서울행판 2008구합50940, 2009.6.12).
3. 형식적인 근로계약기간 만료를 이유로 노동조합의 간부에 대하여만 근로계약을 종료시킨 것은 부당노동행위에 해당한다(서울고판 2003누14675, 2005.2.04). 참가인 근로자는 개인택시 자격취득을 위한 장기근로를 전제로 원고회사에 입사하였는데 근로계약서를 작성함에 있어 계약기간이 1년으로 규정되어 있자 참가인이 이의를 제기하였으나 회사는 형식상 작성하는 것이므로 문제가 되지 않는다며 계약서에 서명할 것을 요구했다. 이후 회사는 참가인의 근로계약기간, 교통사고 3건, 입원에 의한 결근 등을 이유로 참가인에게 근로계약 종료를 통보했다. 그러나 이 회사의 근로계약이 형식에 불과했던 점, 교통사고가 경미했던 점, 결근시 사전통보를 했던 점 등을 미루어 볼 때 참가인과의 근로관계를 종료시킨 것은 부당하다.
4. 전보발령으로 근로자가 노조활동을 더 이상 할 수 없게 되었다고 하더라도 그 전보발령이 정당한 한 부당노동행위에 해당하지 않는다(중노위 2004부노137 · 2004부해620, 2005.2.3). 부당노동행위가 성립하기 위해서는 근로자가 노동조합의 업무를 위한 정당한 행위를 하고 사용자가 이를 이유로 근로자에 대하여 불이익을 주는 행위를 한 경우이어야 할 것인바, 신청인에 대한 전보발령은 경남지역의 영업경쟁력 강화와 경영합리화에 따른 인력 구조조정의 필요에 의한 것으로 정당한 인사권의 범위내의 처분이라 할 것이므로, 설령 전보발령으로 인하여 신청인이 노동조합활동을 하지 못하는 결과가 되었다 하더라도 이를 부당노동행위에 해당한다고 할 수 없고, 그밖에 부당노동행위를 인정할 만한 사정이 없어 이 사건 전보처분이 신청인의 노조활동을 방해하기 위한 것이라는 주장을 받아들이기 어렵다.

5. 조합원을 이유로 비조합원보다 불리한 인사 고과를 했다는 사실을 주장하는 측이 증명할 수 없다면 이는 부당노동행위라 볼 수 없다(대판 2007두25695, 2009. 3.26).
6. 노동조합활동을 방해하고, 근로관계를 일방적으로 단절할 목적으로 다른 수습 근로자들에 비하여 비합리적인 평가 점수를 부여하여 사실상 해고한 것은 부당노동행위에 해당한다(대판 2006두13220, 2008.12.11).
7. 노조원과 비노조원을 전체적으로 비교하여 보아 승진에 있어서 격차가 있다고 하더라도 이로써 바로 부당노동행위에 해당한다고 단정할 수 없다(서울행판 2008구합9157, 2008.9.12). 사용자의 행위가 노동조합 및 노동관계조정법에 정한 부당노동행위에 해당하는지 여부는 사용자의 부당노동행위 의사의 존재 여부를 추정할 수 있는 모든 사정을 전체적으로 심리 검토하여 종합적으로 판단하여야 하고, 부당노동해위에 대한 입증책임은 이를 주장하는 근로자 또는 노동조합에게 있으므로 필요한 심리를 다하였어도 사용자에게 부당노동행위의사가 존재하였는지 여부가 분명하지 아니하여 그 존재 여부를 확정할 수 없는 경우에도 그로 인한 위험이나 불이익은 그것을 주장한 근로자 또는 노동조합이 부담할 수밖에 없다. 또한 업무능력, 근무성적, 상위직에 대한 적격성 등의 반영에 의하여 승진이 이루어지는 이른바 능력주의 승진제도 하에서 조합원이 노동조합에 가입하고 있음을 이유로 비조합원과 비교하여 승진에 있어서 불이익한 취급을 받았다고 하기 위해서는 특별한 사정이 없는 한 당해 조합원이 비교의 대상으로 된 비조합원과의 사이에 업무능력, 근무성적, 상위자에 대한 적격성 등에 있어서 차이가 없어야 하고, 노조원과 비노조원을 전체적으로 비교하여 보아 승진에 있어서 격차가 있다고 하더라도 이로써 바로 노동조합 및 노동관계조정법 제81조제1호의 부당노동행위에 해당한다고 단정할 수 없다.
8. 근로조건 향상을 위해 사내통신망과 인터넷 홈페이지에 회사를 비방하는 글을 게시한 것을 이유로 징계해고한 것은 부당하다(서울고판 2000누16694, 2001.9.6).
9. 반집행부로서의 조합활동을 위하여 '연가' 및 '병가' 신청을 하였으나 사용자가 이를 허가하지 않고 '결근처리'를 하였을 경우 부당노동행위로 볼 수 없다(중노위 2000부노108, 2000.12.14).
10. 정당한 징계사유가 있어 근로자를 징계한 경우에는 사용자에게 반노동조합의사가 추정된다고 하더라도 부당노동행위에 해당하지 않는다(대판 2005두10415, 2005.10.28). 소외인들의 ○○청장의 복귀지시에 따르지 아니한 채 무단결근하여 근로제공의무를 이행하지 아니한 것은 국가공무원법에서 소외인들에게 지우고 있는 성실의무, 복종의무 및 직장이탈금지의무 등을 위반한 것으로 이는 국가공무원법 제78조제1항제1호, 제2호의 징계사유에 해당한다고 할 것이고, 피고 및 참가인 조합이 주장하고 있는 김○○ 등에 대하여는 무단결근으로 처리하지 아니하였거나 징계가 없었던 점을 감안하더라도 ○○청의 업무의 목적과 성격, 소외인들이 무단결근으로 ○○청이 입은 업무방해의 정도 및 소외인늘에 대한 징계의 정도 등 제반사정에 비주어 보면 소외인들에 대한 징계양정도 과다한 것으로 보이지 아니하며, 그 밖에 이 사건에 제출된 여러 자료들을 종합하여 고려할 때 ○○청장이 소외인들에 대하여 이 사건 징계를 함에 있어 표면적으로 내세우는 징계사유가 구실에 불과할 뿐이고 실질적으로는

소외인들의 노동조합 업무를 위한 정당한 행위를 사유로 삼아 해고한 것이라고 인정할 수 없으므로, 소외인들에 대한 이 사건 징계가 부당노동행위에 해당한다고 볼 수 없다

11. 노동조합의 정당한 의사결정 과정도 거치지 않은 허위내용의 유인물을 작성하고 배포를 주도한 노조간부를 해고한 것은 정당하다(강원지노위 2005부해34 · 2005부노18, 2005.6.21).

(나) 반조합계약의 경우

법 제81조제2호에 의하면, 사용자는 유니온숍 단체협약 등 예외적인 경우를 제외하고, 근로자가 어느 노동조합에 가입하지 아니할 것 또는 탈퇴할 것을 고용조건으로 하거나 특정한 노동조합의 조합원이 될 것을 고용조건으로 하는 행위를 금하고 있다. 사용자의 부당노동행위가 판명될 경우, 노동조합에 불가입 · 탈퇴 · 가입 등을 고용조건으로 한 부분을 파기하라는 명령, 근로계약서에 정한 반조합적인 해당부분을 삭제하라는 명령 등을 구제명령으로 할 수 있다.

(다) 단체교섭 등을 거부한 경우

법 제81조제3호에 의하면, 사용자가 노동조합의 대표자 또는 노동조합으로부터 위임받은 자와의 단체협약체결 기타의 단체교섭을 정당한 이유없이 거부하거나 해태하는 행위를 금하고 있다. 이 경우 구제명령은 사용자의 부작위를 시정하도록 작위명령을 하는 것이다. 즉, "단체교섭에 응하라", "노동조합이 요구하는 ○○○에 관한 사항은 단체협약으로 정할 수 있는 사항이므로 교섭에 응하라", 교섭당사자가 부적격 하거나 교섭에 따른 권한이 불확정 되는 등의 사유로 단체교섭을 거부하거나 기피하는 경우는 "교섭당사자와 권한을 확정하여 위임하고 교섭에 응하라", 교섭에 관한 정보제공을 기피하여 성실교섭의무를 위반한 경우는 "그 정보를 제공하라"는 명령, 이외에도 "구제명령문 게시명령", "동종의 행위를 반복하지 않겠다는 다짐에 관한 게시문" 등을 부착할 것을 명령하여 사용자로 하여금 부당노동행위를 반복하지 않겠다는 다짐을 촉구하고 심리적인 강제를 하는 한편, 사용자의 부당노동행위로 인한 조합활동의 위축을 심리적으로 해소하는 원상회복적인 효과를 거둘 수 있는 구제명령 등, 사안에 따라 적절한 명령을 할 수 있다.

(라) 지배 · 개입의 경우

법 제81조제4호에 의하면, 사용자는 근로자가 노동조합을 조직 또는 운영하는 것을 지배하거나 이에 개입하는 행위와 전임자에게 급여를 지원하거나 노동조합의 운영비를 원조하는 행위를 금하고 있다. 다만, 근로자가 근로시간 중에 사용자와 협의 또는 교섭하는 것을 사용자가 허용하는 것과 근로자의 후생자금 또는 경제상의 불행 기타 재액의 방지와 구제 등을 위한 기금의 기부와 최소한 규모의 노동조합 사무소의 제공은 예외로 한다.

이러한 지배 · 개입의 부당노동행위에 대한 구제명령은 그러한 행위에 대한 부작위명령 즉, 과거 및 현재의 부당노동행위에 대해 그러한 행위를 하지 말라는 내용, 장래에 있어서 동종 또는 유사한 행위가 재발될 우려가 있는 경우는 그러한 부당노동행위의 재발방지를 위한 예방조치로서의 금지명령 등을 주된 내용으로 한다. 명령의 주문은 가급적 일반적 · 포괄적이지 않고, 구체적인 것이 바람직하다. 예를 들면, "조합원에게 조합의 탈퇴를 유인 · 강요하지 말아라", "조합원과 비조합원의 승진 · 승급 · 수당지급 등에 있어서 차별을 두거나 불이익을 주지 말아라", "노조는 없어져야 한다. 해산하는 것이 바람직하다 는 등의 노조의 존립과 운영에 영향을 주는 발언을 하지 말아라", "노동조합 임원들에게 월 일정액의 활동자금을 주는 등 조합의 자주성을 해치는 행위를 하지 말아라"는 등의 구체적 명령이 바람직하다.

(마) 추상적 부작위명령 가능성

노동위원회가 구제명령으로서 향후 일정한 행위의 금지를 내용으로 하는 부작위명령을 발할 경우에 금지되는 행위를 특정하지 않고 광범한 행위를 일반적 · 포괄적으로 금지하는 추상적 부작위명령을 할 수 있는지도 문제된다. 즉, "사용자는 노조의 조직운영에 일체의 개입이나 방해를 하지 말아라", "사용자는 노조의 자주성을 해치는 일체의 경비를 지원하지 말아라"는 등의 명령이 가능한지 여부가 문제가 된다. 추상적 구제명령은 장래의 제재에 근거를 제공하는 일반적 법규를 형성하는 것이고 또 당해 부당노동행위를 사실상 시정함으로써 노사관계의 정상화를 꾀한다는 구제명령의 목적을 일탈하므로 허용되

지 않는다고 보아야 할 것이다.[128)]

(6) 구제명령으로서 원상회복조치 문제

(가) 불이익취급 등의 시정으로서 소급임금지급문제

해고 · 징계 등 불이익처분에 대하여 노동위원회가 그 처분을 부당노동행위로 판정하고 그 기간동안 소급임금의 지급을 명하는 경우가 있다. 이 경우 사용자는 노동위원회가 중간수입을 공제할 것을 명령하였는지 여부에 불구하고, 근로자가 해고기간에 다른 곳에 취업하여 얻은 수입 즉, 중간수입이 있다면 휴업수당을 초과하는 금액의 범위 안에서 이를 소급임금에서 공제할 수 있다. 노동위원회의 명령에 불구하고 공제할 수 있는 근거는 민법에[129)] 정하고 있으므로 사용자는 해고기간 중 자신이 근로자에게 지급해야 할 임금전액에서 근로자가 자신에게 노무제공 의무를 면함으로서 얻은 중간수익을 공제하고 나머지를 지급할 수 있다. 다만, 중간수익이 임금전액과 같거나 많으면 사용자는 그 기간 중에 임금을 한 푼도 지급하지 않을 수 있으므로 근로자로서는 자신의 잘못이 아닌데도 불구하고 임금전액과 중간수입마저 받을 수 없는 불공평이 따른다. 그러므로 임금전액에서 중간수입을 공제하더라도 휴업수당을 초과한 금액만 공제하고 나머지는 지급해야 한다.[130)]

여기서, 노동위원회가 부당노동행위 구제명령을 하면서 소급임금의 지급을 명하는 경우 반드시 중간수입의 공제를 명하여야 하는지 여부가 쟁점이다. 노동위원회는 근로자를 원직에 복귀시켜 정상적인 노사관계를 회복하는 데 구제명령의 궁극적인 목적을 두고 있다. 그러나 행정명령의 특성상 소급임금의 구체적인 금액이나 중간수입이 있었는지 여부를 정확히 파악하기는 어렵다. 따라서 노동위원회는 소급임금 지급명령을 함에 있어서 합리적인 재량을 통해, 중간수입이 있음을 알았느냐 여부를 불문하고 그 공제에 대하여 언급하지 않는 것이 보통이다. 그러므로 노동위원회가 중간수입이 있음을 알면서 그 공제

128) 임종률, 『노동법』, 292쪽

129) 민법 제538조. 노무자는 계약에 있어서 채무를 면함으로서 얻은 이익은 사용자에게 상환할 의무가 있다.

130) 대판 91다2656, 1991.5.14

를 명하지 않았다 하여 그 구제명령이 위법한 것으로 되지는 않는다. 다만, 중간수입을 공제하지 않을 것, 공제할 수 있는 액의 일부만 공제할 것, 또는 공제할 수 있는 한도를 초과하여 공제할 것을 명하는 경우에는 그 구제명령은 위법하다고 보아야 할 것이다.[131)]

① 임금공제 실무사례

중간수입 공제에 대한 실무사례를 가정해 보면, A 근로자가 갑회사로부터 부당해고를 당하고 3개월간 휴업한 사실이 있고, 근로자는 을회사에 취업했다. 갑회사에서는 월 평균임금으로 250만원을 받고, 을 회사에서는 월 평균임금으로 150만원을 받았을 경우, 부당해고 구제명령을 받은 갑회사는 근기법 제46조에 의거 사업주 귀책사유로 인한 휴업시 지급책임이 있는 휴업수당범위(평균임금의 70%)내에서는 공제할 수 없으므로 A가 재직시 수령했던 월 평균임금 중 휴업수당을 초과하는 나머지 30%에 해당하는 금액 75만원을 한도로 공제할 수 있다.[132)]

② 임금산정방법

다만, 여기서 문제가 되는 것은 사용자의 해고처분이 무효 또는 취소가 된 경우 민법 제538조제1항에 의거 "계속 근로하였을 경우 받을 수 있는 임금전액의 지급"을 청구할 수 있는데 그 구체적인 산정방법이 없다."[133)] 판례를 통해서 살펴보면 다음과 같이 정리해 볼 수 있다. 다만, 구체적인 근로제공이 없으므로 해고가 무효가 아니었다면 통상적으로 근로제공이 있었다는 가정하다고 가성하는 경우는 산정기초임금을 확정 후 부가적 임금을 산입하는 방법이 합리적이고, 해고 이전과 달리 현실적으로 근로제공이 불가능하다고 판단되는 경우는 해고 직전 평균임금을 산정하여 이를 해고기간에 비례하여 산출하는 방법이 타당할 것이다.[134)]

131) 임종률, 『노동법』, 291쪽

132) 대판 2004다37744, 2005.1.13

133) 대판 81다626, 1981.12.22

134) ① 산정 기초임금 확정 후 부가적 임금 산정 정기적으로 수령한 호봉급, 직무급, 복지수당, 월차수당, 휴일수당, 시간외수당, 장기근속수당, 급식보조비, 출퇴근보조비를 포함하고, 1년간 수령한 것으로 인정되는 상여금, 체력단련비, 효도휴가비, 월동보조비를 포함한다고 보았다.

③ 임금상당액에서 사회보험료 등 공제여부

임금상당액은 근로자가 해고기간 동안 근무를 하지 않았음에도 지급받는 것이지만, 사용자의 책임으로 근로제공을 할 수 없어 근로제공의무가 소멸된 것뿐이므로, 임금상당액은 근로의 대가로서 성격을 가지므로 소득세법 제20조제1항제1호의 근로소득에 해당한다는 것이 법제처의 견해이다.[135] 따라서 사용자는 임금상당액에서 고용·산재보험료, 건강보험료, 국민연금료, 소득세 및 주민세를 원천공제 해야 할 의무가 있다.

④ 차별 등 불이익취급의 구제문제

승진·승급·포상 등 불이익한 차별의 구제명령에 있어서는 노동위원회가 차별의 시정을 명령하면서 일정한 기준을 제시하여 원처분을 취소하고 다시 승진·승급·포상대상자 등을 결정토록 하든지 혹은 새로운 절차를 통해 불이익한 처우를 받은 자를 구제하든지, 불이익한 처분이 없었더라면 지급되어야 할 금액과 현재 지급된 금액의 차액지급을 명령하든지, 불이익 처분의 실태와 목적, 구제이익 등을 감안하여 재량으로 결정할 수 있다.

승진차별에 대한 구제명령에 있어서는 노동위원회가 직접 승진을 명할 수 있는지 문제가 된다. 승진 등이 단순히 자격의 상승 및 이에 따른 임금상승을 가져오는데 불과한 경우에는 노동위원회가 승진명령을 발할 수 있다. 또 승진이 관리상의 직책을 상승시키는 경우에도 그 직책의 수준이나 권한이 상급직책자를 보조하는 것에 그치는 경우 또는 승진이 연공·연령·학력 등의 객관적 요소에 의하여 기계적으로 행하여지는 경우에는 그 직책으로의 승진을 명할 수 있을 것이다. 이에 대하여 관리상의 주요한 직책으로의 승진이 적격성을 종합적으로 판정하여 결정되고 있는 경우에는 사용자의 판정권한을 배려하

다만, 실비변상적인 업무활동보조비, 기밀비, 특근매식비는 포함하지 않았다(서울고판 99나54525, 2001.1.18).

② 해고 전 3월간 평균임금을 정하여 해고기간에 비례해서 곱하는 방법(서울고판 82나3003, 1983.12.7)

③ 해고이전 1년간의 임금총액을 단순평균하여 해고기간에 비례해서 산정(서울고판 2007나6064, 2007.11.16)

135) 안건 10-0075, 2010.4.23

지 않는 승진명령은 적법하지 않다고 보아야 한다.[136]

다. 심판사건의 종결

노동위원회는 취하, 화해의 성립, 판정이 있는 경우에 심판사건을 종결한다. 심판사건을 종결한 때는 판정서 등 그 결과를 30일 이내에 당사자에게 서면으로 통보하여야 한다. 통보에는 판정결과에 불복하면 재심신청이나 행정소송을 제기할 수 있다는 내용이 포함되어야 한다.[137] 노동위원회위원장은 사건을 종결한 때는 당해 사건을 관할하는 지방고용노동관서의 장에게 그 결과를 통보하여야 한다.[138] 판정 이외의 방법으로 사건을 종결하는 방법은 신청의 취하와 화해가 있다.

1) 화 해

심판위원회는 노조법 제84조 부당노동행위구제명령 및 근기법 제28조 부당해고 구제신청에 따른 판정 · 명령 · 결정이 있기 전까지 당사자의 신청이나 직권으로 사건의 조사과정이나 심문회의 진행 중에 당사자에게 화해를 권고하거나 화해안을 제시 · 주선할 수 있다.[139] 노동위원회가 화해안을 작성함에 있어서 관계 당사자의 의견을 충분히 들어야 하며, 심판위원회나 단독심판위원은 화해안을 작성하여 당사자에게 그 취지와 내용을 충분히 설명하여야 하고, 필요시 화해회의를 별도로 개최할 수 있다.[140] 심판위원회는 당사자가 화해안을 수락하거나 화해조건에 합의한 경우는 소정 서식에 의한 화해조서를 작성하여야 하고, 화해에 관여한 심판위원 전원이 서명이나 날인함으로써 성립되며, 일단 화해가 성립되면 민사상 확정판정과 동일한 효력이 있고 화해가 성립된 후 당사자는 번복할 수 없다.[141]

136) 임종률, 『노동법』, 292쪽
137) 노동위규칙 제74조제2항, 제3항
138) 노동위규칙 제74조~제76조
139) 노동위규칙 제69조
140) 노동위규칙 제70조
141) 노동위규칙 제71조 ; 노위법 제16조의3

(1) 화해의 효력

화해조서는 민사소송법상 재판상 화해와 동일한 효력이 있으므로 사용자는 화해의 범위 내에 피해를 구제할 의무를 진다.[142] 화해조서가 작성되면 원본은 노동위원회에서 보관하고, 화해가 성립된 날로부터 5일 이내에 화해조서정본을 배달증명우편으로 관계당사자에게 송부하여야 한다.[143] 만일 당사자가 사본교부를 원하는 경우 즉시 교부한다.

(2) 화해의 불이행

이 경우 화해조서를 작성하고도 이행을 하지 않는 경우는 어떻게 할 것인가가 의문이다. 화해조서는 확정된 구제명령이 아니므로, 사용자가 화해조서를 이행하지 않는 경우에 확정된 구제명령 위반에 대한 벌칙으로 처벌하기는 곤란하다. 다만, 노동위원회법 개정으로 심판위원회에서 작성된 화해조서에는 재판상 화해의 효력이 부여되어 법원의 재판을 거치지 않고도 강제집행이 가능하다. 당사자 일방이 화해조건을 이행하지 아니하여 법원에 강제집행신청 등을 이유로 노동위원회에 화해조서 송달증명서 교부를 신청하는 때에는 화해조서 송달증명서를 교부한다.[144] 화해조서는 민사상 확정판결과 동일한 효력을 가지므로 불이행시에는 근로자 · 노동조합은 노동위원회에서 발급한 화해조서 송달증명을 일반법원에 제출하여 강제집행을 청구하면, 일반법원은 노동위원회로부터 화해조서등본을 제출받아 이를 토대로 강제집행 등을 할 수 있다.

이러한 효력은 화해조서가 작성된 것을 전제로 한다. 따라서 노동위원회의 권고에 의한 것이든 아니든 당사자간 화해에 근거하여 신청인이 신청을 취하하더라도 화해조서를 작성하지 않은 경우에는 그 화해는 사법상 계약으로서의 효력을 가질 뿐이다. 즉, 조서에 의하지 않는 화해는 일방당사자가 이를 이행하지 않으면 상대방은 민사소송을 제기할 수 있을 뿐이다.

---

142) 노위법 제16조의3제5항
143) 노동위규칙 제72조, 제74조제1항
144) 노동위규칙 제73조

2) 심판사건의 취하

당사자가 신청한 심판사건은 신청인이 판정서 등이 도달되기 전까지 서면으로 신청의 전부나 일부를 취하할 수 있다. 취하서는 반드시 서면으로 제출하여야 하며, 그 명칭이나 형식에 관계없이 신청인이 신청을 취하한다는 취지를 포함한 것이라야 한다. 노동위원회위원장은 취하서가 접수되면 당해 사건을 종결하고 그 사실을 당사자 쌍방에게 서면으로 통지하여야 한다.[145] 취하서 제출의 진정성을 둘러싸고 다툼이 발생할 수 있으므로 신청인 본인이 작성한 취하서가 분명한지 실무상 확인이 필요하다. 취하된 신청은 처음부터 계속되지 않은 것으로 취급된다.

취하 후 동일 사건을 다시 제기하는 경우, 제척기간이 경과되지 아니하면 신청을 취하한 후 다시 신청을 제기할 수 있으나 심판위원회의 판정 후 취하하였다가 다시 제기하는 경우에는 규칙 제60조제1항제5호에 따라 각하된다.[146]

3) 신청의 각하처분

각하는 신청이 부적법하거나 신청이 명백한 사실에 의하여 받아들일 수 없는 등 심사를 계속할 필요가 없는 경우에 내리는 처분이다. 따라서 조사 · 심문을 개시한 이후에 각하사유가 발견된 경우에는 조사 · 심문을 중단하고 신청을 각하한다. 그러나 예컨대 모회사가 사용자로서 피신청인이 될 수 있는지가 문제된 경우에는 심문을 종결하고 의결을 거쳐 신청을 각하할 수도 있다. 노동위원회는 일정한 사유가 있을 때에는 심판위원회의 결정에 의하여 신청을 각하하여야 한다. 각하사유는 다음과 같다.

1. 신청서 기재요건에 대한 보정요구를 2회 이상 받고도 이를 보정하지 않는 경우
2. 당사자 적격요건을 갖추지 않은 경우
3. 신청기간을 지나서 신청한 경우
4. 신청하는 구제의 내용이 법령상 또는 사실상 실현할 수 없거나 신청의 이익이 없음이 명백한 경우

145) 노동위규칙 제75조
146) 노동위 심판업무처리요령, 2007.3

5. 신청인이 2회 이상 출석통지를 받고도 출석하지 않거나 출석통지서가 2회 이상 반송되거나 기타 사유로 신청의 의사를 명백히 포기한 것으로 인정될 경우
6. 같은 당사자가 같은 취지의 구제신청을 거듭하여 제기하거나 같은 당사자가 같은 취지의 확정된 판정(화해조서를 포함)이 있음에도 구제신청을 제기한 경우나 판정이 있은 후 신청을 취하하였다가 다시 제기한 경우(노동위규칙 제60조제1항)

라. 재심절차

재심신청인이 될 수 있는 자는 초심의 각하, 구제명령, 기각결정 등 판정에 불복하는 관계 당사자이다.[147] 즉, 초심의 구제명령에 대해서는 초심의 사용자가, 초심의 각하 · 기각결정에 대하여는 근로자 또는 노동조합이 그리고 일부 구제명령에 대하여는 초심의 당사자 쌍방이 재심을 신청할 수 있다. 아울러, 당해 사건의 초심에서 당사자가 될 수 있었지만 초심에 신청인이 아니었던 자라도 초심의 결정 · 명령에 불복하여 재심을 신청할 수 있다. 예를 들면, 노동조합이 초심에서 신청한 불이익취급 사건이 기각 결정된 경우 초심신청인이 아니었던 피해근로자가 직접 재심을 신청할 수 있다.[148]

지방노동위원회 또는 특별노동위원회의 각하 결정, 구제명령, 기각결정에 불복하는 자는 구제명령서나 기각결정서를 송달받은 날로부터 10일 이내에

147) 노조법 제85조【구제명령의 확정】① 지방노동위원회 또는 특별노동위원회의 구제명령 또는 기각결정에 불복이 있는 관계 당사자는 그 명령서 또는 결정서의 송달을 받은 날부터 10일 이내에 중앙노동위원회에 그 재심을 신청할 수 있다.
② 제1항의 규정에 의한 중앙노동위원회의 재심판정에 대하여 관계 당사자는 그 재심판정서의 송달을 받은 날부터 15일 이내에 행정소송법이 정하는 바에 의하여 소를 제기할 수 있다.
③ 제1항 및 제2항에 규정된 기간내에 재심을 신청하지 아니하거나 행정소송을 제기하지 아니한 때에는 그 구제명령· 기각결정 또는 재심판정은 확정된다.
④ 제3항의 규정에 의하여 기각결정 또는 재심판정이 확정된 때에는 관계 당사자는 이에 따라야 한다.
⑤ 사용자가 제2항의 규정에 의하여 행정소송을 제기한 경우에 관할 법원은 중앙노동위원회의 신청에 의하여 결정으로써, 판결이 확정될 때까지 중앙노동위원회의 구제명령의 전부 또는 일부를 이행하도록 명할 수 있으며, 당사자의 신청에 의하여 또는 직권으로 그 결정을 취소할 수 있다.

148) 김유성, 『노동법』, 374쪽

중앙노동위원회에 재심을 신청할 수 있다.[149] 재심신청이 지방노동위원회에 접수된 때는 그 접수일을 재심신청일로 본다.[150] 신청기간이 경과한 재심신청은 각하된다.[151] 당사자가 직접 중노위에 재심신청서를 접수하지 않고 지노위에 재심신청을 제출한 때는 지노위는 지체없이 초심관계 기록을 첨부하여 중노위에 송부하여야 한다. 중노위가 재심신청서를 직접 접수한 경우는 그 사실을 지체없이 초심을 한 지노위에 통지하며, 중노위는 재심신청사건의 기록을 초심기록과 함께 관리하여야 한다.[152]

1) 재심의 범위

재심은 이미 초심의 명령 · 결정이 내려진 사건을 다시 심사하여 초심의 명령 · 결정을 취소 · 변경하거나 그대로 유지하는 내용의 명령 · 결정을 하는 것이므로, 재심신청의 범위는 초심에서 신청한 범위 즉, 결정 · 명령의 전제가 되었던 구체적 사실 등을 넘어서는 아니된다.[153] 중앙노동위원회의 재심심리와 판정은 당사자가 재심신청한 불복의 범위 안에서 하여야 한다. "신청한 범위"란, "구제를 신청한 사실의 범위"를 의미한다. 즉, 초심에서 구제를 청구한 사실의 범위를 넘지 않는 한도 안에서 초심에서 청구한 구제의 내용은 재심신청에서 변경할 수 있는 것이다. 즉, 재심신청인이 초심명령 · 결정의 대상사실 중 일부에 관하여서만 재심을 신청한 경우는 그 사실에 관해서만 심사할 따름이지, 재심신청을 하지 않은 사실부분의 명령 · 결정의 잘잘못에 대해서는 재심대상이 아니라는 것이다. 다만, 불복의 범위 내에서는 초심의 구제명령을 전체적으로 재검토 할 수도 있다. 예를 들면, 불이익취급과 관련하여 구제명령서 등 공고문을 게시하지 않은 것은 부당하다고 하여 재심을 신청한 경우는 구제명령서 게시를 비롯한 불이익취급 그 자체에 대해 전체적으로 재검토를 한다. 또한 초심명령 · 결정의 대상이었던 사실의 범위 내에서는 노조법

149) 노조법 제85조제1항
150) 노동위규칙 제90조제2항
151) 노동위규칙 제60조제1항제1호
152) 노동위규칙 제92조
153) 노동위규칙 제89조

제81조의 각호의 적용을 달리하거나 지배 · 개입에서 불이익취급을 추가하거나 변경하는 조치, 원직복직명령에 더하여 구제명령문 공고조치를 추가하는 경우 등 구제조치를 추가 · 변경하여 재심을 신청할 수도 있다. 따라서 초심의 신청인은 초심의 기각 · 각하 결정, 구제명령에 대하여 그 결정의 취소 · 변경을 청구하는 재심신청을 할 수 있고, 초심의 구제명령에 대하여 초심의 신청인이 재심신청을 하는 경우에는 재심신청에서 청구할 수 있는 것은 구제조치의 추가 내지 변경이다. 사용자는 초심의 구제명령에 대하여 그 취소 · 변경을 청구하는 재심신청을 할 수 있다.

중노위는 지노위의 초심명령 · 결정의 당부를 심사함에 있어서 초심에서 드러난 자료를 다시 검토하는데 그치지 않고, 스스로 초심에서와 동일한 판정절차를 반복하여 부당노동행위가 성립하는지 여부를 판단하며, 성격에 반하지 않는 한 초심의 절차를 준용한다.[154] 중노위 조사관은 당사자의 주장이 초심에서의 주장과 다른 부분이 있는 경우, 이를 추가하여 조사보고서를 작성하여야 한다.[155]

2) 재심결정과 통지 등

중노위는 재심신청이 요건을 충족하지 못할 경우 재심신청을 각하하고, 이유가 없다고 판단할 때는 기각하며, 이유가 있다고 판단할 경우는 지노위의 처분을 취소하고 구제명령 · 각하 · 기각결정을 하여야 한다. 재심판정이 초심판정과 결론을 같이하고, 초심의 인정사실, 당사자 주장, 판단의 내용 등이 재심판정과 대체로 같을 경우는 초심판정서를 인용할 수도 있다.[156] 중노위는 근로관계의 소멸이나 사업장폐쇄 등으로 초심의 구제명령 내용을 그대로 유지하는 것이 적합하지 않다고 판단하는 경우에는 그 내용을 변경할 수 있다.[157] 중노위는 재심판정(취하, 화해, 법원의 판결에 따라 재처분한 경우 포함) 사실을 재심판정서 사본을 첨부하여 초심 지노위에 통보하고, 부당노동행위구제사건에 대해서는

154) 김유성, 『노동법』, 377쪽
155) 노동위규칙 제93조
156) 노동위규칙 제94조, 제95조
157) 노동위규칙 제94조제2항

관할 지방고용노동관서에도 그 사실을 통지하여야 한다.[158)]

노동위는 송달받을 사람의 주소 등을 통상의 방법으로 확인할 수 없거나 송달이 불가능한 경우는 공시송달을 명할 수 있다. 공시송달은 사무처장, 사무국장이 송달할 서류를 보관하고 그 사유와 내용을 노동위 게시판이나 인터넷 홈페이지에 게시하는 방법으로 하며, 게시한 날로부터 14일이 지난 때에 그 효력이 발생한다.[159)] 재심판정의 실무사례는 다음과 같다.

① 예시 1 : 부당해고 등 구제신청사건(구제명령 취소 및 초심신청 기각 · 각하)

1. ○○지방노동위원회가 2007.5.10. 이 사건 근로자와 사용자 사이의 2007부해233 부당해고구제신청사건에 관하여 한 초심판정을 취소한다.
2. 이 사건 근로자의 초심 구제신청을 기각(각하)한다.

② 예시 2 : 부당노동행위 구제신청사건(초심 기각 · 각하 판정 취소 및 구제명령)

1. ○○지방노동위원회가 2007.5.10. 이 사건 근로자와 사용자 사이의 2007부노33 부당노동행위구제신청사건에 관하여 한 초심판정을 취소한다.
2. 이 사건 사용자가 2007.1.25. ○○고등학교 교무실 게시판에 게시된 이 사건 노동조합의 게시물을 임의로 철거한 행위는 ○○고등학교노동조합에 대한 지배 · 개입의 부당노동행위임을 인정한다.
3. 이 사건 사용자는 게시물 임의철거에 대한 사과와 재발방지를 약속하는 내용의 공고문을 ○○고등학교 교무실 게시판에 게시하라.

③ 예시 3 : 부당해고 및 부당노동행위 구제신청사건(재심신청 전부기각)

이 사건 근로자 및 노동조합의 재심신청을 모두 기각한다.

3) 재심결과 처분의 확정과 불이행

초심의 결정, 명령 등에 불복하여 재심을 신청한 경우에도 재심을 통해 초심의 결정, 명령이 취소되지 않는 한 재심신청 그 자체로 초심의 효력이 정지되지 않는다.[160)] 중노위의 재심판정에 불복하여 당사자가 행정소송을 제기하였을 경우에도 재심판정의 효력은 정지되지 않는다. 따라서 사용자는 초심 · 재심의 결과 구제명령이 있으면 따라야 할 의무가 있다.

---

158) 노동위규칙 제98조
159) 노동위규칙 제97조
160) 노조법 제86조

다만, 초심결과에 불복하여 재심을 신청한 경우와 재심결과에 불복하여 행정소송을 제기한 경우는 각 단계별로 구제명령이 아직 확정되지 않았으므로 미확정된 구제명령의 불이행을 이유로 처벌할 수는 없다. 따라서 구제명령 불이행에 대한 처벌은 당사자가 초심에 불복한 경우는 명령서 등을 송달 받은 날로부터 10일 이내, 재심에 불복한 경우는 판정서의 송달을 받은 날로부터 15일 이내에 행정소송법이 정하는 바에 의하여 소송을 제기하지 않으면 판정은 확정되므로 더 이상 다툴 수 없게 된다. 따라서 사용자가 확정된 구제명령을 이행하지 않으면 비로소 처벌을 받는다.[161] 소정의 기간 내 재심을 신청하지 않거나 재심결과 행정소송을 제기하지 아니하여 확정된 구제명령 등을 이행하지 않을 경우 형사처벌을 받을 수 있다.[162]

(1) 고용형태 다양화와 노조법상 사용자 문제

산업구조가 다변화됨에 따라 노사관계는 근로계약 당사자가 아닌 자가 노무를 수령하고 지휘 · 감독하는 근로형태가 확산되어 부당노동행위의 주체와 객체가 단순할 수는 없게 되었다. 파견, 용역, 도급, 소사장제, 원하청 등이 증가하여 직접적인 근로계약 당사자가 아닌 파견사용업체 · 원청업체사용자와 파견업체 · 하청업체 근로자 간에 부당노동행위가 자주 발생한다. 즉, 사용업체 · 원청업체 사용자가 파견업체 · 하청업체 근로자가 노조를 결성하거나 가입 · 활동하는 등의 경우, 회유 · 협박, 탈퇴강요, 지배 · 개입 등을 꼽을 수 있다. 이 경우 사용업체 · 원청업체 사용자가 사용자로서 부당노동행위금지규정의 위반자로서 처벌을 받을 수 있느냐가 쟁점이다.

부당노동행위 주체자로서 사용자는 원칙적으로 노조법 제2조에서 정의하는 「사업주, 사업의 경영담당자, 또는 그 사업의 근로자에 관한 사항에 대하여 사업주를 위하여 행동하는 자」이다. 판례에서도 부당노동행위 주체인 사용자를 근로자로부터 근로를 제공받고 임금을 지급하는 것을 목적으로 하는 명시적 · 묵시적인 근로계약관계를 맺고 있는 자로 한정하고 있다.[163]

161) 노조법 제84조제1항~제4항 및 동법 제89조제2호
162) 노조법 제85조제3항, 제89조제2호, 3년 이하의 징역 또는 3천만원 이하 벌금
163) 대판 95누3565, 1995.12.22

그간 중노위에서도 하청노조가 원청업체를 상대로 제기한 부당노동행위구제신청에 대해 근로계약관계를 기준으로 사용자성을 판단하여 당사자 부적격을 이유로 각하해 왔으나.[164] 2005.4월 원청이 하청업체 근로자들의 근로조건에 직·간접적으로 관여하는 등 실질적 지배력을 행사하는 경우 노조법상 부당노동행위 사용자로 지위를 일부 인정한 바 있으며, 최근 대법원 판례에서는 부당노동행위 이행주체로서 사용자의 지위를 보다 확고하게 결정하고 있다.

그 주요 내용을 살펴보면, 「노조법 제81조제4호는 '근로자가 노동조합을 조직 또는 운영하는 것을 지배하거나 이에 개입하는 행위' 등을 부당노동행위로 규정하여, 단결권을 침해하는 행위를 부당노동행위로서 배제·시정하여 정상적인 노사관계를 회복하는 것을 목적으로 하고 있는 바, 그 지배·개입 주체로서의 사용자인지 여부도 당해 구제신청의 내용, 그 사용자가 근로관계에 관여하고 있는 구체적 형태, 근로관계에 미치는 실질적인 영향력 내지 지배력의 유무 및 행사의 정도 등을 종합하여 결정하여야 할 것이다.

따라서 근로자의 기본적인 노동조건 등에 관하여 그 근로자를 고용한 사업주로서의 권한과 책임을 일정 부분 담당하고 있다고 볼 정도로 실질적이고 구체적으로 지배·결정할 수 있는 지위에 있는 자가, 노동조합을 조직 또는 운영하는 것을 지배하거나 이에 개입하는 등으로 법 제81조제4호 소정의 행위를 하였다면, 그 시정을 명하는 구제명령을 이행하여야 할 사용자에 해당한다.」[165] 판례의 태도를 감안할 때, 근로계약관계에 있지 않은 사용업체·

164) 중노위 2003부노246, 2004.6.9

165) 대판 2007두8881, 2010.3.25.

(가) 법 제81조제4호 소정의 부당노동행위의 시정을 명하는 구제명령을 이행할 주체로서의 사용자

① 원고 회사가 공정의 원활한 수행 및 품질관리 등을 위해서 사내 하청업체 소속 보조참가인 1내지 4(이하, '참가인들' 이라 한다)을 포함한 근로자들이 해야 할 작업내용 전반에 관하여 직접 관리하고 있었고, 또 개별도급계약을 통하여 작업 일시, 작업 시간, 작업 장소, 작업 내용 등에 관하여 실질적·구체적으로 결정하는 등 원고 회사가 작업시간과 작업 일정을 관리·통제하고 있기 때문에 근로자들이 노동조합의 총회나 대의원대회 등 회의를 개최하기 위하여 필요한 노조활동 시간 보장, 노조간부의 유급 노조활동시간 보장 등에 대하여 실질적인 결정권을 행사하게 되는 지위에 있는 점, ② 사내 하청업체는 위와 같은 작업 일시, 장소, 내용 등이 개별도급계약에 의해 확정되기 때문에 사실상 이미 확정되어 있는 업무에 어느 근로자를 종사시

킬지 여부에 관해서만 결정하고 있던 것에 지나지 않았던 점, ③ 사내 하청업체 소속 근로자는 원고 회사가 제공한 도구 및 자재를 사용하여 원고 회사의 사업장 내에서 작업함으로써 원고 회사가 계획한 작업 질서에 편입되고 원고 회사 직영근로자와 함께 선박건조업무에 종사하고 있었던 점, ④ 작업의 진행방법, 작업시간 및 연장, 휴식, 야간근로 등에 관하여서도 위 근로자들이 실질적으로 원고 회사 공정관리자(직영반장이나 팀장)의 지휘 · 감독 하에 놓여 있었던 점 등을 종합하여, 원고 회사가 참가인들을 포함한 사내 하청업체 소속 근로자들의 기본적인 노동조건 등에 관하여 고용사업주인 사내 하청업체의 권한과 책임을 일정 부분 담당하고 있다고 볼 정도로 실질적이면서 구체적으로 지배 · 결정할 수 있는 지위에 있다고 보고, 사내 하청업체의 사업폐지를 유도하는 행위 및 그로 인하여 노동조합의 활동을 위축시키거나 침해하는 지배 · 개입 행위를 한 원고 회사를 법 제81조제4호 소정의 부당노동행위의 시정을 명하는 구제명령을 이행할 주체로서의 사용자에 해당한다고 판단하였다.

(나) 법 제81조제4호 소정의 부당노동행위 성립 여부에 관하여

원심은, ① 원고 회사 사내 하청업체 소속 일부 근로자들은 2003.3.경부터 비밀리에 노동조합준비위원회를 결성하고 비밀조합원제도를 유지하여 오다가 일부 조합원의 신분이 노출되자 같은 해 8.24. 보조참가인 5(이하 참가인 조합이라고 한다)창립총회를 거쳐 같은 달 30. 노동조합설립신고증을 교부받게 되었는데, 원고 회사는 2003.8.26. 사내 하청업체 성원기업 대표 소외 1로 하여금 참가인 조합의 조합원으로 드러난 참가인 4를 사업장에서 근무하지 못하도록 요청하여 근무대기를 하도록 하였고, 같은 달 29.소외 1에게 참가인 4가 참가인 조합 임원인 사실을 알려준 점, ② 원고 회사의 사내 하청업체는 대부분 원고 회사의 업무만 수행하고 있고, 원고 회사는 사내 하청업체에 대한 개별도급계약의 체결 여부 및 물량을 그 계획에 따라 주도적으로 조절할 수 있는데다가 그 외에도 도급계약의 해지, 사내 하청업체 등록해지 권한을 가지고 있는 등 사내 하청업체에 대하여 우월적 지위에 있었던 점, ③ 원고 회사가 사내 하청업체에게 소속 근로자가 원고 회사에서 유인물을 배포하는 등 회사 운영을 방해하고 있다면서 계약해지 등의 경고를 한 점, ④ 참가인 조합 회계감사인 소외 2가 소속된 원광산업전기는 2003.8.30. 폐업하고, 참가인 조합 위원장인 참가인 1이 소속된 주식회사 ㅇㅇ기업(이하, 'ㅇㅇ기업' 이라 한다)은 2003.10.8. 폐업하였으며, 그 사이에도 참가인 2가 소속된 ㅇㅇ산업 주식회사(이하, 'ㅇㅇ산업' 이라 한다), 참가인 조합 사무국장인 참가인 4가 소속된 성원기업(의장부분만 폐지)등의 사내 하청업체들이 경영상 폐업할 별다른 사정이 없음에도 참가인 조합 설립 직후에 참가인 근로자들이 참가인 조합간부임이 드러나고 근로조건에 대한 협상요구를 받은 즉시 폐업을 결정한 것을 볼 때, 위 사내 하청업체들의 폐업이유는 참가인 조합의 설립 이외에 다른 이유가 없다고 보이는 점, ⑤ 위 사내 하청업체들은 1997년경부터 설립되어 그 폐업시까지 아무런 문제없이 운영되어 온 회사들로서 전에 노사분규를 경험하여 본 적이 없고, 수십 명의 소속 근로자를 두고 있으며, 위 폐업시기가 본격적인 단체협상을 하기도 전이라는 점에서 위 폐업결정은 사내 하청업체의 독자적인 결정이라고 보이지 않는 점, ⑥ 위 ㅇㅇ기업의 경우 폐업결정 직후에 그 부분 사업을 인수할 효정산업이 설립되었고, 실제로 폐업한 위 ㅇㅇ기업 소속 근로자 상당수가 효정산업으로 적을 옮겨 ㅇㅇ기업이 하던 원고 회사 도장5부의 작업을 하고 있으며, ㅇㅇ산업의 경우 폐업공고 직후 신라 주식회사에서 패널 조립업무에 근무할 근로자를 모집하여 ㅇㅇ산업이 하던 패널 조립작업을 그대로 이어받았고, 원고 회사가 △△기

원청업체 사용자를 근로자에 대한 노조법상 사용자로 보고 부당노동행위로 처벌할 수는 없으나, 구제신청의 내용, 근로관계에 관여하고 있는 사용자의 구체적 형태, 근로관계에 미치는 실질적인 영향력 내지 지배력의 유무 및 행사의 정도 등을 종합하여 판단할 때, 원청의 사용자가 근로자의 기본적인 노동조건 등에 관하여 그 근로자를 고용한 사업주로서의 권한과 책임을 일정 부분 담당하고 있다고 볼 정도로 실질적이고 구체적으로 지배 · 결정할 수 있는 지위에 있으면서, 노동조합을 조직 또는 운영하는 것을 지배하거나 이에 개입하는 등으로 법 제81조제4호 소정의 행위를 하였다면, 그 시정을 명하는 구제명령을 이행하여야 할 사용자에 해당한다고 본 것이다. 최근 위장도급에 대한 판례에서 원고용주가 실질적 독립성을 갖지 못한 채 제3자의 일개부서로 기능하거나 노무대행기관의 역할을 수행하였다고 볼 수 있는 경우, 피고

업에 대하여 계약해지를 예상하고 있었음에도 참가인 조합의 임원이 소속된 성원기업 의장부분이 갑자기 폐지되고 성원기업 의장부분 소속 근로자가 △△기업에 입사하였는데, 영세하고 정보력이 부족한 사내 하청업체들의 독자적인 능력만으로 폐업 및 직원모집, 회사설립 등의 복잡한 업무를 원고 회사의 운영에 아무런 차질이 없도록 위와 같이 신속하게 진행할 수 있었다고는 보이지 않는 점 등을 종합하여 볼 때, 원고 회사가 사업폐지를 유도하는 행위와 이로 인하여 참가인 조합의 활동을 위축시키거나 침해하는 지배 · 개입 행위를 하였다고 판단하였다.

(다) 구제명령의 내용에 관하여

현실적으로 발생하는 부당노동행위의 유형은 다양하고, 노사관계의 변화에 따라 그 영향도 다각적이어서 그에 대응하는 부당노동행위 구제의 방법과 내용도 유연하고 탄력적일 필요가 있는바, 사용자의 지배 · 개입 행위가 사실행위로 이루어진 경우 그 행위 자체를 제거 내지 취소하여 원상회복하는 것이 곤란하며 또한 사용자의 행위가 장래에 걸쳐 계속 반복하여 행하여질 가능성이 많기 때문에 사용자의 지배 · 개입에 해당하는 행위를 금지하는 부작위명령은 적절한 구제방법이 될 수 있다. 법 제8조의 규정 또한 노동위원회가 전문적 · 합목적적 판단에 따라 개개 사건에 적절한 구제조치를 할 수 있도록 하기 위해서 사용자의 부당노동행위가 성립한다고 판정한 때에 사용자에게 구제명령을 발하여야 한다고 규정하고 있을 뿐, 구제명령의 유형 및 내용에 관하여는 특별히 정하고 있지 아니하다.

위와 같은 취지에서 보면, 중앙노동위원회가 이 사건 지배 · 개입을 부당노동행위로 인정한 후 원고 회사에 대하여 발한, "실질적인 영향력과 지배력을 행사하여 사업폐지를 유도하는 행위와 이로 인하여 노동조합의 활동을 위축시키거나 침해하는 행위를 하여서는 아니된다"는 구제명령이 위법하다고 볼 것은 아니므로, 이를 다투는 상고이유의 주장은 이유 없다.

2005.4월 판례의 경우 원청업체의 하청업체 폐지를 지배 · 개입에 해당한다고 판시한 반면, 구 기법상 사용자로 보지 않아 폐업에 따른 해고는 불이익처분으로 보지 않았다.

용인과 제3자간 묵시적 근로계약관계를 인정한 사례[166] 등을 감안할 때, 고용형태보다 실질적인 사용종속관계를 중심으로 노조법상 사용자성을 인정해 나가야 할 것이다.

(2) 부당노동행위 공범죄 적용

부당노동행위는 사용자라는 신분을 요하는 신분범[167]이므로 파견업체 · 하청업체 근로자에 대한 노조법상 사용자가 아닌, 사용업체 · 원청업체 사용자를 부당노동행위로 처벌하는 것은 곤란하다. 다만, 형법 제33조의 공범죄 법리에 따라, 직접사용자가 아닌 사용업체 · 원청업체 사용자가 파견업체 · 하청업체 사용자에게 부당노동행위를 지시 · 강요한 경우 즉, 신분관계가 없는 자가 공모 · 교사 · 방조하는 등 신분범에 가공한 경우에는 신분자와 함께 비신분자도 공범으로 처벌할 수 있는 것에 비춰볼 때 부당노동행위의 공범으로 볼 여지가 있다.

공범죄를 구성할 수 있는 요건은, 사용자가 아닌 자 즉, 사용업체 · 원청업체 사용자는 물론, 타업체 소속근로자, 거래처 임 · 직원, 친 · 인척 등 신분에 무관하게 사용자의 행위에 가공한 경우 등 비신분자가 사용자와 의사소통하여, 사용자의 노조법 제81조에 해당하는 행위에 공모 · 교사 · 방조하여야 한다. 따라서 사용자가 아닌 비신분자가 독자적으로 하는 경우에는 공범으로 처벌할 수 없다.[168]

마. 행정소송 제기

중앙노동위원회의 재심판정에 불복하는 관계 당사자는 재심판정서의 송달을 받은 날로부터 15일 이내에 행정소송법이 정하는 바에 따라 소송을 제기할 수 있다.[169] 15일의 기간은 불변기간(Notfrist)[170]이다. 행정소송은 재심의 구제

166) 서울행판 2004구합25397, 2008.11.28 ; 대판 2005다75088, 2008.7.10 ; 서울고판 2006누13970, 2007.4.11

167) 부당노동행위는 사용자, 배임죄는 사무처리자, 수뢰죄는 공무원 또는 중재인 등 성별 · 친족 등 자격관계 뿐 아니라, 널리 일정한 범죄행위에 관련된 범인의 인적관계인 특수한 지위 또는 상태를 지칭하는 것

168) 노사관계법제팀-379, 2005.10.27

169) 노조법 제85조제2항 ; 노위법 제27조

170) 신축할 수 없는 일수가 법률로 정해져 있는 기간. 법정기간의 하나이다. 조문상 '…불변기간으

명령 등 판정이 위법한 경우에 그 위법한 처분을 취소하기 위한 소송이다.[171) 취소소송의 제1심 관할법원은 피고인 중앙노동위원회의 소재지를 관할하는 행정법원으로 한다.[172) 원고는 재심판정에 불복하는 당사자가 된다. 초심이나 재심에서는 당사자가 회사의 사장 · 공장장 · 지점장 등 경영담당자나 관리자 등 사용자를 위하여 행위하는 자 등이었다고 하더라도 구제명령은 사업주인 회사에 대한 것으로 보아야 하므로 그 사업주만 행정소송의 원고가 될 수 있다. 재심판정에서 당사자였던 근로자 또는 노동조합은 당연히 원고가 될 수 있지만, 재심에서 당사자가 아니었더라도 당사자의 자격을 가지는 근로자나 노동조합은 행정소송의 원고가 될 수 있다.[173) 행정소송의 피고는 재심판정을 한 중앙노동위원회 위원장이 된다.[174) 사용자가 제소한 경우는 근로자 혹은 노동조합이 상대방이 되고, 근로자 혹은 노동조합이 제소한 경우는 사용자가 피고인 중노위에 대하여 보조참가를 할 수 있다.

1) 중노위 구제명령의 긴급이행명령

노조법 제86조에서는 노동위원회의 구제명령은 행정소송의 제기에 의하여 그 효력이 정지되지 않는다고 규정하고 있으나, 사용자가 행정소송을 이유로 구제명령을 이행하지 아니하는 경우 구제명령이 취소소송의 확정판결에 의하여 확정된 후에만 벌칙을 적용할 수 있기 때문에 그때까지 구제명령의 실효성이 문제가 된다. 이러한 문제점을 해소하기 위하여 중앙노동위원회의 신청에 의하여 법원의 결정으로써 행정소송의 판결이 확정될 때까지 사용자로 하여금

로 한다' 는 명시규정이 있으며, 민 · 형사소송법상의 항소기간 · 상고기간 · 즉시항고기간, 행정소송법상의 출소기간 등이 이에 속한다. 법원에서 신축할 수 없는 것이 원칙이나, 다만 당사자의 책임으로 돌릴 수 없는 사유로 기간을 도과한 경우에는 예외적으로 추완이 인정된다. 예컨대, 천재 · 지변 · 전쟁 · 사변 등으로 항소를 제기할 수 없는 경우에는 그 사유가 종료한 후 일정기간 내에 항소를 제기할 수 있게 하는 것과 같다.

171) 행정소송법 제4조【항고소송】항고소송은 다음과 같이 구분한다.
1. 취소소송 : 행정청의 위법한 처분 등을 취소 또는 변경하는 소송.
2. 무효 등 확인소송 : 행정청의 처분 등의 효력 유무 또는 존재여부를 확인하는 소송.
3. 부작위 위법확인소송 : 행정청의 부작위가 위법하다는 것을 확인하는 소송.

172) 행정소송법 제9조

173) 김유성, 『노동법』, 376쪽 ; 임종률, 『노동법』, 297쪽 ; 서울고판 89구7407, 1990.2.8

174) 행정소송법 제13조제1항

구제명령의 일부 또는 전부를 이행하도록 명할 수 있는 이른바 긴급이행명령 제도를 1997.3.13 법 개정시 도입한 것이다.[175)]

구 노조법에서는 확정되지 않은 구제명령도 이행하지 않으면 처벌할 수 있었으나, 이 규정이 적정절차 원리에 반하는 위헌규정이라고 판시하여 확정된 구제명령을 위반한 경우에만 처벌할 수 있도록 되었다.[176)] 다만, 위헌판결로 인해 형벌에 대한 적법절차를 구현하였지만, 사용자가 재심이나 행정소송을 제기하면서 구제명령을 이행하지 않는 경우 부당노동행위의 신속한 구제가 어렵게 되었다. 따라서 이러한 입법적인 문제점을 해결하기 위해 긴급이행명령 제도를 도입하게 되었다.

긴급이행명령은 구제명령에 대한 법원판결이 확정되기 전에 잠정적으로 구제명령의 이행을 강제하는 것이기 때문에 판결확정 시까지 구제명령의 이행을 강제할 필요성이 요구되며, 이는 법원의 이행명령 판단기준이 된다. 이행을 강제할 필요성이란, "구제명령을 바로 이행하지 않는다면 노동3권의 보장을 통한 집단적 노사관계의 정상적인 운영이 어렵게 될 사정이 존재하는 것"을 뜻한다. 따라서 관할법원이 이행명령을 하려면, 사용자가 재심판정에 대하여 행정소송을 제기했어야 하고, 피고인 중앙노동위원회의 신청이 있어야 하고 실질에 있어서 판결확정 전이라도 구제명령 이행을 강제할 필요성이 있어야 한다.

이행명령의 신청을 받은 관할 법원은 구제명령의 적법여부에 관하여 중노위 및 사용자로부터 제출받은 심사기록과 입증자료 등을 검토하여 구제명령에 중대하고 명백한 하자가 없고, 긴급이행의 필요성이 있다고 판단되는 등, 이행명령의 요건을 구비하였다고 인정하면 이행명령을 하고, 그렇지 않으면 각하한다.

법원은 긴급이행명령을 유지하기가 적합하지 않은 경우는 당사자의 신청 또는 직권에 의해 그 결정을 취소할 수도 있다.[177)] 이행명령은 당사자에게 송부된 날부터 행정소송의 판결이 확정될 때까지 효력을 가진다. 노조법 제85조 제5항의 규정에 의한 법원의 이행명령을 위반한 자는 500만원 이하의 금액에

---

175) 노조법 제85조제5항

176) 헌재 92헌가14, 1995.3.23

177) 노조법 제85조제5항

해당하는 과태료에 처한다. 당해 명령이 작위를 명하는 것일 때는 그 명령의 불이행일수 1일에 50만원 이하의 비율로 산정한 금액으로 한다.[178] 다만, 사용자가 법원의 이행명령을 받아 이행한다고 하더라도 행정소송으로 중노위 처분의 위법성을 다투는 취소소송은 계속할 수 있다. 근로자나 노동조합이 긴급이행명령을 신청해줄 것을 요청하는 경우 중앙노동위원회는 노동위원회 규칙 제96조의 규정에 따라 그 신청 여부를 검토하여야 한다. 근로자나 노동조합이 긴급이행명령을 신청해줄 것을 요청하는 때에는 서면으로 하여야 하며 이행명령의 필요성을 기재하여야 한다.

① 자료의 검토 및 보고서 작성

조사관은 요청인이 제출한 자료를 검토하여 요청인 개요, 긴급이행명령신청 요청의 근거가 되는 부당노동행위 구제신청사건의 개요, 판정요지 및 신청의 필요성을 정리하여 심판위원회에 보고하여야 한다. 조사관은 자료검토과정에서 이행명령의 필요성에 대한 보완이 필요하다고 인정하는 경우에는 근로자 · 노동조합, 사용자에게 관련 자료를 제출할 것을 요구할 수 있다.

② 이행명령 신청 여부 결정 및 이행명령 신청

심판위원회에서는 심문회의를 생략하고 조사관이 보고한 자료를 토대로 법원에 이행명령을 신청할 것인지 여부를 결정한다. 심판위원회가 이행명령을 신청하기로 결정한 경우 심판위원회의 결정내용에 따라 결정서를 작성하고, 중앙노동위원회 위원장의 결재를 거쳐 법무지원팀에 송부한다. 법무지원팀에서는 부당노동행위 재심판정 취소소송이 진행 중인 법원에 긴급이행명령을 신청하여야 하며, 이때 이행명령신청서에 결정서를 첨부한다. 조사관은 요청인에게 이행명령신청요청에 대한 처리결과에 대하여 결정서를 첨부하여 통보한다.

2) 행정소송에서 심리

행정소송은 위법한 행정처분 등의 취소를 구하는 취소소송이므로 법원은 재심판정이 적법한지 여부 즉, 사실인정의 타당성, 법적인 판단의 적법성, 구제명령의 적법성, 재심절차의 적법성 등을 판단한다. 법원이 사실인정에 관

178) 노조법 제95조

한 심리를 할 경우, 당사자는 재심절차에서 주장 · 제출되지 않은 새로운 증거를 제출할 수도 있고 법원도 직권으로 새로이 증거를 수집할 수도 있고 그러한 증거를 토대로 중노위와 다른 사실을 인정할 수도 있다. 다만, 중노위의 결정 · 명령 등 재심판정 후에 생긴 사유가 아닌 이상 노동위원회에서 주장하지 않은 사유도 행정소송에서 주장할 수 있다.[179)]

(1) 심리의 범위

부당노동행위구제신청을 조사 · 심문 · 판정하는 등 일련의 처분과정에서 노동위원회에서 당사자가 주장한 사실에 대해 내린 전문적인 준사법적 판단이 행정소송단계에서 존중받을 수 있느냐 하는 것이 의문이다. 노동위는 전문적 · 준사법적 기관으로서 노사관계의 실태를 고려하면서 합목적성을 가지고 있으므로, 사실인정에 관한 노동위의 전문적 판단을 존중해야 할 필요가 있다.[180)] 그러나 법원은 직권증거수집과 조사를 통해 중노위와 다른 새로운 사실을 독자적으로 인정할 수 있다. 행정법원은 필요하다고 인정할 때에는 직권으로 증거조사를 할 수 있고, 당사자가 주장하지 아니한 사실에 대하여도 판단할 수 있으며,[181)] 원고의 청구가 이유가 있다고 인정하는 경우에도 처분 등을 취소하는 것이 현저히 공공복리에 적합하지 아니하다고 인정하는 때에는 법원은 원고의 청구를 기각할 수 있다.[182)] 또한 노동위원회의 판단이 적법한지 심리과정에서 행정청의 재량에 속하는 처분이라도 재량권의 한계를 넘거나 그 남용이 있는 때에는 법원은 이를 취소할 수 있다.[183)]

노조법상 부당노동행위 성립요건 중 "정당한 행위", "불이익처분", "정당한 이유", "기피 · 해태", "지배 · 개입", "정당한 단체행위" 등과 같은 사실에 바탕을 두고 일반적 · 추상적으로 표현되면서 법위반 요건에 해당하는 개념에 대한 노동위원회의 전문적인 판단이 행정소송의 심리과정에서 존중될 수 있느냐 하는 의문

179) 대판 89누8217, 1990.8.10

180) 김유성, 『노동법』 379쪽 ; 미국의 경우는 행정구제단계의 사실인정을 제한된 범위에서 존중하도록 제도화됨(임종률, 『노동법』, 300쪽)

181) 행정소송법 제26조

182) 행정소송법 제28조

183) 행정소송법 제27조

에 대해서는 노동위원회의 재량이 인정되지 않는다는 입장이 다수설이다.[184]

다만, 구제명령 내용이 적법한지 여부에 관해 다투어 지는 경우는, 재량권 일탈이나 남용이 아닌 한 노동위의 재량을 존중하여야 행정의 합목적성을 구현할 수 있을 것이다.[185] 그러나 노동위원회의 재심판정에 대한 절차적 적법성에 관해서는, 일련의 절차에서 사실인정의 객관성이나 형평성을 저해하는 중대한 절차위반이 존재하는 경우, 법원은 재심판정을 취소할 수도 있을 것이다.

(2) 행정소송에서 노동위원회 처분의 위법성판단시기

법원은 중노위 재심판정에 위법성이 있는지 여부에 관해서는 "법원의 구두변론 종결시"가 아니라, 당초 "재심판정을 한 때"를 기준으로 판단한다.[186] 재심판정 후 사정변경으로 인해 구제명령을 그대로 유지하기가 곤란한 경우 이를테면, 원직복직 구제명령이 있은 후 사업장이 소멸되고 없거나 또 다른 유효한 해고사유를 들어 해고처분을 한 경우, 지배 · 개입행위를 하지 말라는 구제명령이 있은 후 노동조합이 해산을 한 경우 등이 발생할 수도 있는데, 재심판정이 적법하다면 구제명령은 그대로 유효하고, 단지 사정변경으로 인해 소송을 계속 진행 할 구체적인 이익이 없는 것이므로 소의 이익이 없어 각하된다.

(3) 행정소송의 판결과 중노위의 재심판결

법원은 중노위의 재심판정 처분이 위법하다고 판단되면 재심판정을 취소하는 판결을 하고, 재심판정의 취소청구가 이유 없다고 판단되면 기각판결을 하며, 소용요건을 구비하지 못한 경우는 설성으로 각하를 한다. 이와 같이 중앙노동위원회의 재심판정에 대한 취소소송에서 법원의 취소판결이 확정되면 노동위원회의 처분은 소급하여 효력을 상실한다. 재심판정을 취소하는 법원의 확정판결이 있으면 중노위는 판결취지에 따라 당사자의 신청이나 직권으로 심판위원회를 개최하여 의결을 통해 재판정을 한다. 이 경우 당사자의 신청이나 동의가 있는 경우는 단독심판위원이 할 수 있다.

심판위원회에서는 심문회의를 생략하고 조사관이 보고한 자료를 토대로 재

184) 김유성, 『노동법』, 379쪽 ; 임종률, 『노동법』, 300쪽

185) 행정소송법 제27조

186) 대판 87누235, 1987.8.18

처분 여부를 결정한다. 심판위원회가 재처분을 하기로 결정하는 경우에는 주문은 재심판정의 주문과 같은 요령으로 결정하여야 한다. 사업체의 소멸 등으로 재처분의 실익이 없는 경우에는 재처분을 각하할 수 있다. 당사자가 신청으로 재판정을 하는 경우는 신청서 접수일로부터 30일 이내에 당해 사건에 대한 취소판결의 취지에 따라 재심신청에 대한 재처분신청서를 제출하여야 하고, 노동위원회는 재심결정서를 당사자에게 송부하여야 한다.[187] 재처분 결정서의 유형별 주문은 다음과 같다.

(가) 초심 구제명령이 재심에서 유지되었다가 법원에서 취소된 경우

서울지방노동위원회가 2013. 2013부해△△ (주)○○ 부당해고 구제신청사건에 관하여 한 판정을 취소하고, 근로자의 초심구제신청을 기각한다.

(나) 초심 금전보상명령이 재심에서 취소되었다가 법원에서 다시 취소된 경우

1. 중앙2013부해○○ 사건 사용자의 재심신청을 기각한다.
2. 서울2013부해△△ 사건의 사용자가 2013. 근로자에 대하여 한 해고는 부당해고임을 인정한다.
3. 이 사건 사용자는 이 사건 근로자에게 해고일로부터 이 사건 재처분 판정일까지 정상적으로 근로하였다면 받을 수 있었던 임금상당액을 포함한 금_원을 이 재심처분서를 송달받은 날부터 ○일 이내에 지급하라.

(다) 초심 기각결정이 재심에서 유지되었다가 법원에서 취소된 경우

1. 서울지방노동위원회가 2013. 2013부해△△ (주)○○ 부당해고 구제신청사건에 관하여 한 판정을 취소한다.
2. 서울 2013부해△△ 사건의 사용자가 2013. 근로자에 대하여 한 해고는 부당해고임을 인정한다.
3. 서울 2013부해△△ 사건의 사용자는 이 사건 재처분결정서를 받은 날로부터 20일 이내에 근로자를 원직에 복직시키고 해고일로부터 복직일까지 정상적으로 근로하였다면 받을 수 있었던 임금상당액을 지급하라.

---

187) 노동위규칙 제99조【재처분】① 중앙노동위원회는 재심판정을 취소하는 법원의 판결이 확정되면 별지 제33호 서식의 재처분 신청서에 따른 소송 당사자의 신청이나 직권으로 심판위원회의 의결을 거쳐 해당 사건을 재처분하여야 한다. 다만, 당사자의 신청이나 동의가 있는 때에는 단독심판으로 재처분을 할 수 있다.
② 제1항에 따른 재처분 신청이 있으면 신청서 접수일로부터 30일 이내에 당해 사건에 대한 취소판결의 취지에 따라 재심신청에 대한 재처분을 하여야 하며, 별지 제34호 서식의 재처분결정서를 재심사건 당사자에게 송부하여야 한다.

(라) 초심 기각결정이 재심에서 취소되었다가 법원에서 다시 취소된 경우
중앙 2013부해○○ 사건 근로자의 재심신청을 기각한다.

이행강제금제도와 관련하여 이행강제금의 반환과 판정에 대한 취소판결이 확정되는 경우 재처분필요성이 있는지 여부가 의문이다. 2007.7.1부터 이행강제금제도가 시행됨에 따라 구제명령을 내용으로 하는 판정에 대한 취소판결이 확정되는 경우에는 사용자에게 부과·징수한 이행강제금을 반환하기 위한 근거로서 노동위원회의 처분이 필요하며, 기각·각하처분을 내용으로 하는 판정에 대한 취소판결이 확정되는 경우에는 구제명령 및 이행강제금 부과를 위하여 재처분이 필요하다.

바. 민사적 방법에 의한 구제

사용자의 부당노동행위로 인해 노동3권의 침해를 입은 근로자와 노동조합은 노동위원회에 구제신청을 하는 한편 민사적 소송절차에 의거 권리를 구제받을 수도 있다. 이 경우 부당노동행위를 규율하는 노조법 제81조의 규정이 노동3권의 실질적인 보장을 통한 노사관계 안정화를 도모하는 행정규제적인 규범이라고 한다면, 권리·의무관계를 확정하고 이행을 강제하거나 손해의 보전 등을 목적으로 하는 사법상의 권리·의무에 관한 규범과 동일시 할 수 있을까 하는 점이 의문이다.

1) 부당노동행위금지 규정과 사법상의 권리·의무

노동3권을 정한 헌법 제33조에1항에 의하면, "근로자는 근로조건의 향상을 위하여 자주적인 단결권·단체교섭권 및 단체행동권을 가진다"고 정하고 있고, 단결활동권의 보장을 사법상의 사회질서로 정하고 있다.[188] 따라서 단결권 보장조항에 반하는 행위는 사법상 무효가 되고 불법행위를 구성하여 손해배상책임을 구성하는 것이다. 즉, 불이익처분이 해고, 징계처분 등이라면 법률행위로서 무효가 되고, 포상·수당지급·승급·성과급지급 등의 사실행위는 차별을 받은 근로자에 대한 불법행위를 구성하며, 운영비원조·사무실 일방적

188) 민법 제103조 ; 임종률, 『노동법』, 304쪽

폐쇄 · 반조합적인 발언 등 노동조합의 단결권을 저해하는 행위 등의 경우는 조합에 대해 불법행위를 구성한다.

대법원판례에서도, 부당노동행위 금지규정에 위반하는 행위에 대하여 처벌규정을 두면서 행정상의 구제절차까지 규정한 것은 노조법상의 부당노동행위 규정이 효력규정인 강행규정이므로 이 규정에 위반하는 법률행위는 사법상으로 효력이 없다는 입장이고,[189] 부당노동행위 금지규정 전체가 단결활동권을 구체화하는 강행규정이라고 보고, 이 규정에 위반되는 법률행위는 사법상 효력이 없게 된다. 따라서 이 규정을 위반한 사용자의 행위는 근로자 또는 노동조합에 대해 불법행위를 구성하여 민사소송절차에 의한 손해배상청구 등 권리구제가 가능하다는 입장[190]이다. 즉, 불이익취급으로서 부당해고 · 승진누락 · 징계를 당한 자가 처분 무효확인소송과 정신적 위자료 청구소송, 반조합계약의 경우 계약의 무효확인소송 등을 청구할 수 있다. 다만, 불법행위를 구성하기 위해서는 사용자의 부당노동행위에 고의 · 과실이 있어야 한다.

2) 단체교섭권과 사법상의 권리 · 의무

부당노동행위 중 사용자가 정당한 이유없이 노동조합의 정체성을 부인하는 등 단체교섭을 거부하거나 구실을 붙여 기피 · 해태(지연 등 불성실한 교섭)하는 등 불성실하게 교섭에 임하는 경우는 중노위에 구제신청을 할 수 있고, 민사소송을 통해서 구제받을 수도 있다.[191] 이 경우, 헌법 제33조제1항 및 노조법 제29조에 의거 노동조합은 교섭권과 단체협약체결권을 가지고, 이에 터 잡아 노동조합의 교섭청구권을 인정할 수 있고, 사법상 사용자의 단체교섭거부에 대해 교섭의무를 확인하고 손해배상을 청구나 단체교섭응낙가처분을 할 수도 있다. 다만, 교섭청구권이 사법상 효력을 인정받을 수 있느냐에 대해 논란이 있다. 부정하는 입장은 헌법 제33조제1항의 규정과 노조법 제81조제3호, 제84조 구제명령, 제90조의 벌칙규정은 사용자에게 공법상 의무를 규정한 것이지 사법상 단체교섭청구권을 인정한 것은 아니라고 보고, 사법상 청구권이 없

189) 대판 93다11463, 1993.12.21
190) 김유성, 『노동법』, 383쪽
191) 노조법 제81조제3호

으므로 단체교섭응낙가처분은 인정할 수 없다는 입장이다.[192] 손해배상청구는 과거의 손해에 대한 보상을 원칙으로 하므로 장래의 원활한 단체교섭의 진행을 위한 직접적인 구제조치는 될 수 없다. 부당노동행위가 단체교섭 거부인 경우는 행정구제명령의 경우는 "교섭에 응하라, 교섭을 거부해서는 안된다. 성실하게 교섭에 응하라"는 등의 선언적인 것이 대부분이지만, 사법상 구제에서는 "단체교섭의무 확인의 소송, 단체교섭 지위확인 소송을 통한 단체교섭응낙가처분 신청 등"의 형태로 구체화할 수 있다.

3) 민사적 구제가 행정구제와 다른 점

민사소송을 통한 구제는 사법상의 절차와 심리 · 판결 등에 따르게 되고, 구제받을 수 있는 범위나 구제의 내용이 행정구제와 다를 수밖에 없다. 손해배상의 경우 고의 · 과실(위법성 인식)로 인한 위법행위가 있어야 하므로, 부당노동행위를 하는데 있어서 정당한 사유가 있다고 오인하는 등 위법성이 결여될 경우 부당노동행위가 모두 불법행위로 인정되는 것은 아니다. 해고가 부당노동행위로서 무효가 되는 경우에도 노동위원회에서는 원직복귀와 그 동안 근로자가 받을 수 있었던 임금상당액의 지급을 명할 수도 있지만, 민사소송에 있어서는 해고무효와 종업원으로서 지위확인 내지 지위보전 가처분을 신청할 수 있다. 또한 행정구제의 사용자가 반드시 사법상구제에서 사용자로 되는 것은 아니다.

4) 민사적 절차와 행정구제가 동시에 진행되는 경우

부당노동행위로 권리를 침해 받은 근로자나 노동조합은 노동위원회에 구제신청을 하는 동시에 법원에 민사소송을 제기할 수도 있다. 중앙노동위원회 판정에 대한 행정소송이 민사소송과 별도로 제기되는 경우에도 중복이 되지 않고 각 소송은 별도로 진행된다. 판례는 부당노동행위에 대해 당해 법원에서 다투고 있는 부분이 다른 법원에서 먼저 확정된 판결의 이유 속에 이미 판단되어 있다면 당해 법원에서는 그 부분에 대한 구제이익이 없다는 입장이다.[193]

192) 김유성, 『노동법』, 148쪽
193) 대판 92누9766, 1992.11.24 ; 대판 92누6099, 1992.7.28

<table>
<tr><td colspan="5">□ 부당해고 등
□ 부당노동행위 구제 신청서</td></tr>
<tr><td rowspan="2">노동
조합</td><td>명칭</td><td></td><td>대표자</td><td></td></tr>
<tr><td>소재지</td><td colspan="3">(☎:　　　　)</td></tr>
<tr><td rowspan="2">근
로
자</td><td>성명</td><td colspan="3">(주민등록번호:　　　　)</td></tr>
<tr><td>주소</td><td colspan="3">(☎:　　　　)</td></tr>
<tr><td rowspan="3">사
용
자</td><td>사업체명</td><td></td><td>대표자</td><td></td></tr>
<tr><td>소재지</td><td colspan="3">(☎:　　　　)</td></tr>
<tr><td>해고등 또는
부당노동행위
사업장</td><td colspan="3">– 사업장명 :
– 소 재 지 :
– 대 표 자 : 직위 및 성명
※ 해고등 불이익처분 당시의 사업장과 본사가 다른 경우 기재</td></tr>
<tr><td colspan="2">신청 취지</td><td colspan="3">1.
2.</td></tr>
<tr><td colspan="2">신청 이유
(별지 기재 가능)</td><td colspan="3">1. 해고등이나 부당노동행위 경위
2. 부당한 이유</td></tr>
<tr><td colspan="5">위 근로자 또는 노동조합은

□ 「근로기준법」제28조와 노동위원회규칙 제39조
□ 부당해고등에 따라
□ 「노동조합 및 노동관계조정법」제82조와 노동위원회규칙 제39조
□ 부당노동행위

구제를 위와 같이 신청합니다.
년 월 일

신청인 (서명 또는 날인)

○○지방노동위원회 위원장 귀하</td></tr>
<tr><td colspan="2">구비서류</td><td colspan="3">1. 해고의 경우 해고통지서
2. 부당노동행위에 대한 구체적 사실을 증명할 수 있는 자료</td></tr>
</table>

18 공무원의 단결활동

1. 공무원과 교원의 단결권

공무원과 교원도 임금 등을 목적으로 노무를 제공하는 근로자임에는 틀림이 없다. 다만, 담당직무와 신분상의 특수성 등을 종합적으로 고려할 때, 일반근로자와 균등하게 노동3권을 보장할 경우, 국가안전보장과 질서유지, 공공복리 등에 심각한 위해를 가져올 수도 있다. 따라서 공무원과 교원 등 법률로 정한 자에 대하여는 노동3권 중 일부를 제한하고 있다.

헌법 제37조제2항에 의하면, 국가안전보장 · 질서유지 또는 공공복리를 위하여 법률로 기본권을 제한할 수 있다는 일반적 유보조항을 두고 있다. 따라서 노동3권 행사도 무제한적으로 보장된 것이 아니라 국가안보 · 질서유지 또는 공공복리를 위하여 불가피한 경우는 제한이 가능하다. 이 같은 취지에서 헌법은 "공무원인 근로자는 법률에 의하여 허용되는 자에 한하여 단결권, 단체교섭권, 단체행동권을 가진다."고 규정하고 있고,[1] 노조법은 "근로자는 자유로이 노동조합을 조직하거나 이에 가입할 수 있다. 다만 공무원과 교원에 대하여는 따로 법률로 정한다."고 규정하고 있다.[2]

공무원과 교원에 대한 노동3권 제한의 구체적인 모습을 살펴보면, 사실상 노무에 종사하는 공무원을 제외한 나머지 가운데서, 일정한 직급 이상인 자와 담당직무가 인사 · 보수, 지휘 · 감독, 교정 · 수사 그 밖에 이와 유사한 업무에 종사하는 공무원, 노동관계의 조정 · 감독 등 업무의 주된 내용이 노동조합의

---

1) 헌법 제33조제2항

2) 노조법 제5조

조합원으로서의 지위를 가지고 수행하기에 적절하지 아니하다고 인정되는 업무에 종사하는 공무원에 대하여는 단결권을 제한하여 노동조합을 결성하거나 가입할 수 없도록 하고, 노동조합의 조직과 가입·활동을 허용한 공무원에 대해서도 단체행동권[3]을 제한하고 있다.

특정한 집단의 노동쟁의가 일반국민의 생활 등에 불편을 초래하거나 생존을 위협하는 경우 또는 국가 전체의 기능의 정상적인 운영을 마비시켜 공공의 안녕과 질서의 문란 등 국가·사회가 수인해야 할 정도를 초과할 수 있다고 판단되는 경우는, 근로자의 권익보호보다 공공복리를 위해 단체행동권 등의 제한이 불가피 할 것이다. 판례는 특히 공무원과 교원에 대한 노동쟁의금지가 합헌이라고 결정한 바 있다.[4]

공무원 중 사실상 노무에 종사하는 공무원은 노동조합 및 노동관계조정법(약칭, 노조법)의 적용을 받고, 그 외 공무원의 노동조합활동 등에 대해서는 공무원의 노동조합설립및운영등에관한법률(약칭, 공노법)의 적용을 받는다. 교원은 교원의 노동조합설립및운영에관한법률(약칭, 교노법)의 적용을 받는다. 다만, 사실상 노무에 종사하는 공무원을 제외한 일반공무원과 교원에 대해서는 특별법(공노법, 교노법)으로 정한 사항 이외의 사항은 노조법의 적용을 받는다.[5] 그러나 노조법에 정한 사항 중 성격상 공무원 및 교원에 대해 적용하기 부적절한 사항은 적용을 제외한다.[6] 사실상 노무에 종사하는 공무원은 일반노동조합법에 의한 노동3권을 보장받는다. 공노법의 규정은 공무원이 공무원직장협의회의설립·운영에관한법률에 의하여 직장협의회를 설립·운영하는 것을 방해하지 아니한다.[7]

① 노조법 규정 중 공무원노사관계에 적용되는 사항

목적과 정의(제1조, 제2조), 정당한 조합활동에 대한 민·형사면책(제3조제4조), 제2장 노동조합 중 제1절 통칙(노동조합의 조직, 가입, 법인격취득, 노동조합의 보호요건(제7

3) 공무원과 교원의 쟁의행위금지 ; 공노법 제11조, 교노법 제8조
4) 헌재 2001헌가31, 2003.5.15 ; 헌재 2005헌마971 · 1193, 2006헌마198(병합), 2008.12.26
5) 공노법 제17조제2항, 교노법 제14조제1항
6) 공노법 제17조제3항, 교노법 제14조제2항
7) 공노법 제17조제1항

조),조세의 면제(제8조)차별대우 금지(제9조)), 제2절 노동조합의 설립, 제3절 노동조합의 관리(서류비치, 총회, 대의원회 개최, 소집절차, 표결, 전임자, 임원, 회계감사 등), 제4절 노동조합의 해산(제28조), 제3장 중 교섭 등의 원칙(제30조), 단체협약의 작성(제31조), 단협의 유효기간(제32조), 기준의 효력(제33조), 단체협약의 해석(제34조), 제35조(일반적 구속력), 제5장 노동쟁의조정 제1절 통칙 중, 자주적조정 노력(제47조), 당사자의 책무(제48조), 국가 등의 책무(재49조), 당사자의 신속한 처리(제50조), 제2절 조정 중, 당사자 주장확인, 조정의 효력(제61조) 등 , 제3절 중재에서 중재재정의 형식과 의견불일치시 해석(제67조, 제68조), 제6장 부당노동행위 중 유니온숍을 제외한 부당노동행위 부분 전반(제81조~제86조)

② 노조법 규정 중 공무원노사관계에 적용되지 않는 사항

전임자조항(제24조), 단체교섭 및 체결권한(제29조), 지역적구속력(제36조), 쟁의행위 관련조항, 조정전치, 직장폐쇄의 요건(제37조~제46조), 쟁의조정시 공익사업 우선취급(제51조), 사적조정과 중재(제52조) 조정개시, 조정기간, 조정위구성, 단독조정 등(제53조~제57조), 제3절 중재, 제4절 공익사업에 관한 특칙, 제5절 긴급조정 등

2. 공무원에 대한 노동3권의 일부 제한

"공무원인 근로자는 법률이 정하는 자에 한하여 단결권 · 단체교섭권 및 단체행동권을 가진다"고 정하고,[8] 단결활동권이 보장되는 공무원의 범위를 법률로 정할 수 있도록 유보하고 있다. 이에 따라 공노법에 의거 "국가공무원법 제66조제1항 단서 및 지방공무원법 제58조제1항 단서의 규정에 의한 사실상 노무에 종사하는 공무원을 제외한 나머지 공무원 가운데서, "6급 이하의 일반직공무원 및 이에 상당하는 연구직렬 또는 특수기술직렬의 일반직공무원, 6급 이하의 일반직공무원 및 이에 상당하는 일반직공무원, 특정직공무원 중 6급 이하의 일반직공무원에 상당하는 외무행정 · 외교정보관리직 공무원, 기능직공무원, 6급 이하의 일반직공무원에 상당하는 별정직공무원 및 계약직공무

8) 헌법 제33조제2항

원, 고용직공무원으로 가입범위를 한정하고, 비록 가입범위에 해당하더라도 동법 제6조제2항 및 시행령 제3조에 의거 업무의 성격을 감안하여 가입범위를 제한하고 있는데, ① 다른 공무원에 대하여 지휘 · 감독권을 행사하거나 다른 공무원의 업무를 총괄하는 업무에 종사하는 공무원 ② 인사 · 보수에 관한 업무를 수행하는 공무원 등 노동조합과의 관계에서 행정기관의 입장에서 업무를 수행하는 공무원 ③ 교정 · 수사 또는 그 밖에 이와 유사한 업무에 종사하는 공무원 ④ 업무의 주된 내용이 노동관계의 조정 · 감독 등 노동조합의 조합원 지위를 가지고 수행하기에 적절하지 아니하다고 인정되는 업무에 종사하는 공무원[9]은 노동조합에 가입할 수 없다.

공무원과 교원으로서 노동조합에 가입이 허용되는 자라도 단결권과 단체교섭권만 보장되고, 일체의 단체행동권은 금지된다. 공무원이 면직 · 파면 또는 해임되어 노조법 제82조제1항에 따라 노동위원회에 부당노동행위의 구제신청을 한 경우에는 노동위원회」 제2조에 따른 중앙노동위원회의 재심판정이 있을 때까지는 노동조합원의 지위를 상실하는 것으로 보아서는 아니된다. 노동조합의 조직과 가입 · 활동이 보장된 공무원이라도 노동조합활동을 함에 있어서 국가공무원법 · 지방공무원법 · 교육공무원법 등 다른 법령이 규정하는 공무원의 의무에 반하는 행위를 하여서는 아니된다. 공무원으로서 의무주수, 정치운동의 금지, 집단행동의 금지가 있다. 항목별로 구체적인 내용은 다음과 같다.

가. 공무원으로서 의무 준수

1) 성실 · 복종의 의무

모든 공무원은 법령을 준수하며 성실히 직무를 수행하여야 하고, 직무를 수행할 때 소속 상관의 직무상 명령에 복종하여야 한다.[10]

2) 직장 이탈 금지, 친절 공정의무

공무원은 소속 상관의 허가 또는 정당한 사유가 없으면 직장을 이탈하지 못한다. 현행법을 제외하고, 수사기관이 공무원을 구속하려면 그 소속 기관의

9) 이 장의“ 3. 노동조합의 가입범위”를 참고
10) 국공법 제56조, 제57조

장에게 미리 통보하여야 한다. 공무원은 국민 전체의 봉사자로서 친절하고 공정하게 직무를 수행하여야 한다.[11]

3) 종교중립의 의무, 비밀준수 의무

공무원은 종교에 따른 차별 없이 직무를 수행하여야 한다. 공무원은 소속 상관이 종교중립에 위배되는 직무상 명령을 한 경우에는 이에 따르지 아니할 수 있다. 공무원은 재직 중은 물론 퇴직 후에도 직무상 알게 된 비밀을 엄수하여야 한다.[12]

4) 청렴의 의무, 품위유지 의무

공무원은 직무와 관련하여 직접적이든 간접적이든 사례 · 증여 또는 향응을 주거나 받을 수 없다. 공무원은 직무상의 관계가 있든 없든 그 소속 상관에게 증여하거나 소속 공무원으로부터 증여를 받아서는 아니된다. 공무원은 직무의 내외를 불문하고 그 품위가 손상되는 행위를 하여서는 아니된다.[13]

5) 영리업무 및 겸직금지

공무원은 공무 외에 영리를 목적으로 하는 업무에 종사하지 못하며 소속 기관장의 허가 없이 다른 직무를 겸할 수 없다. 영리를 목적으로 하는 업무의 한계는 국회규칙, 대법원규칙, 헌법재판소규칙, 중앙선거관리위원회규칙 또는 대통령령으로 정한다.[14]

나. 정치운동의 금지

공무원노동조합과 그 조합원은 정치활동을 하여서는 아니된다.[15] 이는 정치와 행정의 관계가 점차 밀접하게 변해가는 현대국가에서 정당 · 압력단체 등 정치세력의 부당한 영향과 간섭으로부터 공무원을 보호하고, 행정의 안정성과 계속성을 유지 · 보호하여 공익의 향상을 위한 조치이다. 공무원의 정치운동 금지

11) 국공법 제58조, 제59조
12) 국공법 제59조의2, 제60조
13) 국공법 제61조, 제63조
14) 국공법 제64조
15) 공노법 제3조, 제4조

에 관해서는 국가공무원법[16]과 공무원복무규정[17]에 상세히 규정되어 있다.

공무원은 정당의 조직 · 조직의 확장 기타 그 목적달성을 위한 것, 특정정당이나 정치단체를 지지 또는 반대하는 것, 법률에 의한 공직선거에 있어서 특정의 후보자를 당선하게 하거나 낙선하게 하기 위한 것을 목적으로 다음과 같은 행위를 할 수 없다.[18]

1. 시위운동을 기획 · 조직 · 지휘하거나 이에 참가 또는 원조하는 것
2. 정당 기타 정치단체의 기관지인 신문 및 간행물을 발행 · 편집 · 배부하거나 이와 같은 행위를 원조하거나 방해하는 것
3. 특정정당 또는 정치단체를 지지 또는 반대하거나 공직선거에 있어서 특정후보자를 지지 또는 반대하는 의견을 집회 기타 다수인이 모인 장소에서 발표하거나 문서 · 도서 · 신문 기타의 간행물에 게재하는 것
4. 정당 기타 정치단체의 표지로 사용되는 기 · 완장 · 복식 등을 제작 또는 배부하거나 이를 착용 · 착용권유 또는 착용을 방해하는 행위등 기타 명목 여하를 불문하고 금전 또는 물질로 특정정당 또는 정치단체를 지지 또는 반대하는 것

공무원은 정당이나 그 밖의 정치단체의 결성에 관여하거나 이에 가입할 수 없으며, 선거에서 특정 정당 또는 특정인을 지지 또는 반대하기 위한 다음의 행위를 하여서는 아니된다.

1. 투표를 하거나 하지 아니하도록 권유 운동을 하는 것
2. 서명 운동을 기도(기도) · 주재(주재)하거나 권유하는 것
3. 문서나 도서를 공공시설 등에 게시하거나 게시하게 하는 것
4. 기부금을 모집 또는 모집하게 하거나, 공공자금을 이용 또는 이용하게 하는 것
5. 타인에게 정당이나 그 밖의 정치단체에 가입하게 하거나 가입하지 아니하도록 권유 운동을 하는 것

공무원은 다른 공무원에게 위 사항에 위배되는 행위를 하도록 요구하거나, 정치적 행위에 대한 보상 또는 보복으로서 이익 또는 불이익을 약속하여서는

16) 국공법 제65조
17) 공무원복무규정 제27조
18) 공무원복무규정 제27조

아니된다. 기타 정치적 행위의 금지에 관한 한계는 국회규칙, 대법원규칙, 헌법재판소규칙, 중앙선거관리위원회규칙 또는 대통령령으로 정한다.[19)]

다. 집단행위의 금지

공무원은 노동운동이나 그 밖에 공무 외의 일을 위한 집단행위를 하여서는 아니된다. 다만, 사실상 노무에 종사하는 공무원은 예외로 한다. 사실상 노무에 종사하는 공무원의 범위는 국회규칙, 대법원규칙, 헌법재판소규칙, 중앙선거관리위원회규칙 또는 대통령령으로 정한다. 공무원으로서 노동조합에 가입된 자가 조합 업무에 전임하려면 소속 장관의 허가를 받아야 하고, 허가시 필요한 조건을 붙일 수 있다.[20)] 구체적인 사항은 노동조합의 가입부분에서 상세히 설명한다.

3. 공무원 노동조합의 설립

공무원이 노동조합을 설립하고자 하는 경우에는 국회 · 법원 · 헌법재판소 · 선거관리위원회 · 행정부 · 특별시 · 광역시 · 도 · 시 · 군 · 구(자치구를 말한다). 및 특별시 · 광역시 · 도의 교육청을 최소단위로 한다. 각 부처별 또는 읍, 면, 동 단위 노동조합 설립은 허용되지 않는다. 노동조합을 설립하고자 하는 자는 고용노동부장관에게 설립신고서를 제출하여야 한다. 설립신고서 작성과 기재사항 및 신고서 첨부서류는 노조법에 정한 바에 따른다.[21)] 중요한 사항은 다음과 같나.

19) ① 국가공무원법 제65조 및 지방공무원법 제57조(정치운동금지) : 공무원이 선거에 있어서 특정 정당 또는 특정인의 지지나 반대를 위한 행위를 금한다(위반시 1년 이하 징역이나 300만원 이하의 벌금), ② 공직선거법 제9조(공무원의 중립의무 등) : 선거에 부당한 영향력의 행사 기타 선거결과에 영향을 미치는 행위를 금한다(위반시 3년 이하의 징역이나 600만원 이하의 벌금), ③ 기타 관련법률 : 공직선거법 제53조제1항제1호 · 제7호(공직입후보 금지), 제60조제1항제4호 · 제5호(선거운동을 할 수 없는 자), 정당법 제22조제1항제1호 · 제2호(정당가입 금지) 등

20) 국공법 제66조

21) 노조법 제10조, 노조규칙 제2조 등

가. 명칭 기재, 신고서류 등

명칭은 원칙적으로 조직구성원, 조직형태, 노동조합이라는 것을 알 수 있어야 하고, 다른 노조의 명칭과 혼동되지 않아야 한다.[22] 신청서에는 규약1부, 임원의 성명 · 소속기관 · 주소록1부를 첨부하고, 구성 노동단체의 명칭, 조합원수, 주된 사무소의 소재지 및 임원의 성명 · 소속기관 · 주소(연합단체인 노동조합에 한함), 기관별 명칭 · 조합원수 · 대표자의 성명[23]를 기재하여야 한다.

- 기관단위 : 충주시 공무원노동조합, 단양군공무원노동조합
- 지역단위 : 충주 · 음성지역 공무원노동조합
- 전국단위 : 전국공무원노동조합, ㅇㅇ공무원노동조합 총연합, ㅇㅇ공무원노동조합연맹 등(연합단체에 가입하지 않은 경우는 기재하지 않는다. 법에 의하여 설립되지 않은 연합단체는 기재대상이 아니다.)

나. 신고서 제출처

연합단체인 노동조합과 국회 · 법원 · 헌법재판소 · 선관위 및 행정부의 노동조합, 그 밖의 전국규모 단위노동조합은 고용부 본부에 제출한다. 다만, 규약과 달리 실제 조합원이 지부 등의 형태로 전국 6개 지방고용노동청 관내에 모두 분포되어 있지 않아 전국 규모 수준이 아닌 경우에는 주된 사무소의 소재지를 관할하는 지방고용노동관서에 제출한다. 단위노동조합 및 조합원의 분포 등에서 전국규모의 단위노동조합으로 볼 수 없는 경우는 노동조합의 주된 사무소의 소재지를 관할하는 지방고용노동관서에 제출한다.

1. 2개 이상의 특별시 · 광역시 · 도(특별자치도)를 조직범위로 하는 지역별 노동조합(서울 · 경기 지역 ㅇㅇ공무원노동조합)은 노조의 주된 사무소 소재지 관할 지방고용노동관서
2. 1개 특별시 · 광역시 · 도(특별자치도)만을 조직범위로 하는 지역별 노동조합(서울시지역공무원노동조합)은 노조의 주된 사무소 소재지 관할 지방고용노동관서
3. 특별시 · 광역시 · 도 · 시 · 군 · 구(자치구) 등 기관을 단위로 하는 노동조합은 노조의 주된 사무소 소재지 관할 지방고용노동관서(인천광역시공무원노동조합–경인지방고용노동청)

22) 노조 68107-609, 2002.7.29

23) 2 이상의 기관의 공무원으로 구성된 단위노동조합에 한함

공무원노동조합은 노조법시행령 제7조가 적용되지 않으므로 별도의 지부, 분회 등의 설립신고를 할 수 없다. 다만, 설립신고 된 공무원노조가 지부 · 분회 등 산하조직을 설치한 경우, 노동조합의 대표자는 "노동조합 산하조직 설치통보서"에 "노동조합의 규약 또는 지부 · 분회 등의 운영규정"을 첨부하여 그 사실을 고용노동부장관 또는 지방고용노동관서의 장에게 통보하여야 한다.[24)]

다. 설립신고서 처리

설립신고서에 하자가 없는 경우는 접수한 때로부터 3일 이내에 처리하여 설립신고증을 교부하여야 한다. 다만, 신고서 등에 기재사항의 누락이 있는 경우 등은 보완을 요구할 수 있고, 노조법 제2조제4호 단서 각목에 정한 결격사유가 있거나, 기일 내 보완서류를 제출하지 않는 경우는 반려한다. 만약, 행정관청이 3일 이내에 처리하지 못하고, 보완 반려의 통지도 없이 3일이 경과한 후에는 설립신고증의 교부가 없어도 노조가 설립된 것으로 보는가에 관해 다툼이 있을 수 있다. 판례는 그 기간내에 설립신고서의 반려 또는 보완지시가 없는 경우에는 설립신고증의 교부가 없어도 노조가 설립된 것으로 본다는 취지가 아니고, 행정관청은 3일이 경과한 후에도 설립신고서에 대해 보완지시 또는 반려처분을 할 수 있다는 입장이다.[25)]

① 보완조치

설립신고서 및 규약이 기재사항의 누락 등으로 보완이 필요한 경우 즉, 설립신고서에 규약이 첨부되어 있지 아니하거나 설립신고서 또는 규약의 기재사항 중 누락 또는 허위사실이 있는 경우, 임원의 선거 또는 규약의 제정절차가 노조법 제16조제2항부터4항까지 또는 노조법 제23조제1항에 위반되는 경우[26)]

---

24) 공노법 제5조, 공노령 제2조, 공노규칙 제2조. 연합단체인 노동조합, 국회 · 법원 · 헌법재판소 · 선거관리위원회 및 행정부의 노동조합 그 밖의 전국규모의 단위노동조합의 경우에는 고용노동부장관, 그 외의 노동조합의 경우에는 지방고용노동관서의 장

25) 대판 89누3243, 1990.10.23.

26) 개의 및 의결정족수, 선거방법 등에서 노조법으로 정한 규정을 위반했거나 임원이 조합원이 아닌 경우를 말한다. 특히 임원의 선거는, 조합원 과반수의 출석과 출석조합원과반수의 찬성으로 결의(과반수를 얻은 자가 없는 경우에는 규약이 정하는 바에 따라 결선투표를 실시하여 다수의 표를 얻은 자를 임원으로 신출)한나. 규약의 제정은, 재적조합원 과반수의 출석과 출석조합원

에는 20일 이내의 기간을 정하여 보완을 요구하여야 하며, 보완된 설립신고서 또는 규약을 접수한 때에는 3일 이내에 신고증을 교부하여야 한다.[27)]

② 반려조치

노동조합이 노조법 제2조제4호 단서 "노동조합으로 보지 않는 경우"에 해당하는 경우 또는 위 ①에 따라 보완을 요구하였음에도 기일 내에 보완을 하지 아니하는 경우는 설립신고서를 반려한다. 그 밖에도 노조 설립최소단위 즉, 국회, 법원, 헌법재판소, 선거관리위원회, 행정부, 특별시, 광역시, 도, 시, 군, 구, 시도교육청 단위[28)]를 위반하여 조직된 노조의 경우에도 법으로 허용하고 있는 조직형태가 아니므로 설립신고 대상으로 볼 수 없어 반려대상에 해당한다.

"노동조합"이라 함은 근로자가 주체가 되어 자주적으로 단결하여 근로조건의 유지·개선 기타 근로자의 경제적·사회적 지위의 향상을 도모함을 목적으로 조직하는 단체 또는 그 연합단체를 말하는 바, 다음 각목의 1에 해당하는 경우에는 노동조합으로 보지 아니한다.

1. 사용자 또는 항상 그의 이익을 대표하여 행동하는 자의 참가를 허용하는 경우
2. 경비의 주된 부분을 사용자로부터 원조 받는 경우
   다만, 근무시간 중 정부교섭대표 등과 교섭한 경우 그 시간에 대한 임금지급, 후생자금, 복리기금의 기부, 최소한 규모의 노동조합 사무소 제공은 경비원조에서 제외한다(노조법 제81조제4호 단서).
3. 공제·수양 기타 복리사업만을 목적으로 하는 경우
   노조는 공무원의 근로조건의 유지·개선 기타 경제·사회적 지위의 향상을 목적으로 하는 단체이므로 공제·수양 기타 복리사업만을 목적으로 하거나 주로 정치운동을 목적으로 하는 경우에는 결격사유에 해당한다.
4. 공무원이 아닌 자의 가입을 허용하는 경우
   다만, 해임당시 공무원노조법에 의한 조합원으로 활동하고 있었고, 그로 인해 해고된 자가 노동위원회에 부당노동행위의 구제신청을 한 경우에는 중앙노동위원회의 재심판정이 있을 때까지는 공무원이 아닌 자로 해석하여서는 아니된다. 따라서 공노법 시행일인 2006.1.28 이전에 파면, 해임된 자는 공노법의 보호대상이 아니므로 해당이 없다(공노법 부칙 제1조).

2/3 이상의 찬성으로 의결한다. 규약의 제정과 임원의 선거는 조합원의 직접, 비밀, 무기명투표에 의거 선출하여야 한다(노조법 제16조제2항·제3항·제4항).

27) 노조법 제12조, 노조령제9조제1항

28) 공노법 제5조

5. 주로 정치운동을 목적으로 하는 경우
공무원노조의 경우, 기관의 장, 공무원에 관한 사항에 대하여 기관의 장을 위하여 행동하는 자 또는 업무의 특성상 가입이 제한된 공무원 등의 참가를 허용하는 경우에는 노동조합의 결격사유에 해당한다. 특히, 노조의 규약 등으로 명예조합원, 준조합원, 후원회원 등의 제도를 두고, 노조가입이 제한된 공무원을 가입시키고 있을 경우, 단순한 후원 등을 넘어서 권리·의무 등에 있어서 조합원과 동일시 할 수 있는 경우에는 결격사유에 해당하여 반려사유에 해당한다.

공무원노조는 공노법 제6조제1항에 정한 공무원만이 노조에 가입할 수 있다. 따라서 면직, 파면, 해임된 자는 가입자격이 없는 것이 원칙이다. 최근 일부 교원노조에서 퇴직, 해고 등으로 공무원 신분이 아닌 자를 조합원으로 보는 규약을 두고 노동조합으로 보지 않는다는 것도 이와 같은 논리에 기인한다. 다만, 노조법 제82조제1항에 의해 노동위에 구제신청을 한 자는 중앙노동위원회의 재심판정이 있을 때까지는 공무원이 아닌 자로 해석하여서는 아니되므로 조합원의 자격을 상실하지 않는다.[29] 사용자가 "조합원자격을 인정하는" 중노위 재심판정에 대해 행정소송을 제기한 경우에도 법원의 확정판결이 있을 때까지 재심판정의 효력은 정지되지 않으므로, 그때까지 조합원 또는 조합임원으로 행한 행위는 유효하다. 그러나 공무원이 면직·파면되어 부당노동행위구제신청을 하고 그 결과 중노위의 재심판정에서 "조합원 자격의 불인정" 결정이 있는 경우는, 그가 행정소송을 제기하여 중노위재심판정의 취소를 구하고, 그로 인해 재심판정이 취소된 경우, 확정 판결시까지는 재심판정의 효력이 지속되므로 조합원 자격이 인정되지 않는다.

최근 서울행정법원의 판례에 의하면, 공무원노동조합과 관련한 근로자는 공무원자격을 유지하고 있는 자에 한정되는 것으로 해석함이 타당하다고 판시한 바 있다. 판결의 요지를 살펴보면, 노조법의 특별법인 공노법은 제1조에서 공무원의 노동기본권을 보장하는 것을 입법 목적으로 한다고 규정하고, 같은법 제2조 본문에서 이 법에서 말하는 공무원이란, 국가공무원법 제2조 및 지방공무원법 제2조에서 규정하고 있는 공무원을 말한다고 규정하는 한편, 같은법 제6조에서는 공무

29) 공노법 제6조제3항

원이 면직 · 파면 또는 해임되어 노조법 제82조제1항에 따라 노동위원회에 부당노동행위의 구제신청을 한 경우를 제외하고는 6급 이하의 일반직공무원 등 공무원노조법 제6조제1항 각호에서 열거한 공무원으로 공무원 노동조합에의 가입범위를 엄격히 제한하고 있다. 위와 같은 공노법의 조항들과 노조법 제2조제4호라목의 규정을 "공무원인 근로자는 법률이 정하는 자에 한하여 단결권을 가진다."고 규정한 헌법 제33조제2항 및 노조법의 특별법으로서의 공노법의 지위에 비추어 합리적으로 해석하면, 노조법 제2조제4호라목의 "근로자"는 공무원노동조합과 관련하여서는 국가공무원법 제2조나 지방공무원법 제2조에 따른 공무원자격을 유지하고 있는 자에 한정되는 것으로 해석함이 타당하다. 따라서 공무원이 아닌 자가 공무원노동조합의 주체성, 자주성과 직결되는 주요 직위를 담당하고 있다면 실질적으로 원고의 조합원으로 봄이 마땅하고, 원고에게 노동조합 전임자가 없어 업무처리의 어려움이 있다는 등의 사정은 근로자 아닌 자의 노동조합 가입여부의 실질적 판단에 있어 특별히 고려할 만한 사정이 아니다.[30)]

라. 기타 설립신고 관련사항

설립신고증을 교부받은 경우에는 신고서가 접수된 때에 설립된 것으로 보고, 반려된 경우는 적법하게 재접수 되어 설립신고증이 교부된 경우에 재접수된 때에 설립된 것으로 본다.[31)] 적법하게 설립 노조는 ① 노동조합의 명칭사용(노조법 제7조제3항), 위반시 500만원 이하 벌금(노조법 제93조제1항), ② 노동쟁의조정 및 부당노동행위구제신청(노조법 제7조제1항), ③ 정당한 단체교섭 및 쟁의행위로 인한 민 · 형사 면책(노조법 제3조, 제4조), ④ 법인격 취득(노조법 제6조), ⑤ 세법에 따라 면세(노조법 제8조)혜택 등과 같은 법적 효력을 인정받는다.

4. 노동조합의 가입범위

공무원노동조합의 가입범위는 공노법에 따른 직급 및 담당업무의 성격에 따른 제한, 국가(지방)공무원법 등 다른 법률에 의한 제한 등 두 가지 유형으로 제

30) 서울행법 2010구합11276, 2010.7.23
31) 노조법 제12조제4항

한하고 있다.

가. 국가공무원법에 의한 제한

국가(지방)공무원법은 공무원에 대하여 노동운동을 금지하면서 사실상 노무에 종사하는 공무원은 예외적으로 노동조합의 결성과 가입활동 등 노동3권을 보장하고 있다.[32] 공무원 중 사실상 노무에 종사하는 자는 공노법의 적용을 받지 않고 일반 노동조합법의 적용을 받는다. "사실상 노무에 종사하는 공무원"이라 함은, 지식경제부 우정사업본부 소속의 현업기관과 국립의료원의 작업현장에서 노무에 종사하는 기능직공무원 및 기능직공무원의 정원을 대체하여 채용된 일반계약직공무원 및 시간제일반계약직공무원, 고용직공무원으로서 다음 각 호의 어느 하나에 해당하지 아니하는 자를 말한다.[33]

1. 서무 · 인사 및 기밀업무에 종사하는 자
2. 경리 및 물품출납사무에 종사하는 자
3. 노무자의 감독사무에 종사하는 자
4. 「보안업무규정」에 의한 보안 목표시설의 경비업무에 종사하는 자
5. 승용자동차 및 구급차의 운전에 종사하는 자

사실상 노무에 종사하는 공무원으로 구성된 노동조합은 노동3권이 보장되므로 단체교섭을 할 수 있다. 현업기관 등은 사용자로서 성실하게 단체교섭에 응할 의무를 부담한다. 다만, 단체교섭의 대상 및 단체협약의 효력에 있어서는 공무원의 보수, 복무가 국회의 심사를 받고 법령 등으로 엄격하게 정하여지므로 그 범위 안에서 사실상 제약을 받는다. 사실상 노무에 종사하는 공무원으로 구성된 노동조합은 단체교섭이 결렬될 경우 노조법이 정한 절차 등에

---

32) 국가공무원법 제66조, 지방공무원법 제58조【집단행위의 금지】① 공무원은 노동운동이나 그 밖에 공무 외의 일을 위한 집단행위를 하여서는 아니된다. 다만, 사실상 노무에 종사하는 공무원은 예외로 한다.
② 제1항 단서의 사실상 노무에 종사하는 공무원의 범위는 국회규칙, 대법원규칙, 헌법재판소규칙, 중앙선거관리위원회규칙 또는 대통령령으로 정한다.
③ 제1항 단서에 규정된 공무원으로서 노동조합에 가입된 자가 조합 업무에 전임하려면 소속 장관의 허가를 받아야 한다.
④ 제3항에 따른 허가에는 필요한 조건을 붙일 수 있다.

33) 국가공무원복무규정 제28조

따라 쟁의행위를 할 수 있다. 다만, 이들 공무원이 종사하는 사업은 대부분 노조법상 필수공익사업으로서 직권중재의 대상이 되므로 그 범위 안에서 단체행동권의 행사는 사실상 제약을 받을 수밖에 없다.

나. 공무원노조법에 의한 제한

공노법에서는 국가공무원법에서 노동조합활동을 허용한 "사실상 노무에 종사하는 공무원"을 제외한 나머지 공무원 중, 직급과 담당업무의 성격에 따라 노동조합활동을 할 수 있는 자의 범위를 상세히 정하고 있다.

공노법 제6조는 계급제 성격이 강한 직업공무원제도를 채택하고 있는 우리나라의 경우 통상 5급 이상 공무원과 5급 이상 및 이에 준하는 연구 · 특수직열의 일반직공무원, 5급 이상에 상당하는 별정직 · 계약직공무원 · 특정직공무원[34] · 정무직공무원[35]은 관리자적 지위, 지자체나 소속기관의 경우 지휘 · 감독적 지위에 있고, 제반 주요정책을 결정하고 그 소속 하위직급자들을 지휘 · 명령하여 분장사무를 처리하는 역할을 하는 업무수행 현실을 감안하여 노조의 가입대상에서 제외하고 있다.

6급 이하 공무원에 대해서도 일률적으로 가입을 허용하지 않고, 법령 · 조례 · 규칙 등에 의거 기관의 장 또는 과장 등의 직위에 있는 자로 소속 공무원에 대한 근무평정이나 복무의 관리 · 감독권, 업무지휘권을 행사하는 등 다른 공무원에 대한 지휘 · 감독권한을 부여받은 공무원(기관의 장 또는 보직과장 등)으

---

34) 공무원노조 가입이 제한되는 특정직공무원 : 특정직 공무원 중 공노법에서 가입대상으로 정한 "6급 이하의 일반직 공무원에 상당하는 외무행정 · 외교정보관리직 공무원"을 제외한 공무원 즉, 법관, 검사, 외무공무원, 경찰공무원, 소방공무원, 군인, 군무원, 국가정보원의 직원과 특수분야의 업무를 담당하는 공무원으로서 타 법률이 특정직공무원으로 지정하는 공무원은 노동조합에 가입할 수 없다.

35) 공공노사-94, 2008.1.15 (공무원노조 가입이 제한되는 정무직공무원) : 선거에 의해 취임하거나 임명에 있어서 국회의 동의를 요하는 공무원 즉, 감사원의 원장 · 감사위원 및 사무총장, 국회의 사무총장(차장) · 도서관장 · 의정연수원장, 헌법재판소의 재판관 · 사무처장 및 차장, 중앙선거관리위원회의 상임위원 · 사무총장 및 차장, 국무총리, 국무위원, 처의 처장, 각부의 차관, 청장(통계 · 문화재 · 경찰 · 해양경찰 · 중앙행정기관이 아닌 청의 장을 제외), 국무조정실장, 차관급 상당 이상의 보수를 받는 비서관, 국가정보원의 원장 및 차장, 국가과학기술자문회의의 위원장 등 기타 다른 법령이 정무직으로 지정하는 공무원, 지방의회의원 등

로서, "항상 사용자의 이익을 대표하는 자"의 입장에 있거나, 그 업무의 공공성 · 공익성이 크다고 판단되는 경우는 가입대상에서 제외하고 있다.

제3조【노동조합 가입이 금지되는 공무원의 범위】 법 제6조제2항 및 제4항에 따라 노동조합에 가입할 수 없는 공무원의 범위는 다음 각 호와 같다.

1. 다른 공무원에 대하여 지휘 · 감독권을 행사하거나 다른 공무원의 업무를 총괄하는 업무에 종사하는 공무원으로서 다음 각 목의 어느 하나에 해당하는 공무원
   가. 법령 · 조례 또는 규칙에 따라 다른 공무원을 지휘 · 감독하며 그 복무를 관리할 권한과 책임을 부여받은 공무원(직무 대리자를 포함한다).
   나. 훈령 또는 사무 분장 등에 따라 부서장을 보조하여 부서 내 다른 공무원의 업무 수행을 지휘 · 감독하거나 총괄하는 업무에 주로 종사하는 공무원
2. 인사 · 보수에 관한 업무를 수행하는 공무원 등 노동조합과의 관계에서 행정기관의 입장에서 업무를 수행하는 공무원으로서 다음 각 목의 어느 하나에 해당하는 업무에 주로 종사하는 공무원(자료 정리 등 단순히 업무를 보조하는 사람은 제외한다)
   가. 공무원의 임용 · 복무 · 징계 · 소청심사 · 보수 · 연금 또는 그 밖에 후생복지에 관한 업무,
   나. 노동조합 및 「공무원직장협의회의 설립 · 운영에 관한 법률」에 따른 직장협의회에 관한 업무,
   다. 예산 · 기금의 편성 및 집행(단순 집행은 제외한다)에 관한 업무, *라. 행정기관의 조직과 정원의 관리에 관한 업무, *마. 감사에 관한 업무, *바. 보안업무, 질서유지 업무, 청사시설의 관리 및 방호(防護)에 관한 업무, 비서 · 운전 업무
3. 교정 · 수사 또는 그 밖에 이와 유사한 업무에 종사하는 공무원으로서 다음 각 목의 어느 하나에 해당하는 공무원
   가. 「공무원임용령」 별표 1의 공무원 중 교정 · 보호 · 검찰사무 · 마약수사 · 출 입국관리 및 철도공안 직렬의 공무원,
   나. 소세범 처벌절차 법령에 따라 검찰총장 또는 검사장의 지명을 받아 조세에 관한 범칙사건(犯則事件)의 조사를 전담하는 공무원,
   다. 수사업무에 주로 종사하는 공무원,
   라. 국가정보원에 근무하는 공무원
4. 업무의 주된 내용이 노동관계의 조정 · 감독 등 노동조합의 조합원 지위를 가지고 수행하기에 적절하지 아니하다고 인정되는 업무에 종사하는 공무원으로서 다음 각 목의 어느 하나에 해당하는 공무원
   가. 「노동위원회법」에 따른 노동위원회의 사무국에서 조정사건이나 심판사건의 업무를 담당하는 공무원,
   나. 「근로기준법」에 따라 고용노동부 및 그 소속 기관에서 「근로기준법」, 「산업안전보건법」, 그 밖의 노동관계 법령 위반의 죄에 관하여 사법경찰관의 직무를 수행하는 근로감독관,

다. 「선원법」에 따라 「선원법」, 「근로기준법」, 그 밖의 선원근로관계 법령 위반의 죄에 관하여 사법경찰관의 직무를 수행하는 선원근로감독관,
라. 지방자치단체에서 「노동조합 및 노동관계조정법」에 따른 노동조합 설립신고, 단체협약 및 쟁의행위 등에 관한 업무에 주로 종사하는 공무원

이와 같이 직급별, 담당업무별로 가입대상을 제한한 것이 단결권과 평등권을 침해하지는 않았는지 논란이 있을 수 있는데, 판례에 의하면, 이러한 제한이 공무원의 단결권과 평등권을 침해하였다고 볼 수 없다는 입장이다.[36] 공무원이 면직·파면 또는 해임되어 노조법 제82조제1항의 규정에 따라 노동위원회에 부당노동행위의 구제신청을 한 때에는 중앙노동위원회의 재심판정이 있을 때까지는 노동조합원의 지위를 상실하는 것으로 보아서는 아니된다. 유니언숍 등 노조법상 조직강제를 허용한 규정은 성격상 공무원에게는 적용하지 않는다.[37] 노동조합에 가입할 수 있는 공무원의 구체적인 범위는 다음 각호와 같다.

1) 직급 등에 따른 제한

공무원노조 가입대상은 6급 이하의 일반직 공무원 및 이에 상당하는 연구 또는 특수기술직렬의 일반직 공무원, 특정직 공무원 중 6급 이하의 일반직 공무원에 상당하는 외무행정·외교정보관리직 공무원, 6급 이하의 일반직 공무원에 상당하는 별정직 및 계약직 공무원과 기능직 및 고용직 공무원이다. 다만, 6~7급 우체국장 등 단위기관장의 경우, 법령 등에 따라 소속 공무원에 대한 복무의 관리·감독, 업무지휘권을 행사하는 등 다른 공무원에 대한 지휘·

36) 헌재 2003.5.15, 2001헌가31 등, 공무원의 노동조합활동 등 단결권과 관련하여, 직급에 따른 업무수행 현실을 감안하고, 업무의 공익성과 공공성 등을 감안한 단결권 제한이, 헌법 제33조제2항이 입법자에게 부여하고 있는 형성적 재량권의 범위(공무원인 근로자는 법률이 정하는 자에 한하여 단결권·단체교섭권 및 단체행동권을 가진다.)를 일탈하여 공무원들의 단결권을 침해한다고 볼 수 없다는 입장이다. 또한 5급 공무원과 6급 이하 공무원, 6급 이하 공무원 중 일정 업무 담당자와 나머지 6급 이하 공무원, 노조가입이 금지되는 6급 이하 공무원과 교원을 차별취급하고 있다 하더라도, 그 차별에는 합리적인 이유가 있어 평등권을 침해한다고도 볼 수 없다는 것이 판례의 견해이다.

37) 공노법 제17조제3항

감독의 권한을 부여받은 공무원에 해당하는 경우에는 비록 소규모 기관의 장이라고 하더라도 공무원노조에 가입할 수 없다.[38)]

2) 담당업무 등에 따른 제한

위 1)의 규정에 불구하고 다음 각호의 1에 해당하는 공무원은 노동조합에 가입할 수 없다. 특히 아래 1. 2.에 해당하는 자 등 공무원에 관한 사항에 대하여 기관의 장을 위하여 행동하는 자가 노조에 가입할 경우는 노조가 자주성이 상실될 우려가 있고, 기관 내부의 사정이나 기밀 등을 접하는 기관의 장을 위하여 행동하는 자가 참여할 경우, 교섭시 정부대표와 노동조합간의 힘의 균형이 상실될 수 있기 때문이다.

(가) 다른 공무원에 대하여 지휘 · 감독권을 행사하거나 다른 공무원의 업무를 총괄하는 업무에 종사하는 공무원

1. 법령 · 조례 또는 규칙에 따라 다른 공무원을 지휘 · 감독하며 그 복무를 관리할 권한과 책임을 부여받은 공무원(직무 대리자를 포함한다)
2. 훈령 또는 사무분장 등에 따라 부서장을 보조하여 부서 내 다른 공무원의 업무 수행을 지휘 · 감독하거나 총괄하는 업무에 주로 종사하는 공무원

여기서, "다른 공무원의 업무를 총괄하는 공무원"이란, 당해 공무원의 업무와 관련한 법령, 규칙, 훈령 등의 규정과 사무분장 및 실제 업무내용[39)] 각 업무에 대한 비중과 업무량, 다른 공무원의 업무 등에 관한 사항에의 관여정도 등을 사실관계를 토대로 개별적 · 구체적으로 판단하여 주로 다른 공무원의 업무를 총괄하는 업무에 종사하는 자는 노조가입 금지대상에 포함된다.

다만, 사무분장규정에 타 공무원의 업무를 총괄하도록 지정되어 있으나 소속공무원이 1명도 없거나 담당직무 없이 장기연수 중인자 등 총괄업무를 수행하지 않는 경우, 사무분장규정 등에 업무총괄자로 지정되어 있으나 소속 공무원이 극소수로 실제는 업무전반을 전담하여 직접 수행하는 경우,[40)] 총괄업무와 고유

38) 공공노사관계과-503, 2008.6.5.

39) 소속 공무원의 업무에 대한 결재(협조) 및 전결권 행사여부, 소속 공무원의 근무상황(근태, 출장 등)에 대한 중간 결재여부, 감사결과에 대해 소속직원과 연대책임 여부 등을 고려

40) (예) 하교 행정실에 행정직 1명과 소수의 기능직이 근무하면서 실제 행정직 1명이 전반의 업무

업무를 함께 수행하고 있는 경우, 고유업무 비중이 높아서 주로 총괄업무를 수행하는 자로 볼 수 없는 경우는 업무총괄자에 해당하는 것으로 볼 수 없다.[41] 다만, 팀 또는 계가 설치되어 있고 팀(계)내의 다른 공무원의 업무수행을 지휘·감독하거나 총괄하는 경우는 다른 공무원의 업무를 총괄하는 공무원으로 본다.[42]

(나) 인사·보수에 관한 업무를 수행하는 공무원 등 노동조합과의 관계에서 행정기관의 입장에 서서 업무를 수행하는 공무원으로서, 다음 각 목의 어느 하나에 해당하는 업무에 주로 종사하는 공무원을 말한다. 다만, 자료정리 등 단순히 업무를 보조하는 자를 제외한다.

1. 공무원의 임용·복무·징계·소청심사·보수·연금 그 밖에 후생복지에 관한 업무, 다만, 공무원의 임용권 및 주요 근무조건에 대한 관리·결정권이 있는 기관단위 관련 부서에서 위 업무를 주된 업무로 수행하는 자를 말하고, 자료정리, 타자 등 단순 업무를 보조하는 자는 제외한다.
2. 노동조합 및「공무원직장협의회의설립·운영에관한법률」에 따른 직장협의회에 관한 업무,
3. 예산·기금의 편성 및 집행(단순집행을 제외한다)에 관한 업무, 다만, 공무원의 임용권 및 주요 근무조건에 대한 관리·결정권이 있는 기관단위 관련 부서에서 예산의 편성·집행을 주된 업무로 하는 경우 및 공무원의 근무조건·후생복지 등과 관련된 기금의 편성·집행을 주된 업무로 수행하는 자를 말하고, 실·국·과·소속 하급 단위기관에서 단순 집행업무를 담당하는 공무원은 제외한다(공공노사-1415, 2007.7.4).
4. 행정기관의 조직과 정원의 관리에 관한 업무
5. 감사기관 또는 감사관실 등 감사담당부서에서 감사에 관한 업무를 주로 수행하는 경우
6. 보안업무, 질서유지업무, 청사시설의 관리 및 방호에 관한 업무, 비서·운전업무 다만, 비서, 운전의 경우, 기관장이나 부기관장 등에 전속되어 비서·자동차 운전을 주로 하는 공무원이 해당한다. 보안업무의 경우, 문서보안 등 기관의 보안관련 업무를 주로 수행하고 있는 경우를 말하고, 실국과 등에서 비밀취급인가를 받아 보안업무를 일시적, 부수적으로 수행하고 있는 경우는 제외한다(공공노사-2359, 2007.11.27).

(다) 교정·수사 그 밖에 이와 유사한 업무에 종사하는 공무원으로서, 다음 각 목의 어느 하나에 해당하는 공무원을 말한다.

를 전담하는 경우 등

41) 공공노사-391, 2006.2.27 ; 공공노사-877, 2006.5.2

42) 공공노사-2205, 2007.11.6 ; 공공노사-20, 2008. 1.6

1. 「공무원임용령」별표 1의 공무원 중 교정 · 소년보호 · 보호관찰 · 검찰사무 · 마약수사 · 출입국관리 및 철도공안 직렬의 공무원
2. 「공무원임용령」별표 1의 공무원 중 교정 · 보호 · 검찰사무 · 마약수사 · 출입국관리 및 철도공안직렬의 공무원(2006.6.12 개정)
3. 조세범처벌절차 법령에 따라 검찰총장 또는 검사장의 지명을 받아 조세범칙사건의 조사를 전담하는 공무원
4. 수사업무에 주로 종사하는 공무원, 특별사법경찰관 중 수사업무에 주로 종사하는 공무원의 노조가입을 제한하기 위한 것이다(공공노사-2275, 2006.11.22).
5. 국가정보원에 근무하는 공무원

(라) 업무의 주된 내용이 노동관계의 조정 · 감독 등 노동조합의 조합원으로서의 지위를 가지고 수행하기에 적절하지 아니하다고 인정되는 업무에 종사하는 공무원으로서, 다음 각 목의 어느 하나에 해당하는 공무원을 말한다. 노동위원회의 조사관, 고용부 본부 및 지방고용노동관서 각과의 근로감독관 국토해양부 선원근로감독관, 지방자치단체 노정담당공무원 등이 해당한다.

1. 「노동위원회법」에 따른 노동위원회의 사무국에서 조정사건이나 심판사건의 업무를 담당하는 공무원
2. 「근로기준법」에 따라 고용부 및 그 소속기관에서 「근로기준법」, 「산업안전보건법」 그 밖의 노동관계 법령 위반의 죄에 관하여 사법경찰관의 직무를 행하는 근로감독관
3. 「선원법」에 따라 「선원법」 및 「근로기준법」 그 밖의 선원근로관계 법령 위반의 죄에 관하여 사법경찰관의 직무를 행하는 선원근로감독관
4. 지방자치단체에서 「노조법」에 따른 노동조합 설립신고, 단체협약 및 쟁의행위 등에 관한 업무에 주로 종사하는 공무원

5. 전임자의 지위

공무원은 임용권자의 동의를 얻어 노동조합의 업무에만 종사할 수 있다. 노조전임자의 수 등에 관하여는 노사가 단체협약을 통해 구체적으로 정할 수 있으나 단체협약의 체결권자와 임용권자가 다를 수 있기 때문에 단체협약의 전임자규정에 대해 별도로 임용권자의 동의를 얻지 않으면 전임자로 인정받을 수 없다.[43] 임용권자의 동의를 얻어 노동조합의 업무에만 종사하는 자(이하 "전임자"라 한다)에 대하여는 그 기간 중 국가공무원법 제71조 또는 지방공무원법

43) 공공노사-312, 2007.2.9

제63조의 규정에 따라 휴직명령을 하여야 한다. 전임자는 휴직기간 중 직무에 종사하지 않으나 공무원으로서 지위는 그대로 유지한다. 따라서 전임자는 공무원법상의 의무[44] 등을 준수하여야 한다. 국가 및 지방자치단체는 전임자에 대하여 그 전임기간 중 보수를 지급하여서는 아니된다.[45] 전임자에 대해 보수를 지급할 경우는 노조법 제81조제4호에 의거 부당노동행위에 해당한다.

특히, 전임자에게 지급이 금지되는 것은 임금에 한정된다. 즉, 사용자가 근로의 대상으로 근로자에게 지급하는 임금, 봉급, 그 밖의 어떠한 명칭으로든지 지급하는 일체의 금품[46]을 말한다. 따라서 임금으로 인정될 수 없는 것, 즉, 사용자가 임의적 · 은혜적으로 지급하는 것, 구체적인 근로제공과 무관하게 종업원 일반에게 지급하는 것, 노동조합의 사무비보조 등은 금지범위에 포함되지 않는다.[47] 국가 및 지방자치단체는 공무원이 전임자임을 이유로 승급, 근속기간, 승진 소요년수 등 그 밖의 신분에 관한 불이익한 처우를 하여서는 아니된다.[48]

여기서, 사용자가 전임제의 관행을 일방적으로 수정하거나 파기한 경우 그 정당성이 의문이다. 전임제는 근로계약에서 노무수령권을 가진 사용자의 동의에 기초하여 노조활동에 전념하도록 노무제공을 면제해 주는 형태로 존속하는 만큼 장래를 향한 전임제 효력의 중단은 신의칙에 반하지 않는 한 유효하다. 다만, 전임제 등 노동조합에 대한 사용자의 편의제공 근거를 단결권에서 나온다고 보는 측면에서는 일방적인 관행의 파기나 수정을 단결권침해로 본다.[49]

가. 전임자의 복무관리

국가공무원법은 공무원에 대하여 원칙적으로 노동운동 기타 공무 이외의 일

44) 선서의무, 영예수허의무(국가공무원법 제62조, 지방공무원법 제54조), 품위유지의무, 영리업무 및 겸직금지 의무(국가공무원법 제64조, 지방공무원법 제56조), 정치운동의 금지의무, 집단행위의 금지의무 등

45) 공노법 제7조제3항

46) 근기법 제2조제1항5호

47) 김유성, 『노동법』, 109쪽

48) 공노법 제7조제4항

49) 김유성, 『노동법』, 109쪽

을 위한 집단적 행위를 금하면서도 사실상 노무에 종사하는 공무원에 대하여는 예외를 인정하고 있고, 사실상 노무에 종사하는 공무원으로서 "노동조합에 가입된 자가 조합업무에 전임하고자 하는 경우에는 소속장관의 허가를 얻어야 한다"라고 규정하여 노동조합 전임자 제도를 인정하고 있다.

일반적으로, 노동조합 전임자의 지위는 휴직상태에 있는 근로자와 유사하여 근로제공의무가 면제되나 사용자와 사이에 기본적 근로관계는 유지되므로, 단체협약에 조합전임자에 관하여 특별한 규정을 두거나 특별한 관행이 존재하지 아니하는 한 출 · 퇴근에 대하여도 취업규칙이나 사규의 적용을 받게 되고, 그 출근은 통상적인 조합업무가 수행되는 노조사무실에서 조합업무에 착수할 수 있는 상태에 임할 것이 요구된다.

마찬가지로 사실상 노무에 종사하는 공무원으로서 노동조합의 전임자로 근무하게 된 경우에도 그 전임자들은 여전히 공무원으로서의 신분관계를 유지하게 되므로 직무수행의 의무를 제외하고는 국가공무원법뿐만 아니라 공무원복무규정 등 제반 규정에 따른 공무원으로서의 의무를 부담한다고 보아야 하고, 일반 공무원들의 직장이탈금지의무에 상응하게 정상적인 노동조합활동을 위한 경우 등 정당한 이유가 없는 한 근무시간 중 노조사무실 등 지정된 장소를 이탈하지 않을 의무가 있다고 할 것이다.[50] 따라서 노조전임자가 임의로 노동조합 사무실에 출근하지 않은 것은 무단결근에 해당하고, 취업규칙을 적용하여 징계할 수 있다.[51] 전임자로 활동하기 위해서는 단체협약의 규정에 따라 사용자측의 동의를 얻어야 한다. 단체협약에 근거하여 상급단체 파견에 대하여 동의 요청을 할 것인지 여부를 2회에 걸쳐 물었으나 아무런 회신을 하지 아니하여 복귀발령을 한 것은 부당노동행위에 해당한다고 볼 수 없다.[52] 국가와 지방자치단체는 공무원이 전임자임을 이유로 승급이나 그 밖에 신분과 관련하여 불리한 처우를 하여서는 아니된다.[53] 경력기간을 산정함에 있어 교원노동조합

50) 서울고판 2005누14440, 2006.6.15

51) 대판 2005두5093, 2005.10.13

52) 서울행판 2005구합30570, 2006.4.27

53) 공노법 제7조제4항

의 전임자로서 근무한 기간을 제외한 조치

판례에 의하면, 경력자 교육위원으로서의 경력기간을 산정함에 있어 교원노동조합의 전임자로서 근무한 기간을 제외한 조치가 교원노조법 제5조제4항의 "전임자는 그 전임기간중 전임자임을 이유로 승급 기타 신분상의 불이익을 받지 아니한다."는 규정 또는 근무성적평정을 함에 있어서 이와 같은 휴직기간을 재직기간에 포함시켜 평정하고 있는 교육공무원승진규정과 모순되거나 저촉되지 않는다고 보아서 형평성을 잃은 불이익 처분이 아니라고 보았다.[54)]

나. 전임자의 업무상 재해보상

단체협약이나 사용자의 승낙에 의해, 전임자가 근로계약상의 본래 담당할 업무를 면제받고 노동조합의 업무에 전념하게 된 것이 회사의 승낙에 의한 것일 경우, 이러한 노동조합의 전임자가 담당하는 조합업무는, 업무의 성질상 사용자의 사업과는 무관한 상부 또는 연합관계에 있는 노동단체와 관련된 활동이나 불법적인 노동조합활동 또는 사용자와 대립관계에 들어가는 쟁의단계 이후의 활동 등이 아닌 이상, 원래 회사의 노무관리 업무와 밀접한 관련을 가지는 것이어서 사용자가 본래업무 대신에 이를 담당하도록 한 것이므로 그 자체를 곧 회사의 업무로 보아야 한다.[55)]

따라서 전임자가 노동조합 업무를 수행하거나 이에 수반하는 통상적인 활동을 하는 과정에서 그 업무에 기인하여 재해를 입었다면, 업무의 성질상 사용자의 사업과는 무관한 상부 또는 연합관계에 있는 노동단체와 관련된 활동이거나 불법적인 노동조합활동 또는 사용자와 대립관계로 되는 쟁의단계에 들어간 이후의 노동조합활동 중 생긴 재해 등, 특별한 사정이 없는 한 산업재해보상보험법 소정의 업무상 재해로 보아야 한다.

특별한 사정이 없다면, 회사의 승낙을 얻어 전임기간 중에 활동한 사항으로서 전임자의 지위 및 행사 참가경위, 행사의 목적이나 내용 등에 비추어 노동조합 업무수행 중에 상병을 입은 것으로 볼 수 있는 경우는 업무상 재해라고

54) 대판 2008우26, 2009.2.26.

55) 대판 2003두4805, 2005.7.15 ; 대판 2003두923, 2004.3.15

할 수 있다.[56] 행정해석에서도 유사한 사례가 있다.[57]

여기서, 과연 어느 정도가 사용자와의 대립단계인지 등이 실무상 쟁점이 될 수 있다. 구체적인 이론적 근거를 통해 검토해 보면 다음과 같다.

1) 대립관계로 되는 쟁의단계

노조법 제2조제5호에서는 노동쟁의를 정의하면서, 노동조합과 사용자 또는 사용자단체간에 임금 · 근로시간 · 복지 · 해고 기타 대우 등 근로조건의 결정에 관한 주장의 불일치로 인하여 발생한 분쟁상태를 말하고, 이 경우 주장의 불일치라 함은, 당사자간에 합의를 위한 노력을 계속하여도 더 이상 자주적 교섭에 의한 합의의 여지가 없는 상태를 말한다고 규정하고 있으며, 동조 제6호에 의하면, 쟁의행위를 파업 · 태업 · 직장폐쇄 기타 노동관계 당사자가 그 주장을 관철할 목적으로 행하는 행위와 이에 대항하는 행위로서 업무의 정상적인 운영을 저해하는 행위를 말한다고 정하고 있다. 법률상의 정의가 이러한데, 일반적으로 평화적인 단체교섭이 단체협약에 까지 이르지 못하고 깨어진 경우는 어떠한 형태의 실력행사를 하지 않더라도 이미 노동쟁의는 발생한 것으로 되고, 쟁의행위는 파업 · 태업 · 직장폐쇄와 같은 구체적인 투쟁이나 대항 등 실력행위를 말한다.

여기서, 「과연 대립관계로 되는 쟁의단계가 어떤 단계인가 하는 점이 문제」인데, 기본적으로 근로자의 재해가 사회통념상 사용자의 지배관리를 받는 상태에서 발생하여야만 산재보상법의 적용을 받는 점에 비추어보면, 노사관계에 있어서 사용자와 근로자 사이에 기본적인 신뢰관계가 깨어져 당사자간에 합의를 위한 노력을 계속하여도 더 이상 자주적인 교섭에 의한 합의의 여지가 없는 상태에 이르렀을 때 이미 노동조합활동은 사용자의 지배관리를 벗어난 상태에 있다고 보여지고, 그러한 상태에서 노동조합활동으로 인한 재해는 사용자와 대립관계로 되는 쟁의단계에 들어간 이후의 재해로서 산재보상보험법의 보호범위를 벗어난다고 보는 것이 옳다.

---

56) 서울고판 2004누16500, 2005.8.18 ; 대판 96다12733, 1996.6.28

57) 산재보험과-2709, 2005.6.18

2) 행정해석의 견해

행정해석에서도, 판례와 유사한 견해가 있는데, 사업주의 구체적, 개별적 지휘명령을 받는 지위에서 사업주를 위한 업무를 수행하는 도중에 재해를 입은 경우에 업무상재해로 본다는 것이다.

즉, 산재보상보험법상 보험급여의 청구요건이 되는 업무상 재해에 있어서 업무란, 사업주의 지배·관리하에서 근로계약을 기초로 형성되는 근로자 본래의 담당업무와 이에 부수되는 행위를 말하는데, 비록 단체협약에 의하여 노조업무만을 전담하는 전임자의 처우가 일반근로자와 동일하다고 하더라도 전임자가 수행하고 있는 업무가 산재보험법에서 규정하고 있는 업무에 해당한다고 볼 수 없다. 따라서 근로계약상 업무와 무관하게 오로지 노조전임업무만을 수행하는 도중 재해를 입었다면 업무상재해로 볼 수 없다. 다만, 우리나라 노사관계 현실여건상 전임자가 사업주의 구체적, 개별적 지휘명령을 받는 지위에서 사업주를 위한 업무를 수행하는 도중에 재해를 당한 것이 인정된다면 그러한 경우에는 업무상 재해로 보아야 한다는 것이다.[58)]

조전임자가 상급단체 노조의 체육대회에 참가하였다가 축구경기 중 부상한 사건에서 위 행사가 상급단체 노조와 친목도모 등 원활한 관계를 유지하고, 상급단체 노조산하 단위노조대표들과 정보를 공유할 목적으로 이루어진 것으로서, 노조의 개별사업장에서의 조합활동에 관한 지원이나 조정 등에 관한 것도 아니고, 달리 사업장에서의 조합활동과 어떤 관련이 있다고 볼만한 아무런 증거가 없으므로 체육대회에 참가한 것이 그 업무의 성질상 회사의 노무관리업무와 직접적이고 구체적인 밀접한 관련성을 가진다고 볼 수 없다고 판시한 바 있다.[59)]

6. 단체교섭

가. 교섭단위

노동조합의 대표자는 그 노동조합에 관한 사항 또는 조합원의 보수·복지

58) 노조 01254-301, 1994.3.8
59) 대판 2005두5246, 2005.7.14

그 밖의 근무조건에 관한 사항에 대하여 설립단위별로 국회사무총장 · 법원행정처장 · 헌법재판소사무처장 · 중앙선거관리위원회사무총장 · 안전행정부장관(행정부를 대표한다) · 특별시장 · 광역시장 · 도지사 · 시장 · 군수 · 구청장(자치구의 구청장을 말한다) 또는 특별시 · 광역시 · 도의 교육감 중 어느 하나에 해당하는 자(이하 "정부교섭대표"라 한다)와 각각 교섭하고 단체협약을 체결할 권한을 가진다.

실무상, 첫째, 학교장의 공무원이 아닌 학교회계직원의 임용 절차 중 교육장이 일정한 절차를 거쳐 임용(채용) 후보자를 선정하고 실제 임용은 학교장이 할 경우 교육장이 선발한 근로자가 교육장을 사용자로 간주하여 신분보장 및 임금, 근로시간, 후행복지 등에 관한 근로조건 개선 협의 또는 단체교섭을 요구할 수 있는지 의문이다. 노조법상 교섭단위인 사업 또는 사업장의 판단기준은 경영상 일체를 이루면서 유기적으로 운영되는 하나의 법인체가 하나의 사업에 해당하며, 지방자치단체 등 정부조직의 사업 또는 사업장 판단기준도 일반원칙에 따라 법인단위로 해석하여 법인격을 가진 지방자치단체가 노조법상 교섭단위인 사업 또는 사업장에 해당한다. 따라서 각급 학교에서 채용한 근로자의 사업주는 독립 법인격이 있는 지방자치단체이고,[60] 지방교육자치에 관한 법률 제2조, 제3조, 제18조에 의거 교육 등에 관한 사무에 대해서는 교육감이 지방차치단체를 대표하도록 하고 있으므로 교육 사무 등과 관련된 근로자의 근로조건 결정권에 대한 교섭권자는 시도 교육감이다.

둘째, 도 의회 의장이 도 의회 소속 일부 공무원에 대한 임용권 등의 결정권을 가지고 있으므로 공무원노조의 교섭에 대해 단체교섭당사자가 될 수 있는지 의문이다. 도의회 의장은 공노법 제8조제1항의 규정에 의한 정부교섭대표

60) 대판 91다45653, 92.4.14 ; 노사관계법제과-349, 2012.2.7. 각급 학교는 지방자치단체가 설치하여 운영하는 영조물에 불과하므로 학교장은 노동관계법상 권리의무의 주체가 될 수 있는 권리능력이 없으며, 「초중등교육법」, 「교육기본법」, 「학교급식법」 등 교육관계 법령에 따라 시도 교육감은 학교 설립운영과 관련하여 지방자치단체를 대표하여 학교장 등에 대한 지도감독 및 시정명령권, 학교회계, 학교급식 등에 대한 재원마련 운영 등 포괄적인 권한을 가지고 있으므로, 교육 등에 관한 사무 등과 관련된 근로자의 근로조건 결정에 대한 교섭단위는 시도 교육감을 대표자로 하는 시도 교육청단위라고 할 것이다. 학교 회계직원이 가입한 노동조합의 경우에도 시도 교육청을 교섭단위로 노조법 제29조의2에 따라 교섭창구를 단일화 하여야 할 것이다.

가 아니므로 노동조합 대표자는 도 의회 의장에게 단체교섭을 요구할 수는 없다. 다만, 이 경우 노동조합 대표자는 법상 정부교섭대표(도지사)에게 단체교섭을 요구하고, 정부교섭대표가 공노법 제8조제4항의 규정에 따라 다른 기관의 장(도 의회 의장)이 관리하거나 결정할 권한을 가진 사항에 대하여는 부분적으로 교섭 및 단체협약을 체결할 권한을 위임할 수는 있다.[61]

나. 단체교섭의 기능과 주체, 교섭권 위임

1) 단체교섭의 기능

노동조합은 공무원의 근로조건 유지 · 개선 및 경제적 · 사회적 지위향상이라는 목적을 위하여 조직된 단체로서 단체교섭을 통해 조합의 목적을 달성한다. 따라서 단체교섭권은 노동기본권 중 가장 핵심적인 권리이다.[62] 단체교섭은 단결력을 배경으로 정부교섭대표와 임금 · 근무조건 · 후생복지 등 근로조건과 경제 · 사회적 지위향상을 위한 사항에 대해 교섭하는 것으로서, 정당한 단체교섭행위에 대해서는 민 · 형사상 면책을 하고,[63] 정부교섭대표가 정당한 이유없이 교섭을 거부하거나 해태하는 행위는 부당노동행위에 해당하며,[64] 근무시간 중 사용자와 협의 교섭하는 것을 당해 기관장 등이 허용하는 것은 사용자의 경비원조에 해당하지 않는 것으로 정하여 공무원의 단체교섭 행위를 보호한다.[65] 단체교섭권은 노동조합의 고유한 권한이므로 노조법상 또는 공무원노조법상 노동조합이 아닌 단체나 공무원직장협의회 등은 단체교섭에 관한 법률상의 보호를 받을 수 없다.

2) 단체교섭의 주체

단체교섭의 주체란, 단체교섭의 당사자로서 교섭을 자신의 이름으로 하고 단체협약상 권리 · 의무 등 그 법적효과가 직접 귀속되는 주체를 말한다. *사

---

61) 공공노사관계팀-2150, 2006.11.3
62) 헌법 제33조제2항
63) 노조법 제3조, 제4조
64) 노조법 제81조제3호
65) 노조법 제81조제4호

용자측 당사자는 법상 정부교섭대표인 국회사무총장, 법원행정처장, 헌법재판소사무처장, 중앙선거관리위원회 사무총장, 행정안전부장관, 특별시장, 광역시장, 도지사, 시장, 군수, 구청장, 특별시 · 광역시 · 도의 교육감이 사실상 당사자에 해당한다.[66] 노동조합측 당사자는 법 소정의 실질적 · 형식적 설립요건을 갖춘 적법한 노동조합을 말한다. 법상 요건을 갖추지 않은 단체, 개별근로자, 반집행부단체 간부 등은 교섭주체가 아니므로 사용자가 교섭을 거부하더라도 부당노동행위가 아니다. 연합단체의 경우는 단위노조로부터 교섭권을 위임받지 않는 한 당연히 교섭권을 갖는 것이 아니다. 공무원노조의 경우 노조법시행령 제7조 산하조직의 신고 즉, 근로조건의 결정권이 있는 독립된 사업 또는 사업장에 조직된 노동단체는 지부 · 분회 등 명칭여하에 불구하고 설립신고를 할 수 있다는 조항이 적용되지 않으므로 노동조합의 하부조직인 지부 · 분회 등은 단체교섭의 당사자가 될 수 없으나 상급단체로부터 위임받은 범위 내에서 교섭을 하는 것은 가능하다.

단체교섭의 주체인 노동조합과 사용자를 대표하여 실제로 직접 교섭을 담당하는 권한을 가진 자를 교섭담당자라고 한다. 노조측에서는 규약, 총회의결 등으로 정한 교섭위원이 되고, 사용자측 담당자는 기관의 장, 주로 공무원에 관한 사항에 대하여 기관의 장을 위하여 행동하는 자와 사실행위로써 실제 교섭에 임하는 자 등이 해당한다. 주로 교섭담당부서인 총무 · 서무 · 관리부서의 과장, 공무원단체 담당책임자 등이 해당한다.

3) 교섭권의 위임과 한계, 수임자의 의무 등

단체교섭권한의 위임은, 교섭주체가 교섭담당자인 수임자에게 교섭을 수행할 자격을 부여하는 것을 말하며, 수임자는 위임의 범위 내에서 교섭할 권리와 의무를 가진다.

(1) 교섭권한의 위임

정부교섭대표는 효율적인 교섭을 위하여 다른 정부대표와 공동으로 교섭하거나 다른 정부대표에게 교섭권한과 협약체결권한을 위임할 수 있고, 필요한

66) 공노조법 제8조제1항

경우 정부교섭대표가 아닌 관계 기관의 장으로 하여금 교섭에 참여하게 할 수 있고, 다른 기관의 장이 관리하거나 결정권을 가진 사항에 대하여는 해당 기관의 장에게 교섭하고 협약을 체결할 권한을 위임할 수 있다. 아울러, 정부교섭대표 또는 다른 행정기관의 장은 소속 공무원으로 하여금 교섭 및 체결권한을 위임할 수 있다.[67] 다만, 이 경우 "위임의 범위"는 위임자인 정부교섭대표가 "법령 등에 의하여 스스로 관리하거나 결정할 수 있는 권한을 가진 사항"에 한하여 가능하다.[68] 정부교섭대표는 공동으로 교섭하거나 교섭하고 단체협약을 체결할 권한을 위임하는 경우에는, 그 위임사실을 상대 노동조합에 통보하여야 하며, 관련 정부교섭대표 및 관계기관의 장 등의 성명과 위임내용을 구체적으로 명시하여야 한다.[69]

(2) 위임의 한계

노조측의 교섭권한 위임 등에 대하여는 법령에 별도의 규정을 두고 있지 않으나, 일반 위임의 법리에 따라 위임이 가능하다. 따라서 연합단체인 노조는 구성원인 소속 단위노조로부터 교섭권한을 위임받아 교섭을 할 수 있고, 하부조직인 지부 · 분회는 독자적인 사항에 대해 본조 대표자로부터 교섭권한의 위임이 있는 경우 교섭의 주체로서 활동이 가능하다. 다만, 노동조합이 교섭 및 단체협약을 체결할 권한을 위임하더라도 공노법에 의한 노동조합의 대표자 또는 조합원으로만 교섭단을 구성할 수 있고, 공노법에 의한 노동조합의 대표자 또는 조합원에게만 교섭권한을 위임할 수 있다.[70] 따라서 소속 상급단체 노조원이라고 하더라도 공노법상 조합원자격을 가지지 아니한 자는 교섭위원이 될 수 없다. 위임은 수임자에게 위임 후 이를 해지하는 등의 별개의 의사표시가 없더라도 노동조합의 단체교섭권한은 여전히 수임자의 교섭권한과 중복하여 경합적으로 남아있다.[71]

67) 공노법 제8조제3항~제5항
68) 공공노사-92, 2008.1.15
69) 공노령 제5조
70) 공노법 제9조제1항 ; 공공노사-148, 2008.1.22
71) 대판 98다20790, 1998.11.13

(3) 수임자의 의무

교섭권한을 위임받은 수임자는 교섭권 행사에 있어서 위임의 범위 내에서 일정한 재량이 인정되나 위임자에 대하여 선량한 관리자로서의 주의로 위임의 본지에 따라 교섭을 수행하여야 할 의무를 부담한다. 수임자는 위임자에 대하여 교섭의 진행상황 및 결과에 대해 보고하여야 하는 보고의무를 지고, 위임자의 동의 없이 재위임을 할 수 없다. 수임자가 단체협약을 체결할 경우는 위임자 성명과 위임사실을 먼저 기재한 후, 수임자의 소속, 직위 · 성명을 기재하고[72] 단체협약서에 위임장을 첨부하여 서명날인 한다.

다. 교섭절차

단체교섭의 절차는 대체로, 노측의 교섭요구→교섭요구사실 및 교섭참여 공고→공고일로부터 7일 이내에 교섭참여 신청→교섭을 요구한 노조 이외에 교섭참여노조가 없을 경우 절차에 따라 교섭을 개시하고, 기타 교섭참여노조가 있을 경우 정부는 교섭참여노조 개요를 알리고, 공고일로부터 20일 이내에 노동조합 간 협의를 통해 교섭위원을 선임토록 공고→노측의 교섭창구 단일화→노측의 교섭요구 단일안 확정통보→사전교섭과 본교섭 순으로 진행된다.

1) 단체교섭 요구 시기

단체협약의 유효기간 만료일 3월 전부터 교섭개시 예정일 30일 전까지, 최초로 단체협약의 체결을 요구하는 경우는 교섭개시 예정일 30일 전까지 단체교섭요구서에 설립신고증 사본, 지부 · 분회의 경우 위임장 등 교섭권이 있음을 증명하는 서류와 교섭요구사항을 첨부하여 정부교섭대표에게 제출하여야 한다.[73] 교섭요구기간을 설정한 이유는 공무원의 근로조건 결정에 관한 권한이 소관부처별로 분산되어 있어 부처간 사전협의 등 필요한 최소한의 준비기간을 부여함으로써 효율적인 교섭이 되도록 하기위한 것이다.

---

72) (예) ○○○○장 ○○○으로부터 위임을 받아, ○○○○의 장 ○○○, 교섭위원 ○○○, 교섭위원○○○, ○○○노동조합 대표자○○○으로부터 위임을 받아, ○○○노동조합 대표자(지부장, 분회장)○○○, 교섭위원○○○, 교섭위원○○○ 등

73) 공노법 제9조제2항, 공노령 제6조, 공노규칙 제3조

정부대표는 노조의 교섭요구사항이 법령 등에 의해 스스로 관리 가능한 사항인지, 교섭사항에 해당하는지 여부 등을 확인하고 교섭요구내용이 불명확하여 확인이 곤란한 경우는 교섭요구사항을 구체화하도록 요구할 수 있다.[74)]

2) 교섭요구사실 공고 및 교섭창구 단일화 요청

정부교섭대표는 노동조합으로부터 교섭을 요구받은 때에는 교섭을 요구받은 사실 즉, 교섭을 요구한 노동조합, 교섭요구서 제출기한 및 방법, 제출부서, 담당자의 연락처 및 주의사항 등을 공고하여 관련된 다른 노동조합이 교섭에 참여할 수 있도록 하여야 한다.[75)] 공고방법은 홈페이지 게재 · 내부 인터라넷 · 게시판 게시 · 문서시달 등 교섭단위 내 복수의 노조가 모두 알 수 있도록 적절한 방법으로 하여야 한다. 교섭에 참여하고자 하는 노조는 "공고일로부터 7일 이내"에 교섭요구서를 정부교섭대표에게 제출하여야 한다.[76)]

"공고일로부터 7일 이내"의 기간을 계산함에 있어서는 민법 제157조 및 제161조를 준용하여 초일을 산입하지 않고 공고일의 다음날부터 기산하여 기간 중 공휴일 등을 포함하여 계산하되 기간의 말일이 토요일 또는 공휴일에 해당할 때는 그 다음 날에 만료된다. 정부교섭대표는 교섭요구기간이 만료된 때에는 지체없이 교섭요구를 한 노동조합과 교섭위원선임요구를 공고[77)]하고 교섭노동조합에게 통보하여야 한다. 교섭요구기간 내에 교섭요구를 하지 않은 노조의 교섭요구에 대하여는 거부하더라도 부당노동행위가 아니다.[78)] 이 경우 공고일로부터 7일이 내에 교섭을 요구하는 다른 노동조합이 없어 복수가 아닌 경우는 공고일로부터 20일 이내에 10인 이내의 교섭위원을 선임하고 절차에 따라 곧바로 예비교섭 · 본교섭을 순차적으로 개시할 수 있다. 교섭을 요구하

---

74) 공공노사-1249, 2008.9.19

75) 공노법 제9조제3항

76) 공노령 제7조제2항

77) ① 교섭노동조합개요, ② 교섭위원선임기간:공고일로부터 20일 이내, ③ 선임내용 및 방법 : 교섭노동조합 간 합의를 통해 10인 이내의 교섭위원을 선임 후 서면으로 통보, 기타 통보방법과 제출처, 선임기간 내 합의하지 못할 경우 조합원수에 비례하여 교섭위원을 선임한다는 내용과 노동조합간 교섭창구 단일화가 이루어질 때까지 교섭을 거부할 수 있다는 내용, 참여노동조합간 교섭안을 단일화 하여야 한다는 내용 등 주의사항

78) 공노령 제7조제3항 · 제4항 ; 공공노사-1563, 2006.8.7

는 노동조합이 2 이상인 경우에는 당해 노동조합에 대하여 교섭창구를 단일화하도록 요청할 수 있다. 이 경우 교섭창구가 단일화될 때까지 교섭을 거부할 수 있다.[79)]

정부교섭대표는 위 절차에 따라 관련된 노동조합과 단체협약을 체결한 경우 그 유효기간 중에는 당해 단체협약의 체결에 참여하지 아니한 노동조합이 교섭을 요구하더라도 이를 거부할 수 있다.[80)]

3) 교섭창구 단일화

교섭요구를 한 노동조합이 복수일 경우는 공고일로부터 20일 이내에 노동조합간 합의를 통해 10인 이내의 교섭위원(공동교섭위원)을 선임하여 교섭노조의 대표자가 각각 서명 또는 날인한 서면으로 정부교섭대표에게 통보하여야 한다. 이 경우 교섭위원 수는 참여한 노동조합 간 조직의 규모 등을 고려하여 정한다. 만약 공고일로부터 20일 이내에 합의가 이루어지지 않아 교섭위원을 선임하지 못하는 경우 교섭노동조합 간 조합원수에 비례하여 교섭위원을 선임하여야 한다.[81)] 이 경우 조합원수 확인 시점 · 확인방법 등 조합원수 확인은 교섭노동조합 간 자율로 하는 것을 원칙으로 하되, 조합비공제 인원수, 조합원 명부 등을 토대로 확인하거나 이러한 자료를 토대로 중립적인 제3자에게 확인을 요구하는 것도 가능하다. 만약 일부 노조가 조합원수 확인을 거부하여 교섭이 장기간 지체되는 경우 관련노동조합이 조합원수에 관한 합리적인 근거를 토대로 교섭단을 구성하여 정부교섭대표에게 교섭을 요청할 수 있다. 이 경우 정부교섭대표는 조합원수 확인을 거부하는 노조에 대하여 소명기회를 부여하고 거절시 관련노동조합이 구성한 교섭단과 교섭을 할 수 있다.[82)] 연합단체인 노동조합이 소속 단위노조로부터 교섭권한을 위임받아 교섭에 참여한 경우, 조합원수 계산은 교섭권한을 위임한 단위노조의 조합원수를 기준으로 한다.

---

79) 공노법 제9소제4항
80) 공노법 제9조제5항
81) 공노령 제8조제1항 · 제2항
82) 공공노사-2104, 2006.10.26

(1) 교섭창구 단일화와 노동조합의 단체교섭권을 침해여부

교섭노동조합은 교섭위원을 선임한 후 교섭위원 간 합의를 통해 교섭요구안건을 단일화하고 늦어도 예비교섭 전까지 정부교섭대표에게 통보한다. 교섭창구 단일화가 노동조합의 단체교섭권을 침해하는지 여부에 관해 의문이 있을 수 있는데, 판례에 따르면, 단체교섭을 요구하는 노동조합이 2 이상인 경우 정부교섭대표에게 당해 노동조합에 대하여 교섭창구를 단일화하도록 요청할 수 있고, 교섭창구가 단일화될 때까지 교섭을 거부할 수 있도록 한 것은,[83] 복수노조 허용에 따라 예상되는 단체교섭의 혼란 및 단체협약 적용상의 어려움, 과다한 교섭비용을 줄이기 위하여, 단체교섭에 있어 관련된 노동조합에게 원칙적으로 단체교섭권의 행사를 보장하면서 노동조합 간의 자율적인 교섭창구 단일화를 규정한 것으로 합리적인 근거가 있다. 따라서 위 조항이 입법재량권의 범위를 일탈하여 단체협약의 유효기간 중에 당해 단체협약의 체결에 참여하지 아니한 노동조합원들의 단체교섭권을 침해하는 것으로는 보이지 아니한다는 입장이다.[84]

(2) 교섭위원 구성과 교섭

정부측 교섭위원은 정부교섭대표와 그가 지명하는 자로 구성하고, 노측은 노동조합의 대표자와 규약 등에 정한 방법에 따라 교섭위원을 구성한다. 교섭은 통상 예비교섭과 본교섭으로 구분한다.

예비교섭에서는 실무자, 교섭관련 주무부서의 장, 노측은 교섭위원 중에서 예비교섭담당자를 선정하는데 통상 1~3인으로 하는 것이 적절하다. 예비교섭에서는 교섭일시, 교섭위원수, 소요시간, 교섭장소, 배석자 등을 정하고 그 외 교섭상황 녹음이나 녹화 서기 배석여부 등 필요한 사항을 정한다. 만일 노측이 정당한 이유없이 예비교섭에 응하지 않거나 부당한 요구조건을 내세워 교섭의제와 시간 · 장소 등에 대한 합의가 지연되는 경우 정당한 교섭거부에 해당한다. 본교섭에서는 예비교섭에서 정한 교섭안건에 대해 노사가 안을 제

---

83) 공노법 제9조제4항

84) 헌재 2001헌가31, 2003.5.15 등

시하고 교섭을 하여 점차 쟁점사항을 압축하여 최종적으로 단체협약을 체결해 나가는 과정이다. 본교섭을 효과적으로 하기 위하여는 쟁점사항에 대해 충분한 협의를 거쳐 합의의 틀을 마련하여 본교섭에 임하는 것이 바람직하다.

교섭창구 단일화 절차를 거쳐 교섭이 진행 중인 상태에서 신설된 노동조합(기존 노조와 조직범위 및 교섭요구사항이 다르고 교섭요구 시기가 년도를 달리하더라도)이 교섭을 요구하더라도 정부교섭대표는 이를 거부할 수 있다.[85)]

라. 단체교섭사항

노사는 노측의 교섭요구로부터 출발하여 교섭위원선임과 교섭창구 단일화 등을 거치는 동안 교섭의제에 합의하고 본교섭을 시작하게 된다. 이때 교섭의제 즉, 단체교섭대상은 관계법령이 정하는 범위 내에서 노사 당사자간 합의에 의해 단체교섭의 주제 · 목적으로 부의된 사항이 될 것이다.

1) 비교섭 대상

일반적으로 교섭의제가 되려면, 정부교섭대표가 처리 또는 처분할 수 있는 사항이어야 하고, 집단적인 성격을 지녀야 하며, 공무원의 근무조건 등과 관련이 있어야 한다. 개별조합원의 면직 · 파면 또는 해임의 취소 · 철회 · 복직요구 등 개별적인 권리분쟁에 관한 사항은 교섭대상이 되지 않는다. 따라서 법령 등에 의하여 국가 또는 지방자치단체가 그 권한으로 행하는 정책결정에 관한 사항, 임용권의 행사 등 그 기관의 관리, 운영에 관한 사항으로서 근무조건과 직접 관련되지 아니하는 사항은 교섭의 대상이 될 수 없다. 법 제8조제1항 단서에서 법령 등에 의하여 국가 또는 지방자치단체가 그 권한으로 행하는 정책결정에 관한 사항, 임용권의 행사 등 그 기관의 관리 · 운영에 관한 사항으로서 근무조건과 직접 관련되지 아니하는 사항은 교섭의 대상이 될 수 없다. 이른바 비교섭사항은 다음 각 호의 사항을 말한다.[86)]

85) 공공노사-1953, 2007.9.27
86) 공노령 제4조

1. 정책의 기획 또는 계획의 입안 등 정책결정에 관한 사항
2. 공무원의 채용 · 승진 및 전보 등 임용권의 행사에 관한 사항
3. 기관의 조직 및 정원에 관한 사항
4. 예산 · 기금의 편성 및 집행에 관한 사항
5. 행정기관이 당사자인 쟁송(불복신청을 포함한다)에 관한 사항
6. 기관의 관리 · 운영에 관한 그 밖의 사항

정부교섭대표는 노조로부터 비교섭사항에 대한 교섭요구가 있을 경우 교섭을 거부할 수 있다. 판례에 의하면, 정책결정에 관한 사항, 임용권의 행사 등 그 기관의 관리 · 운영에 관한 사항으로서 근무조건과 직접 관련되지 아니하는 사항을 단체교섭의 대상에서 제외시킨 공노법 제8조제1항 단서는 정책결정 및 관리운영사항 일체를 교섭대상에서 제외시킨 것이 아니고, 정부의 정책결정 및 관리운영사항 중에서도 근무조건과 직접 관련되는 사항에 대하여는 단체교섭을 허용하고, 직접 관련되지 아니하는 사항에 대하여서만 단체교섭을 허용하고 있지 않는 것이다. 따라서 이러한 입법상의 제한이 합리적 근거없이 입법형성권의 범위를 일탈하여 공무원의 단체교섭권을 부당하게 침해하는 것으로 볼 수 없다는 입장이다.[87)]

다만, 채용 · 승진 · 전보 · 정원 등 임용권 · 정책결정에 관한 사항 · 기관의 관리 · 운영에 관한 사항이라도 근무조건과 직접 관련되는 사항의 경우에는 그 한도 내에서 단체교섭의 대상이 된다. 그러나 이 경우에도 임용권 및 관리운영권을 본질적으로 침해하는 사항은 교섭대상으로 삼을 수 없다.[88)] 법령 등에 의해 단체교섭대상으로 볼 수 없는 주요사항은 다음과 같다.[89)]

첫째, 법령 제 · 개정이 수반되는 입법정책 등과 관련된 사항 : 단체교섭권 및 단체행동권보장 등 노동관계법 개정, 노조가입 범위 확대, 유급노조전임자 인정 등

87) 헌재 2005헌마971 · 1193 · 2006헌마198(병합) 전원재판부, 2008.12.26
88) 공공노사-2448, 2006. 12.21
89) 공공노사-2448, 2006.12.21, 공공노사-630, 2007.3.22, 공공노사-579, 2007.3.16, 공공노사-449, 2007.2.27

둘째, 인사제도의 합리적 운영을 위한 제도 관련사항 : 공무원직급제도, 기관평가제도, 다면평가제도, 직위공모제도, 근무평정제도, 고시제도 등

셋째, 임용권의 본질적 내용에 관한 사항 : 해직자 복직, 채용, 조합원 인사합의, 징계종류와 징계양정, 징계위 구성, 승진인원, 승진 소요년수, 승진평가항목 · 승진방법 · 구성비율, 승진심사위 구성, 다면평가 위원구성, 근무평정방법 및 내용, 근평심사위구성, 근속승진제, 포상종류, 포상인원, 포상대상자 선정기준, 포상자 인사상우대 등

넷째, 노조에 대한 경비원조에 해당되는 사항 : 노조발전기금 출연, 노동회관 건립지원, 노조 업무용차량 지원 등

다섯째, 보수 · 복리후생 등 관련 예산편성 및 집행관련사항, 감사제한 또는 폐지, 조례 · 규칙 제 개정에 관한 사항, 사무분장 · 기구통합 · 기구폐지 · 기구합병 · 기구증설 등 조직 · 정원 증 · 감원 등에 관한 사항,[90] 기타 강행법규 또는 공서양속에 관한 사항, 당해 노동조합의 조합원이 아닌 자의 근무조건 등에 관한 사항 등이다.

이와 같은 비교섭사항은 노사간 교섭을 통해 결정할 사안이 아니다. 따라서 정부교섭대표는 비교섭사항에 대한 교섭요구에 응할 의무가 없으며, 임의로 비교섭사항에 대해 합의하였거나 단체협약 속에 비교섭사항이 포함된 것이 명백해진 경우, 그 부분에 한해 단체협약은 효력을 가지지 않으며 이행의무도 없다.[91]

2) 교섭대상사항

노동조합의 대표자는 그 노동조합에 관한 사항 또는 조합원의 보수, 복지 그 밖의 근무조건에 관한 사항에 대하여 노동조합 설립단위별로 소정의 정부교섭대표와 교섭하고 단체협약을 체결할 권한을 가진다.[92] 교섭대상으로 할 수 있는 사항은 성격에 따라 크게 채무적 부분과 규범적 부분으로 나눈다.

90) 대판 2001도1687, 2002.1.11
91) 공공노사-630, 2007.3.22
92) 공노법 제8조제1항 본문

(1) 노동조합에 관한 사항(채무적 부분)

조합비 일괄공제, 단체교섭 절차 및 방법, 근무시간 중 조합활동 관련, 노조전임자, 노동쟁의조정 및 중재, 노조사무실제공 등 시설편의제공, 기관의 시설물 이용 및 홍보[93] 중 정부교섭대표가 법령 등에 의하여 스스로 관리하거나 결정할 수 있는 권한을 가진 사항에 대해서만 단체교섭대상으로 할 수 있다.[94]

조합비일괄공제제도(check-off)

사용자가 조합원인 근로자의 임금에서 조합비를 공제하여 이를 직접 노동조합에게 교부하는 편의제공 약정을 말한다. 이 제도는 조합비의 징수를 명확하게 하여 노동조합의 재정을 안정시키고, 조합비납부를 정례화하여 간접적으로 조합원의 참가의식을 조성하는 단결 강화기능을 수행한다. 조합비공제에서 문제가 되는 것은 근기법상 임금전액불원칙과 관련하여 조합비 공제의 근거를 어디에 둘 것인가 하는 문제와 집단적인 근거만 있으면 개별조합원의 동의는 필요가 없는지, 원천공제 도중 개별조합원이 공제중지를 요청하는 경우는 어떻게 할 것인지, 사용자의 손해배상채권과 조합에 전달할 조합비를 상계할 수는 없는지 등이 문제가 된다.[95]

□ 단체협약으로 조합비를 공제할 수 있는가?

근기법은 근로자에게 임금 전액을 지급할 것을 정하고, 다만 "법령 또는 단체협약에 특별한 근거가 있는 경우"에는 임금의 일부를 공제할 수 있다고 예외를 두고 있다(근기법 제43조제1항). 이것은 세금이나 공적보험료 근로자부담금징수 등의 경우에 전액불원칙만 고집할 경우 불편을 가중할 수 있기 때문이다. 따라서 실정법상 단체협약으로 조합비를 공제하는 것은 문제가 없다.

□ 단체협약 이외에 조합원의 개별동의가 수권행위가 필요한가?

다수설은 조합비공제조항은 단체협약상 근로조건 기타 근로자 대우에 관한 사항을 정한 규범적 효력을 가지는지 못하고, 노사간 채무적 효력만 있다고 본다. 따라서 단체협약 이외에 조합규약이나 개별조합원의 동의가 있어야만 공제가 유효하다는 것이다.[96] 따라서 단체협약상 공제조항이 있으면서 총회의결이나 규약상 공제규정이 있는 경우에는 달리 개별조합원의 동의가 없어도 일괄공제가 유효하지만, 단체협약상 공제조항이 있으면서 총회의결이나 규약상 공제규정이 없는 경우에는 개별조합원의 동의가 있어야 한다.[97]

□ 비조합원의 후원금 등 공제전달의무

조합원이 아닌 공무원 등이 특정노조의 취지 등에 찬동하여 개별적 · 자발적으로 납부하는 후원금은 사용자가 일괄공제하여 전달할 의무가 없다.[98]

---

93) 대판 2001두4818, 2003.7.25

94) 공공노사-1158, 2007.6.11

□ 유효하게 공제요건을 갖추고 공제를 하던 중 중도에 공제중지를 요청할 경우

조합비납부는 조합원의 의무이고, 노조법상 규약의 필요기재사항으로 정하고 있는 점 그리고 조합원은 조합탈퇴로서 조합비납부의무를 면할 수 있는 점 등을 고려하면, 조합원으로 있으면서 조합비 납부를 거부하는 것은 인정받기 어렵다. 만약 조합원이 공제를 거부할 경우 조합은 제명 등 징계조치를 취할 수 있다.

□ 조합에 대한 사용자의 손배청구권과 조합비교부청구권의 상계

사용자가 조합에 대해 손해배상채권을 가지고 있을 경우, 조합이 사용자에 대해 가진 조합비교부청구권과 손해배상채권을 상계할 수 있는지 의문이다. 이 경우 민법 제492조제1항에 의하면 상계가 되려면 양 채권이 같은 종류의 채권이라야 하는데 각각 다른 채권이므로 상계가 불가능하다고 보아야 한다.

(2) 조합원의 보수 · 복지 그 밖의 근무조건에 관한 사항(규범적 부분)

보수 · 수당 · 상여금, 교육 · 훈련, 공무원연금, 재해보상, 정년, 근로시간 · 휴게 · 휴일 · 휴가, 안전보건 · 복지시설 등 복지 후생에 관한 사항 등 규범적부분에 해당하는 사항 중 정부교섭대표가 법령 등에 의하여 스스로 관리하거나 결정할 수 있는 권한을 가진 사항에 대해서만 단체교섭대상으로 할 수 있다.[99)]

마. 단체교섭 유형과 교섭방법

공무원노조가 기초자치단체 등 최소설립단위별로 조직되고, 동일한 설립단위 내에 다수의 복수노조가 설립되고 있는 등 교섭구조가 점차 복잡해지고 다양화되는 추세에 있다. 따라서 교섭유형과 교섭방법도 복잡 다양해 질수밖에 없을 것이다. 교섭유형은 대체로 공무원의 보수 등 국가 · 지방공무원에게 공통적으로 적용되는 사항에 대한 전국단위교섭,[100)] 소속 공무원의 근무조건 등

---

95) 김유성, 『노동법』, 112쪽

96) 김형배, 『노동법』; 김유성, 『노동법』, 112쪽

97) 공공노사-294, 2008.4.24

98) 공공노사-887, 2007.4.26

99) 공공노사-1158, 2007.6.11

100) 행안부장관(안행부, 기재부, 헌법기관 및 자치단체 등 관계기관의 장을 포함한 중앙교섭단 구성) : 연합단체(단위노조 위임)+전국단위노조, 헌법기관노조 포함

에 관한 사항 중 해당 정부교섭대표가 관리 · 결정할 권한을 가진 사항에 대한 기관단위교섭[101]으로 나뉘고, 기타 최소 설립단위별로 수개의 노조와 그에 상응하는 복수의 정부교섭대표와 교섭하는 집단교섭, 개별 단위노조가 상급단체와 공동으로 정부교섭대표와 교섭을 진행하는 공동교섭, 최소단위노조의 위임 등에 의해 상부단체가 단독으로 개별 정부교섭대표와 교섭하는 대각선교섭으로 구분할 수 있을 것이다.

1) 중앙단위교섭

정부교섭대표(안전행정부장관)는 공무원의 주요 근무조건 결정과 관련한 권한이 각 부처에 분산되어 있으므로, 효율적인 교섭진행을 위하여 관계부처가 참여하는 중앙교섭단을 구성한다. 중앙교섭단에는 행정부 각 부처와 선관위 · 국회 등 헌법기관 및 광역 · 기초지자체를 대표하는 위원도 참여하는 것이 바람직하다. 아울러 교섭사항에 따라 부문별로 실무교섭팀을 구성하여 운영하되, 특정부처 전권사항에 해당하는 경우는 해당부처의 장에게 교섭권을 위임하는 것이 좋다.

2) 행정부단위 교섭

전국 행정부단위 교섭의 경우, 노조의 최소설립단위가 각 부처를 포함한 행정부단위로 제한되므로 안전행정부장관이 정부교섭대표를 맡는다. 이 경우 대상기관이 다수이고 교섭사항의 상당부분을 각 부처의 장이 관리 · 결정권을 가지고 있으므로 정부교섭대표는 사전에 관련부처 총무과장 등으로 교섭팀을 구성하여 공통교섭사항과 부처 고유의 교섭사항으로 임무를 나눠서 교섭전략을 수립하는 것이 바람직하다.

3) 헌법기관, 지자체 등

헌법기관이나 지자체의 경우 중앙단위교섭에서 공통 근무조건에 관한 교섭이 종료된 후 각 최소단위별로 교섭을 하되, 공무원의 근무조건이 통일적으로 규율되고 있는 특수성을 감안, 교섭담당자로 협의체를 구성하고 교섭을 하는 것이 좋다.

---

101) 국회 · 법원 등 헌법기관별 정부교섭대표 : 기관별단위노조+전국단위노조, 안행부장관 : 안행부공무원노조+전국단위노조, 자치단체장 : 자치단체별단위노조+전국단위노조

바. 단체교섭 실무

실무상 단체교섭은 교섭준비단계→교섭단계→교섭 후 노사간의 인간적인 관계구축과 성실한 단체협약이행으로 신뢰를 구축하는 문제 등 사후관리단계로 구분할 수 있다. 효과적인 교섭을 위해서는 무엇보다 교섭내용에 대한 상대방의 내용 · 수준 등 정보수집과 그에 따른 당국의 정책방향과 제도 · 예산 등에 대한 사전확인이 필요하고, 관련법령과 지침 등을 충분히 숙지하며, 의연하고 냉정한 자세로 쟁점에 대한 탄력적인 협상자세를 유지하여 합리적인 교섭관행이 정착되도록 한다. 정부 측 대표는 노조의 요구사항을 수용할 경우 소요예산과 예상효과, 관련부처간 합의 가능성 등을 종합적으로 고려하여야 하며, 교섭 후에도 노정간 상호 성의를 가지고 인간적인 신뢰를 구축하도록 노력하여야 하며, 협약내용의 성실한 이행을 통해 합리적인 공무원노사관계가 성립되도록 할 필요가 있다.

7. 단체협약

노사가 임금 · 근로시간 · 휴일 등 공무원의 근무조건에 관한 사항과 단체교섭 절차 및 방법에 관한 사항 등 노동조합에 관한 사항에 대하여 교섭하고 합의한 사항을 서면으로 작성하여 당사자가 서명 · 날인한 것을 단체협약이라고 한다.

가. 단체협약의 체결과 형식

단체협약의 체결과 형식은 일반노조와 다를 것이 없으므로 상세한 설명은 생략한다. 다만, 단체협약은 서면으로 작성되지 않을 경우 법상 효력을 가질 수 없으므로 반드시 체결할 능력을 가진 당사자 즉, 공노법상 사용자, 공노법상 적법하게 설립 신고 된 노동조합이 서면으로 작성하여 서명 · 날인하여야 유효하고, 협약의 진정성이 보장된다면 서명(기명) · 무인도 유효하다. 즉, 단체협약의 실질적 · 형식적 요건을 갖추어야 한다.[102] 따라서 법상 노동조합이 아

102) 대판 2003다27429, 2005.3.11

닌 단체와 체결한 협약서나 공무원직장협의회의 합의서는 노조법 제31조제1항에 정한 단체협약으로 보지 않는다.[103] 구두에 의한 합의는 합의내용이 명확하더라도 단체협약으로 인정되지 않는다.[104] 단체협약의 당사자는 단체협약체결일로부터 15일 이내에 쌍방이 연명으로 단체협약신고서에 단체협약 사본을 첨부하여 고용노동부장관 또는 지방고용노동관서장에게 신고하여야 한다.[105] 다만, 신고는 행정관청의 인가를 얻기 위한 요식행위가 아니므로 단체협약의 효력발생과는 무관하다.

나. 단체협약 체결권의 제한

노조대표자는 법상 단체교섭권과 단체협약체결권을 가지고 있으므로[106] 교섭결과에 대해 조합원 찬반투표를 거쳐 그 결과에 따라 단체협약의 체결권이 좌우되도록 한 규약이나 단체협약은 노조대표자의 단체협약체결권을 전면적·포괄적으로 제한하여 사실상 단체협약체결권을 형해화(形骸化)하는 것이므로 법위반이다. 이 같은 규약이나 단체협약은 법위반으로 시정명령대상이다.[107] 다만, 단순히 교섭결과에 대해 조합원의 의견을 듣는 것은 무방하다. 따라서 사용자는 노사대표자간 합의에도 불구하고 총회 인준결과 부결된 것을 이유로 재교섭을 요구하는 것은 교섭을 거부할 수 있다. 행정관청의 시정명령은 불이행시 처벌규정에 불구하고, 강행적 효력을 가지지 않기 때문에 명령에 의해 자동적으로 위법한 조항이 그 효력을 상실하거나 변경되지 않는다. 따라서 당사자가 시정명령에 따라 단체협약을 변경하여야만 효력이 있다.

---

103) 공공노사-115, 2008.1.17

104) 노조법 제31조제1항

105) 노조법 제31조제2항, 노조령 제15조, 노조규칙 제11조

106) 공노법 제8조제1항

107) 대판 91누10787, 1993.5.11. 노조법 제21조제1항, 제31조제3항 법위반 단체협약에 대해 행정관청이 노동위원회의 의결을 얻어 시정명령을 할 수 있는데, 시정명령은 강행적 효력을 가지지 않으므로 명령에 의해 자동적으로 위법조항이 효력을 상실하거나 변경되지 않는다. 다만, 시정명령에 불응시 500만원 이하의 벌금에 처한다(노조법 제93조제2호). 따라서 당사자가 시정명령에 따라 단체협약을 변경하여야만 효력이 있다.

다. 단체협약의 효력

단체협약은 노사가 체결하는 집단적인 계약으로서 개별근로관계에 관한 규범적부분과 노동조합의 유지 · 활동을 위한 내용으로 집단적 노동관계에 관한 채무적부분으로 구성된다. 단체협약의 내용 중 "근로조건 기타 근로자의 대우에 관한 사항"에 관하여 정한 부분에 대해서는 법상 규범적 효력이 인정된다.[108] 민간부문의 경우, 단체협약의 내용 가운데 근로조건 기타 근로자의 대우에 관한 기준에 위반한 취업규칙이나 근로계약은 강행적 효력에 의해 무효가 되고, 그 무효가 된 부분 또는 취업규칙, 근로계약으로 정하지 않은 부분은 직접적 효력에 의해 단체협약에 정한 기준에 의해 규율된다. 단체협약의 유효기간이 만료되고 새로운 단체협약이 체결되지 아니한 경우 규범적 부분은 근로계약의 내용이 되어 그대로 당사자간 근로관계를 규율하는 것이 일반적이다. 하지만, 공무원의 경우, 임금 등 근로조건은 법령 · 예산 · 조례 등에 의하여 결정되고 있는 점 등을 감안하여 단체협약의 내용 중 법령 · 조례 · 예산에 의하여 규정되는 내용과 법령 · 조례에 의한 위임을 받아 규정되는 내용은 단체협약으로서의 효력을 인정하지 않는다.[109] 지자체 장이 법령 또는 조례가 위임한 범위 내에서 그 권한에 속하는 사무에 관하여 제정한 규칙은 조례에 의한 위임을 받아 규정되는 내용으로 볼 수 있다. 이 경우 단체협약의 내용이 법령 · 조례보다 유리하더라도 법령 · 조례보다 우선하여 인정되는 유리조건 우선의 원칙은 적용될 수 없다.[110]

실무상 법령 · 예산 등에 위배되는 내용의 단체협약의 효력을 부정하는 것이 단체협약체결권을 침해하는 것인지 여부에 대해 논란이 있는데, 판례에 따르면, "공무원노조에게 단체협약 체결권을 인정하면서도 단체협약의 내용 중 법령 · 조례 · 예산 등에 위배되는 내용에 대하여는 단체협약의 효력을 부정하고 있는 바,[111] 민간부문과 달리, 공무원은 근무조건의 대부분이 헌법상 국민전체

108) 노조법 제33조제1항
109) 공노법 제10조
110) 공공노사-2221, 2007.11.8
111) 공노법 제10조제1항

의 의사를 대표하는 국회에서 법률, 예산의 형태로 결정되므로, 그 범위 내에 속하지 않는 한 정부와 공무원노동단체간의 자유로운 단체교섭에 의하여 결정될 사항이라 할 수 없다. 따라서 노사간 합의로 체결된 단체협약이라 하더라도 법률 · 예산 및 그의 위임에 따르거나 그 집행을 위한 명령 · 규칙에 규정되는 내용보다 우선하는 효력을 인정할 수는 없다. 조례는 지방의회가 제정하는 것으로 해당 지방자치단체와 그 공무원을 기속하므로, 단체협약에 대해 조례보다 우선하는 효력을 부여할 수도 없다. 한편, 단체협약의 내용 중 법령 · 조례 또는 예산 등과 저촉되는 부분은 효력이 부인되지만, 사용자에게 그 사항에 대해 교섭 자체를 할 수 없게 하거나 단체협약을 체결을 금지하지는 않고, 정부교섭대표에게 성실한 이행노력의무를 부과하므로, 공노법 제10조제1항이 조합원들의 단체협약체결권을 침해한다고 보기 어렵다.[112] 정부교섭대표는 단체협약으로서의 효력을 가지지 않는 내용에 대해서는 그 내용이 이행될 수 있도록 성실히 노력하여야 하며, 이행결과를 당해 단체협약 유효기간 만료일 3월전까지 상대방에게 서면으로 통보하여야 한다.[113]

라. 단체협약의 효력확장

노사가 서명날인한 단체협약은 유효기간동안 노동조합과 사용자, 사용자와 조합원 사이에서 효력을 발생한다. 단체협약의 규범적효력이 미치는 범위는 사용자인 정부교섭대표와 조합원에 한정되는 것이 원칙이나 "사용자가 상대적으로 근로조건이 높은 조합원보다 비조합원을 선호하여 노동조합을 약화시키는 것을 예방하기 위하여 단체협약의 효력이 적용되는 범위를 확장하도록 법으로 정하고 있다." 즉, 하나의 사업 또는 사업자에 상시 사용되는 동종의 근로자 반수이상이 하나의 단체협약의 적용을 받게 된 때에는 당해 사업 또는 사업장에 사용되는 다른 동종의 근로자에 대하여도 당해 단체협약이 적용된다[114]고 "일반적구속력"을 규정한 것이다. 일반적구속력은 비조합원의 근로조건을 통일적으로 규제함으로써 예상되는 사용자의 개입 등으로부터 조합원을 보

112) 헌재 2005헌마971 · 1193 · 2006헌마198(병합) 전원재판부, 2008.12.26

113) 공노법 제10조제2항, 공노령 제10조

114) 노조법 제35조

호하고 궁극적으로 노동조합의 규제력을 강화하는 데 그 취지가 있다.

1) 성립요건

하나의 교섭단위에 상시 사용되는 동종의 공무원 반수 이상이 하나의 단체협약의 적용을 받게 된 때는 당해 교섭단위에 사용되는 다른 동종의 공무원에 대하여도 당해 단체협약의 규범적 효력이 확장 적용되는 것이다. 다만, 단체협약의 내용 중 조합비 일괄공제와 같이 노동조합과 정부대표 상호간에 권리 · 의무를 규율한 소위 채무적부분은 확장 적용되지 않는다. 여기서 “동종의 공무원”이란, 공무원노조법에 의하여 노조에 가입할 수 있는 공무원을 말한다. 공노법 제6조제2항에 정한 공무원은 공무원법상 단체협약의 적용이 예정되어 있지 않으므로 동종의 공무원에 포함하지 않는다. 교원은 교원노조법의 적용을 받고, 현업공무원 등 사실상 노무에 종사하는 공무원은 일반노조법의 적용을 받으므로 각각 동종의 공무원에 포함되지 않는다.

판례에 의하면, “동종의 근로자”라 함은, 단체협약의 규정에 의하여 그 협약의 적용이 예상되는 자를 가리키며, 단체협약의 규정에 의하여 조합원의 자격이 없는 자는 단체협약의 적용이 예상된다고 할 수 없어 일반적 구속력이 미치는 동종의 근로자라고 할 수 없다[115]고 판시하고 있다.

“하나의 교섭단위”란, 단체협약의 적용을 받는 반수 이상의 공무원을 산출하는 단위를 의미하고, 통상적으로 단체협약의 적용을 받는 단위를 말한다. 예를 들면, 행정부 단위의 공무원노조가 행안부장관과 단체협약을 체결한 경우, 교섭단위는 전체 행정부이다. 따라서 이 단체협약은 공노법상 노조에 가입할 수 있는 전체 행정부공무원의 반수 이상에 적용될 경우 동종 공무원에 확장 적용된다. 행정부 단위의 공무원노조로부터 교섭권을 위임받은 개별부처에 설립된 지부(분회)가 단체협약을 체결한 경우, 교섭단위는 개별부처이다. 따라서 그 개별부처의 공무원노조에 가입할 수 있는 공무원의 반수 이상에 적용될 경우 같은 부처내의 동종 공무원에게 확장 적용된다. 지역적구속력은 공무

115) 대판 2002다23611, 2003.6.27

원노조법에서 적용을 배제하고 있다.[116] 단체협약의 효력이 발생한 이후에 신규공무원의 채용 또는 조합원의 탈퇴 등으로 "반수 이상의 공무원"이라는 요건을 갖추지 못한 경우는 그 시점부터 일반구속력의 효력이 자동적으로 상실된다.

마. 단체협약의 해석과 적용에 다툼이 있는 경우

단체협약의 해석 또는 이행방법에 관하여 관계 당사자간에 의견의 불일치가 있는 때에는 당사자 쌍방 또는 단체협약에 정하는 바에 의하여 어느 일방이 노동위원회에 "단체협약의 내용과 당사자의 의견 등을 기재한 서면"으로 그 해석 또는 이행방법에 관한 견해의 제시를 요청할 수 있다.[117] 노동위원회가 견해 제시의 요청을 받은 때는 그날부터 30일 이내에 명확한 견해를 제시하여야 한다. 이 경우 노동위원회의 견해는 중재재정과 동일한 효력을 가진다.[118] 노동위원회의 견해에 대해 이의가 있는 당사자는 견해서를 송달받은 날로부터 10일 이내에 중앙노동위원회에 재심을 신청한다. 만약 소정의 기일내에 재심을 신청하지 아니하면 노동위원회의 견해는 확정되므로 당사자는 따라야 한다.

바. 단체협약의 시정명령

단체협약 당사자가 단체협약 체결일로부터 15일 이내에 고용부 등 지방고용노동관서에 단체협약을 신고하면 이를 검토하여 위법한 내용이 있는 경우에는 그 위반사항을 구체적으로 적시하여 노동위원회의 의결을 얻어 시정명령을 할 수 있다. 이 경우 "위법이란", 노동관계법령 이외에도 단체협약의 성질 또는 내용과 관련이 있는 모든 법을 지칭한다. 관할 노동위원회에서 단체협약의 내용이 위법하다고 의결한 경우 지방고용노동관서는 단체협약시정명령서를 작성하여 노동조합대표와 정부교섭대표 등 협약당사자에게 송부한다. 이 경우 시정기한은 2월 이내에서 필요하다고 인정하는 상당한 기간을 부여한다. 시정

116) 공노법 제17조제3항, 노조법 제36조
117) 노조법 제34조제1항, 노조령 제16조
118) 노조법 제34조제2항 · 제3항

명령에 불응할 경우 500만원 이하의 벌금에 처할 수도 있다.[119)]

8. 공무원의 조합활동

조합활동이란, 노동조합이 그 목적을 달성하기 위하여 내부의 조직력과 단결력을 유지 · 강화하는 일상적인 제반활동을 말한다. 노조법상 조합활동은 분명한 정의로 설정한 것은 없으므로, 여러 조문에서 정한 관련사항을 결합하여 판단할 수밖에 없다. 즉, "근로조건 유지 · 개선과 근로자의 경제 · 사회적 지위 향상을 위한 단체교섭 기타의 행위,[120)] 단체교섭 · 쟁의행위 기타의 행위로서 노조법 제1조의 목적 달성을 위한 행위를 정당행위로 보아서 형사책임 면제,[121)] 근로자의 노조가입, 노조조직, 기타 노조업무를 위한 정당한 행위"[122)] 등, "조합 또는 조합원의 노동조합의 업무를 위한 정당한 행위"라고 정의할 수 있다. 공노법에서도 조합활동에 관해 명시적인 규정을 두고 있지 않다. 다만, 공노법 제3조에서 "공무원노조의 조직 · 가입과 노동조합과 관련된 정당한 활동에 대하여는 국가 · 지방공무원법상 집단행동금지의무에 저촉되지 않으며"[123)] 제4조에서 "노동조합과 조합원은 정치활동을 하여서는 아니된다"고 정하고 있고, 제11조에서는 "노동조합과 그 조합원은 파업, 태업 그 밖에 업무의 정상적인 운영을 저해하는 일체의 행위를 하여서는 아니된다"고 정하고 있다. 따라서 이러한 산발적인 규정을 토대로 민간에 대한 조합활동에 관한 개념과 공무원의 신분상 특성에 따른 판단기준을 종합적으로 고려하여 구체적 상황에 대한 정당성을 판단할 수밖에 없다.

119) 노조법 제31조제3항, 제93조제2항
120) 노조법 제2조제4호 본문
121) 노조법 제4조
122) 노조법 제81조제1호
123) 공무원은 노동운동이나 그 밖에 공무 외의 일을 위한 집단행위를 하여서는 아니된다. 다만, 사실상 노무에 종사하는 공무원은 예외로 한다.(국가공무원법 제66조제1항, 지방공무원법 제58조제1항)

가. 정당한 조합활동

1) 민간부분

노동조합의 결정 · 지시 · 승인에 근거한 활동으로서 근로조건의 유지 · 개선 또는 단결의 유지 · 강화 등 그 목적을 달성하기 위한 활동으로서, 단체협약 또는 사용자의 승낙이 있는 경우를 제외하고는 취업시간 외에 노조활동을 하는 것이 원칙이며, 사용자는 사업장 시설을 이용 · 보전 · 관리할 권한이 있으므로 사업장내의 노조활동은 사용자의 시설관리권에 바탕을 둔 합리적인 규율에 따라야 하고, 취업시간 외에 사업장 밖에서 노조활동이 이루어지는 경우에도 근로계약상 성실의무에 위반하지 않아야 한다. 이상이 판례와 행정해석 등을 토대로 종합판단 할 수 있는 "노동조합활동의 기준"이다. 이 개념은 공무원 노사관계에서도 그 특성상 적용할 수 없는 경우를 제외하고는 그대로 적용된다.

2) 공무원노사관계

공무원은 국민 전체에 대한 봉사자로서 노동조합활동을 하는 경우에도, 공공의 이익을 위하여 직무수행에 전념할 의무 등 국가공무원법과 지방공무원법 기타 관련법으로 정한 신분상 · 직무상 · 관련법상 등 법률상의 의무[124]를 준수해야 하며, 원칙적으로 근무시간 중에는 직무수행에 전념하여야 하며, 단체협약 기타 기관장의 허가 없이 노조활동을 할 수 없고, 청사 내에서 조합활동을 하는 경우에도 청사 관리권자의 합리적인 규율과 지시에 따라야 하며, 특히 파업 · 태업 등 공무의 정상적인 운영을 저해하는 일체의 쟁의행위는 금지된다. 따라서 이와 같은 기준을 토대로 조합활동을 할 경우 정당하다고 볼 수 있다.

행정해석에 의하면, 공무원의 조합활동이 정당하기 위해서는, 그 목적이 근로조건의 유지 · 개선 등을 위해 필요한 행위라야 하고, 단체협약 등에 별도의

124) ① 신분상 의무 : 선서의무, 외국정부의 영예수혀 의무, 품위유지의무, 영리 · 겸직금지, 정치운동 · 집단행위 금지, ② 직무상 의무 : 성실 · 복종의무, 직장이탈금지의무, 친절공정의무, 비밀준수의무, 성실의무, 청렴의무, 기타 공직자윤리법, 공직자 병적사항 신고 및 공개에 관한 법률 등에 정한 의무

허용규정이 있거나 기관장의 승인이 있는 경우 외에는 근무시간 이외에 행해져야 하며, 근무시간외 조합활동의 경우에도 공무원의 본분에 반하지 않도록 성실의무를 준수하여야 하며, 청사 내에서는 관리청의 시설관리권에 바탕을 둔 합리적인 규율이나 제약에 따라야 한다고 명시한다.[125)]

나. 유형별 판단기준

노동조합활동의 유형은 업종별 · 조합별 형태에 따라 다양할 수밖에 없다. 다만, 노동조합법의 적용을 받는 일반 민간부분과 공무원노동조합활동은 공무원이라는 특수성에 따른 몇 가지 부분을 제외하고는 양자가 큰 차이를 보이지 않는다. 따라서 전체적인 조합활동의 개념과 유형별 정당성에 관해서는 이미 일반 노동조합활동 부문에서 상세히 설명한 바 있으므로 여기서는 공무원노동조합에 관한 특수한 상황에 관해서만 언급하기로 한다.

1) 근무시간 중 집회

근무시간 중 적법한 절차에 따른 허가를 받지 않고 집단적 · 조직적으로 직장을 이탈하여 집회를 개최 참가한 것은 쟁의행위에 해당한다. 특히 공무원이 연가 등을 신청하여 자유롭게 사용할 수 있으나 업무의 정상적인 운영을 저해할 목적으로 또는 주장을 관철할 목적으로 다수의 직원이 일시에 연가를 신청하거나 무단결근하여 업무에 지장을 초래할 경우는 쟁의행위에 해당한다.[126)]

2) 시간외근무, 당직 거부

공무원노조가 주장을 관철할 목적으로 정당한 시간외 명령이나 당직근무를 조직적으로 거부하는 경우, 복종의무 위반과 쟁의행위에 해당한다.

3) 준법투쟁 등

정시 출퇴근 중식시간 지키기 등 소위 “준법투쟁”의 경우, 공무원 노조가 자신들의 주장을 관철할 목적으로 업무의 정상적인 운영을 저해하는 경우는 쟁의행위에 해당한다. 이 경우 판례는 “업무의 정상적인 운영”이란, 형식적인

125) 공공노사-2498, 2007.12.11

126) 헌재 2003헌마878, 2004.7.15

운영 뿐 아니라 사실상 관행화되어 온 업무의 사실상 정상적인 운영을 저해하는 경우에도 쟁의행위로 본다.[127] 예를 들면, 단체협약에 따라 업무상 필요가 있을 경우는 휴일에 근로를 시킬 수 있도록 정하고 이에 따라 관행적으로 휴일근로를 시켜 왔음에도 불구하고 근로자들이 자신들의 주장을 관철할 목적으로 정당한 사유없이 집단적으로 업무의 정상적인 운영을 저해하는 경우, 09:00 이전인 08:50까지는 출근하여 업무준비를 한 후 09:00부터 근무를 하도록 정하고 근무해 왔으나 09:00 정각에 출근하여 업무가 지연되는 등 업무수행을 저해한 경우 등을 말한다.

4) 청사 내 농성과 시위

노조가 청사 내에서 집회를 하기 위해서는 관리청의 허가를 받아야 하며 허가조건을 준수하여 평온하게 집회를 하여야 한다. 허가를 받지 않고 집회를 하여 청사내 평온과 통행방해, 시설훼손 등 우려가 있는 경우 쟁의행위에 해당한다.

5) 근무시간 중 노조활동

노조활동은 공무수행에 지장이 없도록 근무시간외에 하는 것이 원칙이므로, 근무시간 중 노조활동에 대해서는 단체협약에 규정이 있거나, 기관장의 허가를 얻어야 한다. 이 경우 허가시에도 일자, 시간, 횟수, 장소, 참가자 등 구체적인 절차와 내용을 명시할 필요가 있다. 비록 허가가 있는 경우에도 조합활동으로 인하여 타 공무원의 업무에 지장을 초래하거나 청사관리, 직장질서 등을 문란하게 하는 경우는 정당성을 얻기 어렵다.[128]

6) 근무시간 중 리본패용, 조끼착용 등

민간부분의 경우, 직종이나 직무내용 등을 고려하여, 일반적으로 리본 · 조끼 등을 착용하는 것은 통상적인 조합활동에 속하는 경우가 많으나, 공무원의 경우 성실의무와 품위유지의무를 위반하는 것으로 판단한다. 특히 리본 등에 기재된 요구와 주장의 내용이 사실과 무관하거나 일방적인 비난 · 비방

127) 대판 91도1051, 1991.7.9 ; 대판 96도419, 1996.5.10
128) 공공노사-504, 2008.6.5

의 문구로 되어 있거나 기타 내용이 적절하지 못하여 일반 국민의 위화감을 조성하고 공무원의 신용을 실추시킬 위험이 있으므로 정당한 노조활동으로 보기 어렵다.[129)]

7) 청사내 노조활동

청사는 국유재산법에 의해 취득 · 유지 · 보존 · 운용되고 있고, 정당한 사유없이 사용하지 못하는 등 법률상 제약이 따른다.[130)] 노조활동을 위해 회의실 사용, 유인물게시 · 배포 등 청사사용 신청시 관리자는 사용목적과 사용행태 등을 감안하여, 청사 본래의 사용에 지장이 없는 한도 내에서 허가가 가능하다. 시설대여의 경우, 본래 용도 또는 목적에 장애가 되지 않는 범위 내에서 조합활동을 위한 최소규모의 청사사용을 허가할 수 있다. 이 경우 청사공간의 여유, 관리상 지장여부, 다른 단체와의 균형, 인사관리측면 등을 고려하여 허가 여부를 결정하고 허가시간 엄수, 위법한 언동, 소음방지, 외부 조합원의 출입자수 · 시간 · 장소 등을 제한하거나 금지하는 등 조건을 붙일 수 있다.

(1) 게시판 이용허가

게시판의 경우 이용형태, 게시물의 크기, 설치장소, 다른 단체와의 균형 등을 고려하여 허가여부를 결정할 수 있고, 사전 허가 없이 유인물 게시(배포) · 현수막설치 · 스티커부착 등 청사시설관리권을 침해하는 경우 제거할 수 있다. 일본판례의 경우 게시물의 종류 크기 등에 관한 사전심사제, 허가제 등은 칭사내의 질서유지에 근 영향을 미치므로 청사관리권의 남용을 보지 않는다.

(2) 유인물 배포허가

유인물 배포의 경우, 사전허가를 받아야 하고, 직무와 무관한 위법 · 부당한 내용을 포함하는 경우 또는 유인물배포행위가 근로개선의 목적을 가지고 있더라도 그 내용이 왜곡 또는 과장되어 경영진에 대한 극도의 불신 내지 증오감을 유발하도록 하여 직장질서를 문란케 할 위험이 있는 경우는 정당한 조합활

129) 일본판례 : 공무원이 근무시간 중, 직접적으로 공무에 관계없이 뱃지, 플레이트 등을 착용하는 것은 직무전념의무에 위반된다.(1977.12.12, 메크로전보전화국사건)

130) 국유재산법 제5조제1항

동으로 보지 않는다.[131) 따라서 이러한 경우 배포가 금지되고 성실의무에 위반된다.

8) 옥외 노동조합활동

조합이 사용자의 시설관리권의 범위와 근무시간 중을 벗어나 옥외에서 근무시간 외에 집회 등 노동조합활동을 하는 경우가 있다. 비록 옥외 노동조합활동이라도 조합이 근로조건의 유지 · 개선 등 목적달성을 위하여 하는 정당한 노조활동은 단결권의 일환으로 보호되어야 한다. 다만, 옥외집회라도 근무시간 중에 요구사항 관철을 위하여 업무의 정상적 운영을 저해하는 경우는 쟁의행위에 해당한다. 공노법 제8조제1항에 의하면, "조합원의 보수, 복지, 그 밖의 근무조건에 관한 사항"을 단체교섭대상으로 정하고 있다. 이 점을 고려할 때, "노조활동과 무관한 정치적 요구를 내세우거나, 요구내용 중 정치적 사항과 근무조건 관련사항이 혼재되어 있는 경우, 민간노조의 파업을 지원할 목적으로 옥외집회 · 시민단체 등과 연대집회 또는 이에 참가하는 경우, 근로조건과 무관한 정책결정사항에 대한 지지 · 반대를 목적으로 한 집회나 시위 등"은 목적상 정당한 조합활동으로 볼 수 없다. 근무시간외에 옥외집회의 경우에도 공무원의 경우는 민간부분과 달리 공무원법 등에서 정하는 신분상 · 직무상의무를 준수하여야 하고, 공무원의 본분에 반하지 말아야 하는 성실의무를 부담하며, 집회 및 시위에 관한 법률 등 다른 법률을 준수하고 평화적으로 집단적인 의사를 표현하는 방법이라야 한다.

9. 노동쟁의의 조정과 중재

가. 노동쟁의

"노동쟁의"라 함은, 노사간에 임금 · 근로시간 · 복지 · 해고 · 기타 대우 등 근로조건의 결정에 관한 주장의 불일치로 인하여 발생한 분쟁상태를 말한다.[132) 따라서 근로조건 이외의 사항에 관한 당사자간 주장의 불일치로 인한

131) 대판 92다20880, 1993.2.9

132) 노조법 제2조제5호

분쟁상태는 노동쟁의라고 할 수 없다.[133] 반면, "쟁의행위"란, 파업 · 태업 · 직장폐쇄 기타 노동관계 당사자가 그 주장을 관철할 목적으로 행하는 행위와 이에 대항하는 행위로서 업무의 정상적인 운영을 저해하는 행위를 말한다. 분쟁상태의 전제가 되는 "근로조건"의 자세한 내용은 다음과 같다.

1. 임금이란, 임금협정의 체결 · 갱신과 관련하여 전체 조합원에게 적용되는 임금체계의 조정, 임금 · 상여금 등의 인상률과 지급기준, 수당의 신설 · 인상 · 지급기준 등을 의미한다.
2. 근로시간이란, 시업 · 종업시간 · 휴게시간 등 근로시간 변경, 근로시간의 단축, 탄력적 · 선택적 근로시간제 도입, 연장 · 야간 · 휴일근로 등에 필요한 합의절차 등을 의미한다.
3. 복지란, 식당 · 기숙사 · 휴양시설, 장학제도 및 해외연수제도, 의료지원제도, 사내근로복지기금출연, 우리사주제도 등에 대한 수혜대상 · 방법 등 제반사항을 규정 내지 설정하는 것과 관련된 사항을 의미
4. 해고란, 해고의 사유 · 기준 등 대상자 선정방법, 그 범위 및 절차 등과 같이 개별근로자의 특수한 사정이 아닌 전체 조합원에게 적용되는 일반적인 기준 및 조건을 의미한다.
5. 기타 대우란, 임금 · 근로시간 · 복지 · 해고이외에 휴식, 휴일, 휴가, 징계, 포상, 산업안전 등을 의미한다.

공무원노동조합과 조합원은 파업 · 태업 그 밖에 업무의 정상적인 운영을 저해하는 일체의 행위를 하여서는 아니된다.[134] 공무원이 쟁의행위를 통하여 공

133) 대판 2001두4818, 2003.7.25

134) 헌재 2009.10.29, 2007헌마1359. 공노법 제11조 위반시 5년 이하의 징역 또는 5천만원 이하의 벌금에 처한다. 공항 특수경비원의 단체행동권제한은 합헌이다. 현행헌법에서 특수경비대원에 대해 노동3권에 관한 개별적 제한규정을 두고 있지 않더라도 일반유보조항인 헌법 제37조제2항의 기본권제한 원칙에 따라 단체행동권을 제한할 수 있다. 이 사건 법률조항 즉, "파업, 태업 그 밖에 경비업무의 정상적인 운영을 저해하는 일체의 쟁의행위금지"는 특수경비원들이 관리하는 국가 중요시설의 안전을 도모하고 방호혼란을 방지하려는 것이므로 그 목적의 정당성과 수단의 적합성을 인정할 수 있고, 특수경비원의 업무내용은 공무원 특히 경찰공무원내지 군인공무원과 유사하게 강한 공공성이 있고, 특히 권총 등 무기를 휴대한 상태로 근무할 수 있는 특수성이 있음을 감안할 때, 특수경비원에 대하여 단체행동권 중 "경비업무의 정상적인 운영을 저해하는 일체의 쟁의행위를 제한, 금지하는 것은 입법목적 달성에 필요 불가결한 최소한의 수단이며 이 사건 법률조항으로 인해 특수경비대원의 단체행동권이 제한되는 불이익을 받게 되는 것을 부정할 수는 없으나 국가나 사회의 중추를 이루는 중요시설 운영에 안정을 기함으로써 얻게 되는 국가안전보장, 질서유지, 공공복리 등의 공익이 매우 커서 법익의 균형성

무원 집단의 이익을 대변하는 것은 국민전체에 대한 봉사자로서의 지위와 특성에 반하고, 보수 등 근무조건이 국회에서 결정되는 등 비용부담측면과 직무의 특수성을 감안 단체행동권을 제한하였다. 공무원노조에 대한 단체행동권을 제한하는 대신에 중앙노동위원회에 "공무원노동관계조정위원회"를 설치하여 공무원 노사의 노동쟁의를 조정 · 중재하는 제도를 두고 있다.

공무원노동조합에 대한 단체행동권제한이 위헌인지 여부에 관한 판례에 따르면, "공무원이 쟁의행위를 통하여 공무원 집단의 이익을 대변하는 것은 국민전체에 대한 봉사자로서의 공무원의 지위와 특성에 반하고 국민전체의 이익추구에 장애가 되며, 공무원의 보수 등 근무조건은 국회에서 결정되고 그 비용은 최종적으로 국민이 부담한다. 파업으로 행정서비스가 중단되면 국가기능이 마비될 우려가 크고 그 손해는 고스란히 국민이 부담하게 된다. 무엇보다도 공공업무의 속성상 공무원의 파업에 대한 정부의 대응수단을 찾기 어려워 노사간 힘의 균형을 확보하기 어렵다. 따라서 공무원에 대하여 일체의 쟁의행위를 금지한 공노법 제11조는 헌법 제33조제2항에 따른 입법형성권의 범위내에 있어, 헌법에 위배되지 아니한다. 아울러 공무원의 쟁의행위에 대한 형사처벌을 규정한 공노법 제18조는 위 조항의 보호법익, 형법상 업무방해죄에 관한 대법원의 해석 등을 참조하여 통상의 해석방법에 의하여 그 보호법익과 금지된 행위 및 처벌의 종류와 정도를 알 수 있어, 죄형법정주의의 한 내용인 형벌법규의 명확성의 원칙에 반한다고 할 수 없다.

즉, 어떤 행위를 범죄로 규정하고 이에 대하여 어떠한 형벌을 과할 것인가는 원칙적으로 국가의 입법정책에 관한 사항으로서 입법자에게 광범위한 입법재량 내지 형성의 자유가 인정되어야 할 분야인 점, 공무원인 근로자의 업무의 공공성 · 공익성, 형법상 업무방해죄의 법정형에 견주어 볼 때, 위 조항의 법정형이 입법재량의 한계를 벗어난 과중한 처벌이라고 볼 수 없다. 또한 공무원이 쟁의행위를 할 경우 단순히 행정질서에 장해를 줄 위험성이 있는 정도가 아니라 국민생활의 전반에 영향을 미쳐서 일반의 공익을 침해할 고도의 개연

원칙에도 위배되지 아니한다.

성이 있으므로, 이에 대하여 행정형벌을 과하도록 한 공노법 제18조가 입법재량의 한계를 일탈하여 헌법에 위반된다고 할 수 없다는 입장이다.[135)]

1) 공무원노동관계조정위원회

공무원노사의 단체교섭이 결렬되었을 경우 발생하는 노동쟁의를 조정 · 중재하기 위하여 중앙노동위원회에 7인 이내의 공익위원으로 구성된 공무원노동관계조정위원회를 설치한다. 공익위원은 노동위원회법에서 정한 공익위원의 자격 등에 불구하고[136)] 공무원문제 또는 노동문제에 관한 지식과 경험을 갖춘 자 또는 사회적 덕망이 있는 자중에서 중앙노동위원회 위원장의 추천과 고용노동부장관의 제청으로 대통령이 위촉한다.[137)] 이 경우 노동위원회법 제6조 제2항의 규정에 불구하고 당해 공익위원에 해당하는 정원이 따로 있는 것으로 본다. 공익위원을 위촉하는 경우에는 행안부 등 관련기관과 공무원단체 등의 의견을 들을 수 있다.[138)]

2) 회 의

공무원노동관계조정위원회는 전원회의와 소위원회를 두며, 전원회의는 공익위원 전원으로 구성하고, ① 전국에 걸친 노동쟁의조정사건, ② 중재회부의 결정, ③ 중재재정을 담당한다. 소위원회는 공무원노동관계조정위원회 위원장이 중노위위원장과 협의 지명하는 위원 3인으로 구성하며(소위원회위원장도 동일한 절차에 따라 임명한다.) 전원회의에서 담당하지 않는 조정사건을 담당한다.

나. 노동쟁의의 조정

공무원노사는 단체교섭을 통해 쟁점에 대해 교섭하지만 갈등이 해결되지 않으면 노동쟁의상태에 돌입하게 된다. 조정제도는 노동위원회의 공무원노동관계조정위원회가 쟁의상태를 신속 · 공정하게 해결하여 공무원노사 당사자간 분쟁악화를 방지하기 위해 행하는 일련의 절차를 의미한다.

---

135) 헌재 2005헌마971 · 1193 · 2006헌마198(병합) 전원재판부, 2008.12.26
136) 노위법 제6조, 제8조
137) 공노법 제14조제2항 · 제3항
138) 공노령 제12조

1) 조정의 진행절차

단체교섭이 결렬된 경우 당사자 일방 또는 쌍방은 "단체교섭 경위, 당사자간 의견불일치 사항, 그에 대한 당사자의 주장내용, 주장내용과 관련된 참고서류"를 첨부하여, 노동위원회법 제2조의 규정에 의한 중앙노동위원회에 조정을 신청할 수 있으며, 조정은 30일 이내에 종료되어야 한다. 다만, 당사자간 합의가 있는 때에는 30일의 범위에서 연장할 수 있다.[139] 조정신청을 받은 중앙노동위원회는 고용노동부장관 또는 관할 지방고용노동관서장에게 지체없이 통보하여야한다. 중앙노동위원회는 당사자 일방 또는 쌍방이 조정을 신청한 경우에는 지체없이 조정을 개시하여야 한다. 이 경우 쌍방은 성실히 임하여야 한다. 다만, 신청내용이 조정 또는 중재의 대상이 아니라고 인정할 경우에는 신청인에게 그 사유와 다른 해결방법을 알려 주어야 한다.[140] 조정대상이 아니라고 판단하여 다른 해결방법을 알려 주었다면 동일한 사유로 중재회부를 할 수 없다.[141]

중앙노동위원회는 조정안을 작성하여 이를 관계 당사자에게 제시하고 그 수락을 권고하는 동시에 그 조정안에 이유를 붙여 공표할 수 있다. 이 경우 필요한 때에는 신문 또는 방송에 보도 등 협조를 요청할 수 있다.[142]

2) 조정의 효력

중노위는 공무원관계 당사자의 의견을 확인한 후 조정안을 만들어 당사자에게 권고하게 되는데, 조정안을 수락할지 여부는 노사 당사자의 자율이므로 당사자 일방 또는 쌍방은 조정안을 거부할 수도 있다. 조정안을 수락할 경우 조정내용은 단체협약과 동일한 효력을 가진다.

다. 노동쟁의의 중재

중앙노동위원회는 단체교섭이 결렬되어 관계 당사자 쌍방이 함께 또는 단체

---

139) 공노법 제12조제1항 · 제4항 ; 공노규칙 제4조제1항
140) 공노령 제11조제2항
141) 노사 32281-10249, 1989.7.12
142) 공노법 제12조제3항 · 제4항

협약에 의하여 중재를 신청한 경우 또는 중앙노동위원회가 제시한 조정안을 당사자 쌍방 또는 일방이 거부하여 조정이 이루어지지 아니하여 공무원노동관계조정위원회 전원회의에서 중재회부결정을 한 경우에는 지체없이 중재를 행한다.[143] 중재는 조정과 달리 노동위원회의 중재안의 수락여부가 당사자의 의사에 맡겨진 것이 아니라, 당사자는 제시된 중재안을 당연히 수락하여야 하므로 강제중재를 제도적으로 보장한 것이다.

1) 중재신청기간과 사유

관계 당사자는 중앙노동위원회의 중재재정이 위법하거나 월권에 의한 것이라고 인정하는 경우에는 행정소송법 제 20조의 규정에 불구하고 그 중재재정서의 송달을 받은 날부터 15일 이내에 중앙노동위원회 위원장을 피고로 하여 행정소송을 제기할 수 있다. 여기서, "위법 또는 월권"이라 함은, ① 중재재정의 절차가 위법하거나 그 내용이 근기법위반 등으로 위법한 경우 또는 ② 당사자 사이에 분쟁의 대상이 되어 있지 않은 사항이나 정당한 이유없이 당사자의 분쟁범위를 벗어나는 부분에 대하여 월권으로 중재재정을 한 경우를 의미할 뿐이다. 그러므로 중재재정이 절차가 적법하고, 강행법 등을 위반하지 않고, 당사자 사이에 분쟁의 대상이 된 사항에 관해 그 범위를 벗어나지 않았다면, 단지 재량권의 범위를 일탈하였다는 사정만으로는 그 중재재정이 위법하거나 월권에 의한 것이라고 인정할 수는 없다.[144] 또한 중재재정의 내용이 단순히 노 · 사 어느 일방에게 불리한 내용이라는 사유만으로는 불복이 허용되지 않는다.[145]

노조법 제70조제1항에 의하면, 확정된 중재재정에 대하여는 단체협약과 동일한 효력이 있음을 규정하고 있다. 따라서 중재재정은 그 자체가 기존의 단체협약이나 근로자의 대우에 관한 취업규칙 등을 변경시키는 효력을 지니고 있다 할 것이므로 그 중재내용이 근로자측에 대하여 기존의 단체협약이나 취

143) 공노법 제13조

144) 서울고판 2001누18055, 2002.11.1

145) 중노위 96중재1, 1996.5.31

업규칙보다 불리하다는 사유만으로는 위법 또는 월권이 있다고 할 수 없다.[146)]

2) 중재재정 대상의 확장

노조법 제2조제5호에서 의하면, 노동쟁의란, "노동조합과 사용자 또는 사용자 단체 간에 임금 · 근로시간 · 복지 · 해고 기타 대우 등 근로조건의 결정에 관한 주장의 불일치로 인하여 발생한 분쟁상태"라고 규정하고 있다. 따라서 중재절차는 원칙적으로 노동쟁의가 발생한 경우에 노동쟁의의 대상이 된 사항에 대하여 행하여지는 것이므로 "근로조건의 결정에 관한 것 이외의 사항"에 관한 노동관계 당사자 사이의 주장의 불일치로 인한 분쟁은 법상 노동쟁의라고 볼 수 없다. 따라서 특별한 사정이 없는 한 "근무시간 중 조합활동, 조합전임자, 시설 편의제공, 출장취급 등" 근로조건의 결정에 관한 것이 아닌 사항은 중재재정의 대상으로 할 수 없는 것이 원칙이다. 다만, 중재절차는 노동쟁의의 자주적 해결과 신속한 처리를 위한 광의의 노동쟁의조정절차의 일부분이므로, 단체협약의 대상이 될 수 있는 사항에 대하여 노사관계 당사자 쌍방이 합의하여 중재를 해 줄 것을 신청한 경우이거나 이와 동일시할 수 있는 사정이 있는 경우에는 근로조건 이외의 사항에 대하여도 중재재정을 할 수 있다고 보는 것이 상당하다.[147)]

3) 중재재정의 효과

중앙노동위원회의 중재재정서의 송달을 받은 날부터 15일 이내에 행정소송을 제기하지 않으면 그 중재재정은 확정되고, 그 내용은 단체협약과 동일한 효력을 가지므로 관계 당사자는 이에 따라야 한다. 다만, 중재재정의 효력은, 중재재정이 위법하거나 월권에 의한 것이라고 인정하여 당사자가 중재재정서의 송달을 받은 날부터 15일 이내에 행정소송을 제기한 경우에도 그 판결이 확정될 때까지는 당초 중재재정의 효력이 정지되지 아니한다. 중재재정 자체에 의하여 효력기간이 정하여져 있는 경우에는 그 유효기간의 경과로 중재재정은 효력이 상실되고, 이와 같이 중재재정이 실효된 이상 그 기간의 경

146) 서울고판 89구10564, 1991.7.18
147) 대판 2001두4818, 2003.7.25

과 후에 중재재정이 외형상 잔존함으로 인하여 어떠한 법률상의 이익이 침해되고 있다고 볼 만한 특별한 사정이 없는 한 노동관계 당사자는 그 중재재정의 취소를 구할 법률상의 이익이 없다.[148] 중앙노동위원회는 필요한 경우 확정된 중재재정의 내용을 국회, 지방의회, 지방자치단체의 장 등에게 통보할 수 있다.[149]

10. 부당노동행위

노동조합운동은 필연적으로 사용자의 경영과 노무관리 등에 깊은 영향을 미칠 수밖에 없으므로 사용자는 가급적 노동조합의 세력이 강성해 지는 것을 바라지 않는다. 따라서 사용자는 조합의 운영을 지배 · 개입하는 등 다양한 수단으로 단결력의 약화를 기도할 수 있다. 이 같은 침해는 조합이 자력으로 극복해야 할 일이지만, 사회 · 경제적으로 약자의 위치에 있는 조합은 자력에 의한 침해의 방어나 배제가 어려울 수도 있다. 부당노동행위제도란, 이 같은 실정을 감안하여 사용자에 의한 헌법상 노동기본권의 부당한 침해로부터 노동조합을 보호하기 위해 법률로 일정한 규칙을 정하여 규율함으로써 건전한 노사관계 질서를 확립하는데 그 뜻이 있다. 부당노동행위의 유형별 구체적인 내용에 관해서는 이미 일반노조부분에서 상세히 설명한 바 있으므로 이 장에서는 공무원노조에 관한 특수한 사항에 관해서만 간략하게 설명한다.

가. 공무원노사관계에 관한 적용특례

노조법상 부당노동행위에 관한 규정은[150] 공무원노사관계나 일반노사관계 모두에게 적용된다. 다만, 공무원노사관계의 특성상 유니온숍에 관한 조직강제조항은 적용되지 않는다.[151] 유니온숍을 적용할 경우, 노동조합이 당해 사업장에 종사하는 공무원의 2/3 이상을 대표하고 있을 경우에는 공무원에 신

148) 대판 96누10669, 1997.12.26
149) 공노법 제16조
150) 노조법 제81조~제86조
151) 공노법 제17조세3항, 노소법 제81조제2호 단서의 적용을 배제

규 입사하는 자는 노동조합에 가입하지 않거나 임의 탈퇴할 경우 사용자는 해고처분을 하여야 하는데, 이 경우 공무원은 그 의사에 반하여 면직되지 않도록 정한 국가공무원법 제68조[152] 및 지방공무원법 제60조와 배치되므로 공무원노조에 대해서는 적용하지 않는 것이다. 공무원노사관계 당사자는 부당노동행위 구제신청에 관한 지방노동위원회 또는 특별노동위원회의 구제명령 또는 기각결정에 대해 명령서 · 결정서를 받은 날로부터 10일 이내에 재심을 신청하지 않거나, 중앙노동위원회의 재심판정에 대하여 재심판정서의 송달을 받은 날로부터 15일 이내에 행정소송을 제기하지 않는 경우는 구제명령 · 기각결정이 확정되므로 당사자는 이에 따라야 한다. 다만, 공무원노사관계 특성상 확정된 구제명령을 불이행한 경우에도 벌칙[153]은 적용하지 않는다. 그 이유에 관해서는 뒷부분에서 상술한다. 다만, 확정된 구제명령의 불이행에 관해서는 처벌하지 않지만, 재심판정에 대해 사용자가 행정소송을 제기하여 중노위가 행정소송의 확정판결시까지 중노위의 구제명령의 전부 또는 일부를 이행하도록 법원에 이행명령을 신청한 경우 사용자는 법원의 이행명령을 따라야 하는데 그 불이행에 대해서는 500만원 이하의 과태료[154]에 처할 수 있다.[155]

나. 구제절차의 다양성

1) 행정절차에 의한 구제신청

사용자의 부당노동행위로 인하여 정당한 사유없이 불이익을 받은 공무원노조 또는 조합임원 · 개별공무원은 부당노동행위가 있은 날, 계속하는 행위는 그 종료일로부터 3월 이내에 기관 소재지 관할 노동위원회에 권리구제를 신청할 수 있다. 이 경우 3월 이내의 기간은 제척기간으로서 기간이 경과하면 구제를 신청할 권리는 소멸한다. 따라서 신청인이 기간을 준수하지 못할 불가피

152) 국공법 제68조【의사에 반한 신분 조치】 공무원은 형의 선고, 징계처분 또는 이 법으로 정하는 사유에 따르지 아니하고는 본인의 의사에 반하여 휴직 · 강임 또는 면직을 당하지 아니한다. 다만, 1급 공무원은 그러하지 아니하다

153) 노조법 제89조제2호. 3년 이하의 징역 또는 3천만원 이하의 벌금

154) 당해 명령이 작위를 명하는 것일 때는 그 명령의 불이행일수 1일에 50만원 이하의 비율로 산정한 금액

155) 노조법 제95조

한 사정이 있는 등 그 기간을 해태하는 것에 정당한 사유가 있다고 해서 달리 볼 수 없다.[156]

(1) 계속하는 행위

특히"계속하는 행위의 경우는 1회의 부당노동행위의 효력이 계속되는 경우를 말하는 것이 아니라, 동일한 부당노동행위 의사에 근거하여 각각 계속적으로 반복되는 행위를 말한다. 즉, 노조활동을 이유로 한 부당한 전보조치로 그 전보상태가 변동없이 계속되는 것을 말하는 것이 아니라, 특정인 혹은 조합 등에 대하여 노조활동을 이유로 하여 부당전보, 인사고과 평점의 부당한 저하, 해외연수 · 표창 등 복무관리측면에서 부당한 처우 등이 각각 계속 반복되는 것으로 그 각각의 행위가 종료된 날로부터 3월 이내를 기산한다. 노조설립과정에서 사용자의 부당노동행위에 대한 구제신청은 개별공무원 뿐 아니라 후에 설립된 노동조합에서도 신청자격이 있다.

노조법에서 정한 부당노동행위 유형 중 제1호 불이익취급, 제2호 불공정고용계약의 체결, 제5호 보복적인 불이익대우의 경우는 법외 노동조합과 공무원이 직접 구제신청을 할 수 있지만, 제3호 단체교섭의 거부 · 해태, 제4호 지배 · 개입의 경우는 법내 노동조합과 소속 조합원인 공무원만이 구제신청권을 갖는다.[157] 이해를 돕기 위해 구제신청절차를 도식화하면 대체로 다음과 같다.

노동조합, 조합임원, 개별공무원 등 피해당사자가 3월 이내 구제신청 → 지방노동위원회 → ⓐ 지방노동위의 기각결정 혹은 구제명령 → 이행시 종결, ⓑ 구제명령 또는 기각결정에 대해 불복시, 명령서 · 결정서를 받은 날로부터 10일 이내에 재심을 신청 → 중앙노동위원회 재심판정결과에 승복 이행시 종결 → ⓒ 중앙노동위원회의 재심판정에 대하여 불복시 15일 이내에 행정소송을 제기 → 재심판정에 대해 사용자가 행정소송을 제기하여 행정소송의 확정판결시까지 중노위의 구제명령의 전부 또는 일부를 이행하도록 중노위가 법원에 이행명령을 신청 → 구제명령, 이행명령 이행시 종결

---

156) 대판 96누5926, 1997.2.14

157) 대판 2002두5535, 2002.10.11

(2) 쟁송절차에 의한 구제

(1) 소청심사위원회에 심사청구와 행정소송

부당노동행위로 징계처분 기타 공무원의 의사에 반하여 불이익처분을 받은 자는 그 처분에 불복이 있는 경우 그 처분이 있은 것을 안 날부터 각각 30일 이내에 소청심사위원회에 이에 대한 심사를 청구할 수 있다. 소청심사위원회는 파면 · 해임이나 면직처분으로 인한 소청심사에서 최종결정시까지 후임자 보충을 위한 보충발령 유예처분 임시결정을 한 경우 외에는 소청심사청구를 접수한 날부터 60일 이내에 청구에 대한 결정을 하여야 한다. 다만, 불가피하다고 인정되면 소청심사위원회의 의결로 30일을 연장할 수 있다.[158] 소청심사위원회의 결정에 불복이 있는 때는 위법사유에 한하여 결정서의 송달을 받은 날로부터 90일 이내에 행정소송을 제기할 수 있다.

(2) 손해배상 청구

불이익처분을 받은 공무원 등은 국가 · 지자체 등 사용자를 상대로 법원에 손해배상청구소송을 하거나 행정소송에 병합하여 손해배상 청구를 할 수 있다.

다. 노동위원회의 조사 등

노동위원회가 부당노동행위 구제신청을 받은 때에는 지체없이 필요한 조사와 관계 당사자의 심문을 하여야 한다. 심문을 할 때에는 관계 당사자의 신청에 의하거나 그 직권으로 증인을 출석하게 하여 필요한 사항을 질문할 수 있다. 심문을 함에 있어서는 관계 당사자에 대하여 증거의 제출과 증인에 대한 반대심문을 할 수 있는 충분한 기회를 주어야 한다. 노동위원회의 조사와 심문에 관한 절차는 중앙노동위원회규칙 등에 따른다.[159]

라. 부당노동행위의 성립요건과 구제명령

1) 부당노동행위의 주체와 의사, 증명책임

부당노동행위는 기관의 장, 공무원에 관한 사항에 대하여 기관의 장을 위하

158) 국가공무원법 제76조
159) 노조법 제83조

여 행동하는 자 등 사용자에 대하여 금지되는 행위이고, 부당노동행위 규제대상은 사용자의 부당노동행위의사에 기초를 둔 언동이므로 부당노동행위 의사가 있어야 성립한다. 부당노동행위의 "의사"는 고의 · 과실의 차원이 아니라 객관적 · 외형적인 사실로부터 추정되는 의사만으로 충분하다. 다만, 부당노동행위의 의사는 "기관장의 조합에 대한 종래의 태도, 과거 부당노동행위 사건의 유무, 피해자의 조합활동에 관한 적극성 여부, 불이익취급 시기(조합결성 직후, 단체교섭 직전 · 교섭 중), 처분과 동일사안에 대한 종래 관행의 균형성, 동일사안에 대한 타공무원과의 형평성, 처분이후 조합조직과 활동 추이, 처분이유의 명료성 · 합리성 · 일관성, 처분에 따른 소정의 절차를 이행했는지 여부 등"을 종합적으로 고려하여 판단한다. 의사가 부당노동행위의 요건에 해당하려면 그 의사에 기인한 실제 행위가 따라야 한다.[160] 부당노동행위에 해당하는지 여부는, 사용자의 부당노동행위 의사의 존재 여부를 추정할 수 있는 모든 사정을 전체적으로 심리 검토하여 종합적으로 판단하여야 하고, 부당노동행위에 대한 증명책임은 이를 주장하는 근로자 또는 노동조합에게 있다.

2) 부당노동행위 유형

(1) 불이익 처분

사용자는, 공무원이 노동조합에 가입 또는 가입하려고 하였거나 노동조합을 조직하려고 하였거나 기타 노동조합의 업무를 위한 정당한 행위를 한 것을 이유로 그 공무원을 해고하거나 그 공무원에게 불이익을 주는 행위를 하여서는 아니 되고,[161] 공무원이 정당한 단체행동에 참가한 것을 이유로 하거나 또는 노동위원회에 대하여 사용자가 이 조의 규정에 위반한 것을 신고하거나 그에 관한 증언을 하거나 기타 행정관청에 증거를 제출한 것을 이유로 그 공무원을 해고하거나 그 공무원에게 불이익을 주는 행위를 하여서는 아니된다.[162] 이 경우 조합의 결의나 구체적 지시에 의한 것이 아니라도 행위의 성질상 조합활동

160) 대판 2004도3891, 2004.8.30

161) 노조법 제81조제1호

162) 노조법 제81조제5호

으로 볼 수 있거나, 묵시적 수권 혹은 승인을 받았다고 볼 수 있을 때는 노동조합의 업무를 위한 행위로 보아야 한다.[163)]

"불이익을 주는 행위"는, 해고 이외에 그 근로자에게 휴직 · 전직 · 배치전환 · 감봉 등 법률적 · 경제적으로 불이익한 대우를 하는 것을 의미하는 것으로서 어느 것이나 현실적인 행위나 조치로 나타날 것을 요한다.[164)] 따라서 사용자가 "노동조합을 소멸시킬 것이다. 조합임원에게 사직서를 제출하라, 조합원에게 노동조합에서 탈퇴하지 않으면 배치전환을 시켜버리겠다는 등"의 말을 한 사실이 있다고 하더라도, 그러한 의사표시를 실제로 현실화하여 노동조합을 없애거나 근로자에게 불이익을 주거나 하는 명백한 증거가 없다면 부당행위의 요건인 불이익처분에 해당하지 않는다. 불이익취급 속에는 파면 · 해임 · 전근 · 배치전환 · 대기명령 등 신분적 불이익대우, 승급차별 · 강등 · 각종 수당 등의 처별적처우 등 경제적불이익 대우, 정직 · 시말서 제출 · 견책 · 복리후생의 차별대우 등 정신적인 불이익대우, 조합활동상 방해 등 불이익대우를 포함한다.

(가) 인과관계

불이익처우가 부당노동행위로 성립되기 위하여는 정당한 조합활동과 기관장 등의 불이익취급 사이에 인과관계가 인정되어야 한다. 인과관계는 "대상 공무원이 조합활동에서 중추적 역할을 담당하였는지 혹은 적극적이었는지, 조합활동과 불이익취급 사이에 인과관계, 불이익처분 결과가 조합조직이나 활동에 미친 영향, 처분이유의 명확성, 정당성 유무, 종래의 관행 등을 종합적으로 판단하여야 한다.[165)] 특히, 외형상 처분사유와 달리 실제는 조합활동을 이유로 한 경우 · 조합활동을 저지할 목적으로 임원을 영전시키는 행위, 공무원에게도 불이익취급을 당할 만한 이유가 있는 경우는 정당한 조합활동이 없었더라면 불이익취급도 없었을 것이라고 판단되는 경우에는 부당노동행위가 성립할 수 있다.[166)]

다만, 근로자가 영전을 반대하더라도 정기승진인사의 일환으로 합리적인 사

163) 대판 91누4164, 1991.11.12
164) 대판 2004도3891, 2004.8.30
165) 대판 90누7685, 1991.4.23 ; 대판 99두4273, 1999.11.9 ; 대판 97누18035, 1998.12.23
166) 대판 92누9425, 1992.11.13 ; 대판 77다220, 1977.8.23 ; 대판 90누6392, 1991.5.28

정을 고려한 것이라면 부당노동행위가 아니다.[167)]

(나) 불이익취급 등 부당노동행위로 보지 않은 경우

1. 불이익취급의 원인이 된 조합원의 행위가 조합결의 없이 자발적인 것에 불과하다면 노동조합의 업무를 위한 정당한 행위가 아니므로 해고가 취업규칙과 단체협약에 근거를 두고 있는 등 부당노동행위라고 할 수 없다(대판 89누5102, 1990. 11.13).
2. 경영합리화로 인한 인원조정 감원을 함에 있어서 근무성적, 기능의 숙련도 등 객관적 기준에 의해 선정하였다면 부당노동행위가 아니다(대판 85누690, 1987.5.12).
3. 전근명령이 회사의 업무상 필요에 따라 경력과 능력, 연고 등을 참작하여 절차와 기준에 따라 이뤄졌다면 비록 근로자가 교섭위원으로 활동하였더라도 부당노동행위로 볼 수 없다(대판 91누11025, 1992.12.8).
4. 부당노동행위는, 정당한 조합활동 등에 대하여 사용자의 보복적 불이익처분 등을 규율하는 것이다. 따라서 집단휴가사용이 실질적으로 업무의 정상적 운영을 저해하여 주장관철을 위한 쟁의행위에 해당하고, 노조법에 의한 찬반투표를 거치지 않고 신고나 절차면에서 위법하는 등 정당성이 인정되지 않으면 그로 인한 징계처분이 부당노동행위로 볼 수 없다(대판 91누10473, 1992.3.13).

(다) 부당노동행위 의사와 불이익취급의 정당한 사유가 경합

부당노동행위 의사와 불이익취급의 정당한 사유가 경합하는 경우는 비록 사용자의 불이익취급에 정당한 사유가 있다면 비록 부당노동행위의사가 추정되더라도 부당노동행위로 보기 어렵다. 판례에 의하면, 사용자가 근로자에게 징계나 해고 등 기타 불이익한 처분을 하였지만 그 처분을 할 만한 정당한 사유가 있는 것으로 밝혀졌다면 사용자의 그와 같은 불이익한 처분이 부당노동행위 의사에 기인하여 이루어진 것이라고 섣불리 단정할 수 없다.[168)]

(2) 불공정 계약

사용자는 공무원이 어느 노동조합에 가입하지 아니할 것 또는 탈퇴할 것을 고용조건으로 하거나 특정한 조합의 조합원이 될 것을 고용조건으로 하는 행위를 할 수 없다.[169)] 이 경우 가입하더라도 조합활동을 하지 않을 것 혹은 어용노조에 가입할 것을 조건으로 하는 경우도 포함한다. 다만, 공무원의 채

167) 대판 92누9418, 1992.10.27
168) 대판 2005두4120, 2007.11.15
169) 노조법 제81조제2호

용절차 등을 고려할 때 적용될 개연성은 없다고 보아야 한다. 불공정계약은 헌법 제33조제1항 및 노조법 제81조제2호 위반으로 사법상 당연히 무효이다.[170] 공무원노조의 경우 그 의사에 반하여 면직될 수 없으므로 유니온숍이 적용될 수 없음은 앞서 설명하였다.[171]

(3) 단체교섭 거부 · 해태

사용자는 노동조합의 대표자 또는 노동조합으로부터 위임을 받은 자와의 단체협약체결 기타의 단체교섭을 정당한 이유없이 거부하거나 해태하는 행위를 할 수 없다.[172] 이 경우, 사용자는 성의 있게 교섭에 임하여야 하는 것을 의미하고 교섭사항을 반드시 타결하여야 하는 것은 아니다. 사용자의 정당한 이유가 있는 단체교섭 거부는 부당노동행위가 아니다. 판례에 의하면, "정당한 이유"인지 여부는 노조측의 교섭권자, 노조측이 요구하는 교섭시간, 교섭장소, 교섭사항 및 교섭태도 등을 종합하여 사회통념상 사용자에게 단체교섭 의무를 이행하리라고 기대하는 것이 어렵다고 인정되는지 여부를 말한다.[173]

(4) 지배 · 개입

지배란, 기관의 장 등이 연설 · 게시문 · 서한 등의 수단으로 의견표명을 통해 조합의 조직운영에 관해 주도권을 가지고 그 의사결정을 좌우하는 것을 말하고, 개입이란, 지배에까지 이르지는 못하지만, 기관의 장 등이 조직운영에 간섭하여 그 의사결정에 영향력을 미치는 것을 말한다. 표명된 의견의 내용과 함께 그것이 행하여진 장소, 상황, 시점, 방법 및 그것이 조합활동이 미치는 영향 등을 종합하여 조합의 조직이나 운영 · 활동을 지배하거나 개입하는 의사가 인정되는 경우에는 지배 · 개입행위로 부당노동행위가 성립하고, 그 지배 · 개입으로서 반드시 근로자의 단결권이 침해되었다는 결과의 발생까지 요구하는 것은 아니다.[174] 사용자는 공무원이 노동조합을 조직 또는 조직을 지

170) 대판 96누3005, 1997.4.11
171) 국가공무원법 제68조 ; 지방공무원법 제60조 ; 공노법 제17조제3항
172) 노조법 제81조제3호
173) 대판 97누8076, 1998.5.22
174) 대판 2006도388, 2006.9.8

향하는 일체의 행위와, 내부운영, 단체교섭, 고충처리, 홍보활동, 계몽, 교육, 대외적 활동 등 조합을 운영하는 것을 지배하거나 개입하는 행위와, 전임자에게 급여를 지원하는 행위, 노조운영비 지원하는 행위를 할 수 없다. 이 경우 단체교섭시 출장비지급 등 단체교섭에 필요한 각종 경비를 지원하는 것은 운영비 지원에 포함된다.[175] 다만, 공무원이 근로시간 중에 사용자와 협의 · 교섭하는 것을 사용자가 허용하는 것은 무방하고, 공무원의 후생자금 또는 경제상의 불행 기타 재액의 방지와 구제 등을 위한 기금의 기부와 최소한 규모의 노동조합 사무소[176]의 제공은 예외로 한다.[177]

실무상 지배 · 개입으로 볼 수 있는 경우는, 조합활동 방해 목적으로 부서 배치전환, 임원선거 출마자의 재직증명발급 거부 등 출마방해, 조합활동을 활 수 없는 직위로 승진 승급, 단체협약상의 조합비일괄공제제도를 일방적으로 폐지, 조합원이 정직 · 출근정지 등 사업장 출입이 금지된 기간이라도 정당한 조합활동을 위하여 사업장내 노조사무실을 출입하는 행위는 허용하여야 함에도 이를 금하는 조치, 노사합의로 노조 운영비를 지원하는 행위, 전임자의 개인적인 능력개발 또는 조합활동의 일환으로 교육에 참가하는 데 교육비를 지원하는 행위[178] 등이 있다.

3) 노동위원회의 구제명령

노동위원회는 심문을 종료하고 부당노동행위가 성립한다고 판정한 때에는 사용자에게 구제명령을 발하여야 하며, 부당노동행위가 성립되지 아니한다고 판정한 때에는 그 구제신청을 기각하는 결정을 하여야 한다. 이 경우 판정 · 명령 및 결정은 서면으로 하되, 이를 당해 사용자와 신청인에게 각각 교부하여야 한다. 관계 당사자는 노동위원회의 구제명령이 있을 때에는 이에 따라야 한다.[179]

175) 공공노사-1642, 2007.8.6
176) 통념상 사무실에 비치되어야 할 책상, 의자, 전기시설 등 필요적 부대시설을 포함한다
177) 노조법 제81조제4호
178) 공공노사-22, 2008.3.6
179) 노조법 제84조

(1) 구제명령의 실효성 한계

노동위원회의 구제명령은 행정명령의 성격을 가지고, 사용자가 근로자에 대한 해고 · 차별대우 기타 불이익처분 등 부당노동행위를 시정하고 노동자를 원직 또는 원직상당에 복귀를 명하거나 그 불이익취급을 해제할 것을 내용으로 하는 것으로서, 사용자에 대하여는 구제명령에 복종하여야 할 공법상의 의무를 부담시킬 뿐, 구제명령 자체가 곧 직접 노사간의 법률관계를 발생 또는 변경시키는 것이 아니다. 근로자가 사용자의 해고 등 부당노동행위에 대하여 종국적으로 사법상의 지위를 확보하고 권리를 구제받기 위해서는, 사용자를 상대로 별도의 해고무효소송 또는 종업원지위확인소송을 제기하여 법원에 민사적으로 청구할 수밖에 없다.[180]

(2) 구제이익의 소멸

사용자를 상대로 부당노동행위로 인한 해고무효소송 또는 종업원지위확인소송을 제기하는 것은 노동위원회에 대한 부당노동행위구제신청 절차와 관련없이 별도로 진행할 수도 있다. 근로자가 노동위원회에 구제신청을 하여 절차가 진행 중에 일반법원에 별도로 제기한 "해고등 무효확인청구의 소"에서 청구기각 판결이 확정된 경우는, 사용자가 근로자에 대한 불이익처분이 정당한 것으로 판명된 것이므로 노동위원회는 그 불이익처분이 부당노동행위에 해당한다고 구제명령을 발할 수 없기 때문에 법률상 절차상 구제이익이 없다.[181]

4) 사용자의 부당노동행위 처벌

공노법[182]에 의하면, 공무원인 노동조합원의 쟁의행위에 대하여는 처벌하는데 반하여[183] 사용자측인 정부교섭대표의 부당노동행위에 대하여는 처벌하지 아니하고 있다. 공무원노조에 대하여는 노조법 중 부당노동행위에 관한 사항은 적용을 하되, 위반행위에 대한 처벌조항[184]은 적용을 제외하고 있는 것이

180) 대판 95다53102, 1996.4.23
181) 대판 95누6151, 1996.4.23
182) 공노법 제17조제3항
183) 공노법 제18조, 5년 이하의 징역 또는 5천만원 이하의 벌금
184) 노조법 제90조

공무원의 헌법상 평등권을 침해하는 것이라는 지적에 대해 판례는 다음과 같이 판시하고 있다. “어떤 행위를 범죄로 규정하고 어떠한 형벌을 과할 것인가 하는 문제는 원칙적으로 입법정책에 관한 사항으로 입법자에게 광범위한 재량 내지 형성의 자유가 인정되어야 할 문제다. 따라서 사용자의 부당노동행위에 대한 구제수단으로서 민사상의 구제절차를 마련하는데 그치고 형사처벌까지 규정하지 아니하였다고 하여 공무원조합의 단체교섭권을 침해하여 헌법에 위반된다고 할 수는 없다. 또한, 공노법이 공무원의 쟁의행위를 금지하고 이를 위반한 자를 형사처벌하는 것과 정부교섭대표 등 사용자의 부당노동행위와 구제명령위반에 대한 형사처벌규정의 적용을 배제하는 것은 그 입법목적이 서로 다르고, 공무원 노사관계의 특성을 고려한 합리적인 근거에 기한 것으로서, 공무원들의 평등권을 침해한 것으로 볼 수 없다. 그리고 입법자가 사용자의 부당노동행위에 대한 구제방법으로 민사상의 원상회복주의를 채택하고 형사상의 처벌을 배제한 것은, 정부교섭대표를 형사처벌하지 않는다고 하여 부당노동행위가 남발할 우려는 현실적으로 크지 않음에 반하여, 형사처벌을 할 경우 부당노동행위를 둘러싼 형사고발 등으로 불필요한 행정력이 소모되고 공직사회가 갈등에 휩싸이게 되는 등의 부작용이 우려되기 때문이다. 결론적으로 사용자의 부당노동행위를 형사처벌하는 문제에 있어서 일반 근로자와 공무원인 근로자를 차별하는 데는 합리적인 이유가 있으므로 평등권을 침해하는 것으로 볼 수 없다는 입장이다.”[185]

11. 공무원노동조합의 해산

노동조합은 규약에서 정한 해산사유가 발생한 경우, 합병 또는 분할로 소멸한 경우, 총회 또는 대의원회의 해산결의가 있는 경우, 노동조합의 임원이 없고 노동조합으로서 활동을 1년 이상 하지 아니한 것으로 인정되는 경우로서 고용노동부장관(지방고용노동관서의 장)이 노동위원회의 의결을 얻은 경우 해산한다. 퇴직 등의 사유로 사실상 조합원이 없는 경우와 사업장이 폐업 등으로 소

185) 헌법재판소 2005 헌마971 · 1193 · 2006헌마198(병합) 전원재판부, 2008.12.26

멸한 경우는 노동위원회의 의결 없이 직권으로 해산 조치한다. 휴면노조 여부에 관해 조사를 받고 있는 노조가 활동을 재개하여 임시총회 소집권자 지명을 요구하는 경우는 먼저 노동위원회에 해산사유 존재여부에 관해 의결을 요청하여 판단을 구하고, 해산사유가 존재한다고 의결하는 경우 해산처리하고, 해산사유가 존재하지 않는다고 의결한 경우는 소집권자 지명여부를 결정한다.

노동조합이 해산된 경우 노동조합의 대표자는 해산신고서에 회의록을 첨부하여 15일 이내에 고용부본부 또는 지방고용노동관서에 신고하여야 한다.[186)] 연합단체인 노동조합, 국회 · 법원 · 헌법재판소 · 선관위 및 행정부의 노동조합, 그 밖의 전국규모 단위노동조합의 경우는 고용부 본부에 제출하고, 그 외 공무원노동조합은 관할 지방고용노동관서에 제출하여야 한다. 노동조합의 해산과 관련한 사항은 앞장에서 상세히 설명한 바 있으므로 생략한다.

186) 노조법 제29조 및 노조규칙 제10조

19

교원의 노동조합활동

1. 개 요

교원의 노동조합설립 및 운영 등에 관한 법률(이하 교노법)[1]에 의거 교원에 적용할 노조법에 대한 특례조항을 정하고 있다. 이 법은 교원의 노동운동 금지규정[2]에 불구하고 교원의 노동조합 설립에 관한 사항을 정하고 교원에 적용할 노조법에 대한 특례를 규정함을 목적으로 한다.[3] 따라서 교원의 노동조합 가입 기타 활동에 대하여는 교원 노조법에 특별히 규정된 것을 제외하고는 원칙적으로 노조법이 적용, 준용된다.[4] 이 법의 핵심적 내용은 교원에 대하여 단결권, 단체교섭권은 보장하되 쟁의권은 인정하지 않는 것이다.

특히, 유니언숍 등 조직강제조항을 허용한 노조법 제81조 2호 단서규정은 교원에게는 적용하지 않는다.[5] 조직강제조항이 교원의 신분보장과 모순되기 때문에 이를 허용하지 않은 것이다. 교원노동조합은 일체의 정치활동을 하여서는 아니된다.[6] 교육의 정치적 중립성과 학습권을 보호하려는 데 그 취지가 있다. 이 장에서는 그 외 교원에 관한 특수한 사항을 조문 중심으로 설명한다. 주요 내용을 차례대로 살펴보면 다음과 같다.

---

1) 1999.1.29, 법률 제5727호, 1999.7.1부터 시행 ; 2008.2.29, 법률 제8852호로 개정
2) 국가공무원법 제66조제1항, 사립학교법 제55조
3) 교노법 제1조
4) 교노법 제14조제1항, 교노령 제9조 참조
5) 교노법 제12조제2항
6) 교노법 제3조

2. 적용대상 및 설립단위

가. 적용대상 교원

교노법의 적용을 받는 "교원"은 초 · 중등교육법 제19조제1항에 규정하고 있는 교원을 말한다. 즉, 초등학교 · 중학교 · 고등학교 · 공민학교 · 고등공민학교 · 고등기술학교 및 특수학교에 재직 중인 교장 · 교감 및 교사를 말한다. 다만, 해고된 자로서 노조법 제82조제1항에 의해 노동위원회에 부당노동행위 구제신청을 한 자의 경우에는 중앙노동위원회의 재심판정이 있을 때까지 교원으로 본다.

나. 설립단위

최소 설립단위는 특별시 · 광역시 · 도 · 특별자치도 또는 전국단위에 한하여 노동조합을 설립할 수 있다.[7] 2 이상의 특별시 · 광역시 · 도에 걸치는 단위노동조합은 시 · 도 단위의 지부 · 분회 등에 한하여 설립신고를 할 수 있다.[8] 이와 같이 설립단위를 시, 도 또는 전국단위로 제한한 것은 교원의 임금, 근무조건 등이 법령, 예산 등에 의해 결정 되고 있고 교원의 임용권은 시, 도 교육감이 가지고 있는 등의 특수성을 고려한 것이다. 학교단위별 교원노조의 설립을 금지한 것은 위헌이라고 보지 않는다. 교원들에게 단결권과 단체교섭권을 허용한다 하더라도, 이 경우에 개별 학교단위에까지 교원노조를 허용해야만 합헌이 될 수 있다는 것을 의미하지는 않는다.

일반 사업장의 경우 임금 기타 근로조건이 사업장별로 결정되고 있어 사업장별 노동조합의 설립이 일반적인 형태라고 할 수 있지만, 국 · 공립학교 교원의 경우에는 임금 · 근무조건 등이 전국 단위에서 획일적으로 결정되며 임용권도 시 · 도 교육감이 갖고 있는 등 교원의 특수성을 고려해야 한다. 사립학교의 경우에는 개별 학교법인이 교원의 임용권을 갖고 있으나 현행 교육법제는 공적인 제도보장으로서의 교육을 담당하는 교원을 그 소속을 묻지 아니하고 일반 국민에 대한 봉사자로 보고 있고, 교육의 전문성과 관련하여 공 · 사립학

7) 교노법 제4조
8) 교노령 제2조

교 교원을 가리지 아니하고 동등한 처우를 하도록 규율하고 있어 국가가 교원 임금에 대하여 재정지원을 함으로써 공 · 사립이 모두 보수를 비슷한 수준에서 유지하고 있다. 또한 학교 단위에서 교원노조를 허용할 경우에는 교원노조의 활동으로 인하여 학생들의 학습권이 침해될 우려가 있기 때문에, 학교단위별 교원노조의 설립을 금지한 것이 위헌이라고 할 수 없다.[9)]

다. 교원이 아닌 교직원 등

다만, 국가공무원법 제66조, 사립학교법 제55조, 교원의 노동조합설립 및 운영 등에 관한 법률 제2조에 의하면, 고등교육법상 교원인 교수, 부교수, 조교수, 전임강사의 노동조합의 설립 등은 제한되고 있으나, 교원이 아닌 시간강사 등 교직원의 경우 노조법 제2조제1호 규정에 의한 근로자에 해당한다면 자유로이 노동조합을 설립하거나 가입할 수 있으며, 노동조합의 명칭에 대하여는 별도의 제한규정이 없으므로 노동조합이 실제 조직범위를 고려하여 정할 수 있다.

실무상 대학교가 임용한 시간강사 등이 노동조합에 가입하여 분회를 조직하고 교섭을 요구할 경우 대학교는 응하여야 한다. 만약 대학교 분회가 노조법에 의거 노동조합으로부터 교섭 또는 단체협약의 체결권한을 위임받은 경우에는 위임받은 범위 내에서 그 권한을 행사할 수 있으므로, 대학교는 위임을 받은 자와의 단체협약 체결 기타의 단체교섭을 정당한 이유없이 거부하거나 해태할 수 없다. 만약 전국단위로 조직된 직종별 노동조합의 경우, 조합원인 강사 등은 하나의 대학 또는 수 개의 대학에서 강의를 하고 있는지 여부와 관계없이 규약에 따라 조합원 자격을 유지한다. 다만, 시간강사 등이 임용기간 만료로 근로관계가 종료된 경우에는 달리 볼 사정이 없는 한 분회장 등의 자격이 없다 사용자는 소속 근로자의 노동조합 가입여부가 불분명한 때에는 단체교섭에 앞서 노동조합에 대하여 소속 근로자가 가입하고 있는지 여부를 확인해 줄 것을 요청할 수 있다.[10)]

---

9) 헌재 2004헌바67, 2006.12.28

10) 노동조합과-394, 2004.02.16

3. 전임자

교원은 임용권자의 허가가 있는 경우에 노동조합의 업무에만 종사할 수 있다. 전임자로 허가받은 자는 그 기간 중 교육공무원법 제44조 및 사립학교법 제59조의 규정에 의한 휴직명령을 받은 것으로 본다. 전임자는 전임기간 중 봉급을 받지 못한다. 사용자는 전임자에게 그 기간 중 전임자임을 이유로 승급 기타 신분상 불이익을 주어서는 아니된다.[11] 공무원은 누구나 국가공무원법 제56조의 성실의무, 제57조의 복종의무, 제58조의 직장이탈금지의무가 있으므로, 노동조합 전임자가 되어 근로제공의무가 면제된다고 하여 위 의무까지 면제된다고 할 수 없다. 따라서 전임자가 목적과 절차상 정당성이 인정되지 않는 파업을 주동하고, 파업에 참가하며, 다른 조합원의 파업 참가를 선동한 행위는 정당한 노동조합의 활동을 벗어난 것이어서 국가공무원법 제56조의 성실의무, 제58조제1항의 직장이탈 금지의무에 위반된다. 또한 직장 복귀명령에도 불구하고 복귀시한까지 노조사무실 등 지정된 장소에 복귀하지 아니한 것은 국가공무원법 제57조 소정의 복종의무를 위반한 것이다.[12] 실무상 교원이 휴직한 후 전임자로서 근무한 경력은 교육경력산정에 포함할 수 없다. 교노법 제5조제4항은 "전임자는 그 전임기간 중 전임자임을 이유로 승급 기타 신분상의 불이익을 받지 아니한다."고 규정하고 있고, 「교육공무원 승진규정」은 경력평정을 함에 있어 '노조전임 휴직기간'을 재직기간에 전부 포함시키고 있으나, 이는 재직 중 노조전임자로 근무했다는 이유로 근로계약상의 승급, 승진, 해고 등에 있어서 신분상 불이익을 받지 않는다는 것을 규정한 것일 뿐, 근로관계와 관련 없는 교육위원 후보자의 교육경력 산정에 있어서 적용된다고 할 수 없다. 「국가공무원법」 제73조제1항이 "휴직중인 공무원은 신분은 보유하나 직무에 종사하지 못한다."고 규정하고 있고, 교원노동조합의 설립은 교원의 근로조건의 유지 · 개선 및 교사의 경제적 · 사회적 지위향상을 도모하는 데 목적이 있다. 따라서 교원노동조합의 활동을 교원 본래의 직무라고 할

11) 교노법 제5조
12) 대판 2006두13626, 2008.10.9

수 없는 점 등을 종합하여 보면, 휴직을 한 후 노조사무실에서 노조전임자로서 근무한 것을 교원의 직무에 종사한 것으로 보기 어렵다.[13]

4. 단체교섭 및 단체협약 체결

가. 교섭상대방

노동조합의 대표자는 그 노동조합 또는 조합원의 임금 · 근무조건 · 후생복지 등 경제적 · 사회적 지위향상에 관한 사항에 대하여 교육과학기술부장관, 시 · 도 교육감 또는 사립학교를 설립 · 경영하는 자와 교섭하고 단체협약을 체결할 권한을 가진다. 따라서 노동조합의 교섭상대방은 교육과학기술부장관, 시 · 도 교육감 또는 사립학교를 설립 · 경영하는 자, 사립학교의 경우에는 사립학교를 설립 · 경영하는 자를 구성원으로 하는 단체가 있는 경우는 그 단체의 대표자이다. 이 경우 사립학교의 경우에는 사립학교를 설립 · 경영하는 자가 전국 또는 시 · 도 단위로 연합하여 교섭에 응하여야 한다. 이와 같이 국공사립을 불문하고 전국 또는 시도 단위의 통일교섭만 허용하고 기업별(학교별) 교섭은 허용하지 않는 것은 국공립학교의 경우에 임금, 근무조건이 법령, 예산으로 결정되고 있을 뿐 아니라, 사립학교의 경우에도 복무, 자격 등이 관련법에서 국공립의 경우와 동일하게 결정되고 정부가 학교재정의 상당부분을 지원하고 있어 학교별 교섭의 의미가 높지 않기 때문이다. 교원이 아닌 교직원 노동조합의 경우 교육 등에 관한 사무' 등과 관련된 근로자(공무원 제외)의 근로소건 결정에 대한 교섭단위는 '시도 교육감'을 대표자로 하는 '시도 교육청' 단위이다.[14]

최근 각 국립학교장이 개별근로계약을 통해 채용한 회계직원노조의 교섭요구에 대해, 각 학교장은 국가를 대신해 근로계약을 체결한 것일 뿐 국립학교에서 이루어지는 교육사무에 관한 권리의무는 궁극적으로 법인격을 가진 국

13) 대판 2008무26, 2009.2.26 ; 광주고판 2008수10, 2008. 8.22. 이 판결에 대해 원고는 대법원에 상고했으나 기각처분을 받았다.

14) 노사관계법제과-349, 2012.02.07

가에 귀속되므로 국가는 사업주이고 국립학교장은 국가를 위해 행동하는 자로 보아서, 교섭담당자는 각 국립학교를 지도 · 감독하는 교육부장관 또는 그로부터 위임을 받은 자로 본 행정법원의 판례가 있다.

노동조합의 교섭위원은 당해 노동조합을 대표하는 자와 그 조합원으로 구성하여야 하며, 조직대상을 같이하는 2 이상의 노동조합이 설립되어 있는 경우에는 노동조합은 교섭창구를 단일화하여 단체교섭을 요구하여야 한다.[15] 단체교섭을 하거나 단체협약을 체결하는 경우에는 관계 당사자는 공동 혹은 단독으로 여론조사 및 공청회 등을 통하여 국민여론 및 학부모의 의견을 수렴하여 성실히 교섭하고 단체협약을 체결하여야 하며, 그 권한을 남용하여서는 아니 된다[16]

나. 교섭사항

교원노조법 제6조제1항에 의거, 단체교섭사항은 "임금, 근무조건, 후생복지 등 경제적, 사회적 지위향상에 관한 사항"으로 제한하고 있다. 교섭사항을 임금, 근무조건, 복지후생 등 경제적, 사회적 지위향상에 관한 사항으로 한정한 것은 교육정책, 교육과정, 교육기관의 관리, 운영사항 등은 관련법령에 의거하여 정부의 책임 아래 결정할 사항이기 때문이다. 법령 · 조례 및 예산에 의하여 규정되는 내용과 법령 또는 조례에 의한 위임을 받아 규정되는 내용은 교섭은 할 수 있지만, 법령상 단체협약으로서 효력을 가지지 아니한다. 다만, 사용자측은 그 합의한 내용이 법령, 조례, 예산의 변경을 통하여 실현될 수 있도록 노력하여야 한다.

다. 교섭절차

노동조합의 대표자는 상대방[17]과 단체교섭을 하고자 하는 경우 교섭개시 예정일 30일 전까지 상대방에게 서면으로 교섭요구를 하여야 한다. 이 경우 조

15) 교노법 제6조, 부칙 제2조 2009.12.31까지

16) 교노령 제4조

17) 교육과학기술부장관, 시 · 도 교육감 또는 사립학교를 설립 · 경영하는 자, 사립학교의 경우에는 사립학교를 설립 · 경영하는 자를 구성원으로 하는 단체가 있는 경우는 그 단체의 대표자

직대상을 같이 하는 2 이상의 노동조합이 설립되어 있는 때에는 노동조합의 대표자는 연명으로 통보하여야 한다. 사립학교를 설립 · 경영하는 자가 노동조합으로부터 교섭통보를 받은 때에는 전국 또는 시도단위로 교섭단을 구성하여야 한다. 교섭통보가 있는 경우 노사당사자는 그 소속원 중에서 지명한 자로 하여금 교섭개시 예정일 전까지 교섭내용, 교섭위원 수, 교섭일시 및 장소 기타 교섭에 필요한 사항에 관하여 협의를 하도록 하고, 교섭개시 예정일 전까지 교섭위원을 선임하여야 한다. 교섭단위 내에서 조직대상을 같이 하는 2 이상의 노동조합이 설립되어 있는 경우는 합의에 의하여 교섭위원을 선임하되, 합의에 이르지 못하면 노동조합원수에 비례하여 교섭위원을 선임한다.[18)]

라. 단체협약의 효력

체결된 단체협약의 내용 중 법령 · 조례 및 예산에 의하여 규정되는 내용과 법령 또는 조례에 의한 위임을 받아 규정되는 내용은 단체협약으로서 효력을 가지지 아니한다. 사용자는 단체협약의 효력을 가지지 아니한 내용에 대하여는 그 내용이 이행될 수 있도록 성실히 노력하여야 하며, 이행결과를 다음 교섭시까지 상대방에게 서면으로 통보하여야 한다.[19)]

5. 노동쟁의 조정과 중재

가. 조정전치주의

단체교섭이 결렬된 경우에는 당사자 일방 또는 쌍방은 중앙노동위원회에 조정을 신청할 수 있다.[20)] 조정을 신청한 경우 중앙노동위원회는 지체없이 조정을 개시하여야 하며 당사자 쌍방은 성실히 조정절차에 임해야 한다. 조정은 신청이 있는 날부터 30일 이내에 종료하여야 한다.[21)] 조정은 지방노동위원회가 아니라 중앙노동위원회가 담당하며 조정기간은 신중을 기하기 위하여 노조

---

18) 교노령 제3조제5항

19) 교노령 제5조 사립학교를 설립 · 경영하는 자를 구성원으로 하는 단체가 있는 경우는 그 단체의 대표자가 상대방에게 서면으로 통보한다.

20) 교노법 제9조제1항

21) 교노법 제9조제3항

법의 경우[22]보다 길게 설정한 것이다. 조정신청을 받은 중앙노동위원회는 신청내용이 교노법 제10조에 정한 조정 또는 중재의 대상이 아니라고 인정하는 경우에는 신청인에게 그 사유와 다른 해결방법을 알려주어야 한다. 중앙노동위원회는 노동쟁의 조정 또는 중재를 하게 된 경우에는 지체없이 관계당사자에게 서면으로 각각 통보하고 교원노동관계조정위원회를 구성하여야 한다.[23]

나. 교원노동관계조정위원회

교원의 노동쟁의를 조정, 중재하기 위하여 중앙노동위원회에 위원장이 지명하는 공익담당 조정위원 3인으로 구성하는 교원노동관계 조정위원회를 둔다.[24] 다만, 노사가 합의하여 중앙노동위원회의 조정 담당 공익위원이 아닌 자를 추천하는 경우에는 중앙노동위원회 위원장은 그 추천된 자를 지명하여야 한다.[25] 교원의 특수성을 고려하여 그 노동쟁의의 조정, 중재를 전담할 위원회를 별도로 구성하도록 한 것이다. 조정위원회의 위원장은 위원회의 위원 중에서 호선한다. 사적 조정, 중재를 허용하는 노조법의 규정[26]은 교원의 노동쟁의에 대하여는 적용되지 않는다.[27]

다. 쟁의행위금지

조정이 성립하지 않은 경우라도, 노동조합과 조합원은 파업 · 태업 기타 업무의 정상적인 운영을 저해하는 일체의 쟁의행위를 하여서는 아니된다.[28] 교원의 파업, 태업 등 쟁의행위는 학교의 수업중단을 가져오고 그로 인하여 학생들에게 교육의 손실이 생기는 것을 방지하기 위하여 부득이 단체행동권행사를 제한한 것이다. 중앙노동위원회는 조정 불성립시에도 쟁의행위를 할 수 없는 점을 고려하여 당사자 쌍방의 의사에 불구하고 강제중재의 대상으로 규정

---

22) 일반 10일, 공익사업 15일, 노조법 제54조
23) 교노령 제6조
24) 교노법 제11조제1항
25) 교노법 제11조제2항
26) 노조법 제52조
27) 교조법 제14조제2항
28) 교노법 제8조, 위반시 벌칙 5년 이하의 징역 또는 5천만원 이하의 벌금

하고 있다.[29)]

라. 중 재

중앙노동위원회는 단체교섭이 결렬되어 당사자 쌍방이 함께 중재를 신청한 경우, 중앙노동위원회가 제시한 조정안을 당사자 일방 또는 쌍방이 거부한 경우, 중앙노동위원회 위원장이 직권 또는 고용노동부장관의 요청에 의하여 중재에 회부한다는 결정을 한 경우에 중재를 행한다.[30)]

마. 중재재정의 확정

관계 당사자는 중앙노동위원회의 중재재정이 위법하거나 월권에 의한 것이라고 인정하는 경우에는 행정소송법 제20조의 규정에 불구하고 그 중재재정서의 송달을 받은 날부터 15일 이내에 중앙노동위원회 위원장을 피고로 하여 행정소송을 제기할 수 있다. 기간 내에 행정소송을 제기하지 아니한 때에는 그 중재재정은 확정된다. 중재재정이 확정된 때에는 관계 당사자는 이에 따라야 한다. 확정된 중재재정의 내용은 단체협약과 동일한 효력을 가진다.[31)] 위반시 2년 이하의 징역 또는 2천만원 이하의 벌금에 처할 수 있다.[32)] 중앙노동위원회의 중재재정은 행정소송의 제기에 의하여 그 효력이 정지되지 아니한다.

바. 교원 소청심사청구와 부당노동행위 구제신청과의 관계

노조법 제81조제1호 및 제5호의 규정에 의한 사용자의 부당노동행위로 인하여 교원이 해고 기타 불이익을 받은 것을 이유로 당해 교원 또는 노동조합이 동법 제82조제1항의 규정에 의하여 노동위원회에 그 구제를 신청한 경우에는, 구제신청과는 별도로 교원소청심사위원회에 소청심사를 청구할 수 있다. 노동위원회가 구제신청서를 접수한 때는 지체없이 교원소청심사위원회에 통보하여야 한다.[33)]

---

29) 교노법 제10조
30) 교노법 제10조
31) 교노법 제12조제5항
32) 교노법 제15조제2항, 제12조제3항
33) 교노령 제8조

20

근로자참여 및 협력증진에 관한 법률

1. 근로자 참여와 노사협의회의 중요성

노사협력은 당사자들이 노사파트너십이 득이 된다는 확신을 가지고, 근로자 또는 근로자 집단이 회사와 공동의 협력적 활동을 기꺼이 하고, 경영진 또한 이를 위해 관리기능 및 정보 등을 공유하여 "공동으로 문제해결을 위해 노력하는 과정"이라고 할 수 있다. 오늘날 세계 각국의 기업들은 무한경쟁에서 살아남기 위해 과거의 대립과 갈등의 노사관계를 청산하고 근로자 참여를 통한 협력적 노사관계 구축에 적극 나서고 있다.

근로자 참여는 "작업현장에서 실제 업무를 수행하고 있는 근로자들이 노사협의회를 통해 경영의사결정 및 인사관리, 생산관리 과정에 직접 또는 간접적으로 참여하고 노사간 의사소통을 통해 산업민주주의의 확대와 근로자의 삶의 질 향상, 기업의 생산성 향상을 도모하는 과정"이라고 할 수 있다. 노사협력의 요소가 상호신뢰와 존중, 참여와 협력, 호혜성이라고 할 때, 상호신뢰는 참여를 통해 만들어지고 강화되며, 호혜성은 참여와 협력의 기본전제조건이 되므로 노사협력에 있어 '근로자 참여'는 노사협력의 가장 핵심적인 비중을 차지한다.

정보통신의 비약적인 진화에 따라 오늘날 기업현실은 시시각각으로 변하고 있다. 과거와 같은 국내적 · 지역적 · 부분적인 단일산업이 아니라, 이웃나라, 국제산업 변동추세, 세계적인 자원의 움직임 등, 범세계화 속에서 생존을 가늠하고 있다. 이와 같은 지식기반 정보화 사회에서 기업이 지속가능한 경쟁력을 확보하기 위해서는 근로자들을 통제 · 관리하는 과거의 경영관리방식에서 벗어나 노사파트너십의 기반 위에서 근로자들이 작업과정에서 습득한 지식, 기술, 열정을 활용할 수 있는 참여적 · 자율적 경영관리방식으로의 전환이 필요하고, 그와 같은 기업내적인 자원을 어떻게 끌어올려 세계화속의 기업경쟁력 향상을 위해 유익한 움직임으로 전환하느냐가 큰 과제인 것이다.

「노사협의회」는 근로자 참여를 통해 기업경영에 대한 근로자들의 이해를 증진시키고, 이를 바탕으로 근로자들의 참여와 몰입이 확대되어 생산성 향상과 근로자의 직무 만족도를 높이는데 크게 기여할 수 있다. 노사관계가 협력적이고 노사협의회가 활성화될수록 혁신적 인사관리제도를 많이 수용하고, 혁신적 인사제도의 도입은 기업성과에 긍정적 영향을 미치는 것으로 나타나고 있다.

이처럼 근로자 참여제도, 즉, 노사협의회가 매우 중요함에도 산업현장의 노와 사는 노사협의회 운영에 관심과 의지가 부족하고, 일부 경영진은 근로자참여가 기업경영에 장애가 된다고 인식하여 경영정보 공유 및 기업의사결정과정에서 근로자참여를 배제하는 경향이 있어 아쉬움을 주고 있다. 한편, 근로자집단이나 노동조합도 경영상황 및 실적을 고려한 전문적 내용을 바탕으로 회사와 협의하는 것이 아니라 일방의 입장에서 요구안을 마련하여 협의를 진행하기 때문에 노사대립의 악순환이 되풀이 되고 있다.

「노사협의회」는 기업의 경영, 생산, 인사제도, 복리후생, 교육훈련, 산업안전, 고충처리 등 기업경영에 있어서 핵심적이고 중요한 문제들을 다루고 있다. 따라서 노사협의회 협의, 보고, 의결사항에 대한 전문적 역량을 확보하고 실행할 때 「근로자참여 및 협력증진에 관한 법률」(이하 근참법)에서 목적하고 있는 기업경쟁력 강화, 근로자의 삶의 질 향상, 협력적 노사관계 구축이라는 과제를 달성할 수 있을 것이다.

가. 작업장 혁신과 노사협의회

「작업장 혁신」이란, 작업장 수준에서 '일하는 방식'과 '사람관리 방식'에 관한 일련의 혁신활동을 의미한다. 작업장혁신 활동은 작업 현장에서 형성되는 경험, 노하우, 진단능력, 문제해결능력, 의사소통능력 등을 어떻게 조직화 · 체계화하는지가 중요하며, 궁극적으로는 고성과 작업장(High Performance

Workplace) 구축을 목표로 한다. 작업장혁신을 통한 고성과 작업장 구축이 절실하게 요청되는 이유는, 세계화에 따른 경쟁의 심화는 기업에서 급변하는 시장구조 하에서 유연성과 스피드를 갖출 것을 요구하고 있으며, 이를 위해서는 지식노동, 고급노동을 통해 지속가능한 경영시스템을 구축하는 것이 요청된다. 기술혁신이 각 부문별로 빠르게 이루어지고 있으며, 현장인력이 이러한 기술변화를 수용할 수 있을 때 생산의 효율화, 고품질화가 가능하다.

세계적 경제위기는 부실한 기업을 한꺼번에 무너뜨리기도 하지만 그 경쟁에서 살아남은 기업들에게는 새로운 기회의 장이 될 것이므로, 이런 때일수록 작업장 혁신을 통해 고성과 작업장을 만들려는 노력은 위기 극복 이후 기업 성장을 위한 최선의 전략이다. 작업장 혁신은 참여를 통한 협력적 노사관계 없이는 실현되기 어렵다. 노사협의회는 참여와 협력을 통해 노사공동의 이익을 증진하고자 마련된 제도로서, 기업의 경쟁력 확보를 위한 작업장 혁신활동에 중추적 역할을 담당할 수밖에 없다.

나. 노동조합과 노사협의회

노동조합은 기본적으로 소속 조합원의 권익을 우선하는 것이지, 비조합원 및 타 노동조합 소속 근로자를 대변할 지위에 있지는 않기 때문에 전체 근로자를 대표하는 데에는 한계가 있다. 노동조합은 단체교섭을 통해 노동3권을 바탕으로 하여 조합원의 권익향상을 위해 사용자와 교섭하여 근로조건의 증진 등에 기여하는 것이 목적인 반면, 노사협의회는 전체 근로자를 대표하여 참여와 협력을 통해 노사공동의 이익을 증진시키고자 하는 목적을 갖고 있다. 노동조합의 단체교섭은 단체협약의 유효기간 동안 평화의무를 부여함으로써 산업현장에서의 노사안정을 도모하고 있으나, 노사협의회는 급변하는 기업환경에 노사가 능동적으로 대처할 것을 요구하고 있으므로 정기적인 협의를 주된 특성으로 한다. 노사간 합의된 사항의 효력에 있어서도 양자는 차이가 있는데, 단체교섭을 통해 노사가 합의한 협약에 대해서는 규범적 효력을 통해 강제성을 부여하는 반면, 노사협의회에서 의결된 사항의 경우 규범적 효력은 없으나 불이행시 처벌을 통해 강행성 부여한다.[1] 노사협의회가 설치되어 있더라도 노조법상 인정되고 있는 노조의 역할과 기능은 제약을 받지 않는다. 따라서 노사협의회가 있다는 이유로 사용자가 노동조합의 설립을 방해하거나 노동조합의 운영에 지배 · 개입하는 것은 부당노동행위에 해당한다.

이와 같이 노동조합활동과 노사협의회의 활동은 목적, 절차, 효력 등 전반에 걸쳐 차이가 있으며, 향후 급변하는 경영환경 속에서 기업경쟁력을 확보해야 한다는 차원에서 참여와 협력이 강조되는 노사협의회의 활성화가 요청된다.

2. 노사협의회의 설치 운영 원칙

근참법 제4조에 의거, 상시 근로자 30인 이상 사업장에 설치하는 노사협의회는 입법의 필요성과 법안의 성격상, 참여와 협력의 원칙, 노사공동의 원칙, 신의성실의 원칙, 노동조합과 분리원칙 등으로 그 성격을 구분하여 설명할 수 있다.

가. 참여와 협력의 원칙

이 원칙은 제1조 목적에서 잘 나타나 있는데, 근로자와 사용자 쌍방이 참여와 협력을 통하여 노사 공동의 이익을 증진함으로써 산업 평화를 도모하고 국민경제 발전에 이바지함을 목적으로 한다고 천명하고 있다. 노사협의회는 이미 만들어진 기업의 성과물을 노사가 어떻게 분배할 것인지에 중점을 두고 있지 않고 노사가 참여와 협력을 통해 미래의 공동이익을 증진하고, 타 기업과의 경쟁에서 더 많은 성과물을 차지하기 위한 협의기구이다. 법령의 이름에서 노사협의회의 역할과 기능을 매우 정확히 표현하고 있듯이 '근로자의 참여'와 '노사협력'을 증진하는 기구이다.

나. 노사공동의 원칙

노사협의회는 노사협력과 참여를 통해 기업단위 이익을 최대로 하는 것을 목적으로 하며, 노사공동의 이익을 증진하는데 그 목적이 있다. 법문에 의하

---

1) 근참법 제24조, 제30조제2항(1천만원 이하의 벌금)

면 협의회는 근로자와 사용자를 대표하는 같은 수의 위원으로 구성하되, 각 3명 이상 10명 이하로 한다. 협의회에 의장을 두며, 의장은 위원 중에서 호선(互選)한다. 이 경우 근로자위원과 사용자위원 중 각 1명을 공동의장으로 할 수 있다. 노사 쌍방은 회의 결과의 기록 등 사무를 담당하는 간사 1명을 각각 둔다고 정하고 있다.[2] 따라서 협의회의 노사동수 구성, 호선을 통한 의장 선출 등에 있어서도 어느 일방이 주도하지 않고 노사가 공동으로 운영하는 것을 원칙으로 하고 있다.

노사협의회의 노사공동의 원칙은 노사상호간의 신뢰와 존중을 바탕으로 한 공동노력이 기반될 때 국가와 기업의 경쟁력을 확보해 나갈 수 있다는 노사협의회의 기본정신을 밝힌 것이다.

다. 신의성실 원칙

근로자와 사용자는 서로 신의를 바탕으로 성실하게 협의에 임하여야 한다.[3] 노사협의회는 경영 및 생산과정에서의 근로자참여를 바탕으로 하므로 노사 상호간의 신의성실의 원칙이 매우 중요하다. 노사 쌍방은 공동이익을 위하여 성실하게 노사협의에 임해야하며, 상대방의 의견을 성실히 듣고 자기의 의견을 사리에 맞게 주장하는 자세가 필요하다. 따라서 경영자는 경영에 관한 의사결정 시 근로자와 협의하는 것이 결국 기업생산성 향상과 경쟁력확보에 필수적이라는 것을 인식하고, 근로자나 근로자 대표는 기업의 구성원으로서 기업경영에 기여하고 근로생활의 질을 높인다는 인식을 해야 한다.

라. 노동조합과 분립원칙

노사협의회는 노사공동이익의 극대화를 목적으로 하는데 비해 노동조합은 근로조건의 유지 · 개선 및 근로자의 사회적 · 경제적 지위향상 등을 목적으로 하는 점에서 기본적인 차이가 있다. 따라서 노동조합의 단체교섭이나 그 밖의 모든 활동은 이 법에 의하여 영향을 받지 아니한다.[4]

---

2) 근참법 제6조제1항, 제7조제1항 · 제3항
3) 근참법 제2조
4) 근참법 제5조

3. 노사협의회의 주체

노사협의회의 주체는 근기법에 의한 근로자와 사용자[5]이다. 근로자란, 직업의 종류와 관계없이 임금을 목적으로 사업이나 사업장에 근로를 제공하는 자를 말하고, 사용자란, 사업주 또는 사업 경영 담당자, 그 밖에 근로자에 관한 사항에 대하여 사업주를 위하여 행위하는 자를 말한다.

한편, 노조법 제2조제1호에서 근로자라 함은 "직업의 종류를 불문하고 임금·급료 기타 이에 준하는 수입에 의하여 생활하는 자"로 규정하고 있어 근기법과 달리 "사업이나 사업장 단위"라는 범위를 제한하고 있지 않으며 "임금·급료 기타 이에 준하는 수입에 의하여 생활하는 자"라고 하여 "임금을 목적으로 근로를 제공하는 자" 보다 광의의 개념인 것이 중요한 차이점이다. 즉, 노동조합을 구성하고 가입할 수 있는 근로자들은 근기법상의 근로자와 같이 반드시 「근로계약」관계에 있을 것을 전제로 하지 않는다는 것이다.

가. 근로자

임금을 목적으로 타인(사용자)의 지휘·명령 하에서 근로를 제공하는 자는 그 근로가 육체적이든 정신적이든 모두 근로자로 볼 수 있다. 즉, 근기법상 근로자는 사용자의 지휘명령을 받으며 실질적 종속관계에서 근로를 제공하는 자를 말한다. 사용종속관계의 구체적 판단기준은, 전속관계의 유무, 근무에 대한 응낙 또는 거부자유 유무, 근무시간 및 근무장소 지정유무, 노무제공의 대체성 여부, 업무수행과정에 있어서의 지휘·명령의 유무, 재료·업무용 기구의 부담관계, 보수의 성격 등을 종합적으로 판단하여야 한다.[6] 자세한 사항은

---

5) 근기법 제2조

6) 대판 2009다51417, 2009.10.29. 별도의 사업자등록을 하고 의류제조공정 중 봉제업무를 수행하고 기본급 없이 작업량에 따른 성과급만을 지급받았다 하여도 근로기준법상의 근로자에 해당한다. 근기법상의 근로자에 해당하는지 여부는 계약의 형식이 고용계약인지 도급계약인지보다 그 실질에 있어 근로자가 사업 또는 사업장에 임금을 목적으로 종속적인 관계에서 사용자에게 근로를 제공하였는지 여부에 따라 판단하여야 하고, 여기에서 종속적인 관계가 있는지 여부는 업무 내용을 사용자가 정하고 취업규칙 또는 복무(인사)규정 등의 적용을 받으며 업무 수행 과정에서 사용자가 상당한 지휘·감독을 하는지, 사용자가 근무시간과 근무장소를 지정하고 근로자가 이에 구속을 받는지, 노무제공자가 스스로 비품·원자재나 작업도구 등을 소유하거나 제3자를 고용하

각주를 참고한다.

나. 사용자

사용자란, 사업주 또는 사업 경영 담당자, 그 밖에 근로자에 관한 사항에 대하여 사업주를 위하여 행위하는 자를 말한다.

1. 「사업주」의 경우, 개인 경영의 경우에는 경영주를 말하고 법인 경영인 경우에는 법인을 말한다.
2. 「경영담당자」는 사업주로부터 사업경영의 전부 또는 일부에 대하여 포괄적 위임을 받고 대외적으로 사업을 대표하거나 대리하는 자로서, 주식회사의 대표이사, 합명회사 및 합자회사의 업무집행사원, 유한회사의 이사 · 지배인, 회사정리절차 이후의 관리인, 미성년자 및 금치산자를 사업주로 할 경우에는 법정대리인이 사용자에 포함된다.
3. 「근로자에 관한 사항에 대하여 사업주를 위하여 행위하는 자」는 인사 · 급여 · 후생 · 노무관리 등과 근로조건의 결정 또는 근로의 실시에 관해서 지휘명령 내지 감독을 할 수 있는 일정한 책임과 권한이 사업주에 의하여 주어진 자를 의미한다. 따라서 부장 또는 과장이라는 형식적인 직명에 따를 것이 아니라 구체적인 직무에 의하여 판단되어야 한다.

근기법상 사용자의 개념은 근로계약관계에 있는 근로자를 보호하기 위하여 근기법이 정한 최저기준을 준수해야 하는 사용자의 범위를 명확히 하기 위한 것이다. 따라서 사용자의 개념은 상대적인 것으로, 예컨대 노무과장의 경우에는 법상 사용자이면서 동시에 사업주에 대하여는 근로자의 지위에 있다. 따라서 사용자의 지위에 있는 자가 법을 위반하는 경우에는 이들에게 벌칙이 적용된다. 단, 법을 준수해야 할 의무를 지는 사용자의 개념은 유동적이고 상대적

여 업무를 대행케 하는 등 독립하여 자신의 계산으로 사업을 영위할 수 있는지, 노무 제공을 통한 이윤의 창출과 손실의 초래 등 위험을 스스로 안고 있는지, 보수의 성격이 근로 자체의 대상적 성격인지, 기본급이나 고정급이 정하여졌는지 및 근로소득세의 원천징수 여부 등 보수에 관한 사항, 근로 제공 관계의 계속성과 사용자에 대한 전속성의 유무와 그 정도, 사회보장제도에 관한 법령에서 근로자로서 지위를 인정받는지 등의 경제적 · 사회적 여러 조건을 종합하여 판단하여야 한다. 다만, 기본급이나 고정급이 정하여졌는지, 근로소득세를 원천징수하였는지, 사회보장제도에 관하여 근로자로 인정받는지 등의 사정은 사용자가 경제적으로 우월한 지위를 이용하여 임의로 정할 여지가 크기 때문에, 그러한 점들이 인정되지 않는다는 것만으로 근로자성을 쉽게 부정하여서는 안된다.

이지만『근로계약 체결 당사자로서의 사용자의 개념은 상대적인 것이 아니라, 근로조건의 결정과 임금지급, 지휘감독 등 근로관계에서의 최종책임자로서 사용종속관계에서의 근로계약당사자이다. 이 경우 사용자를 위하여 행위하는 자 또는 경영담당자가 표면상 계약을 체결하더라도 실질적인 책임은 계약당사자로서 사용자가 지는 것이 원칙이다.』

4. 노사협의회 설치대상

가. 설치대상

노사협의회(이하 "협의회"라 한다)는 근로조건에 대한 결정권이 있는 사업이나 사업장 단위로 설치하여야 한다. 다만, 상시 30명 미만의 근로자를 사용하는 사업이나 사업장은 그러하지 아니하다. 근로자수는 노사협의회 설치 단위인 각 사업 또는 사업장별로 판단되어야 한다. 전체근로자수가 30인 이상일 경우 해당 근로자가 지역별로 분산되어 있더라도 그 주된 사무소, 사업장에 노사협의회를 설치하여야 한다.[7] 상시근로자 수가 30명 이상이면 영리 · 비영리인지를 묻지 않는다.[8] 법적 설치의무 여부를 떠나 자율적으로 노사협의회를 설치 · 운영하는 것은 가능하므로 상시 30명 미만인 사업 또는 사업장이라 하더라도 정보공유, 근로자 참여를 도모하기 위해 노사협의회 운영이 가능하다. 노사협의

7) 협력 68210-409, 2003.11.20, 근참법 제4조, 근참령 제2조, 근로자가 지역적으로 분산되어 있더라도 전체 근로자수가 30명 이상인 경우에는 그 주된 사무소에 노사협의회를 설치하도록 하고 있다. 사업장이 여러 곳으로 나뉘어진 경우에 노사협의회가 실질적으로 운영되려면 근로조건의 결정권이 있는 본사에 주된 노사협의회를 설치하는 것이 바람직하기 때문이다. 다만, 하나의 사업에 지역을 달리하는 사업장이 있을 경우에는 그 사업장에도 설치할 수 있도록 하여, 지역별 특수한 사안들에 대해 별도의 논의를 진행할 수 있도록 하는 것이 바람직하다. 이때 지역별 노사협의회를 설치하는 경우에는 주된 사무소에 설치하여야 하는 중앙협의회(또는 전사노사협의회)와 병행하여 지역노사협의회가 설치되는 것으로 이해하여야 한다. 설치장소는 노사협의회 규정에 기재하는 것이 일반적이며, 노사협의회 회의가 개최되는 장소를 의미함은 물론, 노사협의회를 관할하는 지방고용노동관서를 정하는 의미를 지니고 있다. H사 노사협의회는 E지역과 C지역 사업장별로 분기별로 개최되는 전사 노사협의회와, 매월 단위사업별로 개최되는 분임 노사협의회, 두 사업장이 함께 모여 개최하는 중앙노사협의회 등 3중 구조로 되어있다. E지역과 C지역 사업장에 각각 노조가 있는 1사 2노조 체제로 협의회 위원은 각 사업장별로 노사 각각 5명씩 구성된다(고용부, 노사협의회 매뉴얼).

8) 노사 68107-151, 1997.6.18

회 설치를 정당한 사유없이 거부하거나 방해한 자에 대하여 1,000만원 이하의 벌금에 처할 수 있다.[9)]

1) 근로조건의 결정권이 있는 사업 또는 사업장

「근로조건」이란 임금, 근로시간, 휴게, 휴일, 연차유급휴가, 복지후생시설은 물론 재해보상, 안전보건, 기숙사 등 근로자의 직장에 있어서의 일체의 대우를 의미하며, 「근로조건의 결정권」은 근기법상의 임금, 근로시간 등 근로계약 체결시 그 계약의 대상이 되는 사항에 대하여 결정하는 권한을 말한다. 근로조건의 결정권이 있는 사업 또는 사업장을 단위로 설치하도록 한 것은 적어도 노사간 협의된 사항에 대해 결정할 수 있고, 이행력을 담보할 수 있는 단위가 되어야 그 협의의 실효성을 높일 수 있기 때문이다. 따라서 근로조건에 관하여 포괄적인 결정권을 가지고 있는 사업 또는 사업장뿐만 아니라, 이러한 권한 중 상당부분을 위임받아 결정할 수 있는 사업 또는 사업장도 노사협의회를 설치하여 운영하는 것이 바람직하다. 근로조건 결정권이 없는 사업장도 노사자율로 노사협의회를 설치할 수 있다.[10)]

2) 상시 30명 이상

상시 근로자수가 30명 이상인 사업 또는 사업장은 노사협의회를 의무적으로 설치하여야 한다. 적어도 근로자수가 30명 이상이 되는 규모의 사업장에서는 간접참여방식이 기업효율성과 근로자 고충처리 등을 위해 필요하며, 그러한 간접참여방식을 운영할 여건이 준비될 수 있다고 판단하는 것이다. 상시근로자수 산정시 회사업무의 대표권과 집행권을 갖고 있는 고용직 대표이사 등 사용자는 포함되지 않는다.[11)] 일용근로자 등 명칭에 관계없이 근기법 제2조에 따른 근로자는 모두 포함하여야 하며, 특히 근기법 제2조의 사용자적 지위를 함께 가진 근로자도 포함하여 산정해야 한다. 즉, 대표이사나 임원 등 완전히 근로자의 지위를 갖지 않는 대상을 제외하고, 당해 사업을 운영함에 있어

---

9) 근참법 제30조제1호

10) 노사협력복지과-328, 2004.3.8 ; (예) 서울본사와 광주공장으로 구성되어 있는데, 광주공장의 근로자수는 50명 이상이나 근로조건 결정권이 없는 경우

11) 노사 68010-391, 2001.10.18

상시적으로 요구되는 인력규모가 30명 이상인 경우에는 노사협의회를 설치하여야 하는 것이다. 파견, 도급 등 당해 사업장에서 근로를 제공하고 있으나 직접적인 근로관계가 없는 인력은 상시 근로자수에서는 제외된다.한편, 노사협의회가 설치된 사업장이 일시적인 인원 감소로 근로자수가 30인 미만이 된 경우라도 그간의 고용추이 · 향후 고용전망(30인 이상으로 회복 가능성) 등을 고려할 때 사용 근로자수가 30인 이상이면 노사협의회를 계속 운영하여야 한다.[12)]

3) 지자체 등 행정기관

별도의 적용제외 규정이 존재하지 않는 한, 원칙적으로 지자체 등을 포함한 행정기관 또한 근참법이 적용된다. 다만, '공무원'과 '공무원이 아닌 근로자'들로 구성되어 있는 행정기관의 경우 일반사업장과는 달리 근참법 적용에 있어 상대적으로 차이가 존재하는데, 공무원은 '신분 · 보수 · 복무 · 고충처리 등'과 관련하여 각각의 개별법령에서 별도규정으로 규율하므로 노사협의를 통한 자율적인 협의 결정 등에 근본적인 한계가 있고, 공무원직장협의회설립 · 운영에관한법률에 의거 실질적으로 근참법상 노사협의회와 기능적 유사성을 갖는 직장협의회가 설치 · 운영되고 있는 등, 법적 지위가 서로 달라 근로조건 결정과정 등에 차이가 존재하는 공무원과 비공무원이 노사협의회에 함께 참여하는 경우 효율적이고 정상적인 협의회 운영을 기대할 수 없다. 따라서 행정기관에 있어 근참법은 공무원이 아닌 근로자들에 대하여만 적용되므로, 행정기관의 노사협의회 설치대상 여부 관련 상시근로자수 판단시 공무원은 포함되지 않는다.[13)]

나. 특정직 근로자의 참여배제

정당한 사유없이 사무직 또는 생산직 등으로 구분하여 특정직 근로자의 참여를 배제하는 등 일부 근로자만을 대상으로 구성 · 운영되는 노사협의회는 법률에서 정한 노사협의회로 볼 수 없을 것이며, 정당하게 구성되지 못한 노사협의회에서 협의 · 의결된 사항은 동 법에 의한 보호를 받지 못한다. 다만, 특

---

12) 노사 68107-2, 1998.1.6
13) 협력 68210-258, 2003.7.1

정직만으로 조직된 노동조합이 근로자 과반수 이상인 경우 노사협의회의 근로자위원은 당해 노동조합의 대표자와 노동조합이 위촉하는 특정직 근로자만으로 구성될 수 있으나, 이러한 경우에도 노사협의회는 전체근로자를 대표하는 협의기구로서 운영되어야 할 것이다.[14)]

5. 노사협의회 설치 절차

노사협의회를 설치하고자 하는 경우에는 노사협의회 설치관련 공고→노사협의회 설치 준비위원회 구성→노사협의회 위원의 위촉 또는 선출→노사협의회 규정 제정 및 신고 등의 과정을 거쳐야 한다. 설치과정에서 노사 공감대 형성이 매우 중요한데, 특히 과반수 노조가 있는 사업장에서는 노사협의회 근로자 위원을 '노동조합대표자와 노동조합이 위촉하는 자' 로 하도록 규정하고 있으나, 노사협의회가 전체 근로자를 대변하며, 노사공동의 이익을 추구하는 기구라는 점에서 설치과정에서의 노사공동 논의는 매우 중요하다. 실무상, 노사협의회에 대한 인식제고 및 경영에 대한 이해도가 높아지면, 본격적으로 노사협의회 위원 수 및 위원구성방법 등을 정하고 노사협의회 규정을 검토한다.

위원 수 및 위원 구성방법에 있어서는 노사협의회가 어떻게 하면 가장 실효성 있는 근로자참여 및 정보공유의 장이 될 것인지, 어떻게 하면 전체 직원들의 의견이 균형있게 반영될 것인지, 사용자 위원들은 어떻게 구성하는 것이 좋은지에 대해서 논의한다. 과반수 이상의 노동조합이 없는 사업장의 경우에는 준비위원회에서 근로자위원의 선출을 위한 방법과 절차 등도 정하여야 한다.

6. 노사협의회 위원 구성과 선출

가. 위원 구성

협의회는 근로자와 사용자를 대표하는 같은 수의 위원으로 구성하되, 각 3명 이상 10명 이하로 하여 효율적이고 민주적인 회의진행을 도모한다. 근로자

14) 노사 68010-221, 2001.6.23

를 대표하는 위원(이하 "근로자위원"이라 한다)은 근로자가 선출하되, 근로자의 과반수로 조직된 노동조합이 있는 경우에는 노동조합의 대표자와 그 노동조합이 위촉하는 자로 한다. 사용자를 대표하는 위원(이하 "사용자위원"이라 한다)은 해당 사업이나 사업장의 대표자와 그 대표자가 위촉하는 자로 한다. 위원의 임기는 3년으로 하되 연임할 수 있다. 보궐위원의 임기는 전임자의 임기 남은기간으로 한다. 위원은 임기만료 후에도 후임자가 선출될 때까지 계속 그 직무를 담당한다. 노사협의회의 실행기능을 강화한다는 차원에서 필요한 경우 노사협의회 산하에 별도의 전문위원회 등을 두는 경우도 있는데, 이때의 산하 전문위원회 위원은 근참법에서 의결권 등의 법적인 권한을 행사할 수 있는 노사협의회 위원은 아니다.

나. 근로자위원의 선출

법 제6조제2항 및 제4항에 따라 근로자의 과반수로 구성된 노동조합이 조직되어 있지 아니한 사업 또는 사업장의 근로자위원은 근로자의 직접 · 비밀 · 무기명투표로 선출한다. 다만, 사업 또는 사업장의 특수성으로 인하여 부득이하다고 인정되는 경우에는 작업 부서별로 근로자 수에 비례하여 근로자위원을 선출할 근로자(이하 이 조에서 "위원선거인"이라 한다)를 선출하고 위원선거인 과반수의 직접 · 비밀 · 무기명투표로 근로자위원을 선출할 수 있다. 「직접」이라 함은 직선제를 의미하는 것이 아니라 대리인에 의한 투표를 인정할 수 없다는 의미이고, 「무기명」이라 함은 투표자의 이름을 기입하지 않으며 누가 투표했는지 모르게 하라는 것이다. 근로자위원 선출에 입후보하려는 자는 해당 사업이나 사업장의 근로자여야 하며, 해당 사업 또는 사업장의 근로자 10명 이상의 추천을 받아야 한다.[15] 후보자추천은 서면으로 하는 것이 바람직하고 1인이 복수의 후보자에 대한 추천도 가능하다. 10인 이상의 추천을 받는 근로자가 없을 경우 등, 근로자위원선출이 어렵다고 설치의무가 면제되지 않는다.

1) 무노조 또는 과반수 노조가 없는 사업장

무노조 사업장 또는 과반수 노조가 조직되어 있지 않은 사업장에서 근로자

15) 근참령 제3조

위원은 근로자의 자율적인 선출 절차에 의하여야 한다. 근로자위원의 선거방식 및 선거관리에 관하여는 노사협의회 설치 준비위원회에서 법령이 정한 범위 내에서 일정한 기준을 정하여 시행하도록 하며, 선거관리는 근로자측 준비위원이 담당하는 것이 바람직하다. 이 과정에서 시설이용, 선거활동 및 투·개표시간 할애 등에 관하여는 사용자 준비위원과 협의하여 충분한 시간 등이 확보되도록 하여야 한다. 이 때 사용자는 근로자위원 선거를 위한 시설, 투표함, 게시판 활용 등의 편의제공을 하여야 한다. 이러한 준비가 완료되면 노사협의회 근로자위원 추천방법 및 기간, 선거 일시, 장소, 방법을 충분한 시간을 두고 확정하여 근로자들에게 공고한다. 근로자위원 선거관리 방식이 결정되면 근로자 준비위원이 선거관리위원의 역할을 수행하여 선거 일시, 선거인 명부, 추천서 양식 및 투표함 작성 등 선거를 준비, 전 근로자에게 공지한 후 입후보자 접수를 받는다, 투표인 명부에는 근기법 제2조에 의한 사용자를 제외한 근로자들만이 포함되도록 하여야 한다. 현행법에서는 근로자위원 선출시 근로자의 직접, 비밀, 무기명 투표를 거치도록 하고 있으므로 무투표 당선은 인정되지 않는다. 따라서 후보자수가 위원수와 같더라도 투표절차를 거치는 것이 필요하며, 후보자 수와 위원 수가 같은 경우 찬반투표형태로 진행할 수도 있다.

동점 득표수 등에 대해 처리방법을 미리 정해두는 것이 좋다. 예를 들어 노사협의회 규정 등에 동수가 나온 경우 노사합의로 연장자 순 또는 장기근속자 순으로 당선되도록 하는 등의 당선요건을 규정하는 것을 고려할 수 있다.

2) 선거인에 의한 간접선출

사업 또는 사업장의 특수성에 의하여 부득이 직접선거에 의한 선출이 부적합 하다고 인정되는 경우에 간접선거에 의한 근로자위원 선출도 가능하다. 사무직과 기술직·기능직의 사업장이 별도로 되어 있거나 작업부서별 특성이 현저히 다른 경우 등에 이러한 간접선거 방식을 활용할 수 있는데,[16] 이 경우 작

16) 노사협력복지과-1925, 2004.08.13. 사업 또는 사업장의 특수성으로 인하여 부득이하다고 인정되는 경우에는 작업 부서별로 근로자 수에 비례하여 근로자위원을 선출할 근로자(이하 이 조에서 "위원선거인"이라 한다)를 선출하고 위원선거인 과반수의 직접·비밀·무기명투표로 근로자위원을 선출할 수 있다는 의미는, 작업부서간 이질성이 크거나 사업장의 수가 많아 직접선

업부서별로 근로자수에 비례하여 근로자위원을 선출할 근로자(위원 선거인)를 선출하고, 선출된 위원선거인단의 직접 · 비밀 · 무기명 투표에 의하여 과반수를 얻은 근로자위원을 선출하여야 한다. 사용자가 일방적으로 근로자위원을 위촉하거나 근로자위원 선출에 개입할 경우에는 법 위반이 된다. 예를 들어 사용자가 특정후보를 지정하거나 특정인의 입후보를 방해하는 행위와 근로자위원 선출방식을 직선제 또는 간선제 등으로 지정하는 행위, 선거관리위원이 되는 경우 등의 개입행위는 모두 법위반 행위가 된다. 고용노동부장관은 이에 대한 시정명령을 할 수 있으며, 사용자가 정당한 사유없이 시정명령한 내용을 이행하지 아니하면 500만원 이하의 벌금에 처하게 된다.[17)]

3) 결원시 보궐선임

현행 근참법상 노사협의회 근로자위원의 선출은 직접, 비밀, 무기명투표로 하도록 규정하고 있을 뿐, 특별한 의결정족수를 요하는 것은 아니므로 다수득표자 순으로 노사협의회 위원을 선출하면 무방하다. 근로자위원의 결원이 생기면 30일 이내에 보궐위원을 위촉하거나 선출하되, 근로자의 과반수로 구성된 노동조합이 조직되어 있지 아니한 사업 또는 사업장에서는 근로자위원 선출 투표에서 선출되지 못한 사람 중 득표순에 따른 차점자를 근로자위원으로 할 수 있다.[18)] 실무상 과반수 노조인 경우는 근로자위원 결원시 수시 추천이 가능하지만, 과반수 미만 노조가 있거나 무노조 사업장의 경우는 그 때마다 다시 절차를 거쳐 선출하도록 한다면 매우 부담이 될 것이기 때문이다. 따라서 안정적이고 효율적인 협의회 운영을 위하여 보궐위원이 될 수 있는 차점

거를 통한 근로자위원 선거가 곤란하고 근로자 대표성을 확보하기 어려운 경우 간접선거로써 그 단점을 보충할 수 있다는 의미로 보아야 하고, 이를 근거로 하여 사업 또는 사업장별 근로자수에 비례하여 근로자위원을 선출할 수 없다고 해석할 수는 없을 것이다. 따라서 노사간 근로자위원 수를 합의하고 사업 또는 사업장별, 작업부서별 근로자수에 비례하여 근로자위원수를 배정하는 것이 객관적으로 부당하지 않고 또한 배정된 근로자위원수에 대해 사업 또는 사업장별, 작업부서별로 직접 · 비밀 · 무기명 투표를 하여 근로자위원을 선출하였다면 법 취지에 반하는 것으로 볼 수 없어 유효하다고 할 수 있을 것이다

17) 근참법 제31조

18) 근참령 제4조

자 명부도 다수득표자순에 의해 미리 확정해 놓는 것이 바람직하다. 이러한 사항은 사전에 노사협의회 규정으로 정해 놓을 필요가 있다. 전자투표를 통해 근로자위원을 선출하는 경우에도 직접 · 비밀 · 무기명투표의 원칙을 규정하고 있는 동 조합의 입법취지가 보장되어야 한다. 노사가 사전에 투표방법 및 전자투표에 사용될 기술체계에 대해 동의한다면 전자투표에 의한 근로자위원 선출이 가능하다. 다만, 선거결과 데이터에 대해서는 일정기간 보관하는 것이 바람직하다.[19)]

(4) 과반수 노조에서의 근로자위원 위촉

사업장내에 근로자의 과반수로 조직된 노동조합이 있으면 노사협의회 근로자위원은 당해 사업장의 노동조합의 대표자와 노동조합이 위촉하는 자로 구성된다. 근참법의 근로자는 근기법상의 근로자를 말하므로 근참법상 "근로자 과반수"로 조직된 노동조합여부 판단시 근로자의 범위는 근기법 제2조제1호에 의한 근로자에 해당하는 자 중에서 동조 제2호에 의한 사용자 즉, 사업주 또는 사업 경영 담당자, 그 밖에 근로자에 관한 사항에 대하여 사업주를 위하여 행위하는 자를 제외한 자의 과반수를 의미한다. 근로자위원 위촉권과 관련된 노조의 근로자 과반수 조직여부는 노사협의회 설치 단위인 각 사업 또는 사업장별로 판단되어야 한다. 노동조합의 조합원이 해당 사업 또는 사업장 근로자의 과반수가 아닐 경우 노동조합의 근로자위원 위촉권이 없다.[20)]

노사협의회 구성시 과반수 노조가 존재하여 당해 노조에서 위촉한 근로자위원으로 노사협의회를 구성 · 운영해 오던 중 조합원이 과반수에 미달하여 노동조합이 위원 위촉권을 상실한 경우 재선출을 하여야 하는지 여부가 의문이다. 근로자위원 선출시점에서의 선출방식에 관한 규정에 의거 근로자위원이 적법하게 선출(위촉)된 이상, 임기 중 과반수노조가 과반수 미달노조로 되거나 새로운 과반수노조의 출현을 이유로 근로자위원을 재선출하여야 하는 것은 아니므로 과반수 노동조합에서 과반수 미달 노조로 된 경우 근로자위

19) 노사협력정책과-1362, 2009.4.16
20) 협력 68210-346, 2003.9.30

원 임기는 특별한 규정이 없는 한 만료시까지 보장되는 것이 타당하다.[21] 근로자위원의 선출이라는 문제는 노사협의회 근로자위원 임기가 종료한 시점에 비로소 발생하기 때문이다. 아울러 과반수 노조에서 일단 위원을 위촉한 이상 집행부 기간 동안 또는 집행부가 변경된 경우라도 근로자 위원의 임기동안 및 보궐선임의 경우가 아니면 기존의 근로자위원을 새로이 위촉하는 권한은 부여되지 않는다.[22]

과반수 노조에게 근로자위원 위촉권을 부여한 것은 노사협의회 근로자위원은 근로자들의 자율적 선출에 의한다는 대원칙하에 전체 근로자를 대표하는 지위를 과반수 노조에게 부여한 것이므로, 근로자들의 다양한 특성과 이해가 반영되도록 하여야 한다. 따라서 부서, 직종을 고르게 반영하고 전문적 역량을 갖춘 자를 근로자위원으로 위촉하며, 비조합원도 근로자위원으로 위촉하는 것을 고려하여야 한다. 또한 근로자 위원의 위촉은 조합 내에서도 총회나 대의원회 등의 민주적 절차를 통해 결정해야 하고 해촉시에도 같은 절차를 거쳐야 한다. 협의회위원은 특별한 사정이 없는 한 법정 임기 3년을 보장하여야 한다.[23]

---

21) 노사협력과-178, 2004.1.16

22) 노사 68107-76, 1998.3.31. 법 제6조제2항 및 제4항에 따라 근로자의 과반수로 구성된 노동조합이 조직되어 있지 아니한 사업 또는 사업장의 근로자위원은 근로자의 직접 · 비밀 · 무기명 투표로 선출한다. 협의회 위원 임기도중 과반수 노조가 된 경우, 협의회 근로자위원을 새로 위촉해야 하는지가 의문이다. 이 경우에는 기존에 선출된 근로자위원의 임기가 3년이므로, 그 임기동안은 계속적으로 근로자위원의 지위를 가진다. 과반수 노조에 근로자위원 위촉권을 부여한 것은 새로운 근로자위원 구성시 권한을 부여한 것일 뿐 이전 근로자들의 자율선거에 의해 선출된 근로자위원의 자격을 상실시키는 권한까지 부여한 것은 아니기 때문이다. 반대로 과반수 노조에서 근로자위원을 위촉하였다가, 협의회 위원 임기도중에 조합원탈퇴 등의 이유로 과반수 노조에 미달하게 된 경우, 기존 노동조합에서 위촉한 위원의 지위는 임기동안은 지속된다. 근로자위원의 선출이라는 문제는 노사협의회 근로자위원 임기가 종료한 시점에 비로소 발생하기 때문이다. 다만, 여기서 주의할 점은 과반수 노조에서 집행부 기간 동안 또는 집행부가 변경된 경우 근로자위원을 새로이 위촉하는 권한은 이제 더 이상 부여되지 않는다.

23) 근참법 제8조. 위원의 임기는 3년으로 하되, 연임할 수 있다. 보궐위원의 임기는 전임자의 임기 남은기간으로 한다. 위원은 임기만료 후에도 후임자가 선출될 때까지 계속 그 직무를 담당한다.

다. 사용자위원의 위촉

사용자위원은 당해 사업 또는 사업장의 대표자를 반드시 포함하여야 하며(당연직 위원), 그 대표자가 근로자위원수와 동일한 인원으로 위촉하는 자로 구성한다. 노사협의회의 형식화를 방지하고 실효성 있는 운영을 확보하기 위해서는, 평소 근로자들과 친분과 신망이 두터운 간부급, 노무 · 인사 · 조직 · 관리 등에 경륜이 많은 간부급, 소관업무에 대하여 책임 있는 발언을 할 수 있는 간부, 노사간 균형있는 대화를 가질 수 있는 간부급 등을 우선적으로 사용자위원에 위촉하는 것이 바람직하다. 특정 개인을 위촉하는 것이 원칙이나 당연직 등 직명위촉도 위법하지는 않다. 사용자위원의 경우도 특별한 사정이 없는 한 3년의 임기는 최대한 보장하는 것이 바람직하다.

7. 노사협의회 규정과 신고 등

노사협의회규정을 작성할 때에는 영제5조제1항에서 정한 필요적 기재사항이 반드시 포함되어야 한다. 협의회규정은 협의회 운영의 기본규범이므로 법에서 정한 범위를 벗어나면 아니 되지만, 법에서 특별히 정한 바가 없는 사항에 대해서는 각 사업장 특성에 맞게 최대한 상세히 규정하여 노사협의회 운영에 대한 노사간에 다툼이 없도록 하여야 한다. 협의회규정의 시안을 사용자가 작성하더라도 노사협의회 임시회의 등을 통해 노사위원간에 충분한 토의와 의결절차를 거쳐 노사협의회 위원들이 서명을 함으로써 민주적 절차에 의한 정당성을 확보하여야 한다. 협의회규정을 제정하거나 변경할 경우에는 협의회의 의결을 거쳐야 한다.

노사협의회 회의안건 선정절차는 특별한 규정이 없으므로 노사협의회규정 등에 자율적으로 정할 수 있다.[24] 다만, 근참법에서는 노사협의회가 근로자와 사용자 쌍방이 참여와 협력을 통하여 노사공동의 이익을 증진하는 기구가 되도록 일정한 요건을 규정하고 있는데 법으로 정한 강행규정은 임의대로 변경하거나 위반할 경우는 효력이 없다. 예를 들면, 연속적이고 전문적인 활동이

24) 노사 32281-6413, 1990.5.04

되도록 하기 위해 협의회 위원의 임기를 3년으로 정하고 있는 것, 협의회에서 의결시 민주적 절차를 거치도록 하기 위해 노사 각각 과반수의 출석과 출석 2/3 이상의 찬성이라는 의결정족수를 규정한 것, 협의회 근로자위원의 비상임 · 무보수 원칙, 협의회 위원 중에서 간사를 선출, 과반수 노조에서의 근로자 위원 위촉권 부여 등이 그것이다. 이러한 요건들을 갖추어 협의회가 운영되고 협의회에서 의결하는 경우 일정한 법적효력을 부여하고 있는데, 근로자위원의 협의회 보고사항과 관련한 자료제출 요구권, 의결된 사항에 대한 이행의무 등이다. 따라서 근참법상의 노사협의회 설치나 운영과 관련한 요건은 법률상 노사협의회의 자격요건에 해당한다고 볼 수 있는 것이므로, 근참법에서 요구하는 사항과 달리 정하여 노사협의회를 운영하거나 협의회 규정을 작성하는 경우에는 그 효력을 인정받을 수 없다. 따라서 노사협의회 위원의 임기를 3년 미만으로 규정한다거나, 의결정족수의 요건을 갖추지 못하였다거나, 과반수 노조가 아님에도 불구하고 노동조합에서 근로자위원을 위촉하도록 규정하였다거나, 노사협의회 규정에 유급전임을 두도록 규정하였다거나 하는 내용들은 모두 법적효력을 가지지 아니한다.

[노사협의회 규정에 포함되어야 할 필요적 기재사항]

1. 협의회의 위원의 수
2. 근로자위원의 선출절차와 후보등록에 관한 사항
3. 사용자위원의 자격에 관한 사항
4. 법 제9조제3항에 따라 협의회 위원이 근로한 것으로 보는 시간에 관한 사항
5. 협의회의 회의소집, 회기, 그 밖에 협의회의 운영에 관한 사항
6. 법 제25조에 따른 임의중재의 방법, 절차 등에 관한 사항
7. 고충처리위원의 수 및 고충처리에 관한 사항

노사협의회 근로자 위원이 선출되면, 사용자는 노사협의회 사용자 위원을 노사동수로 위촉하여 협의회 위원 구성을 완료하고, 노사협의회를 개최하여 의결을 거쳐 노사협의회 규정을 제정하고, 향후 노사협의회 운영에 대한 기본 방향을 설정하는 협의를 진행한다. 노사협의회 규정이 제정되면 15일 이내에 고용노동부장관에게 신고함으로써 노사협의회 설치단계는 마무리된다. 협의

회규정을 변경하는 경우에도 협의회의 의결을 거쳐야 하고, 15일 이내에 고용노동부장관(지방고용노동관서장)에게 제출하여야 한다. 관할 지방고용노동관서의 장은 제출받은 협의회규정의 내용이 관계법령을 위반한다고 인정되는 경우에는 문서로써 해당 협의회에 그 변경이나 보완을 요청하여야 한다.[25] 사용자가 노사협의회 설치 · 변경일로부터 15일 이내에 협의회규정을 고용노동부장관에게 제출하지 않은 경우에는 200만원 이하의 과태료가 부과된다.[26]

8. 노사협의회 운영

가. 의장 및 간사

노사협의회에 의장을 두며, 의장은 위원 중에서 호선(互選)한다. 이 경우 근로자위원과 사용자위원 중 각 1명을 공동의장으로 할 수 있다. 의장은 협의회를 대표하며 회의 업무를 총괄한다. 노사 쌍방은 회의 결과의 기록 등 사무를 담당하는 간사 1명을 각각 둔다.[27] 의장 선출과 임기는 노사협의회규정에 그 방법을 정한 경우 그에 따르되, 그렇지 않은 경우 협의회 내에서 노사가 자율적으로 결정하면 될 것이다. 노사대등과 원만한 대화 진행을 위하여 노사 각 1명의 의장후보를 추천하여 노사협의회 회의마다 번갈아 가며 회의를 진행하는 것도 하나의 방안이고, 의장의 임기는 노사협의회규정에서 정하고 있으면 그에 따라야 한다. 다만, 매 회의 때마다 의장을 호선하여 선출할 경우 업무의 일관성 유지에 어려움이 예상되므로 의장의 임기는 최소 1년 이상으로 하는 것이 바람직하다.

간사는 노사협의회의 근로자를 대표하는 위원들과 사용자를 대표하는 위원들이 근로자위원 및 사용자위원 중에서 각각 1명씩 선출 한다.[28] 간사의 임기는 법에서 정한 규정은 없으므로 노사협의회 규정에서 정하고 있는 의장 임기에 준하여 정하는 것이 바람직하다. 의제의 상정여부를 결정하는 것은 사실상

25) 근참규칙 제3조제2항
26) 근참법 제18조, 제33조
27) 근참법 제7조
28) 근참규칙 제2조

노사양측 간사회의에서 결정되므로, 노사협의회에서 다루기 곤란한 사항은 간사회의에서 본회의에 상정하기 전에 충분히 논의하는 것이 좋다.

나. 위원의 활동보장

첫째, 위원은 비상임 · 무보수를 원칙으로 한다. 노사협의회 근로자위원은 근로자를 대표하는 지위에서 활동을 하여야 하는 것이므로 노사협의회 활동과 관련하여 사용자로부터 근무면제를 받거나 특별한 보수를 받는다면 독립성이 훼손될 수 있기 때문에 비상임 무보수를 원칙으로 하여 신분상의 중립과 업무 수행상의 독립성 및 공정성을 확보하기 위한 것이다.

둘째, 사용자는 협의회 위원으로서의 직무 수행과 관련하여 근로자위원에게 불이익을 주는 처분을 하여서는 아니된다. 불이익 처분이라 함은 해고, 배치전환, 강등, 임금인하 등은 물론 승진, 승급 기타 대우에 관한 일체의 불이익 처분을 말한다. 사용자가 근로자위원의 활동을 문제 삼아 불이익처우를 할 경우 협의회에서 자유로운 발언 등이 어려워지고 노사간 신뢰가 깨지게 될 위험이 있기 때문이다. 위원의 협의회 출석 시간과 이와 직접 관련된 시간으로서 협의회규정으로 정한 시간은 근로한 시간으로 본다. 기본적으로 노사협의회 위원은 현장의 담당업무를 수행하면서, 그 현장 속에서 근로자 의견을 수렴하고 개선방안을 마련하는 것을 기본으로 한다. 따라서 사용자는 협의회 위원이 업무시간 중에 회의에 참석하거나 이와 직접적으로 관련된 준비 및 검토시간 등과 관련하여서는 근로시간으로 인정하여 근로자위원으로서의 활동을 원활히 수행되도록 할 필요가 있다. 따라서 노사협의회 위원의 협의회 출석시간 및 이와 직접 관련된 시간으로서 노사협의회규정에서 정한 시간에 대하여는 근로한 것으로 보아 임금을 지급하여야 한다. 예를 들어, 야간시간에 노사협의회를 개최하거나 휴일에 노사협의회를 개최한 경우 각각 야간근로수당과 휴일근로수당을 지급하는 것 등을 말한다. 고용노동부장관은 사용자가 근로자위원에게 불이익을 주는 처분을 하는 경우에는 그 시정을 명할 수 있다. 사용자가 정당한 사유없이 시정명령을 이행하지 아니하는 경우 500만원 이하의 벌금에 처한다.[29)]

---

29) 근참법 제9조, 제11조, 제31조

셋째, 사용자가 일방적으로 근로자위원을 위촉하거나 근로자위원 선출에 개입할 경우에는 노사협의회 설치의 취지가 훼손되고 의미가 없어진다. 사용자가 특정후보를 지정하거나 특정인의 입후보를 방해하는 행위와 근로자위원 선출방식을 직선제 또는 간선제 등으로 지정하는 행위, 선거관리위원이 되는 경우 등의 개입행위는 모두 법위반 행위가 된다. 고용노동부장관은 이에 대한 시정명령을 할 수 있으며, 사용자가 정당한 사유없이 시정명령한 내용을 이행하지 아니하면 500만원 이하의 벌금에 처한다.[30)]

넷째, 사용자는 노사협의회 운영을 내실화하기 위하여, 전체 근로자의 의사를 수렴하거나 토론 등을 통하여 기업의 발전이나 근로자의 복지증진에 대한 제안 등을 발굴할 수 있도록 근로자위원의 활동을 지원할 필요가 있다. 근로자위원 업무를 위한 사용자의 편의제공의무는 근로자위원의 선출에 있어서 투표의 진행과 관련한 편의제공의무, 자료취합, 작성, 수집 등에 있어서 회의실 사용, 사무집기 사용의 편의제공 등을 포함하는 것으로 보아야 한다. 편의제공의무 위반에 대한 벌칙은 없다.[31)]

다. 노사협의회 운영

노사협의회는 노사의 상생협력과 참여를 기반으로 하는 협의제도로서 주로 경영상황 등에 대한 정보공유를 목적으로 하는 보고사항과 생산성 향상과 근로생활의 질 향상을 목적으로 하는 협의, 의결사항 등을 논의하는 것을 주된 활동으로 한다. ① 협의사항은 참여와 협력을 통해 기업내 작업체계, 제도적 · 인적 시스템을 유기적으로 결합하여 개선방안 및 발전방안을 노사가 공동으로 모색해 나가는 것이고, ② 보고사항은 협의사항의 논의가 사업장 실정에 맞게 사전에 노사의 충분한 이해를 통해 이루어질 수 있도록 하는 의미를 지니고 있으며, ③ 의결사항은 노사가 특별히 의견일치를 통해 추진해 나갈 필요가 있는 사항들을 의미한다. 노사협의회 근로자위원들이 근로자의견 수렴 및 역량개발 등의 일상적 활동을 하지 않고 단지 회의에만 참석한다면 정기회

30) 근참법 제10조, 제11조
31) 근참법 제10조

의 개최는 불필요한 것으로 인식되고, 회의는 노사가 자기 주장만 되풀이하거나 고충을 호소하는 차원에 머무르게 된다. 따라서 협의 및 의결사항에 대해 근로자들의 욕구를 수렴하고, 이해관심사를 분석하여 개선과제들을 목록화 하는 등, 노사공동의 문제를 실질적으로 해결해 나가도록 노력하여야 한다.

특히, 어느 일방의 고충과 문제만을 제시하여 상대방의 협력을 일방적으로 이끌어 내기보다, 서로의 욕구와 관심사를 파악하여 함께 해결하는 방법을 강구하는 것이 중요하다. 회의는 논쟁을 벌이기보다 상대방의 주장이나 의견을 주의 깊게 듣고 공감대를 형성하는 것이 중요하다. 세계화 된 환경속에서 성장동력을 찾아야만 하는 기업현실에서, 기업발전과 근로자의 삶의 질 향상이라는 공동의 목표를 달성하기 위해서는 노사가 당면한 기업환경과 생존전략에 대해 고민하고 그를 통하여 새로운 이정표를 설정하고, 함께 나아갈 수 있는 길을 모색하여야 한다. 이를 위해서는, 기업에 영향을 미치는 대내외적 환경, 환경에 대응하는 기업의 입장, 기회와 위협요인 등을 분석하고, 이를 극복하기 위한 전략수립, 내부역량에 대한 분석, 사업구조, 경쟁우위, 노사공동의 참여와 협력방안 등을 심도있게 다루어볼 수도 있다.

1) 정기 및 임시회의 개최

협의회는 3개월마다 정기적으로 회의를 개최하여야 한다. 협의회는 필요에 따라 임시회의를 개최할 수 있다. 노사협의회의 회의소집권자 및 사회자는 노사협의회 의장이다. 정기회의는 소집요구 여부에 관계없이 매 3개월 마다 의장이 소집하여 주재한다. 임시회의의 경우 개최시기나 횟수에 관해 특별한 규정이 없으므로 노사협의회 규정로 정한 경우 또는 노사일방의 대표자가 회의의 목적사항을 문서로 명시하여 회의의 소집을 요구한 때에는 의장은 이에 응하여야 한다.[32)]임시회의의 소집요구권은 노사협의회규정에 정한 바가 있으면

32) 사용자는 적어도 분기에 한번은 정기적으로 개최하여야 한다. 정기회의의 목적은 협의회 운영의 연속성을 확보하고 노사간 원활한 의사소통을 위한 것이며, 협의회를 정기적으로 개최하는 것은 노사협의회 활성화를 위한 전제 조건이다. 이를 위반한 경우 200만원 이하의 벌금에 처한다. 회의 개최시에는 협의사항, 의결사항 이외에 보고사항에 대해서도 보고 · 설명하여야 한다. 임시회의 개최에 대해서는 특별한 제한 규정이 없으므로 수시로 개최할 수 있다.

그것에 따르되, 모든 위원에게 주어지는 것이 아니라 노사일방의 대표자에게 주어진 것이다. 회의의 소집요구는 문서로 하는 것이 다툼의 소지를 없앨 수 있어 바람직하다. 의장은 회의개최 7일전에 회의일시, 장소, 의제 등을 각 위원에게 통보하여야 한다.[33]

*7일간의 기간은 최소한의 법정기간이므로 단축하지는 못하나 협의회규정에서 적당한 기간으로 연장하는 것은 가능하다. 협의회 개최일이 4월 20일이라고 한다면 그 전날인 19일을 기산일로 하여 거꾸로 계산해서 13일이 말일이 되고 그 날의 오전 0시에 기간이 만료된다. 따라서 늦어도 4월 12일 자정까지는 협의회 소집통보를 하여야 한다. 회의소집의 통보는 개별적 통지, 사보, 게시판 게재 등 회의개최여부를 충분히 인지할 수 있도록 하여야 하며 협의회규정에 정해져 있는 경우에는 그에 따르되 전 위원에게 알릴 수 있는 방법을 택하여야 한다.

근로자위원은 사전에 통보된 의제 중 협의 사항 및 의결 사항과 관련된 자료를 협의회 회의 개최 전에 사용자에게 요구할 수 있으며 사용자는 이에 성실히 따라야 한다. 다만, 그 요구 자료가 기업의 경영 · 영업상의 비밀이나 개인정보에 해당하는 경우에는 그러하지 아니하다.[34]

2) 의결정족수

회의는 근로자위원과 사용자위원 각 과반수의 출석으로 개최하고 출석위원 3분의 2 이상의 찬성으로 의결한다. 예컨대 노사 각각 8명으로 구성된 노사협의회가 총 16명에 과반수인 9명 이상이 출석하여야 개의할 수 있고, 노측 6명, 사측 6명으로 회의가 진행될 경우 안건의결을 위해서는 총 12명의 2/3 이상인 8명 이상의 찬성이 필요하다. 협의회의 회의는 공개한다. 다만, 협의회의 의결로 공개하지 아니할 수 있다. 협의회의 위원은 협의회에서 알게 된 비밀을 누설하여서는 아니된다.[35] 부득이한 사유로 사업주가 회의에 불참하더라도 의사정족수를 충족한 회의개최는 적법한 것이며, 합의사항을 문서로 작성

33) 근참법 제13조제2항
34) 근참법 제14조
35) 근참법 제15조, 제16조, 제17조

할 때 대표이사가 아닌 자가 서명하더라도 위임이나 수권의 경우 대표이사가 서명한 것과 동일한 효력을 갖는다.[36] 노사협의회는 근로자위원과 사용자위원의 각 과반수가 출석하면 개최할 수 있다. 따라서 회의개최시에 노동조합 대표자의 참석이 필수적인 것은 아니다.[37]

3) 협의회의 협의, 의결, 보고사항

(1) 보고사항

보고사항은 경영계획 및 실적, 분기별 생산계획 및 실적, 인력계획, 기업의 경제적·재정적상황 등 주로 경영계획 및 상황에 대한 내용을 의무적으로 노사협의회에서 알리는 것으로 노사협력관계 정착과 기업의 경쟁력 강화를 위해 필수적으로 요청되는「정보공유」의 의미를 갖고 있으며, 근로자 참여의 필수적 전제조건이다.[38] 따라서 사용자는 이러한 사항에 대한 정보를 적극적으로 공유하고, 근로자들이 회사의 상황을 이해하고, 능동적으로 대응하면서 참여와 협력을 이끌어 낼 줄 알아야 한다. 아무리 많은 내용의 정보를 공개하더라도 근로자들이 이해 할 수 없다면, 경영정보 공개 자체가 무의미해지기 때문에 경영정보는 근로자들이 이해할 수 있도록 공개되어야 한다. 따라서 각종 정보는 근로자들의 눈높이에 맞춰 쉽고 명료하게 공개되어야 하며, 노사협의회 위원이나 근로자들의 경영정보 이해제고를 위한 체계적인 교육도 실시할 필요가 있다. 근로자위원은 사용자가 법에 정한 보고와 설명을 이행하지 아니하는 경우에는 보고사항에 관한 자료를 제출하도록 요구할 수 있으며 사용자는 그 요구에 성실히 따라야 한다.[39] 사용자가 정당한 사유없이 자료제출 의무를 이행하지 아니하면 500만원 이하의 벌금에 처한다.[40] 노사는 매분기 노사협의회를「기업경영 설명회의 날」로 설정하여 사업주가 직접 전체근로자를 대상으로 경영전반에 관한 설명회를 개최토록 함으로써 근로자의 기업경영에 대

36) 노사 32281- 13116, 1990.9.18
37) 노사 68140-25, 1993.1.29
38) 근참법 제22조
39) 근참법 제22조제3항
40) 근참법 제31조

한 이해를 증진하고 노사간 신뢰를 확보하고 열린경영 · 투명경영을 실천할 수 있도록 하는 것이 바람직하다. 시행규칙으로 정한 사용자의 보고 · 설명사항은 다음과 같다.[41)]

1. 경영계획 전반 및 실적에 관한 사항 : 단기 및 중 · 장기 경영계획, 경영실적과 전망, 기구 개편, 사업확장, 합병, 공장이전 및 휴업 · 폐업 등 경영상 중요한 결정사항
2. 분기별 생산계획과 실적에 관한 사항 : 분기별 생산계획과 실적, 사업부서별 목표와 실적, 신제품개발과 기술 · 기법의 도입
3. 인력계획에 관한 사항 : 인사방침, 증원이나 감원 등 인력수급계획, 모집과 훈련
4. 기업의 경제적 · 재정적 상황에 관한 각 사항 : 재무구조에 관한 일반 현황, 자산현황과 운용 상황, 부채현황과 상환 상황, 경영수지 현황
5. 그 밖의 사항 : 사용자가 보고하도록 협의회에서 의결된 사항, 근로자가 정당하게 보고를 요구한 사항

(2) 협의사항 · 의결사항

협의사항 · 의결사항은 생산성 향상을 위해 근로자가 해야 할 일이 무엇인지, 필요한 것이 무엇인지, 어떻게 해야 구성원 모두가 변화에 적극 동참하는지 등 가치적인 부분과 수단적인 부분을 설명하고, 근로자들로부터 다시 참여의 신호를 얻어내는 순환적인 과정을 의미한다. 즉, 생산성 향상을 위해 작업공정은 어떠한 방식으로 개선하는 것이 바람직한지, 근무형태나 임금체계는 어떻게 변경되는 것이 좋은지, 근로자들의 역량강화를 위한 교육은 어떻게 실시하는 것이 좋은지 등을 현장에서 찾고, 현장의 참여를 통해 만들어 가는 것을 말한다. 근로자의 협력과 참여를 효과적으로 뒷받침하기 위해서는 인사 · 복지 · 작업환경 등은 어떻게 지원할 수 있는지에 대해 수요자들의 의견을 수렴하여 적극적으로 반영하는 것이 성공의 관건이다.

근로자위원은 전 근로자를 대표하는 지위에 있으므로 생산성 향상과 근로자의 삶의 질 향상이라는 노사공동의 목표달성을 위해 생산 · 경영과정에의 참여와 협력 도모하는 역할을 하면서, 근로자들의 고충과 희망, 회사의 발전에 대한 비젼 등을 수렴하여 제도적으로 반영할 수 있도록 적극 노력하여야 한다.

41) 근참규칙 제5조

(가) 협의사항

협의라 함은, 의견교환과 상대방의 입장을 이해하고 설득하는 과정이다. 기업운영에 있어 생산성향상 및 복리증진을 위한 제도 설정시 근로자들이 실행 전단계인 협의과정에 참여함으로써 제도의 실효성을 담보할 수 있고, 현장단위에서의 실행성을 높이는 한편, 일련의 과정에 대한 절차적 공정성을 확보하여 경영전반의 다양한 사항에 대해 근로자들과의 사전 협의를 통해 회사에 대한 이해와 소속감을 고취하고, 일에 대한 보람과 조직에 대한 몰입도를 증가시킬 수 있다. 노사협의회는 협의사항이라도 자체 결정에 의해 의결할 수 있으며 노사위원 각 과반수의 출석과 출석위원 2/3 이상의 찬성으로 의결할 경우 의결사항으로의 효력을 지닌다.[42)]

특히 성과배분을 입법적으로 뒷받침하기 위해, 「근로자복지기본법」 제20조에 의하면, 첫째, 노사가 협의하여 정한 당해 연도 이익 등의 경영목표가 초과달성 된 경우 사용자는 그 초과된 성과를 근로자에게 지급하거나 근로자의 복지증진을 위하여 사용하도록 노력하여야 한다고 정하고, 둘째, 근로자가 직무와 관련하여 발명 또는 제안하거나 새로운 지식 · 정보 · 기술을 개발하여 회사의 생산성 · 매출액 등의 증가에 기여한 경우 이에 상응하는 정당한 보상을 하도록 노력하여야 하며, 구체적인 보상기준은 근참법에 의한 노사협의회 등을 통하여 정하도록 한다. 셋째, 국가 또는 지방자치단체는 이와 같은 성과배분 등을 활성화하기 위하여 필요한 지원을 할 수 있다고 각각 정하고 있다. 협의사항 중 비교적 중요사항을 살펴보면 다음과 같다.

① 임금의 지불방법 · 체계 · 구조 등의 제도개선

임금과 생산성의 연계성을 강화하기 위해 직능급 · 직무급의 도입 등 임금제도 변경에 관하여 노사간 협의할 수 있다. 임금제도의 변경이 근로조건의 변경 내지 저하를 가져올 경우 단협이나 취업규칙에 위반될 수 있기 때문에 임금제도를 변경할 경우에는 법적절차에 의하여 단체협약이나 취업규칙을 변경해야 할 것이다. 노사협의회에서 임금 등의 제도개선과 관련하여 협의하는 경우에는 기업의 비전 및 경영전략에 따른 목표를 효과적으로 달성하기 위해서

42) 근참법 제20조제2항

임금제도를 어떻게 설계할 것인지를 우선적으로 협의하는 것이 바람직하다.

임금제도 개선은 기업의 성장과 근로조건의 유지·개선을 동시에 도모할 수 있는 임금결정의 공통분모를 찾아내는 과정이며 근로자위원의 참여를 통한 절차적 공정성을 확보하고 동기유발의 적극적 요인을 찾아내는 과정이므로 이와 같은 관점에서 노사위원들의 협의가 진행될 필요가 있다.

임금제도는 근로조건에 관한 사항이므로 이를 변경하고자 하는 경우에는 근로자 과반수로 조직된 노조가 있는 경우, 노조의 의견을 들어 변경하되, 근로자에게 불이익하게 변경할 경우 노조의 동의를 얻어 변경[43]하고, 노동조합이 없거나 근로자 과반수로 조직된 노조가 아닌 경우에는 근로자 과반수의 의견을 들어 변경하되, 근로자에게 불리한 경우 근로자 과반수 동의가 필요하다.[44]

연봉제를 비조합원(예 : 부장 이상)에게만 적용하는 것으로 취업규칙 변경시, 조합원에게는 불이익 변경은 없으나 비조합원에게는 불이익한 변경이라고 판단되는 경우에는 해당 근로자 집단(예 : 부장 이상) 과반수 이상의 동의를 받는 외에 과반수로 조직된 노동조합의 의견을 청취하여야 한다.

실무상, 노사협의회 근로자위원대표가 근로기준법상 근로자대표가 될 수 있는지가 의문이다. 우리 노동관계법상 근로자를 대표하는 지위는 노동조합의 대표자, 노사협의회 근로자대표, 근기법상 근로자대표 등으로 구분하여 볼 수 있으며, 각각은 별도의 지위에 있다고 보아야 할 것이다. 이 때 노동조합 대표자와 근기법상 근로자대표는 각각 합의권을 가지고 있어 노동조합 대표자는 단체협약을 체결할 수 있고, 근기법상 근로자대표는 탄력적 근로시간제의 합의권, 선택적 근로시간제의 합의권, 보상휴가제의 합의권, 재량근로제의 합의권, 유급휴가의 대체합의권, 고용조정에 있어서의 협의권 등을 갖게 된다.

첫째, 근기법에서는 과반수 노조가 있는 경우에는 그 노동조합이 근기법상 근로자 대표의 지위를 갖도록 하고 있고, 근참법에서도 과반수 노조 대표자와 그 노동조합이 위촉하는 자를 노사협의회 근로자위원으로 하도록 규정하고 있

43) 근기법 제94조

44) 근기법 제94조

으므로, 이에 따라 과반수 노조의 대표자는 근기법상 근로자대표의 지위와 노사협의회 근로자위원 대표의 지위를 모두 갖게 되는 것이다.

둘째, 과반수 노조가 있지 않은 사업장에서는 노사협의회 근로자위원의 대표자[45]와 근기법상 근로자대표자는 원칙적으로는 구분되는 개념이므로 노사협의회 근로자위원 대표가 근기법상 근로자대표로서 각종 근로조건에 대한 합의권을 행사할 수는 없는 것이다. 또한 노사협의회 근로자위원이 각자 민주적인 방법으로 선출되었다 하더라도 그들의 호선으로 선출된 대표자는 근기법상 근로자대표로 볼 수 없다.

셋째, 노사협의회 근로자위원대표가 근기법상 근로자대표가 되려면, 노사협의회 위원선출시 근로자 과반수의 지지를 얻는 최다수득표자를 근기법상 대표자로서 선출한다는 공지가 명확히 되어 선출하는 것이 필요하며, 그러한 공지가 되지 않거나 과반수의 지지를 얻는 사람이 없는 경우에는 별도의 절차를 통해 근기법상 근로자대표를 선출하여야 할 것이다.[46]

② 모성보호 및 일과 가정생활의 양립을 지원하기 위한 사항

2007년 12월 27일 근참법 개정시 협의사항으로 추가된 규정이다. 지식기반사회에서 전문직 여성의 지식과 능력은 매우 중요하나 결혼과 출산장애, 기업인식 및 제도의 장애로 여성의 취업 및 승진이 어려운 경향이 있다. 특히 현재 저출산 현상이 극심한데 이는 직장여성으로서 일과 가정생활을 양립하기 어려운 까닭이다.

고령화의 가속화, 맞벌이부부의 증가, 개인의 삶을 중요하게 여기는 근로자 가치관의 변화 등으로 여성근로자의 모성을 보호하고 전 근로자가 일과 가정을 양립할 수 있도록 기업문화, 제도를 변화시키는 것이 필요하다.

기타 협의사항의 각 세부적인 내용은 각주를 참고한다.

---

45) 근참법 제13조제2항
46) 근기 68207-630, 1997.5.13

[협의하여야 할 사항]

1. 생산성 향상과 성과 배분[47)]
2. 근로자의 채용 · 배치 및 교육훈련[48)]
3. 근로자의 고충처리[49)]
4. 안전, 보건, 그 밖의 작업환경 개선과 근로자의 건강증진[50)]

---

47) 작업과 휴게시간의 운용 : 근참법상의 작업 및 휴게시간의 운용이라 함은 근기법상의 취업규칙에 포함될 근로조건에 관한 것이라기보다는 주어진 작업시간과 휴게시간을 어떻게 활용할 것인가에 초점이 맞추어져 있다. 작업시스템의 효율화를 위하여 작업 및 휴게시간의 활용, 근무제도의 변경 등 업무능률과 생산성향상, 노동의 질 향상 등을 위해 작업방식을 어떻게 변경하는 것이 바람직한지를 노사가 공동으로 논의하는 활동을 말한다. 근로자의 생활방식이 자기개발, 여가활동, 가족생활을 중요시하는 방향으로 변화하고, 노동의 양보다 질이 중요시되는 상황에서 근무제도개선을 통한 근로자의 일과 삶의 조화가 노사협의회의 중요한 의제가 된다.

48) 종업원지주제와 그 밖에 근로자의 재산형성에 관한 지원 : 종업원지주제는 근로자에게는 주인의식과 열정을 심어주고 회사는 안정적인 자본을 조달하는 양면성을 가진다. 사측의 경우, 노사관계 측면에서 기업과 근로자의 공동체의식이 고양되고 노동력의 이동이 적어지며, 재무관리적 측면에서는 자본조달의 수단으로 활용가능, 장기적으로는 안정주주를 확보할 수 있으며 주가안정에 기여한다. 근로자의 경우, 소액자금에 의한 자사주 투자가 가능하여 근로자 재산형성을 촉진시키고 투자위험을 감소시킬 수 있다. 종업원지주제와 관련하여 포함되어 협의해야 할 사항은, 우리사주제도의 실시여부, 우선배정의 한도, 우리사주조합 취득자금의 지원방식 및 한도, 우리사주조합의 의결권 행사 및 조합운영에 있어서의 민주성 보장방안 등이다.

49) 생산성 향상과 성과배분 : 노사공동의 목표를 가장 핵심적으로 나타내고 있으며, 작업시스템, 제도적 시스템, 인적 시스템에서의 조직변화를 모두 내포하고 있다. 생산성 향상을 위해서는 지시와 통제가 아닌 자발적, 창조적 활동이 바탕이 되도록 해야 한다. 이를 위해서는 근로자들이 생산성 향상을 위한 과정에 참여하고 그 성과를 공유할 수 있도록 조직시스템이 구축되는 것은 필수적이다. 성과배분제는 근로자에 대한 보상의 일부를 기업의 성과와 연계하여 사후에 집단적으로 지급하는 제도로서, 노사협력을 유도하고 경영성과를 향상시키는 기능도 지닌다. 성과배분제 도입시에는 목표량, 성과 측정을 확인할 수 있는 방법, 성과측정의 시기, 성과측정의 기준(매출액, 이익, 비용절감, 부가가치 또는 생산성)과 배분방식 등에 대하여 충분히 협의하여 추후 문제가 발생하지 않도록 하는 것이 중요하다.

50) 근로자의 채용 · 배치 및 교육훈련 : 변화된 경영환경 속에 노사가 지속적으로 성장 · 발전하기 위해서는 우수인재들을 발굴하고 육성하는 활동은 필수불가결하며, 기업마다 추구하는 가치를 바탕으로 인재상을 설정하는 것이 요청된다. 노사가 함께 인재상을 공유하고 근로자의 채용 · 배치 및 교육훈련 등의 일반기준에 대하여 협의를 통하여 구체화시키고 훈련의 내용을 설계하는 것은 생산성과 직무만족도를 제고시킬 수 있는 주요한 방안이다. 미국의 매킨지 컨설팅사는 1990년대 말 이를 '인재전쟁'이라고 표현한 바 있다. 다만, 협의한다는 것은, 어떤 특정인물을 채용해야 한다거나 특정인을 특정 직무에 배치해야 하는 것 까지를 의미하는 등 사용자의 인사권에 관한 근본적인 제약을 의미하는 것은 아니다.

5. 인사 · 노무관리의 제도 개선
6. 경영 및 기술상의 사정으로 인한 배치전환 · 재훈련 · 해고 등 고용조정의 일반원칙
7. 작업과 휴게 시간의 운용[51)]
8. 임금의 지불방법 · 체계 · 구조 등의 제도 개선
9. 신기계 · 기술의 도입 또는 작업 공정의 개선
10. 작업 수칙의 제정 또는 개정
11. 종업원지주제와 그 밖에 근로자의 재산형성에 관한 지원[52)]
12. 직무 발명 등과 관련하여 해당 근로자에 대한 보상에 관한 사항
13. 근로자의 복지증진
14. 사업장 내 근로자 감시 설비의 설치
15. 여성근로자의 모성보호 및 일과 가정생활의 양립을 지원하기 위한 사항
16. 그 밖의 노사협조에 관한 사항

(나) 의결사항

노사협의회 의결사항은 *교육훈련 및 능력개발에 대한 계획의 수립, *복리후생제도 중 복지시설의 설치와 사내근로복지기금 운영, *고충처리위원회에

---

51) 근로자의 고충처리 : 직장생활에서 고충을 방치하는 경우 생산성 향상에 큰 저해요인이 되므로 노사협의회를 통해 원만하게 해결될 수 있도록 고충처리시스템을 확보할 필요가 있다. 개인의 업무관련 고충 중 상당부분은 사적영역인 경우가 많아 비밀이 보장되어야 한다. 고충의 원인은 외부적으로는 동료 근로자와의 임금차이, 상하급자와의 갈등, 분진 · 소음 · 조명 등 작업환경 요인이 있으며, 내부적으로는 가정 · 주택 · 금전 · 자녀문제, 일과 성격의 부조화 등이 있다.

52) 안전 · 보건 기타 작업환경 개선과 근로자의 건강증진 : 상시 100인 이상(유해 · 위험업종은 50인 이상) 사업상은 노사협의회와 별도로 노사 동수로 구성된 산업안전보건위원회를 설치 · 운영하여야 한다. 사업주는 산업안전의 중요 사안에 대하여 산업안전보건위원회의 심의 · 의결 절차를 거쳐야 하고 산업안전보건위원회가 심의 · 의결 또는 결정한 사항을 성실하게 이행하여야 한다.

■ 심의 의결사항

- 산업재해예방계획의 수립에 관한 사항
- 안전보건관리규정의 작성 및 그 변경에 관한 사항
- 근로자의 안전 · 보건교육에 관한 사항
- 작업환경의 측정 등 작업환경의 점검 및 개선에 관한 사항
- 근로자의 건강진단 등 건강관리에 관한 사항
- 산업재해에 관한 통계의 기록 · 유지에 관한 사항
- 중대재해의 원인조사 및 재발방지대책 수립에 관한 사항
- 유해하거나 위험한 기계 · 기구 · 설비의 도입시 안전 · 보건조치에 관한 사항
- 당해 사업장 근로자의 안전과 보건을 유지 · 증진시키기 위하여 필요한 사항

서 의결되지 않은 사항, *노사공동위원회 설치 및 운영 등 비교적 기본적인 계획이나 방침에 속하는 사항에 대해 노사가 공동으로 결정할 필요가 있는 사항을 의미한다. 그러므로 협의사항에 규정된 교육훈련, 복지증진, 고충처리 등 하부적인 사항과는 격이 다른 것으로, 세부적인 교육훈련 실시방안, 일반적인 복리후생제도, 사업장내에서 발생하는 모든 고충의 처리 등은 협의회에서 의결할 필요가 없다. 행정해석에서도, 근참법에 의한 의결사항 중 근로자의 교육훈련 및 능력개발 기본계획의 범위는 사용자가 행하는 직업훈련, 교양교육, 기타 근로자의 능력개발을 위한 교육훈련 등에 대한 기본계획을 수립하는 것을 말하는 것으로 세세한 교육훈련의 방법 등에 대해서까지 논의하는 것은 아니라는 입장이다.[53)]

① 의결사항 공지

노사협의회 의결결과는 사내방송 및 사내정보망[54)] 사용, 사보게재 등 적절한 방법으로 신속히 전 근로자들에게 통보되어야 한다.[55)] 과반수노조에 의해 구성된 노사협의회라도 의결 결과는 노조원에게만 미치는 것이 아니라 노사협의회를 구성하는 사업 또는 사업장에 모두 미치게 되므로 의결된 사항을 조속히 공지시켜야 한다. 공지의 의무는 사용자에게 있는 것이 아니라 협의회에 있으므로 노사협의회 의장 명의로 하여야 한다. 의결된 사항은 아닐지라도 공지가 필요한 사항에 관하여는 협의회의 의결을 거쳐 공지할 수 있다. 임금인상은 노사협의회 의결사항에 해당한다고 보기 어렵다. 따라서 형식상 당해 사업장의 노사협의회에서 임금인상을 의결했다 하더라도 근참법 상의 노사협의회에 의한 의결로 볼 수 없으므로 공지의무를 이행하지 않더라도 미이행으로 처벌할 수 없다. 다만, 노사공동의 협의기구에서 근로자의 근로조건을 상향조정하기로 의결한 사항은 당사자간 성실히 이행하는 것이 바람직하다.[56)]

53) 노사 68107-41, 1998.2.14
54) 인트라넷
55) 근참법 제23조
56) 근참법 제22조, 제23조, 제24조

② 의결사항의 성실이행 의무

의결된 사항은 법 제20조의 의결사항을 중심으로 하고 있으나 법 규정상 협의사항이라도 노사 각 과반수의 출석과 출석위원 2/3 이상의 찬성으로 결정할 경우에는 의결된 사항으로 본다. 노사협의회에서 의결한 사항에 대해서는 신속하게 근로자들에게 고지하고 노사 모두 성실하게 이행하여야 한다. 노사협의회의 신의성실의 원칙은 당사자들의 이행이 담보되도록 하는 것이 필요하므로 노사협의회에서 합의되거나 의결된 사항을 위반하는 경우에는 그 행위자체로 처벌하도록 하고 있다. 다만, 합의나 의결결과를 이행하지 않아서 처벌을 받는 것은 효력발생과는 별개의 문제이기 때문에 달리 정함이 없는 한 노사협의회에서 합의 또는 의결된 사항은 그 합의자체로 개별 근로자의 근로조건을 결정하는 효력은 발생하지 않는다. 따라서 합의나 의결결과가 현실적으로 효력이 발생하려면 노사공동의 협의기구가 근로조건을 결정할 수 있는 대표권을 구비하고 있거나 근로계약 · 취업규칙 · 단체협약체결 등의 조치가 따라야 한다. 정당한 이유없이 의결사항을 이행하지 아니할 경우에는 1,000만원 이하의 벌금형에 처한다. 근로자직업능력개발법은 근참법 제21조에 따라 노사협의회에서 의결되거나 노사협의회가 없는 경우는 노동조합 또는 근로자 과반수를 대표하는 대표자와 협의하여 수립된 훈련계획에 따라 실시되는 근로자의 교육훈련 및 직업능력개발훈련을 우대하도록 뒷받침하고 있다.[57]

③ 의결사항의 유효기간

노사협의회에서 의결된 사항의 효력은 의결사항을 이행한 경우와 의결사항의 유효기간이 도래한 경우에 소멸된다고 할 것이나, 유효기간에 대하여 특별히 정한 바가 없는 경우 효력을 소멸시키는 별도의 의결절차를 거치거나 새로운 의결 사항에 의하여 대체될 때까지 유효하다.[58]

④ 협의사항의 유효기간

반면, 근참법 제19조에 의한 협의사항은 노사공동이익의 증진을 위하여 노사협의회에서 협의해야 할 사항으로서 노사일방 또는 쌍방이 협의안건을 제시

57) 근로자직업능력개발법 제20조제2항

58) 협력 68210-324, 2003.9.3

함으로써 협의회의 협의의제로 다루어지게 되는 것이므로 각 협의사항의 구체적인 범위는 일반적인 원칙, 기준 등을 중심으로 노사가 자율적으로 결정할 사항이다. 따라서 협의사항의 근로자 채용, 배치 및 교육훈련과 관련하여서는 채용과 배치전환, 교육훈련 등에 관한 원칙과 기준을 정한다는 차원에서 현장에서 제도의 운영과정에서 불합리하거나 문제시되어 왔던 부분들을 개선하거나 보다 질적으로 향상시키기 위한 것이다.

(4) 다양한 의결형태와 차이점

실무상 노사는 다양한 의사결정 경로를 거쳐 회사 운영에 관한 사항에 관해 합의 또는 의결을 할 수가 있는데, 주요 경로를 살펴보면 단체협약으로 체결된 사항, 근로기준법상 근로자대표와 합의한 사항, 노사협의회에서 의결한 사항으로 나눌 수 있는데, 상호 결의과정과 이행력확보 등에서 차이점은 다음과 같다.

(가) 단체협약으로 체결된 사항

단체교섭 관계는 노동조합이 근로조건의 개선 및 조합활동 보장 등을 위하여 사용자와 교섭하고, 합의된 결과를 단체협약으로 체결하는 것으로 노조법에 의하여 단체협약으로 합의된 중 일정한 사항을 위반한 경우에 그 위반행위 자체로 벌칙이 적용되며, 협약으로 합의된 사항에 대하여는 민사적으로 청구할 수 있는 권한도 갖게 된다.

(나) 근기법상 근로자대표와 합의한 사항

근기법상 근로자대표와의 협의 및 합의관계는, 고용조정, 근무시간이나 휴가제도의 유연화 등에 있어서 사용자가 일방적으로 제도와 수준을 변경함으로써 근로자에게 불이익이 발생하는 것을 예방하기 위한 보호장치를 두고 있는 것으로 사용자와 근로자대표가 서면합의한 사항에 대해서는 그 변경의 효력이 인정된다. 반면 합의사항의 위반행위 그 자체에 대하여는 별도의 처벌규정을 두고 있지 않다.

(다) 노사협의회에서 의결한 사항

노사협의회에서의 협의 · 의결관계는 노사가 참여와 협력을 바탕으로 생산성향상과 근로생활의 질을 향상시키고자 신의성실의 원칙에 따라 공동으로 노력하고 협의 또는 의결해 나가는 체계이다. 따라서 노사협의회에서 합의 또는 의결된 사항은 그 합의자체로 개별 근로자의 근로조건을 결정하는 효력은 발생하지 않으며, 근로계약 · 취업규칙 · 단체협약체결 등의 조치가 따라야 하는 것이다.

(5) 합의 · 의결사항 등에 대한 중재

노사협의회에서 의결되지 않은 사항 또는 의결된 사항에 관한 해석상의 분쟁은 노동쟁의가 아니므로 노조법상 조정제도의 대상이 될 수는 없다. 노사협의회에서 합의되거나 의결된 사항, 교육훈련 및 능력개발기본계획 수립 · 복지시설의 설치와 관리 · 사내근로복지기금의 설치 · 고충처리위원회에서 의결되지 않은 사항 · 각종 노사 공동위원회 설치 등 제21조에서 정한 의결사항에 대해 협의회가 의결하지 못할 경우에 대비하여 근로자위원 및 사용자위원의 합의로 협의회에 중재기구를 두거나 노동위원회의 중재를 받을 수 있다. 노동위원회에서는 심판담당 공익위원 3인(심판담당 공익위원에는 위원장 또는 상임위원 포함)으로 구성된 심판위원회에서 담당(심판위원 전원출석 및 출석위원 과반수 찬성으로 의결)한다. 노사위원이 합의하는 경우 제3자에 의한 중재를 받을 수도 있다. 임의중재 절차에 의하여 중재결정이 있는 때에는 노사협의회의 의결을 거친 것으로 보아서 근로자와 사용자는 따라야 한다. 이때 중재위원회 등의 중재결정의 내용 등을 정당한 사유없이 이행하지 않는 경우에는 그 행위자체로 처벌하도록 하고 있다.[59] 근로자와 사용자가 임의중재에 의한 결정사항을 위반할 경우에도 1,000만원 이하의 벌금에 해당한다.[60]

(가) 사내근로복지기금의 설치

근참법 제21조제3호의 '사내근로복지기금의 설치'는 사내근로복지기금의 취지 자체가 사업주가 이익의 일부를 재원으로 하여 근로자의 「실질소득과 복지증진」에 기여하고자 함이므로 그 설치와 운영에 있어서의 근로자 참여를 통해 기금활용의 효과성과 만족도를 높이고자 한 것이다. 사내근로복지기금은 사업체의 업종, 근로자수에 관계없이 노사가 협의하여 모든 사업체에서 설립할 수 있다. 기금은 사업주가 세전 순이익의 5%를 기준으로 기금협의회의 결

---

59) 근참법 제24조, 제25조제2항, 제30조

60) 근참법 제25조제2항, 제30조제3호

정에 의하여 출연하거나 사업주 임의로 재산을 출연하여 조성한다. 기금은 현금형태로 출연하는 것이 원칙이나 부동산 등 정관에서 정한 재산도 출연이 가능하다. 다만, 근로자 복지시설이 아닌 부동산은 1년 이내에 처분하여야 한다. 기금으로 할 수 있는 복지사업은 사업주가 법령에 의하여 근로자에게 행할 의무가 있는 것을 제외한 사업으로써 다음과 같다.

1. 근로자 주택자금 · 우리사주 구입자금 지원 등 근로자의 재산형성지원
2. 저소득 근로자의 생활안정을 위한 자금대부
3. 장학금 · 재난구호금 · 경조금 등 지급
4. 근로자의 체육 · 문화활동 및 근로자의 날 행사 지원
5. 근로자 복지시설에 대한 출자 · 출연 · 구입 · 설치 및 운영
6. 기타 근로자의 재산형성 지원 및 생활원조를 위한 사업으로서 정관이 정하는 사업 등이다.

기금을 설치할 때 사용자는 노사협의회의 의결을 거쳐야 한다. 노사협의회 의결사항으로는 기금의 설치여부에 관한 것이며 운영 등에 관한 것은 사내근로복지기금법에 의한 기금협의회에서 결정한다. 기금협의회와 노사협의회 위원들이 중복될 가능성도 있으나 노사협의회가 사내근로복지기금법에 의한 기금협의회의 요건을 갖추지 못한다면 기금의 설치여부에 대한 의결권만을 보유한다. 만일 노사협의회가 기금협의회의 요건을 갖추어 기금협의회로 개최될 경우 근참법이 아닌 사내근로복지기금법에 따라 운영되어야 할 것이다. 사내근로복지기금법 제8조제4항은 근참법에 의한 노사협의회가 구성되어 있는 사업의 경우에는 그 노사협의회 위원이 협의회의 위원이 될 수 있다고 규정하고 있다.

(나) 고충처리위원회에서 의결되지 아니한 사항

사업장내 근로자들의 고충은 소홀히 하여 방치될 것이 아니라 반드시 노사가 공동으로 해결해야 한다. 특히, 고충처리위원회 등을 통해 고충해결을 시도하였음에도 해결되지 않은 사항에 대하여 노사협의회 의결사항으로 채택시, 분쟁예방 효과도 기대할 수 있다. 고평법 제25조에 의하면 근로자가 모집과 채용, 임금, 복리후생, 교육 · 배치 및 승진, 정년 · 퇴직 및 해고 등에 있어서

의 남녀차별을 당하였거나, 직장내 성희롱을 당하여 고충을 제기한 경우 노사협의회에 고충의 처리를 위임하는 등 자율적인 해결을 위하여 노력하도록 규정하고 있다. 다만, 고충처리위원회에서 의결되지 아니한 사항이라 하더라도 개인의 성격이나 스트레스, 가정생활 등과 관련한 문제 등은 별도의 근로자 지원제도 등을 활용하는 것이 바람직하다.

(다) 각종 노사공동위원회의 설치

노사협의회를 통한 노사공동의 목표추구를 위해서는 특정사안에 대하여 보다 집중적이고 심도 있는 논의가 필요한 경우가 많다. 노사는 생산성 향상 등을 위하여 생산성 향상위원회, 신규투자위원회, 복지증진을 위한 복지위원회, 근무형태 및 인사제도 개선을 위한 T/F 등 각종 노사공동위원회를 구성할 수 있다. 노사 모두의 필요성에 대한 구체적인 인식하에 공동위원회의 목적과 활동내용, 운영기간 및 절차 등을 명확히 하여 합리적으로 운영하는 경우 근로자의 참여와 노사협의회의 전문성 강화에 기여할 수 있다.

라. 노사협의회 회의록 비치

노사협의회 회의록의 작성 · 비치의무는 회의결과로 나타난 노사간의 약속을 확실하게 남겨 둠으로써 이의 이행을 담보하기 위한 것이다. 노사가 약속한 사항은 성실하게 지켜져야 하므로 합의사항이 문서화되어야 하고, 그 문서의 진위 등을 가릴 수 있도록 참석자 전원이 서명하거나 날인하여야 한다.

회의록 작성시 회의의 개최일시 및 장소, 참석위원, 협의사항 · 의결사항 및 보고사항, 토의사항, 그 밖의 참고사항은 반드시 기록해야 할 필수적 기재사항이다. 그 밖의 참고사항이라 함은 협의 또는 의결사항이 아니더라도 전분기 의결사항의 이행상황 및 협의회에서 즉석 안건 등으로 제출되어 노사간 논의된 사항을 말한다. 노사협의회 회의록은 작성일로부터 3년간 보존하여야 한다.[61)]

61) 근참법 제19조제2항

9. 고충처리

가. 고충처리위원과 처리절차

고충이라 함은 근로자의 근로환경이나 근로조건에 관한 개별적인 불만, 기타 근로자의 성격, 심리적 상태, 개인적 문제 등이 원인이 되어 직장생활에서 근로자가 겪게 되는 불만족 및 불안정 상태를 말한다. 상시 30명 이상의 근로자를 사용하는 모든 사업 또는 사업장에는 고충처리위원을 두어야 한다. 노사협의회는 근로조건 결정권이 있는 30명 이상 사업 또는 사업장을 대상으로 하는 반면, 고충처리위원을 두는 사업장은 근로조건의 결정권과 관계없이 30명 이상의 사업장이면 고충처리위원을 두어야 한다. 고충처리위원을 두지 아니한 때에는 200만원 이하의 벌금에 해당한다.[62] 근로자는 고충사항이 있는 경우에는 고충처리위원에게 구두 또는 서면으로 신고할 수 있다. 이 경우 신고를 접수한 고충처리위원은 지체없이 처리하여야 한다.[63] 고충처리위원이 고충사항을 근로자로부터 청취한 때에는 10일 이내에 조치사항이나 기타 처리결과를 당해 근로자에게 통보하여야 한다. 고충처리위원이 처리하기 곤란한 사항은 협의회의 회의에 부쳐 협의 처리한다.[64] 노사협의회에서 의결을 거친 고충처리사항은 협의회의 의결사항과 마찬가지로 근로자와 사용자에게 이행력을 가지는데, 의결사항 및 중재사항을 정당한 사유없이 이행하지 않는 자는 1천만원 이하의 벌금에 처해질 수도 있다.[65]

나. 고충처리위원 구성과 임기 · 처우

고충처리위원은 노사를 대표하는 3명 이내의 위원으로 구성한다. 고충처리는 근로자를 위한 것으로 노사 각각을 위한 고충처리라는 것은 논리에 맞지 않는다. 즉, 근로자의 고충을 처리하기 위해 고충처리위원을 두되 그 고충처리위원은 노사를 대표한다는 의미이다. 따라서 노사를 대표하는 3명이므로 노

---

62) 근참법 제32조
63) 근참령 제7조
64) 근참법 제28조
65) 근참법 제21조, 제30조

사 각각을 대표하는 3명 이내라는 의미가 아니다. 노사협의회가 설치되어 있는 사업 또는 사업장의 경우에는 노사협의회가 그 위원 중에서 선임하고, 협의회가 설치되어 있지 않은 사업이나 사업장의 경우는 사용자가 위촉한다. 선임의 방법에 관하여 정한 바가 없으므로 협의회 운영규정 작성시 선임절차(호선 등) 등을 규정하는 것이 바람직하다. 고충처리위원의 임기는 협의회 위원의 임기를 준용하므로 3년의 임기가 적용된다. 보궐위원의 임기는 전임자 임기의 남은 기간으로 한다. 고충처리위원의 임기가 만료된 경우라도 후임자가 선출될 때까지 계속 그 직무를 수행하여야 한다. 고충처리위원은 비상임 · 무보수로 한다. 사용자는 고충처리위원의 직무수행과 관련하여 고충처리위원에게 불리한 처분을 하여서는 아니된다. 고충처리위원이 고충사항의 처리에 관하여 협의하거나 고충처리 업무에 사용한 시간은 근로한 시간으로 본다.[66]

다. 대장 비치

고충처리위원은 근참법 시행규칙 제4호 서식의 고충사항의 접수 및 그 처리에 관한 대장을 작성하여 갖추어 두고 1년간 보존하여야 한다. 고충처리위원은 고충처리과정에서 근로자의 사생활 관련 사항이 외부에 노출되지 않도록 유의해야 하며 대장을 아무나 열람하지 못하도록 관리하여야 한다. 반면, 고충처리결과에 관련된 사항 중 홍보가 필요한 것은 전체 근로자들에게 주지시키고, 고충처리결과를 데이터베이스화하여 조직 활성화를 위한 자료로 활용할 수 있다.

10. 노사협의회와 작업장혁신

가. 고성과 작업장의 주요 특징

노사협의회는 노사공동의 이익을 증진함으로써 산업평화를 도모하고 국민경제 발전에 기여함을 목적으로 하고 있다. 고성과 작업장은 노사파트너십을 통해 근로자의 능력을 배양하고 참여를 촉진하는 고성과 작업관행들을 체계적

66) 근참령 제8조

으로 활용함으로써 생산성과 품질을 향상시키고 근로생활의 질을 개선해 나가는 조직혁신을 말한다. 고성과 작업장의 주요 특징은 협력적 노사관계로서, 이는 경영정보의 공유와 관련한 노사협의회의 보고사항, 호혜성에 바탕을 둔 협의사항으로서 생산성향상과 성과배분, 그리고 신뢰와 존중의 기업문화 및 고충처리시스템 등의 설치 등 노사협의회에서의 실질적 협의 및 활동을 통해 구축될 수 있다. 고성과 작업장은 참여적 작업조직과 고몰입 인적자원관리를 주요 수단으로 한다.

첫째, 참여적 작업조직이란 관리자들의 통제와 지시에 의해 업무를 수행하는 통제형 작업조직과 달리 작업자들이 담당하는 직무가 폭넓게 통합되고, 생산공정의 일상적 관리 및 업무실행이 작업자들에 의해 자율적으로 이루어지며, 작업 조직 내 주요 의사결정에 대한 작업자들의 참여가 보장되는 작업조직을 말한다. 실무에서, 제안제도, 자율작업팀, 다기능화 · 과업통합, 6시그마와 기타 자율적 품질관리제도의 도입, 소집단활동 실시 등을 통해 참여적 작업조직을 구축할 수 있다.

둘째, 고몰입 인적자원관리를 살펴보면, 고성과작업장은 인적자원을 주요 경쟁력의 원천으로 인식하여, 근로자들에 대한 지속적인 교육훈련을 통한 지식근로자 양성 및 개발을 주요 과제로 삼고 있으므로 엄격한 인재선발과 고용보장을 전제하고 있다. 고숙련, 고성과, 고보상 연계를 통한 임금체계 개선, 사내공모제, 발탁승진제 등의 합리적 인사관리프로그램의 도입, 중고령자 인력활용을 위한 고령자 적합직무 개발 및 임금피크제 도입, 일과 삶의 양립이 가능한 가족친화적 근무제도의 도입 등도 고몰입인적자원관리의 유형이라 할 수 있다.

나. 고성과 작업장 구축 필요성

기업경영환경은 글로벌화, 규제완화로 더욱 더 치열해지고 있고, 동남아 등 저임금을 바탕으로 한 노동집약적 기업들이 부상하면서 독자적인 기술력, 생산능력 없이 저임금에 의존한 한국기업들의 경쟁력이 낮아지고 있다. 이 같은 환경속에서 살아남으려면, 기술혁신과 인적자원의 질 및 근로자의 작업방식,

조직관행, 경험 및 숙련, 노사관계의 제도적 혁신을 통해 확보되는 이른 바, "사회적 혁신"이 작업장혁신을 이끌어내는 주요 변수로 주목받고 있다. 사회적 혁신의 핵심은 현장근로자들이며 근로자들의 잠재적, 현재적 능력을 생산에 두루 활용할 때 재화와 서비스 생산현장에서 경쟁력의 원천을 형성할 수 있다. 노사협의회 기능 중 중요사항인 생산성 향상, 성과배분, 교육훈련, 인사노무관리제도 · 임금체계 합리화, 작업공정 개선, 일과 가정의 양립 등은 작업장 혁신의 주요 영역이다. 이와 같이 노사협의회는 작업장혁신의 중심기구로 기능할 수 있으므로, 노사는 노사협의회를 적극적으로 활용하여 고성과작업장을 구축하는 노력을 경주하는 것이 필요하다.

찾아보기

ㄴ

ㄹ

ㅁ

ㅂ

ㅅ

ㅇ

ㅈ

ㅊ

ㅌ

ㅍ

ㅎ